中国石油化工集团公司年鉴

2016

《中国石油化工集团公司年鉴》编委会　编

中国石化出版社

图书在版编目(CIP)数据

中国石油化工集团公司年鉴. 2016 /《中国石油化工集团公司年鉴》编委会编. —北京：中国石化出版社，2016. 10

ISBN 978 - 7 - 5114 - 4293 - 2

Ⅰ. ①中… Ⅱ. ①中… Ⅲ. ①石油化工厂 - 中国 - 2016 - 年鉴 Ⅳ. ①F426. 22 - 54

中国版本图书馆 CIP 数据核字(2016)第 231161 号

中国石化出版社出版发行

地址：北京市东城区安定门外大街 58 号

邮编：100011　电话：(010)84271850

读者服务部电话：(010)84289974

http：//www. sinopec-press. com

E-mail：press@ sinopec. com

北京科信印刷有限公司印刷

全国各地新华书店经销

*

787 × 1092 毫米　16 开本　43. 75 印张　54 彩页　1364 千字

2016 年 10 月第 1 版　2016 年 10 月第 1 次印刷

定价：330. 00 元

（如出现印装质量问题，请与我社读者服务部联系调换）

《中国石油化工集团公司年鉴》2016年卷
编 委 会

《中国石油化工集团公司年鉴》2016 年卷
编 辑 部

主　　任： 王子康

副 主 任： 蒋　琦

责任编辑： 单新东　孙　明　杨文宇

广告编辑： 王　进

地　　址：北京市东城区安外大街 58 号
邮政编码：100011
电　　话：（010）84289951 84289953
传　　真：（010）84289951
电子信箱：jiangq@sinopec.com

The Editorial Department of
《CHINA PETROCHEMICAL CORPORATION YEARBOOK》

Add：58 Anwai Street, Dongcheng District, Beijing China
P.C：100011
Tel：+86−10−84289951/84289953
Fax：+86−10−84289951
Email：jiangq@sinopec.com

编 辑 说 明

一、《中国石油化工集团公司年鉴》（简称《年鉴》）是中国石油化工集团公司正式对外公布一定时期生产、经营、财务状况及有关数据资料的权威性出版物，向国内外公开发行。《年鉴》从1988年问世至今，已出版21卷。2016年卷《年鉴》为第22卷。

二、2016年卷《年鉴》全面、系统地记述了2015年石化集团公司在生产经营、深化改革、科技创新和企业管理等各方面的基本情况和重大事项，图文并茂，直观反映了石化集团公司及其所属企事业单位的新变化、新成果，为各级领导科学决策和科学管理提供依据，为石化集团公司内部和社会各界人士了解石化集团公司提供翔实、可靠、可鉴资料。

三、2016年卷《年鉴》将“信息化建设与管理”栏目名称改为“‘两化’融合”。全书共设28个栏目：大事记、总述、境内油气勘探开发、境内石油工程、炼油生产、化工生产、境内炼化工程、产品销售、国际化经营、重点工程建设、公用工程、安全生产、绿色低碳、科研开发与管理、企业改革与管理、财务资产管理、人事管理、物资采购与管理、“两化”融合、法律管理、审计与监察、矿区（社区）建设、企业党建与企业文化、新闻与出版、企事业单位、人物、统计资料、附录。为便于读者查阅和检索，文前附中、英文目录，书后附主题词索引和表题索引。

四、《年鉴》所收录的数据表中，空格表示该项统计数据不详，“—”表示无该项统计数据，“…”表示该项数据不足本表最小单位数。

五、《年鉴》中，“中国石油化工集团公司”简称“石化集团公司”，“中国石油化工股份有限公司”简称“石化股份公司”，两者统称“中国石化”。

六、《年鉴》中插图由各单位提供，图片版权归各单位所有。

七、在《年鉴》的编纂和出版过程中，承蒙有关单位领导、专家、管理人员的大力支持和帮助，在此，谨向为《年鉴》提供稿件和资料、对稿件进行审读把关以及给予《年鉴》各种帮助的人士，致以诚挚的谢意。对2016年卷《年鉴》存在的缺点和疏漏，诚请广大读者批评指正。

《中国石油化工集团公司年鉴》编辑部

2016年8月

董事长致辞

2015年，世界经济复苏乏力，我国经济增速放缓，国际油价屡创新低，石油石化市场需求疲软，公司生产经营形势异常严峻。在党中央、国务院的坚强领导下，我们团结带领全体干部员工，牢牢把握稳中求进工作总基调，紧紧围绕提高发展质量和效益，突出保增长、谋发展、强基础、抓党建这条主线，坚定信心、主动作为，各方面工作取得了新成绩、新进步。

这一年，我们认真落实国家经济稳增长的战略部署，咬住全年效益目标不放松，团结一心、顽强拼搏，采取一切措施开源节流、增收创效，较好地完成了全年效益指标。我们积极贯彻中央提出的新的发展理念，紧扣国家战略部署，认真谋划“十三五”发展，明确了公司未来一个时期的发展思路、发展战略和重点任务。我们更加突出抓基层、打基础，大力弘扬石油石化优良传统，全面部署加强新形势下的“三基”工作，努力推动严细实作风落地生根；特别是针对安全事故一度频发，狠抓安全生产主体责任落实、承包商管理、安全监管和责任追究，狠抓油气管道等安全隐患治理，安全生产形势明显好转。我们切实履行管党治党责任，扎实推进全面从严治党，认真开展“三严三实”专题教育，严格落实“两个责任”，抓紧抓好中央专项巡视反馈意见整改，党风建设和反腐败工作取得了新成效，从严从实、风清气正的企业政治生态和管理生态正在形成。

一年来，公司很多领域亮点纷呈。特别是，作为我国首个大型页岩气田，涪陵气田探明储量超过3 800亿立方米，一期50亿米^3/年产能建设圆满完成；海域勘探获得重大发现，北部湾涠4井试油获高产油气流，是国内近十年罕见的高产探井；

科技创新再传捷报，自主研发的高效环保芳烃成套技术荣获国家科技进步特等奖；镇海炼化实现利润 108 亿元，成为我国首个年利润超百亿的炼化企业。全年国内生产原油 4 174 万吨，生产天然气 207 亿立方米，海外权益油气当量产量 4 436 万吨，加工原油 2.38 亿吨，成品油经营量 1.89 亿吨，生产乙烯 1 112 万吨，化工产品经营总量 6 287 万吨。全年实现营业收入 2.05 万亿元，实现利润 621 亿元，实现税费 3 557 亿元。

在发展企业的同时，我们积极履行社会责任，自觉将自身发展与社会进步紧密结合起来，努力实现企业与社会、环境的协调发展。我们站在推进生态文明、建设美丽中国的高度，全面实施绿色低碳发展战略，大力发展天然气、地热、生物燃料等清洁能源，加快成品油质量升级步伐，深入推进“能效倍增”计划、“碧水蓝天”环保专项行动，公司万元产值综合能耗持续下降，化学需氧量、氨氮、二氧化硫、氮氧化物等减排任务全面完成。坚持开放办企业，主动搭建与社会沟通的桥梁，在安全生产、环境保护上自觉接受社会各界的监督。积极参与定点扶贫、援疆援藏、“健康快车”、捐资助学等公益事业，全年帮助 3 286 名白内障患者重见光明；持续开展“关爱春节返乡务工人员”大型公益活动，全年为 1 万多名骑摩托车返乡人员免费加油并提供暖心服务。

回顾 2015 年，我们取得了来之不易的成绩，这是社会各界关心帮助的结果，是广大客户和消费者高度信赖的结果， 是海内外合作伙伴协作支持的结果。在此，我代表公司董事会，向所有关心、支持和帮助中国石化的朋友们表示衷心的感谢！

2016 年，是充满挑战和希望的一年。我们将认真贯彻落实党的十八大和十八届三中、四中、五中全会精神，深入学习贯彻习近平总书记系列重要讲话精神，牢固树立和贯彻落实中央提出的新的发展理念，大力实施价值引领、创新驱动、资源统筹、开放合作、绿色低碳五大发展战略，聚焦提质增效升级，加快转方式调结构，进一步拓市场、抓优化、降成本、控风险，着力深化改革、强化创新、严细管理，全面加强党的建设，转变观念、改革创新，坚定信心、实干苦干，努力实现“十三五”发展的良好开局，为建设世界一流能源化工公司奠定坚实基础，为全面建成小康社会做出新的更大贡献。

我们将坚定不移地加强对外合作，与您携手共创更加灿烂美好的明天！

王玉普

组织机构

（截至2015年底）

中国石油化工集团公司

- 办公厅（董事会办公室、总经理办公室）
- 党群工作部（党组办公室、直属党委）
- 发展计划部
- 财务部
- 生产经营管理部
- 企业改革管理部
- 人事部
- 科技部
- 法律部
- 资本运营部
- 安全监管局
- 能源管理与环境保护部
- 工程部
- 矿区（社区）管理部
- 物资装备部（国际事业公司）
- 信息化管理部
- 外事局
- 审计局
- 监察局
- 宣传工作部（新闻办公室）
- 离退休工作部
- 机关服务局

机构投资者

中国石油化工股份有限

监事会

董事会

- 董事会秘书局
- 审计委员会
- 战略委员会
- 总裁班子

总部职能部门

- 总裁办公室
- 发展计划部
- 财务部
- 生产经营管理部
- 企业改革管理部
- 人事部
- 科技部
- 法律部
- 资本运营部
- 安全监管部
- 能源管理与环境保护部
- 工程部
- 物资装备部（国际事业公司）
- 信息化管理部
- 外事部
- 审计部
- 监察部
- 企业文化部
- 离退休工作部

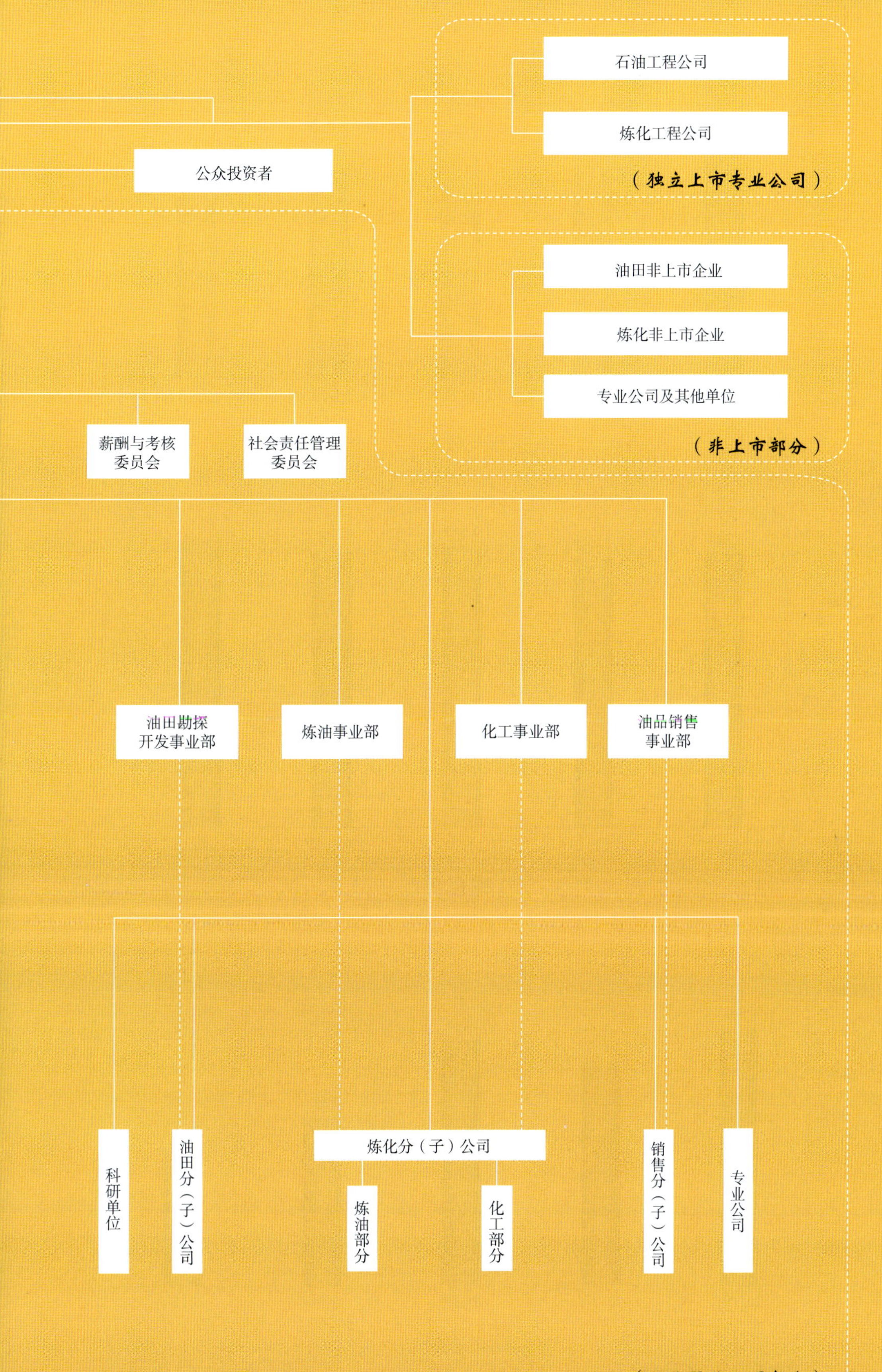

石油工程公司
炼化工程公司
公众投资者
（独立上市专业公司）
油田非上市企业
炼化非上市企业
专业公司及其他单位
薪酬与考核委员会
社会责任管理委员会
（非上市部分）
油田勘探开发事业部
炼油事业部
化工事业部
油品销售事业部
科研单位
油田分（子）公司
炼化分（子）公司
炼油部分
化工部分
销售分（子）公司
专业公司
（石化股份公司部分）

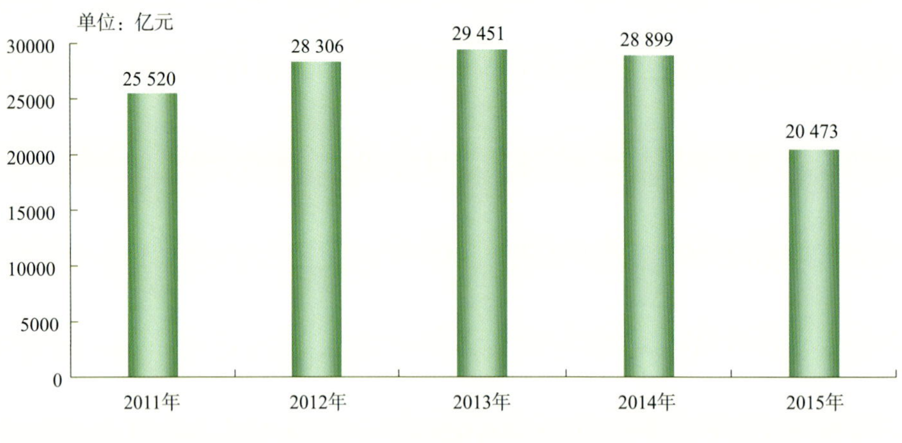

营业收入

上缴税费

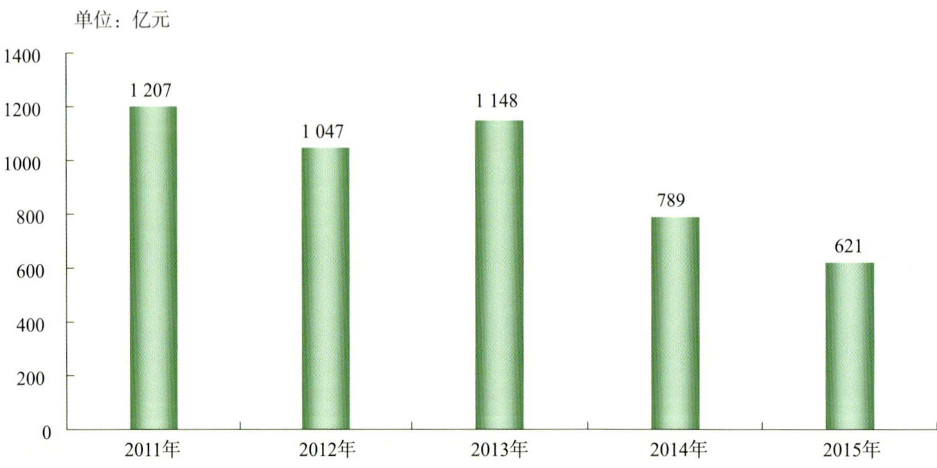

利润总额

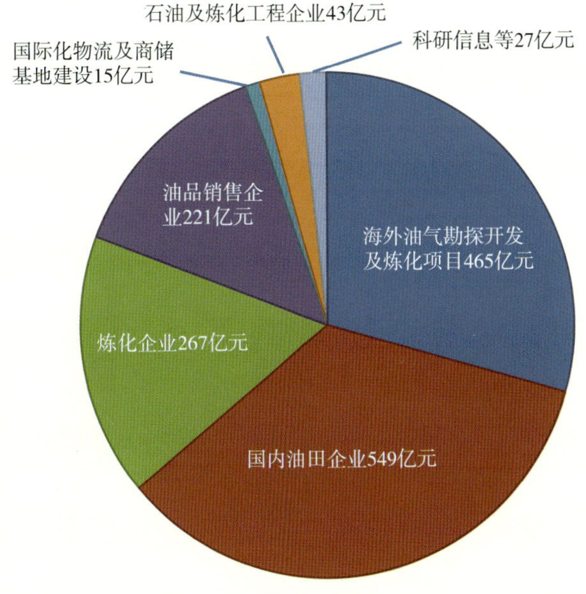

固定资产投资

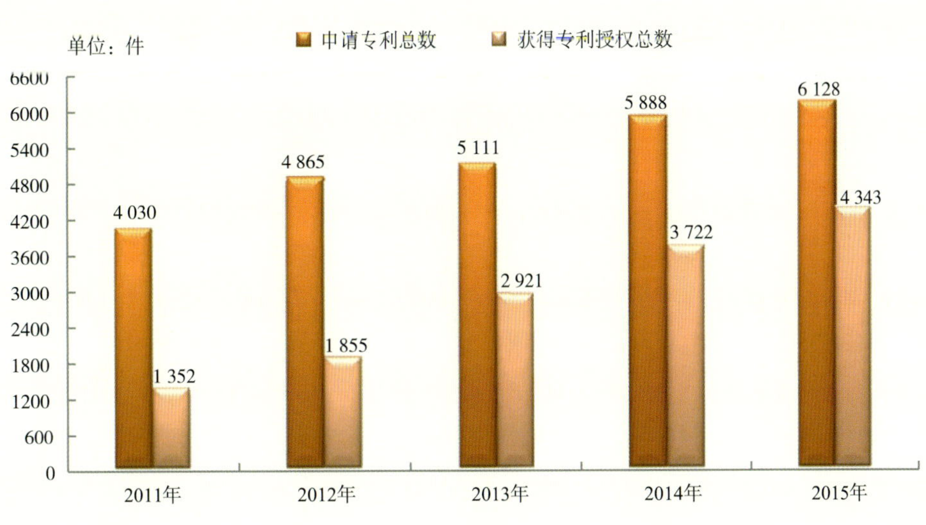

申请专利及获得专利授权总数

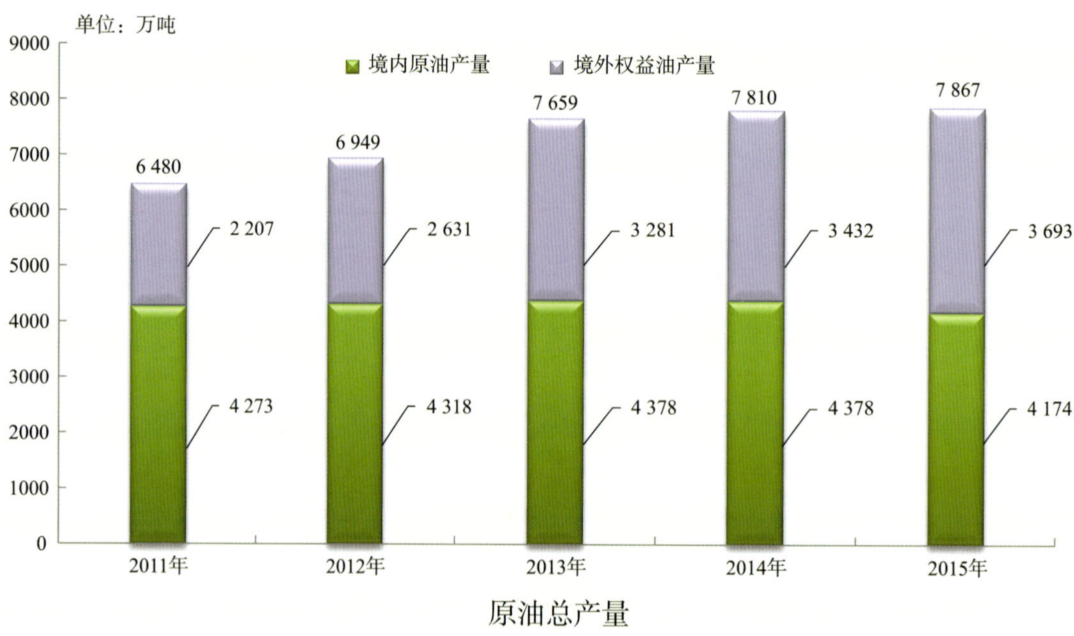

原油总产量

天然气总产量

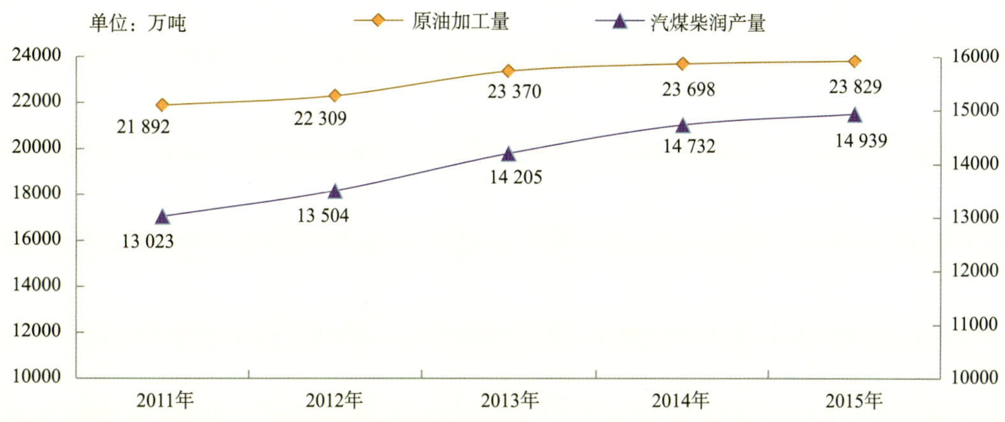

原油加工量及汽煤柴润产量

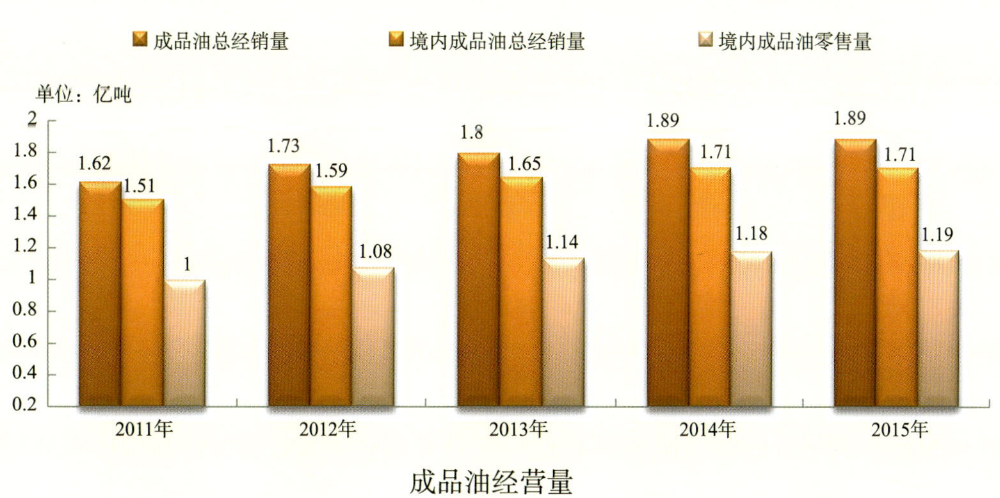

成品油经营量

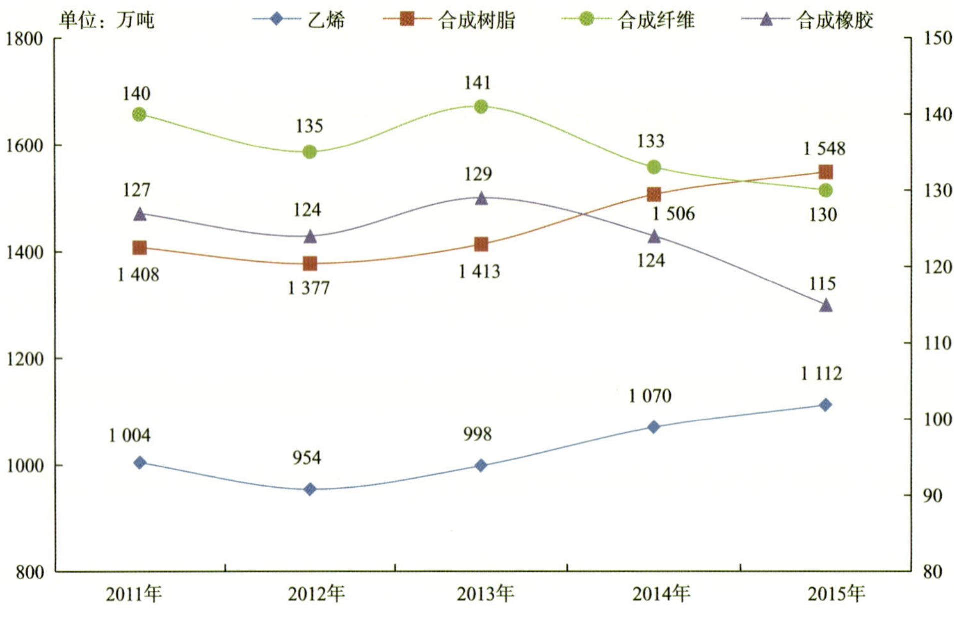

乙烯及三大合成材料产量

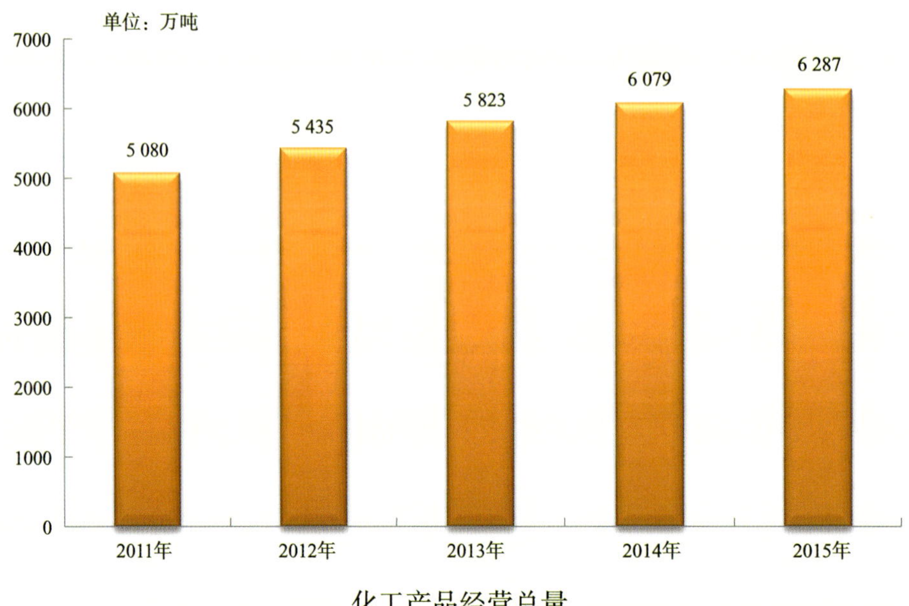

化工产品经营总量

2015 年，石化集团公司国内圈闭预探取得 2 个重大发现、3 个重要发现和 13 个新发现，区带评价勘探取得 16 个商业发现。常规天然气效益开发扎实推进。涪陵页岩气田累计探明储量 3 806 亿立方米，完成一期 50 亿立方米产能建设，正式启动二期 50 亿立方米产能建设。图为焦页 8HF 井施工现场

2015 年，石化集团公司国内原油产量 4 173.74 万吨、减产 204.73 万吨，天然气产量 206.96 亿立方米、上产 5.24 亿立方米。境外油气勘探取得较好成效，全年实现海外权益油气产量 4 436 万吨油当量、增长 8.41%。图为普光天然气净化厂夜景

2015年，石化集团公司炼油生产竞争优势不断增强，产品结构优化增效显著。全年加工原油2.38亿吨、增长0.6%，生产成品油1.48亿吨、增长1.5%。10月完成东部11个省市国Ⅴ汽、柴油质量升级，均提前完成质量升级任务。图为石家庄炼化800万吨/年炼化装置新区全景

2015年，石化集团公司化工板块结构调整取得明显成效，以投入产出效益最大化为目标，动态优化乙烯原料结构；瞄准中高端市场，开发生产高附加值新产品和专用料；彻底退出腈纶毛条、纯碱和隔膜法烧碱等劣势业务，对没有边际贡献且不影响产品链的装置进行限产、停产，减少效益损失。全年化工产品经营总量6 287万吨、增长3.4%，生产乙烯1 111.79万吨、增加42.01万吨，创历史新高。图为中沙石化乙烯装置全景

2015 年，石化集团公司围绕整体效益最大化，实施分品种调控，坚持低库存运作，提升资源整体创效水平。全年实现成品油总经销量 1.89 亿吨，销售天然气 210.1 亿立方米、增加 27 亿立方米。图为江苏石油油库发货场

2015 年，石化集团公司推进非油品专业化、市场化发展，推进多业态规划落地，总结推广新商业模式，提高经营规模和效益，实现量效新突破。全年实现营业额 248.3 亿元、增长 45.2%。图为销售人员向顾客介绍卓玛泉

2015年，石化集团公司石油工程板块面对工作量急剧下滑、队伍大量停待、市场竞争异常激烈等重重困难，着力开拓市场、调整结构、深化改革、挖潜增效，全力打响“战寒冬，创效益”攻坚战，总体实现生产经营和改革发展任务。认真落实国际化经营战略，全年新签境外石油工程技术服务合同额30.1亿美元，完成合同额26.4亿美元。图为江苏石油工程公司工区

2015年，石化集团公司炼化工程板块积极应对市场形势，重调整、谋发展、强基础，各项生产经营目标全面完成。强化过程管理，全力保障重点工程项目顺利实施，项目质量、安全整体受控。提升境外资源整合优势，提高市场开发效率，全年新签境外炼化工程合同额29.44亿美元，完成合同额19.19亿美元。图为洛阳工程公司设计的阿尔及利亚Adrar催化裂化装置

2015 年，石化集团公司全面升级安全监管体系，全力推进油气输送管道隐患整治攻坚战，狠抓现场安全监督管理，实现重大安全事故为零的总体目标。年内上报事故起数、死亡人数分别下降 36.8% 和 55.6%，安全形势保持总体稳定。连续 8 年保持境外公共安全“零死亡”纪录。图为沧州炼化消防演习

2015 年，石化集团公司大力实施绿色低碳发展战略，全面构建节能减排降碳一体化管理体系，扎实推进“能效倍增”计划和“碧水蓝天”环保专项行动，持续提升本质环保水平，没有发生一般以上环境事件。全年外排废水达标率 99.8%，有控废气外排达标率 99.5%，固废合规处置率 100%。图为新星公司河北雄县地热供暖项目

2015年，石化集团公司认真贯彻创新驱动发展战略，强化科技管理，完善体制机制，统筹组织重大科技攻关，加快成果转化与推广应用，各项工作取得良好进展。全年申请境内外专利6 128件、获授权4 343件，获国家科技进步特等奖1项、一等奖1项，国家技术发明二等奖2项，中国专利金奖1项。图为获国家科技进步特等奖的项目组科技专家在装置现场指导工作

2015年，石化集团公司按照信息化与工业化深度融合的总体思路，围绕转型升级、提质增效等中心任务，突出抓好ERP大集中、智能化管线管理、智能工厂试点、统一电子商务与客户关系管理等重点项目建设和“三大平台”完善提升工作，积极推动“两化”深度融合。图为中韩石化中心控制室

2015 年，石化集团公司着力在重要领域和关键环节改革攻坚，继续推进总部职能转变和建设事业部工作，深化炼化工程、石油工程内部重组，完成石化出版社、经济出版社整合，调整集团层面党建和宣传职能。图为西南油气田夯实“三基”工作暨劳模事迹宣讲会

2015 年，石化集团公司切实加强领导班子和干部队伍建设，全面推进人才队伍建设，深化人事用工分配制度改革，有力推动和保障了企业持续健康发展。全年培训规模达 560 万人次，参加远程培训员工达 72.8 万人，总学时长达 5 418 万小时。图为关键岗位海外员工培训班

2015 年，石化集团公司深入学习贯彻习近平总书记系列重要讲话精神，深入开展“三严三实”专题教育，认真落实管党治党责任，从严从实推动党建工作，着力营造良好的企业政治生态和管理生态。图为中国石化“三严三实”专题教育工作动员部署会

2015 年，石化集团公司统筹推进法治建设工作，法律风险防范机制不断完善。紧紧围绕中心工作开展审计监督，强化问责，严格管理。进一步落实党风廉政建设责任，强化监督执纪问责，党风建设和反腐败工作取得新成效。图为金陵石化开展法律进家庭活动

2015 年，石化集团公司坚持和发扬石油石化优良传统，积极培育和践行社会主义核心价值观，开展专项文化建设，稳步推进文化融入管理。大力实施惠民工程，员工群众居住条件大幅改善。图为燕山石化职工住宅小区

2015 年，石化集团公司将公益理念和使命与企业自身优势结合，打造公益品牌活动，为和谐社会贡献力量。继续开展“情暖驿站 · 满爱回家——关爱春节返乡务工人员”大型公益活动；努力做好援藏援青、定点扶贫工作，在凤凰、泸溪、岳西等地开创了产业帮扶；积极支援受强台风“苏迪”袭击和尼泊尔地震灾区救援工作；“健康快车”开进湖北恩施、黑龙江齐齐哈尔和四川凉山，共治愈白内障患者 3 286 人。图为加油站为返乡务工人员免费加油

目　　录

大　事　记

总　　述

境内油气勘探开发

境内石油工程

炼油生产

化工生产

境内炼化工程

产品销售

天然气销售

加油(气)站产品销售

其他炼油产品销售

化工产品销售

国际化经营

重点工程建设

公用工程

安全生产

绿色低碳

科研开发与管理

企业改革与管理

财务资产管理

人事管理

物资采购与管理

“两化”融合

法律管理

审计与监察

内部审计

纪检监察

矿区(社区)建设

企业党建与企业文化

企业党建

企业文化

新闻与出版

人　物

统计资料

附　录

索　引

CONTENTS

Petrochemical Production

Domestic Refinery and Chemical Engineering

Marketing

Natural Gas Marketing

Oil(Gas)Station Product Markting

Other Oil Refining Product Marketing

Petrochemical Product Marketing

International Operation

Key Projects Construction

Public Utilities

Safety

Green & Low – carbon

Scientific Research, Development and Management

Corporate Reform & Management

Finance & Assets Management

Personnel Management

Material Purchase & Management

Integration of Informatization and Industrialization

Legal Affairs

Audit & Supervision

Internal Audit

Discipline Supervision

Mining Area (Community) Construction

Party Building and Corporate Culture

Enterprise Party Construction

Enterprise Culture

News & Publishing

Enterprise & Institutions

Personages

Statistics

Appendix

Index

企业形象宣传专版单位名称

封底：雪佛龙菲利普斯国际化工公司

前　插　页

1. 法国兴业银行
2. 中国工商银行
3. Eneos Italsing Pte Ltd
4. 新加坡 PEC 股份有限公司
5. 南光(集团)有限公司
6. 林德集团
7. 瑞穗银行
8. 三菱东京银行
9. 大华银行
10. 星展银行
11. 三井化学株式会社
12. 丸红(北京)商业贸易有限公司
13. 上海化学工业区发展有限公司
14. 北京世纪天宇广告有限公司
15. 摩科瑞能源集团

中　插　页

1. 中国石化润滑油有限公司
2. 中原油田天然气技术服务中心
3. 中国石化茂名石化
4. 中国石化上海石化
5. 中国石化国际石油勘探开发公司
6. 中国石化扬子石化
7. 扬子石化—巴斯夫有限责任公司
8. 中国石化山东石油分公司
9. 中国石化上海石油化工研究院
10. 中石化第五建设有限公司
11. 石化盈科信息技术有限责任公司

大事记

2015年

1月

9日 2014年国家科学技术奖励大会在人民大会堂举行，中国石化获国家技术发明一等奖1项，国家科技进步一等奖3项，国家技术发明二等奖3项，国家科技进步二等奖5项。

3月

21日 中国自主研发的生物航煤用于商业载客飞行成功。此次飞行加注中国石化1#生物航空煤油，标志着国产生物航煤正式进入商业化应用阶段。

27日 中国石化以优异的社会责任表现进入“中国企业社会责任500强”榜单前10名，并获2015中国企业社会责任典范奖和中国企业社会责任500强责任管理典型案例。

4月

10日 石化集团公司印发《中国石化环境保护管理办法》，明确建立中国石化环境监测体系、环境绩效考核制度、环境事件问责处分制度等，全面实施绿色低碳战略，统筹环境保护与生产经营协调发展，履行企业社会责任，构建资源节约型、环境友好型企业。

22日 中国石化成功发行境外外币债券，其中美元48亿、欧元15亿。该次发行是亚洲公司有史以来最大规模的美元/欧元双币种债券发行，创造了亚洲企业在欧元债券市场上取得的最低发行利率纪录。

27日 中央纪委决定，对王天普涉嫌严重违纪违法问题进行立案调查。石化集团公司立即先后召开党组会和干部大会，表示坚决拥护中央决定，旗帜鲜明反对腐败，并将坚决支持、积极配合组织调查，确保安全生产和生产稳定、队伍稳定、企业稳定。

5月

4日 石化集团公司召开中层以上管理人员大会，中共中央组织部副部长王京清宣布了党中央、国务院关于石化集团公司主要领导变动的决定：王玉普任石化集团公司董事长、党组书记；免去傅成玉石化集团公司董事长、党组书记职务，到龄退出领导班子。

27日 石化股份公司2014年度股东大会在京召开，选举产生了石化股份公司第六届董事会和监事会成员。

6月

24日 中国石化正式发布《中国石化2014年社会责任报告》，这是中国石化自2008年起连续第8年发布企业社会责任报告。

7月

22日 中国石化以4 468.11亿美元的营业收入首次排名《财富》世界500强第2位。

9月

3日 在中国国家主席习近平和俄罗斯总统普京的见证下，石化集团公司董事长王玉普与俄罗斯石油公司总裁谢钦签订《共同开发鲁斯科耶油气田和尤鲁勃切诺—托霍姆油气田合作框架协议》。

19日 中国石化公益慈善明星项目“健康快车”获明善公益榜·上市公司年度最佳公益实践奖。

10月

经专家对涪陵页岩气田焦石坝区块焦页4—焦页5井区探明储量进行评审，中国石化涪陵页岩气田新增探明储量2 739亿立方米，成为全球除北美之外最大的页岩气田。

11月

7日 中国石化入选2015全球竞争力品牌中国十强，这是自2009年该项评选活动开展以来，中国石化连续第6年上榜。

18日 中国石化5个项目获得全国石油和化工科技创新大会技术发明奖。

27日 国家知识产权局公布第十七届中国专利奖名单，中国石化“一种重质油及渣油加氢转化催化剂及其制备方法”获中国专利金奖。

12 月

16 日 “陕西省西咸新区秦汉新城供热项目”成功备案为温室气体自愿减排(CCER)项目，成为全国首个可进入碳市场交易的地热温室气体自愿减排项目。

29 日 中国石化在重庆宣布：国家级页岩气示范区——中国石化涪陵页岩气田顺利实现 50 亿米^3/年产能建设目标。

总 述

凝心聚力　真抓实干
全力推进转方式调结构提质增效升级

2015 年，世界经济复苏疲弱，中国经济增速放缓，石油石化行业形势急转直下。国际油价屡创新低，从年初的 61.9 美元/桶跌至年末的 36.9 美元/桶，国内汽柴油价格分别净下调 885 元/吨和 865 元/吨；成品油市场需求低迷，柴油消费负增长 3.7%；天然气消费不旺，增速从 7.3%降至 4.9%；化工市场波动加大。受此影响，上游业务全面亏损，天然气产能难以释放，石油工程市场萎缩、队伍停待严重；炼油和成品油销售业务消化高成本库存压力巨大，化工产品结构性矛盾凸显，市场竞争异常激烈。

面对挑战和困难，在党中央、国务院的坚强领导下，石化集团公司党组团结带领广大干部员工，紧紧围绕提高发展质量和效益，坚持深化改革、转型发展、从严管理，突出保增长、谋发展、强基础、抓党建，统筹推进各方面工作，取得了来之不易的成绩。

一、生产经营优化运行

认真落实国家经济稳增长的战略部署，从企业可持续发展和维护员工切身利益的实际出发，咬住全年效益目标不放松，多次专题研究部署，2 次调整分解指标。各部门、各板块、各单位按照党组的决策部署，团结一心、顽强拼搏，采取一切措施开源节流、增收创效。上游企业切实转变观念，全方位打响“战寒冬”攻坚战。国内油田深化改革，主动调整产量结构，严控成本费用，减少低效无效产量 56 万吨；海外项目全力压投资、控费用，精简机构和人员，操作成本下降 1.62 美元/桶；石油工程积极开拓市场，苦练内功，挖潜增效，在极其困难的情况下实现了盈利。炼化企业坚持效益优先安排生产经营计划，紧贴市场变化，灵活运用负荷、库存、检修、出口等调节手段，及时调整生产经营策略，取得明显成效。全年在柴油经营量下降 10.6%的形势下，原油加工量增长 0.6%；成品油产量增长 1.5%。销售企业灵活调整营销策略，大力开拓市场，优化销售结构。汽柴油零售量增长 1%，加气量和非油品业务收入增长明显；化工销售充分发挥产销研一体化优势，产品直销率明显提高；天然气销售在巩固存量市场的同时，大力开拓重点目标市场，扩大系统内用气规模；炼油自销产品发挥统销优势，推进专业化经营，市场份额在国内保持领先地位。总部层面立足整体效益最大化，加强一体化协调，在库存管理、原油采购、物资采购、筹融资、清理“两金”占用、资产处置、股权转让等方面做了大量工作，取得了良好成效。

二、结构调整扎实推进

页岩气勘探开发实现储量产量双丰收，作为中国首个大型页岩气田，涪陵气田探明储量超过 3 806 亿立方米，一期 50 亿米^3/年产能建设圆满完成，发展前景喜人。海域勘探取得重大发现，北部湾涠 4 井试油获日产超千吨高产油气流，是国内近十年罕见的高产探井，对拓展海域勘探开发具有重大战略意义。炼油化工狠抓原料、产品和装置结构优化调整，生产柴汽比下降 0.15，高标号汽油、航煤产量分别增长 14.4%和 17.4%；吨化工产品完全加工费下降 127 元，吨乙烯原料成本下降 102 元，合成树脂专用料比例、高附加值橡胶产品比例、化纤差别化率逐步提高。油品质量升级有序推进，安徽、江西、湖北、湖南等国Ⅳ车用柴油封闭运行，广东国Ⅴ车用柴油完成推广。

三、投资发展持续优化

积极适应新常态和低油价，突出转方式调结构，提高发展质量和效益，坚持按照投资回报排队比选，从严从紧控制总量、优化项目，推动主业提质增效升级。涪陵页岩气田一期产能建设、元坝气田滚动建产，齐鲁石化炼油改造、上海赛科丙烯腈、福建炼化 EO/EG、山东 LNG 轻烃回收，九江石化、天津石化等油品质量升级项目顺利建成投产；中天合创、广西 LNG、天津 LNG、湛江商储基地、甬台温成品油管道等在建工程按计划推进；参股俄罗斯西布尔公司 10% 股权等项目完成交割。同时，紧扣国家战略部署，结合公司实际，精心组织"十三五"规划纲要编制工作，形成 1 个总报告和 12 个分报告，充分体现规划的战略性、前瞻性和可操作性。

四、改革管理不断深化

完成集团层面党建和宣传职能调整，持续深化炼化工程和石油工程内部整合重组。不断健全管理制度和程序，促进了企业管理规范化、制度化。持续优化业务流程，提升管理效率和运行效率。把加强"三基"工作放在更加重要的位置，出台相关指导意见，突出抓基层、强基础，着力抓实岗位责任制、班组建设和员工技能培训，努力推动"严细实"作风落地生根。大力实施降本减费，通过加强原油和物资采购管理，加大资源优化力度，清应收、减占用、控库存，处理低效无效资产等措施，各项成本费用指标实现较好控制。

五、科技创新成果丰硕

围绕生产经营、结构调整和未来发展需要，组织技术攻关和创新，加快技术成果转化和推广，取得了较好效果。建立了页岩气藏综合评价、水平井优快钻井、长水平井分段压裂以及绿色开发配套技术为主的页岩气开发技术体系，为涪陵页岩气示范区产能建设提供了技术支撑。多产轻质油的加氢与催化裂化集成技术、催化柴油生产高辛烷值汽油技术成功实现工作应用，为提高石油资源利用率、调整产品结构提供了新途径。气液法聚乙烯成套技术在工业装置上成功应用，可生产三元共聚、超低密度聚乙烯等系列高性能产品。此外，自主研发的高效环保芳烃成套技术荣获国家科技进步特等奖，乙烯三聚制 1 - 己烯新型催化体系及成套工艺技术、含高浓度分散相的搅拌反应器数值放大与混合强化新技术获国家技术发明二等奖。全年国内外专利申请量 6 128 件，获得专利授权 4 343 件。

六、安全环保形势好转

把抓好安全生产作为加强"三基"工作的突破口，从严从实落实安全生产责任、加强承包商管理、配备安全总监、加强现场督察、整治安全隐患、狠抓责任追究，迅速扭转了安全生产被动局面。2015 年上报事故起数、死亡人数与上年相比分别下降 36.8% 和 55.6%，未发生境外公共安全死亡事件。强力推进油气管道和罐区隐患整治攻坚战，整治完成率 92.15%。其中，密闭空间隐患整治全部完成，一般隐患整治完成率 96.4%，重大隐患整治完成 85.12%。扎实推进"碧水蓝天"行动和"能效倍增"计划，2015 年万元产值综合能耗比 2010 年下降 7.3%，公司节能指标和主要污染物排放量完成考核任务，获 2015 中国绿色低碳榜样称号。

七、党的建设扎实推进

切实履行管党治党责任，着力营造从严从实、风清气正的企业政治生态和管理生态。认真组织开展"三严三实"专题教育，各级领导干部讲专题党课 1 100 多次，直属单位领导班子共开展专题学习研讨 1 168 次，给各级领导干部补了钙、加了油。狠抓干部队伍和各级机关作风建设，见到了明显效果。以高度的政治责任感抓好中央专项巡视反馈意见整改，各项整改任务全面完成，得到了中央巡视组的充分肯定。开展领导人员个人有关事项报告抽查核实。严格落实"两个责任"，增强纪检监察力量，加大执纪监督问责力度，严肃查处各类违纪违法问题，起到了震慑警示作用。持续开展党建考核，党建工作整体水平明显提升。大力弘扬石油石化优良传统，有效发挥群团组织的桥梁纽带作用，广泛宣传田明、薛梅等先进人物，唱响了主旋律，提振了精气神。

2015 年，石化集团公司国内生产原油 4 174 万吨、同比（下同）下降 4.7%，生产天然气

207 亿立方米、增长 2. 6%；海外权益油气当量产量 4 436 万吨、增长 8. 4%；加工原油 2. 38 亿吨、增长 0. 6%；境内成品油经营量 1. 71 亿吨、增长 0. 2%；生产乙烯 1 112 万吨、增长 3. 9%；化工产品经营总量 6 287 万吨、增长 3. 4%。万元产值综合能耗下降 0. 7%，化学需氧量、氨氮、二氧化硫、氮氧化物等减排任务全面完成。全年实现营业收入 2. 05 万亿元、下降 29. 1%，实现税费 3 557 亿元、增长 7. 56%，较好地完成了全年效益指标。

2016 年是“十三五”的开局之年，中国石化将认真贯彻落实党的十八大和十八届三中、四中、五中全会精神，深入学习贯彻习近平总书记系列重要讲话精神，牢固树立和贯彻落实中央提出的新的发展理念，坚持稳中求进工作总基调，全面实施公司五大发展战略，聚焦提质增效升级，加快转方式调结构，全力拓市场、抓优化、降成本、控风险，着力深化改革、强化创新、严细管理，全面加强党的建设，坚定信念、实干苦干，坚决完成全年各项目标任务，全力打赢转方式调结构攻坚战，为全面建成小康社会、实现中华民族伟大复兴的中国梦做出新的更大贡献。

境内油气勘探开发

综　　述

2015年，面对国际油价屡创新低和国内天然气消费增速大幅回落的前所未有的挑战，油田板块在石化集团公司党组的坚强领导下，牢牢把握“保增长、谋发展、强基础、抓党建”的工作主线，以“积极进取、沉着应对、效益为先、持续稳定”的应对策略，以“困难面前有我们，我们面前无困难”的高昂斗志，以“严细实”的优良作风，团结一致，迎难而上，奋力拼搏，全力打好“战寒冬、创效益”进攻仗，圆满完成年度生产经营任务。

一、油气勘探加强新区新领域预探，取得新的重大发现

油田板块牢固树立高效勘探理念，深化研究，科学论证，优化部署，严格执行“三不打”要求，取得显著勘探成效。

圈闭预探取得2个重大发现、3个重要发现和13个新发现。西南油气分公司部署于四川盆地龙门山前带的鸭深1井、羊深1井，在雷口坡组试获高产气流，实现川西海相天然气勘探重大发现；上海海洋油气分公司部署于北部湾海域涠西区块的涠4井，在涠洲组两层分别试获日产1 458立方米和1 349立方米的高产油流，实现海域自营区油气勘探重大发现。同时，在杭锦旗什股壕、塔中顺托果勒和顺北奥陶系勘探取得3个重要油气发现；在塔里木盆地古生界碎屑岩、准噶尔盆地岩性油藏、四川盆地中浅层、东海西湖深层和东部老区济阳坳陷、泌阳凹陷北部斜坡带、金湖凹陷近岸水下扇、江陵凹陷南斜坡等“三新”领域取得13个新发现，开辟了增储上产新阵地。

区带评价勘探取得16个商业发现。在埕岛、东营南坡、东营北带和车镇北部砂砾岩油藏、南阳凹陷、高邮凹陷、溱潼凹陷、塔河奥陶系、准西缘、鄂南等地取得10个石油商业发现，在川西海相、杭锦旗十里加汗、川东北中浅层、顺南奥陶系、东北龙凤山和西湖花港构造带等地取得6个天然气商业发现。

二、天然气打造规模增效新亮点，保持持续上产

页岩气勘探开发实现跨越式发展。截至2015年底，涪陵页岩气田累计探明储量3 806亿立方米，圆满完成一期50亿立方米产能建设，正式启动二期50亿立方米产能建设，累计产气43.5亿立方米，建成北美以外首个实现商业开发的大型页岩气田，超额完成国家级页岩气示范区和示范基地勘探开发计划，走在了国内前列。同时，在大焦石坝南部、威远—荣县勘探取得2个商业发现，武隆向斜取得常压页岩气勘探突破，开辟了增储上产新阵地。

常规天然气效益开发扎实推进。强化普光、雅克拉等老气田管理，加大产能建设力度，精心组织生产运行，新建产能27.8亿立方米，年产气174.2亿立方米。西南油气分公司加大川西中江—回龙滚动勘探与气藏评价力度，积极推进元坝气田17亿立方米滚动产建工程和川西中浅层稳产工程，新建产能16.1亿立方米，年产气48.3亿立方米，同比上产14.5亿立方米，实现扭亏为盈。华北油气分公司积极推进鄂北气藏评价和产能建设，新建产能6亿立方米，年产气33.3亿立方米。东北油气分公司加快龙凤山北201井区气藏开发评价，年产气6.5亿立方米。

三、油田开发突出全方位优化，效益开发取得新成效

面对低油价，油田板块切实转变油田开发理念，从以产量论英雄向以效益论英雄转变，建立随油价波动的弹性决策和生产运行机制，严格执行“五不干”要求，全力抓好各环节优化，主动压减高成本措施和低效无效产量，努力降低低油价的影响。

增量项目聚焦效益建产优化实施。一方面，狠抓滚动勘探与油藏评价不放松，强化研究和目标论证，突出风险控制，着力拓展新领域，全年落实商业开发储量5 388万吨。西北油田在塔里木顺托果勒北部部署的顺北1－1H井，获稳定日产油83吨，至年底累计产油近万吨，开辟了塔河外围建产新阵地；准西缘排10西、胜利滨三区和三合村、溱潼凹陷西斜坡等地评价取得新突破。另一方面，上、下半年分别按60美元/桶、70美元/桶油价评价筛选产能项目，依据油价变化释放效益好的项目，停建、缓建效益不达标项目；全面落实方案技术首席负责制，反复优化方案，加强续建项目复议，及时把有效项目纳入运行。

存量结构优化见到显著降本成效。胜利、中原、河南、江苏等单位加强产量和注采结构优化，探索开展区块、单井效益分级分类评价，大幅压减低效无效措施工作量，科学降低系统运行负荷，优化低效井间开制度，延长热采转周时间，利用峰谷电价优化工况，全年共压减液量678万吨、注水量604万立方米、原油产量30万吨。同时，各单位全面开展注水大调查，开展老区一体化治理和井组注采完善，加大精细注水技术应用，提高了注水“三率”，夯实了效益开发基础。

四、经营管理坚持效益为先，成本和投资管控成效显著

油田板块牢固树立过紧日子思想，严格“两全”

管理，大力推行10项保效增效措施，全面落实以效益最大化为核心的投资决策机制，深挖细找漏失点、节约点、增效点，千方百计压费用、降成本、减支出，确保了经营任务的完成。

成本管控创出新水平。总部层面，年初精心制定10项保效增效措施，加强成本费用过程管控，实行月度预算滚动安排部署；立足整体效益最大化，优化涪陵、普光和元坝天然气产销运行。总部调整经营指标后，重新测算分解增收和降本目标，强化跟踪分析，动态优化控制，努力消化油价不断下跌对经营指标的影响。企业层面，各单位顾全大局，勇于担当，明确责任，细化保效增效措施，加强各环节优化，全面推行原油弹性产销，努力推动天然气拓市增销，千方百计增收节支。全年实现降本增效108亿元。

投资管控实现新提升。严格项目排队优选机制，严把项目审查和效益决策关，对效益不达标、方案优化不到位、风险不可控和HSE不符合要求的项目不予投资。探索实施油田开发弹性投资管理，大力落实投资回报责任制，企业效益意识、回报理念进一步增强。全年优化控减投资88亿元。

五、改革创新迈上新台阶，有力推动了转型发展

油公司体制基本建成。各油气田分公司精心协调组织，加快运行节奏，分公司机关、采油(气)厂和科研队伍全部建设到位，比计划提前1年完成。

管理创新迈出新步伐。“三基”工作方面，以采油(气)管理区和基层专业化队伍为主要对象，以“五项劳动竞赛”为抓手，以推广胜利油田的价值积分管理法为契机，从严从细从实抓好岗位责任制落实，进一步夯实了管理基础。人力资源管理方面，严把用工入口，积极稳妥清退劳务派遣工和社会化业务外包用工，用工总量同比减少5 000人；稳步推进深化用工制度改革和规范劳务派遣工作，编制完成油田板块“三定”标准和油公司标准化岗位目录初稿，着力消化人工成本刚性增长因素，为人力资源优化奠定了良好基础。区块目标管理方面，针对15个低效无效区块，编制降本减亏方案并实施，2个气田区块实现扭亏，13个区块降本成效明显。各单位大力落实“五到区块”，全面推广胜利油田“三线四区”模型，促使区块从无效变有效、有效变高效、高效再提效。地面工程和设备管理方面，积极推进普光气田安全隐患治理工程和元坝净化厂提质提效，持续抓好“三化”工作和智能化管线管理系统建设，探索闲置设备统一调配机制，取得积极进展。信息化提升方面，启动油气生产信息化建设和EPBP平台推广工作。79个采油(气)管理区生产信息化建设扎实推进；西南油气分公司EPBP平台上线运行，河南、江汉和华东3家单位EPBP平台推广正式展开。

六、技术创新实现新进步，进一步提升了勘探开发成效

精细注水技术取得新成果。发展完善测调一体等注水技术，分注井增加565口，分注率提高2.1%；攻关研究在线测调技术，实现远程实时调配，提升了注水时效；特低渗油藏有效注水开发实现突破，滨425块沙四上日产油从28.6吨升至75.4吨。

稠油开发技术见到新成效。初步形成水溶性降黏体系等强化冷采技术，平均单井增油585吨。自扩散降黏体系在胜利陈25块、中一区馆4开展化学强化水驱试验，降水增油效果显著。推广蒸汽流场高效调整技术1 740井次，周期油汽比提高0.08。

低成本压裂技术实现新突破。低前置液加砂压裂技术在义50－斜7井应用成功，单井降低压裂费用10%左右。自悬浮砂清水压裂技术在华东曹101井应用成功，产量为同区块油井的3倍。新型高速通道压裂技术在河南油田、江苏油田现场试验获得成功，有效提高了裂缝导流能力。

石油工程技术取得新进展。①钻完井提速提效创出新指标。川西工区羊深1井、鸭深1井等超深井，实现300天完钻的提速提效目标，钻井周期缩短30%；涪陵工区焦页9－1HF、9－3HF井实施同步交叉压裂，缩短施工周期40%；焦页24－1HF井钻完井周期42.25天，创工区最短纪录。②下扬子地震攻关取得积极进展。采用小道距、长排列和宽线高覆盖观测系统，流沙发育区钻井成井技术取得突破，获得了较高品质采集资料。

七、从严QHSE管理，保持生产平稳运行态势

从严加强安全环保管理。持续推进HSE责任制落实，完善HSE管理体系，加强安全大检查以及井控、海上等专项检查，扎实推进安全环保隐患治理，狠抓承包商和“三同时”遗留问题专项整治，认真做好国家级井喷突发事件应急演练，创新建立产建项目安全和环保工程方案模板，深入开展“我为安全做诊断”活动，共完成1 956口废弃井、126个管网重点安全隐患项目和14个“碧水蓝天”项目治理，清理“三同时”遗留问题58项，确保了安全环保形势总体稳定。

从严加强节能减排和质量管理。全年实施“能效倍增”项目39项，申报2项CCER项目，完成年度碳排放计划指标，全年万元产值综合能耗低于考核指标5%。强化原油质量风险管控和天然气质量整治，完成年度考核任务。

八、自觉践行“三严三实”，凝聚战寒冬的强大合力

油田板块按照石化集团公司党组的统一部署，与弘扬石油石化优良传统相结合，与学习田明和薛梅活动相结合，与打好“战寒冬、创效益”进攻仗相结合，扎实推进“三严三实”专题教育，取得实实在在的成效。各级领导干部自觉践行“三严三实”，把“严”和“实”的要求融入到党性修养全过程，贯穿到履职尽责各方面，体现到应对低油价的实践中，咬紧任务目标不放松，面对改革发展难题不退缩，敢于担当、知难而进，以扎实本领和过硬作风带头战寒冬，凝聚了攻坚克难的强大正能量。

（李　冰）

油气勘探

【概述】 2015年，石化集团公司在常规油气勘探方面取得2个重大发现、3个重要发现、13个新发现和16个商业发现，新增石油控制储量1.27亿吨、预测储量1.7亿吨，分别为年计划的98%和100.3%；新增天然气控制储量3 176亿立方米、预测储量3 607亿立方米，分别为年计划的187%和144%。截至年底，石化股份公司在全国57个盆地（坳陷）拥有勘查区块269块，面积85.74万平方千米（含页岩气增列区块）。

（许静华）

【勘探工作量】 2015年共完成二维地震5 143千米、三维地震5 055平方千米；完成预探井、评价井、滚动勘探与油藏评价井418口，进尺110.95万米。24口预探井获工业油气流，成功率41.9%。

（许静华）

【2个重大油气发现】 在川西海相继彭州1井在雷口坡组海相储层获得突破后，甩开部署的鸭深1井在雷四段获日产48.5万立方米的工业气流，羊深1井在雷四段获60.32万立方米工业气流，取得了龙门山山前带天然气勘探的重大发现，2015年新增控制储量1 112.95亿立方米、预测储量1 290亿立方米。北部湾海域涠西区块部署的涠4井，在涠洲组两层分别试获日产1 458立方米和1 349立方米的高产油流，实现了海域自营区油气勘探重大发现。

（许静华）

【3个重要油气发现】 塔里木盆地塔中顺托果勒低凸起顺托1井在一间房组、鹰山组上段获高产气流，进一步揭示了塔中北坡具备整体含气的有利地质条件，2015年提交预测储量443.83亿立方米。塔里木盆地顺北区顺北1－1H井在奥陶系一间房组获日产原油184.95吨、天然气9.07万立方米。鄂北杭锦旗锦105井在盒3段试获工业气流，进一步证实了什股壕圈闭盒3气藏良好的含气性，展现了千亿立方米储量阵地。

（许静华）

【13个油气新发现】 石油方面，塔里木盆地塔河油田部署的胡杨1井在石炭系卡拉沙依组试获日产原油148立方米、气1.57万立方米，取得古生界碎屑岩勘探导向性发现。准噶尔盆地中4区块部署的董701井在侏罗系头屯河组试获日产油43.7立方米、气2.96万立方米；春光探区部署的春79井在白垩系获工业油流，新增预测储量870万吨。鄂尔多斯盆地部署的渭北77井首次在渭北隆起长9试获工业油流，进一步证实渭北隆起区下部成藏组合含油性良好。辽东东部署的胜顺701井东营组试获工业油流，证实辽东东构造带西部断阶带的勘探潜力。泌阳北部斜坡带部署的柴50井试获工业油流，在王集主体区形成新的增储阵地。金湖凹陷深凹带部署的前锋1井获工业油流，在戴南组近岸水下扇构造—岩性圈闭取得新发现。江陵凹陷南斜坡部署的同升1井获工业油流，在大型滩坝砂岩性油藏勘探取得新进展。天然气方面，川西坳陷东坡部署的隆兴1井在沙溪庙组试获工业气流，取得南北向构造带断层下盘勘探新发现。阆中地区部署的星101井在须四段试获日产气17.54万立方米。巴中地区部署的元陆171井在千佛崖组试获日产油2.2立方米、气1.3万立方米，进一步揭示该地区油气兼探的良好条件。济阳坳陷车镇凹陷部署的大斜38井试获日产气5.2万立方米。海域天然气勘探取得重要进展，含气范围进一步扩大。

（许静华）

【16个油气商业发现】 石油评价勘探取得10个商业发现：塔河深层鹰山组新增控制储量2 543万吨，埕岛新增控制储量1 659万吨，东营南坡新增控制储量1 556万吨，准噶尔西缘新增控制储量1 031万吨，溱潼凹陷新增控制储量633万吨，南阳凹陷新增控制储量518万吨，江陵凹陷南斜坡新增控制储量538万吨，金湖凹陷新增控制储量474万吨，高邮凹陷新增控制储量355万吨，海安凹陷新增控制储量207万

吨。天然气评价勘探取得6个商业发现：川西龙门山前带雷口坡组新增控制储量1 112亿立方米，鄂北杭锦旗十里加汗区带新增控制储量762亿立方米，川东北中浅层新增控制储量601亿立方米，塔里木顺南奥陶系新增控制储量319亿立方米，海域新增控制储量270亿立方米，长岭龙凤山次洼新增控制储量109亿立方米。

（许静华）

【勘探效益】 2015年共预探圈闭121个，完钻118个，有结论114个，新获工业油气流圈闭35个，圈闭预探成功率30.7%。平均每口探井控制油当量地质储量149.04万吨，每米进尺控制油当量地质储量538吨。每吨控制油当量地质储量直接成本23.09元。

（许静华）

【非常规勘探开发工作量】 2015年完成三维地震1 151平方千米；钻井126口，进尺60.64万米。其中，完成页岩气探井9口，开发井115口，压裂试气井109口，投产井91口。

（龚 铭）

【页岩气主要进展】 圆满完成涪陵页岩气田一期产能建设，实现产量、储量双丰收。2015年新建页岩气产能25亿立方米，年产气31.7亿立方米，商品量30.41亿立方米，分别为年度目标的100%、100.5%和100.6%。累计建成50亿米^3/年生产能力和集输工程、55亿米^3/年的脱水装置、3.5万米^3/日的供水系统、47座地面集气站及110千伏变电站，如期完成中国首个大型页岩气田——涪陵页岩气田焦石坝一期50亿米^3/年产能建设目标。经国家储委审定，新增页岩气探明含气面积277.09平方千米，探明储量2 738.5亿立方米；累计探明含气面积383.54平方千米，探明储量3 805.98亿立方米。

积极推进涪陵页岩气田二期50亿米^3/年产能建设评价。①焦页5、6、7、8、9等探井钻遇良好优质页岩，品质与焦石坝主体相当，具有良好的勘探开发前景。焦页8HF井试获日产气20.9万立方米，取得大焦石坝南部商业发现。②焦石坝主体外甩7口评价井进展顺利，揭示资源丰富、可靠。焦页69-2HF、焦页81-2HF和焦页60-5HF井试气分别获得日产气15.1万立方米、5.31万立方米和6.85万立方米。

四川盆地及周缘页岩气勘探取得新的商业发现。威远—荣县区块的威远1HF井在五峰—龙马溪组试获日产气17.5万立方米，取得新的页岩气商业发现。该井完钻井深4 788米，水平段长1 004.92米，分16段压裂。彭水区块的隆页1HF井在五峰—龙马溪组试获日产气4.24万—6.29万立方米，实现盆外复杂构造带宽缓向斜区内页岩气勘探突破。该井井深4 378米，水平段长1 317米，分17段压裂。荣昌—永川区块的永页1井钻遇优质页岩，完钻井深5 578米、水平段长1 502.06米，有望取得新的商业发现。

（龚 铭）

【煤层气主要进展】 延川南煤层气田排采稳步推进，日产气量逐步上升。截至2015年底，延川南煤层气气田共投产井930口、产气井610口，日产气达39.4万立方米，其中千立方米井86口。2015年累计产气1亿立方米。

（龚 铭）

油田开发

【概述】 2015年，油田开发按照“积极进取、沉着应对、效益为先、持续稳定”的应对低油价策略，积极适应从上产、稳产到调整减产的转变，跟踪和分析油价走势，持续研究和探索应对措施，坚持抓好部署、方案、设计、运行4个层面的优化，大力推进管理创新和技术创新，着力推进结构调整，严格落实“五不干”要求，取得显著成效。

油田开发资源动用情况。截至年底，投入开发油田204个，动用石油地质储量71.30亿吨，当年新增动用储量4 677万吨。井网、工艺条件下标定可采储量19.10亿吨，采收率26.79%。

油田开发现状。截至年底，共有油水井数67 680口，其中油井49 662口、注水井18 018口。油井开井40 053口，开井率80.7%，年均含水90.0%，平均单井日产油2.8吨，采油速度0.59%，剩余可采储量采油速度10.74%，采出程度21.66%。注水开井13 746口，开井率76.3%，平均单井日注水69立方米，年注水3.48亿立方米，月注采比0.90，累计注采比0.82。

（许进进）

【原油产量】 2015年，石化集团公司原油产量为4 173.74万吨，同比减少204.72万吨。其中，东部生产原油3 210.13万吨，减少172.16万吨；西部生产原油963.61万吨，减少32.56万吨。胜利油田西部上产15万吨，达102万吨；河南西部春光油田上产6.20万吨，达85.70万吨。各油田企业原油产量见表1。

（许进进）

表1　　石化集团公司各油田企业原油产量　　万吨

油田＼年份	2015	2014	2013	2012	2011	2010
石化集团公司合计	4 173.74	4 378.47	4 378.01	4 318.25	4 272.85	4 256.08
胜利油田	2 710.00	2 787.14	2 776.24	2 755.00	2 734.00	2 734.00
中原油田	182.60	231.00	243.00	252.00	262.40	272.50
河南油田	231.00	241.00	235.00	226.00	225.00	227.00
江苏油田	155.50	171.00	171.20	171.00	171.00	171.00
江汉油田	88.50	97.50	98.20	96.90	96.50	96.50
西北油田分公司	703.00	735.50	737.00	735.00	725.00	700.00
华东油气分公司	35.00	35.00	30.30	23.50	18.00	15.00
华北油气分公司	39.60	53.50	60.00	32.00	15.40	12.50
东北油气分公司	14.70	19.30	21.70	22.00	21.00	22.50
西南油气分公司	1.70	2.30	2.20	2.20	2.00	2.50
上海海洋油气分公司	12.00	5.20	3.20	2.60	2.50	2.50

【滚动勘探与油藏评价】　以增加商业开发储量为核心，更加注重质量和效益，更加注重前期基础研究，更加注重风险控制，更加注重过程管理，全年落实商业开发储量5 388万吨。塔里木顺北1－1H井获得稳定日产油83吨、气4万立方米，至年底累计产油突破1万吨，2口评价井、4口开发准备井正在钻进，开辟了新的规模商业开发阵地；准西缘排10西岩性油藏滚动取得突破，苏1－2、苏1－4井获稳定日产稀油10—32吨，落实商业开发储量77万吨，苏1－5在石炭系凝灰岩新层系首次试获日产油6.1吨；胜利滨三区新采集高精度三维地震资料品质显著提升，在馆下、沙河街、火成岩等落实一批有利目标。

（许进进）

【产能建设】　增量项目狠抓方案优化，所有方案都“回头看”，按照效益目标进行多轮次反复优化。对78个跨年续建项目，结合油价重新系统复议和优化，停建、缓建28个效益较差的项目；对47个已形成方案的新开项目进行再论证和优化，停建、缓建达不到效益标准的项目30个；积极跟踪勘探、滚动、评价新进展，及时落实18个新的效益项目方案。上、下半年分别按60美元/桶、70美元/桶油价评价筛选、组织实施。全年投产新井1 674口，平均单井日产油5.2吨，同比提高0.8吨。

（许进进）

【老油田精细开发】　①调整产量结构。以区块和单井为基本单元，开展效益评价，制定不同油价下的弹性生产方案，对达不到临界效益的无效油水井实施关停。全年关停油井1 829口、注水井639口。对不同类型的1 600口低效井分别采取调参间开、延长转周、选择性不扶躺等手段，节约了生产运行费用。②调整措施结构。建立不同区块、不同类型措施的单井经济极限评价图版，无效益的措施坚决不干，严格控制大修、堵水、压裂等投入高、风险大的措施。油井措施同比压减1 659井次，措施有效率达85.4%，同比提高3.6个百分点，单井次增油从393吨提高至440吨。③调整注水、产液结构。全面开展注水大调查，按节点查找分析影响水驱效益原因，推广实施整装油藏韵律层细分注水、低渗油藏间歇采油、断块油藏不稳定注采等低成本水驱技术。以联合站为中心，制定系统优化的注采方案，科学压减运行负荷，优化地面系统，实现降液、降水、降电、降本。通过结构优化，全年共压减低效液量678万吨、注水量604万立方米，直接节约成本8亿元。

（许进进）

【油田开发管理】 ①大力落实以效益最大化为核心的油田开发投资项目决策体系。严格执行项目统一排队优选机制，严把项目审查和效益决策关，全面推进方案技术首席负责制落实，对效益不达标、方案优化不到位、风险不可控的项目坚决不予安排。全年油田开发投资比年初计划控减35.6亿元；新老区产能项目设计产能符合率超过90%，同比提高5个百分点以上。②全力降低工程成本。在确保安全和质量的前提下，全力抓好方案设计交互式多轮次优化，力争把项目降本提效做到极致。胜利油田原油产能效益达标项目从年初的33个增加到137个；西北油田分公司降低工程成本5%—15%，大大增加了效益达标井数；江汉油田钻采成本下降8%、单井地面投入降低20%。③初步建立以效益为中心的生产运行机制。组织完善和规范区块、单井、措施增产效益评价模型，初步制定不同类型油藏关停低效、无效井的管理流程和后续管理要求，形成整体压减负荷的一套技术思路和条件。各油田企业结合实际建立了措施统一平台排队优选的管理办法。

（许进进）

气田开发

【概述】 2015年，常规天然气开发工作以提高发展质量和效益为核心，以安全生产为保障，全力抓好元坝海相、大牛地、川西东坡沙溪庙和东北龙凤山等四大产能建设工程，加强滚动勘探与气藏评价工作，积极准备新的建产阵地，加强产销衔接，完成年度天然气保效增效生产任务。

气田开发储量动用情况。截至年底，投入开发气田(藏)135个，累计动用天然气储量14 116亿立方米，储量动用率50.5%，经济可采储量4 910亿立方米，标定采收率34.8%，剩余经济可采储量2 247亿立方米。其中，气层气动用储量10 845亿立方米，经济可采储量4 029亿立方米，标定采收率37.1%，剩余可采储量2 139亿立方米；溶解气动用储量3 271亿立方米，经济可采储量881亿立方米，标定采收率26.9%，剩余经济可采储量108亿立方米。全年新增天然气动用储量792亿立方米，新增经济可采储量281亿立方米。

气田开发现状。截至年底，共有天然气生产井4 582口，开井3 550口，开井率77.48%，平均单井日产气1.61万立方米，采气速度1.8%。采出程度17.4%，动用储量储采比为11.2。2015年度天然气储采平衡系数为1.38。

（张　华）

【天然气产量】 2015年生产常规天然气174.24立方米，同比减少16.32亿立方米。

（张　华）

【生产能力】 截至2015年底，天然气生产能力236.22亿立方米，同比增加13.82亿立方米。其中，气层气生产能力224.85亿立方米，增加14.79亿立方米；溶解气生产能力11.38亿立方米，减少0.97亿立方米。

（张　华）

【天然气开发管理】 元坝海相超深高含硫生物礁气田基本建成。元坝长兴组气藏34亿立方米产能建设工程于2011年启动，分2期进行建设，其中一期试采工程于2014年底建成投产，二期滚动建产工程于2015年10月陆续投产。截至2015年底，气田动用储量1 009亿立方米，投产测试井32口，建成净化气产能31.5亿立方米，已测试井各项开发指标符合设计方案，剩余5口井计划于2016年投产。

鄂北完成6亿立方米产能建设任务。华北油气分公司进一步完善致密低渗气藏储层预测和含气性预测技术，加强复杂地质条件水平井优快钻完井和高效储层改造技术攻关应用，在大牛地气田上古、下古及杭锦旗锦66、锦58井区，新钻开发水平井86口，新增动用储量258亿立方米，平均单井日配产2.1万立方米，新建产能6亿立方米。截至2015年底，大牛地气田天然气保有生产能力达46.5亿米^3/年，同比增加1亿立方米。2015年生产天然气33.28亿立方米，减少6.72亿立方米。

东北龙凤山气田产能建设效果较好。在探井北201井取得成功的基础上，东北油气分公司积极开展龙凤山气田开发评价，落实商业开发储量31亿立方米；部署完钻13口开发井，新建天然气产能1.06亿立方米、凝析油产能1.88万吨。截至2015年底，东北天然气保有生产能力达9.5亿米^3/年，增加1.4亿立方米。2015年生产天然气6.48亿立方米。

滚动勘探与气藏评价取得新进展。杭锦旗锦58井区不断深化地质认识，形成针对性的储层预测技术，明确了有利储层反射结构特征，评价落实商业开发储量331亿立方米，展示了良好的开发前景。大牛地下古奥陶系风化壳气藏形成“定性+定量”的风化壳储层预测技术，明确了风化壳有利储层地震响应特征，评价落实商业开发储量101 亿立方米。川西东坡沙溪庙气藏进一步完善以“河道砂体识别与刻画”为特色的隐蔽岩性气藏储层预测技术体系，评价落实商业开发储量41 亿立方米。

（张 华）

采油气管理

【采油工程队伍】 截至2015 年底，石化股份公司采油工程系统共有采油（气）厂59 个、作业处（公司）3 个、采油院（工程院）10 个，合计总人数148 146 人。其中，采油（气）厂141 472 人，作业处（公司）4 149 人，采油院（工程院）3 222 人。从队伍类型上看，采油工程一线及辅助队伍共有2 511 支、111 416 人，采油（气）厂科研单位127 个、5 961 人。

（马玉生）

【重点工艺技术措施工作量及效果】 2015 年，石化股份公司各油田企业共实施油气水井大修作业960 口，成功822 口，成功率85.6%，平均修井天数30 天。从大修工艺类型上看，主要以套损井修复、井下落物打捞、管柱解卡、复杂故障修复等复杂工艺为主，共实施708 口，占大修成功井数的86.1%。共实施油气水井补孔改层措施3 697 井次，有效3 133 井次，有效率84.7%；油气水井压裂231 井次，有效198 井次，有效率85.7%。油气水井酸化1 395 井次，有效1 129 井次，有效率80.9%。油井泵升级1 081 井次，有效891 井次，有效率82.4%。油井防砂1 880 井次，有效1 638 井次，有效率87.1%。

（马玉生）

【采油气工程综合管理】 2015 年，面对低油价，采油工程系统聚焦提高发展质量和效益，在管理创新、技术创效、成本控制、废弃井治理等方面取得一系列突出成果，为油田科学开发、效益开发和精细开发提供了保障。①精细管理取得新进步。全面推行“三线四区”经济运行模型，实现油田、区块、单井的效益分级、分类施策。开展采油（气）工和井下作业专业业务竞赛，共有39 人获奖。组织勘探开发专业高级技师职业资格评审，共有307 人获高级技师资格。②技术评价取得积极进展。组织开展同步回转混输技术、碳纤维连续抽油杆技术、分支水平井技术、连续液动负压脉冲解堵技术等10 余项新技术专项技术调研和分析，为技术创效奠定了基础。③技术创新创效取得新成果。以测调一体为核心的精细注水配套技术应用进一步扩大；滨425 滩坝砂特低渗油藏不压裂有效注水开发试验取得突破；水溶性降黏体系、自扩散降黏体系、微生物冷采等稠油冷采技术试验取得明显的降水增油效果；塔河缝洞型油藏注气开发技术吨增油成本同比下降184 元；江苏油田研发的微生物防腐技术延长检泵周期171 天，减少维护作业45 井次。④废弃井治理工作稳步推进。严格落实国家安全、环保要求，完成胜利油田老292 块和西北油田玉北区块整体弃置论证，制定了《废弃井封井处置规范》，累计完成3 177口废弃井治理。

（马玉生）

【井下作业工作量情况】 2015 年，石化股份公司各油田企业共完成油气水井井下作业工作量38 334 井次。其中，措施作业14 833 井次，维护作业21 414 井次，新井投产、投注2 087 井次（口），分别占总作业工作量的38.69%、55.86%和5.44%。油气水井年作业频次0.64 次/口（不含新井和投注），其中年措施作业频次0.26 次/口，年维护作业频次0.38 次/口。从生产井类型看，油井作业31 053 井次，气井作业652 井次，水井作业6 629 井次，分别占油气水井井下作业总工作量的81.01%、1.70%和17.29%。

（赵崇镇）

【井下作业施工能力】 截至2015 年底，石化股份公司各油田企业拥有小修队伍402 支，年施工能力32 964 口；大修队伍35 支，年施工能力480 口；试油（气）队伍22 支，年施工能力638 口。

（马玉生）

【井下作业装备现状】 截至2015 年底，石化股份公司各油田企业共有井下作业设备2 886 台（套）；后勤场站86 座。其中，油管厂22 座，年检测油管2 613 万米，年修复油管2 365 万米；抽油杆厂11 座，年检测抽油杆682 万米，年修复抽油杆516 万米；配液站2 座，年配液能力8.2 万立方米。

（马玉生）

油 气 集 输

【概述】 截至2015 年底，油田原油集输处理系统共建有联合站113 座、油库12 座、接转站249 座、原油稳定装置44 套、原油储罐库容146 万立方米、原油外输管道1 182.89 千米。设计原油稳定能力5 859

万吨/年，原油外输能力 9 093.9 万吨/年。2015 年稳定原油 2 584.77 万吨。

油田采出水处理系统建有污水处理站 177 座，设计含油污水处理能力 52 450 万米^3/年。2015 年处理含油污水 4.22 亿立方米。

注水系统共有各类注水站 751 座、配水间 2 877 座。2015 年实际污水回注 3.3 亿立方米，污水处理站出口水质达标率 92.7%。

（王立坤）

【主要技术经济指标】 油气集输密闭率 67.4%，输油泵平均运行效率 50.6%，管网效率 80.1%，集输系统效率 41.3%；注水泵平均运行效率 74.1%，注水系统注水管网效率 72.8%，注水系统效率 54.0%。

（王立坤）

【海上油气开采设施及生产】 截至 2015 年底，石化股份公司海上油田（自营区块）共有各类海上采油平台 113 座，其中移动式采油平台 1 座、中心平台 3 座、井组平台 74 座、单井平台 35 座；海底输油管线 94 条，总长 207.22 千米；海底输气管线 2 条，总长 15.01 千米；海底注水管线 58 条，总长 96.02 千米；海底电缆 122 条，总长 305.96 千米。2015 年，海上油气水井共 740 口，开井 648 口。

（马玉生）

设 备 管 理

【概述】 截至 2015 年底，石化股份公司油田设备固定资产原值 415.49 亿元、净值 194.77 亿元，设备新度系数为 0.43。设备管理人员 3 938 人，设备维修人员 7 002 人，装机总功率 852.15 万千瓦。共有主要专业设备 78 066 台（套），设备资产原值 326.22 亿元、净值 154.36 亿元，新度系数 0.45。其中，注采设备 43 340 台、油气处理与集输设备15 429台、运输车辆 1 275 台、辅助专用车辆 1 856 台、动力设备 6 589 台、工程机械 931 台。综合完好率 99.26 %，主要设备利用率 87.85 %。

（王 飞）

【油田设备状况】 2015 年石化股份公司各油田企业主要设备平均新度系数见表 2。

（王 飞）

表 2 **2015 年石化股份公司各油田企业主要设备平均新度系数**

单位名称	钻采特车	注采设备	天然气处理设备	运输车辆	动力设备	其他	合计
石化股份公司	0.42	0.43	0.47	0.36	0.52	0.52	0.45
胜利油田分公司	0.44	0.43	0.30	0.44	0.32	0.24	0.41
中原油田分公司	0.33	0.30	0.16	0.32	0.45	0.35	0.30
中原普光分公司	0.60	0.68	0.67	0.11	0.63	0.68	0.64
河南油田分公司	0.43	0.40	0.33	0.29	0.22	0.21	0.37
江苏油田公公司	0.47	0.50	0.48	0.44	0.44	0.31	0.49
江汉油田分公司	0.30	0.42	0.43	0.24	0.36	0.37	0.40
东北油气分公司	0.52	0.60	0.59	0.17	0.73	0.42	0.63
华北油气分公司	0.62	0.64	0.62	0.61	0.66	0.52	0.63
西北油田分公司	0.10	0.61	0.32	0.35	0.47	0.53	0.38
西南油气分公司	0.40	0.09	0.10	0.27	0.42	0.39	0.23
华东油气分公司	0.52	0.60	0.59	0.17	0.73	0.29	0.63

【设备管理】 ①精心组织油田企业设备检查，共检查二级单位 50 个、三级单位 91 个、站点 177 个、设备 699 台，查出问题 241 个，并全面整改落实到位，进一步提高了现场设备管理水平。②下发“海洋平台”“海底管道”“高含硫场站”3 项检维修规定，为此类设备检维修提供了依据。③着力盘活闲置资产，

2015年共调剂闲置设备资产70项，价值2 300余万元。④组织制定中国石化一级企业标准《油田开发系统设备基础资料管理规范》，为规范设备基础资料管理奠定了基础。

（王　飞）

基层管理

【油公司体制机制建设】 分公司机关、采油(气)厂和科研队伍全部建设到位，比计划提前1年完成。统一规范了分公司机关部门职能、名称、数量，分公司级机关处室(部门)从329个整合为297个，厂级机关科室从752个压减至573个，精简机关人员1 621人，机关队伍更加精干；58个采油(气)厂完成压扁管理层改造，整合组建259个采油(气)管理区，减少基层单位611个，组织架构实现扁平化；分公司级科研院从33个整合至30个，厂级科研所从93个整合至77个，科研力量更加集中。扎实推进专业化队伍和配套机制建设，整合组建分公司级专业化队伍32个、厂级专业化队伍256个，特别是中原油田和河南油田全面推行车辆专业化管理，降本成效显著。

（靳红兴）

【强化"三基"工作】 突出"经营寒冬期"与"改革调整期"叠加特点，以油公司体制建设中对各级的管理定位、职责为基础，围绕夯实基础管理、提高经营绩效、提升队伍素质，将采油气管理区和基层专业化队伍作为"三基"工作的主要对象，坚持以"五项劳动竞赛"为抓手，梳理管理制度和流程，加强制度体系建设，规范内控和风险管理。胜利油田引导基层把问题当作事故，以高压态势从严从细从实加强"三基"工作；中原油田将外闯市场队伍纳入"五项劳动竞赛"，增强了品牌意识；江苏油田建立"量化排序、动态管理"和"三会三查一表彰"的基层工作运行机制，形成了递进式评先荐优格局；西南油气分公司在采气管理区建立"堡垒＋阵地＋旗帜"基层工作模式；东北油气分公司与业务外包队伍建立联建共管"三基"工作模式。此外，各油气田分公司把强化"三基"工作与日常生产管理的融合，形成了员工争当明星、场站争做标杆、基层争抢红旗的竞赛格局。

（靳红兴）

【绩效考核管理】 组织制定下发《中国石油化工股份有限公司油田板块年度绩效考核实施细则》，取消原油商品量指标考核，更加突出对增量投资的优化和效益评价，油田企业考核效益指标权重提高到90%。与各油气田分公司签订年度绩效考核目标责任书，强化利润、成本等考核目标的严肃性，促进了企业自树目标、自我加压、有效发展。

（靳红兴）

【区块目标管理】 建立经济极限产量评价模型，从注采结构调整、措施结构优化等方面着手，设立注采结构调整压减负荷控减条件，研究不同油价下区块弹性配产结构，积极推进低油价下区块经营管理方式的转变。优选15个典型区块进行重点督导，其中13个油田区块实现降本，2个气田区块实现扭亏为盈；结合ERP大集中，大力落实"五到区块"管理，西北油田分公司等5家单位实现核算管理到单元；全面推广应用胜利油田的"三线四区"经济运行模型，推进单井评价体系建设，优化指导油田开发；对193个油气田区块按照贡献大小、成本高低，分季度、年度进行排名，分析利润、成本变化趋势，发布公报。

（马玉生）

境内石油工程

◇ 综述

◇ 石油地球物理勘探

◇ 钻井工程

◇ 测井

◇ 录井

◇ 特种作业

◇ 油田地面工程建设

◇ 海洋石油工程

◇ 机械制造

◇ 设备管理

综　　述

2015年，国际油价持续低位运行，面对工作量急剧下滑、队伍大量停待、市场竞争异常激烈等重重困难，石油工程板块认真落实石化集团公司党组各项决策部署，始终坚持“市场是根、服务是魂、科技为先、人才为基、效益为本、合作共赢”的发展理念，着力开拓市场、调整结构、深化改革、挖潜增效，全力打响“战寒冬，创效益”的攻坚战，总体完成了生产经营和改革发展任务。

坚持服务是魂，支撑保障能力不断提升。针对内部工作量大幅下降以及工作量释放时间、区域和专业不均衡带来的生产准备、施工组织和资源统筹等困难，坚持“一家人、一条心、一起干”，保障能力不断提升。紧紧围绕四川盆地、塔里木盆地、准噶尔盆地、东海西湖、东部富油凹陷和准西缘、川西海相、海域等重点地区的勘探开发与产能建设，以自有队伍和自主技术支撑涪陵气田实现勘探重大突破和一期50亿立方米产能顺利建成，保障了中国最深高酸性气田元坝气田成功投产；在北部湾海域承钻的涠4井试获高产油气流，日产超过千吨；积极适应高效勘探开发要求，川西龙门山工区羊深1井等超深井，实现300天内完井目标；涪陵工区推广“井工厂”模式，创出了“涪陵速度”，勘探开发成本大幅降低。

坚持市场是根，市场开拓逆势求进。建立三级市场开发管理体系，出台市场开发、投标和招标管理规定，国内外部市场主要专业工作量持续增加。钻井、录井、井下作业工作量增幅达2.2%—11.2%。钻井队伍规模达到115支，新“走出去”19支，完成钻井进尺110.26万米、同比增加2.63万米。在国内非常规市场，重点开拓华能、神华、重庆、中国地质调查局市场和山西煤层气等新市场。

坚持内涵发展，改革调整迈出坚实步伐。针对业务同质化、结构不合理、产能过剩严重等大而全、小而全、大而不强的突出矛盾，坚持问题导向，统筹优化资源，持续深化改革，加快结构调整，提升资源配置效率。在主动减量上，盘活内部闲置资产，清理完成低效、无效资产原值16.44亿元、净值3.84亿元；优化队伍结构，压减队伍104支，减少用工1.01万人；压减组织结构，华北和华东2个新的区域公司整合重组方案获党组批准；地区公司和专业公司内部整合重组工作取得实质性进展；制定业务外包工作方案，有序推进以实现劳务派遣合规为重点的业务服务外包。在盘活存量上，多渠道构建装备优化管理体系，培育和建立跨区域、单位和业务链的资源优化、自主流动和共享工作机制，打造调剂盘活资产服务平台，减少专业装备资产外部租赁；创新劳动组织形式，优化用工配置，创新一线用工的倒班倒休方式，累计调整优化用工3 000余人次，安排富余人员816人承揽矿区业务。在做好增量上，坚持有效投资、有效发展，精心选择投入少、见效快、有市场、有竞争力的投资项目，首座自主设计的胜利90米钻井平台开工建造，122米水深自升式钻井平台勘探七号正式入列，提高了海洋钻井服务市场竞争力；积极培育新兴业务，初步确定8家地区公司的业务特色定位及油藏综合服务一体化、测控定录一体化、钻井液研发生产服务一体化、压裂测试研发服务一体化、测绘地理信息、节能环保工程产业6个新效益增长点，测绘地理信息业务转岗1 500人、完成工作量2万千米，中石化节能环保工程科技有限公司挂牌运行，转型发展迈出新步伐。

坚持科技为先，技术进步取得突破性进展。针对勘探开发对工程技术要求越来越高、研发体系尚不健全、自有核心技术不突出等现实差距，大力实施创新驱动发展战略，着力推进科技成果转化，攻关完善一批关键技术和集成配套技术。页岩气勘探开发工程及装备制造技术取得重大突破，初步形成具有自主知识产权的完整技术系列；石油工程关键装备工具实现国产化，深井超深井钻完井和特殊储层改造能力进一步提升，有力支撑了油气增储上产。开展318项科研课题攻关，页岩气、酸性油气藏、致密油气藏、深层油气藏等集成配套技术得到规模化应用。坚持贴近生产，开展西部山前带物探技术、涪陵页岩气集成配套技术、随钻测控、复杂地质条件下防漏堵漏技术、长输管道工程技术等25个大项目研发及现场应用，为在建项目增收创效发挥积极作用。成立西北、西南2个打捞技术中心和录井装备检验中心，组建连续油管和高压带压作业技术服务队伍，推动专业技术服务及特色业务发展。成立石油工程公司标准化管理委员会和7个专业化标准委员会，健全标准化管理体系。“超高压大功率油气压裂机组研制及集群化应用”获得国家科技进步二等奖，“海油陆采高效开发关键技术”等12项成果获石化集团公司科学技术奖励，申报专利570件、获授权354件，申请软件著作权15项，创中国石化施工新纪录35项，科技的引领支撑作用进一步彰显。

（汪映春）

石油地球物理勘探

【概述】 截至2015年底，石化集团公司共有陆地采集队伍60支，其中地震队伍55支、非地震队伍2支、VSP与井间队伍3支。国内市场队伍44支，其中甲级队37支、乙级队7支；国际市场16支。从业人员8 364人，其中正式职工7 676人、其他用工688人。

（李　佩）

【主要装备】 截至2015年底，石化集团公司共有可控震源156台，数字地震仪主机共计80台(套)，接收道数37.52万道，全数字地震三分量数字检波器1.89万个，单分量数字检波器1.59万个，VSP采集设备7套，运载设备2 545台。

（李　佩）

【陆地采集工作量及实施情况】 2015年，完成二维地震12 378千米、三维地震9 658平方千米。国内二维日均生产162炮，提高1.3%；国内三维日均生产520炮，提高22.6%；地震资料优良率86.1%。

（李　佩）

【主要技术进步】 可控震源地震采集技术实现工业转化。发展形成可控震源低频勘探等多项技术，并在塔里木盆地阿东区块、东北十家户区块、敦煌盆地清台凹陷、武威盆地儿马湖地区推广应用，地震采集施工效率和资料精度得到明显提高，推动了中国石化地震采集施工加快向绿色、安全、高效转型。

针对地质目标的高精度三维地震技术应用效果显著。塔里木盆地北部托普台北高精度开发地震应用基于深层碳酸盐岩缝洞体目标的优化设计、基于精细表层调查的低频层规避激发等技术，采用24线8炮束线状观测系统，接收道数8 064道，面元网格15米×15米，覆盖次数168次，道密度74万道/千米^2。资料处理结果显示，串珠状反射更加清晰准确，弱小串珠得以呈现，不整合面起伏更加明显，缝洞目标体的成像精度大幅提高。

高原极困难地区地震采集技术初步形成。通过多期工程的总结完善，形成高原极困难地区地震采集技术系列，有效应对羌塘盆地高海拔、低含氧量、低气温等极恶劣施工条件带来的挑战，支撑了羌塘琵琶湖、半岛湖区块勘探任务的顺利完成和高品质资料获取。

复杂地表条件下的采集技术发展进入新阶段。针对涪陵义和区块山地、长江、湖区、城区等多种复杂地表交互的技术难点，在南方山地区域首次应用井炮、可控震源、气枪震源等多种震源联合激发技术和无线采集系统接收技术，测线成功跨越长寿湖、长江和涪陵城区，填补了资料缺口，获取了高品质的地震资料。针对焦石坝地区沟谷切割剧烈、地形落差大、悬崖分布多等施工难点，成功应用无人机辅助技术穿越悬崖障碍区，极大提高了复杂地区施工效率、降低了安全风险。

新型单点陆用压电检波器首次应用于生产。新型单点陆用压电检波器在胜利油田东风港地区实现首次生产应用，获得高保真、高品质的地震资料，减少了组合压噪过程中有效信息的损失，保护了弱反射信号的获取，为后期高分辨率地震资料处理奠定了基础。

2015年，石油工程地球物理公司的"基于地质目标的可控震源地震勘探技术研究与应用"成果获石化集团公司科技进步二等奖，"页岩气地球物理技术研发及在涪陵地区的应用"成果获中国地球物理学会2015年中国地球物理科学技术进步二等奖。

（徐雷良）

钻 井 工 程

【概述】 2015年，石化集团公司共有钻井研究、专业技术服务及钻井施工单位共42个，其中陆地钻井公司23个、海洋钻井公司2个、钻井研究院3个、钻井技术服务公司8个、其他油田服务公司6个。钻井系统用工总量约5.9万人，其中合同制员工约3.7万人。

（黄立玫）

【主要装备】 拥有陆地钻机753台，其中电动钻机249台、机械钻机504台；海洋钻井平台13座，其中座底式3座、自升式9座、半潜式1座。

（黄立玫）

【主要工作量完成情况】 2015年，开钻井3 038口，完井2 997口；完成钻井进尺809万米。

（黄立玫）

【重点工艺井应用】 完成深井、超深井钻井323口，其中超深井(6 000米以深)钻井102口；定向井服务1 115井次，其中水平井397井次；各类固井4 565井次；常规欠平衡井28口，其中气体钻井21口。

（黄立玫）

【重点技术进步】 页岩气钻井技术逐步完善。进一步完善油基钻井液消耗控制技术和钻井废弃物处理技术，并形成优快钻井和充气钻井等特色技术，逐步实现页岩气开发技术和工具的国产化。2015 年，涪陵页岩气完井 114 口，进尺 58.57 万米，钻井周期 70.20 天、同比增加 11.42 天，机械钻速 7.83 米/时、提高 3.16%。

超深井钻井技术趋于成熟。形成超深井大水眼钻具钻进技术、垂直钻井技术、井壁稳定技术、PDC + 螺杆、孕镶钻头 + 高速螺杆、孕镶钻头 + 涡轮钻具、扭冲 + PDC 复合钻井技术等深井、超深井配套技术，成功应用于元坝、塔河等深层油气藏。2015 年，超深井完井 102 口，其中超过 7 000 米的井 25 口，平均井深 6 714.05 米，机械钻速 5.17 米/时，钻井周期 123.07 天。

钻井液技术不断完善。油基钻井液体系逐步完善，通过优化配方及防漏堵漏措施，应用油基钻井液用粉状乳化剂、亲油变形填充材料 EG 和纤维拉筋材料 MFP 等材料提高油基钻井液性能，降低井漏风险，减少钻井液损耗量。推广应用聚醚、阳离子等烷基糖苷系列环保型水基钻井液体系和压滤式和叠摞机式钻井液不落地工艺，符合钻井液高性能和环保的发展要求。

创造多项钻井新纪录。超深井钻井技术：TH121134 井，由华东石油工程公司施工，完钻井深 6 042 米，创中国石化 6 000—6 500 米井段钻井周期最短纪录(38.81 天)。深层双连通水平井钻井技术：水平井 HV027—8 井，由河南石油工程公司施工，连通直径 118 毫米和直径 105 毫米 2 口直井井眼，垂深分别在 2 981 米和 3 013 米，成功实现“点对点”对接，创中国石化连通水平井连通井数最多纪录(3 口)。固井技术：TH12549H 井，由中原石油工程公司施工，采用双级固井，完钻井深 6 521 米，创中国石化水泥一次封固井段最长纪录(6 519 米)。

（黄立玫）

测　　井

【概述】 2015 年，石化集团公司共有 8 家测井单位，测井、射孔队伍 326 支，其中裸眼井测井队 194 支、生产测井队 48 支、射孔队 84 支，分布在集团内部 277 支，国内外部 33 支、国外市场 16 支；共有员工 6 153 人。

（高瑞香）

【主要装备】 拥有主要测井仪器 1 096 台(套)，其中地面系统 339 套，包括成像测井地面系统 119 套、快速测井平台仪器 102 套、国产数控系列 118 套。

（杨明清）

【工作量】 2015 年，石化集团公司测井队伍累计完成各类测井 1.17 万井次(不含射孔)、2.35 亿标准米，同比分别减少 9 346 井次、1.67 亿标准米。

（高瑞香）

【主要技术进步】 中国石化新一代网络成像测井系统 SINOLOG900 稳步推进，一期完成井下常规仪器配套及上井试验，部分成像等特殊仪器已在研制中。快测平台、泵出存储式测井技术、大功率爬行器持续推广，在提速提效等方面发挥了重要作用。

（张新华）

录　　井

【概述】 截至 2015 年底，石化集团公司录井系统共有 11 家服务商，有队伍 678 支，其中综合录井队 542 支、气测录井队 2 支、地质录井队 134 支；分布在集团内部 517 支、国内外部 105 支、国外市场 56 支。用工总量 5 721 人。

（高瑞香）

【主要装备】 拥有主要录井设备 1 086 台，其中国产综合录井仪 391 台。

（杨明清）

【工作量】 截至 2015 年底，石化集团公司累计完成录井 2 575 口、录井进尺 900.11 万米，同比分别减少 2 484 口、349.82 万米。

（高瑞香）

【主要技术进步】 Explorer ZH－3 综合录井仪得到初步推广，该设备定量化、标准化检测程度较以往更高，且易实现第三方软件包的功能扩展。研发激光诱导岩屑自动识别装置，初步解决各种复杂条件下的岩屑自动定名，为提高效率、优化人力提供了条件。综合地质导向技术愈益成熟，得到大范围推广，为提高储层钻遇率发挥重要作用。

（张新华）

特种作业

【概述】 石化集团公司井下特种作业系统主要为油气田勘探开发提供试油测试、储层改造、修井完井等专业的石油工程承包和技术服务。全系统拥有员工11 177人，专业队伍347支。页岩气压裂试气水平不断提高，连续油管作业技术不断增强，高温高压测试不断取得新的突破，酸性气藏作业能力不断提高。施工纪录不断刷新，页岩气单井压裂最多分段29段，连续油管实现一趟钻17支桥塞，单井钻塞最多达到28支，地面测试流动压力最高99.4兆帕，测试最高无阻流量966.9万米^3/日，为普光、元坝、塔河、涪陵和大牛地等油气田的开发提供了强有力的技术支撑。

（曹　明）

【主要装备】 拥有各类主要生产设备2 452台(套)，拥有2000型及以上泵车230台。

（曹　明）

【作业工作量】 2015年，完成井下作业5 409井次和试油气2 192层次。

（曹　明）

【主要技术进步】 ①页岩气试气压裂技术取得实质性突破。有效推进涪陵页岩气田50亿立方米产能的建成，形成页岩气开发大规模试气压裂关键技术，压裂液体系由单一到复合，作业方式由单井作业到“井工厂”作业，实现跨越式发展。②大尺寸超长连续油管施工技术日臻成熟。在常规油气开发方面，形成连续油管冲砂、洗井、气举、拖动酸化压裂、切割、小物件打捞、清蜡和速度管柱等技术；在非常规油气开发方面，快速形成井深6 000米、水平段长2 000米井的页岩气、致密油气水平井射孔、钻塞、钻滑套、复杂情况处理、产出剖面测试等技术服务能力，创造10余项国内工程纪录。③高温高压油井测试技术取得长足进步。形成“高温高压油气井测试工程设计”“两阀一封高温高压测试”“超高压高产地面分离计量”和“高温高压生产完井”等配套技术，为塔里木、四川等盆地深层油气藏的勘探开发提供了强有力的技术支撑。④酸性气试气技术取得阶段性成果。依托普光、元坝等酸性气田的开发，配套完善以“全通径三联作测试工艺技术”“酸性气井投产管柱长效密封防腐技术”和“酸性气试气地面安全控制技术”为主要内容的酸性气试气技术，为普光、元坝等超深酸性气藏的高效开发做出重要贡献。

（曹　明）

油田地面工程建设

【概述】 2015年，油田地面工程建设面对市场极寒、海外亏损集中显现、遗留问题众多等重重困难，认真贯彻落实石化集团公司决策部署，顶住压力、迎难而上，拓市场、止亏损、深挖潜、严管理、谋发展，赢得管理水平稳步提升、员工队伍和谐稳定的不易局面。全年新签合同额138.84亿元。

（刘　芳）

【资质情况】 拥有的设计咨询资质：工程勘察综合甲级，海洋工程勘察乙级，石油天然气(海洋石油)、海洋行业(离岸工程)、建筑行业(建筑工程)、市政行业(给水、排水、城镇燃气、热力工程)工程设计甲级，环境(固体废弃物处理专项)工程设计甲级，市政行业(桥梁工程、道路工程、电力行业、环境卫生工程)、海洋行业(沿岸工程)、化工石化医药行业(化工工程)、机械行业(通用设备制造业工程、金属制品工程)、大气及水污染防治工程设计乙级，石油天然气、港口河海工程、建筑、市政公用工程(热力、给排水、燃气、热力、通信信息、火电)工程咨询甲级，工程造价咨询甲级，特种设备设计许可证(压力容器)A1、A2、A3级，特种设备设计许可证(压力管道)GA类、GB类、GC类。

施工及制造资质：石油化工工程、建筑工程、公路工程、水利水电工程、市政公用工程施工总承包一级，机电安装工程、港口与航道工程、电力工程施工总承包二级，海洋石油工程、消防设施工程、钢结构工程、建筑装饰装修工程、防水防腐保温工程、地基与基础工程、公路路面工程、桥梁工程施工专业承包一级，建筑机电安装工程、输变电工程施工专业承包二级，A1、A2、A3级特种设备制造许可证(压力容器)，GA1甲级、GB1级(含PE管道)、GB2级、GC1级特种设备安装改造维修许可证(压力管道)。

监理资质：建筑工程、石油化工工程、市政公用工程监理甲级，电力工程监理乙级。

通过ISO 9001质量管理体系、ISO 14001环境管理体系、QHSAS 18001职业健康安全管理体系认证。

（刘　芳）

【市场情况】 石油工程市场主要分为三大板块，分别是国内集团内部市场、国内集团外部市场和海外市场。其中，国内集团内部市场主要服务胜利、中原、河南、江汉、江苏、西南、西北、东北、华北、华东等各油田，以及天然气分公司、管道储运公司、新星公司、国际石油勘探开发公司等专业公司；国内集团外部市场主要涉及中国石油、中国海油、中化、各地煤化气公司、城市燃气公司等单位，以及高速公路、城市管网、水利工程、房地产民用工程等社会市场。

（刘　芳）

【主要装备】 截至2015年底，石油工程系统拥有各类工程设备及仪器2.4万余台(套)，包括各类工程机械、起重搬运机械、焊接切割设备、定向钻机组、工程勘察设备和仪器仪表等。滩浅海工程建设装备齐全，可建造浅海自升式平台、1万吨级大型固定平台，铺管作业水深可达100米。2015年重点安排新粤浙管道施工设备购置、天津LNG穿越工程项目施工设备配置、常规施工设备更新改造等项目，购置了大型带压开孔封堵设备、LNG外罐施工装备、各类焊机坡口机等先进设备，增强了高端化装备实力，为进一步开拓市场保供生产做好准备。

（刘　芳）

【主要技术进步】 2015年石油工程系统共开展各级科研项目200余项，其中国家级3项、省部级30余项。其中，大规模燃煤电厂烟气二氧化碳捕集纯化、驱油与封存工程示范及评价等为国家科技支撑项目；集输系统积液、硫沉积与腐蚀控制技术等为国家科技重大专项课题；新粤浙煤制天然气长输管道工程建设关键技术、高含硫酸性气田集输系统维护及关键装备研究、油气田开采废气液环保节能技术等为石化集团公司重大(重点)科技项目。

拥有施工工法129项，其中国家级工法12项、省(部)级工法117项。拥有授权专利339件，2015年新申请专利58件，获得授权专利54件。

（刘　芳）

【重点工程】 2015年，国内主要完成涪陵—王场管道EPC项目、中国石化第1座具有自主知识产权的LNG工厂——德阳天然气液化EPC项目、全国最长的成品油管道海底穿越——浙江甬台温成品油管道瓯江南支定向钻穿越(3 197米)、50亿米^3/年涪陵页岩气地面集输工程、大牛地气田天然气脱水脱烃工程、胜利作业新三平台、济青二线输气管线主体工程，山东管网青岛站至威海段干线工程、春光油田原油外输管道工程、天津LNG项目输气干线工程可研及设计工作、东黄复线安全隐患整治工程、山东LNG输气管线主体工程、中天合创鄂尔多斯煤炭深加工示范项目外输水系统主体工程等。开工及在建的项目有天津LNG项目输气干线工程5标段、6标段，广西LNG输气干线工程，广西LNG输气管道工程粤西支线EPC项目，仪长复线仪九段，大连石油化工研究院建设EPC项目，元坝滚动建产地面工程，宿扬高速公路SY－YZ1标等。

（刘　芳）

海洋石油工程

【海洋石油工程装备】 2015年，石油工程系统拥有海上钻井平台13座，其中自升式钻井平台9座，坐底式钻井平台3座，半潜式平台1座；修井作业平台4座，其中自升式3座，吊装式修井模块1座；各类船舶280艘，其中地震物探船58艘，地质工程调查船2艘，海洋运输船9艘。

（张　军）

【海洋工程建造与安装】 拥有分别位于胜利桩西内港和龙口胜利港的2处海工建造基地，以及胜利901铺管船、胜利902铺管船等海上施工专用船舶和装备。EPC总承包的埕岛中心三号平台及其配套工程2015年获石化集团公司优质工程奖；埕岛西DPB平台项目获山东省优秀工程勘察设计一等奖。EPC总承包的平北黄岩3个上部组块建造项目，完成海上调试；在胜利埕岛海域建成CB6G采修一体化平台、CB1F－CB1A　CB6G海底注水管线、CB6G－CB6B海底输油管线、中心三号－CB6G海底电缆等海上油气生产设施；完成老178井组平台拆除工程；承建的胜利作业新三平台成功下水，作业水深25米，总重量达3 850吨。

（刘　芳）

机械制造

【概述】 拥有四机厂、江钻事业部、钢管厂、四机赛瓦公司、压缩机分公司和机械研究院6家石油机械装备研发制造企业，分布在湖北武汉、荆州和潜江等地，涵盖陆上及海洋钻完井、采油作业、油气集输等领域，主导产品包括钻机、钻头钻具、固井设备、压裂设备、修井作业设备、连续油管作业设备、带压作业设备、井下工具、油气输送钢管、天然气压缩机、水处理设备等，建有国家认定企业技术中心、院士专家工作站、博士后科研工作站、全国钻采专标委固压设备标准工作部等，市场覆盖全国各油气生产区域并出口 40 多个国家或地区，形成产品门类较为齐全、特色技术优势较为突出的石油机械装备研发、制造、销售和服务体系。

（田治明）

【获中国机械工业科学技术奖一等奖】 2015 年 1 月 13 日，由石油工程公司和郑州机械研究所、哈尔滨工业大学等单位共同完成的“金刚石工具钎焊技术及其应用”项目获中国机械工业科学技术奖一等奖。该项目研发的金刚石工具专用钎料填补了国内金刚石工具行业无系列化专用钎料的空白，洁净钎料表征体系以及相关生产技术属国内首创。

（杨柳云）

【海洋大功率往复式压缩机研制项目获国家工信部立项】 2015 年 1 月 23 日，申报的海洋大功率往复式压缩机研制项目获国家工业和信息化部立项批准。该项目是国家工信部确立的关键系统和设备类海洋工程装备科研项目之一，研究目的在于开展海洋大功率往复式压缩机设计、制造、测试试验与安装等关键技术研究，掌握核心技术，形成中国海洋大功率往复式压缩机制造能力。项目开发周期为 2015 年 1 月—2017 年 12 月。

（孙海涛）

【四机厂获全国文明单位称号】 2015 年 2 月 28 日，中央精神文明建设指导委员会命名表彰第 4 届全国文明城市（区）、文明村镇、文明单位，四机厂获全国文明单位称号。

（付喜艳）

【获 6 项湖北省第 4 届职工技术创新成果奖】 2015 年 3 月 10 日，湖北省第 4 届职工技术创新成果评选活动揭晓，申报的“数控转台机械性能的研究与改进”获二等奖，“小尺寸牙轮钻头牙掌台肩堆焊工艺的优化创新”“直缝埋弧焊管引熄弧板半自动切割机”获三等奖，“集中式半自动配液装置的自行设计与应用”“QH—0906 氢原子焊枪的改进研制”“数控三轴铣床 Y 轴丝杠国产化改造”获优秀奖。

（孙海涛）

【科研课题通过国家重大专项技术可行性论证】 2015 年 9 月，由石油工程公司牵头负责的在北京召开的大型油气田及煤层气开发重大专项“十三五”启动项目（课题）和示范工程可行性论证会上，深层页岩气开发关键装备与工具研制项目顺利通过国家重大专项技术可行性论证。该项目的启动将构建中国深层页岩气开发关键装备与工具的研发平台；研制具有自主知识产权、总体达到国际先进、部分达到国际领先的深层页岩气开发关键装备与工具，形成一体化解决方案。

（刘　平　胡　鹏）

【油气压裂装备研发基地建设项目获国家能源局批复】 2015 年 10 月 23 日，四机厂承担的油气压裂装备研发基地建设项目获国家能源局 2015 年能源自主创新和能源装备专项批复。该项目是四机厂响应《中国制造 2025》部署，为国家能源产业提供高品质油气压裂装备的保障举措。

（孙海涛　庞　坚）

【超高压大功率油气压裂机组研制及集群化应用成果获国家科技进步二等奖】 2015 年 12 月 16 日，“超高压大功率油气压裂机组研制及集群化应用”获国家科技进步二等奖。该项目在大功率压裂车、大排量混砂车、超高压管汇、大型集群控制等核心技术上取得重大突破，开发了压裂泵高强韧材料轻量化技术，研制出工作压力 140 兆帕系列大功率压裂泵，泵头体寿命相比同类先进产品提高 50% 以上。先后研制出世界首台 2500 型、3000 型压裂车，提升了中国压裂装备的核心能力。经专家鉴定，超高压大功率油气压裂机组整体技术居国际领先水平。先后获省部级科技进步一等奖 3 项，获授权发明专利 5 件，形成行业标准 3 项，为中国非常规油气资源的开发应用和行业进步做出了重要贡献。

（刘　平　应　杰）

设备管理

【概述】 截至 2015 年底，石油工程系统拥有主要专业设备 17 437 台（套），其中陆地石油钻机 825 台（套），海洋石油钻井平台 13 座，测井设备 1 361 台（套），录井设备 887 台（套），钻采特车 2 045 台，地震物探设备 3 242 台（套），工程机械 833 台，海洋工程船舶 280 艘。设备资产原值 424.4 亿元、净值 205.2 亿元，新度系数 0.48。设备管理人员 1 332 人，设备维修人员 1 960 人。

（张　军）

【主要设备技术指标】 2015 年，石油工程主要专业设备综合完好率 99.02%，运转时率 59.64%。各专业设备指标见表 1。

（张　军）

表 1　　**2015 年石油工程主要专业设备技术指标**

设备分类 \ 技术指标	设备数量/台(套)	综合完好率/%	运转时率/%	故障停机率/%	新度系数
钻井设备	825	99.47	63.00	0.03	0.43
测井设备	1 361	99.14	58.86	0	0.42
录井设备	887	99.10	80.14	0	0.45
钻采特车	2 045	99.46	49.33	0.01	0.56
地震物探设备	3 242	98.97	45.61	0	0.42
工程机械	833	98.97	67.94	0	0.43
船　舶	280	98.15	44.04	0	0.64

【重大装备技术选型论证工作】 组织开展 2015 年度石油工程重大装备更新改造技术选型、方案论证和技术谈判工作，确定包括钻井、物探、测井、录井、固井、作业、油建和海洋 8 个专业主体与配套设备更新技术选型方案，组织签订 428 份技术协议，提出内部互供产品的技术选型方案，组织完成以上设备的集团化采购工作。

（张　军）

【设备大检查】 组织开展石油工程系统 2015 年安全、设备大检查。设备检查覆盖所有地区公司、专业公司机关及所属二级单位、139 个三级单位（项目部）和 180 个基层队。发现问题及隐患 752 项，其中设备基础管理类 296 项、现场管理及隐患类 456 项。根据检查情况印发《2015 年工程公司设备检查情况通报》，将检查发现的所有问题向企业进行说明和对接，并跟踪落实各项问题的整改情况。

（张　军）

【装备统筹及保障工作】 加强装备统筹，优化资源配置，全力做好重点项目的装备保障工作。2015 年，国内市场组织完成涪陵工区压裂车 36 台的租赁工作，协调胜利石油工程公司、华东石油工程公司、西南石油工程公司和江汉石油工程公司完成 2 部 70 钻机、1 部 550 修井机和 1 部 500T 顶驱设备的内部调剂工作。

（张　军）

【设备检测评估】 组织开展 2015 年石油钻机、修井机井架底座和整机检测评估分级工作，根据设备整体检测评估计划，全年共完成钻机修井机井架底座检测 270 部（其中钻机井架底座 172 部、修井机 98 部）、各类整机检测评估 56 套。出具 336 份专业设备检测评估报告，全面分析了设备的整体状况、存在问题、安全隐患并指导制定了整改措施。通过检测工作的开展，进一步规范了大型设备检测评估工作，健全了大型设备档案资料，并为设备维修保养和判报废工作提供了基础和依据，切实提升了设备运行效率和质量，确保了设备的本质安全。

（张　军）

【机械研发制造业务管理】 进一步明确机械研发制造业务的发展思路，编写完成《中国石化制造 2025（石油工程装备）》。完成水下采油树关键技术研究及成套设备研制一期工程及 3000 型成套压裂装备应用示范工程。继续组织开展海洋石油水下井口头系统工程化研制、海洋油气压裂作业系统研制、160 吨油气不压井作业装备研制及转化、低成本低噪音地热钻机研制、齿轮齿条钻机项目等研发工作。

（张　军）

【节能减排工作】 大力推进网电设备的使用，切实落实“电代油”效益，钻机网电设备平均动用率逐步提高，其中涪陵工区网电钻机使用率达 70% 以上。胜利石油工程公司、中原石油工程公司、华北石油工程公司等积极探索“动力外包”的新模式，推进燃气发电机组的现场应用，提高“气代油”效益。

（张　军）

炼油生产

◇ 综述

◇ 工艺技术进展

◇ 装置达标和节能减排

◇ 设备管理

◇ 计量管理

◇ 质量管理

◇ 原油资源及储运

综　　述

2015年，炼油板块认真贯彻党组部署，践行“三严三实”要求，立足多创效益，守住安全平稳底线，突出结构调整，注重稳健发展，着力打好强基础、稳增长、保效益、促发展组合拳，炼油生产经营取得较好业绩。

强化从严管理，安全环保形势明显好转。加强事故分析通报和非计划停工考核管理，强化责任落实，严格制度执行，炼油五大类装置非计划停工同比减少8次。开展安全、环保、设备和工艺管理联合检查、“回头看”活动，对集中动火、巡回检查、工业视频监控等进行专项整治。启动VOCs综合整治，推进硫黄尾气、污水总氮、加热炉烟气净化等专项攻关，污染物排放提标取得进展，污染物排放总体达标，未发生环保事故。

灵活组织生产，炼油生产总量稳中增长。充分发挥负荷调控、结构调整以及做大出口等手段，实施滚动计划管理，推进淡季检修最大化，努力保持有效产能与市场需求相匹配。加快实施上海石化、茂名石化、青岛炼化等出口设施改造和完善，优化出口品种和结构，制定鼓励政策，做大出口总量，出口拉动作用得以有效发挥，成品油出口再创新高，全年出口总量达1 540万吨，大幅拉动了原油加工量。

贴近市场需求，调整产品结构再创佳绩。紧紧围绕市场需求变化和产品价值差异，通过优化原油品种、调整生产操作、推进企业间组分互供等措施，汽油、航煤和车用柴油等高价值产品产量显著增加。全年生产汽油同比增长5.4%，高标号汽油增长14.4%，柴油降低5.7%，柴汽比下降0.15，车用柴油增长50.4%，煤油增长17.4%。满足乙烯原料多元化需求，石脑油、尾油、轻烃等产品合计增长2.3%。

实施事先算赢，深入优化挖潜效果显著。推动生产组织由注重产量向重视效益转变，坚持效益优先、事先算赢，优化加工量安排，保持效益较好的企业满负荷生产，严控效益较差企业的加工负荷，实施西安石化转型和部分企业阶段性停产。整合PIMS和RSIM模型优势，持续开展从原油采购、生产加工到产品出厂的全流程优化。优化主力油种配置，稳定企业原油加工性质，进口原油品种同比明显减少。

狠抓费用管控，低成本优势得以巩固和扩大。通过细化费用构成，实施全员成本目标管理，形成全口径、闭环管理的费用控制机制。积极应对油价振荡下行，坚持低库存运作，库存跌价风险得到较好控制。加强与代理公司、港口码头及管道储运公司协调，及时解决接卸问题，滞期时间控制取得明显成效。推广RBI风险评估技术，科学编制大修计划，建立标准化工序库。结合国内宏观经济走势，加大物资、辅材等议价控本力度，实现同趋势大幅下降。

建立联动机制，油品质量升级有序推进。通过调整原油结构、柴油组分互供、优化生产组织，实现沿江企业车用柴油产能大幅增长，保障了该区域的市场供应；积极推进广州石化、茂名石化、湛江东兴公司、海南炼化等企业项目建设，提前满足广东国Ⅴ车用柴油需求。建立联动工作机制，设计、采购、施工和生产企业通力合作、密切配合，国Ⅴ车用汽、柴油质量升级取得积极进展，满足东部11省市油品供应。

践行“三严三实”，管理水平上新台阶。坚持内涵发展，组织科学论证，完成炼油“十三五”发展规划编制工作。通过优化审批程序，推行炼厂大修现场作业“网格化”管理，提高投资效率，加快了推进炼油结构调整。初步完成“十三五”用工总量优化方案，严格按照政策和法规，稳妥推进劳务派遣制员工调整工作。实施清单销项机制，困难企业长效帮扶工作取得显著成果。

（孟宪强）

工艺技术进展

【常减压蒸馏】 截至2015年底，中国石化33家炼油企业共有65套常减压装置，总加工能力为2.95亿吨/年，比上年增加280万吨/年。全年共有60套装置投入运行，共加工原油2.38亿吨，同比增加131万吨。原油平均硫含量1.53%，平均酸值0.50毫克（氢氧化钾）/克，API平均29.53。常减压蒸馏工艺的技术进展主要集中在提高拔出率、运行周期延长、节能降耗等方面。

装置运行经济技术水平：全年，加工原油中劣质原油比例从上年的67.02%下降到65.21%，降低1.81个百分点。常减压装置的一次平均轻收40.50%，比上年下降0.07个百分点；总拔68.12%，增加0.43个百分点。装置能耗9.03千克标油/吨，下降0.07个单位。

装置运行周期：通过强化设备管理、开展工艺防腐、严格日常巡检、及时消除隐患，有效减少了非计划停工。截至年底，有 12 套常减压装置实现四年一修的长周期运行目标。

新技术应用：在扬子石化持续推进原油在线调和技术的应用。

（林　崧）

【催化裂化】 截至 2015 年底，中国石化催化裂化装置总加工能力达 7 688 万吨/年，比上年增加 137 万吨/年，平均装置规模 135 万吨/年。其中，齐鲁石化 260 万吨/年催化裂化装置投产，北海炼化催化裂化装置产能从 170 万吨/年扩至 220 万吨/年，中国石化 200 万吨/年以上催化裂化装置达 14 套。全年运行装置 50 套，加工原料 6 942 万吨，运行期间负荷率 97.50%。与此同时，一批新技术、实用技术在催化裂化装置得到应用。

装置运行经济技术水平：全年，催化轻收由上年的 18.98% 下降到 18.57%。共生产汽油 3 072 万吨，同比增加 76 万吨，汽油收率 44.26%，降低 0.08 个百分点。受烟气脱硫脱销运行等影响，催化裂化装置平均能耗 50.41 千克标油/吨，升高 0.21 个单位。

新技术应用：催化柴油选择性加氢—催化裂化组合生产高辛烷值汽油或轻质芳烃料技术（LTAG）取得良好效果，在洛阳石化、青岛石化实现工业化应用。多产轻质油的催化裂化馏分油加氢处理与选择性催化裂化集成工艺（IHCC）工业试验，于 11 月 20 日通过石化集团公司的技术鉴定，该技术属国际首创。高球形度催化裂化催化剂制备技术及增产汽油催化裂化催化剂进行了广泛的推广应用。

（林　崧）

【延迟焦化】 截至 2015 年底，中国石化共有 36 套延迟焦化装置运行，分布于 24 家企业，年加工能力4 815 万吨，年处理量 4 267 万吨，平均负荷率 91.92%。年内焦化装置进一步优化操作、降低循环比、提高反应苛刻度，总液收继续保持在较优水平。

装置运行经济技术水平：全年，焦化原料平均残炭由上年的 21.79% 下降到 21.50%，密度由 1 017 千克/米^3 上升到 1 020 千克/米^3。焦化装置的总液收达 63.44%，较上年提高 0.34 个百分点。生焦指数 1.36，保持较好水平。装置能耗为 22.75 千克标油/吨，与上年持平。

装置改造及新装置投产：镇海炼化Ⅱ焦化装置完成密闭除焦改造。石油化工科学研究院开发的劣质油浆生产优质针状焦技术在上海石化Ⅰ焦化装置上进行了工业试验，工业试验生产的针状焦产品全部可以满足制备高功率石墨电极的要求，部分针状焦产品可以满足制备超高功率石墨电极的要求。

（林　崧）

【催化重整】 截至 2015 年底，中国石化催化重整总加工能力达 3 097 万吨/年。有 34 套催化重整装置运行，其中连续重整 29 套，加工量 2 628 万吨，平均运行负荷率 99.26%；半再生重整 5 套，加工量 83 万吨，平均运行负荷率 91.61%。

装置运行经济技术水平：全年，连续重整装置“重整生成油 RON × 重整生成油收率”为 91.10，比上年上升 1.97 个单位；能耗 54.63 千克标油/吨，降低 3.57 个单位。半再生重整装置“重整生成油 RON × 重整生成油收率”为 91.58，上升 2.14 个单位；能耗 47.85 千克标油/吨，降低 2.96 个单位。

新技术应用：自主开发出新一代半再生重整催化剂 SR－1000 及其工艺技术，并在青岛石化实现首次工业应用。石油化工科学研究院开发的 PS 系列连续重整催化剂进一步推广应用：青岛炼化 180 万吨/年连续重整、湛江东兴 50 万吨/年连续重整、广州石化 100 万吨/年国产连续重整更换催化剂，均采用 PS－Ⅵ 催化剂；截至 2015 年底，国内已投产的 68 套连续重整装置中，已有 44 套采用 PS－Ⅵ 催化剂（其中中国石化 31 套），5 套采用 PS－Ⅶ型催化剂，1 套采用 PS－Ⅴ 催化剂。

（林　崧）

【润滑油】 截至 2015 年底，石化集团公司共有糠醛精制装置 9 套，能力 327 万吨/年，负荷率 81.52%；酮苯脱蜡装置 13 套，能力 289 万吨/年，负荷率 66.50%；白土补充精制装置 8 套，能力 123 万吨/年，负荷率 59.86%；加氢补充精制装置 1 套，能力 10 万吨/年，负荷率 53.70%；润滑油加氢—老三套组合工艺装置 2 套，其中加氢改质总能力 50 万吨/年，负荷率 57.48%；润滑油全加氢装置 1 套，其中裂化单元能力 30 万吨/年，负荷率 99.27%。全年，基础油综合收率同比上升 3.20 个百分点，综合能耗降低 10.74 千克标油/吨基础油，综合物耗降低 0.52 千克/吨基础油。

4 月 13 日，由工信部指导、中国企业品牌研究中心主办发布的 2015 年中国品牌力指数（C－BPI）公布，长城润滑油再次摘得润滑油行业品牌力第 1 名桂冠，连续 5 年获此殊荣。11 月 11 日，润滑油公司荣登国家质检总局公示的第 2 届中国质量奖组织质量奖候选名单，这也是中国润滑油行业企业首次入围该提名奖。

2015年，投产新产品58个，新产品产量达1.74万吨。跟随国际同步升级，内燃机油最高规格产品SN/GF-50W-20产品实现投产；长寿命耐高温的复合磺酸钙润滑脂成功配套舞阳钢铁；开发的TGSB(M)46涡轮机油、不含抗氧剂的U型变压器油等满足产品标准并获得应用。开发高端特色润滑油脂产品提升行业占有率，M1781系列不锈钢轧制油在北海诚德、鞍钢联众、太钢等公司获得应用，高端金属加工液在国内不锈钢冷连轧领域市场占有率第一。进入新兴行业，机器人减速机专用油在京东成功应用，食品级液压油、齿轮油、压缩机油、润滑脂、全氟聚醚油5类合计18个产品取得NSF H1的权威技术认证。SINOPEC长城船用中速机油获得MAN技术认证。全年获得国际认证51项，写入设备说明书52项；申请发明专利73件，其中涉外专利1件并获得授权。

2015年，润滑油公司多项重点项目取得突破。为大阅兵提供润滑产品，质量及物流服务得到阅兵指挥部的高度评价。“中国海警3303”入列后首次使用长城润滑油。自主研发的上桶“机器人”——自动上桶机在润滑油北京分公司成功投入生产应用。长城润滑油为雪龙号第32次南极科考提供润滑服务。

（林　崧）

装置达标和节能减排

【概述】 2015年，中国石化33家炼油企业(不含福建炼化)轻油收率同比降低0.08个百分点，综合商品率提高0.08个百分点，加工损失率降低0.01个百分点，综合能耗同比持平。

（李　鹏）

【炼油达标】 2015年，中国石化综合商品率、加工损失率、单因耗能、原油储运损失4项指标达到年度达标考核指标，价值量化后炼油专业实现保标，是继2003年以来连续第13年实现专业达标。

1. 专业达标

实现炼油专业保标的企业有17家，分别是天津、胜利、九江、武汉、长岭、荆门、扬子、镇海、金陵、高桥、上海石化、茂名、海南、北海、塔河、泰州、湛江。

2. 专业竞赛

大型炼厂排名第1至第6位的企业是青岛炼化、海南、广州、天津、镇海、金陵；中型炼厂排名第1至第2位的企业是北海、湛江；小型炼厂排名第1位的企业是青岛石化。

3. 同类装置竞赛

常减压装置：56套运行的常减压装置参与同类装置竞赛，排名第1至第10位的是青岛炼化、金陵4#、北海、天津3#、茂名5#、广州3#、湛江、海南、镇海3#、武汉2#。

催化裂化装置：51套运行的催化裂化装置参与同类装置竞赛，排名第1至第10位的是茂名4#、上海2#、九江1#、青岛炼化、石家庄1#、武汉1#、扬子2#、燕山2#、荆门2#、金陵1#。

加氢裂化装置：22套运行的加氢裂化装置参与同类装置竞赛，排名第1至第3位的是茂名2#、海南、武汉。

延迟焦化装置：36套运行的延迟焦化装置参与同类装置竞赛，排名第1至第6位的是洛阳、金陵3#、齐鲁3#、武汉2#、济南1#、北海。

催化重整装置：29套运行的连续重整装置参与同类装置竞赛，排名第1至第3位的是北海、茂名、金陵2#。

半再生重整装置：4套运行的半再生重整装置参与同类装置竞赛，排名第1位的是武汉。

S-Zorb装置：21套运行的S-Zorb装置参与同类装置竞赛，排名第1至第3位的是金陵2#、济南、石家庄。

（李　鹏）

【节能减排】 2015年，炼油综合能耗同比持平，单因能耗降低0.11千克标油/吨，降幅为1%。其中，炼油综合能耗同比持平是在催化、重整、加氢等16类装置加工量占原料油加工量比例上升3.1个百分点基础上取得，剔除二次加工量影响，炼油综合能耗实际降低约1.5千克标油/吨。全年，16类装置中11类能耗降低，其中加氢裂化降幅为4.7%、汽油加氢降幅为3.4%、汽油吸附脱硫降幅为2.3%、蜡油加氢降幅为1.4%、重整降幅为1.1%。

全年，炼油板块加强“能效倍增”计划工作力度。强化项目管理，逐月统计、通报项目进展情况。大力推动合同能源管理，下达《炼化板块合同能源管理项目实施细则》(试行)，为企业开展合同能源管理项目提供依据和指导。合同能源项目取得丰硕成果，40余项合同能源管理项目实施，近10项完成并进入分享期。针对企业用能存在的问题，赴石家庄、中原等企业开展节能服务，协助企业查找问题，并提出初步解决方案。针对装置用能水平不均衡问题，开展常减压、催化裂化用能调研，旨在提取先进装置的操作节能理念及技术，在系统内进行推广，同时针对装置用能存在的问题，提出初步的解决方案，便于装置在操作中改进及检修期间改造以提高用能水平，整体效果较好。

（谢小华）

【节水减排】 2015 年，各炼油企业工业水运行情况良好，加工吨原料油平均取新水和吨油排污水继续保持 0.45 吨和 0.18 吨的历史最好水平；凝结水回收量提高 2.7 万吨；污水回收率提高 2.0 个百分点。

继续推进节水减排工作。增加雨水回用设施，减少新鲜水用量；工业水运行水平差的企业向先进企业取经，制定措施减少循环水质波动大等问题，全年累计节约新水 500 万吨，取得良好的经济效益和社会效益。

（朱 哲）

设备管理

【概述】 2015 年，炼油板块设备管理继续抓好装置长周期运行管理，在继续保持高负荷运行前提下，通过加强设备的全员、全过程管理，努力提高设备运行的可靠度，使设备总体上保持了良好的运行状态。

全年，炼油企业 6 类主要生产装置检修 146 套，是检修装置最多的一年，其中常减压装置检修 21 套、催化裂化装置 15 套、延迟焦化装置 20 套、加氢裂化装置 17 套、重整装置 16 套、加氢精制 30 套、润滑油及其他装置 27 套。炼油板块继续加强检修管理，多管齐下，企业检修管理水平明显提高，146 套检修装置全部做到一次开车成功，为正常生产经营提供较好条件。采取的措施包括：以《炼油企业检修管理指南》为依据，对重点企业检修准备情况进行阶段确认；继续抓好检修承包商资质认证工作；继续开展检修全过程调研服务，增加检修安全调研、开停工技术服务内容，组织检修专家服务调研 14 次，提出检修建议超过 2 000 条，为检修管理水平提高起到良好促进作用；加强检修考核，进一步提高企业对检修管理的重视程度。青岛炼化提早筹划各项检修准备工作，真正做到“八分准备，二分实施”，改造项目基本按照计划节点进行，体现了较高管理水平；洛阳分公司在大检修中对大型机具使用和脚手架搭设采用包干模式，提高了管理效率，节约了费用；广州分公司对高温高压螺栓采用气动紧固枪按合理力矩值把紧，静密封点基本没有泄漏，还减少热紧环节，提高了检修质量。北海分公司年内实施首次四年一修，面对改造任务重、检修人员新、经验不足、准备工作不充分的困难局面，通过上下一心，严格计划管理，狠抓现场安全管理和质量管理，最终顺利完成检修任务，一次开车成功。

2015 年是炼油板块长周期运行水平取得突破的一年。各企业继续抓好装置运行管理，把提高装置长周期运行水平当作降本减费、提升企业竞争力的重要措施来抓，装置运行水平进一步提高。青岛炼化、洛阳、广州作为炼油事业部 8 家长周期试点单位之一，均首次实现四年一修。截至年底，在中国石化主要炼油生产装置中，有 144 套装置实现四年一修，比上年增加 32 套；三年一修以上的有 347 套，同比增加 10 套。

炼油板块坚持组织设备专家深入企业进行调研和开展各种技术服务活动，全年 11 次派设备专家到现场技术服务，帮助企业解决大机组振动、设备结焦清理等实际问题，促进了企业检修质量和设备运行水平的提高。

（任 刚）

【设备防腐蚀管理】 2015 年，设备腐蚀泄漏时有发生，因腐蚀导致的非计划停工 1 次，占非计划停工总次数的 2.2%，同比大幅减少。

从各企业大检修设备腐蚀调查情况看，设备腐蚀依然主要集中在常减压三顶、催化分馏和吸收稳定、焦化分馏及脱硫、加氢高压换热器及空冷等系统。常减压装置设备腐蚀主要在初馏塔、常压塔和减压塔的上部塔壁、塔盘、分配器以及塔回流段等部位。部分企业原油硫含量提高后，催化、焦化等二次加工装置分馏和稳定系统出现较严重的设备腐蚀。塔河、燕山等企业加氢装置原料总氯、总氮含量高，高压换热器、高压空冷换热管内铵盐结晶、结垢严重，导致换热管堵塞和腐蚀泄漏。

从 2015 年开始，计划利用 3 年时间建成中国石化炼油装置静设备腐蚀状态在线监测系统网络。首先在燕山、青岛炼化等 18 家企业试点开展静设备腐蚀状态在线监测系统建设，共计增设在线测厚 1 710 套、腐蚀探针 109 只、pH 计 23 套、循环水泄漏监测 167 套等在线监测设施。在线监测系统的投用后，效果显著。燕山、洛阳、武汉利用腐蚀监测系统，辅助人工检测排查，发现、处理 15 起设备腐蚀减薄隐患，避免了设备腐蚀泄漏和装置非计划停工。

（吕 伟）

【烟机运行情况】 2015 年，中国石化 47 台烟机全年做功同比增加 4.1 个百分点。故障停机次数有所上升，达到 38 次，主要原因是烟机结垢。全年烟机累计负荷率 83.7%，降低 2.1 个百分点；能量回收率 91.9%，降低 0.1 个百分点；同步运行率 97.5%，降低1.3个百分点。

（朱　哲）

【加热炉运行情况】 通过对加热炉持续的节能改造和示范炉项目推广，加热炉热效率进一步提高。2015年组织加热炉测评中心对16家炼油企业的369台加热炉的运行和管理进行了检查和测评，加权平均热效率92.1%，同比提高0.1个百分点；平均排烟温度126.9℃，下降3.1℃；氧含量3.95%，降低0.02个百分点。节能减排效果明显。

组织加热炉测评中心制定催化余热锅炉热利用率测试方法，对16家企业的37台催化余热锅炉进行了测试，加权平均热利用率64.7%，排烟温度190.8℃，初步摸清催化余热锅炉运行情况，为今后提高催化余热锅炉热利用率打下了基础。

（朱　哲）

【电气专业管理】 在普查隐患、梳理排序的基础上，按照安全优先、系统优先、统一规划、分步实施的原则，2015年组织专家组对32家主要炼油企业的供电系统治理方案进行了审查，初步确定23家炼油企业治理项目54项。

（邢　勐）

计量管理

【概述】 2015年，炼油企业认真贯彻国家计量法律法规，严格执行《炼化企业计量管理与考核规范》，狠抓计量器具和计量数据管理，继续推进计量专业信息化，公平公正开展计量工作，计量管理水平再上新台阶并取得显著效益。

（任　刚）

【加强原油储运损失管理】 2015年，继续加大"比学赶超"力度，促进企业及时发现差距，抓好机械清罐专项工作，提高原油储运管理水平。全年原油储运损失率比上年下降0.004个百分点，减少原油损失0.91万吨，经济效益为0.29亿元。镇海、茂名、北海、金陵、广州、扬子、齐鲁、九江、天津、武汉等10家企业的实际储运损失率达到"优秀"等级。

（任　刚）

质量管理

【概述】 2015年，中国石化继续坚持"每一滴油都是承诺"的社会责任，认真履行"质量永远领先一步""质优量足，客户满意"的方针目标，稳步推进产品质量升级工作，在保证国Ⅳ标准车用汽、柴油供应的同时，10月提前完成东部11省市国Ⅴ车用汽、柴油质量升级任务。炼油产品质量总体保持稳定，通过严格产品内控指标管理和加强全过程产品质量控制，产品质量稳定满足标准和用户使用要求。在国家、各级政府部门和中国石化对炼油企业产品质量监督抽查中，产品质量合格率均达到100%。

（李爱文）

【产品实物质量】 2015年，炼油产品实物质量总体稳定，为确保东部11省市国Ⅴ车用汽、柴油产品质量升级工作顺利完成，重点组织相关炼油企业和销售企业就质量升级项目建设、投产进度、生产组织、系统置换、市场供应、应急处理等方面的工作进行对接，并落实实施进度与效果。

车用汽油：按照《车用汽油》《车用乙醇汽油调和组分油》国家标准、地方标准和出口汽油协议标准等产品标准生产车用汽油。通过加快新建、改造S－Zorb装置，汽油加氢装置升级改造等项目建设，10月起，供应东部11省市的车用汽油全部达到国Ⅴ标准要求。12月向市场供应国Ⅴ车用汽油实际比例达到57.44%。

柴油：按照国家《车用柴油》《普通柴油》《军用柴油》标准和出口协议标准等产品标准生产柴油。通过新建、改造柴油加氢精制装置，加氢改质等项目建设，10月起，供应东部11省市的车用柴油全部达到国Ⅴ标准要求。12月向市场供应国Ⅴ车用柴油实际比例达到22.61%。

（李爱文）

【产品质量管理】 2015年，中国石化始终坚持"每一滴油都是承诺"的社会责任，不断提高质量管理体系运行的有效性，全面提升企业质量管理水平。通过严格企业产品内控指标管理，开展月度产品质量统计分析和质量情况通报，使炼油企业产品质量的管理控制水平得到提高。组织开展"质量日"活动，举办炼油企业质量处（科）长培训班和炼油化验分析高级研修班，全面提高质量意识和管理队伍的业务水平。各企业通过强化质量管理，狠抓全员、全过程质量培训和质量风险控制，炼油质量管理工作得到全面提高。充分利用实验室信息化管理系统（LIMS）和产品质量管理信息系统（QMS）等信息化手段，提高质量管理、质量控制的科学性与工作效率。

（李爱文）

原油资源及储运

【储运设施】 原油管道：2015 年，中国石化共拥有原油长输管道 7 433 千米（不含油田及炼化企业内部管线），综合输油能力 2.2 亿吨/年，完成原油输送量 1.76 亿吨。其中，管道储运公司负责运营管理的原油长输管道 6 423 千米（不含站内管线），综合输油能力 1.75 亿吨/年，完成原油输送量 1.26 亿吨；油田企业负责运营管理的原油长输管道 497 千米，设计输油能力 2 080 万吨/年，完成原油输送量 1 812 万吨；炼化企业负责运营管理的原油长输管道 513 千米，设计输油能力 2 500 万吨/年，完成原油输送量 3 052万吨。

原油储罐：2015 年，中国石化在用原油储罐合计 5 684 万立方米，其中炼化企业 1 565 万立方米、油田企业 350 万立方米、管道储运公司 1 276 万立方米、原油商业储备 2493 万立方米。

原油码头：2015 年，中国石化共拥有货主、合资、合作原油深水码头 14 座（含岙山合作码头），25 万吨级以上原油泊位 20 座（岙山 2 座），设计接卸能力 3.34 亿吨/年，共接卸中国石化原油资源 2.03 亿吨。

（陈 栋）

【原油资源】 2015 年，中国石化炼化企业共完成原油资源配置 2.36 亿吨，其中石化集团公司油田自产原油 2 977 万吨、中国石油原油 460 万吨、中国海油原油 409 万吨、进口原油 1.97 亿吨。石化集团公司原油资源完成情况见表 1。

（陈 栋）

表 1　　石化集团公司原油资源完成情况　　万吨

项目 \ 年份	2015	2014	2013	2012	2011	2010
原油资源总量	23 586	23 840	23 386	22 308	21 996	21 405
自产原油	2 977	3 261	3 384	3 466	3 484	3 513
中国石油资源	457	653	473	516	572	510
中国海油资源	424	390	557	686	806	855
进口原油	19 728	19 536	18 971	17 641	17 133	16 527

【原油资源运输】 2015 年，中国石化炼化企业共完成原油资源进厂量 2.39 亿吨，其中管输 + 一程直靠进厂 2.23 亿吨，占原油资源总量的 93.38%；其他方式运输进厂 1 580 万吨（含二三程水运、火车、汽车运输等），占原油资源总量的 6.62%。中国石化原油资源运输基本实现“海上运输油轮大型化，陆上运输管道化”战略目标。石化集团公司原油资源运输完成情况见表 2。

（陈 栋）

表 2　　石化集团公司原油资源运输完成情况　　万吨

项目 \ 年份	2015	2014	2013	2012	2011
原油资源进厂量	23 889	23 709	23 390	22 309	22 196
一程水运	4 679	4 663	4 590	4 415	5 058
管输进厂	17 630	17 533	17 359	16 160	15 177
管道储运公司	12 624	12 681	12 906	11 799	10 616
其他方式	1 580	1 513	1 441	1 734	1 961
二程水运	1 067	744	646	935	1 321
进口原油	964	683	556	781	1 100
三程水运	203	183	241	204	203
火车进厂	293	480	479	547	397
汽车进厂	18	107	75	48	40

【原油储运设施运行情况】 1. 册岚线海底管道整治工程顺利完工

为解决册子岛—岚山海底原油管线存在裸露和悬空安全隐患，自2015年4月2日起，册岚管线进行为期100天的停输整治，其间，册子、岙山码头油库停止作业，仅大榭码头油库外输供甬沪宁管网。为确保册岚线检修期间企业原油资源供应，按照“充分发挥管道系统输送能力，挖掘水路运输潜力，统筹平衡甬沪宁和沿江企业库存，利用商储资源调剂”的原则安排原油供应方案。经过62天的紧张施工，6月2日，册岚海底管线整治工程顺利完工并恢复输油，比计划工期提前38天，其间没有因原油资源运输而影响炼油企业生产。

2. 东黄老线、东临老线退出运行

根据中国石化东部管网治理方案及山东省政府要求，东黄老线、东临老线将逐步退出运行，拟利用东黄复线顺序输送齐鲁及华北进口原油，东临复线顺序输送胜利与进口混原油及纯进口原油。

东黄老线于1974年建成投产，长度251千米，于2015年8月底退出运行；东临老线于1978年建成投产，长度171千米，于2015年10月底退出运行。

3. 仪征油库处理完库存高氯原油

2014年6月11日，仪征站开始掺混库存高氯原油，至2015年3月22日仪征站库存高氯原油全部处理完成。密切跟踪仪长线高氯原油配输工作，沿江5家炼化企业轮换安排化验人员在仪征油库每天2次检测外输原油氯离子含量，并根据检测化验结果随时调整高氯原油外输比例。仪征库存高氯原油配输期间，沿江5家炼化企业装置平稳生产，没有因高氯原油配置影响企业生产及产品外销。

4. 秦京线停输，大庆原油停供燕山石化

秦京线（秦皇岛—北京石楼站）于1975年建成投产，长度325千米，设计输量600万吨/年，主要为燕山石化输送大庆原油。2015年10月，秦京线扫线停输，大庆原油停供燕山石化，同时任京线（任丘—石楼）、石燕线（石楼—燕山）扫线停输。

5. 交通运输部放开原油国内水运

原油国内水路运输一直由交通运输部负责统一平衡运输需求和运力安排。交通运输部负责收集整理企业需求，编制原油运输计划，下达给国内具有原油运输资质的航运企业执行。自2015年3月开始，交通运输部放开原油国内水运计划管理，由用油企业与航运企业自行衔接国内水路运力，组织原油运输。

（陈　栋）

化工生产

综 述

2015年，国际油价持续下跌，化工市场起伏波动，面对困难和挑战，化工板块认真贯彻落实党组的决策部署，围绕“稳增长、谋发展、强基础、抓党建”的工作主线，狠抓结构调整和降本减费，千方百计拓市扩销，圆满完成生产经营和结构调整各项任务目标。

主要生产经营指标创历史新高。全年生产乙烯1 111.79万吨，同比增加42.01万吨，创历史新高；实现经营总量6 287万吨，增加208万吨。

安全生产的基础进一步夯实。牢固树立“发展不能以牺牲人的生命为代价”的理念，“严细实恒”抓安全环保工作。健全完善HSE管理体系，严格落实安全生产责任制，组织制定炼化企业集中用火、叉车管理等多项专业指导意见，开展专题技术攻关和研讨，确保各项制度、规范、标准执行到位。狠抓隐患排查整治，全面开展安全环保风险识别、风险防控和隐患治理工作。强化安全监管，在年度安全大检查的基础上，采取多种形式开展日常“四不两直”安全环保检查。重视应急能力建设，制定沿海企业防台风指导意见，开展典型事故应急演练，组织企业级应急预案备案工作。坚持“零容忍”，严肃责任追究，建立非计划停工、安全事故、环境事件约谈和问责机制。通过完善制度、落实责任、严格考核，扭转了上半年安全事故频发的被动局面，提前完成油气输送管道隐患治理攻坚战阶段性目标，全年二级以上非计划停工减少2次，主要装置运行平稳率提高0.4个百分点。

节能减排工作扎实推进。坚持走绿色低碳的发展道路，通过结构调整、技术进步、强化管理等措施，提高资源利用和“三废”治理水平，节能减排工作取得了实效，技术经济指标水平进一步提升。全年乙烯燃动能耗559.1千克标油/吨、降低10个单位，高附加值产品能耗302.1千克标油/吨、降低1.9个单位，乙烯收率33%、提高0.6个百分点，乙烯高附加值产品收率61.1%、提高0.4个百分点，乙烯加工损失率0.2%、同比持平；万元产值综合能耗1.46吨标煤、降低0.008个单位；节水760万吨，减排610万吨；在役化工装置基本完成首轮泄漏检测与修复（LDAR）工作，为石化集团公司完成年度和“十二五”节能减排任务目标做出重要贡献。

结构调整取得明显成效。把结构调整作为生产经营工作的重中之重，并在全系统形成共识，全力推进，化工板块整体运营质量得到有效提升。面对北美页岩气化工和国内煤化工的竞争挑战，连续3年狠抓乙烯原料优化。结合炼化企业燃料结构调整和轻烃、石脑油市场的变化，以投入产出效益最大化为目标，动态优化乙烯原料结构，抓住机遇进口丙烷和石脑油资源。从大局出发，坚持乙烯装置多用重质裂解料，为减缓柴油过剩矛盾发挥积极作用。以顶替进口为目标，优化企业间、装置间品种牌号的生产分工，瞄准中高端市场，开发生产高附加值新产品和专用料，推进三大合成材料的质量档次升级，提升产品附加值。有进有退，在抓好新业务发展和新装置投产的同时，关停上海石化丙烯腈等老旧落后装置，彻底退出腈纶毛条、纯碱和隔膜法烧碱等劣势业务。以效益为中心，兼顾当前和长远，分装置进行效益测算和动态监测，坚决限产、停产没有边际贡献且不影响产品链的装置，大幅度减少效益损失。同时，组织企业认真抓好职工稳定、退出装置的资产处置以及阶段性停产装置的维护工作。全年吨乙烯原料成本降低102元，降本12.2亿元；合成树脂新产品与专用料比例59.4%，提高2个百分点；聚酯专用料和差别化纤维产品比例82%，提高5.2个百分点；高附加值橡胶产品比例17.2%，同比持平；截至2015年底，停产装置73套，其中长停29套、阶段性停产44套。

创新驱动作用有效发挥。将创新作为推动化工业务转型发展的重要力量，围绕结构调整的主线，按照有所为有所不为的原则，明确主攻方向和突破口。瞄准世界先进水平，努力缩小关键领域差距，打造比较优势，为化工结构调整提供有力支撑。大型乙烯成套技术、高效环保芳烃成套技术、第三代环管法聚丙烯成套技术、单喷嘴干粉煤气化炉（SE炉）等多个项目获石化集团公司科技进步一等奖，其中高效环保芳烃成套技术获国家科技进步特等奖。气相法聚乙烯成套技术、溴化丁基、环己酮氨肟化等生产技术得到推广应用，丙丁共聚聚丙烯、茂金属聚乙烯、超低密度聚乙烯及超高分子量聚乙烯纤维等高附加值新产品成功进入中高端市场。深化“两化”融合，智能工厂建设和乙烯装置实时优化应用试点取得成效，先进控制技术进一步推广应用。此外，还有一批节能减排和安全环保的新工艺、新技术得到推广应用，为化工板块优化降本、提升本质安全环保水平发挥了重要作用。

经营管理更加精细规范。坚持和发扬石油石化优良传统，注重学习借鉴国内外先进管理经验，努力提升经营管理水平。坚持从投资源头严控风险，根据市场变化反复论证，科学决策。果断停建福建碳五分离和异戊橡胶，巴陵、燕山丁烯氧化脱氢制丁二烯，广州合资丁苯橡胶，高桥合资丁腈橡胶，燕山乙丙橡胶等项目，对巴陵福建己内酰胺、中科一体化、上海乙烯三轮改造、安庆液化气综合利用等项目方案进行深度优化，调整安庆合资丁辛醇项目股比，投资的质量得到保证。开展全面预算管理，狠抓挖潜增效和降本减费，从流动资金占用、“三剂”辅材消耗、行政性和非生产性支出等方面入手，全方位严控成本费用。全年化工吨产品完全费用1 330元，降低127元。强化产销衔接和化工产品销售管理，根据市场和效益持续优化排产，增产有市场、效益好的产品，分产品制定营销策略，努力拓市扩销，保持了化工产品销售的市场领先优势，全年统销产品直销比例71.3%，提高0.6个百分点。加强工艺、设备专业管理，促进重点设备特别是大机组稳定运行。按照“应修必修、修必修好、不过修、不失修”的原则，组织专家与企业共同优化、完善检修方案，落实停开工低排放措施。开展工艺、设备攻关，解决装置重要设备、关键部位和工艺运行出现的突出问题。严格质量计量管理，贯彻落实“质量永远领先一步”的质量方针和“质优量足，客户满意”的质量目标，开展质量管理体系有效性检查和质量计量专项检查，产品实物质量水平逐年提高，全年化工产品用户投诉数量降至50件，减少14件。抓两头、带中间，开展重点企业帮扶和扭亏脱困工作，深入剖析亏损原因，一企一策制定方案措施。

市场竞争优势进一步增强。全年化工板块盈利215.1亿元，比年度预算增加160亿元，其中7家非上市化工企业亏损13.3亿元，比年度预算减亏4.7亿元；资产回报率(ROCE)为10.56%（不含煤化工），达到世界主要化工公司先进水平。镇海炼化净现金收益和资产回报率位于亚太领先水平。根据烯烃绩效评价结果，镇海炼化、茂名石化以及合资的中韩石化、福建联合石化公司、中沙石化等乙烯装置进入石脑油群组世界领先水平。

（张金萍）

有机原料

【概述】 石化集团公司有机原料主要产品有乙烯、丙烯、丁二烯、苯、甲苯、二甲苯、甲醇、丁醇、辛醇、环氧乙烷、环氧丙烷、环氧氯丙烷、苯酚、丙酮、丙烯酸、苯乙烯和苯酐等。其中，乙烯、丙烯、丁二烯、苯、甲苯、二甲苯为基础有机原料，其余为主要中间原料。

石化集团公司主要有机原料生产能力见表1。由表1可见，乙烯、丁二烯、苯、甲苯、混合二甲苯、邻二甲苯、间二甲苯、对二甲苯、甲醇、丁醇、辛醇、苯酚、丙酮、丙烯酸、苯乙烯、苯酐生产能力没有变化，丙烯、环氧乙烷、环氧丙烷生产能力同比有所增加，环氧氯丙烷的生产能力同比下降。

石化集团公司主要有机原料产量见表2。由表2可见，乙烯、丙烯、丁二烯、苯、间二甲苯、甲醇、环氧丙烷、环氧氯丙烷、苯酚、丙酮、丙烯酸和苯乙烯产量同比有不同幅度的增加；甲苯、混合二甲苯、邻二甲苯、对二甲苯、丁醇、辛醇、环氧乙烷和苯酐等有机原料产量同比减少。石化集团公司的乙烯、丙烯、丁二烯、对二甲苯等产品在中国大陆地区继续保持主导地位。

表1　石化集团公司主要有机原料生产能力　万吨/年

产品名称＼年份	2015	2014	2013	2012	2011	2010
乙　烯	1 052.00	1 052.00	1 033.00	957.50	957.50	947.50
丙　烯	986.95	980.42	934.85	884.67	858.76	813.33
丁二烯	185.14	185.14	168.64	155.64	155.64	147.14
苯	538.38	538.38	505.61	454.59	411.84	410.34
甲　苯	143.14	143.14	136.14	117.44	117.44	117.44
混合二甲苯	305.76	305.76	233.66	179.98	146.52	146.52
邻二甲苯	46.52	46.52	46.52	34.52	34.52	34.52
间二甲苯	8.00	8.00	8.00	8.00	8.00	8.00
对二甲苯	483.91	483.91	477.91	406.81	406.81	406.81
甲　醇	131.74	131.74	87.10	97.10	44.50	44.50

续表

产品名称 \ 年份	2015	2014	2013	2012	2011	2010
丁　醇	37.50	37.50	37.50	37.50	37.50	17.00
辛　醇	30.50	30.50	30.50	30.50	30.50	41.50
环氧乙烷	139.31	121.31	121.31	68.46	64.46	49.46
环氧丙烷	38.50	28.50	28.50	28.50	28.50	36.50
环氧氯丙烷	2.40	5.60	5.60	5.60	5.60	5.60
苯　酚	85.75	85.75	60.75	59.40	59.40	59.40
丙　酮	52.14	52.14	37.14	36.27	36.27	36.27
丙烯酸	23.08	23.08	23.08	23.08	23.08	23.08
苯乙烯	228.10	228.10	221.90	203.90	203.90	195.40
苯　酐	4.00	4.00	4.00	12.00	12.00	12.00

注：乙烯等化工产品产能以年运行8 000小时计，下同

表2　　石化集团公司主要有机原料产品产量　　万吨

产品名称 \ 年份	2015	2014	2013	2012	2011	2010
乙　烯	1 111.79	1 069.78	997.98	954.18	1 003.75	918.95
丙　烯	926.28	896.59	855.47	808.77	819.96	752.97
丁二烯	147.41	145.43	134.02	137.36	137.33	122.93
苯	402.81	399.54	374.53	351.72	359.13	352.15
甲　苯	145.67	133.46	100.80	92.67	84.23	107.96
混合二甲苯	166.41	174.80	189.85	183.09	150.31	163.69
邻二甲苯	51.07	52.95	54.12	55.05	55.57	50.10
间二甲苯	5.62	5.18	4.95	4.91	5.59	3.79
对二甲苯	440.25	479.14	447.79	440.55	441.11	402.31
甲　醇	121.13	106.76	53.22	64.90	19.88	32.97
丁　醇	28.18	33.99	35.11	37.05	27.34	21.69
辛　醇	24.89	27.55	29.32	33.08	41.51	44.21
环氧乙烷	97.44	111.73	86.79	70.12	65.62	52.22
环氧丙烷	31.64	26.51	29.66	29.47	30.58	20.61
环氧氯丙烷	2.31	1.22	3.07	4.68	4.17	4.61
苯　酚	68.89	62.97	59.72	59.66	63.14	54.97
丙　酮	42.29	38.97	37.08	37.02	39.24	34.10
丙烯酸	13.71	12.12	6.37	11.59	14.37	5.81
苯乙烯	225.76	208.37	214.51	204.22	191.97	163.68
苯　酐	0	1.79	3.84	12.75	11.62	12.05

（张　燕）

【乙烯】 截至2015年底，石化集团公司生产乙烯的企业有燕山分公司、上海石化、齐鲁分公司、扬子石化、茂名分公司、镇海炼化、广州分公司、天津分公司、中原石化、中韩石化、上海赛科公司、扬巴公司、福建炼化、中沙石化和燕化有限公司共15家，生产能力合计1 052万吨/年（含中原MTO装置），同比持平。

各企业乙烯生产能力分别为：燕山分公司71万吨/年、上海石化2#乙烯装置老区40万吨/年、齐鲁分公司80万吨/年、扬子石化80万吨/年、天津分公司20万吨/年、中原石化乙烯装置18万吨/年、上海赛科公司114万吨/年，均采用美国Lummus公司专利技术；上海石化2#乙烯装置新区30万吨/年、广州分公司21万吨/年、茂名分公司乙烯装置老线36万吨/年、扬巴公司74万吨/年，均采用美国S&W公司专利技术；燕化有限公司15万吨/年（2012年9月停产）采用意大利TPL公司专利技术；茂名分公司乙烯装置新线64万吨/年、镇海炼化100万吨/年、福建炼化99万吨/年、中沙石化100万吨/年，均采用中国石化与Lummus联合开发的专利技术；中韩石化80万吨/年，首次全流程应用中国石化自主开发的专利技术；中原石化MTO装置10万吨/年，首套采用中国石化自主开发的专利技术。

2015年，石化集团公司紧紧抓住低油价下原料价格较低、烯烃产品链效益较好的有利时机，开足马力高负荷生产，全年累计生产乙烯1 111.79万吨，增加42.01万吨，增长3.93%，创历史新高。各企业乙烯产量详见表3。

表3　石化集团公司各企业乙烯产量　万吨

企业名称 \ 年份	2015	2014	2013	2012	2011	2010
石化集团公司合计	1 111.79	1 069.78	997.98	954.66	1 003.75	918.95
燕山分公司	78.60	77.63	72.30	75.06	75.31	84.16
上海石化	83.65	80.44	95.33	91.47	91.01	97.29
扬子石化	82.31	75.66	70.55	64.95	81.81	67.85
齐鲁分公司	86.19	80.07	72.30	80.07	85.17	85.57
广州分公司	20.16	22.21	22.50	22.42	20.41	22.46
茂名分公司	105.39	114.12	112.55	110.14	108.52	98.14
天津分公司	21.08	21.33	22.21	18.82	23.05	23.76
中原石化	23.46	23.58	24.86	20.89	18.26	21.20
镇海炼化	113.14	97.06	111.08	110.27	110.84	52.59
上海赛科公司	127.11	108.09	116.67	104.09	106.52	129.43
扬巴公司	69.89	76.68	71.90	67.56	72.09	53.62
福建炼化	106.64	102.11	71.41	85.15	85.23	84.36
中沙石化	108.81	107.71	108.64	94.34	111.21	85.49
中韩石化	85.34	83.09	25.67	—	—	—
燕化有限公司	—	—	—	8.95	14.32	13.03

（马国锋）

【丙烯】 石化集团公司丙烯产品分炼油丙烯和化工丙烯两大类，截至2015年底，生产炼油丙烯的企业有胜利油田分公司、河南油田分公司、中原油田分公司、江苏油田分公司（扬州石化有限责任公司）、燕山分公司、天津分公司、石家庄炼化、沧州分公司、上海石化、高桥分公司、金陵分公司、扬子石化(包括泰州石化和清江石化)、镇海炼化(包括杭州石化有限责任公司)、安庆分公司、福建炼化、九江分公司、济南分公司、齐鲁分公司、青岛炼化、青岛石化、洛阳分公司、武汉分公司、荆门分公司、长岭分公司、广州分公司、茂名分公司、湛江东兴公司、海南炼化、西安分公司、巴陵石化共33家，炼油丙烯由炼厂气分装置生产；生产化工丙烯的企业有燕山分公司、上海石化、齐鲁分公司、扬子石化、茂名分公司、镇海炼化、广州分公司、天津分公司、中原石化、中韩石化、上海赛科公司、扬巴公司、福建炼化、中沙石化和燕化有限公司共15家，化工丙烯全部由乙烯装置生产。石化集团公司丙烯生产能力为986.95万吨/年，同比增加6.53万吨/年、增长0.70%，其中天津分公司炼油丙烯生产能力核增6.53万吨/年。

2015年，石化集团公司实际生产丙烯926.28万吨，增加29.70万吨，增长3.31%。其中，炼油丙烯371.37万吨，增加17.37万吨，增长4.91%；化工丙烯554.91万吨，增加12.32万吨，增长2.27%。各企业丙烯产量详见表4。

表4　　石化集团公司各企业丙烯产量　　万吨

企业名称 \ 年份	2015	2014	2013	2012	2011	2010
石化集团公司合计	926.28	896.59	855.47	808.77	807.88	752.97
胜利油田分公司	5.58	4.52	3.04	3.16	3.62	3.43
河南油田分公司	0.85	0.82	0.82	0.96	1.09	1.00
中原油田分公司	3.13	2.70	3.32	3.33	2.09	2.30
江苏油田分公司	3.88	3.53	2.98	2.93	1.62	1.57
燕山分公司	52.26	50.57	46.69	51.47	50.10	53.28
天津分公司	16.64	16.60	18.18	13.94	16.68	16.72
中沙石化	56.27	56.60	55.03	48.26	56.42	43.28
石家庄炼化	15.87	7.22	7.09	9.46	9.63	9.69
沧州分公司	4.70	6.58	5.19	6.09	6.41	4.82
上海石化	53.30	51.02	61.18	50.44	48.17	52.32
高桥分公司	8.18	5.21	7.21	8.65	11.57	11.76
上海赛科公司	73.59	63.17	66.86	61.67	61.07	74.07
金陵分公司	35.71	31.16	35.06	18.76	15.95	16.70
扬子石化	49.51	46.91	41.80	39.48	47.93	39.62
扬巴公司	37.43	41.56	38.76	36.60	38.90	28.80
镇海炼化	86.39	77.27	88.03	88.07	90.93	62.49
安庆分公司	24.11	25.22	20.48	15.05	16.59	16.72
福建炼化	64.38	66.21	47.98	59.43	58.47	57.33
九江分公司	10.67	9.25	11.29	9.86	8.62	9.80
济南分公司	12.77	12.05	9.75	11.26	10.76	9.10
齐鲁分公司	57.16	50.16	43.76	46.47	48.95	48.52
青岛炼化	18.40	20.62	22.08	24.52	19.54	21.76
青岛石化	5.82	8.03	8.14	6.15	8.27	8.77

续表

企业名称＼年份	2015	2014	2013	2012	2011	2010
洛阳分公司	9.20	13.03	13.66	15.08	13.71	13.97
中原石化	16.73	16.39	17.10	13.42	8.51	8.71
武汉分公司	10.54	10.58	10.91	10.01	11.55	11.59
中韩石化	43.05	43.33	12.99	0	0	0
荆门分公司	11.67	10.61	13.01	13.00	13.65	13.39
长岭分公司	10.27	8.27	12.36	12.35	12.44	1.98
广州分公司	25.37	28.48	26.64	26.61	20.50	21.42
茂名分公司	60.51	64.44	62.02	53.18	52.30	48.25
湛江东兴公司	10.43	11.89	11.72	8.83	0	0.02
海南炼化	22.14	21.87	17.73	23.44	23.84	20.95
西安分公司	0.50	2.73	3.36	2.85	2.03	2.17
燕化有限公司	—	—	—	4.27	6.81	6.48
巴陵石化	9.26	7.97	9.24	9.70	9.18	10.21

（马国锋）

【丁二烯】 截至2015年底，石化集团公司生产丁二烯的企业有上海石化、扬子石化、镇海炼化、福建炼化、燕山分公司、齐鲁分公司、广州分公司、茂名分公司、上海赛科公司、扬巴公司、中沙石化、中韩石化和燕化有限公司共13家，生产能力合计185.14万吨/年，同比持平。

各企业丁二烯生产能力分别为：上海石化11.2万吨/年、扬子石化20万吨/年、福建炼化18万吨/年、广州分公司3.5万吨/年、茂名分公司16.4万吨/年和扬巴公司13万吨/年，均采用DMF工艺；镇海炼化16万吨/年、中沙石化20万吨/年和中韩石化13万吨/年，均采用乙腈工艺；燕化有限公司2.94万吨/年采用NMP工艺；燕山分公司的2套装置（产能14万吨/年）分别采用DMF和乙腈工艺；齐鲁分公司的3套装置（产能16.1万吨/年）分别采用NMF和乙腈工艺；上海赛科公司的2套装置（产能21万吨/年）分别采用NMP和乙腈工艺。

2015年，石化集团公司实际生产丁二烯147.41万吨，增加1.95万吨，增长1.47%。各企业丁二烯产量见表5。

表5　　石化集团公司各企业丁二烯产量　　万吨

企业名称＼年份	2015	2014	2013	2012	2011	2010
石化集团公司合计	147.41	145.43	134.02	137.36	137.33	122.93
燕山分公司	10.62	11.64	10.99	11.65	10.56	12.37
上海石化	11.23	10.56	12.95	13.30	12.55	13.75
扬子石化	10.47	10.53	10.45	12.57	18.66	16.76
镇海炼化	15.79	14.15	16.08	15.52	16.32	7.91
齐鲁分公司	11.70	10.93	9.71	10.88	11.04	12.66

续表

企业名称＼年份	2015	2014	2013	2012	2011	2010
茂名分公司	13.45	14.12	14.16	14.75	14.28	12.78
广州分公司	2.45	2.79	2.92	3.09	2.46	2.66
中韩石化	10.84	11.33	3.86	—	—	—
上海赛科公司	15.61	12.09	11.11	12.98	11.03	12.17
扬巴公司	10.14	11.49	10.68	10.76	3.45	—
福建炼化	14.85	15.53	10.85	12.93	13.59	13.10
中沙石化	20.26	20.27	20.26	17.61	21.33	16.97
燕化有限公司	—	—	—	1.35	2.06	1.79

（张　燕）

【苯】 截至2015年底，石化集团公司生产纯苯的企业有燕山分公司(产能24.64万吨/年)、天津分公司(产能37.93万吨/年)、石家庄炼化(产能7.86万吨/年)、沧州分公司(产能2万吨/年)、上海石化(产能63.15万吨/年)、高桥分公司(产能10.23万吨/年)、金陵分公司(产能20.37万吨/年)、扬子石化(产能62.06万吨/年)、镇海炼化(产能48.47万吨/年)、安庆分公司(产能6.14万吨/年)、九江分公司(产能27.5万吨/年)、济南分公司(产能1.5万吨/年)、齐鲁分公司(产能24万吨/年)、青岛炼化(产能7.2万吨/年)、青岛石化(产能8万吨/年)、洛阳分公司(产能18.74万吨/年)、中原石化(产能5万吨/年)、武汉分公司(产能1.2万吨/年)、荆门分公司(产能4万吨/年)、长岭分公司(产能3.15万吨/年)、广州分公司(产能8.59万吨/年)、茂名分公司(产能26.83万吨/年)、湛江东兴公司(产能4.76万吨/年)、北海分公司(产能2.5万吨/年)、海南炼化(产能13.74万吨/年)、西安分公司(产能1万吨/年)、塔河分公司(产能2万吨/年)、福建炼化(产能45万吨/年)、上海赛科公司(产能21万吨/年)、扬巴公司(产能15.2万吨/年)、中韩石化(产能14.61万吨/年)共31家企业，生产能力合计538.38万吨/年，同比持平。

2015年，石化集团公司实际生产纯苯402.81万吨，增加3.27万吨，增长0.82%。各企业纯苯产量见表6。

表6　石化集团公司各企业纯苯产量　　万吨

企业名称＼年份	2015	2014	2013	2012	2011	2010
石化集团公司合计	402.81	399.54	374.53	351.72	359.13	352.15
燕山分公司	17.44	19.05	17.05	19.48	17.53	18.78
天津分公司	39.55	41.19	44.00	37.85	43.02	35.67
石家庄炼化	4.63	1.67	0.76	0.79	0.97	1.13
沧州分公司	—	—	—	—	—	0.26
上海石化	35.95	34.75	42.46	39.39	40.68	43.78
高桥分公司	6.42	6.24	7.39	6.54	2.25	1.76
金陵分公司	7.07	12.15	20.24	18.21	16.16	15.70

续表

企业名称 \ 年份	2015	2014	2013	2012	2011	2010
扬子石化	39.21	38.35	36.95	33.01	37.73	33.93
镇海炼化	38.43	34.43	39.70	37.80	40.95	28.93
安庆分公司	5.23	4.79	0.69	—	—	—
九江分公司	5.80	4.22	4.36	2.17	0.84	0.92
济南分公司	2.08	1.27	—	—	0.14	0.26
齐鲁分公司	22.27	20.10	19.58	22.08	24.17	24.41
青岛炼化	—	—	0.17	0.27	2.64	6.14
青岛石化	0.58	1.08	1.09	0.58	0.72	0.93
洛阳分公司	6.88	8.96	10.46	10.33	8.58	10.59
中原石化	2.08	2.13	2.58	2.35	3.11	3.73
武汉分公司	1.07	1.32	1.35	1.16	1.00	0.89
荆门分公司	2.98	2.81	3.06	2.40	1.06	1.20
长岭分公司	2.19	1.44	2.24	2.44	3.10	2.24
广州分公司	10.26	10.83	10.01	10.00	8.62	9.34
茂名分公司	23.76	26.34	25.80	25.44	26.07	25.45
湛江东兴公司	3.68	4.64	3.10	2.60	3.72	4.16
北海炼化	3.00	2.53	2.31	2.20	—	—
海南炼化	15.53	17.97	4.41	6.34	6.19	5.26
西安分公司	0.09	0.51	0.88	0.34	—	—
塔河炼化	—	0.15	0.19	0.20	0.17	0.20
福建炼化	44.77	44.10	27.59	32.76	31.62	33.11
上海赛科公司	30.52	24.92	27.19	22.22	25.25	33.21
扬巴公司	13.26	14.03	13.74	12.79	12.89	10.18
中韩石化	18.07	17.56	5.19	—	—	—

（苏　莹）

【甲苯】 截至2015年底，石化集团公司生产甲苯的企业有燕山分公司(产能1.43万吨/年)、天津分公司(产能23.36万吨/年)、石家庄炼化(产能9.72万吨/年)、上海赛科公司(产能14万吨/年)、金陵分公司(产能11万吨/年)、镇海炼化(产能23.99万吨/年)、九江分公司(产能3万吨/年)、齐鲁分公司(产能4万吨/年)、洛阳分公司(产能10万吨/年)、武汉分公司(产能3.54万吨/年)、中韩石化(产能8.1万吨/年)、长岭分公司(产能7.8万吨/年)、广州分公司(产能4.45万吨/年)、茂名分公司(产能12.15万吨/年)、海南炼化(产能6.6万吨/年)共15家企业，生产能力合计143.14万吨/年，同比持平。

2015年，石化集团公司实际生产甲苯145.67万吨，增加12.21万吨，增长9.15%。各企业甲苯产量见表7。

表7　　石化集团公司各企业甲苯产量　　万吨

企业名称＼年份	2015	2014	2013	2012	2011	2010
石化集团公司合计	145.67	133.46	100.80	92.67	84.23	107.96
燕山分公司	—	—	—	—	0.01	0.10
天津分公司	25.09	27.17	28.96	18.80	18.62	20.19
石家庄炼化	4.18	2.39	2.16	2.09	2.84	3.13
上海石化	—	—	—	—	—	18.90
金陵分公司	19.78	23.34	1.68	1.00	0.70	2.60
镇海炼化	1.89	1.53	13.01	16.97	17.18	12.92
扬子石化	28.18	12.07	4.50	7.90	—	—
九江分公司	—	—	—	0.28	0.94	1.64
齐鲁分公司	5.61	3.56	0.06	0.02	0.30	3.16
武汉分公司	0.25	0.93	1.36	0.62	0.80	2.33
长岭分公司	7.52	6.76	9.64	8.58	5.64	5.47
广州分公司	3.98	2.13	3.60	4.04	3.79	3.46
茂名分公司	9.59	10.87	10.95	11.19	10.82	10.70
海南炼化	10.65	14.34	—	—	—	—
安庆分公司	—	0.13	0.13	0.12	0.15	0.14
福建炼化	—	0.19	2.15	3.13	2.33	1.41
上海赛科公司	14.32	12.98	13.39	11.73	13.66	17.19
扬巴公司	6.49	6.70	6.70	6.19	6.46	4.63
中韩石化	8.18	8.38	2.52	—	—	—

（苏　莹）

【混合二甲苯】　截至2015年底，石化集团公司生产混合二甲苯的企业有燕山分公司（产能3.03万吨/年）、天津分公司（产能22.93万吨/年）、石家庄炼化（产能28.9万吨/年）、高桥分公司（产能20万吨/年）、上海赛科公司（产能10万吨/年）、金陵分公司（产能13万吨/年）、镇海炼化（产能9.17万吨/年）、安庆分公司（产能23.5万吨/年）、九江分公司（产能36.5万吨/年）、齐鲁分公司（产能23.7万吨/年）、洛阳分公司（产能23.14万吨/年）、武汉分公司（产能4.63万吨/年）、中韩石化（产能6.48万吨/年）、长岭分公司（产能7.8万吨/年）、广州分公司（产能31.07万吨/年）、茂名分公司（产能11.92万吨/年）、湛江东兴公司（产能17.39万吨/年）、北海分公司（产能12.6万吨/年）共18家企业，生产能力合计305.76万吨/年，同比持平。

2015年，石化集团公司实际生产混合二甲苯166.41万吨，减少8.39万吨，降低4.80%。各企业混合二甲苯产量见表8。

表8　　石化集团公司各企业混合二甲苯产量　　万吨

企业名称＼年份	2015	2014	2013	2012	2011	2010
石化集团公司合计	166.41	174.80	189.85	183.09	150.33	163.69
燕山分公司	—	—	—	—	—	0.33

续表

企业名称 \ 年份	2015	2014	2013	2012	2011	2010
天津分公司	28.70	29.74	32.91	28.74	31.20	27.42
石家庄炼化	8.05	2.91	1.78	1.88	2.05	2.47
上海石化	—	—	—	—	—	18.41
高桥分公司	3.46	6.18	7.01	7.33	—	—
金陵分公司	14.47	15.50	20.22	25.89	0.93	1.95
镇海炼化	0.81	4.12	5.94	7.56	17.51	6.28
安庆分公司	9.34	10.22	2.61	—	—	—
九江分公司	7.85	1.74	3.63	1.57	1.69	1.41
齐鲁分公司	17.18	21.24	22.65	20.37	13.42	16.16
洛阳分公司	21.56	—	—	—	—	—
武汉分公司	0.31	0.78	1.31	0.69	0.69	1.79
长岭分公司	9.14	4.93	12.02	7.80	7.77	6.28
广州分公司	17.94	22.60	20.09	23.94	19.54	20.90
茂名分公司	3.67	4.31	4.74	6.42	6.66	8.05
湛江东兴公司	0.45	3.13	9.30	6.32	10.58	10.38
青岛炼化	26.95	29.32	33.62	32.44	23.75	26.40
福建炼化	—	—	—	1.18	0.38	—
上海赛科公司	7.33	7.17	6.04	6.79	9.66	12.02
扬巴公司	4.68	4.65	4.39	4.19	4.50	3.44
中韩石化	6.10	6.26	1.59	—	—	—

（苏　莹）

【对二甲苯】 截至2015年底，石化集团公司生产对二甲苯的企业有天津分公司、上海石化、金陵分公司、扬子石化、镇海炼化、福建炼化、齐鲁分公司、洛阳分公司、海南炼化共9家企业，生产能力合计483.91万吨/年，同比持平。其中，海南炼化(产能60万吨/年)采用中国石化自主知识产权的成套技术，镇海炼化(产能52万吨/年)采用法国石油科学研究院(IFP)的工艺技术，天津分公司(产能33.41万吨/年)、上海石化(产能83.5万吨/年)、金陵分公司(产能60万吨/年)、扬子石化(产能80万吨/年)、福建炼化(产能85万吨/年)、齐鲁分公司(产能8.5万吨/年)、洛阳分公司(产能21.5万吨/年)7家企业均采用美国环球油品公司(UOP)的工艺技术。

2015年，石化集团公司实际生产对二甲苯440.25万吨，减少38.89万吨，降低8.69%。各企业对二甲苯产量见表9。

表9　　石化集团公司各企业对二甲苯产量　　万吨

企业名称 \ 年份	2015	2014	2013	2012	2011	2010
石化集团公司合计	440.25	479.14	447.79	440.55	441.11	402.31
天津分公司	31.03	33.88	43.54	35.49	42.74	37.30
上海石化	65.97	68.06	93.92	86.62	92.31	84.06

续表

企业名称 \ 年份	2015	2014	2013	2012	2011	2010
金陵分公司	40.89	55.86	73.39	74.39	69.12	55.58
扬子石化	73.98	88.17	85.52	93.78	96.30	83.58
镇海炼化	63.01	54.64	65.11	47.74	43.69	49.27
齐鲁分公司	7.21	8.24	8.33	9.71	9.16	3.90
洛阳分公司	11.59	16.48	22.32	23.44	19.85	22.70
海南炼化	67.54	76.46	—	—	—	—
福建炼化	79.04	77.35	55.66	69.38	67.93	65.92

（苏　莹）

【邻二甲苯】 截至2015年底，石化集团公司生产邻二甲苯的企业有金陵分公司(产能7.52万吨/年)、扬子石化(产能8万吨/年)、镇海炼化(产能13万吨/年)、齐鲁分公司(产能4万吨/年)、洛阳分公司(产能4万吨/年)、海南炼化(产能10万吨/年)共6家企业，生产能力合计46.52万吨/年，同比持平。

2015年，石化集团公司实际生产邻二甲苯51.07万吨，减少1.88万吨，降低3.47%。各企业邻二甲苯产量见表10。

表10　石化集团公司各企业邻二甲苯产量　万吨

企业名称 \ 年份	2015	2014	2013	2012	2011	2010
石化集团公司合计	51.07	52.95	54.12	55.05	55.57	50.10
金陵分公司	7.08	8.00	10.27	10.57	9.93	7.19
扬子石化	16.42	13.93	19.72	23.67	24.22	18.22
镇海炼化	16.93	15.16	16.51	13.60	15.65	16.03
齐鲁分公司	4.44	4.05	4.19	4.49	3.70	5.31
洛阳分公司	—	0.98	3.42	2.72	2.08	3.35
海南炼化	6.20	10.82	—	—	—	—

（苏　莹）

【间二甲苯】 截至2015年底，石化集团公司生产间二甲苯的企业只有燕山分公司，采用美国环球油品公司(UOP)的工艺技术，由吸附分离法生产对二甲苯改造为生产间二甲苯。

2015年，石化集团公司间二甲苯生产能力为8万吨/年，同比持平；实际生产间二甲苯5.62万吨，增加0.44万吨，增长8.82%。

（苏　莹）

【甲醇】 截至2015年底，石化集团公司生产甲醇的企业有四川维尼纶厂和长城能源化工公司共2家，生产能力合计131.74万吨/年，同比持平。其中，四川维尼纶厂(产能87.10万吨/年)采用瑞士卡萨利公司专利技术，长城能源化工公司(产能44.64万吨/年)采用丹麦托普索专利技术。

2015年，石化集团公司实际生产甲醇121.13万吨，增加14.37万吨，增长27%。各企业甲醇产量见表11。

表 11　　石化集团公司各企业甲醇产量　　万吨

企业名称＼年份	2015	2014	2013	2012	2011	2010
石化集团公司合计	121.13	106.76	53.22	64.90	19.88	32.97
长城能源化工公司	52.03	38.33	—	—	—	—
四川维尼纶厂	69.10	68.43	53.22	64.90	19.88	32.97

（张　燕）

【丁醇】　截至 2015 年底，石化集团公司生产丁醇的企业有齐鲁分公司、燕化有限公司、扬巴公司共 3 家，生产能力合计 37.50 万吨/年，同比持平。其中，齐鲁分公司(产能 5 万吨/年)采用鲁奇专利技术，燕化有限公司(产能 2 万吨/年)采用三菱化成专利技术，扬巴公司(产能 30.5 万吨/年)采用巴斯夫专利技术。

2015 年，石化集团公司实际生产丁醇 28.18 万吨，减少 5.99 万吨，降低 17.54%。各企业丁醇产量见表 12。

表 12　　石化集团公司各企业丁醇产量　　万吨

企业名称＼年份	2015	2014	2013	2012	2011	2010
石化集团公司合计	28.18	34.17	35.11	37.05	27.34	21.69
齐鲁分公司	5.36	5.21	5.14	6.26	5.74	5.79
扬巴公司	22.81	28.65	27.91	28.65	19.57	13.85
燕化有限公司	—	0.13	2.06	2.14	2.03	2.06

（张　燕）

【辛醇】　截至 2015 年底，石化集团公司生产辛醇的企业有齐鲁分公司、燕化有限公司共 2 家，生产能力合计 30.50 万吨/年，同比持平。其中，齐鲁分公司(产能 25.5 万吨/年)采用鲁奇专利技术，燕化有限公司(产能 5 万吨/年)采用三菱化成专利技术。

2015 年，石化集团公司实际生产辛醇 24.89 万吨，减少 2.66 万吨，降低 9.08%。各企业辛醇产量见表 13。

表 13　　石化集团公司各企业辛醇产量　　万吨

企业名称＼年份	2015	2014	2013	2012	2011	2010
石化集团公司合计	24.89	27.55	29.32	33.08	41.51	44.21
齐鲁分公司	24.89	26.64	23.09	27.29	26.33	25.92
扬巴公司	—	—	—	—	9.32	11.76
燕化有限公司	—	0.91	6.23	5.79	5.87	6.54

（张　燕）

【环氧乙烷】　截至 2015 年底，石化集团公司生产环氧乙烷的企业有燕山分公司、天津分公司、中沙石化、上海石化、扬子石化、扬巴公司、镇海炼化、茂名分公司、中韩石化、福建炼化和燕化有限公司共 11 家，生产能力合计 139.31 万吨/年，新增产能 18 万吨/年，主要是福建炼化新装置建成。各企业环氧乙烷生产能力分别为：燕山分公司 1.7 万吨/年、天津分公司 3.8 万吨/年、中沙石化 4 万吨/年、上海石化28.25万吨/年、扬子石化28.2万吨/年、扬巴公司15万吨/年、镇海炼化10万吨/年、茂名分公司12万吨/年、中韩石化15万吨/年、福建炼化18万吨/年、燕化有限公司3.36万吨/年。

2015年，石化集团公司实际生产环氧乙烷97.44万吨，同比减少14.59万吨、降低13.03%。各企业环氧乙烷产量见表14。

表14　石化集团公司各企业环氧乙烷产量　万吨

企业名称＼年份	2015	2014	2013	2012	2011	2010
石化集团公司合计	97.44	111.73	86.79	70.12	65.62	52.22
燕山分公司	2.16	2.43	1.08	2.24	1.46	2.10
上海石化	18.29	27.56	20.89	16.18	15.90	16.05
扬子石化	15.07	21.36	17.61	9.74	12.57	9.90
茂名分公司	11.86	10.68	11.00	9.64	8.15	8.12
镇海炼化	15.58	12.37	10.66	11.88	11.18	4.53
天津分公司	4.74	4.97	4.97	4.08	4.48	4.74
中韩石化	13.68	13.79	2.84	—	—	—
扬巴公司	9.87	10.64	10.58	7.66	1.55	—
福建炼化	—	—	—	—	—	—
中沙石化	6.18	7.94	7.15	5.52	6.42	3.20
燕化有限公司	—	—	—	3.17	3.90	3.57

（张　燕）

【环氧丙烷】　截至2015年底，石化集团公司生产环氧丙烷的企业有长岭分公司、镇海利安德化学有限公司(简称镇海利安德公司)共2家，生产能力合计38万吨/年，新增产能10万吨/年，主要是长岭分公司新建装置投产。其中，长岭分公司(产能10万吨/年)采用双氧水工艺，镇海利安德公司(产能28.5万吨/年)采用共氧化工艺。

2015年，石化集团公司实际生产环氧丙烷31.64万吨，同比增加5.13万、增长17.28%，各企业环氧丙烷产量见表15。

表15　石化集团公司各企业环氧丙烷产量　万吨

企业名称＼年份	2015	2014	2013	2012	2011	2010
石化集团公司合计	31.64	26.51	29.66	29.47	30.58	15.31
镇海利安德公司	30.71	26.05	29.66	29.47	30.58	15.31
长岭分公司	0.93	0.46	—	—	—	—

（张　燕）

【环氧氯丙烷】　截至2015年底，石化集团公司生产环氧氯丙烷的企业只有巴陵石化，产能2.4万吨/年。2015年，石化集团公司环氧氯丙烷生产能力减少3.2万吨/年，主要是齐鲁分公司装置核减产能3.2万吨/年。

2015年，石化集团公司实际生产环氧氯丙烷2.31万吨，同比增加1.09万吨、增长35.58%。各企业环氧氯丙烷产量见表16。

表 16　　石化集团公司各企业环氧氯丙烷产量　　万吨

年份 企业名称	2015	2014	2013	2012	2011	2010
石化集团公司合计	2.31	1.22	3.07	4.68	4.17	4.61
齐鲁分公司	—	—	0.74	2.03	2.00	2.48
巴陵石化	2.31	1.22	2.33	2.64	2.17	2.13

（张　燕）

【苯酚】　截至 2015 年底，石化集团公司生产苯酚的企业有燕山分公司（产能 15 万吨/年）、高桥分公司（产能 23.75 万吨/年）、中沙石化（产能 22 万吨/年）、上海中石化三井化工有限公司（简称三井化工）（产能 25 万吨/年）共 4 家，均采用异丙苯工艺。生产能力合计 85.75 万吨/年，同比持平。

2015 年，石化集团公司实际生产苯酚 68.89 万吨，增加 5.92 万吨，增长 9.91%。各企业苯酚产量见表 17。

表 17　　石化集团公司各企业苯酚产量　　万吨

年份 企业名称	2015	2014	2013	2012	2011	2010
石化集团公司合计	68.89	62.97	59.72	59.66	63.14	54.97
燕山分公司	14.91	18.92	17.66	20.45	19.36	20.29
高桥分公司	15.43	20.06	19.23	20.88	21.87	21.28
中沙石化	21.79	23.99	22.84	18.33	21.91	13.37
三井化工	16.76	—	—	—	—	—

（张　燕）

【丙酮】　截至 2015 年底，石化集团公司生产丙酮的企业有燕山分公司（产能 9 万吨/年）、高桥分公司（产能 14.57 万吨/年）、中沙石化（产能 13.57 万吨/年）、三井化工（产能 15 万吨/年）共 4 家，均采用异丙苯工艺。生产能力合计 52.14 万吨/年，同比持平。

2015 年，石化集团公司实际生产丙酮 42.29 万吨，增加 3.32 万吨，增长 8.95%。各企业丙酮产量见表 18。

表 18　　石化集团公司各企业丙酮产量　　万吨

年份 企业名称	2015	2014	2013	2012	2011	2010
石化集团公司合计	42.29	38.97	37.08	37.02	39.24	34.10
燕山分公司	8.99	11.52	10.79	12.58	11.93	12.58
高桥分公司	9.59	12.57	12.07	13.01	13.63	13.20
中沙石化	13.47	14.89	14.22	11.44	13.68	8.32
三井化工	10.26	—	—	—	—	—

（张　燕）

【丙烯酸】　截至 2015 年底，石化集团公司生产丙烯酸的企业有扬巴公司、燕化有限公司共 2 家，生产能力合计 23.08 万吨/年，同比持平。其中，扬巴公司（产能 16 万吨/年）采用巴斯夫技术；燕化有限公司采用日本触媒技术，2015年装置停产。

2015年，石化集团公司实际生产丙烯酸13.71万吨，增加1.59万吨，增长13.1%。各企业丙烯酸产量见表19。

表19　　石化集团公司各企业丙烯酸产量　　万吨

企业名称＼年份	2015	2014	2013	2012	2011	2010
石化集团公司合计	13.71	12.12	6.37	11.59	14.37	5.81
扬巴公司	13.71	12.12	6.37	6.22	6.00	5.81
燕化有限公司	—	—	—	5.37	8.37	—

（张　燕）

【苯乙烯】　截至2015年底，石化集团公司生产苯乙烯的企业有燕山分公司、上海赛科公司、扬巴公司、镇海利安德公司、安庆分公司、齐鲁分公司、青岛炼化、广州分公司、茂名分公司、巴陵石化、湛江东兴公司共11家，生产能力合计228.1万吨/年，同比持平。

各企业聚乙烯生产能力分别为：齐鲁分公司20万吨/年、茂名分公司10万吨/年，采用传统乙烯法制苯乙烯技术；镇海利安德公司62万吨/年，采用共氧化法生产环氧丙烷联产苯乙烯技术；安庆分公司10万吨/年、青岛炼化8.5万吨/年、巴陵石化12万吨/年、湛江东兴公司6万吨/年，采用气相干气制乙苯和乙苯脱氢制苯乙烯技术；广州分公司8万吨/年，采用乙苯脱氢制苯乙烯技术（分别有1套乙烯法制乙苯和气相干气制乙苯单元）；燕山分公司11.1万吨/年、上海赛科公司68.5万吨/年，均各有1套传统乙烯法制苯乙烯装置和1套裂解汽油抽提制苯乙烯装置。

2015年，石化集团公司实际生产苯乙烯225.76万吨，增加17.39万吨，增长8.34%。各企业苯乙烯产量见表20。

表20　　石化集团公司各企业苯乙烯产量　　万吨

企业名称＼年份	2015	2014	2013	2012	2011	2010
石化集团公司合计	225.76	208.37	214.51	204.22	191.97	163.68
燕山分公司	3.79	3.74	3.10	0.05	6.40	7.93
齐鲁分公司	20.63	20.33	19.85	20.02	21.52	21.00
茂名分公司	12.81	12.30	11.34	12.22	12.08	8.82
广州分公司	8.65	9.73	9.23	8.82	8.28	8.86
安庆分公司	9.63	9.50	8.69	6.22	7.22	6.67
青岛炼化	6.93	8.37	8.50	9.60	2.84	—
湛江东兴公司	4.49	5.10	0.69	—	—	—
上海赛科公司	70.84	61.83	70.72	69.98	53.91	65.80
扬巴公司	11.46	13.00	11.33	12.57	12.04	10.87
镇海利安德公司	66.69	56.30	64.96	64.09	67.67	33.73
巴陵石化	9.85	8.16	6.15	0.64	—	—

（张　燕）

【苯酐】　截至2015年底，石化集团公司生产苯酐的企业只有齐鲁分公司，生产能力为4万吨/年，同比持平。2015年，石化集团公司未安排生产苯酐。

（张　燕）

合 成 树 脂

【概述】 截至2015年底，石化集团公司合成树脂总生产能力为1 589.18万吨/年，同比减少4.20万吨/年。其中，聚乙烯生产能力增长5.00万吨/年，聚丙烯、聚氯乙烯和ABS树脂生产能力没有变化；聚苯乙烯生产能力减少5.20万吨/年，其他树脂生产能力减少4.00万吨/年。各种合成树脂生产能力见表21。

2015年，石化集团公司合成树脂产量为1 547.79万吨，增产41.83万吨。其中，聚乙烯产量为733.33万吨，增产22.20万吨；聚丙烯产量为651.74万吨，增产21.78万吨。各种合成树脂产量见表22。

在合成树脂中，聚乙烯、聚丙烯两大品种占主导地位，总产能为1 365.48万吨/年，占石化集团公司合成树脂生产能力的85.92%。2015年，聚乙烯和聚丙烯总产量为1 385.07万吨，占石化集团公司合成树脂产量的89.49%。

2015年，全国合成树脂产量为7 691.03万吨，石化集团公司合成树脂产量占全国总产量的20.12%。

2015年，石化集团公司合成树脂生产装置运行进一步优化，工艺技术管理、设备专业管理、专业达标等各项工作有序开展，保证了生产装置安全、稳定、经济运行。聚乙烯、聚丙烯物耗及能耗指标保持在历史最好水平。

表21 石化集团公司合成树脂分品种生产能力 万吨/年

产品名称＼年份	2015	2014	2013	2012	2011	2010
合成树脂合计	1 589.18	1 593.38	1 548.38	1 394.06	1 351.86	1 330.26
聚乙烯	695.92	690.92	690.92	596.10	596.10	596.10
LDPE	117.62	117.62	117.62	117.80	117.80	117.80
HDPE	288.30	288.30	288.30	228.30	228.30	228.30
LLDPE	290.00	285.00	285.00	250.00	250.00	250.00
聚丙烯	669.56	669.56	624.55	570.06	527.86	516.36
聚氯乙烯	60.00	60.00	60.00	60.00	60.00	60.00
聚苯乙烯	69.80	75.00	75.00	75.00	75.00	75.00
ABS树脂	20.00	20.00	20.00	20.00	20.00	20.00
其他树脂	73.90	77.90	77.90	72.90	72.90	62.80

表22 石化集团公司合成树脂分品种产量 万吨

产品名称＼年份	2015	2014	2013	2012	2011	2010
合成树脂合计	1 547.79	1 505.96	1 412.93	1 376.64	1 407.68	1 339.80
聚乙烯	733.33	711.13	659.66	620.23	655.05	620.03
LDPE	129.62	130.36	130.84	125.86	139.04	137.82
HDPE	268.89	261.75	234.43	227.12	223.53	236.56
LLDPE	334.83	319.00	294.25	265.73	290.70	244.24
聚丙烯	651.74	629.96	581.84	555.10	557.31	520.19
聚苯乙烯	58.46	64.87	66.54	67.16	66.93	69.22
聚氯乙烯	22.60	22.41	30.83	57.78	58.93	59.63
ABS树脂	16.58	10.75	12.09	14.23	13.58	16.62
其他树脂	65.08	66.83	61.97	62.14	55.88	54.11

（刘志武）

【聚乙烯】 截至2015年底，石化集团公司有31套聚乙烯装置，总生产能力为695.92万吨/年，同比没有变化。其中，单线能力最大的是镇海炼化线型低密度聚乙烯装置，生产能力达到45万吨/年。

31套聚乙烯装置中，低密度聚乙烯(LDPE)装置有釜式法工艺1套，管式法工艺7套；高密度聚乙烯(HDPE)装置有淤浆法工艺7套，气相法工艺4套，环管加气相法工艺1套；线型低密度聚乙烯(LLDPE)装置有气相法工艺11套。

(刘志武)

【低密度聚乙烯】 截至2015年底，石化集团公司LDPE装置生产能力为117.62万吨/年，同比没有变化。装置总数为8套，分别是燕山分公司、上海石化、茂名分公司各2套，齐鲁分公司1套、扬巴公司1套。其中，燕山分公司有1套采用日本住友化学釜式法工艺、1套为美国埃克森管式法工艺；上海石化2套均采用日本三菱油化管式法工艺；茂名分公司1套采用美国匡藤公司管式法工艺，1套为BASELL工艺；齐鲁分公司装置采用荷兰DSM公司管式法工艺；扬巴公司1套采用BASF管式法工艺。

2015年，石化集团公司LDPE产量为129.62万吨，减产0.74万吨。LDPE产量见表23。

表23 石化集团公司各企业LDPE产量 万吨

企业名称＼年份	2015	2014	2013	2012	2011	2010
石化集团公司合计	129.62	130.36	130.84	125.86	139.04	137.82
燕山分公司	34.70	28.19	32.37	29.56	29.44	39.51
上海石化	19.50	18.53	19.92	18.71	19.69	19.64
齐鲁分公司	18.52	17.81	13.47	16.46	18.30	17.51
茂名分公司	35.50	40.59	39.13	38.07	41.41	37.48
扬巴公司	21.25	24.54	24.30	20.38	24.66	20.46
北京华美聚合物有限公司①	0.14	0.70	1.65	2.68	5.54	3.22

①北京华美聚合物有限公司为EVA装置兼产LDPE产品

(刘志武)

【高密度聚乙烯】 截至2015年底，石化集团公司HDPE装置生产能力为288.30万吨/年，同比没有变化。装置总数为12套，分别是燕化有限公司、扬子石化、燕山分公司、茂名分公司、上海赛科公司、福建联合石化公司、中沙石化、中韩石化各1套，齐鲁分公司、上海石化各2套。其中，燕山分公司、扬子石化装置均是采用日本三井油化淤浆法工艺；燕化有限公司装置采用国内开发的淤浆法工艺；齐鲁分公司2套、福建联合石化公司1套均采用气相流化床工艺；上海石化1套采用北欧化工环管加气相流化床反应器工艺技术；上海石化(合资企业)、茂名分公司各1套均采用菲利浦环管淤浆法工艺；上海赛科公司装置采用BP公司气相流化床工艺；中沙石化、中韩石化装置均采用INEOS公司的双环管淤浆法工艺。

2015年，石化集团公司HDPE产量为268.89万吨，增加了7.14万吨，增长2.73%。详见表24。

2015年，石化集团公司聚乙烯装置总体运行良好，能耗、物耗指标保持在国内先进水平。开展气相流化床聚乙烯装置运行优化攻关，完善开车技术方案，强化现场管理，找出了原料管理等薄弱环节，落实相关技术措施，以实现装置安全稳定运行，工作取得显著成效。

表24 石化集团公司各企业HDPE产量 万吨

企业名称＼年份	2015	2014	2013	2012	2011	2010
石化集团公司合计	268.89	261.75	234.43	227.12	223.53	236.56
燕山分公司	17.42	17.23	15.55	18.03	18.13	20.73

续表

企业名称＼年份	2015	2014	2013	2012	2011	2010
上海石化	34.06	35.05	40.21	40.88	39.18	41.09
扬子石化	28.09	24.09	21.61	25.95	27.92	23.34
齐鲁分公司	36.36	32.82	24.54	16.91	16.49	16.74
茂名分公司	32.53	36.42	37.16	38.48	34.52	28.24
上海赛科公司	37.99	33.68	36.65	35.37	35.18	39.86
福建联合石化公司	22.25	28.00	23.24	26.36	23.03	39.96
中沙石化	32.44	27.87	27.23	24.69	28.14	25.29
中韩石化	27.74	26.59	8.24	—	—	—
燕化有限公司	—	—	—	0.45	0.94	1.31

（刘志武）

【线型低密度聚乙烯】 截至2015年底，石化集团公司LLDPE装置生产能力为290万吨/年，同比增加5.00万吨/年。装置总数为11套，分别是天津分公司、齐鲁分公司、中原石化、茂名分公司（产能增加5.00万吨/年）、广州分公司、扬子石化、福建联合石化公司、镇海炼化各1套，采用美国UCC公司气相流化床工艺，中沙石化、中韩石化采用自主开发气相流化床工艺，上海赛科公司采用BP公司的气相流化床工艺。

2015年，石化集团公司LLDPE产量为334.83万吨，增加15.83万吨。详见表25。

表25　石化集团公司各企业LLDPE产量　万吨

企业名称＼年份	2015	2014	2013	2012	2011	2010
石化集团公司合计	334.83	319.00	294.25	265.73	290.70	244.24
扬子石化	26.49	21.10	24.43	18.85	29.93	25.75
齐鲁石化	12.45	11.80	9.10	8.72	11.75	13.33
广州分公司	19.44	21.58	22.21	21.22	19.33	21.5
茂名分公司	19.46	20.55	20.30	16.25	16.56	18.59
天津分公司	12.25	11.70	13.01	11.75	14.24	14.49
中原石化	24.08	24.49	26.08	21.78	19.08	22.38
上海赛科公司	38.63	33.80	36.97	27.06	31.67	36.78
福建联合石化公司	68.53	69.95	52.00	63.81	65.63	47.33
镇海炼化	48.44	41.57	48.80	47.99	47.36	19.81
中沙石化	34.53	31.25	34.49	28.30	35.15	24.28
中韩石化	30.53	31.21	6.86	—	—	—

（刘志武）

【聚丙烯】 截至2015年底，石化集团公司聚丙烯生产能力为669.56万吨/年，同比没有变化。其中，连续法聚丙烯装置38套，生产能力为628.20万吨/年，占聚丙烯总生产能力的93.82%。石化集团公司聚丙烯生产工艺以环管法工艺为主，有24套环管法聚丙烯装置，占聚丙烯装置的63.16%。其中，6套为引进海蒙特环管技术，单线能力最大为茂名分公司17万吨/年聚丙烯装置；17套为国产化环管技术，单线能力最大为镇海炼化30万吨/年聚丙烯装置。其他14套装置中，5套为三井油化釜式法聚丙烯工艺；5套为INEOS(原阿莫科)气相法聚丙烯工艺，2套为NOVOLENE气相法聚丙烯工艺，1套为HORIZONE气相法聚丙烯工艺，1套为BASSEL公司的多区反应聚合工艺。石化集团公司间歇法聚丙烯装置生产能力为41.36万吨/年。

2015年，石化集团公司聚丙烯产量为651.74万吨，增加21.78万吨。其中，连续法聚丙烯产量为629.59万吨，增加24.01万吨；间歇法聚丙烯装置产量为22.15万吨，减少2.23万吨。详见表26。

2015年，石化集团公司聚丙烯装置总体运行良好，能耗、物耗指标保持在国内先进水平。持续开展消除瓶颈的技术攻关，优化聚合、造粒等单元操作，能耗、物耗指标有较大进步。

表26　石化集团公司各企业聚丙烯产量①　万吨

企业名称 \ 年份	2015	2014	2013	2012	2011	2010
石化集团公司合计	651.74	629.96	581.84	555.10	557.31	520.19
连续法聚丙烯	629.59	605.58	555.53	527.43	526.72	485.39
燕山分公司	48.26	44.54	38.11	39.80	41.72	45.29
上海石化	45.29	45.09	47.11	44.56	46.61	48.24
扬子石化	45.88	40.05	41.35	38.13	45.81	38.78
福建联合石化公司	58.55	60.69	42.63	52.88	50.66	47.48
齐鲁分公司	9.60	9.17	7.62	5.99	9.03	9.22
武汉分公司	11.02	11.21	10.47	9.96	11.40	10.65
九江分公司	10.53	9.23	11.16	9.74	8.44	6.98
济南分公司	12.01	11.63	9.40	11.14	10.18	9.10
荆门分公司	11.57	10.21	12.94	11.81	12.28	12.37
长岭分公司	13.88	10.93	14.72	14.25	11.86	9.60
广州分公司	20.05	21.56	22.18	21.16	18.66	21.03
天津分公司	7.19	7.08	7.29	6.54	7.27	7.43
茂名分公司	59.25	59.53	55.37	52.90	53.03	49.50
洛阳分公司	10.21	13.39	13.85	7.55	7.35	9.14
中原石化	17.13	16.51	17.08	13.27	8.14	8.52
镇海炼化	54.62	49.41	56.64	55.18	56.40	37.42
海南炼化	22.09	21.84	17.70	23.41	23.85	20.78
青岛炼化	17.80	19.88	21.44	23.82	19.06	21.17
湛江东兴公司	11.07	13.09	12.21	9.85	12.40	11.26
北海分公司	10.11	11.50	10.40	9.27	—	—
石家庄炼化	15.19	2.25	—	—	—	—

续表

企业名称 \ 年份	2015	2014	2013	2012	2011	2010
上海赛科公司	28.14	26.16	27.71	24.57	25.54	29.71
中沙石化	49.32	49.55	46.28	41.65	47.03	31.72
中韩石化	40.84	41.08	11.87	—	—	—
间歇式聚丙烯(总量)②	22.15	24.38	26.31	27.67	30.59	34.80

①表中所列出企业均为连续法聚丙烯企业

②间歇法聚丙烯含改性聚丙烯装置

（刘志武）

【聚苯乙烯】 截至2015年底，石化集团公司共有6套聚苯乙烯生产装置，均采用连续本体法工艺。其中，燕山分公司、广州分公司、茂名分公司、上海赛科公司各1套，扬巴公司2套。2015年，石化集团公司聚苯乙烯生产能力为69.80万吨/年，扬巴公司年内核减5.2万吨/年生产能力。

2015年，石化集团公司聚苯乙烯产量为58.46万吨，同比减少6.41万吨。详见表27。

表27　石化集团公司各企业聚苯乙烯产量　万吨

企业名称 \ 年份	2015	2014	2013	2012	2011	2010
石化集团公司合计	58.46	64.87	66.54	67.16	66.93	69.22
燕山分公司	0	0	0	0	4.32	5.17
广州分公司	6.06	6.91	6.35	5.83	5.56	6.20
茂名分公司	6.12	8.34	6.76	7.36	8.59	7.31
上海赛科公司	32.14	27.53	30.58	30.58	25.81	27.84
扬巴公司	14.13	22.09	22.85	23.39	22.65	22.70

（刘志武）

【聚氯乙烯】 2015年，石化集团公司生产聚氯乙烯的企业只有齐鲁分公司1家，生产能力为60万吨/年，同比没有变化。2015年产量为22.60万吨。详见表21和表22。

（刘志武）

【ABS树脂】 2015年，石化集团公司生产ABS树脂的企业只有高桥分公司1家，生产能力为20万吨/年，同比没有变化。2015年产量为16.58万吨。详见表21和表22。

（刘志武）

【其他树脂】 石化集团公司生产的其他树脂包括聚醚树脂、乙烯醋酸乙烯共聚物(EVA)、环氧树脂等。2015年，石化集团公司其他树脂生产能力为73.90万吨/年，同比减少4.00万吨/年，天津石化聚醚产能减少4.00万吨/年。产量为65.08万吨。分品种产量见表28。

石化集团公司生产EVA的企业有扬巴公司、燕化有限公司、燕山分公司、北京华美聚合物有限公司共4家。截至2015年底，石化集团公司EVA生产能力为30万吨/年；2015年产量为29.23万吨，减少5.39万吨。

石化集团公司生产环氧树脂的企业为巴陵石化，生产能力为9.2万吨/年；2015年产量为6.50万吨，增加0.65万吨。

石化集团公司生产聚醚树脂的企业有天津石化、高桥石化2家，生产能力为23.70万吨/年，减少4.00万吨/年，天津石化产能减少4.00万吨/年；2015年总产量为21.96万吨，减少1.07万吨。

表28 石化集团公司其他树脂产量 万吨

产品名称＼年份	2015	2014	2013	2012	2011	2010
其他树脂合计	65.08	66.83	61.97	62.14	55.88	54.11
乙烯醋酸乙烯共聚物	29.23	34.62	29.67	31.22	26.44	22.72
环氧树脂	6.50	5.85	5.89	5.00	4.11	4.04
聚　醚	21.96	23.03	21.69	22.19	23.28	25.31
其他塑料或共聚物	7.39	3.33	4.72	3.72	2.05	2.04

（刘志武）

合成橡胶

【概述】 截至2015年底，石化集团公司合成橡胶生产能力179万吨/年（不含福橡化工公司、含胶乳），同比没有变化。石化集团公司合成橡胶分品种装置生产能力见表29。

2015年，石化集团公司合成橡胶产量为115.05万吨（不含福橡化工公司、含胶乳），减少8.97万吨，其中乳聚丁苯橡胶减产最多。石化集团公司合成橡胶各产品产量见表30。

表29 石化集团公司合成橡胶分品种生产能力 万吨/年

产品名称＼年份	2015	2014	2013	2012	2011	2010
合成橡胶合计	179.00	179.00	165.50	132.00	129.00	129.00
丁苯橡胶	49.70	49.70	49.70	49.70	49.70	49.70
胶　乳	10.00	10.00	10.00	10.00	10.00	10.00
充油胶	16.40	16.40	16.40	16.40	16.40	16.40
软　胶	23.30	23.30	23.30	23.30	23.30	23.30
顺丁橡胶①	63.30	63.30	63.30	38.80	35.80	35.80
丁基/溴化丁基橡胶	13.50	13.50	4.50	4.50	4.50	4.50
SBS热塑弹性体	34.00	34.00	37.00	36.00	36.00	36.00
SIS橡胶	4.00	4.00	4.00	1.00	1.00	1.00
SEBS橡胶	4.00	4.00	4.00	2.00	2.00	2.00

①顺丁橡胶产能含锂系低顺橡胶和稀土顺丁橡胶产能

表30 石化集团公司合成橡胶各产品产量 万吨

产品名称＼年份	2015	2014	2013	2012	2011	2010
合成橡胶合计	115.05	124.02	129.22	124.15	127.20	129.04
丁苯橡胶	37.27	45.59	47.25	51.76	54.37	48.76

续表

年份 产品名称	2015	2014	2013	2012	2011	2010
胶　乳	5. 28	5. 23	6. 28	7. 99	8. 61	9. 18
充油胶	8. 38	13. 89	16. 38	18. 51	18. 85	15. 14
软　胶	23. 61	26. 47	24. 59	25. 26	26. 92	24. 44
顺丁橡胶①	39. 15	41. 75	43. 85	39. 70	39. 33	39. 99
丁基/溴化丁基橡胶	1. 36	2. 61	3. 50	3. 24	3. 73	3. 69
SBS 热塑弹性体	26. 95	27. 36	28. 69	24. 42	25. 87	33. 03
SIS 橡胶	3. 47	2. 99	2. 48	2. 55	2. 01	2. 19
SEBS 橡胶	3. 92	3. 72	3. 22	2. 47	1. 89	1. 47
异戊橡胶	0	0	0. 24	0	0	0
乙丙橡胶	2. 94	0	0. 24	0	0	0

①顺丁橡胶产量含锂系低顺橡胶产量和稀土顺丁含量

（徐忠亮）

【顺丁橡胶】 截至2015年底，石化集团公司顺丁橡胶生产能力为63. 3万吨/年，与上年持平。其中，燕山分公司开发的BRNd40和BRNd60等2个稀土顺丁橡胶牌号，产品性能稳定、顺式含量达到98%以上，性能与国际同类产品相当。

2015年，石化集团公司共生产顺丁橡胶39. 15万吨，同比减少2. 6万吨。其中，燕山分公司共计生产1 973吨稀土顺丁橡胶，产品实现全产全销，并获得多家轮胎企业的认可。分企业产量见表31。

表31　　石化集团公司各企业顺丁橡胶产量　　万吨

年份 企业名称	2015	2014	2013	2012	2011	2010
石化集团公司合计	39. 15	41. 75	43. 85	39. 70	39. 33	39. 99
燕山分公司①	13. 37	13. 38	13. 45	14. 53	13. 30	14. 70
高桥分公司②	12. 21	14. 46	15. 66	15. 21	16. 43	15. 95
齐鲁分公司	7. 23	7. 00	5. 60	6. 48	6. 47	5. 24
巴陵石化	0	0	3. 35	3. 48	3. 13	4. 10
茂名分公司	6. 35	6. 72	4. 69	—	—	—
扬子—金浦公司	0	0. 19	1. 10	—	—	—

①含稀土顺丁橡胶产量

②顺丁橡胶产量含锂系低顺橡胶产量和稀土顺丁橡胶产量

（徐忠亮）

【丁苯橡胶】 截至2015年底，石化集团公司丁苯橡胶生产能力为49. 70万吨/年，与上年持平；2015年产量为37. 27万吨，同比减少8. 32万吨，其中充油胶减少5. 55万吨、软胶减少2. 86万吨。分企业产量见表32。

表 32 **石化集团公司各企业丁苯橡胶产量** 万吨

企业名称 \ 年份	2015	2014	2013	2012	2011	2010
石化集团公司合计	37.27	45.59	47.24	51.76	54.37	48.76
齐鲁分公司	25.32	29.77	30.40	34.11	33.89	29.39
高桥分公司	0.74	0.73	0.71	0.52	0.60	0.95
高桥石化控股公司	5.28	5.23	6.28	7.99	8.61	9.18
扬子—金浦公司	5.58	9.75	9.85	9.15	11.27	9.23
巴陵石化	0.17	0.09	—	—	—	—
燕山分公司	0.17	0.02	—	—	—	—
胶　乳						
石化集团公司合计	5.28	5.23	6.28	7.99	8.61	9.18
高桥石化控股公司	5.28	5.23	6.28	7.99	8.61	9.18
充油胶						
石化集团公司合计	8.34	13.89	16.38	18.51	18.85	15.23
齐鲁分公司	6.70	10.05	12.73	14.41	12.67	10.92
高桥分公司	0	0	0	0	0	0.10
扬子—金浦公司	1.64	3.84	3.65	4.10	6.18	4.21
巴陵石化	0.04	0.01	—	—	—	—
软　胶						
石化集团公司合计	23.61	26.47	24.59	25.26	26.91	24.34
齐鲁分公司	18.63	19.72	17.67	19.69	21.22	18.47
高桥分公司	0.74	0.73	0.71	0.52	0.60	0.85
扬子—金浦公司	3.94	5.91	6.21	5.05	5.09	5.02
巴陵石化	0.13	0.07	—	—	—	—
燕山分公司	0.17	0.02	—	—	—	—

（徐忠亮）

【SBS热塑性弹性体】 截至2015年底，石化集团公司SBS生产能力为34万吨/年，与上年持平；2015年产量为26.95万吨，同比减少0.41万吨。分企业产量见表33。

表 33 **石化集团公司各企业SBS热塑性弹性体产量** 万吨

企业名称 \ 年份	2015	2014	2013	2012	2011	2010
石化集团公司合计	26.95	27.36	28.69	24.42	25.87	33.03
燕山分公司	2.35	1.50	2.43	2.06	4.87	9.22
巴陵石化	17.96	18.10	17.90	14.08	12.53	15.38
茂名分公司	6.64	7.76	8.36	8.28	8.47	8.44

（徐忠亮）

【SEBS 橡胶】 截至 2015 年底，石化集团公司只有巴陵分公司生产 SEBS 橡胶，生产能力为 4 万吨/年，与上年持平；2015 年产量为 3.92 万吨，同比增加 0.2 万吨，是连续保持产量增长的少数品种之一。2015 年，巴陵石化在 2 万吨/年 SEBS 装置上完成脱盐工序的技术改造工作，使 SEBS 产品中的金属离子由 100—150 毫克/千克下降到 10 毫克/千克以下。脱盐的 SEBS 产品得到市场的较高认可。

（徐忠亮）

【SIS 橡胶】 截至 2015 年底，石化集团公司只有巴陵分公司生产 SIS 橡胶，生产能力为 4 万吨/年，与上年持平；2015 年产量为 3.47 万吨，同比增加 0.48 万吨，连续第 2 年保持产量增长。

（徐忠亮）

【丁基橡胶】 截至 2015 年底，石化集团公司只有燕山分公司生产丁基/普通溴化丁基橡胶，生产能力为 13.5 万吨/年，与上年持平；2015 年共生产丁基/溴化丁基橡胶 1.36 万吨，同比减少 1.25 万吨。其中，普通丁基橡胶减少 1.32 万吨，溴化丁基橡胶小幅增加 0.07 万吨。

（徐忠亮）

【乙丙橡胶】 截至 2015 年底，石化集团公司只有高桥分公司具备乙丙橡胶生产能力，生产能力为 7.5 万吨/年。2015 年共计生产乙丙橡胶 2.94 万吨，形成连续稳定生产，产品各项指标全部合格。

（徐忠亮）

【异戊橡胶】 截至 2015 年底，石化集团公司只有燕山分公司具备异戊橡胶生产能力，生产能力为 3 万吨/年。

（徐忠亮）

合成纤维原料

【概述】 石化集团公司生产的合成纤维原料有精对苯二甲酸（PTA）、精间苯二甲酸（PIA）、丙烯腈（AN）、己内酰胺（CPL）、乙二醇（EG）5 个品种。截至 2015 年底，石化集团公司合成纤维原料的生产能力为 818.76 万吨/年，同比增加 70 万吨/年、增长 9.35%。其中，福建炼化新建 1 套乙二醇装置，增加产能 40 万吨/年；上海赛科公司新建 1 套丙烯腈装置，增加产能 26 万吨/年，总产能达到 52 万吨/年；石家庄炼化通过技术改造增加己内酰胺产能 4 万吨/年，总产能达到 20 万吨/年。石化集团公司合成纤维原料各品种生产能力见表 34。

2015 年，石化集团公司生产合成纤维原料 634.80 万吨，增加 62.35 万吨，增长 10.89%。石化集团公司合成纤维原料各品种产量见表 35。

表 34　石化集团公司合成纤维原料各品种生产能力　万吨/年

产品名称 \ 年份	2015	2014	2013	2012	2011	2010
合成纤维原料合计	818.76	748.76	712.76	654.16	648.16	644.16
PTA	311.90	311.90	311.90	311.90	311.90	311.90
PIA	5.00	5.00	5.00	5.00	5.00	5.00
丙烯腈	107.00	81.00	68.00	55.00	55.00	51.00
己内酰胺	70.00	66.00	66.00	36.00	30.00	30.00
乙二醇	324.86	284.86	261.86	246.26	246.26	246.26

表 35　石化集团公司合成纤维原料各品种产量　万吨

产品名称 \ 年份	2015	2014	2013	2012	2011	2010
合成纤维原料合计	634.80	572.46	626.33	606.25	644.41	597.47
PTA	226.69	247.61	294.69	312.53	347.70	338.28
PIA	5.00	4.70	4.61	4.50	3.99	2.05

续表

产品名称＼年份	2015	2014	2013	2012	2011	2010
丙烯腈	98.97	73.68	70.32	61.32	53.59	57.03
己内酰胺	48.84	53.00	54.90	30.46	30.89	29.34
乙二醇	255.31	193.46	201.82	197.45	208.23	170.76

（周向进）

【精对苯二甲酸】 截至2015年底，石化集团公司生产PTA的企业有天津分公司、上海石化、扬子石化、仪化有限公司和洛阳分公司5家，产能为311.90万吨/年，与上年持平。其中，天津分公司产能为34.4万吨/年，上海石化产能为40万吨/年，扬子石化产能为105万吨/年，仪化有限公司产能为100万吨/年，洛阳分公司产能32.5万吨/年。扬子石化第1套PTA装置、仪化有限公司第1套PTA装置和洛阳分公司PTA装置采用原美国阿莫科化学品公司专利技术，上海石化PTA装置采用日本三井石油化学株式会社"三井—阿莫科"专利技术，天津分公司PTA装置采用日本三井石油化学株式会社专利技术，仪化有限公司第2套PTA装置和扬子石化第2套PTA装置采用"杜邦－ICI（英威达公司）"专利技术。

2015年，石化集团公司PTA产量为226.69万吨，同比减少21.94万吨、降低8.45%。石化集团公司各企业PTA产量见表36。

表36　石化集团公司各企业PTA产量　万吨

企业名称＼年份	2015	2014	2013	2012	2011	2010
石化集团公司合计	226.69	247.61	294.69	312.53	347.70	338.28
天津分公司	26.05	21.79	31.23	27.60	32.76	32.83
上海石化	29.54	31.27	35.81	40.35	39.14	39.15
扬子石化	59.12	69.74	92.21	109.53	141.49	130.08
仪化有限公司	94.00	101.51	105.82	104.42	104.20	104.12
洛阳分公司	17.98	23.31	29.62	30.63	30.11	32.10

（周向进）

【丙烯腈】 截至2015年底，石化集团公司生产丙烯腈的企业有上海石化、安庆分公司、齐鲁分公司和上海赛科公司4家，总产能为107万吨/年。其中，上海石化产能为13万吨/年，安庆分公司产能为21万吨/年，齐鲁分公司产能为21万吨/年，上海赛科公司产能为52万吨/年。上海石化和安庆分公司第1套装置采用美国标准石油公司专利技术建设，后采用国内技术对原装置进行扩能技术改造；安庆分公司第2套装置和齐鲁分公司采用国内技术；上海赛科公司采用BP技术。

2015年，石化集团公司生产丙烯腈98.97万吨，同比增加25.29万吨、增长34.32%。石化集团公司各企业丙烯腈产量见表37。

表37　石化集团公司各企业丙烯腈产量　万吨

企业名称＼年份	2015	2014	2013	2012	2011	2010
石化集团公司合计	98.97	73.68	70.32	61.32	53.59	57.03

续表

企业名称 \ 年份	2015	2014	2013	2012	2011	2010
上海石化	8.47	14.52	12.84	14.32	13.17	14.64
安庆分公司	22.51	22.45	18.07	7.72	8.67	8.64
齐鲁分公司	22.37	10.99	10.65	10.27	6.35	4.43
上海赛科公司	45.62	25.72	28.76	28.99	25.40	29.32

（周向进）

【己内酰胺】 截至2015年底，石化集团公司生产己内酰胺的企业有巴陵分公司和石家庄炼化2家，总产能为50万吨/年。其中，巴陵分公司产能为30万吨/年，采用荷兰国家矿业公司（DSM）专利技术的产能5万吨/年，后采用国内技术改造到产能7万吨/年；采用国内技术新建产能23万吨/年。石家庄炼化产能为20万吨/年，其中采用意大利SINA专利技术的产能为5万吨/年，后采用国内组合工艺技术进行改造，产能达10万吨/年；采用国内氨肟化技术新建产能10万吨/年。

2015年，石化集团公司生产己内酰胺48.84万吨，同比减少4.16万吨、降低7.86%。石化集团公司各企业己内酰胺产量见表38。

表38　石化集团公司各企业己内酰胺产量　万吨

企业名称 \ 年份	2015	2014	2013	2012	2011	2010
石化集团公司合计	48.84	53.00	54.90	30.46	30.89	29.34
石家庄炼化	3.67	2.89	11.24	9.84	10.86	10.05
巴陵分公司	45.17	50.11	43.66	20.62	20.03	19.29

（周向进）

【乙二醇】 截至2015年底，石化集团公司生产乙二醇的企业有燕山分公司、燕化有限公司、天津分公司、上海石化、扬子石化、茂名分公司、扬巴公司、镇海炼化、中沙石化、中韩石化、湖北化肥分公司及福建炼化12家。其中，燕山分公司（产能8万吨/年）、燕化有限公司（产能4万吨/年）、扬子石化（产能26万吨/年）、上海石化（产能55.6万吨/年）、中韩石化（产能28万吨/年）和福建炼化（产能40万吨/年）采用美国科学设计公司专利技术，天津分公司（产能6.26万吨/年）、茂名分公司（产能3万吨/年）采用荷兰壳牌公司专利技术，扬巴公司（产能33万吨/年）采用巴斯夫专利技术，湖北化肥分公司（产能20万吨/年）采用中国石化拥有自主知识产权的国产技术。

2015年，石化集团公司生产乙二醇255.31万吨，同比增加61.84万吨、增长31.97%。石化集团公司各企业乙二醇产量见表39。

表39　石化集团公司各企业乙二醇产量　万吨

企业名称 \ 年份	2015	2014	2013	2012	2011	2010
石化集团公司合计	255.31	193.46	201.82	197.45	208.23	170.76
燕山分公司	5.71	5.97	3.71	5.91	4.68	6.34
上海石化	42.15	24.80	39.05	46.89	42.31	41.23
扬子石化	22.16	16.73	18.44	11.64	13.31	15.66

续表

企业名称＼年份	2015	2014	2013	2012	2011	2010
天津分公司	3.96	3.47	3.96	3.73	4.19	3.88
茂名分公司	4.00	3.17	4.56	6.80	7.62	6.61
湖北化肥分公司	5.14	3.47	—	—	—	—
扬巴公司	30.73	29.79	28.73	32.78	36.08	29.09
燕化有限公司	0.00	0.00	0.00	2.36	4.20	3.30
镇海炼化	51.89	45.06	52.45	54.57	56.85	30.01
中沙石化	35.37	37.68	40.55	32.76	39.00	34.64
中韩石化	22.66	23.33	—	—	—	—
福建炼化	31.54	—	—	—	—	—

（周向进）

【精间苯二甲酸】 截至2015年底，石化集团公司生产PIA的企业只有燕山分公司，也是国内唯一一家生产PIA产品的企业。装置生产能力为5万吨/年。2015年生产PIA产品5万吨，同比增加0.31万吨、增长6.50%。

（周向进）

合成纤维聚合物

【概述】 石化集团公司生产的合成纤维聚合物主要品种有聚酯(PET)、聚乙烯醇(PVA)、聚己内酰胺(PA6)、聚对苯二甲酸丁二酯(PBT)、纤维级聚丙烯(纤维级PP)、纤维级聚乙烯(纤维级超高分子量PE)。

截至2015年底，石化集团公司合成纤维聚合物生产能力为366.13万吨/年，同比增加9.50万吨/年、增长2.66%。其中，长城能源化工公司新建1套聚乙烯醇装置，增加产能10万吨/年；石家庄炼化减少聚己内酰胺产能0.5万吨/年，总产能降低到2万吨/年。石化集团公司合成纤维聚合物各品种生产能力见表40。

2015年，石化集团公司生产合成纤维聚合物285.39万吨，增加1.11万吨，增长0.39%。石化集团公司合成纤维聚合物各品种产量见表41。

表40　石化集团公司合成纤维聚合物各品种生产能力　万吨/年

产品名称＼年份	2015	2014	2013	2012	2011	2010
合成纤维聚合物合计	366.13	356.63	379.43	357.33	325.58	316.98
聚　酯	316.80	316.80	339.60	319.00	297.25	297.25
聚对苯二甲酸丁二酯	9.50	9.50	9.50	9.50	9.50	—
聚乙烯醇	32.63	22.63	22.63	22.63	12.63	12.63
聚己内酰胺	7.20	7.70	7.70	6.20	6.60	7.10

表41　石化集团公司合成纤维聚合物各品种产量　万吨

产品名称＼年份	2015	2014	2013	2012	2011	2010
合成纤维聚合物合计	285.39	284.29	328.79	334.13	332.01	325.91
聚　酯	255.57	258.78	298.75	301.76	310.36	304.88

续表

产品名称 \ 年份	2015	2014	2013	2012	2011	2010
聚对苯二甲酸丁二酯	8.39	5.69	5.94	5.45	2.49	2.50
聚乙烯醇	16.60	14.46	16.78	19.74	13.10	12.68
聚己内酰胺	4.83	5.36	7.33	7.18	6.05	5.84

（周向进）

【聚酯】 截至2015年底，石化集团公司生产聚酯的企业有上海石化、仪化有限公司、天津分公司和洛阳分公司4家。其中，上海石化产能为55.1万吨/年，先期采用日本钟纺技术，后采用国产技术；仪化有限公司产能为217.7万吨/年，先期采用德国吉玛技术，后采用国产技术；天津分公司产能为20万吨/年，采用德国吉玛技术；洛阳分公司产能为20万吨/年，采用杜邦技术。

2015年，石化集团公司生产聚酯255.57万吨，同比减少3.21万吨、降低1.24%。石化集团公司各企业聚酯产量见表42。

表42　石化集团公司各企业聚酯产量　万吨

企业名称 \ 年份	2015	2014	2013	2012	2011	2010
石化集团公司合计	255.57	258.78	298.75	301.76	310.36	304.88
上海石化	39.47	40.12	49.09	59.41	62.08	60.31
仪化有限公司	190.52	191.94	194.72	174.58	177.06	173.57
天津分公司	16.27	16.38	29.10	26.00	29.83	28.55
洛阳分公司	9.31	10.33	12.91	19.72	18.45	19.90
仪征资产分公司①	—	—	12.93	22.05	22.95	22.56

①仪征资产分公司聚酯产能于2014年核销

（周向进）

【聚乙烯醇】 截至2015年底，石化集团公司生产聚乙烯醇的企业有上海石化、四川维尼纶厂、燕化有限公司和长城能源化工公司4家。其中，上海石化产能为3.83万吨/年、四川维尼纶厂产能为16万吨/年，采用日本东丽公司专利技术；燕化有限公司产能为2.8万吨/年，采用日本可乐丽公司专利技术，后采用国产技术进行技术改造；长城能源化工公司产能为10万吨/年，采用国产技术。上海石化和燕化有限公司以乙烯为原料，四川维尼纶厂和长城能源化工公司以乙炔为原料。四川维尼纶厂以天然气为原料生产乙炔，是石化集团公司唯一使用天然气作原料生产合成纤维聚合物和合成纤维的企业。

2015年，石化集团公司生产聚乙烯醇16.60万吨，同比增加2.14万吨、增长14.82%。石化集团公司各企业聚乙烯醇产量见表43。

表43　石化集团公司各企业聚乙烯醇产量　万吨

企业名称 \ 年份	2015	2014	2013	2012	2011	2010
石化集团公司合计	16.60	14.46	16.78	19.74	13.10	12.68
上海石化	2.19	1.58	3.26	4.20	4.34	4.01

续表

企业名称 \ 年份	2015	2014	2013	2012	2011	2010
燕化有限公司	0	0	0.16	1.21	2.38	2.51
四川维尼纶厂	12.37	12.79	13.36	14.32	6.38	6.15
长城能源化工公司	2.04	0.09	—	—	—	—

（周向进）

【聚己内酰胺】 截至2015年底，石化集团公司生产聚己内酰胺的企业有石家庄炼化和巴陵分公司2家。其中，石家庄炼化产能为2.5万吨/年，2万吨采用国产技术、0.5万吨/年采用意大利SINA技术；巴陵分公司产能为5.2万吨/年，采用国产技术与德国吉码技术。

2015年，石化集团公司生产聚己内酰胺4.83万吨，同比减少0.53万吨、降低9.85%。其中，石家庄炼化产量为0.85万吨，巴陵分公司产量为3.98万吨。

（周向进）

【纤维级聚丙烯和纤维级聚乙烯】 纤维级聚丙烯是生产丙纶的原料。石化集团公司连续法聚丙烯装置均能生产纤维级聚丙烯，企业根据市场需求组织纤维级牌号的生产。

纤维级超高分子量聚乙烯是生产高强高模聚乙烯纤维的原料，其生产能力、产量均在聚乙烯(合成树脂)中统计。

（周向进）

合成纤维

【概述】 合成纤维的五大品种是涤纶、锦纶、腈纶、维纶、丙纶，俗称“五大纶”。石化集团公司拥有涤纶、腈纶、维纶、丙纶和高强高模聚乙烯生产装置。

截至2015年底，石化集团公司合成纤维生产能力为152.81万吨/年，同比减少12.00万吨/年、降低7.28%。其中，仪化有限公司核减涤纶长丝产能10.10万吨/年，上海石化核减丙纶产能1.70万吨/年，四川维尼纶厂核减维纶产能0.20万吨/年。石化集团公司合成纤维各品种生产能力见表44。

2015年，石化集团公司生产合成纤维129.57万吨，减少3.56万吨，降低2.68%。石化集团公司合成纤维各品种产量见表45。

表44　石化集团公司合成纤维各品种生产能力　万吨/年

产品名称 \ 年份	2015	2014	2013	2012	2011	2010
合成纤维合计	152.81	164.81	164.81	159.36	155.66	155.53
涤　纶	122.65	132.75	132.75	128.25	124.05	124.05
腈　纶	26.48	26.48	26.48	26.48	26.48	26.48
锦　纶	—	—	—	—	0.50	0.50
维　纶	2.95	3.15	3.15	2.20	2.20	2.20
丙　纶	0.60	2.30	2.30	2.30	2.30	2.30
高强高模聚乙烯纤维	0.13	0.13	0.13	0.13	0.13	—

表45　石化集团公司合成纤维各品种产量　万吨

产品名称 \ 年份	2015	2014	2013	2012	2011	2010
合成纤维合计	129.57	133.13	141.03	135.33	140.33	140.57
涤　纶	100.77	105.30	109.30	104.35	108.38	107.68

续表

产品名称 \ 年份	2015	2014	2013	2012	2011	2010
腈　纶	26.95	25.73	29.27	28.92	29.88	31.02
维　纶	1.34	1.62	1.79	1.42	1.55	1.29
丙　纶	0.37	0.35	0.57	0.53	0.52	0.58

（周向进）

【涤纶】 截至2015年底，石化集团公司生产涤纶纤维的企业有上海石化、仪化有限公司、天津分公司和洛阳分公司4家，生产能力为122.65万吨/年，同比减少10.10万吨、降低7.61%，其中涤纶长丝的生产能力为12.85万吨/年，降低44.01%。其中，上海石化产能为12.15万吨/年，短纤维装置先期采用德国吉玛技术，后期采用国产技术，2.1万吨/年工业长丝装置采用日本东丽技术；仪化有限公司产能为79.3万吨/年，先期采用日本东洋纺技术，后期采用国产技术；天津分公司产能为10万吨/年，采用纽玛格技术；洛阳分公司产能为21.2万吨/年，其中10万吨/年短纤维装置采用杜邦技术，10.5万吨/年长丝装置采用日本东丽技术，0.7万吨/年中空纤维装置采用国产技术。

2015年，石化集团公司生产涤纶纤维100.77万吨，减少4.53万吨，降低4.30%。石化集团公司各企业涤纶产量见表46。

表46　　石化集团公司各企业涤纶产量　　万吨

企业名称 \ 年份	2015	2014	2013	2012	2011	2010
石化集团公司合计	100.77	105.30	109.30	104.35	108.38	107.68
上海石化	6.40	7.74	8.64	8.59	8.92	8.72
仪化有限公司	75.05	76.48	77.33	68.33	71.67	70.65
天津分公司	10.20	10.88	11.53	10.31	12.12	12.41
洛阳分公司	9.13	10.19	11.80	17.13	15.67	15.90

（周向进）

【腈纶】 截至2015年底，石化集团公司生产腈纶纤维的企业有上海石化、安庆分公司和齐鲁分公司3家，生产能力为26.48万吨/年，与上年持平。其中，上海石化产能为14.1万吨/年，采用国产技术；安庆分公司产能7万吨/年，采用美国氰胺技术；齐鲁分公司产能5.4万吨/年，采用美国杜邦技术。

2015年，石化集团公司生产腈纶纤维26.95万吨，同比增加1.23万吨、增长4.77%。石化集团公司各企业腈纶产量见表47。

表47　　石化集团公司各企业腈纶产量　　万吨

企业名称 \ 年份	2015	2014	2013	2012	2011	2010
石化集团公司合计	26.95	25.73	29.27	28.92	29.88	31.02
上海石化	15.97	15.49	16.62	16.57	16.09	16.64
安庆分公司	6.41	6.58	7.13	6.38	7.88	7.87
齐鲁分公司	4.58	3.65	5.51	5.97	5.92	6.52

（周向进）

【维纶】 截至2015年底，石化集团公司生产维纶纤维的企业只有四川维尼纶厂1家，采用国内技术，生产能力为2.95万吨/年，同比减少0.20万吨/年、降低6.35%。主要产品有维纶短纤维和维纶丝束（长丝）。

2015年，石化集团公司生产维纶纤维1.34万吨，减少0.28万吨，降低17.30%。

（周向进）

【高强高模聚乙烯纤维】 石化集团公司生产高强高模聚乙烯纤维的企业只有仪化有限公司1家；2015年产量为1 132吨，同比减少60吨、降低5.11%。

（周向进）

煤化工

【概述】 截至2015年底，石化集团公司有11套煤气化装置运行，其中金陵分公司、齐鲁分公司、茂名分公司、九江分公司、长城能源化工（宁夏）有限公司以及南京化工公司共7套煤气化装置采用GE水煤浆气化技术，安庆分公司、巴陵分公司、湖北化肥分公司3套煤气化装置采用Shell干粉煤气化技术，扬子石化1套煤气化装置采用中国石化具有自主知识产权的SE干粉煤气化技术。

2015年，通过推广行之有效的先进管理方法、做好装置检修消缺和预防性维修工作，主要煤气化装置运行平稳，齐鲁分公司水煤浆气化装置年累计运行时间达358天；巴陵分公司煤气化装置实现连续运行超百天、年累计运行超300天的常态化，主要技经指标为同类装置标杆；湖北化肥分公司、南京化工公司（合成氨）煤气化装置也均创投产以来A级连续运行最长纪录，装置非计划停工同比减少50%。

（杨 砚）

化肥

【概述】 石化集团公司生产的化肥产品主要有合成氨、尿素、复合肥、硫酸铵、硝酸铵、混配复合肥料6个品种。截至2015年底，石化集团公司化肥产品总生产能力为407.55万吨/年，同比减少142.60万吨/年、降低25.92%。其中，齐鲁分公司达州化肥装置关停，减少合成氨产能29.20万吨/年、尿素产能50.40万吨/年；南京化工公司合成氨装置利用富余氢气资源，通过技术改造增加产能6.00万吨/年，巴陵分公司尿素装置关停，减少产能61.00万吨/年，硫酸铵装置扩能增产，增加产能12.00万吨/年。各化肥产品生产能力见表48。

2015年，石化集团公司生产化肥产品总计185.24万吨，减少31.51万吨，降低14.55%。各化肥产品产量见表49。

表48 石化集团公司主要化肥生产能力 万吨/年

产品名称 \ 年份	2015	2014	2013	2012	2011	2010
合成氨	157.50	180.70	180.70	210.70	234.70	269.20
尿　素	100.00	211.40	211.40	263.40	303.40	363.40
复合肥	50.00	50.00	50.00	50.00	50.00	50.00
硫酸铵	100.05	88.05	86.25	52.25	50.25	42.25
硝酸铵（工业用）	—	20.00	20.00	15.00	15.00	15.00

表49 石化集团公司主要化肥产品产量 万吨

产品名称 \ 年份	2015	2014	2013	2012	2011	2010
合成氨	96.90	95.50	115.94	126.43	111.12	119.10
尿　素	—	9.27	91.78	105.23	77.98	122.34
复合肥	4.51	13.94	24.23	28.08	27.90	33.04

续表

产品名称 \ 年份	2015	2014	2013	2012	2011	2010
硫酸铵	77.56	84.78	96.26	57.28	57.90	56.78
硝酸铵(工业用)	3.16	8.75	13.07	13.02	13.60	14.64
混配复合肥料	3.11	4.53	4.77	4.27	4.10	3.93

(杨　砚)

【合成氨】 截至2015年底，石化集团公司生产合成氨的企业有安庆分公司、巴陵分公司、湖北化肥分公司、南京化工公司和四川维尼纶厂5家，生产能力为157.50万吨/年，同比降低12.84%。其中，安庆分公司产能为32.00万吨/年，南京化工公司产能为32.50万吨/年，均采用托普斯氨合成工艺技术；巴陵分公司产能为43.00万吨/年，湖北化肥分公司产能为30.00万吨/年，均采用凯洛格氨合成工艺技术；四川维尼纶厂产能为20.00万吨/年，采用卡萨利氨合成工艺技术。

2015年，石化集团公司生产合成氨96.90万吨，增加1.40万吨，增长1.47%，约占全国合成氨总产量的1.67%。石化集团公司各企业合成氨产量见表50。

表50　石化集团公司各企业合成氨产量　万吨

企业名称	年份 / 设计能力/万吨·年$^{-1}$	2015	2014	2013	2012	2011	2010
石化集团公司合计	157.50	96.90	95.50	115.94	126.43	111.12	119.10
安庆分公司	32.00	20.82	25.50	25.86	21.43	18.12	15.82
巴陵分公司	43.00	35.99	35.78	37.42	36.70	32.49	25.94
湖北化肥分公司	30.00	8.04	14.55	28.44	28.68	22.28	21.74
南京化工公司	32.50	25.38	19.29	22.73	25.34	22.50	18.72
四川维尼纶厂	20.00	6.67	0.38	1.48	14.28	15.73	11.31

(杨　砚)

【尿素】 截至2015年底，石化集团公司生产尿素的企业有湖北化肥分公司和安庆分公司2家，生产能力为100.00万吨/年，同比降低52.70%。其中，湖北化肥分公司产能为48.00万吨/年，安庆分公司产能为52.00万吨/年，均采用斯塔米卡邦公司二氧化碳气提技术。

2015年，石化集团公司尿素装置均停工未生产。石化集团公司各企业尿素产量见表51。

表51　石化集团公司各企业尿素产量　万吨

企业名称	年份 / 设计能力/万吨·年$^{-1}$	2015	2014	2013	2012	2011	2010
石化集团公司合计	100.00	—	9.27	91.78	105.23	77.98	122.34
安庆分公司	52.00	—	—	25.56	31.61	26.57	22.80
巴陵分公司	—	—	—	24.55	29.36	18.78	25.65
湖北化肥分公司	48.00	—	9.27	41.67	44.26	32.63	30.64

(杨　砚)

【**复合肥**】 截至2015年底，石化集团公司生产复合肥的企业有南京化工公司和安庆石化2家，生产能力为50万吨/年，产能没有变化。其中，南京化工公司产能为40.00万吨/年，自2015年1月1日起租赁给安徽辉隆农资公司，合同期5+5年；安庆石化产能为10.00万吨/年。2015年实际生产复合肥4.51万吨，同比减少9.43万吨、降低67.65%。

（杨　砚）

【**硫酸铵**】 截至2015年底，石化集团公司生产硫酸铵的企业有石家庄炼化、巴陵分公司、安庆分公司、齐鲁分公司和湖北化肥5家，生产能力为100.05万吨/年，同比增加12万吨/年、增长13.63%。其中，石家庄炼化产能为26.60万吨/年、巴陵分公司产能为66.00万吨/年、安庆分公司产能为3.20万吨/年、齐鲁分公司产能为2.25万吨/年、湖北化肥产能为2.00万吨/年。2015年实际生产硫酸铵（实物量）77.56万吨，减少7.22万吨，降低8.52%。

（杨　砚）

【**硝酸铵**】 截至2015年底，石化集团公司生产硝酸铵的企业只有南京化工公司1家，生产能力为20万吨/年，产能没有变化；2015年实际生产硝酸铵（实物量）3.16万吨，同比减少5.59万吨、降低63.89%。

（杨　砚）

【**混配复合肥料**】 截至2015年底，石化集团公司生产混配复合肥料的企业只有南京化工公司1家；2015年实际生产混配复合肥料3.11万吨，同比减少1.42万吨、降低31.35%。

（杨　砚）

无机原料

【**概述**】 石化集团公司无机原料产品主要为“三酸两碱”5个品种。截至2015年底，石化集团公司无机原料产品总体生产能力为297.55万吨/年，同比减少31.93万吨/年、降低9.69%。其中，南京化工公司硫酸装置减少产能25.00万吨/年；齐鲁分公司盐酸装置关停，减少产能3.93万吨/年；巴陵资产分公司烧碱装置减少产能3.00万吨/年。各无机原料产品生产能力见表52。

2015年，石化集团公司生产无机原料产品总计261.25万吨，减少10.85万吨，降低3.99%。各无机原料产品产量见表53。

表52　石化集团公司主要无机原料生产能力　万吨/年

产品名称＼年份	2015	2014	2013	2012	2011	2010
硫　酸	88.50	113.50	113.50	119.50	119.50	119.50
浓硝酸	22.00	22.00	22.00	22.00	22.00	22.00
盐酸（折31%）	10.50	14.43	14.43	14.43	14.43	12.43
烧　碱	56.30	59.30	64.30	84.30	84.30	80.30
纯　碱	120.25	120.25	120.25	120.25	120.25	120.25

表53　石化集团公司主要无机原料产品产量　万吨

产品名称＼年份	2015	2014	2013	2012	2011	2010
硫　酸	69.10	64.13	77.44	88.94	94.94	100.29
硝　酸	15.52	19.12	21.34	20.41	17.76	20.56
盐酸（折31%）	17.74	23.67	27.15	32.21	29.93	30.80
烧　碱	49.84	52.49	61.06	82.63	80.92	80.31
纯　碱	109.05	112.69	98.92	102.73	113.69	106.11

（杨　砚）

【硫酸】 截至2015年底，石化集团公司生产硫酸的企业有南京化工公司、石家庄炼化、巴陵分公司、荆门分公司4家，生产能力为88.50万吨/年，同比降低22.03%。其中，南京化工公司产能为50.00万吨/年、石家庄炼化产能为17.00万吨/年、巴陵分公司产能为15.00万吨/年、荆门分公司产能为6.50万吨/年。2015年实际生产硫酸69.10万吨，增加4.97万吨，增长7.75%。

（杨　砚）

【硝酸】 截至2015年底，石化集团公司生产硝酸的企业只有南京化工公司1家，浓硝酸生产能力为22万吨/年，产能没有变化；2015年实际生产浓硝酸15.52万吨，同比减少3.60万吨、降低18.83%。

（杨　砚）

【盐酸】 截至2015年底，石化集团公司生产盐酸的企业有南京化工公司、巴陵资产分公司和江汉油田分公司3家，生产能力为10.50万吨/年(不含南京化工公司副产盐酸产能)，同比降低27.23%。其中，巴陵资产分公司产能为5.50万吨/年、江汉油田分公司产能为5.00万吨/年。2015年实际生产盐酸17.74万吨，同比减少5.93万吨、降低25.05%。

（杨　砚）

【烧碱】 截至2015年底，石化集团公司生产烧碱的企业有齐鲁分公司、江汉油田分公司、南京化工公司和巴陵资产分公司4家，生产能力为56.30万吨/年，同比降低5.06%。其中，齐鲁分公司产能为20.00万吨/年，江汉油田分公司产能为19.30万吨/年，南京化工公司产能为10.00万吨/年，巴陵资产分公司产能为7.00万吨/年。2015年实际生产烧碱49.84万吨，同比减少2.65万吨、降低5.05%。

（杨　砚）

【纯碱】 截至2015年底，石化集团公司生产纯碱的企业只有南京化工公司连云港碱厂1家，生产能力为120.25万吨/年，产能没有变化；2015年实际生产纯碱109.05万吨，同比减少3.64万吨、降低3.23%。

（杨　砚）

质量管理

【概述】 2015年，国际油价持续下跌，化工市场起伏波动，面对极为严峻的市场形势和艰巨繁重的效益任务，化工板块聚焦提质增效升级，围绕靠制度管理质量、靠体系保证质量、落实从严管理的要求，认真贯彻“中国制造向中国创造转变、中国速度向中国质量转变、中国产品向中国品牌转变”的要求，积极推动企业向“研发+制造+服务”的转变，践行社会责任，从严抓管理、抓问责，确保产品质量和服务质量得到明显提升，为中国石化打造一流、转型发展提供动力。①持续开展质量管理体系有效性建设。化工板块在转方式调结构深化改革过程中，不断完善质量管理体系，努力实现体系与制度的有机结合，确保质量管理体系的健全和有效运行。派出观察员对高桥分公司、武汉分公司和仪征化纤的质量管理体系审核过程进行观察，监督审核机构的工作能力和工作质量，观察、了解被审核单位的质量管理体系运行情况；组织对广州分公司和洛阳分公司质量管理体系运行的有效性进行检查，监督企业落实检查问题的整改完成情况，进一步提升企业质量管理体系运行的有效性；配合完成第2轮质量管理体系认证机构准入工作；对中质协质保中心、中国船级社质量认证公司和华夏认证中心有限公司等质量体系第三方认证机构进行现场检查；建立质量管理约谈机制，对因个别企业质量管理不到位，对客户第二方审核发现问题重视不够、整改不力，导致丢失市场的，对企业分管领导进行约谈、督促整改。②推进质量管理信息化建设。持续推进实验室信息化管理系统(LIMS)扩充提升项目的实施工作；广州、高桥和茂名等6家企业完成新版LIMS系统的上线运行；推动质量管理系统(QMS)的升级工作；完成中国石化质量管理(炼油化工)系统(QMS)初步设计评审，实现燕山、广州和高桥等8家企业的上线运行。③抓好化工产品标准的统一工作，完成《窄带类聚丙烯树脂》《纤维级聚酯切片》和《裂解碳五》等25个标准的制修订。④开展2015年度质量管理奖评选工作；按照《关于开展2015年度质量管理奖评选的通知》要求，对各企业提供的《中国石化质量管理奖评价表》证明材料进行审核、评分。根据评分结果，评选齐鲁、上海、茂名和安庆4家企业为中国石化质量管理奖先进单位，评选化工销售周鑫、燕山石化赵兵、仪征化纤叶丽华等12人为中国石化质量管理奖先进个人。全年化工产品质量总体保持受控，出厂产品合格率100%；在国家、各级政府部门和石化集团公司对化工企业产品质量监督抽查中，抽检产品合格率为99.60%；全年无上报石化集团公司的质量事故。

（杨世飞）

【客户服务】 ①在中国石化第5个“质量日”期间，邀请45家重点企业的58名代表参加在镇海炼化和齐鲁分公司召开的2015年化工产品客户座谈会，邀请客户走进企业共商质量和服务大计，让客户切身感受到中国石化在生产控制、质量检验、产品研发等方面所做的工作，提升品牌价值；聆听客户在产品质量和技术服务等方面的需求和意见，持续改进服务。②开展聚丙烯和涤纶短纤维2个产品的客户满意度调查工作，真实反映中国石化与国内外同行业间、中国石化各企业之间产品实物质量和产品稳定性情况，为企业开展质量攻关和新产品研发提供动力。聚丙烯和涤纶短纤维2个产品的综合满意度分别为93.94分和94.81分。③及时跟踪、协调客户投诉处理，提高投诉处理完成率。2015年共接到50件用户投诉，同比减少14件；投诉处理完成率为100%，平均处理周期为10天。④开展化工产品客户服务电话的变更工作。下发《关于变更化工产品客户服务电话的通知》，要求各企业将化工产品包装上客户服务电话“400－818－9100”号码统一变更为“95388”号码。

（杨世飞）

【化工产品等级品率完成情况】 2015年，合成树脂一级品以上比例94.03%，同比提高3.48个百分点。分品种来看，聚丙烯91.43%，提高7.44个百分点；高密度聚乙烯93.33%，降低1.65个百分点；低密度聚乙烯97.70%，降低0.51个百分点；线型低密度聚乙烯98.81%，提高0.60个百分点；聚苯乙烯99.84%，提高0.75个百分点；聚氯乙烯97.43%，降低1.17个百分点。

合成橡胶一级品以上比例96.37%（统计口径有调整），提高0.01个百分点。分品种来看，丁苯橡胶（包括SBS、SEBS）98.88%（统计口径有调整），降低0.08个百分点；顺丁橡胶92.43%，提高0.10个百分点；丁基橡胶80.63%，提高0.17个百分点。

合成纤维一级品以上比例99.57%（统计口径有调整），降低0.15个百分点。分品种来看，涤纶99.45%，降低0.20个百分点；腈纶99.99%，提高0.03个百分点；维纶99.96%（统计口径有调整），同比提高0.07个百分点。

合成纤维原料一级品以上比例99.99%，同比持平。分品种来看，丙烯腈100%，同比持平；精对苯二甲酸99.96%，降低0.04个百分点；乙二醇100%，提高0.05个百分点；己内酰胺100%，同比持平。

合成纤维聚合物一级品以上比例97.63%，降低0.65个百分点。分品种来看，锦纶切片96.93%，降低1.25个百分点；聚乙烯醇86.12%，降低3.23个百分点；聚酯98.28%，降低0.0.46个百分点。

（杨世飞）

设备管理

【召开设备专业和工作会议】 炼化企业设备管理工作会议：对设备管理先进单位和个人进行表彰；听取企业经验交流和研究机构的讲座；组织企业分组进行讨论，围绕炼油和化工设备管理的热点难点提出了许多建设性意见。

企业设备故障和事故研讨会：对天津分公司裂解气压缩机透平振动和跳车故障召开研讨会分析原因；对燕山分公司裂解气压缩机低压缸轴位移波动召开研讨会，制定应对措施；对安庆分公司空分增压机转子故障召开研讨会，查找原因、制定措施。

（刘国帅）

【技术服务】 针对企业重要、关键设备存在的问题，发挥中国石化集团化的整体优势，并利用国内实力雄厚的科研机构及院校的资源，组织相关专家进行集体讨论，集思广益，帮助企业分析查找设备故障产生的根源，提出相应的处理措施和整改建议，为企业决策提供技术支撑。组织专家召开扬子一氧化碳装置转化炉问题、科研攻关研讨会；对扬巴公司裂解气压缩机组主油泵透平连续多次停车的故障，组织专家分析原因，制定多条针对性的措施；对金陵分公司空分装置空压机和南京化工公司空分装置增压机反复停车的问题，多次组织专家开展技术服务，确定故障原因，并针对故障原因进行停车维修；对湖北化肥锅炉脱盐水系统被硫酸污染事件进行现场诊断，讨论解决方案；对上海赛科公司电气系统进行现场服务，分析历次故障原因、排查隐患；针对有装置大修的企业6次组织专家进行现场调研，并召开大修方案审查会，开展检修现场技术服务8次；对武汉乙烯2016年大修准备情况进行调研和技术服务。

（刘国帅）

【设备科研】 在乙烯原料资源紧张、迫切需要提高乙烯装置原料适应性的背景下，针对乙烯裂解装置直投加氢尾油原料造成裂解炉炉管严重腐蚀及结焦的突出问题，组织工程建设公司、北京化工研究院、炉管质量检测检验与评估中心（合肥通用机械研究院)、上海石化等单位相关人员进行讨论，研究解决方案，决定从工艺、设备 2 个方面开展课题研究。

(刘国帅)

【工作调研】 2015 年共对 10 家企业的 92 台裂解炉进行资料检查和现场测试。92 台裂解炉总设计热负荷为 5 266 兆瓦，实际运行热负荷 4 720 兆瓦，负荷率 89.6%。实测加权平均热效率 93.81%，加权平均排烟氧含量 2.16%，加权平均排烟温度 123℃，算术平均一氧化碳 20×10^{-6}；均达到《中国石化炼化企业加热炉管理规定》要求。烟气中污染物平均排放浓度：二氧化硫 2×10^{-6}，氮氧化物 65×10^{-6}，符合 GB 31570—2015《石油炼制工业污染物排放标准》。92 台裂解炉共计使用燃料约 269.22 吨/时，全年每台裂解炉运行时间按 8 000 小时计，使用燃料 215.38 万吨/年，每吨燃料按 3 500 元计算，全年燃料消耗的费用约为 75.4 亿元。

检测中发现的问题：部分裂解炉排烟氧含量偏高，少数裂解炉排烟温度偏高，DCS 在线仪表误差较大，烟气组分中一氧化碳含量偏高，氮氧化物超标，烟气中存在一定量二氧化硫。针对裂解炉检查发现的问题，要求企业对裂解炉运行管理中的不足制定措施加以整改，并对此进行跟踪检查。

(刘国帅)

达标管理和节能减排

【达标工作组织】 化工达标管理工作按装置、专业等层次组织开展工作。装置达标方面，继续组织同类装置竞赛；专业达标方面，分乙烯专业、芳烃专业、基本有机化工专业、合成树脂专业、合成橡胶专业、合成纤维原料专业、合成纤维专业、碳一及化肥专业、特殊化学品专业 9 类组织专业达标工作。

2015 年，参与化工达标的企业共 21 家，其中镇海炼化、茂名分公司、广州分公司完成情况较好。

(刘志武)

【专业达标】 2015 年，乙烯专业、芳烃专业、合成树脂专业、合成橡胶专业、碳一及化肥专业、特殊化学品专业的达标率为 100%；基本有机化工专业、合纤原料专业、合成纤维专业的达标率分别为 88.90%、83.30% 和 90.91%。

(刘志武)

【节能专业达标】 化工板块积极推进“能效倍增”计划，结构节能、管理节能、技术节能等工作有序开展，不断挖掘节能潜力，降低生产装置及辅助区域的能源消耗。2015 年万元产值综合能耗为 1.46 吨标煤，同比降低 0.008 个单位，节能率达到 0.54%。

(刘志武)

【装置长周期运行攻关】 围绕化工生产存在的薄弱环节开展攻关，在裂解气压缩机、聚烯烃造粒机等关键机组维护、装置运行优化等方面持续进行改进，制定、落实保证长周期运行的专业管理措施。2015 年，乙烯裂解、芳烃、LLDPE、PTA、煤气化等化工装置总体实现安全稳定运行。

(刘志武)

【同类装置竞赛】 2015 年，化工板块有 20 类 138 套装置参加同类装置竞赛，通过对产量计划完成、物耗、能耗、安稳运行、质量、安全环保等指标的综合横向评定，共有 49 套装置获得竞赛奖励。其中，乙烯装置获得前 3 名的分别是镇海炼化、茂名分公司、上海石化；芳烃装置获得前 3 名的分别是镇海炼化、上海石化、天津分公司；乙二醇装置获得前 3 名的分别是镇海炼化、茂名分公司、天津分公司；苯乙烯装置获得前 2 名的是茂名分公司、安庆分公司；苯酚丙酮装置获得第 1 名的是燕山分公司 2#装置；丁二烯装置获得前 3 名的是广州分公司、上海石化、齐鲁分公司 1#装置；高压聚乙烯装置获得前 3 名的是上海石化 2#、茂名分公司 2#、燕山分公司 2#装置；低压聚乙烯装置获得前 2 名的是扬子石化、茂名分公司；线型聚乙烯装置获得前 3 名的是镇海炼化、中韩石化、中原石化；化工连续法聚丙烯装置获得前 3 名的是燕山分公司 1#、上海石化 1#、广州分公司 1#装置；炼油连续法聚丙烯装置获得前 3 名的是长岭分公司、九江分公司、海南炼化；顺丁橡胶装置获得第 1 名的是齐鲁分公司；SBS 装置获得第 1 名的是巴陵石化；PTA 装置获得前 3 名的是仪征化纤 2#和 1#、扬子石化 3#装置；丙烯腈装置获得第 1 名的是安庆分公司；聚酯装置获得前 3 名的是仪征化纤 4 厂、仪征化纤 1 厂、仪征化纤 3 厂；涤纶短丝装置获得前 3 名的是仪征化纤 1#、2#和 3#装置；腈纶装置获得前 3 名的是上海石化(北)、上海石化(南)、安庆分公司；己内酰胺装置获得第 1 名的是石家庄炼化；煤气化装置获得前 3 名的是齐鲁分公司、巴陵分公司、南京化工公司。

(刘志武)

【达标重点工作】 2015年，化工业务达标工作服务于结构调整、原料优化等化工板块重点工作，深入开展装置运行优化、操作优化工作，化工装置总体运行平稳，技术经济指标先进，圆满完成产量、三大合成材料结构调整、吨产品费用控制等生产经营任务。全年，乙烯装置损失率同比下降0.01个百分点，高附产品能耗下降1.86千克标油/吨；芳烃装置损失率下降0.01个百分点；合成树脂专业，聚烯烃装置的能耗、物耗指标保持历史较高水平，EVA、ABS、环氧树脂等品种消耗受控良好；合成纤维原料专业，PTA、己内酰胺、聚酯的物耗进一步下降；煤化工主要装置实现长周期运行，能耗、物耗进一步下降。

围绕资源优化、产品结构优化、节能降耗等工作目标，深入开展化工达标工作，夯实基础管理，强化专业技术管理，推动化工装置的运行优化、操作优化，分析检验管理等工作，装置运行水平和产品品质得到进一步提高。

乙烯装置：确保裂解炉满负荷运行，增产增效。优化裂解炉操作，运用SPYRO软件优化原料结构和操作运行，紧跟裂解产品价格体系，调整产品结构，提高吨产品收益；增加轻质原料来源，提高轻烃裂解炉连续投炉时间，满足原料优化需求；在负荷调整和原料切换时，实时优化烧嘴风门、炉膛氧含量，降低燃料气消耗；先进控制系统稳定投用，实现裂解炉工艺条件精确控制。根据乙烯负荷变化，调整压缩“三机”操作，降低蒸汽消耗。

芳烃装置：重整料优化，提高原料芳潜；紧盯效益，调整芳烃产品结构；优化吸附塔运行参数，确保对二甲苯收率；优化操作，提高加热炉的热效率；完善余热回收设施；应用脱烯烃催化剂，降低白土消耗。

聚烯烃装置：优化各单元工艺操作，优选高性能聚合催化剂，加强关键机组监控，实现长周期经济运行；加强排放气烯烃含量定期检测，消除排放火炬泄露点；优化排放气回收系统运行，采用先进回收技术，增加烯烃回收量。

PTA装置：优化反应参数，提高对二甲苯的转化率；精细调整负荷，避免反应温度剧烈波动，减少对二甲苯及醋酸消耗；优化压滤机的操作，延长单台运转周期；加强废水管理，杜绝超标排放。

煤气化装置：加强原料煤管理，降低生产成本；优化气化炉操作，提高气化炉产出气体中一氧化碳和氢气的含量；优化气化炉热备时间、热备温度，降低燃料气消耗；做好关键机组监控、维修等工作。

强化工艺技术管理，优化工艺技术管理流程，完善工艺技术管理制度，进一步健全工艺技术管理体系，强化工艺技术管理的监督、检查、考核，抓好工艺参数控制、巡检管理、工艺规程和操作法编制及修订、装置开停车方案编制及执行、工艺操作指令标准化、牌号切换技术优化等基础技术工作，规范联锁报警及现场盲板管理。努力打造专业化技术管理人才队伍、素质过硬的技能操作人员队伍，2015年分别组织合成树脂专业等高级技术研修班以及不同层次的专业技术人员、技能操作骨干培训班，加强技能操作人员岗位培训和现场演练，提高操作人员应对现场各种情况的能力。

（刘志武）

【节能减排】 2015年，化工板块万元产值综合能耗为1.46吨标煤，同比降低0.008个单位，比计划低0.04个单位，节能率为0.54%，节能量为23.6万吨标煤。乙烯“双烯”能耗379.61千克标油/吨，降低4.82个单位；乙烯高附加值产品能耗302.06千克标油/吨，降低1.86个单位；乙烯装置损失率0.19%，降低0.01个单位。化工托管企业万元产值综合能耗为1.18吨标煤，降低0.02个单位，比计划低0.01个单位，节能率为1.64%，节能量为9.9万吨标煤。

全年，化工企业共完成147项“能效倍增”计划项目，实现节能量40.8万吨标煤，投资4.78亿元，效益5.16亿元，其中化工板块113项、节能量33.5万吨标煤，化工托管企业34项、节能量7.3万吨标煤。从项目类别看，管理节能40项，节能量6.6万吨标煤；结构节能14项，节能量17.7万吨标煤；技术节能72项，节能量11.4万吨标煤；重点工程7项，节能量2.2万吨标煤；循环经济1项，节能量0.1万吨标煤；合同能源13项，节能量2.8万吨标煤。

2015年，组织对南京化工公司、四川维尼纶厂2家企业开展节能潜力分析调研，共提出21项具体优化措施。其中，工艺流程、操作优化9项，蒸汽系统及动力锅炉运行优化5项，循环水系统优化2项，应用节能新技术4项，资源综合利用1项，年可增效5 707万元。实施的具体节能措施主要有：开大老空分装置空压机入口导叶阀位和增压机入口导叶阀位，降低空压机和增压机机组转速；调整锅炉主蒸汽温度指标，提高锅炉主蒸汽温度；保持磷肥背压机组高负荷运行，增加背压机组供汽发电量；严格控制离子膜盐水质量，稳定电解槽电压；优化离子膜电槽运行和开停车管理，提高用电效率；优化离子膜整流角度，提高整流效率；开展纺丝车间节能优化，降低一级脱盐水、新鲜水消耗量；煤粉炉掺烧气化炉煤泥，提高经济效益；煤粉炉改双风机运行为单风机运行，降低电耗；通过现场节流的方式减少环己酮装置烷精馏系统循环水用量等。另外，提出方向性建议27项，提供给企业作为开展节能优化的参考意见。

重点节能项目取得进展。镇海Ⅳ电站烟气余热回收项目节能效果显著。该项目应用复合相变换热技术，在Ⅳ电站 CFB 1#—5#锅炉尾部空预器出口的水平烟道处，新增烟道换热器，用于回收烟气中的热量。项目实施后排烟温度从135℃降到123℃，回收热量将一、二次风空预器入口35℃冷风加热至68℃；同时，空预器更换后，漏风率大幅降低，风机电流下降27安，每小时节约电量400千瓦·时，已实施完成4台，合计节能7 750吨标煤。茂名芳烃装置低温余热利用合同能源管理项目成功投用。该项目设计了1套低温热系统，回收芳烃装置热量用于MTBE装置，实现芳烃抽提装置和MTBE装置能量联合综合利用，有效降低MTBE装置低压蒸汽消耗。项目于2015年10月10日投用，MTBE装置节约蒸汽量为8.41吨/时，推算年效益为952万元，年节约标准煤5 431吨。

2015年6月，《炼化板块合同能源管理项目实施细则(试行)》正式发布，指导企业有序开展合同能源项目。

开展节能技术培训。2015年9月，在管理干部学院举办节能技术骨干培训班，37名企业基层节能管理人员参加了为期10天的培训。

镇海炼化、茂名分公司、齐鲁分公司、金陵分公司、天津分公司、广州分公司、仪征化纤、南京化工公司8家企业被评为石化集团公司2015年度节能工作先进单位。镇海炼化、茂名分公司、齐鲁分公司、天津分公司、仪征化纤、南京化工公司6家企业被评为2015年度化工节能先进企业。

（黄志壮）

计 量 管 理

【计量管理与监督】 各企业树立“计量是企业经营管理、质量管理的基础”“没有计量就没有质量”和“计量就是计效益”等理念，进一步加强化工产品贸易计量管理，公平公正计量，加大计量投入，强化计量管理化，挖掘计量工作潜力，努力实现中国石化“质优量足、客户满意”的质量目标，打造“高度负责任、高度受尊敬”企业奠定扎实的计量基础，从根本上维护企业和客户的利益。组织开展炼化板块计量大检查。根据石化集团公司《关于开展2015年计量检查工作的通知》要求，2015年5月6日—6月30日，邀请61名企业专家组成由镇海、燕山、茂名和扬子等9家企业分管计量的副总经理或副总工程师担任检查组组长的9个检查组，对炼化板块35家企业的计量管理工作进行检查；通过检查共发现问题724项。加强石脑油途耗管理，协调相关企业深入分析石脑油途耗高的原因，采取有效措施降低石脑油途耗率；2015年石脑油累计途耗为2 711吨，途耗率为0.02%。组织完成《石脑油铁路进厂计量情况调研》科研项目结题验收。该项目针对铁运、汽运、管输和水运进厂石脑油损耗问题进行专项调研，通过对齐鲁、镇海和中原等企业石脑油计量现状、计量损耗情况的现场调研及计量数据的分析，组织查找石脑油损耗产生的原因，并提出改进建议，为各企业提高石脑油计量管理水平、降低石脑油进厂损耗提供好的经验和做法。继续组织企业计量专家编写《企业能源计量常见难题解析与对策》一书，深入总结、交流和传承计量工作长期积累的宝贵经验，提高企业能源计量水平。配合完成“炼化企业测量管理体系信息化技术规范”“电子汽车衡计量防作弊技术研究”“天然气能量计量研究”和“贸易交接质量流量计应用技术研究”项目验收。

（杨世飞）

境内炼化工程

◇ 综述

◇ 生产经营管理

◇ 技术创新

◇ 企业管理

◇ QHSE管理

综　述

2015 年，炼化工程板块积极落实石化集团公司年度工作会议各项部署，齐心协力、攻坚克难，不断挖掘一体化优势，着力深化改革、优化资源配置、转变发展方式、狠抓生产经营、大力开拓市场、强化技术创新，各项工作取得显著成效。

生产经营任务全面完成。在国际油价下行、整体经济低迷的大环境下，炼化工程板块积极应对市场形势，重调整、谋发展、强基础，全年累计实现营业收入 454.98 亿元，为预算目标的 107%，各项生产经营目标全面完成。

重点工程保障有力。炼化工程板块强化过程管理，全力保障石化集团公司重点工程项目顺利实施，项目质量、安全整体受控。

（刘红叶）

生产经营管理

【概述】 2015 年，炼化工程板块不断加大对生产经营活动的管理力度，持续优化资源，降低成本，努力实现整体效益最大化，各项生产经营工作保持平稳发展势头。

（刘红叶）

【市场开发卓有成效】 2015 年，受宏观经济形势低迷、油价暴跌以及部分炼化产品产能饱和等因素的综合影响，国内大型石油公司在炼油、石油化工项目上的资本开支呈进一步下降的态势，除成品油质量升级和 LNG 接收站项目外，其他新建项目数量明显减少，改造项目居多。国内新型煤化工市场也遭遇严峻挑战，部分跟踪项目的投资计划被推迟。在市场形势较为困难的情况下，炼化工程板块发挥产业链、业务链和技术链的整体优势，化挑战为动力，困难中求机遇，全力出击，积极开拓市场。全年境内新签合同额为 335.37 亿元。未完成合同额为 1 111 亿元，同比增长 6.9%。

截至年底，签订的境内代表性项目包括中石化天津液化天然气有限责任公司 LNG 项目接收站工程项目、广西 LNG 项目、神华宁夏煤业集团有限责任公司煤化工副产品深加工综合利用项目聚乙烯装置设计及材料采购（EP）承包合同、茂名石化南海精细化工有限公司 20 万吨/年环氧乙烷装置 EPC 总承包合同、安庆分公司 25 万吨/年丁辛醇 EPC 总承包项目、中石化通汇能源有限公司重庆涪陵液化天然气工厂总承包合同、中国神华煤制油化工有限公司鄂尔多斯煤制油分公司神华煤直接液化项目一期工程第二、三条生产线设计合同以及延长石油北京石油化工工程有限公司延安炼油气资源综合利用项目污水处理设施工程 EPC 总承包合同等。

（刘红叶）

【重点项目实施】 中天合创煤化工项目：截至 2015 年底，项目整体进度完成约 80%。110 千伏变电站全部受电，空分装置全面中交，开工锅炉产汽。

内蒙古中煤蒙大新能源化工有限公司年产 50 万吨工程塑料项目：该项目合同工作范围主要包括 180 万吨/年甲醇制烯烃（DMTO）装置、30 万吨/年聚烯烃装置、60 万吨/年烯烃分离等单元的 EPC 总承包。截至 2015 年底，项目已顺利中交。

广西 LNG 项目：截至 2015 年底，项目总体进度完成约 80%。

天津 LNG 项目：截至 2015 年底，项目总体进度完成约 60%。

（刘红叶）

技 术 创 新

【概述】 依托重点工程项目的重大技术研发工作稳步推进。煤化工、石油化工、天然气等重点领域技术研发项目均取得良好进展。2015 年共承担“十条龙”攻关项目 22 项，其中流化床聚乙烯工艺成套技术开发等 2 个项目完成攻关任务并实现工业转化。新型硫酸烷基化技术开发等 4 个项目被列入“十条龙”攻关。

（刘红叶）

【重大技术研发稳步推进】 中低温煤焦油提酚及加氢制清洁燃料新技术开发：内蒙古庆华集团 50 万吨/年煤焦油悬浮床加氢裂化装置正在进行详细设计。

合成气甲烷化（SNG）成套工艺技术开发完成 400 万米^3（标准）/日 SNG 工艺包编制。

气液法流化床聚乙烯工艺成套技术开发、多产轻质油的 IHCC 技术的工业应用 2 个项目完成全部技术开发，成套技术进入推广阶段。

沸腾床渣油加氢成套技术开发、优质针状焦生产技术开发、RS－2200 低成本柴油加氢生产国Ⅴ柴油工业试验等技术稳定性得到验证，具备进行技术推广的条件。

精环氧乙烷成套技术装置、SE水煤浆气化成套技术、大型液化天然气(LNG)接收站工程成套技术、加氢异构脱蜡生产高档基础油成套技术等项目完成主要攻关工作，进入建设阶段。

炼油企业能效提升与低碳技术、石化企业外排污水提标处理技术等各项研发工作按计划进行。

节能减排推动环保油品升级系列技术应用：共承担石化集团公司汽、柴油质量升级项目13项，其中汽油质量升级6项、柴油质量升级7项均进展顺利。项目的实施，可显著提高生产企业油品质量，降低单位产品能耗，加速环保进程。

九江分公司污泥干化合同管理试点项目完成设计，施工工作处于收尾阶段。

（刘红叶）

【研发中心技术创新工作取得实效】 重点研发项目进展顺利：流化床甲醇制汽油(FMTG)中试装置完成全部试验工作；生物流化床处理PTA污水研发项目设计基本完成；移动床试验项目全面安装施工；高液收延迟焦化工艺(ADCP)开发及工业试验项目技术方案通过评审，并落实试验基地；炼油厂腐蚀保运二代技术开发、合成气制乙二醇装置防腐技术研究、粉煤气化装置设备及管道防腐方案和选材研究等工作有序开展；炼油加热炉深度节能技术开发全面完成在工业装置上的工业应用，加热炉热效率显著提高。

协同研发项目稳步推进：与SEG各子公司开展不同形式的研发活动，在成套技术研发、工程技术服务等方面支持各子公司工程技术的提升，29个项目均正常开展，协同效益初显。

（刘红叶）

【技术许可与知识产权】 2015年，炼化工程新签技术许可合同额1.49亿元。专利申请势头良好，全年完成新专利申请460件，其中189件为发明专利，获授权专利416件。截至年底，累计在中国拥有专利1 779件(其中发明专利715件，占40.2%)，涵盖炼油、石油化工、新型煤化工、医药化工、清洁能源、环境工程等主要业务领域。

（刘红叶）

【获奖情况】 2015年，炼化工程板块共获各类省部级以上科技进步奖励85项。其中，参与开发的“高效环保芳烃成套技术开发及应用”项目获2015年度国家科学技术进步特等奖；25项获中国石化科技进步奖，其中一等奖6项；国家级优秀设计奖3项，中国石化优秀设计奖38项；国家级优秀工程奖4项，其中金质奖3项，省部级优秀工程奖14项。

（刘红叶）

企业管理

【概述】 2015年，炼化工程板块按照“创建世界一流工程公司”的愿景、“深化专业化重组、优化资源分配、争创最大效益”的发展思路和“一体化管理、集团化管控”发展模式全面推进企业的资源优化和改革重组。以专业化重组为突破口，启动若干深化改革和资源优化工作，起运公司、研发中心、沙特公司重组改革工作取得较大进展，有效促进了资源优化配置，提高了综合竞争力。其中，起重运输业务重组改革各项工作取得阶段性成果，完成资产划转工作，正在进行人员划转；起运公司已全面展开境内外业务市场开拓，成功承揽中国海油大榭项目。研发中心各项改革工作顺利完成，改革红利初步显现，协同研发和资源共享开局较好，与各子公司开展不同特色的合作。

（刘红叶）

QHSE管理

【概述】 2015年，炼化工程板块认真贯彻落实国家安全环保工作要求和石化集团公司年度HSE工作会议精神，全面开展从严管理活动，狠抓制度执行和责任落实，以强化管理和落实责任为主线，执行全员参与、落实责任、完善体系、持续改进、过程控制、服务用户的要求，通过签署QHSE责任书、开展培训、监督检查、推进现场HSE标准化建设等活动，认真查找薄弱环节，抓好直接作业环节的QHSE监管，基础管理工作得到进一步加强，在建项目的质量、安全形势总体受控，实现执行中的项目未发生安全、质量等上报事故，累计实现254百万安全人工时。

（刘红叶）

产品销售

◇ 天然气销售

综述

经营管理

产品储运

◇ 加油（气）站产品销售

综述

产品营销

改革与管理

◇ 其他炼油产品销售

炼油自销产品

燃料油

◇ 化工产品销售

综述

专业管理

产品储运

市场行情

天然气销售

综　　述

2015年，由于国际油价断崖式下跌、国内经济下行压力增大、进口天然气集中投放市场等多重因素叠加，导致天然气需求不旺、区域市场竞争加剧、价格不断下降。中国石化主动适应新常态，紧紧抓住天然气拓市增量这个重点，紧紧抓住天然气管网完善这个保障，紧紧抓住天然气运销安全生产这个关键，加强管理，天然气业务继续保持稳健的发展局面。

（杨延平）

经营管理

【资源经营】 2015年，中国石化销售天然气210.1亿立方米，同比增加27亿立方米，增幅14.7%。其中，自产天然气188.9亿立方米，国外进口LNG21.2亿立方米。

（杨延平）

【市场营销】 在国内天然气市场增幅放缓的情况下，及时调整策略，进一步加大市场开拓力度，坚决维护好存量市场，努力抢占增量市场，最大程度地为中国石化新增天然气资源销售创造条件。①因地制宜搞好市场开发。紧紧抓住川气东送沿线布局较多燃气发电企业的实际，重点跟踪江苏国信电厂等5个项目的建设进程，以合同形式提前锁定目标用户；结合国家华北地区治理雾霾的需求，加快济青二线、南乐—寺庄管线等项目投产，加大LNG液体销售力度，快速进入河北市场，扩大山东市场，增供河南市场，全年新增用户20家。②充分发挥中国石化一体化优势，合理调整内部企业用气价格，提高自产气利用比例，年自产气利用比例达到44.8%，同比提高6.5个百分点。③协调合资公司提高中国石化资源销量。协调江苏、江西、浙江、湖北等合作单位增加中国石化资源8.6亿立方米，合资合作对市场的控制力进一步得到体现。④继续加大对二、三级市场的布局，先后成立湖北、广西铁山港等合资公司，加快推进与天津、贵州等省份的合资合作步伐，密切跟踪湛江次高压管网等项目的合资合作进程，依托地方的区位优势，迅速提高市场占有率。⑤精益求精提高服务质量。推行客户经理现场服务制度，安排销售人员逐一走访，密切跟踪用户情况，了解客户合理诉求，灵活制定销售策略，最大限度地刺激市场需求，努力扩大市场份额。

（杨延平）

产品储运

【概述】 努力克服外部环境复杂的困难，坚持安全质量第一的原则，加强储运设施项目管理，加快建设进度，保证项目建设的顺利进行，全年在建项目76项，完工41项，完成投资83亿元。

（杨延平）

【基础设施建设】 ①脱瓶颈项目总体受控。山东LNG轻烃回收装置成功开车，生产出合格产品；涪陵—王场输气管道、济青二线、山东LNG配套管道和南乐—寺庄管道建成投产，中开线主体工程完工；榆济管道增压工程平遥站投产；川气东送管道武钢、黄梅等6个场站的改扩建工程投运。②重点项目稳步推进。广西LNG项目码头工程主体交工，接收站施工基本完毕，配套管道累计焊接609千米；天津LNG项目储罐主体完工，配套管道累计焊接119千米。国家大流量标定站武汉分站完工，开始建标测试。金坛储气库完成一阶段钻井施工。③项目前期工作有序开展。新疆煤制气外输管道、文23储气库工程取得核准批复；川气东送管道增压项目一期工程基础设计获得总部批复；鄂安沧管道各项前期评价报告基本编制完成；青宁输气管道开展前期评价；燕山石化、石家庄炼化、南港—军粮城等供气专线完成与地方政府的初步对接；温州LNG项目核准申请报告上报国家发改委；江汉黄场储气库先导试验基本完成，正在修改完善可研报告。

（杨延平）

【管网安全】 牢固树立安全发展的理念，积极完善安全生产责任制，先后颁布LNG接收站及槽车充装等系列制度，及时将新增业务纳入安全监管体系，确保HSE管理全覆盖。强化“三同时”管理，实现工程项目依法合规。依托企地协调机制，深入推进安全隐患治理，部分久拖不决的项目取得突破性进展，累计完成1 124项、完成率达96.4%。加强直接作业环节监管，对边生产边施工的场所实行作业现场“双监护”，顺利完成站场改造、带压封堵等特殊环节的一级动火47次、受限空间作业33次。组织开展“我为安全做诊断”活动，深入查找安全管理存在的问题和不足。编制各类生产方案30余项，成功处置榆林压缩机失电停机等应急事件27起，确保储运设施的安全运行和市场的平稳供应。认真组织开展投产条件检查确认和各项生产准备工作，实现涪陵—王场输气管道、川气东送管道与西气东输二线互联工程等设施投产一次成功。持续抓好管道巡护、灾害治理和阴保防腐，加强管道设施检维修，顺利实施川气东送、榆济输气管道清管和内检测作业，构建了管道安全的多道防线。

（杨延平）

加油（气）站产品销售

综　　述

2015年，受宏观经济不振、国际油价低位下行等因素影响，国内成品油市场消费持续低迷，资源过剩矛盾十分突出，柴油配置资源进销价格严重倒挂，国内成品油市场竞争日趋白热化。面对前所未有的严峻形势，油品销售板块以提高发展质量和效益为中心，精心运作市场，奋力扩销增量，多业态拓展新业务，优化完善网络，稳妥推进改革，坚持从严管理，加快向综合服务商转型升级，实现逆市扩销增效，增强了核心竞争力和可持续发展能力。全年成品油总经销量1.89亿吨，其中境内成品油总经销量1.71亿吨、同比增长0.2%，零售量增长1.0%；非油品营业额248.3亿元，增长45.2%。

（任建宇）

产品营销

【成品油经营】 面对资源严重过剩局面，主动优化调整加工负荷，降低生产柴汽比，加大柴油出口，强化资源总量平衡。围绕整体效益最大化，实施分品种调控，优先消化石化资源，科学把控外采节奏，坚持低库存运作，扩大汽油销售，提升资源整体创效水平。详细制定质量升级置换方案，顺利完成京津冀、长三角和珠三角地区11个省市的国Ⅴ油品升级换代。

零售上，面对消费增量不足、进销价格严重倒挂的不利局面，及时调整考核办法，激励全员扩大终端销售。认真开展“多卖一吨油”销售竞赛，加大油非互促、交叉营销力度，深入落实“一站一策”、点对点竞争，灵活调整经营策略，提高经营质量，单站年均零售量3 896吨、增长1%；推广加油卡客户经理制和全国充值卡，利用网厅、微信、电子券等载体，扩大加油卡销售。开展“油中感谢”、积分打折、办卡加油三重礼、免费领取代驾券等专项营销活动，提高客户参与度；优化微信平台，实现在线充值、在线兑奖等功能，推送更多营销活动和最新资讯，吸引大量粉丝，便于精准营销。

直分销上，推进大客户开发战略，寻找潜在合作机会，培育大客户，提升有效销量；积极扩大合作范围，将客户开发延伸至非油品等其他领域，扎实开展“油非双增长”活动，进一步完善考核机制，丰富活动内涵，加大客户资源共享力度，满足客户的多样化需求，充分挖掘客户潜在价值，实现客户消费领域的有效转换，增强客户黏性，推进扩销增量。

（任建宇）

【天然气经营】 继续加大已建成加气站的投营力度，进一步提高网点在营水平，全力扩大加气零售规模；努力扩大母站辐射半径，加大对重卡、矿山、港口等重点用户的开拓力度，采取积极营销手段，主动培育市场。发挥天然气产业链优势，在自有资源辐射地区，推进委托代加工业务模式，增强自有资源控制能力；在自有资源空白地区，积极推进转供、代输、串换等方式，进一步提高销售企业资源保障水平。

（任建宇）

【非油品经营】 推进多业态规划落地，总结推广新商业模式，新业务保持强劲增长势头，实现量效新突破。积极做大便利店业务，大力开展“名品进万家”活动，加大重点特色商品销售，塑造易捷品牌特色。精心打造自有品牌商品，提升“易捷·卓玛泉”知名度，赞助国际田联成为官方唯一指定用水，投放央视广告，开展专题营销，开发4升、12升系列产品；大力推广柴油车尾气处理液，继续扩大海龙燃油宝销售。积极引进增值服务，扩大加油站保险销售、汽服等服务范围，打造了一批集加油、加气、便利店、快餐、汽服等为一体的综合服务样板站店。扩大与喜士多、利亚零售试点合作门店，借鉴专业化管理经验，营业额均实现较大幅度增长。

（任建宇）

【网络发展】 注重投入产出，坚持审慎投资，狠抓存量资产优化，实施分类定位发展，提升投资质量。坚持发展终端网络，优化油库布局，加快管道建设和投营，优先安排高效益的加油(气)项目；加大建成投营力度，整合改造需求，大力缩短工期，在营加油站达30 560座，增强了网络优势转化为稳定增量的能力。持续满足隐患治理和新业务需求，全年投入隐患治理资金22.3亿元，完成6 880项安全隐患和1 128项环保治理任务。完善信息系统功能，保障稳定运行，为经营管理提供了信息技术支撑。

（任建宇）

改革与管理

【改革重组】 完成中国石化销售有限公司增资资金交割和工商变更，25家社会投资者最终缴纳增资款1 050.44亿元等值人民币，占29.58%的股权。组建并召开新销售公司第一届董事会、监事会，审议通过议事规则，构建起以多元化董事会为核心的规范法人治理结构，改革重组取得阶段性成果。建立适应新体制的资金管理模式，推进销售板块财务共享；建立完善内部市场化机制，建立流动资金循环委贷及资金池双向流动运作模式，实现资金使用效率最大化，初步释放改革红利。稳妥实施深化用工制度改革，全面推进加油站委托管理，试点开展委托经营，依法规范用工关系。

（任建宇）

【品牌建设】 2015年春节期间，继续组织广东、广西石油分公司在两省开展"情暖驿站·满爱回家"活动，共有193座加油站向返乡车主提供"6+X"免费服务，包括提供应急药品、饮料食品、充电、维修、道路指引、针线包和事故保险等免费服务。共派出志愿者5 000余名，服务返乡车主600万人次，为1万辆返乡摩托车免费加油，搭建休息帐篷655顶，开放司机休息室510个，配置休息躺椅796张，提供热水、热粥等12.8万升，提供免费药品及医疗服务1.5万人次，提供道路指引6万人次，提供免费充电1.6万人次，检修摩托车1万余辆。该公益活动于2015年获全球品牌与声誉杰出成就奖企业责任金奖、黄金标准企业公民奖、国务院国资委中央企业优秀志愿项目和团中央全国青年志愿服务大赛银奖等国际、国内奖项，有效提升了中国石化品牌形象和美誉度。

（任建宇）

【基础管理】 全面开展HSE教育培训，强化安全责任制落实和承包商监管，探索建立HSE管理能力量化评价体系，加大隐患排查治理力度，完善加油站三级督察机制，管道打孔盗油、第三方施工破坏、加油站安全事故得到有效控制，全年未发生较大及以上等级事故。采取"国标+内控"双保险模式，狠抓外采油质量源头把控，约谈质量不稳定的供应商；推进LIMS系统二期建设，将计量纳入质量管理体系，持续完善承运商准入和技术检查标准，推行油罐车车载监控系统安装，确保质优量足、诚信经营。采取持续开展全员成本目标管理，完善运价联动机制，与腾讯合作取得优惠费率等措施，压减成本费用。深入推进"比学赶帮超"工作，地市公司"两力"评价拓展到区外，加强落后企业帮扶，激发了经营创效的主动性和蕴藏潜力。完善风险防控体系，认真配合完成内外部审计，不折不扣落实问题整改，对资源采购、资金安全、食品质量、发票开具、合同签订等关键环节和岗位，实施重点监管，全面开展保理业务风险排查和清理，严格责任追究，提升了抗风险能力。开展合同示范文本"回头看"，梳理修订100多份合同示范文本。坚持依法维权，取缔假冒仿冒加油站249座，维护了中国石化的品牌形象。全面加强基层"家文化"建设，达标和优秀库站达80%。上下联动做好信访稳定和舆情引控，维护了企业和谐稳定大局。

（任建宇）

其他炼油产品销售

炼油自销产品

【概述】 2015年，中国石化炼油自销产品(除汽油、煤油、柴油及化工轻油以外)合计销量5 696万吨，75%以上的自销产品由炼油销售公司、化工销售公司等统一销售。通过优化资源配置，加强产销沟通和协调，采取灵活的营销策略，积极开拓市场，紧贴市场销售，专业化优势得到了较好发挥。积极走访客户，加大市场开拓，与贵州瓮福、开磷等大客户达成战略合作协议等，开拓了电子商务销售新渠道。

（王新军）

【润滑油经营】 2015年，润滑油公司坚持"扩量增效"方针，在总体经营形势不利的情况下，取得较好的经营效益。全年销售润滑油脂97.78万吨，实现利润7.54亿元，综合市场占有率同比提高1.3%。推进产品升级，改善产品结构取得明显成效，高档油销售比例达46%、上升3个百分点。高端汽机油销量增长明显，SL及以上占比超过30%，SN合成油占比8%，销量增幅超过40%。AE、AP高端工业油替代推广成效显著，分销销量增长205%。积极实施“以我为主”的规模客户开发模式，商用车新开发上海巴士、天津市翊龙客运、北京北汽集团、上海强生控股、杭州长运、振华物流集团等有影响力的企业。工业油聚焦重点行业前10名企业，实施点对点竞争1 200多家次，其中汽轮机油赢得项目434家，形成销量7 477吨。车用油新增规模客户3 700家，新增销量8 588吨；工业油蓄客11 094家，新开发1 882家。开展机器人和食品级润滑油脂等新兴行业调研及技术储备，与西门子、库卡等国际高端设备制造商开展技术交流，并与西门子就写入设备说明书达成战略合作，完成国际OEM认证51项，为钢铁和水泥等重点行业提供润滑服务方案，推进中高端市场发展打下基础。

（王新军）

【炼油销售公司产品经营】 2015年，炼油销售公司销售产品3 227万吨，其中自营158万吨、增长65%，代理民营企业销量增长81%。液化气开始实施买断制经营；工业气销售比例继续维持较高水平，销售价格比民用气平均高出368元/吨；成立饱和气互供、进口长约丙烷专项工作组，饱和气互供业务不断拓展，全年累计完成80万吨，增长64%，实现进口丙烷销售2.4万吨，拓展了液化气业务经营范围，促进了液化气整体均价的提升。沥青全年销量749万吨，增长11%，再创历史新高，为炼油板块原油劣质化、做大总量、提升效益奠定了基础；顺利完成西藏工程供货任务，累计供货8.12万吨。推进石油焦置换，全年累计置换石油焦14.8万吨，创效1 327万元。抓住普光硫黄减量时机，积极推价，全年销售均价1 171元/吨，上涨1.6%；做好差异化销售，销售食品级硫黄8.1万吨，增长16.2%，均价高于工业硫黄116元/吨，增效802万元；首次实现电商平台产品销售，食品级硫黄在海峡石化电子交易平台成功挂牌销售。加强石蜡新产品开发，油墨专用蜡、橡胶防护蜡等7个品种实现销售，技术成果转化取得进展。

（王新军）

【品牌建设】 润滑油公司围绕品牌形象提升、重点产品宣传、网络优化传播等手段，开展“长城”润滑油品牌推广，不断强化“高科技、高品质、国际化”品牌形象，连续第5年被工信部品牌研究中心评为中国润滑油行业第一品牌。2015年，进行新网站建设，以客户为中心强化“产品与服务”功能，分享经验提升体验，先后建立起品牌官方微博（拥有23万粉丝）和官方微信（粉丝超11万）等新媒体平台，通过互联网传播与手机终端交流，形成与消费者真诚互动的快速通道。率先建立品牌网络旗舰店，直接为网络消费者提供安全、快捷的服务，赢得客户广泛赞誉。成立长城科技发展有限公司，整合直接面向消费者的电子商务与汽车养护业务，实现全国统一的形象及服务模式，借助互联网加快新兴业务发展。2015年，在润滑油行业网站举办的年度总评榜活动中，长城润滑油获得中国润滑油行业十强、最受用户欢迎工业润滑油、润滑油OEM服务优秀供应商3个奖项。

炼油销售公司依托市场销售、技术推介、客户服务、宣传推广等手段实施品牌管理。2015年，新修订形象手册和分产品手册，加强品牌宣传和业务推广。在推广“东海”沥青品牌方面，与《石油沥青》杂志社合作，依托专业媒体平台对外宣传。沥青销售加大工程招投标力度，全年中标供货工程项目81个，供货量为129万吨，其中西藏项目累计供应8.12万吨（其中90A沥青7.53万吨，改性沥青0.59万吨），江西直投项目累计供货14万吨，云南直投项目累计5.4万吨。

（王新军）

燃料油

【概述】 2015年，石化集团公司燃料油销售克服全球航运业深陷泥潭、市场需求严重不足的困难，实现经营量1 881万吨。

（李登兴）

【内贸业务】 调整体制机制，加强客户经理队伍建设，努力拓宽业务范围和渠道，扩大资源集中采购和集中调合，资源调合总量位居国内前列，总体实现销量330万吨。推进业务向船供油转型，落实终端网点“一站一策”方案，在海工船等终端客户开发方面取得突破。成功上线电子商务新模式，“我要加油”平台影响力不断扩大，进一步推进区域连锁经营。

（李登兴）

【保税业务】 优化运营模式，全力做好当期经营，努力降低运行成本，实现销量318万吨，在国内市场需求下降的情况下，保持了规模和份额稳定，市场占有率达到33%。新开发重点客户90余家，规模终端客户销量大幅提升。加强远洋渔业市场开发，系统内低硫MGO生产和经营取得突破，国内网点经营量超过10万吨。不断加强仓储物流优化，全面降费成效显著。进一步完善《保税船供油配送服务规范》，特种船舶供油服务能力持续提升。

（李登兴）

【海外平台建设】 充分发挥体制机制优势，加快实施全球发展战略，加强海外平台建设。开拓新加坡船加油市场，建立客户跟踪评价体系，开发40万吨级超大型散货船舶客户并签订长约订单。推进与BP战略合作，组建成立BP-SINOPEC全球船供油合资公司，提升在海外重点港口供油服务能力。海外经营量实现877万吨。

（李登兴）

化工产品销售

综　　述

2015年，化工销售企业坚持中国石化“为美好生活加油”的企业使命，主动适应经济新常态，积极应对世界石化行业发展变化，认真落实石化集团公司工作会议精神，以打造创新型、服务型公司为战略目标，认真开展“提质增效年”主题活动，以市场为导向，以客户为中心，完善营销网络，注重产销衔接和形势研判，灵活调整服务策略，认真组织资源优化，积极推进创新发展，全力做好客户服务，全年实现经营总量6 287万吨、同比增长3.4%，组织物流运作量1 400余万吨，较好地完成年初布置的各项任务。

（武　晶）

专业管理

【商情管理】 发挥销售企业市场前沿优势，加强市场分析研究，跟踪判断市场走势动态，借助门户信息平台及其他载体，及时发布研究信息，充分实现内部共享、信息价值最大化。在市场研究基础上，深化短期价格预测体系，提升预测水平，定期发布中国石化化工产品价格指数，优化中国大宗商品价格指数(CCPI)体系，促进预测成果切实发挥前瞻引领作用。编制实施三月滚动计划，密切产销衔接，加强产销配合，充分保障市场供应，维护国内化工产业链健康发展。跟踪市场发展趋势，及时调整营销策略，有效应对股市大跌、人民币汇率波动、“8·12”天津港爆炸等对国内化工市场的影响。加强与外部咨询机构、经研院所的交流学习，学习研究方法，解读政策法规，跟踪热点事件，关注行业发展态势，探讨对化工产品市场的影响，咨询成果实现共享。通过参加国内外行业会议等加强与同行的沟通交流，信息交流和贸易合作洽谈工作进一步加强。关注国家贸易政策变化，加强对自贸区政策、关税等外贸政策研究，充分利用好国家政策。

（武　晶）

【客户开发和服务】 持续优化客户结构，加强生产型客户开发和产品直销，新开发直销客户800余家，实现交易客户500余家，全年统销产品直销率同比提高0.6个百分点。加强客户走访和意见整改，落实客户建议，制定整改措施，提高走访效果。2015年，化工销售各级人员累计走访重点客户6 200余家次，通过走访增进理解互信，建立长期稳定的合作关系。细分客户，实行差异化营销策略，针对不同营销方式，实行不同的客户准入审批，缩短准入流程，提高客户准入效率。通过不定期举行客户座谈会、新产品推介会、参加国内外大型展会等方式，倾听客户的需求，展现中国石化在新产品开发、新技术研发与应用方面的最新成果。开展客户满意度调查，客户满意度继续保持在较高水平，全年收到的客户投诉同比减少22%。

（武　晶）

【开展技术营销】 创新性地开展技术专家派驻工作，在相关销售部门设立技术专家岗位，由相关生产企业派驻生产或研发技术人员，并定期轮换。企业技术专家与销售人员共同面对市场，共同走访和服务客户，密切生产企业与终端客户的技术交流，更加快捷、高效地为客户提供增值服务，充分发挥中国石化技术优势，创新开展技术营销，推动中国石化化工业务由资源优势向技术优势和服务优势转变。

（武　晶）

【开通运行客服号码95388】 实现客户服务短号码95388推广使用，充分发挥客户服务中心作用，整合中国石化客户服务资源，创建及时与客户沟通和交流的平台，不断提升中国石化品牌形象。

（武 晶）

【新产品开发全面提速】 加强进口产品和高附加值产品的调研分析，根据行业发展、技术进步和客户需求，提出新产品开发立项。完善产销研用合作机制和新产品激励机制，发挥生产、科研机构的作用和力量，实行团队服务和专业销售。邀请下游企业参与新产品研发和产品性能改进，共同创造市场需求。组织走访下游领先客户，与行业重要客户建立战略伙伴关系，全年累计销售新产品（含专用料和差别化产品）650余万吨。

（武 晶）

【推进电子商务渠道建设】 顺应互联网发展趋势，增强互联网思维，加快实施电子商务。召开电子商务专题会议，成立领导小组，制定电子商务业务方案，自建化工产品电商平台；推广海峡石化电子交易平台，探索其他形式电商业务，全年通过电商平台销售产品48万吨，同比增加36万吨。

开发上线化工产品电子超市，并进行试点运行，开展现货销售和竞拍业务，集成内部业务系统，完成电子支付和物流业务支撑平台建设，完善与外部系统集成，实现客户自主注册、自主下单和在线结算。

（武 晶）

【信息化建设】 高度重视信息化对业务管理的支撑作用，注重充分运用现代信息化系统提高业务管理、运作和服务客户效率。建成具有国内领先水平的商务、物流和管理信息平台，形成以资源计划管理系统（ERP）为核心，客户关系管理系统（CRM）、物流信息系统（LIS）、数据仓库和商务智能系统（BW）、价格分析系统、化工产品电子提货卡等系统紧密集成的业务支撑体系，为业务运行和经营管理提供全方位支持。全面推广开发IC卡项目，经过大规模推广和集中攻关，基本实现企业化工产品电子提货的全覆盖。开发微信公众服务平台，为客户提供微信服务通道，针对电子商务客户服务的需要，提供更加直接的信息服务。

（武 晶）

【外贸管理】 进一步完善境外机构管理制度，严格业务操作；加强国际化人才培养和人员属地化招聘，发挥境外网点优势和作用。提升外贸业务管理和队伍能力，创新贸易手段，提高国际贸易水平，增强在国际市场的话语权和影响力。深化产品出口渠道建设，完善出口工作机制，有重点地开发海外市场。

（武 晶）

【产销研用结合】 依托生产企业、科研开发单位和加工应用研究中心，建立产销研用（MPRC）四位一体的技术服务体系，为客户提供全流程解决方案。加强市场调研、客户走访，及时向生产企业反馈市场信息和客户需求，引导企业优化排产，促进产销深度融合。开展差异化营销，细分产品和客户，推动创新驱动和服务增值。精心组织内部互供，充分发挥一体化优势，有效保障生产企业原料需求。加强MPRC小组的建设和功能发挥，编写2015年进口高附加值合成树脂等产品分析研究报告。

（武 晶）

【HSE管理】 严格落实石化集团公司安全生产要求，完善HSE责任管理体系，明确领导人员承包点，完成化工销售安全总监配备，组建20人的安全督察队伍。强化自有罐区管理，对消防安全不达标的仓储设施进行停产整顿。推进船舶和危化品车辆检查认证，与海事部门和检查机构深化战略合作，提高和推广检查认证标准。加强产品营销过程HSE管理，严格危化品客户和供应商资质审核。加强物流服务商监督检查和考核管理，落实物流服务商安全生产主体责任。结合“提质增效年”主题活动，开展“我为安全做诊断”、安全生产月、职业病防治宣传周活动，进一步夯实HSE管理基础。

（武 晶）

【风险管控】 落实制度标准化建设，加强法律队伍建设和培训，提高法律队伍的整体素质，分期开展基层普法培训，印发依法依规从严治企方案。加强合同管理，开展合同培训，全年累计解决CMIS运维问题30余个，有效保障合同系统的稳定运行，为业务运转提供有力支持。梳理完善财务管理与会计核算制度，持续加强票据管理，修订内控权限指引，开展实施重大、重要风险的评估工作，重定风险清单，强化风险预警；加强资产安全管理，推进模拟核算项目系统建设，开展财会制度修订与汇编。积极配合开展巡视组检查、经济责任审计和年度内控执行情况审计，开展落实“八项规定”和客户管理效能监察，全面规范管理。

（武 晶）

【"化销微法律"微信公众号】 开通"化销微法律"微信平台，内容主要包括图说普法、以案说法、有奖答题活动等。通过微信平台进行法律知识讲解，开展普法活动，突破现场讲课、视频等形式的束缚，提高资源利用效率。

（武　晶）

产品储运

【危化品船舶认证检查】 加强危化品水路运输安全，开展船舶认证检查，与地方政府和外部机构合作，共同推进危化品船舶认证管理，全年共完成60艘危化品船舶认证检查，针对问题督促船公司改善硬件措施，提高物流服务商的本质安全。提高船舶认证标准，编制完成船舶认证标准2.0版；加强检查官队伍建设，对检查官进行培训。全面开展危化品船舶"四不两直"抽查工作，对船公司的管理体系落实情况进行检查，促进体系文件与实际执行相符。

（武　晶）

【危化品车辆管理】 完善第三方认证检查制度和工作机制，委托第三方独立检查机构，全年共检查危化品车辆1 600余辆，通过认证1 580余辆，认证通过率达98.6%。委托第三方机构开展危化品配送车辆状况和驾驶行为"四不两直"抽查。不断强化运输车辆监管和认证期限有效性控制，对逾期车辆和未经认证的车辆坚决实行停运措施，禁止其在生产企业提货，有效管控运输安全风险。拟定《中国石化化工销售物流服务商载运工具检查认证管理办法》，从制度上严格规范车船检查认证流程，明确各方职责，形成载运工具检查认证长效工作机制。

（武　晶）

【自备车管理】 与9个铁路局的23个过轨站签订危险货物托运安全协议和危险货物专用线共用协议。探索中国石化铁路运输管理系统（TMIS）与企业铁路专用线调度系统集成可行性。

（武　晶）

【强化物流服务商管理】 召开第2届物流服务商工作会议，明确提出"依法经营，打造安全物流；创新转型，打造服务物流；从严管理，打造诚信物流；懿德茂行，打造廉洁物流"的工作方针。通过评定战略、标杆物流服务商，加强物流服务商分级管理，推动"比学赶帮超"活动开展，提升服务商物流管理和服务水平。加强物流服务商考核，强化KPI考核，及时反馈问题，明确整改期限，增强服务商持续提升服务水平的主动性。借助第三方检查机构平台，开展"黄牌"物流服务商现场复审工作，中止与8家物流服务商的业务合作。开展物流服务商资源库梳理工作，对超过2年未开展业务的34家物流服务商进行业务冻结处理。

（武　晶）

【物联网项目应用】 项目核心是借助新的IT技术为化工品物流的安全、成本、质量、效率及增值性目标提供支撑，内容主要包括搭建标准体系和技术平台，建立7类智慧应用和2种应用模式，起点高、标准高，高融合、高共享。经过前期研究和筹备，完成项目可行性研究报告，并获得批复，进入需求梳理、详细调研、编写初步设计阶段。

（武　晶）

【自有罐区管理】 完成汕头固体库项目和江阴化工库项目竣工验收。开展自有罐区隐患排查治理工作，全年完成隐患治理项目6项。加强应急管理工作，全年共开展各类应急演练35次，提升了应急处置能力。

（武　晶）

市场行情

【概述】 2015年，国际油价大幅震荡下跌，化工产品市场产能过剩严重，市场供需的矛盾没有明显改观。一是世界经济复苏乏力，大宗商品价格继续下降，全球物价水平增速下行，金融市场波动剧烈，全球总债务水平处于历史高位。二是国内经济下行压力持续加大，经济发展进入新常态，稳增长、调结构措施不断出台。部分产能过剩行业十分困难，资源类、重化工业普遍陷入困境，增速大幅下滑。三是国际油价总体呈现一季度续跌、二季度大涨、下半年再创新低的走势。化工行业在部分产品供需失衡的形势下，部分产业链出现整体亏损，行业毛利整体水平继续下滑，化工产品市场总体供大于需，结构性过剩加剧。

（武　晶）

【有机化工产品】 有机化工产品产能释放过快，产能快速增加大幅冲击市场，产品价格整体继续下行。受油价下挫的影响，芳烃产品价格除在二季度略有反弹外，其他时间均处于下行通道中，在四季度大幅走低。丁二烯受外盘价格大幅波动、下游合成橡胶行业需求减弱等因素影响，全年维持宽幅震荡的走势，四季度开始快速下行。苯乙烯上半年强势冲高后转为震荡下行趋势，走势相对独立。环氧乙烷年内呈宽幅震荡走势。苯酚、丙酮一季度受新建装置未能如期开工及社会整体库存不高等因素影响，价格逆势上扬；二、三季度受新增 3 套装置产能集中释放影响，价格大幅下滑；四季度价格围绕装置盈亏平衡点波动。

（武　晶）

【合成树脂】 一季度受春节长假影响，合成树脂整体需求下降，3 月需求逐步增加，价格整体维持稳定，部分产品价格小幅上扬，产业链毛利水平有所改善。二季度国内检修比较集中，价格小幅震荡上涨，产业链整体毛利维持较好水平，较一季度小幅增加。三季度国际油价震荡剧烈，国内合成树脂市场供应明显增加，下游需求明显回升，聚烯烃市场供需基本平衡。四季度是季节性旺季，神华陕西和中煤蒙大等聚烯烃产能投产，供需基本保持平衡，价格高于三季度，产业链维持较好毛利水平。

（武　晶）

【合成橡胶】 受国际市场需求不旺、国内经济减速的影响，2015 年，天然橡胶和合成橡胶价格重心继续下移，天然橡胶下降 15%，合成橡胶市场价格跌幅为 16%。除 SBC 外，所有胶种的市场价格再创历史新低。丁二烯、天然橡胶持续低位，合成橡胶价格触底反弹后维持在较低水平。国内合成橡胶 8 类产品合计进口 120 余万吨，同比增加 0.8%，其中 SBS、顺丁、丁苯、丁腈进口增幅较大，乙丙和卤化丁基受国内产能释放影响，进口量减少。全年国内合成橡胶整体开工率仅为 49.5%，降低 6.8%。

（武　晶）

【合成纤维原料】 2015 年，主要合成纤维原料产品市场价格呈现冲高大幅下跌趋势，5 月反弹达到年度最高点，之后受国际油价和原料价格大幅下跌等因素影响，价格快速下滑，创下 2009 年下半年以来的历史新低。PX、PTA、MEG、CPL、AN 等 5 种主要合成纤维原料产品新建、扩建装置投产 14 套，新增产能 760 万吨/年，合成纤维原料产品总产能达7 340 万吨/年，同比增长 11.7%。主要合成纤维原料产品表观消费量达 6 900 余万吨，增长 8% 左右；国内生产量近 4 900 万吨，增长 8.4%。进口依存度约 30%，与上年基本持平。全年，PX 韩国进口占比大幅度提高，达 530 余万吨，占同期中国进口总量的 46%。

（武　晶）

【合成纤维】 国内聚酯产能增速有所放缓，2015 年实际新投产聚酯装置 9 套，合计增加产能 250 万吨，主要配套涤纶长丝和瓶级切片。全年国内聚酯装置负荷平均运行在 77% 左右，同比提高 2 个百分点，其中瓶级切片和涤纶短纤提升明显。腈纶装置开工率 82%，略高于上年水平；腈纶表观消费量略增，前 3 个季度价格总体稳中有升，四季度价格大幅下跌。切片产量小幅下降，价格震荡下行。瓶片产量增加约 6%，价格大幅震荡下行。短纤产量增长约 8%，价格震荡下行。

（武　晶）

【其他产品】 2015 年，甲醇产能、产量及装置开工率较上年均有所上升。全年国内甲醇制烯烃产能约 845 万吨，消费甲醇约 1 700 万吨，占甲醇整体消费比例的 33%。国内硫酸铵产能、产量快速增长，供应过剩现象逐年突出。2015 年国内硫酸铵产能达 950 万吨左右，同比增长 8%。MTBE 市场价格波动较大，产量和产能继续保持两位数的增长，进口量减少 20.6%，出口量增加 169%。BDO 产能增长 21%，需求量增长缓慢导致开工率降低至 45%，因产能过剩，产品价格逐年回落，毛利率逐步降低，全行业处于亏损边缘。

（武　晶）

国际化经营

◇ 综述

◇ 对外经济合作

◇ 国际贸易

◇ 外事管理

综　述

2015 年，世界经济复苏缓慢，国际油价屡创新低，中国经济进入新常态，油气需求增长减缓。面对复杂严峻的国际环境和安全形势，石化集团公司紧紧围绕“建设世界一流能源化工公司”的战略目标，发挥集团化、一体化优势，坚持以经济效益为中心，把握“一带一路”战略新机遇，坚持“引进来”与“走出去”协调发展，积极稳妥推进国际合作和国际化经营业务。境内合资合作继续加强与国际石油石化公司的合资合作，古雷炼化一体化项目和中沙聚碳酸酯项目二期取得实质性进展，与地方和相关企业组建多家合资公司，提高了国有资本的控制力。境外油气勘探开发紧紧围绕“提高发展质量和效益”这个中心，深化改革调结构、从严管理增效益，全力抓好已有项目运营，全年勘探新增储量 1 500 万吨油当量，完成权益油气 4 436 万吨油当量；稳步推进资产运作，完成哈萨克斯坦 CIR 公司 50% 权益收购，境外资产结构得到优化。境外炼化和仓储物流合资合作取得重大进展，俄罗斯西布尔 10% 股权收购项目成功交割，沙特延布炼厂、阿联酋富查伊拉仓储等项目运营良好。国际工程技术服务直面挑战，抓机遇谋发展，努力开拓市场、强化管理、控制风险、争创效益，全年新签合同额 59.54 亿美元，完成合同额 45.59 亿美元。国际贸易积极开拓国际市场，充分发挥国际化贸易团队力量，建立全球化运作机制，不断增强国内外市场统筹和资源优化能力，原油、成品油、化工产品及催化剂国际贸易稳步提高，国际贸易取得新成绩。进一步加强与重点资源国的战略合作，与俄罗斯、哈萨克斯坦和阿根廷国家油气公司等签署合作谅解备忘录和合作框架协议。

（孔自超　张清云）

对外经济合作

【境内合资合作】 坚持以效益为中心，以促进海外业务发展、促进技术进步和结构调整为导向，继续加强与国际石油石化公司的合资合作，实质性推动古雷炼化一体化项目和中沙二期聚碳酸酯项目的进展；致密油、页岩油（气）勘探开发合作取得较大进步，与壳牌开展了济阳凹陷致密油项目的前期工作，完成宣城页岩气联合研究项目的阶段性成果，开展贵州页岩气区块对外合作的可行性研究。响应中央支持新疆经济建设的号召，完成中石化新疆巴州石油开发有限公司和中石化庭州能源销售有限公司等合资公司的组建工作；完成湖北武汉海工院合作项目、广西北海铁山港合作项目、河北邯郸天然气高压管网合作项目、华北内蒙古大东管道合作项目、湖北天然气管网公司合作项目等合资公司组建工作，实现股权多元化，进一步改善了中国石化的资本结构，提高了国有资本的控制力和影响力。

（张明华）

【境外油气勘探开发】 着力转变发展理念，调整工作思路，按照“一项一策”原则，对境外油气投资项目逐个分析，制定优化整改方案；全力抓好已有项目运营，落实降本增效的生产管理和技术措施，强化开发生产资产价值管理，重点抓好产量结构调整，努力增加效益产量，全年勘探新增储量 1 500 万吨油当量，完成权益油气当量 4 436 万吨；加强投资管理，突出回报导向，严控投资成本，着力抑制单纯追求产能产量的投资冲动，全年投资比计划降低约 25.5%，桶油成本同比降低约 2 美元；深化改革，负重前行，牢固树立风险意识，打造具有国际化特色的 HSE 管理体系，努力开创“有效益、可持续、有国际竞争力”的海外油气发展道路。降低收购成本，发挥协同效应，完成哈萨克斯坦 CIR 公司 50% 权益收购项目，参股厄瓜多尔 79 和 83 勘探区块项目。截至 2015 年底，石化集团公司在全球 26 个国家拥有 50 个油气勘探开发项目。

（孔自超　张清云）

【境外炼化合资合作】 积极稳妥地推进和发展境外炼化投资合作项目。一批已投资的境外炼化项目，如沙特延布炼厂项目、阿联酋富查伊拉仓储项目、俄罗斯克拉斯诺雅尔斯克丁腈橡胶项目、新加坡润滑油脂项目、荷兰 VESTA 仓储项目等运营良好。成功交割参股俄罗斯西布尔 10% 股权项目和新加坡樟宜机场航煤仓储公司 11% 股权项目，其中西布尔项目是中国石化第 1 个大型境外化工合作项目。截至 2015 年底，石化集团公司在全球 8 个国家拥有 7 个炼油化工、仓储物流项目。

（邹文智　杨　硕）

【境外炼化工程技术服务】 发挥提升资源整合优势，提高市场开发效率。2015 年，炼化工程板块在境外共执行 27 个项目，合同总额 92.18 亿美元。全年新签合同额 29.44 亿美元，完成合同额 19.19 亿美元。中标泰国聚丙烯总承包项目；与 TR、韩华共同组成的联合体中标科威特新炼厂项目，是中国石化迄今在中东地区最大的炼化工程EPC项目。海外用工总量5 462人，其中中国石化员工919人，国内雇佣人员470人，国外当地用工4 073人。

（邹文智 杨 硕）

【境外石油工程技术服务】 面对严峻的市场寒冬、多变的市场环境和激烈的市场竞争，石油工程板块认真落实国际化经营战略，在挑战中抓机遇，在艰难中谋发展，在逆境中求突破，努力开拓市场、强化管理、控制风险、争创效益，实现了海外业务规模、效率和效益稳步提升。科威特市场新中标17台钻机；沙特市场钻机总数达51台，保持最大陆上钻井承包商地位；阿尔及利亚市场新签合同额5.69亿美元。截至2015年底，石化集团公司在40余个国家执行598个石油工程技术服务合同，合同总额224.3亿美元。全年新签合同额30.1亿美元，完成合同额26.4亿美元。海外员工总数40 539人，其中中方员工11 928人、外籍员工28 611人。

（孔自超 张清云）

国际贸易

【概述】 面对复杂的国际政治经济形势，积极开拓国际市场，充分发挥国际化贸易团队力量，建立全球化运作机制，不断增强国内外市场统筹和资源优化能力，把握市场趋势，及时调整经营策略，国际贸易取得新成绩。

（孔自超 张明华 张清云 杨 硕）

【原油和成品油贸易】 原油进口贸易坚持多元化战略，拓展资源渠道，努力提高市场影响力，最大化降低采购成本，做大第三方贸易，努力保障国内原油供应。全年进口原油1.98亿吨，同比增长1.32%；第三方贸易原油完成1.24亿吨，增长20.34%。充分发挥两种资源、两个市场优势，在保证国内成品油供应的基础上，合理安排成品油出口，全年出口成品油1 540万吨，增加381万吨。全年进口LNG资源157.33万吨。

（孔自超 张明华 张清云 杨 硕）

【设备材料及石化产品国际贸易】 围绕石化集团公司生产建设主业，充分发挥各境内外公司市场主体作用，进一步提高物资进口保供能力和产品出口保畅能力，全年实现石化产品、设备材料等国际贸易额21.02亿美元。

（孔自超 张明华 张清云 杨 硕）

【化工产品销售】 化工产品销售采取差别化营销策略，大力推动结构调整，积极开发海外市场，全年进出口及第三方贸易量达到783万吨，同比增长15.1%。

（孔自超 张明华 张清云 杨 硕）

【催化剂销售】 炼油催化剂出口逐步回升，化工催化剂异军突起，销量和出口品种双双增加，高利润率产品比重提高，市场影响力进一步提升，全年共出口催化剂2.97万吨，增幅达40%。

（孔自超 张明华 张清云 杨 硕）

【燃料油贸易】 燃料油海外平台建设进一步加强，国际化经营能力进一步提升，全年实现海外经营量877万吨。与BP在新加坡成立合资公司，成为中国石化全球船供油战略的重要平台，进一步提升了在富扎伊拉、鹿特丹等全球重要港口为中国船舶的供油服务能力。

（孔自超 张明华 张清云 杨 硕）

外事管理

【概述】 石化集团公司认真贯彻落实国家外交方针政策，坚持“大外事”观念，积极践行寓管理于服务之中的理念，努力探索外事工作更好地服务于深化改革和转型发展，有力地起到了支撑和保障作用。

（陈明杰）

【外事体制机制建设】 2015年，围绕贯彻落实中央和石化集团公司党组的新精神和新要求，进一步加强外事管理体制机制建设，完善外事规章制度。①进一步明确外事部门职责，健全管理体制机制。截至年底，全系统130余家直属企事业单位均设有外事处、外事办公室，企事业单位主要负责人为本单位外事工作的第一责任人。②进一步完善规章制度，固化管理新要求。石化集团公司根据财政部和外交部新颁布的因公临时出国经费管理办法，结合实际情况制定下发《中国石化因公临时出国（境）费用管理办法（试行）》，对因公临时出国（境）费用管理提出新的规范化要求。

（陈明杰）

【因公出国(境)管理】 2015年，石化集团公司因公出国(境)团组和费用的严格管控取得成效，实际派出各类团组3 816个、21 259人次。在保障国际化经营正常开展的情况下，全系统派出因公临时出国(境)团组2 133个、6 821人次，同比减少8.5%和5.8%，因公临时出国(境)费用整体受控。

加强宣贯力度，确保新制度执行到位。全年先后组织6次制度宣贯座谈会(分地区片会)，近100家单位和部门的200余人参会。从源头明确职责，层层把关，继续对全系统因公临时出国(境)实行计划和预算双重管理。2015年全系统17个不符规定团组未予批准，对147个团组实施压减人员和在外停留时间措施，共压减2 214人·天。加强企业调研检查，强化对企业外事工作的监督指导。全年共对15家单位进行外事综合调研或专项检查，通过查处违规违纪行为和督促整改纠偏，扭转部分企业外事管理滑坡局面。严肃查处违规事件，督促全系统守纪律、讲规矩。对部分工程建设单位严重违反外事纪律的情况进行严肃查处，狠抓后续整改工作。加强证照管理，收回部分违规单位护照委托保管权。全年共上收护照1 000余本。组织各单位护照管理人员开展交叉互检，切实起到交流提高、相互监督的作用。严格落实"三统一"要求，加强外派人员投保和人员动态管理。

(陈明杰)

【境外公共安全管理】 截至2015年底，石化集团公司在76个国家(地区)设有439家境外机构，同比增加25家。派有常驻人员的236家境外机构分布在57个国家(地区)，增加3家机构，减少2个国家。境外用工总量为56 989人(含分包商员工)，减少5 411人。位于中东、非洲和南美3个安全形势严峻地区的境外机构占总量的59.3%，用工数量占总量的80.7%。

面对严峻的境外安全形势和艰巨的生产经营任务，石化集团公司持续关注境外公共安全工作，在强基础、建体系、严管理、抓预防上下功夫，不断推进预防性境外公共安全管理工作，保持境外公共安全总体平稳，全年未发生境外公共安全伤亡事件，连续8年保持境外公共安全"零死亡"记录，为公司国际化经营提供了有力支撑和坚强保障。

认真抓好境外公共安全风险评估。严格执行《境外公共安全风险评估规范》，依据"风险可控、安全有保障且安全成本可承受"的风险可接受标准，严控赴绝对风险高、风险控制难的国家(地区)承揽新项目，更加注重采取风险防范措施后的相对风险评估。全年共审核审批境外新上项目、新设机构风险评估报告226份，其中高风险(红色、橙色)地区项目68个，因不满足"风险可接受标准"未批准涉及也门、伊拉克等国家的5个项目。加强与Control Risks、国际SOS等咨询机构合作，开发运行境外公共安全风险评估信息系统，进一步提高境外公共安全风险评估水平。

抓好境外公共安全培训。2015年共培训外派人员5 379人。为保证培训全覆盖，采取"送课上门"方式，组织赴沙特、哈萨克斯坦等国家，对无法回国参训人员进行现场公共安全培训，共培训657人。针对境外因心脑血管疾病和心理问题突发死亡事件逐年上升的情况，组织境外机构、项目随队医生和项目负责人参加境外员工身心健康管理培训班。

强化境外公共安全安保措施落实。严格执行《中国石化境外公共安全安保设施和安保力量配备指南》，组织开展"安保对标"和整改完善；向苏丹、南苏丹、尼日利亚、巴基斯坦等11个国家派驻安全官或安保顾问，共计执行任务2 344人·天。

开展"一治、三防、一规范"取得实效。持续开展境外交通安全专项治理活动，全年未发生境外交通安全死亡事故。严格执行《境外传染病防治指南》，成功防范埃博拉、中东呼吸综合征新型冠状病毒，境外员工无一人感染；重视境外员工心脑血管疾病防治，组织编印《中国石化境外员工心脑血管疾病防治指南》；启动境外员工心理援助项目，包括境外员工心理健康测试、24小时心理咨询热线以及组织专家赴境外现场进行心理健康咨询及巡诊服务。规范分包商员工境外公共安全培训和保险工作，对6 000余名分包商员工进行境外公共安全培训。

妥善应对境外突发事件。成功组织也门和南苏丹2次紧急撤离，确保员工安全。协调和指导相关单位有序处置在沙特、哈萨克斯坦、哥伦比亚和阿联酋等国家因突发疾病、心理原因导致的人员死亡事件。组织修订《中国石化境外突发事件应急预案》，启动境外远程应急通信系统建设，进一步提高境外应急能力。

扎实开展境外公共安全审计。制定《中国石化境外公共安全审计规范》，组织在全系统进行宣贯和培训。首次在系统内尝试以境外公共安全审计代替过去的大检查。先后对国际石油勘探开发公司、石油工程公司、第四建设公司等7家单位进行审计，并组织赴南苏丹和乌干达进行现场公共安全延伸审计。

(陈明杰)

【重要外事活动和对外交流】 2015年，石化集团公司积极开展对外高层交往，并组织技术和管理方面的交流，探索引智工作新方向等，为改革发展服务。

高层交流频繁，合作伙伴关系进一步加强。全年总部层面共安排外事会见、对外交流活动481场，同比增加12.4%。一年来，总部领导会见了25位外国政要、前政要及13位外国驻华大使和中国驻外大使，参与重大会议及外事活动12场，会见200多位合作伙伴，有力地推动了境内外各项业务合作与交流。

配合国家整体外交，积极履行政治责任。石化集团公司积极配合国家领导人出访，陪同国家领导人会见外宾，推动实质合作。全年，配合国家领导人出访、会见外国政要、外国公司高管的外事活动8场。同时，履行央企政治责任，积极参与多边组织和涉台工作。石化集团公司承担了金砖国家工商理事会中方秘书处项下能源与绿色经济小组的日常工作，并接手两岸企业家峰会能源石化装备产业合作推动小组的日常工作，圆满完成各项任务。

围绕重点热点，有针对性地开展对外交流。总部层面牵头组织交流活动26场，组织多家境外合作伙伴参观涪陵页岩气项目，推动外国公司与基层企业技术交流，协调有关部门和企业参加或举办好各类行业国际会议。

积极探索引智工作新内容和新方向。年内首次以引智工作为专题召开座谈会，通过交流经验和典型做法，明确引智工作的内容和方向。完成国家外专局批准的引智项目5项，其中1项为高端外国专家项目、1项为中期调整计划后增补项目。向国家外专局申报2016年重点外国专家项目8项，拟聘外国专家134人次。继续聘请日籍专家赴镇海炼化、茂名石化协助开展全员生产管理活动(TPM)。

（陈明杰）

【相关外事管理】 修订邀请外国人来华办理工作指南，更新外国人72小时过境免签涉及口岸信息，梳理外国人来华口岸签证办理流程。全系统全年共办理邀请函643份，共计1 148人次。

认真执行2015年度出国(境)会展计划，坚持重要会展统一组团，确保参会参展有序进行。重要国际展会统一设立展台，既全面宣传石化集团公司，又整合了资源，节约参展费用。全年约80余个会展团组统一组团，有效避免多头组团、分散参会参展的情况。

（陈明杰）

【外事服务】 坚持寓管理于服务之中，千方百计服务企业“走出去”。不断完善外事综合应用信息系统(OA系统)建设，将制度规定要求及时固化到OA系统中，利用现代化、无纸化办公手段提升外事管理水平，减轻下属企业负担，提高工作效率。不断简化审批程序，有效推行一审多次、一审多批和境外机构辖区管理等便利化措施，保障团组出得去、出得快、出得顺。大力推广APEC商务旅行卡，为紧急出行团组省去办理签证时间，最大限度争取主动，全年新办APEC卡313张，是自2010年以来办理最多的一年，保有总量突破700张，在中央企业中位居第一。对下属企业外事部门负责人、翻译、专办员等外事工作人员认真开展多层次培训，打造合格外事队伍，为提升外事管理和服务国际化经营提供人才保障。实现外事信息共享，全年编发《外事简讯》371期；通过“外事之窗”微信公众号发布消息95期，共696条图文信息；继续在门户网站上展示优秀出访总结报告，共享出访成果。

（陈明杰）

重点工程建设

- ◇ 综述
- ◇ 油田地面建设工程
- ◇ 炼油项目
- ◇ 化工项目
- ◇ 物流储运项目
- ◇ 工程建设管理
- ◇ 工程建设监管
- ◇ 工程建设企业管理

综　　述

2015年，工程建设系统紧紧围绕提高发展质量和效益，坚持深化改革、转型发展、从严管理，突出保增长、谋发展、强基础、抓党建这条主线，认真落实依法治国、依法治企的各项举措，稳步推进工程建设系统深化改革。在建设监管方面，坚持以创新性思维、国际化理念、数字化建设为驱动，全面推行中国石化工程建设“3557”管理体系，加大整章建制、监督检查和违规处罚的力度，全面推动依法合规建设；在项目管理方面，加快标准化设计、标准化采购、模块化建设“三化”工作，扎实做好“五大控制”，抓重点、保中交、保投产、促验收，突出质量效益，确保发挥投资效益。

全年完成19套炼化装置建成投产、8条长输管道和3座商储库投入运营、11家企业203套装置大修改造完工，东部11省市按时达到汽、柴油质量升级任务目标。

全年共安排重点工程建设项目32项，涪陵页岩气一期产能建设、元坝滚动建产地面工程进展顺利，元坝净化厂第三和四联合装置、九江石化油品质量升级、齐鲁石化炼油改造、上海赛科丙烯腈、福建炼化EO/EG、长岭炼化双氧水、茂名石化巴斯夫异壬醇以及天津石化、塔河炼化、青岛炼化、金陵石化、石家庄炼化汽、柴油质量升级等项目全面建成投产。天津、大港、曹妃甸原油商储基地、胜利东辛输油管道、黄岛输油管道迁移工程、涪陵—王场输气管道、济南—青岛输气管道、苏北成品油管道、珠三角成品油管道曲溪—梅州段建成投用。催化剂南京公司3 000吨/年S　MTO催化剂、江西成品油管道二期进入投产投用准备阶段。

广西、天津LNG正在加紧施工，中天合创煤化工建设进入安装高峰，茂名石化、齐鲁石化、镇海炼化等汽、柴油质量升级项目全力推进，天津实华、湛江原油商储基地、仪征—长岭原油管道复线工程、安庆800万吨/年配套成品油管道、甬台温成品油管道顺利推进。新粤浙输气管道、古雷炼化一体化、中科合资广东炼化一体化、中沙石化聚碳酸酯项目前期工作有序推进，福建腾龙芳烃项目检查、修复和评估工作积极展开。

（宋　铎）

油田地面建设工程

【元坝气田17亿米^3/年滚动建产地面工程顺利推进】　该工程建设产能17亿米^3/年净化气，地面工程包括新建集气站5座、单井站13座、采气井场3座，扩建集气总站和YB103H集气站；建设酸气、燃料气管线各67.5千米；建设隧道5条、桁架跨越4座；配套建设自控、通信、供配电、道路等系统工程。截至2015年12月底，5座站场中交、12座正施工；酸气、燃料气管线各焊接41.2千米；5条隧道全部完工，4座桁架跨越完工。

（冯红民）

【江汉油田涪陵页岩气田焦石坝区块一期产能建设地面工程顺利推进】　该工程建设产能50亿米^3/年，按试验井组、北区、中区、南区等区块有序推进。截至2015年12月底，试验井组、北区所属地面工程建成投用；中区所属22座集气站及配套管道全部中交；南区所属4座集气站、3#脱水站完成30%。

（冯红民）

【援甘项目布楞沟流域农村饮水延伸工程基本建成移交】　该项目包括输配水管线327.3千米、调蓄调压水池117座、阀井176座等。项目于2014年5月5日开工，截至2015年12月底，项目基本建成并移交。

（冯红民）

炼油项目

【九江分公司油品质量升级改造工程建成投产】　2015年6月，工程各主装置中交；10月18日，项目全面投产。

（宋　铎）

【齐鲁石化加工高硫高酸原油适应性改造项目建成投产】　项目包括第一催化裂化装置改造及安全隐患治理、加工高硫高酸原油适应性改造、乙烯装置动力锅炉技术改造、合资丙烯腈项目。项目批复总投资56亿元。项目于2013年4月5日开工建设；2014年11月28日中交；2015年3月15日开工起步，3月31日开车正常。

（陈苏麒）

【中科合资广东炼化一体化项目】　截至2015年底，场平施工累计完成75.9%，码头围堰、疏浚、吹填工程累计完成29.9%，重件道路和管廊道路工程累计完成66.4%；全厂“三纵一横”道路累计完成28%。

（宋　铎）

化 工 项 目

【金陵亨斯迈环氧丙烷项目续建】 项目批复总投资49.09亿元。截至2015年底，完成总进度71.5%，其中设计完成92.1%、采购完成83.1%、施工完成63.2%。现场主装置混凝土浇筑收尾，钢结构安装完成86%，设备、管道安装逐步展开，原料罐区、中间罐区、循环水场等系统配套工程加紧施工。

（宋 铎）

【催化剂南京公司3 000吨/年S－MTO催化剂项目建成中交】 项目包括3 000吨/年S－MTO催化剂生产装置及配套公用工程、辅助生产和生活系统。其中，生产装置包括分子筛合成单元、催化剂成型制备单元、含胺废水回收处理单元；配套公用工程包括35/10千伏变电所、10/0.4千伏变配电中心、循环水站、纯水站、污水预处理站及废渣临时库房、事故废液收集池、空压站、固体原料库房及备件库、成品立体库房、危化品库房、消防水站、液体原料罐区等；辅助生产和生活系统包括分析化验楼及中控室、天然气调压站、综合楼、制冷（热）站等设施。项目批复总投资6.94亿元，于2015年11月25日建成中交。

（宋 铎）

【催化剂大连基地（一期）项目新建】 项目包括建设1套规模为1万吨/年加氢催化剂生产装置、液体及固体原料库、固体成品库、化学品库等，配套建设循环水场、污水处理场、净水站、空压站、变电所、生产管理中心（含化验分析）、倒班宿舍、食堂及备件库等设施。概算批复总投资8.4亿元。项目于2014年10月30日开工，截至2015年底，施工进度完成15.3%，土建基础、地管施工收尾。

（陈苏麒）

【中天合创鄂尔多斯煤化工示范项目续建】 项目主要内容为建设以煤为原料的360万吨/年甲醇装置（中间产品）、35万吨/年聚丙烯装置（环管）、35万吨/年聚丙烯装置（气相）、12万吨/年LDPE（釜式）装置、25万吨/年LDPE（管式）装置及30万吨/年LLDPE（气相）装置，配套的空分装置、热电装置及辅助生产设施，厂外渣场、220千伏供电线路以及镫口取水站至厂区的厂外输水管线等工程。煤化工一期工程总投资267.94亿元。截至2015年底，完成项目总进度93%，钢结构、动静设备安装结束，工艺管道、电气仪表安装收尾，部分单元中交。

（陈苏麒）

【中安联合煤化一体化项目续建】 项目包括新建170万吨/年煤制甲醇装置（以产量计）、170万吨/年甲醇制烯烃装置和烯烃下游35万吨/年线型低密度聚乙烯装置、35万吨/年聚丙烯装置及专有铁路、取水口、码头、水厂、输配电、热电、空分等辅助及公用工程配套设施。项目批复总投资206亿元。截至2015年底，完成总进度31.06%，其中设计完成46.56%、采购完成27.73%、施工完成28.57%，烯烃装置桩基施工基本完成，煤气化装置1#、2#气化框架混凝土浇筑完成。

（宋 铎）

物流储运项目

【山东LNG输气干线工程建成投用】 项目基础设计批复长度为355.7千米，输气能力120亿米^3/年。结合市场实际，实际工程量为：主干线和北干线，全长199.84千米（其中主干线13.675千米，北干线186.165千米），设置4座站场、9座阀室。2015年12月6日，输气干线（泊里—平度段116千米）建成投用。

（李长印 侯志强）

【济南—青岛输气管道二线工程主干线建成投用】 项目基础设计批复长度402千米，其中主干线368千米、临淄联络线34千米，输气能力50亿米^3/年，设置10座站场、14座阀室。2015年12月6日，主干线（齐河—平度段360千米）建成投用。

（李长印 侯志强）

【珠三角成品油管道二期及配套油库工程建成投用】 该工程管道全长460千米，共设5座站场、3座油库，设计输量235万吨/年。2015年11月30日，揭阳—梅州段投油。

（李长印 侯志强）

【贵阳—重庆成品油管道工程建成投用】 该工程管道全长478千米，设站场6座，输量580万吨/年。工程于2010年10月18日开工。2015年8月底，项目完成管道水联运，截至2015年12月底，正在进行投油前的准备。

（李长印 侯志强）

【甬台温成品油管道及配套油库工程续建】 该工程管道全长430千米，共设6座站场、4座油库，设计输量460万吨/年。工程于2012年7月5日开工。截至2015年12月底，累计放线388.2千米、扫线

363.4千米、组焊346.7千米(80.6%)、回填307.4千米;临海油库中交,滨海油库收尾。

(李长印　侯志强)

【苏北成品油管道及配套油库工程主干线建成投用】 该工程管道全长618千米,共设7座站场及油库,设计输量550万吨/年。工程于2012年9月28日开工。2015年1月7日,苏北管道东线及配套南京玉带、泰州溱湖站场一次投油成功;3月16日,苏北管道北线及配套淮安齐湖、徐州新安站场一次投油成功。

(李长印　侯志强)

【安庆石化800万吨/年炼化一体化成品油管道及配套油库工程续建】 该工程管道全长520千米,设5座站场、4座油库,设计输量430万吨/年。工程于2012年11月18日开工。截至2015年12月底,累计完成焊接520千米、回填518千米;5座站库中,3座中交、2座施工收尾。

(李长印　侯志强)

【江西成品油管道二期及配套油库工程续建】 该工程管道全长742千米,设6座油库,设计输量450万吨/年。工程于2012年7月20日开工。南线(樟树—赣州段)于2015年10月1日完成水联运,截至2015年12月底,工程全部完成,正在进行东线水联运前的准备。

(李长印　侯志强)

【广西LNG项目续建】 该项目分码头、接收站、输气管道3个部分。其中,接收站工程分2期建设,一期设计接收能力300万吨/年,二期600万吨/年。项目于2013年6月24日获得国家发改委核准,LNG码头工程于2014年3月25日开工。截至2015年12月底,码头工程完成99.88%,LNG接收站总体完成97.5%,输气管道组焊605.6千米、完成88.18%。

(李长印　侯志强)

【天津LNG项目续建】 该项目分码头、接收站、输气管道3个部分。项目于2014年7月7日获得国家发改委核准,截至2015年12月底,项目整体形象进度完成28.4%,其中储罐工程完成60%、站场工程完成11%、码头及陆域形成工程完成40.94%,输气管道工程干线完成17%。

(李长印　侯志强)

【涪陵—王场输气管道工程续建】 该项目是涪陵页岩气外输工程的一期工程,线路工程管道全长141千米,设计输量为72.3亿米^3/年。全线设置涪陵压气站、王场清管站站场2座和8座线路截断阀室。项目于2014年9月11日开工。2015年4月22日,全线贯通,5月11日投运。

(李长印　侯志强)

【胜利油田东辛输油管道工程建成投用】 工程线路全长88千米,设计输量800万吨/年,改造东营、临淄原油库,新建乐安中间站。工程于2014年7月开工。2015年3月20日,全线贯通,4月3日投油。

(李长印　侯志强)

【重庆涪陵LNG工厂项目新开】 项目设计总规模200万米^3/日,分2期建设,一期建设规模100万米^3/日(年产液化天然气22.66万吨),二期100万米^3/日。项目总投资44 669万元。主要工艺装置包括净化单元、液化单元、装储单元和公用工程。2015年6月26日,基础设计获得批复;至年底,正在进行场平施工。

(侯志强)

【新疆煤制气外输管道工程获得核准】 项目主要建设内容包括1条干线、6条支干线,管道途经新疆、甘肃、宁夏、陕西、河南、山东、湖北、湖南、广东、广西、江西、浙江、福建13个省(区)。其中,干线起自新疆昌吉木垒县,终于广东省韶关,全长4 159千米,设计输量300亿米^3/年;6条支干线包括准东支干线(准东—木垒),伊犁支干线(伊宁—木垒),南疆支干线(库车—七角井),豫鲁支干线(宜阳—濮阳、濮阳—临沂、濮阳—齐河),赣闽浙支干线(株洲—江山、抚州—南平),广西支干线(衡阳—桂林),合计4 213千米。2015年9月30日,项目获得国家发改委核准,正在开展设计工作。

(李长印　侯志强)

工程建设管理

【设计管理】 ①按照"3557"项目管理体系要求,做好重点建设项目的设计管理工作,及时组织好设计协调工作。落实设计招标、设计委托等设计选商工作,检查落实设计条件,协调装置(单元)界面关系及设计、采购、施工工作界面关系,研究总体进度关键控制点;协调工程设计进度,组织专项设计技术方案论证等。②"三化"工作按计划稳步开展。项目编码体系、项目工作包编码体系、工程材料等级数据库以及工程材料编码体系开发取得很大进展，其中工程材料编码体系和管道材料等级库形成实际成果。落实目标体系中“项目建设管理平台及标准数据库”“中国石化工程建设标准”“中国石化生产装置及系统单元标准化设计”3 个层次工作内容，确定了标准化典型装置成品文件管理规定的总体思路。制定《中国石化标准化设计成果管理规定》《“三化”设计成品文件内容深度和管理规定》《“三化”工作科技立项管理规定》《中国石化“三化”工作奖励办法》等制度。③智能化管线建设和数字化工厂工作。在试点项目发布 100 项采集模板基础，发布推广项目采集模板 543 项(1.0 版)，并升级为 2.2 版，保证了石化集团公司各企业在智能化管线推广项目建设中采用统一的模板标准。以天津 LNG 项目为试点，形成中国石化新建管线数字化交付标准。数字化工厂交付标准与平台建设的目标、内容、系统架构与功能明确，试点项目组织机构成立，工作计划及投资估算编制完成，开始数字化工厂试点装置开题立项和实施准备。④贯彻总部从严管理要求，编制、完善相关设计管理制度。《技术拿总单位职责规定》《设计协调会议规定》《采购服务纳入工程设计程序规定》《详细工程设计交底工作规定》《施工现场设计代表工作规定》《设计统一规定编制规定》《设计文件签署规定》《工程质量检查与成品质量评定办法》等设计管理工作标准完成审定；《中国石化建设项目设计管理规定》《中国石化建设项目设计过程专项审查管理规定》等制度 2016 年初可发布实施。⑤设计评审机构工作。受国家质检总局委托，组织开展压力管道设计审批人员培训，开展压力容器、压力管道设计许可换证评审工作。⑥完成两年一度的石化集团公司“四优”评选工作。

（王永焕）

【生产准备与投料试车】 2015 年，共有 19 套炼油化工生产装置完成投料试车，8 条长输管道和 3 座储运设施建成投用(见表 1)。各企业按照《中国石化建设项目生产准备与试车管理规定》要求，认真做好组织、人员、技术、物资、资金、营销、外部条件 7 个方面的生产准备工作，做到生产准备与工程建设同步进行无缝衔接，加强对项目生产准备和投料试车全过程管理，认真进行投料试车条件检查，保证装置投料试车顺利进行。为保证投料试车一次成功，全年总部共组织总体试车方案审查会议 14 次、投料条件检查会议 16 次、开车专家组 14 个、开车队 7 支、现场服务组 5 个，召开工程建设及开车经验交流会议 1 次，组织现场各类研讨、总结及问题协调会议 13 次。

（谢国学）

表 1　2015 年新建炼油化工装置和油气储运设施投产计划完成情况

序号	装置名称	建设规模/万吨·年$^{-1}$	投料试车/建成投用时间
一	九江分公司		
1	煤制氢装置	10 万米^3(标准)/时	10 月 14 日
2	加氢裂化	240	10 月 18 日
3	渣油加氢	170	9 月 27 日
4	硫黄回收	14	9 月 23 日
5	常减压装置	500	10 月 15 日
二	齐鲁分公司		
6	硫黄回收装置	10	3 月 29 日
7	蜡油加氢	260	3 月 31 日
8	催化裂化	260	3 月 31 日
9	2$^{\#}$S－Zorb	150	12 月 24 日
三	上海赛科公司		
10	丙烯腈装置	26	3 月 26 日
四	福建联合石化公司		
11	EO/EG 装置	18/40	3 月 3 日
五	长岭分公司		
12	双氧水装置(环氧丙烷)	15	4 月 4 日

续表

序号	装置名称	建设规模/万吨·年$^{-1}$	投料试车/建成投用时间
六	金陵分公司		
13	柴油加氢装置	300	4月22日
七	天津分公司		
14	S－Zorb	90	5月25日
八	茂名石化巴斯夫		
15	异壬醇装置	18	10月12日
九	西南油气分公司		
16	元坝净化厂三联合	8.5亿标米^3/年	5月3日
17	元坝净化厂四联合	8.5亿标米^3/年	4月12日
十	济南炼化		
18	正序抽出油酮苯脱蜡	10	10月30日
十一	天然气分公司		
19	山东LNG轻烃回收装置	200	11月2日
20	涪陵—王场输气管道	72.3亿米^3/年	5月29日
21	南乐—寺庄输气管道工程	15亿米^3/年	9月19日
22	济南—青岛输气管道二期	50亿米^3/年	12月14日
十二	胜利油田		
23	胜利油田东辛输油管道	800	4月1日
十三	管道储运公司		
24	天津大港商储库	130万立方米	1月16日
25	曹妃甸(码头)商储库	80万立方米	8月14日
26	黄岛输油管道迁移工程	1 500	6月1日
十四	销售华东分公司		
27	江苏石油分公司苏北成品油管道	550	1月7日/3月20日
28	江苏成品油管道金扬联接线	280	12月22日
十五	销售华南分公司		
29	广东石油分公司珠三角成品油管道二期揭阳—梅州段	304	11月28日

【大修改造】 2015年有14家企业的大修改造项目被列入总部重点项目(见表2)，共计261套装置大修改造，其中完成13家企业的大修改造项目、1家企业跨年度实施。全年重点大修改造计划总费用57.87亿元，其中检修费用计划26.94亿元、同步实施改造项目计划投资30.93亿元。

全年重点大修改造项目中，全厂性停工大修改造共计7家，系列停工大修改造共计7家。其中，检修停工装置达到30套以上的3家，包括巴陵石化32套、扬巴公司35套、广州石化33套。大修改造计划总费用达到3亿元以上的有11家，包括普光、北海炼化、扬巴公司、青岛炼化、福建联合石化公司、茂名石化、洛阳石化。全年组织协调会、重大方案审查、检查调研共计46次。

2015年继续推动企业层面大修改造项目信息化系统建设，茂名、天津、燕山、镇海、广州、湛江、北海、青岛炼化、高桥、九江、洛阳、武汉等多家企业的大修改造项目信息化平台上线运行。启动企业层面大修改造项目管理路线图的编制，完成高桥石化、广州石化大修改造项目管理路线图的编制。

(王扶卷)

表 2　　**2015 年重点大修改造项目实施情况**

序号	企业	大修时间	大修装置	主要改造项目	备注
1	茂名石化	3 月 9 日—4 月 25 日	62 万吨/年 2# 乙烯系列等 11 套装置	乙烯装置乙烯精馏系统脱瓶颈改造项目、2# 装置裂解气压缩机组原料轻质化适应性改造项目等 20 项	乙烯系列停工大修改造
2	巴陵石化	4 月 9 日—5 月 30 日	己内酰胺等 32 套装置	"碧水蓝天"改造项目 3 项	
3	扬巴公司	4 月 1 日—5 月 25 日	74 万吨/年乙烯系列 35 套装置	EO 扩能改造	全厂停工大修改造
4	青岛炼化	6 月 15 日—8 月 15 日	1 000 万吨/年常减压系列 19 套装置	410 万吨/年柴油加氢装置质量升级改造；常减压安全隐患治理等 38 项	全厂停工大修改造
5	上海石化	9 月 1 日—9 月 30 日	炼油化工 6 套装置	同步实施改造项目 2 项	
6	金陵石化	8 月 20 日—9 月 21 日	800 万吨/年常减压系列 6 套装置	同步实施改造项目 48 项	
7	洛阳石化	9 月 28 日—11 月 23 日	800 万吨/年常减压系列 27 套装置	同步实施改造项目 57 项	全厂停工大修改造
8	中原石化	10 月 10 日—11 月 14 日	18 万吨/年乙烯 4 套装置		
9	青岛石化	9 月 16 日—11 月 15 日	500 万吨/年常减压系列 20 套装置	同步实施改造项目 76 项	全厂停工大修改造
10	湛江东兴公司	10 月 8 日—11 月 28 日	500 万吨/年常减压系列 28 套装置	同步实施改造项目 47 项	全厂停工大修改造
11	福建炼化	11 月 19 日—12 月 31 日	400 万吨/年常减压系列 15 套装置	催化裂化装置增设烟气净化设施及原料适应性改造、老厂 DCS 改造、延迟焦化装置加热炉优化改造等 30 项	老区停工大修改造
12	北海炼化	2015 年 11 月 25 日—2016 年 1 月 23 日	500 万吨/年常减压系列 18 套装置	产品质量升级改造项目（涉及生产装置及公用工程等 22 项改造）	全厂停工大修改造

续表

序号	企业	大修时间	大修装置	主要改造项目	备注
13	广州石化	2015 年 12 月 1 日—2016 年 1 月 31 日	520 万吨/年常减压系列 19 套装置；21 万吨/年乙烯系列 34 套装置	质量升级等同步实施改造项目 120 项	跨年度
14	普光气田	2016 年 4—5 月	6 套装置	原料气管线更换等 184 项	全厂停工大修改造
合计			261 套		

【南京项目管理中心】 2015 年，南京项目管理中心重点围绕中安联合、中天合创、中科、武汉乙烯、扬子炼油二期、腾龙翔鹭等项目开展项目管理工作，认真履行项目管理职责。其中，中安联合煤化工项目 2015 年完成投资 21.82 亿元，开工累计完成投资 43.15 亿元，项目共 76 个设计主项，累计开工 34 个主项，开工率 45%，总体进度累计完成 31.06%，其中设计累计完成 46.56%、采购累计完成 27.73%、施工累计完成 28.57%。扬子炼油改造项目主要是项目收尾工作，98 份工程合同中，有 84 份完成结算（其中合同关闭或结算清算函已签署的有 52 份），14 份合同正在结算过程中。武汉乙烯 2015 年基本完成工程结算和合同关闭的清理工作，完成了竣工决算审计。截至年底，共签订合同 2 199 份，其中 1 821 份物资采购合同结算基本完成；工程合同 369 份合同结算基本完成，9 份未完成结算主要为审计、造价咨询和技术转让合同。

（王　宁）

工程建设监管

【工程质量监督】 2015 年，石油化工工程质量监督总站（简称总站）及其分站认真贯彻落实石化集团公司工作会议精神，以全面推行中国石化“3557”工程建设管理体系为核心，以落实工程质量责任制为重点，强化质量管理法制建设，坚持开展监督、监察、监测、监检、检查“五位一体”的中国石化特色的工程质量监督管理体系建设，加强建设项目质量监管力度，形成“上下一条线、左右一张网”的监管体系，圆满完成各项工作任务，促进了建设项目质量管理水平的提高。

抓行为与实体质量监督，履行好政府委托职能。总站和各分站针对项目的具体特点，认真组织，精心策划，监督过程中坚持行为质量与实体质量监督并重的原则，抓好常规项目的监督，确保项目质量；抓好新领域工程项目的监督，总结和积累项目监督经验，锻炼和培养监督专业人才；注重发挥建设、监理单位作用，加大对建设和监理单位的检查，督促其认真履行监管职责，发挥好建设单位“龙头”和监理单位“管家”的作用；加大对参建单位和个人违规处罚的力度，对日常监督检查中发现的涉及偷工减料、弄虚作假和严重质量问题的单位和个人进行严厉处罚，净化了建设市场诚信环境。全年，日常监督检查共发现各类质量问题 17 685 项，其中质量行为问题 6 266 项、实体质量问题 7 453 项、工程资料问题 3 966 项，上述质量问题均得到有效整改。

培训常态化，提升管理水平。按照年初制定的培训计划，总站组织了超声检测人员、工程质量监督人员、工程质量管理人员、工程质量检查员等业务培训和考试，并形成常态化，提升了相关人员的业务素质，提高了管理水平，为做好质量管理工作奠定了基础。

注重组织过程资产的积累、总结、提升，取得可喜成绩。总站重视从解决工程质量管理的重点和难点出发，将科研攻关与综合分析评价相结合，按照“监督监察发现问题、科研攻关解决问题、制定标准规范管理”的工作思路，将组织过程资产进行积累、总结与提升，积极推动质量监管体系的创新与发展，促进高素质监督人才的成长。年内总站组织完成石化工程质量监督管理体系的创建与应用，获得石化集团公司第 24 届管理现代化创新成果一等奖。

积极开展管道监督检验工作，保证管道安全质量。①组织对压力管道安装安全质量监督检验的《质量手册》《程序文件》《作业指导书》《监检大纲》《监检报告》等体系文件进行修订和完善，为开展压力管道监检工作提供了指引和保障。②策划监检组织机构，先后成立燕山项目部等21个炼化、煤化工板块的工业管道监检项目部和中原项目部等6个长输管道监检项目部，为项目压力管道监检工作的开展提供了组织保证。③加强与地方质量技术监督部门的沟通，及时办理监督检验备案手续，自觉接受其对监督检验工作的监督和指导。④日常监督检验和专项监督检验相结合，加大重点环节的监检力度，对管道安装质量严格把关。⑤对监督检验过程中发现的一般问题，要求受监督检验单位进行改进，并对纠正情况进行跟踪检查；对发现的严重质量问题，及时向受监督检验单位发出《监督检验意见通知书》，并督促其完成整改。

加强制度建设，细化完善质量管理制度。按照“3557”工程建设管理体系的要求，修订发布《中国石化工程质量管理规定》《中国石化监察管理规定》《中国石化监测管理规定》《中国石化工程质量检查工作规程》《中国石化管道工程超声检测人员管理办法》共5项制度；结合中国石化工程建设的特点和管理要求，编制并发布《中国石化工程质量个人诚信管理办法》《中国石化建设项目焊接质量管理规定》，旨在进一步加强中国石化质量诚信和焊接质量的管理；为加强中国石化设备和材料到货检验的管理，编制完成中国石化企业标准《金属材料验证性检验导则》，目的是对建设项目中使用的金属材料、设备的到货检验和安装环节进行严格把关，保证石化集团公司建设项目的顺利投产并安全运行。

加强信息化工作，提升工作效率和管理水平。继续开展工程实体质量风险评价体系的研究工作，完成编程、调试；建立压力管道监检业务管理信息平台，并安装在中国石化内部云平台系统上，开始试运行；完善合同管理信息系统(CMIS)，总站、监测中心、评审中心、青岛定检中心及资产划归总站的分站初步具备上线条件。

积极做好质量监测工作，把好材料和实体质量关。年内，中国石化工程质量监测中心对九江石化炼油改造、元坝天然气净化厂等6个项目开展质量监测工作。抽检焊口3 235道，合格3 006道，合格率92.9%；拍片9 807张，合格9 342张，合格率95.3%；材料符合性检验83 121点，合格82 277点，合格率99.0%。通过监测，重点对进场设备材料、安装实体质量、无损检测底片等进行抽查复测，并将发现的问题及时通知被抽查单位和建设单位，使问题得到及时解决，消除了质量隐患，为装置的顺利投产奠定了基础。

(胡国勇)

【工程质量监察】 抓责任主体履责监察，履行好企业内部管理职责。根据《工程质量监察2015年度工作计划》的安排，结合项目建设的实际情况，重点对建设单位项目部和其他参建单位本部开展质量监察。组织对广州石化建设监理公司、广州石化建筑安装工程公司、天津辰鑫石化工程设计有限公司、天津天实工程项目管理有限公司、仪长管道复线工程仪九段建设项目部等32家单位进行质量监察，共发现质量问题604项，都及时得到整改。通过监察，有效地促进了各单位质量管理体系的进一步完善；加强了本部对现场项目部的管控力度，进一步提升现场工程质量的事前控制力度，降低了质量纠错成本；把好的做法和经验加以总结和推广，从而提升各参建单位的整体质量管理水平。

(胡国勇)

【工程质量大检查】 2015年，总站组织对天津S-Zorb装置、涪陵—王场输气管道工程、元坝气田净化厂等项目进行了31次质量检查，发现各类质量问题3 339项，其中质量行为问题1 286项、实体质量问题1 103项、工程资料问题950项。检查主要是根据建设项目的进展情况，对在建工程进行质量大检查和重点部位、关键环节的专项检查，对建设项目质量进行一次综合的“会诊”和“体检”，对发现的问题认真进行讲评，对存在的不足提出改进的建议。同时，加大了对大检查中发现的严重质量问题的处罚力度，通过发通报给责任单位本部、约谈责任单位主要领导、限制系统内项目投标等方式进行处罚，提高了参建单位做好质量管理工作的自觉性和主动性。

(胡国勇)

【招投标管理】 2015年招标、投标管理工作结合中国石化工程项目的特点，继续抓好招标申报审批程序，完成招标方案、招标文件、招标申请、招标结果、专家库、诚信体系、直接委托等各类线上、线下审批及备案约15 582次。直接监管总投资3 000万元以上的工程项目中工程、服务共1 099个标段，中标金额约为244.74亿元，其中勘察设计112个标段、总承包36个标段、施工610个标段、监理190个标段、其他服务151个标段。

严格执行党组制定的《关于中央第六巡视组反馈意见整改落实工作方案》，针对“应招标未招标，违规转包分包”问题，制定多项针对性整改措施，从体制机制方面出台改革举措，举一反三强化招投标监督管理。

贯彻落实党组领导相关要求，修订、编制完成并发布实施《建设工程招标投标管理规定》《建设工程分包发包管理办法》《建设工程市场诚信体系管理办法》《建设工程评标专家和专家库管理办法》《建设工程电子招标投标管理办法》和《建设工程交易场所管理办法》6 项制度。

组织系统内 22 家单位的近 300 人，编制完成 316 套 518 本《中国石化建设工程招标标准文件》。文件共分 8 个大类，包括 EPC、施工总承包、施工专业承包、勘察设计、监理监测、检测、其他服务及分包类；涵盖油田地面产能建设类、海洋石油类、炼油化工类、油气储运类及通用类 5 个项目类别；文字超过 5 000 万字。

按照“合法合规、流程规范、集中监管、阳光操作、永久追溯”的原则，建设中国石化建设工程电子招标、投标交易平台及管理系统，建立健全中国石化工程采购全程在线运行的监督、管理、交易、考核、评价体系，全面覆盖工程采购活动中的招投标活动、非招标采购活动以及分包发包活动。2015 年 7 月，“中国石化电子招标投标交易平台”被列为国家中央企业首批试点交易平台，与国家公共服务平台进行了数据对接。

切实加强建设工程市场诚信考核管理，对存在工程安全、质量等方面问题的 19 家承包商给予禁止承揽工程建设任务及分包任务、限制投标、约谈、警告等处罚，并将 20 名相关责任人列入“黑名单”，禁止其在中国石化工程项目中承担相应工作。

建立健全招标、投标培训机制，组织开展招投标法律法规及业务培训，提高参与工程建设的各方依法建设的法律意识，提升业务素质，强化职业操守，培训人数超过 1 900 人次。

积极参与国家发改委法规司和中国招标投标协会组织的法规制定意见征求、研讨等方面工作，以提高国有资本效率、增强国有企业活力为立足点，提出意见和建议。

（李聿宁）

【标准管理】 2015 年，继续完善石油化工工程建设标准体系。着眼工程建设标准的实施监督，全面完成《中国石化炼化工程建设标准执行表》和《油气输送管道标准执行表》的编制。继续推进石化标准国际化实施战略，进行了中外类似工程项目和工程标准本质安全对比研究。认真做好工程建设标准立项、编制、审查、报批、复审等项工作，清理了石油化工工程建设强制性标准。全年，在编国家标准和行业标准 89 项，其中国家标准 12 项、行业标准 77 项；复审行业标准 80 项，复审结论为继续有效 25 项、修订 38 项、废止 17 项（见表 3）；公告发布行业标准 19 项（含英文版 12 项）。截至 2015 年底，石油化工行业现行工程建设标准 335 项，其中国家标准 45 项、行业标准 290 项。

表 3　　2015 年行业标准复审项目及复审结论

序号	标准编号	标准名称	复审结论
1	SH/T 3001—2005	石油化工设备抗震鉴定标准	继续有效
2	SH/T 3002—2000	石油库节能设计导则	继续有效
3	SH/T 3013—2000	石油化工厂区竖向布置设计规范	废止
4	SH 3016—1990	石油化工企业循环水场设计规范	废止
5	SH/T 3018—2003	石油化工安全仪表系统设计规范	废止
6	SH 3025—1990	合成纤维厂环境保护设计规范	继续有效
7	SH/T 3026—2005	钢制常压立式圆筒形储罐抗震鉴定标准	继续有效
8	SH/T 3027—2003	石油化工企业照度设计标准	继续有效
9	SH/T 3028—2007	石油化工装置电信设计规范	继续有效
10	SH/T 3030—2009	石油化工塔型设备基础设计规范	继续有效
11	SH/T 3032—2002	石油化工企业总体布置设计规范	废止

续表

序号	标准编号	标准名称	复审结论
12	SH/T 3035—2007	石油化工工艺装置管径选择导则	修订
13	SH/T 3039—2003	石油化工非埋地管道抗震设计通则	修订
14	SH/T 3042—2007	合成纤维厂采暖通风与空气调节设计规范	修订
15	SH/T 3045—2003	石油化工管式炉热效率设计计算	修订
16	SH 3047—1993	石油化工企业职业安全卫生设计规范	修订
17	SH 3048—1999	石油化工钢制设备抗震设计规范	废止
18	SH/T 3053—2002	石油化工企业厂区总平面布置设计规范	废止
19	SH/T 3054—2005	石油化工厂区管线综合设计规范	继续有效
20	SH 3056—1994	石油化工企业排气筒(管)采样口设计规范	废止
21	SH/T 3061—2009	石油化工管式炉基础设计规范	继续有效
22	SH/T 3064—2003	石油化工钢制通用阀门选用、检验及验收	废止
23	SH/T 3033—2007	石油化工企业汽车、叉车运输设施设计规范	修订
24	SH/T 3068—2007	石油化工钢储罐地基与基础设计规范	废止
25	SH/T 3075—2009	石油化工钢制压力容器材料选用规范	修订
26	SH 3078—96	立式圆筒形钢制和铝制料仓设计规范	修订
27	SH/T 3081—2003	石油化工仪表接地设计规范	修订
28	SH/T 3082—2003	石油化工仪表供电设计规范	修订
29	SH/T 3083—1997	石油化工钢储罐地基处理技术规范	废止
30	SH 3089—1998	石油化工给水排水管道设计图例	修订
31	SH 3093—1999	石油化工企业卫生防护距离	继续有效
32	SH 3095—2000	石油化工企业污水处理设计规范	废止
33	SH/T 3103—2009	石油化工中心化验室设计规范	继续有效
34	SH/T 3106—2009	石油化工企业氮氧系统设计规范	修订
35	SH/T 3109—2001	炼油厂添加剂设施设计规范	修订
36	SH 3084—1997	石油化工总图运输设计图例	废止
37	SH/T 3121—2000	炼油装置工艺设计技术规定	修订
38	SH/T 3124—2001	石油化工给水排水工艺流程设计图例	修订
39	SH/T 3127—2001	石油化工管式炉铬钼钢焊接回弯头技术规范	修订
40	SH/T 3131—2002	石油化工电气设备抗震设计规范	废止
41	SH/T 3134—2002	采用橇装式加油装置的汽车加油站技术规范	修订
42	SH/T 3135—2003	石油化工工程地震破坏鉴定标准	废止
43	SH 3136—2003	液化烃球形储罐安全设计规范	修订
44	SH/T 3138—2003	球形储罐整体补强凸缘	修订
45	SH/T 3146—2004	石油化工噪声控制设计规范	继续有效

续表

序号	标准编号	标准名称	复审结论
46	SH/T 3152—2007	石油化工粉粒产品气力输送工程技术规范	继续有效
47	SH/T 3153—2007	石油化工企业电信设计规范	修订
48	SH/T 3154—2009	石油化工非金属衬里管道技术规范	继续有效
49	SH/T 3156—2009	石油化工离心泵和转子泵用轴封系统工程技术规范	修订
50	SH/T 3157—2009	石油化工回转式压缩机工程技术规范	修订
51	SH/T 3158—2009	石油化工管壳式余热锅炉	修订
52	SH/T 3159—2009	石油化工岩土工程勘察规范	继续有效
53	SH/T 3160—2009	石油化工控制室抗爆设计规范	废止
54	SH 3409—1996	钢板制对焊管件	废止
55	SH/T 3413—1999	石油化工石油气管道阻火器选用、检验及验收	修订
56	SH/T 3415—2005	高频电阻焊螺旋翅片管	修订
57	SH/T 3416—2005	石油化工用套管结晶器	修订
58	SH/T 3418—2007	石油化工换热器钢制鞍式支座技术条件	修订
59	SH/T 3419—2007	钢制异径短节	修订
60	SH/T 3420—2007	石油化工管式炉用空气预热器技术条件	修订计划已批
61	SH/T 3421—2009	金属波纹管膨胀节设置和选用通则	继续有效
62	SH/T 3506—2007	管式炉安装工程施工及验收规范	继续有效
63	SH/T 3511—2007	石油化工乙烯裂解炉和制氢转化炉施工技术规程	继续有效
64	SH/T 3513—2009	石油化工铝制料仓施工质量验收规范	修订
65	SH/T 3523—2009	石油化工铬镍不锈钢、铁镍合金和镍合金焊接规程	继续有效
66	SH/T 3524—2009	石油化工静设备现场组焊技术规程	修订
67	SH/T 3527—2009	石油化工不锈钢复合钢焊接规程	继续有效
68	SH/T 3529—2005	石油化工厂区竖向工程施工及验收规范	修订
69	SH/T 3537—2009	立式圆筒形低温储罐施工技术规程	继续有效
70	SH/T 3539—2007	石油化工离心式压缩机组施工及验收规范	修订
71	SH/T 3541—2007	石油化工泵组施工及验收规范	继续有效
72	SH/T 3542—2007	石油化工静设备安装工程施工技术规程	修订
73	SH/T 3544—2009	石油化工对置式往复压缩机组施工及验收规范	修订
74	SH/T 3601—2009	催化裂化装置反应再生系统设备施工技术规程	继续有效
75	SH/T 3602—2009	石油化工管式炉用燃烧器试验检测规程	继续有效
76	SH/T 3603—2009	石油化工钢结构防腐蚀涂料应用技术规程	修订
77	SH/T 3604—2009	石油化工水泥基无收缩灌浆材料应用技术规程	修订
78	SH/T 3605—2009	石油化工铝制料仓施工技术规程	修订
79	SH/T 3901—1994	工程设计计算机软件开发及文档编制规范	废止
80	SH/T 3905—2007	石油化工企业地下管网管理工作导则	继续有效

1. 工程建设标准制修订

2015年批准公告工程建设行业标准7项，其中制定4项，包括《加油站用埋地玻璃纤维增强塑料双层油罐工程技术规范》(SH/T 3177—2015)、《加油站用埋地钢—玻璃纤维增强塑料双层油罐工程技术规范》(SH/T 3178—2015)、《石油化工工程临时用电配电箱安全技术规范》(SH/T 3556—2015)和《石油化工大型设备运输施工规范》(SH/T 3557—2015)；修订3项，包括《石油化工铬钼钢焊接规范》(SH/T 3520—2015)、《石油化工低温钢焊接规范》(SH/T 3525—2015)和《石油化工异种钢焊接规范》(SH/T 3526—2015)。

2. 重点标准制修订

2015年，加强对重点标准的编制管理，积极推动标准国际化，不断提高标准的技术水平。完成国家标准《设计能耗计算标准》《炼油装置火焰加热炉工程技术规范》和行业标准《管道柔性设计规范》《精密仪器抗震鉴定》等的编制。

3. 工程建设标准化研究

组织开展中国石化炼化工程本质安全的对比研究工作。该项课题于2015年1月16日策划，2月正式启动，9月底完成"炼化工程本质安全对比研究"课题4个分报告。来自工程建设公司、洛阳工程公司、宁波工程公司和上海工程公司的130多名专业技术人员参加研究工作。该研究选择典型的石油化工装置，并将这些差异对各专业本质安全的影响进行对比分析；同时，还分析了这些差异对工程投资的影响。研究成果得到石化集团公司领导的充分肯定，对提高工程建设本质安全水平、促进标准国际化发挥积极作用，同时也为炼化工程建设企业标准的完善打下良好基础。

4. 标准国际化

2015年6月和10月，接待了美国消防协会(NFPA)代表团的访问。双方签署了在标准化领域进行合作的谅解备忘录。另外，与API探讨了新的合作方式，对API提出的邀请中国石化作为API标准主办单位的建议给予了积极回应。

积极跟踪ASME B31.3(2014版)标准的修订，组织专家针对ASME标准有关管道焊接与热处理要求的内容变化，分析对中国现行及在编标准的影响，并对相关标准提出修订方案。及时将修订方案上报国家有关部委，使新版标准SH/T 3558、SH/T 3520、SH/T 3526在实施前得到进一步完善。

通过与DNV、ERM等国际风险咨询公司开展交流研讨，及时收集国际通用的风险评估方法体系等相关信息，积极探索建立中国石化自有的安全评估体系。

5. 标准实施与宣贯

2015年，各专业技术中心站有计划地组织了12项新版标准的宣贯，700多名技术人员参加学习。储运站组织国家标准《石油库设计规范》等2项、机械站组织《石油化工用机泵工程设计规范》等3项标准宣贯；总图站、安全站、设备站、抗震站也分别结合相关标准的宣贯，进行专业技术交流和研讨。

为落实抗震减灾工作职责，举办抗震减灾工作培训班，来自油田、炼化和销售板块相关企业的抗震管理骨干50多人参加培训。通过培训，进一步强化了企业抗震减灾工作意识，督促企业明确管理职责、任务。

(葛春玉　周家祥)

【炼油化工定额和工程造价管理】 2015年，主要开展管理制度完善、计价体系文件修订、造价咨询企业资质和从业人员资格管理等工作。

《石油化工工程建设费用定额》《石油化工安装工程预算定额》《石油化工工程建设设计概算编制办法》等计价文件修订按计划进行。编制组采取全面函调与重点项目走访相结合的方式，深入调查与定额编制相关的各类问题，听取工程参与各方的修订建议，并在中天合创项目开展脚手架搭设费用和安装工程定额消耗量实测，获得较为满意的成果。截至年底，《石油化工工程建设设计概算编制办法》《石油化工工程建设费用定额》和《概算条件模板》完成征求意见稿编制，通过技术委员审查。《石油化工安装工程预算定额》及《费用定额》顺利完成修订工作大纲编制和专家审查。

启动《石油化工工程量清单计价办法》修订工作。为推进《石油化工工程量清单计价办法》(简称《办法》)的实施，调研了石化集团公司有关企业以及中国海油和中国神华的多个项目。同时，组织定额站在典型装置基础设计概算基础上编制工程量清单，分析了《办法》在实际应用中可能遇到的问题以及具体的解决方法。基于此，于下半年正式启动修订工作，对《办法》进一步完善，为全面推广创造有利条件。

完善管理制度，加强全过程造价管理。为规范、指导石化工程建设实施阶段投资管理工作，经广泛征求意见，起草《中国石化建设项目实施投资控制管理办法》。该管理办法对于建立和完善项目投资控制体系、提高项目管理水平具有重要意义，也为工程造价专业的建设与发展，以及为项目的顺利执行和数据积累打下了更加坚实的基础。

完成《通用安装工程消耗量定额》第1册《机械设备安装工程》和第8册《工业管道工程》编制。由工程定额管理站承担的《通用安装工程消耗量定额》第1册《机械设备安装工程》和第8册《工业管道工程》于2015年3月由国家住房和城乡建设部发布。新定额的消耗量有较大幅度降低，为定额人工单价与市场价接轨创造了条件。

发布试行《大型地下水封石洞油库竖井安装和水幕系统试验工程预算定额》。

工程造价资格管理。截至2015年底，有20家甲级造价咨询企业和685名注册造价工程师在石化工作委员会注册管理。中价协授予石化委员会先进单位称号，授予石化委员会所管理的北京巴吉特和东营同盛先进单位会员称号。同时，根据石化集团公司《工程造价从业人员资格管理规定》，石油工程造价管理中心、工程定额管理站和设计概预算中心站分别组织上岗取证和继续教育培训工作，提高了石化工程造价管理队伍的专业素质。

（邱正华）

【石油工程造价管理】 2015年，石油工程造价管理工作贯彻落实各项部署，以市场化为导向，坚持“定额标准化、价格市场化、造价信息化、管理精细化”目标，推进“五大建设工程”取得阶段性成果，组织开展造价管理调研工作，积极落实从严管理，严格规范计价行为，进一步加强工程造价的合理确定和有效控制，全年审核结算400.71亿元，努力为投资管理和油气勘探开发提供服务。

清单计价。按照市场形成价格的总体方向，将清单计价作为造价市场化的主攻方向，整体规划、以点带面，取得显著成效。编制完成钻井工程量清单计量规范，建立了钻井工程费用清单组价模式；编制井下作业工程标准工序及其综合单价，作为费用清单计价的依据；增加石油建设工程全费用综合单价计价方式，细化措施项目。

定额管理。制定出台《石油工程定额管理规定》，规范定额管理流程和要求；修编了录井工程、西南试气工程、华东钻井工程、胜利浅海井下作业工程等一批消耗量定额标准。打造现行定额升级版，推进量价分离，启动物探采集工程消耗量定额修编；初步完成钻井工程消耗量定额编制方案；针对预结算过程中存在的问题，组织编制三类钻机定额日费标准。

积极贯彻应对低油价的“战寒冬”部署。认真做好《石油专业工程定额》有关安全生产费和科技进步发展费2项费用的调整工作，并全面实施。组织各油田分公司造价管理部门根据定额调整情况顺利完成全年工程结算和补差工作，为规范石油专业的依法规范计价、实现共赢发展做出了积极努力。

估算指标。在上年工作基础上，估算指标体系建设继续按计划积极推进并完成主体工作，为指标应用奠定基础。钻井典型井估算指标，新完成江苏、西南2个油区的编制工作，基本覆盖主要油区，为勘探开发前期钻井投资的估算和总部投资计划管理提供测算依据。石油地面建设工程估价指标，胜利、西北等8个油区全面完成指标编制任务，建立起从井口到站库的各类产能建设工程较为齐全的估价指标体系。

预算价格管理。动态管理进一步规范化，以价格市场化为目标，加强预算价格动态管理，发布实施《石油工程预算价格管理规定》；建立石油工程预算价格信息系统，与物装信息系统成功链接，为进一步完善预算价格市场化、实行“采管分离”奠定基础。根据油田分公司生产自用成品油价格调整情况及时调整成品油预算价格。

信息化建设。按计划积极有序开展，组织石油工程造价数据中心整体功能设计、标准规范，构建造价整体架构，组织各类数据的标准化整理、入库。完成一期建设的主体部分，钻井、井下作业专业造价基础数据全部入库，采用单井费用清单模式的组价逻辑关系已经规范建立，软件及管理服务平台建设进入系统测试阶段，为下一步试运行奠定基础。

基础工作。加强队伍建设，认真贯彻“严、细、实”各项要求，落实党风廉政责任，强化作风建设，为整体工作开展奠定基础。注重强化“三基”工作，各油田分公司造价管理部门结合实际，切实有效地加强“三基”工作，取得积极成效。加强从业资格管理，开展钻井工程和石油安装工程造价从业资格培训。

（王　珞）

工程建设企业管理

【施工企业资质管理】 截至2015年底，石化建设分会有施工资质的会员企业共90家，其中施工总承包特级1家、一级26家、二级22家、三级1家；专业承包一级20家、二级14家、三级6家。

2015年，国家住房和城乡建设部出台《建筑业企业资质管理规定》《建筑业企业资质标准》《建筑业企业资质管理规定和资质标准实施意见》3个文件。石化建设分会组织施工会员企业进行了学习培训，共有42家会员企业的62人参加，通过培训为施工企业资质换证工作奠定基础。

根据《住房和城乡建设部办公厅关于换发新版建筑业企业资质证书的通知》要求，石化集团公司保留对13家直属工程建设企业的建筑业企业资质管理职能，所有改制企业的建筑业企业资质管理职能均转到所在省建设厅、直辖市建委。保留建筑业企业资质管理职能的13家企业为：宁波工程公司、南京工程公司、第四建设公司、第五建设公司、第十建设公司、胜利油建、中原油建、江汉油建、河南油建、江苏油建、胜利建设、中原建设、江汉建设。

（张虹薇）

【工程建设监理】 截至2015年底，石化建设分会有监理资质的会员企业共50家，其中综合资质2家、专业甲级资质44家、专业乙级资质4家。2015年6月向中国建设监理协会申请开通全国注册监理工程师化工石油专业网络继续教育渠道，系统内外63家次企业共496人通过石化建设分会渠道进行全国注册监理工程师的继续教育学习考试。全年组织4期石油化工监理工程师培训，培训人数398人，其中290人取得石化监理工程师证书。开展石油化工监理工程师执业资格延续注册工作，745名监理工程师取得延续注册资格。

（张虹薇）

【勘察设计企业资质管理】 转发国家住房和城乡建设部建筑市场监管司《关于征求〈工程设计资质标准〉（征求意见稿）意见的函》，组织部分设计企业对《工程设计资质标准》（修订稿）进行意见征求，汇总整理后报送。根据国家住房和城乡建设部的整体部署，结合石化集团公司所属工程勘察设计企业体制改革的具体情况，组织部分会员企业开展工程勘察资质的换证工作。2015年共组织完成14家工程勘察设计企业资质申请材料的初审与上报工作，其中直属企业8家、改制企业6家。截至年底，12家企业通过审查，取得工程勘察、设计资质证书，其中工程勘察资质换证2家、升级1家；工程设计资质延续7家、升级2家。

（胡瑞玲）

【勘察设计人员执业资格】 按照全国勘察设计注册工程师化工专业管理委员会要求，对《注册化工工程师注册执业管理工作暂行规定（讨论稿）》中有关报考专业，在中国石化勘察设计会员企业之间再次征求修订意见。

（胡瑞玲）

【勘察设计“四优”评选】 组织完成石化集团公司2012—2013年度工程勘察设计“四优”项目的最终评审。共评出优秀工程设计60项，其中合并特等奖1项、一等奖4项、二等奖23项、三等奖32项，缓评2项；优秀工程勘察3项，其中一等奖2项、三等奖1项；优秀计算机软件11项，其中一等奖1项、二等奖2项、三等奖6项。

国家住房和城乡建设部于2015年9月10日颁布第14届全国优秀工程勘察设计奖的公告，公布了2010年度国家“四优”评审结果，石化建设分会推荐的4个项目获奖，其中金奖1项、银奖3项。

（胡瑞玲）

【先进工程建设监理企业和优秀项目总监理工程师评选】 组织完成2014年度石化集团公司先进工程建设监理企业和优秀项目总监理工程师评选活动。共收到12家工程监理企业及11家企业的18名个人的申报材料，经过对监理企业以及总监理工程师申报材料进行综合考评，最终评选出9家企业为先进工程建设监理企业，11名个人为优秀项目总监理工程师。

（胡瑞玲）

【优质工程评选】 组织完成2014年度石化集团公司优质工程奖评审工作，共22项工程获奖（见表4）。

经石化建设分会组织推荐，齐鲁分公司25万吨/年高密度聚乙烯装置工程获2014—2015年度国家优质工程奖。

表4　2014年度石化集团公司优质工程

序号	工程名称	申报单位
1	海南炼化60万吨/年对二甲苯项目	中国石化海南炼油化工有限公司
2	武汉分公司80万吨/年乙烯工程乙烯装置	中国石化工程建设有限公司
3	武汉分公司80万吨/年乙烯工程30万吨/年高密度聚乙烯装置	中石化上海工程有限公司

续表

序号	工程名称	申报单位
4	武汉分公司80万吨/年乙烯工程40万吨/年聚丙烯装置	中石化南京工程有限公司
5	济南分公司60万吨/年逆流移动床重整装置改造项目	中国石油化工股份有限公司济南分公司
6	长岭—株洲成品油管道首站扩容工程	中国石化销售有限公司华中分公司
7	石油商业储备有限公司天津原油商业储备基地工程	中国石化集团管道储运公司
8	埕岛中心三号平台及海上配套系统工程	中国石油化工股份有限公司胜利油田分公司海洋采油厂
9	元坝气田17亿米^3/年试采项目元坝净化厂外部系统配套道桥工程	中国石油化工股份有限公司西南油气分公司
10	催化剂齐鲁分公司5万吨/年裂化催化剂联合生产装置二期工程	中国石化催化剂有限公司
11	武汉分公司80万吨/年乙烯工程热电联产装置	中石化宁波工程有限公司
12	武汉分公司80万吨/年乙烯工程15/28万吨/年环氧乙烷/乙二醇装置	中石化上海工程有限公司
13	安庆分公司含硫原油加工适应性改造及油品质量升级工程	中国石油化工股份有限公司安庆分公司
14	润滑油天津分公司5 000吨/年精细润滑脂生产装置建设及科研化验室改造工程	中国石化润滑油有限公司
15	仪征化纤10万吨/年差别化涤纶短纤维项目	中国石化仪征化纤有限责任公司
16	仪征化纤10万吨/年差别化涤纶短纤维优化调整项目	中国石化仪征化纤有限责任公司
17	胜利油田分公司石油化工总厂柴油质量升级项目	中国石油化工股份有限公司胜利油田分公司石油化工总厂
18	武汉分公司80万吨/年乙烯工程线型低密度聚乙烯装置	中石化宁波工程有限公司
19	茂名分公司20万米^3(标准)/时煤制氢工程	中国石油化工股份有限公司茂名分公司
20	武汉分公司80万吨/年乙烯工程污水处理场	中石化南京工程有限公司
21	湖北石油恩施铁路油库	中国石化销售有限公司湖北石油分公司
22	武汉分公司80万吨/年乙烯工程全厂火炬及火炬气回收设施	中石化南京工程有限公司

（李国之）

【石化建设分会主要工作】　2015 年 5 月，石化建设分会组织焊接专委会完成全国工程建设系统第 12 届职业技能竞赛工作的培训工作，负责组织中国石化代表队钣金工、焊工、无损检测员的赛前强化培训工作。中国石化代表队取得焊工团体第一，个人 1 金、2 银；冷作钣金工团体第二，个人 3 银；无损检测员团体第一，个人 1 金、1 银的好成绩。2 人获评全国技术能手、6 人获评全国工程建设系统技术能手。

6 月，联合中国特种设备检验协会、中国就业培训技术指导中心等共同主办 2015 年中国技能大赛——第 3 届全国无损检测技能竞赛。72 支代表队的 144 名选手参加竞赛。竞赛对赛程赛制进行了创新，尤其是在个人赛中引入了淘汰赛、复活赛、对抗赛等赛种，赛事取得圆满成功。天津石化压力容器检验研究中心获团体赛第 1 名。

8 月，联合六大行业协会，共同组织承办第 6 届全国工程建设行业吊装市场研讨暨技术交流会，与会代表就吊装市场发展趋势等内容进行了深入广泛的研讨、交流，会议圆满成功。会议评选出 31 项“2015 年优秀吊装工程”和 130 篇“2015 年度优秀吊装论文”。

（韩建阳）

【统计工作】　石化建设分会代表石化集团公司对口国家住房和城乡建设部、国家统计局，组织 29 家建筑业企业按时按质完成 2014 年年报和 2015 年季报、月报工作。

（韩建阳）

公用工程

◇ 热电

◇ 水务

热　电

【概述】 2015 年，石化集团公司不断深化热电专业化管理，持续开展"比学赶帮超"和专业竞赛，狠抓安全生产，大力优化运行，稳步推进节能减排升级改造，精心组织新建机组的开工，安全稳定运行水平和服务保障能力不断提升，各项工作均取得明显成效。

（田　竞）

【服务保障能力不断提升】 加强对各企业热电装置非计划停工情况的跟踪监控，定期考核通报，针对部分企业存在的问题组织系统内外专家开展技术支持和指导，帮助企业开展隐患排查治理，努力减少非计划停工次数，热电装置运行总体平稳，保证了主业的用电用热需求。2015 年，石化集团公司发电设备平均利用小时数 5 529，继续保持国内同类机组先进水平；发电量 331.65 亿千瓦・时，供热量 3.18 亿吉焦，工业集中供热规模位居国内企业首位。机组非计划停工次数逐年递减，由"十二五"初期的每年 144 次下降到 67 次。

（田　竞）

【加强燃料成本管理】 严格规范煤炭入厂验收工作流程，大力推进煤炭采购、储运、使用等全过程优化工作，建立健全亏吨亏卡控制机制；利用煤炭价格处于历史低位的有利时机，根据石油焦和煤炭比价关系，适时提高 CFB 锅炉掺煤率；同时开展煤炭资源综合比选专题研究，系统性地优化煤炭采购品种和现场配煤掺烧方案，显著降低燃料综合成本。2015 年，石化集团公司入厂入炉煤热值差同比下降 13.77%；入厂煤折合标煤单价下降 17.81%；自发电完全成本 0.32 元/(千瓦・时)，下降 11.11%；供热完全成本 37.40 元/吉焦，下降 8.31%；26 家模拟核算的自备电厂(站)实现内部利润约 40 亿元。

（田　竞　张金喜）

【推进机组整体优化】 按照"能效倍增"计划的总体部署，对照国家"十二五"规划目标和行业标杆，制定下达热电专业控制目标并分解落实到 4 个资产管理板块及所属企业。实施热电机组优化提效，组织开展母管制供热机组节能诊断与整体优化技术攻关，并在茂名石化试点应用中取得显著成效；组织上海石化等企业对接国家能源局和上海市政府有关部门，积极推进热电机组"上大压小"项目建设。2015 年，石化集团公司供电标煤耗 331.64 克/(千瓦・时)，同比降低 1.32 克/(千瓦・时)。

（田　竞）

【中国石化动力煤验收技术规程发布】 针对中国石化所属用煤企业对煤炭计量方法不统一，煤炭采制化方法、验收评定方法和标准不规范等问题，组织编写动力煤验收技术规程。2015 年 12 月 22 日，《动力煤验收技术规程》(Q/SH 0663—2015)发布，2016 年 4 月 1 日起实施。

（张金喜）

【热电"十三五"发展规划编制完成】 按照石化集团公司统一部署和要求，组织开展"十三五"热电发展规划的编制工作，召开规划研讨会，对接企业规划思路和措施，经过反复征求意见及修订完善，基本确定热电目标和重点任务。

（田　竞）

【大力推进热电装置环保治理工作】 组织开展热电环保设施专项检查，对国家环保部通报的扬子石化、南京化工公司、安庆石化 3 家企业超标电厂进行现场督导，帮助企业制定改造方案并组织实施，分板块、分企业落实安全环保整改责任。根据国家燃煤热电机组实现超低排放的有关政策要求，研究提出"十三五"期间热电机组节能减排的总体目标和技术路径，总结推广广州石化半干法超低排放治理项目成功经验，对 21 家企业的 113 台小锅炉进行集中梳理分析，分类制定关停燃煤锅炉、天然气代煤、环保升级等优化整合方案。对上海石化、茂名石化等 20 家企业电站锅炉开展烟气治理专题调研，排查安全隐患和环保风险，研究提出整改方案。

（田　竞）

【齐鲁和胜利新建热电机组顺利投运】 2015 年，齐鲁石化圆满完成乙烯动力锅炉 2 台煤粉炉、1 台汽轮机组安装调试，6 月 3 日 1# 煤粉炉点火，7 月 17 日 2# 煤粉炉点火，供出合格蒸汽，均实现一次开车成功。8 月 24 日，2 台煤粉炉完成 168 小时性能考核试验，正式移交生产。胜利电厂三期热电工程 5# 机组于 12 月 16 日完成 168 小时试运转，顺利移交试生产。机组投产后，年发电量约 33 亿千瓦・时，供暖能力 1 400 万平方米，年增加经济总量 12 亿元，对优化区域电网电源结构、促进油田电力专业化发展具有重要意义。

（田　竞）

【组织开展热电专业现场检查与煤炭质量检验考核评价】 为贯彻落实石化集团公司党组关于加强热电专业管理、提高运行效率和服务保障水平的指示精神，根据《中国石化热电专业竞赛管理办法》《中国石化煤炭质量检验管理规定》等制度要求，组织企业23名专业骨干，分4个小组对石化集团公司25家企业的35家电站开展热电专业现场检查与煤炭质量检验考核评价工作。评价过程中，按照国家和地方政府的节能环保政策要求，结合企业编制上报的热电专业“十三五”发展规划纲要，重点检查了企业热电机组节能综合改造项目和环保升级改造项目等方案论证及优化工作进展情况。

（田　竞）

【持续开展热电专业竞赛和“比学赶帮超”工作】 热电专业竞赛逐月对指标完成情况进行量化排序并公布，年底组织专家开展现场评价，在“比学赶帮超”工作中发挥着重要作用。根据石化集团公司总经理奖励管理暂行办法，经综合评定，胜利油田、茂名石化、扬子石化、巴陵石化、上海石化、九江石化、天津石化、青岛炼化、齐鲁石化、广州石化、仪征化纤11家企业分获2015年度热电专业竞赛综合竞赛优胜奖，仪征化纤、巴陵石化、茂名石化、胜利油田、广州石化分获锅炉、汽机、燃料、电气、环保单项优胜奖。

（田　竞）

水　　务

【概述】 2015年，水务系统认真贯彻落实石化集团公司工作会议精神，围绕降本增效、绿色低碳发展，大力推行标准化管理，积极开展优化运行、提质提效等工作，节水减排、节能降耗再上新水平，各项水务指标持续改善，专业化管理取得显著成效。

（叶晓林）

【运行保障能力不断提高】 进一步规范水务专业管理，加强过程控制，实现水务装置安全平稳运行。持续开展新鲜水漏损治理，加强循环水物料泄漏管理，优化化学水工艺流程，推进污水源头治理和清污分流，较好地保障了主业生产需要。扬子石化、巴陵石化等企业通过新上项目、回用边沟水等措施，污水回用量进一步提高。2015年，石化集团公司实际取新鲜水11.7亿立方米，时供循环水298.9万立方米，时产化学水3.1万立方米，实际处理污水3.4亿立方米，污水回用量3 900余万立方米，有效保障了石油石化主业的用水需求。

（叶晓林）

【全流程降低水务成本】 开展全员成本目标管理，通过ERP大集中项目，规范水务业务模板，业务流程由费用化管理改为物料化管理，成本核算标准化、精细化水平得到进一步提升。优化水资源配置，加大非常规水资源使用比例；优化运行方式，降低燃动费用和人工成本；优化水处理方案，规范水处理剂管理，减少药剂消耗。2015年，石化集团公司新鲜水单位现金操作费用0.73元/米^3，同比下降8.66%；循环水单位现金操作费用0.17元/米^3，下降3.22%；化学水单位现金操作费用2.88元/米^3，下降7.69%；污水处理单位现金操作费用2 524.61元/千污染当量，下降0.94%；水务4项费用指标总体进步5.13%，实现内部利润约12亿元。

（叶晓林）

【全面推行标准化管理】 参照最新的国标和行标要求，结合石化集团公司实际情况，组织有关专家编写了中国石化一级企业标准《水务管理技术要求》。该系列标准包括4个部分，其中第1部分新鲜水和第2部分循环水于2015年3月1日实施，第3部分化学水和第4部分污水处理与回用于2015年12月22日颁布。把贯标、推行标准化管理作为持续夯实水务专业“三基”工作的重要抓手，通过举办标准培训班、专业技术比武等措施推动标准落地，并结合年度水务专业现场考评工作，对贯标效果进行验收，有效地提升了水务专业化管理水平。

（叶晓林）

【节能减排成效显著】 推广“4321”工作法，加大漏损治理力度，新鲜水年漏损量下降5 000万立方米。通过采取降低管网系统流阻、合理控制换热器温差、改善冷却塔热力性能、提高机泵综合效率和自控水平等措施，加快推进循环水系统整体优化工作。截至2015年末，已完成38套循环水系统的整体优化，年耗电量下降3.5亿千瓦·时，降幅25%以上。其中，茂名石化完成3套，年节电4 000万千瓦·时。“十二五”期间新鲜水取水量下降8.6%，工业水取水量下降6.1%，COD排放量下降12.7%，氨氮排放量下降12.9%，为落实石化集团公司绿色低碳战略做出了积极贡献。

（叶晓林）

【对外经营能力不断增强】　鼓励有条件的企业在满足主业需求和增强服务保障能力的基础上，利用装置富余能力和技术优势，因地制宜拓展对外经营业务，提高了企业的经济效益和设备设施利用率。中原油田水务业务从企业内部延伸到企业外部，通过承担元坝气田、中天合创及濮阳市的部分水务运维业务，全年实现外部收入 1.1 亿元；齐鲁石化承接多家地方化工企业供水和污水处理业务，外部市场创收 8 200 万元；扬子石化向化工园区增供工业水，实现外部收入 4 300 万元。

（叶晓林）

【聚焦污水处理提质提效升级】　为贯彻落实《石油炼制工业污染物排放标准》(GB 31570—2015)等国家和地方有关新标准，确保按照 2017 年 7 月 1 日等规定的限期达到排放要求，与 36 家企业就污水系统逐个进行对接，共同分析问题，分类提出提质提效技术思路，制定下发《污水系统提质提效工艺技术要点》，指导企业做好有关工作。燕山石化积极推进污水收集和污水处理提质提效升级改造，外排水 COD 从 60 毫克/升降至 30 毫克/升以下，氨氮从 5 毫克/升降至 1.5 毫克/升以下，达到北京市外排水质最新标准；仪化公司开展 PTA 污水提标科研项目，确保外排污水满足新标准要求；巴陵石化加强源头控制，持续推进环保设施升级改造，全年外排水量同比减少 56 万立方米，COD 下降 55.33%，氨氮下降 57.36%。

（叶晓林）

【技术水平持续提升】　积极开展国内外先进水处理技术交流合作，依托系统内科研力量，开展水处理技术试验、综合评价和试点等工作。2015 年，正渗透和膜蒸馏等高盐废水处理、粉末活性炭脱氮除磷污水处理以及含油污泥干化处理等技术逐步得到工业化应用。天津石化试点高温凝液回收技术，实现 90℃高温下的凝液除油、除铁和除盐，可回收凝结水 100 米^3/时，年节约用水成本 800 万元左右、蒸汽 400 万元左右，经济效益显著。

（叶晓林）

【持续开展专业技术培训】　2015 年，组织召开第 4 期污水处理与回用培训班，重点贯彻国家“水十条”等新要求，解读新政策，培训常用水质在线仪表原理及使用管理等；举办石化集团公司循环水管理专业技术比武，提高了循环水专业技术人员的综合管理能力，其中茂名石化、天津石化、高桥石化、齐鲁石化、中原油田、上海石化、燕山石化和镇海炼化 8 家企业的 21 名选手分获金、银、铜牌，天津石化、上海石化和高桥石化分获团体第 1、2、3 名。

（叶晓林）

【信息化建设不断推进】　开发水务生产营运管理信息系统，总部端包括基础管理、水务竞赛、费用管理等六大模块，实现了基础数据采集、关键数据预警、技经指标汇总等功能，满足了水务专业化管理的基本需求。企业层面完成天津石化水务应用试点工作，覆盖机关部室、水务部及下属分散的 9 个水务车间的 19 套水务装置，建立并整合工艺运行、水质化验、能源消耗等生产运行数据，实现与 LIMS 等信息的集成，满足了企业对工业水系统远程生产监控、中控整合等方面的需求，为优化运行提供了数据支撑。试点效果明显，值得推广。

（叶晓林）

【“比学赶帮超”形成长效机制】　继续升级改造水务生产营运管理信息系统，提升通报指标等管理效率。各有关企业通过竞赛平台，发现短板，组织攻关，提升运行水平。整合系统内外资源，完善水务专家库，组织专家赴茂名石化、洛阳石化等企业，开展循环水系统整体优化现场服务，成效显著。经过指标考评、现场考评等综合评价，2015 年度，茂名石化、高桥石化、齐鲁石化、镇海炼化、中原油田、广州石化、巴陵石化、安庆石化、洛阳石化和九江石化 10 家企业获综合竞赛优胜奖，仪征化纤、江汉油田、青岛炼化、塔河炼化、四川维尼纶厂、湛江东兴公司、扬子石化和济南炼化等 16 家企业获单项竞赛优胜奖；胜利油田、江苏油田、燕山石化、金陵石化、天津石化、南京化工公司、上海石化和荆门石化等 12 家企业获全员成本目标管理奖。

（叶晓林）

安全生产

◇ 综述

◇ 安全监督管理

◇ 安全文化建设

◇ 职业健康管理

◇ 油气田及输油气管道安全保护

综　　述

2015年，石化集团公司认真贯彻落实党中央、国务院关于加强安全工作的指示精神和“三严三实”专题教育工作要求，全面升级安全监管体系，全力推进油气输送管道隐患整治攻坚战，狠抓现场安全监督管理，实现重大安全事故为零的总体目标。特别是在石化集团公司“8·19”安全生产紧急视频会议后，总部机关各部门、各企事业单位认真贯彻落实会议精神，安全总监配备，安全督察大队组建，领导干部挂牌承包关键装置、重点区域、重要部位的安全等迅速兑现，安全监管显著加强。

（张　晔）

安全监督管理

【加强安全责任体系建设】 新制定安全管理绩效考核办法，摒弃过于注重事故结果的考核、忽视过程管理的做法，实行过程与结果并重、定量与定性并重、月度考核与年度考核并重、考核指标与重点中心工作紧密结合的做法。按照轻重缓急的原则，新制定视频监控、建设项目安全设施竣工验收等管理规定，对隐患排查与治理、应急管理、事故管理、安全培训和现场作业管理等10项规章制度进行全面修订。

（杜红岩）

【安全生产主体责任分解落实工作取得积极进展】 按照“谁主管、谁负责”和“管业务必须管安全”的原则，制定下发《安全生产责任制对照检查标准》，明确企业领导班子、职能部门、基层单位和岗位的安全责任，制定266项、2 000分的安全责任制分解考核表。各单位对照标准，积极分解安全主体责任。茂名石化在细化分解主体责任基础上，修订完善9 432个岗位的安全生产责任制。各企事业单位按照“8·19”视频会议精神，领导班子成员和主要处室负责人定点承包重点油气区块、海上平台、关键装置、罐区、油库等重点设施，挂牌公示、责任连带，促进了安全责任制的落实。

（李国栋）

【安全监管体系升级工作取得重要进展】 坚持问题导向，按照实用、管用的原则，对2001年发布的中国石化HSE管理体系的安全、健康部分进行全面修订，新版《中国石化安全管理手册》于2016年1月1日起开始施行。中国石化安全管理信息系统全面上线运行，全面启动生产区域安全视频监控系统建设，各项安全监管技术手段不断完善，为提高安全监管工作水平奠定了基础。

（杜红岩）

【安全生产指标控制情况】 2015年发生上报石化集团公司级的事故起数同比下降36.8%，是1998年以来上报生产安全事故起数最少的一年。其中，通过集中开展承包商安全管理专项整治活动，承包商事故起数同比下降64.3%，承包商事故多发势头得到遏制。

（张志刚）

【现场监督检查得到显著加强】 不断丰富监督的形式，扎实开展多种形式的安全监督检查。按照“四不两直”要求，对中原普光、燕山石化、销售华北分公司等25家企业开展突击检查，查出各类问题602项。组织开展井控和海(水)上安全专项检查，查出各类问题240项。继续开展安全巡视工作，10个巡视组完成对67家企业的安全巡视，提交巡视报告71份。对20家企业进行安全管理审计。对镇海炼化、广州石化、安庆石化、齐鲁石化等单位开展安全水平定量评估，收到较好效果。

（张德全）

【年度安全大检查】 以事业部(专业公司)为主体，紧密结合板块实际、突出板块安全工作重点，组织51个组、544人，历时5个多月时间开展年度安全大检查，查出各类问题10 992项。

（张德全）

【承包商和现场作业的安全监管】 ①各企业按照总部统一部署，严格承包商、分包商资质审查，共清查承包商10 558家，清退不合格承包商2 343家。②严格项目分包管理，对原有的1 922家分包商严格资质审核，累计清退分包商390家。加强现场监督检查，严格考核兑现，承包商安全管理状况明显改善。③对承包商员工采取入场培训、定期培训与工程开工培训相结合的方式，加大培训力度。全年培训承包商负责人、安全管理人员、项目经理共计14 830人，培训施工人员132 298人。④在施工作业过程中大力推广JSA工作法，各企业安全监管部门和项目主管部门开展各类安全检查14 984次，检查出各类问题和隐患26 161项。⑤茂名石化实施承包商违约累计积分考核，累计积分超过额定分值的承包商将被列入黑名单。石油工程建设公司加大分包商清理整顿，全年清退不合格分包商占总数的29%。齐鲁石化、镇海炼化与安全工程研究院合作，在重点项目实施第三方安全监理，效果明显。

（闫　进）

【应急管理体系得到进一步完善】 按照企业负责、专业管理、统一协调的原则，制定下发《安全生产应急管理规定》，突出专业应急指挥责任，明确事业部（专业公司）是所管企业（单位）应急管理的责任主体，负责应急专业管理和突发事件的应急指挥。各企业按照总部统一要求和简单、实用、可操作的原则，全面修订各级应急预案。天津石化应急预案由6.2万字缩减到8 500字，基层车间全面简化为应急处置卡，明确突发情况下“做什么、谁来做、怎么做”，提高了预案的针对性和可操作性。

（刘　坤）

安全文化建设

【安全教育培训工作有序开展】 通过视频讲座形式，对包括中国石化党组管理干部在内的各级管理人员进行培训，会同国家行政学院为生产、销售企业129名安全分管领导举办应急专题培训，分别为5家工程公司举办了本质安全培训，为从设计源头落实本质安全奠定了基础。各企业按照总部要求，积极采取仿真培训和实物培训等方式，全面加强安全教育培训工作。全年各企业共举办各类培训班11.2万个，158.13万人次接受安全培训。镇海炼化、福建炼化等单位在所有会议开始前都进行安全经验分享，改进了培训效果。

（孙志刚）

【安全监管队伍建设取得重大突破】 按照“8·19”视频会议要求，125家生产、工程、销售和科研单位配备了安全总监，114家生产、建设和销售企业全部组建了安全督察大队，一批业务精、敢负责的管理干部走上了安全监督管理岗位。

（刘小明）

【“我为安全做诊断”活动效果明显】 各企业按照总部统一部署，结合本单位实际，认真组织开展安全诊断活动。广大员工立足本职岗位全面查找身边的安全隐患，共提交诊断建议35.62万条，被采纳11.67万条，及时发现和消除了一批现场安全隐患。上海石化、茂名石化、湖南石油分公司等单位加大奖励力度，提高了广大员工参与安全诊断工作的积极性。

（李国栋）

【安全先进单位和先进个人】 2015年，石化集团公司共评出安全生产先进单位56家（其中油田板块12家、炼化板块18家、油品销售板块17家、炼化工程板块4家、专业公司3家、科研单位2家）、优秀消防队16支（其中油田板块3支、炼化板块13支），安全生产先进管理者112人、安全生产先进个人500人。

（李国栋）

职业健康管理

【管理工作得到进一步加强】 组织开展员工职业健康监护体检，在岗人员职业健康监护体检率达到100%。对苯、氨、硫化氢等79种毒物和粉尘、噪声、射线等17种危害因素进行了监测。针对化验室操作人员职业病多发问题开展专题研究，推广标准化化验室样板。

（王　坤）

【清理建设项目安全“三同时”旧账】 制定《中国石化建设项目安全设施竣工验收管理办法》，对安全设施专项验收工作的职责分工、管理程序及要求等事项做出规定，指导企业开展安全设施竣工验收工作。在2013年底排查出的“三同时”违规项目中，2015年底前完成安全、消防、职业卫生专项验收的95.3%，其余项正在积极推进。中原油田、天津石化、南京化工公司等单位高度重视，采取强有力措施，积极推进问题整改，安全、消防和职业卫生专项验收工作全部完成，彻底消除了违法风险。

（闫　进）

油气田及输油气管道安全保护

【油气输送管道隐患整治攻坚战进展顺利】 ①分板块分别在济南、徐州、天津、南京、石家庄、广州、武汉、郑州8个地市召开油气管道及罐区隐患排查整治现场推进会，并主动到山东省、江苏省、河北省、广东省、湖北省、河南省、浙江省、福建省8个重点省政府进行工作汇报，共商隐患整治事宜。②建立隐患整治项目管理系统，下发《中国石化油气输送管道隐患整治费用分担的指导意见》和《中国石化攻坚战罐区隐患排查识别指导意见》，为攻坚战的顺利展开做好技术准备。③坚持约谈、督办，对隐患排查整治进度滞后的企业负责人进行约谈，同时坚持现场督办，如东黄线广饶段，通过督办提前 36 天完成整治。④管道储运公司、天然气分公司、销售华南分公司等单位积极响应总部号召，主要领导积极协调地方政府解决隐患整治突出问题。管道储运公司分段承包、领导挂牌，加快了整治进度，隐患整治完成率达 90.2%。2015 年完成油气输送管道隐患整治总数的 92.15%，其中密闭空间隐患整治全部完成、一般隐患整治完成 96.4%、重大隐患整治完成 85.12%，超过国务院安委会“重大隐患整改率达 60%”的要求。

（王　宁）

【油气田及管道安全保护工作成效显著】 油气资产破坏事件显著下降，全年侵害油田、管道刑事案件数量同比下降 28%，被打孔盗油下降 69%，被开井放油下降 56%，油气安保工作保持稳定趋好态势。其中，河南油田、江苏油田、齐鲁石化连续 7 年，天津石化、销售华南分公司、销售华东分公司连续 4 年实现管道零打孔，销售华北分公司打孔盗油案件下降 50%。中国石化镇海原油商业储备基地反恐怖防范试点建设系统被国家反恐办评为优秀项目，管道储运公司被评为先进集体，3 人获评先进个人。

（杨　羽）

绿色低碳

◇ 综述

◇ 能源管理

◇ 环境保护

◇ 应对气候变化

综　　述

2015 年，石化集团公司深入贯彻党的十八大会议精神，大力实施绿色低碳发展战略，全面构建节能减排降碳一体化管理体系，深化能源环境体制机制改革，扎实推进“能效倍增”计划和“碧水蓝天”环保专项行动，从严要求、规范管理，持续提升本质环保水平，未发生一般以上环境事件。

2015 年，石化集团公司万元产值综合能耗 0.546 吨标煤、同比下降 0.7%，比 2010 年下降 7.3%，实现节能量 700 万吨标煤，超额完成国务院国资委“十二五”节能 500 万吨标煤的考核目标；工业取水量 9.58 亿立方米、同比下降 1.0%，比 2010 年下降 6.1%，节水 6 200 万立方米；外排废水达标率 99.8%，有控废气外排达标率 99.5%，固废合规处置率 100%；4 项主要污染物化学需氧量、氨氮、二氧化硫、氮氧化物排放总量分别比上年下降 2.14%、2.33%、17.42% 和 24.26%，全面完成国家下达的年度减排目标。

2015 年，中国石化获中国环境社会责任企业、2015 中国低碳榜样、最具环保责任企业等称号，“能效倍增”计划被评为中国企业十大绿色行动。在国际能效合作伙伴关系（IPEEC）成员国提交的节能技术和实践中，青岛炼化“渐进追赶”能源管理模式被评选为国际“十佳”节能实践；在中国石油和化工行业“能效领跑者”活动中，青岛炼化、广州石化、茂名石化、镇海炼化等企业被授予能效领跑者标杆企业称号；在国务院国资委石油石化行业能效对标活动中，青岛炼化、海南炼化、沧州分公司获原油加工能效最优企业称号，茂名石化获 60 万吨级以上乙烯生产能效最优企业称号。

胜利油田等 24 家企业被评为 2015 年度石化集团公司节能工作先进单位，江苏油田等 23 家企业被评为 2015 年度石化集团公司环境保护先进单位，茂名石化等 23 家企业被评为 2015 年度石化集团公司碳资产管理工作先进单位。王琳等 243 人被评为 2015 年度石化集团公司节能工作先进个人，张玉明等 88 人被评为 2015 年度石化集团公司环境保护先进管理者，毕铁成等 260 人被评为 2015 年度石化集团公司环境保护先进工作者，陶善友等 74 人被评为 2015 年度石化集团公司碳资产管理工作先进个人。

（蒋　璇）

能 源 管 理

【全面推进“能效倍增”计划】 2015 年，“能效倍增”计划项目完成 484 项，实现节能 98 万吨标煤。①强化组织领导和分级管理。总部和各事业部（管理部、专业公司）、企业成立了“能效倍增”计划领导小组。事业部（管理部、专业公司）作为“能效倍增”计划的管理主体，严把项目投资、审批、方案审核、项目验收关。企业作为“能效倍增”计划的责任主体，认真精选项目，落实项目批复要求，精心组织实施。②加强考核管理。建立例会制度，每季度通报工作情况，总结和推广先进经验，鞭策后进企业，并将考核结果纳入企业年度绩效考核。③大力推广成熟适用节能技术。通过召开石化集团公司节能技术交流会、下发《集团公司十大节能技术推广目录》等措施，大力推广成熟、适用先进节能技术。茂名石化、镇海炼化、燕山石化、齐鲁石化等 25 家企业积极推广“十大节能技术”，实施节能项目 68 项，节约标煤 6.7 万吨。总部组织节能专家团队，为 12 家企业开展节能技术服务，提出节能措施 160 多项。

（蒋　璇）

【大力开展合同能源管理】 修订下发了《中国石化合同能源管理项目管理办法》，各事业部制定了相关细则，使项目管理程序进一步明晰。组织召开石化集团公司合同能源管理工作交流会，推广茂名石化、广州石化和湛江东兴公司 3 家企业采用合同能源管理方式更新淘汰落后电机成功经验，推动合同能源管理工作深入开展。2015 年，完成合同能源管理项目合计 47 项，实现节能 4.9 万吨标煤。

（蒋　璇）

【持续强化节能节水管理基础工作】 ①完善能源环境一体化管理体系。理顺管理体制，要求企业明确能源环境专业管理部门，对节能减排降碳工作统筹规划、强化管理；推进机制融入，将能源环境一体化管理融入生产经营、改革发展和日常管理运营体系中，成为单位的发展方针、管理制度和工作程序。②有序开展能源管理中心建设。在扬子石化、燕山石化 2 家试点企业建设的基础上，2015 年，在茂名石化、齐鲁石化、镇海炼化、天津石化、九江石化、海南炼化、青岛炼化 7 家企业继续推广能源管理系统项目建设，通过企业能源产、存、转、输、耗全流程管理，提升了企业产能和用能的优化水平，能源管理效益显现，合计年直接效益 3 666.5 万元。③坚持开展节能监测和检测工作，不断健全监测和检测内容、方法，完善检测标准。2015 年，对金陵石化、石家庄炼化、仪征化纤、沧州炼化 4 家企业的主要动力设备/系统进行能耗监测，挖掘节能潜力 7.6 万吨标煤。④加强节水管理工作，结合国务院《水污染防治行动计划》的要求，建立工业取水总量控制指标，实施用水计划和目标管理。

（蒋 璇）

环境保护

【全面完成“十二五”总量减排责任书目标】 2015年，石化集团公司持续推进总量减排工作，逐项落实“十二五”主要污染物总量减排目标责任书中要求的指标任务。石化集团公司4项主要污染物排放量超额完成年度及“十二五”主要污染物总量减排目标。环保责任书规定的34项污水提标改造、36项催化烟气脱硫项目、重点区域大气污染限期治理方案中涉及的45台锅炉烟气治理项目，全部按期建成投运。

（蒋 璇）

【全力推进“碧水蓝天”环保专项行动】 石化集团公司依据实际情况调整项目、优化投资，“碧水蓝天”环保专项行动项目总数调整为810个，投资调整为214.8亿元。截至2015年底，已落实项目653个，批复投资156.2亿元。专项行动重点围绕污染物总量减排、污染物排放提标改造、挥发性有机污染物检测与控制、油气回收及环境风险防控等方面开展治理，项目实施后，确保石化集团公司完成与国家环保部签订的“十二五”目标责任书的指标任务要求，实现企业外排污染物稳定达标排放，有效改善作业现场及企业周边环境质量，增强企业环境风险防控能力，规范建设项目环保管理。

（蒋 璇）

【全面启动挥发性有机物综合整治】 编制挥发性有机物（VOC）综合整治工作计划、实施方案和《挥发性有机物污染防治管理办法》，印发《中国石化LDAR操作手册》，对38家炼化企业进行现场辅导和技术服务，完成一轮炼化企业泄漏检测与修复工作；集中治理污水处理场恶臭及各类含VOCs废气，减排成效显著；积极参与国家《石油炼制、石油化工企业VOC核算方法》编制，与国家环保部开展VOC控制相关课题研究，积极争取制定规则主动权。

（蒋 璇）

【狠抓建设项目全过程环保管理】 ①从严规范建设项目环保审批。强化内控管理，对不符合环保要求的项目一律不予审批，有效遏制了环评“未批先建”现象发生。②努力推进重点项目的环评审批和竣工验收。积极与政府相关部门协调，新疆煤制气外输管道工程等新建项目环评获得了国家批复，埕岛中心三号平台及配套工程通过环保验收。③全力督办历史遗留项目整改。通过落实责任、跟踪督办，多方寻找解决途径，一些“老大难”问题整改取得突破。④积极落实国家有关提前完成油品质量升级工作的要求，解决油品质量升级项目环评中的技术难题，推动相关项目按总体时间要求完成环评批复。

（蒋 璇）

【不断提高环境风险防控能力】 ①指导企业全面筛查和梳理环境风险源，建立环境风险源识别评估、环境隐患排查和隐患专项治理等机制，规范应对突发及次生环境事件的应急处置程序等。②对20家油气田、炼化及销售企业水体风险防控等环保重点工作进行现场检查，针对问题明确整改要求。③首次举办石化集团公司环境风险管控研讨会，指导企业进一步提升环境风险识别与管控水平。④开展石化集团公司在自然保护区和饮用水源地保护区内开发建设活动的摸底调查，并提出下一步整改意见。

（蒋 璇）

【加强环保教育与培训】 ①编制印发《环保三百问》手册2万本，进一步宣传石化集团公司绿色低碳发展战略，提升环境保护管理水平。《环保三百问》汇集了与石油化工企业相关的国家最新环保法律法规，及石化集团公司相关环保制度，是石化集团公司环境保护政策法规解读全本，成为环保管理人员的工作“口袋书”。②举办2期环保处、科长培训班，1期环保技术高级研修班，分层次对环保处、科长，环保骨干等进行培训，共培训150余人次。③组织宣贯培训VOCs管理办法、核算办法及技术指南等，指导企业开展VOCs综合整治，同时对38家炼化企业进行现场辅导和技术服务。

（蒋 璇）

应对气候变化

【进一步夯实应对气候变化基础】 组织开展碳盘查、清洁发展机制（CDM）和温室气体自愿减排（CCER）项目申报、碳交易等培训350余人次，碳资产管理队伍已初步形成；进一步深化完善碳资产管理信息系统功能模块建设，建立温室气体排放统计、监测、管理体系；完成沥青和己内酰胺全生命周期产品碳足迹研究，确定石化产品碳足迹研究方法；与国家相关部委、地方政府建立长效沟通机制，积极与BP、壳牌、道达尔等碳资产管理先进企业开展技术交流，吸收先进管理理念和经验。

（蒋　璇）

【强化碳资产实物和价值管理】　完成2014年碳盘查、核查，编制下达石化集团公司年度温室气体减排计划；胜利、中原、华东、东北等油田大力开展二氧化碳捕集、封存、利用试验研究，增加可采储量，提高原油采收率，2015年注入二氧化碳约35万吨、增油4.8万吨，累计注入二氧化碳约270万吨、增油23.5万吨；在油田企业推广应用甲烷回收利用技术，年回收甲烷约2亿立方米，减少温室气体排放约300万吨二氧化碳当量；全面梳理温室气体减排项目，申报8个CCER项目，年减排量43万吨左右；碳交易试点企业均按要求完成碳配额履约，成功进行CCER抵消配额运作，并积极进行碳交易，交易量180多万吨，交易额近5 400万元。

（蒋　璇）

科研开发与管理

◇ 综述

◇ 科技成果

◇ 新产品开发

◇ 知识产权

◇ 技术监督

综　　述

2015 年，科技系统认真贯彻创新驱动发展战略，紧紧围绕提高发展质量和效益，强化科技管理，完善体制机制，统筹组织“十条龙”等重大科技攻关，加快成果转化与推广应用，各项工作取得良好进展。

多项技术实现工业转化，支撑了主营业务发展。建立了以页岩气藏综合评价、水平井优快钻井、长水平井分段压裂及绿色开发配套技术为主的页岩气开发技术体系，为示范区 50 亿立方米产能建设提供了有力的技术支撑。突破了聚合物驱后油藏井网调整非均相复合驱技术，现场试验提高采收率效果良好。持续推进四川盆地奥陶—寒武系、川西二叠系、塔中北坡奥陶系、沾化凹陷、苏北盆地阜宁组等区域油气成藏条件研究和区带评价，优选了勘探目标。多产轻质油的加氢与催化裂化集成技术实现工业应用，为提高石油资源利用率、调整催化裂化产品结构提供了新途径。催化柴油生产高辛烷值汽油技术实现工业转化，为增产汽油、降低柴汽比提供了新途径。沸腾床渣油加氢工业试验打通全流程。完成生物航煤的首次商业载客飞行。气液法聚乙烯成套技术在工业装置上成功应用，可生产三元共聚、超低密度聚乙烯等系列高性能产品。开发了聚酯光学膜级专用料、增强型聚酯切片等新产品。持续开展化工装置废气处理系列技术开发，燃煤锅炉烟气脱硝等环保装置建成投用。

科技管理持续优化完善，开放创新进一步深化。坚持企业为主体、院所为龙头、市场为导向，提出中国石化贯彻创新驱动发展战略的初步意见。编制了《中国石化“十三五”科技进步规划》。积极推进开放创新，休斯顿研发中心运行正常，科研工作初见成效；中东研发中心在沙特达兰技术谷奠基；国家能源页岩油研发中心揭牌成立，页岩油气富集机理与有效开发国家重点实验室、绿色化工与工业催化国家重点实验室获批复成立。

知识产权管理进一步加强，专利申请质量与数量再创新高。全年申请专利 6 128 件，获得授权 4 343件。高效环保芳烃成套技术开发及应用获得国家科技进步特等奖，获得技术发明二等奖 2 项、科技进步二等奖 1 项；获得中国专利金奖 1 项、优秀奖 8 项。有 139 项基础研究、技术发明和科技进步成果获得石化集团公司科技奖励。

标准化、质量管理工作迈上新台阶。加强质量管理体系准入认证机构动态管理，完成认证机构的考核评价与调整工作。组织开展年度质量、计量检查工作。积极落实国家清洁油品升级战略，结合炼油技术发展路径，开展国Ⅵ燃油标准的研究工作。承担国际标准化组织塑料标准化技术委员会机械性能分委会（ISO/TC61/SC2）秘书处工作，启动《用高效液相色谱法测定双酚 A 中主组分和杂质含量》国际标准的研究制定工作。

（林　源）

科技成果

【概述】 2015 年度，国家授予石化集团公司科学技术奖励项目 4 项，其中科学技术进步奖特等奖 1 项，二等奖 1 项，技术发明奖二等奖 2 项。石化集团公司授予前瞻性基础性研究科学奖 10 项，其中一等奖 2 项、二等奖 3 项、三等奖 5 项；授予技术发明奖 12 项，其中一等奖 2 项、二等奖 5 项、三等奖 5 项；授予科技进步奖 117 项，其中一等奖 15 项、二等奖 35 项、三等奖 67 项。2015 年度国家授予石化集团公司科学技术奖励项目和石化集团公司科学技术奖励项目见附录 1。

（张洪波）

【面向工业过程的分子筛催化甲醇转化反应机理研究和中间体验证】 该项目以支撑工业催化剂创制和反应条件优化为目的，利用计算机辅助催化模拟技术在分子、原子水平上系统开展分子筛催化甲醇制烯烃（MTO）反应机理及催化剂结构（酸性、孔道、形貌）与催化性能关系的模拟研究。项目为建立分子筛催化材料“结构—积炭—扩散—性能”的关联提供理论基础，为工业 MTO 催化剂的创制做出贡献。获授权专利 2 件（族），其中 1 个专利族在美国、日本、加拿大获专利授权。该项目获 2015 年度石化集团公司前瞻性基础性研究科学奖一等奖。

（张洪波）

【均相乳液固化成形新型钛系聚乙烯催化剂】 该项目采用乳液固化成形的方法研发出适用于气相或淤浆聚合工艺的具有自主知识产权的钛系催化剂，用于制备高性能聚乙烯树脂。项目申请 47 件国内外发明专利，获 19 件中国专利授权。该项目获 2015 年度石化集团公司前瞻性基础性研究科学奖一等奖。

（张洪波）

【中国海相地层油气封盖机理与有效性评价】 该项目从盆地沉积、构造演化及热事件出发，恢复隆升过程和隆升幅度；从地温场出发，恢复盆地热历史；从岩石力学实验出发，揭示盖层力学性质在盆地构造演化过程中的变化特征及其与封闭性的关系，进而评价盖层的封闭性。研究成果：高演化泥页岩盖层在一定的埋藏深度发生脆—延转化，可具有很好的封闭性；泥页岩超固结比 OCR 能有效弥补排替压力 Pc 的不足，二者结合用于抬升阶段盖层封闭性改造特征研究，可增加对保存条件评价的可靠性；中国南方海相层系经历早期深埋、晚期抬升的构造演化，盖层封闭性也随着动态演化。在理论认识方面，证伪了长期以来认为“高演化泥页岩盖层封闭性差”的认识。项目获授权专利5件，发布标准2项，申请软件著作权 1 项。盖层封闭性动态演化评价技术已经广泛应用于国家“973”、国家重大专项、中国石化等不同层面的科研项目共13项。该项目获2015年度石化集团公司前瞻性基础性研究科学奖二等奖。

（张洪波）

【柴油超深度脱硫反应机理和反应动力学研究】 该项目通过对柴油超深度脱硫需要脱除的硫化物的多种反应历程进行研究，揭示了烷基转移反应性能和催化剂载体酸性之间相互关系。项目获中国授权专利20件。开发的具有烷基转移功能催化剂已在25套柴油加氢工业装置工业应用；级配催化剂体系已在19套柴油加氢工业装置工业应用。该项目获2015年度石化集团公司前瞻性基础性研究科学奖二等奖。

（张洪波）

【新型铁系催化剂及在乙烯齐聚制 α－烯烃中的应用】 针对现有工艺催化剂活性低或生产过程复杂等不足，为开发先进的乙烯齐聚技术，该项目基于新型研发路线，相继完成主催化剂的设计与合成，发明助催化剂和促进剂，各项指标达到国际领先水平，并成功完成中试放大研究。项目申请中国发明专利51件，获授权 12 件；申请国外专利 3 个专利族 20件，获授权2个专利族4件；申报中国石化专有技术3项。该项目获2015年度石化集团公司前瞻性基础性研究科学奖二等奖。

（张洪波）

【聚合物驱后油藏井网调整非均相复合驱提高采收率技术】 该项目发明了新型黏弹性颗粒驱油剂和非均相复合驱提高采收率原创性技术方法，矿场应用效果显著，可增加可采储量 2 480 万吨，推广前景广阔，具有较好的经济效益和广泛的社会效益。该项目获2015年度石化集团公司技术发明奖一等奖。

（张洪波）

【乙烯氧化制环氧乙烷高选择性银催化剂技术】 该项目研究了氧化铝粒度分布对载体比表面和孔结构的影响，发明了载体孔分布的定向控制技术，研制了具有特定孔结构的新型载体；研究发现了新添加剂，提高了高选择性银催化剂的稳定性；发明了中、高选择性银催化剂助剂体系及制备技术；研究并发现了其他因子控制规律。项目取得多项技术突破，成功开发出具有自主知识产权的中、高选择性银催化剂。工业应用结果表明，催化剂最高选择性达到89.5%，平均选择性比传统催化剂提高7%，综合性能达到世界先进水平。项目申请100件国内外发明专利，获授权22件。该项目获2015年度石化集团公司技术发明奖一等奖。

（张洪波）

【内嵌旋转尾管固井成套系统的研制与应用】 该项目开展内嵌旋转尾管固井成套系统的研制，打破了国外技术垄断，替代了进口产品，创造了巨大的经济效益，很好地保障了中国石化元坝、塔河及中国海油涠洲等重点油气田的有效开发，社会效益显著。该项目获2015年度石化集团公司技术发明奖二等奖。

（张洪波）

【自解堵疏水暂堵钻完井液技术】 该项目主要研究内容：①疏水高支化聚合物的研制；②疏水骨架颗粒的研制；③自解堵疏水暂堵钻完井液体系优化；④自解堵疏水暂堵作用机理研究，疏水骨架颗粒和疏水高支化聚合物之间相互作用机理研究，自解堵及微观机理研究；⑤自解堵疏水暂堵钻完井液技术的现场工艺，进行现场适用性研究，形成现场施工工艺技术。现场试验结果表明储层保护效果较好，产液量比邻井提高30%以上。该项目获2015年度石化集团公司技术发明奖二等奖。

（张洪波）

【天然气净化大型硫回收装置系列催化剂开发与工业试验】 该项目主要研究内容：①通过载体结构与性能的深入研究，创新了载体的制备工艺，掌握了大孔、大比表面催化剂制备的关键技术。②通过对氧化物相互作用机理及载体与活性组分相互作用的研究，确定了新型载体，并优化活性组分匹配和络合方式，开发了低温抗结碳型催化剂，以含烃原料气为气源，考察低温尾气加氢催化剂的抗结炭性能，结果表明，该催化剂具有良好的抗结炭性能，可满足普光净化厂硫回收装置过程气含烃的使用要求。③根据普光气田硫黄回收装置工艺特点和酸性气独特的性质，优化了催化剂级配方案，增加了催化剂的有机硫水解活性，降低了过程气有机硫含量，从而降低了烟气二氧化硫的排放浓度。项目申请专利 13 件，获授权 9 件。该项目获 2015 年度石化集团公司技术发明奖二等奖。

（张洪波）

【高加氢活性体相催化剂创制及应用】 该项目基于全新理念创制了高加氢活性体相催化剂，适用于馏分油加氢精制和加氢裂化预处理工艺。柴油加氢试验结果表明，控制精制柴油硫小于 10 微克/克，反应温度比传统催化剂低 20℃，超过国外同类催化剂的技术水平；该催化剂可以再生使用，克服了国外同类催化剂不能再生的缺点。该项目已获授权 18 件中国发明专利，拥有自主知识产权。项目缓解了炼油企业在油品质量升 + 级过程中的生产压力，提升了企业炼油绩效，对油品质量升级具有普遍适用性，有很好的推广应用前景。该项目获 2015 年度石化集团公司技术发明奖二等奖。

（张洪波）

【超细纳米 Beta 沸石材料及工业催化应用】 该项目研发了超细纳米 Beta 沸石材料，其晶体尺寸小于 20 纳米；基于此材料成功开发了性能优良的催化剂，并实现工业应用；发明了“络合团聚”纳米粒子回收技术，回收率近 99%；发明了催化剂气相活化技术，大幅提高了稳定性和选择性。项目获国内外授权专利 8 件。该项目获 2015 年度石化集团公司技术发明奖二等奖。

（张洪波）

【准西—准北缘油气成藏关键因素及勘探目标】 该项目系统开展石炭系烃源岩条件、圈闭发育规律、油气运聚规律等研究，取得多项创新成果，极大促进了勘探实践。①发现探区存在石炭系规模优质烃源岩。首次明确石炭纪以阶为单位的沉积充填过程及岩相空间展布，建立含火山物质烃源岩有效性评价方法，发现规模优质烃源岩，新增资源量 11.5 亿吨（三次资评为 1.1 亿吨），拓展了勘探领域。②揭示盆缘大规模地层岩性圈闭发育机制。揭示出火山岩风化壳上部广泛发育物性差的水解层，与下部物性好的淋滤层组合可形成大规模地层圈闭；中新生界发育多套正序叠加的砂泥岩组合，与多期不整合匹配，可形成大规模叠合连片分布的地层岩性圈闭。③建立盆缘远离油源区油气运聚模式。揭示出区域上呈毯状分布的砂体（毯砂）是主要横向输导体系，提出“断层—毯砂控制盆缘油气长距离运移”的新认识；建立“断层垂向输导、毯砂横向运移、地层岩性圈闭聚集”的油气运聚模式，明确规模油气聚集区，钻探成功率达 82%。项目在核心期刊发表论文 21 篇；获授权发明专利 1 件、实用新型专利 2 件。该项目获 2015 年度石化集团公司科学技术进步奖一等奖。

（张洪波）

【非常规油气压裂微地震监测技术】 该项目内容包括：①完成典型非常规储层压实压裂实验，总结岩石破裂信号特征，研究开发基于岩石压裂震源机制的微地震全波场正演模拟技术和观测系统设计及评估方法；②完成微地震事件自动检测、弱信号增强和提取等微地震自动处理关键技术研发，建立微地震事件判断准则和弱信号自动化快速检测流程，形成自动处理和实时处理技术和流程；③提出针对复杂地表的微地震相对定位技术，显著降低速度模型，复杂地表和低信噪比信号对震源定位的影响，显著提高定位精度；④开发微地震震源机制反演技术，形成基于震源矩张量的压裂裂缝动力学特征分析和压裂裂缝解释技术；⑤形成具有自主知识产权的处理解释一体化微地震监测软件，具备微地震现场处理和室内处理功能，并通过实际生产的检验。创新点：①形成微地震监测完整技术体系、流程和软件产品，②复杂地表和低信噪比资料微地震震源识别、速度建模和相对定位技术系列；③岩石破裂震源机制和裂缝特征正反演技术。项目申请 13 件发明专利、3 项专有技术、3 项软件著作权。该项目获 2015 年度石化集团公司科学技术进步奖一等奖。

（张洪波）

【断陷盆地高勘探程度区油气成藏新认识与勘探实践——以渤南洼陷为例】 该项目选择具有典型断陷湖盆地质结构、剩余油气资源潜力大的渤南洼陷为研究区，系统开展成熟层系的精细地质模型重建，深化深部层系的储层演化规律认识，加强盆缘区带的油气运聚规律研究，建立断陷湖盆的油气藏有序分布模式，为勘探部署提供依据。①突破洼陷带主力含油层系（沙三段）储量空白区的限制，建立沉积体系和成藏动力控制下的油气藏有序分布模式，提出主力含油层系储量空白区精细勘探的思路和方法，发现 3 000 万吨油气储量。②突破深部层系（沙四段）储层致密的束缚，建立深部酸碱共控的优质储层形成机制，明确早期碱性环境形成储集体强胶结，后期有机酸溶蚀形成深层次生孔隙发育带，预测沙四段优质储层发育区，发现三级储量过亿吨。③突破渤南洼陷油气早期成藏贡献较小的传统认识，提出早期(东营组)油气成藏规模大的认识，恢复早期(东营期)油气成藏要素，建立完整的油气成藏期次序列及成藏模式，发现盆缘5 000万吨级三合村油田。项目在国内核心期刊上发表论文15篇。课题攻关形成的断陷盆地高勘探程度区评价思路和方法，对渤海湾盆地勘探具有重要的指导意义。该项目获2015年度石化集团公司科学技术进步奖一等奖。

（张洪波）

【涪陵页岩气田地质评价技术及开发技术政策】 该项目建立了页岩储层实验室测试新方法，形成具有页岩特色的测井解释技术，建立页岩气层精细描述方法及参数体系，形成页岩气“甜点”地震预测技术，研究页岩气纵向非均质性及平面分区特征，明确涪陵五峰—龙马溪组优质页岩发育层段及开发“甜点区”。发展、完善页岩气开发实验技术和流动理论，创建页岩气水平井产能评价和预测技术，系统开展页岩气现场开发评价试验，建立复杂地质地表条件下页岩气开发技术政策优化方法，编制中国第1个大型页岩气田开发方案，有效支撑了涪陵页岩气田高效开发，一期产建区160口试气井平均测试产量31万米^3/日。项目申报发明专利13件、软件著作权7项。该成果已在涪陵页岩气田实现了工业化应用，建成中国第1个页岩气田。截至2015年5月底，累计生产工业气17亿立方米，涪陵已成为国家级页岩气开发示范基地。中国石化被第5届世界页岩油气峰会授予页岩油气国际先锋奖。该项目获2015年度石化集团公司科学技术进步奖一等奖。

（张洪波）

【超深高含硫生物礁大气田高效开发技术】 该项目形成超深高含硫气田安全高效开发的4项创新技术，取得显著的应用成效：储层预测符合率95%，开发井成功率100%；单井钻井周期缩短100天以上，创造3项钻井世界纪录，新井实钻效果普遍好于预期；项目开工建设至2015年底未发生一起安全事故；涉酸关键设备与管材国产化率达85%以上，建成国内首个7 000米深的高含硫生物礁大气田，一期项目投产1年，集输、净化系统生产运行安全稳定，各项指标均达到设计要求，实现元坝超深高含硫气田的安全高效开发。创新点：①超深层小礁体气藏精细描述技术；②小礁体水平井部署及钻完井技术；③安全高效生产控制技术；④涉酸关键设备及管材国产化。项目获授权专利9件。安全高效开发了元坝超深高含硫生物礁大气田，建成混合气产能30亿米^3/年，一期项目试采产能高，生产稳定，各项开发指标优于方案设计。项目研究成果已推广应用到川西深层海相高含硫气藏的勘探开发中。该项目获2015年度石化集团公司科学技术进步奖一等奖。

（张洪波）

【超深高含硫气田开发监测技术研究】 该项目创新形成超深高含硫气田开发监测关键技术5项，整体达到国际领先水平。①研制了高抗硫产气剖面测井仪和高含硫气井产气剖面解释软件，应用完成43井次的产剖测井，精确解释掌握气井气层动用状况，为制定并实施科学合理的增产措施提供可靠依据。②研制了高抗硫井下取样器，应用完成7井次的井下定点保压取样；研究普光高含硫气藏流体相态变化规律，为普光气田不断优化开发技术政策提供了依据。③建立高含硫边水气藏水侵预警模型，准确预测气井出水时间，提前调整气井工作制度，控制水侵速度，延长无水采气期；形成气井水侵层位监测技术，准确识别气井出水层位，及时采取堵水措施，恢复气井产能，延长生产时间。④建立基于硫化氢浓度动态变化的利用井口压力计算井底压力数学模型和考虑硫析出伤害的试井解释模型，研究气井产能变化规律，为优化配产提供了科学依据。⑤形成一套适合超深高含硫气藏开发监测的安全控制技术，为安全环保开展高含硫气井测试工作提供了安全保障。创新点：高抗硫产气剖面测井仪及解释软件；高含硫气藏水侵预警模型及水侵层位识别技术；考虑硫析出影响的井口压力计算井底压力的数学模型和产能试井解释模型；绳缆式超高压气密封多级防泄漏技术。项目申报专利10件，无产权纠纷。项目成果全面应用于普光气田开发，建立了完善的开发监测系统，为气田长期高产、稳产奠定了坚实基础。完成143井次关键开发监测，实现100%无安全事故。已推广应用于大湾气田，部分成果已用于元坝等高含硫气田。该项目获2015年度石化集团公司科学技术进步奖一等奖。

（张洪波）

【提高采收率潜力评价及技术创新实践】 该项目主要技术内容：①提高采收率机理研究。基于室内实验和理论分析，建立表征提高采收率的优化数学模型；建立聚驱和二氧化碳驱前缘驱替方程，指导方案设计和注入过程的调整。②大幅度提高采收率技术方法研究。从提高采收率3种作用、4种效应的协同集成出发，系统分析不同类型油藏存在问题，提出相应的提高采收率的技术方法。③油田提高采收率潜力评价方法研究。创建了油藏三维分类方法和不同技术方法的终止判别函数，形成提高采收率潜力评价新方法，首次明确中国石化油田提高采收率前景潜力。创新点：①建立了提高采收率数学优化模型，扩展了毛管数理论；②建立了不同类型油藏提高采收率协同作用的技术集成方法和潜力评价方法；③形成4项提高采收率新技术。项目获授权发明专利5件。成果大幅度提高了东部老油田采收率，对于实现油田稳产，保障国家油气供给安全具有重要意义。该项目获2015年度石化集团公司科学技术进步奖一等奖。

（张洪波）

【中国石化生物航煤生产技术】 该项目成功开发出中国石化生物航煤生产技术(简称SRJET技术)。1号生物航煤产品，经系统的理化性能评定、使用性能研究、发动机台架试验和飞行验证，完全满足国内外产品标准指标和使用要求。全生命周期碳排放的研究表明：SRJET技术具有明显的碳减排效果，是一项低碳、绿色环境友好的技术，具有良好的社会效益。中国石化由此成为国内首家拥有自主生物航煤生产技术且具有批量生产能力的企业，成为世界上少数几个掌握生物航煤自主研发技术的企业之一。项目同时开发出加工高含氧量的加氢处理技术和正构烷烃选择性裂化和异构化的加氢转化技术。项目申请中国发明专利14件、获授权8件，申报专有技术4项。生物航煤实现了首次商业飞行。生物航煤技术的成功开发及产品的适航审定，解决了中国航空业面临的碳排放技术瓶颈，是中国石化绿色低碳发展理念的体现，对中国替代能源生产技术具有巨大的推动作用，具有显著的社会效益。该项目获2015年度石化集团公司科学技术进步奖一等奖。

（张洪波）

【逆流连续重整成套技术开发与工业应用】 该项目取消了现有技术必须采用的闭锁料斗及其控制系统，使得过程更加简单、节省投资、操作容易、运行稳定，在反应机理、工艺流程方案、自动控制、设备结构等方面具有创新性。项目具有完全自主知识产权，主要性能达到或超过国内外同类装置指标，获得19件专利授权。该项目获2015年度石化集团公司科学技术进步奖一等奖。

（张洪波）

【SRH液相循环加氢技术开发及工业应用】 该项目是将所需氢元素充分溶解在原料油和循环油中，而后与催化剂床层接触实现液固两相催化反应。与常规工艺相比，取消了高能耗、高投资的氢气循环系统，并降低了冷换设备压力等级。能耗和投资分别降低约20%左右，且由于循环油持续带出反应热，反应温度均衡，提高了催化剂使用效率。通过氢气溶解规律、反应动力学、工艺流程和关键设备等研究开发，率先建成国内首套工业示范装置。该技术还拓展应用于航煤加氢和重整生成油后加氢等领域。设计条件更适于生产国V柴油，体现出该技术催化剂稳定性好及能耗低的优势。技术的创新点包括工艺流程、反应器结构、反应器内构件、控制方法、最优化操作方式、装置开停工、催化剂硫化处理等多方面。项目获17件中国发明专利授权，具有自主知识产权。其特点：不产生大量的低温热，能耗低；高压设备少，投资少；催化剂床层接近等温床，催化剂利用率高、活性稳定性好。该项目获2015年度石化集团公司科学技术进步奖一等奖。

（张洪波）

【武汉80万吨/年乙烯成套技术开发】 该项目以国家重点工程武汉80万吨/年乙烯项目为依托，利用百万吨级乙烯工艺包国产化契机，攻克了乙烯“三机”技术难度最大的乙烯制冷机组关键技术。①针对机组抽加气变化大的技术难点，通过优化机组整体技术方案，满足了二次加气和一次抽气的工艺流程。针对低温特性设定最佳的性能匹配参数。②攻克了机组低温特性这一关键难点，对转子部件使用的低温材料进行了系统研究；考虑机组出入口温差大的特点，改进转子和定子结构，解决机组冷、热端膨胀差异；开展了压缩机低温转子的动力稳定性研究，针对低温转子多个变温工况下的横向振动及稳定特性进行对比分析研究，保证了乙烯转子全工况下的可靠性。③解决了缸内大抽气量所导致的轴向推力大问题。④为提高机组效率，开发了相关模型并成功应用。⑤采用大型铣制工艺和磨料流工艺，降低叶轮内外表面粗糙度，提高了叶轮加工质量和效率。⑥开发了汽轮机新型抽汽调节阀，保证汽轮机在各抽汽工况下稳定操作，设计了汽轮机新型电动盘车装置，满足就地和远程控制要求。⑦优化工艺管道设计，提高机组的防反转能力。该机组依托国产工艺包，通过工艺系统优化和机组结构设计、加工方法优化研制成功，性能和关键技术指标达到国际先进水平，填补了国内空白。机组核心技术具有自主知识产权，获授权发明专利1件、实用新型专利5

件。机组于2013年8月在武汉石化投入运行，运行结果表明，各项技术指标达到设计要求，效率、稳定性、可靠性达到进口同类机水平，填补了国内空白，可推广至新建或扩建大型乙烯装置。该项目获2015年度石化集团公司科学技术进步奖一等奖。

（张洪波）

【单喷嘴冷壁式粉煤加压气化(SE)成套技术开发与工业应用】 该项目主要技术内容：①开发SE气化技术复合式气化烧嘴。开展工艺烧嘴点火方案、流道设计及水冷保护方案优化研究，为工业烧嘴设计、制造提供可靠的技术方案。②开发SE气化炉。通过开展炉内冷态流场研究、小型热模温度场试验研究及炉内多相湍流反应过程数值模拟研究，优化气化炉炉型结构设计；开展气化炉水冷壁结构设计和操作优化研究，通过水冷壁水冷管布设方式、水冷壁水动力学、水冷壁传热研究等，优化水冷壁结构设计和操作方案。通过上述研究，为气化炉示范装置的设计提供可靠的技术方案，并提高装置的运行周期和经济性。③ 开展SE气化示范装置烧嘴与水冷壁气化炉的工程计算与设计研究。④ 开展SE气化技术制氢系统配套改造及优化集成研究，完成配套系统工程设计。⑤ 开展SE气化示范装置的优化操作及性能考核。开发集点火—开工—气化功能为一体的长寿命复合式气化烧嘴、简化结构的膜式水冷壁技术、耐硫变换工艺等技术。项目申请国家专利79件，获授权43件，形成专有技术76项。成套技术具有自主知识产权。该项目获2015年度石化集团公司科学技术进步奖一等奖。

（张洪波）

【3万吨/年稀土顺丁橡胶工业成套技术开发】 该项目基于自主知识产权技术及产、学、研、用紧密结合，从小试、中试到工业放大，开发了稀土催化剂与制备技术、丁二烯连续绝热聚合、聚合反应过程控制、降铝工艺、聚合物门尼黏度及分子量分布调控、彻底终止/降黏工艺、三釜凝聚及后处理等关键技术与关键设备，建成中国石化第1套高性能稀土顺丁橡胶生产装置(3万吨/年)，一次开车成功，打通工艺全流程，工业生产平稳易控，提高了单体进料浓度，提高了生产效率，生产出3个牌号的高性能稀土顺丁橡胶产品，产品质量与国际同类先进产品质量相当，建立了产品技术指标及行业标准，形成具有自主知识产权的中国石化第1套稀土顺丁橡胶工业生产成套技术。项目获授权发明专利9件(其中国际专利3件)。该项目获2015年度石化集团公司科学技术进步奖一等奖。

（张洪波）

【第三代环管法聚丙烯成套技术】 该项目将新开发的非对称外给电子体及丙丁二元共聚技术与第二代环管法聚丙烯技术相整合，开发出第三代环管法聚丙烯技术工艺包并实现工业化生产；完善系列化高性能产品生产技术，可生产高性能BOPP、高熔体强度聚丙烯、PPH管材专用料、高熔指抗冲聚丙烯、透明聚丙烯等高附加值的聚丙烯产品。创新点：①开创性地提出非对称外给电子体及丙丁二元无规共聚2项中国石化首创技术组合理念，并运用到国产化环管法聚丙烯技术上，为世界首创；②开发出拥有自主知识产权的第三代环管法聚丙烯成套技术，可生产性能优异、附加值高的系列新产品牌号；③在聚合物脱气、干燥、掺混等工艺过程创新与优化。该项目获2015年度石化集团公司科学技术进步奖一等奖。

（张洪波）

【高效油气回收成套技术研发及工业应用】 该项目研发了适用于油库、加油站、炼厂、码头等多种场合的系列高效油气回收成套技术。①疏水硅胶—活性炭联用油气回收工艺与装置。研发了高效油气回收疏水硅胶并实现工业化生产，研究了疏水硅胶与活性炭的分层装填比例、脱附工艺参数等，油气动态吸附量较单用活性炭提高30%，温升小，易脱附，安全节能。②研制出具有自主知识产权的码头油气回收船岸对接安全保障系统，符合船级社和海事组织的标准要求，为油气回收装置的运行和油轮提供了安全保障。③研制出防滴油油气回收加油枪、国产化油气回收真空泵、电子式气液比调节系统、油气回收在线监测系统系列化加油站油气回收产品，确保了加油站油气回收效果。④研发了锁紧式油气回收上装密封鹤管，密封性优于国家标准，无需再改造现有罐车，大大提高了油气回收效率，降低了发油系统油气回收的投资成本。⑤研究成果被纳入参与编制的GB 50759《油品装载系统油气回收设计规范》和Q/SH 0117《中国石化油气回收系统工程技术导则》。⑥制定了中国石化储油库油气回收系统、加油站卸油油气回收、加油站加油油气回收系列技术规范，为中国石化油气回收工程的良好实施提供了重要参考。创新点：发明了油气回收疏水硅胶及制备工艺；开发了疏水硅胶—活性炭吸附法油气回收工艺；提出锁紧式上装密封鹤管设计方法；开发了码头油气回收船岸安全对接系统。项目获授权专利

23 件(其中发明专利 6 件)，专有技术认定 2 项。广疏水硅胶—活性炭联用吸附法油气回收装置推广应用 91 套、油气回收效率 95% 以上，码头油气回收船岸对接安全保障系统 80 余套，锁紧式上装密封鹤管 150 余套，加油站油气回收系列设备 5 000 余套。该项目获 2015 年度石化集团公司科学技术进步奖一等奖。

（张洪波）

新产品开发

【合成树脂新产品】 1. POF 膜用 LLDPE 专用料

中国石化采用气液法流化床聚乙烯新工艺和新型催化剂，成功开发 POF 膜用 LLDPE 专用料。应用结果表明，LLDPE 专用料有优异的拉伸断裂强度与良好的纵横向强度的平衡，其综合性能达到国际同类产品水平的性能，可满足用户对高性能树脂的需求，打破了国外进口产品垄断市场的局面。

2. 超低密度聚乙烯专用料

中国石化成功开发出超低密度专用料，成为国内首家可生产密度小于 0.912 千克/厘米^3 聚乙烯专用料的企业，工业化 2 个牌号，填补了国内同类产品的空白，经济效益显著。

3. 医疗和卫生用聚丙烯无纺布专用料

中国石化成功开发了用于医疗和卫生领域的高性能聚丙烯无纺布专用树脂。其中，PPH－Y35X 具有不含塑化剂、灰分低、分子量分布窄、产品取向度高、气味小等特点，产品质量达到国际同类产品要求，已完成 MSDS、TDS、REACH 法规、RoHS 等国内外产品认证；专用树脂在实现批量推广应用，制备的无纺布产品已经出口至欧洲，并实现在一次性手术服、卫生巾、创可贴、尿不湿等高端领域的应用。

4. 低灰分聚丙烯专用树脂

中国石化采用自主开发的超高活性聚丙烯催化剂，在环管法聚丙烯装置成功开发出用于锂电池隔膜和电工膜的低灰分聚丙烯树脂，产品达到传统聚丙烯需经洗涤脱灰工艺才能实现灰分小于 50×10^{-6} 的目标，聚合造粒后各项指标即可符合锂电池隔膜生产装置原料标准的要求，具有绿色环保特征。以其为原料生产的锂电池隔膜产品性能优良，在河南义腾新能源科技有限公司、新乡市中科科技有限公司、河南德力普新能源科技有限公司等进行了应用，各项指标达到或超过采用优质进口原料生产的锂电池隔膜产品。

（赵　红）

【纤维新产品】 1. 超仿棉共聚酯短纤维——仪纶

3 种型号的产品标准已经确定；仪纶非氯漂技术攻关取得突破，在用户试验成功，打通了产业链全流程。

2. 环保型水刺无纺布用短纤维及环保型中空产品

形成了较为成熟的产品配方及聚合、纺丝工艺技术，产品实现了从切片纺到 1 单元及 5—8K 熔体直纺生产线上的推广应用，产品质量得到后道用户的认可，销量逐步扩大，同时开发了环保型中空产品。

3. 植绒短纤

通过纺丝工艺研究和设备改造，开发了 1.33 × 12 植绒 CY510、1.56 × 12 植绒 CY511 系列产品，实现了产品工业化稳定生产，产品适用于加工具有起绒风格等特殊要求的面料。

4. 膜级聚酯切片 FG603

通过原料控制、聚合工艺优化及设备改造，开发了膜级聚酯切片 FG603，产品主要应用于加工光学用聚酯薄膜。

5. 纤维级高收缩聚酯切片 HS550

通过产品配方及聚合、结晶工艺研究，形成了产品配方体系及生产技术，实现了产品批量生产销售，产品质量已获得用户认可。

6. 增强型聚酯切片 FG720

通过进一步市场开拓及生产过程优化，实现从 10 单元/S1 小装置推广到 15 单元/S2/S1 大装置的正常生产，同时进行了 11 单元/S3 试生产，进一步降低了成本。

7. 环保型聚酯切片

产品质量获得部分薄膜用户认可，主要出口国外市场。

8. 腈纶高附加值产品

在已有原液着色工艺基础上，根据户外家具面料、沙发面料较高耐磨性的用途特性，通过工艺改进成功开发了具有较高伸长的原液着色户外沙发布用腈纶新产品，获得客户认可。

（原　玲）

【精细化工新产品】 1. 聚醚多元醇

TPOP－05/45 降黏工作。黏度显著提高，产品的伸长率、压陷硬度性能都有提高，产品的气味也有所减小，得到大客户的质量认可。

低 VOC 聚醚。2015 年与国内知名企业合作攻关，使聚醚产品 VOC 有了明显降低，尤其气味方面在国内达到先进水平。

通过中试的工艺改造，POP 产品中的苯乙烯、丙烯腈单体已从以往的 60×10^{-6}—80×10^{-6} 降至 15×10^{-6} 以下。

2. 环氧树脂

2015 年，主要开展了环氧氯丙烷环保新工艺的开发、油田复合材料用环氧体系的开发、双环戊二烯苯酚型环氧树脂的开发、电工浇注料环氧树脂等新产品、新技术开发工作。

环氧树脂新产品开发生产。油田复合材料用环氧体系：该体系主要目标是用于碳纤维抽油杆、可钻材料领域，复合料的配方已经确定，性能参数满足要求。双环戊二烯苯酚型环氧树脂：经过反复调整工艺，解决了色泽深、当量不稳等质量问题。湖北省化工研究院将放大产品做成下游产品后用到覆铜板领域，得到用户认可。

已有新产品推广应用。对水性环氧树脂、风力发电用环氧树脂等新产品进行技术改进及应用推广。邻甲酚醛环氧树脂：已开发满足高档油墨领域质量要求的高软化点邻甲酚醛环氧树脂新牌号，形成了产品暂行标准。液体环氧树脂：对装置进行了工业化改进，开发的低黏度高品质液体环氧树脂，降低了产品消耗提高并稳定了产品质量，尤其是稳定了产品品种切换时的质量。无色环氧树脂：主要针对基础环氧色泽等品质要求较高的深圳崯涛等 2 家用户开发的优质产品，用于饰品胶领域。粉末涂料用环氧树脂：采用环氧树脂和聚酯树脂为主要原料制备的混合型粉末涂料用环氧树脂 CYD－013L，开拓了新的固体环氧树脂产品应用领域；钻井平台用重防腐粉末涂料用环氧树脂（CYD－804L）主要用于油田钻井平台等防腐。

3. 三次采油用化学品

南京化工公司 2 000 吨/年三次采油用耐温抗盐表面活性剂生产装置于 2011 年建成，截至 2015 年底，共生产 5 个系列表面活性经产品，分别应用于河南油田、中原油田、江苏油田和江汉油田。

（原 玲）

【生物化工新产品】 以抚顺石油化工研究院为依托的中国石化生物燃料及生物化工重点实验室，2015 年开展中试项目 1 项，完成工业项目可研 1 项，申请发明专利 76 件。

1. 长链二元酸

2015 年 7 月召开 1 000 吨/年长链二元酸精制工业试验项目可研报告审查会，并于 8 月上报总部并获批复，正式立项。

2. 1，3－丙二醇

对中试技术进行了优化，开发了丙二醇馏分加氢工艺，提升了丙二醇产品质量。

3. D－乳酸

与天津大学合作进行了发酵放大试验，达到了预期指标。开展了中试发酵试验，中试放大呈正效应。

（原 玲）

知 识 产 权

【概述】 2015 年，中国石化知识产权管理继续在央企中保持领先地位，全年共申请专利 6 128 件，获得授权专利 4 343 件。在确保专利申请及授权工作的基础上，重点开展提高专利质量的工作，特别是为实现高效、科学、客观地评估专利申请质量，把好专利申请审批质量关，启动专利申请质量评估系统的建设工作。继续加强专有技术保护工作。开展全系统科技保密自查工作，进一步掌握相关单位的保密工作落实情况和存在的问题；进一步加强成套技术创新成果的专有技术梳理和知识产权保护工作，对多家单位进行专有技术认定。稳步推进专利战略研究工作，针对热点、活跃领域开展专项分析。继续做好培训工作，提升全系统相关人员的知识产权专业认识和能力水平。从石化集团公司层面开展 3 期知识产权培训，培训人员超过 200 人；多个二级单位也举办了相关知识产权培训。

中国石化在 2015 年中国国家知识产权局举办的“第十七届中国专利奖”评选活动中获得专利金奖 1 项、优秀奖 8 项。

（查芷琦）

技 术 监 督

【质量管理与监督】 印发《中国石化 2015 年度质量工作要点》，确定指导思想、质量目标，提出 6 项管理措施和 10 项具体措施。

组织开展中国石化“质量日”“质量月”活动。2015 年 4 月 7 日是中国石化的第 5 个质量日，下发《关于开展 2015 年中国石化“质量日”活动的通知》，确定“质量日”活动主题为“聚焦顾客，努力提高产品质量、工程质量和服务质量”。3 月下旬—4 月上旬由各事业部（专业公司）结合专业特点和板块的工作要求，组织所属企业召开质量工作会议、专业技术会、用户走访及质量培训等活动；组织召开科研板块质量管理体系建设工作会议，对科研单位加强质量管理提出要求。9 月下发《关于开展 2015 年全国“质量月”活动的通知》，组织开展主题为“迈向质量时代　建设质量强国”的中国石化“质量月”活动，其间重点安排了质量宣传、质量培训、质量管理体系有效性检查等活动。

开展质量管理体系监督抽查。①对准入的质量管理体系认证机构实施管理。对质量管理体系认证机构准入名单重新评价，下发《关于发布质量管理体系认证机构准入名单的通知》，有效期为 3 年；召开 2015 年度认证机构工作会议，通报认证机构存在的典型问题，提出中国石化对准入认证机构的管理要求。②对 55 家下属单位开展质量管理体系有效性监督检查，共提出问题 784 项，其中对 23 家企业开展质量管理体系有效性检查。③派遣观察员监督企业和认证机构的审核情况，共计派出观察员 19 人，观察企业 8 家。

开展石油及石油化工产品、油田企业采购物资质量监督抽查工作。①通报 2014 年抽查结果，下发《关于 2014 年油田企业采购物资质量监督抽查结果的通报》和《关于 2014 年石油和石油化工产品质量监督抽查结果的通报》，并对不合格的责任单位提出经济责任考核。②编制并下发 2015 年度抽查计划，召开质检中心年度工作会议，组织开展产品质量监督抽查。全年抽查石油和化工产品 1 819 个，合格 1 804个，合格率为 99.18%，同比下降 0.07 个百分点。其中，抽查合格率 100% 的产品是车用汽油、燃料油、石蜡、沥青、合成油脂、合成树脂、合成橡胶、有机原料、基本有机原料。抽查发现 15 个不合格产品，对抽检不合格的单位按照经济责任制考核办法进行考核扣分。抽查油田企业采购物资样品 427 个，合格 406 个，合格率为 95.08%，提高 3.8 个百分点。

组织召开季度质量工作例会。分别于 1 月 30 日、4 月 7 日、8 月 5 日、11 月 16 日组织召开 4 次质量工作例会，各事业部(管理部)汇报上季度质量工作完成情况及下季度的质量工作计划。会后形成会议纪要并督促各部门落实各项要求。

组织开展 2015 年度质量管理奖评选工作。12 月 9 日下发《关于开展 2015 年度质量管理奖评选的通知》，经企业申报，主管事业部(专业公司)初审和推荐，组织有关部门评委联合评审并报党组批准，评选出中原油田分公司等 16 家单位为质量管理奖先进单位，尹文君等 76 人为质量管理奖先进个人，下发《关于表彰 2015 年质量管理奖先进单位和先进个人的决定》。

镇海炼化推行“一平稳四优化”管理的实践经验获得 2015 年全国“质量标杆”称号。润滑油公司“全生命周期为客户创造价值”的质量管理模式获得第 2 届中国质量奖提名奖。

（赵　巍）

【标准化管理】　截至 2015 年 12 月底，全国石油产品和润滑剂标准化技术委员会归口管理的石油和石油化工产品标准(含试验方法标准)共 1 294 项，其中国家标准 397 项、石油化工行业标准 891 项、国家实物标准 6 项。

国家标准制修订：2015 年，全国石油产品和润滑剂标准化技术委员会组织完成制修订并上报国家标准化管理委员会 25 项国家标准，国家标准化管理委员会批准发布 15 项石油化工国家标准(见表 1)。

表 1　**2015 年批准发布的石油化工国家标准**

序号	标准号	标准名称	实施日期
1	GB 252—2015	普通柴油	2015 - 05 - 08
2	GB 18351—2015	车用乙醇汽油(E10)	2015 - 05 - 08
3	GB/T 20828—2015	柴油机燃料调和用生物柴油(BD100)	2015 - 05 - 08
4	GB/T 22030—2015	车用乙醇汽油调和组分油	2015 - 05 - 08
5	GB 25199—2015	生物柴油调和燃料(B5)	2015 - 05 - 08
6	GB/T 21451. 1—2015	石油和液体石油产品　储罐中液位和温度自动测量法　第 1 部分：常压罐中的液位测量	2016 - 03 - 01
7	GB/T 1792—2015	汽油、煤油、喷气燃料和馏分燃料中硫醇硫的测定　电位滴定法	2016 - 05 - 01

续表

序号	标准号	标准名称	实施日期
8	GB/T 32384—2015	中间馏分中芳烃组分的分离和测定　固相萃取—气相色谱法	2016-05-01
9	GB/T 4756—2015	石油液体手工取样法	2016-06-01
10	GB/T 5487—2015	汽油辛烷值的测定　研究法	2016-06-01
11	GB/T 8018—2015	汽油氧化安定性的测定　诱导期法	2016-06-01
12	GB/T 8020—2015	汽油中铅含量的测定　原子吸收光谱法	2016-06-01
13	GB/T 11079—2015	白油易炭化物试验法	2016-06-01
14	GB/T 11133—2015	石油产品、润滑油和添加剂中水含量的测定　卡尔费休库仑滴定法	2016-06-01
15	GB 17411—2015	船用燃料油	2016-07-01

石化行业标准制修订：2015 年，中国石化组织完成制修订并上报国家工业和信息化部与国家能源局 44 项石油化工行业标准，国家工业和信息化部与国家能源局批准发布 53 项石油化工行业标准(见表 2)。

表 2　2015 年批准发布的石油化工行业标准

序号	标准号	标准名称	实施日期
1	SH/T 1718—2015	充油橡胶中油含量的测定	2016-01-01
2	SH/T 1157.2—2015	生橡胶　丙烯腈—丁二烯橡胶(NBR)中结合丙烯腈含量的测定　第 2 部分：凯氏定氮法	2016-01-01
3	SH/T 1780—2015	异戊二烯橡胶(IR)	2016-01-01
4	SH/T 1141—2015	工业用裂解碳四的烃类组成测定　气相色谱法	2016-01-01
5	SH/T 1493—2015	碳四烯烃中微量羰基化合物含量的测定　分光光度法	2016-01-01
6	SH/T 1782—2015	工业用异戊二烯纯度和烃类杂质含量的测定　气相色谱法	2016-01-01
7	SH/T 1784—2015	工业用异戊二烯中微量抽提剂的测定　气相色谱法	2016-01-01
8	SH/T 1785—2015	工业用异戊烯	2016-01-01
9	SH/T 1786—2015	工业用异戊烯纯度和烃类杂质含量的测定　气相色谱法	2016-01-01
10	SH/T 1787—2015	工业用异戊烯中含氧化合物的测定　气相色谱法	2016-01-01
11	SH/T 1788—2015	工业用碳五烯烃中羰基化合物含量的测定　容量法	2016-01-01
12	SH/T 1789—2015	工业用裂解碳五	2016-01-01
13	SH/T 1790—2015	工业用裂解碳五中烃类组分的测定　气相色谱法	2016-01-01
14	SH/T 1791—2015	工业用间戊二烯	2016-01-01
15	SH/T 1792—2015	工业用裂解碳九	2016-01-01
16	SH/T 1793—2015	工业用裂解碳九组成的测定　气相色谱法	2016-01-01

续表

序号	标准号	标准名称	实施日期
17	SH/T 1794—2015	裂解萘馏分	2016－01－01
18	SH/T 1795—2015	工业用三乙二醇	2016－01－01
19	SH/T 1796—2015	工业用三乙二醇纯度及杂质的测定　气相色谱法	2016－01－01
20	SH/T 1797—2015	工业用1－己烯	2016－01－01
21	SH/T 1798—2015	工业用1－己烯纯度及烃类杂质的测定　气相色谱法	2016－01－01
22	NB/SH 0007—2015	化妆品级白油	2016－03－01
23	NB/SH/T 0892—2015	中间馏分燃料中痕量元素的测定　电感耦合等离子体原子发射光谱法	2016－03－01
24	NB/SH/T 0893—2015	乘用车直喷柴油发动机油中温分散性评定法	2016－03－01
25	NB/SH/T 0894—2015	含聚合物油超声波剪切安定性测定法	2016－03－01
26	NB/SH/T 0895—2015	中间馏分燃料和液体燃料过滤器阻塞倾向测定法	2016－03－01
27	NB/SH/T 0896—2015	汽车发动机油性能的评定　程序ⅢG法	2016－03－01
28	NB/SH/T 0897—2015	汽车发动机油性能的评定　程序ⅣA法	2016－03－01
29	NB/SH/T 0898—2015	汽车发动机油低温油泥性能的评定　程序VG法	2016－03－01
30	NB/SH/T 0899—2015	汽油发动机油节能性能的评定　程序ⅥB法	2016－03－01
31	NB/SH/T 0900—2015	牵引车液压液磨损特性的测定　FZG法	2016－03－01
32	NB/SH/T 0901—2015	矿物油玻璃化转变温度的测定　差示扫描量热法	2016－03－01
33	NB/SH/T 0902—2015	含沥青质重质燃料油正庚烷诱导相可分离性值的测定　光学扫描法	2016－03－01
34	NB/SH/T 0903—2015	脂肪酸甲酯中甲醇含量的测定　气相色谱法	2016－03－01
35	NB/SH/T 0904—2015	自动传动液氧化安定性测定法	2016－03－01
36	NB/SH/T 0905—2015	石油产品颜色的测定　自动三刺激值法	2016－03－01
37	NB/SH/T 0906—2015	发动机油热稳定性的测定　热管试验法	2016－03－01
38	NB/SH/T 0907—2015	在用石油产品和烃基润滑油中磷酸盐(酯)抗磨剂状态监测试验法　傅立叶变换红外光谱法	2016－03－01
39	NB/SH/T 0908—2015	重质燃料油和原油稳定性及相容性的测定　光学检测法	2016－03－01
40	NB/SH/T 0909—2015	家禽拔毛专用蜡剥离强度试验法	2016－03－01
41	NB/SH/T 0910—2015	无锌涡轮机油中受阻酚型抗氧剂含量测定法　线性扫描伏安法	2016－03－01
42	NB/SH/T 0911—2015	在用油状态监测用傅立叶变换红外(FT－IR)光谱仪的设置和操作规程	2016－03－01
43	NB/SH/T 0912—2015	发动机台架试验油100℃运动黏度测定法	2016－03－01
44	NB/SH/T 0913—2015	轻质白油	2016－03－01
45	NB/SH/T 0914—2015	粗白油	2016－03－01

续表

序号	标准号	标准名称	实施日期
46	NB/SH/T 0527—2015	石油焦(生焦)	2016-03-01
47	NB/SH/T 0665—2015	凡士林稠环芳烃试验法	2016-03-01
48	NB/SH/T 0915—2015	轻质石油馏分中总活性硫值的测定　电位滴定法	2016-03-01
49	NB/SH/T 0916—2015	柴油燃料中生物柴油(脂肪酸甲酯)含量的测定　红外光谱法	2016-03-01
50	NB/SH/T 0917—2015	气态烃及液化石油气中总挥发性硫的测定　紫外荧光法	2016-03-01
51	NB/SH/T 0918—2015	固体催化剂酸度的测定　氨化学吸附法	2016-03-01
52	NB/SH/T 0174—2015	石油产品和烃类溶剂中硫醇和其他硫化物的检验 博士试验法	2016-03-01
53	NB/SH/T 0919—2015	气体燃料和天然气中含硫化合物的测定　气相色谱和化学发光检测法	2016-03-01

中国石化企业标准制修订：2015 年完成制修订并　　批准发布的石化集团公司企业标准共计 60 项(见表 3)。

表 3　　2015 年批准发布的石化集团公司企业标准

序号	标准号	标准名称	实施日期
1	Q/SH 0632—2015	成品油交接计量管理规范	2015-05-01
2	Q/SH 0095—2015	油水井井下作业现场安全检查规范	2015-10-01
3	Q/SH 0275.3—2015	钻井地质环境因素描述技术规范　第 3 部分：岩石抗压强度连续刻划测试方法	2015-10-01
4	Q/SH 0400—2015	X 射线荧光元素录井规范	2015-10-01
5	Q/SH 0523.3—2015	油田企业电力安全工作规程　第 3 部分：低压电气	2015-10-01
6	Q/SH 0523.4—2015	油田企业电力安全工作规程　第 4 部分：安全标识	2015-10-01
7	Q/SH 0566.13—2015	油气田生产设施设备检维修规范　第 13 部分：换热器	2015-10-01
8	Q/SH 0566.14—2015	油气田生产设施设备检维修规范　第 14 部分：压缩机	2015-10-01
9	Q/SH 0566.15—2015	油气田生产设施设备检维修规范　第 15 部分：电动机	2015-10-01
10	Q/SH 0566.16—2015	油气田生产设施设备检维修规范　第 16 部分：柴油发电机组	2015-10-01
11	Q/SH 0599.4-2015	矿区(社区)供水电气热服务规范　第 4 部分：供气服务	2015-10-01
12	Q/SH 0634—2015	气田企业节能量计算方法	2015-10-01
13	Q/SH 0635—2015	气田生产系统节能监测规范	2015-10-01
14	Q/SH 0636—2015	气田生产系统能耗测试和计算方法	2015-10-01
15	Q/SH 0637—2015	海相页岩气目标(区)评价技术方法	2015-10-01
16	Q/SH 0638—2015	海相碳酸盐岩油气区带评价技术规范	2015-10-01
17	Q/SH 0639—2015	水平井完井工程设计规范	2015-10-01

续表

序号	标准号	标准名称	实施日期
18	Q/SH 0640—2015	采气过程使用甲醇安全规范	2015-10-01
19	Q/SH 0641—2015	车载应急通信及指挥系统技术要求	2015-10-01
20	Q/SH 0642—2015	企业专职消防人员制式服装技术要求	2015-10-01
21	Q/SH 0643—2015	安全、健康与环境(HSE)管理体系审核指南	2015-10-01
22	Q/SH 0644—2015	热采补偿器检验与安全评定(试行)	2015-10-01
23	Q/SH 0645—2015	移动式蒸汽发生器搬迁和安装安全规范	2015-10-01
24	Q/SH 0646—2015	钻井现场交叉作业安全规定	2015-10-01
25	Q/SH 0647.1—2015	井下压裂微地震地面监测技术规程 第1部分：资料采集	2015-10-01
26	Q/SH 0648—2015	钻井液核磁共振录井规范	2015-10-01
27	Q/SH 0649—2015	电能起爆油管输送射孔技术规程	2015-10-01
28	Q/SH 0650—2015	井底恒压控压钻井技术规范	2015-10-01
29	Q/SH 0651—2015	非常规储层电缆泵送射孔井口防喷技术规程	2015-10-01
30	Q/SH 0652—2015	深水钻探井场调查推荐作法	2015-10-01
31	Q/SH 0653—2015	废弃井封井处置规范	2015-10-01
32	Q/SH 0654—2015	压裂用降阻剂反相乳液聚合物技术要求	2015-10-01
33	Q/SH 0655.1—2015	闸板防喷器气密封检测安全技术规范 第1部分：采购验收	2015-10-01
34	Q/SH 0655.2—2015	闸板防喷器气密封检测安全技术规范 第2部分：维修检验	2015-10-01
35	Q/SH PRD0118—2015	工业用纯苯	2016-01-01
36	Q/SH PRD0656—2015	纤维级聚酯切片	2016-01-01
37	Q/SH PRD0657—2015	腈纶短纤维和丝束	2016-01-01
38	Q/SH 0658—2015	腈纶纤维沸水收缩率试验方法	2016-01-01
39	Q/SH 0659—2015	聚醚多元醇或聚合物多元醇中醛酮类物质的测定 高效液相色谱法	2016-01-01
40	Q/SH 0252—2015	聚丙烯(PP)模塑和挤出材料命名系统与分类基础	2016-01-01
41	Q/SH PRD0253—2015	窄带类聚丙烯树脂	2016-01-01
42	Q/SH PRD0254—2015	双向拉伸薄膜类聚丙烯树脂	2016-01-01
43	Q/SH PRD0255—2015	注塑类聚丙烯树脂	2016-01-01
44	Q/SH PRD0392—2015	石油焦	2016-04-01
45	Q/SH 0628.3—2015	水务管理技术要求 第3部分：化学水	2016-04-01
46	Q/SH 0628.4—2015	水务管理技术要求 第4部分：污水处理与回用	2016-04-01
47	Q/SH 0660—2015	水平井分段压裂酸化安全技术规定	2016-04-01

续表

序号	标准号	标准名称	实施日期
48	Q/SH 0661—2015	天然气井同台交叉作业安全要求	2016-04-01
49	Q/SH 0662—2015	天然气井带压作业安全技术规定	2016-04-01
50	Q/SH 0663—2015	动力煤验收技术规程	2016-04-01
51	Q/SH 0664—2015	砂岩油藏 CO_2 驱油藏工程方案编制技术要求	2016-04-01
52	Q/SH 0665—2015	砂岩油藏 CO_2 驱动态监测与动态分析技术要求	2016-04-01
53	Q/SH 0666—2015	砂岩油藏 CO_2 驱实验评价技术要求	2016-04-01
54	Q/SH 0667—2015	砂岩油藏 CO_2 驱数值模拟应用技术规范	2016-04-01
55	Q/SH 0668—2015	页岩气藏描述方法	2016-04-01
56	Q/SH 0669—2015	致密砂岩油藏描述方法	2016-04-01
57	Q/SH 0670—2015	水基压裂液静态滤失测定方法	2016-04-01
58	Q/SH 0671—2015	BBK 100 生物酶破胶剂	2016-04-01
59	Q/SH PRD0672—2015	煤气化用石油焦	2016-04-01
60	Q/SH PRD0673—2015	工业液化石油气	2016-04-01

（华祖瑜　刘慧敏）

【计量管理与监督】 国家石油天然气大流量计量站分站工作：国家石油天然气大流量计量站东营分站和武汉分站分别设在胜利油田分公司和天然气分公司。2015年，2个分站依法开展授权范围内的检定工作。其中，东营分站全年检定流量计972台次、体积管15台套；武汉分站移动式天然气计量标准装置全年检定天然气流量计190台，主动协助用户排除流量计故障56台次，检定气相色谱仪25台次，流量计算机和温度、压力建标通过国家质检总局考核。武汉分站天然气高压大流量实流检定站工程项目已完成安装施工，进入投产试运和测试阶段。

组织开展石化集团公司计量大检查：根据年度工作安排，经党组领导批准，组织开展2015年计量工作检查。检查依据石化集团公司计量管理与考核规范系列企业标准，在各企业完成自查整改的基础上，油田、炼化、油品销售3个板块成立23个检查组，深入一线，对96家企业的计量机构与职责、人员资质与培训、计量标准管理、计量器具管理、计量数据管理、计量信息化建设、贸易交接计量和计量监督等方面的工作进行了全面的检查。其中，油田板块组织4个检查组对勘探开发、石油工程、天然气3个业务板块的25家局级单位进行了检查；炼化板块组织9个检查组检查了35家企业；油品销售板块组织10个检查组检查了36家销售企业。9月11日，组织召开石化集团公司计量工作检查情况通报视频会，通报了被检企业排名情况、检查发现的计量工作好的经验和做法以及存在的问题，取得良好的效果。

审查并下发成品油交接计量管理规范石化集团公司企业标准：2015年1月8日，组织专家在江西南昌召开成品油交接计量管理规范审查会，标准文本于2月25日下发、5月1日实施。该标准对规范石化集团公司炼油企业和油品销售企业计量管理工作具有重要意义。

评选“我身边的计量人”典型人物：2014年，国家质检总局组织开展“我身边的计量人”事迹介绍活动；2014年12月，石化集团公司评选出5名“我身边的计量人”典型人物。2015年3月，镇海炼化陈磊、茂名分公司赖云、山西石油分公司乔双喜3人入选全国“我身边的计量人”前100名。

开展计量科研：北京石油分公司与北京计量检测研究院等单位合作，开展“标准表法车载式LNG加气机在线计量检定”项目的计量科研工作。天然气分公司与中国计量科学研究院合作，完成“天然气能量计量先导试验研究”项目，该项目对天然气能量计量和积算方法进行了研究，完善了天然气能量测定的不确定度评定方法，为国家实施天然气能量计量奠定了技术基础，并为低碳计量提供了技术支撑。

（张益民　尉忠友）

【国际科技合作】 与澳大利亚联邦科学院、法国科学院、美国勘探地球物理学家学会、科罗拉多矿业学院、塔尔萨大学、德克萨斯大学达拉斯分校、英国帝国理工大学、卡尔加里大学、英国 Heriot - Watt 大学就油气勘探开发技术进行合作；与战略联盟伙伴 Phillips 66 公司和 UOP 公司就炼油技术开展合作；与德西尼布公司合作在国外推广中国石化炼油技术；与日本丰田公司在成品油、润滑油和树脂领域进行技术合作。

（柳江琳）

企业改革与管理

- ◇ 综述
- ◇ 体制改革
- ◇ 企业管理
- ◇ 内控与风险管理
- ◇ 资本运作
- ◇ 股权管理

综　述

2015 年，石化集团公司紧紧围绕总体战略部署，着力在重要领域和关键环节改革攻坚，继续抓基层、打基础、强管理，积极发挥深化改革、从严管理在促进转型发展中的动力和手段作用。

继续深化重点领域改革。全面学习贯彻中央关于深化国有企业改革的方针政策，结合中国石化实际，开展专项课题研究，探索中央改革要求在中国石化的具体实现形式。认真总结“十二五”改革管理工作，分析面临的形势和挑战，突出问题导向，形成“十三五”改革管理工作总体规划，为今后一段时期改革管理工作指引了方向。按照一体化协调、专业化管理、市场化运作总体要求，继续推进总部职能转变和建设事业部工作；深化炼化工程、石油工程内部重组，分类推进炼化工程业务发展，着力解决石油工程市场萎缩、队伍装备富余等突出矛盾；完成石化出版社、经济出版社整合，有效发挥专业化管理效能；完成集团层面党建和宣传职能调整，进一步加强党建系统化管理，优化宣传资源。在 2014 年财务共享服务东营分中心试点基础上，进一步扩大共享服务试点，设立财务共享南京分中心项目部。完善海外业务管理体制，组建美国公司。按照中央巡视组反馈意见，完成规范支持改制企业等整改措施落实工作。同时，继续推进矿区（社区）改革、科技体制机制创新、“三项”制度改革等。

毫不放松地抓基层、打基础、强管理。按照管理制度化、制度流程化、流程信息化方向，在前期工作基础上，探索推进规章制度与业务职责、业务流程“三位一体”管理。根据新形势、新情况，以及石化集团公司党组关于“严细实”的更高要求，制定《关于进一步强化提升“三基”工作的指导意见》，明确强化提升的总体要求和具体措施。坚持眼睛向下，深入基层加强管理诊断服务，抓问题分析和薄弱环节，努力为基层支招，替基层分忧。完善建立“抓两头、带中间”工作长效机制，促进对标与“比学赶帮超”进一步融合，推动后进赶先进，促进企业持续健康发展。按照项目管理方式，落实优化方案，明确优化责任，加强协调跟踪，积极推进资源优化工作。继续深化内部控制与风险管理，加强内控日常监督，推进内控管理信息化，逐步建立健全以风险为导向的内部控制体系。

（张国正）

体制改革

【调整集团层面党建和宣传职能】 为进一步强化全面从严治党责任，加强党建系统化管理，促进宣传资源优化整合，提升管理效率，2015 年 3 月 19 日，石化集团公司下发《关于调整集团层面党建和宣传职能的通知》，对集团层面党建和宣传职能进行调整。将党组办公室从办公厅单列，以党组办公室党建协调职能和思想政治工作部基层党建、直属党委、机关党建、群团等职能为基础，整合党建工作力量，成立党群工作部（同时挂党组办公室、直属党委牌子）。在原思想政治工作部理论教育、精神文明建设、企业文化建设、新闻宣传、声誉和舆情管理、品牌建设等职能基础上，成立宣传工作部（同时挂新闻办公室、石化股份公司企业文化部牌子）。撤销思想政治工作部。

（邢新丽）

【整合中国石化出版社有限公司、中国经济出版社】 为进一步提高出版传媒业务发展的质量和效益，2015 年 8 月 31 日，石化集团公司下发《关于中国石化出版社有限公司、中国经济出版社整合的通知》，对中国石化出版社有限公司、中国经济出版社领导班子进行整合。整合后，保留 2 家出版社名称，对内称中国石化出版有限公司；对外根据业务开展和管理需要，分别对应使用中国石化出版社有限公司、中国经济出版社名称。

（邢新丽）

【组建中国石化上海高桥石油化工有限公司】 根据中国石化与上海市签订的协议要求，推进高桥石化提升调整工作，落实企业层面的工作责任主体。2015 年 11 月 26 日，石化集团公司下发《关于组建中国石化上海高桥石油化工有限公司的通知》，由石化股份公司与资产公司按照 55%∶45% 的股比组建合资公司。公司名称为中国石化上海高桥石油化工有限公司，注册地上海市浦东新区，注册资本 100 亿元。中国石化上海高桥石油化工有限公司业务归口石化股份公司相关事业部管理，资产公司不再参与管理。

（邢新丽）

【成立中石化保险经纪有限公司】 为进一步加强保险业务管理，提升风险管控水平，发挥集团整体优势，2015 年 12 月 3 日，石化集团公司下发《关于成立中石化保险经纪有限公司的通知》，由石化集团公司和石化股份公司按照51%∶49%的股比出资设立保险经纪公司。公司名称为中石化保险经纪有限公司，注册地北京市朝阳区，注册资本5 000万元人民币。中石化保险经纪有限公司负责境内商业保险集中统筹管理，业务归口集团财务部管理。

（邢新丽）

【设立中国石化美国公司】 为进一步优化整合海外资源，完善海外业务管理体制，2015年4月20日，石化集团公司下发《关于设立中国石化美国公司的通知》，以美国代表处为基础，组建中国石化美国公司，在美机构全部纳入管理范围。中国石化美国公司由石化股份公司出资，注册资本金500万美元，注册地为德克萨斯州奥斯汀，总部设在休斯顿。中国石化美国公司是中国石化在美国统一对外的窗口，对内是在美机构统一行政管理公司，主要负责统筹美国共同性事务运营平台建设和管理，统筹协调在美业务总体发展，承担监管责任。

（李旭东）

【变更华北分公司、华东分公司名称】 按照《关于中国石化推进油公司体制机制建设的指导意见》文件精神，2015年3月20日，石化股份公司下发《关于中国石油化工股份有限公司华北分公司名称变更的批复》《关于中国石油化工股份有限公司华东分公司名称变更的批复》，将"中国石油化工股份有限公司华北分公司"名称变更为"中国石油化工股份有限公司华北油气分公司"，将"中国石油化工股份有限公司华东分公司"名称变更为"中国石油化工股份有限公司华东油气分公司"。

（李旭东）

企业管理

【持续开展制度流程体系建设】 2015年，围绕建立制度、职责、流程"三位一体"目标，在2014年梳理形成的总部业务职责手册、业务流程手册基础上，石化集团公司研究提出规章制度梳理的初步思路，并在物资装备部、信息化管理部和股份财务部开展试点，共涉及110余件现行规章制度，为下一步工作推进探索了经验。结合实际，进一步优化编写模板，对规章制度体例结构、条文表述、机构名称、常用词语、专业用语等进行规范。进一步完善总部规章制度线上会签方式，开通新建单位制度管理系统，通过信息化手段不断提高制度管理水平。

（郑琪宁）

【开展制度日常审查监督】 2015年，石化集团公司从规范性、一致性等方面，严格制度审核，全年审核安全、管道、环境、项目管理、物资采购招投标、工程设计等总部制度共计153件。

（郑琪宁）

【全面夯实"三基"工作】 为发扬传承"三基"工作优良传统，加强基层建设、夯实基础管理、增强岗位责任心、提升岗位执行力，进一步打牢有效改革发展根基，2015年9月25日，石化集团公司印发《关于进一步强化提升"三基"工作的指导意见》，进一步明确强化提升"三基"工作的总体思路和主要目标，提出以完善并落实"三项建设"为主要内容，进一步强化提升基层建设；以完善并落实"十项制度"为基本支撑，进一步强化提升基础工作；以完善并落实"六项培训"为主要措施，进一步强化基本功训练。提出"七项"具体落实措施。石化集团公司分别在齐鲁石化、中原油田和镇海炼化组织召开"三基"工作座谈会，分析"三基"工作存在的主要问题，研究讨论贯彻落实指导意见的具体措施。

（朱好生）

【深入开展资源优化工作】 按照抓大项目、抓主要矛盾和突出问题，分发展优化、生产经营优化和管理优化3个方面，全局性、区域性、板块和企业4个层级，构建资源优化工作体系，分层分类扎实推进工作。2015年，石化集团公司实施全局性和区域性资源优化项目19项、60个子项，涉及发展优化5项、13个子项，管理优化9项、31个子项，生产经营优化5项、16个子项。实施板块资源优化项目8项、41个子项，涉及发展优化5项、管理优化21项、生产经营优化15项。实施企业资源优化项目482项，涉及发展优化90项、管理优化120项、生产经营优化272项。通过费用管理优化，总部全年发生专项费用比核定预算减少5.1亿元；通过加强物资采购管理优化，节约采购资金68.2亿元，取得较好效果。

（王俊瑶）

【有序开展改善经营管理建议工作】 2015年，石化集团公司围绕生产经营管理中的瓶颈问题和薄弱环节，突出降本、挖潜、增效和"异常管理"，努力查找管理上的短板，引导员工献计献策，共收到各类建议 36 475 项，已采纳 26 217 项，降本增效 6.05 亿元。

（朱好生）

【持续推进管理现代化创新工作】 2015 年，石化集团公司围绕提高发展质量和企业管理的重点及增效点，明确“三基”管理、转型发展、制度管理、管理信息化等管理创新重点，持续推进管理现代化创新工作。抓好成果选题立项、跟踪评价、审核评定、效益评估、成果推广 5 个关键环节，培育有代表性、有效益、有推广价值的管理创新成果。组织石化集团公司第 24 届管理现代化创新成果评审工作，共评选出 314 项创新成果。推荐部分优秀成果参加国家级评审，有 12 项被审定为第 22 届国家级企业管理现代化创新成果，其中胜利油田“大型油田智能化开采管理”、北京石油分公司“以风险管控为目标的成品油销售资金稽核管理”获一等奖，中原石油工程公司“国有企业领导干部分层级联动绩效考核”、胜利电力管理公司“油田电力企业全员创新机制的构建与实施”、石油工程地球物理公司“石油物探企业国际化发展战略转型”、齐鲁石化“炼化企业全方位多方式供应商选择管理”、金陵石化“石油化工企业基于日效益的运营管理”、茂名石化“化工企业以提升效益为目标的安全管理”、安庆石化“大型炼化工程与信息化平台的同步建设管理”、江苏石油分公司“石油销售企业以经营模式转型为目标的流程变革”、财务公司“企业集团财务公司以降本提效为核心的外汇管理”、石油勘探开发研究院“石油企业海外技术服务风险防控”获二等奖。

（赵　楠）

【完善考核运行机制】 2015 年，石化集团公司围绕发挥绩效考核对保增长保效益的引领推动作用，进一步健全考核运行机制，突出考核工作实效。①建立新的利润目标管理机制。年初总部与各单位分别提出分解目标与自报目标，双向确定形成考核目标基准值；年底采取“少报惩罚、多报不奖、超额奖励”的考核方式，引导企业报准报高目标，并尽最大努力超额完成目标。②强化过程跟踪监控。以月度经济活动分析会为抓手，紧盯利润、EVA 等重点指标完成情况，并尝试开展月度考核工作，促进以月保季、以季保年。③突出效益贡献激励。年底在考核评价利润目标完成情况的基础上，加大对效益贡献大的单位的奖励力度，引导单位努力增效创效。

（李召雪）

【建立“抓两头、带中间”工作长效机制】 2015 年 12 月 18 日，石化集团公司印发《关于持续推进“抓两头、带中间”工作的指导意见》，分板块选取确定“两头”企业，建立完善管理诊断、经济技术服务、典型经验总结推广、对口帮扶、跟踪评价、闭环管理等机制，进一步加强“两头”企业管理，推动先进企业更先进，后进企业赶先进，带动中间企业发展，实现公司持续健康发展。

（李召雪）

【深化对标评价和“比学赶帮超”工作】 2015 年，石化集团公司持续推进对标评价工作，测算发布 2014 年对标评价标准和对标结果，形成 2007—2014 年连续 8 年的对标数据库，为各单位分析诊断管理短板提供有效支撑。开展 2012—2014 年对标分析，重点从集团、板块、企业 3 个层面，内部、外部对标 2 个方面，横向与纵向 2 个维度深入分析，查找落后企业和指标，制定改进措施。组织召开对标与“比学赶帮超”推进会，总结交流各板块经验做法，促进对标与“比学赶帮超”进一步融合。

（李召雪）

内控与风险管理

【持续完善内控制度体系】 2015 年，石化集团公司修订完善《总部内部控制手册》《企业内部控制手册》及《企业内部控制实施细则指导意见》，组织企业编制内部控制实施细则。增加财务共享服务内部控制，明确相关控制要求；结合 ERP 大集中后信息化管理执行主体与监督主体的变化，强化 IT 内部控制；根据外部监管要求变化，结合检查发现的问题，完善相应控制措施，确保内控制度适应经营管理需要。继续深化内控管理信息系统应用，通过信息化落实内控责任，提高内控效率和效果。

（慕戈飞）

【开展内控日常监督检查】 2015 年，石化集团公司每季度组织内控测试，汇总分析各类问题，印发内控简报，深入剖析问题根源，分析内控薄弱环节，研究制定改进完善措施，指导各单位不断改进完善内控工作，促进内部控制有效实施。

（慕戈飞）

【组织年度风险评估】 2015 年，石化集团公司组织有关专家，对国内外宏观经济形势及石油石化行业发展态势进行分析预测。在此基础上，结合公司实际，对面临的各类内外部风险进行全面梳理，识别面临的主要风险，分析成因，综合设计风险评估调查问卷，在总部和企业开展风险识别与评估工作。

（高海军）

【加强重大重要风险管理】 2015年，石化集团公司评估确定30项重大、重要风险，其中重大风险11项。针对各类重大、重要风险，研究制定加强风险管理的策略和措施，落实管理责任，及时调整风险应对策略和措施，有效规避和防范各类风险损失。编制年度、季度全面风险管理报告，建立风险信息沟通报告机制，定期沟通报告风险信息。

（高海军）

资本运作

【概述】 2015年，石化集团公司资本运作工作认真贯彻落实石化集团公司工作会议精神，以推进油品销售板块重组引资、石油工程板块重组配套融资为重点，积极利用资本市场各种工具，综合运用资本运作多种举措，有效服务于石化集团公司深化改革、结构调整等重要部署，为公司实现跨越式发展、提高国际竞争力和可持续发展能力提供了支撑。

（郑子翔）

【圆满完成油品销售板块重组引资工作】 根据石化集团公司党组会和石化股份公司董事会的决策部署，在2014年完成油品销售业务板块资产业务重组工作的基础上，通过公开竞价和增资扩股方式，与25家投资者集团签订了增资协议，并获得商务部和国家发改委的正式核准。2015年3月，25家投资者集团向销售公司缴纳增资价款共计人民币1 050.44亿元（含等值美元），占29.58%，其中外资机构12家、内资机构13家。3月31日，销售公司完成工商变更登记，注册资本284.03亿元，石化股份公司持有权益所占比例为70.42%，仍保持绝对控股地位。销售公司增资完成后，按照现代企业制度要求，建立完善公司治理结构，先后设立董事会和监事会，并于12月28日召开引资后的销售公司董事会、监事会第一次会议。

（郑子翔）

【完成国际石油勘探开发公司重组引资工作】 根据石化集团公司党组会和董事会的决策部署，并报经国务院国资委同意，石化集团公司启动了对中国石化集团国际石油勘探开发有限公司（简称国际石油勘探开发公司）在中央企业层面的重组引资工作。经各方平等协商，最终选定中国诚通控股集团有限公司（简称中国诚通）、中国国新控股有限责任公司（简称中国国新）作为战略投资者。2015年11月，石化集团公司与2家公司签署了《关于中国石化国际石油勘探开发公司增资重组合作协议》；12月16日，石化集团公司分别与2家集团的投资平台公司——北京诚通科创投资有限公司、国新远博投资（北京）有限公司签署《关于中国石化集团国际石油勘探开发有限公司之出资协议》。国际石油勘探开发公司以2014年12月31日为基准日，进行清产核资，夯实资产质量，在此基础上，扣除2015年1—11月经营损益，以净资产50亿元出资，北京诚通科创投资有限公司、国新远博投资（北京）有限公司分别出资67亿元、50亿元对国际石油勘探开发公司进行增资。中国诚通、石化集团公司、中国国新的持股比例分别为40%、30%和30%。重组引资完成后，国际石油勘探开发公司按照现代企业制度要求，成立了新一届董事会和监事会。

（金　岩）

【完成冠德公司收购榆济管道公司100%股权】 根据石化集团公司党组会决策部署，石化集团公司启动了中石化冠德控股有限公司（简称冠德公司）收购石化股份公司榆济管道相关资产工作。在前期工作的基础上，石化股份公司以榆济管道经评估后的净资产出资设立了中石化榆济管道有限责任公司（简称榆济公司）。经请示国务院国资委同意，石化集团公司下发了经济行为文件（中国石化资〔2014〕643号），并对评估报告进行了备案。此后，石化集团公司董事会、冠德公司董事会和股东大会先后批准同意石化股份公司将持有的榆济公司100%股权协议转让给冠德公司的全资子公司经贸冠德发展有限责任公司。2015年12月，冠德公司收购榆济管道公司100%股权事项获得商务部正式批复，榆济公司获得商务部批准变更为外资企业，2015年底工商变更完成。

（郑子翔）

【完成石油工程公司重大资产重组配套融资】 在2014年中石化石油工程技术服务有限公司完成重组并通过中国石化仪征化纤股份有限公司（简称仪化股份公司）上市公司平台实现A+H整体上市的基础

上，2015 年 3 月，仪化股份公司启动了重大资产重组配套融资，合计向迪瑞资产管理(杭州)有限公司等 7 家投资者非公开发行 133 333. 3333 万股，发行价 4. 5 元/股，募集资金净额(扣除发行费用)人民币 595 251. 67 万元。随后仪化股份公司更名为中石化石油工程技术服务股份有限公司，简称石化油服。此次配套融资前，石化油服总股本为 128. 1 亿股，石化集团公司持有 92. 24 亿股，持股比例为 72. 01%。融资完成后，石化油服总股本为 141. 43 亿股，石化集团公司持有 92. 24 亿股，持股比例为 65. 22% ，处于绝对控股地位。

（郑子翔）

【完成江钻股份非公开发行股票募集资金收购石油机械公司 100% 股权】 2015 年 3 月，江汉钻头股份有限公司(简称江钻股份)通过非公开发行募集资金收购中石化石油机械股份有限公司(简称石油机械公司)100% 股权方案获得中国证监会审核通过。4 月 29 日，中国证监会出具了《关于核准江汉石油钻头股份有限公司非公开发行股票的批复》；5 月，江钻股份向鹏华资产管理公司等 6 家特定投资者非公开发行股份 5 972. 13 万股，发行价格 30. 14 元/股，募集资金总额为 18 亿元，用于收购石化集团公司持有的石油机械公司 100% 股权，实现了石化集团公司石化机械业务整体上市。发行后江钻股份总股本为 46 012. 13万股，石化集团公司持有 27 027 万股，持股比例为 58. 73%，仍然保持绝对控股地位。7 月，江钻股份股权收购过户手续办理完毕，并正式更名为中石化石油机械股份有限公司，简称石化机械。

（郑子翔）

【石化集团公司增持石化股份公司股票】 为维护资本市场稳定，履行央企责任，避免对经济社会稳定发展产生大的影响，按照国务院国资委的统一部署，石化集团公司对石化股份公司 A 股股票进行了增持。2015 年 7 月 8 日、9 日，石化集团公司分别通过上海证券交易所交易系统增持石化股份公司 A 股股票 4 600万股和 2 600 万股，合计增持 7 200 万股，增持资金支出 47 664 万元。增持前，石化集团公司持有石化股份公司 A 股股份约 857. 21 亿股，约占其总股本的 70. 80% 。增持完成后，石化集团公司持有石化股份公司 A 股股份约 857. 93 亿股，约占其总股本的 70. 86% 。

（郑子翔）

股权管理

【概述】 2015 年，石化集团公司股权管理工作以质量和效益为核心，以提升股权投资价值为目标，不断强化股权投资运营和流转管理，切实防范投资风险，总体投资收益水平显著提高，为石化集团公司实现深化改革、转型发展、从严管理和提质增效目标做出了积极的贡献。

（闵　川）

【完善股权管理制度】 不断加强股权管理工作体系建设，制定下发《产权协议转让工作指引》《产权进场交易工作指引》和《产权无偿划转工作指引》，进一步细化了企业、总部 2 个层面产权流转处置工作职责，规范了产权流转处置业务操作流程。

（闵　川）

【加强股权管理基础工作】 ①努力提高股权管理信息化水平，通过推广和定期维护中国石化股权管理信息系统，不断完善境外产权信息基础数据库，组织企业通过查档校对，对照年度决算审计结果审核，完善了股权投资和派出人员基本情况数据库，提高了信息数据质量。②组织对股权管理新上岗人员进行政策宣贯和业务培训，通过开展网上审核检查、深入企业现场抽检等方式加大对制度执行工作的监督检查力度，确保制度规定落实到位。③组织开展境内外股权投资统计分析工作，完成股权管理年度分析报告，研究提出加强境外股权管理的建议意见。④完成《中国石油化工集团公司关于境外国有产权管理情况的报告》等 4 个专项报告报送国务院国资委工作。

（闵　川）

【强化股权运营管理】 ①开展对 132 家重大股权投资单位预算管理工作，加强跟踪分析和动态监控，督促完成效益预算指标。②组织对沧州东丽等长期亏损股权投资单位研究制定扭亏脱困措施，定期督导落实；组织对洛阳吉润、海南盛之业和茂名太阳石油等亏损严重、无经营前景的股权投资单位实施关停清算。③通过审核股权投资单位重大事项，努力在股权投资单位重大事项决策上切实贯彻股东意志，依法行使股东权利，督促股权投资单位及时进行现金分红，努力提升现金流回报水平。④针对境外股权投资存在的问题，组织召开境外股权管理专题会，就境外股权管理制度、监管体制机制、信息化建设等方面进行专题研讨；针对境外股权流转方面存在的主要问题开展专项调研和检查，撰写专题调研报告，研究提出境外企业重大事项授权管理、股权管理信息分类优化、加大离岸公司清理力度等建议意见。

（闵　川）

【积极推动股权流转】 牵头组织中地海外、北京信托等6项增资扩股及股权结构调整事项的审核、报批工作，通过引资、加强企地合作，进一步优化股权结构；重点开展低效、无效股权投资处置工作。采用公开挂牌转让和协议转让等方式对外处置华泰保险等22项股权投资，取得股权处置变现资金约47亿元，实现投资收益约40.5亿元。

（闵　川）

【有序推进股权管理专项工作】 研究起草投资公司组建方案、基本制度，研究提出了投资公司“三定”方案，并就投资公司落地优惠政策事宜与地方政府相关部门进行沟通，协商拟定了相关合作协议。完成井田公司股权内部调整、高桥石化提升调整组建合资公司具体方案以及连云港碱厂移交划转等专项工作，进一步优化了股权投资结构，为企业实现转型发展奠定了基础。

（闵　川）

财务资产管理

- ◇ 综述
- ◇ 预算管理
- ◇ 资金管理
- ◇ 会计管理
- ◇ 资产管理
- ◇ 土地管理
- ◇ 税务管理
- ◇ 价格管理
- ◇ 保险管理
- ◇ 年金管理
- ◇ 总部机关财务管理
- ◇ 财会队伍建设
- ◇ 财务状况

综　　述

2015年，国际油价低位震荡，成品油需求持续疲弱，化工产品市场竞争激烈，天然气市场首现供大于求，石油工程业务步入严冬，财务理财环境发生深刻变化。面对严峻形势，财务系统认真贯彻落实党组的一系列决策部署，以提高发展质量和效益为目标，全方位组织开展创效增效，不断强化资金管理，持续推进全员成本目标管理，扎实推进财务共享服务建设，不断强化财务基础工作，全面完成年度利润目标，为石化集团公司持续有效发展做出了贡献。

（巩祎昌　崔　娜）

预算管理

【全力推动效益目标完成】 利用预算对接、财务工作会等形式，将利润、成本费用、资金等各项财务预算目标，层层分解落实到各板块各企业，形成全员抓落实创效益的生动局面。坚持效益优先，狠抓财务与生产经营、投资计划的协同平衡，强化月度滚动预算安排，积极推动实现生产经营和投资计划安排最优化、公司效益最大化。狠抓预算执行，按月跟踪企业效益预算执行情况，加强对公司整体效益目标特别是重点板块重点企业效益实现进度的监督管控，从严控制各项成本费用支出，以月保季、以季保年，推动年度效益目标实现。坚持目标导向和问题导向，不断深化财务预算执行分析，及时揭示利润目标运行风险，提出生产经营优化意见和建议。逐项盯牢挖潜增效措施，全程跟踪督导帮促，确保措施及增效目标落地。

（巩祎昌　崔　娜）

【深入推进全员成本目标管理】 把严控成本费用作为应对新常态低油价的重要措施，持续开展全员成本目标管理工作。组织企业开展“回头看”活动，不断巩固系统优化、持续改善的全员成本目标管理工作运行机制。开展形势任务教育活动，引导全体员工牢固树立长期过紧日子和任何成本都可控的理念。落实管理运行费用同比下降10%的去规模化要求，加大实施管理体制优化力度，着力优化组织机构和队伍结构，实施“三定”和富余人员分流安置工作，严控人工成本规模，实施各个层级效益导向薪酬制度改革，加大人工成本与效益挂钩联动比率。梳理各层级现有专项费用项目，逐项论证支出必要性，削减不合理、不受控专项支出项目，规范列支渠道，从严规范专项费用管控。2015年，剔除商品量和加工量影响后，石化股份公司各板块单位综合成本全部控制在预算指标以内，现金操作成本同比有所下降。石化集团公司直管企业在消化汇兑损失和油气生产设施占地土地使用税恢复征收的影响后，期间费用和社区支出比预算降低40亿元。6项重点监控费用连续4年降幅超过10%。

（巩祎昌　崔　娜）

【筹划“十三五”财务工作】 落实党组关于做好“谋发展”工作的部署，积极参与石化集团公司“十三五”发展谋划工作。在分析“十二五”主要财务绩效指标完成情况的基础上，从严格资本占用回报、调整资产扩张策略、优化公司资产整体结构、以财务可承担投资能力为限安排投资规模4个方面，规划石化集团公司“十三五”财务绩效目标。在总结“十二五”财政支持政策执行情况的基础上，从“走出去”项目、原油商业储备运行、成品油质量升级改造、油气难动用储量、国有企业深化改革等方面提出争取“十三五”国家财政支持政策的政策建议。在学习研究金融政策、摸清公司金融业务现状的基础上，制定公司“十三五”金融业务发展规划方案，对产融结合发展原则、定位和具体规划进行明确，对主要经济技术指标和财务指标规划进行测算。

（巩祎昌　崔　娜）

资金管理

【加强利率汇率风险管理】 成立石化集团公司利率汇率风险管理工作小组，建立月度例会制度，加强企业之间的沟通协调，特别是8月11日央行人民币汇率中间价调整以后，及时商讨对策，确定应对措施，控制汇率风险。利用例会、培训、经济活动分析、资金平衡等形式，要求企业强化风险意识，牢固树立套期保值理念。组织企业分项目、分币种对风险类别、风险敞口进行全面梳理和量化，建立风险管控标准，设置止损点，制定针对性的风险管控措施。修订《金融衍生品业务办法》，从综合管理主体、责任主体和操作主体等层面重新明确各部门和单位职责，规范业务操作流程。抢抓时间窗口，在境外发行等值64亿美元固息债券，将部分欧元债券掉期为美元，调整债务利率结构，锁定汇率风险、博取汇兑收益。督促海外工程项目密切关注所在国货币汇率波动情况，加大资金回收力度，及时结汇或还贷，降低汇率波动带来的贬值风险。通过人民币贷款置换、外汇掉期、远期等方式，减少了美元负债敞口。

（巩祎昌　崔　娜）

【深化资金占用管理】 坚持轻资产经营、低库存运行、少往来占用原则，不断强化以调结构、控总量、重周转、降风险为主要内容的资金占用管理，向加快周转要效益，向提高效率要效益。推广应用石油工程公司、炼化工程公司“两金占用”标准模型，督促2家单位落实占用优化措施和目标，配套制定占用考核办法，加大考核力度，加密考核周期。落实《内部关联交易管理和结算办法》，加大执行过程监督和督导，规范关联交易事前合同签订、事中工作量签认和事后工程款结算行为，推动内部关联交易市场化运行。针对系统外部应收款项存量大、回收难的实际，加大资金占用清理力度，明确清理目标，逐月跟踪落实，敦促境外项目加强资金回收，加快资金周转，减少外部资金存量。

（巩祎昌　崔　娜）

【强化筹融资管理】 逐笔分析公司付息债务的期限和利率构成，厘清债务结构，明确综合成本控制目标。加强资金集中管理和融资统筹运作，境内人民币融资以财务公司为主，着力实现融资费用内部化；境外融资以盛骏公司为主，着力通过拓展融资渠道、匹配融资期限、适应市场走势，力求取得最佳债务结构。加强投资管控、强化筹融资运作、加强“两金占用”管理等，全年经营活动现金流扣除投资支出结余20亿元，为“十二五”内首年实现资金盈余；综合融资成本率2.82%，同比下降0.22个百分点；年末资产负债率53.9%、比年初下降3.44个百分点，资本负债率37.31%、比年初下降2个百分点。其中，4月22日在境外发行了等值64亿美元双币种固定利率债券，综合融资成本率约2.55%。

（巩祎昌　崔　娜）

【优化提升资金管理信息系统】 完成盛骏公司核心业务系统改造提升，实现全业务、全流程、全要素上线。实现与花旗、汇丰、渣打、中银等合作银行的境外银行账户直联，基本完成境外银企直联账户上线工作。截至2015年底，上线境外账户206个，境外全资及控股单位65%的结算账户和80%的资金流量实现在线管理。明确分工，积极协调，扎实开展“票据池”建设项目，完成“票据池”项目第一阶段生产试运行。按照通用设计、规范实施、分步推进的工作原则，深化应用石化股份公司资金系统，实现资金管理要素的全面集成和全流程、全过程、全要素的在线监管。做好建立系统知识库、系统培训、机构重组支持等工作，确保资金集中管理信息系统顺利运行。

（巩祎昌　崔　娜）

【加强资金基础管理】 下发《关于加强银行账户及个人备用金管理的紧急通知》和《关于进一步加强资金管理的通知》，组织企业开展银行账户和资金安全自查，规范内部结算行为，严格资金预算制度，堵塞潜在的资金安全漏洞。下发《关于对当前国际业务财务资金管理风险提示的通知》，组织企业梳理境外项目资金安全隐患，加强风险排查，制定应对措施和应急处理预案。加强金融衍生业务预算及日常管理，及时上报2015年度金融衍生品业务预算计划，取得国务院国资委对境外商品衍生业务新增品种资质的核准批复。下发《关于严禁开展融资性业务的通知》，组织企业对担保业务管理等各项资金管理基础工作进行系统梳理，对存在风险隐患的管理环节进行规范和约束，督促企业夯实资金基础。适应改革发展要求，修订《担保业务管理办法》《金融衍生品业务管理办法》，制定《投资项目资金管理工作规则》，进一步完善了资金管理制度体系。

（巩祎昌　崔　娜）

会 计 管 理

【财务共享服务建设稳步推进】 推进财务共享服务中心扩大试点工作，筹建南京分中心项目部，创新运作模式、依托齐鲁石化成立淄博服务部，8家炼化和销售企业实现上线运行，21家共享单位完成财务报告出具，115家企业实现费用报销系统线上运行。推进标准和规划建设，稳步推进核算业务流程统一和优化，学习借鉴国内外财务共享成功经验，总结试点及扩大试点前期工作，完善了财务共享规划方案，形成涵盖全部会计业务、标准统一的财务共享实施方案，对促进资源共享、规范会计核算、强化风险管控发挥了重要作用。东营分中心和南京分中心通过制定制度、健全质量体系、完善流程、规范核算，有效提升了上线单位的会计信息质量。

（魏　哲）

【圆满完成2014年度财务决算】 高度重视，精心组织，按时圆满完成2014年决算审核、汇总、编制、报送工作。会计师事务所通过对石化集团公司所属各级次542家企业进行审计，除新划入的经济出版社审计报告为保留意见外，其他企业的审计报告均为标准无保留意见。石化集团公司及所属全级次子公司的财务决算，一次性通过财政部、国务院国资委2014年度财务决算审核，受到财政部通报表扬。

（巩祎昌　崔　娜）

【强化会计基础管理】 修订完善《会计手册》（2015版），新增排污权等会计核算业务，补充完善持有到期投资、可供出售金融资产、长期股权投资、合同能源管理等业务，根据财务管理有关规定调整明确差旅费、会议费、出国人员经费等业务列支范围及标准。加强会计业务日常监管，针对企业会计核算的薄弱环节，重点加强对职工薪酬、预提暂估业务、建造合同等内容的检查。凭证摘要进一步规范，企业红字凭证不断减少，建造合同核算质量明显提高，应付职工薪酬核算规范性明显提高，会计基础管理不断强化。

（巩祎昌　崔　娜）

【深入整改内审外查发现的问题】 2015年2月2日，国家审计署进驻石化集团公司，开展2011—2014年经济责任审计。在审计署审计过程中，配合做好资料提供、解释汇报、沟通协调等迎审工作，保证迎审工作的顺利进行。针对国务院国资委决算批复问题、年报审计机构提出的审计问题以及国家审计署提出的审计问题，专门下达整改通知、全程跟踪督导整改结果，实行问题销号管理，组织企业深入整改问题。

（巩祎昌　崔　娜）

资产管理

【清理处置低效无效资产】 在对各板块各企业存量资产全面梳理的基础上，编制完成2015年低效无效资产清理处置工作计划。总部不定期召开碰头会，对执行过程中存在的问题以及需要总部协调解决的事项进行研讨，按月对企业完成情况进行沟通了解、按季进行汇总分析，及时提出工作建议。按照石化集团公司保效益工作要求，集中优先清理可实现处置收益的项目，确保清理效益最大化。严格执行国家和石化集团公司资产处置规定，严格资产评估审核备案流程，采用公开进场交易方式进行资产转让。全年清理处置低效无效资产原值63.8亿元，净额13.4亿元。

（巩祎昌　崔　娜）

【资产评估管理】 根据国务院国资委的统一部署，选择一批具备良好政治素质和职业道德，具有注册资产评估师、注册土地估价师等执业资格，具有丰富专业知识和执业经验的资产评估行业专家，建立石化集团公司资产评估项目备案评审专家库，引入专家审核把关环节，负责参与石化集团公司日常评估报告备案把关，建立了“两库一公开”的评估报告审核备案体系。执行《资产评估项目备案工作指引》，加强资产评估备案全流程管理，重点对经济行为规范性和接受非国有资产评估项目进行审核，努力防范风险。完善资产评估备案管理台账，实施资产评估备案全审核流程跟踪，加强资产评估项目档案管理，夯实了资产评估备案审核基础。2015年，通过推进“两库一公开”体系建设、引入专家审核、突出审核重点等举措，资产评估备案管理工作进一步加强，全年共审核备案资产评估项目106个。

（巩祎昌　崔　娜）

【产权登记管理】 按照《国家出资企业产权登记管理暂行办法》要求，组织对石化集团公司产权投资项目进行年度检查与核实，对产权登记情况进行梳理分析，对石化集团公司产权图谱进行更新，全面掌握了石化集团公司长期股权投资分布。截至2014年底，石化集团公司投资的企业户数为2 381户，其中集团本部44户、国际石油勘探开发公司128户、炼化工程44户、石油工程100户、资产公司174户、油田存续以及其他企业189户、石化股份公司1 702户。组织企业做好应办未办项目补办工作，全年补办产权登记131项。

（巩祎昌　崔　娜）

【固定资产基础管理】 高度重视固定资产运营分析工作，运用会计核算信息系统中的固定资产管理模块，每半年对公司固定资产情况进行统计分析。截至2015年底，石化集团公司固定资产原值12 229.86亿元，累计折旧5 809.21亿元，固定资产净值6 420.65亿元，固定资产减值准备302.86亿元，固定资产净额6 117.79亿元。根据企业资产管理业务需求，编制完成会计核算管理信息系统固定资产模块优化升级方案。

（巩祎昌　崔　娜）

【积极参与资本运作】 积极参与石化集团公司各项

资本运作、资产重组工作，包括国际石油勘探开发公司、资产公司5家化工企业专项清产核资，国际石油勘探开发公司央企间专项重组，石化股份公司所属井田公司协议转让百川公司，石化集团公司、财务公司公开挂牌转让所持华泰保险股权，资产公司、石化股份公司分别以高桥资产分公司、高桥分公司整体资产负债出资成立合资公司，胜利油田分公司以春光油田资产出资与新疆自治区成立合资公司，燕山石化水务业务整合重组等。

（巩祎昌　崔　娜）

土地管理

【完善土地管理体系】 根据石化集团公司“三重一大”决策制度，修改土地盘活处置审批权限，明确石化集团公司、事业部、专业公司、企业的审批权限及管理职能，简化土地盘活处置审批流程。积极推进土地管理信息化、管理流程制度化，将土地管理信息系统中涉及的用地投资与资金管理、新增用地备案管理、盘活处置备案管理及收益核算管理等流程和管控方式，在土地管理制度中加以明确。

（巩祎昌　崔　娜）

【加强用地统计分析】 根据《中国石化土地管理办法》，利用土地管理信息系统，编制完成《2014年土地统计分析报告》。分析公司自有土地性质、用途、分布区域等自然属性，掌握土地资源配置情况；分析租赁、税费缴纳等经济行为，了解土地效益分布情况；分析新增、待用、盘活处置及权证持有等相关土地情况，了解各单位用地结构和动态变化情况，掌握土地办证和盘活处置的具体进展。

（巩祎昌　崔　娜）

【加强待用土地盘活处置】 制定《2015年待用土地盘活处置计划》，对企业待用土地盘活处置工作进行安排，确定土地盘活处置收益目标，将目标分解到专业公司、事业部及所属相关企业。按照审批权限，总部全年牵头完成西南石油局大石坝土地处置、宜昌分公司长江复合肥厂土地处置、河北石油分公司朱各庄油库土地处置等60项土地盘活处置工作。严格执行土地管理办法、内控制度，严格工作程序，采用聘请国家A级资质中介机构专家预审、疑难个案会诊等方式，严格审核土地评估报告，全年审核企业土地评估备案报告80份，备案74份。

（巩祎昌　崔　娜）

【加强无证土地权属办证工作】 制定《2015年无证土地办证计划》，将土地办证任务落实到各企业。认真研究分析无证土地的类别和形成原因，督促企业认真核查地藉资料和土地来源证明材料，每季度末提交无证土地办证工作进展报告，全年办理土地权证2 905宗、2 594万平方米，占总面积的86%。

（巩祎昌　崔　娜）

【加强土地资本运作】 认真测算杭州石化未来规划用途土地价值量，参与杭州石化搬迁关停工作谈判，积极维护公司土地合法权益。分析燕山石化东方石化公司现状用途自有土地基本情况，设计测算规划土地价值量，研究调整转型方案，为燕山石化东方石化公司调整转型做好前期准备工作。通过到部分炼化企业现场调研，了解企业生产经营、用工总量及存量土地情况，通过测算现状土地价值及未来规划用途土地价值，研究制定西安石化、南京化工公司、连云港碱厂、安庆石化等炼化企业土地资本运作方案。

（巩祎昌　崔　娜）

税务管理

【落实争取税收优惠政策】 争取到“十三五”期间页岩气延续价格补贴政策，继续对页岩气开发给予财政补贴。争取到企业办社会政策延续，财政部、国家税务总局发文同意2014—2018年继续执行企业办社会支出税前列支政策。积极组织公司各项税务筹划，落实销售公司混改等涉税方案，争取到销售公司混改适用特殊税务处理，降低了重组税收成本。落实石化集团公司油田生产自用成品油退税政策。总结推广企业节税成功案例，加大对企业税收工作的指导和服务力度，加大安全、节能、环保等优惠政策的落实，企业节税积极性和主动性不断增强。加大涉税业务稽查争议协调力度，及时解决企业涉税争议。连续进行企业所得税汇算符合性核查，规范扣除类调整项目，节税效益明显。

（魏　哲）

【强化内部税务风险控制】 建立中国石化税务风险管理控制体系，实现税务风险从源头到结果的全过程管控，提升了信息化管控质量和水平。开发中国石化税务风险管理子系统，形成涵盖436个风险点、1 133个风控措施的风险管控体系。建立政策库、案例库等，确保政策支持。提升和改造企业所得税申报子系统功能，确保2014年度企业所得税新申报体系的成功应用。

（魏 哲）

价格管理

【积极争取价格政策】 积极推动完善天然气价格机制，调整存量、增量天然气价格水平，实现存量、增量天然气价格并轨，放开直供工业用户价格，进一步向市场化方向过渡。努力推动进一步完善现行成品油价格形成机制，调整汽、柴油定价公式中的参数，较好规避了存货跌价风险，为实现全年利润目标提供了支持。

（魏 哲）

【推动完善内部互供价格政策】 以公司整体效益最大化为原则，积极推进内部价格市场化机制，传递市场和效益压力，提高各板块生产经营的自主性和积极性，完善内部价格政策。2015年，针对新常态低油价，调整了主要产品内部结算价格政策，完善自产原油定价机制，调动了原油生产企业积极性。完善进口原油内部结算规则和定价政策，实现采购、使用双方的互评价机制，大幅度降低了原油采购成本。紧贴市场情况，动态调整内部天然气结算价格，最大限度地释放了天然气产能，支撑天然气销售市场的开拓。按照调动供需双方积极性、实现公司效益最大化原则，公平合理协调解决各种内部价格纠纷，做好区域内资源价格优化调整，解决了新疆地区原油生产、加工和成品油销售过程中的矛盾和问题，实现了公司整体效益最大化。

（魏 哲）

【加强内外部价格监测】 坚持每日监测国际市场原油、成品油及石脑油价格，每周对内部定价产品价格进行监测，并测算累计变动情况，在周市场例会上通报。每月编制主要石化产品和天然气价格分析报告。

（魏 哲）

保险管理

【开展保险业务调查】 对石化集团公司所属145家单位商业保险情况进行汇总分析，形成《关于近年来集团公司商业保险投保调查情况的分析报告》，提出2015年保险管理工作方案。参与重点企业调研分析，对联合石化公司、石油工程公司、炼化工程公司、国际石油勘探开发公司、化工销售公司、新星公司等进行实地调研，充分结合企业层面需求，对自保公司提升专业化服务水平、集中采购等工作提出要求。

（巩祎昌 崔 娜）

【推进境内保险集中管理】 启动设立保险经纪公司相关准备工作，在对保监会、工商局、北京市保监局进行政策咨询的基础上，提出设立保险经纪公司的具体意见和工作建议。加强境内保险管理工作，规范企业境内保险活动行为，同时结合保险经纪公司功能定位，在充分征求相关单位意见后，制定《境内保险管理办法》。

（巩祎昌 崔 娜）

【强化自保公司监督管理】 结合各单位境外业务保险情况，对自保公司统筹境外业务保险及覆盖情况进行分析。2015年度境外业务保费规模6.1亿元人民币，经自保公司统筹安排的保费为3.5亿元，境外业务保险覆盖率约57%；剔除资源国法律法规限制、资源国受制裁、部分非控股公司参与难度大等因素导致自保公司暂时无法统筹的1.38亿元外，覆盖率达74%。对自保公司2015年度财务状况、规章制度、合作机构、风险留存等情况进行综合分析，针对查找存在的问题，提出了工作优化建议和措施。

（巩祎昌 崔 娜）

年金管理

【实施年金投资收益预算管理】 贯彻理事会确定的稳健运营、追求绝对收益的投资理念，把年度收益预算作为投资运营管理的抓手，通过与各投资管理人进行收益预算对接，确定2015年度各组合收益预算安排，落实各投资管理人收益目标、资产配置结构、投资策略安排。在投资监管过程中，以年度预算为抓手，加强对投资管理人投资运营的过程控制，出现问题及时纠偏，通过当面约谈、限定风险资产的投资比例等措施，调整优化资产配置结构，降低组合净值的回撤幅度，确保整体收益目标的实现。截至2015年12月31日，当年实现收益率7.53%，运营5年累计实现收益率27.77%，年金基金净值达415亿元。

（巩祎昌 崔 娜）

【优化年金资产配置结构】 通过增量资金分配等手段搭建产品比选平台，择优配置部分市场紧俏的信用风险低、担保效力强、收益率较高的债权计划等新型产品，全年新增该类产品投资 23.95 亿元，综合收益率 6.74%，为全年收益目标的完成发挥了关键作用。面对股票市场的大幅波动，上半年抓住市场机会增厚年金收益，从 7 月开始通过要求各机构降低权益类资产仓位，暂停权益表现不理想机构股票买入资格，指定专人每日监督各组合的仓位、品种及收益变化，跟踪锁盈止损措施落实，有效控制了股票类资产仓位，降低了收益波动风险。

（巩祎昌　崔　娜）

【加强年金风险管控】 根据各类资产的风险特征，分类开展风险防范工作。对协议存款：要求投资管理人开展协议存款自查，检视协议存款投资管理流程，确保本金安全及利息收款准确及时。对债券类资产：开展持有债券的风险评估工作，全面分析企业债等各类债券的持仓比例、评级等关键要素的分布情况，开展债券及债券型基金的投资风险评价，择机减持高风险债券。对新型固收产品：针对年金整体层面新型资产配置量不断加大、相关信息批露相对滞后的状况，除在项目投资前期严格审核资质外，定期组织对已投资的项目进行逐个梳理，对项目进展情况、偿债主体和担保主体财务状况以及项目可能面临的风险等要素进行全面识别和评估，切实防控信用风险的发生。

（巩祎昌　崔　娜）

【加强年金运营基础工作】 建设年金管理信息系统，通过与工商银行托管系统的直联，实现对数据信息高效、多维度的分析和监督。优化激励性年金业务操作模式，明确由账管人根据企业提供的激励性年金支付明细，在账管系统后台直接进行科目调账，既降低了投资资产无效卖出带来的组合净值波动，又提升了工作效率。组织企业完成 2014 年前所有个税清缴，完善员工待遇支付领取规则，协调工商银行账管人开发账管系统计税功能，集团年金日常个税管理已完全按照国家新的个税计税办法规范到位。针对审计稽查中发现的在新型产品投资审核管理、工商银行托管票证保管和违规事项提示披露等问题，进行了认真整改。完成全年年金缴费归集和待遇支付任务，当年支付企业年金待遇 7.98 亿元。

（巩祎昌　崔　娜）

总部机关财务管理

【完善总部机关财务管理制度】 贯彻落实中央“八项规定”和党政机关厉行节约反对浪费条例，根据国家有关部门颁布的会议费、差旅费等管理规定，结合总部机关实际情况，修订“总部机关经费管理实施细则”，重点完善相关费用支出标准，规范业务流程，为确保总部机关各项费用支出合法、规范提供制度保障。结合在总部机关固定资产清查中发现的问题，对中国石化“总部机关固定资产管理细则”进行修订，完善固定资产管理的范围、分类、预算管理和流程，明确管理主体和责任，细化了管理流程。

（巩祎昌　崔　娜）

【完成 2014 年总部机关财务决算和 2015 年预算编制】 提前做好决算前的各项准备工作，妥善解决决算中遇到的问题，及时协调审计调整事项，按期完成 2014 年总部机关财务决算工作。坚持保证总部机关正常运转和严格控制费用支出的原则，认真审核总部机关各部门工作经费和专项费用预算，按时完成 2015 年总部机关经费预算编制工作。坚持按月向机关部门提交部门工作经费预算执行情况表，对费用支出过程中存在的问题进行通报，严格执行总部机关内部控制制度，严格预算管理和标准控制，2015 年总部机关经费实际支出比预算节约 8.44%，总部机关各部门工作经费全部控制在预算范围之内。

（巩祎昌　崔　娜）

财会队伍建设

【加强财务人员培训】 在上海国家会计学院举办 2 期高级财会人员培训班，学习了管理沟通与领导素养、互联网商业模式创新、财务战略与决策分析、资本运作策略与工具、管理会计理论与实务、财务报表分析与解读等内容，提升了公司高级财务人员的履职能力、决策支持能力和创效能力，共培训企业总会计师、财务部门负责人 94 人。总部举办资金、土地、资产、会计集中核算等各类培训班 9 个，培训人员 817 人次。各企业结合自身实际，开展了丰富多彩的技能比武和学习培训，提高了财务人员素质。

（巩祎昌　崔　娜）

【参加全国管理会计征文活动受到表彰】 按照财政

部的统一部署，石化集团公司在财务系统组织开展了大规模的管理会计征文活动，共收到57篇具有较高价值的管理会计研究文章，内部评选出18篇优秀征文和5个优秀组织单位，并从中推荐10篇优秀征文上报财政部参加全国评选。其中，江苏石油勘探局肖国连撰写的《建设油田管理会计体系的构想》、股份财务部范瑞撰写的《谈战略成本管理及其实施策略》、浙江石油分公司课题组撰写的《构建加油站全资产全质量评估模型与对标体系》3篇文章获全国管理会计征文三等奖。

（巩祎昌　崔　娜）

【参加全国企业会计信息化知识竞赛受到表彰】 根据财政部统一安排，石化集团公司积极组织财务人员全面参加全国企业会计信息化知识竞赛，参赛率达到100%。全系统415名成绩突出个人受到通报表扬，《中国会计报》对中国石化参赛组织工作进行了专题报道。

（巩祎昌　崔　娜）

财务状况

【概述】 2015年，石化集团公司合并报表实现营业收入20 472.72亿元，实现利润621.22亿元，实现利税3 920.11亿元，实现净利润440.94亿元。截至2015年底，石化集团公司合并报表资产总额20 585.08亿元，负债总额10 055.29亿元，所有者权益10 529.79亿元(其中归属于母公司权益7 302.38亿元，占所有者权益的69.35%)，资本负债率31.56%。资产负债率为48.85%，比年初下降了10.78个百分点。

石化集团公司合并会计报表见表1和表2

（张镇远）

表1 **利润表** 单位：百万元

项目	2015年	2014年	2013年
营业收入	2 047 271.91	2 889 934.23	2 345 074.98
营业总成本	1 997 461.86	2 822 711.00	2 836 363.67
营业成本	1 598 235.90	2 439 816.83	2 469 599.13
营业税金及附加	241 696.41	205 829.10	207 821.98
销售费用	48 615.15	49 245.38	46 740.37
管理费用	75 743.69	77 303.01	78 171.37
勘探费用	10 456.05	21 370.40	16 796.92
财务费用	13 110.54	19 111.18	13 398.04
资产减值损失	9 604.13	10 035.10	4 335.88
加：公允价值变动收益	728.91	-4 151.32	2 165.28
投资收益	6 207.18	12 028.24	3 882.42
营业利润	56 746.13	75 100.20	114 259.00
加：营业外收入	10 324.12	7 726.35	5 536.09
减：营业外支出	4 948.51	5 773.83	4 980.33
利润总额	62 121.74	77 052.73	114 814.75
减：所得税费用	18 027.51	33 704.18	37 147.21
净利润	44 094.23	43 348.54	77 667.54
减：少数股东损益	21 502.88	13 250.36	22 749.75
归属于母公司所有者的净利润	22 591.35	30 098.18	54 917.80

表 2

资产负债表

项目	2015 年	2014 年	2013 年
流动资产：			
货币资金	94 232. 19	35 218. 56	52 996. 72
应收票据	13 524. 00	16 575. 33	31 285. 48
应收账款	56 215. 51	88 474. 41	76 679. 42
预付款项	8 613. 41	12 141. 94	11 615. 06
其他应收款	31 320. 31	38 371. 85	22 279. 02
存　货	232 258. 95	274 975. 06	291 663. 03
一年内到期的非流动资产	65 851. 81	8 351. 02	7 454. 81
其他流动资产	49 448. 42	24 257. 11	205 351. 19
流动资产合计	551 464. 58	498 365. 28	514 508. 73
非流动资产：			
可供出售金融资产	21 569. 78	7 701. 84	13 117. 79
长期应收款	33 240. 35	31 028. 25	30 781. 40
长期股权投资	102 703. 37	207 190. 74	211 051. 39
固定资产	611 778. 98	590 093. 08	569 429. 79
油气资产	239 085. 33	397 869. 03	414 510. 90
工程物资	32. 17	1 534. 81	2 645. 08
在建工程	173 908. 36	231 946. 89	220 598. 72
无形资产	107 291. 92	103 971. 92	86 054. 78
商　誉	8 455. 69	25 206. 47	37 348. 18
长期待摊费用	17 733. 29	19 015. 90	16 315. 44
递延所得税资产	8 662. 78	10 288. 94	9 570. 52
其他非流动资产	182 581. 09	15 614. 30	10 990. 18
非流动资产合计	1 507 043. 12	1 641 462. 17	1 622 414. 18
资产总计	2 058 507. 70	2 139 827. 45	2 136 922. 92

单位：百万元

项目	2015 年	2014 年	2013 年
流动负债：			
短期借款	140 833.16	162 689.50	113 053.68
应付票据	8 174.78	7 026.45	7 387.63
应付账款	179 528.14	249 055.21	253 865.64
预收款项	117 818.57	113 405.37	100 551.41
应付职工薪酬	2 938.19	3 732.08	4 751.97
应交税费	41 515.15	38 456.71	45 154.13
应付利息	2 787.58	3 115.30	3 445.72
其他应付款	68 625.21	100 885.99	84 370.81
一年内到期的非流动负债	20 223.40	98 561.09	80 411.74
其他流动负债	74 065.09	39 943.08	44 926.05
流动负债合计	656 509.28	816 870.79	737 918.79
非流动负债：			
长期借款	76 006.24	178 289.25	226 662.59
应付债券	206 007.51	158 814.21	138 114.98
长期应付款	14 206.40	29 826.87	43 525.77
长期应付职工薪酬	2 482.19	2 807.14	2 175.01
预计负债	33 492.30	41 924.64	35 524.95
递延所得税负债	8 757.34	40 900.51	44 843.41
其他非流动负债	8 067.42	6 509.71	5 127.02
非流动负债合计	349 019.39	459 072.32	495 973.73
负债合计	1 005 528.67	1 275 943.11	1 233 892.52
所有者权益：			
实收资本	319 898.03	303 222.26	274 866.53
资本公积	97 537.98	51 575.28	52 234.89
其他综合收益	-38 583.83	-33 146.01	-13 522.46
专项储备	1 041.76	931.21	1 685.40
盈余公积	204 976.95	183 271.60	176 763.24
一般风险准备	876.51	716.59	656.88
未分配利润	144 490.62	154 510.18	213 491.97
归属于母公司所有者权益合计	730 238.03	661 081.11	700 170.44
少数所有者权益	322 741.01	202 803.23	196 853.96
所有者权益合计	1 052 979.03	863 884.34	903 030.40
负债和所有者权益总计	2 058 507.70	2 139 827.45	2 136 922.92

人事管理

◇ 综述

◇ 领导班子和干部队伍建设

◇ 人才队伍建设

◇ 劳动与薪酬管理

◇ 人才培训开发

◇ 总部机关人事管理

◇ 综合与档案管理

◇ 信息化建设

◇ 离退休人员管理

综　述

2015年，石化集团公司人事工作以党的十八大和十八届三中、四中、五中全会精神和习近平总书记系列重要讲话精神为指导，紧紧围绕“保增长、谋发展、强基础、抓党建”这条工作主线，扎实开展“三严三实”专题教育，加强领导班子和干部队伍建设；完善人才工作机制，全面推进人才队伍建设；深化人事用工分配制度改革，加强劳动薪酬管理，有力推动和保障了企业持续健康发展。

“十三五”人力资源发展规划。加强人力资源战略管理，做好“十三五”人力资源规划编制工作。在总结“十二五”工作成效、分析“十三五”发展基础、发展环境和存在问题的基础上，围绕“十三五”业务发展规划，研究提出“十三五”人力资源发展战略、指导思想、基本原则和发展目标，制定领导班子和干部队伍建设、人才队伍建设、优化员工队伍、完善人力资源开发机制、夯实基础工作5个方面任务和主要措施。同时，研究编制《中国石化“十三五”国际化人才队伍建设专项规划》。

领导班子和干部队伍建设。落实“三严三实”要求，加强领导班子和干部队伍建设。加强企业党组织建设，坚持和完善双向进入、交叉任职的领导体制，为充分发挥党组织的政治核心作用提供保证。全年督促指导36家具备换届条件的直属单位党委完成换届选举。完善石化集团公司董（监）事会建设，对石化股份公司第六届董事会、监事会、总裁班子及专门委员会组成人员进行换届改选，基本建立企业党的领导与法人治理相适应的管理体制。推进纪检监察体制改革，强化纪检队伍建设。稳步推进干部人事制度创新。结合改革发展的新形势、新任务，进一步修订完善干部选拔任用办法，规范选拔任用标准和程序；研究制定领导人员能上能下、后备干部工作、领导班子职数设置管理等办法，出台《领导人员退休管理办法》，增强了干部管理的规范性、严肃性。紧紧围绕改革发展、生产经营中心任务，结合企业结构调整和业务发展变化，选好干部、配强班子，发挥领导干部“关键少数”的应有作用。

劳动与薪酬管理。深化用工制度改革，加强劳动薪酬管理。修订出台《用工总量管理办法（试行）》，探索效益效率导向的用工总量调控机制，贯彻《关于深化用工制度改革的意见》及配套政策，控制用工总量、规范劳务派遣等工作稳步推进，稳妥做好西安石化等企业产业结构调整和人员分流安置工作，2015年末石化集团公司用工总量首次低于85万人，劳动生产率进一步提升。针对油价下跌等客观因素对效益的影响，完善国务院国资委政策调控下的工资效益联动机制，在减量分配前提下想方设法优化内部分配管理工作，保效益好的单位、保一线员工，促进企业降本增效、确保队伍稳定。

人才队伍建设与培训开发。畅通人才成长通道，全面推进人才队伍建设。印发《关于完善人才成长通道建设的意见》，优化队伍序列划分，拓宽专业人才成长空间，健全职位选聘、使用、考核和多元激励机制。推进领军专家队伍建设，新引进“千人计划”人才1人。加强青年人才培养选拔，举办14个专业、工种的石化集团公司业务竞赛，积极组队参加多项国家级竞赛，一大批优秀人才脱颖而出。改进完善职称评审办法，夯实技能鉴定工作基础，健全人才选拔评价机制。持续优化毕业生引进工作，加大优秀人才引进力度。围绕提高干部员工队伍整体素质，加强培训资源开发和基础建设，扎实开展重点人才培训和岗位练兵、基本功训练。

综合与信息管理。夯实“三基”工作，推进人力资源管理战略转型。扎实推进干部人事档案专项审核和HR系统深化应用，开展人力资源管理制度体系研究，编制制度体系图、制度汇编和制度要点指南；组建共享服务机构和项目团队，进一步完善人力资源信息共享服务中心建设方案，人力资源管理规范化、制度化、信息化水平进一步提升。

离退休人员管理。认真贯彻落实党和国家离退休工作方针政策，扎实开展为党和人民事业增添正能量主题活动，积极做好关心下一代工作，加强离退休工作队伍自身建设，大力开展“敬老月”活动，推进敬老文化、养老文化建设，丰富离退休人员精神文化生活，落实和传递石化集团公司党组对老同志的关心关爱。

（钟文标）

领导班子和干部队伍建设

【“十三五”领导班子及干部队伍建设规划】 根据干部队伍建设面临的新形势、新任务，对直属领导班子和1 040名党组管理领导人员从年龄、知识、专业及履历、阅历等维度逐一深入分析，针对干部队伍存在的问题和不足，结合石化集团公司“十三五”发展总体规划，研究制定“十三五”领导班子和干部队伍建设规划，确定未来5年的战略目标、工作重点和主要措施，使干部队伍建设方向更明确、路径更清晰、推进更有序、保障更有力。

（童　勇）

【领导班子思想政治建设】 ①规范干部选任会议研究机制。印发《关于进一步规范直属单位选人用人决策机制的通知》，重申选人用人议事规则、决策程序和纪律要求，明确干部任免由党委（常委）会研究决定，党委在选人用人中发挥主导作用，确保企业党委政治核心作用的有效发挥和党管干部原则的贯彻落实。②严肃党内政治生活。根据中纪委机关、中组部通知要求，指导全系统以"严格党内生活，严守党的纪律，深化作风建设"为主题召开领导班子民主生活会。认真履行党建工作职责，配合组织开展"三严三实"专题教育，把管配备与管思想、管作风有机结合起来，确保党内政治生活制度落到实处。③指导企业推进党委换届工作。认真落实管党治党责任，抓好中央巡视组反馈意见的整改落实，梳理 141 家直属单位党委换届情况，印发《关于做好直属单位党委换届工作的通知》，通过加强与地方党委沟通、将党委换届纳入党建工作考核体系，推进直属单位党委换届规范化、常态化。2015 年共 36 家直属单位完成党委换届。

（童　勇）

【领导班子配备】 ①配合完成石化股份公司董事会换届和完善石化集团公司董事会建设。做好石化股份公司第六届董事会、监事会有关人选调整工作，完成董事会、监事会换届和总裁班子重新聘任，调整 4 个专门委员会。完成董事会换届后石化股份公司 24 个机关部门（事业部）、102 家分（子）公司和有关单位共 533 名领导人员的重新聘任。完善石化集团公司董事会建设，明确董事会秘书和石化集团公司职工董事人选并履行选举、任前报备等程序。②认真抓好直属单位和总部部门领导班子调整配备。2015 年共完成 59 家单位（部门）考察工作，根据轻重缓急分批调整干部，有效解决部分单位领导班子缺员严重、整体功能发挥不好等问题。配合中组部、国务院国资委完成石化集团公司党组主要领导调整宣布以及副总经理人选推荐考察工作。③立足全面从严治党强化纪检队伍建设。根据中央要求积极推进纪检监察体制改革，组建成立 5 个纪检分组（监察分局）领导班子，对 37 家直属单位配备专职纪委书记、88 家直属单位配备兼职纪委书记，实现直属单位纪委书记配备全覆盖。④做好直属单位安全总监配备工作。印发《关于规范安全总监配备工作的通知》，就规范直属单位安全总监配备提出明确要求，共同研究确立 128 家需要配备安全总监的单位，指导做好相关人员选配工作。

（童　勇）

【领导干部交流】 通过异地异企任职、内部岗位轮换等方式，对在同一岗位任职时间过长或工作经历相对单一的干部加大交流力度。全年对 33 家单位（部门）正职领导人员实行交流，总部与企业之间、企业与企业之间共交流 34 人。分 2 批对涉及厄瓜多尔等 9 个国家的 17 名党组管理领导人员进行轮岗交流。做好干部挂职锻炼工作，接收贵州、宁夏、新疆等地 3 名干部到中国石化挂职，与北京市、河北省等地互派 5 名干部双向挂职。

（童　勇）

【干部监督管理】 ①狠抓中央巡视组反馈问题整改，坚决落实中央巡视组、中组部选人用人检查组交办反馈的 24 项工作和 39 项具体措施，按时高效完成整改任务。②开展专项整治，从严管理监督干部。完成因私出国（境）专项治理，全系统登记备案人员 24 684人，查处违规问题 388 起。清理规范退（离）休领导人员兼职问题，完成石化集团公司退（离）休领导人员社团兼职清理工作。规范领导人员配偶子女系统内从业，对 558 名领导人员配偶子女进行岗位调整。③严格领导人员到龄退出。印发实施《中国石化领导人员退休管理办法》，明确领导人员退出现职及退休条件、退休程序、约束与保障，进一步规范领导人员退休管理工作，完善领导人员有序退出机制。④加大违规违纪问题查处问责力度。全年受理群众信访举报 41 件，查实 14 件，纠正违规任用 9 人次，约谈组织人事负责人 13 人、责成做出书面检查 3 人、处理 6 人。同时，结合党组巡视，首次对 6 家直属单位开展选人用人专项检查，对有关问题进行通报。⑤深入推进领导干部个人有关事项报告抽查核实。组织 1 049 名党组管理领导人员和 13 910 名中层领导人员上报个人有关事项，并按 10% 的比例对 1 605名中层以上领导人员个人有关事项信息进行抽查核实，对存在瞒报、漏报问题的人员按要求进行处理。⑥不断深化"一报告两评议"工作。借助石化集团公司党建考核，对 133 家直属单位全面开展"一报告两评议"，并将选人用人工作满意度测评结果直接与党建考核评分挂钩，促进直属单位选人用人工作水平的提升。⑦持续加强中层机构及中层领导人员职数总量管理。截至 2015 年底，全系统共有现职中层领导人员 1. 2 万人，在服务石化集团公司各项业务快速发展的同时，实现中层领导人员总量的有效控制。

（李文德）

【领导干部日常服务保障】 根据中组部《关于提高抗战时期参加革命工作的部分离休干部医疗待遇的通知》精神，组织材料上报中组部后，101 人提高享受医疗待遇并获批，其中 3 人提高享受副省（部）长级医疗待遇、98 人按副省（部）长级标准报销医疗费。针对北京疏解非首都核心功能以及中组部收紧央企管理人员调京指标、放缓调京审批节奏，积极向上级沟通汇报，争取理解和支持，做好领导人员调京落户工作；同时研究制定《中国石化调京领导人员落户申报管理办法》并提请党组会讨论通过，进一步规范领导人员调京管理。

（童 勇）

人才队伍建设

【高层次人才选拔培养】 深化人才成长通道建设，印发《关于完善人才成长通道建设的意见》，在 10 家单位（部门）开展先行先试工作。截至 2015 年底，共聘任 5 名石化集团公司首席专家、139 名高级专家和 75 名直属单位首席专家，聘任 18 名石化集团公司技能大师和 90 名直属单位首席技师。评选中国石化突出贡献专家 100 名、闵恩泽青年科技人才奖 200 名，胜利油田彭志刚、王涛 2 人获孙越崎青年科技奖。

（丁新兴）

【人才配置】 制定人才流动配置相关制度，就人才流动、引进、选调的程序、标准进行规范。加强人才引进配置和招聘计划管理，重点做好新增合同制员工和在京单位调动人员审批工作，全系统新增和在京单位引进人才 212 人（面向系统外引进 67 人，在京单位从系统内引进 145 人）。拓宽高层次人才引进渠道，引进 1 名“千人计划”海外科学家，已纳入“千人计划”且正式到岗开展工作的专家达 10 人。

（丁新兴）

【职称评审】 组织开展石化集团公司职称外语考试和职称评审工作，271 人通过教授级任职资格评审，4 919 人通过高级任职资格评审，9 177 人通过中、初级任职资格评审。

（丁新兴）

【博士后工作】 中国石化有博士后工作（流动）站 30 个，在站 201 人，当年出站 72 人，有 56 人出站后留在中国石化工作；承担省部级科研课题 137 项，博士后科研成果获省部级奖 11 项，申请专利 218 件；在核心期刊发表论文 162 篇。选拔 3 名博士服务团成员支援西部大开发工作。

（丁新兴）

【职业技能鉴定】 开展鉴定机构评估，为 60 家鉴定机构换发《职业技能鉴定许可证》。审核对接鉴定工作计划，指导 20 家单位对 2 142 名考评员进行培训，组织高级技师职业资格评审工作。全年共鉴定 11.25 万人，通过 6.93 万人，新增技师 3 325 人、高级技师 1 136 人。合同制员工中技能操作人员持证率为 85.6%，高技能人才总量达 16.5 万人，占技能操作人员比例为 57.4%。

（丁新兴）

【业务竞赛】 举办井下作业、电气等 8 个专业的业务技术比武和测井工等 6 个工种的一类竞赛，91 家直属单位的 1 543 名选手参加决赛。309 名选手获金、银、铜奖，48 家单位获团体奖，23 家单位获优秀组织奖，107 名金奖获得者被授予石化集团公司技术能手称号，17 名选手晋升高级技师职业资格，78 名选手获得高级职称的申报资格。

（丁新兴）

劳动与薪酬管理

【用工总量管理】 坚持严把入口、少进多出，通过积极推进非核心业务外包、加强系统内统筹配置，持续降低用工总量。健全先进、科学的“三定”标准，合理规划用工总量。组织编制各板块“三定”标准和非板块企业“三定”方案，核定下达各事业部和直属单位 2015 年用工控制指标；与减员降本相结合，建立鼓励自觉优化用工、严控用工总量的激励约束机制，制定印发《中国石化用工总量管理办法》及《年度用工计划管理办法》《用工增减变化调整人工成本指标暂行办法》《优化用工专项评价激励暂行办法》等配套文件，促使事业部（专业公司）和企业自觉减少用工总量、提高劳动生产率和人工成本投入产出效益；印发《关于加强系统内人力资源统筹配置的指导意见》，明确政策、加强协调，促进企业进一步盘活用工存量，充分发挥人力资源整体效能。2015 年用工总量控制取得显著成效，年末用工总量 84.5 万人，全年用工总量减少 8.2 万人。

（祝君光）

【用工制度改革】 平稳实施用工管理体系转换，加强用工分类管理，指导事业部（专业公司）和企业按照“三分岗位”“五类用工”要求，构建新的劳动用工管理体系，将现有用工平稳纳入新体系，形成以合同制员工为主要用工，派遣制员工、非全日制用工为合理补充的用工结构。按照深化用工制度改革既定部署，组织事业部（专业公司）和企业贯彻《关于深化用工制度改革的意见》，积极稳妥制定整体改革方案；加强政策研究和操作指导，制定印发《关于劳务派遣制员工调整用工形式的意见》和《关于激励社会化用工的指导意见》，组织各单位推进业务外包，制定调整用工形式方案，牵头组织事业部和有关部门审核企业方案，稳步推进规范劳务派遣工作。

（祝君光）

【离岗人员分流安置】 制定印发《关于离岗人员分流安置工作的指导意见》，指导有关企业结合产业结构调整和严格“三定”等工作，按照总部明确的分流安置渠道和政策，制定人员分流安置办法，分期分批妥善分流安置离岗人员，大力推动系统内人员统筹配置等重点渠道的落实。根据西安石化转型发展需要，精心组织，加大系统内统筹配置力度，平稳完成整体人员分流安置工作。通过与地方政府积极协调，将南京化工公司连云港碱厂整体移交地方，进一步优化产业结构。

（董岚峰）

【工资总额和人工成本管理】 完善工资效益联动机制，调整改进企业工资总额核定办法，年初按上年工资总额基数的 93% 下达工资基数，将其余工资存量主要用于年底考核兑现，激励企业提高效益；针对油价下跌等客观因素对利润的影响，多次向国务院国资委汇报沟通，争取政策支持，稳妥做好预算决算工作，引入人工成本对标结果改进工资总额核定办法，激励企业提高效益，发挥收入分配作为稳增长、转方式、调结构的助推器作用。

（董岚峰）

【薪酬分配管理】 加强薪酬改革课题研究，明确改革工作重点及路径；开展“三项制度”改革试点，组织销售公司、国际石油勘探开发公司先行先试，探索以人工成本管理为核心，市场化、差异化、类别化的薪酬管理体系；健全长效激励约束机制，指导上海石化实施股票期权计划，推进炼化工程公司、石油工程公司等单位，研究制定多种形式的股权激励计划；承担国务院国资委央企一线职工收入分配、央企工资总额分类管理、根据功能定位改进央企薪酬管理、央企境外员工薪酬管理 4 个软课题研究，提出工作思路及措施，为国务院国资委做好收入分配工作建言献策。

（董岚峰）

【领导人员薪酬管理】 根据中央和国务院国资委对中央企业负责人薪酬制度改革意见，做好石化集团公司负责人薪酬调整工作。研究提出领导人员薪酬管理体系优化意见和异地交流领导人员有关待遇管理初步意见。

（董岚峰）

【企业补充保险】 完善企业年金账管系统，统一调整 2015 年度企业年金缴费基数，做好企业年金待遇支付审核工作，配合做好审计监督、基金投资运营等工作；运用好激励性年金政策，加大对贡献突出的科研设计人员、经营管理人员和高技能人才的激励力度，对 112 家单位的 3.63 万人支付激励性年金 1.48 亿元。

（董岚峰）

人才培训开发

【培训管理】 学习贯彻中央《干部教育培训工作条例》，研究提出《中国石化员工培训管理规定》等制度文件的修订思路，研究起草公派访问学者选派管理办法。结合研究编制“十三五”人力资源发展规划，根据队伍建设实际提出全员培训工程实施思路。总结干部教育培训情况，起草上报《2013—2017 年全国干部教育培训规划》实施情况中期评估报告。

（邹　强）

【重点人才培训】 继续组织高层经营管理人员、高层次专业技术人才、拔尖技能人才及国际化人才等重点人才培训。在总结分析近 10 年领导人员培训情况的基础上，对领导人员培训进行整体设计，研究开发以提升综合素质和综合能力为目标的领导人员系列培训方案。调研分析国际经营单位培训需求，研究开发以提高国际化经营实战能力为目标的国际化人才培训方案。通过加强培训方案设计，优化培训师资，细化培训项目管理，培训质量有新提高。

适应经济新常态与低油价叠加、国企深化改革等新形势、新任务，开展上游板块“战寒冬、创效益”油田开发专项培训，复杂井钻井、地热等新技术发展培训，以客户价值为导向的市场开拓培训等。开办的新任纪委书记班、中青班、油田开发高级研讨班、拔尖技能人才班、国际化实务专题班等重点培训项目成效明显，受到学员和单位好评。

（邹　强）

【培训基础建设】 梳理完善中高层领导人员综合素质和能力培训的课程体系，进一步修订完善安全岗位培训课程体系。组织对《班组长培训大纲》进行较大幅度修改，并征求部分单位意见建议。组织开发“三基”工作、安全生产、规范化操作等远程培训课件895个，远程培训课件资源进一步丰富。启动远程培训系统三期建设项目研究，依托远程培训系统，开发培训信息管理平台和培训资源共享平台，初步建立培训项目实施主要环节在线管理流程。组织梳理近10年领导人员、高层次专业技术人才培训信息并导入远程培训系统。

（邹　强）

【毕业生引进工作】 顺利完成2015年毕业生引进工作，推行“优才绿色通道”等10项新政，加大优秀人才引进力度，受到用人单位、高校和毕业生的普遍欢迎，取得良好效果。各招聘单位严格按照资格审查、测试面试、结果公示等招聘程序实施，毕业生引进工作运行平稳有序。

（邹　强）

总部机关人事管理

【概述】 截至2015年底，总部直接负责人事管理的25个部门内设处室206个，处级及以下定员1 252人，实有处级及以下员工1 031人，其中硕士研究生以上学历占40.7%，大学本科学历占56.0%；正高级职称占8.7%，副高级职称占63.5%，中级职称占22.0%；平均年龄42.8岁。

（冯洪祥）

【机构编制管理】 按照石化集团公司党组调整集团层面党群和宣传职能有关精神，及时明确党群工作部、宣传工作部内设机构及编制定员。根据部门工作需要，调整发展计划部、人事部、安全监管局、工程部、炼油事业部、化工事业部等部门内设机构及编制定员；在生产经营管理部增设天然气管理处，办公厅总师值班室分设为总师服务一处、总师服务二处。

（冯洪祥）

【机关员工队伍建设】 积极做好总部机关处级领导人员选聘工作，共计开展处级干部选聘工作13次，新提聘处级领导人员59人；完成总部机关处级领导人员续聘工作，重新聘任处级领导人员398人；指导部门开展业务人员选聘26次，聘任业务人员198人。严格干部选用标准，坚持正确的用人导向，进一步拓宽选人用人渠道。其中，党组纪检组（监察局）5个分组（局）、安全监管局的79个岗位面向系统内进行公开招聘，1 153人参加笔试，225人参加面试，坚持公平、公正、公开，确保招聘工作如期、平稳完成，取得较好成效。

（冯洪祥）

【机关员工培训工作】 结合总部机关作风建设和处级干部队伍建设实际，创新培训方式、精选培训内容，举办3期总部机关处级干部能力素质提升培训班，276名处级干部参加培训。举办2期部门专家、业务人员履职能力提升培训班，共186人参加培训。

（冯洪祥）

【薪酬保险工作】 按照《总部机关完善薪酬分配制度实施方案》，做好总部机关处级及以下人员基本薪酬调档工作，涉及员工595人。组织总部机关各部门做好本年度享受激励性年金人选评选工作，共有284人享受激励性年金。认真做好总部机关员工工资保险和企业年金管理日常工作，切实保障员工利益。

（冯洪祥）

【制度建设】 印发《中国石化总部机关劳动纪律管理暂行办法》，与其配套的人事考勤管理系统上线试运行；修改完善《总部机关处级领导人员考核聘任实施办法》和《总部机关业务人员聘任工作管理办法》。

（冯洪祥）

综合与档案管理

【组织人事部门自身建设】 举办全系统组织人事处长培训班，深入学习党的十八大、十八届三中、四中、五中全会精神，学习贯彻全国组织部长会议精神。扎实开展“三严三实”专题教育，贯彻落实党组领导对加强组织人事部门自身建设的指示要求，制定印发《关于建设模范部门打造过硬队伍的实施意见》及《中国石化组工文化核心理念》《中国石化组织人事部门工作标准》《中国石化组织人事干部行为规范》4个文件，从行为规范、工作标准、组工文化、制度建设等层面夯实基础，着力建设组织放心、群众信赖的模范部门。组织召开组织人事部门自身建设工作片区座谈会，推动“1+3”文件的贯彻实施。积极利用《人事工作通讯》及网络媒体，交流宣传各单位“建设模范部门打造过硬队伍”工作动态，传播组工文化价值理念。

（钟文标）

【人事档案工作】 开展干部人事档案专项审核工作，组织全系统30余万名干部填写《干部履历表》，全面了解干部最新信息，较好地解决部分干部档案中家庭成员信息不详、个人信息不准确等问题。截至2015年底，完成干部人事档案专项审核4 728人。

（栾志青）

信息化建设

【HR系统功能提升及深化应用】 ①以业务为导向不断提升优化系统功能。适应石化集团公司用工制度改革需要，增加总部统一岗位目录批量创建和转变用工批量核对功能，完成相关指标、流程、表单等调整。加强中层机构及人员管理，新增现职中层领导人员结构分析和个人年收入分析台账等，中层机构变化总部统一在线审批。②优化管理图表，强化查询分析功能。实现历史图表按月查询，事业部人事指标分析查询，进一步丰富专项业务报表。③及时开展新业务HR系统上线应用。HR系统在新疆煤制气管道公司上线运行。俄文版HR系统在哈萨克斯坦公司上线运行，员工绩效考核模块在济南炼化正式应用。④业务驱动系统应用成效显著。2015年，在线调整机构1 601个、新增各类用工3.3万余人次、调入调出4.5万余人次、岗位变动20.5万余人次、离退休1.6万余人次，各类人员薪酬在线计发累计1 487.5万人次(月平均124万人次)。通过招聘网站应聘校园招聘13.4万人次，引进3 100人。《中国石化人力资源管理信息系统用户手册》系列丛书共5个分册出版印刷。

（李堂亮）

【共享服务建设工作】 ①制定共享服务建设整体方案。开展境内企业11 940名人力资源工作者问卷调查，多维度分析12类445项人力资源业务活动，组织江苏、山东地区企业逐家对接业务流程，厘清共享中心与企业的职责界面，明确共享服务业务分类、建设内容、人员配置等情况，形成人力资源共享服务建设总体方案，顺利通过专家评审。②以创新理念搭建员工自助系统。积极探索人力资源管理的新型服务方式，开展员工自助系统建设，制定一期设计方案，完成网页版和手机APP版的配置开发及测试。对国家、石化集团公司、地方政府及企业有关人力资源政策制度进行梳理，形成约4 000条知识文章，共计48万字，为建设分层分类、模块化管理、动态更新的知识库奠定基础。③强化规范管理，推动共享运营平台建设。加强对试点企业薪酬计发不标准、不规范问题的分析，研究标准化流程及嵌入系统的实施路径。开展试点阶段业务流程、服务目录的配置开发，对共享运营系统和HR系统穿透应用技术攻关，统筹规划用户权限管理，组织完成关键用户对共享运营系统功能的测试，编制业务操作手册。

（李堂亮）

【HR系统信息共享应用】 ①确保已实现信息集成系统应用平稳运行。优化完善集成方案，确保已实现集成应用的股份ERP财务、会计集中核算系统、统一身份认证系统、远程培训、HRP领导人员管理等系统的信息集成应用运行平稳，根据HSE系统应用需要，完成单位机构、人员全量数据传输集成应用。②配合ERP大集中，顺利完成9家试点企业和第1批15家企业HR系统与财务系统集成切换。③实现与HR共享服务SSF(共享运营系统)集成，解决系统穿透等数据传输方式问题，支持HR业务处理无缝衔接和相关数据同步。

（李堂亮）

离退休人员管理

【概述】 截至2015年底，石化集团公司共有离退休人员41.97万人，其中离休干部4 289人、退休干部13.59万人、退休工人27.95万人；内退人员1.8万人。离退休人员和内退人员总计43.78万人。离退休人员党员14.63万人(含内退人员党员5 960人)，设有85个离退休人员党委、219个党总支、3 475个党支部。专职离退休工作人员4 892人，兼职工作人员1 169人。

（崔文生）

【离退休人员党建和思想政治工作】 成立4个调研组到22家单位进行专题调研，了解掌握各单位在离退休人员党组织建设、文化引领、开展活动、党员教育管理、发挥作用以及思想政治工作等方面的做法、经验及工作成效，查找“两项建设”工作中存在的共性问题和不足。召开石化集团公司离退休人员党支部建设和思想政治工作座谈会。

（崔文生）

【敬老文化、养老文化建设】 组织开展石化集团公司“孝亲敬老”和“践行离退休人员行为规范”评先表彰活动。召开石化集团公司敬老、养老先进代表座谈会。在《中国石化报》上组织刊发“重阳节”活动情况专刊。举办石化集团公司离退休人员书法绘画比赛和第3届离退休人员门球比赛，增进老同志对企业的感情，同时进一步营造尊重老同志、爱护老同志、学习老同志的良好氛围。

（崔文生）

【为党和人民事业增添正能量主题活动】 组织学习全国离退休干部“双先”表彰大会精神，开展向全国离退休干部先进集体和先进个人学习活动。组织各单位以“展示阳光心态大家讲、体验美好生活故事会、畅谈发展变化好声音”为主题，开展主题活动。为配合活动开展，在《石化老年》开辟专栏，营造良好的活动氛围，引导更多的老同志为党和人民的事业增添正能量。

（崔文生）

【关心下一代工作】 开展社会主义核心价值观等教育活动，继续做好“传帮带”助推青年员工成长成才。组织召开石化集团公司关工委委员会议，对委员会组成人员进行调整。举办直属单位关工委常务副主任培训班。参加全国关心下一代工作表彰大会，中国石化5个先进集体、27名先进个人受到表彰，2人分别获得突出贡献奖和荣誉奖。引导“五老”积极参与社区管理，组织“五老”办好校外辅导站，开展普法和帮教活动。引导老同志积极参与净化社会文化环境，营造文明和谐社区。

（崔文生）

【离退休工作队伍自身建设】 召开石化集团公司离退休宣传工作会议。举办石化集团公司离退休工作通讯员（信息员）培训班、直属单位离退休工作骨干培训班、离退休工作统计人员培训班。加强离退休和关工委片区研讨交流工作。通过加强自身建设，基础工作得到夯实，干部员工队伍的整体素质得到增强，离退休工作水平进一步提高。

（崔文生）

物资采购与管理

综 述

2015年，中国石化物资供应系统广大干部员工深入贯彻石化集团公司党组决策部署，立足重服务、控风险、抓优化、提绩效，坚决落实依法治企，充分发挥市场配置资源的作用，敞开大门、放开平台、公开规则，统筹优化物资供应管理，稳步推进集团化采购，快速推进招标采购，大力推进信息化建设，为石化集团公司保增长、保效益做出了积极贡献。

统筹推进物资供应管理优化。规范采购权力运行，加强对采购权力的制约和监督，实行监督管理、采购决策、执行操作的内部分离和相互制衡，完善集团化采购决策、执行、监督职能，总部与企业“一个整体、两级执行”的集团化采购分工更加清晰。按照国务院国资委部署，扎实开展采购管理专项提升对标，物资供应管理更加严、细、实。

稳步推进集团化采购。坚持发挥集中采购优势，持续提升集团化采购的比例和质量。扩大集团化采购范围，更大范围整合企业通用物资需求，进一步发挥统一对外优势。加强采购策略编制和应用，强化市场分析和研究，坚持推进框架协议采购，提高了资源获取能力、市场议价能力和风险防控能力。

快速推进招标采购。全面修订物资招标采购制度，从严明晰招标采购管理要求和操作流程。顺应公开招标要求，敞开供应服务大门，严格供应商资格审查，加强供应商动态量化考评，营造有序竞争、诚信规范的商业环境。提高招标采购工作质量，完善招标方案评审机制，加强评标专家管理，招标过程更加公开透明、严谨合规。

全力打造电商平台。坚决贯彻石化集团公司党组关于加快建设统一电子商务平台、实现物资采购变革的指示要求，应用移动互联网、大数据、云计算等技术，建成“易派客”工业品电商平台。坚持“上平台、增品种、提流量、通流程”，大力推进企业上线，努力拓展平台运营，为物资采购创新发展拓展了空间。

持续强化物资管理。坚决贯彻石化集团公司党组要求，坚持物资供应管理“七统一”，巩固完善物资供应管理体制，持续优化完善业务运行机制，加强质量管理、供应商管理、信息化建设、储备管理等方面的工作，坚决推进从严从细从实管理，强化物资供应队伍建设，进一步提升了物资供应管理水平。

（戴光辉）

保供降本

【概述】 2015年，物资供应系统广大干部职工以提质增效和保供降本为主线，千方百计抓资源、降成本、控风险，全年采购化工原辅料、煤炭、设备、材料等物资1 609.7亿元，节约采购资金91.8亿元，采购资金节约率5.7%，出色地保障了石化集团公司生产建设物资安全、及时和经济供应。

（戴光辉）

【加强生产建设物资供应保障】 保供能力进一步增强。①紧盯石化集团公司重点工程项目，进一步优化、完善物资保供协调机制，强化物资采购全流程过程控制工作，突出强调质量管理工作，建立畅通、高效的信息渠道，突出重大事项、重点督办事项管理，保障了涪陵页岩气50亿立方米产能建设、元坝滚动建产、汽柴油质量升级项目群、中天合创、广西LNG、涪陵—王场输气管道等32个石化集团公司重点工程项目的物资供应工作。②加大对突发异常事件物资需求的快速响应与支持，对于企业反映的突发事件及时报告、及时响应、及时安排，2015年协调处理了镇海炼化第2套常减压装置抢修、海南炼化S－Zorb装置着火紧急停车、青岛石化原油管线泄漏、扬子石化烯烃厂乙二醇装置T430环氧精制塔爆炸等突发事件，物资供应部门第一时间奔赴应急事件现场、第一时间组织协调应急物资保供，确保应急物资及时到位。

（戴光辉）

【降低物资采购成本】 降本效果进一步加大。化工方面，开拓思路，大胆创新，提升集团化采购绩效，规范有序推进招标采购，努力扩大公开招标规模，降本成效显著。全力推进油田化学剂、大宗化工原料以及直采催化剂的公开招标工作，同比炼化“三剂”平均降幅为12.9%、油田化学剂平均降幅为14.3%、直采催化剂平均降幅为38.4%。煤炭方面，在招标过程中不断优化采购周期、参考指数、指数权重等指标，与当期市场价格相比，节约采购资金约3.98亿元，资金节约率6.1%。秦皇岛基地在确保满足配送企业质量需求的情况下，按照总成本最低原则科学制定配煤方案，进行混配加工，2015年配煤比例达到98%，节约采购成本1 380万元。材料方面，准确把握市场走势，紧随市场变化，同步调整采购价格。全面优化不锈无缝钢管等15个品种的采购定价，新制定油井水泥等20个品种的调价公式，调价机制的科学水平显著提高。在抓好大宗、通用、重要物资集团化采购的同时，坚持在“小采购”中挖掘“大价值”，推进办公用品、安全帽、劳保服等低值易耗品集中采购，节约资金 1.2 亿元。

（戴光辉）

集团化采购

【概述】 2015 年，集团化采购规模稳步扩大，全年集团化采购 1 325.8 亿元，集团化采购率 82.5%，节约采购资金 70.6 亿元。集团化采购质量大幅提升，战略采购和框架协议采购的比例进一步提高，为石化集团公司生产建设保供降本提供了有力支撑。

（戴光辉）

【扩大集团化采购规模】 优化调整集团化采购目录，2015 年 2 月和 8 月，分 2 次将炼化“三剂”、H 型钢、挖掘机、保温材料、办公用品等 340 个企业集中采购的物资品种、年采购约 187 亿元相对通用物资调整为集团化采购。

（戴光辉）

【提高集团化采购质量】 强化市场分析和研究，根据大宗物资市场行情的变化，按月发布化工、材料、煤炭等物资的执行(指导)价格，每季度向总部有关部门和企业通报重要物资的市场情况。对特别大宗、特别重要的战略物资，通过招标选择有实力的供应商，总部直接实施战略采购。在油品质量升级项目中，集合 10 家企业、14 个柴油质量升级项目核心设备加氢反应器的需求，精心编制招标方案，通过公开招标，国内板焊制造业绩优秀的中国一重、中国二重和兰石集团 3 家战略供应商最终中标。在总部组织集中采购、总部授权集中采购和区域协同采购中，全面推进框架协议采购，进一步提高集团化采购效能。

（戴光辉）

【加强采购策略管理】 依据全年工程项目建设、生产经营计划安排，编制完成各专业年度集团化采购策略，指导全年集团化采购工作。加强企业年度采购策略管理，进一步提高企业采购策略编制和应用水平。油田、炼化和工程建设板块 55 家企业完成年度采购策略编制和提报工作，编制率 100%；经专家集中评审，采购策略编制合格率达到 98%，同比提高 11 个百分点。

（戴光辉）

【推进标准化采购和重大装备国产化】 加快采购技术标准体系建设，制修订完成油套管、加氢阀门等物资采购技术标准 72 项，在集团化采购中大力应用实施。在 S - Zorb 往复压缩机、加热器等设备采购中，严格执行技术标准，节约采购成本 2 600 万元、资金节约率达 20%，提高了主要零部件通用互换性。围绕重点工程项目开展关键设备、材料的国产化攻关与成果应用，打破国外供应商技术垄断，大幅降低采购成本、缩短采购周期。2015 年，累计为中天合创煤化工、广西和天津 LNG 等重点项目采购压缩机、反应器等国产化设备材料 16.8 亿元，与进口产品同期市场价格相比，资金节约率达到 36.8%，节约采购资金 6.2 亿元。

（戴光辉）

供应资源管理

【概述】 2015 年，物资供应系统敞开供应服务大门，严格动态量化考核，推进市场诚信体系建设，夯实供应商基础管理工作，启动新一轮升级版战略合作，为中国石化开展全球采购奠定了基础。

（戴光辉）

【敞开供应服务大门】 适应国家法律法规对公开招标采购的要求，敞开供应服务大门，只要基本信息审核通过的供应商均可以参与公开招标、邀请招标、询比价、动态竞价等采购活动。遵照国家招投标法律法规要求，根据供应商申请，按照资格预审与资格后审相结合的原则，组建资格审查委员会或评标委员会，依据资格预审文件或招标文件载明的资格审查条件，审核供应商资质、开展现场审查，经资格审查合格供应商，信息系统自动赋予相应产品物资目录。对首次响应的、经营和财务状况发生重大变化的供应商，组织现场审查小组赴供应商现场，从基本资质、生产检验能力、仓储运输能力、设计研发能力、质量保证体系、售后服务体系等方面开展现场审查，严守“见工厂、见装备、见产品、见管理、见业绩”，从源头防控物资供应风险。

（戴光辉）

【严格动态量化考核】 建立供应商奖惩机制。优化供应商动态量化考核指标体系，主要以供应商能力类指标(整体实力)、表现类指标(履约情况)反映供应商绩效，同时完善考评方式给予用户评价权，根据企业物资供应部门、使用部门评价情况，得出好评、一般、差评结论，进一步提高用户满意度。根据用户对供应商动态量化考评结果，按照物资类别或品种，实施供应商星级管理，每半年调整供应商星级，并向社会公布调整结果，促进供应商不断提高供应服务水平，稳定与优秀供应商的合作关系。2015 年，涉及 831 家的 2 573 项物资目录提升星级，涉及 114 家的 4 674 项物资目录降低星级。

（戴光辉）

【推进市场诚信体系建设】 营造公开公平的交易环境。公开声明，在公开媒体发布《中国石化致供应商的公开信》《关于开展物资采购招标投标资格审查的公告》，表明中国石化敞开供应服务大门、大力推进招标采购、完善市场诚信体系建设的决心和态度。广泛宣传，加大对有违约、不诚信、不廉洁等行为的供应商惩戒力度，加大对产品质量有缺陷、服务不到位、用户埋怨和投诉的供应商考核力度，直属企业每月违约供应商“零”报告，集团层面每月及时核实处理，并向社会通报处理结果，坚持信息公开、考评公开、处罚公开，着力打造“重质量、重服务、重品牌、重口碑”的供应生态。2015 年，共对 154 家供应商给予处罚，其中取消供应资源资格 19 家、暂停交易资格 16 家、通报降级 112 家、书面警告 7 家。

（戴光辉）

【夯实供应商基础管理工作】 完善制度，修订发布《中国石化物资采购供应资源管理规定》《中国石化供应商动态量化考评管理办法》《中国石化物资采购招标投标资格审查管理办法》以及《中国石化供应商资格审查及停启用流程》等，为敞开大门、严格考核，进一步提高供应资源管理能力提供制度保障。开展集中资格预审，按照《2015 年招标投标资格集中资格预审工作计划》，完成 30 项物资品种集中资格预审工作，共对 603 家供应商开展资质审核，对首次响应并资质审核合格的 22 家供应商开展现场审查，资格审查合格率 56. 4% 。

（戴光辉）

【启动新一轮升级版战略合作】 制定战略供应商选定规则，按照公开规则、公开标准、自愿报名、专家评审、逐家商谈、公示名单等程序，以公开遴选方式，优选综合实力强、技术领先、业绩良好、履行社会责任好的供应商开展新一轮战略合作，做到过程公平、公开、公正。深化战略合作内容，在业已开展供应资源保障、生产制造和库存信息共享、采购技术规范编制、国产化攻关、联合储备等方面战略合作基础上，推进“易派客”平台建设、供应链金融、国际市场开发、供应链延伸服务等方面的合作，深化战略合作内容、提高战略合作质量，促进物资供应转型发展。

（戴光辉）

招 标 采 购

【概述】 2015 年，按照依法治企的要求，全面推进招标采购工作。大力宣贯普及招标投标法律法规、制度规定及操作规范，有效提升招标规模，进一步强化招标采购监督管理，建立公开公平竞争的采购环境。

（戴光辉）

【建章立制】 成立专门工作组，依据国家招标投标法律法规，在全面评估石化集团公司物资采购招标管理现状和多次征求企业、总部相关部门和国家招投标协会的基础上，集中修订并发布物资招标采购的 1 项综合管理制度、6 项专项管理制度和 12 项操作规范，完善物资招标采购管理制度体系，从严规定了招标采购管理要求和操作流程。坚持诚信、严谨、规范、公开，将招标范围从单项合同 100 万元以上调整为 50 万元以上，对国家法律法规未要求但具备条件的，也积极实施公开招标。

（戴光辉）

【加强宣贯】 利用近 2 个月的时间，组织讲师团分层次、分重点、分区域开展拉网式招标采购宣贯培训，举办了 3 期、225 名物资供应处长及 16 期、2 560名物资供应部门计划、采购、招标负责人和工程、设备、计划、技术、监察等部门相关人员参加的招标管理培训班。开展“物资采购公开招标投标论坛”活动，主动发声、亮明观点，与社会各界人士展开互动。共有 56 家单位的 488 人投稿 539 篇，经评审有 87 篇优秀稿件陆续通过物资供应协同工作平台、“易派客”电商平台和《中国石化报》刊发。通过大力宣贯，各单位进一步提高了对依法治国、依法治企以及石化集团公司从严管理要求的认识，进一步认识到招标采购公平、公开、公正、择优的优点，积极主动依法合规推进招标采购。

（戴光辉）

【大幅提升招标比例】 不断扩大招标物资品种，按照“应招必招、能招尽招”要求，深入沟通对接需求，周密论证和设计招标方案，对依法必招物资坚持公开招标，对能招尽招物资，创造条件实施框架协议公开招标，从无到有实现了煤炭、蜡油等大宗原辅料的公开招标，取得了良好效果。2015年，石化集团公司招标规模达到830.6亿元，同比增长58.9%；招标采购率66.2%，提高33.9个百分点，依法公开招标率100%；招标采购节约资金68.2亿元，增长61.2%，为实现石化集团公司安全经济保供做出了积极的贡献。

（戴光辉）

【提升招标工作水平】 严格依据法律法规以及管理制度的要求，加强招标基础管理工作，进一步规范招标采购行为。组织对招标文件、评标办法、资格审查文件等基础性模板进行全面修订，确保各项文件依法合规。组织对招标操作全过程进行规范性评估，梳理出85项不规范点，逐项制定整改措施。大力推进电子招标，严格按照国家电子招投标办法的要求，建设电子招投标平台，实现招标、投标、定标全流程的电子化，确保招标过程更加公开透明、严谨合规。

（戴光辉）

【加强招标管理监督】 建立更加有效的物资采购招标管理监督体系，修订了异议投诉管理办法，定期公示供应商异议投诉处理情况，促进招标采购更加公开透明。将招标采购工作情况纳入直属单位领导班子考核，纳入企业物资供应管理绩效考核，列入总部2015年效能监察专项检查。加强日常招标监督，通过在线监控、现场检查、效能监察等方式对招标工作进行全方位监督，每季度通报招标采购率情况，规范招标采购。

（戴光辉）

物资管理

【概述】 2015年，物资供应系统坚持强化物资供应管理，全面开展物资采购管理专项提升对标活动，巩固完善物资供应管理体制，开展资源优化工作，不断强化质量管理，持续推进信息化建设，强化储备管理，从严加强物资采购监管，积极开展队伍培训和走出去学习，显著提升了物资供应管理水平。

（戴光辉）

【全面开展物资采购管理专项提升对标活动】 按照国务院国资委要求，认真梳理中国石化采购管理现状，逐项对照分析，从采购管理体制、采购管理机制、集中采购、招标规范管理、供应商管理、采购管理基础工作6个方面进行自评，编写《采购管理专项提升对标自评表(2015年版)》，上报国务院国资委。结合采购管理工作实际，进一步细化分解对标指标，制定详细的对标工作提升目标、措施和要求，下发《关于开展采购管理提升对标工作的通知》，在各企业全面开展提升对标工作。各直属企业按要求开展自评，制定对标提升计划，细化对标措施，落实责任部门和人员，将对标提升工作落到实处。

（戴光辉）

【巩固完善物资供应管理体制】 坚持集中统一的物资供应管理体制，下发《关于开展物资供应管理体制建设自查自改工作的通知》，推进企业认真整改石化集团公司2014年审计发现的问题，对本单位物资供应管理体制全面自查，对体制未到位的企业加强督导，并在季度绩效考核通报中予以考评。稳妥推进总部层面物资供应管理体系优化，认真研究制定、反复优化完善物资供应管理体系优化实施方案并于2015年11月全面实施，精心构建物资供应管理控制、采购决策和采购执行分开的物资供应管理体系，有序开展监督管理、采购决策、采购执行分开实施工作。积极推进海外物资采购平台建设，制定并下发编制应用海外项目采购策略及备案的通知，建立“走出去”企业海外项目采购策略备案机制，研讨完善海外物资采购工作思路和措施，制定海外项目投标物资采购工作流程，研究制定加强海外物资采购管理工作方案，探索分步推进企业层面、集团层面海外物资采购归口管理，推进各单位加强海外项目物资采购管理。

（戴光辉）

【开展资源优化工作】 按照石化集团公司资源优化领导小组的统一部署，全力推进集团层面物资采购管理资源优化项目。2015年，物资采购管理共有3项工作被列入石化集团公司资源优化项目，分别是“巩固提升集中统一管理”“大力推进招标采购”和“集团外第三方采购服务拓展”。物资装备部成立资源优化工作领导小组，制定项目优化方案，明确项目优化工作的思路、目标和主要措施。巩固提升统一管理，按照“三重一大”要求，研究制定了物资供应管理体系优化框架方案和实施方案，并呈报石化集团公司党组领导批准后正式实施，从工作职能上实现监督管理、采购决策、执行操作的内部分离和相互制衡。强力推进招标采购，完善物资招标采购管理制度体系，完善机制，进一步提高招标规模和比例，规范招标操作。拓展集团外第三方采购服务，建立第三方采购工作流程，转变思想，服务至上，2015年，为神华集团、加拿大 Syncrude、中钢俄罗斯公司等国内外企业提供第三方采购服务19.5亿元。

（戴光辉）

【强化质量管理】 加强物资供应源头和全过程的质量风险防控，为石化集团公司的生产建设提供可靠的物资质量保证。强化质量管理基础工作，修订物资供应质量管理办法和重要设备材料监造管理办法，进一步明确、落实物资供应过程控制各环节的质量责任，扩展、优化了监造物资品种范围，以及监造商的管理要求和考核措施。及时通报茂名分公司柴油加氢装置阀门、金陵分公司柴油加氢装置高压空冷器等典型物资质量问题，进一步加强物资质量管理。向所有供应商发出《关于高度重视供应产品质量的通知》，要求供应商高度重视产品质量，进一步强化质量保证体系、售后服务体系建设，持续提升供应产品质量和服务质量。强化采购物资质量控制，加强重要设备材料监造，招标签订A类重要设备材料监造服务框架协议，涵盖反应器、阀门、压缩机等67类物资，A类物资监造率为100%。加强到货质量验收，修订完善到货物资质量检验目录，建立到货质量验收检验不合格品台账，落实到货质量验收检验工作责任，年度物资入库验收合格率99.8%。全面加强物资质量监管，借助国家钢铁研究总院、中国石化油(套)管监督检验中心、中国石化劳动防护检测中心等第三方权威机构开展管线钢板、焊接钢管、劳保用品等现场质量巡检。组织专家对沈鼓、沈阳远大等供货商在制设备进行制造过程质量检查，组织对重要设备材料监造工作开展监督检查并对检查中发现的问题进行专项通报，对5家监造商进行约谈。强化对中天合创煤化工项目部及5家EPC单位重点工程项目物资质量验收、检验工作的专项检查，并督促立行立改。

（戴光辉）

【物资供应信息化建设】 2015年，持续推进网上采购，建设"易派客"工业品电子商务平台，加强物料编码应用管理，优化调整EC5.0系统功能，打造电子招投标平台。规范网上采购行为，推动石油工程、科研院所、长城能源化工公司等单位的网上采购工作，指导炼化工程、石油工程物资管理系统开发建设。建设"易派客"工业品电子商务平台，4月1日上线试运行，并持续优化功能，确保"功能全、流程通"。持续推进物料编码应用管理，创新编码切换方案，实现不停机、不更新系统、在线切换物料编码。提升编码标准化水平，完善模板特征值参数，检查自动赋码编码质量，修订《物料编码提报指南》，做好分类和模板的优化工作，增加模板96个。进一步优化电子商务5.0版和供应商管理系统功能，与工业品电子商务平台全面集成。加快建设全流程电子招标平台，实现标书加密解密、在线支付等功能，为推进全流程电子招标提供技术支撑。

（戴光辉）

【储备管理工作】 完善新增积压物资防控机制，分析预警，强化监控。按月分析企业总体库存结构、积压规模、物资周转等，提出专项分析报告，明确重点督办企业和事项，按季度分析、通报企业完成情况。督办帮扶，对措施不到位、整改不力的重点企业下发整改督办单，研究制定改进措施和整改计划，月度回访改进提升情况。完善机制，督促、协调企业开展积压物资改代利用工作，不断优化库存结构，指导企业积极开展积压物资调度调剂，梳理优化物资调度调剂流程。全面推进储物于商，降低库存资金占用，初显成效，2015年，集团化采购已实施储物于商品种141项，企业已实施储物于商品种6 945项，采购储物于商物资金额259.2亿元，供应商备库28.5亿元，其中实现信息系统共享的供应商管理库存1.5亿元。截至2015年底，石化集团公司库存总规模83.5亿元，同比降低17.6%；库存积压物资9.73亿元，减少8.4%，库存结构明显优化，新增积压得到有效控制。物资仓储配送标准化管理实现新突破，制定了石化集团公司统一的物资仓储与配送管理办法和管理规范，提出了物资仓储配送工作各业务环节的基本要求和业务操作规范，实现石化集团公司物资仓储配送管理标准的统一，为物资仓储配送管理本质安全提供制度保障。

（戴光辉）

【从严管理】 坚决贯彻落实石化集团公司从严管理要求，强化风险意识和合规意识，制定有效管控措施，加大物资采购监督和检查力度，全面规范采购行为，进一步提升采购管理水平。坚决治理指定采购和独家采购等问题，制定并印发《中国石化治理指定采购和独家采购监督规定》，将独家采购管理要求固化到系统中，广泛接受相关利益方监督。建立定期通报机制，配合审计、监察部门加强物资需求计划、质量、供应商选择和价格确定等重点环节监管，建立全方位监督机制，有力防范管理风险和业务风险。优化物资供应绩效考核体系，修订并印发《中国石化物资供应统计管理办法》《中国石化物资供应管理绩效考核办法》，优化绩效评价方式和方法，充分考虑不同板块、不同规模、不同性质企业特点，设计科学先进的绩效考核评价指标，将物资供应绩效评价由重视规范采购业务，向规范采购业务、提升采购效率和效益并重转变，充分发挥绩效引导作用，更好地满足打造世界一流物资供应管理的要求。开展物资供应管理风险防控，以总部机关制度体系建设梳理确定的业务、细分业务为基础，从物资采购、招标、储备管理等方面业务识别 25 项重大、重要风险，并明确责任岗位和应对措施。建立重大、重要风险动态评估机制，结合日常管理，评估各类措施的有效性，跟踪监控指标变化，加强风险预警和应对，提高物资供应风险防控能力。

（戴光辉）

【物资供应队伍建设】　加强物资供应管理培训与交流。进一步优化培训方式，分层次组织管理科长、业务骨干专业培训班，不断提高物资供应系统各级干部的物资供应管理水平，广泛开展交流，学习采购管理先进理论和最佳实践。组织物资管理科长培训班，讲解物资供应精细管理做优采购、物资供应资源管理、数字化商业时代技术展望、工业 4.0、管理问题结构化研讨等方面的内容，对治理独家采购、物资采购价格管理、储备管理、服务价值管控、招标采购、提升物资供应效率等方面的工作进行了交流，83 家单位共 90 人参加培训。分专业组织物资管理统计、物料编码、电子商务、供应资源管理、招标管理等物资供应专业知识培训，并深入华北石油局(分公司)、西南油气田、宁夏能化等企业开展现场培训。广泛开展交流，中铁物资集团、中国石油、西电集团、国家物资储备局、中核集团 5 家单位来访，学习中国石化物资供应管理先进经验；同时，主动走出去赴中化集团等国内行业领先企业交流，参与国务院国资委采购管理交流，学习采购管理先进理论和最佳实践。

（戴光辉）

“两化”融合

◇ 综述

◇ 完善提升三大平台

◇ 推进智能制造

◇ 打造“互联网+”新业态

◇ 强化“两化”融合管理

综　述

2015 年，石化集团公司按照信息化与工业化深度融合的总体思路，围绕转型升级、提质增效等中心任务，突出抓好 ERP 大集中、智能化管线管理、智能工厂试点、统一电子商务与客户关系管理等重点项目建设和“三大平台”完善提升工作，积极推动“两化”深度融合，信息化水平再上新台阶，“两化”融合取得新成效，为公司转方式调结构、提质增效升级注入了发展新动力。其中，智能化管线系统完成 50 家企业推广建设，提升了管道隐患治理和应急响应能力；镇海炼化、九江石化等 4 家智能工厂试点建设基本完成，提高了生产优化、安全环保、节能减排、降本增效水平；统一电子商务和客户关系管理平台初步建成，工业品、化工品、燃料油等专业电子商务上线投用，为打造“互联网 +”新业态提供了支撑。石化集团公司和 14 家企业 2015 年获评全国石油和化工行业“两化”融合创新示范奖，8 家企业通过工信部“‘两化’融合管理体系”贯标认定。

（王景涛）

完善提升三大平台

【经营管理平台】 以 ERP 为核心的经营管理平台更加完善，系统集中集成度进一步提高，成为促进管理创新、提升管控水平的重要支撑。①ERP 大集中建设进展顺利。2015 年共完成石化股份公司 51 家企业推广，累计实现 61 家企业上线运行。通过 ERP 大集中推广，实现模板设计、功能开发和业务流程的统一管控，流程标准化率提升到 91%，实现与资金集中、合同管理等总部统建系统以及企业自建系统的紧密集成，进一步促进了企业规范化管理水平提高。②集团直属单位 ERP 建设稳步推进。国际石油勘探开发公司 ERP 项目完成下属哈萨克斯坦公司系统实施，实现上线运行；炼化工程公司 ERP 项目完成模板设计和开发测试工作。③资金集中管理系统在集团境内外企业平稳运行，提升了全球资金集中管理、票据集中管理功能，实现与 26 个国家和地区相关账户的银企直联，进一步降低了石化集团公司资金占用成本，实现企业票据信息的集中管理，提升票据风险管控水平。“十二五”期间，石化集团公司的资金集中度、统一筹融资比例保持在 90% 以上，累计节约财务费用 92 亿元。④合同管理系统得到提升，建起了系统运行监控子系统，累计在线运行合同近 200 万份，合同示范文本使用率达到 67%。⑤建成财务共享服务平台，已有 27 家单位的共享服务业务迁移上线，费用报销系统完成 104 家企业推广，累计在 138 家企业应用，为财务共享服务中心运营提供了技术支撑。⑥工程电子招投标系统建成上线，已有 10 家企业的 12 个工程建设项目开展全流程电子招投标活动。⑦远程培训系统在全集团推广应用，注册用户超过 73 万人，在线课程学习总时长超过 5 990 万小时，年在线学习时长 2 000 多万小时，相当于举办了 12 600 多个培训班，每年节约培训费用上亿元。⑧总部数据仓库功能提升和创新应用。完成总部统一数据仓库（EDW）系统向 HANA（内存计算）迁移，数据加载性能和处理能力得到显著提升；搭建了经营大数据分析平台，为非油品的促销、铺货分析，化销换货业务分析，物资采购综合分析等经营大数据分析应用提供了支持。

（王景涛）

【生产营运平台】 以数字化、智能化为方向，推进生产营运平台建设，为转型升级、提质增效注入新动力。①安全管理与应急指挥系统建设。完成安全管理系统推广实施，实现石化集团公司企业全覆盖应用，对各企业的 70 余万个风险区域进行了标准化管理，共记录安全检查问题 34 万个，问题处理率达 97%。总部应急指挥中心与企业应急指挥系统、应急指挥车实现信息集成，为石化集团公司 2015 年开展的 3 次应急处置实战演练提供了有效支撑。②环境保护信息系统建设。在炼化企业全面推广应用，910 余套装置、1 100 余万个 LDAR 检测点被纳入系统管理，促进了炼化企业泄漏检测与修复管理工作；实现对企业 362 个重点污染源排放的实时监控、超标报警及趋势分析，提升了环保管理水平。③能源优化管理系统建设。完成 7 家炼化企业推广，累计在 9 家企业上线运行，实现对锅炉、蒸汽管网、瓦斯管网等工况的实时监测与动态优化，有效促进了节能降耗、降本增效，燕山石化、扬子石化全年节约能源成本近千万元。④生产计划优化（PIMS）系统完善提升。建设化工板块生产计划整体优化模型，提升了原油资源配置整体优化水平，炼化板块每年计划优化增效 6 亿元，“十二五”期间累计增效 30 亿元。⑤油气生产现场信息化建设。在 8 家油田企业的 98 个管理区开展油气生产现场信息化建设，初步实现电子巡检、远程自动管控、实时集中决策，提高了劳动生产率，其中中原油田采油六厂用工由 937 人优化为 403 人，人工成本降低约 1 000 万元。⑥勘探开发业务协同平台建设。在 4 家油田企业开展勘探开发业务协同平台(EPBP)推广建设,有效支撑了油公司体制改革,其中江苏油田利用勘探开发业务协同平台实现勘探、开发、工程等业务一体化协同,规范了业务流程,提高了管理效益。⑦炼化操作管理系统建设。完成在上海石化等8家企业的推广建设,累计在15家企业上线运行,覆盖企业内操执行监控、班组操作评价、班组考核等生产操作核心业务,强化了班组操作,提升装置平稳运行水平;实现了班组在线交接班,减少了班组重复性数据抄写工作,提高一线劳动效率。⑧先进过程控制(APC)系统推广应用。2015年完成20套装置APC系统建设,累计投用193套,实现APC系统与实时优化系统集成应用,促进了装置操作优化、产品质量提升,提高了装置运行平稳率和目标产品收率,"十二五"期间增效29.6亿元。⑨知识管理系统建设。在石油勘探开发研究院、石油工程技术研究院等4家单位上线试运行,形成覆盖上游6个业务域631万知识量的勘探开发知识库,为科研人员提供了知识检索和推送服务,支撑了33个重点科研项目应用。⑩科研门径系统建设。在石化集团公司科技部和北京化工研究院、抚顺石油化工研究院等5家科研院所试点应用,支持了科研项目量化评价、项目优选,已有153个科研项目线上运行。

(王景涛)

【基础设施及运维平台】 以云技术为支撑,推进基础设施与运维平台建设,提高了IT服务和信息安全管理水平。①数据中心和云平台建设。总部数据中心部署服务器达3 782台、存储总容量超过1 300TB;建成南京临时灾备中心,实现资金集中、人力资源等10个重要系统的异地灾备;建设统一的基础设施云,实现软、硬件资源的按需分配和应用系统快速部署,支撑了智能工厂、智能管网、客户关系管理等100多个应用系统的建设和运行。②网络系统建设。完成2个国内区域网络中心建设,累计建成境内外13个网络区域中心,建立了总部和企业两层架构的综合网管监控平台,提升了主干网运行稳定性及传输能力,总部及企业局域网达到万兆,主干网总带宽超过10G。③建成统一IT运维平台,实现对总部统建系统和信息基础设施的运行监控与运维服务。④统一移动应用平台建设。完成在总部和90多家企业的推广建设,实现业务审批、统计分析、外操巡检、客户服务等移动应用功能,为内外部各层面用户提供了便捷、高效、安全的移动信息化服务。⑤信息安全管理体系建设。强化信息安全管理,建立监督检查和通报工作机制,全年共发布信息安全通报12期,下发信息安全整改通知书201份,消除安全漏洞259个;开展企业信息安全风险现场评估和信息安全自查、抽查工作;完成国产化防病毒系统部署,在27家企业部署网络准入控制系统,在34家企业实施桌面安全管理;举办ERP大集中系统应急演练活动,提升了信息安全管理水平,保障了信息系统安稳运行。

(王景涛)

推进智能制造

【概述】 镇海炼化、茂名石化、燕山石化、九江石化4家企业的智能工厂试点建设基本完成,初步形成中国石化智能工厂框架,其中九江石化智能工厂试点被工信部评为2015年智能制造试点示范项目。通过智能工厂建设,推动了企业生产方式、管控模式的变革,提高了安全环保、节能减排、降本增效、绿色低碳水平。4家试点企业劳动生产率提升10%,外排污染源自动监控率达到100%,建立了数字化、自动化、智能化的生产运营管理新模式,生产优化从局部优化、离线优化逐步提升为一体化优化、在线优化,提质增效作用明显,促进了集约型内涵式发展。

(王景涛)

【实现4个方面创新】 ①技术创新。建立以企业运营数据库(ODS)、企业服务总线(ESB)、生产运营主数据标准化等为核心,贯穿经营管理层、生产营运层、过程控制层的集中集成平台。通过将计划、调度、桌面炼油等信息系统集成,提升了一体化生产协同优化能力。研发出炼化智能制造系统套件,包括能源优化、大数据分析、计划生产协同优化、生产调度指挥等系列软件产品。率先在炼化企业采用国产化技术建成4G无线网络,实现4G无线对讲机与调度电话、"119"接警系统、扩音对讲之间的语音互联互通。利用无线网、RFID和智能仪表等物联网技术实时跟踪生产过程信息。利用三维数字化技术创建数字化运营环境,实现在虚拟环境中的生产管理、安全管理和培训管理。利用云计算技术以共享资源池的方式建立共享云服务,实现IT资源的集中共享和动态调配。形成具有自主知识产权的嵌入式设备,包括卡片式防爆定位仪、作业现场全程智能监控设备和智能辅助巡检仪等。②组织创新。成立一体化的生产管控中心,促进生产运营由分散式管理转变为集中、协同式管理,强化了公司、部门、现场的协同与响应能力。建立生产经营优化团队，利用计划、模拟、调度全流程优化平台，持续开展加工路线比选、装置优化等工作，改善产品结构，增产汽油、航煤等高附加值产品。形成总部、企业、现场三级一体化应急体系，实现“信息互通、数据同步、快速接警、综合研判、科学决策、联动指挥”的目标，提高应急处置协同能力。建成企业能源管理中心，加强了对能源的全过程的跟踪、核算和分析的集中管理，实现能流可视化和在线可优化，实现了能源管理的创新。③模式创新。开创“黑屏操作”新模式，实现生产正常状态下操控台黑屏，生产异常状态下系统自动精准警示，有效降低了操作工的劳动量，提高了应急响应速度和处理能力。建立内外操联动模式，外操人员利用移动终端设备将巡检现场异常信息实时传送到总控室，内操人员及时进行判断，并将现场作业信息、作业指导书远程推送给外操人员，提高了现场处置质量和工作效率，有效消除了事故隐患。利用移动终端，变革企业作业票管理模式和流程，实现作业票管理“四定”(定人、定时、定点、定票)，改变了传统作业票管理模式。④服务创新。建立“大师远程诊断工作室”，通过互联网远程为企业把脉问诊、为技术人员答疑解惑，保障生产装置安稳、高效运行。以“减少可避免的装置报警、预测装置结焦趋势、提高汽油产品收率”为目标开展催化装置大数据技术应用研究，利用大量生产运行历史数据，将领域专家知识和经验固化成各类模型和规则，构建了与工作过程紧密集成的知识共享服务平台。实现基于大数据分析及专家知识库的关键机组故障定位及寿命预测，实现基于系统/设备/组件故障风险评价的设备维修策略制定及维修结果评价分析，有效提高了设备预知维修和可靠性管理水平。

（王景涛）

【取得显著建设成效】 ①建立了协同一体化的生产管控新模式，提升了资源优化和调度指挥水平。通过智能工厂的建设，优化了资源，创新了管理模式。其中，九江石化 2015 年滚动测算 121 个案例，累计增效 2.8 亿元，新型生产模式为企业 2015 年实现扭亏为盈提供了有力支撑。镇海炼化通过一体化生产优化信息平台，实现从计划、调度到操作控制的全过程生产优化，2015 年生产优化综合增效 10 亿元以上。燕山石化形成 9 类生产预警信息、全厂 641 套异常专家规则的三级报警模式，实现调度异常的自动感知、实时监控及调度指导方案的主动推送。②生产操作实现移动化、自动化、集成化管理，提高了生产操作质量和效率。4 家试点企业在生产操作上实现内外操联动，操作平稳率提高 5.3%，操作合格率从 90.7% 提升至 100%，同时提升了工作效率。其中，九江石化的班组数量减少了 13%，外操室数量削减 35%，员工总数减少 12%。燕山石化已有 56 套生产装置的 245 台操作站实现生产正常状态下操控台黑屏、生产异常状态下系统自动精准警示，操作站最长黑屏时间可达 4 小时，有效降低了劳动生产强度，提高了应急响应速度和处理能力。镇海炼化建成国内首个全封闭、全自动、无人操作的 2.5 万吨化工产品全自动化立体仓库，仓库人员下降 66%，铲车配备下降 50%，库存管理效率大幅提升。利用能源优化管理系统在线优化产能、用能，节能降耗效果明显，茂名石化、燕山石化、镇海炼化年节能增效分别为 1 023 万元、926 万元和 750 万元。③生产运行实现网络化、模型化管理，支撑了生产安稳、高效运行。运用远程技术诊断系统建立了“大师远程诊断工作室”，通过系统单次技术服务时间由 5 天缩短到 1 天以内，保障了生产装置安稳、高效运行。茂名石化建立乙烯裂解实时在线优化模型，并与先进控制系统进行了集成，裂解深度、产物分布得到有效控制，年增效益 4 194 万元。镇海炼化应用先进控制系统，使常减压装置平稳率提升了 2.75%，能耗月降低 4.97%，MTBE 装置产品收率提高 1.56%，聚丙烯装置能耗由投运前的 121.40 千克标油/吨下降至 114.92 千克标油/吨，单套先进控制系统直接经济效益超过 200 万元/年。④HSE 管理实现精细化和协同化，提升了安全环保水平和应急指挥能力。在安全管理方面，实现“全员、全过程”安全管理。其中，九江石化形成安全观察卡 3.85 余万个，并率先在炼化企业采用国产化技术建成 4G 无线网络，实现 4G 无线对讲机与调度电话、“119”接警系统、扩音对讲之间的语音互联互通。茂名石化利用 HAZOP 实现对关键装置风险等级及范围的实时测算，建立了移动放射源辐射范围自动计算与预警，实现伽马射线辐射范围、影响深度的模拟和可视化预警，保障了现场生产作业相关人员的安全。在环保管理方面，4 家试点企业开展了泄漏检测与修复(LDAR)管理工作，涵盖了 260 余套装置、179 余万检测点，为泄露点修复摸清了家底。其中，九江石化建立 35 处废水、15 处废气、16 处噪声、3 处环境空气等环境实时在线监测点；茂名石化建立 370 个污染排放监测点，实现基于地理和三维的“环保地图”实时、可视化管理和异常报警。在应急指挥方面，构建了总部、企业、现场三级一体化应急平台。茂名石化、九江石化都实现了“信息互通、数据同步、快速接警、综合研判、科学决策、联动指挥"的目标，提高了应急处置响应能力和协同指挥能力。⑤设备资产实现实时监测和可靠性管理，支撑了装置稳定可靠运行。利用大数据分析技术，开展对设备运行状态的分析和预警，实现了预防性维护。其中，在燕山石化建立了关键设备数据分析与智能诊断系统，每天对27个关键机组216个振动测点约300万条数据进行采集监测，实时获取机组的振动、温度、压力、流量等数据，预测振动趋势，实时对监测数据进行故障诊断和案例匹配，提前预测发现潜在问题，判别问题风险，实现预知性维修，减少了非计划停工。镇海炼化建立了设备健康管理系统，覆盖设备分类、特性、故障、维修等12类主数据，形成可靠性85个模型、42条模型规则、152个算法。在茂名石化建立了三维数字化平台，集成设备、工艺、HSE数据以及视频资料，提高了资产管理效率，通过平台对大修项目安全、进度、质量、成本等内容进行实时管控，为大修项目顺利实施提供了保障，已管理项目1 800多项，降本减费460多万元。⑥建立了企业统一的集中集成平台，奠定了大数据分析和决策支持基础。按照统一标准，建立了集中集成平台（ODS + ESB），为企业的数据共享、应用集成、分析决策提供了支撑。企业集中集成平台划分为15个业务主题，集成了生产执行系统等13个外部异构系统、360个业务表单、2 400万条数据条目、主数据模型8.6万条。九江石化利用集中集成平台，开展催化裂化装置报警预警的大数据分析应用，采集了中国石化所有催化裂化装置历史数据，深度分析挖掘催化裂化装置报警规律，形成了知识库并建立装置预警模型，实现对生产报警的提前预警；建立了汽油收率预测模型及操作指导模型，实现对影响汽油收率的关键因素分析，指导生产调优，提升了催化裂化装置汽油收率。茂名石化开展重整装置运行的多目标参数优化大数据分析，分析包括辛烷值桶、纯氢收率、加热炉热效率、能耗和单位成本、环保排放、工艺安全等7个专题，同时对近4 600个批次的石脑油原料进行分析建模，共形成13个典型操作类型，组成了操作样本库，运用样本库指导工艺参数优化，提高汽油收率，为增产高价值产品提供了支撑。

（王景涛）

【智能化管线管理系统建设】 完成在50家企业的推广建设，初步实现对全集团3万多千米长输、厂际管线和600多座站库的数字化、可视化管理，形成涵盖数据、技术、业务3个大类56项内容的智能化管线管理标准规范体系。通过智能化管线管理系统建设，实现对2 000多处管道隐患的系统定位、分级管理和动态跟踪，对1万多处穿跨越、水体和自然保护区进行重点监控与防护，为管道安全隐患整治提供了有力支撑。其中，管道储运公司、销售华南分公司的巡线有效率提高10%以上、异常事件应急响应效率提高15%，提升了管道隐患治理和应急响应能力。

（王景涛）

打造"互联网 +"新业态

【统一电子商务和客户关系管理平台建设】 搭建了统一的电子商务和客户关系管理平台，建成客户中心、商品中心、订单中心等14个共享组件，建成工业品、化工品、燃料油等专业电子商务，为培育"互联网 +"新业态奠定了基础。①"易派客"（工业品电商）注册供应商企业2.5万多家、采购商1 600多家，上线商品总数15.3万个，为客户提供了招投标、供应链金融等增值服务。②化工销售公司在电商平台上建起了现货商城、竞价交易、电商社区等功能，交易产品范围覆盖树脂、橡胶、合纤、有机等多条产品线，拓展了直销渠道，通过竞价交易增收1 800多万元。③燃料油公司开展了内贸B2C船加油业务，已有16座水上加油站上线运营。

（王景涛）

【销售企业移动电商服务平台建设】 油品销售企业在巩固传统线下实体网络优势的同时，运用微信、手机APP、电商网站等信息化手段，打造企业级移动电商服务平台，开发了微信支付、二维码结算、O2O、汽车服务、金融服务等多种服务形式，实现线上、线下互动，提升了客户服务和精准营销能力。其中，广东石油分公司微信粉丝数量突破百万，通过微信开展营销活动，带动非油营业额增加2 600多万元；通过开展销售大数据分析，提高了零售营销决策水平，年创效益在1亿元以上。北京石油分公司开通了微商城，通过开展线上营销、交叉营销，2015年获得免费资源1亿元以上，实现了油非互促、跨界共赢。

（王景涛）

强化"两化"融合管理

【加强组织领导】 定期召开信息化领导小组会议，研究决定推进"两化"融合、ERP大集中、信息安全等重大信息化事项；党组领导牵头推动 ERP 大集中、智能工厂试点、智能化管线系统等重点项目建设。

（王景涛）

【加强顶层设计】 结合云计算、大数据、新一代移动通信等新技术趋势，制定了中国石化“十三五”信息化发展规划以及智能工厂、信息安全等专项规划；完成《信息技术引领石化产业发展》专题研究报告和“推进‘两化’深度融合工作方案”；健全了信息化制度体系，修订完善了 22 项信息化管理制度。

（王景涛）

【加强队伍建设】 加强信息化培训。统一组织各类培训 1.2 万余人次，其中组织 3 期企业领导人员信息化培训班，培训党组管理干部 115 人；举办 25 期企业处长、业务专家培训班。开展信息化比武练兵。组织举办“两化”融合竞赛，全集团共有 82 家单位的 378 名选手参加了区域赛，12 家企业和 27 名选手分获团体和个人金、银、铜奖。

（王景涛）

【推进“两化”融合】 持续开展应用达标、ERP 登高示范等活动，实现企业新一轮 ERP、MES 应用全面达标，共形成深化应用成果 1 655 项、累计创效 13.54 亿元。推进企业“两化”融合管理体系贯标工作，2015 年有 6 家企业入选工信部“两化”融合贯标试点企业名单，累计参加贯标企业达到 25 家，截至 2015 年底已有 8 家企业通过贯标认定，居央企集团首位。公司整体信息化水平持续保持在央企信息化水平第一方阵前列，“两化”融合取得的成效得到工信部、国务院国资委等部委的充分肯定。

（王景涛）

法律管理

◇ 综述

◇ 法治建设

◇ 合同项目

◇ 法律纠纷

◇ 公司事务

◇ 法治宣教

综　　述

2015年，法律系统紧紧围绕公司“保增长、谋发展、强基础、抓党建”中心大局，坚持法律工作从事务型向管理型、从事后救济型向事前防范和事中控制型的“两个根本转变”，深入贯彻依法依规从严治企，全面落实“六五”普法规划目标任务，扎实推进制度指引规范化、法律风控全程化、法律业务国际化、品牌保障法律化、知识管理信息化、法治宣传常态化、法律管理一体化、法律人员专业化，努力打造“依法、合规、公平、诚信”的企业法治文化，全面提升法律工作质量和水平，各项工作取得积极进展和显著成效。

服务中心大局作用彰显。法律工作与公司改革发展任务紧密融合，加强重大合同项目法律审核把关，全面参与公司资产重组、并购、融资担保、合资合作等境内外重大项目，提供全方位法律服务和保障。强化诉讼维权扎实见效，2015年办结案件928起，避免和挽回损失19.6亿元。以保护自有知识产权及核心技术秘密为重心，建立技术秘密法律保护体系，开发制定相关标准文本和法律指引，多个技术系列争议案取得突破。完成注册商标体系建设，在128个国家(地区)注册商标2 565件。建立健全法律部门参与信访工作机制，法律人员积极参与依法治访、诉访分离工作，推动涉法涉诉信访案件在法治轨道内妥善解决。坚持“国际化经营、法律要先行”，境外法律工作“提前介入、全程参与”，发挥海外业务法律风险防控作用。“十二五”期间编印完成55个国家(地区)《投资贸易法律指南》。积极争取立法支持，2015年就国家能源监管体制、海洋环境保护、管道建设运营等方面政策、法律的立改废释，提出意见建议，增强立法话语权。

深化法律管理扎实有力。着力构建完善法律风险防范机制，出台指导意见、实施细则和工作手册，发布年度风险报告、风险清单指引和月度风险提示。将依法合规经营考核纳入各单位班子年度绩效考核，在全系统开展依法合规专项检查。法律管理体制机制建设日益完善，总法律顾问制度基本形成，岗位、职责、人员“三到位”基本实现。全系统建立13个法律工作协作区，有效发挥中国石化一体化优势。推进法律管理信息化建设，稳步实施合同管理信息系统(CMIS)项目二期的推广应用，完成有关驻外单位系统推广和境内企业系统功能优化提升。开发合同运行监控子系统，即时监控分析，调动整改主动性，提高合同运行效率。加强工商事务管理，适应企业商事制度改革，做好许可经营项目登记公示及“三证合一”换证工作，加强企业信用信息公示自律管理，确保企业依法合规经营，并重点针对经营范围与危化品许可证的一致性开展全面普查。2015年，全系统99家企业被评为守合同、重信用企业。

聚力法治建设步伐加快。依法治企的顶层推动力度不断加大，石化集团公司党组制定发布《关于中国石化全面推进依法依规从严治企的意见》(简称《意见》)，调整成立依法治企领导小组，统筹“十三五”法治建设工作。制定《中国石化法律工作“十三五”规划纲要》，系统谋划“十三五”的法治建设目标方向、发展路径、重点任务。各单位认真贯彻落实《意见》，成立依法治企领导小组，党政主要领导承担并履行法治建设第一责任人职责的局面已经形成。出台《关于加强“三重一大”决策事项合法性审查工作的通知》，为总法律顾问和法律机构负责人参与决策、履行法律审核把关职能提供制度保障。公司重大决策会议均有法律部门参加并就决策合法合规性发表意见。法治文化建设取得积极进展，全面落实“六五”普法规划，构建多层次、多渠道、多形式的“大普法”格局，打造以“依法、合规、公平、诚信”为核心的企业法治文化。开展全系统“六五”普法总结验收工作，精心部署、广泛动员，分步开展自查、分析评价、抽查和现场督导。成功举办“与法同行、油中感谢”微信答题活动，面向社会倡导学法、尊法、守法、用法，传递中国石化法治建设正能量，彰显公司依法治企良好形象。

2015年，石化集团公司和多家单位被评为全国和中央企业“六五”普法先进单位，在中央企业“十佳百优”总法律顾问、法律顾问、法律事务先进工作者和“六五”普法先进个人评选中，全系统30余人获奖。

(许英韬)

法治建设

【成立石化集团公司依法治企领导小组】　贯彻落实党的十八届四中全会全面推进依法治国的决定精神，从石化集团公司依法治企的实际需求出发，将原法制宣传教育领导小组调整为依法治企领导小组，石化集团公司董事长、党组书记，石化股份公司董事长王玉普担任组长，石化集团公司党组成员、党组纪检组组长徐槟任副组长，领导小组成员单位包括办公厅、党群工作部、发展计划部、集团财务部、企业改革管理部、人事部、安全监管局、能源管理与环境保护部、矿区(社区)管理部、宣传工作部、生产经营管理部、股份财务部、科技部、法律部、石化报社、管理干部学院等16个部门(单位)。领导小组下设办公室(设在法律部),办公室主任由法律部主任兼任。

(杨心刚)

【出台依法依规从严治企意见】 石化集团公司党组印发《关于中国石化全面推进依法依规从严治企的意见(试行)》,标志着公司依法治企进入新的阶段。"意见"立足实际,着眼长远,明确依法依规从严治企的重要意义、任务目标和基本原则,强调健全公司治理结构、依法决策、依法经营、依法维护企业和职工合法权益的重点要求,提出从严管理的具体措施和落实依法治企的支撑保障。分别组织驻京、鲁、豫、沪浙以及西南5个片区企业召开依法依规从严治企推进会,全系统认真贯彻落实"意见",制定本单位依法依规从严治企实施方案,成立依法治企领导小组。江汉油田、华北石油局、四川维尼纶厂、上海石化等10余家企业的经验做法被《中国石化报》刊载,向全系统推广。

(许英韬)

【全面总结法制工作第3个三年目标】 中央企业法制工作第3个三年目标期间,石化集团公司扎实推进法律工作的"两个根本转变",着力完善企业法律风险防范机制、总法律顾问制度和法律管理工作体系,加快提高法律顾问队伍整体素质和依法治企能力、水平,较好地完成各项工作任务,规章制度、经济合同、重大决策法律审核率均达到100%,总法律顾问专职率、法律顾问持证率双超国务院国资委80%的任务要求。中国石化连续3年被评为法制工作A类企业,在石油石化能源企业中排名第一。中国石化法律部谭克非被评为中央企业"十佳"法律顾问,中原油田渠继铎和镇海炼化熊晓洋被评为"百优"总法律顾问,金陵石化郑琼等21人被评为中央企业法律事务先进工作者;5个案例入选中央企业法治建设优秀案例库,占入选总数的1/10。组织对全系统法制工作第3个三年目标建设进行考核通报,表彰先进单位20家、先进集体30家、优秀总法律顾问30名、优秀法律顾问199名。

(孙黎明)

【制度建设】 加强制度合法性审核把关,2015年对总部104项规章制度进行法律审核,提出20余条修改建议。出台加强"三重一大"决策事项合法性审查工作的制度性文件,为总法律顾问和法律机构负责人参与决策、履行法律审核把关职能提供制度保障。加强部门协作,印发《关于运用法治思维推动依法治访工作深入开展的通知》,建立法律部门参与依法治访、诉访分离的工作机制,积极引导涉法涉诉信访问题在法治轨道内妥善解决。修订《中国石化法律中介机构管理办法》,严格"三公一透"原则,细化聘用程序,明确入库标准、评审流程及考评方法等。

(王世声 许英韬)

【依法合规经营专项检查与考核】 组织制定检查清单,涉及规章制度执行、合同管理、纠纷管理、证照管理、系统应用等工作的43个具体检查项目,开展全系统依法合规专项检查,有效促进企业依法合规经营水平和意识的提升。将依法合规经营纳入直属单位领导班子绩效考核指标体系,加大对生产经营活动中因违法经营、缔约过错、违约等引发重大法律纠纷案件,造成重大财产损失或不良影响的考核力度;细化合同管理考核要素,加大对合同管理中不规范行为的考核力度。

(王世声 孙黎明)

【总法律顾问队伍建设】 继续组织开展全系统总法律顾问述职工作,深化总法律顾问制度建设,促进总法律顾问更好地履行职责,提升总法律顾问履职意识、履职能力和履职水平。举办专题培训班,各直属单位总法律顾问和法律机构负责人共80人参加。培训班开设法律业务管理能力和综合素质提升课程,并引入学员论坛加强研讨交流。

(孙黎明)

【法律援助】 认真履行中国法律援助基金会理事会成员单位职责,2015年连续第4年向基金会捐赠200万元,用于"1+1"中国法律援助志愿者行动,在贫困地区进行法律援助工作,体现了中国石化建设人民满意企业,履行社会责任的良好企业形象。由石化集团公司资助派出的"1+1"中国法律援助志愿者行动志愿者律师马兰被评为CCTV2015年度法治人物。

(许英韬)

【交流活动】 参加国务院国资委、司法部等有关活动并与部委、央企和其他单位开展交流。积极组织参加国务院国资委"一带一路"建设法律风险防范大讲堂3期,党组领导和各单位、部门积极参加讲座学习交流。法律部主任杜江波受邀做《国际化经营 法律要先行 为参与"一带一路"建设助力加油》专题讲座，详细介绍中国石化在“一带一路”沿线国家开展业务时，如何加强法律风险防控，实现法律为国际化经营保驾护航。

加强与国内外知名律师事务所的相互往来，与世达、史密夫斐尔、盛德、奥睿、海问、中伦等多家律所交流法律管理的工作经验，充分发挥“外脑”作用，为中国石化法治建设事业争取更广泛、更专业的“智库”支持。

（孙黎明　许英韬）

合同项目

【国别法律环境研究】 持续开展国别法律环境研究，继续组织“十二五”期间的《投资贸易法律指南》编写工作。2015 年，编印阿塞拜疆、阿根廷(修订)、巴基斯坦、玻利维亚、吉尔吉斯斯坦、日本、卢森堡、开曼、维尔京和百慕大 10 个国家和地区《投资贸易法律指南》。截至年底，已完成 55 个国家和地区的国别指南编写工作。承担完成国务院国资委《一带一路沿线国家法律风险防范指引(沙特阿拉伯)》的编写工作。

（李　驰）

【重大项目法律服务】 2015 年，法律系统进一步加强重大项目法律服务工作，法律人员全程参与项目，做好项目法律尽职调查、方案论证、合同谈判、合同审查等法律服务工作，出具相关法律意见，为项目顺利运行提供了法律保障。参与的重大项目主要有石化集团公司橡胶业务重组项目、参股俄罗斯西布尔公司项目、壳牌乙烷裂解合作项目、PNW 完工担保项目、石化集团公司发行美元债券项目、石化股份公司发行公司债项目、延布炼厂再融资项目、中天合创融资项目、国际石油勘探开发公司巴西海上钻井平台担保转让项目、石化股份公司金融衍生品协议项目、全球资金集中管理项目、石化股份公司持续关联交易额度调整项目、古雷合资合作项目等。

（常明霞）

【CMIS 二期建设】 境内部分：完成 CMIS 优化提升功能开发、测试，分 4 批组织全系统集中培训，8 月 9 日系统正式切换上线。随后，组织系统内 66 家单位分散实施，包括 ERP 大集中系统接口、EDW 数据接口，完成内部合同流程、相对人管理、统计分析等共 106 项提升内容。开发合同监控分析子系统。完成新增单位需求确认及系统开发，对石油工程板块各二级单位组织机构及历史数据进行调整清理。完成与工程项目管理系统、销售公司 CRM、“票据池”系统接口开发及实施。境外部分：完成香港和新加坡地区企业，联合石化英国公司、美洲公司，燃料油保税油业务，国际石油工程公司本部及所属沙特、墨西哥、厄瓜多尔、科威特公司等企业的系统实施，完成系统接口测试及配置、创建组织机构和用户、配置流程模板、应用培训等工作。中国石化合同管理信息系统建设入选国务院国资委中央企业法治建设第 1 批优秀案例。

（王　栋）

【合同管理】 印发关于加强合同从严管理的文件通知，要求全系统各单位严格落实合同主办部门负责制，坚持“先审批、后签约，先签约、后实施”的原则，杜绝应签未签、合同倒签、符合上线条件但线下签约、不按照约定条款履行合同等行为，优化简化合同审查审批流程，提高合同办理效率。就 2014 年审计发现的合同管理问题，部署各单位开展情况自查，积极落实整改措施，加强绩效考核和责任追究。年底，针对内外部审计发现的问题，进一步要求相关单位认真分析，及时整改并反馈结果，并对单位领导班子进行依法合规经营绩效考核。

通过合同监控分析子系统的开发和应用，对合同运行指标进行即时监控，按季度、分板块进行排名通报，极大地调动了各企业整改提升合同管理水平的主动性，合同运行效率大幅提高，有力促进了对外经营。与上年相比，2015 年全系统平均合同审查时间从 10.69 天下降到 7.94 天，标准合同文本使用率从 62% 上升到 65.66%，履行率从 63.21% 提高到 69.68%，备案率从 82.67% 上升到 88.44%，终结率从 82.02% 提高到 96.12%。

组织开展标准合同示范文本“回头看”，年内完成物资采购、炼化工程、油品销售标准合同示范文本修订及风险提示编写工作。

（郭　飞）

【总部机关合同管理】 从严管理总部机关日常合同审核、盖章和归档工作。2015 年，审查总部机关送审合同共 197 份，其中石化集团公司合同 98 份，石化股份公司合同 99 份；标准合同 64 份，非标准合同 133 份。

（郭　飞）

【合同管理员队伍建设】 完成法律综合管理系统与合同管理信息系统、远程培训系统接口开发，实现合同管理员线上报名、培训、考试、发号并取得资格。截至2015年底，全系统共有合同管理员4 869人，其中专职合同管理员1 453人、兼职合同管理员3 416人。举办合同管理培训班，强化业务培训措施，有效提高各单位合同管理水平。

（郭　飞）

法律纠纷

【重大纠纷案件】 2015年，办结案件928起，避免和挽回损失19.6亿元。圆满解决粤海油库案、CIR项目纠纷案、西非高盐原油纠纷案、物探锦州侵权重审案等重大案件。

（廉　明）

【法律风险管理】 持续编印年度法律风险管理报告，提示、警示十大法律风险及应对措施。及时了解全系统法律风险管理情况和问题，定期编制《石化法治简报——法律风险管理专刊》《案件情况月报》。从严加强法律风险管理，印发《关于从严加强法律风险和法律纠纷管理有关问题的通知》。编制《中国石化法律风险清单指引(2015年)》，明确18类法律风险、168个法律风险点的具体表现和防范措施。编印《中国石化法律风险管理工作手册》，形成由法律风险管理制度、工作流程、工作手册组成的全套制度文本体系，指导企业法律风险管理工作开展。

（江　渊）

【知识产权保护】 以保护自有知识产权及核心技术秘密为重心，建立技术秘密法律保护体系，开发制定技术秘密保护、竞业禁止、“四技”(技术开发合同、技术转让合同、技术咨询合同、技术服务合同)等标准文本，编印《依法随行——中国石化知识产权法律指南》。配合公司创新驱动发展战略，编制《实施创新驱动发展战略应注意的法律事项》。丙烯腈技术系列争议案、己内酰胺技术秘密侵权案取得重大突破。

（吴　洁）

【劳动用工】 服务劳动用工制度改革，组织编写组建合资公司、实施业务外包涉及的《出资协议》《公司章程》《合作协议》《业务外包协议》《人员借聘协议》《解除劳动关系协议》6个示范合同文本和使用指引，就实施业务外包的法律风险进行提示。指导胜利油田、中原油田、河南油田、华东石油局、西南石油局、华北石油工程公司6家企业做好方案制定、审批工作。组织编印《中国石化劳动用工法律风险提示》《劳动争议典型案例汇编》，梳理各板块业务外包文本清单。做好劳动争议重点案件的指导督办。河南石油分公司协解人员劳动争议案、石油化工科学研究院“两不找”人员劳动争议案、燕山石化钱某劳动争议案、普光分公司原劳务派遣人员劳动争议案、原中国石油化工总公司科技情报所梁某劳动争议案等案件取得终审胜诉。

（江　渊）

【依法治访】 逐步建立健全法律部门参与信访工作机制，法律人员积极参与依法治访、诉访分离工作，推动涉法涉诉信访案件在法治轨道内妥善解决。全系统有160名专职法律人员担任依法治访工作联络员，2015年共参与处理28起涉法涉诉信访事件。

（廉　明）

公司事务

【立法与课题研究】 2015年，就《大气污染防治法》《能源监管条例》等22部法律法规进行研究，向全国人大法工委、国务院法制办、国家能源局、国务院国资委政策法规局等反馈意见、建议90余条。组织法律专家组，制定活动方案，针对业务需求开展课题研究；汇总2014年专家组活动成果，出版《石化法治文丛(三)》。

（王世声）

【资本运作】 全程做好海外上游业务重组法律服务以及油品销售公司重组、江钻股份重组等重大项目的后续法律工作，审阅有关章程、协议、国有法人股解除限售等事项并提供法律建议。2015年参与资本运作项目47项、股权管理事项20项、土地处置事项40项、资产处置事项3项。

（王文君）

【企业转型发展法律事务】 全面做好高桥石化调整提升、西安石化转型发展、南京化工公司连云港碱厂移交地方等项目法律服务，制定法律工作调查清单，完成《公司治理主要法律条款编写指引》；汇编职工分流安置工作涉及的法律法规和当地政策规定；编写《企业调整转型法律操作手册》。

（王文君）

【工商事务与授权管理】 2015年，石化集团公司层面办理工商业务408项，办理各类授权130份。与北京市工商局就石化集团公司和石化股份公司的工商事务进行业务交流。石油工程公司重组上市过程中，解决“中石化仪征化纤有限公司”更名“中国石化仪征化纤有限公司”问题，国家工商总局核发名称核准通知书。根据中央、国务院关于石化集团公司主要领导变动的决定，完成石化集团公司法定代表人变更登记和石化股份公司法定代表人、经营范围、注册资本的变更登记以及董监事成员变更备案，办理集团登记证变更和组织机构代码证变更。加强对企业工商行政业务督导，就做好工商管理工作、加强企业信用信息公示自律管理、加强危险化学品经营范围工商登记等分别印发文件通知并强化执行。

（詹 溪）

【商标管理】 完成与中国石化销售有限公司“易捷”系列商标的交接工作，移交商标证136个。完成与中国石化润滑油有限公司“长城”系列商标的交接工作，移交商标证62个。加强对石化集团公司持有商标的使用管理，向19家下属企业下发商标许可使用授权委托书，许可中天合创公司使用石化集团公司“朝阳”“中国石化”“SINOPEC”商标。处理多件企业自有商标注册、使用、处置事宜，包括湖北化肥拟转让“长江”商标，上海石化拟注册“金络宝”商标，燕山石化申请许可中燕恒成公司使用“燕山”商标等。积极配合各地工商局、质监局、法院、公安局查处仿冒假冒加油站、假冒产品等侵犯商标权案件。

（詹 溪）

法治宣教

【领导干部季度学法】 坚持按季度下发领导干部学法主题，分别以“深入学习贯彻十八届四中全会精神，全面推进依法治企”“规范市场经济秩序及劳动与社会保障法律法规”“党纪、国法（预防职务犯罪）和企业规章制度”“中国石化全面推进依法依规从严治企意见、刑法修正案（九）、宪法及其相关法”为主题，统一部署领导干部法律学习。

（杨心刚）

【国家宪法日答题活动】 12月4日国家宪法日期间，利用“中国石化油中感谢”微信平台面向社会公众举办“与法同行、油中感谢”答题活动。通过《法制日报》《中国石化报》等内外部报纸、网站、微信平台媒体加大报道力度，广泛宣传活动情况，37.6万人参与答题，微信阅读量86万人次，让宪法宣传融入公众生活，树立了中国石化学法尊法的良好形象。同时，活动实现了普法工作“互联网+”新模式的成功探索，进一步拓宽法治宣传渠道，扩大受众群体覆盖面，达到良好的预期效果。

（杨心刚）

【法治宣传报道】 2015年，紧紧围绕十八届四中全会精神宣贯、“六五”普法总结验收以及石化集团公司依法依规从严治企意见落实等重点工作，法治宣传报道全方位、多角度、高密度地展开，为弘扬法治精神、增强员工法治意识、推进企业全面发展造势加力。《中国石化报》发挥法治宣传报道主阵地作用，以头版头条对全面推进依法依规从严治企意见出台予以报道，发表《把握“五个必须”推进依法依规从严治企》评论员文章，在每周四《法制·安全》版开设《依法依规、从严治企》《以案说法》《法言法语》《答疑解惑》《法律风险提示》《总法律顾问心声》等栏目，全年刊发法治类稿件87篇。《中国石化》杂志刊发《善用法律提升企业软实力》的评论员文章，并以依法治企、法律信息化、法律业务国际化、总法律顾问、法治文化5个专题全面报道中国石化全面推进依法治企、合规经营工作情况。注重发挥新媒体独特优势，积极运用中国石化官方微博、手机报、机关在线、“石化黑板报”和“法治石化”微信平台，以及各单位自办的新媒体，增强法治宣传报道的互动性和渗透力。

（杨心刚）

【“六五”普法总结验收】 按照中央宣传部、司法部、全国普及法律常识办公室《关于做好“六五”普法总结验收工作的通知》要求，中国石化依法治企领导小组高度重视，加强领导，统一部署，分动员部署、开展自查、分析评价、组织抽查4个阶段开展“六五”普法总结验收工作。石化集团公司依法治企领导小组办公室结合日常工作开展情况和现场检查情况，核验自评结果并形成最终考评得分。根据各单位“六五”普法总结验收考评结果，最终评选出石化集团公司法制宣传教育先进单位24家、先进个人199名。

（杨心刚）

【“321”法律人才队伍建设】 截至2015年底，通过专家组实践活动、国别法律环境研究、CMIS技能大比武和诉讼纠纷技能大比武等途径，培养选拔专家型法律人才319人；通过举办海外项目合同与法律管理培训班、法律人员国际化知识培训班、法律英语竞赛、境外律所实习培训、境外项目工作实践锻炼等途径，培养涉外法律人才210人；专职法律人员从业资格持证率达到87%，基本实现“十二五”奋斗目标。

（杨心刚）

【法律骨干人员培训】 2015年11月，在管理干部学院举办以学法律、学业务、学管理为核心内容的学习班，着力培养既懂法律又懂业务的高素质、复合型、年轻化后备专职法律骨干人才，稳步实施法律人才培养工程，为继续落实法律工作从事务型向管理型、从事后救济型向事前防范和事中控制型转变提供人才支撑。

（杨心刚）

审计与监察

◇ 内部审计

◇ 纪检监察

内部审计

综 述

2015年，审计部门在党组的正确领导下，认真贯彻落实石化集团公司工作会议精神，紧紧围绕石化集团公司中心工作开展审计监督，强化问责，严格管理，全年共开展各类审计项目1 399项，审计工程预结算、招投标等6 071项，提出并被采纳审计意见和建议3 004条，促进增收节支金额15.03亿元，为保障和促进公司重大决策部署落实、依法合规经营、加强风险防控和推进党风廉政建设方面发挥了重要作用。

（李青山）

管理和效益审计

【概述】 2015年，审计部门紧紧围绕改革调整和提质增效等重要领域和环节，大力开展管理和效益审计，全年共开展各类管理和效益审计179项，有效促进了公司进一步规范经营、提升管理、提高效益。

（李青山）

【总部组织实施的管理和效益审计】 总部采取统一审计方案、组织企业自查和分局重点抽查的方式，集中开展企业承包商资质准入及管理情况、企业与原改制分流单位业务往来市场化情况等管理和效益专项审计或审计调查。通过专项审计和审计调查，揭示和反映了油田、炼化、销售、工程施工及科研等企业相关业务管理中存在的体制性障碍、制度性缺陷和管理漏洞，及时向党组提交了专项审计报告和专项审计调查报告，并提出切实可行的建设性意见和建议，为领导全面深入掌握情况和实施正确决策提供了可靠依据，也为保障和促进公司重大决策部署落实、依法合规经营、加强风险防控、提质增效发挥了重要作用。

在立足监督和掌握大量一手资料的基础上，为进一步扩大审计成果、提升审计价值，推动公司、企业提高整体管理水平，总部还注意抓住审计中发现的一些具有普遍性、倾向性、规律性问题或企业经营管理的一些好经验、好做法，通过深入开展审计调研和分析，积极以主题审计报告方式向公司高管层反映，当好公司领导的“眼睛”“耳朵”和参谋助手。2015年，审计部门除提交正常的审计项目报告外，还向公司领导呈报了“八项规定”执行情况、企业安全和环保管理情况等主题审计报告，均引起公司领导的高度重视，有力促进了公司体制、机制和管理制度的进一步改进完善，还对企业转变经营管理理念、提高整体管理水平起到了积极的引领作用，较好地发挥了审计的保障服务和建设性作用。

（李青山）

【企业组织实施的管理和效益审计】 企业审计部门积极调整工作重心，结合实际不断加大管理审计力度，取得明显成效。审计监督工作重心向生产经营一线和重要业务领域倾斜的力度持续加大。2015年，审计部门针对原油及物资采购、自销产品销售、油品数质量管理等关键领域和环节，组织开展一批有深度、有效果并得到企业领导充分肯定的审计或审计调查项目，为企业提质增效、严细管理发挥了重要的促进作用。胜利油田开展科研资金投入与使用情况的专项审计，揭示了油田在科研工作管理体制机制、项目管理及运行、科研资金的支出及核算、科研成果管理及转化等方面存在的问题，分析了问题产生的原因，提出改进意见和措施，为油田完善科研项目管理的长效机制、细化制度提供了重要的参考。中原油田开展油气生产单位外委外雇情况的专项审计，揭示了个别单位在外委队伍选择、外委劳务实施、合同管理等方面存在的问题，并提出针对性整改建议，为油田进一步加强外委劳务的严细管理、降本增效、防范管理漏洞和风险，提供了可靠的决策依据。茂名石化开展修理费使用及管理情况的专项审计，揭示了下属单位在修理计划编制与预算执行、修理项目管理及实施、修理费确认与核算等环节存在的问题，促进了企业对修理费的规范核算、严格管理和有效控制。江苏石油分公司开展天然气业务经营情况的专项审计，揭示了加气站业务在制度建设、进货管理、销售资金管理、库存损溢管理、设备安全管理等方面存在的风险，并及时督促整改，促进了企业进一步提升经营管理水平及风险防范能力。

（李青山）

经济责任审计

【概述】 2015年，审计部门认真执行企业领导人员经济责任审计制度，不仅把领导干部履行经济责任作为审计重点，而且关注影响和制约企业管理发展的重大问题，主动引入主题审计，提升了审计目标和层次。全年开展经济责任审计229 项，查出一些违规违纪问题，促进增收节支1.13 亿元。

（李青山）

【总部组织实施的经济责任审计】 总部通过对企业34 位原主要负责人的离任审计，进一步加强了对企业领导人员特别是“一把手”履行经济责任和权力运行情况的监督，揭示了企业在依法、诚信经营和规范、有效管理方面存在的问题，针对性提出规范整改的审计意见和建议，有力地促进了企业经营者依法规范经营、有效履行经济责任，为客观评价企业领导人员经济责任履行情况和经营业绩提供了依据。同时，切实改进和深化经济责任审计工作，积极实行主题审计和开放透明审计，进一步扩大了审计成果，有效发挥了审计的监督与服务作用，审计在促进公司提升经营管理水平方面发挥了重要作用。

（李青山）

【企业组织实施的经济责任审计】 为了强化对领导干部的审计监督，促进企业依法诚信经营、规范有效管理和科学健康发展，为组织部门考核使用干部提供参考依据，胜利油田等审计部门接受组织人事部门的委托，对下属单位领导人员进行了任期经济责任审计，既对被审计单位领导干部任职期间的经济责任做出了客观公正的评价，也揭示了被审计单位管理中存在的深层次问题，强化了各级领导干部遵规守纪意识，防范了经营管理风险和干部腐败风险。中原油田紧紧围绕履行“三重一大”民主决策程序、内部控制、会计信息真实性，以及企业资产质量和发展能力等内容，对下属单位原负责人开展了经济责任审计。

（李青山）

内控审计评价

【概述】 2015 年，审计部门以促进公司控制力、企业执行力的提高为目标，对照《内部控制手册》和相关监督办法，开展内控独立审计评价80 项，提出审计意见和建议并被采纳373 条。

（李青山）

【总部组织实施的内部控制审计评价】 总部重点对天津石油分公司、新星公司等13 家企业开展了内部控制独立审计评价工作，重点对工程招标管理、物资采购、合同管理、HSE 管理等12 个重要业务流程进行审计测试和检查，揭示了部分企业在工程招标、物资采购、合同管理、工程项目管理、资本支出管理、勘探开发项目管理等业务流程存在的缺陷和风险，提出改进和完善公司内部控制工作的意见和建议。企业的风险管理控制意识和能力进一步提高，内部控制的“免疫系统”功能较好地发挥了作用。

（李青山）

【企业组织实施的内部控制审计评价】 为促进企业有效执行内部控制制度、防范经营管理风险，2015年，企业组织开展内部控制审计评价67 项，重点对应收款项管理、合同管理、HSE 管理等业务流程进行审计测试和检查，并提出相应的审计建议。

（李青山）

工程投资审计

【概述】 2015 年，审计部门以促进企业不断规范投资行为、提高投资效益为目标，全年开展固定资产投资项目审计617 项，审计工程预结算、招投标6 071项，除了查出违反工程投资管理的问题外，还促进增收节支12.57 亿元。

（李青山）

【总部组织实施的工程投资审计】 总部在继续做好工程竣工决算审计和结算审计的基础上，进一步加大在建项目跟踪审计力度，对建设周期长、投资规模大的石化集团公司重点建设项目，根据其建设进展状况适时开展跟踪审计。继续积极组织实施“碧水蓝天”专项行动计划执行情况跟踪审计，揭示了一些项目在进度和治理效果等方面的问题，并及时督促企业采取有效措施予以纠正。

（李青山）

【企业组织实施的工程投资审计】 企业审计部门前移审计关口，加强过程监督，在完成总部授权审计任务的同时，积极开展工程结算审计，全年共审计预结算书等7.45 万份，促进增收节支11.9 亿元。江汉油田紧紧围绕项目工期、招投标、成本归集、合同管理、工程签证变更审批等内容开展工程结算造价审计，积极服务于油田所属单位工程建设。巴陵石化通过开展工程预(结)算审计，狠抓竣工决算审计、物资采购、工程建设招投标过程监控，不断加强固定资产投资全过程审计监管。高桥石化以强化建设项目工程结算审计、减少企业损失、促进工程管理水平的提高为宗旨，组织开展项目工程结算和竣工决算审计工作。仪征化纤围绕项目建设程序、招投标及工程合同管理、工程承包分包管理、物资供应管理、QHSE 管理、投资控制、资金及成本核算、工程结算管理 8 个方面开展老旧小区综合治理项目跟踪审计，进一步促进企业加强投资项目管理。

（李青山）

财务收支审计

【概述】 2015 年，审计部门以维护企业合法权益和促进企业严格财务管理、提高会计信息质量为目标，改进审计方法，深化财务收支审计工作，全年开展财务收支审计 58 项，促进增收节支 1.22 亿元。

（李青山）

【总部组织实施的财务收支审计】 总部坚持各项审计监督工作都要从内控审计入手并以财务收支审计为基础，将传统的财务收支审计与管理效益审计、经济责任审计等相结合，进一步增强了服务全局、促进审计增值的意识和能力。同时，针对公司财务管理和会计核算方面存在的薄弱环节和风险问题，进一步深化对税收计缴、费用开支等成本核算与管理以及重大资金、资产处置的审计，把常规审计与主题审计结合起来，进一步增强了审计的威慑力，提升了常规审计的效果。

（李青山）

【企业组织实施的财务收支审计】 为核实下属单位财务收支的真实性、合法性及合规性，严肃财经纪律，加强内部管理，企业审计部门不断加强财务收支审计。胜利油田将年度承包经营审计作为财务收支审计的主要抓手，成立了领导小组和办公室，组成多个审计组，对与油田签订内部经营目标责任书的二级单位进行了审计，并根据审计结果，严考核、硬兑现，直接扣减二级单位党政一把手及相关人员部分兑现奖，大大强化了各单位的依法依规、诚信经营意识。中原油田对所属二级单位进行了经营绩效审计，为油田考核单位提供了可靠依据。河南油田对所属二级单位进行了绩效考核审计，审计结果作为油田对二级单位经营绩效考核兑现的重要依据。江苏石油分公司对地市公司开展了财务决算情况的专项审计，对相关责任人进行了问责处理，并将审计整改情况纳入对地市公司的考核。

（李青山）

涉 外 审 计

【概述】 2015 年，为落实国务院国资委加强境外资产监管的要求，审计部门切实加大对海外投资业务和资产的审计力度，全年开展涉外审计 14 项，有效防范了境外企业的经营风险，维护了境外国有资产的安全、完整和有效。

（李青山）

【总部组织实施的涉外审计】 根据国务院国资委加强境外资产监管的要求，结合公司国际化战略部署，总部进一步加大对涉外业务及资产的审计监督。2015 年，总部对岳阳中石化壳牌煤气化有限公司开展了业务控制审计，揭示了会计核算、合同管理、制度建设等方面存在的问题，认真分析原因，并提出针对性整改建议。同时，总部参加了中沙石化、沙特延布项目、福建森美石化公司股东方联合审计，揭示了企业面临的各种风险和问题，维护了股东方权益。此外，总部还对石油工程建设公司伊朗雅达项目、巴西化肥项目、沙特供水项目开展了海外项目经营情况专项审计。境外审计工作不仅揭示反映了境外业务管理中存在的不足，防范了经营风险，维护了境外国有资产的安全、完整和有效，而且为党组加强境外投资的科学决策发挥了很好的参谋助手作用，扩大了审计效果。

（李青山）

【企业组织实施的涉外审计】 国际石油勘探开发公司、炼化工程公司等企业通过开展项目经营管理审计和专项审计调查等项目，促进了海外市场的持续健康发展。

（李青山）

审计基础管理

【概述】 2015 年，审计部门强化“三基”，着力提升审计工作的管理水平，把抓基层、明职责、打基础作为长远之计和固本之举，不断加强审计管理，有力促进了审计事业的发展。

（李青山）

【审计制度建设更加完善】 2015 年，为贯彻落实中央关于完善审计制度的重大决策部署和党组对审计工作的最新要求，总部制（修）订了《内部审计工作规定》等 10 项审计规章制度，进一步明确和强化了审计独立性、实行审计全覆盖的具体内涵和要求，为审计工作的创新发展提供了制度保障。企业审计部门认真开展建章立制工作，全年制修订各类规章制度 184 项，进一步规范了审计行为。

（李青山）

【审计管理方式更加高效】 2015 年，总部抓住计划管理龙头，更加注重审计服务于发展大局，并稳步推进审计分类监督管理，进一步优化了审计资源的高效配置。同时针对性完善了审计信息系统功能，加大了远程在线支持和培训力度。企业审计部门更加注重精准立项和对审计项目的科学组织，运用信息化审计手段和督促问题整改的能力进一步提升。

（李青山）

【审计基础工作更加规范】 2015 年，总部以落实岗位职责为抓手，大力推行规范审计业务岗位设置工作；以提升审计监督质量为核心，着力落实依法依规和科学审计，创新建立了审计质量责任追究机制，有力促进了审计质量责任在各环节的落实；以“带一跟一联系二”深入基层一线调研和督导为手段，对 21 家企业的审计工作，包括机构设置、项目组织、制度遵循、成果利用与转化等进行了现场调研和指导，促进了企业审计工作提质增效。

（李青山）

【审计队伍建设更加务实】 2015 年，总部自上而下创新组建了兼职审计专家库 45 个，逐步形成一支专业门类齐全的辅助审计队伍，为推进审计转型发展提供了人才保障。同时审计人员的职称评审突破了专业限制，为审计人员横向交流消除了制度障碍。全年，审计部门共向其他部门、岗位输送交流人员 130 名，其中 20 人被提拔使用；共培训审计人员 3 399 人（次），并围绕审计职业化等 3 个课题进行深入研讨交流，形成一批管用、好用的理论研究成果。

（李青山）

【监管部门协作配合更加顺畅】 2015 年，审计部门通过审计联席会议平台，建立了更加顺畅的信息交流、成果共享的常态化机制；与纪检监察、党组巡视组等建立了更加紧密和规范的审计问题线索、审计问责建议移送查处机制，并积极配合开展对有关案件及信访件的检查核实工作等。各直属企业也采用多种形式进一步加强部门间的协同配合工作机制，内部监管合力明显提升。

（李青山）

其他工作

【协调配合国家审计署和国务院监事会的审计检查工作】 2015 年，国家审计署对石化集团公司原主要领导人傅成玉开展了经济责任审计，国务院监事会对 22 家企业开展了调研和检查。审计部门把迎审、迎检工作作为重中之重，周密部署迎审、迎检工作，全力配合现场审计，积极营造良好环境，切实加强日常沟通和协调。同时，认真整改存在的问题，维护了公司的良好形象。

（李青山）

纪检监察

综　述

2015 年是中国石化适应新常态统筹推进改革发展稳定各项工作的重要一年。石化集团公司各级党组织认真贯彻全面从严治党战略部署，进一步落实党风廉政建设责任，纪检监察机构聚焦中心任务，强化监督执纪问责，广大职工群众积极支持参与，党风建设和反腐败工作取得新成效。

（杨军山）

落实党风廉政建设责任制

【概述】 2015 年，面对严峻复杂的反腐败斗争形势，石化集团公司各级党组织从思想上、行动上与党中央保持高度一致，认真落实管党治党责任。党委全面履行党风廉政建设主体责任，做党风廉政建设的领导者、执行者、推动者；纪检监察机构进一步深化“三转”，强化监督执纪问责，使党风建设和反腐败工作得到有力推进，不断深化。

（杨军山）

【党组带头落实主体责任】 石化集团公司党组坚定地担负起管党治党的政治使命，全面履行党风廉政建设主体责任，年内，27 次学习中央重要会议、习近平总书记重要讲话精神和中央有关文件，进一步增强了抓党风廉政建设的责任感、紧迫感；19 次听取党风廉政建设情况汇报，对 16 个专项问题进行研究、做出部署。党组书记、董事长王玉普认真履行党风廉政建设第一责任人的责任，坚持做到重要工作亲自部署、重大问题亲自过问、重点环节亲自协调、重要案件亲自督办；党组其他成员认真落实“一岗双责”，自觉抓好分管领域的党风廉政建设。党组召开学习贯彻王岐山重要讲话精神视频会议，落实把纪律和规矩挺在前面的要求；召开进一步加强党风建设和反腐败工作视频会议，强调敢管敢治、严管严治、长管长治，将全面从严治党压力传递到各级党组织和广大党员干部身上。

（杨军山）

【层层落实“两个责任”】 各单位将党风廉政建设与改革发展同安排、同检查、同考核，结合实际，不断完善工作格局。121 家单位制定了落实“两个责任”实施细则，114 家单位建立定期向上级党委和纪委报告党风廉政建设情况制度，117 家单位纪委书记从初始酝酿阶段参与企业重要人事安排。加大责任追究力度，全系统有 70 名领导人员因落实党风廉政建设责任不力被问责，其中党组管理的领导人员 7 人、处级干部 41 人，26 人受到纪律处分、2 人受到组织处理。

（杨军山）

【出台党风廉政建设 3 项制度】 2015 年，党组下发了石化集团公司《反腐败协调小组工作规则》《党风廉政建设约谈制度》和《党风廉政建设责任追究实施办法（试行）》3 项制度，对进一步推进党风廉政建设“两个责任”落实，深化反腐倡廉建设发挥了积极的促进作用。其中，《反腐败协调小组工作规则》对石化集团公司反腐败的组织协调工作进行规范；《党风廉政建设约谈制度》旨在落实党委的主体责任和纪委的监督责任，加强对直属单位党政主要负责人、纪委书记的教育、管理和监督，促进其履职尽责；《党风廉政建设责任追究实施办法（试行）》旨在进一步贯彻落实党风廉政建设责任制，强化和规范责任追究，促进各级领导班子和领导人员切实履行党风廉政建设责任。

（杨军山）

体 制 改 革

【概述】 2015 年，石化集团公司认真落实中央关于进一步深化纪检监察体制机制改革的要求，紧密结合中国石化纪检监察工作实际情况，稳步推进纪检监察体制机制改革，完善有关工作制度，为进一步深化党风建设和反腐败工作提供了重要支撑。

（杨军山）

【深化“三转”】 各级纪检监察机构严格控制参加议事协调机构数量，与主责主业无关的一律不得参加，坚决巩固清理议事协调机构成果，围绕中心任务，聚焦主责主业；认真开展“三严三实”专题教育，结合纪检监察工作实际查找不足，制定整改措施，持续加强思想作风建设。落实纪检监察机构主要负责人述职述廉制度，强化了监督管理。

（杨军山）

【纪委书记配备】 2015 年，党组分 2 批配齐直属单位纪委书记，其中 38 家是专职纪委书记，加大了专职纪委书记比例，夯实了落实纪委监督责任的组织基础。按照中央要求，起草了纪委书记、副书记提名和考察以上级纪委会同组织部门为主的具体办法。

（杨军山）

【分组（局）建设】 认真做好分组（局）人员公开招聘工作，面向全系统公开招聘分组（局）处级及以下干部，对全系统 104 家单位的 1 335 名报名人员逐一进行初步资格审查。3 月 14 日在 5 个城市同时举行笔试，3 月 22 日组织面试，从中择优招聘试用 70 人。人员到位后，立即组织培训班，对干部进行培训。人员试用期满后，共聘任 67 人。12 月 10 日，在广州召开分组（局）工作座谈会，全面总结分组（局）一年的工作。

（杨军山）

中央巡视反馈意见整改落实工作

【概述】 2015 年 2 月 6 日，中央巡视组向中国石化反馈了巡视意见，并要求中国石化在 2 个月内完成主要整改工作。党组高度重视中央第六巡视组专项巡视反馈意见，要求对反馈的问题一个不放过、一个不疏忽，将巡视整改作为一项重大政治任务、作为党组落实主体责任的具体实践切实抓紧抓好。按照党组要求，毫不松懈、持之以恒地推进巡视整改工作的组织协调工作，较好地完成任务。中国石化巡视整改工作得到中央巡视办、中央巡视组、党组的充分肯定。

（杨军山）

【巡视整改工作组织领导】 按照党组要求，组织制定整改落实工作方案，做好任务分解和细化，明确140条整改措施，将巡视整改任务分解到党组班子成员、14家牵头单位（部门）和6家配合单位（部门）。每周组织召开例会，编发简报，协调督办、严把质量、步步推进，保证工作落实。4月，党组按时上报整改情况报告并向党内通报、向社会做了公布。新一届党组成立后，按照党组要求，继续抓好巡视整改深化工作，落实月度例会制度，每月坚持召开会议，组织相关单位汇报工作进度。

（杨军山）

【调查核实中央巡视组移交的信访问题】 对中央巡视组移交的1 101件信访件，精心组织调查核实，做到件件落实、规范处理。经核查，共有117人受到处理，其中移送司法机关2人，其中党组管理的领导人员1人；给予党纪政纪处分37人，其中党组管理的领导人员11人；给予诫勉谈话和组织处理78人，其中党组管理的领导人员34人。

（杨军山）

【重点问题整改】 针对个别领导人员亲属做中国石化生意问题，按照党组要求，组织10个调查组开展专项核查，在查清问题的基础上，党组领导与涉及的16名领导人员诫勉谈话，督促整改，要求做到公正廉洁。党组印发《关于禁止领导人员亲属经商办企业与中国石化发生业务往来的规定》，召开全系统视频会对延伸调查登记和整改工作进行部署动员，宣示了从严管理、从严治企，铲除滋生腐败温床的坚强决心。锲而不舍推进对领导班子建设、作风建设、干部管理、工程建设、物资采购、油品销售、海外业务等方面问题的整改，纠正了一些痼疾顽症，制定完善了一批制度，推广运用了一批信息化系统化管理手段，促进了公司治理体系和治理能力的现代化，取得良好的政治、经济和社会效益。

（杨军山）

落实把纪律和规矩挺在前面

【概述】 按照中央纪委“把纪律和规矩挺在前面”的要求，深入学习贯彻王岐山重要讲话精神，进一步强化“党纪严于国法”的意识，坚持把守纪律讲规矩摆在更加重要位置，坚持抓早抓小，把“治标”和“治本”结合起来，努力实现监督执纪问责的常态化、长效化。

（杨军山）

【落实中央“八项规定”精神】 坚持落实违反中央“八项规定”精神问题月度报告制度，按月统计上报全系统查办的违反中央“八项规定”精神问题。按照中央纪委和党组安排，集中开展公款旅游、公款吃喝、公款送礼专项治理和自查自纠工作，有力地遏制了“四风”蔓延势头。抓住年节假期加强提醒监督，中秋国庆期间，石化集团公司连续下发3份文件，提前打招呼、做警示，对中秋国庆期间加强廉洁自律、反“四风”提出要求、进行部署，要求各级领导人员3份文件一起学，认真落实“八项规定”精神，深刻吸取教训，摈弃侥幸心理，以实际行动守住反“四风”的纪律防线。2016年元旦春节前，向纪检监察系统下发通知，要求强化监督执纪问责，早打招呼、早提醒，预防“节日病”。坚持从严执纪，对反映违反中央“八项规定”精神问题的信访件有一件查一件，全系统共查处违反中央“八项规定”精神问题22件，处理46人，其中给予党纪政纪处分32人。通过“拧紧螺丝、环环相扣”，党员干部作风明显改进，企业厉行节约的氛围日益浓厚，各项费用支出持续下降。

（杨军山）

【抓早抓小抓预防】 出台《关于规范领导人员操办婚丧喜庆事宜的规定》，为领导人员操办婚丧喜庆事宜立起9条规矩，划出了纪律“红线”。对党员干部及时提醒，明示纪律，全系统开展领导人员任前廉洁谈话8 849人次，274名党员干部主动上缴礼品、礼金等折合人民币639.29万元。

（杨军山）

【党规党纪教育】 组织党员干部认真学习《中国共产党廉洁自律准则》和《中国共产党纪律处分条例》，全系统共开展学习活动4 803次，30万余人次参加。各单位通过电视、报纸、网站等多种载体宣传2部法规，营造浓厚氛围，引导大家坚持高标准、不触碰底线。在《中国石化报》、微信、微博等十大平台同步开设《每日一纪》专栏，每天刊登1条党规党纪，加强日常法规教育。组织《职工处分规定》知识竞赛活动，75.76万人参加，1.7万人通过视频观看总决赛，起到了以赛促学、促进制度落地生根的作用。

（杨军山）

执纪办案

【概述】 2015年，各级纪检监察机构进一步强化纪律审查工作，共接受信访举报5 598件，其中党组纪检组、监察局接受4 208件。全系统立案270件，其中大案要案124件；各类案件共涉及363人，333人受到党纪政纪处分，20人受到刑事处理，68人被司法机关和地方纪委采取强制措施。

（杨军山）

【信访举报和案件审理工作】 按照5种分类方式，认真研究处理信访举报问题线索，分门别类提出处置建议。探索实践监督执纪“四种形态”，坚持纪严于法、纪在法前，加大谈话、函询、要求本人写出说明或检查等方式方法的运用，对干部的萌芽性和苗头性问题及时提醒纠正，全系统函询138人，给予批评教育1 488人，诫勉谈话和组织处理3 304人。进一步规范审理程序，严格审核把关，依纪依法做好执纪审理工作。规范监察机构参加生产安全事故调查处理程序，加大生产安全事故责任追究力度，对6名党组管理的领导人员进行问责，给予政纪处分。

（杨军山）

【发挥查办案件治本功能】 按照党组要求，根据查办的“12·2”“5·28”案件，拍摄薛万东、刘清涛严重违纪违法案件警示教育片，在全系统视频会议上播放，1.9万余人观看，以案说法、以案明纪，引起强烈反响。认真吸取海南洋浦成品油保税库建设项目系列案件教训，召开现场会剖析案例，深刻反思，建章立制，堵塞漏洞，对相关责任单位和人员严肃追责、进行通报，促进了工程建设领域监督管理更加规范有效。

（杨军山）

党组巡视

【概述】 2015年，按照党组要求，派出6个巡视组，围绕党风建设和反腐败这个中心，紧扣“六项纪律”，深化“四个着力”，突出巡视重点，盯住重点人、重点事和重点问题，实施突击检查、“下沉一级”进行重点突破，将巡视工作向纵深推进。全年开展3轮巡视，完成对18家直属单位领导班子及125名班子成员的巡视，共发现各类问题459个、问题线索358条，较好发挥了“利剑”作用。

（杨军山）

【巡视发现问题整改】 王玉普2次主持召开党组巡视工作领导小组会议听取巡视情况汇报，对加强问题整改和改进巡视工作提出明确要求。各巡视组向被巡视党组织反馈巡视意见，不留情面、直击要害，达到“红脸”“出汗”“警醒”效果。强调立行立改、边巡边改，严格审核被巡视单位上报的整改方案、整改情况报告。采取“杀回马枪”的办法进行回访检查，对被巡视单位整改不到位的事项，紧紧抓住不放，强力推动全面整改，巡视监督威慑力进一步凸显。

（杨军山）

【巡视制度建设】 认真贯彻落实中央新修订的《巡视工作条例》，结合实际修订下发《党组巡视工作办法》，进一步明确巡视定位，突出重点，规范管理，打造巡视制度“利器”。推进落实巡视组长负责制，强化责任担当。加强巡视人员队伍建设，出台《党组巡视工作禁令》，进一步规范巡视人员行为。加大宣传力度，推动“巡视一个，警醒一片”。

（杨军山）

效能监察和业务公开

【概述】 2015年，总部和各直属单位效能监察共立项452项，通过效能监察，提出建议4 125条，完善制度1 407项，避免、挽回经济损失、节约资金、增加经济效益4.4亿元。加大业务公开工作力度，重点领域监督不断深化。

（杨军山）

【效能监察】 加强安全隐患治理、“碧水蓝天”专项行动统一立项效能监察，组织协调相关部门推进项目进度，落实责任主体，促进项目建设。认真做好中天合创煤化工、广西LNG、天津LNG、涪陵页岩气50亿立方米产能建设地面工程、湛江地下水封洞库、甬台温成品油管道等重点工程建设项目效能监察督察工作。各督察组紧紧围绕项目安全、质量、进度、投资、合同、廉政建设六大控制开展督察，共发现问题260个，提出督察建议103条，下发效能监察建议书、协调书66份，推动了重点工程建设项目安全、优质、高效、廉洁实施。

（杨军山）

【**业务公开**】 深入开展网上巡视工作，共对2 915个疑似问题进行调查，发现问题1 007个，对相关责任人做出严肃处理，其中给予党纪政纪处分4人，组织处理24人，经济处罚213人，充分发挥了业务公开的监督威慑作用；对18家企业业务公开工作情况进行调研，加强检查督导，提高业务公开工作水平。

（杨军山）

【**廉洁诚信建设专项合作**】 与朝阳区人民检察院开展"廉洁诚信建设专项合作"，分3批次对1 093家申请加入中国石化工程建设领域的承包商开展行(受)贿档案记录查询，对存在行(受)贿记录的供应商提出处理意见。

（杨军山）

基础工作

【**概述**】 2015年，石化集团公司广大纪检监察干部按照对党忠诚、干净做事、敢于担当的要求，进一步加强自身建设，认真查摆和解决思想、作风、工作上存在的"不严不实"问题，履职能力进一步提高，作风形象进一步改进。

（杨军山）

【**"三严三实"专题教育**】 按照石化集团公司党组、直属党委关于开展"三严三实"专题教育的统一部署，制定"三严三实"专题教育实施方案。在专题教育过程中，严格按照党组统一要求认真组织学习党的十八大、十八届三中、四中全会精神以及习近平总书记系列重要讲话，并组织集体学习毛泽东同志《为人民服务》《纪念白求恩》《愚公移山》等著作摘编，王玉普专题党课和党组成员、纪检组组长徐槟的讲话，观看电影《铁人》，进一步提升了对"三严三实"的思想认识，查摆和解决思想、作风、工作上存在的一些"不严不实"问题。各党小组严格落实直属党委的要求，认真组织召开组织生活会，班子成员以普通党员身份参加组织生活会，落实党员领导干部参加双重组织生活的要求，组织生活会开得热烈活泼，起到凝心聚力、促进工作的作用。

（杨军山）

【**纪检监察调研**】 2015年12月22—29日，组成4个调研组，到胜利油田、齐鲁石化、西南石油局等16家直属单位开展党风建设和反腐败工作调研，与纪检监察、财务、审计、物资供应、工程、销售等部门负责人、干部职工进行座谈，查阅有关资料，开展问卷调查，走访部分基层单位。共与15名党政主要负责人、216名干部职工进行座谈、个别谈话，深入了解各单位党风建设和反腐败工作开展情况，听取基层对党风廉政建设的意见建议，及时研究改进工作。

按照中央纪委监察部、中国监察学会和国务院国务院国资委纪委的要求和部署，下发通知，部署各单位以监察学会石化分会为平台，围绕7项重点课题进行研究探讨。9月23日，在金陵石化召开落实党风廉政建设"两个责任"研讨会，组织16家单位围绕落实"两个责任"进行深入研讨。完成"国有企业贯彻把纪律和规矩挺在前面的研究"和"国有企业落实'两个责任'的探索与思考"2项重点调研课题上报中国监察学会，分别获得中国监察学会2015年优秀理论研究成果二等奖和优秀奖。汇编2014年度石化集团公司纪检监察系统撰写的部分优秀论文和经验材料，下发《纪检监察优秀调研成果选编(十六)》和《纪检监察经验材料汇编(十六)》，推动了纪检监察工作理论创新。

（杨军山）

【**纪检监察干部培训**】 举办直属单位新任纪委书记培训班暨纪检监察分组(局)干部综合业务培训班、纪检监察处(科)长岗位资格培训班和效能监察工作培训班，集中培训452人。全系统共举办纪检监察业务培训476期，培训1.1万人次，提高了纪检监察干部履职尽责能力。

（杨军山）

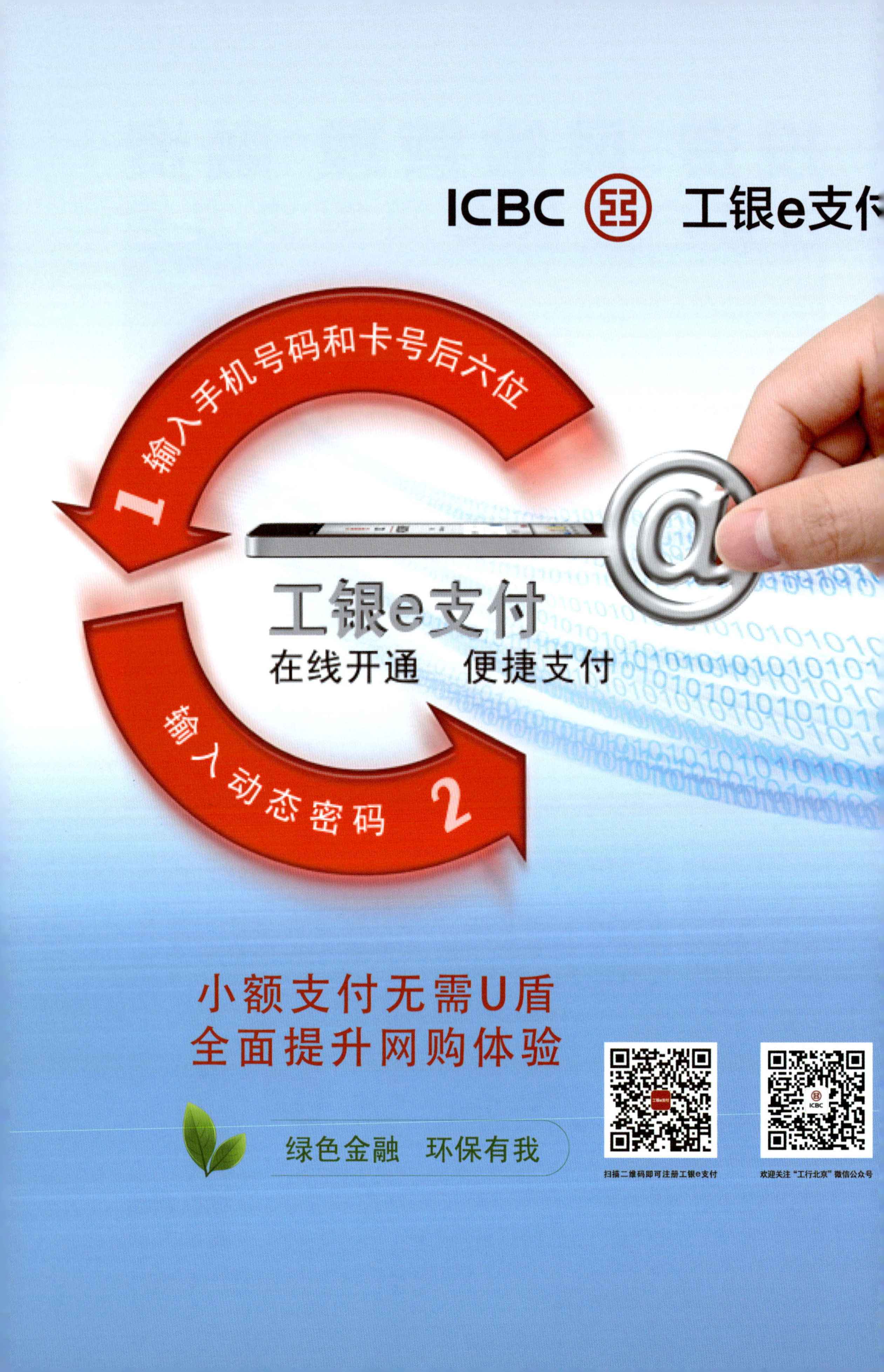
ICBC 工银e支
输入手机号码和卡号后六位
1
工银e支付
在线开通 便捷支付
输入动态密码
2
小额支付无需U盾
全面提升网购体验
绿色金融 环保有我
扫描二维码即可注册工银e支付
欢迎关注"工行北京"微信公众号

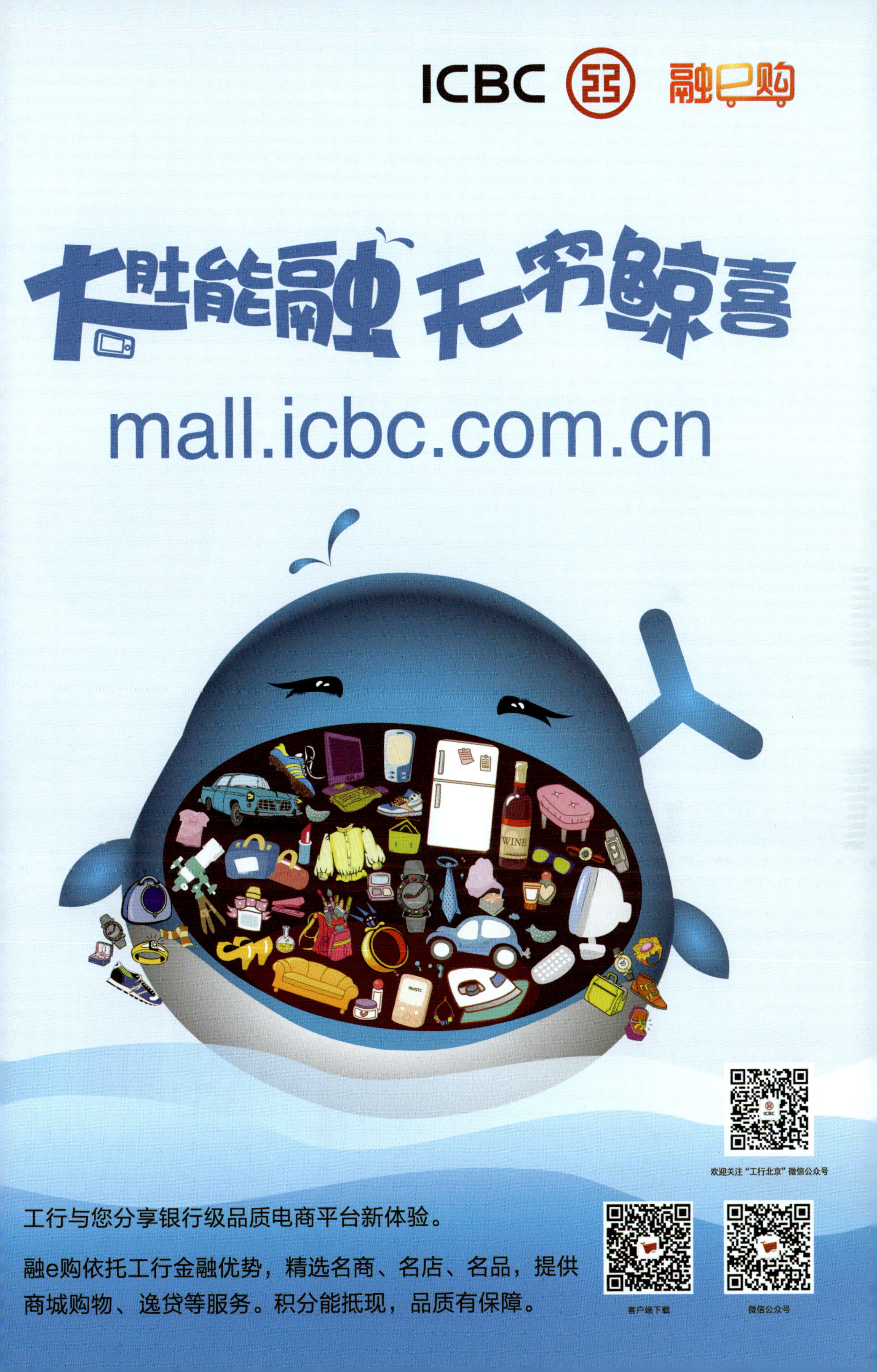
ICBC
融e购
大肚能融 无穷鲸喜
mall.icbc.com.cn
WINE
欢迎关注“工行北京”微信公众号
工行与您分享银行级品质电商平台新体验。
融e购依托工行金融优势，精选名商、名店、名品，提供商城购物、逸贷等服务。积分能抵现，品质有保障。
客户端下载
微信公众号

南光(集團)有限公司
NAM KWONG (GROUP) COMPANY LIMITED

南光（集团）有限公司是总部设在澳门的国资委直属中央企业，集团前身南光贸易公司成立于1949年8月，是澳门较早的中资机构。在六十多年的发展历程中，南光积极进取，勇于开拓，走过了一段艰苦创业、自强不息的不平凡里程；并较好地完成了各个历史时期国家所赋予的不同使命，为澳门回归祖国、发展内地与澳门的经贸关系、推动祖国的对外经济贸易事业、促进澳门社会的繁荣稳定做出了应有的贡献。

南光集团主营业务包括日用消费品贸易、酒店（含旅游）、地产开发经营和综合物流服务四大类。集团是澳门目前较大的能源产品和主要的鲜活冷冻食品、酒店旅游会展、物流服务供应商；拥有油气中转储运和航煤专供设施；是澳门天然气管网的建设和运营商、澳门电力公司的大股东、澳门公共交通服务的主要专营企业；分别在澳门、桂林、西安、加拿大投资有7家星级酒店；是澳门地区办理“港澳居民来往内地通行证”和“台湾居民来往大陆通行证”的指定单位；致力于地产投资与开发，在澳门、海口、上海、无锡等地区自主或合作开发了大量优质地产项目；有澳门较大的内港码头、干冻仓库和跨境运输车队；与几十个国家和地区有长期贸易往来。

2015年11月，经国务院批准，南光集团与珠海振戎公司实施重组，有利于澳门与内地央企实现优势互补，创新发展；有利于南光集团更好地根植澳门、服务澳门。

展望未来，南光集团将抓住机遇，加快发展，转型升级和提高企业核心竞争力，用最好的回报社会，为社会繁荣稳定做出新贡献。

用最好的回報社會

这是我们的追求，也是我们过去、现在和将来存在的价值。

澳门罗理基博士大马路南光大厦十六楼　Tel: (853) 83911660 Fax: (853) 28330853　http://www.namkwong.com.mo

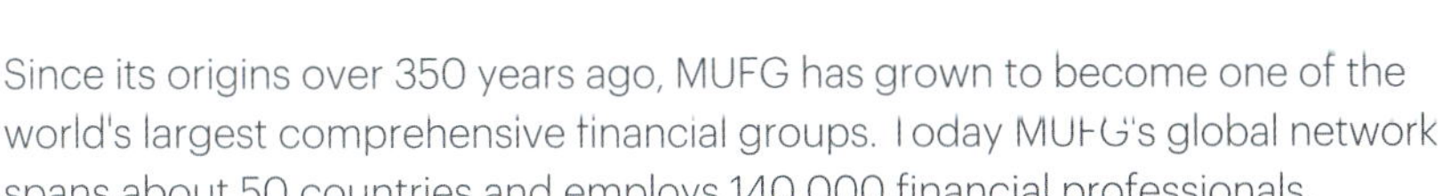
为世界所选，
值得信赖的全球性金融集团

MUFG

Live more.
Bank less.
星展理念，源于一个简单信念— 人为生活而理财，非为理财而生活。因为您，我们灵感涌现，产品服务不断创新。
将服务力求精简，务求融入生活无间，让您拥有充裕的时间及空间，活出精彩及理想人生。live more, bank less.
带动亚洲思维
星展银行 DBS

造环境价值也是商社之使命
商社不仅从事经济活动创造利润，也寻求与社会、
协调发展。丸红致力于实现可持续发展的社会，在日本、
界各地为降低环境风险而努力。
Marubeni
://www.marubeni.com.cn/

上海漕泾电厂

烧碱和聚氯乙烯装置原料仓

高桥石化苯酚丙酮装置

工业气体与烧碱二氯乙烷装置

上海赛科乙烯项目装置

上海化学工业经济技术开发区位于杭州湾北岸，规划面积29.4平方千米，管理面积36.1平方千米，是以石油化工及其衍生产品为主的专业开发区。园区对标世界一流，遵循“产品项目、公用辅助、物流传输、环境保护、管理服务”五个一体化理念，奉行“健康、安全、环境”（HSE）和责任关怀相统一的国际化工行业规范与准则，致力于建设具有国际竞争力的世界级石化基地和循环经济示范基地。

2015年，上海化工区再次被中国石油和化学工业联合会评为全国20强化工园区之首，连续第四次荣获“上海品牌园区”称号。全年，化工区（包括金山、奉贤分区）共完成工业总产值915.74亿元，销售收入948.72亿元；引进项目投资10.73亿美元，完成固定资产投资64.39亿元；区内注册企业实现利润41.94亿元，实缴税金80.42亿元；万元产值能耗1.050吨标准煤。截至2015年底，化工区累计批准项目总投资255.81亿美元，累计完成固定资产投资1280.95亿元人民币。

年内，上海化工区通过了国家低碳工业园区试点实施方案论证，通过了市级进出口化学品示范基地验收考核并正式挂牌；建设上海化工产业出口基地，获批为上海市市级外贸转型升级示范基地。

上海化学工业经济技术开发区
SHANGHAI CHEMICAL INDUSTRY PARK

摩科瑞能源集团是全球一流的独立能源及大宗商品贸易公司之一，主要交易中心位于日内瓦、北京、上海、新加坡、伦敦和休斯敦，从事包括原油、成品油、石油化工品、天然气、电力、基本金属、煤炭、铁矿石、有色金属矿、二氧化碳减排指标和生物柴油等大宗商品在内的实货和衍生产品的交易。摩科瑞在全球范围内拥有包括油田、原油码头和储油罐、煤矿等上游生产、物流基础设施等多项资产配置。摩科瑞全球雇员超过1000人，在超过50个国家和地区以自己的专长和经验为合作伙伴提供服务。

摩科瑞中国公司的发展始于2004年，与在同年设立的摩科瑞日内瓦、新加坡办公室一起构建了摩科瑞能源集团日后发展成世界领先大宗商品交易公司的基石，先后与中石化、中石油、中海油、中国化工、中化集团、国家开发投资公司、北方工业公司、青岛益佳、大唐、华能、华电、河北建投、神华、粤电、中储、宝钢等公司开展合作。

摩科瑞在北京的交易团队主要从事原油、燃料油、煤炭、铁矿石、化工品和碳排放额度的实货及衍生品交易；在上海的金属交易团队主要从事基本金属、贵金属和金属矿的实货和衍生品交易，在伦敦金属交易所、纽约商业期货交易所和上海期货交易所开展交易活动。

摩科瑞在中国启动了多个项目的资产投资，包括青岛黄岛25万吨级原油码头及104万立方米油品储罐；青岛董家口20万吨级通用码头和246万立方米原油储罐；烟台150万立方米原油仓储项目和原油泊位。摩科瑞作为创始股东之一参与了由中国进出口银行主导的旨在全球投资矿产及能源资源的中加基金。

摩科瑞积极参与在中国的公益活动。摩科瑞从2007年起便是一年一度的北京国际音乐节的金弦赞助商，通过赞助这一古典音乐盛事，向观众献上大提琴演奏家米沙·麦斯基、小提琴演奏家平卡斯·祖克曼等世界顶级音乐大师的表演。摩科瑞还独家投资了反映中国古代发明对现代世界文明贡献的纪录片《源·探索中国》，这是首次将剑桥大学学者李约瑟的研究成果以电影形式向世人展现。该电影曾在中央电视台纪录频道播出。

作为控股公司的摩科瑞（中国）投资有限公司对摩科瑞在华的贸易和投资进行统一管理。我们正在与中国的业务伙伴紧密合作，向中国供应能源、金属等大宗商品，从而为促进这一伟大国家的繁荣发展贡献力量。

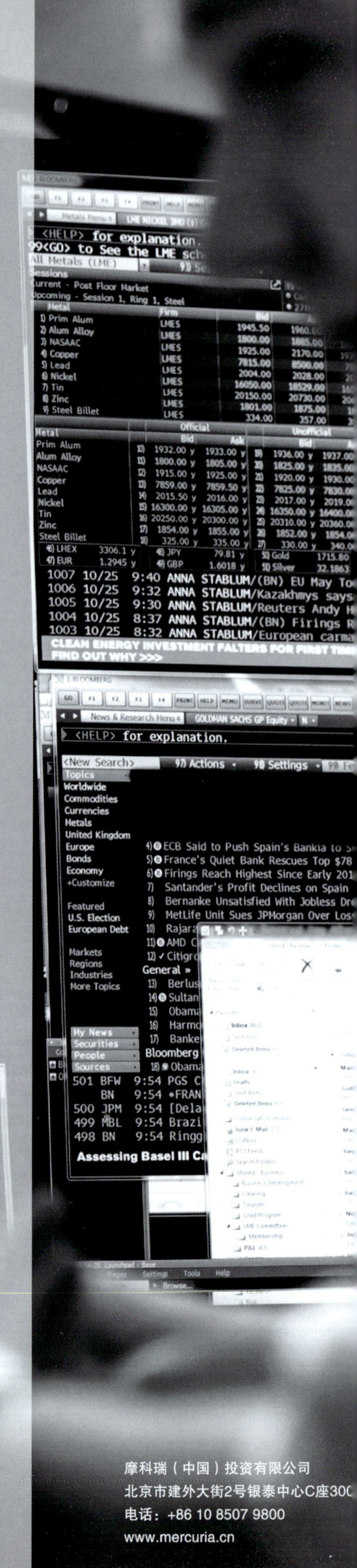

摩科瑞（中国）投资有限公司
北京市建外大街2号银泰中心C座300
电话：+86 10 8507 9800
www.mercuria.cn

矿区（社区）建设

综　　述

2015 年是矿区(社区)系统积极应对严峻挑战、取得丰硕成果的一年。在分离移交形势紧迫、保效益任务繁重的情况下，矿区(社区)系统贯彻落实石化集团公司年度工作部署，坚持市场化运作、社会化服务、专业化发展、企业化管理的方向，攻坚克难、砥砺前行，较好地完成厘清思路、分离移交、提质增效和服务保障等各项工作任务。

矿区(社区)改革不断深化。积极推动总部层面职能整合，不断完善“三分开”运行机制，持续优化用工，全年净减员 8 569 人。加强顶层设计，精心谋划，逐步完善改革发展思路与措施建议。经党组审议通过，形成《中国石化矿区(社区)改革发展的指导意见》及配套文件《中国石化分离移交“四供一业”及其他办社会职能工作的实施意见》。成立矿区(社区)改革领导小组，深入开展动员部署，深化矿区(社区)改革发展全面启动。

“保增长”奋斗目标圆满完成。全面完成提出的经营业务亏损减半、社区业务创收增加 2% 和费用压降 3%、减亏 5 亿元的创效目标。大力实施“八创一保”措施，在消化土地税、电力基金增加 5.46 亿元成本的基础上，完成限亏 20 亿元的奋斗目标，比年初预算实际减亏 10.46 亿元。

经营业务总体扭亏为盈。按照做优做强、做精做优、盘活存量、退出处置“四个一批”经营策略，梳理物业管理、油气技术服务、宾馆酒店等业务的资质和能力；诊断运输业务经营状况，制定改革调整和扭亏增盈措施；建立供水、宾馆、运输业务的对标指标体系。全年矿区(社区)经营业务首次实现总体盈利，实现营业利润 1.86 亿元。

项目投资优化效果明显。坚持以发展质量和效益为中心，强化项目前期管理，优先续建投产，突出民生工程，保证隐患治理，适度安排有效益的经营项目。全年安排投资 30.19 亿元，完成可行性研究报告二类项目 54 个，参与一类项目 16 个，委托和组织审查项目 26 个，共核减投资 3.78 亿元，投资规模得到有效控制。

生产保障能力进一步增强。围绕油气生产需要，实施供水配套工程改造、胜利电网调度及监控系统改造二期、河南下二门油田 35 千伏输电线路改造等项目，提升了保供可靠性。胜利电厂三期工程第 1 台机组投入商业运营。通信和运输业务提供高效便捷服务。成功举办石化集团公司水质检验工、污水处理工职业技能竞赛和供热技术比武工作，共 34 家企业的 180 名选手参加决赛，一批优秀技能型人才脱颖而出。

生活服务保障持续给力。围绕员工群众生活需要，不断扩大供应能力，优化管网运行，改进服务手段，加大对水源地保护、水质检验、管网治理力度，改造供电老旧设备与电网，组织充足气源，推进供暖清洁能源替代，保证了社区居民日常生活供应。部分单位建设生活污水处理设施，提高处理能力，改善小区生态环境。

安全环保管理扎实有效。年内组织对 30 家企业、83 家二级单位、216 家基层单位开展安全大检查，认真开展总结讲评，进一步强化安全意识。开展 3 次隐患专项排查与整治，强化安全隐患专项治理，累计下达安全隐患治理 124 项，基本完成治理任务。推进“碧水蓝天”环保专项行动，开展生活污水处理隐患排查工作。强化节能指标管理，全年工业万元产值综合能耗 3.22 吨标煤，能源消耗总量 178.87 万吨标煤，均控制在考核指标内。供水管网漏损率、供电综合线损率、供暖单位标煤耗等指标持续降低，较 2012 年分别下降 25.82%、19.3% 和 11%。

信息化建设初见成效。组织矿区(社区)综合业务信息管理系统建设，总部层面管理子系统上线运行，胜利石油管理局等 6 家单位基本做好社区服务子系统试点准备工作。系统业务覆盖 57 家矿区(社区)企业，在线用户达 1 375 人，提高了报表填报、计划管理、企业管理、小区创建等业务信息化应用水平，为科学决策和提高管理效率、服务水平提供了有力支撑。

（孟凡密）

分离移交企业办社会职能

【概述】 矿区(社区)业务主要包括物业、水电气暖供应、市政、文化体育、宣传培训、医疗卫生、托幼、社区社保等服务业务，企业办社会负担沉重。按照企业矿区(社区)“三供一业”管理模式分类，“三供”业务由企业自供、转供的有 38 家，经营管理权移交但资产未移交的有 4 家，完全实现社会化的有 14 家；社区物业由企业自管的有 34 家，整体外委社会物业公司的有 9 家，完全由社会专业物业公司承担的有 13 家。按所处地域分，位于中心城区的有 37 家企业，位于边缘城区的有 14 家企业，属于独立矿区的有 5 家油田企业。2015 年，国务院国资委在启动驻豫、湘、渝央企分离移交“三供一业”试点的基础上，试点范围扩大到辽、吉、赣、粤、琼、川、黔7省，共涉及中国石化17家企业。

（余艳霞）

【分离移交办社会职能初见成效】 2015年，石化集团公司将分离移交作为“十三五”期间重点改革工作进行部署，成立工作领导小组，跟踪落实国务院国资委相关政策，组织企业编制分离移交办社会职能5年工作规划，建立了联络协调、方案联审、工作督导等工作机制。在分离“三供一业”移交方面，已批复沧州炼化供暖、华北石油局榆次基地供电等业务的分离移交方案；指导洛阳石化供水供电、洛阳工程公司供水供暖、广州石化供电供水移交方案的编制工作。茂名石化基本完成“三供一业”分离移交，抚顺石油化工研究院已移交社区供暖，天津石化已完成社区水源切改。在分离其他办社会职能方面，胜利石油管理局基本完成76条123千米市政道路及配套设施、1座公园和2座垃圾处理厂的移交工作。中原石油勘探局积极争取与地方政府按照对半责任筹措改造资金，推进市政道路移交。河南石油勘探局与地方政府共同投资改造污水处理厂，建成后整体移交地方管理运营。齐鲁石化完成公交线路和居民用气业务的移交，长岭炼化完成职业技术学校的移交，燕山石化、南京化工公司完成电视网络移交。

（余艳霞）

社区业务

【概述】 截至2015年底，社区业务从业人员共6.15万人，其中正式职工3.64万人。矿区(社区)直接从事物业服务和管理业务的直属企业共43家，基层物业服务机构317个，服务居民212万人，服务居民小区804个，服务住宅物业面积6 060万平方米。截至年底，有社区供水职能的直属企业32家，总供水量1.2亿吨；有供电职能的企业35家，总供电量25.8亿千瓦·时；有液化气供应职能的企业15家；有职工自住房管理职能的企业52家，管理职工住房2.65万栋、78.73万套。管理的公园共72个，面积409.24万平方米；广场77个，面积129.27万平方米；市政道路462.08千米，面积868.83万平方米；非工业污水处理站42个；共设有市政监察队12个，居委会219个；社区文体设施场所共744个，面积123.84万平方米；直接承办和管理的幼儿园153个，在园幼儿数3.4万人；管理和服务的非在职群体54.46万人；管理离退休活动场所917个、318.82万平方米。直属企业共有医疗卫生服务机构122个，其中医院48所。

（刘 琳）

【文明和谐示范小区创建深入推进】 深化文明和谐示范小区创建工作，统筹推进老旧小区改造，改善住宅小区环境，创新小区管理服务模式，不断提高服务品质，既稳定了全系统的员工队伍，又凝聚了人心。2015年对2013—2014年度创建工作进行总结表彰，并组织开展2015—2016年度的创建申报工作，共有36家企业的84个小区申报创建计划。同时，引导企业参加国家、地方开展的全国安全社区、全国物业管理示范住宅小区等建设评比活动，年内济南炼化获评全国安全社区。截至年底，石化集团公司共有11个小区被命名为5A级、150个小区被命名4A级文明和谐示范小区，占小区总数的20%；共有5家企业社区获评全国安全社区，52个小区获国家级物业管理示范小区称号。

（刘 琳）

【绿化管理成效显著】 石化集团公司将绿化工作作为美化生产和生活环境、建设绿色石化的主要措施，每年投入大量人力、物力开展绿化工作，积极建设绿色企业。截至2015年底，石化集团公司共有绿地面积近2万公顷(2亿平方米)，绿化率达33%，森林火灾事故零发生。在天津举办的第3届中国绿化博览会上，中国石化展园充分体现中国石化绿色低碳、安全环保的发展理念，融入石化企业文化，受到高度赞誉，获银奖和最佳设计奖。年内有12家单位申报全国绿化模范单位或先进集体，10名社区绿化工作者申报国家级绿化先进个人。截至年底，石化集团公司先后有24家企业被评为全国绿化模范单位、全国绿化先进集体及省、市绿化先进单位，53人获绿化奖章及劳动模范称号。

（刘 琳）

经营业务

【概述】 矿区(社区)经营业务主要包括供(产)水、供电、发电、通信、仓储物流、产品生产、商品贸易、宾馆酒店、住房建设、工程服务、租赁、劳务输出等16类业务。截至2015年底，用工2.37万人，其中正式职工1.62万人；资产总额189.38亿元。2015年，经营业务实现收入198.61亿元，支出196.75亿元，收支差额1.86亿元(不含炼化企业、炼化工程、科研机构等单位社区的经营业务），完成年度经营目标并首次实现盈利。

（杨思湘）

【专业化管理逐步加强】 调研油田、炼化、炼化工程等近20家企业，了解业务经营状况，统计物业、油气技术服务、宾馆酒店、油田化学剂、托幼、农副产品与土地等资源开发利用情况。分析形势任务，提出做优做强一批主要业务、做精做优一批零星业务、盘活一批存量资产、退出处置一批亏损业务和无效资产“四个一批”经营策略。依据该策略，制定经营业务“十三五”规划，研究完善经营业务提质增效和矿区(社区)物业服务市场准入管理等方面制度。建立供水、宾馆酒店、运输等业务对标指标，经营业务对标管理体系初步形成。开展运输业务专题分析，提出运输业务下一步工作思路和措施。

（杨思湘）

【市场拓展取得积极进展】 加强统筹协调，利用技术专长、特色管理、特种资质等，加快“走出去”步伐，不断扩大市场份额。中原油田供水管理处中标中天合创项目，年增收548万元。华东石油局回收南京化工公司二氧化碳尾气，年增收180万余元，实现上、中游二氧化碳尾气回收和驱油一体化应用。胜利运输总公司全年外部市场收入占总收入的50%。胜利供水公司对外开展工程施工、环境监测、水表安装、自助净水机销售等业务。中原通信、江汉通信紧跟中国石化天然气开发步伐，承揽了元坝气田等信息化运维项目。

（杨思湘）

【体制机制转换持续推进】 组织召开专业化公司改造会议，以部分大型企业从业人员多、市场规模大、专业程度高、服务能力强的“四供一业”为切入点，探索专业化公司改造，并选定燕山石化进行试点。批复江苏石油勘探局成立紫京酒店及相关子公司、华北石油局变更经营范围、管道储运公司组建宾馆酒店及物业专业化公司等请示。加大引资引智力度，服务企业转型升级。胜利、中原、河南等油田实施推广托幼业务自有他营模式；胜利供水公司合资合作项目前期工作进展顺利。

（杨思湘）

民生工程建设

【老旧小区综合治理扎实推进】 2015年，老旧小区综合治理投入10.02亿元，其中投资8.07亿元、费用1.95亿元，开工改造老旧小区110个，整改场地绿化150万平方米、道路100万平方米、外墙出新160万平方米，新增停车位2万个。

（龙新文）

【棚户区改造加快实施】 上报国务院国资委2014—2017年棚户区改造实施计划34 318套，已被纳入所在省市的棚户区改造项目库，其中燕山石化5 024户被纳入北京市整体规划。2015年新开工建设安置房1 150套，累计实施棚户区改造项目15个，竣工安置房1万套。全年落实中央企业棚户区改造配套设施建设补助资金2.1亿元。

（黄　萍）

【边远小区回迁有序推进】 以“优化资源配置，改善居住条件，降低管理成本，维护企业稳定”为指导思想，按照“整体规划、分步实施、先急后缓、先易后难”的原则，综合利用棚户区改造、自住房建设、中心区域腾空房源整合、公租房改建等多种渠道筹集回迁安置房源。2015年回迁安置边远小区住户5 252户，累计完成8 530户，改善了职工的居住条件。

（黄　萍）

【职工自住房建设有效推进】 发挥企业自身优势，加强与地方政府的沟通协调，积极参与政府主导的各类保障性住房建设。同时充分借助市场的力量，通过商品化、社会化渠道，逐步改善职工居住条件。2015年开工建设、团购各类职工自住房9 200套，配售8 400套。

（黄　萍）

企业党建与企业文化

企 业 党 建

综　　述

2015 年，石化集团公司党组深入学习贯彻习近平总书记系列重要讲话精神，牢牢把握“保增长、谋发展、强基础、抓党建”的工作主线，紧紧围绕提高发展质量和效益的中心任务，深入开展“三严三实”专题教育，持续推进党建系统化管理体系建设，认真落实管党治党责任，从严从实推动党建工作，着力营造良好的企业政治生态和管理生态，为改革发展稳定事业提供了坚强的思想、政治和组织保证。

（黄明昌）

党 建 工 作

【“三严三实”专题教育】 ①坚持专题党课高水平起步。2015 年 5 月 29 日，石化集团公司召开“三严三实”专题教育工作动员部署会，党组书记王玉普以专题党课的形式对全系统专题教育做部署安排。党组成员分别在分管单位部门或所在支部讲专题党课。直属单位党委书记以及设党委处级单位的党委书记，均讲了专题党课，共计 3 万多人听讲。②坚持学习研讨高标准要求。党组层面聚焦不严不实突出问题，确定 4 个研讨题目，开展高质量专题学习研讨。各部门、直属单位在此基础上进一步细化研讨题目，并结合实际增加“从严从实抓好安全生产”学习研讨内容，共开展集中学习研讨 1 000 多次。③坚持整体工作高质量推进。部署安排方面，分别制定总部机关和各直属单位工作运行大表；先后 10 次印发专门通知提出具体要求；编印《简报》，及时传递中央精神和党组要求；召开全系统专题教育工作推进会，推介经验做法，细化工作安排；充分利用专题教育网站和微信群平台，较好把握总体进度。检查指导方面，先后召开 3 次座谈会，安排人员列席部分直属单位专题党课和学习研讨，传递工作压力、掌握实际情况、推动工作落实。宣传引导方面，在报刊、电视和网站开设专栏，发挥微博、微信等新媒体优势，加大外部新闻媒体宣传力度，努力营造浓厚氛围。典型引路方面，党组做出《关于向田明、薛梅同志学习的决定》，组织“弘扬石油石化优良传统专题报告会”，树立了党员干部对照提升的镜子。④坚持从严从实整改落实。石化集团公司层面组织修订《党组工作规则》，制定《关于禁止领导人员亲属经商办企业与中国石化发生业务往来的规定》等 10 项制度，细化深化责任追究，进一步织密制度的笼子；各单位和部门也针对突出问题，开展专项治理，同步抓好整改。

（于　川）

【优化党建系统化管理体系】 按照石化集团公司党组进一步加强党建系统化管理、优化党群资源的要求，2015 年 3 月 26 日，石化集团公司层面党群、宣传职能优化调整工作到位，新成立党群工作部，进一步加强企业党建工作。

（黄明昌）

【深化党建工作年度考核】 在 2014 年首次全系统考核的基础上，石化集团公司突出抓直属单位党委发挥政治核心作用的主要方面和薄弱环节，以更高、更严、更实的标准设计 2015 年党建考核内容，从各有关部门安排或从企业抽调专业人员，组织 15 个考核组，对 131 个直属单位党委开展考核。在逐家企业提炼亮点、分析问题的基础上，形成党建考核总体报告，并强化结果运用，做好考核反馈，进一步强化党建工作要严抓严管、长抓长管的鲜明导向。

（黄明昌）

【编制党建工作“十三五”规划】 适应“十三五”改革发展需要，石化集团公司加强党建工作战略研究，结合改革发展愿景，组织编制党建工作“十三五”规划，明确今后一段时期党建工作目标任务、重点工作和主要措施。

（黄明昌）

【深化基层党支部示范点建设】 在总结 2013 年首批基层党支部示范点推荐评选经验的基础上，进一步做实第二批示范点评选工作，下发《关于命名表彰集团公司第二批基层党组织建设示范点的决定》，命名表彰 100 个第二批基层党组织建设示范点；坚持重心下移，通过加大分类指导，深入挖掘“示范”内涵，将示范变成规范，以点带面，全面提升基层党支部建设水平。

（黄明昌）

【基层党组织书记和党务干部培训】 围绕贯彻落实石化集团公司《党委工作规则》和《基层党支部工作细则》，精心举办 1 期基层党委书记示范培训班和 2 期基层党支部书记示范培训班，300 多名基层党组织书记参加培训。举办石化集团公司直属单位党建工作培训班，各直属单位党办主任、组织部长等160多人参加培训。同时，精选部分培训课程推送至各直属单位，培训受益面得到进一步拓展。

（黄明昌）

【信息化建设】 组织编写党建工作信息化需求报告和可研报告，启动覆盖全系统、实行层级管理的“中国石化基层党组织和党员管理服务云平台”建设，提高基层党建工作的科学化、信息化水平。

（黄明昌）

【“石化党员”微信订阅号】 开发运用党员教育微信平台——“石化党员”，坚持每个工作日编发一期微信，初步形成相对固定的特色风格，扩大了覆盖面，增强了影响力，得到企业基层党组织和党员干部的好评。

（黄明昌）

【规范党员领导干部双重组织生活】 石化集团公司党组制定出台《党组成员参加双重组织生活规定》，对党组成员参加双重组织生活的形式、内容、要求以及组织协调、督促检查等做出明确具体的规定，有力带动了各级党员领导干部双重组织生活的落实。

（李雪慧）

【加强队伍建设】 石化集团公司直属党委认真做好发展党员工作，全年共培训140名入党积极分子、发展党员81名、预备党员转正215名，党员结构进一步优化。党组织和党员作用得到有效发挥，39个先进基层党组织、135名优秀共产党员、46名优秀党务工作者受到直属党委表彰。

（李雪慧）

【统战工作】 贯彻落实中央统战工作会议精神和《统战工作条例(试行)》，加强学习宣传，重点调研了解党外代表人士基本情况。组织召开在京统战代表人士座谈会，传达中央精神和党组决策部署，广泛听取意见建议。组织开展纪念抗战胜利70周年有关活动，部分文章、摄影、绘画作品获央企侨联表彰。

（李雪慧）

【评选表彰总部机关转作风强服务提效能优秀案例】 石化集团公司直属党委结合“三严三实”专题教育，开展“转作风强服务提效能”优秀案例征集工作，评选表彰40个优秀案例，展示了直属机关在当好决策参谋、服务基层企业、解决发展难题中取得的成效。

（李雪慧）

群团工作

【民主管理】 参与指导西安石化转型发展履行民主程序(职代会)等相关工作，提供相关政策支持，确保过程合规合法，保障西安石化顺利转型发展。参与指导南京化工公司连云港碱厂划转移交工作，督促严格履行职代会基本要求和程序，切实发挥各级党工团组织作用，按照民主程序顺利通过划转移交人员安置方案。

（谢梓峰）

【职工素质工程】 组织参加全国石油石化系统测井工职业技能大赛取得较好成绩，个人项目2人进入前15名，团体项目3支代表队进入前10名。石化集团公司29名职工被授予全国劳动模范称号，1人被评为全国三八红旗手，1个团体获全国三八红旗集体称号，3家单位获全国巾帼文明岗称号，1人获全国五一巾帼奖章并被授予全国五一劳动奖章，18家基层单位获全国五一巾帼标兵岗称号，13名职工获全国五一巾帼标兵称号，3家单位被评为全国模范职工小家，7支基层单位工会小组被评为海上模范职工小家。“中国梦·劳动美·石油情”全国石油石化系统创新90名先进人物中，石化集团公司占43名，排第1位。

（谢梓峰）

【职工之家建设】 下发《直属单位工会工作(建家活动)考核评价办法》《中国石化帮扶救助工作管理规定》。调整石化集团公司帮扶救助工作领导小组、厂务公开领导小组成员。工会工委获全国能源化学系统优秀信息单位称号，中国石化职工之家等5个公众号进入全国工会新媒体百强排行榜。

（谢梓峰）

【文体工作】 调整石化集团公司文学艺术界联合会常务委员会、体育协会常务理事会成员，以及中国石化体协裁判委员会组成人员并对申请晋级裁判员进行审批。指导中国石化作家协会、音乐舞蹈家协会、摄影协会、乒乓球协会、羽毛球协会换届选举。举办职工书法美术作品评审和创作交流笔会、篮球邀请赛、直属机关羽毛球和乒乓球比赛、机关趣味运动会，丰富职工文化体育生活。举办总部机关春、秋两季健步走比赛，党组领导带头参加活动，总部机关 38 个部门和单位的 4 000 多名员工和家属积极参加比赛。

（谢梓峰　徐子懿）

【第 2 届"加油中国 · 传承铁人"年度人物选树活动】 充分运用微博、微信等新媒体和主流媒体助力选树活动，先后策划"铁人的最后一班岗""为心目中的铁人投票"，其中"身边铁人随手拍"活动收到参赛作品 2 257 部。第 2 届"加油中国 · 传承铁人"十大年度人物中，石化集团公司有 4 人当选。

（谢梓峰）

【第 6 届青年外语风采大赛】 大赛历时近 4 个月，共有 2 万余名一线青年参加学习培训和基层海选，经层层选拔，108 家单位的 289 名选手按抽签分组参加，最终决出一等奖 8 名、二等奖 16 名、三等奖 36 名，优秀组织奖 4 个，前 24 名选手同时被认定为石化集团公司一类技能竞赛金、银、铜奖，获得石化集团公司总经理基金奖励，在系统内和社会上受到较大关注和积极反响。

（徐子懿）

【"五四"评选表彰工作】 以中国石化开展创建青年文明号活动 20 周年为契机，组织开展青年文明号、青年岗位能手评选表彰和"五四"团内评选表彰工作，表彰石化集团公司青年文明号 153 个、青年岗位能手 212 名、五四红旗团委 152 个、五四红旗团支部（总支）205 个、优秀团干部 218 名、优秀团员 220 名。

（徐子懿）

企业文化

综　　述

2015 年，石化集团公司认真贯彻落实党中央一系列部署要求，坚持正确的政治方向和宣传导向，紧紧围绕石化集团公司中心工作，以凝心聚力、营造氛围、构建和谐、促进发展为目标，扎实工作，努力营造改革发展良好环境，为石化集团公司持续健康发展提供了有力的思想引领、舆论支撑、精神动力和文化保证。

（刘纯斌）

思想教育工作

【注重"三严三实"专题教育的宣传引导】 针对不同环节的教育主题，充分借助各类宣传平台，及时反映石化集团公司党组和各企业推进专题教育的动态和成效，组织策划 12 家中央媒体专题采访活动，在《人民日报》、新华社、中央电视台等国内权威媒体刊发播出相关信息 45 篇，在中央"三严三实"专题教育网首页刊发 11 篇，发稿数量、质量居央企前列。各单位按照石化集团公司党组部署，将做好"三严三实"专题教育的宣传引导作为全年宣传思想工作的重中之重，开辟专栏、刊发评论、播发专题报道。石化报社充分发挥石化集团公司媒体主阵地作用，先后刊发相关信息 700 余篇，播发相关电视新闻 110 余条，为专题教育深入开展营造了浓厚氛围。

（刘纯斌）

【注重抓好思想理论教育】 以全国"两会"、党的十八届五中全会、"四个全面"重要论述、石化集团公司年度及年中工作会和领导干部会议等为重点，下发学习通知，组织传达学习并反映企业贯彻落实情况。为机关干部员工发放各类理论学习书籍 3 000 余册，在《中国石化报》、电视台、网站等各种媒体刊发基层信息 1 000 余条，最大程度地传递好高层声音，凝聚起干部员工的思想共识，激发干事创业的动力。先后举办石化集团公司第 60 期、61 期党校班，深入学习习近平系列讲话精神，增强了理论素养和党性修养，提升了综合素质。

（刘纯斌）

【注重抓好传统思想教育】 坚持"抓生产从思想入手，抓思想从生产出发"的好传统，大力开展形势任务教育，鼓舞士气，坚定干部员工抵御寒冬、全力打好效益保卫战的信心。以举办"弘扬石油石化优良传统专题报告会"为契机，引导干部员工在工作中践行"三老四严""四个一样""严从细中来、实在严中求"等石油石化优良传统。积极开展员工思想动态调研，了解员工对改革的期盼和建议，为推进改革提供参考依据。积极配合推进西安石化转型发展工作，确保职代会的顺利召开，确保改制过程中舆情控制和疏导，得到党组领导的高度肯定。

（刘纯斌）

【注重典型的选树传播】 坚持抓导向、抓培养、抓策划，不断加强典型选树宣传工作，推出一批业绩突出、员工认可的集体与个人典型，为加强队伍建设、助推有效发展起到良好的示范带动作用。其中，以弘扬石油石化优良传统为目标，集中宣传求实创新、勇闯新路的胜利油田新春采油厂，精细创效、勇站排头的镇海炼化，拓荒奋进、打响“涪陵名片”的江汉油田刘尧文等10余个单位和个人的先进事迹；以培育忠诚敬业、乐于奉献的员工品格为主题，集中宣传获国家科技进步二等奖的技能大师——田明，坚守荒原20载、贡献原油12万吨的“最美央企人”——薛梅，潜心发明、累计创效1.9亿元的“央企道德模范”——吴吉林等3位优秀基层员工的事迹；以倡导“敢担当、有作为、保效益”的实干精神为导向，集中宣传迎难而上的齐鲁石化朱宏林、敢闯敢试的贵州石油分公司李金涛和大力推进科技成果转化的上海石油化工研究院宗弘元等6名优秀中层领导干部事迹，分别为党员干部、普通员工和各板块企业立好标杆、树好榜样，增添精神动力。

（刘纯斌）

【注重以员工帮助计划创新推动思想工作】 坚持以员工帮助计划（EAP）的方式，创新性地推动员工思想工作。中国石化党组高度重视EAP工作，连续2年将“推广应用好EAP工作”写入年度工作会议报告中，并下发《关于推广应用员工帮助计划（EAP）的指导意见》，有力推动了EAP工作。按照先试点、再总结、后推广的思路，在12家试点单位带动下，已有50余家企业开展EAP工作，在EAP宣传普及、团体培训、环境营造、心理咨询、队伍建设等方面进行了积极探索，惠及人群达到了40余万人。在中央企业EAP推进会上，中国石化EAP工作得到国务院国资委和与会单位肯定。

（刘纯斌）

企业文化建设

【强化核心价值理念的宣贯】 通过在《中国石化报》、官方微博、信息门户、机关在线等媒介上刊发评论员文章、领导访谈、专家体会等方式，认真做好核心价值理念的宣贯工作。先后组织专题培训10多场，累计培训干部员工2 400余人、党组管理干部210多人，组织撰写评论员文章、领导体会等19篇，征集故事案例1 000多篇，下发《中国石化2015年工作手册》2万多册，石化集团公司核心价值理念初入人心。

（刘纯斌）

【推动与公司经营管理有机融合】 开展公司核心价值理念与制度对接工作，明确相关标准，推动价值理念与公司管理制度对接，推动建立理念、流程、制度、职责“四位一体”的有机管理体系。制定企业文化“十三五”规划，与石化集团公司生产经营同部署、同谋划。强化专项文化建设，坚持总部相关部门牵头组织、统筹规划、合力推进，着力加强安全、环保、质量、法制、廉洁、组织人事等专项文化建设，促进企业文化工作融入业务管理，提高企业基础管理水平。

（刘纯斌）

【制定下发《中国石化企业文化建设考核评价办法（试行）》】 在广泛调研基础上，起草《中国石油化工集团公司企业文化建设考核评价办法》，11月以党组名义印发。办法从组织管理、工作落实、工作效果3类共15项，对企业文化建设工作进行考核，前14项内容为考核减分项，根据考核标准要求扣减相应分值，而第15项为加分项，对企业文化建设效果突出、社会广泛赞誉，并获得省部级以上奖励的企业，可参照加分标准适当加分，推动企业文化由“虚”做“实”。

（刘纯斌）

新闻宣传工作

【注重策划传播】 ①坚持重大事件全面策划。紧紧围绕涪陵页岩气生产、成品油质量升级、生物航煤首次商飞、“碧水蓝天”行动等重大主题，策划组织12次媒体活动，充分展示公司绿色低碳发展、改革创新的形象。②坚持新闻营销创效策划。配合柴油车尾气处理液、易捷卓玛泉等产品推广，及福建森美淘宝店开张等业态创新，策划实施公益性新闻发布，提升销售业绩，初步体现新闻传播也是生产力。其中，柴油车尾气处理液新闻发布会召开当月实现销量环比增加1 652吨、增幅126%，2015年共销售6.5万吨，实现销售额2.9亿元，同比增长11倍。③坚持公益活动重点策划。策划实施“免费加油供摩骑大军返乡”综合公益活动，累计服务返乡摩托车主600万人次，《人民日报》、中央电视台《朝闻天下》、七套《聚焦三农》、广东卫视等媒体广泛报道，各大媒体发稿220多篇，网络媒体发稿及转载600多篇次，受到社会好评。模板化传播“中国石化健康快车”，采用新媒体、微视频等多种传播方式，融入明星资源，提高社会责任精品工程的传播质量，先后完成恩施、齐齐哈尔、凉山站的公益传播，获评五星级企业品牌公益项目，入选《2015 企业公益蓝皮书》。④坚持海外传播同步策划。首次开通中国石化官方推特账号，与海外公众直接沟通，建立海外舆情信息员队伍，举办海外新闻发言人培训班，推动各驻外机构及时获取信息、同步传播，国际媒体报道中国石化的正面新闻越来越多。

（刘纯斌）

【注重敏感话题引导】 ①主动“破冰”。积极利用“两会”最佳传播时机，搜集议案、设置话题、备足素材，发挥公司两会代表委员作用，有节奏推出系列建议与议案。②揭秘疑点。及时发布《小黑板带你揭秘穹顶之下石油石化企业这几年在干啥?》，当月阅读量达 25 万人次，有效化解公众误解。③活用内参。先后完成“一带一路”出口大型制造推广芳烃成套技术、胜利油田污水余热利用技术、国企深化改革方案征求意见等内参采写，有关建议得到中央常委批示。全年发布新闻通稿和素材 180 篇，石化实说微博、微信 2 700 多篇，阅读量达到 2.5 亿人次；“石化黑板报”微信 150 篇，媒体有关中国石化正面报道 108 902 篇。

（刘纯斌）

【舆论环境明显好转】 优化舆情处置环节，确保负面舆情在第一时间得到处置，舆情应对更加及时有效。将负面舆情纳入企业领导班子年度绩效考核之中，纳入公司安全、维稳、质量和环保工作问责制度，企业领导干部的舆情危机管理意识不断增强，全系统舆情管理规范化、系统化进一步加强。2015 年，有效处置“中国石化裁员 200 万人”“云南石油生物柴油垄断二审”“广州石化起火”和“高桥石化搬迁欲求 500 亿元补偿”等 180 余起舆情事件。中国石化负面舆情占比从 2012 年的 42.6% 降至 2015 年的 8.7%，实现四连降。全年，石化集团公司未发生一起重大或特别重大舆情危机事件。

（刘纯斌）

品牌建设

【编制《中国石化品牌建设“十三五”规划》】 编制完成《中国石化品牌建设“十三五”规划》。目标是力争用 5 年的时间，形成品牌规划、管理和实施一盘棋局面，将中国石化打造成为一个“科技和创新引领”的全球化能源企业形象，品牌管理科学有效，品牌价值持续提升，知名度和美誉度整体提高；所属子品牌形成科学严谨体系、规范有序，培育出 1—2 个国内著名、国际知名的产品品牌。

（刘纯斌）

【规划完成集团品牌顶层设计方案】 围绕公司发展战略目标，完成中国石化集团品牌战略整体规划方案。提出“科技创新引领”品牌定位，明确未来品牌发展思路。梳理全系统母子品牌现状，完成品牌架构设计，界定中国石化母品牌的范围和需要设立子品牌的业务范围，明确核心子品牌和中国石化的关系，并规范兼并合资合作品牌的标识使用原则。提出未来 3—5 年品牌管理体系和组织结构设想，为下阶段品牌战略的落地实施奠定基础。

（刘纯斌）

【圆满完成北京 2015 年国际田联世锦赛品牌体验活动】 设计搭建“中国石化美好生活馆”，展示内容接地气、组织接待有条理，日均接待观众 5 000 人次。集团和产品品牌广告并重，整合全年已签约电视、平面和网络广告集中投放，完成“为美好生活加油”主题广告投放和易捷卓玛泉、“润滑油 1 元钱玩转世锦赛”等产品营销活动，提升品牌曝光率的同时带动产品销售。新闻传播多角度推送，新媒体互动效果明显。对外发送 1 本素材集、16 篇新闻通稿。发起“赢世锦赛门票，为美好生活加油”H5 线上赠票等活动，加大与网友互动力度。媒体报道量总计 187 篇，其中传统媒体 12 篇、网络媒体 175 篇，论坛博客 64 篇，微博 1 748 条，微信 309 条。

（刘纯斌）

社会公益

【健康快车】 自 2004 年石化集团公司捐赠健康快车慈善事业以来，每年开往全国 3 个贫困地区，免费为白内障患者实施复明手术。2015 年，中国石化健康快车驶入湖北恩施、黑龙江齐齐哈尔和四川凉山，共治愈白内障患者 3 286 人。

（鉴　编）

【情暖驿站 · 满爱回家】 2015 年，石化集团公司继续开展“情暖驿站 · 满爱回家——关爱春节返乡务工人员”大型公益活动，在广东、广西两省（区）的 193 座加油站建立“情暖驿站”，为返乡车主尤其是“返乡摩骑”车主提供“6 + X”免费服务，为广东省 1 万多名

“返乡摩骑”免费加满1箱油、提供保暖护膝和安全背心等用品，温暖他们的回乡路。

（鉴 编）

【抢险救灾】 2015年，在天津滨海新区发生爆炸事故和“东方之星”游轮倾覆后，石化集团公司第一时间启动应急响应，通过24小时紧急供油、开辟加油绿色通道、免费供应饮用水等方式，全力保障救灾需求；在强台风“苏迪罗”袭击和尼泊尔地震后，积极协调沟通，加强成品油运输，为救援工作提供能源保障。

（鉴 编）

【志愿者服务】 2015年，中国石化志愿者服务人数达42万人次，累计服务时长达84万小时。全年推动160多个城市、1万余座中国石化加油站、20余万名青年志愿者参与“爱心加油站”青年志愿服务活动。各级团组织积极开展青年志愿服务和爱心公益活动，有效凝聚青年，传播正能量，展示了良好形象。

（徐子懿）

【扶贫助困】 援藏援青：“十二五”期间，中国石化在西藏班戈共投入资金1.3亿元，实施完成43个项目，有力促进了班戈县经济社会发展和民生改善；在青海茫崖行委援建两大工程，有力促进了地方经济发展，提高当地的生活水平。定点扶贫：中国石化在凤凰、泸溪、岳西等地开创产业帮扶，主要帮扶开发红心猕猴桃产业，增强“造血”功能，并于2015年在易捷体验馆推广产品，助力当地经济收入提升。

（鉴 编）

新闻与出版

◇ 新闻媒体

◇ 图书出版

新 闻 媒 体

【概述】 2015年，在中国经济下行压力较大、国际油价低位震荡、石化集团公司生产经营形势严峻、保效益保增长任务繁重这一背景下，中国石化各媒体牢牢把握正确舆论导向，紧紧围绕党组中心工作，坚持“提质提效”“两优三满意”工作方针，唱响“产业报国、奉献石化、为美好生活加油”主旋律，加大主题报道、典型宣传、思想引导、氛围营造力度，推动传统媒体和新兴媒体深度融合，努力发挥中国石化媒体传递党组声音、传播石化新闻的主渠道作用，为中国石化健康发展提供了良好的新闻舆论环境。全年各媒体发行量分别为：《中国石化报》12.3万份，《中国石化》杂志2.72万份，《车友报》周三刊41.37万份、周五刊38.84万份，《中国石化手机报》1.87万份。中国石化新闻网日均点击量近30万次。截至年底，石化新闻客户端累计下载量约5万人次。

（庞　炜）

【《中国石化报》】 2015年，《中国石化报》围绕总部保增长、谋发展、强基础、抓党建工作主线，积极做好宣传工作，为企业打赢效益攻坚战做出贡献。做好重大专题报道及典型人物报道，把行业报道做深做专，把企业报道做活做亮。加强策划，创新版式，实现图片、图表、漫画与新闻综述、新闻评论、新闻链接有机结合，增强了可读性、可视性。着力发挥评论的舆论引导作用，除系列评论外，加强了会议时评、重点报道配评论、人物稿配评论及小言论的写作，全年245期报纸刊发本报评论98篇，比上年增加32.4%。

《中国石化报》微信公众号在图文可视化编排、全媒体内容二次开发、创意策划组织及搭建受众互动平台、媒体运营推广等方面取得长足进步，用户人数、关注度、阅读量、点赞量、互动回复均有较大幅度增长，其中中国石化重大新闻、重大业务发展趋势成为受众最关注的内容，逐步形成差异化特色。

（庞　炜）

【《中国石化》杂志】 2015年，《中国石化》杂志坚持稳中求进、提质提效的原则，围绕中国石化中心工作，聚焦石油石化行业的大势、热点、难点和焦点问题展开报道工作。杂志每期在《特稿》栏目发表关于中国石化重大事项的综合报道，直接传递党组声音，更加突出机关刊的鲜明特性。全年策划推出专题报道40多个，如“DMTO技术”“全球石化业回顾展望”“推进油公司改革”“互联网中国石化”“打好保效攻坚战”等。拓展丰富报道内容，新推出《记忆》栏目，主要报道中国石化在创业发展过程中让人至今感念的人和事，弘扬石化优良传统和精神，受到读者普遍欢迎。

（庞　炜）

【《中国石化新闻联播》(电视)】 2015年，中国石化共制作电视新闻《中国石化新闻联播》243期，策划播出“保增长谋发展强基础抓党建”“田明薛梅先进人物报道”“敢担当有作为保效益”“销售企业一线行”等系列深度报道，新闻专题报道质量大幅提升。在第二届“感动石化”人物评选活动中，制作10个“感动石化”人物事迹片，精心策划组织颁奖仪式，并实现全程直播。对电视新闻、专题制作系统进行全面高清设计升级，搭建了全新的高清电视新闻制作平台，项目通过国家广电总局、广播电视计量检测中心的质量检测，能更好地完成日常电视节目制作工作，提升节目质量、培养制作团队，符合新媒体与传统电视新闻结合发展趋势。

（庞　炜）

【中国石化新闻网】 2015年，中国石化新闻网改版，取消物装频道，对资讯频道、行业频道进行整合。突出重点精品，强化阅读推荐。去枝强干，做好信息过载情况下的信息筛选。做好做大高关注度栏目并调整其页面位置。增加原创内容，停办部分转载栏目。加强网站独立策划能力，成立网站策划小组，重点开展新闻宣传和重大活动策划。删减10%左右的低效应、低关注度栏目。适应多种终端，优化用户体验，在网页设计、内容布局、文图配置及大小、长度等方面做到便于传播阅读。中国石化新闻网国际频道(英文版)内容突出重点，加强报道策划力度，积极与其他新媒体融合互动，增强了新闻网在中、英文两方面的传播力。全年新闻网日均点击量近30万次。

中国石化新闻网微博(中国石化报社官方微博)定位逐渐转向中国石化全媒体精华内容的推荐。对粉丝进行清理规范，截至年底，新浪微博和人民网微博有效粉丝共10万人左右。日均发布微博6条，收到评论近100条，被转发近1 000次，处理舆情私信10封，日均曝光和阅读量近50万人次。

（庞　炜）

【石化新闻客户端】　2015 年，石化新闻客户端借势“感动石化”人物评选手机客户端投票，扩大了影响力和下载量。从图解新闻入手开拓数字新闻、图表新闻、可视化新闻新领域，创立图解新闻工作室，借助移动手机终端在重大新闻报道上起到独特效果。成立策划小组统筹考虑多个媒体的内容策划、编辑和发布，内容资源共享和媒体联动增强，以强化新媒体的独立策划带动新媒体独特影响力的提升。新闻应急机制逐步完善，石化集团公司重大新闻首发比例明显提高，对自然灾害等突发事件的响应速度明显加快。截至年底，累计下载量约 5 万人次。

（庞　炜）

【《中国石化新闻界》】　2015 年是《中国石化新闻界》电子杂志重新上线的第 2 年，常规栏目除《要闻》《特稿》《专题研讨》《业务交流》《界内新闻》《佳作欣赏》之外，还增加了《编辑手记》栏目，每期邀请 1 名采编人员为通讯员讲解写作技巧、版面要求、投稿注意事项等。

（庞　炜）

【《中国石化手机报》】　2015 年，《中国石化手机报》出刊 248 期，用户 1.87 万人。深化《热点关注》栏目建设，专题化程度大大增加，全年制作专题 67 期，在中国石化年度工作会期间共出特刊 2 期，出“感动石化”特刊 1 期，专题率 27%。增强理念引导，继续办好《高层声音》，在重大事件、会议报道上起到引导作用。更加追求手机报的时效性、准确性、高端性和信息量，石化要闻、行业新闻更快捷，党组重大活动全部当天报道；企业新闻适度增加。强化了导读，与报纸、电视、杂志、电子周刊积极互动。发送数据库能根据读者要求，实时更新读者的新手机号码，凸显了手机报读者的黏性。

（高　宁）

【《车友报》】　2015 年，《车友报》重点报道油品销售企业的动态，包括易捷公司技术大比武、卓玛泉销售能手等；大力度宣传易捷重点商品，包括车用尾气清净剂、燃油宝、赖茅酒、宁夏枸杞、泰国大米等，促进了产品的推广与销售；持续报道“情满驿站·满爱回家”活动，宣传中国石化的公益举措；重点宣传报道北京石油分公司的会员制。推出世界田径锦标赛特刊，计 24 块版，面向全国发行 51 万份，同时还推出了卓玛泉特刊，加印 5 万份。7 月，《车友报》微信公众号正式上线，截至年底累计推出 50 余期，初步形成了风格。

分别在拉萨、武汉成功举办“车友走进中国石化”活动，在西藏重点宣传易捷卓玛泉产品，在武汉重点宣传成品油的品质与服务及易捷的商品与新增服务项目。在武汉成功举办第 12 届汽车俱乐部与车友会高峰论坛，启动“出彩自驾游”主题评选活动，来自中国汽车流通协会、中国车船旅游协会及中国社会科学院的专家及国内知名自驾游俱乐部的代表出席，论坛对推进自驾游的发展起到了推进作用。

（庞　炜）

【中国石化团购网】　2015 年，中国石化团购网主要从网站改版、丰富产品、走进单位 3 个方面为中国石化员工提供购车、购物优惠服务，共计为员工节省 600 多万元，组织线下活动 20 多场，足迹遍布北京、天津、山东、河南。对网站页面改版，美化网站页面、优化购物流程，提升了用户体验；引进上汽通用、宝马、英菲尼迪品牌汽车，为员工提供更多的购车选择，与上汽通用指定经销商共同探索异地售车新模式；分别于 9 月、10 月在中原油田、河南油田举办“石化员工购物季”活动；6 月底在中原油田举办北京汽车走进社区活动，在第七、八、十社区，第一次尝试夜展（夜晚进社区）模式与员工近距离沟通，共计覆盖油田三大社区、数十家单位；11 月与胜利油田胜大超市携手为员工送优惠，第一次与集团内部地方连锁超市合作，探索覆盖员工生活各个方面的服务模式；11 月第一次走进齐鲁石化、催化剂齐鲁分公司、第四建设公司、天津石化，扩大了线下服务单位范围。

（庞　炜）

【中国石化新闻图片网】　2015 年，中国石化新闻图片网持续承担中国石化媒体群图片索取及存储的档案平台的角色，为石化集团公司各类宣传刊物和新媒体提供图片资料。对网站的栏目和分类进行了优化和整合，更加符合各类媒体的用图需求，同时为新一期的改版做了过渡。截至年底，网站签约摄影师 4 700 多人。

（王贵卿）

图书出版

【《低碳生态观：低碳发展与生态文明的中国梦》】该书以博览古今的视角揭开了原始文明、农业文明、工业文明和生态文明的发展脉络，勾勒了人类与自然所经历的不同历史阶段的画面，汇聚了低碳经济时代的众多成果，提出了进入“十二五”后中国的低碳转型路线图以及推动绿色循环发展的新方式，为探索中国特色生态文明之路提出宝贵建议。同时，该书介绍了中国碳交易进展及其发展路径，特别是以中国最大的碳市场交易平台——广州碳排放权交易所建设为蓝本，讲述了其发挥市场配置资源的决定性作用和碳交易的工具作用，通过市场化力量推动广东低碳发展、生态补偿和产业转型升级等方面的探索与创新，以及开展碳金融创新和衍生品研究以及国际合作和低碳精英人才培训的一些成果。

（经管分社）

【《十问中国金融——改革开放问题风险》】 针对中国金融领域中纷繁复杂的热点问题，该书结合理论和实际开展了深入的研究，内容涉及利率市场化的影响与风险、汇率形成机制改革的方向与效益、资本与金融账户开放的步骤与风险、人民币国际化的积极作用与制度安排、上海自贸区的全局意义与管理模式、银行业的挑战与转型、M2/GDP 高企问题的成因与影响、小微企业融资难问题的本质与根源、影子银行的监管与挑战、地方政府性债务问题症结与潜在风险。该书在对上述 10 个问题进行探索的同时，针对性地提出了对策和建议。

（经管分社）

【《新供给经济学：理论创新与建言》】 在世界金融危机带来的全球经济学者对经济学理论的反思之中，新供给经济学研究群体认为，不能沿用仅仅侧重“需求侧”讨论宏观经济调控管理的传统框架，而应对于“供给侧”更为侧重，实施经济学“理论密切联系实际”的创新。该文集是新供给经济学理论探索中主要在经济学基础理论层面形成的重要成果，同时也收入了以理论创新支撑国情分析和建设性意见建议的代表性成果。该书入选 2015 年第一财经金融价值榜年度中文财经书籍。

（经管分社）

【《决战中高层：中高层管理的 86 个核心问题》出版发行】 该书作者从变易、不易和简易 3 个方面出发，结合作者数十年的培训实践，针对实际管理场景中 86 个最常见的核心问题，提供了具有很强实操性的思路、措施和方法，可以有效地引导中高层管理者确立科学的工作理念、掌握高超的领导技能以及合理规划时间，从而快速提升领导力。

（教育分社）

【《中国闲暇经济论丛》出版发行】 该丛书旨在探讨一系列关于闲暇经济的热点问题——背离休闲的国度为什么会效率低下、创新乏力？中国人的幸福感为什么难以随着收入上升而上升？勤劳为什么会妨碍致富？“会玩”是否会成为更有竞争力的新人力资本？中国人为什么很难有原始创新？如何成为“有闲有钱”的阶层？实现从“人口红利”走向“闲暇红利”的重大转变。丛书有 3 个分册：《闲暇红利：生活引经济再繁荣》《互联网 + 旅游：“在线旅游”新观察》《度假地产创新之道》，每个分册都从一个领域深入阐释“闲暇”对于当今中国经济发展及人民生活改善的重大意义。

（教育分社）

【《重质油裂解制轻烯烃》出版发行】 重质原料生产轻烯烃技术是中国独立开发的国际首创、拥有自主知识产权的炼油化工成套技术，因产品目的和工艺条件的不同，该系列技术包括催化裂解（DCC）、催化热裂解（CPP）、最大量生产汽油和液化气（MGG、ARGG）、最大量生产异构烯烃（MIO）、增产液化气和柴油（MGD）等催化裂化家族工艺。该书由汪燮卿、舒兴田 2 位院士担任主编，主要介绍国内外重质原料制取低碳烯烃的研究进展，已经实现工业化的 DCC、CPP、MGG、ARGG、MIO、MGD 等技术在工艺开发、工程设计、产品应用方面进行的探索和研究，工业应用结果、技术经济评价，相应的催化材料的探索、开发和应用，以及在工艺开发过程中进行的有关化学反应机理的研究。旨在介绍上述工艺及新催化材料的开发理念、理论基础、目标要求、发展脉络及前景。

（炼油化工编辑室）

【《催化裂化工艺与工程（第三版）》出版发行】 该书是由陈俊武、许友好主编，由国内十几位知名炼油专家撰写而成。系统总结了世界范围内催化裂化技术的发展，详细介绍中国催化裂化技术的工业实践和中国学者的贡献。内容主要包括催化裂化发展历史、催化裂化化学、裂化催化剂、催化裂化原料和产品、气固流态化、操作变量与热平衡、裂化反应工程、催化剂再生工程和催化裂化生产过程的清洁化与能量合理使用等，同时对催化裂化装置在炼油厂的作用，尤其是催化裂化技术与加氢处理技术的相互作用进行了论述。该书注重工程实用性，做到理论与实践并重，列举了代表性的工业数据，展示了适用的关联式，尽量用已知理论解释工业实践中的问题，力求更好地体现技术与经济的结合，对重要课题做出技术经济评价。

（炼油化工编辑室）

【《石油炼制常用设计标准与规范》出版发行】 该书精选了防火与防爆，工艺与节能，总图运输，配管，设备，电气、仪表与信息，环境保护，安全与职业卫生，建筑与结构等方面的国家标准、石油化工行业标准和石油天然气行业标准，以满足广大炼油设计人员了解和正确使用标准的需求。可供从事炼油厂技术开发、工程设计、生产操作和管理的相关人员以及高等院校相关专业的师生阅读与参考，是广大炼油行业工作者不可多得的具有实用价值的专业必备读物。

（炼油化工编辑室）

【《氯丁橡胶》出版发行】 该书遵照理论与生产技术密切相关的原则，全面系统地论述了氯丁橡胶自工业化以来所取得的技术成就、产品加工和物性、全球氯丁橡胶产耗量及应用现状。该书共分10章，可供合成橡胶生产企业的生产技术和管理人员参考借鉴，也可作为高校相关专业师生的教学参考资料。

（炼油化工编辑室）

【《生物基燃料技术经济评估》出版发行】 该书由陈俊武院士主持选定各章节的题目和内容并担任主审。该书的生物基燃料技术经济评估立足于国内外最新技术进步成果，并结合中国国情，展望今后25—35年的发展趋势，采用了当今先进的评估方法：TEA（技术经济分析）、NER（净能量比）和LCA（生命周期分析），对具有产业化前景的生物质转化为运输燃料的10多种途径做出了科学评估，对于每条路径都给出具体的技术经济指标，分析路径自身的特色优势和障碍不足，对技术进步可能引起的突破性进展进行分析和预测，最后通过技术经济综合论证，推荐提出优化的生物质替代石油基运输燃料的路径，既近期可行，又兼顾长远发展。鉴于生物运输燃料产业化正处于起步阶段，该专著的编制或能为国家能源战略的决策提供有意义的参考。

（炼油化工编辑室）

【《乙烯、丙烯生产技术及经济分析》出版发行】 该书介绍了11种乙烯、丙烯生产方法及经济分析，包括蒸汽裂解、催化热裂解（CPP）、催化裂解（DCC）、superflex、先进催化裂解（ACO）、碳四烯烃催化裂解（OCC）、烯烃歧化（S－OMT），丙烷脱氢、甲醇制烯烃（MTO）、甲醇制丙烯（MTP）、乙醇脱水。该书介绍了每种生产方法的技术及特点、流程简述及工艺流程简图、工业化业绩及工业化关注问题、原料的来源及对原料的要求、界区投入产出数据表、投资估算、经济测算等内容，还介绍了11种乙烯、丙烯生产方法经济测算中成本、效益等有关内容的比较。

（炼油化工编辑室）

【《硫黄回收二十年论文集》出版发行】 该书精选了硫黄回收协作组成立20多年来的180余篇论文，系统回顾总结了硫黄回收装置20多年来在工艺技术进步、催化剂应用、设备与仪表、环境保护等方面的工作与成绩。旨在帮助从事硫黄回收工作的技术人员在了解历史的基础上，借鉴吸收同行的管理与操作经验，进一步提高硫黄回收装置运行水平。该书系国内首次出版有关硫黄回收方面的论文与运行总结，对硫黄回收装置的管理人员、技术人员、操作人员有很强的指导意义，也是硫黄回收催化剂制造、科研设计人员很有价值的参考资料。

（炼油化工编辑室）

【《催化裂化烟气脱硫脱硝除尘技术问答》出版发行】 该书以问答的形式详细介绍了以催化裂化装置为主的烟气脱硫除尘脱硝技术。主要内容包括了和该技术相关的环保知识、可影响和改善该技术的上下游配套工艺、各种催化裂化烟气脱硫除尘脱硝的优缺点比较、已工业化的主要烟气脱硫除尘脱硝技术的操作要点、各种烟气脱硫除尘脱硝技术的通用设备。该书主要供催化裂化烟气脱硫除尘脱硝装置工人阅读，也可供从事烟气脱硫除尘脱硝的设计、建设、科研和管理人员以及石油化工类院校相关专业的师生参考。

（炼油化工编辑室）

【《炼油与石化工业技术进展》（2015版）出版发行】 该书以专题形式，结合当前的热点问题，设立了综述、炼油工艺与产品、化工工艺与产品、催化剂（“三剂”）、装备技术、装置运行与管理、安全与环保、节能减排共8个栏目。全书收录有代表性的文章100多篇，由中国石化、中国石油、中国海油、延长石油、神华集团等公司所属炼化企业、研究院所和国内其他石油化工相关企事业单位的200多位专家和工程技术人员撰写。内容具有紧密联系企业生产实际，涉及众多当前炼化行业所关注的热点、难点问题的特点，对炼化企业从事生产经营和管理，以及科学研究的技术人员和管理人员有重要的参考价值。

（炼油化工编辑室）

【《石化设备典型失效案例分析》出版发行】 该书作者在多年从事石化设备失效分析研究工作的基础上，精选出近40个典型失效案例加以总结分析，案例涉及制氢转化炉、乙烯裂解炉、气化炉、电站锅炉、工业管道、换热器、反应器、塔、压缩机转子叶片等。内容详实，对失效分析思路、样品选取保存、失效件的宏观和微观形态、失效原因和机理分析以及预防控制措施等均进行了详细的描述，并着重于对同类设备的失效规律进行探讨性的总结。

（装备综合编辑室）

【《炼油厂设备腐蚀与防护图解》（第二版）出版发行】 该书在第一版的基础上收集新的资料，加以完善和补充，并结合国内炼油装置在生产规模、工艺操作、设计选材、腐蚀防护技术等方面的进展，以及不断发生的新的腐蚀问题，以图片的形式，形象直观地展示了石油加工过程中设备的腐蚀与防护状况。该书以炼油厂腐蚀环境为线索，重点介绍了有关设备的腐蚀部位、腐蚀形式及具体的失效情况，对于某些设备的腐蚀破坏进行了失效分析，同时也介绍了各种腐蚀环境下相应的防腐蚀措施，并附有部分防腐效果对比图片。该书可供从事石油化工设备防腐工作的科研、设计、工程技术及生产管理人员使用，可作为防腐培训辅助教材，也适用于大专院校师生参考。

（装备综合编辑室）

【《全国压力管道设计审批人员培训教材》（第三版）出版发行】 该书是国家质检总局特种设备安全监察局委托中国石化工程部对《全国压力管道设计审批人员培训教材》（第二版）进行的全面修订，反映了2012年以来相关的国家及行业最新标准，以满足和适应压力管道设计许可（换证）时设计、校核人员业务考试和设计审批人员培训班培训、考核需要。该书根据《特种设备目录》范围，对压力管道的基本知识、基础理论、相关工程标准规范的有关内容进行了阐述。全书共列举了1 000多个问题，以问答的形式进行了详细准确的解答。在讲清基本原理与基础理论的同时，力求理论联系实际，突出工程实践中的设计技术。该书内容丰富、实用性强，所涉及内容是压力管道设计人员必须了解和掌握的基础理论和实际技术。可作为压力管道设计审批人员必需的培训教材，亦可作为压力管道设计单位资格许可（换证）时，设计、校核人员业务考试的主要参考资料。

（装备综合编辑室）

【《机械完整性体系指南》出版发行】 该书主要内容是美国化工过程安全中心（CCPS）制定的机械完整性管理体系，属于过程安全和风险管理体系中的一部分，是石油化工行业、电力系统及其他存在风险的生产行业进行机械设备、资产有效管理的重要指南。该书由中国石化青岛安全工程研究院有关专家翻译，从机械完整性定义开始，详述了相关概念，明确了领导层在机械完整性管理或者设备管理中的职责，制定了比较详细的实现机械完整性的操作指南，包含有相关职责介绍、机械完整性管理培训、机械完整性管理对象目标与职责、机械完整性项目的实施程序及执行、针对整个机械设备生命周期的质量保证体系、设备缺陷管理、机械完整性风险管理工具、机械完整性检查及持续改进的一系列系统化的内容。

（装备综合编辑室）

【《危险化学品安全技术大典（第Ⅳ卷）》出版发行】 《危险化学品安全技术大典》是“十二五”国家重点图书出版规划项目，由中国石化青岛安全工程研究院、国家安全生产监督管理总局化学品登记中心组织有关专业人员联合编写。该书数据资料全面、准确、可靠，且由多卷构成，每卷文前设中文词目索引，文后设卷索引，以方便读者使用。该大典共分为5卷，可作为危险化学品登记、编制安全技术说明书的参考书，亦是化工和石油化工行业从事设计、生产、科研、供销、安全、环保、消防和储运等工作的专业人员必备工具书。《危险化学品安全技术大典（第Ⅳ卷）》是延续前面3卷的内容而编写的。

（装备综合编辑室）

【出版发行各类标准151项】 包括国家能源局发布的石油产品行业标准、工信部发布的石化产品行业标准和工程建设行业标准、中国石化集团公司发布的石化企业标准。主要有：SH/T 1718—2015《充油橡胶中油含量的测定》等21项石油产品行业标准；SH/T 3177—2015《加油站用埋地玻璃纤维增强塑料双层油罐工程技术规范》等21项工程建设行业标准；Q/SH 0632—2015《成品油交接计量管理规范》等109项石油化工企业标准。

（装备综合编辑室）

【《非常规油气资源勘探开发》出版发行】 该书共分11个篇章，系统介绍了非常规油气的类型及其评价，进而展开了对页岩油气、致密砂岩油气、煤层气及其他类型非常规油气勘探开发历程、现状及各自所对应的地质特征和开采技术对策的深刻探讨，并详细总结了非常规油气开发过程中涉及的地球物理、钻完井及油气储层改造与保护技术。

（勘探开发编辑室）

【《涪陵页岩气田试验井组开发实践与认识》出版发行】 该书作为国内第1本系统介绍中国海相页岩气开发的图书，分别总结了气藏地质、地球物理、气藏工程、钻井工程和采气工程等方面的开发技术成果，突出中国海相页岩气的地质特点和开发特色技术，力图展示中国石化页岩气开发技术的可操作性和示范性，促进中国页岩气的商业规模开发。

（勘探开发编辑室）

【《常规地热能开发技术应用与实践》出版发行】 地热资源作为一种可再生的清洁能源，在新能源和可再生能源大家族中，具有储量大、分布广、清洁环保、稳定性好、利用系数高等特点，为发展绿色经济助力。该书从地热能相关概念入手，从地热能勘查、开发、利用技术到实践案例分析，较系统地向读者介绍了常规地热能产业。

（勘探开发编辑室）

【《中国石化员工健康手册》出版发行】 该书作为兼具工具性、实用性的身心健康知识普及型读本，面向中国石化的广大员工，受众面广，可读性强。该书通过图文并茂的方式，介绍了健康常识、健康生活方式、健康心理、自我保养、应急处理小知识和合理用药常识等方面的知识，帮助石化员工提高健康意识和健康生活方式行为能力，提高自身健康水平。

（教育编辑室）

【《能源金融》出版发行】 该书对国际金融危机后国内外经济发展阶段、结构、动力和趋势做出分析，并对2020年前的国内外金融环境做出预测，为研究能源金融的发展规律、把握走势提供基本背景。该书还对石油、煤炭、电力等各能源行业融资情况进行了综述，深入剖析了相关企业的典型案例，对能源金融未来发展进行了展望，对中国能源金融理论和实务的发展具有借鉴意义。

（教育编辑室）

【《中国油气产业发展分析与展望报告蓝皮书(2014—2015)》出版发行】 该书是中国唯一一部全面分析与研究中国油气产业发展现状和趋势展望的蓝皮书，由中国石油企业协会和中国石油大学中国油气产业发展研究中心合作编写。《蓝皮书》共分为5个部分：国际篇、国内篇、合作篇、专题篇和附件。该书文字言简意赅，强调逻辑性、高度性、权威性，同时对油气产业热点问题提出了看法和观点。该书对相关部门和油气企业实际工作具有指导作用，对本行业理论研究者和实际工作者具有一定的参考价值。

（教育编辑室）

【《责任引领未来》出版发行】 该书由壳牌集团和英美资源集团前董事长马克·司徒慕德著。作者在本书中以独特的视角和丰富生动的案例，用个性化的鲜明笔触说明责任型企业对当今社会的重要意义，包括如何应对地缘危机与挑战，如何面对地区政治与腐败，如何与所在地社区、非政府组织和环保组织合作，以及参与组建联合国全球契约组织的背景和经历，从而展现出了一个负责任领导人所具有的全球化视野和其背后的大型跨国企业秉承的核心经营理念。该书总结的经验教训，对正在适应国际新环境、实施“走出去”战略的中国企业而言具有很强的借鉴意义。

（教育编辑室）

【《中国甲醇产业经济研究》出版发行】 该书结合甲醇产业特点，从供求关系入手，详细介绍了甲醇生产原料、技术、贸易、下游消费等各个环节的影响要素，汇集了国内外甲醇产业链的基本情况，内容丰富，信息量大。该书将甲醇产业的历史发展趋势、现状与未来发展有机结合，并针对中国甲醇产业链现状，重点分析了国内产业面临的挑战和机遇，并提出了产业健康发展的建议。该书适合从事甲醇产业链的相关人员阅读，并为甲醇产业规划、生产、科研和贸易的投资者提供参考。

（教育编辑室）

【《北美页岩气资源及开采》出版发行】 该书由世界燃料能源资深专家詹姆斯·斯贝特(James G. Speight)博士编著，中国石化石油勘探开发研究院组织翻译。该书以深入浅出的方式，全景式地描述了北美地区的页岩气开发现状，并且从页岩气的产生机理、北美页岩气资源的分布情况、以水力压裂为代表的主流开发技术、采出加工处理技术以及相关的环境问题等方面进行了详细介绍。该书对于国内页岩气的勘探与开发具有重要的参考价值。

（能源编辑室）

【《生物燃料技术新进展》出版发行】 该书由生物燃料领域资深专家V·K·古普塔博士和玛丽亚·G·图伊博士共同编著，中国石化集团石油化工科学研究院组织翻译。该书从生物燃料资源、预处理技术、转换技术、工艺路线、能源化工产品等多方面，详细介绍了以纤维素乙醇和微藻生物柴油等先进生物燃料技术为代表的第二代和第三代生物燃料技术在世界范围内的最新研发进展、所面临的挑战和前景展望。

（能源编辑室）

【《石油化工经济学——碳约束时代的技术选择》出版发行】 该书由澳大利亚石油化工资深专家邓肯·塞登(Duncan Seddon)编著，中国石化燕山分公司总工程师华炜翻译。该书展示了石油化工行业烯烃生产的技术方法和经济性比较，重点突出了当二氧化碳排放计入加工成本后，生产烯烃所使用的不同技术和原料选择以及相应成本。详细对比了各种烯烃生产技术方案，确定了特定地点和条件下最有吸引力的石化生产技术方案，在同样的基础上，对比了技术投资和运行成本，从中估算出不同价格原料的生产成本，并与相应地区的产品市场成交价格进行对比。

（能源编辑室）

表1　　石化出版社2015年重点图书目录

序号	书名	著译者
1	常规地热能开发技术应用与实践	袁　清　刘金侠
2	石油生产设施腐蚀防护	《石油生产设施腐蚀防护》编委会
3	俄汉炼油词典	《俄汉炼油词典》编委会
4	石油炼制常用设计标准与规范	刘家明
5	日用化学品	张　彰　杨黎明
6	石油化工科技论文写作快速入门	龚望欣
7	松辽盆地长岭断陷火山岩气藏勘探开发实践	俞　凯
8	催化裂化装置仿真实训教程	杜　峰
9	ASME锅炉及压力容器规范·规范案例	美国机械工程师学会(ASME)
10	复杂断块油藏断裂控藏作用及特色勘探技术	朱　平　毛凤鸣　李亚辉　陈丽琼
11	石油钻井工程项目管理	刘本勇
12	信号与系统	崔　畅　赵　强
13	渗铝、共渗技术及钢材防腐蚀	盛长松　晁君瑞　苏志文
14	中原油田志(1975—2009)	中原史志编纂委员会
15	碳一化工	黄风林
16	油库加油站设计数据图表手册	邢科伟　马秀让　刘占卿
17	电工技能实训教程	杨柳春
18	非常规油气辞典	庞名立
19	催化裂化装置设备维护检修案例	胡安定
20	南化年鉴·2014	《南化年鉴》编纂委员会
21	城市居民能源消费的经济—环境评价——方法与应用	王振全
22	化工原理实验(第二版)	梁　亮

续表

序号	书名	著译者
23	炼油及石油化工"三剂"手册	朱洪法
24	油库生产技术	贾如磊
25	机械完整性体系指南[美]	刘小辉
26	无损检测实验	韦丽娃
27	煤制甲醇半实物仿真实训教程	王训遒
28	数字电子技术学习指导与习题详解	杨冶杰　主编；姜　丽　副主编
29	工业循环冷却水处理技术	赵杉林
30	班组 HSE 基础知识与操作实务(第二版)	荆　波
31	电气与静电安全	张庆河　李盈康
32	调速系统与维护	王　瑾
33	油库安全技术手册(第二版)	樊宝德　朱焕勤　张永国
34	催化裂化烟气脱硫除尘脱硝技术问答	龚望欣
35	提高抽油泵效理论研究与技术实践	杨海滨
36	过程装备腐蚀与防护	陈　兵
37	中国石油学会压裂技术论文集(2014)	沈　琛
38	管道瞬变流动分析	包日东
39	江苏油田年鉴·2014	《江苏油田年鉴》编辑委员会
40	华东石油年鉴·2014	《华东石油年鉴》编纂委员会
41	配煤炼焦	裴贤丰
42	煤炭气化	王　鹏
43	石油化工设备维护检修技术(2015 版)	胡安定
44	石油炼制及石油化工催化剂	刘志坚
45	中国石化出版三十年(1984—2014)	本书编委会
46	中国甲醇产业经济研究	张彩丽
47	英汉塑料技术词汇	钱德基
48	低碳烯烃生产技术	徐跃华
49	松南火山岩气藏压裂改造技术	刘立宏
50	西南石油年鉴·2014	《西南石油年鉴》编纂委员会
51	炼化装置设备前期技术管理与实践	王玉冰　杨　文　章　文　周　辉
52	SINOCORR 2014 国际腐蚀大会论文集(英文)	张　雷　路民旭
53	中国石化远程培训系统应用教程	石油化工管理干部学院
54	油公司模式下采油厂安全管理创新与实践	胡广杰　赵普春　蒋　勇　王　超
55	机械基础实验	王红梅　范丽华
56	表面活性剂科学与应用(第二版)	宋昭峥

续表

序号	书名	著译者
57	化学指示剂与生物染色剂制备手册	李少聪
58	河南油田年鉴·2014	河南石油勘探局年鉴编纂委员会
59	广州石化年鉴·2014	《广州石化年鉴》编纂委员会
60	茂名石化年鉴·2014	《茂名石化年鉴》编纂委员会
61	油气储运岩土工程实践	冯红民　张汝鸿
62	加油站顾客服务指南(第二版)	夏良康
63	中国油气产业发展分析与展望报告蓝皮书	彭元正　董秀成
64	精细化学品分析与检验	贾长英　张晓娟　李　辉　李泓睿　等编著
65	金属材料焊接性	徐学利　李　霄
66	中原油田年鉴·2014	中原油田史志编纂委员会
67	齐鲁石化年鉴·2014	齐鲁石化史志编纂委员会
68	换热器工艺设计	孙兰义　马占华　王志刚　张骏驰
69	防灾自护实用指南	侯纯明
70	化工园区风险管理与事故应急辅助决策技术	周　宁　袁雄军　刘暄亚
71	危险化学品安全技术大典(第Ⅳ卷)	孙万付
72	大庆外围油田薄差储层评价与开发技术	刘洪涛
73	消防安全知识漫画读本(第二版)	侯延勇
74	石化设备典型失效案例分析	贾国栋　王　辉　杜晨阳
75	油品应用及管理(第三版)	熊　云　许世海　刘　晓　范林君
76	多元热流体热采技术与实践	喻贵民
77	精细化工工艺学(第二版)	韩长日　刘　红
78	常减压蒸馏装置技术问答(第二版)	唐孟海　胡兆灵
79	催化裂化工艺与工程(第三版)	陈俊武　许友好
80	天然气管道安全与管理	石仁委
81	压缩天然气(CNG)应用与安全	郭建新
82	石油化工装置仿真	程志刚　马祥麟
83	压力容器目视检测评定	王纪兵　李　军　宋文明　党兆凯
84	乙烯丙烯生产技术及经济分析	王子宗
85	润滑油及其添加剂	丁丽芹　张君涛　梁生荣
86	能源与新的现实1：能源效率和能源服务的需求	Leslie Daryl　Danny Harvey
87	ABS树脂生产实践及应用	索延辉　主编
88	中国石油化工集团公司工程建设工法汇编	中国石油化工集团公司工程部　中国建筑业协会石化建设分会
89	第九届(2015)北京国际炼油技术进展交流会论文集	大会组委会

续表

序号	书名	著译者
90	茂名石化志 1955—2014	《茂名石化志》编纂委员会
91	MCS－51 嵌入式系统实验指导与习题集	李洪兰　张　威　葛琳琳　王英奇
92	石油石化事故及事故预防	中国石油化工集团公司安全监管局
93	我们身边的安全故事	中国石油化工集团公司安全监管局
94	腈纶厂志(1968—2014)	《腈纶厂志》编纂委员会
95	时变非线性渗流特征及数值模拟方法	宋　勇
96	南海西部油田能源管理体系建设与践行	唐广荣
97	过程装备密封技术	冯子明
98	自动控制原理	翟春艳
99	炼油厂静设备(第二版)	宋天民
100	煤气作业安全技术	徐丙根
101	鄂尔多斯盆地中南部甘泉地区沉积相及储层研究——以桥镇油田延长组长 2、长 1 油层组为例	段伟刚
102	专业工程	周　国
103	致密油气开采技术与实践	王步娥　宋开利
104	煤化工专业实训	赵宏林　张怀远
105	化工设计(第二版)	刘荣杰
106	油品分析实训	甘黎明　李　锐
107	海洋油气勘探开发工程技术概览	廖谟圣
108	石油化工管道技术	苏兴冶
109	工业汽轮机安装技术问答	王学义
110	ISO 50001：2011 能源管理体系审核员培训教程	周湘梅
111	生产计划处(科)长岗位培训教材	毛加祥
112	海上油气田风险管理手册	崔　嵘
113	超大型储罐设计与应用	徐至钧
114	海上油田聚合物驱油技术与先导试验	张凤久
115	检测技术基础与传感器原理	郭　颖
116	金工实习	李　鲤
117	火驱油藏工程实践	蒋海岩
118	变分和偏微分方法在图像分割中的应用	方江雄
119	Y2Ti2O7 纳米材料的制备及其上转换发光性能	陈中胜
120	金属腐蚀和控制原理难点及解析	林玉珍
121	动火作业安全	中国石油化工集团公司安全监管局　中国石化青岛安全工程研究院　杜红岩

续表

序号	书名	著译者
122	受限空间作业安全	中国石油化工集团公司安全监管局　中国石化青岛安全工程研究院　苏国胜
123	延迟焦化(第二版)	梁朝林　顾承瑜
124	循环流化床(CFB)锅炉装置操作	中国石化员工培训教材编审指导委员会
125	危险化学品基础管理	方文林
126	生物燃料技术新进展	Vijai Kumar Gupta Maria G Tuohy
127	石油化工经济学——碳约束时代的技术选择	Duncan Seddon
128	致密砂岩气藏采输技术	武恒志　戚　斌　郭新江　陈海龙　蒋晓红
129	炼油厂动设备(第二版)	宋天民
130	志愿服务培训教材	李　平
131	受限空间油气爆炸数值模拟研究	杜　扬　欧益宏　梁建军
132	MCS-51 嵌入式系统原理及应用	张　威　李洪兰　葛琳琳
133	过程模拟实训——Aspen HYSYS 教程	孙兰义
134	炼油厂设备腐蚀与防护图解(第二版)	李文戈　谷其发　胡　洋　李晓刚
135	复杂流体力学	国丽萍
136	化学检验工技能取证(中级)	冷宝林
137	硫化氢防护培训教材(第三版)	刘　钰
138	算法设计与分析	张　威　葛琳琳　王　军
139	汽车节能技术原理及应用(第二版)	熊　云　刘　晓　范林君　许世海　刘　坪
140	化工设备设计基础	刘仁桓
141	API 标准及出版物(勘探与开发)内容摘要	张　颖
142	北美页岩气资源及开采	James G. Speight
143	沥青生产与应用技术问答(第二版)	柴志杰
144	深水脐带缆规格书	海洋石油工程股份有限公司
145	生物质经济	Hans Langeveld Marieke Meeusen
146	岩样核磁共振分析及测录井综合评价技术	施振飞　牟　荣　陆风才
147	油气勘探与开发标准动态信息(2013)	张　颖
148	涪陵页岩气工程技术实践与认识	杨国圣　等
149	国际钻井项目管理实务	史学东
150	工业汽轮机检修技术问答	王学义
151	普法讲坛——2014 年优秀讲稿集	中国石化法律部
152	石油石化企业消防队长岗位培训教材	张志刚
153	溶剂脱蜡装置技术问答	苗　忠
154	化工仿真实训教程	侯影飞

续表

序号	书名	著译者
155	化销十年　拾级而上	中国石化化工销售有限公司
156	仪表及自动控制	刘　美
157	安全检测	董文庚
158	氯丁橡胶	曹湘洪　主编；焦书科　等编著
159	致密砂岩储层成岩作用及其与天然气成藏耦合关系	曹　青　李　军
160	管道完整性管理技术与实践	董绍华
161	生产企业风险与风险管理	牟宝喜
162	2015 年度灭火与应急救援技术学术研讨会论文集	中国消防协会灭火救援技术专业委员会　灭火救援技术公安部重点实验室
163	稠油油藏火烧油层技术原理与应用	杨　钊
164	石油化学	李柏林　代素娟
165	利率市场化与货币政策传导机制	李庆华
166	钻井工程	潘　一
167	天然气资源合理利用方式研究	王俊奇
168	硫黄回收二十年论文集	赵日峰
169	海洋石油工程技术论文(第七集)	中国石油学会石油工程专业委员会海洋工程工作部
170	炼化企业安全生产操作小贴士	中国石油化工股份有限公司上海高桥分公司
171	模具设计与制造	杨　晶
172	炼油与石化工业技术进展(2015)	洪定一
173	涠洲作业公司油田总监安全管理手册	张国礼
174	危险化学品法规标准	方文林
175	创新与坚守——田明、薛梅事迹	中国石化宣传工作部
176	测井曲线地质含义解析	李　浩
177	油管(杆)修复工	孟会敏
178	中国石油化工集团公司年鉴 · 2015	《中国石油化工集团公司年鉴》编委会
179	上海石化年鉴 · 2015	《上海石化年鉴》编纂委员会
180	热交换器原理与设计	战洪仁　等
181	胜利油田年鉴 · 2015	《胜利油田年鉴》编纂委员会
182	现代页岩油气水平井压裂改造技术	李宗田
183	页岩气产业开发技术经济	瞿国华
184	2015 年中国石油炼制科技大会论文集	中国石油学会石油炼制分会　中国石油化工信息学会

续表

序号	书名	著译者
185	采油采气新工艺、新技术进展(2014)	刘延平
186	生物基燃料技术经济评估	孙培勤
187	消防安全技术实务标准化模块解读教程	全国注册消防工程师考试命题研究中心
188	消防安全案例分析标准化模块解读教程	全国注册消防工程师考试命题研究中心
189	消防安全技术综合能力核心模块速查宝典	全国注册消防工程师考试命题研究中心
190	消防安全技术实务核心模块速查宝典	全国注册消防工程师考试命题研究中心
191	消防安全技术案例分析核心模块速查宝典	全国注册消防工程师考试命题研究中心
192	消防安全技术综合能力标准化模块解读教程	全国注册消防工程师考试命题研究中心
193	危险化学品应急处置	方文林
194	起重机驾驶员	中国石化员工培训教材编审指导委员会
195	高蜡高沥青超深油气井管理技术	胡广杰　赵普春　李新勇　刘培亮
196	化工总控工技能鉴定培训教程(第二版)	程志刚
197	油田企业班组长能力建设读本	周继广
198	石油化工专业实践教程	贾少磊
199	裂缝预测与勘探	胡伟光
200	高校平安校园建设理论创新与工作实践	赵洪伟　钟俊生　王旭东
201	陆相低渗透油藏 CO_2 混相驱技术	俞　凯
202	砂岩储层综合解释与预测	胡伟光
203	炼油化工储罐和管道维护检修案例	胡安定
204	企业 ERP 理论与实践	齐学忠
205	2015 年天津市石油学会科技成果论文集	袁光宇
206	国际石油会计	唐　超

表 2　　经济出版社 2015 年重点图书目录

序号	书名	著译者
1	中国经济贸易年鉴·2014	《中国经济贸易年鉴》编委会
2	中国上市公司年鉴·2013	中国证监会　中国上市公司协会
3	中国机械工业集团年鉴·2014	《中国机械工业集团年鉴》编委会
4	中国国有资产监督管理年鉴·2014	《中国国有资产监督管理年鉴》编委会
5	中国民营企业品牌建设报告·2014	谢　地
6	中国互联网金融研究报告·2015	陈　勇
7	丝绸之路经济带构建与发展研究	张丽君
8	中国经济增长与经济周期·2014	刘树成　张连成　张　平
9	中国低碳经济发展研究报告(第Ⅱ辑)	上海立信会计学院开放经济与贸易研究中心课题组

续表

序号	书名	著译者
10	中国民营企业文化建设发展报告·2014	李　亚
11	中国民营企业上市公司治理报告·2014	李　亚　郝　臣
12	中国民营企业十大管理案例报告·2014	李　亚
13	中国信托业发展报告·2015	中国人民大学信托与基金研究所
14	中央企业自主创新报告·2014	李　政
15	深圳健康产业发展报告·2013	深圳市保健协会　深圳市健康产业发展促进会
16	中国农村金融前沿论丛·2015	中国农业银行　中国金融四十人论坛
17	丝绸之路经济带发展报告·2015	马莉莉　任保平
18	中国融资租赁行业2015年度报告	中国融资租赁三十人论坛　零壹融资租赁研究中心
19	中国可再生能源产业发展报告·2015	国家可再生能源中心
20	经济特区研究文献索引·第3辑：1991—2000	陶一桃
21	中国节能减排发展报告	中国工业节能与清洁生产协会　中国节能环保集团公司
22	欠发达地区经济发展研究·4	贵州省高等学校人文社科基地　贵州财经大学欠发达地区经济发展研究中心
23	欠发达地区经济发展研究·5	贵州省高等学校人文社科基地　贵州财经大学欠发达地区经济发展研究中心
24	中国民营企业融资状况发展报告·2014	王在全
25	中央企业财务效率发展报告·2014	王在全
26	嵌入视角下村镇银行发展的现实约束与关系型借贷研究	柳　松
27	农村宅基地制度与城乡一体化	赵树枫　等
28	农业现代化国情教育读本	孔祥智
29	农业现代化与新型城镇化	潘　林　常　伟
30	农村土地产权抵质押创新的实现路径	阎庆民　张晓朴
31	关于中国口粮生产和消费对资源和环境相关影响的研究	李　锋
32	中国城市化进程中统筹城乡就业问题研究	乌　兰
33	中国农村经济：理论探索与田野调研	刘永佶
34	城市化质量与转型升级	综合开发研究院(中国深圳)
35	价格波动、传导与风险管理——以大宗农产品为例	赵　玉
36	产业集群发展的制度环境与公共政策研究	曹休宁

续表

序号	书名	著译者
37	关系网络对企业国际化绩效的影响研究——基于中国中小企业	姜海燕
38	产品内分工下发展中国家产业升级——基于企业能力与构建自主生产网络的视角	蒙　丹
39	2020 北京城市空间格局优化研究	赵继敏　等
40	国际视野下的城市发展转型	刘江华　等
41	我国商品市场周期阶段与影响因素分析	陈乐一　等
42	北京产业结构高级化研究	张伯旭
43	北京绿色发展与科技创新战略研究	刘　薇
44	我国区域经济发展比较分析	孙　凯
45	基于企业资源论的制造能力提升路径研究	郭海凤
46	旅游流与目的地耦合评价模型及仿真研究：以北京、西安入境旅游为例	高　楠
47	都市圈经济—资源—环境系统的耦联机理	刘承良
48	服务业理论与实践：产业结构调整、区域性、阶段性	蒋昭侠
49	生态市场经济：德国为例	夏汛鸽
50	低碳经济下电力行业节能减排关键问题研究	迟远英
51	油田经济学	苏　俊　黄　刚
52	中国节能装备制造业发展问题研究	戴彦德　等
53	中国 2020 年工业节能情景研究	戴彦德　等
54	中国企业境外投资和对外承包工程风险管控及案例分析	中国出口信用保险公司资信评估中心
55	低碳生态观：低碳发展与生态文明的中国梦	李正希　靳国良
56	采购供应链管理：供应链环境下的采购管理	蒋振盈
57	人口原理与二氧化碳问题：碳管理，而不仅是碳减排	张　睿
58	质量管理体系 ISO 9001&TS 16949	谢建华　等
59	企业高层管理团队行为特征对创新绩效的影响研究	陶建宏
60	中国企业社会责任立法问题研究——基于企业二元目标的统一	翟啸林
61	中国上市公司高管报酬结构与企业业绩研究	张　宏
62	企业社会责任绩效评价及推进机制	刘淑华

续表

序号	书名	著译者
63	企业环境行为机理研究	王　凤
64	国际化企业的动态能力绩效机制研究	海本禄
65	金融创新风险与收益匹配问题研究：基于金融消费者保护视角	杨晓东
66	互联网金融与中小企业融资	王在全
67	十问中国金融：改革、开放、问题、风险	连　平
68	诠释国际收支统计新标准	国家外汇管理居国际收支司
69	金融制裁：美国新型全球不对称权力	徐以升　马　鑫
70	全球化变局与中国新一轮对外开放	徐占忱
71	重建世界秩序：关于全球治理的理论与实践	庞中英
72	中国偿付能力监管改革的理论和实践	陈文辉　等
73	宏观审慎监管研究与实践	廖　岷　孙　涛　丛　阳
74	服务贸易与货物贸易互动关系研究	卢仁祥
75	中国出口生产效率提升路径研究	高　静　刘国光
76	海外华商网络与中国对外贸易	蒙英华　黄建忠
77	丝绸之路经济带：旅游业先行发展路径与对策研究	梁学成
78	丝绸之路经济带上的经济发展	郭立宏　任保平　等
79	丝绸之路经济带与新阶段西部大开发	任保平　马莉莉　师　博
80	中国东盟经贸关系中的竞合	刘一姣
81	新闻眼看国企——首届“国企好新闻奖”背后的故事	国务院国资委新闻中心　中央企业媒体联盟
82	新浪·长安讲坛 第十辑 中国经济新常态与政策取向	吴敬琏　等
83	非基本公共服务市场化供给研究	鄢圣文
84	深改元年：与经济智囊对话	吴锦才
85	未来十年中国的战略走向	门洪华　曾锐生(Steve Tsang)
86	经济记忆(上下册)	中国经济时报编辑部
87	马克思经济学：基于最优经济增长理论与模型视角	孙世强　(日)大西广
88	技术变迁与经济发展：演化发展经济学的视角	宋宗宏
89	中国二元经济转型与经常项目动态演化路径研究	马　丹
90	货币信贷与人口周期影响下的中国经济转折点	范俊林

续表

序号	书名	著译者
91	新供给经济学：理论创新与建言	贾康等
92	东北亚非传统安全研究	肖晞等
93	重返诺曼底：纪念反法西斯战争胜利70周年	张　鸥
94	大数据时代的社会治理体制	章　政　皮定均　吴崇宇
95	英汉—汉英金融与银行词典	程超凡

企事业单位

◇ 油田企业

◇ 炼化企业

◇ 油品销售企业

◇ 科研单位

◇ 专业公司及其他单位

胜利油田

【概况】 胜利油田是中国石化集团胜利石油管理局(简称胜利石油管理局)、中国石油化工股份有限公司胜利油田分公司(简称胜利油田分公司)的统称,主要以油气生产为主,涵盖油气勘探开发、石油炼制,发供电、供水、供热以及矿区服务等业务。工作区域分为东西两部分,东部主要分布在山东省东营、滨州、德州等8个市的28个县、区境内,主体部分位于东营市黄河尾闾西侧,包括渤海湾盆地的济阳、昌潍等5个坳陷;西部主要分布在新疆、内蒙古、青海、甘肃、宁夏等5个省、自治区,涉及准噶尔、吐哈等11个盆地。胜利油田本部位于东营市济南路125号。

胜利油田是在20世纪50年代华北地区地质普查和石油勘探的基础上发现并发展起来的。1961年4月,位于东营构造上的华8井首获工业油流,标志着胜利油田的发现。1964年1月,中共中央批准组织华北石油勘探会战,胜利油田勘探会战和开发建设拉开序幕。1964年6月,石油工业部华北石油勘探会战总指挥部成立,简称"九二三厂",又称胜利油田。1989年8月,更名为胜利石油管理局。1998年6月,国家进行石油石化大重组,胜利石油管理局由中国石油天然气总公司划转给中国石油化工集团公司管理,更名为中国石化集团胜利石油管理局。2000年5月,胜利油田油气主业部分重组改制为中国石化胜利油田有限公司,2006年1月变更为胜利油田分公司。2013年1月4日,胜利石油工程有限公司挂牌成立,隶属于中石化石油工程技术服务有限公司。

截至2015年底,胜利油田有二级单位58个,三级单位742个。其中,胜利石油管理局有二级单位28个,三级单位308个;胜利油田分公司有二级单位30个,三级单位434个。用工总量137 998人,其中合同制员工103 729人。拥有高级技术职称(含正高级)13 814人,中级技术职称16 118人。

胜利油田有探矿权区块42个,面积15.35万平方千米;采矿权区块71个,面积6 501.82平方千米。石油资源量144.48亿吨,天然气资源量1.29万亿立方米。发现油气田81个,累计探明石油地质储量54.19亿吨;投入开发油气田74个,累计生产原油11.29亿吨,井口累计生产天然气568.43亿立方米。

胜利油田主要技术经济指标和主要生产建设指标见表1和表2。

(兰 峰)

【勘探质量效益持续提升】 2015年,胜利油田坚持高效勘探,突出油气发现和商业发现,新增控制石油地质储量6 560.44万吨,预测石油地质储量8 688.6万吨。在5个领域取得新发现。辽东东地区胜顺701井东营组10毫米油嘴日产油46吨、日产气359立方米、日产水8.81立方米;馆陶组螺杆泵日产油48吨,不含水,实现新突破。车镇凹陷大斜38井东营组5毫米油嘴日产气5.16万立方米,增强了寻找东营组高效油气藏的信心。高青地区花古斜101井二叠系7毫米油嘴日产油51吨、日产气4 471立方米,揭示了济阳坳陷上古生界良好的勘探潜力。准噶尔盆地中部4区块董701井侏罗系5毫米油嘴日产油33.2吨、日产气2.69万立方米,不含水,发现一个新的稀油增储区。乌伦古坳陷准北1井三叠系压裂累产气5.02万立方米,证实石炭系烃源岩的有效性。在埕岛北部河道砂、东营南坡地层油藏、高青断裂带、济阳陡坡带扇体、车排子5个领域取得商业发现。

(侯 飞)

【油气开发平稳运行】 2015年,胜利油田开发工作聚焦质量效益,全力推进低成本开发战略,干效益活、产效益油。全年生产原油2 710.03万吨,超年度调整计划0.03万吨,同比下降77.11万吨;受低油价下新井投入减少及措施调控影响,新井投产井数、年产油分别减少753口、60.09万吨,措施工作量、年增油分别减少560井次、24.36万吨。新增技术可采储量2 737.2万吨,储采平衡系数1.01,其中新增经济可采储量1 198.8万吨。增量突出提质创效,建立不同油价产能项目库、新井井位库,制定不同油藏类型、地区投资效益评价模型,优化储量阵地、细化产能方案、调整产能结构,效益达标项目从年初33个增加到156个,全年新增产能120万吨,百万吨产能投资下降3.8亿元,项目开发成本下降1.6美元/桶。存量突出优化增效,水驱油藏控减保效,持续提升注水"三率"和老区一体化治理力度,深化低效无效单元注采结构调整,注采对应率、水井分注率、层段合格率分别提高1.0、3.4和0.8个百分点;稠油油藏提高油汽比,加强分层注汽、组合吞吐调整蒸汽流场,优化吞吐注入参数,强化全过程保干,稠油产量525万吨,吞吐油汽比提高到0.6;三次采油提高吨聚增油,个性调整正注项目,强化全程保黏,化学驱年增油稳定在150万吨。

(姬 光)

【胜利西部建成百万吨原油生产基地】 自2009年中

国石化西部矿权调整以来，胜利油田科学部署、积极进取，克服施工周期短、环境恶劣等不利因素，立足准噶尔盆地西缘，相继发现春风、春晖、阿拉德 3 个新油田，形成车排子、哈山、准中 3 个亿吨级增储阵地，累计探明储量 10 268 万吨。按照“扁平化管理、属地化用工、专业化承包、市场化运作、制度化管控”要求，建立现代化油公司管理模式；以“建成准西、攻关哈山、评价准中、跟踪勘探新发现”为指引，创新攻关 HDNS 为主的浅薄层超稠油高效开发技术，西部原油产量从 2010 年的 5.5 万吨上升到 2015 年的 102 万吨，年均上产 19.3 万吨，实现了“建成百万吨产量基地”目标，为中国石化“西部快上产”战略部署做出重大贡献。

（姬　光）

胜利油田新春公司春风油田
标准化现场管理　（韩振华　摄）

【强化公用工程保障服务】　2015 年，胜利油田公用工程系统坚持一手抓服务质量、一手抓降耗增效，实现了量和质的双提升。胜利发电厂发电 63.97 亿千瓦·时(一、二期机组)，同比增加 1.54 亿千瓦·时；电厂三期 5# 机组成功并网运行。供电加强基础管理，通过电网设备检修消缺和无功补偿优化等措施，电网故障率、供电损耗率下降 11 和 0.54 个百分点。供暖运行平稳，完成锅炉房环保隐患治理 2 座，供暖单位煤耗、综合水耗下降 2.6% 和 14.6%，室温达标率提高 3 个百分点。供水公司拓展新市场，延伸业务链，完成供水量 1.6 亿立方米，产销差率下降 1.42 个百分点。

（兰　峰）

【胜利发电厂三期工程投产】　胜利发电厂三期工程是胜利油田和东营市“十二五”的重点工程。该工程规划建设 2 台 660 兆瓦热电联供机组，第 1 台机组由胜利石油管理局与国电山东电力有限公司以 51%∶49% 的股比合资建设运营，并注册成立胜利国电(东营)热电有限公司。工程于 2012 年 5 月经国家发改委核准，2013 年 7 月开工建设，2015 年 8 月调试试运，2015 年 12 月 16 日一次性通过 168 小时满负荷试运，移交试生产。工程设计总投资 27.82 亿元，单台机组年发电量 33 亿千瓦·时，供暖能力 1 400 万平方米；年减排二氧化硫 4.4 万吨、氮氧化物 1.27 万吨，对优化区域电网电源结构、促进油田电力专业化发展、扩大城区集中供热范围、推动区域经济发展具有重要意义。

（成治强）

【安全环保形势总体平稳】　2015 年，胜利油田认真落实《安全生产法》《环境保护法》，深入开展“我能安全”责任落实年活动，建立健全责任体系，按照“党政同责、一岗双责、失职追责”“管业务必须管安全，管生产经营必须管安全”要求，成立 7 个 HSE 专业委员会，从严推进各层级安全生产责任制分解落实。不断夯实管理基础，修订完善 HSE 制度标准和管理体系，建立落实“三同时、四评价”工作流程和管理办法，有序推进“碧水蓝天”工程和“能效倍增”计划，有效治理海上及滩海设施、油气管道占压、废弃井等重大风险隐患。开展“我为安全做诊断”活动，诊断各类隐患建议 2.89 万项。从严从实监督考核，组建专职安全督察队伍，以“四不两直”方式加密重点领域、关键环节和要害部位监管，建立“三违”“低老坏”问题常态化曝光机制，出台一系列考核追责办法。提升全员安全素质，推行全员 HSE 水平考试制度，强化安全教育培训、应急处置演练等基础工作。胜利油田各项污染物排放总量均控制在考核指标之内；全面完成黄标车淘汰改造，采油污水回注率、危险废物妥善处置率等均达 100%。胜利油田分公司、胜利石油管理局万元产值综合能耗分别为 0.31 吨标煤和 3.91 吨标煤。

（兰　峰）

【中国石化重点项目新东辛输油管道工程成功试运行】　新东辛输油管线北起东营原油库，南至临淄原油库，是中国石化首条智能化输油管道，也是胜利油田管道隐患治理的重点工程。2013 年 12 月启动工程建设，2015 年 3 月 25 日正式投产试运行。工程敷设直径 610 毫米输油管线 88.3 千米，设计压力 5 兆帕；新建乐安中间站，改造东营、临淄原油库等，年输油能力由 300 万吨提升到 800 万吨。与原东辛输油管道相比，具有输油能力大、环保节能好、泵效率高以及智能化管理水平高等多方面优势，消除了老管线的安全环保隐患。

（兰 峰）

【油公司体制调整到位】 2015年，胜利油田以改出效率、改出质量、改出效益、改出战斗力为目标，统筹部署、试点先行、稳妥推进，油公司体制全部调整到位。通过优化实施方案，油田机关部门45个整合压减36个、减幅20%，定员减少19.4%，组建了油气勘探、油气开发、工程技术、生产运行4个管理中心；二级开发单位机关部门数量压减12.9%，将484个采油矿、队整合为130个管理区，管理区直接管理到基层班站，全面压减一个管理层级，管理区管理干部比矿、队时减少1 117人、减少23.7%；整合建立采油厂层面作业、维修、集输等十大专业化队伍，优化设置专业化队伍122支，实现技术、人员、设备的专业化集中管理；调整充实科研队伍，整合成立勘探开发研究院、石油工程技术研究院。加快推进配套机制建设，重点完善内外部市场体系、基层党组织建设、“三基”工作和薪酬调整等。

（兰 峰）

【科技创新成果丰硕】 2015年，胜利油田组织实施各类项目331项，其中国家项目12项、中国石化项目105项、油田项目214项。重大项目有：国家重大专项5项、国家“863”项目2项、国家科技支撑项目课题3项、国家“973”课题2项、中国石化“十条龙”项目2项。获省部级奖励19项，其中一等奖6项、二等奖5项、三等奖8项。申请国家专利585件，其中发明专利329件、实用新型专利256件；获专利权363件，其中发明专利38件。“黏弹性颗粒驱油剂及其制备方法”“分层注采管柱分段堵塞带压作业工艺及装置”等获中国专利奖优秀奖。油田3个重点实验室升级为省部级重点实验室和示范工程中心，7月稠油开采技术重点实验室获批为山东省重点实验室，9月提高油气采收率工程技术研究中心升级为山东省省级示范工程技术研究中心，10月油藏综合地球物理研究实验室被认定为全国石油和化工行业重点实验室。

（邹 斌）

【企业管理规范有序】 2015年，胜利油田坚持左右不了油价、但可以左右成本，强化挖潜增效、降本节支。优化保效部署，实施一系列降本挖潜措施，累计挖潜增效23.6亿元。瞄准产供销全价值链、注采输全过程，弹性调整成本预算、产销运行、工作量实施，推进标准化采购和储物于商，加强天然气挖潜以及用电、运费、土地、外委劳务等大宗成本管控。落实“三减半、七压缩”“三个一律、两个取消”等硬措施，10项管理费用同比下降35%。广泛开展群众性挖潜增效，组织争旗夺星、六杯竞赛等活动，创造出油管杆全生命周期管理、看单管理等一大批基层妙法实招，128个基层单位认领16个基层管理妙法实招进行学习推广，产生很好的效应和效益。自觉加强对依法治企环境的适应性，对照国家法律法规、中国石化规章制度，动态调整完善45项制度；突出风险防控体系建设，加强法律审查、合同管理、内控执行、审计监督、效能监察、风险预警等工作，严防风险环节、严查重点业务、严惩违规行为，促进了深度依法合规治企。

（兰 峰）

【创新推行“三线四区”经济运行模型】 2015年，胜利油田在低油价形势下，变革原有经营管理模式和生产运行方式，创建“三线四区”经济运行模型，统筹处理好储量、产量、效益、工作量的关系，全面聚焦无效变有效、有效变高效、高效再提效。通过将运行成本线、操作成本线、完全成本线“三线”与油价对比，把评价主体划分为盈利高效区、边际有效区、增量低效区、运行无效区“四区”，使油价波动与成本运行动态相联，实现了油田、区块、单井的效益分级、分类施策，指导油田效益开发。

（兰 峰）

【员工价值积分管理】 2015年，胜利油田系统总结胜利采油厂注采402站价值积分管理经验做法，坚持“标杆变标准，示范变规范”，编制《采油管理区价值积分管理规范》企业标准，研发员工价值积分信息系统，通过对员工的操作行为、工作质量、工作效率、工作效益进行价值量化、积分考核，实现了“干多干少不一样、干快干慢不一样、干好干坏不一样、贡献大小不一样”，充分尊重员工的价值创造，有机融合人本理念和制度管理。价值积分管理受到石化集团公司董事长王玉普的充分肯定和高度评价。2015年9月，油田事业部在胜利油田召开现场会全面推广。

（兰 峰）

【管理创新成果】 2015年，胜利油田评出局级优秀管理创新成果156项。有15项成果被评为石化集团公司管理现代化创新成果，其中一等奖3项、二等奖3项、三等奖9项。5项获山东省企业管理现代化创新成果奖，其中一等奖2项、二等奖3项。2项获国家级企业管理现代化创新成果奖，其中一等奖1项、二等奖1项。全油田二级单位职工提报建议2.9万项，立项1.6万项，执行实施1.09万项，取得显著成效。

（袁　杰）

【技能人才队伍素质不断提升】 2015年，胜利油田坚持培训工作重心向质量聚焦，全年培训4.8万人次。推进学分制培训管理，编制第2批采气工等61个工种的模块标准，技能操作人员覆盖面达到89%。深化"互联网+培训"应用，开发完成13个项目、158个远程培训课件。举办13期胜利技能大师讲坛活动，培训员工983人次。开发完成《胜利油田技能人才评价管理系统》，全年完成142个工种、1.01万余人职业技能等级评价鉴定，合格7 073人，其中新产生技师555人、高级技师295人。参加石化集团公司采油工、污水处理工等工种职业技能竞赛，取得采油工团体第1名，个人4金、3银、4铜的成绩。发挥高技能人才示范引领作用，以技能大师工作室为"主阵地"，优选游梁式抽油机曲柄平衡调整工具等8项技能创新成果进行集成优化，全面推广，促进创新成果加快转化为现实生产力。2015年，胜利油田获国务院政府特殊津贴1人、石化集团公司技术能手4人、山东省首席技师2人、山东省技术能手4人。

（于书勇）

2015年6月7日，石化集团公司董事长王玉普考察胜利采油厂天正工作室创新成果　（赵汝国　摄）

【强化和谐创建】 2015年，胜利油田持续推进"十百千"工程，与改制企业签订科技成果转让合同17项，帮扶基层班站114个，帮扶低保、困难家庭1 000户以上；争取政策支持，改造提升老旧小区17个；放宽住房公积金提取政策，首次将物业费、装修费、采暖费、无房户房租费纳入公积金提取范围，支持员工住房消费需求；走访慰问困难群众、劳模先进等10.6万人次，开展助困助学、互助保障、医疗救助1.18万人次。落实稳定工作责任制，加密员工思想动态分析，强化网上舆情引导处置。深化油地合作协同发展，区域生态环境改善、土地联合开发、老城区改造、共建大学生创业园等共建项目顺利推进，加大长输管道打孔盗油案件整治力度，发展环境和谐稳定。

（兰　峰）

【宣传思想文化工作】 2015年，胜利油田持续推进政治优势转化，创新加强宣传思想文化工作。观念引导扎实有效，通过视频会、巡回报告会等形式，权威专业地宣讲形势、解读政策。组织"严峻形势怎么看，应对危机怎么办，立足岗位怎么干"大讨论，举办观念引导报告900余场，听众10万多人次。舆论宣传聚焦油田提质增效升级，突出做好油公司改革、保效创效、安全环保等重点工作宣传，在油田层面企业开放日活动2次，在省部级以上媒体刊发稿件3 000多篇(条)。抓好新媒体应用，油田官方微博微信更接地气。"三基"工作强基固本，制定《关于进一步加强改进"三基"工作的实施意见》，召开油田"抓基层打基础强管理创效益"推进会。弘扬践行"想胜利油田好，为胜利油田好"主流价值，深入宣贯石化集团公司企业文化建设纲要，举办"为美好生活加油"胜利故事汇和各类讲故事比赛100多场次。成功承办国务院国资委中央企业EAP工作经验交流会，油田EAP工作获好评。吴吉林获石化集团公司精神文明建设标兵和第五届全国道德模范提名奖，薛梅获国企敬业好员工和最美央企人称号。胜利油田继续保持全国文明单位称号，获中国能源企业优秀宣传单位最佳传播效果奖、石化集团公司新闻宣传工作先进单位和"公众开放日"示范单位等称号。

（孙光明　谢　俊）

胜利油田采油工人薛梅(右)坚守荒原20年，精心管护油水井　（姜化明　摄）

表 1 **胜利油田主要技术经济指标**[①] 亿元

指标名称＼年份	2015	2014	2013	2012	2011	2010
工业总产值	758.51	1 223.81	1 261.68	1 588.92	1 512.42	1 200.68
工业增加值	428.37	991.55	1 040.44	1 177.47	1 252.17	921.80
资产总计	1 766.07	1 795.40	1 784.91	1 950.19	1 841.54	1 553.95
流动资产	103.36	95.09	169.68	384.04	315.90	236.82
固定资产原值	3 631.62	3 464.62	3 214.96	3 104.86	2 841.54	2 601.56
固定资产净值	1 558.06	1 566.41	1 513.77	1 461.59	1 320.46	1 214.90
销售收入	784.92	1 195.85	1 401.56	1 821.80	1 268.65	1 279.00
实现利税	33.55	604.52	684.32	942.81	960.14	579.99
税金(费)	141.67	431.30	464.57	563.48	548.40	372.42
综合能耗/吨标煤·万元$^{-1}$						
胜利石油管理局	3.91	3.91	3.97	0.92	0.99	1.07
胜利油田分公司	0.31	0.34	0.32	0.30	0.29	0.35

①2013 年起，因统计口径变化重新调整(扣除石油工程部分)

表 2 **胜利油田主要生产建设指标**[①]

指标名称＼年份	2015	2014	2013	2012	2011	2010
原油产量/万吨	2 710.03	2 787.14	2 776.24	2 755.00	2 734.00	2 734.00
天然气产量/亿立方米	4.57	5.00	5.00	5.00	5.00	5.08
新增原油生产能力/万吨	145.70	253.20	298.30	313.10	301.20	316.50
新增天然气生产能力/亿立方米	0.43	0.52	0.95	1.32	0.26	—
新增探明石油地质储量/万吨	1 090.72	2 012.24	3 091.41	13 232.50	14 950.50	11 223.00
新增探明天然气地质储量/亿立方米	4.25	—	12.53	89.68	—	—
二维地震/千米	1 015.77	650.19	1 273.00	7 635.00	9 745.00	9 559.00
三维地震/平方千米	1 016.00	1 142.00	1 348.00	7 516.00	7 001.00	9 147.00
石油钻井/口	1 149	2 268	2 602	2 362	2 108	1 863
钻井进尺/万米	256.80	500.33	590.00	557.36	490.26	440.18
勘探投资/亿元	33.42	36.12	45.75	50.73	46.27	35.62
开发投资/亿元	96.42	194.45	240.57	216.28	179.10	136.95

①2013 年起，新增探明石油地质储量数据因统计口径变化重新调整；2013 年起，二维地震数据、三维地震数据、石油钻井数据、钻井进尺数据因统计口径变化重新调整，胜利油田分公司投资口径

中 原 油 田

【概况】 中原油田为中国石化集团中原石油勘探局（简称中原石油勘探局）和中国石油化工股份有限公司中原油田分公司（简称中原油田分公司）的统称，主要从事油气田勘探开发、炼油与天然气深加工等业务，主要开发区域包括东濮凹陷、普光气田、内蒙古探区。

1975 年 9 月 7 日，濮参 1 井喷出工业油气流，发现中原油田；1998 年，由中国石油天然气总公司划归石化集团公司管理；2000 年 1 月，中原石油勘探局和中原油田分公司分设分立；2012 年 9 月—2013 年 9 月，完成中石化中原油田石油工程专业化重组。截至 2015 年底，中原油田设置机关处室 27 个、机关直属单位 15 个、直属单位 45 个。中原油田合同制员工总量 36 600 人、派遣制员工总量 13 305 人，与上年末相比，合同制员工总量减少 1 290 人、派遣制员工减少 112 人。全油田有专业技术人员 5 206 人，其中教授级职称 22 人、高级职称 861 人、中级职称 3 025 人、初级职称 1 082 人。

2015 年，中原油田在国内拥有油气资源探矿权、采矿权 54 个，总面积 7. 44 万平方千米。其中，探矿权 35 个、面积 7. 30 万平方千米；采矿权 19 个，面积 0. 14 万平方千米。原油产量 182. 64 万吨，天然气产量 58. 53 亿立方米，硫黄产量 152. 46 万吨，新增原油生产能力 1. 53 万吨，新增天然气生产能力 800 万立方米。完成二维地震勘探 260 千米，三维地震勘探 161 平方千米；探井完井 16 口，开发井完井 5 口。

中原油田主要技术经济指标和主要生产建设指标见表 1 和表 2。

（李　丽　张　雨）

【推进油气高效勘探】 2015 年，中原油田加强基础研究和目标评价工作，优化勘探方案部署，精细工程管理，勘探成功率达到 67%，勘探损益率创历史最好水平。东濮老区勘探：深入开展断块群油气藏研究，系统评价中央隆起带北部、南部及西部斜坡带，发现刘 44 等多个有利区块，预测石油地质储量 595 万吨；整体评价西南洼赵庄、方里集等 5 个三级构造，方 3 井在沙二下发现气层，新增控制石油地质储量 150 万吨、天然气地质储量 5. 53 亿立方米。普光海相勘探：毛坝、分水岭、东岳寨构造评价长兴—飞仙关组礁滩相、礁前斜坡相有利含气面积超过 100 平方千米，预测资源量 2 000 亿立方米；深层海相勘探研究获突破，明 1 井钻遇二叠系茅口组不整合岩溶气层 12. 2 米/5 层，有利勘探面积 102 平方千米。内蒙古勘探：白音查干扎木次洼发现厚油层，翁 6 井获低产油流，新增预测石油地质储量 689 万吨；查干凹陷中央构造带苏红图组发现低产油藏，银额新区拐参 1 井发现油气显示，展现良好的勘探前景。

（李　丽　张　雨）

2015 年 10 月 27 日，普光气田首口深层海相预探井明 1 井进行试压作业　（祝广影　摄）

【挖潜提效 3. 65 亿元】 2015 年，中原油田优化调整注水结构、措施结构和产液结构，实现存量提质增效。①优化注水结构调整。通过转换注采方向、周期注水、变强度注水、关停等措施，减少低效、无效注水量；深化分类储层水驱动用状况研究，精细层间注水调整，实现部分潜力层的有效水驱。实施注水结构调整 650 井次，增加水驱控制储量 774. 6 万吨，增加水驱动用储量 422. 6 万吨，对应油井见效增油 3. 89 万吨。实施精细动态调配 3 122 井次，对应油井见效增油 2. 07 万吨。②优化措施结构调整。建立措施优化决策体系，建立不同区块不同类型措施的单井经济极限增油量评价图版，指导措施挖潜。大规模压减压裂、大修等高投入措施，制定高投入、高风险措施项目管理办法，严考核措施绩效，硬兑现到责任人。实施油井措施 675 井次，同比工作量减少 333 井次，降幅 32%，高投入的压裂和大修工作量分别压减 81 和 39 井次，工作量分别压缩 93% 和 56% 。通过优化，阶段措施吨油成本由 2 226 元降至 1 610 元，措施有效率由 58. 80% 升至 69. 00% 。③优化产液结构调整，压减低效、无效产液量。实施高含水油井关井 176 口，关井后压减无效产液量 57. 41 万吨，影响产油量 8 996 吨，节约成本 871. 44 万元。低能井合理间开，节电创效。全油田实施低能间开油井 198 口，间开后平均开井日长为 9. 7 小时，日耗电从 3 504 千瓦 · 时下降为 1 486 千瓦 · 时，降低成本3 985万元。

（李　丽　张　雨）

【**QHSE管理基础有效提升**】 2015年，中原油田学习贯彻新《安全生产法》《环境保护法》，牢固树立“红线意识”，配备专职安全总监，建立安全环保督察队伍，推广异体监督经验，保持了油田QHSE形势持续稳定。梳理优化HSE岗位责任制，落实“停产培训”和“HSE第一课”。开展“我为安全做诊断”活动，推进14个基层HSE管理规范试运行，工作重心向基层现场倾斜。强化隐患治理，查明管道隐患2 780处，治理完成1 888处。严把设计审查、开工验收、坐岗观察、防喷演习关口，井控和硫化氢防护得到强化。大力推行清洁生产，严守环保“三条红线”，采油污水、注水残渣、钻井作业废液零排放。实施“能效倍增”计划77项，深化合同能源管理和节能监测，工业万元产值综合能耗控制在计划之内。加强油气产品质量管控，河南省及濮阳市政府、石化集团公司13次抽查合格率100%，外销原油有机氯含量控制在石化集团公司指标以内。

（李　丽　张　雨）

【**东濮老区开发持续优化**】 2015年，中原油田在东濮老区加强油藏精细描述、相控挖潜和分类治理，建立不同油价下增量项目方案储备库，储备滚动评价目标项目27个、未动用储量产能建设项目32个、新区产能建设目标井位182口、老区调整和技改井位56口。构建新井优化决策平台，优化实施新井14口。开展低油价下的老油田效益开发对策研究，高投入压裂和大修工作量分别压减93%和60%，吨油措施成本同比降低503元；优化治理低效井1 660井次，电泵、气举转抽51口；高含水和低能井间开196口，关停无效油水井356口。精细老气藏挖潜和天然气降耗管理，保证外销气平稳运行。优化地面系统，机采、集输、注水系统效率分别提高0.6、0.2、0.8个百分点，年节电9 079万千瓦·时。

（李　丽　张　雨）

【**普光气田平稳高效运行**】 2015年，中原油田不断探索高含硫气田低负荷开发管理规律，优化配产和生产组织，保持良好的运行态势。精细储层描述，强化气藏动态分析，调整生产压差，控制边水推进速度，气水侵量由8.8万立方米降至7.6万立方米，弹性产率高于方案设计水平。加强储量动用状况分析评价，优化调整挖潜方案，攻关研究井筒解堵、二次酸压、层间堵水配套技术。加强集输管道积液、硫沉积及腐蚀控制和泄漏监测，优化净化工艺和装置运行，有效推进检维修和隐患治理，酸性气集输净化系统运营效率不断提高，单位天然气综合能耗同比下降10.8%。安全环保风险管控能力提升，修订完善现场处置方案493个、应急救援方案85个；精细监控套变井、环空带压井的生产状态，加强防尘防爆技术研究、污水废气治理和环境监测，做好隐患整改工程项目准备，确保安全环保防范措施到位。

（李　丽　张　雨）

【**国产化高含硫气井液面监测仪在普光气田首试成功**】 2015年3月6日，由中原油田石油工程技术研究院参与合作研发的高含硫气井液面监测仪在普光气田大湾405－3井完成环空液面测试，测试套压27.4兆帕，硫化氢含量15.3%，共测试3次，声波曲线显示特征明显，且出现液面二次反射波，计算液面深度约1 686米，确定了稳定生产过程中的环空液面位置，为制定套管保护措施提供依据。该仪器的成功应用，打破了国外产品的技术垄断，标志着国产化高含硫液面监测仪达到国际先进水平。

（李　丽　张　雨）

【**普光气田首口补充开发井试气投产效果良好**】 毛坝501－1H井为普光气田首口开发调整井，裸眼水平段约1 647米，是普光气田开发史上裸眼水平段最长的井。2015年，中原油田技术人员针对气井生产特点，确定裸眼水平井永久式一体化完井管柱完井和分段酸化投产的工艺思路，共分5段改造，总液量2 030立方米，其中胶凝酸1 400立方米、前置酸140立方米、胶液492立方米。6月9日，放喷求产，油压27.21兆帕，产气量51.46万米^3/日，计算无阻流量786万米^3/日，超过方案设计249万米^3/日。

（李　丽　张　雨）

2015年10月23日，普光气田首口补充开发井毛坝501－1H井顺利开井投产　（祝广影　摄）

【普光净化厂硫黄成型装置再熔系统改造项目(一期)正式投运】 普光净化厂硫黄成型装置再熔系统改造该项目(一期)于2014年3月7日开工建设，2015年4月25日正式投运。离心机处理量由试车时的20米^3/时提高至60米^3/时，各项运行工艺参数均达到预期指标，实现硫黄回收装置细粉硫的全部回收，有效降低硫黄产品传输过程中硫粉尘产生，减少落地硫黄量，并减轻硫粉尘对设备的腐蚀，有效改善厂区空气质量。

(李　丽　张　雨)

【科技攻关成效显著】 2015年，中原油田创新科技攻关组织方式，深化基础理论研究，配套集成和推广应用新工艺技术，获国家科技进步二等奖1项、省部级科技进步奖11项，申报专利200件。高酸气田开发技术持续提升，深化高含硫气藏安全高效开发技术研究，形成8项关键技术，为普光气田安全高效开发提供保障。提高采收率技术工业化应用，特高含水油藏开发后期二氧化碳、水交替驱油矿场试验见到成效，采收率由51.30%升至57.20%；深层低渗油藏二氧化碳驱技术逐步完善，采收率提高10%以上；深层高压低渗油藏天然气驱技术逐步配套，联合攻关研制35兆帕高压天然气压缩机组，文88块天然气驱采收率由13.1%提高到33.4%；信息化改造、智能化管道、智能气田技术得到工业化应用。石油工程技术集成配套，形成页岩气勘探开发5项配套技术、大型压裂酸化6项技术、复杂地层防漏堵漏8项技术，取得常规、深层、陆相页岩气和页岩油4个突破，水平井钻速同比提高4.9%，深井、超深井钻速提高6.6%。

(李　丽　张　雨)

【国家油气重大专项高含硫气藏安全高效开发技术项目通过审查】 2015年9月17日，国家能源局在北京召开《国家油气重大专项“十三五”启动项目(课题)和示范工程可行性论证》审查会，院士评审组对中原油田承担的油气重大专项“高含硫气藏安全高效开发技术”二期预验收报告、三期可行性论证报告进行审查，一致认为二期履行了合同规定的各项研究任务，整体完成质量高，体现了中国高含硫气田开发的最高水平；三期立项紧贴高含硫气田开发的实际，课题针对性强，是在二期基础上的很好延续，意义重大；原则上同意通过二期预验收，三期可行性论证。

(李　丽　张　雨)

【中原油田成功实施火驱+火烧吞吐先导试验】 2015年，中原油田针对内蒙古探区稠油受制于层薄、储层非均质性强、隔夹层发育、地层异常低压等难题，影响效益开发的实际情况，引进具有成本投入低、采收率高特点的火驱+火烧吞吐技术，并在内蒙古毛8块实施先导试验，取得初步成功。其中，实施火驱试验的毛8井组，累计注气128天，最高注气压力26兆帕，注入空气103.8万立方米，对应油井吉2-平1井日增油6吨，稳产20余天，且产量仍有上升空间；应用火烧吞吐技术的吉1井，燃烧空气50.3万立方米，周期增油215吨，达到80美元条件下的效益开发条件。

(李　丽　张　雨)

【抽油机井远程监控技术研究助力数字化油田建设】 2015年12月，中原油田石油工程技术研究院完成“数字化油田抽油机井远程监控技术研究”项目。该项目利用抽油机游梁应变非承载式测试装置进行实时、连续的测量功图，并将功图数据通过网络上传到服务器，由在线智能诊断系统根据泵功图计算油井产液量，同时采用神经网络计算技术，对油井的工况状况进行准确有效的分析判断，并通过直流互馈型抽油机节能系统，控制油井的产量始终与油藏的产能保持优化匹配，不但提高整个抽油系统的生产效率，而且实现了多台抽油机倒发电能量的互馈循环利用。在无人值守的情况下能及时掌握油井产量变化，使现场管理人员更易把握生产状况的发展和变化。截至年底，在采油二厂、采油五厂、采油六厂安装应用137口井，运行时间超过500天，检测及传输精度100%，工况诊断符合率90%，单井系统效率提高5%—19%，单井节电率5.3%—26.4%。

(李　丽　张　雨)

【插入可取式注天然气管柱打破国外工具垄断】 2015年12月，中原油田完成“文88天然气驱注入工艺技术研究与应用”项目。该项目针对天然气注入特性，开展天然气注入工艺管柱及配套工具国产化研究，管柱耐温145℃、耐压50兆帕，性能等同于进口工具。新型注天然气封隔器采用最先进的侧推式双向卡瓦结构，提高了管柱的锚定可靠性和耐压差能力；采用可取式结构设计，与引进的国外永久式封隔器相比，不用钻磨处理，只需下入打捞工具即可打捞出来，减小了后期处理难度；插管与封隔器之间的连接采用插入式，无丝扣和卡瓦，容易脱开；采用“O”型密封与“V”型密封结合的方式，提高了密封性能；选用高性能不锈钢材质，表面渗氮处理，具有良好的防腐性能；其综合性能优于国内同类封隔器，与引进封隔器性能相当，成本降低70%。截至年底，在采油四厂文88块现场应用2井次，工艺成功率100%。

（李　丽　张　雨）

【储气库运行与建设情况】 截至2015年底，石化集团公司首座储气库——文96储气库自2012年8月24日投用，经历3个注气期、3个采气期，累计注气5.09亿立方米，累计采气2.61亿立方米，阶段库存3.59亿立方米。同时，文23气田主块改建储气库项目，优化了储气库可研方案编制。

（李　丽　张　雨）

【中原油田首个地热供暖项目顺利投用】 中原油田第六社区地热供暖项目位于河南省开封市兰考县，总供热面积28.80万平米，总投资3 750万元，主要用于新钻地热井、回灌井各2口及配套1台热泵，采用“地热+热泵”及燃气锅炉调峰的方式，替代原燃煤锅炉为3 000余户、28.80万平方米居民房屋供热，是石化集团公司油田板块地热供暖项目中规模最大的。该项目于2014年10月开工建设，2015年11月初完成系统调试和试运行，实现正常供暖。每年可节约标煤4 657吨，减少碳排放1.14万吨，并为下步4个新建小区、95万平方米地热供暖项目积累经验。

（李　丽　张　雨）

【中原油田博士后科研工作站被评为国家级优秀工作站】 中原油田博士后科研工作站自2001年12月设站以来，建立具有中原特色的博士后工作管理模式，累计招收博士后113人。截至2015年底，在站和留用博士后58人，人数和规模保持河南省第一。博士后承担、参与科研项目400余项，获国家、河南省博士后基金资助49项，取得地市级以上科技进步奖139项，申请国家专利94件，科研成果现场应用转化取得显著的经济和社会效益。年内，中原油田博士后科研工作站第3次被评为全国优秀博士后科研工作站。

（李　丽　张　雨）

【提高外部市场技术服务能力】 2015年，中原油田发挥专业优势，积极培育外部技术服务创效能力，外部技术服务人员6 521人，同比增长29%。天然气技术服务打造品牌优势，以天然气处理和管输技术服务为龙头，与天然气分公司、西南油气分公司等14个企业建立长期合作关系，签订项目35个；加纳、伊朗天然气技术服务签订项目3个。油藏研究服务实现高端创收，为延长油矿等14家企业和海外5个国家7家石油企业提供勘探开发技术服务，签订项目24个。采油作业技术服务发挥人力资源和专业技术优势，7支作业队伍进入西北油田和冀东油田，7个单位承揽西北、东北、华北采油项目17个。公用工程服务培育集成优势，中标中天合创供水、供热和后勤服务项目；中标华电南水北调濮阳水厂运维项目；中标天然气分公司等企业6座变电站运行项目；向大型民企提供物资采购技术咨询服务；中标元坝气田通信及信息化系统施工项目，外部市场通信服务取得新突破。大力拓展新能源项目，第六社区实现地热供暖，卫68块盐矿已具备工业开采能力，普光净化厂余热余压发电项目完成初步设计，马厂太阳能发电示范项目完成可研。

（李　丽　张　雨）

【获石化集团公司业务竞赛奖牌30枚】 2015年10月18日，石化集团公司业务竞赛结束，中原油田选手参加了采油、井下作业、供热、两化融合、污水处理、水质检验、循环水处理和档案管理等8个专业（工种）竞赛。获个人项目11金、10银、9铜共计30枚奖牌和4个团体第1名，金牌数和奖牌数居于参赛单位前列。其中，在采油工和井下作业专业竞赛中，获个人项目3金、3银、1铜和井下作业团体第1名；供热专业和污水处理工实现大满贯，获个人项目4金、4银、4铜和2个团体冠军；在“两化”融合竞赛中，获个人项目2金、2银、2铜和团体第1名；在档案管理业务竞赛中，中原油田1名选手经初赛选拔，代表石化集团公司参加国务院国资委举办的中央企业职工技能大赛并获得银奖，被授予中央企业技术能手称号；在循环水管理专业和水质检验项目中，中原油田成为唯一一家2个项目均获金牌的企业。

（李　丽　张　雨）

【社会化服务做精做优】 2015年，中原油田坚持以人为本，转变服务理念，拓展服务内涵，提高居民生活质量。实施便民惠民工程，加快棚户区改造住房建设进度，统筹推进住房调整分配；持续推进老旧小区供水、供电、供气、供暖、监控等系统改造升级；加强文明和谐示范小区创建，新增石化集团公司文明和谐示范小区5A级2个、4A级6个。强化优质高效服务，完善便民服务厅管理制度和服务流程，让居民群众进一个门、办多件事；推进“一卡制”收费，居民缴费更加方便快捷。推进平安建设，涉油案件同比下降51%，39个居民小区实现零发案。强化就业服务指导，帮助实现社会就业1 530人次。畅通公积金支取渠道，支出同比增加140%，贷款率达到61.65%。积极落实人文关怀，做实困难帮扶，发放各类救助金、慰问金、实物合计约4 512万元。

加强离退休服务管理，为2.68万名60岁以上的离退休职工体检，开办老年大学83个班，学员7 000余人次，组织文体活动20场次；上门慰问困难老人3 956人，为5 745名年满60岁的独生子女父母争取政府扶助金552万元。

（李　丽　张　雨）

表1　**中原油田主要技术经济指标**[①]　亿元

指标名称＼年份	2015	2014	2013	2012	2011	2010
工业总产值	185.21	292.58	303.13	440.61	396.29	312.42
工业增加值	87.05	137.82	173.03	373.58	203.34	134.55
资产总计	460.56	523.61	643.28	674.15	686.77	681.24
固定资产原值	1 013.32	380.62	368.40	1 044.33	980.26	942.00
固定资产净值	372.30	228.09	228.09	487.91	435.92	499.55
销售收入	173.68	305.52	323.78	490.79	438.91	363.00
实现利税	6.31	93.02	89.62	109.62	95.62	46.95
税　金	40.29	59.31	57.95	82.35	71.43	49.69
工业产值综合能耗/吨标煤·万元$^{-1}$						
中原石油勘探局	5.19	6.00	6.00	0.57	0.57	0.62
中原油田分公司	0.47	0.52	0.53	0.48	0.53	0.75

①2013年以后数据统计口径发生变化

表2　**中原油田主要生产建设指标**[①]

指标名称＼年份	2015	2014	2013	2012	2011	2010
原油产量/万吨	182.64	231.00	243.00	252.01	262.38	272.51
天然气产量/亿立方米	58.53	83.05	85.42	80.12	64.97	47.09
新增原油生产能力/万吨	1.53	14.80	13.05	19.50	20.20	23.73
新增天然气生产能力/亿立方米	0.08	2.54	0.23	23.37	0.51	76.00
新增探明石油地质储量/万吨	0	251.00	285.00	981.45	1 148.20	988.72
新增探明天然气地质储量/亿立方米	0	0.31	2.58	21.70	13.35	35.20
二维地震[②]/千米	260.00	325.00	600.00	203.00	866.00	1 194.00
三维地震[②]/平方千米	161.00	192.00	123.00	201.00	249.00	210.00
探井[③]/口	16	23	40	38	55	50
开发井[③]/口	5	30	82	161	181	207
勘探投资/亿元	3.90	5.29	6.11	8.13	9.08	8.25
开发投资/亿元	4.06	10.10	16.04	24.36	24.97	27.22

①2013年生产建设指标主要是以中原油田分公司新口径统计

②二维地震、勘探投资中均不含南方勘探数据

③探井、开发井为完井口数

河南油田

【概况】 河南油田为中国石化集团河南石油勘探局(简称河南石油勘探局)和中国石油化工股份有限公司河南油田分公司(简称河南油田分公司)的统称。其前身组建于1972年5月1日。1998年,河南油田由中国石油天然气总公司划归石化集团公司。2000年1月,河南石油勘探局和河南油田分公司分设分立。2012年9月—2013年9月,河南油田钻井公司、物探公司、油建公司等7个二级单位完成石油工程专业化重组,划归中石化石油工程技术服务有限公司管理。

河南油田是以油气生产为主,集油气勘探、开发、炼油化工、施工作业、辅助生产和社会服务于一体的国有大型Ⅰ类企业,产区地跨河南省南阳、驻马店、平顶山、洛阳、周口、漯河、许昌,湖北省襄阳、枣阳和新疆巴音郭楞蒙古族自治州、奎屯市、伊犁地区12个市(州、区)。本部设在河南省南阳市宛城区油田五一村,其所属新疆采油厂位于新疆维吾尔自治区巴音郭楞蒙古自治州焉耆回族自治县城。截至2015年底,河南油田拥有探矿权区块8个、面积1.99万平方千米,采矿权区块7个、面积2 047.04平方千米。油气资源总量达28.02亿吨,已发现16个不同类型的油气田,累计探明石油地质储量3.62亿吨,探明天然气地质储量129.30亿立方米,已投入开发15个油气田,累计生产原油8 272.98万吨、天然气26.11亿立方米。

河南油田实行勘探局、分公司—二级厂(处)—矿(大队)三级管理体制。截至2015年底,河南油田机关设22个职能处室。分公司下属11个二级单位,勘探局下属11个二级单位。共有174个矿(大队)基层单位。全油田有直属党委35个,其中油田企业党委23个、工程公司党委7个、改制企业党委5个。基层党总支89个,党支部884个,党员2.07万人。有职工1.39万人(分公司0.98万人),其中拥有教授级职称的76人、高级职称的1 967人、中级职称的2 699人、初级职称的2 206人。享受政府特殊津贴6人,石化集团公司突出贡献专家10人,闵恩泽青年科技人才奖17人,学术、技术带头人16人,河南省优秀专家2人。

河南油田主要技术经济指标和主要生产建设指标见表1和表2。

(韩 伟 郭运平)

【完成油气生产任务】 2015年,河南油田新建产能11.26万吨,全年生产原油231万吨,其中河南油田分公司生产230万吨、合作开发生产1万吨。产量构成:老井自然生产212.14万吨(含三采区块产量35.07万吨),新井生产7.70万吨,措施增产11.16万吨。生产天然气5 056万立方米,其中溶解气4 956万立方米、气层气100万立方米。新增经济可采储量86.10万吨,其中新区增加53.76万吨、老区调整增加32.34万吨。

(韩 伟)

【控制储量完成情况】 2015年,河南油田计划控制储量1 100万吨,实际完成新增控制储量1 148.94万吨。新增储量的春光油田春17古近系,春45、春53等井区新近系沙湾组油藏,划分为17个计算单元,新增计算含油面积8.75平方千米,控制石油地质储量630.78万吨,技术可采储量207.19万吨;张店油田南137、南144等井区古近系核桃园组油藏,划分为24个计算单元,新增计算含油面积7.21平方千米,控制石油地质储量518.16万吨,技术可采储量63.84万吨。

(韩 伟)

【优化产量结构】 2015年,河南油田坚持效益开发,突出技术可采向经济可采转变,能力配产向效益配产转变,严格执行"五不干"(低于效益基准的产能、达不到效益增油量的措施、不增加经济可采储量的调整工作量、低于经济油汽比的热采工作量、低于平衡油价的三采项目不干)要求,开发质量和效益得到提升。深化滚动勘探和油藏评价,落实商业开发储量437万吨,完成年计划的146%。推进老油田精细开发,强化低效、无效区块综合治理,深化水驱、三采、热采单元精细调整,强化注水、注汽、措施优化,自然递减控制在12.34%,同比降低0.95%,热采油汽比达到0.26,提高13.04%。按照效益调整产量结构,根据区块成本优化配产,春光油田产量达到82.60万吨,增产3万吨。压减低效无效投入,关停无边际效益油井500口、低效无效注水井85口,减少措施工作量562井次,单位操作成本下降101.60元/吨。

(韩 伟)

【能源化工持续推进】 2015年,河南油田能源化工加工原料油47.43万吨,实现工业总产值(2010年不变价)22.50亿元,实现营业收入21.02亿元。调整优化产品结构,综合商品率计划91.70%,实际完成92.44%,与上年持平;加工损失率1.10%。增产特种蜡7 954吨、汽油3 711吨、丙烯1 307吨,蜡产品比例上升3.89%,重油产品比例降低1.52%,创效600多万元。开发特种蜡新产品6个:1#种子包裹蜡、3型油相基材蜡、4型油相基材蜡、30#建筑沥青、40#建筑沥青、LY-03型橡胶防护蜡。蜡产品达10类、81个品种、238个牌号。

(韩 伟)

【**科技创新成果**】 2015 年，河南油田开展科技进步项目 128 项，其中石化集团公司项目 27 项；完成科技项目 62 项。获石化集团公司科技进步奖 5 项，其中“河南油田陆相页岩油滑溜水降阻剂研制与应用”“浅薄层稠油热采水平井注采一体化配套技术”获二等奖，“泌阳凹陷陆相页岩油气成藏条件评价”“聚合物驱及后续水驱有效分注关键技术”“中国石化勘探开发数据模型系列标准编制与推广应用”获三等奖。申请专利 94 件，获授权专利 46 件。

（韩 伟）

【**安全环保持续平稳**】 2015 年，河南油田学习贯彻《安全生产法》《环境保护法》，落实安全生产责任制，实现了从业人员（含承包商）死亡事故、火灾爆炸事故、井喷失控事故、公共安全事故、环境污染事故“五个为零”的工作目标。石化集团公司考核的各项 HSE 指标均在控制范围之内，保持了 HSE 形势的持续平稳。完成石化集团公司立项治理的安全隐患治理项目 20 项，投入资金 1.02 亿元；坚持安全第一工作要求，进一步强化承（分）包商管理和直接作业环节监管；开展“我为安全做诊断”活动，评审采纳建议 4 786 项，提升了安全管理水平。践行绿色低碳战略，完成“碧水蓝天”项目 3 项、投入资金 4 500 万元，采油废水实现零排放。河南油田被评为石化集团公司安全生产、环境保护先进单位。

（郭运平）

【**节能工程**】 2015 年，河南油田围绕管理节能、结构节能、技术节能、重点节能工程、循环经济和合同能源管理六大板块，实施“优化注采调整，降低无效排液”“精细注汽过程管理，降低热采综合能耗”“加热炉节能改造”等节能技术措施项目 64 项，完成节能量 5 552 吨标准煤（等价值）。“十二五”期间，累计完成节能量 8.32 万吨标煤，完成“十二五”万家企业节能目标的 120%。

（韩 伟）

【**降本增效专项竞赛**】 2015 年，河南油田针对低油价严峻形势，围绕优化人力资源、财务资源、资产结构和生产技术参数等开展降本增效专项竞赛。安排实施“推行单井成本节约考核，实现产值利润提升”“推广应用变电站自动化集控技术，提高劳动生产率”“充分利用国家住房建造政策，降低职工住宅造价”等局级降本增效项目 61 个，累计实现降本增效 3.14 亿元。其中，河南油田分公司完成 34 个项目，降本增效 2.81 亿元；河南石油勘探局完成 27 个项目，降本增效 3 292 万元。

（韩 伟）

【**水电供应**】 2015 年，河南油田采取暗漏调查、推广节水技术、管线改造等多项措施，完成产水量 1 220.06万吨，同比减少 13.96 %，连续 9 年实现产水量负增长；采取智能配电网技术、无功增容技术、防雷技术改造等多项措施，完成供电量 7.33 亿千瓦·时（含新疆采油厂），上升了 1.24%。电网供电可靠率 99.95%，电网功率因数 0.96。

（郭运平）

【**新兴能源技术开发**】 2015 年，河南油田开展“下二门采油污水余热利用技术研究”项目，通过拓展采油污水余热利用范围，替代了下二门联合站原有的 6 台燃气加热炉，年节约天然气 432 万立方米；开展“南襄盆地地热资源勘查评价研究”项目，估算出 11 个有利目标区的地热资源量，折合标准煤 12.58 亿吨；围绕南阳新城住宅供暖项目，查明新区基岩裂隙地热资源分布状况；研发客户机/服务器集中监控、手机 APP 监控等信息化系统，利用热泵能效比在线检测、温度关联调控等技术保障了水电小区地热供暖示范项目的经济运行，整个供暖期节约标准煤 890 吨，减少二氧化碳排放 2 150 吨；开发低温、低压损、低温降型风机盘管，为老区地热供暖改造提供了技术储备。

（韩 伟）

【**分段解封分注工艺技术应用**】 2015 年，河南油田针对稀油老区精细注水开发需求，开展“分段解封分注工艺技术研究与应用”项目，通过研制锚定补偿器，实现多级封隔器分段解封，降低解封负荷。通过在魏新 164 井 5 级 6 段分注及解封试验结果显示，实际解封负荷由使用前的 42 吨降至使用后的 35 吨，下降了 17%，有效降低了解封负荷。截至年底，在下二门、魏岗、双河等油田区块现场应用 7 口井，工艺成功率 100%，满足了 5—6 段分层注水工艺需求，达到了精细注水开发的目的。

（韩 伟）

【**大流道偏心抽稠泵研制与应用**】 2015 年，河南油田针对春 10 井区、春 17 井区特超稠油在油层温度下（42℃）不能流动等问题，自主研制大流道偏心抽稠泵。该泵进液通道大，进油阀过流面积是普通偏心抽稠泵的 2 倍以上，有效降低了吞吐末期原油进泵阻力，延长周期内有效采油期，提高油井产量。截至年底，现场应用 8 口井，累计产液 3 226 立方米，累计产油 859 立方米，平均泵效 47.50%。与常规偏心抽稠泵生产效果对比，平均单井泵效提高 3.67%，有效延长了周期生产时间。

（韩 伟）

【制度体系建设】 2015年，河南油田按照“管理制度化、制度流程化、流程信息化”的原则，明晰责任，健全制度体系，清理各类制度410个，废止93个，修订整合317个，新制定42个，使企业运营更加规范、有序。进一步强化对标管理，定期评估诊断，补齐短板，改进提高，形成了管控能力持续提升的长效机制。

（郭运平）

【优化机构和员工队伍结构】 2015年，河南油田强化顶层设计，按照整体部署，稳步实施机构调整。油田总机构数调整减少32%，其中机关处室调整减少12%、直属单位机关科室调整减少31.70%。组织体系更为清晰、顺畅，两级机关更为精简、优化。适应新的管理体制，配套完善了经营决策、组织管理、生产运行方式，管理效能大幅提升。以定收入、定成本、定利润为标准，调整优化队伍结构，全面清理规范外包业务294项，清退企业外部用工2 294人；清退公益性岗位878人；办理离岗分流420人，其中自愿解除劳动合同31人、内部退养216人、停岗留薪161人、提前退休12人。盘活优化人力资源，显现富余人员2 961人，并全部重新安置。其中，1 040人顶替外包业务用工，年减少用工成本1.70亿元；内部调剂安置1 066人，减亏1.20亿元；855人开拓外部油气生产市场，增效8 000多万元。深化用工制度改革，规范劳务派遣工管理，企业用工结构更加合理，提高了劳动效率。

（郭运平）

【基本薪酬调整】 2015年，河南油田按照《河南油田完善薪酬分配制度实施方案》精神，结合《关于职工基本薪酬运行的通知》和《关于实施基本薪酬考核晋档工作的通知》的相关要求，对13 705名2013年1月1日前参加工作，2013年和2014年连续2年考核合格(B类)及以上，且2014年12月31日在岗的合同制员工，按照“基本薪酬等级不变、基本薪酬标准向上晋升一个档次”的方法运行基本薪酬晋档；对949名2011年1月1日前参加工作，2011—2014年连续4年考核为较好(A类)，且2014年12月31日在岗的合同制员工，在正常晋升一档的基础上奖励晋升一个档次基本薪酬；对824名2014年晋升专业技术职务任职资格的专业技术人员和取得高一等级职业资格的技能操作人员，按聘任的岗位(职务)对基本薪酬进行调整，人均月增资238元。

（郭运平）

【依法合规经营】 2015年，河南油田坚持依法治企、从严管理，着力构建全方位一体化风险防控体系。推动审计监督全覆盖，强化合同审批、招投标管理、基建工程监管，物资采购招标率同比提高50.73%、厂家直供率同比提高3.64%；石化集团公司限期督办的“特种蜡调和成型装置扩能工程”“江魏输油管道井魏段改造工程”“新庄油田污水处理回用工程”等7项久试未验项目全部按期整改完成，企业经营更加规范有序；严格规范油田与改制企业经营关系，清理整顿33家小法人及非法人经营机构，有效防范了经营风险。

（郭运平）

【推进2个基地建设】 2015年，河南油田落实企地战略合作协议，优化调整矿区布局，全力推进油田、南阳2个基地建设，促进油地融合发展。完成油田基地小区维修改造项目18个、公共区域综合整治项目12项、棚户区改造配套项目4个，达到小区功能完善、矿区环境改善、安全隐患消除等改造预期。加强南阳基地统筹协调，在协议签订、土地报批前期工作、规划方案、可研报告、造价控制、棚户区政策享受、建房标准、工程咨询、市场调研、住户需求调查等方面做了大量工作，南阳科研基地土地使用权已完成出让，南阳住宅基地土地报件已报河南省国土资源厅，待报河南省政府批复。

（郭运平）

【困难群体帮扶救助】 2015年，河南油田向139户困难家庭发放生活补贴53.44万元，为747名职工家属发放大病救助453.14万元，对12户困难家庭实施了8.50万元的灾难临时救助，为协解退休职工、退休集体工等群体累计发放生活资助金5 801.53万元，为油田特困(困难)家庭、非在职劳动模范、离岗劳动家属及离退休老职工发放慰问金966.9万元，为175户困难家庭的187名子女发放助学金30.84万元，为125户住房困难职工调整了住房；继续实施“一助一”扶贫帮困工程。全年油田困难帮扶中心共支出各类帮扶资金7 314.35万元。

（郭运平）

【职业技能培训竞赛】 2015年，河南油田组织举办153期各类职业技能培训班，集中培训6 441人次，完成年度计划的105%。其中，转岗培训、鉴定前培训、高技能人才及班组长培训1 338人次；各类特殊作业人员和取证、审证培训104期(班)、4 329人次；其他岗位提高性培训774人次。岗位练兵覆盖面达95%以上，特殊作业人员持证上岗率100%。在石化集团公司举办的业务竞赛中，河南油田组织参加了井下作业和采油工2个专业的竞赛，采油工专业取得了1金、1铜的好成绩。油田开展了2015年业务竞赛，技能操作人员的竞赛设采油工、集输工、热注运行工等9个工种，历时7个月，经过各单位层层开展岗位练兵和培训选拔，270名选手参加了总决赛，38名选手分获各参赛工种名次，并被授予河南油田技术能手称号。

（郭运平）

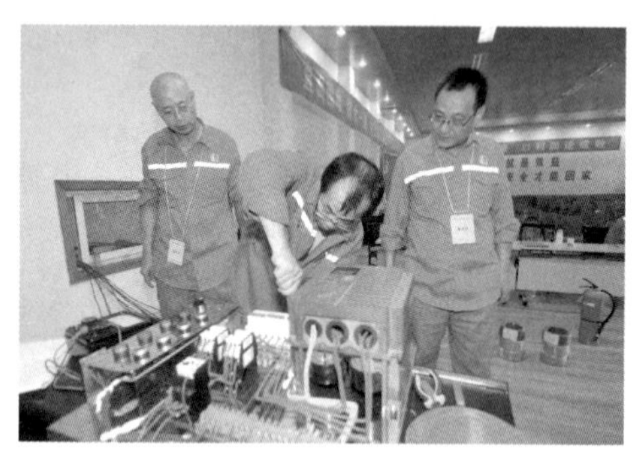

采油一厂22届职业技能竞赛现场 （庞先斌 摄）

【创建劳模工作室】 2015年，河南油田开展劳模工作室创建工作，建立了采油一厂孙爱军创新工作室、双河社区彭森劳模工作室2个河南省示范性劳模工作室，35个油田劳模工作室。工作室发挥模范带头作用，开展技术攻关、新技术推广应用、理论学习、合理化建议、导师带徒、技术交流等活动，调动和发挥职工群众的积极性和创造性，提高职工队伍的整体素质。

（郭运平）

【开展主题教育活动】 2015年，河南油田深入开展"转观念、正作风、负责任、创效益"主题活动。组织集中交流学习7次、54讲，开展非在职群体集中巡回宣讲5次、典型代表宣讲3批，举办改制企业党组织主题活动学习班1期，基层开展交流宣讲350多场次，5万多人次受到教育。活动中，党政领导带头讲，部门、单位负责人拓展讲，先进典型代表示范讲，基层单位全员讲，讲清了形势，传递了压力，转变了观念，端正了作风，理清了思路，细化了措施，全员效益意识、责任意识、担当意识普遍增强。

（郭运平）

表1 河南油田主要经济指标 亿元

指标名称 \ 年份	2015		2014		2013		2012		2011		2010	
	勘探局	分公司	勘探局	分公司	勘探局	分公司	勘探局	分公司	勘探局	分公司	勘探局	分公司
工业总产值①	3.89	70.48	2.32	129.39	2.32③	136.12	29.39	139.45	25.56③	139.41	21.79③	108.84
工业增加值	1.25	28.16	1.20	80.86	1.01③	86.87	10.93	85.33	9.03③	88.95	8.53③	63.60
资产总计	23.27	140.23	21.84	162.39	21.19	157.04	61.00	147.00	52.53	124.00	47.18	116.10
流动资产	3.38	12.26	2.44	25.22	2.96	29.64	21.18	35.60	36.85	23.50	11.41	21.41
固定资产原值	26.52	312.83	23.15	299.47	21.28	276.72	19.00	241.58	42.86	223.30	37.60	202.40
固定资产净值	17.16	113.01	14.23	116.98	14.85	241.58	34.00	93.00	29.10	89.65	28.77	83.68
销售收入	17.16	62.74	16.64	111.87	16.47	119.53	61.85	127.55	54.39	127.86	44.39	99.56
实现税费②	1.49	12.23	1.36	37.56	1.17	—	5.22	44.41	4.07	47.11	3.59	30.35
综合能耗/吨标煤·万元$^{-1}$	0.39	0.55	0.31	0.56	0.30	0.52	0.49	0.53	0.16	0.60	0.59	0.72

①2013年数据不包含工程板块拆分重组单位
②2010年起实现利税项变为实现税费
③数据有修正

表 2　　河南油田主要生产建设指标

指标名称＼年份	2015	2014	2013	2012	2011	2010
原油产量/万吨	231.00	241.00	235.00	226.00	225.00	227.04
天然气产量/亿立方米	0.51	0.51	0.57	0.59	0.64	0.59
新增原油生产能力/万吨	11.26	26.75	27.76	27.60	23.00	17.50
新增天然气生产能力/亿立方米	0.01	0.29	0.02	0.03	—	—
新增探明石油地质储量/万吨	440.10	544.66	101.53	1 557.00	2 028.35	1 056.83
新增探明天然气地质储量/亿立方米	—	—	—	129.30	—	—
二维地震/千米	—	200.00	400.00	2 614.00	120.00	600.00
三维地震/平方千米	320.00	200.00	220.00	300.00	487.00	400.00
石油钻井/口	145	302	323	316	280	241
探　井	62	43	59	88	57	63
开发井	83	259	264	228	223	178
钻井进尺/万米	17.10	33.22	49.25	49.78	43.79	39.37
勘探投资①/亿元	5.78	5.13	6.16	11.10	7.80	6.19
开发投资/亿元	5.48	21.30	26.26	18.17	14.72	13.73

①勘探投资含滚动勘探投资部分

江汉油田

【概况】 江汉油田为中国石化集团江汉石油管理局(简称江汉石油管理局)和中国石油化工股份有限公司江汉油田分公司(简称江汉油田分公司)的统称，是以油气勘探为主、盐卤化工配套发展的国有大型企业。江汉石油管理局组建于1972年5月，1998年划归石化集团公司。至2015年底，下属二级单位28个，主要分布在湖北潜江、武汉、荆州，重庆涪陵、万州，山东寿光，陕西安塞等地。主要基层单位有采油队22个、采气队2个、输油(气)队10个、化工车间26个。资产总额360.4亿元，固定资产原值505.77亿元、净值271.81亿元，流动资产17.87亿元。

2015年，江汉油田主动适应新常态，积极应对低油价，围绕“做大总量、提升质量、增加效益”的目标，突出涪陵页岩气田建设，强化油田老区开发管理，狠抓安全环保、科技创新、管理提升工作，油田区域整体呈现可持续协调发展的良好势头。

江汉油田主要经济指标和主要生产建设指标见表1和表2。

（罗秋林）

【涪陵页岩气田建成50亿立方米生产能力】 2015年12月11日，涪陵国家级页岩气示范区通过国家能源局验收；12月29日，涪陵页岩气田建成50亿立方米生产能力。中国成为继美国和加拿大之后第3个实现页岩气商业开发的国家，标志着中国加速迈进页岩气大规模商业化发展阶段。《人民日报》、中央电视台、新华社等主流媒体进行了宣传报道。至年末，累计探明含气面积383.54平方千米、探明天然气地质储量3 805.98亿立方米，成为全球除北美之外最大的页岩气田。2015年新增探明含气面积277.09平方千米，探明天然气地质储量2 738.48亿立方米，获石化股份公司2015年规模储量商业发现特等奖。全年生产页岩气31.67亿立方米，销售30.41亿立方米。

（罗秋林）

【油田老区勘探开发】 2015年，江汉油田新增控制石油地质储量604万吨。其中，江陵凹陷新增控制石油地质储量539万吨，获石化股份公司2015年规模储量商业发现三等奖。八面河主体带西翼滩坝砂呈现叠合含油连片趋势，深层古潜山、孔店组勘探取得新进展。潜江凹陷盐间页岩油优选评价出4个韵律层、10 个“甜点区”。中扬子海相在石柱北部落实礁滩岩性圈闭 13 个，面积 369.3 平方千米、资源量 1 100 亿立方米。优选部署鱼翔1 井，开展钻前工作。油气开发突出效益产量，狠抓优化控制，提质降本保效，单位完全成本 3 338 元/吨，比预算降低 388 元/吨，降幅 10.4%。全年生产原油 151.5 万吨、常规天然气 1.4 亿立方米。滚动勘探和油藏评价发现一批“小而肥”高产区块，落实商业开发储量 207 万吨。突出开发方案全过程优化，新建产能 8.64 万吨，新增经济可采储量 66.3 万吨，百万吨产能投资 68.4 亿元、比上年下降 27.6%。强化措施论证优选，工作量压减 21.0%，吨油措施费用下降 23.5%。加强油水井现场管理和过程控制，作业频次下降 0.1 井次/口、降幅 13.7%，采注输系统耗电减少 3 756 万千瓦·时、降幅 11.4%。

（罗秋林）

【**特色产业发展**】 2015 年，江汉油田盐卤化工着力抓好装置优化运行，积极调整经营策略，紧密产销衔接，稳固国内外市场，漂粉精产品在俄罗斯、大洋洲市场销量与上年持平，在亚洲和非洲市场成功实现推价，氯碱产品卖出当期最好价格。加快黄场盐穴储气库先导试验，掌握了连续建腔关键技术，提高单腔体积试验取得突破性进展，王储3 井7 米厚夹层实现溶蚀，为规模建设储气库群提供了科学依据。发挥水电网络资源优势，增加水电销售范围，全年供电 8.35 亿千瓦·时、供水 1 801 万立方米、处理生活污水 488 万立方米。发掘土地资源潜力，加大综合利用力度，初步建成了一批特色农产品生产基地、千亩苗木基地。

（罗秋林）

【**矿区服务**】 2015 年，江汉油田实施职工群众诉求季度收集分析制度，从职工群众最迫切的需求入手，建立民生项目库，统筹安排，建好家园。成立老旧小区改造项目组，扎实推进老旧小区综合治理，累计投入资金 3.94 亿元，项目完工 27 个，正在改造 21 个，水电讯暖等基本功能配套完善，矿区整体环境面貌明显改善；强化现场监管，推行文明施工，根据居民需求，及时调整项目实施方案，保障了矿区居民的正常生产生活。大力推进绿化美化，稳步推进通信及电视网络改造、水杉公园环境整治，持续开展文明和谐示范小区创建，不断改善职工住房条件，建设集资住房 1 942 套，扎实做好供暖改造、教育医疗等工作，矿区服务保障能力进一步增强。落实退休人员待遇，基本养老金人均月增240 元。深化亲情服务、志愿互助、星级活动室创建等工作，加强养老服务相关设施配套建设，油田养老服务保障水平进一步提升。

（罗秋林）

【**安全环保**】 2015 年，江汉油田持续深化“最不放心的五件事”排查整改，以“我为安全做诊断”“五打五治”活动为载体，实行风险动态管控，建立了风险管控清单和安全危机管理平台，风险管控水平进一步提升。配备专职安全总监，组建安全督察大队，安全监管更加有力。创新开展处级领导干部下基层安全观察活动，设立安全卫士曝光台，营造全员抓安全、保安全的良好氛围。狠抓安全生产责任制落实，强化 HSE 体系建设，细化分解安全生产责任；坚持开展岗位责任制大检查、“三项纪律”专项检查和各类安全督察，安全主体责任落实机制初步形成。加强油气管网隐患、“碧水蓝天”等专项治理，八面河原油外输管线、建万天然气外输管线隐患整改完成，隐患治理完成率 100%；建南净化厂尾气治理工程建成投运；完成废弃井治理 352 口。落实甲方监管主体责任，建立完善“黑名单”制度，承包商管理更加严格。深入开展专项安全检查，突出重点领域、薄弱环节，派驻工作组重点帮扶，切实提升基层安全管理水平。扎实做好碳资产管理，争取配额追加的有利政策，创效 749 万元。

（罗秋林）

【**企业管理**】 2015 年，江汉油田强化预算目标，加强全面预算管理与全员成本目标管理，建立了事价分离、纵向到底、横向到边的责任管控体系，实行全员、全面、全过程的整体联动，持续推动生产经营、投资需求、财务预算的协同融合，以财务预算引领生产经营活动，预算管控体系和投资决策体系更加优化，促进了全年效益目标的实现。从严考核落实责任，健全完善考核评价体系，加大效益指标的考核权重，加强安全环保指标硬约束，绩效指标与职工效益工资和经营者业绩奖励挂钩，严考核、硬兑现，考核政策坚持向一线倾斜、向艰苦岗位倾斜、向贡献大的岗位倾斜，充分调动了干部员工增产增效、降本增效的积极性。健全体系控风险，加强八大体系建设，实行全面风险管理工作例会制度，深入查找生产经营中的问题确保重大风险的可控、在控。加强效能监察、专项审计、专项质量监察、法律事务和内控管理等工作，有效防范了各类风险，企业依法合规经营水平进一步提升，再次被评为国家级守合同重信用企业。积极推进管理创新，探索“储物于商”模式，全年完成采购工作量25.23亿元，供应工作量22.25亿元，节约采购、仓储成本1.53亿元。优化销售策略，节约原油拉运、处理费用938万元。大力开展天然气推价增收，创效1 120万元。以“执行力提升年”活动为抓手，强化“三基”工作，持续开展“五项劳动竞赛”，基层管理水平不断提升，7项成果被评为中国石化管理现代化创新成果。ERP大集中、EPBP和油气生产信息化等重点项目稳步实施，获全国石化行业“两化”融合优秀实践奖。

（罗秋林）

【科技发展】 2015年，江汉油田创新科研管理体制机制，着力打造“五个平台”，营造了开放搞科研的良好环境。涪陵页岩气院士专家工作站获重庆市批准，是全国第1家页岩气院士工作站。博士后科研工作站获国家人力资源和社会保障部批准。出台《重大科技攻关项目管理办法（试行）》，“选取盐间泥质白云岩油藏有效增产技术研究”和“江陵凹陷开发评价研究”2个科研项目公开招聘项目负责人，激发了科研人员积极性。加强项目立项工作，国家重大专项涪陵页岩气勘探开发示范工程、深层页岩气开发关键装备与工具研制通过国家能源局论证。国家“863”项目“深井卤水资源勘探与评价”“水下采油树关键技术研究及成套设备研制（1期）”通过国家科技部验收。探索完成中国石化“十条龙”项目涪陵区块页岩气勘探开发关键技术，形成了页岩气选区评价及储层精细描述、海相页岩“甜点”地球物理预测、水平井优快钻井、长水平井分段压裂试气等技术。依托涪陵页岩气田产能建设，发挥油公司、石油工程、机械制造一体化发展优势，超高压大功率油气压裂装备研制及集群化应用项目完成，并获国家科技进步二等奖。全年组织实施国家级科技项目4项、中国石化科技项目37项，获省部级奖励8项，获专利授权124件。

（罗秋林）

【人才队伍建设】 2015年，江汉油田强化员工培训，举办各类培训班173期、培训6 870人次，送外培训783人次，开展处级领导干部和油田专家讲座96次，基层单位岗位练兵覆盖率达90%以上，全员持证上岗率100%。强化三支人才队伍建设，持续开展创新工作室和技师工作室创建工作，龙景庆工作室被中华全国总工会授予全国示范性劳动模范创新工作室，张建荣创新工作室被授予湖北省示范性职工劳模创新工作室，江汉采油厂洪河技师工作室被评为湖北省技能大师工作室。1项成果获第10届海峡两岸职工创新成果金奖。组织参加石化集团公司采油工等工种一类技能竞赛、井下作业和供热专业等技术比武，获银牌3枚、铜牌2枚，供热、“两化”融合专业均获团体第3名。持续开展青年岗位成才活动，清河采油厂采油7队青年突击队被评为全国青年文明号，31个青年集体、36名青年个人受到省部级以上表彰。

（罗秋林）

【油田保持和谐稳定】 2015年，江汉油田扎实开展“信访法治建设年”活动，落实首访责任制、联合接访、逐级走访和诉访分离等工作机制。全年受理群众来信来访2 004批（件）、2 717人次，同比减少19.1%和18.7%，办结1 912批（件）、办结率95.4%。持续做好矛盾纠纷排查化解工作，落实厂处领导包案312人次，化解矛盾纠纷276件。注重源头预防，加强排查研判，搜集各类涉稳信息1 380条，化解涉稳案（事）件31起。坚持“真困难、真帮助”，做好扶贫帮困工作，向困难群体、残疾人和非在职群体发放慰问金、助学金、大病救助款、困难家庭补助等共计2 444万元。大力推进就业再就业工作，申请落实就业专项资金1 062万元，为95名自主创业人员落实创业贷款475万元，获得财政贴息45万元，劳动就业300余人。坚持开展“平安油田”建设，完善治安防控体系，开展道路交通、油区治安、执法监督等专项整治，油田保持大局稳定。

（罗秋林）

【焦页69－2HF井创国内深层页岩气有效开发新纪录】 2015年11月中旬，涪陵页岩气田二期产能建设重点评价井——焦页69－2HF井，在稳定井口压力15.5兆帕下，首次在水平段A、B靶点、埋深均大于3 500米井段试气，获日产14.6万立方米工业气流，创国内深层页岩气开发新纪录。

（罗秋林）

【《江汉油田年鉴》获全国第五届年鉴编纂出版质量评比一等奖】 2015年2月12日，由中国出版协会主办的全国第五届年鉴编纂出版质量评选揭晓：《江汉油田年鉴》2013卷获综合一等奖，该奖项每5年组织评审一次，《江汉油田年鉴》2004年以来已连续3次获该奖项。此外，江汉油田还获得3个奖项：框架设计一等奖、装祯设计一等奖、条目编写二等奖。

（罗秋林）

【江汉油田获全国关心下一代工作先进集体称号】 2015 年 9 月 22 日，全国关心下一代工作委员会表彰了关心下一代工作委员会先进集体，江汉油田名列其中，这是油田首次获得该项荣誉，也是湖北省大型企业唯一一家受表彰的单位。

（罗秋林）

【举行江汉油田发现 50 周年活动】 2015 年 9 月 25 日，江汉油田举行发现 50 周年座谈会。石化集团公司党组发来贺信。在油田工作过的老领导、油田现职领导、部分油田先进模范代表共 60 余人参加，回顾发现历程，畅叙发展前景。当晚举办江汉油田发现 50 周年暨庆祝国庆 66 周年文艺晚会，会上表彰“油田建设十大突出贡献人物”“感动油田十大人物”“油田最具影响力 10 件大事”“油田十大科技成果”。此外，编辑出版《纪念江汉油田发现 50 周年——江汉历程》《文学作品集》《新闻作品集》《艺术作品集》4 部丛书，建成“江汉油田历程展”展厅，举办书法美术摄影艺术作品展；拍摄电视专题片《筑梦江汉》等。

（罗秋林）

【涪陵白涛—石柱王场页岩气管线建成投运】 2015 年 5 月 11 日，重庆市和中国石化在涪陵增压站举行管道竣工投运仪式，开启页岩气管道阀门，标志着白涛—石柱王场页岩气管道投运成功。该管道始于重庆市涪陵区白涛化工园，与涪陵页岩气 1#、2#脱水站相连，途经涪陵区、丰都县、忠县、石柱县 4 个区、县，止于重庆市石柱县王场镇，全长 136.5 千米，设计输气量 60 亿立方米，全线设置涪陵增压站、王场清管站场及 8 座阀室。

（罗秋林）

2015 年 5 月 11 日，涪陵白涛—石柱王场页岩气输气管道正式投运。图为石化集团公司副总经理焦方正和重庆市委常委、常务副市长翁杰明共同开启输气管道阀门

表 1　　江汉油田主要经济指标　　亿元

指标名称 \ 年份	2015	2014	2013	2012	2011	2010
工业总产值	89.81	99.14	84.62	201.77	182.77	148.76
工业增加值	53.74	72.44	53.82	98.43	87.34	67.21
资产总计	360.40	266.67	208.85	291.34	279.98	243.44
流动资产	17.87	12.66	24.38	87.94	95.07	73.72
固定资产原值	505.77	396.81	313.25	344.65	307.82	277.65
固定资产净值	271.81	209.91	156.20	177.43	163.35	152.62
销售收入	114.78	138.38	125.85	253.09	247.60	200.53
实现利税	-9.44	-3.38	8.41	26.72	30.44	17.53
税　金	3.62	14.92	20.28	31.67	31.46	19.82

表 2　　江汉油田主要生产建设指标

指标名称 \ 年份	2015	2014	2013	2012	2011	2010
原油产量/万吨	151.50	164.53	164.92	163.40	163.00	163.00
天然气产量/亿立方米	33.07	12.31	3.14	1.70	1.60	1.60
新增原油生产能力/万吨	6.70	17.60	16.07	20.06	21.47	21.34

续表

年份 指标名称	2015	2014	2013	2012	2011	2010
新增天然气生产能力/亿立方米	25.00	20.30		0.20	0.20	0.19
新增探明石油地质储量/万吨	46.71	69.11	305.99	1 116.23	829.06	853.66
新增探明天然气地质储量/亿立方米	3 805.98	0	0	63.88	0	—
三维地震/千米	680.00	636.83	2 059.50	1 999.03	1 266.70	472.00
三维地震/平方千米	1 354.76	303.60	1 220.27	825.25	1 088.57	606.39
石油钻井/口	281	368	436	320	317	316
探井	34	32	44	54	51	43
开发井	247	336	392	266	266	273
注水井	9	18	60	45	45	26
钻井进尺/万米	98.55	109.65	86.53	63.29	66.94	64.43
勘探投资/亿元	14.41	11.60	14.63	13.14	14.08	8.47
开发投资/亿元	117.66	99.36	41.34	24.14	18.60	17.63

江苏油田

【概况】 江苏油田是中国石化集团江苏石油勘探局(简称江苏石油勘探局)和中国石油化工股份有限公司江苏油田分公司(简称江苏油田分公司)的统称,是以油气勘探开发为主,石油炼制和盐卤盐硝开发生产综合发展的国有大Ⅰ型企业。江苏油田前身组建于1975年4月23日,1998年划归石化集团公司。1998年11月,安徽油田并入江苏油田。2001年1月,设立江苏石油勘探局、江苏油田分公司。主力油区主要分布在江苏、安徽、广东3个省的7个地市15个县(市、区)68个乡镇内。油田机关及主要科研单位设在扬州市经济开发区。2013年,江苏石油勘探局的钻井处、安徽勘探开发公司、地质测井处人员及所从事业务划入江苏石油工程公司管理。同时,局、分公司所属的地球物理勘探处、油田建设处、勘察设计研究院、工程监理部分别划归石油工程公司各专业公司管理。

江苏油田实行勘探局(分公司)、二级单位、基层单位三级管理体制。截至2015年底,共有二级单位22个;在岗合同制员工11 146人,非全日制用工867人。干部总数3 978人,其中具有高级技术职称的1 311人(含教授级专业技术职称57人)、中级职称的1 668人。总资产153.27亿元,其中固定资产净值134.50亿元。江苏油田分公司有油气勘查、开采区块32个,总面积4.95万平方千米。其中,探矿权项目区块12个,面积4.83万平方千米;采矿权项目区块20个,面积0.12万平方千米。共探明油气田37个,面积249.84平方千米,累计探明天然气地质储量92.93亿立方米(含溶解气)、石油地质储量2.83亿吨,累计生产原油4 300.33万吨、生产天然气14.07亿立方米。

2015年,江苏油田新增探明可动用储量117.62万吨、控制储量830.10万吨、预测储量1 162.33万吨,均超额完成年度任务。全年生产原油155.5万吨、天然气3 723万立方米。全油田实现收入66.57亿元、利税总额－2.53亿元。其中,分公司实现收入48.64亿元、利润－13.36亿元,勘探局实现收入17.93亿元、利润－1.10亿元。江苏油田首次获全国文明单位称号,受到中央精神文明建设指导委员会表彰。

江苏油田主要技术经济指标和主要生产建设指标见表1和表2。

(贾　荣　黄俊良)

【油气勘探高效推进】 2015年,江苏油田在深凹带隐蔽油气藏勘探取得新成果:邵伯次凹部署实施2口评价井不仅在主要目的层戴南组获得成功,而且在浅层三垛组也取得新发现,新增控制和预测储量704万吨;樊川次凹钻探曹X65井试获日产10.9立方米工业油流，新增预测储量 321 万吨，隐蔽油气藏成为储量发现的主力。在断裂带精细勘探获得新突破：汉留断裂带联 X44 井试获日产 26 立方米高产油流，石港断裂带桥 X17 井发现 3 套含油层系，试油最高日产 15 立方米，呈现出上下兼顾、立体勘探的良好态势。在斜坡带评价勘探取得新发现：金湖西斜坡桃 6 井抽汲日产油 5.8 立方米，高邮北斜坡 3 口评价井获得成功，沙 X74 井自喷日产油 20 立方米，展示了斜坡带成熟区良好的勘探潜力。在域外新区甩开勘探实现新进展：徐闻探区相继部署 2 口井探索多层系、多类型油气藏，弋阳盆地第一口参数井顺利实施。

（贾　荣　黄俊良）

【油田开发平稳运行】 2015 年，江苏油田大力实施低成本、高效益、稳基础的开发策略，既积极进攻追求效益产量，又强化防守巩固稳产基础，取得了较好的开发效果。坚持存量保效。抓好产量、产液、注水“三个结构”调整，精细测算不同油价下单井运行经济界限，为每口油水井量身定做最有效的生产方式，采取间开、捞油、关停井、参数优化等措施，节约成本 2 336 万元。坚持增量增效。以发现和动用优质资源为目标，部署 10 口滚动勘探井均获成功，新增商业开发储量 167 万吨，联 46 井在戴南组钻遇 63.5 米油层，许 46 井发现泰州组油层 8 层 24 米。坚持技术创效。优化实施常规压裂技术，单井平均降本 5 万元；推广应用生物防腐技术，平均延长检泵周期 181 天；规模应用二氧化碳吞吐技术，单井累计增油超过 600 吨。产效益油、干效益活成为油田开发的主要风向标。

（贾　荣　黄俊良）

【产业结构持续优化】 2015 年，江苏油田累计加工原油 44.5 万吨，实现利润 8 130 万元，吨油利润继续保持炼油企业前列。销售合格卤水 481 万立方米、各类元明粉产品 25.5 万吨，非烃类业务实现收入 2.2 亿元。不断优化捞油方式，挖掘油井生产潜力，产量连续 11 年稳定在 5 万吨。通信业务向信息化转型，参与承建黄马生产信息化施工项目。易派客电商平台在油田启用，已完成采购金额 724 万元。紫京旅游新签续签合同 91 份，实现收入 1.89 亿元。天然气运输、成品油配送、管道物流业务不断拓展，实现收入 1.26 亿元。职业教育再创佳绩，职工培训处被全国总工会命名为全国职工教育培训示范点。农业生产连续 10 年实现吨粮田目标。物业、采暖收费率由 20% 上升到 95%。

（贾　荣　黄俊良）

【增收节支能力不断增强】 2015 年，江苏油田向质量效益聚焦，突出项目优选排队和效益决策，加强全口径预算管理和全员成本目标管理，认真落实各项保效增效措施，积极争取税收优惠政策，盘活利用闲置低效资产，科学规划淡储旺销方案，下达“双十”创收创效指标，建立采油厂模拟利润中心，变考核成本为考核利润，确保了成本效益指标的全面完成。加强重点费用管控，成立动力费、井下作业、资金 3 个管理项目组，推出了一批有用管用的实招，动力费同比下降1 822万元，单井直接作业费用下降 2.5 万元，财务费用节约 617 万元。深入开展“全员挖潜、大众创新”主题劳动竞赛活动，实施各类创新项目 389 个，创效5 000多万元。

（贾　荣　黄俊良）

【安全环保总体稳定】 2015 年，江苏油田开展事故警示宣传教育和经验分享，抓好新安全环保法律法规的贯彻落实，推进“我为安全做诊断”活动，不断强化岗位责任心教育培养。按照“四不两直”要求，对 22 个二级单位进行安全环保及设备大检查，组织危险化学品等 8 个专项检查，查出各类问题 268 个，对每个问题都明确了整改措施。组建油田 HSE 督察大队，对生产和施工现场实施全覆盖、全天候安全督察。加强直接作业环节安全监管，完善作业票证审批流程，严格二级承包商资质审查，堵塞安全管理漏洞。加大安全隐患治理力度，落实油气管网及罐区隐患治理费用 4 003万元，整治隐患 108 处。积极推进“碧水蓝天”专项行动，实施环境风险防控动态管理，与江苏省环保厅签署绿色低碳环保战略合作协议。稳步实施“能效倍增”计划，落实节能评估制度，强化节能源头管控，超额完成万家企业节能目标任务。安全、环保双双再次获得石化集团公司先进单位荣誉。

（贾　荣　黄俊良）

【管理创新有序推进】 2015 年，江苏油田采油厂体制建设全面完成，撤销 4 个作业区和 28 个采油队，组建成立 12 个采油管理区，成立 8 支专业化队伍，油田机关调整全部到位，二级单位机关按照机构精减 15%、人员精减 20% 的目标组织实施，油田生产信息化建设在黄马采油管理区率先投入使用。研究制定了油公司模式下“三基”工作管理办法，明确了基层建设规范化、基础工作标准化、基本功训练系统化的工作思路，抓基层、打基础、强管理成为油田上下的基本遵循和自觉要求。扎实推进领导干部竞争性选拔工作，开展处级岗位竞争上岗，推行科级岗位公开招聘，开展经常性岗位练兵、业务比武和技能竞赛活动，在石化集团公司技术比武和业务竞赛中获得3 金、3 银、5 铜和 2 个团体第二的优异成绩。

（贾　荣　黄俊良）

【科技创新成效显著】 2015年，江苏油田6项成果通过中国石化鉴定，4项达到国际先进水平，2项达到国内领先水平，“含油污水物理与生化高效耦合处理技术”通过石化集团公司验收，3株菌剂经过国家微生物保藏中心鉴定保存。申请国家专利107件，获得授权88件，创历史最好水平。江苏油田勘探开发一体化数据中心升级为中国石化勘探开发业务协同平台，EPBP支持中心在江苏油田挂牌成立，创造了国内油气田勘探开发信息化建设的新模式。

（贾 荣 黄俊良）

【党建思想政治工作彰显活力】 2015年，江苏油田着力加强形势任务教育，深入开展“形势目标对策”大讨论，重点解决怎么看、怎么办、怎么干的问题，在统一思想中强化责任，在凝聚共识中激发干劲。广泛宣传田明、薛梅等先进典型，进一步增强干部员工爱岗敬业、创新创造的行为自觉。认真开展“三严三实”专题教育，聚焦问题，以上率下，盯住“关键动作”，抓好专题党课、学习研讨、民主生活会等重点环节，取得了良好成效。认真履行党风廉政建设“两个责任”，严格执行中央“八项规定”精神，组织学习宣传《准则》和《条例》，抓好石化集团公司党组巡视和行政主要领导离任审计问题整改，坚持把纪律和规矩挺在前面，广大党员干部务实清廉意识进一步增强。精心组织油田成立40周年纪念活动，通过热烈而简朴的形式，忆传统、叙辉煌，聚人气、鼓士气，激发了广大干部员工爱祖国、爱石化、爱油田的热情和干劲。努力为员工群众办实事解难事，矿区滚动改造和综合治理稳步推进，离退休职工两项待遇切实落实，离岗人员分流安置办法制定下发，职工住房分配货币化工作有序推进，部分职工养老保险历史遗留问题妥善解决，特殊困难群体帮扶工作有效落实。

（贾 荣 黄俊良）

表1 **江苏油田主要技术经济指标** 亿元

指标名称 \ 年份	2015	2014	2013	2012	2011	2010
工业总产值	40.88	72.03	78.66	104.17	105.11	82.69
江苏石油勘探局	5.26		2.73	23.41	23.41	21.44
江苏油田分公司	35.62	72.03	75.93	80.76	81.70	61.25
工业增加值	29.08	53.53	69.17	79.00	77.94	59.61
江苏石油勘探局	2.36		6.87	10.28	7.96	7.87
江苏油田分公司	26.72	53.53	62.30	68.72	69.98	51.24
企业总产值①	17.93	16.62				
江苏石油勘探局	17.93	16.62				
企业增加值①	8.30	8.52				
江苏石油勘探局	8.30	8.52				
资产总计	153.27	168.12	166.74	183.80	183.10	162.97
江苏石油勘探局	25.65	27.65	23.87	57.02	52.61	47.46
江苏油田分公司	127.62	140.47	142.87	126.78	130.49	115.51
流动资产	8.91	15.04	21.69	32.82	45.02	39.30
江苏石油勘探局	6.81	8.58	5.32	19.59	17.92	16.35
江苏油田分公司	2.10	6.46	16.37	13.23	27.10	22.95
固定资产原值	299.22	286.96	263.20	265.48	243.84	218.49
江苏石油勘探局	28.30	25.24	20.90	50.07	45.31	41.08

续表

指标名称＼年份	2015	2014	2013	2012	2011	2010
江苏油田分公司	270.92	261.72	242.30	215.41	193.03	177.41
固定资产净值	134.50	138.49	131.96	137.03	124.99	115.84
江苏石油勘探局	17.41	15.85	13.54	30.65	28.78	26.89
江苏油田分公司	117.10	122.64	118.42	106.38	96.21	88.95
销售收入	66.57	104.24	109.04	149.18	148.60	140.97
江苏石油勘探局	17.93	16.62	16.38	55.32	49.36	50.68
江苏油田分公司	48.64	87.62	92.66	93.86	99.24	90.29
实现利税	-2.53	33.26	40.66	46.41	51.58	35.77
江苏石油勘探局	0.39	1.57	1.04	2.50	2.32	1.84
江苏油田分公司	-2.92	31.69	39.62	43.91	49.26	33.93
税　金②	12.32	27.07	28.35	30.05	30.34	20.19
江苏石油勘探局	1.65	1.69	1.56	5.05	3.29	2.37
江苏油田分公司	10.67	25.38	26.79	25.00	27.05	17.82
综合能耗/吨标煤·万元$^{-1}$						
江苏石油勘探局	0.48	0.49	0.48	0.40	0.42	0.46
江苏油田分公司	0.30	0.36	0.35	0.29	0.30	0.36

①自 2014 年起，企业总产值和企业增加值为江苏石油勘探局统计项目

②2014 年税金总额和分公司税金有调整

表 2　　江苏油田主要生产建设指标

指标名称＼年份	2015	2014	2013	2012	2011	2010
原油产量/万吨	155.50	171.00	171.20	171.02	171.02	171.01
天然气产量/亿立方米	0.37	0.52	0.51	0.57	0.54	0.56
新增原油生产能力/万吨	9.51	23.00	24.54	25.00	24.56	24.57
新增探明石油地质储量①/万吨	117.62	247.02	228.00	1 079.00	1 059.00	1 063.00
新增动用石油地质储量/万吨	134.14	209.64	515.00			
二维地震②/千米	600.71	321.00	843.44	5 059.01	4 084.66	3 211.79
三维地震③/平方千米	211.51	372.00	242.66	888.30	776.79	816.58
完井④/口	90	363	389	375	406	380
探　井	32	73	79	93	85	93
开发井	58	290	310	282	321	287
钻井进尺⑤/万米	22.27	61.58	101.56	96.38	97.42	93.37

①新增探明石油地质储量自 2013 年起按中国石化新的储量管理办法和储量计算细则，为经济可动用储量

②③二维、三维地震工作量自 2013 年起只统计分公司工作量

④⑤完井、钻井进尺自 2014 年起只统计分公司工作量

上海海洋石油

【概况】 中国石化集团上海海洋石油局(简称上海海洋石油局)、中国石油化工股份有限公司上海海洋油气分公司(简称上海海洋油气分公司)统称上海海洋石油，位于上海，是石化集团公司下属主要从事海洋油气勘探开发及工程服务的上游油田企业。上海海洋石油局主要承担油田企业基地、码头、房产的经营管理以及公共服务职能，是矿区业务的利润中心和管理中心；上海海洋油气分公司主要在东海、南海、黄海等海域开展自营勘探，并承担中国石化部分海外海域油气资源勘探开发项目的评价研究，同时代表中国石化参与管理东海平湖油气田、西湖油气田的开发生产。

上海海洋石油的前身为地质矿产部上海海洋地质调查局，组建于1973年4月，1997年1月整体归入中国新星石油公司，2000年3月随中国新星石油公司整体并入石化集团公司，2002年7月，分别直属石化集团公司和石化股份公司管理。2009年，按照石化集团公司要求，上海海洋石油局、上海海洋油气分公司实行一体化管理。2014年，上海海洋石油局有关海洋石油工程业务整合成立中石化海洋石油工程有限公司，随石油工程公司上市。上海海洋石油局直属石化集团公司管理。上海海洋油气分公司直属石化股份公司管理，负责上游勘探开发业务。上海海洋石油局、上海海洋油气分公司实行一体化集中管理、专业化集约发展模式。

截至2015年底，上海海洋石油下设15个机关综合管理部门、3个专业管理部门、15个二级单位，其中6个兼有管理职能的专业化服务单位；拥有从业人员1 846人，在岗合同制员工1 410人，其中经营管理人员534人、专业技术人员609人，具有高级专业技术职称267人。上海海洋油气分公司拥有矿权区块30个，所属探区主要分布在东海、南海、南黄海等海域，自营和联合矿权区块面积10.29万平方千米；自营探区拥有石油总资源量6.91亿吨，天然气总资源量5.03万亿立方米。合作探区拥有石油天然气三级地质储量8 534亿立方米气当量，其中探明储量3 715亿立方米气当量。

2015年，上海海洋油气分公司生产份额原油12.02万吨、份额天然气4.86亿立方米；实现销售收入12.95亿元、投资收益-0.16亿元，利润总额亏损7.61亿元。上海海洋石油局实现营业收入0.77元，实现利润总额0.14亿元。

2015年，上海海洋油气分公司西湖凹陷中央隆起带油气勘探和三潭深凹天然气勘探分别获石化股份公司2015年度油气商业发现一等奖和油气发现三等奖。

上海海洋石油主要经济指标见表1。

（林雪梅）

【自营勘探首获重大油气发现】 2015年12月12日，上海海洋油气分公司部署于南海北部湾涠西区块的涠4井顺利完钻，该井历时29天，完钻井深3 783米。在涠洲组2层分别试获日产1 458立方米和1 349立方米的高产油流，创石化集团公司海域油气勘探单井产量最高纪录，为国内近10年来罕见的高产探井，预示该探区良好的勘探前景。

（林雪梅）

南海北部湾涠4井试获油气日产千吨

【合作探区深层勘探取得新发现】 2015年，东海西湖合作探区玉泉区带花港气田实现商业大发现，新增天然气探明地质储量1 066亿立方米，该储量已获国家油气资源储量管理委员会批准；印月构造预计新增天然气三级地质储量1 846亿立方米，是继古珍珠、花港气田之后又一大发现，揭示了东海西湖凹陷深层的勘探潜力。

（林雪梅）

【南黄海二维地震采集作业完成】 2015年11月4日，上海海洋油气分公司完成了南黄海1 500千米二维地震采集作业，采集区域位于南黄海靠近江苏近海，水深5—35米。采集的测线数据获得了较好的效果，为寻找和发现有利勘探目标区奠定了坚实基础。

（林雪梅）

【安全环保总体平稳】 2015年，上海海洋石油持续推进HSE责任落实，完善HSE管理体系，着力强化海上风险管控，年内未发生可上报安全事故和环境污染事件，被石化集团公司评为安全生产先进单位。建立并不断完善三级构架的 HSE 体系和二级突发事件应急预案体系。增设安全总监，加大安全环保工作的管理力度。设立海油安办石化分部上海海监处，进一步有效履行政府监管职能和中国石化海上石油安全监督职能。深入开展"我为安全做诊断"等活动，增强了全员安全意识和安全素质。扎实推进安全生产标准化达标工作，完善安全环保工作体系，组建安全督察大队，完善《安全生产应急管理规定》等一系列制度。进一步规范承(分)包商管理，严格准入制度，有效杜绝承(分)包商安全事故的发生。积极推动绿色低碳战略，强化节能减排监管，实现了清洁生产。

（林雪梅）

【合作项目体制机制进一步完善】 2015 年，根据中国石化和中国海洋石油总公司合作双方高层会谈精神，东海西湖合作项目联合管理委员会双方共同起草、修订了《联合管理委员会及其职责》等 15 个制度性文件，经联合管理委员会审议通过，并在中国石化和中国海洋石油总公司海域油气合作项目第 6 次高层会谈上得到肯定，完善合作项目体制机制工作取得阶段性成果。

（林雪梅）

【油公司体制机制建设稳步推进】 2015 年，上海海洋石油公司体制机制建设由方案设计阶段全面进入方案实施阶段。年内完成上海海洋油气分公司机关、科研院机构调整工作，同步推进机关党群机构建设，实现了机关职能优化、科研院管理强化，为"十三五"末建立"扁平化架构、科学化决策、市场化运行、专业化管理、社会化服务、效益化考核、信息化提升"为核心内涵的管理模式奠定了基础。

（林雪梅）

【风险管控体系进一步完善】 2015 年，上海海洋石油加强审计监督、效能监察、业务公开及内控管理，针对经济责任审计提出的问题，开展了"双月管理提升整治"活动，认真查摆、全面整改，建立完善物资采购等 15 项制度，整治取得良好效果。继续加强法律防控，全年线上运行合同 1 294 份，涉及金额 20.77 亿元，合同上线审核率达 100%。

（林雪梅）

【党建和思想政治工作创出新水平】 2015 年，上海海洋石油开展"三严三实"专题教育，认真查找不严不实问题，针对梳理汇总的 19 项问题进行专项整治，对 10 个方面 20 项制度进行了修订完善。夯实基层组织建设，在基层党组织中开展"五有八在"主题活动，评比表彰了上海市住房和城乡建设管理委员会示范党支部和局级红旗党支部，党支部的战斗堡垒和党员的先锋模范作用得到进一步发挥。提升宣传思想文化工作，培育具有海洋石油特色的企业文化，"奉献绿色能源，保护蓝色海洋"的核心价值理念深入人心。加大干部选拔培养力度，严格组织考察，年内开展了"大定位、大摸底、大民意、大调整"工作，对部分二级单位和处室负责人岗位进行交流调整。全力推进为职工群众"办实事"工程，年内帮扶困难职工 81 人次、帮困金额支出 24 万元。

（林雪梅）

表 1　　上海海洋石油主要经济指标　　亿元

指标名称 \ 年份	2015	2014	2013	2012	2011	2010
企业增加值	1.37	2.67	12.47	2.33	6.63	3.67
上海海洋石油局	0.60	0.56	10.00	8.44	6.81	7.18
上海海洋油气分公司	0.77	2.11	2.47	-6.11	-0.18	-3.51
资产总计	148.72	114.21	121.04	96.85	91.35	85.16
上海海洋石油局	1.81	1.65	43.31	38.19	34.66	29.91
上海海洋油气分公司	146.91	112.56	77.73	58.66	56.69	55.25
流动资产	22.12	9.76	20.29	15.28	9.97	11.63
上海海洋石油局	0.50	0.29	5.64	4.29	3.90	3.41

续表

年份 指标名称	2015	2014	2013	2012	2011	2010
上海海洋油气分公司	21.62	9.47	14.45	10.99	6.07	8.22
固定资产原值	3.18	3.11	52.82	37.51	37.04	33.27
上海海洋石油局	2.61	2.61	52.40	37.15	36.69	32.97
上海海洋油气分公司	0.57	0.50	0.42	0.36	0.35	0.30
固定资产净值	1.49	1.54	35.96	22.77	24.17	21.54
上海海洋石油局	1.27	1.34	35.82	22.68	24.07	21.47
上海海洋油气分公司	0.22	0.20	0.14	0.09	0.10	0.07
销售收入	13.72	8.85	22.91	19.92	14.94	10.02
上海海洋石油局	0.77	0.84	16.01	13.82	10.63	8.59
上海海洋油气分公司	12.95	8.01	6.90	6.10	4.31	1.43
实现利税	-6.63	-3.70	-0.31	-8.18	-1.74	-2.69
上海海洋石油局	0.26	0.13	3.93	2.84	2.44	2.13
上海海洋油气分公司	-6.89	-3.83	-4.24	-11.02	-4.18	-4.82
税　金	0.84	0.57	0.92	0.82	0.71	0.72
上海海洋石油局	0.12	0.12	0.53	0.48	0.47	0.63
上海海洋油气分公司	0.72	0.45	0.39	0.34	0.24	0.09

西北石油局暨西北油田分公司

【概况】 中国石化集团西北石油局(简称西北石油局)和中国石油化工股份有限公司西北油田分公司(简称西北油田分公司)位于新疆维吾尔自治区，是中国石化上游油田企业之一，主要从事油气田勘探开发与油气销售业务。本部机关设在新疆维吾尔自治区首府乌鲁木齐，在巴音郭楞蒙古自治州轮台县建有前线生产指挥基地。主力油田——塔河油田位于塔里木盆地北部沙雅隆起阿克库勒凸起南部，地处库车县和轮台县境内。

西北石油局、西北油田分公司的前身是组建于1955年的华北地质局二二六队，1997年1月整体归入中国新星石油公司，2000年3月随中国新星石油公司整体并入石化集团公司，并于2003年6月整体划归石化集团公司、石化股份公司直属。2008年5月，西北油田分公司与勘探西北分公司整合重组，组合成新的西北油田分公司。

截至2015年底，西北石油局和西北油田分公司建有1个党委、2套行政领导班子(共10人)，下设20个机关处室、8个兼有管理职能的专业化服务单位、2个科研单位、4个采油(气)厂、8个专业化单位；拥有职工4 143人，其中经营管理人员2 298人、专业技术人员1 218人，具有高级(含教授级)专业技术职称的770人。

截至2015年底，西北油田分公司负责勘查、开采的区块合计34个，区块登记面积12.22万平方千米。其中，勘查区块28个、面积11.75万平方千米，主要分布于塔北、塔中、巴麦和孔雀河地区；开采区块6个、面积0.47万平方千米，主要分布在塔河、天山南和巴楚地区。区块石油地质资源量56.12亿吨，天然气地质资源量2.5万亿立方米。区块已完成二维地震90 877.17千米、三维地震25 383.6平方千米，探井550口、进尺321.66万米，钻获工业油气流井292口。累计发现油气田10个。获三级保有地质储量18.65亿吨油当量(含溶解气与凝析油)，其中探明石油地质储量13.57亿吨、天然气地质储量1 674亿立方米。控制石油地质储量1.19亿吨、天然气地质储量283.12亿立方米。预测石油地质储量1.2亿吨、天然气地质储量701.1亿立方米。石油探明率24%，天然气探明率7%。累计生产原油8 678.49万吨(不含凝析油)、天然气188.56亿立方米。

西北石油局和西北油田分公司主要经济指标和

主要生产建设指标见表1和表2。

（黎昌菊）

【领导班子调整】 2015年3月7日，石化集团公司党组决定：王保生任中共中国石化集团西北石油局委员会委员、纪律检查委员会书记；张洪安不再担任中共中国石化集团西北石油局委员会委员、纪律检查委员会书记职务，调出另有任用。3月24日，石化集团公司党组和石化股份公司决定：胡广杰任西北石油局局长、局党委副书记（兼），西北油田分公司总经理；陈明政不再担任西北石油局局长、局党委副书记（兼），西北油田分公司总经理，调出另有任用。4月8日，石化集团公司党组决定：江旭不再担任中共中国石油化工股份有限公司西北油田分公司勘探开发研究院（石油勘探开发研究院西北分院）委员会书记、委员职务，调出另有任用。

（黎昌菊）

【油气勘探取得“21294”成果】 2015年，西北油田分公司按照“扩大塔河、突破深层、评价塔中、研究巴麦、攻关碎屑岩、探索新领域”的勘探方针，加强基础研究与技术攻关，强化目标评价与优选，科学优化部署。油气勘探工作稳步推进，取得“21294”成果。

2个新突破：①顺托1井实现新地区天然气重大突破，进一步证实塔中北坡下古生界碳酸盐岩具有整体含气特征，勾勒了顺托大型气田轮廓。②顺北1-1井在奥陶系一间房组测试获高产工业油气流，实现下古生界碳酸盐岩油气勘探由沙雅隆起向顺托果勒低隆的战略转移，是培育新增储上产阵地现实地区。

1个新发现：碎屑岩隐蔽圈闭落实与“直接找油”获技术突破，胡杨1井获工业油流，实现了老区石炭系碎屑岩勘探新发现。

2个新进展：①塔河奥陶系鹰山组内幕勘探评价取得新进展。塔深301井在鹰山组下段获工业油流，塔深3井区鹰山组上段下亚段勘探开发一体化评价取得新进展，开拓了新的增储上产领域。②顺南地区中下奥陶统碳酸盐岩天然气勘探评价取得新进展。多口井在中下奥陶统不同层段测试获工业气流，展现了中下奥陶统天然气多层段富集的特征。

9项研究认识：①应用残留厚度法，完成全盆关键构造期（加里东早期、加里东中期Ⅰ幕、中期Ⅲ幕、海西早期、海西晚期、印支期、燕山中期、喜山早期）的古构造图件编制，进一步解析全盆主要目的层关键构造期的隆坳变迁演化格局，为下步选区评价提供参考。②进一步强化顺托地区油气成藏条件研究，深化奥陶系油气成藏富集规律的认识，指出断裂带是油气富集的有利部位，明确下步勘探重点方向。③深化塔河深层不同层段油气成藏条件的认识，进一步明确下步勘探方向。④建立塔里木盆地台盆区碎屑岩“远源供烃、断砂输导、断盖分带、三元控富”油气成藏与富集模式，指出塔河石炭系、巴楚东河塘组是增储首选领域，塔中北坡志留系、泥盆系是下步勘探准备的有利目标区。⑤深化顺西—阿东地区成藏条件认识，指出该区具备发育加里东中期Ⅰ幕岩溶作用条件，北东向、北西向断裂发育，成藏条件有利，是石油勘探重点地区。⑥明确皮山北新1井产层为白垩系依格孜牙组，三维资料标定解释进一步落实分布范围较大，为大型地层—岩性复合圈闭，具有良好石油勘探前景。⑦先把扎地区古近系卡拉塔尔组具备形成上倾尖灭型地层圈闭条件，成藏条件较好，是新的有利勘探层系和领域。⑧开展巴麦地区下古生界碳酸盐岩油气成藏条件分析，进一步明确下古生界碳酸盐岩油气主要源于寒武系烃源岩，具有早期成藏、晚期调整特征，指出中下奥陶统内幕与寒武系盐下是下步勘探有利领域。⑨孔探1井在寒武—奥陶系暗色泥页段取得丰富地质资料，为开展孔雀河地区寒武—奥陶系烃源岩研究及页岩气资源潜力评价奠定基础。

4项技术进步：①塔里木盆地碳酸盐岩储层预测与圈闭描述技术取得新进展。②塔里木盆地复杂地表地震采集与处理技术取得重要进展。③优选塔河石炭系卡拉沙依组岩性圈闭攻关，初步形成薄层砂岩岩性圈闭识别技术系列，有望为油气勘探纵横向的扩大提供技术储备。④塔里木盆地碳酸盐岩储量计算参数与碎屑岩油气藏测井评价技术取得新进展。

（黎昌菊）

【效益开发成果显著】 2015年，西北油田分公司走开发优化路、算经济账，主要技术经济指标较大幅度改善。百万吨产能投资比上年降低19.7亿元，新井建产率提高1个百分点；措施有效率提高1.9个百分点，吨油成本降低265元；注气有效率提高3个百分点，吨油成本降低228元；自然递减率降至16.9%。全方位增加经济可采储量取得新成绩。建立完善井位论证效益评价标准，做好方案储备，及时调整优化部署，全年新增经济可采储量400万吨油当量。油藏评价和产能建设质量取得新提升。加强基础地质研究，推进顺北地区、深层领域、石炭系碎屑岩油藏勘探开发一体化进程，落实商业开发储量1 100万吨。强化油藏、钻井、采油、地面四位一体协同运行，单井日产能力比上年提高1.5吨、钻采投资降低252万元。优化产量产液结构取得新成效。稳步推进精细注水开发，持续扩大单井单元注气规模，夯实老井自然稳产基础，自然递减率控制在17%以内；加大提液、酸化等低成本措施力度，吨油成本大幅降低；减少低效无效开井，累计减少液量45万吨。提高采收率取得新进步。强化注水调驱、单元注气、碎屑岩底水油藏氮气泡沫驱等五大领域关键技术攻关，老区采收率提高0.4个百分点。

（黎昌菊）

【科技创新进步明显】 2015年，西北油田分公司积极推进科技进步与创新，自主创新能力持续提升。科技创新有新成果。初步形成塔中北坡“三超”油气井钻完井及测试技术，完成年度钻井和测试任务。建立塔河主体区真实缝洞体与地震异常体的体积校正模板，初步实现跃进地区断控岩溶缝洞储集体的定量描述。全年申报中国石化科技进步奖6项、自治区科技进步奖4项。基础研究有新进展。明确指出玉尔吐斯组是台盆区海相油气藏主力烃源岩，为区带优选评价提供科学依据。明确顺北地区奥陶系油气富集规律及控制因素，为规模开发奠定坚实基础。建立盆地碎屑岩油气成藏与富集模式，指出石炭系卡拉沙依组、东河塘组是增储上产的现实领域。成果转化有新提高。推广应用深度酸压和暂堵分段酸压技术，开展深穿透酸化和复杂酸压工艺现场试验，酸压建产率比上年提高3.2个百分点、单井日产能力提高1.3吨。成功应用管道非开挖磁力层析检测、原位固化修复和内穿插修复等技术，提高管道腐蚀治理效率。

（黎昌菊）

【胡杨1井获高产油气流】 2015年，西北油田分公司胡杨1井在石炭系目的层钻进过程中，累计钻遇油斑、油迹良好油气显示9.87米。从完井测井曲线响应特征分析，该井钻遇典型油气层特征，测井解释油气层5米。根据该井油气层反韵律沉积特点及下部存在岩性变细、泥质含量增加的趋势，确定对油气层上部射孔测试。10月28日，该井完井射孔测试获高产工业油气流，5毫米油嘴生产，日产油142.8吨、气2.2万立方米。

（黎昌菊）

【成功举办国内首次国家应急演练】 2015年8月2日，中国石化与自治区联办的国家级重大井喷失控和原油储罐火灾爆炸事故综合应急演练在塔深1井、塔河油田二号联合站举行。共有500余名应急队员和150台应急设备参加演练。“事故”发生后，指挥中心利用卫星、无人机、应急通信保障车、单兵、OTN(光传送网)应急专用链路等高科技装备和信息化技术手段，迅速搭建应急指挥通信网络，实现塔深1井、塔河油田二号联合站事故现场，西北油田分公司、中国石化、自治区、巴音郭楞州、阿克苏的远程指挥、异地决策，多地点、多层级信息共享与同步功能，极大提高处置突发事故的效率和能力。

（黎昌菊）

塔河油田二号联合站应急演练现场

【首个自建CNG项目投产】 西北油田分公司桥古CNG(压缩天然气)项目于2014年10月开工，2015年5月28日正式投产。该项目设计日处理天然气5万立方米，是分公司2015年重点项目工程，也是分公司首个自建CNG项目。项目的投产解决了桥古区块天然气不能全部外销的难题。

（黎昌菊）

【党建工作开创新局面】 2015年，西北石油局和西北油田分公司突出党的建设与生产经营深度融合，政治优势转化成效显著。扎实开展“三严三实”专题教育，推动作风转变，得到石化集团公司第八督导组的高度认可和充分肯定。启动“基层组织建设强化年”活动，创新“组团式共建、区域化联建、网络化促建”的党建新模式，基层组织建设水平得到提升。深入开展“访惠聚”活动，得到自治区党委、当地百姓的充分肯定和高度赞扬。始终坚持党管干部、党管人才，干部的责任意识、担当意识、大局意识进一步增强，人才成长通道进一步畅通。年内晋升、提拔中层干部31名，选聘首席专家3名、高级专家10名、高级技师和技师31名，新增高层次人才6名。始终坚持党要管党、从严治党，出台“两个责任”清单，强化准则和条例学习宣贯，增强干部员工的纪律和规矩意识。加大违规违纪惩处力度，发挥惩处的警示作用。

（黎昌菊）

“访惠聚”工作组和团员代表在柯坪湖州双语小学开展捐资助学活动

【西北油田分公司全国人大代表提交议案】 2015年3月9日，西北油田分公司全国人大代表斯尔江·托合提木拉提在北京参加第十二届全国人民代表大会第三次会议，并提交关于加快建立《石油天然气法》的议案。议案提出，《石油天然气法》在中国能源法律体系中有很长一段时间处于缺位状态。虽然当前中国有涉及石油天然气相关法律文件、行政法规70多项，但事关油气行业的基本大法亟需建立和完善。斯尔江·托合提木拉提建议，加快建立覆盖全产业链的统一立法模式、统一权责，对油气资源所有权及使用权、勘探开发、石油炼制、油气资源产品进出口、销售等环节的市场准入及生产经营要求做出明确法律规定。

（黎昌菊）

表1　西北石油局和西北油田分公司主要经济指标　亿元

指标名称＼年份	2015	2014	2013	2012	2011	2010
资产总计	412.63	451.02	444.26	393.24	367.15	309.66
西北石油局	11.67	12.33	12.66	12.16	11.55	11.83
西北油田分公司	400.96	438.69	431.60	381.08	355.59	297.83
流动资产	14.26	17.94	18.49	19.32	46.26	35.11
西北石油局	1.01	1.87	1.77	1.97	2.10	2.28
西北油田分公司	13.25	16.07	16.72	17.35	44.17	32.83
固定资产原值	902.03	845.20	741.13	615.09	537.59	423.29
西北石油局	10.93	10.73	10.50	10.78	10.46	7.31
西北油田分公司	891.10	834.47	730.63	604.31	527.14	415.98
固定资产净值	358.46	376.71	344.10	281.38	264.23	202.72
西北石油局	7.49	7.80	8.22	9.35	9.47	6.62
西北油田分公司	350.97	368.91	335.88	272.03	254.76	196.10
总收入	115.70	265.45	281.94	291.96	288.01	212.09
西北石油局	2.73	3.06	3.23	2.54	1.41	0.34
西北油田分公司	112.97	262.39	278.71	289.42	286.61	211.75
实现利税	-2.89	165.02	189.66	197.03	210.49	144.73
西北石油局	0.04	0.39	0.24	0.17	0.19	0.11
西北油田分公司	-2.93	164.63	189.42	196.86	210.30	144.62
税　金	15.41	67.65	71.24	73.76	89.42	64.91
西北石油局	0.03	0.39	0.24	0.20	0.25	0.09
西北油田分公司	15.38	67.26	71.00	73.56	89.17	64.82

注：因小数点进位原因，部分分项相加不等于总项

表 2　　西北石油局和西北油田分公司主要生产建设指标

指标名称＼年份	2015	2014	2013	2012	2011	2010
原油产量 / 万吨	703.00	735.50	737.00	735.00	725.00	700.02
天然气产量 / 亿立方米	16.00	16.30	16.40	16.45	15.94	15.80
新增原油生产能力 / 万吨	62.30	83.61	105.00	159.60	159.70	176.48
新增天然气生产能力 / 亿立方米	1.69	2.53	1.85	2.17	2.02	1.03
新增探明石油地质储量 / 万吨	5 339.07	1 184.77	2 838.24	9 594.94	9 639.53	9 655.80
新增探明天然气地质储量 / 亿立方米	35.80	31.45	44.03	24.43	62.42	40.02
二维地震 / 千米			2 159.00	3 146.00	4 834.00	5 243.00
三维地震 / 平方千米	892.00	1 983.00	1 009.00	2 519.00	2 750.00	1 858.00
石油钻井 / 口	104	256	318	310	266	193
探井（含侧钻）	16	22	30	39	50	36
开发井	88	234	288	271	216	157
钻井进尺 / 万米	62.78	97.00	156.21	165.82	157.53	114.49
勘探投资 / 亿元	14.90	24.49	22.96	35.04	35.45	26.62
开发投资 / 亿元	30.39	63.54	99.20	92.45	77.62	62.27
综合能耗 / 吨标煤·万元$^{-1}$	0.33	0.33	0.34	0.34	0.34	0.39

西南油气田

【概况】 西南油气田是中国石化集团西南石油局(简称西南石油局)和中国石油化工股份有限公司西南油气分公司(简称西南油气分公司)的统称。西南石油局负责西南油气田矿区(社区)管理与服务，西南油气分公司负责西南地区油气勘探开发业务。队伍主要分布在四川、重庆、贵州、云南、广西、湖南等地。机关设在四川省成都市高新区吉泰路688号中国石化西南科研办公基地。

西南油气田的前身是组建于1976年的国家地质总局四川石油普查勘探指挥部，1983年3月更名为地质矿产部西南石油地质局，1997年1月改组为中国新星石油公司西南石油局，2000年3月随中国新星石油公司整体并入石化集团公司，并于2003年5月调整为石化集团公司西南石油局和石化股份公司西南分公司。2007年3月，西南石油局和西南分公司与中南石油局、中南分公司、滇黔桂石油勘探局、南方勘探开发分公司整合重组，组成西南石油局、西南油气分公司、石油工程西南公司。2009年12月，石油工程西南公司划归西南石油局。2012年12月，西南石油局石油工程物探单位全部划入中石化西南石油工程有限公司和地球物理勘探有限公司。

截至2015年底，西南油气田机关职能部门26个、兼有局机关管理职能的专业保障服务单位共7个，二级单位和派出机构及控股(参股)公司27个，拥有正式职工5 460人，其中教授级高级职称45人，高级技术职称729人。

截至2015年底，西南油气分公司拥有勘探区块19个，勘探面积2.14万平方千米，开采区块22个，开采面积3 198.22平方千米。川东北开发准备区块4个(巴中、通南巴、南江、镇巴)，面积1.9万平方千米。页岩气开发操作区块4个(威远、永川、綦江、綦江南)面积1.29万平方千米。累计提交天然气探明地质储量5 637.73亿立方米、原油探明地质储量1 560.53万吨。拥有气田22个，共有气井1 753口，开井1 617口，累计生产天然气478.09亿立方米；共有油井141口，开井6口，年产原油1.72万吨，累计生产原油169.31万吨。

西南油气田主要技术经济指标和主要生产建设指标见表 1 和表 2。

（付承生）

【生产经营任务全面完成】 2015 年，西南油气田加快改革发展，聚焦“一个中心、三大主题”，纵深推进“三大会战”，全面打赢扭亏创效翻身仗。全年新增天然气控制储量 1 112.95 亿立方米，新增天然气预测储量 1 290.7 亿立方米；生产天然气 48.25 亿立方米，同比增加 14.07 亿立方米；生产原油 1.72 万吨；新建(增)天然气产能 18.11 亿立方米；新增经济可采储量 51.38 亿立方米，储量替代率 106.5%；销售天然气 45.02 亿立方米；油气单位完全成本 1 199 元/吨，控制在石化股份公司下达指标之内；西南油气分公司实现利润 13.09 亿元，西南石油局实现利润 9 662 万元；西南油气分公司完成投资 47.9 亿元，西南石油局完成投资 0.3 亿元，均控制在计划之内。

（付承生）

【油气勘探成绩喜人】 2015 年，西南油气田完成三维地震勘探 700.08 平方千米，实施探井 14 口、完钻 13 口，完成测试 11 口，获工业气井 8 口，取得 3 项重大突破、2 项新发现、3 项商业发现、2 个好苗头的丰硕成果，超额完成年度储量任务，获石化股份公司油气勘探发现特等奖 2 项，二等奖 1 项。3 项重大突破：①羊深 1 井在雷口坡组四段测试获 60.32 万米^3/日的工业气流，鸭深 1 井获 48.5 万米^3/日的工业气流，新增预测储量 1 290.7 亿立方米，取得龙门山前带雷口坡组甩开勘探的重大突破。②威页 1HF 井钻遇优质页岩厚度 35.5 米，测试获产 17.5 万米^3/日的工业气流，取得龙马溪组页岩气勘探的重大突破。③金页 1HF 井测试获产 5.95 万米^3/日的工业气流，首次实现中国石化在寒武系新层系页岩气勘探的重大突破。2 项新发现：①隆兴 1 井测试获产 5.54 万米^3/日的工业气流，取得川西坳陷隆兴场构造沙溪庙组油气勘探新发现。②星 101 井须四段测试获产 17.54 万米^3/日的工业气流，取得阆中地区须四段油气勘探新发现。3 项商业发现：①鸭深 1 井在雷口坡组获高产工业气流，落实该区含气面积 162.94 平方千米，新增控制储量1 112.95亿立方米，实现重要商业发现。②在川西坳陷东坡侏罗系 3 口探井获工业气流，落实地质储量 175 亿立方米，实现商业发现。③星 101 井对须三段测试，获得日产量 1.65 万米^3/日的工业气流，扩大了阆中须三段商业发现规模。2 个好苗头：①永页 1 井在龙马溪组钻遇厚大优质页岩，荣昌—永川区块页岩气勘探展现好苗头，有望实现龙马溪组深层页岩气勘探重大发现。②川西南海相油气勘探发现威页 1 井、永页 1 井在海相常规气藏的雷口坡组、嘉陵江组等层系均发现良好油气显示，揭示了川西南探区常规气藏勘探好苗头。

（付承生）

【油气开发成果丰硕】 2015 年，西南油气田共实施钻井 36 口，完成进尺 7.4 万米，投产新井 40 口(含结转井)，取得 2 个新高、1 个重大成果、3 个突出效果、1 个新进展、1 个提升的丰硕成果。2 个新高：①天然气产量再创新高，同比增长 40%。②天然气产能再创新高，年生产能力达 61.5 亿立方米。通过加大中浅层老区综合调整和中浅层新区滚动建产，加快元坝气质提升和滚动建产，确保老区持续稳产和新区快速上产，使天然气产量和产能均创历史新高。1 个重大成果：元坝气田开发建设取得重大成果，试采工程运行平稳，滚动区建设全面推进。完成投产测试井 31 口，建成年产能 31.5 亿立方米，总体效果优于方案设计指标。投产井 17 口，全年生产天然气 16.41 亿立方米，占总产量的 34%。3 个突出效果：①东坡沙溪庙组气藏滚动评价取得突出效果，完成测试滚动评价井 10 口，获得工业产能井 5 口，落实商业开发储量 107 亿立方米。②东坡沙溪庙组气藏滚动建产取得突出效果，完成测试开发井 20 口，新建产能 1.66 亿米^3/年，动用储量 25 亿立方米，具备年产 7 亿立方米的生产能力，为建成川西第 2 个10 亿米^3/年产能气田奠定坚实基础。③老区综合调整取得突出效果，提高气藏采收率 3%，综合递减率控制在 11% 以内，稳产在 20 亿立方米以上。1 个新进展：川西雷口坡组气藏地质认识取得新进展，编制完成彭州地区雷四气藏整体评价方案，部署开发评价井 4 口。1 个提升：油气藏经营管理水平进一步提升。通过深入推进区块目标管理工作，探索“三线四区”、价值积分管理方法试点，有效提升油气藏经营管理水平。

（付承生）

【地面工程稳步推进】 2015 年，西南油气田元坝气田试采地面集输工程、净化厂工程完成投产及生产考核，滚动区集输管线、站场、通信基站等加快推进。川西地区产能配套地面建设共完工新建井口采集气装置 13 座，扩建采集气流程 6 座，建设采集气管线 26.3 千米，确保新建产能及时转化成产量。德阳 LNG 工程顺利完成建设并投料试车；河嘉 203H 集气站完成工艺流程改扩建；彭州 1 井试采撬装脱硫工程完成设备制造。元坝净化厂 4 个联合装置、川科 1 井、川西地层水综合利用站等顺利完成停工消缺和检查维修。智能化管道工作取得积极进展，完成 487 千米管线的数据采集、处理，共计5.2万余条数据入库，实现川西地区管线、联络线数据上线。加强工程监理、承包商管理，有效提升了地面工程建设项目质量、安全和投资管理水平。

（付承生）

【工程技术保障有力】 2015年，西南油气田完成钻井进尺16.56万米。钻井工程质量优良率84.62%、同比提高4%，钻井事故率同比降低1.95%；试气完成121井次、129层，储层改造完成111井次、343井段，推行川西中浅层完井改造标准化方案，试油作业时效提升13.92%，累计获天然气产量1 080万米^3/日；完成措施作业335井次，增产天然气7 400万立方米。川西海相深井钻完井提速提效取得新突破，羊深1井钻井周期283天，实现300天完钻一口川西海相超深井的目标，平均钻井周期缩短29.92%，钻井投资降低17.73%。深层页岩气缝网改造技术获得重大突破，在威页1HF井和永页1HF井应用取得良好成效。创新智能滑套+水平井精细分段压裂技术，在高庙33－10HF井成功实施19级分段压裂。川西中浅层成功实施“井工厂”开发模式，为推进规模化应用和储备页岩气开发技术探索宝贵经验。深层页岩气钻完井配套技术不断完善，油基钻井液更加成熟，轨迹控制更加精准，固井质量显著提高，优质页岩钻遇率达到100%。完善气举等7项特色排水采气技术，年增产天然气3 860万立方米。特色封井工艺不断完善，重晶石封井工艺得到推广应用，节约封井成本850万元。

（付承生）

【产销运行主动有序】 2015年，西南油气田不断健全完善生产运行管理体系，全面推进生产信息化建设，持续加强产销运行一体化管理，确保了产销衔接更加紧密，运行效率进一步提高。新井规划、用地和安评、环评有序推进；钻前施工节奏持续加快，钻井提速再获突破，川西中浅层测试、投产周期进一步缩短；平稳完成百色区块、贵州赤水旺赤线关停，顺利实现中江、威远、永川区块安全移交；元坝增压站如期投运，突破外输瓶颈，顺利进入川气东送管道；元坝海相试采项目全面投产，滚动建产项目拉开投产序幕；川西海相页岩气测试、试采等重点工程有序推进。油气销售创新理念，主动加强与石化集团公司、地方、客户的沟通协调，采取灵活多样的市场营销策略，切实巩固现有市场，全力拓展新兴市场，稳步发展分布式能源、LNG等高端用户，积极协调中国石油在川单位代输供气。密切关注市场变化，强化运销一体化，努力优化销售结构，及时执行天然气调价政策，较好地把市场不景气对天然气生产、销售带来的影响降到了最低限度。进一步加大终端销售力度，天然气终端销量5.09亿立方米，销售LNG12.72万吨。

（付承生）

【科技创新成绩突出】 2015年，西南油气田全面开展各级各类科研项目173项，获得一批有代表性的科技成果。“成都凹陷天然气富集规律与高效勘探开发技术”获中国石化科技进步一等奖，“致密砂岩气藏高效开发技术及工业化应用”获四川省科技进步二等奖，“超深高含硫生物礁大气田高效开发技术”“大型致密气藏河道砂岩精细刻画关键技术”等成果鉴定获得业内专家高度评价。通过成藏地质理论的创新、地震储层预测技术的进步和水平井多级多缝压裂技术的大范围推广应用，有效支撑了川西龙门山前雷口坡组勘探取得重大突破、元坝气田建设全面投产、中江—高庙沙溪庙气藏高效开发和川西中浅层难动用储量有效开发。全年申请国家专利43件，完成下达任务的141%；申请计算机软件著作权9件，有7件获得中国版权保护中心授权；全年新增国家授权专利34件，其中发明专利10件；首次获国外专利授权1件。

（付承生）

【安全环保势态平稳】 2015年，西南油气田全面实现“两零六杜绝”工作目标，未发生安全环保上报事故，获石化集团公司2015年安全生产、环境保护先进单位称号。开展“心气安全文化”建设，获全国安全文化标杆企业称号。有针对性地加强HSE培训，培训人员12 395人次。完成HSE督察大队组建与安全总监配置，狠抓井控和防硫化氢措施的落实，完成管道隐患整改35个，及时排查整改汛期安全隐患70项。深入开展“安全生产月”“我为安全做诊断”等安全管理提升活动，收集建议1 265条。探索推广应用废弃岩屑制砖等技术，深入实施“碧水蓝天”工程，累计处理高氯废水约18.1万立方米，重复利用压裂液约2.1万立方米、泥浆1.36万立方米，完成元坝气田采出水零排放项目技术攻关。全面加强“三同时”手续办理，取得127口井环评批复，完成久试未验与元坝17亿立方米试采重点项目的HSE验收工作。深入开展“能效倍增”计划，落实管理节能、工艺节能、技术节能和循环经济等措施，推进井下节流工艺，撤并低压低产井站，开展单井井口余压发电和变频电机应用研究，大力推广LED节能灯应用、单井分布式光伏发电，局万元产值综合能耗0.037吨标煤，分公司工业万元产值综合能耗0.79吨标煤，吨油气综合能耗105.78千克标煤。认真做好劳动保护、健康体检、职业病防治工作，有效维护员工职业健康。

（付承生）

【经营管理持续改进】 2015 年，西南油气田紧盯扭亏创效翻身仗目标，持续优化改进经营管理，提升管理运行绩效。坚持集体决策，强化重大项目经济技术论证分析，建立完善决策提报、审批和合法性审查程序。坚持问题导向，强化生产运行管理和经济活动分析质量。坚持目标导向，充分利用网络信息化平台，强化部署、执行、落实和反馈的闭环管理。坚持效益优先，强化谁要投资谁交回报的投资约束机制，加强投资项目全过程管理，使计划投资从年初计划的 65.17 亿元优化调整为 49.01 亿元，较好实现投资回报最大化。全面加强预结算管理，全年审核预算项目 450 个，金额 21.06 亿元，平均审减率 6.19%，审核结算项目 251 个，结算金额 19.47 亿元，平均审减率 3.7%。推进生产、投资、财务三大计划深度融合，落实"五到区块"管理。按照石化集团公司"战寒冬、创效益"要求，综合运用存量资金优势、降低借款规模、强化资金指标管理等成本费用管控措施，节约财务费用9 147万元，实现行政管理费用和生产运行成本压减 10% 的目标。强化勘探开发、工程技术、安全环保、油地协调、物资供应等统筹运行，大力实施一井多层，在探井部署、实施、测试的各环节实现降本增效 1.01 亿元；大力推进工程地质一体化，利用老井场和新建丛式井场节约利用征租地，优化完钻进尺，合理使用开发投资，节约投资 6 484 万元。优化物资供应，大力推行公开招标、集中采购、储物于商等物资采购模式，节约采购资金 1.23 亿元。强化工程项目招投标及合同规范管理，审核各类经济合同4 645份，审核率 100%。实施工程审计项目 52 项，审减额7 809万元，审减率 7.09%。全年推行重点降本减费措施 14 项，累计节约投资 4.65 亿元，降低成本 1.43 亿元，增收 0.98 亿元，完成计划的 160%。持续加强信息化建设，推广应用 EPBP 平台、石油工程一体化管理应用平台、综合研究业务支持信息化平台，助推经营管理效率的提高。

（付承生）

【企业改革顺利推进】 2015 年，西南油气田坚持上下联动、稳步推进，体制建设全面完成阶段性目标。机关、采油气厂、采油气管理区和科研队伍体制调整到位，专业化队伍由 9 支压缩为 1 支，达到了精简管理机构、压扁管理层级、提高管理效能的目的。紧密结合体制调整，探索推进"五大机制"建设，组织开展职能职责梳理完善工作，共清理诊断 26 类 1 492 项制度。全面清理低效无效区块，对一直亏损的广西采油厂百色区块和贵州采气厂部分气井及输气管线果断关停。推进内部模拟市场化运行，盘活人力资源，节约人工成本，解决亏损单位增收创效问题，把滇黔桂地区 359 名员工调配到川西、川东北地区承揽采输业务。推进非主营业务外包，实施业务外包项目 46 个，合同金额 2.03 亿元；岩心库管理、集输系统巡线、气防器具维护维修等业务实行内部承揽，提供就业岗位 39 个，节约资金 800 万元；持续完善车辆业务外包管理，累计节约交通运输成本约 2 096 万元。完成参股合资公司建设，有序推进规范外部用工管理。深化矿区（社区）系统改革，加快推进"三供一业"社会化分离移交，完成 95% 的水电气改造移交工作。

（付承生）

【和谐建设扎实有效】 2015 年，西南油气田牢固树立"稳定时期抓稳定""信访是送上门来的群众工作"的理念，实现信访稳定"四个不发生"、特殊敏感时期"一个为零"的工作目标。大力实施惠民工程，投入资金约 3 000 万元，实施职工食堂改造、文化阵地建设、完善党员服务社设施等 9 个民生工程项目。帮扶特困、困难人员 1 012 人次 223.2 万元，金秋助学 398 人 107 万元，兜底生活帮扶 64 人 13.37 万元。帮扶协解已退休人员 3 922 人 1 672.9 万元、协解未退休人员 3 754人 1 949.19 万元、非全日制协解人员再就业 4 014人 7 069 万元。加强群众性文体活动阵地建设，举办第 3 届职工文化体育艺术节，开展"文化送一线，欢乐进社区"慰问演出，成立 5 个老年大学分校。积极参与精准扶贫和公益事业，捐赠扶贫资金 145 万元；组织开展"扶贫日"募捐活动，7 692 人捐助善款近 67 万元；为全国残运会和四川省困难职工帮扶基金共计捐款 90 万元，展示了企业履行社会责任、热心社会公益事业、关爱贫困群众的良好形象。

（付承生）

【党建工作亮点纷呈】 2015 年，西南油气田以深化贯彻全面从严治党为主线，坚持"融入中心、服务大局，直入核心、奋发有为，深入人心、凝心聚力"的方针，围绕扭亏创效工作目标，大力实施优势转化、基础强化、心气文化三大工程，有效推进党建思想文化工作创新提升。扎实开展"三严三实"专题教育，坚持"四个结合"，突出"三个摆进去"，细化 42 个参考选题，精心组织专题学习研讨。着力抓好"六个查找"，累计查摆"不严不实"问题 925 项，突出"五个专项治理"，推进"四个专项提升"，推动查摆整改取得实效。充分用好批评与自我批评这个思想武器，组织召开专题民主生活会。充分发挥党委把关定向的政治核心作用，积极参与重大决策，切实履行“党政同责”“一岗双责”。大力推进思想建设和组织建设，打造坚强领导班子和高素质、敢担当的党员干部队伍。深化推进落实党风廉政建设“两个责任”，把纪律和规矩挺在前面，强化监督执纪问责力度，持续深入贯彻执行中央“八项规定”精神、石化集团公司党组和局党委实施细则，坚决抵制和反对“四风”。强化党建工作与中心工作深度融合，广泛开展主题劳动竞赛、群众性技术比武系列活动，为改革发展、提质增效、扭亏创效注入动力，同时涌现一批先进集体和个人受到各级表彰奖励，1人获全国劳动模范称号，26人、20个集体受到四川省表彰，1人受到四川省成都市表彰。

（付承生）

2015年9月11日，四川省召开元坝气田产能建设项目劳动竞赛先进及劳模表彰大会 （周 方 摄）

表1 西南油气田主要技术经济指标 亿元

指标名称＼年份	2015	2014	2013	2012	2011	2010
工业总产值						
西南石油局	—	—	—	—	54. 22	40. 33
西南油气分公司	73. 15	49. 78	45. 42	39. 81	35. 71	31. 75
工业增加值						
西南石油局	—	—	—	—	16. 31	13. 78
西南油气分公司	43. 76	17. 78	10. 24	5. 29	20. 27	18. 02
资产总计						
西南石油局	27. 62	28. 38	30. 05	61. 77	106. 44	92. 69
西南油气分公司	404. 31	389. 31	340. 92	271. 85	220. 53	199. 24
流动资产						
西南石油局	8. 90	9. 23	8. 03	37. 29	48. 66	40. 52
西南油气分公司	2. 38	6. 54	17. 02	3. 20	6. 35	31. 32
固定资产原值						
西南石油局	20. 62	20. 18	21. 78	17. 96	65. 00	64. 01
西南油气分公司	454. 74	304. 71	271. 20	222. 28	196. 51	165. 53
固定资产净值						
西南石油局	13. 67	13. 76	16. 31	17. 22	40. 66	41. 59
西南油气分公司	239. 31	113. 85	109. 75	85. 29	91. 46	81. 16
销售收入						
西南石油局	22. 82	27. 95	28. 67	35. 47	100. 50	74. 55
西南油气分公司	73. 22	49. 88	45. 40	39. 82	35. 83	31. 78

续表

指标名称 \ 年份	2015	2014	2013	2012	2011	2010
实现利税						
西南石油局	2.35	2.78	2.31	1.03	10.15	3.17
西南油气分公司	17.58	-18.06	-27.96	-18.07	-12.33	-14.43
税　金						
西南石油局	1.39	1.58	1.37	1.41	9.59	5.07
西南油气分公司	4.49	2.65	2.65	2.32	3.04	1.41
综合能耗/吨标煤·万元$^{-1}$						
西南石油局	0.04	0.03	0.03	—	0.41	0.48
西南油气分公司	0.79	0.57	0.57	0.57	0.57	0.93

表 2　　西南油气分公司主要生产建设指标

指标名称 \ 年份	2015	2014	2013	2012	2011	2010
完成二维地震采集量/千米	—	341.61	—	4 840.00	8 440.00	4 512.00
完成三维地震采集量/平方千米	700.08	646.76	799.48	2 538.00	2 456.00	2 060.00
完成钻井数/口	62	112	183	384	371	335
完成进尺数/万米	17.02	33.77	49.54	120.33	112.00	95.23
原油产量/万吨	1.72	2.28	2.23	2.20	2.07	2.50
天然气产量/亿立方米	48.25	34.18	32.25	29.61	28.01	27.16
新增原油生产能力/万吨	—	0.22	0.32	0.30	0.05	1.90
新增天然气生产能力/亿立方米	18.11	22.5	7.41	6.50	3.36	2.56
新增原油地质储量/万吨	—	—	—	—	—	170.70
新增天然气地质储量/亿立方米	2 403.65	2 062.42	4 430.57	2 060.16	2 076.41	1 839.04
勘探开发投资额/亿元	46.29	78.98	78.92	83.03	62.82	39.51

东北石油局暨东北油气分公司

【概况】　中国石化集团东北石油局（简称东北石油局）和中国石油化工股份有限公司东北油气分公司（简称东北油气分公司）是中国石化在东北地区唯一一支从事石油天然气勘探、开发和研究的主体专业化油公司。本部机关位于吉林省长春市西安大路 4936 号。

东北石油局和东北油气分公司前身成立于 1977 年，2000 年并入中国石化，2008 年 1 月 9 日，中国石化将原东北分公司、东北石油局、勘探北方分公司、华东分公司吉林项目部腰英台油田重组为新的东北石油局暨东北油气分公司，按大 I 型企业管理，实行“一套班子、两块牌子”的管理体制。

截至 2015 年底，东北石油局和东北油气分公司下设 12 个综合管理处室、4 个专业管理部门、5 个具有管理职能的专业化服务公司、3 个专业化单位、2 个科研单位和 4 个采油气厂；共有正式职工 1 136 人，其中拥有高级技术职称的 218 人（含教授级专业技术职称 19 人）、中级技术职称的 326 人。东北油气分公司辖有油气勘查与采矿区块 32 个，总面积约 7.35 万平方千米，分布在黑龙江省、吉林省、辽宁省和内蒙古自治区。其中，油气勘查区块22个、勘查面积约7.25万平方千米，采矿区块10个、开采面积约944.2平方千米。油气总资源量27.3亿吨油当量。已获得累计石油探明储量1.09亿吨，累计天然气探明储量817.64亿立方米。

东北石油局和东北油气分公司主要技术经济指标和主要生产建设指标见表1和表2。

（吴 瑶）

【生产经营指标全面完成】 2015年，完成原油商品量14.29万吨、天然气商品量6.15亿立方米；实现油气销售收入14.92亿元，还原后亏损4.55亿元，比总部下达指标减亏5 105万元；单位完全成本2 449元/吨，还原后比考核指标降低75元/吨。全面完成保效益目标任务。

（吴 瑶）

【油气勘探取得良好成果】 2015年，长岭龙凤山油气勘探获商业发现。针对龙凤山地区，围绕鼻状构造背景，纵向评价，横向展开，发现并落实营城组Ⅲ、Ⅳ、Ⅴ、Ⅵ共4套主力含油气层系，新增天然气技术可采储量49亿立方米、石油技术可采储量92万吨。伏龙泉断陷天然气勘探获新突破。进一步加强伏龙泉断陷成藏富集规律认识，强化构造精细解释，在西部缓坡带部署胜利2井获得突破。展开评价的胜利201井也取得了良好勘探效果，在登娄库组、泉头组解释气层12层67.8米，埋深小于2 700米，具有一定储量规模，成为新的天然气上产阵地。梨树北坡天然气勘探取得新进展。围绕皮家气田近源构造背景，重点加强储层的精细评价和构造精细解释，在皮家构造南部有利部位部署十屋311井。营城组钻遇多套气层，解释气层4层14.7米，全烃最高达100%，初步落实含气面积17平方千米，具有天然气规模35亿立方米，成为新的评价增储阵地。

（吴 瑶）

【龙凤山气田产能建设进展顺利】 针对龙凤山多物源、近源沉积、气层纵横向变化快等地质条件，强化基础地质研究，深化储层与含气性预测工作，细化分析试气试采特征，系统论证开发技术政策，在动用储量、开发井型上2次优化北201井区方案部署，建成天然气产能1.06亿立方米、凝析油产能1.88万吨，完成产能建设任务。

（吴 瑶）

【体制机制改革深入推进】 ①开展科级及以下人员

龙凤山油气田开发项目现场

竞聘上岗。共有932人参加竞聘，233名科级管理人员竞聘上岗，654人竞聘到一般管理岗和技能操作岗，21名科级干部在竞聘中落聘或降级，所有岗位调整的人员均实行了岗变薪变。②车辆集中管理成效显著。成立车辆服务中心，按照专业化管理、市场化运作、社会化服务的思路，将东北石油局、东北油气分公司机关和驻长春市单位使用的145辆车进行统一管理，筛选后退租停用部分车辆，与上年相比，减少费用支出919万元。③精简机构，优化人员配置，压缩外包费用。合并工程作业管理中心和油气田支持中心，成立采油气工程服务中心，2家单位原有人员142人，整合后优化为65人；合并生产管理处和土地与协调处，组建为生产运行管理部，进一步压扁管理层级；对全员竞聘上岗显现的富余人员实行再培训、再竞聘，重新上岗，制定离岗人员分流安置实施细则，让离岗人员有更多的去向选择；对已经外包的项目重新进行精确测算，压减费用3 380万元。

（吴 瑶）

【天然气生产销售基础夯实】 ①加快开发龙凤山气田。成立龙凤山开发建设项目部，加快北201井区集气站建设；通过吉林东大天然气有限公司快速推进龙凤山气田外输管道建设；松原采油厂成立龙凤山采油气管理区，加强运行管理，龙凤山气田北201集气站提前6个月投入使用，多创效益3 000多万元，首次实现当年设计、当年施工、当年投产、当年见效，为保效增效和冬季天然气稳产保供奠定坚实基础。②推进油气销售拓市增效。通过解读产业政策，灵活利用价格杠杆，以市场为导向，定政策、想办法，天然气销售由坐等用户转变为主动出击，巩固城市燃气用户，重点拓展可压减、可调峰的优质工业用户，进一步开拓工业终端天然气市场，培育潜在用气项目和季节性调峰用户。2015年秋季的日销售量达170万立方米。龙凤山凝析油销售开辟新用户，在油价持续降低的大环境下，每吨多销售 400 元，累计实现增效 200 多万元。

（吴 瑶）

【安全环保稳定受控】 2015 年开展各类 HSE 检查 12 次，发现问题隐患 426 项，已整改完成 411 项，整改完成率 96%；其余均落实了防范措施，有效消除现场隐患。对 23 家施工单位进行经济处罚。约谈了 8 家承包单位负责人，下达 5 份停工整顿指令，并责令相关单位对责任人员进行严肃处理，将存在严重违章行为的施工队伍和责任人员清退出东北工区。

（吴 瑶）

表 1　　东北石油局和东北油气分公司主要技术经济指标　　亿元

指标名称＼年份	2015	2014	2013	2012	2011	2010
工业增加值	8.11	7.05	10.70	5.46	4.35	2.45
东北油气分公司	8.06	6.91	8.63	5.20	4.02	2.45
东北石油局	0.05	0.14	2.07	0.26	0.33	—
资产总计	57.43	66.73	72.71	63.85	50.34	52.12
东北油气分公司	55.41	64.48	70.73	61.22	48.32	50.45
东北石油局	2.02	2.25	1.98	2.63	2.02	1.67
流动资产	1.56	2.53	2.93	3.22	2.25	7.10
东北油气分公司	0.52	1.31	1.90	1.59	1.41	6.73
东北石油局	1.04	1.22	1.03	1.63	0.84	0.37
固定资产原值	118.43	112.10	100.56	77.47	67.96	61.43
东北油气分公司	117.42	110.92	99.52	76.43	66.92	60.52
东北石油局	1.01	1.18	1.04	1.04	1.04	0.91
固定资产净值	46.02	49.08	46.77	29.20	25.64	23.96
东北油气分公司	45.55	48.56	46.35	28.74	25.11	23.43
东北石油局	0.47	0.52	0.42	0.46	0.53	0.53
销售收入	14.96	20.77	22.03	22.11	17.41	12.53
东北油气分公司	14.96	20.17	19.96	19.65	16.25	12.27
东北石油局	…	0.60	2.07	2.46	1.16	0.26
实现利税	-4.80	-3.21	-0.35	-1.93	-2.72	-3.68
东北油气分公司	-4.82	-3.22	-0.59	-1.95	-2.83	-3.72
东北石油局	0.02	0.01	0.24	0.02	0.11	0.04
税　金	0.86	2.37	2.75	1.06	0.24	0.24
东北油气分公司	0.84	2.28	2.52	0.85	0.17	0.24
东北石油局	0.02	0.09	0.23	0.21	0.07	…
综合能耗/吨标煤·万元$^{-1}$	0.53	0.69	0.69	0.65	0.61	0.62

表2　　东北油气分公司主要生产建设指标

指标名称 \ 年份	2015	2014	2013	2012	2011	2010
原油产量/万吨	14.29	19.31	21.69	22.00	21.01	22.51
天然气产量/亿立方米	6.15	6.62	6.00	5.10	3.81	3.95
新增原油生产能力/万吨	1.96	1.26	4.32	5.33	2.50	3.50
新增天然气生产能力/亿立方米	2.00	—	1.47	1.51	2.35	0.53
新增探明石油地质储量/万吨	97.95	60.36	261.17	1 022.66	1 013.73	634.55
新增探明天然气地质储量/亿立方米	51.56	—	7.89	—	26.79	42.99
二维地震/千米	—	1 025.95	914.44	2 555.06	3 908.00	1 719.00
三维地震/平方千米	152.00	204.00	660.34	295.41	602.00	213.00
油气钻井/口	26	43	151	132	70	74
探　井	9	21	43	52	27	30
开发井	17	22	108	80	43	44
钻井进尺/万米	8.71	10.46	33.98	33.92	16.16	17.37
勘探投资/亿元	1.88	4.34	8.57	10.26	9.50	6.27
开发投资/亿元	2.23	3.92	11.24	12.20	4.40	5.05

华北石油局暨华北油气分公司

【概况】 中国石化集团华北石油局(简称华北石油局)和中国石油化工股份有限公司华北油气分公司(简称华北油气分公司)位于河南省郑州市，是石化集团公司上游油田企业之一。其前身为组建于1975年5月的地质矿产部第二石油普查勘探指挥部，1997年1月并入中国新星石油公司，2000年3月随中国新星石油公司整体并入石化集团公司，2003年7月分别划归石化集团公司、石化股份公司直接管理。2013年1月，按照石化集团公司关于石油工程专业化重组和矿区(社区)管理体制调整的总体部署，对石油工程和社区板块进行了分离，成立中石化华北石油工程有限公司，实现了油公司、工程公司和社区业务“三分开”。2015年3月，华北分公司更名为华北油气分公司。

华北石油局主要负责社区管理，拥有郑州、新乡、咸阳、榆次、须水5个社区管理服务中心。华北油气分公司主要从事油气勘探开发、生产和销售业务，油气生产基地位于陕西省榆林市、延安市、咸阳市，内蒙古鄂尔多斯市，宁夏盐池县和甘肃省庆阳市、平凉市。

截至2015年底，华北石油局、华北油气分公司建有1套党政领导班子(成员共7人)，下设26个职能(处室)部门、14个二级单位。拥有正式职工2 879人，劳务工2 700人，拥有教授级高级职称22人，高级技术职称521人。拥有油气勘探开发区块18个，总面积4.10万平方千米。其中，鄂尔多斯盆地12个，合计面积2.49万平方千米；汾渭盆地1个，面积2 930.23平方千米；沁水盆地1个，面积5 413.49平方千米；南华北盆地1个，面积7 055平方千米；二连盆地2个，面积541.31平方千米；巴丹吉林盆地1个，面积102.10平方千米。年末累计拥有石油探明储量2.64亿吨，控制储量2.59亿吨，预测储量2.97亿吨；累计拥有天然气探明储量5 258.15亿立方米，控制储量6 094.71亿立方米，预测储量4 243.10亿立方米。

2015年，华北石油局、华北油气分公司被石化集团公司评为安全生产先进单位、法制工作先进单位、重点工程项目“三化”工作先进单位、节能工作先进单位、土地管理先进单位。

华北石油局、华北油气分公司主要技术经济指标和主要生产建设指标见表 1 和表 2。

（张新悦）

【油气高效勘探取得一批重要突破】 2015 年，华北油气分公司杭锦旗资源评价取得重大突破：十里加汗、什股壕勘探突破，分获石化股份公司“商业发现”和“重要发现”一等奖，在十里加汗锦 58 井区落实出下石盒子组优质资源 2 000 亿立方米。新区勘探取得重要进展：富县盒 1 气藏水平井产能获重大突破，为实施滚动评价、扩大储量成果指明了方向；旬宜区块渭北 77 井长 9 试获 2.5 米^3/日工业油流，初步落实圈闭资源量 2 300 万吨；红河油田红平探 2 井在长 9 钻遇 11.5 米油斑显示，增储领域进一步拓展。

（林彦兵　张新悦）

【全面超额完成油气储量目标任务】 2015 年，华北油气分公司新增天然气控制储量 762.86 亿立方米、预测储量 728.29 亿立方米，分别完成年度计划的 118.3% 和 145.7%。提交石油探明储量 5 062.01 万吨。

（林彦兵　张新悦）

【天然气开发上产与关键工程稳步推进】 2015 年，华北油气分公司天然气继续保持规模上产态势：大牛地、东胜气田全年完成钻井 105 口，平均砂岩钻遇率 88.7%，完成试气井 67 口，平均单井无阻流量 8.24 万米^3/日、配产 2.21 万米^3/日，新建产能 6.01 亿立方米，完成调整后的产建目标。气藏评价多点开花，成效显著：大牛地 PG26 井、DPF－201 井无阻流量均超 50 万米^3/日，东胜气田锦 58 井区完成测试的 6 口评价井平均无阻流量达 17.6 万米^3/日，2016 年 4 亿立方米产建阵地已经落实；杭锦旗锦 72 井区、柳杨堡定北 17 井区滚动评价实现突破，初步优选出下步气藏评价目标。气田一批关键工程取得重要进展：脱水脱烃工程安全顺利投产，甲醇污水处理厂扩建完工投运，大东管道建设取得总部批复、西二线主体工程基本完成，气田生产保障能力进一步提升。油田综合治理取得新进展：完成 4 种储层类型、16 个开发单元综合治理方案编制，红河 55 井区长 9 水平井面积注水实现油量上升、含水稳定，洛河油田长 7 平注平采试验井组实现液量、产量和液面三稳定。

（林彦兵　张新悦）

【科技创新推动作用有效发挥】 2015 年，华北油气分公司首次运用“超覆尖灭带＋岩性”成藏理论，落

大牛地气田脱水脱烃站正式投产运行

实出杭锦旗锦 58 井区盒 1 段优质储量 1 500 亿立方米，丰富了盆地北缘气藏类型，拓展了勘探开发思路和空间；建立了大牛地气田下古气藏“三相控储”模式，落实 450 亿立方米储量目标区。大牛地“五核心一模式”钻完井技术提速提效效果明显，上下古水平井机械钻速分别提高 14.17 和 13.12 个百分点；杭锦旗防塌堵漏钻井技术初见成效，钻井周期大幅缩短，堵漏回填次数降低 50% 左右；“三复合”酸压工艺有效支撑了大牛地下古规模建产，高温深层水平井压裂工艺应用实现柳杨堡气田施工成功率和改造效果“双提升”；创新优化“管流模型”，气田排水采气工艺进一步成熟完善。全年承担国家重大专项 2 个、省部级科研项目 6 项，开展局级科技攻关 34 项，首获 1 项石化集团公司技术发明三等奖。

（林彦兵　张新悦）

【绿色低碳战略稳步推进】 2015 年，钻井液不落地技术在华北油气分公司全面推广，“微生物＋膜”污水处理工艺初见成效，钻井固废获国家权威机构无害化检测鉴定，清洁生产和节能减排有望加快形成新的效益增长点。连续第 5 年获石化集团公司安全生产先进单位称号。

（林彦兵　张新悦）

【油公司体制机制建设扎实推进】 2015 年，华北分公司更名为华北油气分公司。经过反复优化实施方案，压减处级机构 7 个、二级单位科级机构 17 个、采油厂 1 个，调整 300 余人向采气主业转移，油公司体制建设已经到位。

（林彦兵　张新悦）

【党建思想政治工作务实有效】 2015 年，华北石油局暨华北油气分公司扎实开展“三严三实”专题教育，突出问题导向、以上率下，4 个层面 18 项“不严不

实"突出问题全部完成整改。加强党的建设，认真履行"一岗双责"，严格落实党委参与重大问题议事决策规则程序，切实加强党建考核和基层党组织建设。坚持正确用人导向，严格选拔任用程序，突出多岗位锻炼培养，顺利完成专家任期考核及重新竞聘、机关主管及高级主管选聘和技能鉴定工作。全方位开展形势任务教育，学先进、树典型，在国家级报刊推出6个专版系列报道，制作《寻油找气之路》专题片，加强舆情应对，弘扬主旋律，凝聚精气神。加强党风廉政建设，认真落实"两个责任"，加强纪检监察系统建设，建章立制，完善机制，大监察格局初步形成。全年完成50项审计、效能监察项目，完成4家单位巡视、12家单位财务稽核和115次敏感领域关键环节监督，强化问责追究。

（林彦兵　张新悦）

【庆祝建局40周年纪念活动】 2015年5月19日，华北石油局党委召开华北石油局成立40周年纪念大会，以建局40年暨鄂尔多斯盆地寻油找气60年、大牛地气田第1个10亿立方米产能建成10周年为契机，组织简朴纪念活动，有效激发了广大干部员工的荣誉感、责任感和攻坚克难的信心与斗志。

（林彦兵　张新悦）

【和谐企业建设成效明显】 2015年，华北石油局社区改造和"四供一业"移交工作稳步推进，一批重点民生工程相继完成。加强"三个阵地"建设，开展丰富多彩的群众性活动，将离退休人员"两项待遇"落到了实处。广泛开展群众性经济技术创新，深入开展"青年联合攻关"，群团作用较好发挥。全年帮扶各类困难群体2 955人次，支出专项资金114万元，基本实现了"三个不让"的目标。加大矛盾排查化解力度，实现了两个100%，确保了"四个不发生"。

（林彦兵　张新悦）

表1　华北石油局和华北油气分公司主要技术经济指标　亿元

指标名称＼年份	2015	2014	2013	2012	2011	2010
工业总产值	57.97	77.48	69.53	91.84	66.82	52.11
华北石油局	0.62	1.37	1.51	44.98	32.54	22.81
华北油气分公司	57.35	76.11	68.02	46.86	34.28	29.30
工业增加值	42.40	56.27	24.22	41.99	33.11	28.98
华北石油局	0.48	0.97	1.18	12.80	10.76	8.32
华北油气分公司	41.92	55.30	23.14	29.19	22.35	20.66
资产总计	290.36	317.91	309.60	276.36	158.56	125.19
华北石油局	6.54	7.32	6.45	42.65	36.45	28.82
华北油气分公司	283.82	310.59	303.15	233.71	122.11	96.37
流动资产	7.67	15.60	16.75	39.74	18.59	15.62
华北石油局	3.21	3.92	3.83	17.83	12.95	7.55
华北油气分公司	4.46	11.68	12.92	21.91	5.64	8.07
固定资产原值	436.11	406.96	356.50	274.13	184.38	152.89
华北石油局	6.44	6.15	5.13	32.26	29.82	27.50
华北油气分公司	429.67	400.81	351.37	241.87	154.56	125.39
固定资产净值	204.05	225.98	220.15	179.92	108.63	92.92
华北石油局	3.01	3.03	2.28	19.68	18.61	16.96
华北油气分公司	201.04	222.95	217.87	160.24	90.02	75.96
销售收入	59.33	76.96	90.01	131.84	84.72	63.50
华北石油局	0.69	1.32	4.73	60.39	40.70	28.44

续表

年份 指标名称	2015	2014	2013	2012	2011	2010
华北油气分公司	58.64	75.64	85.28	71.45	44.02	35.06
实现利税	-18.72	0.26	-18.93	9.35	14.31	9.04
华北石油局	0.08	0.39	0.87	4.94	4.18	2.30
华北油气分公司	-18.80	-0.13	-19.80	4.41	10.13	6.74
税　金	3.14	6.62	7.55	8.72	7.90	4.26
华北石油局	0.23	0.69	0.82	4.74	3.67	1.65
华北油气分公司	2.91	5.93	6.73	3.98	4.23	2.61
综合能耗/吨标煤·万元$^{-1}$	0.32	0.36	0.29	0.38	0.37	0.49
华北石油局	0.20	0.31	0.20	0.43	0.43	0.47
华北油气分公司	0.43	0.41	0.38	0.39	0.32	0.50

表 2　　华北油气分公司主要生产建设指标

年份 指标名称	2015	2014	2013	2012	2011	2010
油气产量/万吨	363.23	453.50	396.81	302.49	248.65	236.14
新增油气生产能力/万吨	60.13	105.49	46.86	147.46	46.84	43.60
新增油气探明储量地质储量/万吨	0	—	1 668.69	21 839.00	7 304.00	3 887.00
三维地震/平方千米	869.00	1 763.00	3 493.00	1 554.00	1 558.00	102.99
二维地震/剖面千米	0	503.00	—	1 394.00	2 127.00	2 325.30
油气钻井/口	171	291	751	758	399	245
探　井	23	74	149	314	161	75
开发井	148	217	602	444	238	170
钻井进尺/万米	66.44	85.98	191.73	223.36	76.50	68.39
勘探投资/亿元	6.49	16.31	29.29	23.41	11.41	7.02
开发投资/亿元	27.91	44.20	106.44	99.74	33.93	16.36

华东石油局暨华东油气分公司

【概况】 中国石化集团华东石油局(简称华东石油局)和中国石油化工股份有限公司华东油气分公司(简称华东油气分公司)是中国石化常规与非常规油气勘探开发的专业队伍。本部位于南京市建邺区江东中路315号中泰国际广场6号楼。华东石油局前身是江苏省石油勘探指挥所，成立于1970年5月6日。1997年1月归入中国新星石油公司。2000年4月随中国新星石油公司整体并入石化集团公司。2003年5月，华东石油局和华东油气分公司分别调整为石化集团公司和石化股份公司直接管理。2012年11月8日，华东石油局专业工程公司划出，成立中石化华东石油工程有限公司。2015年3月20日，华东分公司实行油公司体制模式，华东分公司更名为华东油气分公司。

截至2015年底，华东石油局和华东油气分公司共设有职能部门和党群工作部门23个(华东石油局6个、华东油气分公司17个)，下属单位11个(华东石油局5个、华东油气分公司6个)，用工总量3 579人，其中在职职工1 831人(华东石油局427人、其他用工12人、不在岗1人、华东油气分公司1 391人)；劳务工1 748人(华东石油局285人、华东油气分公司1 463人)，具有各类高级专业职称的有309人，中级专业职称的有407人。累计14人享受政府特殊津贴。

截至2015年底，华东油气分公司在苏北老区、下扬子新区和南华北盆地合肥南区块拥有油气勘探区块16个，总探矿权面积2.38万平方千米。其中，苏北油气勘查面积1 691平方千米，下扬子中古生界油气勘查面积2.16万平方千米，南华北合肥盆地482.04平方千米。石油矿产开发权区块6个，面积354.97平方千米；在山西、陕西、河南、安徽、宁夏、内蒙古、贵州等地拥有非常规勘探区块13个，其中煤层气勘探区块4个，总面积2 873.53平方千米，含煤面积2 389.31平方千米，煤层气资源量3 106.40亿立方米。页岩气勘探区块3个，区块面积1.58万平方米，预测页岩气地质资源量3.62万亿立方米。

华东石油局暨华东油气分公司主要技术经济指标和主要生产建设指标见表1和表2。

(廖志英)

【武隆向斜志留系常压页岩气勘探实现重大突破】 隆页1HF井是华东油气分公司部署在彭水区块武隆向斜志留系的一口页岩气探井，位于重庆市武隆县巷口镇。2015年8月19日，隆页1HF井钻井设计获得通过。8月26日在2 430.50米开窗侧钻，9月24日钻至3 061米进入靶窗，10月7日于4 378米完钻，实钻水平段长1 317米。11月15—26日完成压裂，12月3日井口压力降至2.52兆帕，日产气3 693立方米。钻后评价认为武隆向斜页岩气资源量为4 536亿立方米。至12月4日，累计返排液3 236.43立方米，返排率9.43%，日产气5.86万立方米，累计产气16.05万立方米，实现盆外常压页岩气勘探重大突破。华东油气分公司首次在隆页1HF井搭建井场实时数据采集、传输、存储、集成应用的智能综合平台，实现信息共享和应用、方案设计、远程专家诊断及现场实时监控。

(廖志英)

隆页1HF压裂施工现场 (沈志军 摄)

【常规油气勘探取得新成果】 2015年，华东油气分公司立足效益勘探，加大优质常规储量勘探力度。针对西斜坡三垛组、戴南组、阜三段中—浅层构造—岩性圈闭展开立体勘探，在西斜坡阜三段剥蚀区三垛组部署北1井，含油面积0.73平方千米，可获地质储量42万吨；在阜三段三角洲前缘的南华2井，试油产量10.7吨/日，华南区块落实商业储量50万吨；溱潼西斜坡发育三垛组、戴南组、阜三段一系列的构造—岩性圈闭，总资源量1 467万吨，不仅实现立体勘探，还获得商业发现。针对腰滩工区三河深凹带有利成藏区带，积极探索戴南组近岸水下扇及阜宁组构造—岩性圈闭含油气性，在石港断阶带前锋1井钻遇良好油气显示，压裂试获工业油流4.63吨/日，揭示三河深凹带近岸水下扇有较大勘探潜力；北港1井继阜二段泥灰岩段获得突破后，阜三段压裂试获油流4.37吨/日，2015年北港阜宁组提交预测储量384万吨；发育北港—前锋戴南组、阜二段、阜三段叠合构造—岩性圈闭群，面积25.25平方千米，资源量2 340万吨，金湖深凹带岩性勘探取得新发现。

(廖志英)

【延川南5亿立方米煤层气田建成投产】 延川南煤层气田于2013年6月正式施工，工区位于山西省临汾市和陕西省韩城市交界处，区内煤层埋深80—150米，是国内开发最深的煤层气田。华东油气分公司针对该气田低压、低孔、低渗等特点，不断优化和细化排采方案与排采工艺，逐步形成“五段三压四控”的排采制度。2015年5月16日，该水平井组日产气突破5 800立方米，成为延川南首口产量突破5 000立方米的煤层气井，也是中国石化产量最高的煤层气井。延川南煤层气田产能建设共部署排采井908口(产建井808口，探评井及试验井组100口)，至6月22日，808口产建井全部压裂完成实现投产。

其中，产气井 608 口，产气在 1 000 立方米以上的井 85 口，未产气井 300 口。2015 年，延川南煤层气田产气 1 亿立方米，并成功投运集气中心站，及时引进中油中泰管线，实现煤层气外销。

（廖志英）

延川南煤层气田 W31 平台排采二队职工进行排采井动液面测量　（沈志军　摄）

【**南川地区页岩气目标评价取得新进展**】　南川不同构造区带上的南页 1 井、焦页 7 井、焦页 8 井经钻探证实南川地区龙马溪组页岩含气性好，静态指标优越，与焦石坝基本一致。通过二维地震资料重新处理、解释，明确有利勘探目标。2015 年，华东油气分公司针对大石坝背斜、东胜断隆、南川鼻状等目标，部署三维地震 263 平方千米，完成第一轮滚动三维采集 120.8 平方千米。三维地震资料采集进一步揭示大石坝背斜构造形态完整、清晰，波组连续、稳定，页岩气地质条件整体优越，是现实的勘探目标。落实闭合面积 18 平方千米，资源量 144 亿立方米，具备建产 5 亿立方米的资源基础。

（廖志英）

【**溱潼西北斜坡勘探获得商业发现**】　2015 年，华东油气分公司加强岩性与低级序断层配置圈闭识别和储层预测，强化溱潼西斜坡陈家舍—帅垛滚动评价。溱潼西部斜坡带发育多个中、浅层戴南组、阜三段岩性油藏的有利区带，总圈闭面积 46 平方千米，资源量 2 840 万吨，是华东油气分公司“十三五”落实商业开发的勘探主攻方向。

（廖志英）

【**寒武系页岩气评价取得新认识**】　黄平—凯里位于鄂西渝东海槽南部。2015 年，华东油气分公司通过二维地震解释评价出黄平断块型及凯里推覆体型两类页岩气勘探目标。黄平区块发育 2 组断裂，落实 5 个稳定断块，总面积 996 平方千米，资源量 4 111 亿立方米。凯里雪峰逆冲推覆构造之下为原地系统，地震资料揭示断层下盘的断层较少，块体完整，岩保存条件相对较好。推覆体下寒武系九门冲组地层压力较高，页岩波组连续稳定，虎庄构造黔山 1 井、庄 1 井九门冲组气测显示良好，是页岩气勘探有利区，面积 773 平方千米。

（廖志英）

【**成功实施首口煤层气 J 型水平井织平 1 井**】　织平 1 井位于贵州省织金县少普乡四角田村，井位海拔 1 600米，地处山区，气候异常。2015 年，华东油气分公司自行设计、自行定向进行了 J 型水平井钻井先导试验。历时 30 天，设计和施工人员优先单增剖面轨道、三级井身结构，优化钻具组合，及时调整定向参数，确保了井眼轨迹圆滑和井下安全。4 月 19 日，织平 1 井完井，实钻最大井斜 97.20°，水平段 500 米，井深1 105.11米，位垂比 1.91。

（廖志英）

【**二氧化碳驱油取得新成果**】　苏北油田台兴 QK—111 断块 1997 年投入注水开发，注水受效高峰期油水产量平均 142 吨，至 2011 年末，日产油降至 8 吨，其中“双高单元”主力层台Ⅲ—3 层、4 层综合含水率高达 91%，故而全面停产。为恢复断块产量，提高二氧化碳驱油采收率，中国石化开展“复杂断块低渗透含水油藏提高采收率”重点科研项目攻关。项目 2012 年 10 月实施，至 2015 年 8 月，全断块累计注入二氧化碳 4.5 万吨，7 口油井注气见效，平均日产油由注气前 8 吨提高到 27 吨，日增油 19 吨，注气累计增油 1.16 万吨，每增采 1 吨原油消耗二氧化碳 3.88 吨。9 月 26 日，关停 13 年的台兴 QK－104 井，自喷日产油 7.52 吨，含水率由 100% 降到 43%。

（廖志英）

【**苏北油田最长集输管线投入运营**】　该集输管线包括从帅垛至西边城中转站，再由西边城中转站到洲城联合站的二段管线，全长 22.5 千米，途经 3 个集镇 12 个村，穿越县级公路 3 段，河道 69 处。华东油气分公司优化管网设计，优选施工方案，避开复杂地形和村庄，利用 GPS 进行施工点定位，提高施工线路的精准度。该管线密闭输送，具有成本低、效率高、安全、环保等特点，缓解了帅垛油田及周边区块原油处理、储存能力不足等问题，实现帅垛采油管理区所辖油井的集输管网全覆盖，以及管线路径数据的永久储存，节约运费150万元。同时针对帅垛中转站大量天然气空烧排放造成的浪费和污染，通过套管换热器加热，将进站来液温度提高13℃，补充站内所需热负荷，实现站内天然气回收，年节约燃煤费用130万元。

（廖志英）

【实行油公司体制机制建设】 2015年3月20日，华东分公司更名为华东油气分公司，实施油公司体制机制建设。将油气井维修和地面维护从采油厂剥离，成立采油气工程服务中心，实行内部甲乙方管理，突出效率和效益管理。将勘探开发研究院与物探研究院合并，出台和实施科研质量打分机制，推动地质与物探交互处理、解释的一体化运作，实现科研设计到现场，跟踪反馈到现场，重大事件到现场，分流非科研人员34人。推行煤层气和页岩气专业化管理，成立临汾煤层气分公司和渝黔页岩气项目部，强化跟踪分析，加强排采机理和规律研究，突出非常规资源勘探的商业发现。推行效益管理，建立合理的投资决策机制、生产运行机制，机关部门从27个降到23个，人数从238名降至198名；强化投资管理，理顺和调整与油公司模式不相适应的运行方式和管理模式，完成相关流程调整，配套制度建设；探索用工能进能出，收入能增能减、干部能上能下的用工机制。

（廖志英）

【四有目标管理获江苏省委组织部考核通过】 2013年，华东石油局党委依据江苏省委"四有"目标管理要求，创新思路，搭建企业党建系统工程。2014年提出"强化四轮驱动，提升五指效应"的工作要求，进一步细化落实两级党委的主体责任和纪委的监督责任，提出7个方面22条党委工作目标，5项纪委监督工作责任，初步建立"一岗双责"工作机制，16个直属单位全部实现交叉任职，两级班子中心组学习每年累计204次。2013—2015年共举办处级干部理论培训13期，培训341人次，科级干部理论培训21期，培训1 212人次，基层党支部书记培训班6期，培训210人次。开展送理论下基层活动，使基层党员理论学习全年达到12学时以上，培训覆盖率达到95%以上。开展"百人百点桥梁工程"活动，带着问题下基层，针对症结提出解决问题的方向与措施。3年中处级干部交流轮岗17人，分8批次将中青年干部和后备干部安排到生产一线，提升干部的综合能力和履职能力。开展"三严三实"教育，梳理出6类20项"不严不实"的突出表现，对15个二级单位领导干部开展的专题教育情况进行检查督导。2015年11月17日，江苏省委组织考核组对华东石油局"四有"目标管理情况进行考核检查。

（廖志英）

表1　华东石油局、华东油气分公司主要技术经济指标

指标名称＼年份	2015	2014	2013	2012[①]	2011	2010
工业总产值	10.35	15.20	13.90	25.57	23.26	16.88
华东石油局	2.60	0.90	0.86	14.75	14.81	11.63
华东油气分公司	7.75	14.30	13.04	10.82	8.45	5.25
企业增加值	-1.94	7.72	4.90	2.50	3.52	-1.45
华东石油局	1.82	1.73	1.59	10.36	10.53	6.83
华东油气分公司	-3.76	5.99	3.31	-7.86	-7.01	-8.28
资产总计	96.44	93.06	71.38	66.66	57.89	50.90
华东石油局	16.00	14.09	11.13	27.52	26.41	22.45
华东油气分公司	80.44	78.97	60.25	39.14	31.48	28.45
流动资产	6.96	7.93	8.69	12.63	18.91	18.23
华东石油局	5.08	6.14	5.12	10.62	12.52	8.79
华东油气分公司	1.88	1.79	3.57	2.01	6.39	9.44

续表

指标名称 \ 年份	2015	2014	2013	2012①	2011	2010
固定资产原值	80.23	72.61	61.63	64.67	55.10	48.20
华东石油局	6.63	6.68	6.17	20.77	17.25	16.05
华东油气分公司	73.60	65.93	55.46	43.90	37.85	32.15
固定资产净值	36.72	35.38	30.65	32.86	27.64	24.25
华东石油局	3.83	4.13	4.07	14.18	11.79	11.79
华东油气分公司	32.89	31.25	26.58	18.68	15.85	12.46
销售收入	13.17	18.79	22.43	45.19	41.13	34.62
华东石油局	3.64	4.49	5.18	28.98	28.21	24.35
华东油气分公司	9.53	14.30	17.25	16.21	12.92	10.27
实现利税	0.51	-1.04	-2.19	-1.65	-2.26	-4.91
华东石油局	0.60	-0.26	0.55	2.06	3.40	1.90
华东油气分公司	-1.11	-0.78	-2.74	-3.71	-5.66	-6.81
税　金	1.05	3.13	2.34	4.85	4.53	1.77
华东石油局	0.36	0.08	0.95	1.65	3.04	1.44
华东油气分公司	0.69	3.05	1.39	3.20	1.49	0.33
综合能耗②/吨标煤·万元$^{-1}$	0.53	0.55	0.55	0.80	0.85	0.78
华东石油局	0.23	0.22	0.19	0.43	0.43	0.47
华东油气分公司	0.30	0.33	0.36	0.37	0.42	0.31

①华东石油局 2012 年数据与 2011 年同口径，为 12 月月报数，非年终财务决算数

②计算 2010 年综合能耗时采用 2005 年不变价，计算 2011 年综合能耗时采用 2010 年不变价

表 2　　华东石油局、华东油气分公司主要生产建设指标

指标名称 \ 年份	2015	2014	2013	2012	2011	2010
原油产量/万吨	35.01	35.01	30.26	23.51	18.01	15.01
新增原油生产能力/万吨	6.39	10.08	8.31	6.77	5.05	6.03
新增探明石油地质储量/万吨	517.91	317.85	242.25	1 021.49	609.86	454.93
新增探明天然气地质储量/亿立方米	—	165.50	120.39	—	—	—
二维地震/平方千米	600.00	480.00	1 632.00	2 768.00	3 565.95	2 235.70
三维地震/平方千米	393.00	101.00	216.00	359.00	283.30	205.50
石油钻井/口	38	647	439	188	145	114
探　井	26	37	32	44	100	57
开发井	12	610	407	144	45	57
钻井进尺/万米	10.56	103.24	82.69	38.44	29.78	23.39
勘探投资/亿元	6.95	6.97	7.08	11.32	10.95	8.01
开发投资/亿元	7.19	22.00	20.45	11.02	4.50	4.83

勘探分公司

【概况】 中国石油化工股份有限公司勘探分公司（简称勘探分公司）是中国石化唯一的专业化勘探企业，业务归口石化股份公司油田勘探开发事业部管理，肩负着中国石化“打造上游长板、建设世界一流”的资源战略重任。勘探分公司位于成都市高新区吉泰路688号中国石化西南科研办公基地。截至2015年底，归属勘探分公司管理的勘查区块41个，总面积16.72万平方千米，总资源量气24万亿立方米、油12亿吨。

勘探分公司前身是南方海相油气勘探项目经理部，成立于1999年5月。2012年4月，中国石化整合南方海相油气勘探项目经理部和滇黔桂油田分公司，成立南方勘探开发分公司。2007年3月，原南方勘探开发分公司和原中南油气分公司勘探研究、勘探管理及部分相关业务人员整合重组成立勘探南方分公司，同年8月迁址成都。2014年7月，中国石化批复同意更名为中国石油化工股份有限公司勘探分公司。

2015年，根据石化集团公司批复的油公司体制机制建设总体方案，勘探分公司突出“小机关、大项目、精科研、强监督”特点，施行分公司—项目部两级管理，建设精干高效队伍。截至年底，勘探分公司实有员工人数462人，在岗职工458人，其中经营管理与专业技术人员452人，具有中级及以上专业技术职务任职资格的员工共计347人。在岗员工平均年龄41.6岁。

2015年，勘探分公司取得了“1个重大发现、2个商业发现、2个重要进展和4个好苗头”的油气勘探新成果。“焦石坝外围页岩气勘探”获中国石化2015年油气发现特等奖，“焦石坝地区页岩气勘探”获中国石化2015年油气商业发现特等奖，“元坝中浅层天然气勘探”获中国石化2015年商业发现一等奖。勘探分公司连续10年获石化集团公司安全生产先进单位称号。油公司体制建设任务顺利完成。经营任务超额完成，是上游板块3家盈利单位之一。党建及思想政治工作“保驾护航”作用进一步发挥，从严治党责任落实，党组巡视反馈问题整改全面完成，“三严三实”专题教育深入开展。

勘探分公司主要经济指标和主要生产建设指标见表1和表2。

（侯玉梅）

【领导班子调整】 2015年4月17日，石化集团公司党组研究决定韩萍任勘探分公司党委副书记兼纪委书记，并作为勘探分公司工会主席人选。12月10日，石化集团公司党组免去麻建明勘探公司党委书记职务，办理退休手续。总经理郭旭升主持党政全面工作。

（侯玉梅）

【油气勘探取得新成果】 2015年，勘探分公司新增页岩气探明储量2 738.48亿立方米，截至年底，涪陵页岩气田累计探明地质储量3 805.98亿立方米，夯实了一期50亿立方米产能资源基础。新增常规天然气控制储量601.11亿立方米，预测储量1 043.07亿立方米，完成年度任务的200.4%和208.6%。累计探明天然气地质储量10 588亿立方米，控制储量6 090.28亿立方米，预测储量6 909.39亿立方米，三级储量合计23 587.67亿立方米。实施二维地震440千米、三维地震990平方千米，采集任务提前完成；钻井进尺43 345米，完成年度计划的100%；试气21层，完成年度计划的118.75%，获得工业油气流7井9层。新发现大中型圈闭15个。油气勘探工作取得“1224”新成果。1个重大发现：涪陵外围复杂区页岩气勘探取得重大发现。针对外围构造复杂区甩开勘探的焦页5、6、7、8井均试获页岩气，继焦石坝主体之后实现了页岩气勘探又一重大发现。2个商业发现：①焦石坝地区页岩气勘探取得商业发现。涪陵页岩气田焦石坝区块焦页4—焦页5井区新增页岩气探明含气面积277.09平方千米，新增页岩气探明地质储量2 738.48亿立方米，扩大了涪陵页岩气田储量规模，至此，涪陵页岩气田累计获探明储量3 805.98亿立方米。②元坝中浅层油气勘探取得商业发现。元坝气田须四段提交控制储量601.11亿立方米。至此，元坝中浅层累计获探明储量107.65亿立方米、控制储量5 594.37亿立方米、预测储量2 853.39亿立方米。2个重要进展：①涪陵台洼边缘礁滩勘探取得重要进展。②川东北中浅层勘探取得重要进展。4个好苗头：①巴中地区千佛崖组新层系勘探发现好苗头。②四川盆地茅口组一段勘探发现好苗头。③涪陵侏罗系凉高山组勘探发现好苗头。④青藏地区勘探评价发现好苗头。

（侯玉梅）

【焦页8井试获高产页岩气】 2015年9月15日，勘探分公司部署在涪陵外围复杂构造区的重点页岩气探井焦页8井，在完成22段压裂后，放喷求产，获日产20.8万立方米高产页岩气流，取得涪陵外围复杂构造区页岩气勘探重大突破，进一步扩大了涪陵页岩气田的规模。

（侯玉梅）

【元陆 H-1 井须二段试获工业气流】 2015 年 1 月 16 日，勘探分公司部署在元坝西北部的第 1 口致密砂岩水平井——元陆 H-1 井，在陆相须家河组致密砂岩水平段压裂测试，获天然气日产量 10.8 万立方米。元陆 H-1 井在须二段测试获工业气流，对川东北及邻区致密砂岩气藏储层改造工艺、储量动用及商业开发具有重要的指导意义。

（侯玉梅）

【安全清洁生产十连冠】 2015 年，勘探分公司始终将安全环保工作放在首位，细化分解 17 项安全环保指标，层层签订和落实 HSE 责任；对领导班子 12 个方面的 HSE 工作落实责任；修订完善 305 个岗位的 HSE 职责以及 19 项 QHSE 制度，发布新版 QHSE 管理体系，规范了基于甲方模式的 QHSE 体系建设。加强安全监管队伍建设，配齐安全总监，组建安全督察大队，充实了安全监管力量。认真开展“百日井控安全无事故竞赛”和“我为安全做诊断”活动。全年共审批 345 次风险作业许可，收到并整改完成各类意见和建议 439 条。强化承包商监管，3 支不合规队伍不予通过安全审查，6 次对出现“低老坏”问题的施工单位进行问责约谈。加强过程监管和现场监管，全年落实领导干部现场带班 236 人次，采取“四不两直”方式检查 98 井次，建设生产现场视频监控系统，全天候实时监控，及时发现和消除安全隐患。加强环保监管，完成 11 口新部署井环境影响评价，完成 76 井次钻中、钻后环保治理和竣工环保验收，采取全覆盖和“四不两直”方式检查 171 井次，及时消除了环保隐患，实现了勘探现场无环境污染、无生态破坏。加强职业健康管理，制定和落实了高原作业职业健康体检实施细则。连续 10 年获石化集团公司安全生产先进单位称号。

（侯玉梅）

【元坝项目获国家科技进步一等奖】 2015 年 1 月 9 日，在人民大会堂举行的国家科学技术奖励大会上，勘探分公司牵头完成的“元坝超深层生物礁大气田高效勘探及关键技术”项目获 2014 年度国家科技进步一等奖。该项目第一完成人勘探分公司总经理郭旭升参加了在北京人民大会堂召开的国家科技奖励大会，接受党和国家领导人颁奖。

（侯玉梅）

郭旭升接受习近平等党和国家领导人接见

【科技创新成果丰硕】 2015 年，勘探分公司承担国家科技重大专项课题 1 项、专题 9 项；承担石化股份公司项目 11 项；自设项目 59 项。“四川盆地天然气动态成藏”获 2015 年度中国石化科技进步二等奖；“泥饼固化防气窜固井技术”等 2 项成果获中国石化首次实施新技术奖；“一种地震采集资料质量定量分析与评价方法”等 2 项成果获国家发明专利。

（侯玉梅）

【新技术运用成效显著】 2015 年，勘探分公司物探项目首次采用炸药、空气枪、可控震源 3 种震源联合施工，解决了大面积跨水域和城区施工难题，完成义和三维项目；首次运用无人动力架线机和静电释放器技术，提高了地形异常复杂的焦石坝南三维施工效率和资料质量。元陆 H-1 井首次在国内进行水平井超高压分段压裂改造，取得成功，施工泵压 127 兆帕，创国内新纪录。

（侯玉梅）

2015 年 4 月 14 日，勘探分公司西藏羌塘二维地震资料采集项目完工

【完成油公司体制建设任务】 2015年，勘探分公司按照突出勘探主业、适应项目化管理需要的原则，突出"小机关、大项目、精科研、强监督"特点，实行分公司—项目部两级管理，建设精干高效队伍。共设置中层管理机构22个，其中7个综合管理部门、3个专业管理部门、4个兼有管理职能的专业化服务单位、1个科研单位和7个项目部。1月26日，勘探分公司完成了中层机构建设和领导班子及人员配备，5月底完善和落实了各项职责，完成体制建设任务，9月顺利通过石化股份公司油田事业部预验收。

（侯玉梅）

【投资和费用管理上新台阶】 2015年，勘探分公司在项目管理上，从立项部署到实施跟踪再到结算审核，层层严格把关，全年共落实勘探及公用工程投资计划规模16.98亿元，实际完成投资16.76亿元，投资规模得到有效控制，投资效益全面超额完成总部下达指标；加强应收勘探劳务及税款清欠，余额由年初的45.02亿元下降到年末的6.36亿元，降幅达85.87%，资产负债率由年初的95.92%下降到年末的43.33%；及时办理项目合同结算，全年共完成项目结算187份；完成2014年度所得税汇算清缴，节约企业所得税462.2万元；完成8项科研项目增值税减免工作，减免增值税133.2万元；大力开展降本减费工作，全年压缩费用566.67万元，为年度目标的173.21%，6项费用比年度预算下降19.38%，同比下降12.73%；配合国家重大专项审计办完成国专项目审计，审计认定率达100%。

（侯玉梅）

【干部人才队伍建设严细实】 2015年，勘探分公司进一步加强干部人才队伍建设。为应对困难形势，副处以上干部和普通员工平均降薪分别达5%和2%。强化专业技术人才培养，科研人员平均收入保持稳定，并建立公开竞聘机制。积极探索建立量化评价反映科研人员核心能力的10项指标，严格考评，积分晋升，规范了专业技术职位管理。2人被聘为公司首席专家、5人被聘为专家、16人被聘为主任师和副主任师。进一步强化薪酬激励，对连续考核优秀的29名员工进行奖励晋档。总经理郭旭升入选第11批四川省学术和技术带头人；郑天发享受国务院政府特殊津贴，至此勘探分公司已有3人获此荣誉；李宇平入选第11批四川省学术技术带头人后备人选。1人被评为石化集团公司突出贡献专家；1人获得闵恩泽青年科技人才奖；9人获教授级高级职称，12人获高级职称。

（侯玉梅）

【党建思想政治工作扎实有效】 2015年，勘探分公司扎实开展"三严三实"专题教育，查找不严不实问题22项，落实立行立改措施18项，长效整改措施36项；组织70多名党团员到遵义会议旧址参观，弘扬优良传统，加强党性修养。严格执行"三重一大"决策制度，31次召开党委会和班子会对规定的重大事项进行集体决策；层层签订了党风廉政建设责任书；组织全体党员干部接受警示教育；开展贯彻落实中央"八项规定"精神和招投标效能监察，提出工作建议5项；修订完善党风廉政建设制度11项；按石化集团公司要求完成了廉洁风险防控、业务公开、廉洁文化建设任务。选树涪陵页岩气田建成50亿立方米产能先进集体1个、标兵和先进个人8人，选树弘扬优良传统先进典型3人，评选表彰2015年度党内先进、"双文明"先进、安全先进和工会先进。

（侯玉梅）

【宣传文化工作亮点多】 2015年，勘探分公司重点组织了元坝气田勘探发现获国家科技进步一等奖、涪陵页岩气田探明储量增加到3 806亿立方米、科技进步促进勘探发展等重大宣传活动。4月1日，《光明日报》头版头条文章《"这一次与以往真的不一样了"——我国发现首个千亿方级储量页岩气田的故事》记述了勘探发现国内首个大型商业性页岩气田涪陵气田的故事，向读者展示了南方海相页岩气"二元富集"理论的形成和涪陵页岩气田勘探发现的曲折过程，以及对国家能源发展的重大意义，展现了勘探分公司广大干部员工开拓创新、勇克难关、奉献油气的爱国主义精神。《光明日报》、新华网、光明网等国内主流媒体刊发勘探分公司的宣传报道200多篇次。

（侯玉梅）

表1 勘探分公司主要经济指标① 亿元

指标名称 \ 年份	2015	2014	2013	2012	2011	2010
资产总计	13.08	46.80	39.83	39.04	42.15	35.73
流动资产	11.97	45.61	38.72	37.96	41.06	34.84

续表

指标名称 \ 年份	2015	2014	2013	2012	2011	2010
固定资产原值	3.05	2.95	2.76	2.52	2.30	2.20
固定资产净值	0.99	0.98	0.94	0.86	0.76	0.71
销售收入	16.60	24.31	26.15	25.92	32.03	28.00
实现利税	0.39	0.41	0.80	0.94	0.88	0.73

① 经济指标不含开发

表 2　勘探分公司主要生产建设指标①

指标名称 \ 年份	2015	2014	2013	2012	2011	2010
新增天然气探明地质储量/亿立方米	2 738.48	1 176.40	—	602.04	1 757.90	405.10
新增天然气控制地质储量/亿立方米	601.11	1 202.65	962.24	1 042.68	1 371.82	1 472.67
新增天然气预测地质储量/亿立方米	1 043.07	888.33	1 308.14	1 169.31	1 336.73	1 737.58
二维地震/千米	439.93	1 344.05	2 670.63	2 156.61	2 239.02	1 599.04
三维地震/平方千米	990.22	367.76	1 005.55	607.29	560	803.66
新开钻井/口	6	13	16	22	14	21
完　井/口	15	8	31	10	27	11
钻井进尺/万米	4.33	5.40	8.23	8.68	9.69	11.60
勘探投资/亿元	16.55	24.21	25.62	25.83	31.69	27.82

① 生产指标含前瞻、风险、非常规勘探

燕山石化

【概况】 燕山石化位于北京市房山区，是石化集团公司旗下特大型石油化工联合企业，其前身为1970年成立的北京石油化工总厂，曾更名为燕山石油化学总公司、中国石油化工总公司北京燕山石油化工公司、北京燕山石油化工集团有限公司。2015年，燕山石化包括中国石油化工股份公司北京燕山分公司(简称燕山分公司)和中国石化集团北京燕山石油化工有限公司(简称燕化有限公司)。北京东方石油化工有限公司(简称东方石化公司)为燕化有限公司全资子公司，保定石油化工厂(简称保定石化厂)由燕化有限公司作为二级单位管理。

截至2015年底，燕山石化共有在岗职工15 596人(含东方石化公司、保定石化厂)。公司本部拥有63套主要生产装置、68套辅助生产装置，原油加工能力1 000万吨/年，可生产94个品种431个牌号的石油化工产品，是国内第1家生产欧V标准清洁油品的千万吨级炼油基地；乙烯生产能力为80万吨/年，聚乙烯生产能力55万吨/年，聚丙烯生产能力40万吨/年，合成橡胶生产能力24万吨/年，苯酚丙酮生产能力24万吨/年，是中国重要的合成橡胶、合成树脂、苯酚丙酮和高品质成品油生产基地之一。东方石化公司可生产醋酸乙烯、丙烯酸及脂、丁辛醇等5个系列37个品种145个牌号产品。保定石化厂可年产20万吨道路沥青。

截至2015年底，燕山石化累计加工原油3.1亿吨，生产乙烯1 906.2万吨，上缴利税1 278亿元。

燕山石化主要技术经济指标和主要产品产量见

表1和表2。

（吴明晓）

【燕山石化成立45周年】 2015年，燕山石化成立45周年。为继承和发扬优良传统，给广大干部职工鼓劲加油，公司相继举办各项庆祝活动：①在全公司范围内开展“我心中的燕山石化”大讨论活动，弘扬和继承公司优良传统。②完成《燕山石化志》续编工作，共3册142万字，翔实记录公司2001—2010年各方面工作。③7月20日召开“开启新征程、争当主力军”动员会，总结公司成立45年来取得的成绩，分析当前严峻生产经营形势，部署描绘下一阶段公司奋斗目标和发展方向，表彰长期坚守一线倒班岗位的功勋员工。

（吴明晓）

燕山石化召开庆祝建厂45周年
“开启新征程、争当主力军”动员会

【扎实开展“三严三实”专题教育】 2015年，燕山石化按照上级部署要求，认真开展专题教育活动，高标准完成4项工作任务。公司两级领导班子成员累计讲党课105次，累计开展专题学习196次、专题研讨93次，共查摆问题341条，征集意见建议288条，逐条制定整改措施，广泛号召全体党员领导干部学习中央精神，强化纪律意识和服务意识，提高思想认识，转变管理方法，从严从实开展各项日常管理和生产经营工作。

（吴明晓）

【大力推进全面从严治党工作】 2015年，燕山石化以全面从严治党为主线，严格落实管党治党“两个责任”，切实发挥党委政治核心作用。推进落实“一岗双责”，按照“党政同责”5个方面内容制定安全生产党政同责、党建工作“一岗双责”实施细则和运行规范；先后制定《燕山石化党委落实党风廉政建设主体责任清单》和《燕山石化纪委落实党风廉政建设监督责任清单》，明确两级党委42项主体责任和两级纪委42项监督责任，细化分解落实党风廉政建设工作要求；全年开展7次党风廉政专题学习，制作法规制度摘编台签，组织40名新任职领导干部集体廉洁谈话，坚持把廉洁从业要求摆在面前、记在心上、落实在行动中。

（吴明晓）

【完成全员岗位竞聘工作】 在2014年完成公司机关及主要生产单位岗位竞聘工作的基础上，2015年，燕山石化相继开展25家辅助单位“三定”和岗位竞聘工作，完成全员绩效优化和岗位竞聘。此次绩效优化和全员岗位竞聘历时2年，共显现富余人员3 201人，通过内部竞聘上岗、外部业务承揽、提前内退或病退、停岗留薪、离岗培训、协议解除劳动合同6种方式对相关人员进行妥善安排，在推进企业改革、实现机构“瘦身”的同时，保障了队伍稳定和地区和谐。

（吴明晓）

【积极推进部分业务板块重组】 2015年，为转换经营机制，盘活优质资产，优化人力资源配置，提升企业的整体竞争力和盈利能力，燕山石化积极推动一部分发展前景较好的业务板块“走出去”谋发展，先后组建或划转了燕化高科、中燕信息、燕化检维修公司等10家合资合作或自主经营企业开始市场化管理运行，涉及职工2 489人，实现分流838人（不包括燕化高科125人）。

（吴明晓）

【着手推进一体化管理进程】 2015年，为整合资源优势，发挥规模经济，促进企业一体化管理进程，燕山石化在前期业务流程优化、成立一体化管理领导小组的基础上，按照业务范围和关联程度，对化工一厂和化工七厂、橡胶一厂和橡胶二厂、储运一厂和储运二厂、热力厂和电网管理中心进行重组合并。通过推进一体化管理，二级单位数量进一步压缩，基层力量得到加强，业务连贯性和财务核算准确度明显提升，对于企业精简机构瘦身、加强费用管控、提高工作效率都具有积极意义。

（吴明晓）

【完成公司级专家选聘】 2015年，为进一步畅通三支人才队伍成长通道，燕山石化按照“同行评同行、专家选专家、公司聘专家”的原则，先后在公司机关和生产单位全员覆盖选聘专家。通过自主报名、集中答辩、专家评议等程序，从来自各专业的 1 268 名报名者中选聘出公司各类专家 160 人。通过专家选聘，燕山石化进一步畅通技术人才和技能人才的成长通道，激发干部员工扎根生产一线、提升技能操作、强化科技创新的积极性，有利于企业持续健康稳定发展。

（吴明晓）

【总体承揽中天合创煤化工业务】 2015 年 6 月 16 日，燕山石化与中天合创化工分公司签订《中天合创煤化工装置运行整体业务承揽费用协议》，正式开展业务承揽工作。燕山石化承揽团队于 2014 年 2 月 11 日开始组建，至 2015 年底共有各领域专业人员 640 人，具体负责中天合创化工分公司甲醇部、烯烃部、热电部、公用工程部相关生产装置的运行，以及机电仪中心、分析检验中心、消防大队的组建，先后完成水、电、汽、风公用工程投用运行和生产装置试车准备工作，全年项目累计开工率 98%，总体进度完成 93.03%。

（吴明晓）

【稀土异戊橡胶工业成套技术“出龙”】 2015 年 11 月 23 日，由燕山石化承担的“3 万吨/年稀土异戊橡胶工业成套技术”通过中国石化技术成果鉴定，项目正式“出龙”。该项目是中国石化“十条龙”攻关项目之一，自主开发多项专利技术和专有技术，完成万吨级稀土异戊橡胶成套技术工艺包的开发，可产出 Nd－IR01 和 Nd－IR02 两个牌号的产品，产品顺－1，4 结构含量 98% 以上，处于世界领先水平，产品加工及应用性能与国际同类产品相当。

（吴明晓）

【溴胶混合器防腐技术通过鉴定】 2015 年 5 月 19 日，燕山石化和中国石油大学（华东）共同承担的溴胶混合器防腐技术研究通过石化集团公司技术成果鉴定。该技术主要针对溴化丁基装置哈氏合金溴胶混合器溴腐蚀穿孔现象严重的问题，首次研发出不发生任何形式腐蚀的复合钽溴胶混合器。工业应用结果显示，该技术可解决溴腐蚀问题，产品合格率由 78.84% 提高到 91.02%，有效提升装置长周期安全稳定运行，具有较好的经济效益和社会效益。

（吴明晓）

【固体酸烷基化项目顺利中交】 2015 年 12 月 7 日，燕山石化 100 吨/年固体酸烷基化项目实现中交。该中试装置是中国在固体酸烷基化领域的首次尝试，以酸性固体材料作为催化剂生产烷基化油，与现有液体酸催化剂相比，具有产物容易分离、设备材质要求较低、不存在酸泄漏风险、不生产废酸等优点，对于保障生产、保护人员、促进环保具有积极意义。

（吴明晓）

【S－Zorb 装置余热回收系统试车成功】 2015 年 9 月 18 日，燕山石化炼油二厂 2#S－Zorb 装置余热回收系统试车成功。该系统采用世界领先的 ORC 余热发电技术，可将精制汽油中所蕴含的低温余热高效地转化为稳定电能，有效减少装置能耗。经初步概算，该系统在最佳工况下净发电量为 500 千瓦·时，每年可创造利润 300 余万元。

（吴明晓）

【第 3 套三废联合装置顺利投用】 燕山石化第 3 套三废联合装置是燕山石化重点环保项目，设计硫黄回收能力 6.5 万吨/年，用以满足炼油系统加工高硫进口原油的环保需要。该项目于 2015 年 5 月 10 日开工建设，11 月 15 日建成试车，11 月 30 日顺利中交，投用后对于回收生产物料、挖掘生产潜能、减少废物排放、改善生产环境均具有重要意义。

（吴明晓）

燕山石化新建第 3 套三废联合装置

【积极推进环保治理】 2015 年，燕山石化积极推进环保治理工作，先后完成 2 轮 LDAR 检测工作，共对 142.58 万个密封点进行监测，检出泄漏点 6 508 个，修复 5 023 个，泄漏率低于 0.5%，修复率超过 77%；投资 5 亿元开展第 2 轮“碧水蓝天”暨环保隐患治理项目，加快推进水煤浆锅炉清洁能源改造、工业炉脱硝改造、废碱液处理等一批重点环保项目，确保 2016 年全部完成、满足北京市最新标准。经北京市政府批准，燕山石化 2015 年共获批环保补助资金 1.40 亿元、环保科技补助资金 300 万元。

（吴明晓）

【积极配合首都油品质量升级工作】 2015年，按照北京市环保局要求，燕山石化积极配合开展首都油品质量升级工作，向天津汽车研究中心提供92#和95#共2个牌号、7个种类的京标Ⅵ车用试验汽油和车用基准汽油共计360吨，协助天津汽车研究中心进行行车实验和实验室研究，考察汽油组成对污染物排放的影响，为制定京标Ⅵ车用汽油标准提供数据支持。

（吴明晓）

【完成抗战胜利庆祝活动政治任务】 2015年是中国人民抗日战争暨世界反法西斯战争胜利70周年，首都北京举行重大庆祝活动。为保障活动期间首都油品市场有序供应，确保阅兵期间环境质量，燕山石化提前部署生产安排，严格执行环保方案，确保生产安全环保有序。9月3日，北京市大气污染综合治理领导小组办公室致信感谢公司在纪念活动期间做出的环保贡献。

（吴明晓）

【徐景新获全国劳动模范称号】 2015年4月28日，中共中央、国务院在人民大会堂召开大会，授予2 064人全国劳动模范称号、904人全国先进工作者称号。这是中国自1979年以后时隔36年再一次对这一群体进行最高规格表彰。燕山石化运行保障中心仪表二部二高压班班长徐景新获全国劳动模范称号。

（吴明晓）

【开通工区内线公务车】 2015年，燕山石化在严格落实公务用车制度改革的基础上，正式开通3条工区内线公务车，分别往返于公司机关与西厂区、东厂区、化工二厂。内线公务车首班车上午8时30分从公司机关发出，每隔1小时1班，上、下午各发车3班，途径公司各主要生产厂。内线公务车的开通，方便了职工跨厂际出行，有效降低了公务用车使用频次，为进一步规范公车管理、降低运行成本、提高工作效率奠定了基础。

（吴明晓）

表1 燕山石化主要技术经济指标 亿元

指标名称＼年份	2015	2014	2013	2012	2011	2010
原油加工量/万吨	989.95	1 033.31	870.03	1 060.37	1 084.88	1 099.53
工业总产值	532.31	726.90	654.98	816.23	859.34	763.16
燕山分公司	493.16	677.57	602.10	743.39	762.41	682.02
燕化有限公司	39.15	49.33	52.88	72.84	96.93	81.13
工业增加值	174.93	133.81	86.00	126.00	144.23	188.34
燕山分公司	165.47	124.93	80.91	115.45	122.28	169.85
燕化有限公司	9.46	8.88	5.09	10.55	21.95	18.49
资产总计	305.53	297.69	320.59	323.72	296.61	290.70
燕山分公司	204.96	187.61	213.04	219.28	192.14	194.15
燕化有限公司	100.57	110.08	107.55	104.44	104.47	96.55
营业收入	565.39	779.70	709.89	861.75	891.58	803.84
燕山分公司	509.62	715.11	643.52	773.57	781.56	708.55
燕化有限公司	55.77	64.59	66.37	88.18	110.02	95.29
实现利税	151.75	100.95	43.44	81.92	113.59	172.37
燕山分公司	154.50	106.05	53.25	89.39	96.42	168.89
燕化有限公司	−2.75	−5.10	−9.81	−7.47	17.17	3.48
实现利润	16.39	0.47	−31.41	−10.79	3.47	46.62
燕山分公司	21.27	6.93	−20.59	−1.48	−9.24	46.07
燕化有限公司	−4.88	−6.46	−10.82	−9.31	12.71	0.55

表2　　燕山石化主要产品产量　　万吨

产品名称＼年份	2015	2014	2013	2012	2011	2010
燕山分公司						
汽　油	296.32	218.84	223.87	255.22	245.34	247.69
航　煤	160.00	152.31	99.38	132.92	126.35	116.10
柴　油	180.35	218.84	194.70	274.45	309.29	314.54
润滑油基础油	15.24	16.74	18.59	24.57	26.59	26.52
商品燃料油	1.37	4.69	16.94	18.44	21.28	33.60
裂解料	248.80	235.28	200.52	212.37	214.39	234.40
商品液化气	27.88	31.00	27.19	31.94	27.12	29.02
石　蜡	8.73	10.64	6.51	9.60	9.29	9.16
纯　苯	17.44	19.00	17.10	19.48	17.53	18.78
乙　烯	78.60	77.63	72.30	75.06	75.31	84.16
丙　烯	52.26	50.57	46.68	51.47	50.07	53.28
丁二烯	10.62	11.64	10.99	11.65	10.56	12.37
间二甲苯	5.62	5.18	4.95	4.91	5.59	3.79
苯乙烯	3.79	3.74	3.10	0.05	6.40	7.93
乙二醇	5.71	5.97	3.71	5.91	4.68	6.34
苯　酚	14.91	18.91	17.66	20.45	19.36	20.29
丙　酮	8.99	11.51	10.79	12.58	11.93	12.58
低密度聚乙烯	34.70	28.19	31.94	29.56	29.44	39.51
高密度聚乙烯	17.42	17.32	15.55	18.03	18.13	20.73
顺丁橡胶	13.37	13.22	13.35	14.46	13.30	14.70
SBS	2.35	1.50	2.43	2.06	4.87	9.22
丁基橡胶	1.36	2.17	2.98	2.93	3.65	3.56
间苯二甲酸	5.00	4.70	4.61	4.50	3.99	2.05
1－己烯	2.17	2.00	2.25	1.51	1.84	2.02
燕化有限公司						
发电量/万千瓦·时	59 278.00	43 637.00	38 219.00	50 987.00	49 574.00	54 467.00
EVA	3.8	4.37	4.22	4.20	3.97	4.40

齐鲁石化

【概况】 中国石油化工股份有限公司齐鲁分公司(简称齐鲁分公司)和中国石化集团资产经营管理有限公司齐鲁石化分公司(简称齐鲁石化分公司)统称齐鲁石化，是石化集团公司直属的拥有石油化工、盐化工、煤化工、天然气化工等加工工艺最为齐全的炼化企业，位于山东省淄博市临淄区南部。其前身胜利炼油厂始建于1966年4月，1983年7月划归中国石油化工总公司。

截至2015年底，齐鲁石化拥有石油化工生产装置141套，炼油综合加工能力1 300万吨/年，乙烯产能80万吨/年，化工产品年生产能力为合成树脂110万吨、烧碱20万吨、橡胶40万吨、苯类产品45万吨、醇类产品43.5万吨、腈纶6.5万吨，其中丁辛醇、丁苯橡胶、聚氯乙烯(乙烯法)产能位居国内前列，热电装机容量50万千瓦。主要生产汽油、航煤、柴油、沥青、聚乙烯、聚丙烯、聚氯乙烯、合成橡胶、合成纤维、丁辛醇、烧碱、苯类等120余种石油化工产品，其中烧碱、聚氯乙烯产品被评为中国名牌。齐鲁石化设有直属单位24个，机关部门18个，直属机构7个，部门挂靠机构6个，驻外机构3个。用工总量23 845人，其中正式员工23 145人，劳务用工700人；共有专业技术人员5 358人，其中具有高级职称的1 540人、中级职称的2 386人、初级职称的1 432人。

齐鲁石化主要技术经济指标和主要产品产量见表1和表2。

(王方栋　曹钰梅)

【经济效益大幅提升】 2015年，齐鲁石化紧紧抓住市场机遇，克服资源不足、检修、成品油出厂困难影响，全年实现营业收入593亿元，上缴税费140亿元。在胜利原油作价机制调整导致减利10.34亿元的情况下，完成利润23.26亿元(其中炼油8.62亿元、化工14.22亿元、存续0.42亿元)，创2008年以来最好水平，位居中国石化八大炼化企业第4名。

(曹钰梅)

【产品产量创历史新高】 2015年，齐鲁石化充分发挥炼油1 300万吨改造投产后的优势，全力抓好资源保供，全年加工原油1 121.89万吨，首次突破1 100万吨大关；乙烯及下游装置保持高负荷运行，乙烯产量86.19万吨，创历史新纪录；生产化工丙烯40.9万吨、高密度聚乙烯36.36万吨、聚丙烯9.6万吨、甲苯5.61万吨、顺丁橡胶7.23万吨，均创历史新高；优化4个热电站运行，全年发电38.65亿千瓦·时，实现增产增效。加大市场开拓力度，保证全产全销，集中销售产品和自销产品分别推价增效8 300万元和4 860万元。

(曹钰梅)

【实现安全环保无事故】 2015年，齐鲁石化深刻吸取天津“8·12”特大事故教训，深入开展危险化学品综合治理，进一步强化危险化学品全生命周期管理。全面开展本质安全隐患大普查，持续抓好安全隐患查改，累计查改各类隐患4 965项，34处油气管道占压隐患治理全部完成，厂际管廊综合治理全面展开，160条企外管线全部完成检测。杜绝上报石化集团公司非计划停工事故，连续3年实现安全环保无事故，齐鲁石化获山东省安全生产月活动优秀组织单位称号。

(曹钰梅)

【炼油加工能力达1 300万吨/年】 齐鲁石化1 300万吨/年炼油改造分2个部分：①加工高硫高酸油适应性改造，主要新建260万吨/年蜡油加氢装置和60万吨/年航煤加氢联合装置，新建10万吨/年硫黄回收装置及其他配套改造；②260万吨/年催化裂化装置项目。项目总投资约31亿元。其中，260万吨/年催化裂化装置隐患治理及节能技术改造项目于2013年1月15日破土动工，2015年1月10日实现中交；260万吨/年蜡油加氢装置和60万吨/年航煤加氢联合装置于2013年8月21日土建开工，2014年11月28日实现中交；10万吨/年硫黄回收装置于2014年7月20日土建开工，2015年2月15日中交。3月31日，260万吨/年催化裂化装置、260万吨/年蜡油加氢和60万吨/年航煤加氢联合装置、10万吨/年硫黄装置实现一次开车成功，标志着1 300万吨/年炼油改造全面告捷。齐鲁石化炼油综合加工能力从1 050万吨/年达到1 300万吨/年，实现新的跨越。

(曹钰梅)

新建260万吨/年催化裂化装置　(盖　波　摄)

【全面实现国Ⅴ汽油质量升级】 汽柴油国Ⅴ质量升级技术改造项目包括新建催化汽油吸附脱硫装置、柴油加氢装置改造和相应系统配套完善。其中，催化汽油吸附脱硫装置采用S-Zorb工艺技术，设计规模为150万吨/年；柴油加氢装置改造后设计规模仍为340万吨/年。项目基础设计于2015年7月获中国石化总部批复。12月25日，150万吨/年S-Zorb催化汽油吸附脱硫装置建成投产，标志着汽油质量全部达到国Ⅴ标准。该项目创出石化集团公司同类装置建设、开工周期最短纪录。

（曹钰梅）

150 万吨/年 S－Zorb 催化汽油吸附脱硫装置 （王 斐 摄）

【13 万吨/年炼油轻烃资源综合利用项目建成投产】 齐鲁石化 13 万吨/年炼油轻烃资源综合利用技术改造项目总投资 2.54 亿元，于 2013 年 8 月 5 日批复可研报告；2014 年 4 月 25 日开工建设，11 月 4 日批复基础设计；2015 年 5 月 30 日实现中间交接，7 月 9 日实现一次开车成功，建成投产。

（曹钰梅）

【调整产品结构】 2015 年，齐鲁石化胜利原油加工量提高至 2 万吨/日，胜利原油和进口原油加工比例由4∶6 调整为 6∶4，实现鲁油鲁炼的目标；柴汽比降至 1.61，同比增产高标号汽油 9.5 万吨、航煤 1.7 万吨、沥青 12.8 万吨，均创历史最好水平。优化乙烯原料结构，在开满 2 套轻烃资源回收装置的同时，全年外购轻烃 32.3 万吨，青岛 LNG（液化天然气）乙烷顺利进厂，轻烃投入比例达 20.7%，增效 1.96 亿元。紧贴市场及时调整化工产品牌号和生产负荷，增产效益较好的产品，增效 2 亿元；开发 5 个新产品，生产新产品和专用料 49.8 万吨，其中茂金属产品获石化集团公司科技进步一等奖。开满煤制氢，利用副产氢，提高经济供氢比，增效 8 329 万元。优化平衡天然气、自产瓦斯、乙烯焦油和液化气，降低燃料成本，增效 4 400 万元。

（曹钰梅）

【实施绿色低碳战略】 2015 年，齐鲁石化以“绿色山东、生态淄博”建设为契机，加大环保投入，热电 1#—6#锅炉脱硫升级改造、乙烯污水回用等重点项目建成投用，废水、废气达到国内最严格排放标准；加强环保装置和设施管理，实现长周期稳定达标排放，排海管线 107#井创出连续达标排放 742 天的新纪录。坚持“减排天天算”，COD、二氧化硫和氮氧化物同比减排 3.9%、11.1% 和 31.8%，全面完成减排目标。持续开展化工异味治理，实施油气挥发异味、丁辛醇泄漏异味、炼油污水场恶臭等重点项目治理，进一步改善区域大气质量。实施 14 个节能改造项目，全年节能 4.1 万吨标油。利用减排后富余污水处理能力，为 127 家地方企业处理污水 275 万吨，发挥央企的示范引领作用。

（曹钰梅）

【走出齐鲁承揽业务】 2015 年，齐鲁石化协调成立东营财务共享中心淄博业务部，为承揽更大范围业务创造条件。成功承揽青岛 LNG 项目装卸业务。9 月，中标中国石化北海液化天然气有限公司接收站操作及分析计量服务标段；12 月，49 名干部员工远赴广西北海承揽该项目。承揽化销华北分公司 IC 卡提货管理业务，实现“双赢”；与中天合创达成电仪业务承揽意向。全年共有 608 名齐鲁石化员工走出去承揽业务，每年增加收入 7 400 万余元，走出齐鲁发展成为共识。

（曹钰梅）

【专业化重组优势显现】 2015 年 8 月 1 日，齐鲁石化热电、水务分析化验业务正式重组至质量检验中心，质量检验中心成为国内最大、最全的集炼油、化工、环保分析为一体的检验中心。重组后的生产运行维护中心、会计中心、信息网络中心正式运行，新闻宣传媒体和设备防腐检测 2 个专业化重组顺利实施。生产运行维护中心稳步推进专业、机构和区域优化，全年增效 5 200 万余元；会计中心统一工程检维修造价、取费标准，审减工程款 8 135 万元，审减率 17.4%；储运厂组织成品油和丙烯出厂大幅增加，创效 530 万元。

（曹钰梅）

【成本费用大幅下降】 2015 年，齐鲁石化加强采用联合，大宗原辅材料采购降本 4.33 亿元，其中原煤、原盐采购价格同比分别降低 20.9% 和 40.3%。强化预算管控，全面推行“零基预算”，可控费用降低 7 798万元；业务招待费、车辆使用费、差旅费、办公费等重点可控费用降低1 268万元；全年外委转自干降本减费2 492万元。

（曹钰梅）

【首次发布社会责任报告】 2015年5月26日，齐鲁石化邀请国内22家新闻媒体的30余名记者走进企业，举办新闻媒体沟通会，首次发布《企业社会责任报告》。报告主要分为保障国家能源安全、安全生产质量优先、清洁生产绿色发展、促进企地合作共赢、回馈社会奉献爱心5个部分。

（曹钰梅）

齐鲁石化举办新闻媒体沟通会 （郭光军 摄）

【建立市场化机制】 2015年，齐鲁石化建立市场化机制，质量检验中心、计量测试所、设备防腐检测中心充分利用资质和优势，对外开拓市场，创收300万元；天齐宾馆对外承揽会议、培训、婚宴等业务，创收450万余元。2014—2015年，通过市场化改革，增效3.6亿元。

（曹钰梅）

【改革发展成果共享】 2015年，齐鲁石化做好困难帮扶，累计发放帮扶慰问金1 271万元，提高防暑降温费和老年节慰问金标准。投资650万余元，更新5台职工通勤客车和51台生产服务车；投资1 785万元，对辖区4条主干道进行大修改造，方便职工通勤；科鲁尔员工公寓建成投用，完成6个老旧小区综合治理改造，积极推进文明和谐示范小区创建工作，改革发展成果实现共享。

（曹钰梅）

表1 **齐鲁石化主要技术经济指标** 亿元

指标名称＼年份	2015	2014	2013	2012	2011	2010
原油加工量/万吨	1 121.89	1 034.29	1 011.93	1 027.64	1 072.36	1 049.05
工业总产值	585.12	693.55	688.06	768.42	814.65	660.35
工业增加值	220.61	123.08	128.66	127.15	151.17	158.01
资产总计	217.03	219.43	219.31	213.54	208.47	231.29
流动资产	46.07	50.76	71.86	65.07	51.89	66.45
固定资产原值	434.01	391.29	399.89	394.52	397.72	401.22
固定资产净	170.33	142.59	140.85	142.15	156.91	151.45
销售收入	591.77	698.44	709.72	780.62	828.25	684.35
实现利税	163.19	67.88	74.07	72.40	103.57	99.55
税　金	139.94	86.78	86.93	87.74	95.56	94.80

表2 **齐鲁石化主要产品产量** 万吨

产品名称＼年份	2015	2014	2013	2012	2011	2010
汽　油	200.49	162.15	151.08	149.95	145.41	132.23
柴　油	322.82	337.40	356.68	378.34	410.47	394.14
煤　油	74.30	72.59	53.78	48.10	41.95	35.99
液化气	37.74	24.56	22.87	23.54	23.58	34.00

续表

年份 产品名称	2015	2014	2013	2012	2011	2010
沥　青	80. 67	67. 79	66. 57	62. 41	61. 85	41. 35
合成橡胶	32. 55	36. 77	36. 01	40. 59	40. 36	34. 63
顺丁橡胶	7. 23	7. 00	5. 60	6. 48	6. 47	5. 24
烧　碱	18. 14	16. 75	23. 90	45. 42	45. 93	48. 76
乙　烯	86. 19	80. 07	72. 30	80. 07	85. 17	85. 57
化工丙烯	40. 90	38. 97	32. 92	35. 00	37. 45	38. 47
聚乙烯	67. 34	62. 44	47. 27	42. 34	46. 79	47. 79
高密度聚乙烯	36. 36	32. 82	24. 54	16. 91	16. 49	16. 74
聚氯乙烯	22. 60	22. 41	30. 83	57. 78	58. 93	59. 63
聚丙烯	9. 60	9. 17	7. 62	5. 99	9. 03	9. 22
苯乙烯	20. 63	20. 33	19. 85	20. 02	21. 52	21. 00
丙烯腈①	22. 37	10. 99	10. 65	10. 27	6. 35	4. 43
腈纶纤维	4. 58	3. 65	5. 51	5. 97	5. 92	6. 52
丁　醇	5. 36	5. 21	5. 14	6. 26	5. 74	5. 79
辛　醇	24. 89	26. 64	23. 09	27. 29	26. 33	25. 92
纯　苯	22. 27	20. 10	19. 58	22. 08	24. 17	24. 41
对二甲苯	7. 21	8. 24	8. 33	9. 71	9. 16	3. 90
邻二甲苯	4. 44	4. 05	4. 19	4. 49	3. 70	5. 30
甲　苯	5. 61	3. 56	0. 06	0. 02	0. 30	3. 16
苯　酐	0	1. 79	2. 27	3. 61	3. 00	3. 43
甲基叔丁基醚	5. 88	6. 13	4. 66	5. 11	5. 06	5. 36
1 - 丁烯	2. 42	2. 18	1. 88	1. 86	1. 70	1. 76
发电/亿千瓦·时	38. 65	37. 48	37. 22	45. 40	45. 99	44. 97

①2015 年，丙烯腈产量含科鲁尔公司 11. 84 万吨

茂名石化

【概况】 中国石化集团公司茂名石油化工公司、中国石化集团资产经营管理有限公司茂名石化分公司(简称茂名石化分公司)、中国石油化工股份有限公司茂名分公司(简称茂名分公司)统称茂名石化，位于广东省茂名市，东毗阳江，西临湛江，北连云浮和广西壮族自治区，南临南海。茂名石化占地面积 1 617 万平方米，创建于 1955 年 5 月，是国有特大型综合石化企业，1983 年整体并入中国石油化工总公司。

茂名石化拥有 70 多套主要炼油、化工生产装置，1 座动力厂，还有港口码头、铁路运输以及完善的管道、原油和成品油储存、海上原油接卸等储运设施。原油一次加工能力 2 350 万吨/年，乙烯生产能力 100 万吨/年。主要生产汽油、煤油、柴油、润滑油、溶剂油、石脑油、沥青、乙烯、甲苯、聚丙烯、乙二醇、苯乙烯、丁苯橡胶、SBS 等 30 多类石油化工产品。

截至 2015 年底，茂名石化共设 33 个中层机构单位，其中公司机关部室 17 个、直属基层 6 个、业务中心 8 个、机关附属 2 个；另有合资合作单位 7 个。职工总数 9 403 人，其中具有正高级职称的 24 人、副高级职称的 541 人、中级职称的 1 410 人。固定资产原值 439. 86 亿元。

茂名石化主要技术经济指标和主要产品产量见表 1 和表 2。

（韩泉梅）

【经济效益创历史最好水平】 2015年，茂名石化在化工2系列停工检修影响效益6.1亿元的情况下，实现利润65.37亿元，创历史最好水平，占石化集团公司利润总额的10.53%，居中国石化炼化企业第2位、同规模企业第1位。吨化工产品利润跃居炼化企业首位。

（韩泉梅）

【安全环保取得佳绩】 2015年，茂名石化消灭了环保事故事件和上报安全事故，获石化集团公司安全生产先进单位和环境保护先进单位称号，连续第10年成为全国“安康杯”竞赛优胜单位。总部在茂名召开现场会，推广茂名石化安全管理经验。

（韩泉梅）

【国内首套异壬醇装置及配套项目建成投产】 2015年10月12日，茂名石化巴斯夫有限公司18万吨/年异壬醇装置在茂名高新技术产业开发区正式投产，同时投用的还有异壬醇合成气净化装置、异壬醇系统配套项目。茂名石化巴斯夫有限公司是中国石化与德国巴斯夫公司按50%∶50%股比共同出资于2013年11月22日正式成立的合资公司。18万吨/年异壬醇装置总投资18.59亿元，2014年1月24日正式开工建设，以茂名石化碳四、合成气和氢气为原料，是国内首次引进巴斯夫异壬醇专利技术建设的装置。该装置的建成投产，将满足新一代增塑剂不断增长的市场需求，是中国石化与巴斯夫长期合作的又一里程碑事件。

（韩泉梅）

异壬醇生产装置投产典礼现场 （张 琼 摄）

【国内首套丁二烯尾气加氢装置建成投产】 2015年7月13日，国内首套丁二烯尾气加氢装置在茂名石化建成投产。该装置设计产能4万吨/年，是茂名石化调优装置结构重点项目之一，项目采用北京化工研究院自主开发的全加氢工艺技术，主要回收2套丁二烯装置的尾气、重碳四及MTBE装置醚后碳四的炔烃、双烯烃、单烯烃，加氢成为碳四烷烃，产品可替代石脑油作为裂解原料，不仅可提高碳四的附加值，拓宽乙烯原料来源，而且可以有效增加乙烯产量、降低乙烯生产成本。项目于2013年9月24日桩基施工，2015年1月29日建成中交。

（韩泉梅）

【200万吨/年柴油加氢装置改造为航煤加氢装置】 茂名石化200万吨/年柴油加氢精制装置由洛阳石化工程公司设计，广东茂化建集团有限公司施工安装。2015年，装置改炼航煤项目改造工程由茂名瑞派石化工程有限公司设计，改炼航煤后原料为直馏煤油，氢气主要是煤制氢、连续重整、3#制氢氢气。装置于1月21日停工改造，2月3日改造项目全部完成，2月10日产出0级银腐航煤，一次开汽成功。

（韩泉梅）

【汽煤产量创历史新高】 2015年，茂名石化通过强化炼油生产全过程严格管理，优化生产方案，落实一系列优化措施，使汽油、煤油产量提升到一个新台阶。汽煤产量全年完成1 145.9万吨，比上年多产5.42万吨。其中，汽油全年完成421.61万吨，多产27.1万吨；煤油全年完成268.62万吨，多产51.3万吨，创历史新高。

（韩泉梅）

【具备国Ⅴ标准柴油生产能力】 2015年1月7日，茂名石化新建300万吨/年柴油加氢装置消缺后投产成功，产出合格国Ⅴ车用柴油。至此，茂名石化具备了国Ⅴ标准车用汽、柴油生产能力，成为华南地区最大清洁油品生产基地。

（韩泉梅）

【第2套150万吨/年催化汽油吸附脱硫装置建成中交】 2015年11月30日，茂名石化第2套150万吨/年催化汽油吸附脱硫装置建成中交。该项目为总部重点工程，批复总投资2.39亿元，于2015年4月开工建设，施工工期比第1套催化汽油吸附脱硫装置缩短一半。该项目采用S－Zorb专利技术，具有技术先进、低能耗、低碳环保等特点。投产后，茂名石化将具备全产国Ⅴ标准汽油能力。

（韩泉梅）

【航煤出口能力提升适应性改造项目建成中交】 2015年8月25日，航煤出口能力提升适应性改造项目建成中交。该工程通过将7#、8#罐改装航煤，增加罐容2万立方米；增加1个1万吨级航煤装船码头，使航煤装船码头由 2 个增至 3 个；改造装船泵，装船能力由原来 500 吨/时提升至 800 吨/时；新增到码头直径 450 毫米航煤线 1 条，消除制约航煤输送码头瓶颈。投用后，航煤装船下海能力达 12 万吨/月，可满足航煤下海需要，为公司增加新的效益增长点。

（韩泉梅）

【化工首次实现定制产品开发生产】 2015 年 11 月 18 日，根据广州金发科技股份有限公司提供的产品质量指标要求和助剂包，茂名石化化工 2#聚丙烯装置成功生产定制高刚高耐热专用料 PPH－MM18－S。该产品光泽度好，具有较高的弯曲模量和热变形温度，广泛应用于小家电的塑料组件。该产品的成功开发，开辟了企业间合作共同开发新产品的途径。

（韩泉梅）

【成功生产出免税产品变压器油】 2015 年，茂名石化从生产加工方案、石蜡基常三原料收储、白土精制装置优化操作试验和各油品罐安排等方面进行优化，于 5 月 20 日成功生产出 520 吨合格变压器油，为公司多出高价避税产品种类、增长品牌声誉和效益发挥了积极作用。

（韩泉梅）

【成功开发光电板材用聚丙烯新产品 PPR－EM03－S】 2015 年 1 月 26 日，光电板材用聚丙烯新产品 PPR－EM03－S 在茂名石化 2#聚丙烯装置成功试生产，是当年开发成功的第 1 个合成树脂新产品。该产品具有很高的光透过率、散射率以及优秀的耐老化性能，制成光电板后可广泛用于液晶显示与 LED 照明及成像显示系统，相比下游行业普遍在用的 PMMA、PC 等材料有明显价格优势。

（韩泉梅）

【成功开发高强耐热 PPR 管材料新产品 T4401】 2015 年 1 月 27 日，高强耐热无规共聚聚丙烯管材料 T4401 在茂名石化 3#聚丙烯装置成功试产，这是该套装置投产以来首次成功生产高乙烯含量管材料。该产品属于高附加值产品，耐水抽提、耐热性、耐压强度性能良好，主要应用于生产 PPR 管材，产品推出后很快受到市场欢迎。

（韩泉梅）

【首次采用气相工艺氢调法开发出高熔抗冲聚丙烯新产品】 2015 年 7 月中旬，茂名石化参与开发的高流动性抗冲共聚聚丙烯 K7726H 在 3#聚丙烯装置成功试产，是茂名石化首次在该装置使用气相工艺氢调法聚合直接生产高熔指抗冲产品。与传统的过氧化物降解法生产的产品相比，使用该工艺所产的产品刚性、韧性和加工性更好，具有更优异的白度、良好的色度稳定性和较低的挥发性有机物含量，可以减少注射缺陷、降低废品率、降低能耗，还可以进行薄壁制品的生产，减少原材料的使用，可广泛应用于汽车、家电及薄壁注塑制品等领域，是一种低成本高附加值产品原料。

（韩泉梅）

【成功开发无气味小中空高密度聚乙烯新产品 EHM6007】 2015 年 11 月 7 日，无气味小中空高密度聚乙烯新产品 EHM6007 在高密度聚乙烯装置首次试产。该新产品的生产过程采用均聚聚合工艺，避免了加入已烯单体导致异味的产生，能在乳酸型饮料和纯净水的包装领域替代 PET，绿色环保，填补了国内空白，具有广阔的市场空间。

（韩泉梅）

【全面启动业务流程体系建设】 2015 年，茂名石化按照“管理制度化、制度流程化、流程表单化、表单信息化”的工作思路，以建成集中统一、科学合理、精简高效的标准化流程体系为目标，全面启动业务流程体系建设。下发了《茂名石化业务流程体系建设实施方案》，建立工作网络，引入外部智囊，与华为专家就公司业务流程体系建设进行沟通对接，配合华为技术有限公司专家对公司的管理业务、管理瓶颈、管理愿景等问题开展流程体系建设的前期调研，借助外界力量，推动公司业务流程体系建设工作开展。

（韩泉梅）

【开展纪念建厂 60 周年纪念活动】 2015 年是茂名石化建厂 60 周年，茂名石化开展了“弘扬优良传统，开创美好未来”主题系列纪念活动。石化集团公司董事长、党组书记王玉普为公司题词“六十年艰苦创业，新时期再续辉煌”。编纂第 1 部《茂名石化志》、制作纪录片《大企宏声》、举办“十二五”成就图片展、组织厂史报告会以及征文、摄影比赛，广泛开展“我的企业我的家”群众性文体活动。5 月 12 日，公司召开纪念建厂 60 周年座谈会，回顾 60 年光辉历程，总结工作成绩和经验，提出了加快转型发展、建设世界一流企业步伐的目标。同时积极开展对外宣传，中国新闻社、人民网、《南方日报》《中国石化报》等主流媒体在五六月间集中报道了茂名石化为国家和地方经济发展做出的贡献，进一步提升了知名度和影响力。

（韩泉梅）

表1 茂名石化主要技术经济指标 亿元

指标名称 \ 年份	2015	2014	2013	2012	2011	2010
原料油加工量/万吨						
茂名分公司	1 941.82	1 930.01	1 630.14	1 436.60	1 450.00	1 386.03
工业总产值						
茂名分公司	776.12	1 072.99	980.38	929.46	952.88	772.89
茂名石化分公司	13.49	13.46	13.23	13.29	13.76	11.83
工业增加值						
茂名分公司	293.20	210.91	195.41	154.51	181.87	194.07
茂名石化分公司	4.84	5.33	5.33	5.48	4.98	2.53
资产总计						
茂名分公司	235.10	267.38	298.63	247.29	220.64	200.87
茂名石化分公司	48.47	46.55	44.33	45.99	48.42	53.70
流动资产						
茂名分公司	63.93	91.03	127.89	95.10	103.48	79.58
茂名石化分公司	14.48	13.69	14.01	14.68	15.07	14.21
固定资产原值						
茂名分公司	368.46	353.34	316.41	274.02	277.40	276.90
茂名石化分公司	71.40	69.28	67.33	67.13	67.31	68.43
固定资产净值						
茂名分公司	140.68	142.17	119.92	87.69	98.88	108.96
茂名石化分公司	24.35	29.06	28.60	29.38	25.76	34.43
销售收入①						
茂名分公司	768.44	1 052.19	974.44	917.97	936.48	757.36
茂名石化分公司	26.71	27.36	28.87	27.37	27.24	24.98
实现利税②						
茂名分公司	330.84	292.01	274.59	242.36	246.76	238.58
茂名石化分公司	5.52	4.96	4.74	3.66	3.36	3.20
税　金②						
茂名分公司	269.12	277.51	259.75	239.07	229.16	193.94
茂名石化分公司	3.35	2.84	2.91	2.28	2.26	1.79
万元产值综合能耗/吨标煤						
茂名分公司	0.56	0.58	0.60	0.61	0.61	0.60
茂名石化分公司	1.39	1.40	1.42	1.45	1.49	1.57

①茂名分公司销售收入不含炼化互供

②茂名分公司实现利税和税金的数据为当年税金实际缴纳数，含进口原油增值税

表2　　　　茂名石化主要产品产量　　　　万吨

产品名称 \ 年份	2015	2014	2013	2012	2011	2010
乙　烯	105.39	114.12	112.55	110.14	108.52	98.14
丙　烯	60.51	64.44	62.02	53.18	52.22	48.13
混合芳烃	40.19	45.47	45.65	54.81	49.66	50.68
三苯(化工)	33.36	38.02	38.26	39.60	39.95	40.61
三苯(炼油)	3.67	3.83	3.23	3.45	3.50	3.60
聚丙烯	59.25	59.53	55.37	52.90	56.06	49.50
线型聚乙烯	19.46	20.56	20.30	16.25	16.59	18.59
高密度聚乙烯	32.53	36.42	37.16	38.48	34.42	28.24
高压聚乙烯	35.50	40.59	39.14	38.07	41.45	37.48
丁二烯	13.45	14.12	14.16	14.75	14.28	12.78
甲基叔丁基醚(MTBE)	13.64	9.82	8.39	9.04	6.86	6.55
1-丁烯	1.65	1.65	1.85	1.60	1.79	1.56
乙二醇	4.00	3.17	4.56	6.80	7.62	6.61
环氧乙烷	11.86	10.68	11.00	9.64	8.15	8.12
苯乙烯	12.81	12.30	11.34	12.22	12.08	8.82
SBS橡胶	6.64	7.76	8.36	8.28	8.49	8.44
顺丁橡胶	6.35	6.72	4.69			
液化气	126.26	118.69	87.93	76.85	82.10	68.81
石脑油	186.17	212.61	180.17	173.04	168.13	157.18
汽　油	421.61	394.51	300.60	231.19	221.02	210.52
高标号汽油	325.51	281.31	288.63	224.90	219.49	205.98
煤　油	268.62	217.32	161.91	142.11	129.00	124.07
柴　油	455.63	528.61	491.82	445.80	450.96	396.35
基础油	25.67	24.02	22.91	26.97	29.53	29.07
石　蜡	7.55	6.82	6.96	8.73	8.49	10.72
商品重油	19.73	22.39	21.33	0	0	1.06
沥　青	135.49	101.23	102.40	75.10	71.10	88.70
石油焦	66.49	77.02	58.22	62.32	75.66	60.04
硫　黄	20.04	20.80	18.72	14.97	15.12	11.35

镇海炼化

【概况】 中国石油化工股份有限公司镇海炼化分公司(简称镇海炼化)是国内最大的炼化一体化企业，位于浙江省宁波市，前身为始建于1975年的浙江炼油厂。

截至2015年底，镇海炼化拥有2 300万吨/年原油加工能力、100万吨/年乙烯生产能力、4 500万吨/年深水海运码头吞吐能力，以及超过350万立方米的罐储能力为一体，构成了大炼油、大乙烯、大码头、大仓储的产业格局。主要生产各种规格的汽油、柴油、3#喷气燃料、液化气、道路沥青、乙烯、苯类、丁二烯、环氧乙烷、乙二醇、环氧丙烷、苯乙烯、聚丙烯树脂、聚乙烯树脂等50多种优质石油化工产品。镇海炼化实行公司—运行部扁平化管理，设立15个管理处室（含党群部门）、9个业务中心（含消防支队）、12个生产运行（专业）部、1个炼油老区结构调整提质升级改造项目管理部，另有中国石化委托管理的杭州石化有限责任公司（简称杭州石化）等6家公司。在岗职工5 699人（不包括杭州石化），其中具有高级职称的643人、中级职称的1 375人。镇海炼化是中国首批8家国家环境友好企业之一，并获中国节能减排功勋企业、低碳经济发展突出贡献企业、全国模范劳动关系和谐企业等多项国家级荣誉称号。

2015年是公司创业40周年，镇海炼化全面贯彻保增长、谋发展、强基础、抓党建各项部署，认真落实“两保两增两提升”工作措施，齐心协力，稳扎稳打，各项工作都取得了较好成绩。全年实现营业收入943.37亿元，实现利润106.51亿元。获中国石油和化工行业“十二五”十佳企业、浙江省思想政治工作优秀单位等称号，入选首批全国高校实践育人创新创业基地。

镇海炼化主要技术经济指标及主要产品产量见表1和表2。

（李勤勇）

【领导班子调整】 2015年，石化集团公司分别于3月20日和4月7日2次调整镇海炼化领导班子。前次调整为：聘任熊晓洋为镇海炼化副总经理、总会计师，聘任莫鼎革为镇海炼化副总经理，解聘戴宝华的镇海炼化副总经理职务，调出另有任用；王旭江任镇海炼化党委副书记兼纪委书记、为工会主席人选，熊晓洋、莫鼎革任党委委员，免去戴宝华党委委员职务。后次调整为：钟富良不再担任镇海炼化副总经理、党委委员职务，调任联合石化公司副总经理、党委委员；徐涛任镇海炼化副总经理、党委委员。

（李勤勇）

【召开第六次党代会】 2015年11月18—19日，镇海炼化召开第六次党代会。大会回顾总结过去7年公司党委的工作，分析了今后5年面临的形势任务，确定了今后5年的奋斗目标和重点工作，同时选举产生第六届党委会委员和纪律监督检查委员会委员。

（李勤勇）

【获第一届全国危险化学品救援技术竞赛团体亚军】 2015年10月21—22日，由国家安全生产监督管理总局、中华全国总工会、共青团中央和浙江省人民政府联合主办，石化集团公司承办的第一届全国危险化学品救援技术竞赛在镇海炼化成功举办。来自全国30个省（自治区、直辖市）及相关中央企业的34支代表队、近400名选手参加比赛。镇海炼化作为特邀参赛队伍获得团体亚军，同时被授予最佳组织奖。

（李勤勇）

第一届全国危险化学品救援技术竞赛开幕式

【炼油老区结构调整提质升级项目管理部正式成立】 2015年7月28日，镇海炼化炼油老区结构调整项目正式获得石化集团公司批复。该项目预计总投资37亿元，主要包括新建沸腾床渣油加氢、硫黄污水汽提、Ⅱ催化扩能改造以及相关的系统配套等内容，预计2017年底中交，2018年上半年全面投用。12月28日，炼油老区结构调整提质升级项目管理部正式揭牌成立。

（李勤勇）

镇海炼化炼油老区结构调整
提质升级项目管理部揭牌成立

【300万吨/年柴油加氢项目开工建设】 2015年9月21日，镇海炼化柴油质量升级部署中的关键项目之

一——300 万吨/年柴油加氢(简称Ⅶ加氢)项目开始打桩，计划于 2016 年 11 月 30 日建成中交。

(李勤勇)

【中国石化北仑段石油化工管线安全隐患整改局部迁改工程开工】 2015 年 12 月 31 日，中国石化北仑段石油化工管线安全隐患整改局部迁改工程正式动工。该项目包含分属中国石化 3 家单位的 17 根输油管线的局部迁改，迁改范围从镇海炼化江南工作井至通途路北延段老鹰山东侧，迁改范围全长 8.5 千米，建设总投资 6.23 亿元，计划于 2017 年 9 月 30 日建成中交。

(李勤勇)

【首家通过"两化"融合管理体系评估审核】 2015 年 2 月 4 日，工业和信息化部电子工业标准化研究院在镇海炼化召开"两化"融合管理体系评估审核末次会议。镇海炼化"两化"融合管理体系顺利通过评估审核，成为首家通过评估审核的企业。

(李勤勇)

【自主研发生物航煤圆满完成首次商业载客飞行】 2015 年 3 月 21 日，由镇海炼化生产的中国石化 1#生物航煤的首次商业载客飞行取得圆满成功，标志着中国成为世界少数几个拥有生物航煤自主研发生产技术并成功商业化的国家之一，中国石化成为国内首家拥有生物航煤自主研发生产技术并成功投入商业化应用的企业。

(李勤勇)

【新型白土使命寿命创出新纪录】 镇海炼化芳烃联合装置"减少装置白土使用量"节能减排降本增效项目取得显著成效。截至 2015 年 3 月底，自 2014 年 11 月 27 日投用的保护剂普通白土和中国海油天津化工研究院脱烯烃催化剂已连续运行近 4 个月，使用寿命远超一般工业白土使用寿命 15—20 天的纪录。

(李勤勇)

【标准喷嘴流量计测量天然气流量技术研究填补国内空白】 2015 年 11 月 24 日，镇海炼化组织召开"标准喷嘴流量计测量天然气流量技术研究"开发项目(合同)验收会。项目验收专家组认为，该技术解决了天然气实流标准装置难以满足天然气计量表的检定需求等问题，填补了国内用标准喷嘴流量计测量天然气流量的空白。

(李勤勇)

【多项创新成果获国家级奖项】 2015 年 1 月 9 日，全国企业管理现代化创新成果审定委员会公布第 21 届全国企业管理现代化创新成果，镇海炼化选送的"以打造世界一流企业为目标的智能型炼化工厂建设"获国家级一等奖。1 月 9 日，在 2014 年度国家科技奖励大会上，镇海炼化和华东理工大学、洛阳石化工程公司等单位共同合作开发的"重大化工装置中细颗粒污染物过程减排新技术研发与应用"项目获得 2014 年度国家技术发明二等奖。1 月 23 日，国家安全生产监督管理总局正式发文，由镇海炼化与浙江理工大学联合完成的科研成果"原油劣质化炼化系统流动腐蚀失效事故预测防控成套技术及应用"获第 6 届全国安全生产科技成果一等奖。

(李勤勇)

【获全国文明单位称号】 2015 年 2 月 28 日，中央精神文明建设指导委员会公布《关于表彰第四届全国文明城市(区)、文明村镇、文明单位的决定》，镇海炼化获得全国文明单位称号。

(李勤勇)

【开展纪念创业 40 周年系列活动】 2015 年 5 月 23 日，镇海炼化在体育馆举行《明天会更好》——公司创业 40 周年故事会、知识竞赛、道德模范表彰暨原创节目展示活动。还先后组织开展职工优秀书画展、"足迹"征文、老员工文艺演出、大众体育比赛、健身操展示等纪念活动。

(李勤勇)

【战胜公司史上最严重内涝灾害】 受第 21 号台风"杜鹃"环流和强对流系统共同影响，2015 年 9 月 29 日夜间—30 日凌晨，镇海炼化所处的镇海区雨量达 329 毫米，成为宁波市受灾最严重的地区，镇海炼化遭遇公司史上最严重内涝灾害。干部职工纷纷赶赴厂区奋勇抢险，众志成城保生产，未发生一起装置停工和环境污染事件。

(李勤勇)

表1 **镇海炼化主要技术经济指标** 亿元

指标名称＼年份	2015	2014	2013	2012	2011	2010
原油加工量/万吨	2 180.32	2 094.57	2 214.94	2 076.00	2 261.14	2 159.80
工业总产值	884.05	1 137.04	1 269.02	1 291.74	1 350.91	1 031.35
工业增加值	358.35	212.85	250.51	218.53	264.68	243.56
资产总计	320.34	350.87	385.40	404.02	443.73	389.29
流动资产	108.57	121.74	158.95	165.03	187.94	119.25
固定资产原值	386.04	382.99	367.25	363.53	360.05	353.86
固定资产净值	166.46	181.67	185.93	200.40	215.86	230.56
销售收入	944.80	1 202.18	1 358.72	1 355.04	1 457.57	1 061.12
实现利税	342.88	184.09	227.72	183.76	236.80	214.34
税　金	236.37	152.25	158.96	156.99	183.99	160.70
综合能耗/吨标煤·万元$^{-1}$	0.52	0.53	0.53	0.54	0.53	0.63

表2 **镇海炼化主要产品产量** 万吨

产品名称＼年份	2015	2014	2013	2012	2011	2010
汽　油	333.27	308.46	285.10	284.24	314.95	304.86
航空煤油	226.26	218.77	208.97	156.23	162.89	154.56
柴　油	628.86	625.41	692.26	703.09	763.22	763.00
石脑油	293.33	288.75	310.00	288.58	275.85	232.06
燃料油	33.54	38.81	32.79	34.74	48.97	37.80
液化气	105.52	97.22	107.57	101.03	114.71	114.54
白色油	—	2.70	4.28	6.51	5.33	41.76
溶剂油	1.21	1.64	2.18	2.58	3.18	3.18
沥　青	143.27	126.40	136.25	101.33	128.03	117.80
丙　烯	86.39	77.27	88.03	88.07	90.93	62.49
聚丙烯	54.62	49.41	56.64	55.18	56.40	37.42
苯	38.43	34.43	39.70	37.80	40.95	28.93
甲　苯	1.89	1.53	13.01	16.97	17.18	12.92
混合二甲苯	0.81	4.12	5.94	7.56	17.51	6.28
邻二甲苯	16.93	15.16	16.51	13.60	15.65	16.03
对二甲苯	63.01	54.64	65.11	47.74	43.69	49.27
硫　黄	22.53	22.29	21.99	21.09	21.71	17.92
石油焦	123.59	109.99	117.35	108.25	130.12	120.65
尿　素	—	—	—	—	—	10.47

续表

产品名称 \ 年份	2015	2014	2013	2012	2011	2010
乙　烯	113.14	97.06	111.08	110.27	110.84	52.59
丁二烯	15.79	14.15	16.08	15.52	16.32	7.91
聚乙烯	48.44	41.57	48.80	47.99	47.36	19.81
环氧乙烷	15.58	12.37	10.66	11.88	11.18	4.53
乙二醇	51.89	45.06	52.45	54.57	56.85	30.01

天津石化

【概况】 中国石油化工股份有限公司天津分公司(简称天津分公司)和中国石化集团资产经营管理有限公司天津石化分公司(简称天津石化分公司)统称天津石化，位于天津市滨海新区(大港)，与天津市区和塘沽新港有铁路、公路相通，与天津港南疆石化码头有输油管线相连。其前身为中国石化天津石油化工公司(由天津市石油化学工业公司和天津市石油化纤总厂组成)，成立于1983年12月28日，2000年分设为中国石化集团公司天津石油化工公司和中国石油化工股份有限公司天津分公司；2005年，2个公司进行一体化重组整合，实现机构的统一管理；2007年5月22日，注册成立天津石化分公司，10月正式注销中国石化集团天津石油化工公司；2010年6月，2个公司实行一体化管理。

天津石化拥有炼油、化工、化纤生产装置51套，原油综合配套加工能力1 250万吨/年，乙烯生产能力120万吨/年(含中沙石化)，化工产品年生产能力为对二甲苯38万吨、PTA34万吨、聚酯20万吨、聚醚6万吨，热电装机容量40万千瓦，日供水能力10万吨，原油储存能力27万立方米。主要生产汽油、煤油、柴油、液化气、燃料油、苯类、乙烯、丙烯、环氧乙烷、乙二醇、聚乙烯树脂、聚丙烯树脂等石油化工产品，其中涤纶短纤维、3#喷气燃料为国优产品；“天仙”牌涤纶短纤维，“津港”牌轻柴油、车用汽油、3#喷气燃料，“大港”牌工业用纯苯被评为天津市名牌产品。

截至2015年底，天津石化共设18个机关部室，6个生产作业部，10个直属专业服务单位，另有2家合资公司；正式职工总数为8 157人，共有专业技术人员1 509人，其中具有高级职称的243人、中级职称的577人。资产总额218.8亿元。

天津石化主要技术经济指标及主要产品产量见表1和表2。

(罗　威　张登宇)

【安全生产水平显著提升】 2015年，天津石化梳理完善全员HSE职责，成立事故调查、隐患排查和治理、应急处理、承包商管理、变更管理5个HSE分委员会，选优配齐三级安全总监，组建专职安全环保督察大队。制定安全生产“两奖两罚”制度，对生产装置实行安全长周期“爬坡”奖励。强力推进油气管道隐患整治攻坚战，完成首批38项长输管道隐患整改。国家应急救援基地开工建设，应急预案全面优化，应急管理经验得到国家安监总局的充分肯定，并在石化集团公司系统内推广。全年保持重大事故为零，连续15年被评为全国“安康杯”竞赛优胜企业。

(罗　威　张登宇)

【外排废水达到地表Ⅴ类标准】 2015年10月，通过部分启用外排废水深度治理提标改造项目临时过渡措施，天津石化外排废水COD月平均值由60毫克/升(国家标准)降至40毫克/升以下，处于国内石化企业最先进水平。12月1日，过渡措施全面启用，外排废水达到地表Ⅴ类水(景观用水)标准要求。

(罗　威　张登宇)

污水处理设施　(黄士斌　摄)

【全面完成泄漏检测与修复(LDAR)技术应用工作】 2015年8月，天津石化完成全部36套生产装置

LDAR 技术应用工作，成为石化集团公司首家按照新规范要求完成此项工作的企业，比国家环境保护部要求的时间提前 4 个月，得到石化集团公司通报表扬。其间，全面完成基础数据表采集、挂牌拍照、现场检测修复、软件平台安装、检测数据导入、排放量及减排量核算等工作。

（罗 威 张登宇）

【有效应对特殊时期挑战】 2015 年，天津石化有效应对天津港“8·12”事故后原油进厂和成品油出口受阻、“9·3”阅兵期间七省市联动运输管制对安稳运行造成的较大影响。同时，顺利完成 13 次重污染天气应急响应任务。

（罗 威 张登宇）

【生产经营成效明显】 2015 年，天津石化在原油加工量同比减少 50 多万吨的情况下，最大限度增产高附加值产品，汽油、航煤产量增长 16%，柴油产量降低 21%，其中 97#及国Ⅴ汽油增加 31%、车用柴油增加 14%、低凝柴油增加 2%、柴汽比下降 1.07，均创历史最好水平。加大优化挖潜力度，全力落实“90% 靠优化创效、10% 靠控制费用”增效策略，组建生产经营优化机构，制定优化创效奖励办法，累计挖潜增效 8.2 亿元；实现在年预算基础上，对生产运行及行政管理费用再压缩 5% 的目标，降幅 6.4%，降本减费 3.8 亿元。

（罗 威 张登宇）

【专业化重组取得新进展】 2015 年，天津石化整合社区业务和公务用车管理职能，成立行政事务中心；整合职业健康与环境中心和安全环保督察组，成立 HSE 监测与督察中心；成立炼油产品结构调整及油品质量升级改造项目经理部。

（罗 威 张登宇）

【聚醚部搬迁与人员配置工作稳步推进】 2015 年 11 月，天津石化聚醚部市内老区搬迁启动，人员分流配置工作同步实施。至年底，通过内部优化配置和人力资源输出，全部 423 名职工得以妥善配置。新装置在岗职工总数由 423 人降至 261 人，较原聚醚部减少 40%。

（罗 威 张登宇）

【供水业务移交地方】 2015 年 12 月 9 日，天津石化与滨海水业集团签署生产调度协议，正式启动水源转换工作，社区供水业务移交地方，市政水源进入天津石化供水管网，逐步替代地下水源。至 12 月底，天津石化地下水取用量由切换前 4 万吨/日降至 1 万吨/日，供水移交涉及的 20 名改制单位职工、5 033万元资产及供水业务实现划转和移交。

（罗 威 张登宇）

【首次实现石化集团公司内部业务承揽】 2015 年 5 月 1 日，天津石化应管道储运公司委托，3 个消防执勤中队正式为其所属天津输油站（含大港商储库）、天津商储库、天津国储库 3 个库区提供消防服务，首次实现石化集团公司内部业务承揽。

（罗 威 张登宇）

【汽油全部满足国Ⅴ标准】 2015 年 5 月 25 日，天津石化 90 万吨/年催化汽油吸附脱硫（S－Zorb）装置实现一次开车成功。至此，天津石化油品质量升级第一阶段改造项目全部完成，生产的汽油全部满足国Ⅴ标准，产能由 66 万吨/年提高至 120 万吨/年。同时，装置建设周期 241 天、开工时间 23 天，创系统内同类装置建设与开车时间最短新纪录。

（罗 威 张登宇）

90 万吨/年 S-Zorb 装置投产 （董 波 摄）

【完成石化集团公司炼化企业首笔碳交易】 2015 年 2 月 26 日，天津石化成功打通碳交易账务处理、线上交易全流程，在天津市排放权交易所完成首笔碳交易，以 25 元/吨的价格售出 30 吨二氧化碳当量，比当日结算价格高 0.41 元/吨。

（罗 威 张登宇）

【首批 38 项长输管道隐患全部整改完成】 2015 年 10 月 26 日，天津石化经与天津市政府及天津高速公路集团多次商洽，成功利用地方资金，完成天津市东丽区蓟汕高速施工路段占压天津石化航煤长输管道重大隐患整改，1.98 千米管线经新路由顺利切改，消除占压隐患。至此，2014 年排查出的首批 38 项长输管道隐患全部整改完成。

（罗　威　张登宇）

【科研创新取得新成果】 2015 年，天津石化开发生产 7 个聚烯烃新品，国内首次成功实现两聚工艺技术嫁接，“十条龙”攻关项目“气液法流化床聚乙烯工艺成套技术开发”出龙，“石化企业外排污水提标处理技术”通过石化集团公司评审。与石油化工科学研究院合作的“高效环保芳烃成套技术开发及应用”获国家科技进步特等奖。

（罗　威　张登宇）

【成功召开第七次党代会】 2015 年 11 月 26 日，中共天津石油化工公司第七次党员代表大会在天华宾馆召开，选举产生新一届党委和纪委，对过去 5 年公司党委工作进行了全面总结，对未来 5 年天津石化党建工作进行系统规划和具体部署。

（罗　威　张登宇）

【深入开展“三严三实”专题教育】 2015 年 6—12 月，天津石化按照党中央、石化集团公司党组的具体部署和明确要求，在全体中层及以上领导人员中开展“三严三实”专题教育。领导班子成员带头讲党课，全体中层领导人员打破单位部门界限，组成 18 个小组开展分组研讨，公司层面先后组织 3 次集中研讨。高质量组织召开专题民主生活会和组织生活会，深刻对照检查，严肃开展批评和自我批评。聚焦 12 个方面不严不实共性问题，制定 39 项整改措施，列表管理、销项整改，干部队伍作风不断转变。

（罗　威　张登宇）

【实现稳定形势根本性好转】 2015 年，天津石化构建三级联防联动联控网络，认真落实领导干部包重点积案、项目组包重点群体、工作组包重点个体、党群部门包改制单位“四位一体”责任包保机制，有效发挥领导干部的组织协调优势、职能部门的政策优势、党群部门的专业优势，全力推进“案结事了、事要解决”，全年石化集团公司来访统计量同比下降 96%。

（罗　威　张登宇）

【业务竞赛取得优异成绩】 2015 年，天津石化在石化集团公司 13 个一类业务竞赛中取得 6 金、8 银、2 铜，3 个团体第一、1 个团体第二，创历史最好成绩。

（罗　威　张登宇）

【再次获得全国文明单位称号】 2015 年 5 月，天津石化再次获全国文明单位称号，成为天津市和石化集团公司为数不多连获此殊荣的企业之一。

（罗　威　张登宇）

表 1　　天津石化主要技术经济指标①　　亿元

指标名称 ＼ 年份	2015	2014	2013	2012	2011	2010
原油加工量/万吨	1 157.61	1 208.26	1 294.09	1 085.39	1 300.97	1 149.48
工业总产值	442.90	710.59	835.56	728.27	834.80	582.03
工业增加值	128.55	76.40	110.83	54.84	113.81	86.35
资产总计	206.77	235.31	286.62	299.89	319.02	318.73
流动资产	53.81	84.06	143.98	148.97	160.79	153.70
固定资产原值	294.12	289.86	277.48	268.84	267.34	263.61
固定资产净值	101.53	107.72	108.85	108.86	111.12	118.49
销售收入	463.44	734.61	856.69	748.90	862.79	632.79
实现利税	108.99	53.81	84.06	29.90	87.66	71.77
税　金	90.93	69.35	83.09	52.41	84.20	63.42

①均为天津分公司数据，不含存续部分数据

表 2　　**天津石化主要产品产量**　　万吨

产品名称 \ 年份	2015	2014	2013	2012	2011	2010
汽　油	121.62	106.20	93.49	75.26	87.51	70.49
煤　油	157.42	134.14	130.76	94.50	114.95	81.22
柴　油	294.53	370.52	417.07	368.67	419.27	383.88
化工轻油①	345.42	347.69	372.78	328.20	401.50	385.93
商品液化气	46.53	47.86	49.20	41.53	51.27	42.98
石油苯	39.55	41.19	44.00	37.85	43.02	35.67
对二甲苯	31.03	33.88	43.54	35.49	42.74	37.30
精对苯二甲酸	26.05	21.79	31.23	27.60	32.76	32.83
聚　酯	16.27	16.38	29.10	26.00	29.83	28.55
聚酯切片	6.02	5.34	17.58	15.60	17.70	16.17
涤纶短丝	10.20	10.88	11.53	10.31	12.12	12.41
聚醚多元醇	7.38	8.35	8.02	8.21	8.21	7.60
丙　烯	16.64	16.60	18.18	13.94	16.68	16.72
乙　烯	21.08	21.33	22.21	18.82	23.05	23.76
聚乙烯	12.25	11.70	13.01	11.75	14.24	14.49
聚丙烯	7.19	7.08	7.29	6.54	7.27	7.43
乙二醇	3.96	3.47	3.96	3.73	4.19	3.88
环氧乙烷	4.74	5.26	4.67	4.08	4.48	4.74

①化工轻油数据中含尾油产量

中沙石化

【概况】 中沙(天津)石化有限公司(简称中沙石化)是石化股份公司和沙特基础工业投资公司以50%∶50%的股比共同出资设立的大型石油化工企业，成立于2009年10月20日，坐落于天津市滨海新区，截至2015年底，总投资294.07亿元，注册资本97.96亿元人民币，占地面积1.72平方千米，2010年5月11日正式投入商业运营。

中沙石化一期项目，即天津百万吨乙烯项目，总投资183.8亿元人民币，包括100万吨/年乙烯装置、65万吨/年裂解汽油加氢装置、30万吨/年高密度聚乙烯装置、30万吨/年线型低密度聚乙烯装置、11/28.5万吨环氧乙烷/乙二醇装置、45万吨/年聚丙烯装置、35万吨/年苯酚丙酮装置、20/12万吨/年丁二烯抽提和MTBE联合装置8套主生产装置，以及配套公用工程及辅助设施，生产包括化学品21种、功能性化学品5种、聚合物产品3类25个牌号的产品。项目于2010年1月建成投产并实现一次开车成功。中沙石化二期项目，即26万吨/年聚碳酸酯项目，总投资110.27亿元人民币，已经国家发改委正式批复。

截至2015年12月31日，中沙石化共有员工1 342名。2015年生产主要化工产品446.34万吨，实现销售收入188.68亿元人民币。

中沙石化主要经济指标及主要产品产量见表1和表2。

(王　晶)

【效益创历史最好】 2015年，中沙石化持续深入开展了“比学赶帮超”、优化攻关等活动，不断提高生产运行水平，成效显著。全年累计完成主产品产量446万吨，其中乙烯108.8万吨，实现利润27.19亿元，创造了公司成立以来的最好成绩。

(王　晶)

【安全生产取得新成绩】 2015年，以贯彻落实安全生产法和环境保护法为主线，持续深入推行安全标准化与 SHEMS 体系，强化各级安全职责，从严管理，落实责任，全面提升 HSE 业绩。SHER 创新低(0.03)，为推行 SHEM 体系以来的最好水平；设备可用度等关键绩效指标好于上年，LDAR 工作取得丰硕成果；装置环保设施运行良好，外排污水合格率达 100%，全年实现了 A 级事故为零。

(王　晶)

【优化增效有了新提高】 2015 年，中沙石化实施增效攻关项目 33 项，主要技术经济指标不断提升，大部分装置物耗创历史最好水平，乙烯、线型低密度聚乙烯、聚丙烯等装置稳步于国内同行业前 3 名水平。加大新品研发力度，线型低密度聚乙烯以膜类通用产品为主，聚丙烯以抗冲共聚产品为主，受到市场的高度认可，创效明显。

(王　晶)

【内部管理和团队建设进一步加强】 2015 年，中沙石化在管理体系建设方面首次接受 SHEMS 外部审核，SHEMS 总等级达 3.25，启动了能源管理体系建立工作。对组织机构第 4 层进行部分调整。完善公出与差旅的业务流程，达到更精简、更高效的目的。在团队建设方面，重新修订《团队建设管理办法》，完善技能操作、专业技术、经营管理 3 条员工成长通道，全年培训计划完成率达 100%，受训员工 100%。继续落实员工关爱制度，全年员工关爱累计 2 559 人次；“8·12”天津港爆炸事故发生后，中沙石化在第一时间决定向遇难者家属捐款 100 万元，很好地履行了企业的社会责任。中沙石化获得天津市优秀管理现代化成果一等奖1 项、三等奖 1 项；获 2015 年度天津市 100 强企业(第 28 位)称号；成为天津市首家国家危化品一级安全生产达标企业；获得国家级优秀 QC 小组称号，连续 4 年被评为天津市设备管理先进单位，并获第 10 届全国设备管理优秀单位称号。

(王　晶)

【首次实现石脑油自采】 受中国国内炼油厂加工量持续下降的影响，裂解原料市场供应异常紧张。2015 年 11 月 24 日，中沙石化首批进口石脑油原料共计 3 万余吨顺利到达天津港岸罐，首次实现了石脑油自采，有效缓解了裂解原料不足的状况。

(王　晶)

【获得首个国家级发明专利】 2015 年，中沙石化联合浙江大学联合化学反应工程研究所共同完成的“多区循环反应器中颗粒结块的检测方法”取得了中华人民共和国国家知识产权局颁发的发明专利证书，成为中沙石化取得的第 1 件国家级发明型专利。

(王　晶)

表 1　中沙石化主要经济指标　亿元

指标名称＼年份	2015	2014	2013	2012	2011
工业总产值	186.23	257.24	265.34	236.06	294.93
工业增加值	47.99	24.44	14.25	12.68	33.77
销售收入	188.68	258.92	267.03	237.56	296.27
税前利润	27.19	6.13	1.83	-3.38	19.72

表 2　中沙石化主要产品产量　万吨

产品名称＼年份	2015	2014	2013	2012	2011
乙　烯	108.81	107.71	108.64	94.34	111.21
丙　烯	56.27	56.60	55.03	48.26	56.42
线型低密度聚乙烯	34.53	31.25	34.49	28.30	35.15
高密度聚乙烯	32.44	27.87	27.22	24.69	28.14
聚丙烯	49.32	49.55	46.28	41.65	47.03
环氧乙烷	6.19	7.94	7.15	5.52	6.42

续表

产品名称 \ 年份	2015	2014	2013	2012	2011
乙二醇	35.37	37.67	40.55	32.76	39.00
丁二烯	20.21	20.27	20.26	17.61	21.33
1-丁烯	6.01	5.86	5.08	4.39	5.21
MTBE	15.54	15.79	15.05	13.16	15.11
苯　酚	21.79	23.99	22.84	18.33	21.91
丙　酮	13.47	14.89	14.22	11.44	13.68

上海石化

【概况】 中国石化上海石油化工股份有限公司(简称上海石化)位于上海市金山区，占地面积9.4平方千米，是集炼油、化工、塑料、化纤生产经营于一体，高度综合的现代化石油化工企业之一，也是中国第1家股票在上海、香港、纽约三地同时上市的股份制有限公司。上海石化前身为创建于1972年的上海石油化工总厂，1993年6月改制为上海石油化工股份有限公司，2000年10月更名为现名。

上海石化下设炼油部、烯烃部、芳烃部、化工部、腈纶部、涤纶部、塑料部、热电部、物资供应部、销售部、储运部、环保水务部、公用事业部和精细化工部以及质量管理中心、统计中心、保卫部、总务部、培训中心、新闻中心、员工交流安置中心等单位，并由上海石化资本运营部管理对外投资企业。截至2015年底，上海石化总资产280.22亿元，在职员工总数12 032人，具有1 600万吨/年原油综合加工能力和乙烯70万吨/年、有机化工原料428万吨/年、塑料树脂100万吨/年、合纤原料109万吨/年、合纤聚合物59万吨/年、合成纤维28万吨/年的生产能力。主要生产石油制品、中间化工原料、合成树脂及塑料制品、合纤原料及合成纤维4类产品。2015年，上海石化2个产品获全国用户满意产品称号，8个产品获上海市用户满意产品称号；上海石化被复评为全国用户满意企业，蝉联全国文明单位称号。

上海石化主要技术经济指标及主要产品产量见表1和表2。

(陆建梅)

【获国家“两化”融合管理体系评定证书】 2015年，上海石化完善一体化管理体系方针，编制“两化”融合管理目标，新增或修订《上海石化“两化”融合实施过程技术实现管理程序》等文件，识别并打造3项新型能力(精益高效的炼化一体化生产组织能力、敏捷优质的产品供应服务能力、提高精准的经营投资决策能力)，使“两化”融合管理体系完全融入公司一体化管理体系并正常运行。2月28日—3月1日，工业和信息化部电子第五研究所对上海石化现场审核。4月，上海石化获工信部颁发的国家“两化”融合管理体系评定证书，成为全国首批获证单位。

(陆建梅)

【首个合同能源管理项目投用】 2015年7月23日，上海石化首个合同能源管理项目——3#常减压抽真空系统改造项目投用。项目由经济技术研究院投资，投资额597.91万元。主要内容为新增1套机械抽真空系统，取代装置减顶第3级蒸汽喷射抽空器。通过高效喷射式蒸汽抽真空与机械抽真空结合，以较小操作费用满足工艺要求，可节省中压蒸汽3.14吨/时。项目实施后，可降低3#常减压减顶抽真空系统蒸汽耗量，减少酸性水产生，减少空冷风机开启台数。

(陆建梅)

【代管中石化白沙湾商储分公司】 根据中国石化《关于商储白沙湾分公司及所属商储基地委托管理有关事宜的函》及中国石化集团石油商业储备有限公司委托上海石化管理其下属白沙湾分公司管理协议，自2015年1月1日起，商储白沙湾分公司及所属一期商储基地调整为由上海石化受托管理。9月7日，上海石化印发《关于明确中石化白沙湾商储分公司管理体制和运行模式的通知》，商储分公司由上海石化负责代管，商储分公司财务和对外等管理职责主要由上海石化承担。上海石化储运部设立储运七车间，承担商储分公司日常生产运行管理等职责，并纳入到储运部日常管理范围。9 月 30 日，完成商储分公司各项清查、移交和确认等。

（陆建梅）

【外排污水提标升级改造项目投用】 项目于 2015 年 8 月 1 日开工，12 月 15 日中交，12 月底投用，投资额 1.24 亿元。项目主要内容为 1# 含油污水处理装置增设溶气气浮系统，废水处理量 1 200 米^3/时；1# 生化处理装置曝气沉砂池系统改造为平流式沉砂池系统，沉砂池顶部加盖板，一段曝气池系统采用高效低氧生化处理工艺改造，废水处理量为 2 500 米^3/时；采用气浮 + 臭氧氧化 + 曝气生物滤池技术，新建深度处理装置，废水处理量为 2 500 米^3/时等，以及相应的配套系统完善。项目投用后，减少用水量 2 500 米^3/时，减少污水外排量 2 500 米^3/时。外排污水 COD、氨氮、总氮、总磷以及色度等污染物去除深度达《上海市污水排放综合标准》规定的一级标准的要求。

（陆建梅）

【醋酸乙烯产品完成欧盟 REACH 注册】 2014 年 6 月，上海石化启动醋酸乙烯产品欧盟 REACH 法规注册工作。同年 11 月 20 日，上海石化与中国石化（欧洲）有限公司签署 REACH 注册唯一代表合同，委托该公司进行相关注册工作。2015 年 4 月，上海石化完成欧盟 REACH 注册。

（陆建梅）

【“菲贝丝”品牌入选中国纤维流行趋势】 2015 年，上海石化“菲贝丝”品牌入选中国化学纤维工业协会颁布的“中国纤维流行趋势 2015/2016”，成为中国石化唯一入选的合成纤维品牌，受到业内关注和好评。“菲贝丝”品牌纤维是上海石化自主研发的原液着色腈纶纤维。采用纺前添加技术，改变了下游客户在纺纱过程中加入化学染料的传统腈纶染色工艺，省去染色、漂洗两道高污染后道工序，整个原液着色腈纶生产过程无染色废液排放，其成品色牢度更高、色差小，被中国化学纤维工业协会列为中国“无染、易染”纤维代表产品。

（陆建梅）

【国产碳纤维连续抽油杆首次成功应用】 2015 年 11 月，胜利油田使用上海石化碳纤维生产的抽油杆在东辛采油厂完成 2 个月下井作业，实现国产碳纤维连续抽油杆首次成功应用。应用结果显示，油井平均每天增液 1.9 吨，增油 0.3 吨，节电 20%—50%。

（陆建梅）

【聚乙烯管材专用料入列国际 PE100 + 协会优质产品目录】 2015 年 3 月 23 日，上海石化双峰聚乙烯管材料 YGH041T 产品通过国际权威标准测试，入列国际 PE100 + 协会优质产品名录。该产品性能全面达到 PE100 等级管材要求，可安全使用于给水、燃气等重要管道应用领域。上海石化是国内唯一获此荣誉的聚乙烯管道料生产商。

（陆建梅）

【环戊烯制备环戊醇、环戊酮中试研究项目通过评议】 项目于 2012 年 11 月立项，2015 年 1 月 22 日通过石化股份公司组织的技术评议。项目在小试基础上，建成 10 吨/年环戊醇、环戊酮中试装置，通过全流程连续运行，对环戊烯水合、环戊醇精制和环戊醇脱氢制环戊酮工艺优化研究，解决了实现工业化必要的工程问题。项目全程自行开发，技术具有创新性，获 6 件中国发明专利授权。

（陆建梅）

【劣质油浆生产优质针状焦技术开发及工业应用项目试生产成功优质针状焦】 该项目是中国石化“十条龙”科研攻关项目，于 2014 年 1 月立项，2015 年 11 月 18 日通过石化股份公司鉴定。项目由上海石化、石油化工科学研究院、工程建设公司和炼油销售公司共同研发。以上海石化催化油浆为原料，依托现有工业装置经适应性改造后生产针状焦（生焦），全部产品满足制备高功率、部分产品满足制备超高功率电极标准要求，石墨化后的热膨胀系数达到国际优质油系针状焦指标水平。项目获 2 件中国专利授权。

（陆建梅）

【高纯度异戊烷新产品投放市场】 2015 年 8 月 26 日，上海石化成功试产出纯度 98% 以上异戊烷产品。10 月 23 日，产品投放市场。上海石化加强科研与生产的结合，促进装置技术进步，提升产品的附加值。经工艺技术改造，以精馏方式生产出高纯度、高附加值异戊烷产品。该产品可用作线型低密度聚乙烯和全密度聚乙烯生产的溶剂，以及可发性聚苯乙烯、聚氨酯泡沫的发泡剂等。

（陆建梅）

【高温蒸煮 CPP 膜专用料生产技术及产品开发项目通过技术鉴定】 项目于 2013 年 7 月立项，2015 年 7 月 20 日通过石化集团公司技术鉴定。项目针对高温蒸煮 CPP 膜产品技术要求，运用红外光谱仪、差示扫描量热仪、凝胶渗透色谱仪等分析手段，研究国内外典型蒸煮级CPP膜专用料微观结构、热性能、物理机械性能等，确定高温蒸煮膜专用料生产工艺及助剂配方。在20万吨/年国产聚丙烯装置上，开发高温蒸煮CPP膜专用料生产技术及产品，可替代进口原料生产各种高温蒸煮CPP膜。新产品在国内主要加工企业应用，加工性能良好，拉伸、撕裂、耐穿刺等各项性能指标优异。

（陆建梅）

【成为国内首家运用钟纺工艺生产板用工程塑料聚酯切片企业】 2015年，上海石化运用钟纺工艺流程，成功在年产5万吨级2#聚酯装置六系列上批量化生产板用工程塑料聚酯切片，此举在国内属首次，产品原料抗冲击强度、耐化学品性等指标均得到用户认可。

（陆建梅）

【金吴乙烯长输管线退役】 2015年11月10日，金山（上海石化）供吴泾（上海氯碱化工）乙烯长输管道永久性停用。该管道于1990年3月31日起，由上海石化向上海氯碱化工输送1.6兆帕气相乙烯，管道全长58千米。随着上海氯碱化工公司生产经营调整，不再需要该管道输送乙烯，经双方协商后对该管道进行停用前的管道内乙烯回收、氮气吹扫、测爆测氧合格等一系列工艺技术处理后，安排退役。

（陆建梅）

表1 上海石化主要技术经济指标 亿元

指标名称＼年份	2015	2014	2013	2012	2011	2010
原油加工量/万吨	1 479.53	1 417.02	1 566.78	1 119.35	1 086.67	1 052.07
工业总产值	677.33	877.16	1 057.79	818.95	858.73	698.01
工业增加值	255.17	154.39	201.39	87.70	140.89	155.11
资产总计	280.22	311.46	369.16	368.06	311.10	291.58
流动资产	81.44	95.10	144.86	128.91	96.66	85.32
固定资产原值	467.61	464.55	461.64	454.39	390.78	389.00
固定资产净值	144.25	156.12	167.69	176.22	126.59	138.02
销售收入	808.03	1 021.83	1 155.40	930.72	956.01	775.91
利润总额	42.09	-9.14	23.93	-20.33	12.92	34.54
所得税	9.27	-2.14	3.79	-5.08	3.17	7.25

表2 上海石化主要产品产量 万吨

产品名称＼年份	2015	2014	2013	2012	2011	2010
汽　油	309.76	287.05	287.15	102.03	96.85	93.24
航空煤油	161.30	148.85	126.99	83.06	79.73	76.57
柴　油	426.53	406.53	493.12	402.79	397.98	367.59
乙　烯	83.65	80.44	95.33	91.47	91.01	97.29
丙　烯	53.30	51.02	61.18	50.44	48.17	52.32
纯　苯	35.95	34.75	42.46	39.39	40.68	43.78
对二甲苯	65.97	68.06	93.92	86.62	92.31	84.06
乙二醇	42.15	24.80	39.05	46.89	42.31	41.23
聚乙烯	38.65	39.80	44.40	44.77	43.77	45.30
聚丙烯	45.29	45.09	47.11	44.56	46.61	48.24
PTA	29.54	31.27	35.81	40.35	39.14	39.15

续表

年份 产品名称	2015	2014	2013	2012	2011	2010
丙烯腈	8.47	14.52	12.84	14.32	13.17	14.64
合纤聚合物	41.66	41.70	52.35	63.61	66.42	64.32
聚乙烯醇	2.19	1.58	3.26	4.20	4.34	4.01
聚　酯	39.47	40.12	49.09	59.41	62.08	60.31
合成纤维	22.38	23.24	25.28	25.16	25.01	25.36
涤　纶	6.40	7.74	8.64	8.59	8.92	8.72
腈　纶	15.97	15.49	16.63	16.57	16.09	16.64

上海赛科公司

【概况】 上海赛科石油化工有限责任公司(简称上海赛科公司)成立于2001年10月29日，是由石化股份公司、上海石化和英国石油公司(BP)华东投资有限公司分别按30%、20%、50%的比例出资组建的大型石油化工中外合资企业，位于上海化学工业区内，占地约204万平方米。

截至2015年底，上海赛科员工总数1 180人；设有生产部、商务部、财务部、人力资源部、HSSE&Q部(健康/安全/保安/环境和质量)等职能部门；拥有生产能力为109万吨/年乙烯、61.5万吨/年芳烃抽提、9万吨/年丁二烯抽提装置、9万吨/年丁二烯抽提-2、65万吨/年苯乙烯、30万吨/年聚苯乙烯、60万吨/年聚乙烯、25万吨/年聚丙烯、26万吨/年丙烯腈、26万吨/年丙烯腈-2、66万吨/年硫酸回收、3.5万吨/年苯乙烯抽提和5.5万米^3(标准)/时变压吸附氢提纯等18套装置，以及配套的动力中心、罐区、空压站、循环水场、污水处理站、变电站、地面火炬、聚合物仓库和行政管理区等公用工程辅助设施。

2015年，上海赛科公司销售总量361.51万吨，实现销售收入236.82亿元，利润总额29.19亿元，净利润21.95亿元。全年现场整体装置总利用率为89%，其中乙烯装置利用率为93.5%。

2015年1月，上海赛科公司蝉联国家统计局上海调查总队2014年工业生产者价格统计调查工作优胜企业称号，3月获2014年度上海化学工业区职业健康奖和安全文化奖2个奖项，5月获上海化学工业区“安康杯”竞赛优秀组织单位称号。

上海赛科公司主要技术经济指标和主要产品产量见表1和表2。

(周　光)

【新建26万吨/年丙烯腈装置投产】 项目于2013年3月6日开工，2015年1月15日实现项目中交，3月26日第1台反应器投料开车一次成功，4月2日第2台反应器开车成功，4月6日产品合格。8月6日，新建丙烯腈装置通过性能考核。项目由中国石化宁波工程公司负责EPC总承包，上海金申工程建设监理公司负责监理。项目主要是新建丙烯腈装置及相关配套设施。项目完成后，上海赛科公司丙烯腈生产能力达52万吨/年。

(王小锋)

【硫酸回收(SAR)装置改造项目完成】 项目于2013年12月11日开工，2015年1月23日实现项目中交，1月31日装置顺利投料开车运行。该项目主要包括焚烧及废热回收系统改造、气体净化系统改造、热交换系统改造、金属脱除系统改造及公用工程等辅助设施改造等。改造后的SAR装置处理硫铵液及废酸液的能力从改造前的28万吨/年提高到66万吨/年。

(周　光)

【三期工程建成投产】 三期工程由新建26万吨/年丙烯腈装置、新建9万吨/年丁二烯抽提装置、乙烯装置新增增压机项目、硫酸回收装置改造项目、22万伏变电站扩建和公用工程完善化改造六大项目组成，工程总投资24.3亿元。三期工程建设周期从2013年2月27日新建9万吨/年丁二烯抽提装置开工到2015年4月1日新建26万吨/年丙烯腈装置产出合格产品，历时26个月，成功实现三期工程项目全面建成投产。

（周　光）

【恢复管道乙烯外送】 2011年“9·8”火灾事故后，乙烯装置的超临界外送乙烯管线处于停用状态。乙烯装置工艺团队制定实施了项目管理变更，增加安全措施、降低运行风险，对系统中20多项安全隐患进行了整改，降低乙烯外送压力，输送至上海石化流量维持在25吨/时以上。2014年11月6日，超临界乙烯泵启动，产品乙烯通过管线在高压状态输送上海石化。但是，压力控制调节阀开度只有10%。为此，乙烯装置工艺团队在2015年1月实施了第二次改进，利用高压乙烯外送泵余量替代超临界乙烯泵外送乙烯，超临界乙烯泵作为备用泵。7月20日恢复管道高压乙烯外送上海石化，全年输送乙烯15万吨。

（谢　明）

【安全操作极限和安全设计极限管理】 2014年7月初，工艺安全改进小组制定了推进安全操作极限（SOL）和安全设计极限（SDL）工作的详细计划，研究开发获取SOL&SDL偏离事件的监测工具。10月底在各工厂全面运行。到2015年底，通过SOL&SDL监测清单实时监测工艺参数的异常情况，抓取184次SOL偏离、110次SDL偏离。通过对典型事件的调查和根源分析，制定后续行动项和采取有效的预防措施，有助于建立装置平稳、安全运行的基础，帮助操作人员实现安全、合规和可靠的操作。

（马　帅）

【石脑油进口创新纪录】 2015年，国内石脑油供应紧张，亟需进口石脑油补充。上海赛科公司克服寻找稳定货源和现货市场采购的困难，与联合石化公司紧密合作，全年采购110万吨进口石脑油，比上年增加3.5倍，突破历史纪录。

（刘佳语）

【高抗冲聚苯乙烯获转化成果奖】 2015年10月29日，上海赛科公司“HIPS632E耐环境应力开裂（ESCR）聚苯乙烯材料”经上海市高新技术转化中心评审，被认定为上海市高新技术成果转化项目。该产品通过配方改进、调节工艺参数等措施，成功地提升了ESCR性能，预防制品开裂，抗低温冲击性能好，可以抗发泡剂，食用油等的腐蚀等。该技术发明已经获得专利的授权。该产品获得了国内冰箱龙头企业之一海信科龙电器股份有限公司的认可。全年销售1.5万吨。

（周　光）

【开发满足医疗行业的聚丙烯产品】 为了改进透明聚丙烯K4912的部分性能，上海赛科公司开发团队对国内外的先进生产技术进行了分析和总结，通过理论计算和实验验证，首创了将“宽分布”“多元共聚”用于聚丙烯生产的技术，确定了以高流动、高透明、低析出为核心的先进的产品设计思想。实验室的聚合物产品团队进行了1 000多次的实验，形成了聚丙烯装置的生产方案。2015年6月，聚丙烯生产装置进行首次工业化试生产，顺利打通生产流程。K4912产品性能在透明性上大幅提高，可以满足食品接触材料安全性能的国家标准和医用料国家标准。全年销售达2.2万吨。

（李　滨）

【在LIMS系统开发培训功能】 上海赛科公司利用实验室现有的LIMS系统，开发一个从课程计划、培训实施和考试管理的全过程的管理系统，实现电子化、效率提升（自动阅卷、自动授权、归档方便），降低成本。2015年在LIMS中有500个方法建立了500个基础题课，各类题目4 500道，生成试卷2 000份，70多位员工完成1 300份试卷的考试。

（施国良）

【成立道德与合规委员会】 2015年1月，上海赛科公司成立道德与合规委员会，由总经理担任主席，副总经理和纪委书记（兼工会主席）担任副主席。同时设立道德与合规工作小组由内部审计经理担任组长。道德与合规委员会和工作小组的主要目标是完善公司的监督制衡机制，预防和惩治腐败，确保公司在遵守法律的前提下与政府机构、客户等利益相关方开展业务。4月9日下午，道德与合规委员会召开了2015年度第一次会议。会议对道德与合规委员会及工作小组的职责进行了细化，并就落实到有关部门形成了行动项。至年底，没有处理过违规事件。

（杨劲松）

【直供氢气给拜耳公司】 2015年1月13日，上海赛科公司至上海化工区内的拜耳材料科技（中国）有限公司的工业氢管线正式直接通气。该管线长度为6 500米，最大流量为1万米^3（标准）/时。直供管线通气后，结束了上海赛科公司通过上海化工区工业气体公司向拜耳转供工业氢气的历史，增加了供应的灵活性和降低销售成本。

（徐爱华）

【获上海化学工业区首届龙舟赛亚军】 2015年6月

6日，上海化学工业区“联恒杯”首届龙舟赛在园区的中央河举行。来自园区内的企业、管理单位以及漕泾镇、柘林镇共19支队伍参赛。上海赛科公司13名员工组成的赛科代表队参加比赛。经过历时2个多小时、3轮的激烈争夺，最终赛科龙舟队获本届龙舟赛的亚军。

（杨非非）

【举办企业开放日活动】 为进一步增进周边社区对上海赛科公司的了解和对化工产品的认识，树立上海赛科公司积极、亲和的企业形象，2015年12月22日，上海赛科公司举行了漕泾镇村民开放日活动。漕泾镇党委书记李士权带队，来自漕泾镇政府各机关、村委会、居委会的干部35人来公司参观交流。公司总经理吴海君、安保质量部主任王火军等接待了来访客人。上海赛科公司介绍了公司概况、安保应急系统、环境保护理念和做法以及主要产品。随后，访客们参观了公司中央控制室、厂区及消防站。

（闫 莹）

表1 上海赛科公司主要技术经济指标 亿元

指标名称＼年份	2015	2014	2013	2012	2011	2010
工业总产值	229.13	257.80	289.45	271.02	268.01	291.77
工业增加值	46.68	12.96	19.04	12.62	14.40	47.08
销售收入	236.82	259.78	293.70	269.90	275.14	291.56
利润总额	29.19	-4.44	2.30	-4.49	0.31	28.24
综合能耗/吨标煤·万元$^{-1}$	2.88	2.20	2.08	1.99	2.04	2.25

表2 上海赛科公司主要产品产量 万吨

产品名称＼年份	2015	2014	2013	2012	2011	2010
乙 烯	127.11	108.09	116.67	104.09	106.52	129.43
丙 烯	73.59	63.17	66.86	61.67	61.07	74.07
丙烯腈	45.62	25.72	28.76	28.98	25.40	29.32
苯乙烯	70.84	63.99	73.23	71.06	53.90	65.80
聚苯乙烯	32.10	27.47	30.54	30.48	25.78	27.84
聚乙烯	76.28	66.89	72.86	61.74	66.00	76.64
聚丙烯	27.89	25.90	27.43	24.37	25.39	29.70

高桥石化

【概况】 中国石油化工股份有限公司上海高桥分公司（简称高桥分公司）和中国石化集团资产经营管理有限公司上海高桥分公司（简称高桥资产分公司）统称高桥石化，地处浦东新区，西临黄浦江，北近吴淞口，占地4.2平方千米。高桥石化的前身上海高桥石油化工公司创立于1981年11月，1983年7月划归中国石油化工总公司。2000年1月，按照石化集团公司重组改制的统一部署，上海高桥石油化工公司下属炼油厂、化工厂、供销公司的主业部分分离，成立高桥分公司。2003年10月，高桥石化根据扁平化改革的要求，撤销下属单位的工厂建制，实行事业部制管理模式。2007年4月，按照石化集团公司改革部署，上海高桥石油化工公司实施体制转换，工商注册成立高桥资产分公司。2010年8月，高桥石化改事业部制管理模式为作业部制管理模式。

截至2015年底，高桥石化拥有年原油加工能力1 250万吨，年化工产品生产能力100万吨，自备电厂具有装机容量19.5万千瓦；共有76套生产装置，可生产汽油、航空煤油、柴油、润滑油基础油、石蜡、合成橡胶、有机化工原料、合成塑料以及过氧化物等200余种产品。高桥石化机关设26个处室，下辖15个生产作业部(业务中心)及8个职能中心；职工总数5 384人，其中专业技术及管理人员1 830人。

高桥石化主要技术经济指标和主要产品产量见表1和表2。

(陈建浩)

【实现整体扭亏为盈】 2015年，高桥石化确立"一切为了效益，为了效益的一切"的理念，深度优化挖潜，全力提质增效，全年实现利润2.81亿元，实现自2011年以来的首次整体盈利。年内，高附加值产品产量大幅提升，航煤产率由上年的11.65%提升到13.58%，车用柴油收率由19.15%提升到22.17%，全精炼石蜡比例由57.35%上升到69.55%，白油产量提升至11.33万吨；热伴用沥青、道路沥青等一批新产品研制成功并投入市场；加强费用控制，全年节约财务费用1.06亿元。

(陈建浩)

【完成热电锅炉烟气脱硝改造】 高桥石化于2013年10月启动锅炉烟气脱硝改造项目，预算总投资1.91亿元。项目共对5台燃煤锅炉进行改造，采用低氮燃烧器改造+选择性催化还原法进行脱硝，以减少烟气中的氮氧化物含量。2015年10月25日，高桥石化热电9#炉经改造后一次点火成功并列，至此，锅炉烟气脱硝改造项目全面完成。

(陈建浩)

【开展能源管理体系建设】 高桥石化能源管理体系认证工作于2015年初启动，经过比选等程序，选定上海世标认证咨询公司作为合作单位。9月21日，高桥石化召开能源管理体系建设启动大会，正式启动能源管理体系认证工作。

(陈建浩)

【开发多项新产品】 2015年，高桥石化围绕创效增效，开展多个新产品的研发、试制工作。通过开展减压渣油优化利用攻关，成功产出70B、70A道路沥青以及低烟防水环保沥青；通过糠醛抽出油资源优化利用攻关，试制成功热拌用沥青再生剂；研发成功多牌号高黏度白油、66#及68#全精炼石蜡等产品。

(陈建浩)

【DCP大颗粒收率攻关取得成效】 高桥石化是全球最大的过氧化二异丙苯(DCP)生产商。2015年，高桥石化从提升产品质量内涵入手，开展提高DCP大颗粒收率攻关。通过实验室研究，并在现有装置进行试验操作，采用提高结晶终点温度、加晶种温度调整、调整搅拌转速等途径，1#DCP装置大颗粒收率由86%提高到92%，2#DCP装置大颗粒收率由80%提高到85%。

(陈建浩)

【厂际管道隐患整治见成效】 2015年，根据石化集团公司部署及上海市"2015年市级督办事故隐患治理项目督办计划"的要求，高桥石化开展厂际管道隐患整治工作。1月完成隐患排查工作，针对排查出的77个隐患点，委托第三方开展隐患点风险评估工作，联系地方政府共同开展"一点一案"编制工作，同步落实应急防控措施，逐步开展整治。截至年底，77个隐患点中有68个完成整治，其余9个按计划推进。

(陈建浩)

【完成LDAR检测工作】 2014年4月，石化集团公司选定高桥石化S－Zorb和1#蒸馏为试点装置，开展泄漏检测与修复(LDAR)技术应用试点工作。截至2015年底，高桥石化完成全部32套炼油装置、8套化工装置的LDAR检测工作，检测点数共计290 161点。

(陈建浩)

【第六次党代会召开】 2015年12月28日，高桥石化召开第六次党代会。会议审议题为《落实从严管党治党责任，切实发挥政治核心作用，为实现"三个高桥"宏伟目标而努力奋斗》的党委工作报告和题为《强化监督执纪问责，推进反腐倡廉建设，为实现"三个高桥"发挥纪律保障作用》的纪委工作报告。经选举，侯勇、侯晓明、罗新富、郝同乐、陶旭海当选为第六届党委委员，罗新富、张克进、付玉章、夏士东、周冬冬当选为第六届纪委委员；侯勇当选为党委书记，侯晓明、罗新富当选为党委副书记，罗新富当选为纪委书记。

(陈建浩)

【首次评选"十佳"青年知识分子】 2015年4—5月，高桥石化首次开展"十佳"青年知识分子评选工作，旨在激励青年科技工作者为实施创新驱动发展战略、建设创新型企业做出积极贡献，培养、造就杰出青年科技英才。候选对象的年龄要求为1975年1月1

日以后出生的优秀青年科技工作者。同时必须符合以下条件之一；在科技创新、科研攻关活动中表现突出、成绩显著；在科学技术普及、科技成果推广转化、科技管理工作中成绩突出，取得显著经济、社会效益；撰写和发表过较高水平的科技论文或专业论著；在公司内、外科技交流或协作攻关中有独到的见解或发明创造，并受到同行高度评价；在安全环保、效益方面有独到见解，或在解决现场问题、提高装置运行水平等方面取得明显成效。

（陈建浩）

【获评第10届全国设备管理优秀单位】 2015年，高桥石化重视加强设备管理，优化完善设备区域网格化管理和"八委会"工作机制，定期组织设备攻关，及时解决设备"老大难"问题；以关键机组"五位一体"管理和状态监测诊断为重点，强化预检测、预维护和预修理工作，持续推动设备管理由"消防"向"预防"转变，提升设备本质安全可靠度，全年主要设备故障率同比下降10.1%。11月，高桥石化获中国设备管理协会组织评选的第10届全国设备管理优秀单位称号。

（陈建浩）

【高桥石化首任经理逝世】 2015年10月18日，高桥石化首任经理王海山在上海华东医院逝世。王海山生于1925年10月25日，辽宁省海城县人，1953年10月参加工作，1961年10月加入中国共产党。1981年12月—1984年11月先后担任上海高桥石油化工公司经理、党委书记。

（陈建浩）

表1　　高桥石化主要技术经济指标　　亿元

指标名称＼年份	2015	2014	2013	2012	2011	2010
原油加工量/万吨	1 042.30	822.35	1 042.39	1 088.33	1 044.33	1 067.00
工业总产值	447.80	512.21	662.55	745.21	718.00	600.37
炼　油	389.91	434.20	581.90	646.09	594.71	486.05
化　工	56.16	79.46	83.18	99.24	121.66	111.76
资产总计	149.29	181.69	189.54	199.73	203.77	185.04
流动资产	47.71	70.29	76.12	82.74	88.58	68.63
固定资产原值	197.29	194.35	192.26	186.52	187.31	173.04
固定资产净值	69.76	73.64	75.29	76.01	82.87	76.22
销售收入	450.77	510.54	661.89	746.35	716.38	602.23
实现利税	133.53	55.62	85.58	95.85	76.48	116.85
税　金	131.94	73.96	93.24	104.07	93.24	85.29

表2　　高桥石化主要产品产量　　万吨

产品名称＼年份	2015	2014	2013	2012	2011	2010
汽　油	227.56	184.54	212.09	203.01	177.52	166.43
煤　油	131.62	95.76	95.70	81.92	70.38	72.73
柴　油	334.47	278.59	366.13	419.36	400.87	406.02
石油芳烃	6.42	6.24	7.39	6.53	2.25	1.76
润滑油基础油	26.47	15.59	30.56	34.25	35.07	37.67
商品原料油	23.77	20.61	18.80	13.35	20.36	12.52
石　蜡	8.86	6.08	14.32	14.11	11.52	11.64
石油焦	71.48	55.40	64.92	61.90	56.00	66.55

续表

年份 产品名称	2015	2014	2013	2012	2011	2010
合成橡胶	12.95	15.19	16.37	15.73	17.02	16.90
顺丁橡胶	7.40	8.82	9.93	9.84	11.09	11.53
丁苯橡胶	5.54	6.37	6.44	5.89	5.93	5.37
丙　烯	8.18	5.21	7.21	8.65	11.56	11.76
苯　酚	15.43	20.06	19.22	20.88	21.87	21.28
丙　酮	9.58	12.57	12.07	13.01	13.63	13.20
ABS	16.58	10.75	12.09	14.23	13.58	16.62
发电量/亿千瓦·时	9.17	9.10	9.04	10.03	9.53	10.16
供热量/万吉焦	970.44	1 035.00	1 110.00	1 079.00	1 120.00	1 142.00
环氧丙烷	0	0	0	0	0	5.30
聚　醚	14.58	14.68	13.67	13.98	15.07	17.71
DCP	1.78	2.03	2.23	2.23	2.30	2.17

金陵石化

【概况】 中国石油化工股份有限公司金陵分公司(简称金陵分公司)和中国石化集团金陵石油化工有限责任公司(简称金陵石化有限公司)统称金陵石化，位于南京市东北郊，占地面积778.93万平方米。金陵石化前身是1982年1月成立的金陵石化公司，1998年7月整体并入石化集团公司。

金陵石化主要从事石油炼制及石化产品的加工生产和销售，拥有炼油、芳烃、热电、烷基苯等大型生产装置70余套，原油加工能力1 800万吨/年，主要装置均采用世界先进、成熟的工艺和控制技术，技术经济指标全面达到国内领先水平和国际先进水平，在华东及沿江地区石化产业布局中占有重要位置，是中国石化第三大原油加工基地、全国最大的清洁汽油和航煤生产企业，同时也是亚洲最大的洗涤剂原料生产基地。公司生产石油产品30余种，是华东及沿江地区汽油、航空煤油、柴油、溶剂油、液态烃、石油苯、烷基苯等产品的主要供应商之一，是南京及周边地区乙烯、聚丙烯、合成纤维生产的重要原料基地。公司是南京市首家销售收入突破千亿元的工业企业，产品除供应华东市场外，还远销全国各地，并出口至美国、加拿大等30多个国家和地区。

截至2015年底，金陵石化下设18个职能处室、2个工厂、8个专业化管理中心、9个生产运行部、1个辅助生产运行单位。在职职工总数6 833人，共有专业技术人员1 019人，其中具有高级职称的正高级(教授级)11人、副高级(高级)的383人、中级职称的1 041人。资产总额226.90亿元。

金陵石化主要技术经济指标及主要产品产量见表1和表2。

(许鹏伟)

【生产经营平稳有序】 2015年，金陵石化紧紧围绕提高发展质量和效益，着力推进“安稳长满优”、项目建设和基础管理三大重点工作，保持生产经营平稳有序。累计加工原油1 750.49万吨，生产汽、煤、柴油合计1 105.36万吨，汽油、航煤、烷基苯等10个产品产量刷新历史纪录。实现销售收入735.18亿元，上缴税金242.92亿元，实现利润24.62亿元，其中金陵分公司实现利润21.88亿元(炼油板块盈利20.20亿元，在炼油事业部排名第三；化工板块盈利1.68亿元)；金陵石化有限公司实现利润2.74亿元，在化工事业部托管企业排名第二。

(许鹏伟)

【市场开拓取得突破】 2015年，金陵石化积极扩销拓市，销售97#汽油3.7万吨、98#汽油7.25万吨、50#沥青0.94万吨，增效5 251.27万元。细分液化气产品和市场，开通饱和气供扬巴流程，液化气实现零下海。积极推进国际化战略，打通航煤经清江码头出口流程，完成 4 个码头开放验收，全年出口航煤 107.1 万吨、柴油 54.2 万吨，同比分别增长 6.46% 和 65.24%。加强沥青和烷基苯国际市场开拓，实现沥青首次出口澳大利亚和烷基苯完全自主出口，为深化国际化经营奠定了基础。

（许鹏伟）

【员工队伍建设扎实推进】 2015 年，金陵石化优化人力资源配置，相继成立动设备中心、电仪中心、招投标管理中心及消防保卫支队，专业化管理迈出坚实步伐；建立大师工作室，高技术、高技能人才作用有效发挥。加快成长通道和培训体系建设，对首批 33 名中青年专业技术骨干实施交流锻炼；全年共举办公司级培训 247 项，参培 9 237 人次，选派外送培训 435 人次。加强拔尖技能人才培养选拔，2 个代表队在第七届全国石油和化学行业燃料油生产工职业技能竞赛上分获团体一等奖和二等奖。

（许鹏伟）

金陵石化选手在全国专业技能竞赛中折桂

【环保节能稳步提升】 2015 年，金陵石化严格落实石化集团公司部署，深化推进"碧水蓝天"项目和"能效倍增"计划实施，共建成投用"碧水蓝天"项目 13 个、"能效倍增"项目 16 个。全年 COD、氨氮、二氧化硫、氮氧化物排放量同比分别下降 12.35%、6.57%、14.52%、30.5%，综合能耗 319.96 万吨标煤，同比下降 2.94%，圆满完成"十二五"减排和节能指标。

（许鹏伟）

【Ⅱ催化裂化装置烟气脱硫脱硝项目建成投用】 2015 年 4 月 13 日，金陵石化Ⅱ催化裂化装置烟气脱硫脱硝项目建成投用。该项目投资 1.2 亿元，烟气处理能力达 12 米^3/时。至此，公司 3 套催化装置烟气全部实现脱硫脱硝。

（许鹏伟）

Ⅱ催化裂化装置烟气脱硫脱硝项目建成投用

【柴油加氢项目建成投产】 2015 年 6 月 3 日，金陵石化第二轮油品质量升级重点项目——300 万吨/年柴油加氢项目产出合格柴油产品。项目采用固定床柴油加氢工艺，选用抚顺石油化工研究院研制的高性能馏分油加氢精制催化剂 FHUDS－6。该项目投产后，金陵石化国Ⅴ柴油加工能力提升至 350 万吨/年。

（许鹏伟）

【中国石化首个公共自行车出行系统正式启用】 2015 年 6 月 12 日，金陵石化公共自行车出行系统正式启用。该系统投资 85 万元，一期设立 9 个公共自行车服务站点，拥有公共自行车 150 辆。金陵石化成为中国石化首家应用公共自行车出行系统的企业。

（许鹏伟）

【国Ⅴ标准 98# 汽油供应安徽市场】 2015 年 6 月 15 日，金陵石化加强高标号油品市场开发，新开发生产的高标号新油品——国Ⅴ标准 98# 汽油首次供应安徽巢湖市场。全年共生产 98# 汽油 7.24 万吨。

（许鹏伟）

【财务共享服务中心南京分中心正式运行】 2015 年 7 月 6 日，中国石化财务共享服务中心南京分中心项目部首批业务正式上线成功，标志着财务共享服务中心南京分中心正式成立并投入运行。

（许鹏伟）

【Ⅱ、Ⅲ柴油加氢装置联合改造项目建成投用】 2015 年 7 月 24 日，金陵石化Ⅱ、Ⅲ柴油加氢装置联合改造项目建成投用，标志着中国石化首次2套柴油加氢联合技术改造成功。项目技术改造仅投资75万元，联合生产时，比改造前日增效益30万元，年增加效益近1亿元，年投资回报率达146%。

（许鹏伟）

【2014年度社会责任报告发布】 2015年7月23日，金陵石化首次向社会发布2014年度社会责任报告。新华社、人民网、《经济日报》《新华日报》《南京日报》等20多家媒体记者参加发布仪式。

（许鹏伟）

【220千伏总降输变电项目建成投用】 2015年9月29日，金陵石化220千伏总降输变电项目变电站单元正式受电投用。该项目是油品质量升级改造工程重点配套建设项目，总投资近2.8亿元。项目的建成投用，使供电系统安全可靠性得到本质提升。

（许鹏伟）

【国Ⅴ标准车用柴油供应江苏市场】 2015年10月5日，金陵石化正式向江苏市场供应国Ⅴ标准柴油，全年累计向江苏省供应国Ⅴ柴油67.27万吨，完成江苏省柴油质量升级和保供任务。

（许鹏伟）

国Ⅴ标准车用柴油供应江苏市场

表1 **金陵石化主要技术经济指标** 亿元

指标名称 \ 年份	2015	2014	2013	2012	2011	2010
原油加工量/万吨	1 750.49	1 697.13	1 713.25	1 370.86	1 315.16	1 347.60
工业总产值①	729.75	972.83	1 073.04	904.89	810.69	686.39
炼　油	712.94	858.40	920.34	712.39	671.17	607.29
化　工	89.98	111.02	150.39	190.23	136.21	76.64
其　他	27.75	37.14	40.25	54.46	41.78	31.27
工业增加值	256.23	167.56	191.97	121.50	103.56	150.30
资产总计	226.90	220.08	276.16	251.68	215.88	207.22
流动资产	76.29	68.88	121.97	100.68	87.18	91.49
固定资产原值	247.63	240.20	233.02	195.37	189.39	190.49
固定资产净值	112.61	115.79	116.15	87.06	89.16	97.83
销售收入	735.18	979.81	1 082.54	908.75	824.41	717.62
实现利税	272.38	231.24	267.33	180.19	165.23	185.10
税　金	253.58	226.56	239.63	175.64	165.19	172.36
综合能耗②/吨标煤·万元$^{-1}$	0.29	0.29	0.30	0.32	0.35	0.51

①工业总产值数据按2010年不变价计算

②2008—2010年综合能耗数据按2005年不变价计算

表 2　　**金陵石化主要产品产量**　　万吨

产品名称 \ 年份	2015	2014	2013	2012	2011	2010
汽　油	419.44	384.24	346.32	197.51	177.16	215.21
煤　油	242.17	218.61	199.97	196.53	164.34	140.22
柴　油	443.74	434.74	455.97	351.65	362.19	438.35
溶剂油	1.31	1.14	1.25	1.78	1.84	3.50
石脑油	155.00	151.60	168.55	179.17	197.78	148.69
商品燃料油	1.80	3.59	8.92	8.30	0.29	1.13
商品液化气	93.10	89.52	94.39	57.87	46.95	45.99
石油焦	96.73	108.29	100.25	97.46	113.84	113.75
沥　青	127.07	104.32	86.86	77.30	41.38	80.97
苯类合计	58.27	76.58	104.51	103.87	95.91	79.19
烷基苯	20.17	18.81	15.85	16.17	12.25	11.88
轻　蜡	26.33	27.24	24.97	26.61	18.92	15.28

扬 子 石 化

【概况】　中国石化扬子石油化工有限公司(简称扬子石化有限公司)和中国石化集团资产经营管理有限公司扬子石化分公司(简称扬子资产分公司)统称扬子石化，占地面积 12.43 平方千米，位于江苏省南京市北郊，南临长江，北接京沪铁路，与国家级的南京化学工业园融为一体。其前身是成立于 1983 年 9 月的扬子石油化工公司，1998 年，实施资产重组，创立了以从事石油炼制及乙烯、芳烃等烃类及衍生物生产加工为主的扬子石油化工股份有限公司和以公用工程为主业的扬子石油化工有限责任公司。2006 年底，设立扬子石化有限公司。2007 年，扬子石化有限公司吸收合并扬子石油化工股份有限公司，扬子石油化工有限责任公司改制为扬子资产分公司。2007 年底，扬子石化有限公司收购淮安清江石油化工有限责任公司(简称清江石化)和泰州石油化工有限责任公司(简称泰州石化)。2012 年，成立南京扬子石油化工有限责任公司(以原塑料厂资产在南京化工园注册设立)。

截至 2015 年底，扬子石化职工总数为 9 800 人，其中在岗经营管理/专业技术人员 2 840 人，具有高级及以上职称的 571 人、中级职称的 1 342 人；下设 23 个机关部(处)室、14 个分支机构；运营 3 个全资子公司、6 个合资公司；总资产 354.98 亿元。扬子石化有限公司南京本部拥有 1 250 万吨/年炼油、80 万吨/年乙烯、140 万吨/年芳烃等 58 套大型石油化工装置，可生产合成树脂、合成纤维原料、基本有机化工原料、成品油、合成橡胶 5 类 50 多种产品，是国内主要的纯苯、对二甲苯、邻二甲苯、精对苯二甲酸(PTA)、乙二醇、丁二烯和环氧乙烷生产商；扬子资产分公司拥有与石油化工生产相配套的 36 万千瓦发电能力、66 万吨/日供水及 3 400 米^3/时二级污水生化处理能力；清江石化拥有 180 万吨/年炼油、62 万吨/年催化裂化等 14 套石油化工装置；泰州石化拥有 60 万吨/年常减压、14 万吨/年酮苯等 6 套石油化工装置；控股合资公司扬金橡胶拥有 10 万吨/年丁苯橡胶和 10 万吨/年顺丁橡胶生产能力。

扬子石化主要技术经济指标和主要产品产量分别见表 1 和表 2。

(朱军涛　王　瑛)

【领导班子调整】　2015 年 3 月 30 日，扬子石化召开干部大会，宣布领导班子调整决定：经中共江苏省委同意、石化集团公司党组研究决定，张建平任公司总经理、公司董事、党委副书记；吴鹏鸣、陈伟军、卫达任副总经理。王净依不再担任公司总经理，担任扬子石化董事长、党委书记，扬巴公司董事长、党委书记。王玲、蒋勇不再担任公司副总经理，另有任用。

（朱军涛　王　瑛）

【生产经营步入盈利新常态】 2015年，扬子石化确定成品油增效、烯烃链保效、芳烃链挖潜的工作目标，从2月起扬子石化盈利2 763万元，首次扭转了长达3年的连续亏损局面。扬子石化有限公司累计投入原料1 191万吨、同比增长22.6%，加工原油1 038万吨、增长26.6%，销售产品1 071万吨，增长25.4%；扬子资产分公司累计发电21.8亿千瓦·时、增长5.7%，供汽576.2万吨、减少9.9%。扬子石化全口径实现营业收入542.88亿元，利润8.92亿元，较上年增加38.9亿元，上交税费116亿元、增加55.7亿元。扬子石化有限公司扭转了连续3年亏损的局面，在中国石化炼化企业中效益排名上升到第18位；扬子资产分公司在资产公司所属企业中效益排名列第3位。

（朱军涛　王　瑛）

【扭转HSE被动局面】 2015年，扬子石化针对"4·21"事故暴露出的深层次问题，按照石化集团公司党组领导的要求，确定"谁分管、谁负责"和"管业务必须管安全"的原则，层层落实安全生产责任。全年共整改各类问题和隐患3 000多项，尤其是完成了西气东送天然气管线等6项石化集团公司级隐患的整治。三轮改造污水处理及废水回用装置、一般固废堆场等3个"碧水蓝天"项目建成并投用；实现了污染物排放总量的持续下降，获得政府资源综合利用退税和环保项目补贴4 360万元。实施"能效倍增"计划，异构化装置反应进出料换热器升级更换等7个节能改造项目建成并投用，落实加热炉炉效提升等管理措施，累计节能1.73万吨标煤。组织开展"我为安全做诊断""表扬良好安全行为，奖励良好安全习惯"等活动，采纳各类HSE管理改进建议3 700余条，发放奖金(奖品)200多万元。

（朱军涛　王　瑛）

【生产运行水平不断提高】 2015年，扬子石化完善生产调度会、月度生产运行分析会等工作机制，开发投用生产运行监控系统，及时有效解决突发和异常问题，主要装置运行平稳率保持较好水平。全年乙烯产量增长8.8%，塑料增长17.9%。建立健全工艺技术管理体系，修订《工艺技术管理制度》等12项规章制度、19套装置的工艺技术规程和岗位操作法；加强装置达标管理，推进技术攻关与优化运行，炼油专业8项指标全面达标，列入总部考核的36项技术经济指标中有24项创历史最好水平。开展设备可靠性提升活动，完成17套装置大修，尤其是2#催化等7套装置的首次大修任务，消除了设备缺陷和隐患。前移质量控制关口，制定并落实控制汽、柴油质量过剩措施，完成车用汽、柴油质量升级计划，全年出厂产品合格率保持100%。

（朱军涛　王　瑛）

【优化降本成效明显】 2015年，扬子石化完善公司生产经营管理体制和工作机制。年末与年初相比，优质高价的阿曼油加工量由20万吨/月下降到13万吨/月，劣质低价的巴士拉、卡斯蒂利亚加工量分别由26万吨/月、1万吨/月提高到39万吨/月、7.5万吨/月，库存总量下降23%；年末原油库存成本已与先进兄弟企业基本持平。努力发挥炼油改造项目投产的优势，消除瓶颈制约，全年成品油产销量达549万吨、增长50%，其中汽油、航煤分别达189万吨和167万吨，分别增长49%和135%，柴汽比由1.33下降到1.02。同时，成功生产出合格沥青、乙醇汽油组分油和98#汽油，实现柴油首次出口。积极应对市场变化，及时调整原料、产品结构和装置运行方式。全年吨乙烯原料成本下降275元，塑料专用料和新产品比例提高0.65个百分点，纯苯、邻苯产销量分别增长2.2%和17.9%。多方协调推动天然气降价增量，实现增效6 125万元；落实重整料12.4万吨，缓解资源不足的矛盾，增产增效2 615万元；通过普柴中转，多争取车柴配置计划，增效3 865万元。进一步明确成本费用归口管理部门和责任，实现降本减费4.82亿元。

（朱军涛　王　瑛）

【开展"三严三实"专题教育】 2015年，扬子石化党委紧扣保增长、谋发展、强基础、抓党建工作主线，践行"三严三实"要求，落实管党治党责任，着力打造从严从实、风清气正的企业生态。中层干部76人次受到各类考核，22名干部受到党纪政纪处分，实行"三项纪律"日检查、周通报、月考核，79人次被通报批评，严抓严管的氛围愈发浓厚。党组巡视问题细化为109项整改任务，并按时保质完成；召开首次党支部书记研讨会，全面布置新形势下基层党建工作；坚持全覆盖、严要求，对基层党建工作进行了一次全面检查，抓细抓小习惯逐步养成。公司班子带头践行“三严三实”，展示新气象、新作为。“弘扬好习惯，根除坏习惯”主题活动蓬勃开展，党建工作接受了石化集团公司党建考核组的严格考核，务实求实风气进一步巩固。

（朱军涛　王　瑛）

【清江石化增效显著】 2015年，清江石化以精细管理、多创效益、提升生产管理水平为中心，以保持装置安全、稳定、长周期运行和提高生产质量为抓手，加强生产运行指挥、协调、监督、控制，深入开展生产优化、挖潜增效和节能降耗，加强特种设备、加热炉、防腐蚀以及电气仪表等方面专业技术管理，努力降低成本、增加效益；加强HSE岗位责任制建设，推进企业清洁生产，14套生产装置安全稳定运行。全年加工原油90.69万吨，生产产品81.48万吨，销售产品80.84万吨，实现销售收入40.13亿元，利润9 129万元，同比增长120.61%，入库税金14.84亿元。利润总额和吨油利润在石化集团公司34家炼油企业中分别位列第18位和第13位。

（朱军涛　王　瑛）

【泰州石化领导班子调整】 2015年4月15日，扬子有限干〔2015〕3号，决定邢建良任泰州石油化工有限责任公司董事会董事长，张明龙不再担任泰州石油化工有限责任公司董事会董事长职务。12月8日，泰州石化召开全体干部大会，宣布扬子石化党委对泰州石化领导班子的调整决定，刘居宝任泰州石油化工有限责任公司总经理，王振新不再担任泰州石油化工有限责任公司总经理职务。

（朱军涛　王　瑛）

【乙烯产量创82.31万吨新纪录】 2015年，扬子石化烯烃厂持续开展乙烯装置全流程优化活动，调整乙烯裂解原料结构，用好用足原料；合理制定编排裂解炉全年倒炉切换检修计划，有序安排好裂解炉倒炉切换、检修；强化工艺巡检与隐患排查工作，完成压缩机（GB1302）蒸汽调节系统故障检修等，优化了运行工况，从严从细抓日常管理，严格较真抓岗位责任制落实，保证装置满负荷稳定运行，乙烯高附加值产品收率提高1.24%；吨乙烯高附产品能耗下降6.13千克标油/吨；装置加工损失率下降0.01%，五大技术经济指标创出历史最好水平。全年乙烯装置共生产乙烯82.31万吨，创造了乙烯联合装置年产量历史最高纪录，同时还创造了日产乙烯2 383吨历史新高。

（朱军涛　王　瑛）

【国内最大污水回用装置投运】 2015年6月4日，扬子石化投资13亿元的“碧水蓝天”核心项目850吨/时污水回用装置投运，产出合格回用水。至此，2期污水回用项目处理能力达1 250吨/时，高品级污水回用能力达700万吨/年，成为国内最大污水高纯度回用企业。该项目还包括500吨/时清净下水回用，污水回用总能力达到1 750吨/时，污水成为扬子石化重要的水资源，为节约用水提供了有益经验。

（朱军涛　王　瑛）

2015年6月，设计能力为1 250吨/时的污水回用装置建成投产　（罗　忠　摄）

【科研开发有序推进】 2015年，扬子石化推进科技创新和“两化”融合，参与开发的“高效环保芳烃成套技术开发及应用”项目获国家科学技术进步特等奖，中国石化“十条龙”攻关项目“多产轻质油的IHCC技术工业应用”顺利“出龙”，“二元酸制二元腈中试”项目产出合格产品，“B型氯化聚乙烯用专用料YEC－5410T”等3个新产品完成首次工业化生产；全年6个项目获石化集团公司2014年度科技进步奖，其中“甲苯甲醇甲基化制二甲苯技术开发及20万吨/年工业试验”获一等奖，SE粉煤气化技术开发团队被石化集团公司授予2014年优秀创新团队称号。

（朱军涛　王　瑛）

【成功生产国Ⅴ98#汽油】 2015年2月27日，扬子石化成功产出国Ⅴ98#汽油；7月1日成功调和700余吨高品质国Ⅴ98#汽油，其各项指标均满足国家质量标准；8月成功投放市场，全年国Ⅴ98#汽油产销量达1.4万吨，开启高标号汽油生产新模式，全年各型号汽油产销量首次突破110万吨，并向周边市场提供顶级高效汽车燃料油，为公司产品升级、增加产品经济附加值、走产品差异化道路开辟新途径，满足高端市场的需求，为石化集团公司占领汽油高端市场提供助力。

（朱军涛　王　瑛）

【成品油出厂迈进管输时代】 2015 年 5 月 25 日，1.1 万吨国V92#汽油以自压方式，由扬子石化输送到中国石化华东成品油销售公司玉带油库罐区储油罐，打通了管输全流程，年底有 3 个牌号柴油、2 个牌号汽油通过管道输送，开启了扬子石化成品油管输新时代，实现产销储运系统无缝对接，优化了储运方式。

（朱军涛　王　瑛）

【管理现代化成果丰硕】 2015 年，扬子石化现代化管理再获佳绩，塑料厂聚丙烯车间第四班组被中国质量协会、中华全国总工会、中华全国妇女联合会、中国科学技术协会联合授予 2014 年全国质量信得过班组称号；扬子石化被石化集团公司授予 ERP 应用登高示范企业称号；在第 24 届中国石化集团管理现代化创新成果评审中，扬子石化申报的 6 项成果全部得到评审专家认可，获 4 个二等奖和 2 个三等奖。

（朱军涛　王　瑛）

【产品出口实现新突破】 2015 年，扬子石化大力推进航煤出口，2 月 27 日完成首次单批 3 万吨航煤出口到香港，揭开了航煤经营国际市场的新篇章。自此，公司航空煤油形成了国内市场、“以出顶进”市场和国际市场 3 种营销方式，全年航煤出口 53.9 万吨，航煤以出顶进 42.9 万吨，占航煤总销量比例 58%。6 月 29 日，扬子石化与外商签订了 40 吨对二乙基苯产品销售合同，首次出口欧洲。12 月 20 日，3 万吨柴油开始销往菲律宾，首次实现柴油出口，为公司炼油改造后放大成品油产量，做大油品板块，增强企业盈利能力开辟出了新的市场空间。

（朱军涛　王　瑛）

【“开门办企业”活动有效开展】 2015 年，扬子石化举办了“环保圆桌对话会”、中科院“分享责任中国行”“扬子科普夏令营”“环保骑行宣传”等公众开放活动，主动邀请政府部门、社会媒体、社区居民、民间组织等来公司，全方位展示企业在安全环保、节能减排、科技创新等方面取得的成果，自觉接受社会公众检查监督。全年累计有 2 000 多人走进扬子石化，“公众开放日”活动形成品牌，影响力不断扩大，有力展示了绿色扬子、美丽扬子的新形象。

（朱军涛　王　瑛）

【技能竞赛再创佳绩】 2015 年，在石化集团公司职业技能竞赛中，扬子石化烯烃厂选手张奇、王文超摘得乙烯装置操作工金牌，炼油厂选手凌志强、沈俊获得S－Zorb装置操作工金牌，6 个工种共取得个人 4 金、4 银、2 铜和团体 1 金、1 铜的优异成绩。

（朱军涛　王　瑛）

【成立志鉴编纂委员会】 2015 年 8 月 17 日，由扬子石化党委副书记王闽任主任、副总经理卫达任副主任、档案馆馆长王敏兼任主编的扬子石化志鉴编纂委员会成立，志鉴编纂工作正式启动。委员会主要职能是执行国家和石化集团公司有关志鉴编纂规定和要求；明确志鉴编纂工作原则和目标，审定扬子石化志鉴编纂结构和框架；每年召开一次工作会，听取扬子石化志鉴编纂工作汇报，提出编纂工作意见和要求；解决志鉴编纂过程中的重大问题。

（朱军涛　王　瑛）

【南京市扬子石化慈善分会成立】 2015 年 2 月 4 日，南京市慈善总会扬子石化慈善分会正式揭牌成立，这是南京市慈善总会在企业建立的首家慈善分会，也是江苏省首家企业慈善分会。该分会是南京市慈善总会下属的非法人分支机构，工作业务接受市慈善总会和企业的双重领导，旨在发挥“大扬子”区域优势，多渠道筹集慈善资金，开展“慈善一日捐”、义演义卖、志愿服务和关爱行动，积极参与慈善救助工作。慈善分会的成立与慈善工作的开展是扬子石化帮困救助工作新的里程碑，是企业更好地履行社会责任的有益探索和实践。

（朱军涛　王　瑛）

2015 年 2 月 4 日，扬子石化慈善分会成立（李树鹏　摄）

表 1 **扬子石化主要技术经济指标**[①] 亿元

指标名称 \ 年份	2015	2014	2013	2012	2011	2010
原油加工量[②]/万吨	1 037.90	949.70	884.04	1 022.58	1 001.84	876.80
工业总产值	645.60	715.98	707.37	599.02	683.28	507.03
扬子石化有限公司	624.20	693.55	685.19	576.03	658.83	486.67
扬子资产分公司	21.40	22.43	22.18	22.99	24.45	20.36
工业增加值	138.84	49.32	55.19	64.19	105.48	88.84
扬子石化有限公司	131.42	41.75	48.24	57.79	100.87	85.96
扬子资产分公司	7.42	7.57	6.95	6.40	4.61	2.88
资产总计	320.87	354.98	374.42	308.40	284.90	286.40
扬子石化有限公司	258.52	292.43	312.73	247.65	223.85	225.32
扬子资产分公司	62.35	62.55	61.69	60.75	61.05	61.08
流动资产	76.72	94.67	130.10	107.05	117.67	117.09
扬子石化有限公司	61.40	79.92	114.75	91.38	103.24	101.90
扬子资产分公司	15.32	14.75	15.35	15.67	14.43	15.19
固定资产原值	450.24	445.12	366.09	344.55	336.48	330.09
扬子石化有限公司	397.00	396.07	318.40	297.70	290.46	285.66
扬子资产分公司	53.24	49.05	47.69	46.85	46.02	44.43
固定资产净值	173.51	183.08	111.18	99.97	100.80	106.37
扬子石化有限公司	150.08	162.52	91.21	80.03	80.42	86.18
扬子资产分公司	23.43	20.56	19.97	19.94	20.38	20.19
营业收入	542.88	640.50	649.11	679.73	787.12	586.43
扬子石化有限公司	516.63	613.94	623.89	653.67	759.55	562.77
扬子资产分公司	26.25	26.56	25.22	26.06	27.57	23.66
利　税	123.94	33.88	40.82	53.87	108.07	92.15
扬子石化有限公司	119.35	28.71	36.58	49.70	103.74	88.86
扬子资产分公司	4.59	5.17	4.24	4.17	4.33	3.29
税　金	116.31	60.55	47.76	67.89	77.45	65.11
扬子石化有限公司	114.30	59.00	46.16	66.45	76.32	64.05
扬子资产分公司	2.01	1.55	1.60	1.44	1.13	1.06
综合能耗[③]/吨标煤·万元$^{-1}$						
扬子石化有限公司	0.91	1.08	1.13	1.12	1.13	1.37
扬子资产分公司	2.90	2.59	2.77	3.10	3.17	4.34

①本表财务数据为合并报表数据

②原油加工量统计包含清江石化和泰州石化

③2011 年开始，综合能耗数据按 2010 年不变价计算

表 2 **扬子石化主要产品产量**[①] 万吨

产品名称 \ 年份	2015	2014	2013	2012	2011	2010
乙　烯	82.31	75.66	70.55	64.95	81.81	67.85
丙　烯	38.17	46.91	41.80	39.47	47.93	39.62
丁二烯	10.47	10.53	10.45	12.57	18.66	16.76
聚乙烯	54.59	45.19	46.03	44.81	57.84	49.09
聚丙烯	45.88	42.82	43.77	40.21	49.33	41.60
精对苯二甲酸	59.12	69.74	92.21	109.53	141.49	130.08
乙二醇	22.16	16.73	18.44	11.64	13.31	15.66
纯　苯	39.21	38.35	36.95	33.01	37.73	33.93
对二甲苯	73.98	88.17	85.52	93.78	96.30	83.58
邻二甲苯	16.42	13.93	19.72	23.67	24.22	18.22
环氧乙烷	15.07	21.36	17.62	9.74	12.57	9.90
柴　油	193.27	182.29	224.32	251.06	303.53	277.77
汽　油	188.82	155.18	84.94	98.15	94.47	53.91
丁苯橡胶	5.58	9.75	9.85	9.15	11.27	9.23
顺丁橡胶[②]	0	0.20	1.10			

①产品产量包含清江石化和泰州石化

②2013 年 9 月开始，顺丁橡胶产品投放市场，2015 年停产

扬巴公司

【概况】 扬子石化—巴斯夫有限责任公司(简称扬巴公司)成立于2000 年 12 月，由中国石化和德国巴斯夫公司以 50%∶50% 的股比共同投资设立，累计总投资 52 亿美元，位于南京市六合区长江边，毗邻南京化学工业园区，占地 220 公顷(220 万平方米)。

扬巴公司拥有以 74 万吨/年乙烯装置为核心的基础化学联合装置及 38 万吨/年环氧乙烷/乙二醇、40 万吨/年低密度聚乙烯/醋酸乙烯共聚物、30.5 万吨/年羟基醇—碳四、19 万吨/年丙烯酸和 21.5 万吨/年丙烯酸酯、3 万吨/年丙酸、5 万吨/年甲酸、3.6 万吨/年甲胺、4 万吨/年二甲基甲酰胺、6 万吨/年非离子表面活性剂、13 万吨/年丁二烯抽提和 20 万吨/年聚苯乙烯等 32 套化工装置。主要产品有低密度聚乙烯、醋酸乙烯共聚物、乙二醇、丁醇、丙烯酸、丙烯酸甲酯及丁酯、甲酸、丙酸、甲胺、二甲基甲酰胺、苯、甲苯、混合二甲苯、聚苯乙烯、丁二烯、非离子表面活性剂、2－丙基庚醇、超吸水性树脂等，广泛应用于农业、食品、卫生、医药、电子、电器、纺织、洗涤、建筑、汽车、皮革处理等各种领域。所有装置均采用先进的“一体化”概念，以高效、环保的方式生产、利用产品、副产品和能源，支持公司可持续发展的目标。扬巴公司还拥有 1 个天然气蒸汽联合循环发电厂和数个国际码头，保证能源供应和物流运输。截至 2015 年底，扬巴公司共有员工 1 890 名。2015 年销售 249 万吨化学品和聚合物，实现销售收入 154 亿元人民币。

(李时艳)

【总裁柯迪文博士获中国政府友谊奖】 2015 年 9 月 30 日，扬巴公司总裁柯迪文博士和其他 49 名获 2015 年中国政府友谊奖的外国专家一起在北京受到了中国国务院总理李克强的接见。颁奖仪式于 9 月 29 日举行，国务院副总理马凯向柯迪文博士颁发了获奖证书。在柯迪文博士的领导下，扬巴公司多年来保持着出色的安全业绩，其作为南京市政府顾问团的一员，就如何提高化工行业的安全水平、降低工业污染、优化化工资源等向政府建言献策，同时积极推进南京化学工业园的发展。

(李时艳)

中国国务院副总理马凯向柯迪文博士颁发获奖证书

【顺利完成停车大检修及改扩建】 扬巴公司第2次停车大检修于2015年4月1日开始，历时48天，完成大修项目3 917项，涉及约2.9万台件的设备，约6 000人参与，覆盖了所有生产装置和配套的基础设施、外部设施及公用工程等设施。大检修期间完成了特种设备的法定检验、关键大型机组的检修、催化剂更换、以提高装置生产的可靠性为目的的检查和清理等工作。整个大检修过程中未发生一起损失工时事件，也没有不合格废水排放事件，取得了出色的EHS业绩。所有生产装置和公用工程设施按计划顺利开车。此外，扬巴公司在停车期间顺利完成环氧乙烷装置的扩建，在预算内成功开车。同时完成的还有新建的新戊二醇装置甩头，以及装置的小型技术改造，消除了安全隐患和生产瓶颈。

（李时艳）

【停止生产发泡聚苯乙烯】 由于发泡聚苯乙烯国内的产能严重过剩，而扬巴公司的产品所占市场份额不大，该产品的业务处境艰难。经过和母公司的共同评估，扬巴公司董事会最终决定，自2015年4月11日起停止发泡聚苯乙烯装置的生产。

（李时艳）

【康智杰就任扬巴公司总裁】 自2015年11月15日起，康智杰博士接替柯迪文博士担任扬巴公司总裁。康智杰于1990年取得德国维尔茨堡大学化学博士学位，同年加入巴斯夫公司，曾担任过巴斯夫股份公司精细化工部门脂溶性维生素配方、生产和技术总监，巴斯夫西班牙塔拉戈纳基地高级副总裁，巴斯夫欧洲公司烯化氧和乙二醇产品系列副总裁等职务。加入扬巴之前，他是巴斯夫欧洲公司石油化工部高级副总裁。

（李时艳）

【召开2015年度环境影响对话会】 2015年3月16日下午，扬巴公司召开2015年度环境影响对话会。来自长芦的居民代表、南京化工园的领导和环保专家应邀出席，与扬巴公司管理层就大检修期间的安全环保工作及与社企间的沟通展开坦诚对话。代表们对扬巴公司的各项措施、社会责任感和对地方发展的支持表示了肯定，对进一步加强社企沟通与合作提出了希望和建议。扬巴公司管理层表示：公司在实现效益增长的同时，会尽最大努力做好环保工作，保护好周边环境；要与周边社区保持密切的沟通，接受社会的监督，与大家共同发展。

（李时艳）

【获传化公司优秀合作伙伴奖】 2015年7月27日，在传化公司举办的2015第二届供应商大会上，扬巴公司获传化化学集团优秀合作伙伴奖，这是对扬巴公司产品和服务质量的充分肯定。传化公司是一家横跨化工、物流、农业、科技城和投资的多元化产业集团，与扬巴公司有多年的良好合作关系。

（李时艳）

【举办“安全周”活动】 2015年3月16—20日，扬巴公司举办了主题为“差旅安全”的“安全周”活动，着眼于交通安全、驾车安全、旅行健康和酒店安全等内容，通过讲座、问答、播放视频、张贴宣传画、亲身体验等各种形式向公司员工和承包商讲解差旅安全的重要性，以及在驾车、旅行中如何保证自身的安全。此次活动旨在提高所有人员的安全意识，自始至终将安全牢记心中，用良好的安全行为和习惯来保障旅行安全，并进一步应用到日常生活中，确保每时每刻的安全。

（李时艳）

【5S管理见成效】 从2014年下半年起，扬巴公司开始推行5S管理，分3个阶段在全公司范围内逐步实施。在确定管理目标和审核标准的基础上，辅之以全方位的培训和现场指导、阶段评估，在管理过程中落实责任，设立“我的区域”“我的设备”，做到任何区域任何设备都有专人管理，不留死角，并在可视化的看板上张贴改善前后的图片。经过一年多的努力，装置现场和办公区域发生了巨大的改变，物品定置清晰明了、功能区域合理分割、文件管理统一规范等。5S的实施营造了更为舒适的工作环境，提高文档和信息管理的共享效率，提升工作区域的安全性，同时进一步提高人员的职业素养，提升工作效率，有利于公司的进一步发展。

（李时艳）

福建炼化

【概况】 福建炼油化工有限公司(简称福建炼化)是由石化股份公司和福建省石油化学工业公司各出资50%合资建设的具有独立法人单位资格的大型炼油化工企业，位于福建省泉州市泉港区，紧靠全国四大良港之一的湄洲湾。其前身福建炼油厂始建于1989年1月。福建炼化下设8个机关处室，有2家全资子公司、5家合资公司。本部职工总数228人，其中本科及以上学历的165人。

福建联合石油化工有限公司(简称福建联合石化公司)是由福建炼化、埃克森美孚中国石油化工公司、沙特阿美亚洲有限公司按50%:25%:25%比例合资建设的大型石油化工企业，总投资319.85亿元，总占地面积478.70万平方米，于2007年6月成立，2009年11月投入商业运行，2013年底完成脱瓶颈改造，拥有1 200万吨/年炼油、99万吨/年乙烯裂解、90万吨/年聚乙烯、55万吨/年聚丙烯、77万吨/年芳烃、部分氧化/汽电联产装置(IGCC)等30套炼油及化工联合装置，主要加工沙特原油，生产车用无铅汽油、轻柴油、聚乙烯、聚丙烯、对二甲苯、工业用纯苯、丁二烯等47个牌号的石化产品。

福建炼化林德气体有限责任公司(简称福林气体公司)由福建炼化与林德气体(香港)公司按50%:50%的比例合资建设，于2008年8月正式成立，2010年底正式投入商业运行，主要为福建炼油乙烯项目提供专业气体产品。

福建省福橡化工有限责任公司(简称福橡化工公司)由福建炼化与福建省石油化学工业公司按49%:51%的比例合资建设，于2011年5月正式成立，主要生产顺丁橡胶和丁苯橡胶产品。

中国石化化工销售福建有限公司(简称化销福建公司)由福建炼化与化工销售公司按10% : 90%的比例合资建设，于2012年4月正式挂牌成立。

海峡石化产品交易中心有限公司(简称海峡石化公司)由福建炼化与晋江市、福建盛融化工有限公司、化工销售公司按20%:36%:24%:20%的比例合资建设，于2013年6月完成工商注册，2014年11月电商板块正式上线开市。

福建炼化主要技术经济指标和主要产品产量见表1和表2。

(李　晟)

【实现扭亏为盈】 2015年，福建炼化转变经营理念，坚持市场导向，实现扭亏为盈，全年合并报表实现利润14.56亿元，居石化集团公司同规模炼化企业前列，创历史最好水平。福建炼化本部和各合资公司共计实现税费106.75亿元，其中福建联合石化公司在福建省2015年纳税百强企业中排名第二。福建联合石化公司实施原油采购性价比最优和低库存战略，有效降低经营成本；抓住机遇采购质优价廉的中间原料，全年采购石脑油29.08万吨，提升了乙烯链毛利；持续抓好市场研判和开拓，正确判断2015年的市场形势，推迟老炼油装置和乙烯装置裂解炉的检修改造，多产多销市场较好的高附加值产品，销售航煤97.86万吨、增长29.40%，销售沥青71.55万吨、增长58.61%。

(李　晟)

【生产炼油化工产品产量累计超1亿吨】 2015年，福建联合石化公司总体实现安全稳定运行，各项技术经济指标持续提升，全年加工原油1 076.80万吨，生产炼油化工产品产量967.19万吨，其中乙烯产品产量106.64万吨。截至2015年底，福建炼化(含福建联合石化公司)累计加工原油1.20亿吨，生产炼油化工产品产量1.04亿吨，实现税费556.12亿元，在海峡西岸经济区建设中的龙头带动作用得到有效发挥。

(李　晟)

【古雷炼化一体化项目一期通过福建省发改委核准】 2015年，该项目各项前期筹备工作取得快速进展，一期项目13项支撑性文件全部完成上报。12月14日，项目奠基仪式在福建省漳州市古雷半岛举行。2016年1月15日，福建省发改委核准该项目百万吨级乙烯及下游深加工装置(不含码头部分)，主要建设内容包括80万吨/年乙烯蒸汽裂解、180万吨/年甲醇制烯烃等16套化工装置，以及净化水厂、汽电联产、空分空压等公用辅助工程，总投资345.70亿元，预计2018年建成。

(李　晟)

古雷炼化一体化项目奠基仪式　(张春倩　摄)

【福建联合石化公司环氧乙烷/乙二醇装置投用】 2015年1月11日，福建联合石化公司新建18/40万吨/年环氧乙烷/乙二醇(EO/EG)装置实现中交投产；3月30日，该装置一次投料成功，次日产出合格产品，标志着福建炼油乙烯脱瓶颈及配套项目中新建化工装置全面建成投产。该装置投产前，福建联合石化公司主动与潜在客户进行沟通，提前落实产品销售工作。4月27日，首船乙二醇产品顺利实现海运出厂。截至2015年底，共计销售乙二醇产品30.78万吨，实现销售收入16.06亿元。

(李　晟)

福建联合石化公司环氧乙烷/乙二醇
装置中交投产　(肖万元　摄)

【福林气体公司第3套空分装置通过竣工验收】 2015年1月1日，该装置正式投入商业运行。截至年底，该装置先后通过防雷、消防、安全、职业卫生、档案、环境保护等专项验收。2016年1月22日，经竣工验收委员会同意，该装置顺利通过竣工验收。

(李　晟)

【福建联合石化公司运营管理水平不断提高】 2015年，福建联合石化公司充分发挥炼化一体化优势和规模效应，持续优化生产经营。针对福建省内柴油销售严重受限等不利因素，福建联合石化公司在降低原油加工量的情况下，通过柴油分类优化流向、外采石脑油等中间原料，以及实施碳二回收、乙烯原料轻质化和流程化等措施，实现炼油二次加工装置和化工装置的高负荷运行，柴汽比大幅下降，乙烯等化工产品产量不断提升，全年累计提升毛利11亿元。全面推行设备可靠性管理体系和“无误操作”管理理念，落实机械完整性方案，非计划停工较上年同期减少36.36%。加强关键操作指标和关键能源变量管理，落实最优能源方式，全年节约能源成本约1亿元。

(李　晟)

【福建联合石化公司完成老炼油装置停工检修】 2015年11月19日开始，福建联合石化公司对老炼油装置进行常规性停工检修，主要涉及老炼油、小聚丙烯和部分氧化/汽电联产(IGCC)等15套主要装置，历时48天，投资1.42亿元。2016年1月6日，催化汽油产品合格，标志着停工检修正式完成。检修、开车期间，福建联合石化公司做好方案优化和精心操作，强化现场和承包商管理，严格控制火炬排放、异味控制、污水排放等各项工作，实现“零事故、零排放”和“安全环保检修、一次开车成功”的预期目标。

(李　晟)

【福建联合石化公司通过安全生产标准化一级企业现场评审】 2015年，福建联合石化公司对照达标条件做好安全生产标准化建设与操作完整性体系(OIMS)融合，修订包括动火作业、高处作业、受限空间作业等8项作业在内的一系列作业安全管理标准，建立、完善文件资料档案，全年完成隐患治理项目1 059项、整改完成率96.01%。11月2—5日，评审单位组织专家对福建联合石化公司进行现场评审，福建联合石化公司以88.73分的综合得分通过安全生产标准化一级企业现场评审。

(李　晟)

【积极参与漳州腾龙芳烃“4·6”爆炸事故救援工作】 2015年4月6日18时56分，古雷腾龙芳烃(漳州)有限公司二甲苯装置发生爆炸起火事故。21时，应福建省安监局和消防总队要求，福建联合石化公司迅速派出2名芳烃技术人员以及35名消防指战员、4台消防车赶赴现场参与灭火救援。救援过程中，福建联合石化公司依托石化专业知识和丰富的行业经验，积极为现场指挥团队出谋划策，发挥重要作用。救援工作完成后，福建联合石化公司得到福建省、漳州市和省、市消防队有关领导和人员的一致好评和感谢。

(李　晟)

【明确发展新定位】 福建炼化认真贯彻石化集团公司党组关于深化改革的要求，在深入分析公司实际情况和外部条件后，明确“国有资本投资管理公司”的发展新定位，致力于代表股东落实国有资本投资管理责任，指导和服务各合资公司，积极利用股东资源平台，为合资公司做好监督、协调、服务，推进合资公司发展创效，实现国有资本保值增值。2015年，福建炼化建立安全监督、重大事项决策、财务审计、廉政建设、效能监察方面的合资管理工作机制，开展对标管理，为合资公司做好项目审批、计划对接、竣工审计等方面的支持服务工作，取得很好的效果。

（李　晟）

【深入推进依法依规经营】 2015年，福建炼化以石化集团公司党组巡视和有关审计、检查等为契机，做好查漏补缺，建立长效机制，推进依法依规经营。全年，福建炼化本部认真开展“从严管理年”活动，定期做好制度回顾、修订，落实重大事项决策合法性审查工作，加强规范管理和风险管控；全面开展资产清查，推进资产取证、清理等工作，为下一阶段发展减轻包袱。福建联合石化公司完成所有新、改、扩建项目的审批、检验工作，依据新《安全生产法》《环境保护法》做好合法合规性审查并抓好整改落实，努力保障企业健康稳定发展。

（李　晟）

【积极承担社会责任】 按照福建省委统一部署，福建炼化历时11年，选派干部连续参加4个批次的驻村扶贫工作。2015年，福建炼化积极为扶贫驻点村道路建设和相关地区文化科技卫生“三下乡”工作捐赠50万元，并组织有关单位和人员为该村小学生开展捐资助学活动；1名干部完成援疆工作任务，载誉归来。各合资公司坚持捐助周边社区、村镇教育事业，通过开展好工厂开放日等活动加强交流和互信，树立了良好的企业公民形象。

（李　晟）

【认真开展“三严三实”专题教育】 2015年，按照石化集团公司党组和福建省委的统一部署，福建炼化领导班子强化问题导向，坚持以上率下，将专题教育与安全生产、扭亏增盈、转型发展和企业稳定等重点工作相结合，做好“三严三实”专题教育工作筹划部署。6月16日，福建炼化召开动员部署会，发布《“三严三实”专题教育实施方案》。截至年底，福建炼化突出抓好党委委员上专题党课、3个专题学习研讨、专题民主生活会和组织生活会、整改落实和立规执纪4个“关键动作”，认真查摆各级领导干部存在的“不严不实”问题，形成一级带着一级干、一级做给一级看的良好氛围，取得作风建设的新进展，为完成年度工作任务夯实了基础。

（李　晟）

【石化集团公司党组巡视整改工作取得实效】 2015年5月31日—6月13日，石化集团公司党组第一巡视组对福建炼化开展巡视工作。10月26日，巡视问题反馈后，福建炼化党委深入贯彻上级要求，突出问题导向、立行立改，研究部署巡视反馈问题整改工作。巡视反馈意见整改落实工作领导小组召开5次工作例会，协调推进整改工作；领导小组办公室每周1次，召开9次整改落实工作例会，督促各项整改措施按要求落实，取得较好的效果。截至年底，44项巡视反馈问题中，有33项已经整改完成，完成率75%，短时间内无法整改完成的项目已制定整改时间表；201条整改措施已经落实181条，完成率90%；巡视整改期间完成制定、修订各类规章制度36个。

（李　晟）

【通过全国文明单位复核】 自2011年12月20日被中央文明委授予全国文明单位称号以来，福建炼化坚持履行好国有企业的经济责任、政治责任和社会责任，持续加强组织领导，完善机制建设，突出思想政治、道德教育、技能、素养“四项教育”，以丰富多样的载体扎实开展文明月、志愿服务等特色活动，提升员工综合素质，营造和谐的发展环境，形成良好的企业风尚。经复查，2015年2月28日，中央文明委批准福建炼化继续保留全国文明单位称号。

（李　晟）

表1　　福建炼化主要技术经济指标[①]　　亿元

指标名称＼年份	2015	2014	2013	2012	2011	2010
原油加工量/万吨	1 076.80	1 130.60	944.90	1 102.72	959.46	1 138.72
资产总计	56.27	44.86	48.77	52.41	55.86	58.30
流动资产	1.40	4.36	2.81	10.69	6.48	7.92
固定资产原值	3.55	3.58	3.55	3.43	2.65	2.24
固定资产净值	2.14	2.30	2.37	2.35	1.38	1.41
销售收入	538.23	771.78	621.31	751.90	647.80	640.52

续表

指标名称 \ 年份	2015	2014	2013	2012	2011	2010
实现利税	14.83	-7.08	-6.82	-9.71	-2.37	6.40
税　金	0.27	0.26	0.25	0.23	0.23	0.26
炼油综合能耗/千克标油·吨$^{-1}$	58.00	53.07	58.94	53.52	57.22	74.59

①资产总计、实现利税、税金为福建炼化本部数据，其余指标包含福建联合石化公司；分置运营后，福建炼化本部没有工业产品生产，无工业总产值，企业集团工业总产值未做统计

表 2　　福建炼化主要产品产量　　万吨

产品名称 \ 年份	2015	2014	2013	2012	2011	2010
汽　油	162.70	183.82	149.45	161.22	133.51	150.29
柴　油	256.94	363.00	275.39	321.54	245.77	388.52
航空煤油	97.38	75.94	79.34	102.35	98.52	96.45
石脑油	296.66	309.52	259.54	299.40	276.23	265.78
液化气	22.78	18.37	20.38	25.76	20.99	25.74
燃料油	0.92	3.23	8.53	24.70	2.19	0.98
石油焦	5.65	14.76	12.84	14.65	13.71	14.23
硫　黄	17.91	20.13	17.46	19.45	17.12	18.05
液　氨	0.02	0.08	—	—	—	—
丙　烯	64.38	66.21	47.98	59.56	58.47	57.33
聚丙烯	58.55	60.69	42.63	52.88	50.66	47.48
乙　烯	106.64	102.11	71.41	85.15	85.23	84.36
聚乙烯	90.78	97.95	75.24	90.17	88.66	87.29
对二甲苯	79.04	77.35	55.66	69.38	67.93	65.92
苯	44.77	44.10	27.59	32.76	31.62	33.11
丁二烯	14.82	15.56	10.66	12.93	13.59	13.10

武汉石化

【概况】 中国石油化工股份有限公司武汉分公司(简称武汉分公司)和中国石化集团资产经营管理有限公司武汉分公司(简称武汉资产分公司)统称武汉石化，是石化集团公司直属大型工业企业和中部地区最大的炼油化工一体化企业。其前身始建于1971年，投产于1977年，1983年隶属于中国石油化工总公司。武汉石化炼油部分位于湖北省武汉市青山区，占地239公顷(239万平方米)，北濒长江水道，水路交通便利。炼油综合配套能力达800万吨/年，共有23套主要生产装置，可生产汽油、柴油、航煤、石脑油、聚丙烯、“三苯”、液化气、硫黄、石油焦等产品。武汉80万吨/年乙烯工程位于武汉市化工区，与炼油厂直线距离9.8千米，包括11套主体装置及系统配套工程。2014年1月，石化股份公司与韩国SKGC公司合资成立的中韩(武汉)石油化工有限公司(简称中韩石化)开始独立商业运营，武汉分公司受石化股份公司委托行使股东权利。

武汉石化实行两级扁平化管理，共设18个职能部门、5个业务中心、14个车间。截至2015年底，

共有在岗职工 2 051 人，其中具有高级职称的 111 人、中级职称的 446 人。

武汉石化主要技术经济指标和主要产品产量见表 1 和表 2。

（任丽娜）

【原料油加工量连续 2 年突破 800 万吨】 2015 年，武汉石化全年加工原料油 822.6 万吨，同比增长 0.8%，连续 2 年突破 800 万吨；生产成品油 487.4 万吨，增长 7.4%，均创历史最好水平。

（任丽娜）

【4 项达标指标创历史最好水平】 2015 年，武汉石化持续深入开展炼油专业达标攻关活动，全面完成石化股份公司下达的考核指标。其中，综合商品率 95.6%，比考核指标高 0.8 个百分点；轻质油收率 81.9%，比考核指标高 2 个百分点；综合能耗 63.4 千克标油/吨，比考核指标低 1.6 千克标油/吨；原油储运损失率 0.08%，比考核指标低 0.06 个百分点；加工损失率 0.53%，比考核指标低 0.01 个百分点。综合商品率、轻质油收率、综合能耗、原油储运损失率创历史最好水平。

（任丽娜）

【实现连续安全生产 1 663 天】 2015 年，武汉石化牢固树立安全工作“清零”思路，新年伊始举行“安全新起点”仪式。大力推进企业安全文化建设，初步形成“为家庭幸福与美好生活而安全工作”等 9 条安全文化理念。推行乘车系安全带活动，促进员工安全习惯和意识的逐步养成。全员积极开展 HSE 观察活动。组建安全督察大队，加强现场安全检查和管理。完成炼厂到码头输油管廊隐患整改项目，稳步推进罐区隐患整治项目。加强环保管理，全面促进泄漏检测与修复（LDAR）工作落实。完善公司外排口在线监测系统；2 套脱硫脱硝装置增设污染源在线监控设施。全年未发生上报石化集团公司安全环保事故，实现连续安全生产 1 663 天。连续 3 年获评石化集团公司安全生产先进单位，湖北省、武汉市安全生产先进单位。连续 2 年获评石化集团公司环保先进企业。

（任丽娜）

【推进设备完整性管理】 2015 年，武汉石化推行设备完整性管理体系建设，继续推进设备预防性维修工作，装置连续运行 4 年未发生大的设备故障。按“专业管理 + 区域协调”模式，试点组建炼油设备技术支持中心。开展“设备 KPI 指标改进”试点工作，优化指标体系。完成烷基化等 6 套装置消缺检修和联合常压、1#聚丙烯一工段、环烷酸 3 套装置整体拆除。

（任丽娜）

【优化降本取得新成效】 2015 年，武汉石化积极优化原油采购，适时开展原油库存运作，打通三程原油采购，累计降本 7 460 万元，原油采购价格连续 2 年保持沿江领先水平。主动停运 1#制氢、中变气脱碳、1#加氢等 5 套装置，全年降本 1 660 万元。提高催化裂化与加氢裂化的加工负荷，采购蜡油 6.1 万吨，实现盈利 1 910 万元。努力贴近市场需求，主动调整产品结构，大力增产高附加值产品，全年增效 3.6 亿元。在原油加工量下降的情况下，高附加值产品产量全部创新高，汽油产量达 146 万吨，同比增产 18 万吨；97#以上高标号汽油比例达 35.3%，增产 12.9 万吨；航煤产量达 80 万吨，增产 22 万吨；车柴产量达 204 万吨，增产 81 万吨；柴汽比由 2.07 降低到 1.79；工业液化气产量达 9.3 万吨，增产 2.4 万吨。通过机泵节能改造等多种途径节能降耗，申报湖北省电力直接交易试点，全年节省用电成本 3 292 万元。

（任丽娜）

【大力推进一体化优化工作】 2015 年，武汉石化重点围绕原油、乙烯原料、产品结构、节能降耗等 10 个方面开展优化工作。以市场为导向，全年测算比对方案 190 余次，落实 10 个公司级优化专题，实施优化方案 50 余项，实现效益 2.5 亿元（含原油原料优化、装置优化、公用工程优化等）。减少炼油尾油、直馏石脑油、液化气等乙烯原料供应量。首次打通炼油进口国外乙烯原料流程，进口石脑油 13 万吨。在做好互供优化的基础上，乙烯通过多购买沿江企业饱和液化气、进口优质石脑油等方式进一步拓展原料渠道，全年裂解原料互供比例由上年 77%降至 66%。乙烯打通管输供炼油甲苯、二甲苯流程，实现价值增值。

（任丽娜）

【全力开展 2016 年大检修准备工作】 2015 年，武汉石化成立 2016 年装置停工检修改造武汉石化分指挥部，下设 8 个职能组和 7 个炼油片区指挥部，定期召开专题会部署工作、协调解决问题，开展图纸设计、计划收编、手册编制、物资订货、招投标、施工机具、施工力量组织、安全教育培训、资源优化配置等各项准备工作，为大检修工作奠定坚实的基础。

（任丽娜）

【科技进步成果显著】 2015 年，武汉石化新开科研项目 15 项；申报专利 8 件，其中 6 件实用新型专利获授权。“干气制氢中变气脱碳提氢成套技术及产业化”项目获中国石油和化学工业科技进步一等奖。公司《石油化工通讯》期刊获第8届全国石油和化工行业优秀报刊二等奖。

（任丽娜）

【全面开展精益生产工作】 2015年，武汉石化启动“精益生产、卓越运营”学习行动计划，实施周末干部课堂。持续开展岗位能力胜任评价，完成1 472名技能操作人员岗位胜任能力评价，对94名评价不合格的技能操作人员进行降薪和后续培训，对81名评价优秀者给予奖励兑现；完成炼油149名技术人员、175名一般管理人员通用知识和岗位专业知识考试，基本完成“三支队伍”岗位胜任能力评价工作。引进西安石化成熟人才13人。

（任丽娜）

【积极开展工业化与信息化融合工作】 2015年，武汉石化积极开展“两化”融合工作，从流程管理、信息安全等各方面开展信息化建设。14个信息化项目建设有序推进，费用报销系统、操作管理系统等6套系统上线运行，智能管道系统、“三卡合一”系统等5套系统正在建设中。华中区域网络中心基本建成，“中国石化信息化武汉区域中心”正式挂牌。

（任丽娜）

【持续推进“双竞双限”房、公租房配售配租】 2015年，武汉石化继续开展石化集团公司驻武汉相关单位“双竞双限”房配售工作，平稳完成“双竞双限”房交房工作；对6 000余份合同进行分类管理，为下一步房产办证奠定基础。办理完成全部924套公租房的房产土地两证，完成剩余340套公租房的装修，完成公租房第4轮78户配租。

（任丽娜）

【加强党群思想教育工作】 2015年，武汉石化扎实开展“三严三实”专题教育活动。深化公司领导干部“三深入”活动。召开中共武汉石油化工厂第九次党代会，选举产生新一届党委委员和纪委委员，部署今后5年公司的党建和思想政治工作。开展安全、环保、质量、法治、廉洁和组织人事专项文化建设。拟定《武汉石化2015—2020年文明企业创建规划》。加强员工心理援助，开展员工帮扶计划（EAP）。按照“真困难、真帮助”的原则，全年共走访、慰问、帮扶、助学各类人员1 900人次，送去慰问金152万元。加强党风廉政建设，强化监督检查，坚决纠正“四风”。有针对性地对物资自采及招投标等6个项目开展专项督察。业务公开工作获得石化集团公司12面月度红旗，在炼化板块继续保持领先水平。加强思想教育，提高党员领导干部廉洁从业意识。对19名干部进行轮岗，对物资部门16名关键岗位业务人员进行轮岗。

（任丽娜）

表1 武汉石化主要技术经济指标① 亿元

指标名称 \ 年份	2015	2014	2013	2012	2011	2010
原油加工量/万吨	770.24	788.28	641.48	432.71	503.38	498.23
工业总产值						
武汉分公司	325.11	450.72	375.18	261.88	293.71	246.35
武汉资产分公司	2.61	2.52	2.35	1.91	2.61	2.59
武汉乙烯			55.28	—	—	—
工业增加值						
武汉分公司	94.85	62.73	57.63	29.58	38.93	58.47
武汉资产分公司	1.02	0.99	0.88	0.43	0.97	0.96
资产总计						
武汉分公司	214.23	268.34	275.31	231.41	162.50	79.05
武汉资产分公司	5.58	6.30	5.10	5.26	5.69	5.48

续表

指标名称 \ 年份	2015	2014	2013	2012	2011	2010
流动资产						
武汉分公司	116.69	170.96	48.08	40.23	71.77	17.96
武汉资产分公司	1.88	2.94	1.82	2.10	2.52	2.47
固定资产原值						
武汉分公司	88.73	88.02	239.97	55.27	54.12	53.18
武汉资产分公司	8.00	7.70	7.61	7.70	7.40	7.26
固定资产净值						
武汉分公司	46.75	49.31	203.20	23.94	25.07	26.68
武汉资产分公司	3.23	2.93	3.06	3.15	2.99	2.96
销售收入						
武汉分公司	322.62	451.44	379.71	261.64	294.79	247.08
武汉资产分公司	6.05	6.00	5.19	3.67	4.53	4.47
实现利税						
武汉分公司	85.46	60.60	45.72	20.42	30.83	54.55
武汉资产分公司	0.33	-0.31	-0.52	-0.74	-0.13	-0.10
税　金						
武汉分公司	86.63	49.62	47.00	36.46	46.74	52.02
武汉资产分公司	0.27	0.23	0.21	0.15	0.19	0.20
综合能耗/吨标煤·万元$^{-1}$						
武汉分公司	0.22	0.23	0.25	0.26	0.26	0.35
武汉资产分公司	0.99	1.01	1.98	2.76	1.99	2.33
武汉乙烯			2.40	—	—	—

①武汉分公司2013年资产总计、销售收入、实现利税、税金为炼油、乙烯合并数据；2014年中韩石化独立商业运营，武汉乙烯数据不再并入武汉石化

表2　　武汉石化主要产品产量　　万吨

产品名称 \ 年份	2015	2014	2013	2012	2011	2010
汽　油	146.22	128.94	129.70	109.13	126.20	124.51
柴　油	261.51	267.09	256.48	172.86	203.83	194.79
航　煤	79.71	57.74	38.22	22.00	24.49	20.52
化工轻油	181.80	192.92	84.79	18.57	21.24	16.49
燃料油	2.64	1.59	3.44	8.51	13.44	12.70
溶剂油	-0.04	0.06	0.20	2.22	2.85	3.25

续表

产品名称 \ 年份	2015	2014	2013	2012	2011	2010
液化气	26.34	28.05	24.89	22.21	24.86	24.88
聚丙烯	11.02	11.21	10.47	9.96	11.43	11.21
硫　黄	4.76	5.18	3.58	2.15	2.41	2.26
环烷酸	—	—	—	0.03	0.10	0.10
苯　类	1.63	3.04	4.02	2.48	2.48	5.02
焦　炭	57.19	61.67	49.23	34.09	41.56	40.80
MTBE	3.88	4.82	4.93	4.39	4.69	4.78
丙　烷	0.93	1.23	1.65	1.44	1.06	1.33

中韩石化

【概况】 中韩(武汉)石油化工有限公司(简称中韩石化)由中国石化和韩国爱思开综合化学株式会社(SKGC)以65%∶35%的股比合资设立，于2013年10月28日工商注册，2014年1月1日正式独立运营，投资总额186.30亿元，注册资本62.70亿元。中韩石化位于武汉化工区，占地291.01公顷(291.01万平方米)，拥有80万吨/年乙烯、55万吨/年裂解汽油加氢、15万吨/年碳五分离、13万吨/年丁二烯抽提、35万吨/年芳烃抽提、8/3万吨/年MTBE/1－丁烯、30万吨/年高密度聚乙烯、30万吨/年线型低密度聚乙烯、15/28万吨/年EO/EG、20万吨/年JPP聚丙烯、20万吨/年ST聚丙烯共11套生产装置，及相应配套的循环水、变电站、热电联产、化学水处理、空压、空分等公用工程设施，其中空分装置由武汉石化与武钢氧气公司合资设立。中韩石化共设有计划生产部、安全环保部、设备管理部、技术管理部、物资流通部、财务管理部、综合管理部、党群工作部8个职能部门；员工总人数为1 067人，其中包含武汉石化委派24人、SKGC委派12人。

2015年，中韩石化共加工裂解原料269.94万吨，乙烯装置负荷率达97.42%，生产乙烯85.34万吨，超额完成全年奋斗目标，并创历史新高；生产各类商品总量236.00万吨，其中树脂产品99.25万吨，合纤原料22.66万吨，环氧乙烷、“三苯”、丁二烯等有机产品114.09万吨；实现销售收入140.77亿元，上缴税金14.58亿元，实现利润22.56亿元；在总部开展的“比学赶帮超”综合指标竞赛中获得37面红旗、23颗红星，排名同类企业第3名。

中韩石化主要技术经济指标和主要产品产量见表1和表2。

（张玉婷）

【乙烯产量创新高】 2015年，中韩石化乙烯产量达85.34万吨，创投产以来最高，各项主要技术经济指标均创历史最优，其中乙烯收率为31.61%、双烯收率为47.56%、高附加值产品收率为60.96%，乙烯装置绩效评价进入石脑油群组世界领先水平。

（梁晓青）

【通过安全生产标准化评审】 2015年2月，中韩石化启动安全生产标准化评审工作，经过8个月的自检自查、问题整改，10月向湖北省安全生产技术协会提交申请。经过专家查勘现场、审查相关资料、充分讨论，一次通过安全生产标准化评审。12月31日，湖北省安全生产技术协会在充分审核和复查后，向中韩石化颁发安全生产标准二级企业证书。

（崔　丽）

【顺利通过职业病防护设施竣工验收】 2015年4月，国家安全生产监督管理总局委托湖北省安全生产监督管理局组织召开“武汉80万吨/年乙烯职业病防护设施竣工验收会”。经过专家组查勘现场、审查相关资料、充分讨论，乙烯项目顺利通过职业病防护设施竣工验收。9月1日，国家安全生产监督管理总局向中韩石化批复职业病防护设施竣工验收意见书。

（杨　蓉）

【完成武汉80万吨/年乙烯工程项目竣工决算】 2015年，中韩石化完成80万吨/年乙烯项目竣工决算报表的编制。项目投资总体概算受控，基础设计批复173.23亿元，实际完成投资173.13亿元，节约投资0.1亿元。

（徐 颖）

【顺利通过厂际管廊安全设施竣工验收】 2015年8月，中韩石化组织召开"武汉80万吨/年乙烯工程厂际管廊安全设施竣工验收会"。经过专家组查勘现场、审查相关资料、充分讨论，厂际管廊项目顺利通过安全设施竣工验收。

（崔 丽）

【企地联动进行首次"立体"消防演习】 2015年9月28日，中韩石化会同地方消防部门在乙烯石脑油罐区首次进行"立体"消防演习，旨在加强各应急小组在事故状态下快速反应、协调配合、综合处置能力。演习出动包括无人机、消防坦克、飞机发动机改装的大功率消防车等在内的各种设备、消防车辆47台，参演人员275人。

（刁惠利）

【热电联产装置脱硫脱硝项目一次通烟气成功】 2015年6月22日，中韩石化动力分部热电联产装置脱硫脱硝项目一次通烟气成功，3套脱硫脱硝系统全部投入试生产阶段并正常运行，主要污染物排放浓度大幅下降，其中二氧化硫由180毫克/米^{3}下降到25毫克/米^3、氮氧化物由300毫克/米^{3}下降到75毫克/米^3，烟气排放达到设计指标并满足GB 13223环保标准规定。

（杨洪波）

【新建臭气处理装置建成投用】 2015年5月，中韩石化乙烯装置西区污水池、污水处理场臭气处理装置相继建成投用，2套装置处理能力分别为6 000米^3(标准)/时和2.5万米^3(标准)/时，处理后的尾气达到《恶臭污染物排放标准》及《大气污染物综合排放标准》。

（杨洪波）

【首次开通化工园区氢气、富乙烷气和液化丙烷互供管线】 2015年6月，中韩石化首次开通与武汉化工园区凯顺石化科技有限公司氢气、富乙烷气和液化丙烷的互供管线，富乙烷气和液化丙烷作为裂解原料管输直达装置，节约了采购成本。

（梁晓青）

【优化原料储运设施项目(陆域储运部分)进入实施阶段】 中韩石化优化原料储运设施项目(陆域储运部分)于2015年4月30日获总部可研批复，10月开工，12月8日获总部基础设计批复，项目总投资1.08亿元。截至2015年12月31日，碳五拔头油罐安装完成50%，石脑油储罐钢网壳安装完成20%，土建工程进入收尾阶段。项目计划中交日期为2016年4月30日，施工总工期7个月。

（杨丽萍）

【聚烯烃催化剂国产化试验顺利完成】 2015年，由中韩石化承担的石化集团公司2014—2015年科技项目——聚丙烯、聚乙烯催化剂国产化，完成在用的3种进口催化剂工业化试验并取得成功，各项技术指标及产品质量均达到进口催化剂水平，部分性能已领先进口催化剂。

（别朝晖）

【拓展融资渠道】 为保障公司经营发展资金需求，控制营运资金风险，2015年，中韩石化紧盯金融市场美元、欧元、日元等货币利率、汇率走势，适时采用"投注差"，通过中国银行在境外进行1.5亿美元贷款、利用石化集团公司境外融资平台——盛骏公司进行10亿元人民币海外直贷，同时加强资金日计划管理，盘活资金，及时归还石化股份公司资产对价款44.17亿元。资产负债率由年初的70.20%降至年底的57.47%，下降12.73个百分点。

（徐 颖）

【推进落实税收优惠政策】 加强税收策划，使政府对企业的各项优惠政策落到实处。针对石脑油消费税退税难点，争取税务主管部门同意并简化程序，仅对生产企业消费税完税情况进行函证，打通石脑油消费税退税流程，截至2015年底，累计完成石脑油消费税退税2.07亿元；落实所得税等各种税收优惠政策，创造效益552万元。认真落实战略协议，2015年累计收到财税返还5 000万元。

（徐 颖）

【全面推行操作人员副班培训】 自2015年5月起，中韩石化在5个分部、2个中心及铁路、码头全面推行副班培训。截至年底，副班培训操作人员达5 229人次，平均每月培训参与率达84.59%，人均脱产培训学时达48学时。副班培训大大提升操作人员的安全技能和操作技能，全面提升员工的整体素质，有效促进一线员工成长成才。

（蔡 娟）

【开展“我为制度做诊断”活动】 2015 年 5 月，中韩石化组织开展“我为制度做诊断”活动，全年度参与人数达 260 人次，收集意见和建议 2 248 条，采纳 1 347条，活动奖励合计 26 885 元(含先进集体奖 1 万元)。同时。通过月通报奖励的形式，激发员工学习制度的热潮，完成对现行标准化制度的初步诊断，促进制度体系建设日趋完善。

(张　翠)

【竞争力强化活动成效显著】 2015 年 5 月 15 日，中韩石化以降本增效为主要目的开展 2015 年竞争力强化(简称 TF)活动，全年度 TF 项目共接待韩方专家 194 人次、926 人·天。各 TF 项目分组积极配合开展诊断工作，针对设备管理和安全监督等专业工作进行全面分析诊断，围绕预防性维修、库存管理、大检修关键路线、变更管理、事故管理、人员组织和危险性评估、PSM 诊断等方面工作提出改善方案，为管理工作的提升，特别是设备和安环方面，提供有力的技术支援。

(李　伟)

【固体产品营销模式改变】 从 2015 年 2 月 1 日起，中韩石化的产品营销模式发生崭新的变化。树脂产品营销由代理模式改为买断模式，液体产品的代理营销费率也进一步降低。这不仅加快了中韩石化资金回笼速度，为企业更好地投入生产发展提供有力的经济基础，同时也给产品销售工作带来了新的挑战。

(康雯雯)

营销协议签订仪式

【综合办公信息系统投入运行】 2015 年 8 月，中韩石化综合办公信息系统建设完成并正式投入运行。系统投用后，有 64 项流程实现线上运行，共发起流程5 943次，大大提升了工作效率。

(张　翠)

【启动“家文化”建设活动】 2015 年，中韩石化党委结合合资企业实际情况，为更好地融合来自五湖四海的企业员工，提出“家文化”建设理念，并通过“中韩石化是我家——幸福生活需要她”为主题的征文和演讲比赛、员工家属开放日等“家文化”系列活动，增强了员工的归属感，激发了员工工作热情，促进了全年各项生产任务圆满完成，企业“家文化”建设初具成效。

(段瑞科)

“感恩父亲节”家属开放日活动

表 1　中韩石化主要技术经济指标　亿元

指标名称＼年份	2015	2014
工业总产值	139.70	182.70
资产总值	170.72	187.13
资产负债率/%	57.47	70.20
销售收入	140.77	183.65
利　润	22.56	1.83
上缴税金	14.58	5.13
综合能耗/吨标煤·万元$^{-1}$	1.72	1.71

表 2　中韩石化主要产品产量　万吨

产品名称＼年份	2015	2014
环氧乙烷	13.68	13.79
乙　烯	85.34	83.09
丙　烯	43.05	43.33
1－丁烯	2.53	3.09

续表

产品名称 \ 年份	2014	2015
丁二烯	10.84	11.33
异戊二烯	1.45	1.17
间戊二烯	1.59	2.10
双环戊二烯	1.09	1.04
苯	18.07	17.56
甲　苯	8.18	8.38
二甲苯	6.10	6.26
甲基叔丁基醚	6.96	7.31
高密度聚乙烯	27.74	26.59
线型低密度聚乙烯	30.53	31.21
聚丙烯	40.84	41.08
乙二醇	22.66	23.33

巴陵石化

【概况】 中国石油化工股份有限公司巴陵分公司(简称巴陵分公司)和中国石化集团资产经营管理有限公司巴陵石化分公司(简称巴陵资产分公司)统称巴陵石化，位于湖南省岳阳市云溪区和岳阳楼区，紧邻京广铁路、京广高铁、107国道、京珠高速和随岳高速，西靠洞庭，北倚长江，厂区总面积9.45平方千米，是大型石油化工、煤化工联合企业和国内最大的锂系橡胶、己内酰胺、环氧树脂生产企业。

巴陵石化下辖炼油事业部、合成橡胶事业部、环氧树脂事业部、己内酰胺事业部、化肥事业部等14个直属单位，固定资产原值168亿元，在岗职工8 747人；共有主要生产、辅助装置61套；主要产品有汽柴油组分油、燃料油、石脑油、液化气、环己酮、MTBE、SBS、SEBS、SIS、聚丙烯、环氧树脂、氯丙烯、环氧氯丙烷、己内酰胺、双氧水等50多种170多个牌号，产品远销20多个国家和地区，企业通过了ISO 9000体系、HSE体系认证。

巴陵石化注重科技创新，截至2015年底，企业先后获得国家、省部级科技进步奖128项，拥有授权专利310件。锂系橡胶综合技术处于世界先进水平，品种牌号国内最全、质量最好；己内酰胺生产技术国内领先，且处于世界领先水平的第3代、第4代生产技术已具备工业化条件；环氧树脂具备成龙配套优势，特种环氧树脂成套技术国内领先；化工型炼油形成了一般炼化企业所不具备的油化结合优势；煤化工生产技术居国内前列。

2015年，巴陵石化实现营业收入168亿元；累计上缴各项税费34.4亿元，增长32%。

巴陵石化主要技术经济指标和主要产品产量见表1和表2。

（贺致富）

【安全环保基础进一步夯实】 2015年，巴陵石化强化“严细实”管理，未发生上报石化集团公司级事故，安全业绩创历史最好水平，获得石化集团公司安全生产先进单位奖牌，连续3年获得湖南省安全生产先进单位称号。深化“碧水蓝天”专项行动，污染物外排总量同比减少67%，固废有效处置率100%。

（贺致富）

【内部挖潜成效明显】 2015年，巴陵石化划分6个产品链，构建生产经营全过程优化增值管理模式，深挖内部效益潜力，全年同比实现产品链增值9.4亿元，其中通过主观努力，在指标提升、经营优化、压减费用等方面增值超过6亿元。

（贺致富）

【技术经济指标明显提升】 2015年，石化集团公司考核的18项能耗、物耗指标有11项创历史最优，巴陵石化考核的111项能耗、物耗指标有72项创历史最优，节能降耗降本1.64亿元；装置运行平稳率96.1%，非计划停车次数、时数分别减少49.4%和40.2%。

（贺致富）

【内部改革持续深化】 2015年，巴陵石化修订了《持续深化改革总体方案》，围绕“3个1/3”改革目标，持续深化专业化重组，成立了行政管理中心、社区管理中心和计量统计中心；推进机构改革，整合原炼油事业部和环己酮事业部，规范直属单位机关科室设置，公司处、科级机构减少82个；精简干部职数，共减少处、科级干部174名；完善《离岗人员分流安置细则》《职工内部退养管理规范》等配套政策，分流安置富余人员1 158人，全口径用工总量减少904人，压减7.5%。

（贺致富）

【科研工作取得突破】 2015年，巴陵石化持续强化科技创新。2013年确定的7个重大科研项目取得突破性进展，其中医用SEBS、2万吨/年SEPS、2万吨/年浆态床蒽醌法制双氧水3个项目正在工业化，环己酮肟气相贝克曼重排和苯部分加氢制环己酮2个项目具备工业化应用条件，轻石脑油多产苯技术开发、环保型环氧氯丙烷新工艺 2 个项目已进入模试阶段；开发新产品、新牌号 12 个，获得授权专利 34 件；获石化集团公司科技进步二等奖 2 项、三等奖 2 项，湖南省科技进步三等奖 1 项。1 月 9 日，巴陵石化作为第一完成单位的“新一代高性能苯乙烯类热塑性弹性体成套技术”项目获 2014 年度国家科学技术进步二等奖。

（贺致富）

【项目建设稳步推进】 2015 年，巴陵石化建成投用填平补齐、节能降耗、安全环保等项目 10 余个，完成投资 4.8 亿元；热电事业部一炉一机等 5 个重点项目可研报告获得总部批复，合计批复投资 4.1 亿元，年内均开工建设。

（贺致富）

【党建工作不断加强】 2015 年，巴陵石化扎实推进党群一体化建设，合成橡胶事业部 SIS 车间党支部被评为中国石化第 2 批“基层党组织建设示范点”；组织“职工代表问·总经理答”，开展形势任务专题巡回宣讲，加强内外宣传，宣贯石化集团公司企业文化建设纲要，强化新媒体运用、典型选树等工作；严格领导人员履职待遇、业务支出等管理，坚持“四抓一促”深化反腐倡廉工作，促进了政治优势转化，党建工作在总部年度考评中排在 A 类。开展“三严三实”专题教育，收集到对公司两级领导班子“不严不实”方面的意见和建议 51 条，取得良好成效。12 月 10—11 日，召开第 3 次党员代表大会，选举产生了新一届党委和纪委班子。

（贺致富）

【稳步推进“碧水蓝天”计划】 2015 年，巴陵石化建成投用供排水事业部污水提标改造、动力事业部 4# 锅炉脱硫脱硝、固体废弃物填埋场 3 个“碧水蓝天”项目，有效提升了企业环保治理水平。

（贺致富）

【JV 公司成为国内第 1 家通过壳牌 Gas－GAME 审查的企业】 2015 年 11 月 19 日，中国石化与壳牌合资运营的岳阳中石化壳牌煤气化公司（JV 公司）通过壳牌 Gas－GAME 审查，成为国内第 1 家、全球第 7 家通过该认证的企业。

（贺致富）

【获多项荣誉】 2015 年 2 月 28 日，巴陵石化获全国文明单位称号，公司总经理李大为作为湖南省和中国石化获奖单位唯一代表，赴京出席全国精神文明建设工作表彰暨学雷锋志愿服务大会，受到习近平总书记亲切接见。巴陵石化职工李望明入选 2014 年享受政府特殊津贴人员名单；供排水事业部七里山生化车间生化火炬岗位获全国五一巾帼标兵岗称号；关工委常务副主任鲁克被评为全国关心下一代工作先进个人；多多创新工作室获评湖南省示范创新工作室；职工文平、赵进被授予湖南省劳动模范称号。

（贺致富）

2015 年 2 月 28 日，巴陵石化总经理李大为受到习近平等党和国家领导人接见

【内部环境持续优化】 2015 年，巴陵石化深入开展“双文明”建设竞赛、技术比武、青工五小攻关等活动，调动职工群众创新创效积极性；办好职工食堂，举办“巴陵好声音”等十大文体活动；开展春节百万帮扶大行动、金秋助学、“一对一”帮扶等工作，共帮扶 754 户，发放帮扶金 276 万元；深化老旧小区综合治理，加强社区服务窗口建设，落实离退休人员“两项待遇”；注重“事要解决”，创新工作方法，抓好信访稳定工作，确保了队伍稳定、企业稳定。

（贺致富）

表 1　　巴陵石化主要技术经济指标[①]　　亿元

指标名称 \ 年份	2015	2014	2013	2012	2011	2010
原油加工量/万吨						
巴陵分公司	180.37	159.72	180.60	184.96	155.62	183.21

续表

指标名称＼年份	2015	2014	2013	2012	2011	2010
工业总产值						
巴陵分公司	31.11	46.47	54.17	50.80	58.02	43.19
巴陵资产分公司	129.00	152.41	173.46	190.50	170.32	165.05
炼　油						
巴陵资产分公司	70.10	82.75	86.41	107.00	87.14	87.87
化　工						
巴陵分公司	26.46	39.37	45.03	39.40	51.09	37.00
巴陵资产分公司	58.90	69.65	87.05	83.40	73.37	68.66
化　肥						
巴陵分公司	4.65	7.11	9.14	11.40	6.53	5.87
其　他						
巴陵资产分公司				9.81	8.50	0
工业增加值						
巴陵分公司	-1.95	-1.61	-2.71	2.25	14.10	4.77
巴陵资产分公司	51.71	35.42	41.81	33.68	34.03	45.88
资产总计						
巴陵分公司	41.17	44.27	43.35	39.20	33.45	23.40
巴陵资产分公司	48.53	65.14	72.94	73.85	68.08	61.57
流动资产						
巴陵分公司	3.34	4.84	5.14	4.77	6.00	4.11
巴陵资产分公司	9.38	14.97	23.38	24.10	21.55	22.48
固定资产原值						
巴陵分公司	70.00	69.15	64.79	61.64	55.49	61.31
巴陵资产分公司	98.25	95.41	95.04	91.95	72.91	68.20
固定资产净值						
巴陵分公司	19.68	21.03	17.89	15.60	24.18	27.42
巴陵资产分公司	36.74	48.22	49.82	50.43	35.06	34.75
销售收入						
巴陵分公司	33.84	47.76	49.98	52.00	59.81	44.36
巴陵资产分公司	134.04	160.17	183.24	194.65	175.54	173.16
实现利税						
巴陵分公司	-7.53	-7.56	-6.91	-2.14	6.82	-23.43
巴陵资产分公司	37.35	19.13	26.05	22.09	21.85	35.55
税　金						
巴陵分公司	0.16	0.17	0.16	2.50	2.84	0.66
巴陵资产分公司	34.24	25.90	30.68	30.76	28.71	30.43
综合能耗/吨标煤·万元$^{-1}$						
巴陵分公司	2.62	2.56	2.88	3.14	3.03	3.06
巴陵资产分公司	0.80	0.83	0.87	0.90	0.95	0.98

①数据不含混合所有制企业

表 2 **巴陵石化主要产品产量** 万吨

产品名称＼年份	2015	2014	2013	2012	2011	2010
巴陵资产分公司						
93#汽油	—	—	21.78	26.42	24.57	24.71
97#汽油	—	—	16.05	26.72	24.16	27.12
0#柴油	—	—	8.08	41.61	36.43	46.36
汽油组分油	42.71	29.74	—	—	—	—
柴油组分油	45.03	11.67	—	—	—	—
燃料油	12.66	50.15	—	—	—	—
石脑油	15.39	24.99	25.34	12.95	8.48	9.25
液化气	19.60	16.70	19.31	20.56	18.49	20.47
干　气	2.69	2.90	3.02	2.31	3.61	4.47
丙　烯	9.26	7.97	9.24	9.68	9.18	10.21
油　浆	—	—	3.53	3.76	3.69	1.48
溶剂油	3.33	3.27	3.63	4.90	6.14	5.08
合成橡胶	25.34	24.81	26.95	22.59	19.26	23.14
顺丁橡胶	0	0	3.35	3.46	3.13	4.10
SBS 热塑弹性体	17.96	18.10	17.9	14.08	12.53	15.38
环氧树脂	6.50	5.85	6.00	4.74	4.11	4.04
环己酮	10.91	11.29	9.21	10.39	11.41	9.94
烧　碱	7.46	7.22	9.53	10.16	10.05	10.36
盐　酸	1.05	3.85	3.70	2.52	4.20	3.78
液　氯	6.19	11.47	7.61	0.39	7.99	8.40
聚丙烯	6.60	5.39	5.85	6.24	5.57	6.49
氯丙烯	3.03	3.47	4.58	0.28	4.89	5.18
环氧氯丙烷	2.31	1.22	2.33	1.48	2.17	2.13
巴陵分公司						
合成氨	35.99	35.78	47.86	8.26	32.49	25.94
尿　素	0	0	24.34	28.00	18.28	25.65
己内酰胺	22.87	27.09	22.34	15.40	20.03	19.29
尼龙 6 切片	3.98	4.69	4.83	5.23	3.82	3.71
硫酸铵	32.08	38.04	17.60	29.33	28.03	27.64
环己酮	7.38	8.23	8.55	0	8.27	9.36
双氧水	18.23	23.53	19.26	0	11.10	11.28

长岭炼化

【概况】 中国石油化工股份有限公司长岭分公司(简称长岭分公司)和中国石化集团资产经营管理有限公司长岭分公司(简称长岭资产分公司)统称长岭炼化，坐落在湖南岳阳风景秀丽的洞庭湖畔，北临长江，南靠京广铁路，与武广高速铁路、107 国道、京珠高速公路相邻，水陆交通便利。长岭炼化前身为长岭炼油厂，始建于1965 年，1971 年5 月建成投产。2000 年4 月，按照石化集团公司整体重组改制的要求，炼油主业部分重组改制为长岭分公司，存续部分改制为中国石化集团长岭炼油化工有限责任公司(简称长岭炼化公司)。2007 年 5 月，按照体制转换的要求，长岭炼化公司改制为长岭资产分公司。

截至 2015 年底，长岭炼化有正式员工 3 494 人，其中长岭分公司 2 157 人、长岭资产分公司 1 337 人。拥有炼油化工生产装置 33 套，原油加工能力 800 万吨/年，拥有 13 万吨/年聚丙烯、20 万吨/年改性沥青、10 万吨/年乳化沥青、10 万吨/年环氧丙烷生产能力，是中南地区重要的石油化工产业基地。主要生产汽油、柴油、航煤、石脑油、液化石油气、“三苯”、沥青、环氧丙烷、乙酸酯等 60 余种产品，有 17 种产品获省部级以上优质产品称号。

2015 年，长岭炼化相继完成增产车用柴油、渣油加氢换剂及部分装置陪停检修、双氧水装置投产开工等阶段性任务，实现安稳生产、优化生产。主要技术经济指标全面达标，97#汽油、航煤、车用柴油产量创历史新高，油品卸转量、改性沥青产量超额完成计划。降本换增效见到成效，共降低成本费用 7 000 万元。全年加工原料油 813. 6 万吨，同比增加 125 万吨，其中加工原油 696. 33 万吨、增加 56. 97 万吨。实现营业收入 363. 5 亿元，上缴税金 98. 8 亿元。

长岭分公司主要技术经济指标和主要产品产量见表 1 和表 2。

(王毅平　李　星)

【领导班子调整】 2015 年 3 月 18 日，长岭炼化召开干部大会，石化集团公司有关部门负责人宣布党组对长岭炼化领导班子调整的决定：聘任胡先红为长岭炼化党委委员、纪委书记、监事会主席。

(王毅平　李　星)

【召开第二次党代会】 2015 年 12 月 17 日，中国共产党长岭炼油化工有限责任公司第二次代表大会召开，这是长岭炼化历史上的第七次党代会。会议选举产生新一届公司党委和纪委，明确未来 5 年公司党建和思想政治工作的主要任务。

(王毅平　李　星)

【员工基本医疗保险正式移交】 2014 年 7 月，长岭炼化正式启动基本医疗保险、大病医疗互助、生育保险和特殊人群 4 项社会医疗保障的属地化移交工作，并成立医保移交领导小组和 8 个工作小组，加强组织领导，落实工作责任，积极争取政策支持，统筹推进相关工作。2015 年 5 月 1 日，长岭炼化员工基本医疗保险正式移交岳阳市属地化管理。移交后，长岭地区 15 993名参保人员可享受岳阳市城镇居民的医保政策和待遇，将享受更加优质、便捷、丰富的医疗资源，就医购药和住院诊疗的便利性大大提高。

(王毅平　李　星)

【60 万吨/年航煤管式液相加氢装置试生产成功】 2015 年，长岭炼化 60 万吨/年航煤管式液相加氢装置为期 1 个月的长周期试生产圆满成功，生产的稳定性和产品质量均达到预期目标。该项目投资 2 751 万元，采用长岭分公司与长岭科技开发公司合作开发的航煤管式液相加氢技术，具有投资成本低、反应效率高的特点，主要生产 3#喷气燃料，满足 CB 6537—2006 质量要求。12 月 2 日，长岭炼化获得国产航空(舰艇)油料鉴定委员会同意生产民用喷气燃料的批复，标志着管式液相加氢技术走向稳定的工业化生产道路。

(王毅平　李　星)

【完成一批工程建设项目】 2015 年，长岭炼化共实施隐患治理项目 20 个、“碧水蓝天”项目 14 个、“能效倍增”项目 9 个，完成工程投资 4. 4 亿元。其中，CFB 锅炉脱硫脱硝等重点项目按期中交，18 个重点竣工验收项目完成 91%，依法依规建项目历史问题全部整改到位。

(王毅平　李　星)

【推进用工制度改革】 2015 年 11 月 18 日，长岭炼化召开深化用工制度改革工作推进会，对深化用工制度改革工作进行安排部署。按照总部相关要求，长岭炼化通过清退、业务外包、调整用工形式、合规使用 4 种方式，积极稳妥地推进用工制度改革工作，制定《长岭炼化离岗(富余)人员分流安置实施办法》《关于业务(服务)外包工作中规范用工管理的有关规定》等相关制度。

(王毅平　李　星)

【安全环保工作卓有成效】 2015 年，长岭炼化严格落实安全生产主体责任，狠抓安全管理，开展承包商专项整治，推进管道和罐区隐患治理，整改各类问题 474 项，避免各类事故 134 起，实现安全生产“四无”目标。完善环境监管体系，落实污染防控措施，开展“碧水蓝天”环保治理专项行动，新建 1#催化烟气脱硫除尘、CFB 锅炉脱硫脱硝、3#催化烟气脱硝等环保设施，全面完成国家、地方和总部下达的各项环保考核指标，获评 2015 年度湖南省安全先进单位。

（王毅平　李　星）

【公开选拔年轻领导干部】 2015 年 9 月 28 日，为进一步深化选人用人制度改革，改善领导人员队伍结构，激励各级领导人员不断提高能力素质、创造突出业绩，长岭炼化面向全体员工公开选拔年轻干部，155 人报名参与公开选拔。10 月，通过笔试、面试、竞职演讲、组织考察、党委会投票等程序，确定 12 名年轻领导干部人选并进行公示。

（王毅平　李　星）

【第 6 届科技论坛成功】 2015 年 11 月，长岭炼化举办第 6 届科技论坛，邀请中国石油学会、石油化工科学研究院、湖南省科协等领导专家参加，参会专家和长岭炼化科技工作者进行广泛交流，取得一系列产学研成果。论坛得到中国科协、中国石化、中国石油学会和湖南省业界的高度评价。

（王毅平　李　星）

【冬泳队取得佳绩】 2015 年 12 月 26 日，第 2 届“阿穆尔杯”中俄泳友迎新年冬泳挑战赛在俄罗斯海参崴市举行。长岭炼化冬泳队 5 名队员均顺利完成比赛，72 岁的退休干部陈其政获男子参赛冠军。

（王毅平　李　星）

【参加“东方之星”客轮翻沉事故救援】 2015 年 6 月 2 日，在“东方之星”客轮翻沉事故发生后，长岭炼化紧急做出安排部署，检查船只情况、准备救援物资、挑选精干人员随时待命。其中，长岭炼化 1002 拖轮经历 18 个小时的连续航行之后，拖拽湘救捞 02 号进入指定停靠位置，完成救援任务。

（王毅平　李　星）

表 1　长岭分公司主要技术经济指标　亿元

指标名称＼年份	2015	2014	2013	2012	2011	2010
原油加工量/万吨	696.33	639.36	769.16	734.58	601.59	405.75
工业总产值	357.28	392.81	483.92	451.42	349.87	199.26
炼　油	348.14	382.82	470.42	438.51	337.92	190.43
化　工	9.15	9.99	13.50	12.91	11.95	8.83
工业增加值	123.17	69.20	93.43	71.56	40.20	32.63
资产总计	86.12	90.16	88.26	87.89	79.65	67.89
流动资金	16.09	18.52	23.38	23.90	16.82	18.45
固定资产原值	117.40	110.83	101.11	96.83	84.56	45.90
固定资产净值	62.99	61.35	56.11	55.63	46.99	9.83
销售收入	356.02	393.47	479.67	449.42	353.00	194.77
实现利税	94.63	54.16	80.66	63.99	34.19	27.53
税　金	97.52	66.01	77.64	73.41	57.00	32.15

表 2　长岭分公司主要产品产量　万吨

产品名称＼年份	2015	2014	2013	2012	2011	2010
汽　油	228.33	199.02	203.49	201.70	136.80	69.57
柴　油	287.41	243.25	314.33	312.80	252.88	171.32

续表

产品名称 \ 年份	2015	2014	2013	2012	2011	2010
航　煤	51.69	38.98	35.22	34.89	12.63	4.76
重　油	1.69	1.85	6.05	7.53	17.80	9.15
石油焦	34.56	29.68	33.41	34.34	37.82	33.91
三　苯	22.35	14.31	25.57	19.67	16.50	13.99
溶剂油	2.73	2.28	7.05	7.81	5.43	5.28
聚丙烯	13.88	10.93	14.73	14.25	11.86	9.59

仪征化纤

【概况】 中国石化仪征化纤有限责任公司(简称仪化有限公司)和中国石化集团资产经营管理有限公司仪征分公司(简称仪征资产分公司)统称仪征化纤，位于江苏省仪征市，占地10平方千米。前身为仪征化纤工业联合公司，1978年筹建，1981年设立，1993年进行股份制改组，分为上市和非上市部分。1997年整体加入中国东联石化集团公司。1998年随中国东联石化集团公司整体加入中国石化集团公司。2000年，上市部分更名为中国石化仪征化纤股份有限公司，成为石化股份公司的控股子公司。2006年11月，非上市部分进行体制转换，更名为中国石化集团资产经营管理有限公司仪征分公司。2010年底，2个公司实行一体化管理。2013年，仪化股份公司完成股权分置改革。2014年仪化股份公司进行重大资产重组，年底设立中石化仪征化纤有限责任公司，成为石化股份公司的全资子公司。2015年4月，更名为中国石化仪征化纤有限责任公司。

仪化有限公司主要从事聚酯和涤纶纤维的生产及销售，并配套生产聚酯原料精对苯二甲酸(PTA)。截至2015年底，拥有PTA装置2套，产能100万吨/年；有16条聚酯生产线、5条瓶级切片生产线、34条涤纶短纤维生产线，合计聚酯聚合产能218万吨/年；2套高性能聚乙烯纤维干法纺丝装置，产能1 300吨/年；1套对位芳纶试验装置，产能100吨/年；1套1，4-丁二醇装置，产能10万吨/年。

仪征资产分公司下属3个生产单位和社区管理中心(离退休工作部)。PBT生产中心主要生产工程塑料(PBT)，产能9.1万吨/年；仪化东丽聚酯薄膜有限公司是仪征资产分公司和日本东丽公司以50%∶50%股权合资设立，主要生产聚酯薄膜，产能4.4万吨/年。仪化博纳织物有限公司是仪征资产分公司和英国博纳公司以40%∶60%股权设立，主要生产聚丙烯织物和人造草坪纱，产能8 500万米^2/年。

仪征化纤实行一体化管理，下设16个二级单位、4个直属机构、13个机关职能部门。截至2015年底，有在岗正式职工7 293人，其中管理技术人员1 469人、技能操作人员5 824人。

仪征化纤主要技术经济指标和主要产品产量见表1和表2。

（于　岚）

【安全生产运行不断强化】 2015年，仪征化纤强化安全生产责任落实、考核问责、隐患治理和设备管理。认真落实新《安全生产法》《环境保护法》和“党政同责、一岗双责”的要求，在公司层面和11个二级单位配备了安全总监，组建安全督察大队，强化了直接作业环节安全监管。制定了《安全生产领导干部问责办法》和《安全生产党政同责实施细则》，全面修订HSE责任制，完善HSE否决和奖励制度，全年安全考核198次，否决考核4次，处理责任人4人。深刻吸取同类企业事故教训，突出抓好罐区危险化学品专项整治和厂区长输管道攻坚战等专项工作，查找问题837个，整改815个；深入开展全员“我为安全做诊断”活动，全年收到隐患报告9 213张，实施隐患治理项目31项，投入隐患治理资金3 350多万元。坚持以7S管理、完好装置创建为抓手，持续开展设备管理“互查互学”活动，全面推进设备巡检、操作、维保、检修标准化建设，开展设备瓶颈问题攻关，共找出设备“十大薄弱环节”248项，实施整改200项，开展全员设备革新创效活动54项，设备运行的本质安全不断提高，连续4年被评为中国石化安全生产先进单位。

（于　岚）

消防演习 （刘玉福 摄）

【节能减排成效不断提升】 2015 年，仪征化纤从严源头治理，完成了锅炉脱硝除尘验收，实施环保在线仪表控制和烟气脱硫提效改造，二氧化硫和氮氧化物排放同比分别下降 24% 和 67%，并争取到地方政府环保引导资金支持。组织开展“减污减排”劳动竞赛，全年实施清洁生产方案 490 个，COD 排放总量同比降低 43%，氨氮排放量同比降低 61%。签订了首个合同能源管理项目，开辟了节能新途径。社会责任得到有效落实。

（于 岚）

脱硫改造 （刘玉福 摄）

【产品质量控制持续稳定】 2015 年，仪征化纤从严产品生产过程控制，全年修订作业指导书 116 个，细化巡检频次和内容，促进了现场作业的标准化。将转产、检修、公用工程替代等纳入生产调度管理，强化了生产过程管控。开展 PTA 小包装定制化配料，从源头上保障了质量稳定。强化质量联合攻关，自产 PTA 质量得到初步改善，针织专用料短纤 ZW119 达标率由年初的 40% 提高到 80% 以上，油毡升级品达标率由年初的 10% 提高到 70% 以上，重点产品质量得到进一步提升。

（于 岚）

【科技创新成果不断显现】 2015 年，仪征化纤优化创新机制，完善创新环境，加大新品开发。畅通从副总工程师、专家到主任师(副主任师)的人才成长通道，实施科研人员课题津贴制度，组建了 17 个创新团队和 125 个 QC 小组，开展一线职工“十大科技创新成果”评选，充分发挥骨干人员在岗位创新中的领军作用。全力打造环保型产品，已开发出环保型膜片、瓶片、中空、短纤等系列产品。加强合成纤维加工应用中心(FTC)项目和江苏省高性能纤维重点实验室的建设，完成短纤生产线柔性化改造，新增短纤复合纺试验位及短纤后评价纺织染实验室，具备了从聚合到后道加工应用完整产业链评价手段。加强与大专院校和系统内研究院的常态化合作，组建与下游用户的产业联盟，进一步完善共同开发、内外联合的多维度科研攻关机制。开发了植绒短纤、阻燃中空、力纶短纤等 14 个研究储备一代产品，生产了高收缩切片、增白短纤等 14 个开发推广一代产品。“仪纶”产品在系统内工装上成功应用，在革基布领域实现了批量使用。聚酯产品差别化率达 93%，高附加值产品产量占总产量的比例为 30.59%，同比分别提高 4% 和 15%；差别化产品和高附加值产品累计增效同比分别增长 36% 和 50%。

（于 岚）

【经营创效能力不断增强】 2015 年，仪征化纤调优结构争效益，创新营销拓市场。实现服务前移，在客户集中的区域实行驻点，主动上门服务。改由过去的“正向一步法”为“逆向全流程”新型营销模式。实施“互联网 +”行动，利用仪征化纤淘宝官方网店和中国石化易捷等渠道，采用 OEM 模式，销售防切割手套、PBT 牙刷和床上用品等终端消费品。独立参展中国国际纱线(面料)展，展示仪征化纤的形象和创新产品，增强了市场影响力。加大高纤产品应用领域和国外市场的开拓，全年销售高纤产品 1 397 吨，产销率 118%，成为国内最大的供应商。坚持原料、燃料和产品的低库存运行，存货平均资金占用低于中国石化指标，节约资金成本 300 多万元。通过提质降耗、转型升级、细分市场、限产顶价等措施，5 月份退出常规半光聚酯切片的批量生产，全年半光聚酯切片 SD500 同比减少 74%，增效 260 万元。

（于 岚）

【采购降本成果不断增加】 2015 年，仪征化纤积极把握市场行情，开展成本分析，分析所采购品种的直接及间接的材料成本、工艺方法、人工成本、制造费用及外包费用、运费、税金及利润，实现采购物资性价比最优、总成本最低目标，全年主原料采购实现量价负相关。大力推进招标采购，做到应招必招，能招尽招，招标采购率由2014年的23.3%提高到70.6%，降低辅料、包装物成本3 200多万元。与此同时，加大废旧物资的收集处置力度，采取多部门联合议定废旧物资处置标底价，做到应收尽收，全年实现处置收益1 200多万元。加强危险废弃物处理，全年处置率达100%。

（于 岚）

【挖潜增效力度不断加大】 2015年，仪征化纤充分挖掘生产经营各环节降耗、降本、减费的潜力，全力减亏增效。推进零基预算和班组成本核算相结合的全员成本目标管理，从严费用控制，降低生产成本，吨产品加工费用较中国石化下达的指标低119元/吨。借助麦肯锡运营诊断，推广先进理念、工具和方法，成立持续改进办公室，推进速赢项目落地。开拓公用工作外部市场，开展相关业务承揽。深挖内部潜力，11项重点降本增效措施累计增效1.27亿元。推进社区从服务型向经营服务型转变，全年社区创收134万元，同比增长30%。

（于 岚）

【体制机制改革不断推进】 仪征化纤积极探索建立“三心合一”的新机制。2015年年初，PBT生产中心试行产供销一体化管理，坚持“创新中赚、销售中挣、采购中挤、降耗中挖、管理中抠”，运用新机制激发新活力，实现了产销两旺、效益大幅提升，全年销售PBT产品同比增加46.6%，工厂利润大幅增长。完成短纤业务合并，成立行政事务中心和分析检验中心，强化专业管理。二级单位合并精简7个生产装置、9个管理科室、13个岗位，提高了管理效率和劳动生产率。从5个方面对组织绩效进行调整优化，增加对效益、高附加值产品增效和新产品研发的考核权重，增加生产、设备、安全专业管理考核排名，实行“奖前三罚后三”，拉开了组织绩效的差距，全年二级单位组织绩效考核得分相差最高达57%。同时将个人部分基本薪酬纳入月度绩效奖进行考核，有效发挥考核的激励约束作用。拓宽渠道，减员增效，大力推进富余人员在系统内外的流动。截至2015年底，仪征化纤用工总数同比减少509人，在岗职工减少582人。

（于 岚）

【精细管理水平持续提高】 2015年，仪征化纤持续强化“三基”工作。按照中国石化加强和改进“三基”工作指导意见的要求，研究制定了《2016—2020年“三基”工作实施方案》，落实“三基”工作各层各级的责任，明确“三基”工作中长期目标、工作思路和具体措施。同时，引进麦肯锡公司先进管理理念，突出问题导向，坚持“三级”综合岗检，强化制度执行和“五大纪律”检查、7S管理，查找管理短板和各类“低老坏”问题，实行PDCA闭环管理，促进了管理水平螺旋式上升。充分运用“比学赶帮超”、改善经营管理建议、创建标杆生产线（班组）等载体，建立了21项对标指标体系，推动基层单位对标、追标、创标，形成每月“扛旗挂星”良性机制。全年在中国石化“比学赶帮超”工作评比中，获得12面红旗、8颗红星。

（于 岚）

【加快向消费服务转型】 2015年1月16日，仪征化纤在淘宝网正式开设家居生活体验馆，出售高性能聚乙烯纤维“力纶”防切割手套、高强轻质拖车绳、高强钓鱼线、涤纶中空床上用品、涤纶中空靠枕坐垫系列、“仪纶”衬衣袜子系列、短纤速干服、PBT牙刷等系列产品。所有产品原料都来自仪征化纤自己生产的高质原生产品。这是仪征化纤创新商业模式，探索运用电子商务，由生产服务业向消费服务业转型的新尝试，开创了大型国企非终端产品生产商开设网店的先河。全年在淘宝网累计成交产品2 480件，成交额42.19万元。同时，仪征化纤加快实施“互联网+”行动，于年底又开辟了中国石化易捷、易派客等渠道销售终端消费品。

（于 岚）

【启动年产1 000吨高性能聚乙烯纤维项目建设】 2015年5月，仪征化纤年产1 000吨高性能聚乙烯纤维项目正式开始建设，该项目总投资约2.2亿元。这标志着仪征化纤在推进产业结构调整、打造中国石化特种纤维研发生产基地上迈出重要一步。

（于 岚）

【复合纺试验位成功开发出新产品】 2015年7月，仪征化纤自行设计开发的复合纺短纤试验装置成功开发出低熔点聚酯短纤维，标志着仪征化纤在工艺技术验证及新产品开发上手段更加完备。

（于 岚）

【“仪纶”劳保服面料通过中国石化验收】 2015年3月，用仪征化纤“仪纶”开发的夏季劳保服面料通过中国石化的验收。此类工作服在中国石化系统内23家企业不同工作环境进行了对比试穿，综合满意率达 70% 以上。该面料的开发，打通了“仪纶”从纺纱、织造、染色、整理到成衣制作等全流程，形成了“仪纶”产品用于夏季劳动保护服装的应用技术及相关标准。

（于 岚）

【“仪纶”入选中国纤维流行趋势】 仪征化纤生产的超仿棉，商品名为“仪纶”，具有棉花般的柔软、抗起毛起球、吸湿快干等特性。2015 年 3 月 18 日，“仪纶”产品在中国国际纺织纱线展上，入选国家工信部消费品司、中国化纤工业协会等联合主办的“中国纤维流行趋势 2015/2016”十大纤维之一。

（于 岚）

【“仪纶纺织产品开发技术创新联盟”启动】 由仪征化纤主导的“仪纶纺织产品开发技术创新联盟”于 2015 年 6 月 18 日在福建石狮第 17 届(2015 年)全国纺织新产品开发研讨会上举行了启动仪式，并开设了专题论坛。“仪纶纺织产品开发技术创新联盟”的目的是通过全产业链中创新型企业的合作，将新材料的技术价值转化为产品价值和能够被消费者看得见、摸得到的商品价值。

（于 岚）

【“我国纺织产业科技创新发展战略研究”成果发布】 以仪征化纤顾问、中国工程院院士蒋士成院士为项目组组长，13 位院士、130 余位专家共同调查研究的中国工程院重点咨询项目“我国纺织产业科技创新发展战略研究(2016—2030)”于 2012 年底立项，2013 年初依托东华大学启动实施，包括 8 个子课题，分别为纤维新材料技术、先进纺织加工技术、生态染整技术、现代服装产业技术、产业用纺织品技术、高端纺织装备技术、纺织信息化技术、纺织产业经贸及管理技术。该项目于 2015 年 5 月 16 日在中国工程院举行成果发布会，明确提出中国纺织产业科技创新发展战略定位，到 2030 年部分纺织领域实现引领世界的目标。

（于 岚）

【首创大陆连续法生产高弹性 PBT】 2015 年 7 月 19 日，仪征资产分公司 PBT 生产中心生产出的新产品——高弹性 PBT 产品正式与用户签约，实现了批量销售。高弹性 PBT 产品有比聚酯更优良的易染性、比锦纶更优良的弹性恢复性和强度，也更具质量和成本优势，被誉为工程塑料家族中“新宠”。近年来，中国已有企业用 PTA 间歇生产法研制生产出高弹性 PBT，但用 PTA 连续法研制生产一直是空白，这也开创了中国 PTA 连续法生产高弹性 PBT 产品工艺先河。

（于 岚）

【全力应对冰雹险情】 2015 年 4 月 28 日 18 时 30 分，江苏部分地区出现历史罕见的冰雹天气，并伴有短时大风和强降雨。仪征地区是该次冰雹灾害重灾区，冰雹的时间大约持续 15 分钟，冰雹最大直径超过 10 厘米。灾害造成热电生产中心 10 千伏母线接地，部分装置、库房屋面、窗户受损进水，部分产品受潮。仪征化纤迅速采取应对措施，确保生产运行安全。①立即启动灾害天气应急响应预案，采取各项应急措施，确保落实到位。②领导干部带班，副总经理现场指挥，恢复供电，安排受影响装置、设备调整负荷及重新开车。③加强厂区巡检排查，清理倒伏树木，避免次生灾害。④及时排查受损情况，落实防护措施。⑤加强与地方气象部门的联系，随时掌握天气变化，预防风险。由于应对及时，措施得力，未发生任何安全及人员伤亡事故。

（于 岚）

【工作法获扬州市职工十大先进操作法】 2015 年 9 月，仪化有限公司短纤生产中心四装置高级技师居发勇发明的前纺网络器压丝生头法，被评为扬州市职工十大先进操作法，并获得国家专利。居发勇针对短纤前纺卷绕定期生头极易引起缠辊、导致放流量大的难题，探索出一套新的压丝生头法操作法，并在两个性质相同的装置进行推广。该操作法的实施，使前纺生头缠辊次数下降 10%。

（于 岚）

【QC 小组获全国纺织行业优秀质量管理小组称号】 2015 年 10 月，仪化有限公司“飞天”QC 小组的减少切粒机停机次数项目，获得 2015 年全国纺织行业优秀质量管理小组称号。该小组从理论计算和历史数据出发，通过采取一系列措施后，切粒机停机次数由攻关前的 143 次/年降至 78 次/年，下降了约 45.5%，稳定了产品质量，尤其在聚酯功能膜片方面提高了产品的竞争力。

（于 岚）

【党建和思想工作发挥优势】 2015 年，仪征化纤认真组织开展“三严三实”专题教育，突出以上率下、问题导向，两级班子讲专题党课 20 多次，开展专题研讨 80 多次，并对照正反典型，共查摆不严不实问题 563 项，全部落实整改措施，实现闭环管理，确保了专题教育取得实效。坚持民主集中制，组织修订完善了《仪化公司“三重一大”决策制度实施细则》，对100多项“三重一大”事项明确了决策程序和方式，确保了决策的科学民主。细化党建工作“一岗双责”措施，强化各级党员干部的政治担当和党内角色意识。突出理论武装，坚持领导干部集中轮训，不断强化素质和能力建设。围绕职工群众关注的热点，有针对性地确定“三会一课”主题，严格党员领导干部双重组织生活，开展民主评议党员工作，增强了党员和党员领导干部的党性意识。修订下发了《党建工作考核实施细则》，组织开展党建考核，促进了党建工作科学化和规范化。坚持正确用人导向，全年选人用人满意率、基本满意率为96.97%。深化领导干部360度考核评价，坚持定量与定性结合，加大连带责任考核，发挥了干部考核工作的激励约束作用。各级党组织紧扣生产经营中的重点难点，组织开展了17项党员放心岗、党员定责承诺、党员立项攻关等系列党内创新活动，有力促进了全年任务目标的实现。

（于　岚）

【党风廉政建设不断加强】 2015年，仪征化纤整合成立公司党风建设和反腐倡廉工作领导小组、效能监察（业务公开）领导小组。下发党风廉政建设工作要点，下达责任分解表，逐级签订党风廉政建设责任书；明确两级领导班子成员“一岗双责”责任清单。开展集中学习教育活动，及时通报违纪案例，开展警示教育。制定党风廉政建设责任追究、约谈工作规程等制度，对34家单位部门党政主要负责人、纪委书记进行党风廉政建设约谈。深化效能监察和业务公开，全年效能监察立项26个，节约和增加经济效益171.23万元，避免和挽回经济损失29.56万元。建立和推广“仪征化纤纪检监察”微信公众号。开展领导人员办公用房、公款吃喝、公款旅游和公款送礼专项治理和自查自纠，抓好领导人员操办婚丧喜庆事宜规定的宣贯和执行。依纪依规开展纪律审查、执纪问责，全年受理信访举报51件次，已办结41件次；通过通报批评、诫勉谈话、提醒教育、绩效扣罚等形式，共对117人次实施了问责。

（于　岚）

【和谐企业建设持续推进】 2015年，仪征化纤坚持以人为本，建设和谐企业。开展形势任务教育，弘扬石油石化优良传统，召开劳模事迹报告会，凝聚正能量，提振精气神。开展“我为企业献一计”合理化建议活动，共征集建议5 206条，采纳3 437条，实施1 982条。发挥各单位劳模（技师）创新工作室效用，解决工作难点和技术难题，年创效400多万元，形成了品牌效应、示范效应和激励效应。组织“青春慧聚、创新有我”创新创效大赛，有效激发了团员青年的创造性。坚持两级班子领导信访接待日制度，深入开展矛盾纠纷排查化解，努力推进“事要解决”，信访量同比下降6%。注重源头参与，严格履行民主程序，切实维护职工合法权益。同时，多层次组织劳动竞赛和技术比武，参与职工达4 500多人次，有效促进职工技能提升。职业健康保护、第三点建设、九大帮扶措施、生活区整治、开设老年日间照料中心等措施有效落地，进一步增强了企业向心力和员工归属感。

（于　岚）

表1　仪征化纤主要技术经济指标　亿元

指标名称 \ 年份	2015	2014[①]	2013	2012	2011	2010
工业总产值						
仪化有限公司	122.26	153.48	176.86	166.78	201.00	162.23
仪征资产分公司	6.86	5.98	18.79	27.40	28.78	22.81
工业增加值						
仪化有限公司	11.00	6.05	5.67	11.24	28.70	34.55
仪征资产分公司	0.17	-0.21	0.59	0.49	4.29	1.54
资产总计						
仪化有限公司	79.50	91.87	104.71	108.89	113.82	104.68
仪征资产分公司	12.19	12.20	16.76	16.92	16.89	15.54
流动资产						
仪化有限公司	23.48	33.03	41.62	43.30	64.58	60.14

续表

指标名称＼年份	2015	2014①	2013	2012	2011	2010
仪征资产分公司	2.26	2.63	5.23	5.05	4.79	3.78
固定资产原值						
仪化有限公司	153.99	151.62	140.45	133.82	133.07	131.72
仪征资产分公司	16.73	16.08	15.61	14.06	13.97	13.86
固定资产净值						
仪化有限公司	36.78	38.57	39.64	34.95	33.67	34.13
仪征资产分公司	9.97	9.59	9.54	8.56	9.05	9.78
销售收入						
仪化有限公司	123.17	154.87	176.77	169.88	201.80	163.48
仪征资产分公司	7.06	6.23	18.94	27.44	28.80	23.47
实现利税						
仪化有限公司	-4.37	-20.31	-11.78	-3.18	14.37	19.96
仪征资产分公司	-1.22	-1.92	-1.62	-0.96	3.04	0.36
税　金						
仪化有限公司	2.83	1.93	0.38	0.43	5.98	7.69
仪征资产分公司	0.21	0.24	0.17	0.03	0.47	0.35
综合能耗/吨标煤·万元$^{-1}$						
仪化有限公司	0.94	0.97	1.03	1.11	1.10	0.52
仪征资产分公司	0.11	0.12	0.12	0.12	0.12	0.13

①2014 年财务数据根据审计结果有调整

表 2　　仪征化纤主要产品产量①　　万吨

产品名称＼年份	2015	2014	2013	2012	2011	2010
涤　纶	229.46	232.14	254.00	241.75	240.98	236.36
聚酯切片	118.47	116.66	118.43	108.10	107.26	104.64
瓶级切片	35.94	37.98	54.87	61.75	57.99	54.42
涤纶短纤维	75.05	75.09	70.73	58.29	57.05	55.39
中空纤维	6.78	7.34	7.12	5.70	4.48	5.55
涤纶长丝	—	1.39	6.59	10.03	14.62	15.26
加弹丝	—	1.02	3.38	3.58	4.07	6.65
PTA	94.00	101.51	105.82	104.42	104.20	104.12
PBT 树脂	8.39	5.69	5.94	5.45	2.49	2.40
四氢呋喃	229.46	0.52	0.56	0.37	0.12	0.11

①2010—2013 年海南盛之业高新技术有限公司数据计入，2014 年进行关闭清算，数据不再计入

南京化工公司

【概况】 中国石化集团南京化学工业有限公司(简称南京化工公司)坐落于江苏省南京市六合区，占地面积881.79万平方米。南京化工公司的前身创建于1934年；1998年7月，随中国东联石化集团公司进入石化集团公司；2005年5月23日，原南京化工公司与南京化工厂进行重组合并，成立新的南京化工公司。

南京化工公司是国内无机化工、有机化工、精细化工的生产基地，是国内石油化工、精细化工科研、设备制造基地。主要产品年生产能力：合成氨26.5万吨，氢气9万吨，硫酸50万吨，稀硝酸37.5万吨，浓硝酸22万吨，纯碱120万吨，烧碱10万吨，苯胺25万吨，硝基苯35万吨，环已酮16万吨，氯化苯12万吨，硝基氯苯15万吨，环已胺6 500吨，己内酰胺40万吨(合资)，RT培司3万吨，防老剂TMQ 3万吨，防老剂6PPD/4010NA 3万吨，表面活性剂2 000吨。

南京化工公司化工主业实行“公司—运行部”二级管理，下设4个生产运行部(煤化工、苯化工、橡胶化学品、油田化学品)、3个辅助生产运行部(检验、检维修、动力)及3个业务运行部(销售、物装、储运)。外地企业和非化工主业实行分、子公司管理，下设连云港碱厂、化工机械厂2个分公司，研究院1个子公司。合资企业有南京帝斯曼东方化工有限公司(简称东方公司)，主要生产己内酰胺，南京化工公司持有36.09%股权。

截至2015年底，南京化工公司资产总额71.13亿元；在职员工10 540人，其中在岗员工7 639人；离退休人员18 566人；有各类专业技术人员1 887人，其中具有高级职称的369人(其中正高6人)、中级职称的1 013人；二级党委(直属党总支)20个，基层党支部220个。有党员总数6 733人，其中在职党员3 078人，离退休党员3 655人。

南京化工公司主要技术经济指标和主要产品产量见表1和表2。

(陈继宁)

【生产经营目标完成】 2015年，南京化工公司全面完成总部和省市地方政府下达的各项考核指标，初步完成“三步走”战略目标第一步第一年的目标。非计划停车数量下降47%，合成氨(总氨)、氢气、环己酮产量创历史最好水平。上半年合成氨装置连续运行166天，创历史纪录，12月10日合成氨首次日产破千吨。

(陈继宁)

【第九次党员代表大会召开】 2015年11月28日，中国共产党南京化工公司第九次代表大会召开。会议提出“创新发展打造新南化，从严治党迈上新台阶”今后一个时期公司工作总目标，提出“五个严抓”的从严治党重点工作，明确“新南化”的内涵就是新业务、新模式、新机制、新区域，就是人民满意、竞争力强、发展可持续、社会贡献大。

(陈继宁)

【开展“三严三实”专题教育】 根据中央统一部署和石化集团公司党组的安排，2015年5月初开始，南京化工公司在党员领导干部中开展“三严三实”专题教育，坚持问题导向，坚持从严要求，坚持知行合一，查找不严不实问题，开展专题研讨，抓好问题整改，着力形成从严从实、风清气正的政治生态和企业管理生态。在公司机关开展“转变观念、转变职能、转变作风”活动，促进机关作风的进一步转变。

(陈继宁)

【连云港碱厂划转地方顺利推进】 2015年12月28日，连云港碱厂产权划转地方举行签约仪式，划转工作进入实质性操作阶段。

(陈继宁)

【产销研优化机制基本形成】 2015年，南京化工公司以市场为导向，以效益最大化为目标，合理安排生产经营活动，实施销售年度、月度预案管理和新的绩效考核办法，及时发现并抢抓市场机遇，生产经营管理有新的进步。

(陈继宁)

【推进运行部体制机制改革】 依据“产品相关、位置相近、专业相似”的原则，将原合成氨部和原硝酸部合并重组为煤化工部，将原苯化工部和原氯碱部合并重组为新的苯化工部，规范明确了领导班子职数和内设机构，优化岗位定员。推进储运部、检验部等辅助运行部的优化调整，精简内设机构。设立油田化学品事业部，实行产销研一体化试点，进一步加强科研与生产、科研与市场的有机结合，建立产销研紧密结合的技术支撑体系。

(陈继宁)

【实现安全生产】 梳理安全职责，加强安全培训，强化安全问责，成立安全环保督察大队，加强现场作业环节的监督检查，开展安全环保工作部署执行力联合督察，对公司非计划停工、HSE事故等失责行为启动督察问责程序。环保整治取得明显成效，列入“碧水蓝天”专项环保治理的装置基本建成，并相继投入运行，全年完成2001年以来的16个久试未验项目档案专项验收，已完成竣工验收14项。摘除连续2年的省环保评价“黑牌”。

（陈继宁）

【科学进步和技术创新取得新成果】 有25个科研项目通过鉴定或评议；完成专利申请155件(其中国外专利申请2件)，获授权专利48件，完成石化集团公司考核的提升目标。5个项目获2014年度中国石化科技进步奖，其中“NH系列聚胺抑制剂的开发与应用”获一等奖。研究院孙中华、叶宁获“侯德榜化工科学技术奖”青年奖。

（陈继宁）

【优化产品结构、管理模式和生产组织形式】 先后将环已酮业务和硫酸业务委托合资企业东方公司实行一体化管理；实行硫基肥业务承包经营。综合分析市场、成本、原料供应以及长远发展等各方面因素，关停了有着70多年历史的硝酸铵装置，推动公司产品转型升级。盘活码头、铁路等资源，使长期低效、无效资产得到利用。

（陈继宁）

【优化人力资源管理】 成立催化剂运行部，承揽石化股份公司催化剂南京分公司SMTO催化剂装置生产业务。积极向南通、淮安和南京化工园的民营企业输送人力资源，做好石化系统内人才配置。加强人员培训，实行化工操作岗位取证上岗。

（陈继宁）

【持续开展转变观念教育】 上半年开始在两级班子、各级干部中深化开展“三个深刻认识”、增强“四个意识”、做到“四破四立”专项宣传教育活动，开展“适应新常态、主动转观念”大讨论。12月，在全公司启动“三个讲清楚”形势任务教育，讲清楚公司面临的严峻形势与危机，讲清楚公司的希望和使命，讲清楚实现“三步走”必须要得到方方面面的认同。

（陈继宁）

【关爱职工】 江北腾空房分配启动，江南集资房建设项目启动。2015年共慰问困难职工3 532人次，发放慰问金202.43万元。

（陈继宁）

【形成“三基”工作推进方案】 制定《南京化工公司进一步强化提升“三基”工作实施方案》和《关于进一步强化提升基层班组建设的指导意见》，整体推进，重点突破，分阶段实施，深化“三基”工作。全年共立项、实施运营转型项目130个，取得一定的落袋效益。

（陈继宁）

表1　　南京化工公司主要技术经济指标　　亿元

指标名称＼年份	2015	2014	2013	2012	2011	2010
工业总产值	70.17	87.42	84.78	91.24	93.15	76.42
工业增加值	6.74	12.26	13.27	14.77	17.09	17.13
资产总计	71.13	97.57	99.62	90.36	87.87	88.36
流动资产	13.45	18.75	21.29	22.78	20.75	22.13
固定资产原值	111.18	125.03	101.71	97.24	95.77	104.19
固定资产净值	65.01	68.98	51.93	53.11	57.47	65.24
销售收入	52.33	87.44	83.94	91.20	94.68	82.84
实现利税	-2.34	-6.34	-8.73	-6.13	1.23	0.22
税　金	2.51	2.64	1.47	2.53	2.92	3.17
综合能耗/吨标煤·万元$^{-1}$	2.01	2.12	2.09	1.99	2.12①	2.29①

①按2010年不变价计算

表 2　　南京化工公司主要产品产量　　万吨

产品名称 \ 年份	2015	2014	2013	2012	2011	2010
硫　酸	43.89	41.80	37.12	47.76	53.74	58.77
浓硝酸	15.52	19.12	21.34	20.41	17.76	20.56
稀硝酸	60.01	72.87	89.19	87.93	83.67	86.67
盐　酸	11.96	16.29	17.68	21.98	20.67	21.95
磷　酸	关停	关停	关停	3.72	4.05	4.95
烧　碱	8.12	9.39	8.48	9.92	8.93	8.77
纯　碱	109.05	112.69	98.92	102.73	113.69	106.10
氢　气	7.16	5.85	2.92	2.86	3.00	3.00
合成氨	25.38	19.29	22.73	25.34	22.50	18.72
硝酸铵	3.16	8.75	13.07	13.02	13.60	14.64
NPK 复合肥	租赁	8.67	17.71	21.75	22.08	27.31
氯化苯	10.08	11.69	10.63	12.67	11.48	10.89
环己酮	14.02	11.36	5.33	6.47	6.48	6.47
苯　胺	13.94	22.24	25.33	25.04	23.95	20.97
环己胺	0.48	0.53	0.42	0.46	0.78	0.83
硝基苯	21.07	32.30	37.04	35.70	33.98	27.71
对硝基氯化苯	6.84	8.68	7.75	9.35	9.05	9.39
邻硝基氯化苯	3.66	4.72	4.19	5.08	4.94	5.11
RT 培司	0.76	0.87	0.58	—	0.79	1.36
橡胶促进剂总量	关停	关停	关停	—	—	0.12
防老剂 RD	3.00	3.02	2.98	2.96	2.92	2.93
防老剂 4020	0.91	1.07	0.85	1.17	1.42	1.44
防老剂 4010NA	0.16	0.15	0.16	0.31	0.34	0.37
化工设备制造	1.74	1.52	1.82	1.96	1.59	1.38

广州石化

【概况】 中国石油化工股份有限公司广州分公司(简称广州分公司)和中国石化集团资产经营管理有限公司广州分公司(简称广州资产分公司)统称广州石化，位于广东省广州市黄埔区石化路，占地面积445万平方米，其前身为始建于1973年6月18日的广州石油化工总厂，1983年11月划归中国石油化工总公司。

广州石化拥有炼油、化工生产主要装置70多套，29.9万千瓦装机容量的自备热电站以及惠州大亚湾15万吨级和30万吨级深水泊位原油码头各1个，80万立方米首站原油罐区及完善的长输管道。原油综合加工能力1 320万吨/年、乙烯生产能力22万吨/年。可生产石油化工产品60多种，主要出厂产品46种，其中石油产品有汽油、柴油、航空煤油、石脑油、重油、溶剂油、液化气、道路沥青、石油焦、硫黄、聚乙烯、聚丙烯、聚苯乙烯等27种，固体塑料产品有聚乙烯、聚丙烯、聚苯乙烯3个大类19种共180多个牌号。

截至2015年底，广州石化设有16个职能部室、6个专业中心、9个作业部及4家全资或控股子公司，代管华德石化公司。共有在册职工5 043人，其中正高级职称15人、副高级职称346人、中级职称783人，专业技术人员674人，技能操作人员3 217人。

广州资产分公司主要经济指标见表1，广州分公司主要技术经济指标和主要产品产量见表 2 和表 3。

（王新忠　邓志伸）

【年利润创历年最好水平】　2015 年，广州分公司加工原油 1 210 万吨，同比减少 4.23%；生产汽煤柴三大类成品油 799 万吨，减少 4.57%，其中汽油 249 万吨，增产 8.5 万吨；生产乙烯 20.16 万吨，减少 10.17 %。实现工业总产值 470 亿元，减少 38.94%；实现营业收入 461 亿元，实现利税 207 亿元（含进口原油海关增值税）、增加 23 亿元；税金及附加总额 184.99 亿元，减少 1.67 亿元；盈利 23.04 亿元（其中炼油板块盈利 16.00 亿元，化工板块盈利 7.04 亿元），增利 25.51 亿元。广州资产分公司实现营业收入 5.08 亿元，上缴利税 0.07 亿元，亏损 2 593 万元，较年初目标减亏 7 万元。全年实施优化项目 125 项，创效 2.01 亿元。广州分公司年利润及炼油、化工盈利均为历年最好水平。

（王新忠　邓志伸）

【加强安全基础工作】　组织《安全生产法》《环境保护法》等法律法规专题学习，提升全员安全环保生产意识。严格生产运行过程管理与控制，加大直接作业环节安全环保监督检查力度，强化责任考核。落实每项作业风险评估，认真组织“我为安全做诊断”活动，共收到 3 853 条诊断建议。加强与地方共建，采取联合巡查、重点防控、一点一策等方式，完成厂外油气输送管道隐患整治。深刻吸取天津港“8·12”爆炸事故教训，组织开展 4 次公司级及以上应急救援演练。严格实施安全网格化管理，在炼油Ⅰ系列和化工区大修中首次引入第三方安全监管，建立了作业部、承包商、第三方监管安全管理体系，31 套大修装置不仅安全环保交出，而且基本实现过程检修安全，没有发生扰民或环境污染事件。强化承包商资质审查，严格违章处罚，17 名承包商人员被清除出厂。

（王新忠　邓志伸）

【炼油Ⅰ系列和化工区装置进行大修改造】　炼油Ⅰ系列和化工区装置大修改造涵盖 34 套装置，其中炼油 20 套、化工 14 套，实施 8 100 多项检修和 108 个技改技措项目，检修的大部分装置运行将近 5 年，为跨年度检修。其中，108 个技改技措项目包含蜡油催化裂化装置烟气能量优化利用、提高焦化三装置液收改造、裂解气透平内件增效节能改造等节能、增效和配套完善等项目。大修改造自 2015 年 11 月 29 日起，至 2016 年 2 月 17 日，装置陆续完成检修中交。

（王新忠　邓志伸）

大修改造中的广州石化炼油Ⅰ系列　（钟勇浜　摄）

【环保治理取得突破】　组织污水攻关，实施工艺优化，实现高浓度污水达标排放和低浓度污水全回用。加强现场环境治理，改造臭气系统，污水装置硫化氢排放达标。加强生产排放防控，4 次特大暴雨期间，没有发生排口“跑油”等环保事件，外排污水、外排工业废水合格率均为 100%。裂解装置大修创造性地实施低排放策略，气相物料全部回收，首次实现停工不点火炬。

（王新忠　邓志伸）

【污染物排放总量大幅削减】　全面推进发性有机化合物（VOCs）治理，50 套装置完成首轮泄漏检测与修复（LDAR）技术应用，累计 VOC 减排约 225 吨。全年，二氧化硫、氮氧化物、COD、氨氮 4 项污染物排放量（总量减排口径）分别为 162.1 吨、1 501.2 吨、262.4 吨和 22.5 吨，同比分别下降 83.8%、55.8%、14.4% 和 43.2%。

（王新忠　邓志伸）

【油品品质持续升级】　按照广东省政府要求，从 2015 年 4 月 1 日开始，广东省 14 个地市挂牌销售国Ⅴ标准车用柴油。为支持柴油平稳升级，广州石化从 2 月开始，从宣贯动员到制定国Ⅴ柴油配置计划，从销售流向到发货出厂，层层落实，保证了国Ⅴ汽油按时间节点如期投放市场，满足市场需求。按照总部质量升级总体部署，公司完成第Ⅵ阶段油品质量升级改造方案研究工作，分步实施方案也得到了总部同意，同时启动 60 万吨/年异构化装置可研报告编制工作。

（王新忠　邓志伸）

【多套装置创连续运行新纪录】　裂解、焦化三、轻催装置分别连续运行 1 694 天、1 817 天、1 664 天，均突破长周期运行纪录。其中，裂解装置创行业采用四段压缩裂解运行纪录；焦化三装置创总部同类新建装置首周期运行最长纪录，连续5年实现安全生产事故零目标，蝉联2012年、2013年总部同类装置竞赛综合排名第一；轻催装置创总部同类装置长周期运行纪录。此外，气分三装置、溶脱装置、2#CFB机组、聚乙烯装置分别连续运行1 557天、1 454天、554天、520天，均突破装置或机组运行纪录。其中，气分三装置为首周期连续运行、2#CFB机组为首次连续运行。广州石化2台CFB机组被厂家福斯特—惠勒公司视为世界范围用户中的典范。

（王新忠　邓志伸）

【优化产品结构】 2015年，广州石化98#国Ⅴ车用汽油、航煤分别出厂12.39万吨、178.50万吨，突破历史纪录。汽油、航煤、A级沥青产量均创历史新高。全年生产汽油249.02万吨，同比增产8.52万吨。其中，95#以上高标号汽油112.16万吨，占汽油比例的45.04%，提高6.33个百分点。航煤177.65万吨，增产10.08万吨。A级沥青25.97万吨，增产13.88万吨，占沥青比例达41.94%，突破纪录。汽油、航煤、A级沥青增产创效共0.51亿元。柴汽比1.50，下降0.29个单位。

（王新忠　邓志伸）

【生产优化创效显著】 全年CFB(循环流化床)锅炉掺烧煤13.35万吨，掺煤率22.03%，降本1 744万元；外购电量5 495万千瓦·时，同比减少1.05亿千瓦·时，降本1 053万元。用3.85万吨液化气代替天然气，降本3 411万元。实施128个专项优化项目，创效2.43亿元。吨油完全费用195.29元，比石化股份公司平均低39.68元；吨化工产品完全费用1 274元，较同期下降71元，比石化股份公司平均低56元。在石化股份公司排名第六，前进1位。

（王新忠　邓志伸）

【降本减费获新成效】 全年炼油、化工完全费用总额分别压减6 470万元和6 689万元；八项费用同比下降17.59%，其中业务接待费、办公费、会议费、差旅费等费用下降超20%；财务费用下降2 645万元；税收优惠和政策性退税增效869.51万元；审计18.43亿元，审减5 339.82万元，超额完成全年目标；效能监察挽回经济损失约77万元。全年采购物资21.76亿元，节约采购资金7 639万元，采购资金节约率6.87%；招标采购金额6.7亿元，招标采购率达66.78%，增长42.4%；实行“储物于商”，储备资金平均占用下降805万元。

（王新忠　邓志伸）

【转型升级新进展】 完成蜡油催化裂化装置烟气脱硫脱硝及除尘改造、厂界噪声治理等7项“碧水蓝天”项目和环境在线监测项目建设。改造并投用的热电站3#、4#燃煤锅炉脱硫脱硝项目通过黄埔区环保局验收，达到并首次实现全年超洁净排放。4个“久试未验”项目中有3项(CFB项目、S－Zorb项目、重整项目)完成总体竣工验收，千万吨炼油改扩建项目完成7个专项验收。6个“未批先建”项目环保“三同时”工作有了较大进展。建设项目竣工验收取得突破，年内确定的152项专项验收完成139项，推进了依法合规经营。开展第Ⅵ阶段油品质量升级和炼油升级改造项目的前期准备工作。

（王新忠　邓志伸）

【新产品开发效益显著】 全年塑料新产品产量3.99万吨，完成总部计划的133%，经济效益良好。开发生产聚乙烯色母专用料DNDA2075；开发S980T，解决S980色粒超标问题；定制加工乙烯CJS700，解决产品偏脆问题；PP1移植PP2生产技术，开发生产CS820和薄壁注塑料；开发生产高光泽高抗冲聚苯乙烯HG388，产品符合格力和美的集团原料技术要求；在PP1试用无塑化剂催化剂BCZ208生产纤维料CS820、S960产品；低成本配方生产的聚丙烯管材专用料PPR251取得认证。

（王新忠　邓志伸）

【科技进步成果】 2015年，广州石化共开展石化股份公司科技开发项目17项，自筹项目37项。“安全可靠清洁环保型炼油石化企业构建”等6个项目通过石化股份公司科技部技术鉴定或验收。“炼厂挥发性有机物检测与污染防控技术规范”“第二代SHEER加氢成套技术开发”和“延迟焦化装置含硫污水预处理集成技术”等项目完成开发。“高效FCC再生烟气硫转移剂的开发与应用”获石化集团公司科技进步三等奖。2件发明专利和7件实用新型专利获授权。截至2015年底，公司拥有12件发明专利、21件实用新型专利授权。推进智能化管线管理系统建设，完成ERP大集中和应用达标。

（王新忠　邓志伸）

【首批劳模创新创效工作室挂牌】 为进一步发挥劳动模范、技师群体在创新创效、推动企业发展中的示范引领作用，2015 年 11 月 4 日，广州石化首批成立“暴沛然创新创效工作室”“陈杰文机组运行维护工作室”。其中，“暴沛然创新创效工作室”利用废旧设备制作的“三维立体研磨机”、利用废旧阀门制作的“液压阀门拆装实验台”等 20 多项创新创效成果已经应用于生产当中。

（王新忠　邓志伸）

“暴沛然创新创效工作室”揭牌

【“12 · 24”泄漏着火事故】 2015 年 12 月 24 日 6 时 26 分，广州石化炼油区加氢裂化装置主气提塔 T3001 塔底泵 P3004A 泄漏着火，广州石化启动应急预案，厂内消防车赶到现场灭火，8 时 10 分，火势得到有效控制。事故未造成人员伤亡，消防废水利用水体防控系统送厂内污水处理厂集中处理。经黄埔区环保局现场监测，厂区周边大气监测正常，没有造成大气、水体污染。没有对成品油市场供应造成影响。

（王新忠　邓志伸）

【帮扶工作成效显著】 扶贫“双到”工作 3 年累计投入 227 万元，五华县长布镇中心村贫困户年人均收入超过 7 100 元，超额完成广东省委、省政府验收标准。发放 571 万余元帮扶和慰问各类群体，其中给予 51 名特困或患重病职工帮扶金 107.4 万元。倡导爱老敬老传统美德，给 135 名退休职工发放一次性奖励共 13.5 万元。

（王新忠　邓志伸）

【召开第七次党代会】 2015 年 12 月 3 日，广州石化召开第七次党代会，选举产生新一届党委常委、党委委员、纪委委员及“两委”书记和副书记。明确提出把“抓班子、带队伍、强基础、树标杆、共成长”作为公司党委未来 5 年的工作主线。

（王新忠　邓志伸）

【获多项荣誉】 在中国“石化”2015 年“两化”融合竞赛中，广州石化获 1 枚团体金牌和 2 枚个人金牌。在中国石化 2015 年水质检验工技能竞赛中，广州石化获 1 枚金牌和 1 枚铜牌。年内，公司先后被评为 2014 年度中国原油加工效能领跑者标杆企业、中国出入境检验检疫信用管理 AA 级企业、广东省档案工作“一级甲等”规范企业、2014 年度广东省节能超额完成目标任务企业、广东省“安康杯”竞赛优胜单位、中国石化 2014 年度财务决算先进单位、统计报表先进单位、业务公开“比学赶帮超”红旗单位、2014 年度广州市劳动关系和谐 AAA 级企业；入选广东省社科院、广东省省情调查研究中心评出的 2014 年广东大型企业竞争力 50 强。

（王新忠　邓志伸）

表 1　广州资产分公司主要经济指标　　亿元

指标名称＼年份	2015	2014	2013	2012	2011	2010
工业/企业总产值①	5.07	6.10	5.04	2.45	1.53	1.46
工业/企业增加值①	0.95	1.00	1.00	0.31	0.16	0.17
资产总计	5.84	5.70	5.64	5.91	5.91	6.56
流动资产	0.85	0.70	0.60	0.77	0.73	1.47
固定资产原值	6.50	6.40	6.51	6.45	5.76	6.21
固定资产净值	4.54	4.60	4.70	4.77	4.14	4.57
主营业务收入	4.73	6.00	4.91	5.77	2.62	2.21
实现利税	0.07	0.10	0.06	0.10	0.15	0.16
税　金	0.33	0.40	0.35	0.35	0.33	0.33

①从 2013 年 1 月起，广州资产分公司名下的唯一装置采取租赁形式给广州分公司管理和使用，广州资产分公司只购入该装置的产品。因此无工业总产值及工业增加值。2014 年起，统计为企业总产值和企业增加值

表 2　　广州分公司主要技术经济指标　　亿元

指标名称＼年份	2015	2014	2013	2012	2011	2010
原油加工量/万吨	1 210.00	1 261.20	1 171.60	1 242.76	1 201.00	1 176.70
工业总产值	470.12	653.00	656.52	703.37	649.21	535.43
工业增加值	191.42	121.00	122.94	102.61	95.97	133.00
资产总计	152.19	142.55①	194.44	169.80	209.68	163.27
流动资产	69.58	54.55①	102.46	78.49	116.49	67.71
固定资产原值	207.03	207.22①	204.50	196.73	191.58	185.28
固定资产净值	66.61	74.08①	77.18	77.95	81.30	81.68
主营业务收入	460.89	649.29①	652.51	686.80	645.06	524.41
实现利税	207.31	183.96①	187.77①	183.50	166.21	107.72
税　金	184.99	186.66①	180.48①	192.56	183.74	165.56
综合能耗/吨标煤·万元$^{-1}$	0.42	0.42	0.46	0.43	0.43	0.74

①订正了 2015 版年鉴数据，精确到小数点后 2 位。利税和税金 2015 版数据未包含原油增值税，为统一口径，做修正

表 3　　广州分公司主要产品产量　　万吨

产品名称＼年份	2015	2014	2013	2012	2011	2010
汽　油	249.02	240.50	213.55	225.24	201.11	217.43
煤　油	177.65	167.57	128.55	128.68	118.32	114.86
柴　油	372.77	427.88	411.15	442.12	429.29	436.99
燃料油	0.07	-0.22①	8.58	16.62	18.93	15.64
液化气	53.00	51.51	51.03	54.62	48.29	42.27
沥　青	61.92	47.55	52.73	50.43	39.89	47.86
石油焦	89.85	97.90	87.23	89.43	92.38	72.27
乙　烯	20.16	22.21	22.50	22.40	20.40	22.46
聚乙烯	19.44	21.58	22.21	21.22	19.33	21.50
聚丙烯	20.05	21.56	22.19	21.16	18.66	21.03
聚苯乙烯	6.06	6.91	6.35	5.83	5.56	6.20

①2014 年燃料油退库比交库多

洛阳石化

【概况】 中国石油化工股份有限公司洛阳分公司(简称洛阳分公司)和中国石化集团资产经营管理有限公司洛阳分公司(简称洛阳资产分公司)统称洛阳石化，位于洛阳市东北郊、黄河北岸的吉利区境内，是中国石化直属的特大型油、化、纤一体化石油化工企业。洛阳石化是国家第 5 个五年计划期间批准建设的单系列 500 万吨/年燃料型炼油厂，1976 年开始筹建，1978 年动工建设，1984 年部分装置试生产，1993 年全面建成。2000 年建成 20 万吨化纤工程，

2010 年形成 800 万吨/年炼油能力，逐步从单纯燃料型炼厂发展成为炼化一体化企业。

截至 2015 年底，洛阳分公司设置 21 个机关处室、14 个直属机构和 11 个直属生产车间；洛阳资产分公司下辖集体企业惠康物业管理公司和控股子公司自来水公司。洛阳分公司有合同制员工 3 756 人，其中原正式工 3 621 人(包括合资公司原正式工 128 人)、长期病伤假 8 人、离岗调研 58 人；合资公司合同制员工 24 人，派遣制员工 1 341 人。洛阳资产分公司合同制员工 281 人，其中在岗职工 205 人、内部退养职工 76 人；合资公司合同制员工 14 人。洛阳石化在岗职工中具有高级及以上职称的 266 人，具有中级职称的 577 人，首席专家 1 人，专家 6 人，主任师 10 人，副主任师 26 人，主任技师 8 人。

2015 年，洛阳分公司炼油板块有 800 万吨/年常减压、140 万吨/年重油催化裂化(2 套)、70 万吨/年连续催化重整、220 万吨/年蜡油加氢、140 万吨/年延迟焦化、80 万吨/年溶剂脱沥青、260 万吨/年柴油加氢、100 万吨/年催化柴油加氢、80 万吨/年航煤加氢、65 万吨/年气体分馏、150 万吨/年催化汽油吸附脱硫(S - Zorb)等生产装置及配套公用工程和环保设施；化工板块主要有 26 万吨/年芳烃抽提、24.5 万吨/年对二甲苯(PX)、32.5 万吨/年精对苯二甲酸(PTA)、20 万吨/年聚酯(PET)、10 万吨/年短纤维、9 万吨/年长丝装置，以及产能分别为 9 万吨/年、14 万吨/年的 2 套聚丙烯装置和 2 万吨/年双向拉伸薄膜装置。主要产品有汽油、柴油、航空煤油、化工轻油、分子筛料、溶剂油、液化气、道路沥青、工业硫黄、石油焦、聚丙烯、对二甲苯、精对苯二甲酸、聚酯熔体和切片、涤纶短纤维等。

2015 年，洛阳分公司累计加工原料油 510.8 万吨，实现营业收入 289.52 亿元，上缴税金 65.85 亿元，亏损 16.42 亿元(炼油板块亏损 12.59 亿元，化工板块亏损 3.83 亿元)。

洛阳石化主要技术经济指标和主要产品产量见表 1 和表 2。

(于　玲)

【哈萨克斯坦芳烃项目重整装置开车一次成功】 2015 年 4 月 5 日，由洛阳分公司哈萨克斯坦项目开工部负责的哈萨克斯坦芳烃项目重整装置打通全流程，开始外送产品，标志着该装置开车一次成功。哈萨克斯坦芳烃项目是洛阳分公司首次外派人员参与国际炼油装置开工，为参与国际项目开工积累了经验。

(于　玲)

哈萨克斯坦芳烃项目重整装置现场

【检修任务顺利完成】 2015 年，洛阳分公司作为石化集团公司首批四年一修 8 家试点单位之一，于 9 月 28 日开始停工检修，历时 55 天。总计投入费用 3.6 亿元，实施 5 503 项大修改造项目，累计参加人数超过8 000人。通过检修，消除了影响设备长周期运行的重大隐患，完善了环保设施，同时实施一批提质增效的改造项目，为下一周期安稳长和低负荷优化运行奠定基础。

(于　玲)

【努力提高发展质量】 2015 年，洛阳分公司累计完成固定资产投资 24.5 亿元，建成 4 万吨/年硫黄回收(二期)、14 万吨/年聚丙烯、150 万吨/年 S - Zorb 等装置，实施一大批技术改造项目。积极推进油品质量升级改造，按期实现国Ⅳ标准汽、柴油质量升级，提前具备国Ⅴ标准汽油生产能力。

(于　玲)

【实施专业化重组和机构精简】 2015 年，洛阳分公司完成热电、化验、水务等专业化重组和车辆集中管理，对部分机构进行合并调整，减少处级机构 4 个、科室 26 个、干部职数 41 个。深化劳动用工改革，严把入口、放开出口，用工人数减少 477 人。通过实行石化宾馆、消防、保卫等 6 项业务外包，以及炼油、化工装置现场技术服务等 13 项技术服务外包，累计分流 1 342 人。推动结构调整，关停了涤纶长丝和双向拉伸薄膜装置，停运与地方政府合资合作的 9 万吨/年聚丙烯装置，退出房地产业务。

(于　玲)

【新“一体化”考核系统上线】 2015 年 3 月 1 日，由洛阳分公司信息中心自主研发的新版“一体化”目标管理绩效考核系统正式投入运行。该系统可以实现

"一体化"目标体系文档自动上传及修订、公告通知发布管理、绩效考核管理、奖金管理、系统管理等功能，涵盖洛阳分公司"一体化"目标绩效考核的主要业务。

（于　玲）

【PPH－Y35X 通过以色列公司工业试用】 2015 年，由洛阳分公司开发的聚丙烯专用料 PPH－Y35X 通过以色列控股金龙非(AVOL)公司 3 个阶段的工业试用。通过测试，达到埃克森美孚同类产品质量要求，并且通过美国宝洁公司(P&G)的产品质量技术许可。该产品已被中国石化列为 2015 年度重点推广产品。

（于　玲）

【劳动模范创新工作室正式启动】 2015 年 7 月 20 日，洛阳石化劳动模范创新工作室正式启动。洛阳石化劳模创新工作室由 3 个团队组成，聘请洛阳分公司专家团队相关成员为顾问，吸收相关专业技术技能职工为成员，结合生产实践，实施技术改进措施，承担技术改造任务，负责技术难题攻关，解决一批装置生产实际问题，产生一批技术创新成果，打造一支技术队伍，并以此引导和带领广大职工围绕企业生产经营重点、难点问题和节能减排目标，开展达标竞赛、技能竞赛、专题合理化建议、"五小"活动，提高生产效率，形成企业创新文化。

（于　玲）

表 1　　**洛阳石化主要技术经济指标**　　亿元

年份 指标名称	2015	2014	2013	2012	2011	2010
原料油加工量/万吨	510.80	707.00	784.13	804.50	657.00	757.00
工业总产值	210.37	390.13	459.20	485.41	384.08	378.31
炼　油	191.43	353.79	408.73	436.97	335.46	331.65
化　工	18.94	36.34	50.47	48.44	48.62	46.66
工业增加值	60.23	53.31	72.58	62.35	29.18	69.99
资产总计	76.23	86.76	103.46	104.06	97.79	94.53
流动资产	25.35	33.56	50.28	49.80	43.73	43.51
固定资产原值	160.54	160.94	158.23	150.37	148.32	143.34
固定资产净值	45.30	48.37	50.11	46.52	47.00	44.65
销售收入①	289.53	477.60	549.85	573.20	468.00	447.00
实现利税	45.26	38.81	58.45	51.70	25.28	45.07
税　金	63.55	60.00	68.24	64.10	51.68	66.40
综合能耗②/吨标煤·万元$^{-1}$	0.55	0.51	0.47	0.44	0.48	0.62

①包括洛阳资产分公司、多经改制单位

②从 2011 年起，按 2010 年不变价格(2010 年按 2005 年不变价格)

表 2　　**洛阳分公司主要产品产量**　　万吨

年份 产品名称	2015	2014	2013	2012	2011	2010
90#汽油	—	—	—	—	1.68	22.18
93#汽油	65.34	95.21	123.53	134.45	112.07	105.76
97#汽油	50.99	64.35	50.72	40.89	24.53	23.86

续表

产品名称＼年份	2015	2014	2013	2012	2011	2010
98#汽油	11.59	12.88	12.02	8.13	0.99	—
3#喷气燃料	49.48	72.63	78.28	72.11	47.70	56.93
分子筛料	—	1.59	4.38	5.59	5.50	8.07
0#柴油	137.25	182.62	219.52	229.81	199.25	228.38
-10#柴油	1.18	8.66	10.23	17.96	13.45	16.53
-20#柴油	—	-0.06	1.45	1.91	2.14	1.96
-35#柴油	—	—	—	—	1.14	—
4#燃料油	—	—	—	0.79	—	—
化工石脑油	10.78	15.43	17.63	28.34	27.81	32.24
溶剂油	—	-0.04	—	—	0.64	2.50
工业白油	5.02	2.74	—	—	—	—
工业已烷	0.97	10.62	11.07	9.47	4.83	1.27
商品重油	1.04	0.75	0.69	1.30	3.61	4.04
沥　青	20.80	29.93	39.54	37.81	24.61	30.24
液化气	27.88	42.04	43.22	43.89	33.84	42.01
丙　烯	9.20	13.03	13.66	15.08	13.71	13.97
丙　烷	—	—	—	0.02	0.03	0.03
硫　黄	2.41	4.41	5.03	4.39	3.06	3.22
液　氨	0.24	0.33	0.37	0.31	0.26	0.12
聚丙烯	10.21	13.39	13.85	7.55	7.35	9.14
双向拉伸薄膜	—	—	0.62	1.00	1.65	1.59
纯　苯	6.89	8.96	10.46	10.33	8.58	10.59
对二甲苯	11.59	16.48	22.32	23.44	19.85	22.70
邻二甲苯	—	0.98	3.42	2.72	2.08	3.35
精对苯二甲酸	17.98	23.31	29.62	30.63	30.11	32.10
聚　酯	9.31	10.33	12.91	19.72	18.45	19.90
涤纶长丝	—	—	1.81	6.78	6.41	5.92
涤纶短纤维	9.13	10.19	9.99	10.34	9.26	9.98

安庆石化

【概况】 中国石油化工股份有限公司安庆分公司(简称安庆分公司)和中国石化集团资产经营管理有限公司安庆分公司(简称安庆资产分公司)统称安庆石化，始建于1974年7月，是安徽省最大的中央直属生产企业、最大的石化产品生产基地。

截至2015年底，安庆石化拥有年综合加工能力800万吨的炼油装置、日处理煤2 000吨的壳牌粉煤气化装置，以及年产33万吨合成氨、21万吨丙烯腈、7万吨腈纶、10万吨乙苯—苯乙烯等主要生产装置70余套；同时拥有20万千瓦发电机组、吞吐能力760万吨/年的油品码头、50万吨/年的固体产品装船码头、20万吨/年的液态烃码头、80万吨/年的卸煤码头和日产24万吨的供水系统，以及全长13千米的厂内铁路专用线。

截至2015年12月底，安庆石化在岗职工总数5 136人，固定资产原值200.64亿元、净值112.72亿元，累计上缴国家和地方税金超过515亿元，为振兴石化产业和推动地方经济建设做出了积极贡献。

安庆石化主要技术经济指标和主要产品产量见表1和表2。

（卢 利）

【生产经营稳中求进】 统筹新、老区运行，推进区域资源优化，全力以赴增产增效。炼油装置实现四年一修，裂解、Ⅱ丙装置连运刷新纪录；2849线路一次送电成功，热电系统可靠度大幅提升；油品输转、仓储、公用工程、铁路运输、检验、计量等辅助系统均实现稳定运行。全年加工原油689.31万吨，实现营业收入355.70亿元、税费116亿元，上缴税费连续2年排名安徽省工业企业第一。

（卢 利）

【转型发展加快步伐】 热电锅炉、催化烟气脱硫脱硝改造等一批“碧水蓝天”项目相继投用，截至2015年底，二氧化硫、氮氧化物排放量分别比“十一五”末下降62.4%和65.3%；污水及COD排放量分别比“十一五”末下降6.6%和18.2%。成功进入国家首批“两化”融合管理体系贯标企业行列，持续加强技术开发，积极开展合资合作，曙光煤制氢、合资丁辛醇项目建成中交，碳九重芳烃综合利用项目进入投料试车阶段，以安庆石化为核心的安徽省首批战略性新兴产业聚集发展基地正在加速形成。

（卢 利）

【危化品码头及油气输送管线迁建项目启动】 2015年11月30日，安庆石化危化品码头及油气输送管线迁建项目启动仪式举行。该项目拟在迁建处沙漠洲建设码头泊位6个，厂区建设储罐22座，新建管廊总长度5 070米，其中厂区内1 950米、厂区外3 120米，计划2017年底建成。

（卢 利）

【新建220千伏晴热2849线路送电一次成功】 2015年7月14日，安庆石化炼化一体化项目最后一项内容——新建220千伏晴热2849线路送电一次成功，取代运行40多年、安全风险极高的110千伏安热451架空线路，实现了安庆石化通过2条220千伏线路与华东电网双线路环网，大大提高了公司供电系统的可靠性。

（卢 利）

【煤气化装置连续4年获壳牌最佳运行奖】 2015年10月22日，在第10届壳牌国际煤气化技术用户大会上，安庆石化煤气化装置因2014年度运行323天，装置运转率88.4%、运行平稳率96.2%，连续4年被授予壳牌最佳运行奖。

（卢 利）

【获1件中国发明专利获授权】 “脱除催化裂化干气中丙烯及碳三以上组分的方法”发明专利由安庆石化和浙江大学共同开发，利用活性炭对丙烯及碳三以上组分有较强的吸附作用，以及对甲烷、乙烯、氢气等碳二以下组分的弱吸附作用，使催化裂化干气中的重组分气体吸附于吸附剂孔道表面，从吸附床层出口获得不含重组分的脱后干气。将催化裂化干气中的丙烯及碳三以上组分含量由1%降低至0.02%，同时乙烯收率大于95%，提高乙苯—苯乙烯装置原料干气中乙烯的含量，减少生产乙苯过程中的副反应，可显著提升装置的经济效益。

（卢 利）

【Shell粉煤气化掺烧高硫石油焦工业试验研究项目通过评议验收】 2015年1月14日，由安庆石化和安徽理工大学共同承担的“Shell粉煤气化掺烧高硫石油焦工业试验研究”项目顺利通过中国石化科技部的评议验收。该课题通过对不同种类高硫石油焦及煤种的工业分析和元素分析，研究了不同混配条件下煤灰熔融特性、可磨指数及反应活性等对气化工况的影响，初步建立了适用于Shell粉煤气化工艺的高硫石油焦质量指标体系，提出了工业装置高硫石油焦掺配方案。

（卢 利）

【6.67分特扁平纤维工业化生产】 2015年3月3日，安庆石化纺丝装置1#生产线首次进行6.67分特扁平纤维工业化生产，共产出6.67分特扁平纤维20吨，产品质量优良，纤维指标均满足客户要求，关键指标扁平度达到国内先进水平。该产品的工业化生产，成功打破国外技术垄断，不仅提高了腈纶高附加值产品产量，也为安庆石化增加了新的效益增长点。

（卢 利）

【正式成为全国首批“两化”融合管理体系企业】 2015年4月28日，经过国家工业和信息化部公示，安庆石化正式通过全国首批“两化”融合管理体系评定。安庆石化“两化”融合管理体系贯标工作严格遵照国家有关“两化”融合的可持续竞争优势、战略一致性等9项基本原则，紧密围绕组织、流程、技术和数据4个基本要素，突出绩效导向、内涵发展、“两化”融合，创新建立了具有鲜明石化特色、上下一体、科学高效的信息化应用管理体系。

（卢　利）

【结构调整成效显著】 大力调整产品结构，增产高附加值产品，2015年97#汽油比例达15.77%、同比提高4.37个百分点，产量增加7.83万吨；车柴生产比例达40.6%、提高32.5个百分点，产量增加89.18万吨。

（卢　利）

【航煤产品成功投放市场】 2015年11月13日，安庆石化航煤生产设施一次开车成功并产出合格产品，12月14日航煤产品通过国产航空（舰艇）油料鉴定委员会现场认证，12月25日实现出厂，结束了安庆石化没有航煤产品的历史，填补了安徽省该领域的空白。

（卢　利）

【企业管理不断深化】 坚持开展“比学赶帮超”工作，充分发挥内控、预算、审计的把关作用，大力降本减费增效，着力加强专业管理，现场设备完好率、大机组故障率达到或优于总部规定的指标，产品质量合格率保持100%。深化全员成本目标管理，2015年落实财税优惠政策资金超过7 000万元，“六项”可控费用比2010年下降37%。持续深化“强‘三基’、严‘五纪’”活动，配齐两级安全总监，组建安全督察大队，“查隐患、捡黄金”、安全生产有奖举报活动持续深入。

（卢　利）

【党的建设与时俱进】 认真开展“三严三实”专题教育，全面落实石化集团公司党建工作“两个文件”和“两个规则”，广泛开展特色争创活动，党建体系正式获得ISO 9000认证。严格落实中央”八项规定“和石化集团公司实施细则，认真宣贯《中国共产党廉洁自律准则》和《中国共产党纪律处分条例》，抓好石化集团公司党组巡视意见的整改落实，党风廉政建设不断深入。加强员工思想调研，认真开展系列主题教育活动，“求实创新，事争第一”的企业精神成为广泛共识。推进企业文化建设，开展了社区文化体育系列活动。

（卢　利）

【队伍建设持续加强】 加强“四好班子”建设，严格干部管理，改进机关作风，出台并严格执行《员工违纪违规行为处分实施细则》，尽职免责、失职追责成为常态。优化人力资源统筹配置，畅通三支人才队伍成长通道，加大干部竞争性选拔力度，全面推行职位聘任制，树立正确选人用人导向，高、中级职称人员占技术人员比例达69%，高级工以上占操作人员的比例达75.6%，队伍素质明显提高。

（卢　利）

【获全国无偿献血促进奖】 2015年3月10日，国家卫生计生委、中国红十字会总会、中国人民解放军总后勤部卫生部联合发文，表彰荣获2012—2013年度全国无偿献血促进奖的单位，安庆石化成为安徽省获此荣誉的10个单位之一，也是自《中华人民共和国献血法》颁布以来安庆市首次获得表彰的先进集体。

（卢　利）

【开展突发事故应急救援联合演习】 为检验企市消防快速集结、整体联动和稳妥处置等能力，2015年5月23日，安徽省消防总队在安庆石化原油罐区组织开展“假设5万立方米的111#罐遭遇雷击起火”的突发事故应急救援联合演习，来自安庆市消防支队和安庆石化消防大队共计28台车、138名指战员参加了此次应急救援联合演习。

（卢　利）

【和谐稳定成果共享】 推进民主管理，深化厂务公开，创新群众工作，“安康杯”竞赛、“劳模创新工作室”“青工技能振兴”等群众性建功立业活动蓬勃开展。发挥“员工心声”、总经理信箱等平台的沟通交流作用，主动发声、正本清源，党群干群关系进一步密切。坚持为职工群众办实事、办好事，实施带薪休假、误餐补贴，加强规范化操作室建设，修缮职工浴室和文体活动场馆，门禁系统全面投用。启动文明和谐示范小区创建工作，大湖、菱北老旧小区综合治理项目基本完工。积极开展文明创建，推行开门办企业，组织环保新闻发布会、“两代表一委员”及新闻媒体走访活动。严格落实“规范支持、有效监管”各项举措，指导改制企业健康发展，区域命运共同体总体和谐稳定。

（卢　利）

表 1 **安庆石化主要技术经济指标** 亿元

指标名称 \ 年份	2015	2014	2013	2012	2011	2010
原油加工量/万吨	689.31	748.00	550.78	420.43	482.52	476.62
工业总产值①	345.12	473.94	358.51	277.27	311.32	262.95
炼　油	301.72	417.21	303.42	239.38	268.21	226.11
化　工	31.06	43.05	39.83	24.63	31.02	26.48
其　他	12.34	13.68	15.26	13.26	12.09	10.36
工业增加值	126.91	58.25	58.67	30.93	37.91	60.60
资产总计	132.96	144.68	151.04	124.78	84.65	62.44
流动资产	25.01	33.14	37.13	23.27	24.42	14.26
固定资产原值	200.64	195.29	189.61	119.70	116.04	118.23
固定资产净值②	112.72	114.80	116.88	51.58	53.55	34.76
营业收入	355.70	485.10	365.39	287.64	318.84	275.28
实现利税①	111.60	82.75	45.61	21.21	26.65	53.32
税　金	115.86	85.61	52.78	34.63	44.73	49.95

①2010 年数据剔除化肥资产减值因素

②固定资产净值 = 固定资产原值 - 累计折旧

表 2 **安庆石化主要产品产量** 万吨

产品名称 \ 年份	2015	2014	2013	2012	2011	2010
汽　油	216.55	230.85	126.88	83.05	96.32	96.97
柴　油	280.02	302.43	224.15	180.01	208.22	195.94
燃料油	1.74	4.27	4.41	6.02	7.89	12.32
原料油	18.82	10.90	40.53	38.41	42.85	40.98
液化气	58.34	60.81	43.83	31.54	34.88	34.05
石油焦	32.84	34.21	38.65	34.18	42.41	43.44
合成氨	20.82	25.50	25.86	21.43	18.12	15.82
丙烯腈	22.51	22.45	18.07	7.74	8.67	8.64
腈　纶	6.41	6.58	7.13	6.38	7.88	7.87
苯乙烯	9.63	9.50	8.69	6.22	7.22	6.67

海南炼化

【概况】 中国石化海南炼油化工有限公司（简称海南炼化）位于海南省西北部洋浦半岛的洋浦经济开发区，毗邻北部湾，位于新加坡—香港—上海—大阪国际海运主航线上，拥有天然的深水良港和避风港，地理和海运条件优越，同时享受保税港区、经济特区和开发区的全部优惠政策。海南炼化占地 2.5 平方千米，投资 116 亿元，成立于 2003 年 10 月 31 日，原名海南实华炼油化工有限公司。2004 年 4 月 26 日，海南炼油项目奠基开工。2006 年 2 月 28 日，公司名称注册变更为现名。2008 年 7 月 1 日，海南炼化通过总部组织的项目竣工验收，正式投入商业运营。

截至 2015 年底，海南炼化原油综合加工能力 1 000万吨/年，有 21 套炼油化工生产装置及相应的油品储运设施、公用工程系统，主要加工中东和非洲的进口原油，生产和销售各种规格的汽油、柴油、煤油、石脑油、苯、液化气、燃料油、聚丙烯、对二甲苯、邻二甲苯、苯乙烯等石油化工产品。海南炼化采用全加氢型加工流程工艺，汽、柴油产品全部达到欧Ⅳ标准，部分达到欧Ⅴ标准，产品主要销往海南、华南及西南等地区，部分汽油、柴油、航空煤油、车用液化气出口到港澳地区，自备的深水码头位于洋浦神头港区，共拥有包括 30 万吨级原油泊位、10 万吨级成品油泊位在内的泊位 8 座，年吞吐能力 3 030 万吨。海南炼化还拥有总罐容 110 万立方米的原油和超过 100 万立方米成品、半成品储存能力及相应的输转设施。

截至 2015 年底，海南炼化共设部门 16 个、生产单元 10 个、质量检验中心 1 个、港作中心 1 个、合资公司 1 个、代管海南商储公司；有正式员工 767 人。

2015 年，海南炼化加工原料油 1 000.62 万吨，其中原油 901.43 万吨，生产各类产品 928.87 万吨，实现营业收入 314.78 亿元，工业总产值（现价）427.19 亿元，利税 95.46 亿元，完成投资 2.64 亿元。

海南炼化主要技术经济指标及主要产品产量见表 1 和表 2。

（胡　岗）

【原料油加工量创历史新高】 2015 年，海南炼化精心选择原油品种，科学调配原油加工掺炼比，充分利用海外市场扩大来料加工，深度挖掘装置潜能，提升装置运行负荷，千方百计扩大原料油加工总量，全年完成原料油加工量 1 000.62 万吨，首次突破 1 000万吨，创投产以来历史新高。

（胡　岗）

【芳烃装置持续保持高效运行】 2015 年，海南炼化 60 万吨/年对二甲苯装置精细精心操作，挖掘加工潜能，全年生产对二甲苯 67.54 万吨、邻二甲苯 6.20 万吨、苯 15.53 万吨；综合能耗 294.04 千克标油/吨对二甲苯，吨产品完全费用仅 538.95 元，实现利润 2.93 亿元，各项技术经济指标保持石化集团公司及行业领先地位。

（胡　岗）

【航煤产量创历史新高】 2015 年，海南炼化通过优化常减压操作、清晰切割和调控馏分、保持加氢裂化高负荷运行及反应深度、航煤加氢装置持续满负荷运行等措施，最大限度地多产航煤。全年航煤产量达 150.2 万吨，航煤产量和对原油收率均创历史最好水平。

（胡　岗）

【来料加工出口再创新高】 2015 年，海南炼化充分发挥地域优势，把握国内国外两个市场，积极开展来料加工复出口，有效消化国内过剩产能，全年出口成品油 241.97 万吨，同比增长 8.4%，占公司成品油总量的 37%，位居石化集团公司出口企业首位，为做大加工总量、提升经济效益打下坚实基础。

（胡　岗）

【安全生产实现“七连冠”】 2015 年，海南炼化认真贯彻新《安全生产法》和《环境保护法》，严格落实安全责任，健全 HSE 管理体系，强化业务承包商监管，加大现场监督检查和处罚力度，加强隐患排查治理，完善突发事件应急预案，建立企地应急联动机制，保证了装置安稳运行，连续第 7 年获得石化集团公司安全生产先进单位称号。

（胡　岗）

【海南省油品质量升级提前实施】 2015 年，海南炼化主动协调海南省当地政府，全力推进海南省成品油质量升级工作。10 月 20 日，全省范围实施国Ⅴ成品油质量标准，较国家要求时点提前 14 个月。全年供应国Ⅴ标准汽油 97.9 万吨、国Ⅴ标准柴油 66.6 万吨，优质优价增效 0.76 亿元。

（胡　岗）

【成功开发流延膜聚丙烯新产品】 2015 年，海南炼化按照石化集团公司统一部署，充分发挥华南地区膜料生产基地优势，加大聚丙烯装置专用料生产，根据客户需求，推进技术创新，加大攻关力度，成功研发出耐热性更优、透明性更好、市场需求旺盛且利润空间更高的聚丙烯产品“流延膜 PPH - F08”，获得下游客户的一致认可和好评。

（胡　岗）

【召开专业技术人才、高技能人才座谈会】 2015 年 2 月 28 日，海南炼化分别召开了专业技术人才、高技能人才座谈会，28 名专业技术人才和 31 名高技能人才代表共同为公司人才队伍建设献计献策，为完善人才队伍建设和畅通人才成长通道提出了意见和建议，全面推进纵向能到底、横向能流动的三支人才队伍成长机制，努力提高人才工作对业务发展的支撑能力。

（胡 岗）

【通过国家安监总局对二甲苯项目安全专项检查】 2015年4月22日，为深刻吸取漳州市腾龙芳烃有限公司对二甲苯(PX)装置爆炸着火事故教训，切实加强对二甲苯生产企业安全管理，深入排查治理安全隐患，遏制同类事故再次发生，国家安监局对二甲苯生产企业安全专项检查组对海南炼化60万吨/年对二甲苯装置进行专项检查，对海南炼化在安全生产方面的做法及所取得的成绩表示肯定，对检查所发现的问题进行了通报，并提出相应的整改意见和建议。

（胡 岗）

【获全国青年安全示范岗荣誉称号】 2015年5月4日，海南炼化炼油部三单元获得共青团中央和国家安全监管总局联合授予的2014年度全国青年安全生产示范岗称号。

（胡 岗）

【严格排查环保排放隐患】 2015年，环境保护部和国家质量监督检验检疫局联合发布《石油炼制工业污染物排放标准》，新标准相对旧标准污染物排放限值进一步降低。针对未来新标准的执行情况，海南炼化召开了环保超标风险与隐患排查专题讨论，对照旧排放标准对新排放标准进行了梳理，从水、气污染物2个方面逐项排查了公司存在的环保超标风险和隐患，讨论了包括含油污水、含盐污水、催化烟气等24项存在环保超标风险的隐患问题，相应制定了针对性措施，确保2017年7月1日起，公司水、气污染物排放标准全部按照新标准执行。

（胡 岗）

【对二甲苯项目通过石化集团公司竣工决算审计】 2014年12月15日—2015年1月12日，审计组对公司60万吨/年对二甲苯项目进行了竣工决算审计。审计组听取了项目建设情况汇报，查阅了项目有关批复文件、管理制度、会计资料、工程合同、招投标和统计资料等，重点对项目的投资控制、财务管理、会计核算、招投标、合同及物资供应管理等内容进行了审计。通过竣工决算审计，标志着首套国产核心工艺技术的60万吨/年对二甲苯项目向竣工验收迈出坚实步伐。

（胡 岗）

【对二甲苯项目通过国家科技进步奖现场考察】 2015年7月18—19日，国家科技部副部长曹健林一行和国家科技进步奖候选项目现场考察专家组分别来海南炼化，对2015年国家科技进步奖候选项目“高效环保芳烃成套技术开发及应用”进行现场考察评审，石化股份公司高级副总裁戴厚良作为项目第一完成人全程陪同考察。专家组由中国工程院院士、北京化工大学校长谭天伟，中国科学院院士、南京工业大学校长黄维，中国工程院院士、北京工商大学校长孙宝国，中国纺织科学院院长、研究员赵强组成。通过专家组认真细致的现场考察，该项目通过现场考察评定，为项目获奖打下坚实基础。

（胡 岗）

【成功组织三省跨海消防演练】 2015年9月17日，在国家公安部直接指挥下，全国首次大规模消防部队跨海增援联合作战演练在商储海南分公司举行。此次演练模拟一原油罐因浮仓腐蚀发生泄漏，罐体遭雷击，引发密封圈着火。接到警报后，随着警情不断升级，多路消防力量接到指令后立即赶赴增援，海南、广东、广西共计82辆消防车、434名官兵、32个社会联动单位参加演练。在实施冷却保护、防止爆炸和备足灭火力量的情况下，对罐区大火发起攻坚战，最后成功化解险情。同时，罐区外的后勤保障、医疗救助、远程供水等各方紧急联动，保障了整个演练行动顺利完成。

（胡 岗）

全国首次跨海消防演习 （金 鑫 摄）

【领导班子成员调整】 2015年4月9日，石化集团公司对海南炼化主要领导班子成员进行调整，邓清泾任海南炼化党委副书记、纪委书记，工会主席人选，裴春旺不再担任公司纪委书记、工会主席(仍任党委书记)。

（胡 岗）

【召开公司第二次党代会】 2015 年 12 月 17 日，海南炼化第二次党代会成功召开，100 位党员代表参加会议。会议回顾总结了过去 8 年公司党委、纪委工作，全面分析面临的形势，确定今后 5 年的目标和主要任务，围绕改革发展中心任务，研究部署加强党的思想政治建设、组织建设、反腐倡廉建设、制度建设和企业文化建设等方面工作，会议通过了各项议案，选举确定了公司第二届党委委员及书记、纪委委员及书记人选，圆满完成了会议各项议程。

（胡　岗）

【抓实“三基”工作】 2015 年，海南炼化从践行企业文化、推进精细管理、优化操作增效、加快人才培养、打造优秀团队等方面入手，机关部门抽调优秀基层管理人员充实到单元，选优配强一线部门和单元两级领导班子，加强班组建设，加强基本功训练，进一步强化提升“三基”工作，先后涌现“四化管理体系”“五大员”“五本账”“五小课堂”及“五个精细”等多项管理成果，“三基”工作成效显著。

（胡　岗）

【建立创新激励机制】 2015 年，海南炼化制定《海南炼化科技创新管理办法》《海南炼化管理创新成果评审办法》等管理制度，搭建全员创新平台，激励员工创新积极性。通过技术、管理措施，实现降本增效 8 500 多万元，涌现了一大批诸如“大本本、小本本”、日志管理、创建专业联合团队等基层管理创新成果，提升了企业创新水平，丰富了海南炼化特色管理模式。

（胡　岗）

【全面实施绩效考核】 2015 年，海南炼化以价值为导向，建立了涵盖生产经营、投资发展、综合管理三大板块的考核指标体系，形成了包括总部、公司两级经济技术指标、投资发展指标、日常管理指标、部门关键绩效指标、专项管理指标、约束性指标的指标树，实现了对“三基”工作、经济效益、安全环保、产品质量、生产经营的全方位考核，形成人人关注指标、处处挖潜增效氛围，精细管理得到有效提升。

（胡　岗）

【加强三支人才队伍建设】 2015 年，海南炼化坚持正确导向，营造“人人可以成才”的环境，修订《三支队伍成长通道建设方案》，制定了《首席专家、专家管理办法》《首席技师、主任技师、副主任技师管理办法》等多个技术、技能人才管理制度，构建选才、育才、用才、聚才工作机制，完善职位规划、选聘、考评，初步形成“选拔任用一批、培养后备一批、中长期储备一批”的三支人才队伍梯队建设格局。

（胡　岗）

【组织优秀员工代表赴京休养】 为大力宣传和贯彻习近平总书记关于劳模工作的一系列讲话精神，激励广大员工在工作岗位中继续发扬创新争优、艰苦奋斗的工作作风，2015 年 9 月 19—23 日，海南炼化选派出 11 名优秀员工代表进京休养。休养中，优秀员工代表认真听取了国家级知名专家关于社会主义核心价值观以及劳动美、中国梦等方面的讲座，观看了北京军区的军事表演，参观了中国国家博物院“复兴之路”大型展览和爱国主义教育基地。

（胡　岗）

【首届“成长杯”羽毛球赛圆满落幕】 2015 年，海南炼化组织了首届全员参与的“成长杯”羽毛球团体比赛。11 月 18 日，16 支参赛队伍、173 名运动员经过 3 周 9 天 36 场的紧张拼杀和激烈比赛，决出了最后名次，海南炼化首届“成长杯”羽毛球赛圆满落下帷幕，真正达到了员工共办活动、全员参与活动的效果。

（胡　岗）

首届“成长杯”羽毛球团体赛　（林鸿冠　摄）

【首届“海南炼化好声音”落下帷幕】 2015 年，海南炼化工会、团委于组织举办了“海南炼化首届好声音暨达人秀比赛”。2 月 11 日晚，决赛在观众的热情助威声、呐喊声中掀起一轮又一轮高潮。比赛中选手们充分展现自我，带来了一场视听盛宴，给即将到来的春节带来喜庆和欢乐。

（胡　岗）

【召开“8 · 27”廉政警示日教育大会】 2015 年 8 月

27日，海南炼化组织召开了“8·27”廉政警示日教育大会。全体与会人员观看了《反腐前线》警示教育片；海南省人民检察院二分院给全体与会人员上了一堂生动深刻的廉政党课。此次廉政教育强化“纪律就在面前，法律就在身边”意识，要求全体党员干部严格要求自己，加强廉政建设、落实两个责任、建设廉洁企业，守住底线、不越红线，切实做到把纪律和规矩挺在前面，提高遵纪守法的自觉性，增强拒腐防变的抵抗力，时刻做到警钟长鸣。

（胡　岗）

【全员培训取得实效】 2015年，海南炼化着力强化领导干部能力和员工技能培训。开展“领导干部上讲台”系列活动，举办领导干部和班组长培训班，公司领导带头授课。邀请石化集团公司科研、设计专家和部门专业管理人员对员工进行专业培训；组织单元管理人员和班组长赴镇海炼化、福建炼化交流学习；开展形式多样的岗位练兵活动，提高应急和岗位操作水平。先后开设各类培训班240个，2 987人次参加培训，干部员工理论素质和管理能力显著提升。

（胡　岗）

【企业文化建设取得初步成果】 2015年2月，海南炼化首次提出“率先建成人民满意、世界一流炼化企业”的企业愿景和“创新、精细、包容、成长”的核心价值观，4月召开了企业文化建设启动暨2015年实施方案发布会，发布了发展建设、生产运行、成本管控、人才开发与团队建设、科技创新和党群工作6个板块的实施方案，制定企业文化战略规划和方案，把企业文化建设融入各项具体工作思路，贯穿于企业管理的各个环节。通过开展“优秀团队”创建活动，涌现出一批精细管理优秀团队，培养了一批“懂理论、懂经济、懂业务，能干、能写、能讲”的复合型人才，展现了奋力拼搏、包容互助、朝气蓬勃、昂扬向上的团队风貌，企业文化建设取得初步成效。

（胡　岗）

表1　海南炼化主要技术经济指标　亿元

指标名称 \ 年份	2015	2014	2013	2012	2011	2010
原油加工量/万吨	901.43	903.25	730.90	920.97	905.89	847.49
工业总产值	427.19	575.93	466.89	601.53	574.80	462.56
炼　油	424.32	570.58	449.84	580.17	550.77	443.63
化　工	65.64	112.45	17.05	21.36	24.04	18.93
工业增加值	89.48	63.42	25.35	32.76	31.95	57.52
资产总计	122.67	155.95	164.93	139.83	118.73	130.92
流动资产	30.86	54.56	64.05	67.08	51.38	57.04
固定资产原值	145.83	144.76	140.45	97.98	97.69	94.36
固定资产净值	79.21	87.98	93.25	57.43	63.78	67.02
销售收入	314.78	440.87	369.23	539.77	540.83	413.30
实现利税	95.46	46.59	72.92	105.23	107.59	113.55
税　金	90.51	57.62	64.91	94.21	99.56	85.13

表2　海南炼化主要产品产量　万吨

产品名称 \ 年份	2015	2014	2013	2012	2011	2010
92#汽油	110.31	125.68	—	—	—	—
93#汽油①	41.10	77.70	222.90	267.52	256.77	223.07
97#汽油①	13.11	15.68	19.75	35.23	38.48	40.16

续表

产品名称＼年份	2015	2014	2013	2012	2011	2010
0#柴油	260.82	267.62	229.70	294.02	319.20	345.98
轻质船燃	—	—	5.31	5.10	—	—
发泡剂	4.22	7.79	1.37	1.80	—	—
石脑油	17.81	26.50	12.37	25.13	14.09	18.75
煤　油	150.21	138.64	90.57	78.03	68.06	41.13
苯	15.53	17.20	4.41	6.34	6.19	5.26
对二甲苯	67.54	75.68	—	—	—	—
邻二甲苯	6.20	10.50	—	—	—	—
航煤组分油	—	—	—	16.01	9.44	3.45
燃料油	17.52	20.64	20.50	24.89	32.57	22.65
硫　黄	6.56	6.59	4.81	6.13	6.45	6.25
液化气	68.07	62.31	41.07	58.73	59.98	54.89
其他白油原料	17.33	14.53	14.27	22.17	21.77	14.00
聚丙烯	22.09	21.84	17.70	23.85	23.85	22.81

①93#汽油包括92#、95#(2013 年以前)，97#汽油包括98#

青岛炼化

【概况】 中国石化青岛炼油化工有限责任公司(简称青岛炼化)系石化股份公司、山东省国际信托有限公司、青岛国信实业有限公司按85%∶10%∶5%的投资比例出资设立的特大型石油化工企业，于2004年10月18日注册成立。公司位于青岛经济技术开发区重化工园区，毗邻青岛港，位置优越，配套完备，交通便捷。青岛炼化是中国石化系统内单套装置规模最大、体制机制最新、用工定员最少的炼化企业之一，1 000万吨/年大炼油项目是中国政府批准建设的第1个单系列千万吨级炼油项目，总投资125亿元，于2008年6月正式投产。青岛炼化具有组织结构扁平、主业精干、人员精简的显著特点，截至2015年底，共设10个职能部门和9个生产单元，在册正式职工708人。

青岛炼化工艺路线采用“焦化 + CFB 锅炉 + 催化”方案，主要加工进口高硫原油，截至2015年底，原油综合配套加工能力达到1 200万吨/年，拥有21套生产装置和相应的公用工程及辅助设施，每年可生产汽、煤、柴成品油800多万吨，生产聚丙烯、苯乙烯、混苯、硫黄等各类石化产品300多万吨。

2015年，青岛炼化加工原油948.69万吨，实现销售收入331.18亿元，实现利税123.93亿元。

青岛炼化主要技术经济指标和主要产品产量见表1和表2。

(刘仕成　刘　煜)

【领导班子调整】 2015年3月7日，石化集团公司党组发文，决定免去沈辉的中共中国石化青岛炼油化工有限责任公司委员会委员职务；石化股份公司发文，建议沈辉不再担任青岛炼油化工有限责任公司总会计师职务，调出另有任用。10月10日，石化集团公司党组发文，决定免去赵培录的中共中国石化青岛炼油化工有限责任公司委员会书记、委员职务，调出另有任用；石化股份公司发文，建议赵培录不再担任青岛炼油化工有限责任公司副总经理职务。

(刘仕成　刘　煜)

【能源管理模式获选国际最佳节能实践】 2015年5月，在国家发改委根据国际能效合作伙伴关系(IPEEC)《最佳节能技术和最佳节能实践评价方法及评选指南》首次组织的中国“十大节能技术和十大节能实践”项目(简称“双十佳”)评选中，青岛炼化“渐进追赶”能源管理模式成功入围“十佳节能实践”并被推荐参加国际评比。12月，在国家发改委会同澳大利亚工业部、美国能源部和日本经济产业省组织的国际评选中，青岛炼化“渐进追赶”能源管理模式再次从IPEEC成员国提交的节能技术和实践中脱颖而出，入选国际“双十佳”最佳节能实践。

(刘仕成　刘　煜)

【完成首次全厂性四年一修】 2015年6月19日—8月12日，青岛炼化完成中国石化炼油板块首次全厂性四年一修。此次大检修是青岛炼化投产以来的第2次大检修，总投资6.56亿元，检修项目4 831项，同步实施技措项目50项，参与人数6 300余人。青岛炼化提前计划、科学统筹、精心组织，全方位抓好装置停工、检修、开工全过程管控，做到修得好、开得起、稳得住，实现废气不上天、污油不落地和工期零拖延、安全零事故、质量零缺陷的控制要求。在此期间，常减压隐患治理，煤、柴油加氢质量升级改造，厂外输油管线搬迁等项目顺利完成。

(刘仕成　刘　煜)

柴油加氢升级改造反应器吊装现场　(何继强 摄)

【生产经营再创佳绩】 2015年，青岛炼化以效益最大化为原则，紧盯市场变化开展效益对比测算；每周召开生产经营优化分析会，全年开展35个典型案例、200个优化方案测算；适时调整加氢裂化的加工负荷，用足催化和重整装置加工能力，优化S-Zorb装置原料，全年成品油配置计划对原油收率提高1.03%，混苯、发泡剂等高附加值产品可比产量均同比增加；聚丙烯产品差异化增效780余万元；柴汽比降至0.90，再创历年最优。科学开展库存优化运作，避免原油跌价损失超过1.2亿元，产成品和半成品库存管控增效6 704万元。积极协调做好产品销售，精心组织物流运输，保障了生产后路畅通。国Ⅴ标准车用汽、柴油质量升级工作按计划完成。

(刘仕成　刘　煜)

【降本增效成效显著】 青岛炼化科学把握原油采购节奏和原油结构，2015年完成进口原油采购CIF价比石化集团均价低3.88美元/桶，名列石化集团公司第一；顺利完成进口原油采购模式转换，节约资金成本约1.2亿元。广泛开展生产过程节水、节电、节汽、节氮气等工作，减耗降本取得显著成效。优化融资结构，用好优惠政策，节约财务费用3 123万元，降低税费1 068万元。一般物资招标采购率增长60%，节约采购资金3 622万元。重点实施6类38项双增双节、挖潜增效措施，实现降本增效约4亿元，节能9 600吨标油。全年吨油完全费用比石化集团公司考核指标低4.08元，吨油现金操作费位居石化集团公司优秀群组。

(刘仕成　刘　煜)

【安全环保工作持续巩固】 2015年，青岛炼化继续抓好新《安全生产法》等法律法规学习宣贯，开展安全生产责任制的进一步分解落实，对关键装置(要害部位)严格落实领导干部承包点制度。扎实开展“我为安全做诊断”活动，集中组织开展全员全方位风险识别与隐患排查整改。强化直接作业环节管理，做好施工方案、监管方案、危害识别及应急预案审核把关，严格执行作业票三方签字、“双监护”等制度落实；配备专职HSE总监，成立安全环保督察队，与单元、施工单位监管力量全方位、全天候开展现场作业监督检查，做到日常作业点和重点施工项目全覆盖。全面推进承包商专项整治，完善承包商准入、培训、考核、淘汰机制，承包商安全管理在强势管控下巩固提升。修订公司、单元两级应急预案，组织开展火炬气柜硫化氢泄漏等大型企地联动应急处置预案演练。持续强化污染物排放总量管理，通过烟气脱硫脱硝、污水分级管控、再生水循环利用等手段，污染物的排放量进一步减少，“三废”排放始终保持稳定达标。完成现场30余万点的VOCs检测并开展综合治理。青岛炼化获石化集团公司2015年度环境保护先进单位称号。

(刘仕成　刘　煜)

【工艺、设备专业管理持续深化】 2015年，青岛炼化持续加强工艺技术管理，抓好装置平稳率管理与考核，减少大幅度调整及波动，全年非计划停工为零。扎实抓好生产全过程质量管控，全年馏出口合格率达到98%以上，产品出厂合格率100%，获石化集团公司2015年质量管理奖先进单位称号。扎实开展计量管理，全厂主要能源综合计量率提高到97.3%以上，全年产成品储运损失降低0.05%。深化“专业+区域化”的设备管理模式，依靠专业部门、生产单元、维保单位技术力量强化设备管理，主要设备完好率100%，加热炉热效率91.4%，主要节能设备投用率100%；仪表“五率”和电气设备运行平稳率始终保持较高水平。科研开发取得新的进步，常减压完整性操作窗口软件投入运行，炼化企业高含盐废水处理技术工业化应用研究通过石化集团公司技术评议。公司在中国石油和化学工业联合会组织的评比中连续第3年以原油加工组第1名的成绩获能效领跑者标杆企业称号。

（刘仕成　刘　煜）

【信息化管理水平持续进步】 2015年，青岛炼化不断提升信息系统应用水平，深化ERP大集中、能源管理信息系统、APC扩能改造等信息化项目的实施，每日动火作业信息管理等7支业务流程实现电子化；APC技术深化应用以年增效3 800万元的优异成绩得到石化集团公司的高度评价。7月，公司被中国石油和化学工业联合会授予“两化”融合优秀实践企业称号。10月，职工周长征参加中国石化2015年“两化”融合竞赛，获个人金牌。

（刘仕成　刘　煜）

【基础工作稳步推进】 2015年，青岛炼化认真落实“三严三实”要求，弘扬石油石化优良传统，以强化“三基”工作为抓手，强基础、严管理，全面落实依法治企。持续完善管理体系，全年制修订94项制度、43个记录表单。大力推进“两化”融合管理体系建设，通过外部机构评估审核，质量、安全、环境、能源体系通过监督审核，测量体系通过再认证审核。利用网上培训及考试、导师带徒、自主编制课件、现场预案演练等方式，突出抓实员工技能培训。深入开展“比学赶帮超”工作，通过先进班组、明星员工评比，选样板，树典型，促进了“三基”工作整体水平提高。

（刘仕成　刘　煜）

【人才队伍建设持续进步】 2015年，青岛炼化加强干部队伍管理，全年优化调整干部12人次，开展基层党支部书记轮训，提升了干部队伍的综合素质。做好高层级技能操作和专业技术人才培养考核，全年2人通过石化集团公司高级技师资格评审；选送5名技能操作人员参加石化集团公司技师、高级技师培训班；41人在全员技能鉴定中取得技师职业资格；组织38人参加技术职务评审。积极响应石化集团公司号召，从西安石化招聘18名员工，技能人才队伍进一步充实。9月，青岛炼化参加石化集团公司S-Zorb装置职业技能大赛获团体第2名，杨克、张伟分获金、银奖。

（刘仕成　刘　煜）

【党建工作扎实有效推进】 青岛炼化深入学习贯彻中央和石化集团公司党组关于全面从严治党的一系列重要部署，紧密联系企业实际，持续推进党建工作科学化、规范化、系统化。扎实抓好党内法规制度的学习培训和贯彻执行；按照“三个摆进去”的要求，以问题为导向、正反典型为镜鉴，深入推进“三严三实”专题教育，为完成全年各项目标任务提供了坚强的思想、政治和组织保证。持续加强党建基础工作，基层党组织示范点建设有序推进。抓实党风廉政建设“两个责任”落实，以日常监督和教育警示为手段，进一步夯实拒腐防变的思想基础。定期组织召开职工思想政治工作座谈会，及时了解基层思想动态，协调解决职工工作、生活中的难题，增强了队伍的凝聚力。不断改进新闻报道形式，启用微信公众平台讲好公司故事；将学习田明、薛梅和身边先进典型与弘扬企业文化相融合，在生产经营、大修改造等急难险重任务中凝聚了攻坚克难的精神动力。

（刘仕成　刘　煜）

表1　　青岛炼化主要技术经济指标　　亿元

指标名称 \ 年份	2015	2014	2013	2012	2011	2010
原油加工量/万吨	948.69	1 127.01	1 145.01	1 059.71	914.46	1 010.46
工业总产值	327.81	546.90	577.82	612.56	504.66	453.65
工业增加值	135.47	100.71	95.05	98.07	82.01	114.18
资产总计	120.87	142.56	160.72	165.59	150.19	141.49

续表

指标名称 \ 年份	2015	2014	2013	2012	2011	2010
流动资产	22.59	37.56	49.78	43.11	30.96	28.52
固定资产原值	150.79	145.73	142.39	140.49	120.77	115.10
固定资产净值	84.45	89.51	96.16	104.09	93.16	95.97
销售收入	331.18	548.73	571.13	615.62	509.38	453.65
实现利税	123.93	87.61	101.67	89.10	71.17	102.75
税金	108.92	89.90	94.50	94.79	80.47	85.75
综合能耗/千克标油·吨$^{-1}$	57.10	57.20	57.14	56.72	57.06	59.14

表2 **青岛炼化主要产品产量** 万吨

产品名称 \ 年份	2015	2014	2013	2012	2011	2010
汽油	276.59	338.71	299.99	288.13	224.24	250.56
柴油	249.27	313.41	354.16	353.95	331.59	372.22
煤油	126.48	126.94	109.65	66.77	50.27	50.70
液化气	69.91	89.24	84.61	80.46	69.58	75.75
石脑油	10.35	13.74	24.44	11.58	13.86	17.86
重芳烃	—	—	—	—	—	—
粗三甲苯	—	—	—	12.70	9.26	8.01
5#白油油料	—	—	3.48	1.54	0	0
商品石油焦	52.25	69.35	69.88	55.09	54.72	56.75
丙烷	—	—	0	0	0	2.33
发泡剂	10.33	5.89	11.45	6.73	10.28	16.44
纯苯	—	—	—	0.26	2.04	5.25
混合二甲苯	26.95	29.32	33.62	32.03	23.75	26.40
MTBE	—	—	—	0.26	0.31	-1.00
硫黄	17.01	20.84	21.77	18.41	16.52	16.73
聚丙烯	17.80	19.88	21.44	23.82	19.07	21.19

石家庄炼化

【概况】 中国石油化工股份有限公司石家庄炼化分公司(简称石家庄炼化分公司)和中国石化集团资产经营管理有限公司石家庄分公司(简称石家庄资产分公司)统称石家庄炼化，位于河北省省会石家庄市东南25千米处，其前身为石家庄炼油厂，始建于1978年，1983年建成投产，同年7月1日划归中国石油化工总公司。1997年采用局部改制方式募集发起设立石家庄炼油化工股份有限公司，上市筹集资金投入到当年河北省人民政府与中国石化总公司合资设立的石家庄化纤有限责任公司（简称石家庄化纤公司），共同建设石家庄 5 万吨/年己内酰胺工程。石家庄化纤公司股权几经变更，2009 年 3 月转换成为石化股份公司的分公司。根据石化集团公司改革重组的统一部署，2006 年注销石家庄炼油厂，注册成立石家庄资产分公司，2007 年注册成立石家庄炼化分公司。2009 年 5 月，根据“一企一制”的整体要求，石家庄化纤公司整体、石家庄资产分公司部分资产和人员被整合并入石家庄炼化分公司。

截至 2015 年底，石家庄炼化共设生产技术处、经营计划处、安全环保处、机械动力处等职能部门 14 个，行政事务中心、物资供应中心、质量管理中心等专业中心 6 个，炼油运行一部、化工作业部等二级单位 10 个；共有职工 2 745 名，其中具有高级职称的 215 人、中级职称的 406 人。

石家庄炼化分公司炼油部分主要包括 500 万吨/年和 350 万吨/年常减压装置各 1 套、220 万吨/年和 110 万吨/年催化裂化装置各 1 套、180 万吨/年蜡油加氢装置、150 万吨/年渣油加氢装置、120 万吨/年连续重整装置和 260 万吨/年柴油加氢装置等 26 套生产装置；化工部分经过己内酰胺“5 改 6.5”扩能改造、“6.5 改 16”和己内酰胺质量升级项目，己内酰胺生产规模达到 20 万吨/年，聚合装置达到 2.5 万吨/年。主要产品有汽油、柴油、航空煤油、聚丙烯、液化气、己内酰胺、聚酰胺切片等 30 多个品种、牌号。

石家庄炼化分公司主要技术经济指标和主要产品产量见表 1 和表 2。

（马立亚）

【原油加工总量实现新突破】 2015 年是石家庄炼化油品质量升级及原油劣质化改造项目建成投产后的第 1 年，全年完成加工原油 578.28 万吨，首次突破 500 万吨的年原油加工量。

（马立亚）

【己内酰胺质量升级项目开工运行】 2015 年，石家庄炼化始终密切关注己内酰胺市场走势，经测算具有开工边际效益后，6 月底开始组织新建己内酰胺装置开工，8 月初顺利打通全流程，产出优级品，实现己内酰胺产品质量的新突破，完成由甲苯路线向苯法工艺路线的更新换代，主要技术经济指标达到设计水平。

（马立亚）

【产品结构进一步优化】 2015 年，石家庄炼化努力优化产品结构，增产高附加值产品，降低柴汽比，全年高附加值产品收率达 87.7%，同比增长 6.64 个百分点；柴汽比由年初的 1.47 降至 1.1，航煤收率达 7.64%，同比增长 3 个百分点；高标号汽油收率达 26.3%，同比增长 3 个百分点。

（马立亚）

【按期实现汽柴油产品质量升级】 2015 年，石家庄炼化按期实现汽柴油产品质量升级。7 月 3 日—10 月 12 日，260 万吨/年液相循环柴油加氢装置停工进行升级改造，10 月 18 日实现一次开车成功，成功产出符合国Ⅴ标准的车用柴油。合理控制 S－Zorb 装置汽油产品辛烷值损失和硫含量，10 月成功产出符合国Ⅴ标准的汽油。

（马立亚）

【产品差异化效果明显】 2015 年，石家庄炼化大力推进沥青新产品生产，从生产组织、产品储运、化验分析、产品调和等方面入手，集中力量进行生产技术攻关，9 月底顺利通过 AH－90 沥青标准技术检定，全年生产道路沥青 4 892 吨，有效解决了二次加工能力相对不足、吃重能力较差的问题。采用第三代环管法聚丙烯技术的 20 万吨/年聚丙烯装置，先后完成丙丁无规共聚物 MT20－B 等 5 个新牌号的试生产，有效推进了聚丙烯产品牌号差别化。

（马立亚）

【优化组织机构设置】 2015 年，按照“高效、扁平化”的原则，石家庄炼化优化设置组织机构，合并部分处室中心，职能处室由 16 个压减为 14 个，业务中心由 8 个压减至 6 个；压扁管理层级，取消装置层，由“公司—作业部—装置”三级管理模式转变为“公司—运行部”两级管理模式；缩小运行部管理规模，将原有的 3 个作业部拆分为 7 个运行部，收窄运行部管理幅度，运行部管理有效延伸至班组；成立了能耗攻关、氢气优化等 13 支专业技术团队。

（马立亚）

【科技进步取得新成果】 2015 年，石家庄炼化完成“十条龙”攻关项目“LCO 生产高辛烷值汽油或轻质芳烃（LTAG）技术”的研究工作，实现催化裂化轻循环油高价值利用，进一步降低柴汽比，提高汽油辛烷值，满足了调结构、提效益的迫切要求，该技术已经在石化系统 27 套装置推广应用。“第三代环管聚丙烯成套技术开发”获中国石化科技进步一等奖。与青岛安全工程研究院合作的“基于多信息融合的石化装置异常工况监测预警关键技术”获国家第6届安全生产科技成果一等奖，和中国科学院合作的“甲苯法与苯法己内酰胺组合工艺反应结晶器的工业放大技术”获国家技术发明二等奖。全年共申请专利7件、获授权专利7件。积极开展改善经营管理建议工作，全年收集各类建议3 337项，采纳2 002项。深入开展QC小组活动，公用工程作业部电气运行一班QC小组获全国优秀质量管理小组称号，信息中心项目管理QC小组等6个QC小组获河北省优秀质量管理小组称号。

（马立亚）

【信息化建设取得新成效】 在1#催化、1#常减压等8套装置实施控制器优化与PID参数整定，装置自控率由40%提高到95%以上；实施电子提送货IC系统，首次在系统内实现针对原料采购及厂内互供业务的管理，销售、采购业务现场操作一卡通，实现车辆排队叫号、衡器无人值守、计量系统、MES系统、ERP系统及自助收发卡打印自助服务一体机等集中集成，实现公路进出厂取消岗位打印纸质计量单，集中门卫处自助打印计量凭证；应用物联网RFID技术，实施MAM物资辅助管理系统，实现物资库房智能化管理。

（马立亚）

【党建与中心工作深度融合】 认真组织开展“三严三实”专题教育，着力抓好“集中学习、专题党课、专题研讨、查摆整改”4个环节，有力推动了不严不实问题整改工作。管党治党责任不断增强，调整基层支部设置，有力推进支部建设标准化，完善基层党建工作考核机制，将发挥党组织作用、保障中心任务完成纳入重点考核内容，实现日常检查与年度考核相结合，增强了党建工作实效性。深入落实党委主体责任和纪检监督责任，强化各级党组织建设，多载体多形式开展党性党风党纪教育、警示教育和监督监察，营造企业良好政治生态和管理生态。学习教育持续深化，在全公司范围内首次组织开展思想动态网上调研，系统掌握了员工队伍思想状态；多形式开展学习宣传田明、薛梅先进事迹活动，激发了发展正能量。

（马立亚）

表1　　石家庄炼化分公司主要技术经济指标　　亿元

指标名称＼年份	2015	2014	2013	2012	2011	2010
原油加工量/万吨	578.28	292.20	291.40	417.69	412.18	420.09
工业总产值	255.61	154.86	191.83	272.87	266.25	229.57
工业增加值	83.05	13.94	25.18	30.80	37.32	50.11
资产总计	127.52	154.93	126.52	107.21	86.77	70.78
流动资产	25.57	47.52	34.35	49.54	43.01	28.85
固定资产原值	153.76	149.74	84.45	84.52	85.58	83.71
固定资产净值	88.70	86.04	23.56	25.78	24.83	23.94
销售收入	256.77	152.01	194.49	275.09	267.86	231.48
实现利税	66.72	3.03	16.69	23.09	30.87	46.85
税　金	85.46	23.03	24.82	36.63	40.96	42.19
综合能耗①/吨标煤·万元$^{-1}$	0.38	0.45	0.43	0.38	0.38	0.52

①2011年后为2010年不变价，2010年为2005年不变价

表 2　　　　**石家庄炼化分公司主要产品产量**　　　　万吨

产品名称＼年份	2015	2014	2013	2012	2011	2010
汽　油	173.40	68.05	58.02	89.99	87.04	88.64
煤　油	44.15	13.50	13.72	0.32	0	4.31
柴　油	194.16	108.87	123.10	196.21	186.43	187.09
燃料油	1.93	3.56	2.33	5.81	6.15	6.87
液化气	42.79	17.68	16.64	21.85	22.11	20.95
硫　黄	6.41	2.31	1.82	2.21	2.25	1.87
精丙烯	15.87	7.22	7.09	9.46	9.63	9.69
聚丙烯	15.19	2.86	3.41	4.95	4.95	4.74
石油焦	22.66	13.57	18.02	21.75	25.71	26.50
己内酰胺	3.67	2.89	11.24	9.84	10.86	10.50
硫　铵	6.11	7.50	27.91	25.29	27.83	27.40
苯甲醛	0	0.15	0.58	0.53	0.59	0.57
切　片	0.85	0.67	2.20	1.96	2.23	2.14

荆 门 石 化

【概况】　中国石油化工股份有限公司荆门分公司(简称荆门分公司)和中国石化集团资产经营管理有限公司荆门分公司(简称荆门资产分公司)统称荆门石化，位于湖北省荆门市掇刀区。荆门石化前身始建于1970年，1983年划归中国石油化工总公司，1998年11月更名为中国石化集团荆门石油化工总厂(简称荆门石化总厂)，2000年3月，企业重组改制为荆门分公司和荆门石化总厂，2007年10月，荆门石化总厂注销，设立荆门资产分公司。企业占地面积11.67平方千米，辖区总人口3万多人。

截至2015年底，荆门石化下设直属单位23个，18个机关处室；在岗员工4 720人，其中经营管理人员363人、专业技术人员822人、技能操作人员3 535人。

截至2015年底，荆门石化原油加工综合配套能力为550万吨/年，是中部地区最大的润滑油基础油、特种石蜡生产基地；有生产装置41套，其中燃料油装置23套、润滑油装置12套、综合利用装置4套、化工装置2套，主要加工南阳原油、江汉原油、仪长管输油(进口、胜利混合油)，生产燃料油、润滑油(基础油)、石油蜡、聚丙烯等20多个品种、100多个牌号的产品。成品油主要供应湖北、湖南、河南、川渝、贵州等地区，环保橡胶填充油、沥青改质剂、白油系列产品畅销全国。

荆门石化主要技术经济指标及主要产品产量见表1和表2。

(万益全)

【安全生产实现九连冠】　2015年，荆门石化每月召开班子会专题研究安全生产工作，特别是认真贯彻落实石化集团公司“8 · 19”安全生产紧急视频会精神，深入开展事故反思，组织“安全生产八连冠后怎么办”大讨论和“我为安全做诊断”活动；积极开展隐患排查和整治工作，按期完成天然气入厂管道隐患治理，罐区隐患正按计划推进。配备各级专职安全总监，组建安全督察大队，安全监管队伍得到加强；加强承包商和分包商管理，清退1家资质不达标分包商。从严事故追责，对31人进行责任追究。全年上报石化集团公司级事故事件为零，连续9年获得石化集团公司安全生产先进单位称号。

(万益全)

【石蜡成型机连续运行38个月】　2015年3月，荆门石化石蜡车间成型机创造了连续运行38个月的历史纪录，维护管理达国内领先水平。

(万益全)

【《荆门石化志》正式启动编撰】　2015年5月18日，荆门石化正式启动《荆门石化志》续编工作，按照五年一修续写2009—2013年厂情厂况。荆门石化建厂

45年来，共编撰出版了2本企业志书，分别是《荆门炼油厂厂志》(1969—1984年)和《荆门石化志》(1984—2008年)。此次是第3次启动企业志书编撰工作，2015年底完成撰稿、组稿工作，2016年5月18日前完成初稿。

(万益全)

【建成3台球罐】 2015年5月，荆门石化最大的球罐群，即3台3 000立方米的球罐群通过竣工验收。该工程于2014年7月动工，主要用于储存液化气类产品，其直径为16米，单台净重421.77吨。该球罐群的建成，使公司球罐存储容量增加了45%。

(万益全)

【3套循环水系统节能项目全部投入运行】 2015年6月，荆门石化二、三循环水系统优化运行改造项目全部完成，预计全年节电率可达25%以上，每年节电400余万千瓦·时，增效240余万元。

(万益全)

【深入开展"三严三实"专题教育活动】 2015年6月，荆门石化召开动员部署会，启动"三严三实"专题教育。公司把科级干部纳入教育范围，拓展受教育的层面。突出"三个摆进去"，注重运用"两种教材"，对照"两面镜子"，提升学习研讨效果。针对3个专题，公司主要领导分别做了3次大型辅导，提高了研讨深度。聚焦安全生产，召开专题党委扩大会，深刻反思和深入查摆安全生产方面存在的突出问题，逐个拟定整改措施。通过专题教育树立了"严、细、实"的作风，促进了工作落实。

(万益全)

【油品质量升级项目通过核准】 2015年，荆门石化油品质量升级及适应性改造项目核准得到湖北省发展和改革委员会批复。项目拟新建7套、改造3套生产装置，停运能耗高、污染大、规模小的装置。在此之前，该项目已列入国家2014—2020年《石化产业规划布局方案》，项目环评和核准已通过湖北省批复，与之配套的原油(仪长复线黄梅—荆门原油管道)、成品油(荆门—襄阳成品油管道)也已列入国家《原油及成品油管网发展"十二五"规划》。

(万益全)

【首家成功应用加氢催化剂级配技术处理催化柴油】 2015年6月，荆门石化面对普柴需求下滑的现状，在柴油加氢装置尚不具备生产合格车柴的情况下，积极与抚顺石油化工研究院加强新技术合作，成为石化集团公司首家成功应用加氢催化剂级配技术处理催化柴油的企业，车柴生产比例提升至80%以上，每月车柴产量达10万吨以上，不仅满足了市场需求，经济效益也十分显著。全年车柴产量达100万吨以上，增效近3亿元。

(万益全)

【3名高技能人才获湖北省政府表彰】 湖北省人民政府召开2015年度全省高技能人才表彰大会，隆重表彰了10名湖北省技能大师、100名湖北省首席技师、70名湖北省技术能手。荆门石化联合一车间高级技师官劲松、化工车间高级技师杜晓彦、维修车间高级技师秦爱兵分别被授予湖北省技能大师、湖北省首席技师和湖北省技术能手称号。

(万益全)

【加快调结构发展步伐】 2015年8月，石化股份公司炼油事业部主任赵日峰专程到荆门石化，对公司"调结构"方案给予了大力指导。公司调结构方案坚持3个最大化：①资源利用最大化，发挥特色优势，吃干榨尽现有资源，加大白油等系列新特产品开发力度，做出特色、做全品种，②结构调整优化力度最大化，在550万吨/年加工配套能力下，应用石油化工科学研究院的催化轻循环油回炼组合工艺，增产汽油、航煤、丙烯、石蜡，柴汽比达0.5左右，车柴生产比例达100%；③在严控成本的基础上，追求炼油毛利最大化，提升企业持续盈利能力。

(万益全)

【成功生产98#车用汽油】 2015年9月，荆门石化首次调和生产出98#车用汽油产品，经检验，各项指标均符合Q/HBSY.001—2014企业标准，正式交库出厂。

(万益全)

【石化集团公司高级技师资格培训在荆门开班】 2015年10月22日，中国石化第7期催化重整生产工高级技师资格培训班在公司职工培训中心开班。来自中国石化下属14家炼油企业的19名学员参加集中封闭培训。本次培训班开设了炼油基础理论、装置工艺操作、事故判断与处理、设备操作与维护等模块课程，围绕国家职业标准，以提高催化重整生产工综合操作技能和解决实际问题能力为重点，把基础理论学习与实际操作训练紧密结合起来，强化案例分析和交流研讨，并通过仿真演练来训练操作技能，着力培养知识型工人、技能型人才。

（万益全）

【化解进厂原油全线降量风险】 2015 年 10 月以来，仪长管输原油全线降量，南阳油田减产，江汉油降量，原油进厂量不断减少。特别是 11 月 30 日—12 月 3 日，荆门石化原油库存告急，仅够蒸馏一装置加工 3 天左右，主要生产装置面临停工风险，荆门石化遭遇了建厂以来最严重的“断炊”危机。荆门石化立即启动应急预案。当月安排检修装置提前做好停工检修准备；2 套蒸馏、2 套催化、丙烷、焦化等主要装置均降量生产，其中 12 月 2—3 日蒸馏一装置从日处理 9 500吨降至 7 600 吨。同时，与管道储运公司和总部相关部门沟通协调，与沿江企业共同向商储公司借油保仪长管线输油；与江汉油田和南阳油田协调，增加江汉油田供油量，降低魏荆管线返输量。通过以上措施，12 月初各装置加工量恢复正常，成功化解了低处理量带来的风险，确保了装置平稳生产。

（万益全）

【举办 EAP 讲座为员工送精神福利】 2015 年 12 月，荆门石化举办员工帮助计划（EAP）知识讲座。在此之前，出台了《荆门石化推广应用员工帮助计划（EAP）工作方案》，旨在借助 EAP 方法、技术和手段，加强人文关怀和心理疏导，有效解决员工及其家庭成员的心理和行为问题，增强员工幸福感。

（万益全）

【落实总部“三基”工作指导意见】 2015 年 12 月，荆门石化按照石化集团公司“三基”工作指导意见，对“三基”工作进行了顶层设计，把深化提升“三基”工作纳入企业管理“十三五”规划，以基层“三项建设”、基础工作“十项制度”、基本功训练“六项培训”为中心内容，将“三基”工作与日常生产经营相结合，与专业管理相结合，按照“聚焦基层、传承传统、规范内容、防控风险、完善机制”的工作思路，强化提升“三基”工作，推进“三基”工作常态化。进一步明确“三基”工作责任主体，分层分专业梳理查找问题，研究提出各单位、各专业细化强化提升“三基”工作的具体措施，制定并落实强化提升“三基”工作方案，通过 3—5 年的不懈努力，推进公司“三基”工作迈上新台阶。

（万益全）

【强化规范管理和依法合规经营】 2015 年，荆门石化强化合同、内控、法律等风险防控，全面推进依法招标，工程施工和物资采购招标率达到总部要求。加强项目竣工验收和开工行政许可管理，按期完成了 3 个久试未验项目的专项验收，新建工程项目的安全、环保、职业健康、消防“三同时”执行率 100%。强化从严管理，全面实行生产区电子门禁、电子巡检、电子考勤，对严重违纪者追责处分 5 人、解除劳动合同 8 人，促进了全员遵章守纪意识的提升。

（万益全）

【白油产品在勘探开采业倍受青睐】 2015 年，荆门石化开发的白油系列产品，因环保、安全、润滑性能优异，在川渝页岩气勘探开采行业倍受青睐，已成功应用于中国石油川渝勘探区块。

（万益全）

表 1　荆门石化主要技术经济指标　　亿元

指标名称 \ 年份	2015	2014	2013	2012	2011	2010
原油加工量/万吨	494. 93	472. 36	510. 72	478. 80	502. 60	505. 97
工业总产值	216. 26	271. 33	305. 17	290. 89	292. 59	250. 00
工业增加值	84. 10	50. 90	59. 25	46. 03	36. 75	57. 35
资产总计	56. 13	55. 66	58. 31	55. 03	49. 23	43. 72
流动资产	12. 99	15. 75	17. 73	17. 40	15. 01	19. 03
固定资产原值	79. 24	76. 15	75. 12	72. 80	62. 20	60. 17
固定资产净值	30. 27	30. 40	31. 72	31. 60	23. 84	22. 72
销售收入	235. 97	298. 62	331. 94	314. 75	317. 22	262. 69
实现利税	75. 69	43. 70	50. 67	39. 50	29. 33	52. 67

表2 **荆门石化主要产品产量** 万吨

产品名称＼年份	2015	2014	2013	2012	2011	2010
汽　油	152.42	131.07	134.40	119.66	105.41	105.29
柴　油	157.10	153.58	177.09	163.53	174.40	179.91
煤　油	28.04	27.10	25.56	28.89	26.71	25.70
石　蜡	8.01	9.78	8.48	9.65	13.08	9.84
沥　青	5.45	6.01	5.15	6.23	12.94	17.10
石油焦	28.58	31.06	34.25	34.66	37.27	36.51
聚丙烯	11.57	10.31	12.94	12.92	13.57	13.30

四川维尼纶厂

【概况】 中国石化集团四川维尼纶厂(简称四川维尼纶厂)位于重庆市长寿区境内的长寿经济技术开发区，占地4 970亩(3.31平方千米)。其前身1973年由国家计委下达项目计划，1974年破土动工，1979年投料试生产，1983年经国家竣工验收投产，同年整体进入中国石化。主要生产装置分别从英、法、德、日等国引进。

四川维尼纶厂是国内最大的以天然气为主要原料，生产精细化工、特色化工及化纤产品的大型联合企业，是石化集团公司唯一的天然气化工企业。具有年加工天然气15.5亿立方米，年产乙炔16.75万吨、甲醇87万吨、醋酸乙烯(VAM)50万吨、聚乙烯醇(PVA)16万吨、醋酸乙烯—乙烯共聚(VAE)乳液6万吨、液氨20万吨、维纶3.5万吨能力。截至2015年底，四川维尼纶厂下设20个部门、9个车间，拥有扬子乙酰化工有限公司、新疆维美化工有限公司、重庆川维林德气体有限责任公司3家合资企业；企业资产总值71.31亿元，资产负债率82.27%；在岗职工3 234人。

四川维尼纶厂主要技术经济指标和主要产品产量见表1和表2。

(罗雪飞　邵　鹏)

【领导班子调整】 2015年3月7日，石化集团公司党组对企业领导班子进行调整：徐正宁任中共四川维尼纶厂委员会书记兼四川维尼纶厂副厂长，免去其四川维尼纶厂厂长职务；许毅任四川维尼纶厂厂长兼中共四川维尼纶厂委员会副书记。4月8日，石化集团公司党组根据工作需要，对企业领导班子进行了补充：袁代红任中共四川维尼纶厂委员会副书记兼纪律检查委员会书记，为四川维尼纶厂工会主席人选。11月8日，石化集团公司党组再次对企业领导班子进行了调整：免去徐正宁中共四川维尼纶厂委员会书记、委员职务，免去其四川维尼纶厂副厂长职务，另有任用。

(罗雪飞　邵　鹏)

【持续开展扭亏脱困】 四川维尼纶厂从2011年开始亏损，截至2015年已连续亏损5年，累计亏损33.26亿元。为早日实现扭亏脱困、转型发展，2015年在2014年基础上持续开展扭亏脱困工作，在全厂范围内开展“拯救川维，转型发展，扭亏脱困”大讨论；以煤炭全流程优化为突破口，开展生产运行优化；以对包装和仓储现场“低、老、坏”问题的整治为抓手，严格非计划停工、产品质量事故问责，严格工艺、操作、劳动“三大纪律”监督检查，从严管理氛围更加浓厚；加强成本费用管控，6项专项费用大幅下降。6月，组织完成四川维尼纶厂扭亏脱困方案(初稿)编制。剔除天然气降价和产品大幅跌价等因素影响，同口径相比全年挖潜增效成效明显。

(罗雪飞　邵　鹏)

【开展清产核资工作】 2015年，四川维尼纶厂对全厂资产进行全面清理评估，完成清产核资工作。石化集团公司批复同意计提资产减值损失13.6亿元。因完成清产核资，企业减少折旧1.74亿元，减轻了企业资产负担。

(罗雪飞　邵　鹏)

【对部分机构及职能进行适应性调整】 为进一步加强物流管理、盘活资产、提高仓储物流资产使用效率，2015 年 5 月 27 日，成立四川维尼纶厂物流中心，为直属正处级业务机构，7 月 20 日正式启动运行。为实现营销一体化，6 月，将研究院市场科新产品销售职能划转到供销公司。为加强聚乙烯醇、VAE 乳液、维纶三大主导产品、新产品及其衍生产品的应用开发，为产品销售提供更好的应用技术支持与服务，7 月 7 日，成立研究院应用开发研究室(三级单位)。为加强安全监督，强化现场安全监管，10 月 30 日，对环境保护与安全监督处内设机构及岗位进行适应性调整，环境保护科、消防大队维持不变，将原技安科、防火科、劳动保护科适应性调整为安全督察大队(安全监督科)、安全技术科、职业健康科。为加强投资项目专业化管理，12 月，对企业投资项目管理职能进行适应性调整。

(罗雪飞　邵　鹏)

【甲醇、液氨产品移交统销】 2015 年 7 月起，四川维尼纶厂甲醇、液氨产品移交中国石化化工销售有限公司华中分公司统一销售。至此，四川维尼纶厂统销产品有甲醇、醋酸乙烯(VAM)、聚乙烯醇(PVA)、液氨。

(罗雪飞　邵　鹏)

【主要产品出口创汇情况】 2015 年，四川维尼纶厂加大主要产品国际市场开拓，全年累计出口产品近 15 万吨，创汇 1.63 亿美元。其中，醋酸乙烯出口 7.95 万吨，创汇 6 508.5 万美元；醋酸甲酯出口 2.21 万吨，创汇 1 120.88 万美元；聚乙烯醇出口 4.35 万吨，创汇7 463.49万美元，占国内出口份额的 50%；维纶出口4 811吨，创汇 1 250.92 万元。

(罗雪飞　邵　鹏)

【连续 9 年获石化集团公司安全先进单位称号】 2015 年，四川维尼纶厂贯彻落实新《安全生产法》，深刻吸取天津港“8・12”特大火灾爆炸事故教训，落实企业安全生产主体责任，完善各层级 HSE 责任制，修订《生产安全事故处分办法》《环境事件处分办法》等规章制度。强化现场监管，开展隐患排查整治、承包商安全专项治理、现场 HSE 监督管理等工作。加强安全队伍建设，设立企业专职安全总监，组建安全督察大队。推进“碧水蓝天”环保专项治理，完成了“十二五”污染物总量减排任务。全年实现 HSE 管理目标，无上报石化集团公司事故，持续保持企业安全生产形势总体稳定，连续 9 年获石化集团公司安全先进单位称号。

(罗雪飞　邵　鹏)

【围绕生产经营抓实党群工作】 2015 年，四川维尼纶厂围绕生产经营、扭亏脱困等中心工作，深化党建系统化管理，健全制度体系，落实工作责任，加强指导考核，引导基层党组织围绕生产经营发挥作用。开展“拯救川维、转型发展、扭亏脱困”大讨论，全厂干部职工立足岗位，积极献言建策。开展“质量与责任”专题宣讲，进一步树立责任意识、质量意识。在九大车间班组中开展“争创优秀班组，争当优秀班组长”主题劳动竞赛，组织围绕现场管理、降本增效、技术攻关、安全生产等开展群众性劳动竞赛。深入开展“三严三实”专题教育，聚焦问题，立足整改，加强干部队伍作风建设。四川维尼纶厂持续保持和谐稳定，为改革发展、扭亏脱困创造了条件，首次获石化集团公司维护稳定工作先进单位称号。

(罗雪飞　邵　鹏)

表 1　四川维尼纶厂主要技术经济指标[①]　亿元

指标名称 \ 年份	2015	2014	2013	2012	2011	2010
天然气加工量/亿立方米	10.13	9.92	7.86	9.90	7.49	5.23
工业总产值[②]	43.02	49.49	39.31	48.72	38.70	24.91
工业增加值	2.71	5.91	3.49	6.71	2.90	6.14
资产总计	71.31	90.24	88.49	89.23	85.41	71.61
流动资产	5.52	8.58	7.42	8.45	6.60	60.08
固定资产原值	106.31	101.47	96.48	91.22	45.29	43.65
固定资产净值	62.16	61.14	61.14	60.63	18.68	19.04

续表

年份 指标名称	2015	2014	2013	2012	2011	2010
营业收入	49.22	53.70	43.43	53.74	43.57	28.93
实现利税[③]	-7.15	-5.10	-8.75	-3.97	4.62	1.20
税金及附加	2.04	1.72	0.75	0.32	0.28	0.69
综合能耗/吨标煤·万元$^{-1}$	3.03	3.21	3.34	3.42	4.34	4.45

①数据不含合资企业

②工业总产值数据以现价计算

③2011 年实现利税为总部考核还原数据

表 2 **四川维尼纶厂主要产品产量** 万吨

年份 产品名称	2015	2014	2013	2012	2011	2010
甲　醇	69.10	68.43	53.22	64.90	41.46	32.97
醋酸乙烯	46.90	43.80	34.44	42.12	30.15	20.11
聚乙烯醇	12.37	12.79	13.36	14.32	9.94	6.15
醋酸甲酯	11.57	13.52	13.54	11.24	1.35	0.30
醋酸乙烯—乙烯共聚乳液	5.93	5.45	5.76	5.29	5.52	5.19
维纶纤维	1.34	1.62	1.79	1.42	1.55	1.29
液　氨	6.67	0.38	1.48	14.28	15.73	11.31

九江石化

【概况】 中国石油化工股份有限公司九江分公司(简称九江分公司)和中国石化集团资产经营管理有限公司九江分公司(简称九江资产分公司)统称九江石化，地处江西省九江市东郊，占地面积 4.08 平方千米。其前身九江炼油厂于 1977 年 6 月正式开工建设，1980 年 10 月建成投产，1991 年 10 月更名为中国石化九江石油化工总厂，1998 年 10 月更名为中国石化集团九江石油化工总厂。2000 年，根据石化集团公司重组改制统一部署，原九江石油化工总厂主业部分划入石化集团公司上市部分，组建了九江分公司。2006 年，非上市部分成立了九江资产分公司。

九江分公司主营业务有炼油、化工生产经营，具有 800 万吨/年原油综合加工能力和 10 万吨/年聚丙烯生产能力。截至 2015 年底，拥有固定资产原值 133.74 亿元，在岗职工总数 2 340 人，主要生产装置有常减压、催化裂化、焦化、催化重整、连续重整、渣油加氢、加氢裂化、气体分馏、溶剂脱沥青、甲基叔丁基醚(MTBE)、芳烃抽提、苯抽提、硫黄、聚丙烯装置等；主要产品有汽油、煤油、柴油、燃料油、沥青、液化气、精丙烯、苯类、溶剂油、硫黄、焦炭、聚丙烯等 42 个品种 60 多个牌号。

九江资产分公司主要业务有供水、排水、石化社区服务(包括离退休管理、居委会)、教育培训、压力容器检测，主要生产能力：4 000 吨/时的供水系统、1 000 吨/时污水处理装置等。截至 2015 年底，拥有固定资产原值 6.08 亿元，在岗职工总数 312 人，涉及的生产、技术、安全环保、武装保卫等委托九江分公司管理。

九江分公司主要技术经济指标和主要产品产量见表 1 和表 2。

(陈文森)

【连续第 6 年获评石化集团公司安全生产先进单位】 2015 年，九江石化认真贯彻落实新《安全生产法》要求，制修订《九江石化安全生产责任制》等 15 项制度及岗位 HSE 职责；组建安全督察大队，强化总值班、劳动纪律和门禁管理；深刻吸取事故教训，开展罐区、危化品等专项检查；开展“我为安全做诊断”活动；持续开展承包商安全体系督察；建立施工作业动态监控平台；强化 800 万吨/年油品质量升级改造工程施工后期及开工阶段安全管理；积极推进厂际管道和罐区隐患治理；利用信息化手段提升安全管理，实现装置现场 1 300 余台可燃、有毒有害气体报警仪与 700 余套视频监控集中管理、实时联动；试点 4G 智能巡检；基于移动宽带网络开具施工现场作业票；利用应急指挥平台开展综合演练；深化安全文化建设，持续提升安全生产意识，提前发现隐患避免事故(事件)184 起，实现“三大事故”为零，继续保持安全生产平稳态势，连续第 6 年获评石化集团公司安全生产先进单位。

（陈文森）

【首次获石化集团公司清洁生产企业称号】 九江石化积极建立清洁生产长效机制，实施清洁生产方案，推广新技术，从源头提升清洁生产水平，持续开展节能减排，践行绿色低碳战略，强化源头控制，精细化运行环保设施，污染物减排成效显著。全年外排达标污水中 COD 含量 43.1 毫克/升、同比下降 20%，氨氮含量 1.5 毫克/升、下降 44%，均优于执行标准并达到行业领先水平；2 套催化、CFB 锅炉、硫黄装置外排污染物均优于执行标准。12 月 9 日，石化集团公司印发《关于授予华东石油局等单位集团公司清洁生产企业称号的通知》，授予九江分公司等单位清洁生产企业称号。九江石化建厂以来首次获此称号。

（陈文森）

【环保外排数据实现实时公开】 为增进与社会大众的沟通，落实石化集团公司开门开放办企业要求，九江石化在实现环保数据与国家、省市、石化集团公司环保部门监控平台数据联网，实时公布相关信息的同时，将 1#催化、2#催化、3#硫黄、CFB 锅炉、外排污水总排口等关键环保监测点数据(包括但不限于二氧化硫、氮氧化物、粉尘、COD、氨氮)在公司石化大厦、发展建设办公楼、生产办公楼、生产管控中心、水务运行部 5 个办公、操作场所实时公开，实行每 10 秒实时更新一次数据，进一步提升全员环保意识，接受社会大众监督。

（陈文森）

【800 万吨/年油品质量升级改造工程建成投产】 2015 年 10 月 18 日 20 时，九江石化 800 万吨/年油品质量升级改造工程最后一套主体装置——240 万吨/年加氢裂化装置一次开车成功，产出合格柴油、航煤产品，标志着该工程已打通全流程。九江石化 800 万吨/年油品质量升级改造工程主体装置有 7 + 7 万吨/年硫黄回收联合、4 万米^3(标准)/时 PSA、170 万吨/年渣油加氢、10 万米^3(标准)/时煤制氢、500 万吨/年常减压蒸馏和 240 万吨/年加氢裂化等，于 2015 年 6 月 26 日建成中交，分别于 9 月 23 日、9 月 26 日、9 月 27 日、10 月 14 日、10 月 15 日、10 月 18 日一次开车成功。

（陈文森）

【实现首次扭亏为盈】 2015 年，九江石化盈利 4 165 万元，其中九江分公司盈利 9 845 万元，实现按原总厂口径自 1997 年以来的首次历史性扭亏为盈。

（陈文森）

【提升特色管理模式】 2015 年，九江石化围绕“提质增效争一流”目标，以持续根植卓越基因、整改薄弱环节为主线，以完善集中管控新模式和智能工厂建设为关键，提升九江石化特色管理模式。持续推进厂区环境、劳动纪律等 10 个深层次问题及薄弱环节整改；全年绩效考核 5 662 项(次)，形成从严管理新常态。制修订各类制度 341 项，初步建立集中管控新模式制度体系。采用信息化手段将 53 个外操室整合为 35 个，减少 35%。外操室实行定置化管理，形成“1 + 4”集中管控新模式，即 1 个生产管控中心，由 12 个老区操作室 DCS 迁移以及新装置操作室组成，实现经营优化、生产指挥、工艺操作、运行管理、专业支持、应急保障“六位一体”的功能定位，成为九江石化智能工厂的神经中枢；整合投用 4 个分控中心，即动力分控中心，由 6 个操作室整合而成，实现锅炉、汽机、蒸汽、空分、化水等的集中管控；油品储运分控中心，由 4 个操作室整合而成，实现油品收付、储存、调和等集中管控；水务分控中心，由 5 个操作室整合而成，实现取水、净水、循环水、中水、污水等集中管控；电力调度中心，为 800 万吨/年油品质量升级改造工程子项之一，实现九江石化电网的安全、稳定、经济运行。

（陈文森）

【智能工厂建设项目入选国家 2015 年智能制造试点示范项目】 九江石化不断加快智能工厂建设，推进“两化”深度融合，建成装置数字化、网络高速化、数据标准化、应用集成化、感知实时化的石化智能工厂框架，在国内同行首家建成投用企业级全场景覆盖、海量数据实时动态交互，集实时泛在感知、工艺及设备管理、HSE 管理、机理模型/大数据分析等深化应用于一体的数字化炼厂。2015 年 7 月 2 日，国家工业和信息化部对外公布 2015 年智能制造试点示范项目名单，九江石化智能工厂试点项目名列其中，成为国内石化行业唯一入选的企业项目。

（陈文森）

【获全国石油化工行业"两化"融合创新示范奖】 九江石化智能工厂建设以提高发展质量、提升经济效益、支撑安全环保、固化卓越基因为目标，围绕核心业务，提出填平补齐、完善提升、智能应用"三步走"路线图，在经营管理、生产营运、过程控制3个层面重点建设十大系统、2个支持体系，实现在计划调度、安全环保、能源管理、装置操作、IT管控5个领域具有自动化、实时化、可视化、模型化、集成化特征的智能化应用，助力九江石化提质增效、转型升级。2015年9月25日，在中国石油和化学工业联合会召开的全国石油和化工行业"两化"融合推进大会上，九江石化获创新示范奖。

（陈文森）

【大数据技术在催化裂化装置应用项目上线运行】 该项目由九江石化、石化盈科、清华大学共同承担开发，研究方向为催化裂化装置报警分析、沉降器结焦预测、汽油收率寻优。2015年已完成催化裂化装置报警合理化分析、频繁报警位点原因链路分析及关键报警位点的预警，沉降器总体及分部位结焦量预测、结焦量增加原因分析及结焦计算器，汽油收率寻优、操作指导建议等内容，通过对装置运行数据收集、分析和指导，有效提升催化裂化装置"安稳长满优"运行水平。9月29日，项目中交并正式上线运行。

（陈文森）

【参加第17届中国国际工业博览会】 2015年11月3—7日，第17届中国国际工业博览会在上海国家会展中心举行。九江石化为彰显中国石化推进"两化"深度融合、实现传统产业提质增效和转型升级、打造智能石化的做法和成效，以"石化企业的数字化网络化智能化制造——从理念到实践"为参展主题，以展示中国石化智能工厂（试点）项目——九江石化智能工厂的建设成果为重点，采用图文、影像、实物、声光、场景、互联相互结合的形式，充分展现石化行业的数字化、网络化、智能化制造之路，得到国内外众多企业及嘉宾的关注。

（陈文森）

【60万吨/年对二甲苯项目获核准】 九江石化60万吨/年对二甲苯项目设计规模为对二甲苯产能60万吨/年、苯产能18万吨/年，预算总投资27.66亿元。2015年5月14日，九江石化向江西省发改委上报核准芳烃项目的请示。5月18日，江西省发改委同意建设该项目，标志着项目前期工作取得阶段性成果。

（陈文森）

【获颁发国家实验室认可证书】 九江石化自2014年3月18日启动国家实验室认可工作，认可参数49个，全部覆盖汽、煤、柴油等主导液体产品分析参数，占全部出厂产品分析参数的50%以上。2014年12月28日，九江石化质量管理中心一次性通过国家认可委组织的实验室认可现场评审；2015年3月13日获颁发国家实验室认可证书，标志着九江石化质量管理中心实验室具备按相应认可准则开展检测和校准服务的技术能力，可以对外提供检测服务并使用CNAS国家实验室认可标志和ILAC国际互认联合标志。

（陈文森）

【部分组织机构调整】 根据石化集团公司关于炼化企业组织机构标准化设置指导意见精神，结合实际，依据"业务驱动、价值创造、效率优先、对标一流"的原则，九江石化撤销综合管理部、武装保卫部、消防支队、社区管理服务中心（离退休职工管理中心）、发展研究中心等直属单位，设立消防保卫中心、行政事务中心（含离退休职工管理中心）。调整、合并部分直属单位职责，将党委工作部领导干部管理职能划归人力资源部，原发展研究中心有关管理职责和原综合管理部土地管理科有关职责并入发展计划部，原武装保卫部人民武装科有关职责并入党委工作部（保留武装部名称）；撤销销售中心原油部，原销售中心原油部原油、天然气采购业务（计划、执行）并入生产经营部计划科。成立安全督察大队，在安全环保监督处的领导下开展专职安全督察等工作。

（陈文森）

【全员学习与培训】 2015年，九江石化继续以三支人才队伍重点培训为龙头，围绕中心工作与新装置开工，聚焦"绿色低碳、智能工厂"两大核心理念，固化个性化培训、周末大讲堂、"四段式"培训的典型做法，通过组织开展内部参观交流、团队学习、副班学习、拓展训练等形式多样的特色培训，持续推进全员学习与培训，初步形成自主学习、自主培训的机制和氛围，为九江石化完成全年目标任务打下坚实基础。全年举办以领导干部及中青年后备人才培训、"周末大讲堂"暨专业技术人员培训、班组长及班组骨干培训为重点的各类培训班418期，培训员工共24 630人次，其中管理人员1 602人次、专业技术人员 5 008 人次、技能操作人员 18 020 人次，送外培训 384 人次，参加培训人次比上年增加 12%；接待外来人员学习、参观 2 200 余人次。大力推进远程培训与自主学习，累计学习时长 11.5 万小时，人均达 38 小时。

（陈文森）

【“三严三实”专题教育】 九江石化深入开展“三严三实”专题教育，抓好 4 个关键动作，强化“严细实”意识，营造崇严尚实氛围。坚持高标准严要求，突出学习教育，突出问题导向，突出以上率下，突出统筹兼顾，扎实抓好前期准备、专题党课、学习研讨、查摆问题、整改落实等工作，做到规定动作不少、工作标准不降、工作劲头不松。2015 年共组织专题党课 38 次，实现公司党委委员讲党课 100%、直属党组织书记讲党课 100%、制作三分屏课件 100%；公司层面集中专题研讨 6 次，召开座谈会 4 次；针对“不严不实”问题，做好边查边改、立行立改和长期整改工作，共查找问题 19 条，整改落实 19 条，实现整改率达 100%。

（陈文森）

【首次获评全国文明单位】 2015 年 2 月 28 日，中央精神文明建设指导委员会下发《关于表彰第四届全国文明城市（区）、文明村镇、文明单位的决定》，九江石化在连续 3 届获评江西省文明单位的基础上，首次被评为全国文明单位。

（陈文森）

【连续 3 届获评石化集团公司维护稳定先进单位】 2015 年，九江石化信访工作以抓源头、建机制、重民生为中心，层层落实责任，严考核硬兑现；建立信访老户和不稳定因素台账；对重点信息进行研判；受理信访代理、网上信访、总经理信箱等事项，办结率 100%；实行带案下访、联合接访、稳定风险评估、企地联合应对等，初信初访办结率达 85% 以上，重大矛盾问题得到及时解决；强化社区协调和综合治理的工作，为社区居民解决实际问题；加强和地方政府以及周边村镇协调沟通，夯实企地共建共赢的和谐稳定基础。年内完成社区天然气主管道敷设、第五生活区樟树林及周边环境整治改造等工作；稳步推进创建国家级安全社区工作；坚持开展领导结对帮扶、三祝贺六必访、金秋助学等活动；实现公共场所禁烟，员工控烟和戒烟程度进一步提高；开展建厂投产 35 周年暨 800 万吨工程建成投产系列活动，丰富员工业余文化生活；稳步推进“水岸莲华”团购商品房工作，实现按期交房。全年未出现进京访、重大集体访、异常访等情况，实现“四个不发生”的工作目标，连续 3 届（每 2 年评选 1 次）被评为石化集团公司维护稳定工作先进单位（集体），企业保持企兴人和的良好局面。

（陈文森）

表 1　九江分公司主要技术经济指标　亿元

指标名称＼年份	2015	2014	2013	2012	2011	2010
原油加工量/万吨	555.50	471.26	519.18	507.64	437.12	473.19
工业总产值	264.31	295.18	321.53	311.18	249.56	233.08
炼　油	250.70	281.65	304.64	301.88	237.72	217.07
化　工	13.61	13.53	16.99	9.30	11.84	11.79
化　肥	—	—	—	—	0	4.21
工业增加值	95.99	56.50	63.76	46.47	28.92	43.90
资产总计	126.24	105.75	68.67	61.92	53.75	38.68
流动资产	19.32	25.43	20.79	18.53	16.97	12.15
固定资产原值	133.74	76.90	80.48	83.98	68.16	67.21
固定资产净值	88.18	32.21	34.87	31.09	17.23	18.44
销售收入	266.03	299.06	327.85	319.48	254.07	234.37
实现利税	88.46	48.80	56.53	40.59	23.92	38.50
税　金	86.80	45.08	56.35	51.34	42.27	46.89
综合能耗/吨标煤 · 万元$^{-1}$	0.34	0.31	0.31	0.28	0.29	0.60

表 2　　九江分公司主要产品产量　　万吨

产品名称 \ 年份	2015	2014	2013	2012	2011	2010
97#汽油	66.76	58.07	48.28	21.70	8.53	6.35
93#汽油	125.78	103.95	111.05	108.90	92.28	92.58
90#汽油	—	—	—	—	—	9.14
柴　油	211.92	179.61	204.73	229.00	193.88	190.85
煤　油	34.17	24.35	21.93	3.24	—	—
3#航煤	34.17	24.35	21.93	3.24	—	—
燃料油	0.20	1.40	5.38	4.29	7.77	20.89
溶剂油	—	—	—	0.18	0.94	1.80
液化气	32.18	26.51	31.45	26.18	21.27	24.27
沥　青	8.35	12.10	14.28	18.44	14.74	28.65
聚丙烯	10.53	9.23	11.16	9.80	8.51	9.69
苯　类	13.65	5.96	7.99	4.03	3.46	3.97
硫　黄	3.21	2.67	2.67	2.21	1.71	1.84
尿　素	—	—	—	—	—	24.05
石油焦	32.24	31.60	31.43	33.21	32.22	31.17

湖北化肥

【概况】 中国石油化工股份有限公司湖北化肥分公司(简称湖北化肥分公司)暨中国石化集团资产经营管理有限公司宜昌分公司(简称宜昌资产分公司)统称湖北化肥，位于湖北省枝江市，占地面积160万平方米，前身为湖北省化肥厂，1983年7月1日整体并入中国石油化工总公司。其合成氨、尿素生产装置是国家20世纪70年代引进的13套大型化肥装置之一，于1974年10月开工建设，1980年1月投产。投产时以石脑油为原料，重油、柴油为燃料。先后于2000年、2006年完成燃料、原料“煤代油”改造。2014年3月9日，20万吨/年合成气制乙二醇工业示范装置实现安全、环保、依法、高效一次投料开车成功，随即停运尿素装置，实现产品结构调整，由化肥向化工转型。

湖北化肥拥有20万吨/年乙二醇、30万吨/年合成氨的生产能力；截至2015年底，共有组织机构27个，其中管理部门12个、业务中心6个、生产单位9个；用工总量1 345人，其中合同制员工1 155人、劳务派遣工190人；各类专业技术人员252人，其中具有高级职称的54人。

湖北化肥主要技术经济指标和主要产品产量见表1和表2。

(夏惠珍)

【煤气化装置长周期运行创企业新的纪录】 2015年5月29日，装置启动开车后，全厂干部员工齐心协力打好安全生产保卫战。夯实生产基础，一季度大修共完成629个项目，对装置进行消缺和改造。领导干部坚守现场，每天召开下班放心会，厂领导每天中、夜班现场带班，督促生产问题“事不过夜”，与一线员工一起熬更守夜。创新激励机制，开展全员“找隐患、反三违、保安全、保运行”和优化工艺操作劳动竞赛，对发现隐患的员工，给予500—5 000元奖励；加大长周期生产考核力度，调动员工积极性。截至11月23日计划停车，实现煤气化装置A级长周期运行130天，创企业新纪录。

(夏惠珍)

【乙二醇技术攻关项目通过竣工验收】 2015年9月17日，石化集团公司董事长、党组书记王玉普在武汉对乙二醇装置从技术性，经济性提出了要求。湖北化肥建立乙二醇攻关工作机制，梳理加氢催化剂研发和应用等重点攻关项目，开展乙二醇装置经济技术分析，尽快实现项目达产达效。全年进行了55项技术攻关和改造，提升了装置运行水平，提高了产品质量。2015年11月10日，项目通过总部工程部组织的竣工验收，标志着20万吨/年合成气制乙二醇工业示范装置由试生产转入正式生产。

（夏惠珍）

【深化干部人事、组织机构和劳动用工制度改革】 2015年，开展中层干部“全体起立，竞争上岗”，中层干部由121名精简至100名。选聘工艺首席技师为运行部生产主任，贯通技能操作和管理人员成长通道；完成工艺生产单位运行部建制，整合机关职能部门，组织机构由32个精简至27个；按照新的“三定”方案，实施新一轮竞聘上岗。作为离岗人员分流安置先行先试单位，制定并落实内部退养、提前退休和协议解除劳动合同等分流安置办法。按照总部文件规定和程序，调整69名派遣制员工为合同制员工。完成宾馆、煤库、消防等非核心业务外包，用工总量控制在总部考核指标以内。

（夏惠珍）

【举办公众开放日活动】 2015年10月29日，41名人大代表和社区居民代表走进了湖北化肥，参加公众开放日活动。湖北化肥开放的胸怀，责任的担当，赢得了代表们的广泛认同和赞誉。代表们深入厂区参观生产装置、环保设施后感叹道：“湖北化肥作为中国石化企业，自觉履行了自己的政治责任、社会责任，我们一定将自己的所见、所闻，将湖北化肥打造人民满意的企业和共建碧水蓝天的决心在社会广泛宣传”。

（夏惠珍）

【ERP系统大集中成功上线运行】 按照中国石化总部统一部署，湖北化肥上市和非上市ERP大集中项目于2015年5月启动，经过关键用户集中培训、数据收集、集中设计、功能测试等前期工作，总部ERP顾问团队到厂指导开展系统数据处理及权限整理、问题整改、最终用户培训等上线准备工作。11月份开展模拟运行和问题整改，2016年1月8日系统成功上线运行。2015年ERP应用在总部考评排名6次并列板块第一，信息化工作取得较好的成绩。

（夏惠珍）

【HSE工作取得较大进步】 HSE工作实现安全生产“五个为零”，即人身伤亡事故为零、火灾事故为零、爆炸事故为零、交通事故为零、放射事故为零；各项环保指标达到总部考核要求；职业健康检查率100%、职业病危害作业场所检测点合格率100%。石化集团公司四季度HSE视频会上，湖北化肥安全隐患治理、污染物减排等工作受到表扬，HSE工作取得较大进步。

（夏惠珍）

表1　**湖北化肥主要技术经济指标**　亿元

指标名称 \ 年份	2015	2014	2013	2012	2011	2010
工业总产值						
湖北化肥分公司	5.52	6.58	9.04	10.56	8.36	6.09
宜昌资产分公司	2.50	2.98	3.20	3.21	3.18	1.57
工业增加值						
湖北化肥分公司	-1.86	-1.91	-0.85	-1.01	-1.11	-1.54
宜昌资产分公司	0.18	0.24	0.29	0.65	0.20	-0.09
资产总计						
湖北化肥分公司	25.78	25.67	25.42	9.24	6.68	6.59
宜昌资产分公司	5.58	5.97	5.43	5.44	5.52	5.92
流动资产						
湖北化肥分公司	3.06	1.78	3.29	2.49	1.35	1.36

续表

指标名称＼年份	2015	2014	2013	2012	2011	2010
宜昌资产分公司	0.06	0.21	0.44	0.55	0.29	0.46
固定资产原值						
湖北化肥分公司	51.35	50.54	31.64	31.31	30.81	30.30
宜昌资产分公司	10.18	8.90	8.65	8.21	8.05	7.80
固定资产净值						
湖北化肥分公司	19.52	20.14	2.00	1.87	1.42	0.92
宜昌资产分公司	5.30	4.55	4.72	4.74	5.02	5.30
销售收入						
湖北化肥分公司	6.98	8.82	10.40	10.47	8.07	7.50
宜昌资产分公司	3.64	4.15	3.70	3.39	3.72	1.82
实现利税						
湖北化肥分公司	-5.25	-4.61	-2.66	-2.53	-2.84	-7.20
宜昌资产分公司	-0.72	-0.55	-0.65	-0.39	-0.64	-0.83
税　金						
湖北化肥分公司	0.05	0.05	0.06	0.05	…	…
宜昌资产分公司	0.04	0.06	0.06	0.07	0.06	0.11
综合能耗/吨标煤·万元$^{-1}$						
湖北化肥分公司	6.33	6.61	7.00	6.83	7.41	7.86
宜昌资产分公司	1.87	1.88	1.94	1.99	2.01	3.18

表2　　湖北化肥主要产品产量　　万吨

产品名称＼年份	2015	2014	2013	2012	2011	2010
湖北化肥分公司						
乙二醇	5.16	3.47				
合成氨	7.98	14.55	28.44	28.68	22.28	21.74
尿　素		9.27	41.67	44.26	32.63	30.64
宜昌资产分公司						
蒸　汽	256.00	255.10	238.97	211.22	236.90	134.98
电/亿千瓦·时	1.16	0.62	1.31	1.27	1.58	1.09

济南炼化

【概况】 中国石油化工股份有限公司济南分公司(简称济南分公司)和中国石化集团资产经营管理有限公司济南分公司(简称济南资产分公司)统称济南炼化,其前身始建于1971年,1975年投产,1983年划归中国石油化工总公司,1998年留转至石化集团公司,2000年根据重组改制方案,企业进行主辅分离,主业即进入石化股份公司,成为济南分公司;辅业部分于2006年11月经过体制转换,成为济南资产分公司。

济南炼化位于山东省济南市历下区,占地面积2.4平方千米,距市中心11千米,地处胜利、中原两大油田之间,自备铁路与胶济线相连,厂区南北有济王路、309国道和济青高速公路,距济南遥墙国际机场15千米,地理位置优越,交通运输四通八达。

截至2015年底,济南炼化固定资产原值77.08亿元,具备800万吨/年原油一次加工能力,拥有常减压、催化裂化、柴油加氢、蜡油加氢、润滑油加氢、S-Zorb、逆流连续重整、润滑油系列、聚丙烯等30余套主要生产装置,可生产汽油、煤油、柴油、液化气、石油焦、聚丙烯、硫黄、润滑油基础油等50余种产品,产品出厂合格率始终保持100%。济南分公司职工人数为1 872人,其中各类专业技术人员509人(高级职称209人,中级职称288人);济南资产分公司职工人数为114人,其中各类专业技术人员35人(高级职称11人,中级职称17人)。

济南分公司主要技术经济指标和主要产品产量见表1和表2。

(邓顺平)

【首批通过"两化"融合管理体系认证】 2015年4月26日,工业和信息化部中国"两化"融合咨询服务平台发布信息,济南炼化通过全国首批"两化"融合管理体系评定。济南炼化"两化"融合管理体系贯标工作严格遵照国家有关"两化"融合的可持续竞争优势、战略一致性等9项基本原则,紧密围绕组织、流程、技术和数据4个基本要素,坚持引进吸收与传承创新相结合,突出绩效导向、内涵发展、"两化"融合,创新建立具有鲜明石化特色、上下一体、科学高效的信息化应用管理体系。依托完善的信息化体系,成功打造了"经营管控能力,平稳生产、精细操作能力,优化生产、降本增效能力"3种新型能力。

(邓顺平)

【80万吨/年催化裂化装置烟气脱硝单元顺利开工】 2015年4月22日,济南炼化80万吨/年催化裂化装置烟气脱硝单元正式开工投用。该技术改造项目属中国石化"碧水蓝天"项目之一,烟气脱硝单元采用选择性催化还原法(SCR),主要设备有SCR反应器1套(含氨喷射格栅)、稀释风机2台、氨气/空气混合器1台、容器3台、液氨蒸发槽1台、吹灰器8台共计16台(套)。该烟气脱硝单元投用后,烟气中氮氧化物排放浓度由350毫克/米^3(标准)降低到小于100毫克/米^3(标准),优于国家环境保护部颁布标准,济南炼化每年可减少排放185吨氮氧化物,为济南市的碧水蓝天做出贡献。

(邓顺平)

【生产异常实时监管系统全面上线运行】 2015年7月,济南炼化生产异常实时监管系统全面上线运行。该项目基于实时数据库和移动应用平台,对生产操作、系统运行过程中的报警、生产隐患等事件实现在线监测并即时推送,为安全隐患处理赢得时间,同时跟踪和监督事件处理过程,进一步强化生产运行分层管理,为安全生产、从严管理提供技术支撑。该系统实现了工艺操作早期侦测、异常事件即时获取、事件统计分析、处理经验积累等功能,并且分级推送到不同的管理岗位。管理人员无论身在何处,都能够第一时间掌握生产异常的发生,随时了解掌握装置运行状态和工艺、环保、质量情况,及时与在岗人员联系,进行调节和处置,以最快速度解决问题、消除隐患,提高了管理工作的预见性、精细化程度和工作效率。

(邓顺平)

【聚丙烯反应器循环泵创国内连续运行新纪录】 至2015年11月28日按计划停工检修,济南炼化聚丙烯装置反应器循环泵连续运行31个月,创国内同类机泵连续运行最高纪录。同时,聚丙烯装置也创下年加工量11.6万吨的国内同类装置最高纪录。

(邓顺平)

【10万吨/年正序抽出油酮苯脱蜡装置建成投产】 2015年10月30日,济南炼化10万吨/年正序抽出油酮苯脱蜡装置开工投产,生产出合格产品,进一步完善了公司环保型芳烃填充油生产基地。该装置于2014年4月破土动工,2015年5月29日建成中交。装置投产后,将与公司原7万吨/年环保型芳烃橡胶填充油装置组成联合装置,成为国内首个以生产高档轮胎用环保油为目标的专属生产基地,每年除供应市场2万—3万吨主产品外,还可副产4万—

5 万吨沥青调和料及普通填充油，真正将每吨油都卖出好价钱，显著提升公司的综合竞争能力。

（邓顺平）

【产品结构调整成效明显】 2015 年，济南炼化充分发挥装置结构优势，根据成品油市场需求、质量升级要求和产品价格变化，动态优化压减柴油与增产汽油加工方案，加大产品结构调整力度，努力实现整体效益最佳。同时，保持装置设备平稳运行，全年未发生非计划停工事件。全年汽油产率同比提高 1.03 个百分点，相比柴油增效 3 500 万元；高标号汽油比例提高 0.19 个百分点，增效 300 万元；柴油产率下降 1.37 个百分点。车柴占柴油比例提高 12.63 个百分点，较普柴增效 3 800 万元。优化基础油结构，HVIⅢ10 基础油占基础油销量比例 68.52%，提高 25.36 个百分点。

（邓顺平）

【济南炼化社区成为山东省内首家企业主导型全国安全社区】 2015 年底，济南炼化社区通过了全国安全社区现场评定，成为山东省首家企业主导型全国安全社区。济南炼化安全社区创建工作于 2013 年 8 月筹备并启动，通过整合资源，形成了“企业主导、地方政府协同、部门联动、多元参与、联合共建”的工作格局，全员参与，营造了良好建设氛围，全面进行风险辨别与评价，实施安全促进和项目干预，并不断持续改进，建立了“四级”伤害监测网络，即“1 个中心、10 个网络、200 个点哨”。两年来，安全社区理念深入人心，员工和居民的安全意识和幸福指数及满意度明显提高，社区综合管理水平有了显著提高，居民的安全技能、健康水平、应急处置能力明显提升，生活环境更加安全、健康、和谐、宜居。

（邓顺平）

表 1　　济南分公司主要技术经济指标　　亿元

指标名称＼年份	2015	2014	2013	2012	2011	2010
原油加工量/万吨	504.32	500.69	414.56	450.15	454.61	407.35
工业总产值	226.98	293.69	246.08	273.11	268.62	205.04
工业增加值	103.06	67.16	50.82	49.27	43.81	53.45
资产总计	44.44	49.93	48.49	46.91	38.38	34.98
流动资产	9.24	13.34	13.04	14.51	10.84	13.48
固定资产原值	72.54	68.59	66.48	59.51	49.61	47.18
固定资产净值	33.08	32.46	33.10	28.36	20.62	18.40
销售收入	225.30	292.77	243.95	272.04	268.11	208.66
实现利税	93.73	60.64	43.76	42.91	37.49	48.88
税　金	86.23	57.68	43.60	46.88	46.93	44.66

表 2　　济南分公司主要产品产量　　万吨

产品名称＼年份	2015	2014	2013	2012	2011	2010
汽　油	163.74	157.60	110.58	122.67	121.75	104.19
柴　油	190.61	197.03	166.57	187.62	186.14	167.37
沥青料	11.98	10.63	8.07	10.62	10.47	15.18
液化石油气	31.68	29.15	23.19	24.57	24.82	21.71

续表

产品名称 \ 年份	2015	2014	2013	2012	2011	2010
润滑油基础油	5.47	6.08	6.61	0.80	9.28	8.35
聚丙烯	12.01	11.63	9.40	11.14	10.70	9.10
化工轻油	7.10	8.63	19.80	21.79	19.38	16.98

中原石化

【概况】 中国石化中原石油化工有限责任公司(简称中原石化公司)是石化股份公司控股的企业，位于河南省濮阳市，占地2 599亩(173万平方米)。1987年国家批准立项建设，1996年建成投产，1998年4月划归石化集团公司，2005年1月进入石化股份公司。截至2015年底，中原石化拥有新、老2套生产系统。其中，老系统为石油化工生产路线，主体装置1996年建成投产，先后进行2次技术改造，有10套化工生产装置，乙烯装置设计规模为18万吨/年，经过技术改造和技术攻关，实际产能超过21万吨/年，聚乙烯设计能力为26万吨/年，聚丙烯装置设计能力为6万吨/年，另有汽油加氢、苯抽提、制氢、1-丁烯、催化裂解制丙烯(OCC)5套副产品深加工装置；新系统为煤化工生产路线，包括1套60万吨/年甲醇制烯烃(MTO)装置和配套的1套10万吨/年聚丙烯装置。中原石化主要有聚乙烯、聚丙烯、苯、MTBE等产品；实行公司—车间两级管理模式，设12个机关部室、11个车间和3个基层单位；用工总量1 456人。

中原石化主要经济指标和主要产品产量见表1和表2。

(李继增)

【生产经营情况】 2015年，面对全球经济增长乏力、油价持续下跌、化工市场走向低迷的严峻形势，中原石化坚持以提高发展质量和效益为中心，着力抓好安稳运行，着力优化生产经营，着力推进精细管理，着力实行结构调整，着力促进转型发展，实现了年初提出的“提水平、增效益、促发展、保稳定、谋未来”的目标要求。在完成装置全系统大检修的情况下，全年生产乙烯23.5万吨、聚乙烯24.1万吨、聚丙烯17.1万吨、纯苯2.1万吨。在克服市场因素减利8 000多万元、大修影响7 000多万元的基础上，通过挖潜增效和降本压费等措施，实现盈利6 338万元。

(李继增)

【完成大修任务】 2015年10月10日—11月19日，中原石化进行了为期39天的装置大检修，这是自2011年MTO示范装置建成后的首次全系统停车检修，具有首次错时开停车、首次塔体空中组对焊接、首次实行乙烯DCS新老系统并行检修等特点。共完成检修及技改项目2 111项，其中重点检修项目15项，重点改造项目3项，为实现下一个周期的“安稳长满优”运行奠定了坚实的基础。

(李继增)

【成功开发高熔融指数透明聚丙烯产品】 2015年9月30日，中原石化成功开发出高熔融指数透明聚丙烯产品PPR-MT45，熔融指数稳定在45左右，是中国石化无规共聚聚丙烯中熔融指数最高的产品，填补了中国石化在该类领域的空白。高熔指透明聚丙烯具有优异的透明度、光泽度和良好的流动性，广泛用于加工生产大型或深腔薄壁容器。

(李继增)

【成功生产无规共聚聚丙烯管材料】 2015年10月12日，中原石化成功生产无规共聚聚丙烯管材料PPR-POO，约200吨。无规共聚聚丙烯管材料新产品的成功生产，不仅丰富了中原石化聚丙烯产品系列，而且推动公司聚丙烯产品做专、做特、做强迈开坚实的一步。

(李继增)

【强力推动“碧水蓝天”项目】 2015年6月8日，濮阳市环保局批复了中原石化2014年“碧水蓝天”项目环境影响评价报告表，标志着中原石化“碧水蓝天”项目全部通过环评，建设项目合规化达100%。批复指出，报告表内容符合国家有关法律法规要求和建设项目管理规定，评价结论可信，原则同意按照报告表所列项目的性质、规模、地点、采用的生产工艺和环境保护对策进行项目建设，并要求中原石化全面落实报告表中提出的各项保护措施，确保各项环境保护措施与主体工程同时设计、施工、投入使用，确保各项污染物达标排放。

（李继增）

【新增乙烯单体外卖装车项目正式启动】 2015 年 6 月 15 日，石化股份公司函复了中原石化新增乙烯单体外卖装车项目的请示，标志着该项目正式启动。新增乙烯单体外卖装车项目设计规模为 10 万吨/年，采用国内先进的低温乙烯贮运技术，主要建设内容包括建设低温乙烯储罐、制冷压缩机组、低温乙烯装车泵和装车鹤位。本项目所需循环水、电、氮气和仪表风依托现有公用工程系统提供；存储设备布置在现有储罐区域内，装车鹤位设置在现有装卸车区域内，不需要新增土地；项目总投资 2 700 余万元。

（李继增）

【连续 15 年主要设备完好率达 100%】 2015 年，中原石化按照全员、全过程设备管理方针，扎实推进设备管理精细化、常态化、规格化、标准化、规范化建设，不断探索和细化查缺陷、创完好闭环考核管理办法，采取“全员参与、看板公示、适当奖励、及时兑现”的方式，对缺陷、隐患的查消情况进行定期评比，评出公司级、车间级和普通级，实施不同金额的奖励，有效激励了全员参与的工作热情，设备管理水平不断提升；通过对缺陷隐患有计划、有组织实施专项和综合整治，使现场“跑冒滴漏”现象明显减少，连续 15 年主要设备完好率达 100%，设备事故为零。

（李继增）

【获省重点企业节能减排竞赛先进单位称号】 2015 年中原石化开展以“比管理创新、比技术进步，比职工行动、降能耗、降排放”为主要内容的“三比两降”活动，持续推进节能减排工作，取得明显效果，获河南省重点企业节能减排竞赛先进单位称号。

（李继增）

【第一次党代会召开】 2015 年 9 月 24—25 日，中国共产党中国石化中原石化公司第一次党代会召开。大会听取、审议并通过了中原石化公司党委工作报告、纪委工作报告，选举产生了公司第一届党委和纪委领导班子。在第一届公司党委、纪委第一次全体会议上，李德武当选为党委书记，王家纯、刘焕荣当选为党委副书记，刘焕荣当选为纪委书记。

（李继增）

【召开“三严三实”专题教育部署动员会暨专题党课】 按照石化集团公司党组统一部署和要求，2015 年 6 月 12 日，中原石化召开“三严三实”专题教育部署动员会，党委书记、董事长李德武做了“三严三实”专题教育动员讲话，并讲授专题党课。李德武强调，要自觉践行“三严三实”，努力建设一支思想正、作风硬、工作实的干部队伍，营造中原石化从严从实的良好环境。要突出重点、把握关键，扎实推进专题教育。

（李继增）

【保持和谐稳定】 中原石化坚持以人为本、和谐发展，通过深入开展合理化建议、改善经营管理建议、公司领导信箱、信访信箱等载体，广泛听取员工意见建议，积极开展帮扶救助工作，共为因工、非因工死亡职工办理抚恤金和生活救济金 11 人（次）31 223元，组织慰问 1 840 余人次，发放慰问金 54 万元。开展全员敬业行动，积极推进企业文化建设和落实 EAP 员工帮助计划，增强凝聚力、向心力和价值理念认同。积极改善职工工作、生活环境，加强生活区治安管理，厂区、生活区环境整治工作受到职工群众充分肯定。组织开展典型选树工作，全年涌现出河南省五一劳动奖章 1 人、河南省文明职工 1 人、濮阳市劳动模范 2 人、濮阳市工人先锋号 1 个。

（李继增）

表 1　　中原石化主要经济指标　　亿元

指标名称 \ 年份	2015	2014	2013	2012	2011	2010
工业总产值	34.62	45.19	48.30	41.06	36.30	36.68
工业增加值	6.63	5.15	2.60	-0.64	-4.23	2.99

续表

指标名称 \ 年份	2015	2014	2013	2012	2011	2010
资产总计	20.64	21.63	23.88	25.52	26.40	18.96
流动资产	3.64	3.26	4.39	4.90	4.70	5.95
固定资产原值	69.48	69.69	69.08	69.48	68.88	54.24
固定资产净值	26.98	28.15	29.06	30.63	20.77	18.52
销售收入	34.69	44.87	48.43	40.60	36.36	36.55
实现利税	2.34	1.40	-0.66	-3.46	-5.40	1.22
税金	1.71	1.32	0.30	0.44	0.55	1.19

表 2　　中原石化主要产品产量　　万吨

产品名称 \ 年份	2015	2014	2013	2012	2011	2010
聚乙烯	24.08	24.49	26.08	21.78	19.08	22.38
聚丙烯	16.93	16.51	17.08	13.27	8.14	8.52
乙烯	23.46	23.58	24.86	20.89	18.26	21.20
丙烯	16.73	16.39	17.10	13.42	8.51	8.71
1#苯	6.68	6.42	6.43	6.89	9.34	11.84
商品量	0	0.04	0	0.06	0.06	0.02
2#苯	4.64	4.68	5.96	5.17	6.64	8.10
商品量	0	0	0	0	0.05	0.23
碳四	3.16	2.84	2.80	3.00	3.83	4.52
商品量	0.03	0.02	0.08	3.00	3.83	0.90
碳五	1.66	1.51	1.61	1.57	1.56	1.91
碳六	1.00	0.95	1.07	1.01	1.05	1.26
碳九	0.51	0.60	0.49	0.41	0.98	1.56
裂解焦油	0.85	0.74	1.24	1.30	1.73	2.18
1-丁烯	1.28	1.17	1.35	0.44	0.48	1.44
2-丁烯	4.58	3.65	0.87	0.61	0.76	1.39
MTBE	1.14	0.97	0.99	1.26	1.55	1.41
纯苯	2.07	2.13	2.58	2.35	3.11	3.73
3#苯	1.45	1.59	2.25	1.78	2.37	2.79

沧州炼化

【概况】 中国石油化工股份有限公司沧州分公司(简称沧州分公司)暨中国石化集团资产经营管理有限公司沧州分公司(简称沧州资产分公司)统称沧州炼化,位于河北省沧州市,占地3 062亩(204.13万平方米),地处胜利、中原、大港、华北四大油田之间,东临黄骅港、曹妃甸港、天津港,紧依京沪高铁和京九、京沪、朔黄、邯黄5条铁路及大广、京福、津汕等7条高速公路,地理位置优越,交通便利。沧州炼化的前身始建于1971年,1975年10月建成投产,建厂初期生产规模50万吨/年;1984年1月1日,正式划归中国石油化工总公司。2000年1月,按照石化集团公司统一部署,企业资产重组为上市部分沧州分公司和存续部分中国石化集团沧州炼油厂(简称沧州炼油厂)。2007年8月,沧州炼油厂体制转换为沧州资产分公司。2009年7月,中国石化集团资产经营管理有限公司与日本东丽精细化工株式会社合资组建沧州东丽精细化工有限公司(简称TFCC),沧州炼化代表中国石化行使出资人权利。

截至2015年底,沧州炼化有正式职工1 576人、劳务工274人、离退休职工760人;有职能处室21个、党群部门7个、基层单位10个、有党支部38个,党员953名,其中在职党员685人。

截至2015年底,沧州炼化资产总额33.92亿元,原油一次加工能力350万吨/年。主体装置有350万吨/年常减压、120万吨/年催化、(50+70)万吨/年焦化、160万吨/年和80万吨/年2套柴油加氢、15万吨/年重整、30万吨/年气体分馏、5万吨/年和2万吨/年2套MTBE、158万吨/年电化学精制、8 000米^3(标准)/时PSA、2万吨/年硫黄、2万米^3(标准)/时制氢、8万吨/年苯抽提、90万吨/年S-Zorb、12万吨/年干气脱硫、6万吨/年焦化液化气脱硫、36万吨/年液化气脱硫、200吨/时溶剂再生、60吨/时污水汽提、7万吨/年小本体聚丙烯。TFCC主要生产装置为年产1万吨二甲基亚砜装置。

沧州炼化主要产品有汽油、柴油、液化石油气、聚丙烯、石油焦、硫黄、铝箔油料等。TFCC主要产品是电子级和医药级二甲基亚砜。

沧州炼化主要技术经济指标和主要产品产量见表1和表2。

(喻志浩)

【生产经营难中求进】 2015年,受消化高成本库存原油、装置阶段性停工、开工运行不平稳、优化不到位等因素影响,沧州炼化效益亏损严重。全年加工原油213.54万吨,实现主营业务收入91.47亿元,上缴税费34.85亿元;利润亏损10.12亿元,其中上市部分亏损9.67亿元,存续部分亏损4 473万元。TFCC优化生产、拓销拓市,装置实现安全、平稳、优化运行。全年生产产品7 052吨、销售7 163吨,实现利润-1 516万元,比上年减亏1 027万元,减亏幅度40%,达到预算目标。

(喻志浩)

【安全监管体系全面升级】 修订安全生产责任制,建立问责追责制度。领导班子成员和机关副处级中层干部定点承包关键生产装置和要害部位,挂牌公示、责任连带,促进安全责任制的落实。推进一级安全标准化达标。吸取天津港“8·12”特别重大火灾爆炸事故教训,贯彻落实党中央、国务院指示及石化集团公司“8·19”安全生产紧急视频会议精神,“9·3”阅兵和国庆节等特殊时期实现安全生产。落实领导班子每月至少召开1次安全工作专题会议的要求,组建HSE督察大队,配齐专职安全总监。

(喻志浩)

【油气输送管道隐患整治攻坚战提前完成】 沧州炼化原油库至主厂区地下原油管线建于2000年,埋地部分全长约2 800米,2015年对该条管线进行全面隐患排查,发现30处地表隐患。在地方政府的支持下,9月25日,沧州炼化油气输送管道隐患整治工作全面完成。

(喻志浩)

【环保工作显著加强】 2015年,沧州炼化推进“碧水蓝天”项目建设,完成贮焦场焦粉扬尘治理项目,碱渣处理和外排水系统增设事故池项目正在进行中。泄漏检测与修复(LDAR)项目顺利实施,完成首轮检测。全年外排工业废水达标率100%,COD排放总量34.68吨,氨氮排放量1.81吨,二氧化硫排放量381.83吨,氮氧化物排放量167.28吨,危险废物妥善处理率100%,全部实现达标。

(喻志浩)

【职业健康工作扎实推进】 规范劳动保护管理,开展员工职业健康体检,在岗人员职业健康体检率100%,未发现职业病例和疑似职业病例。加强职业病防治,2015年共监测危害因素2 668点次,合格率100%。

(喻志浩)

【实施阶段性停工小修】 2015 年 3 月 25 日—5 月 25 日，沧州炼化生产装置停工小修，共实施检修项目 740 项、技改技措及隐患治理项目(含 2014 年结转项目)45 项。

（喻志浩）

【油品质量升级改造项目方案调整】 为进一步压缩投资，沧州炼化将油品质量升级改造项目方案改为搬迁改造石家庄炼化闲置的半再生重整装置。截至 2015 年底，项目社会稳定性评价、核准备案已完成，环评报告已获批复，可行性研究报告已上报中国石化总部。

（喻志浩）

【科学组织项目实施】 2015 年，沧州炼化共实施 45 项技术改造项目，完成投资 1.19 亿万元，其中上市部分一类项目 1 项、二类项目 4 项、一般技措项目 26 项、安全隐患治理项目 4 项，存续部分技术改造项目 4 项、安全隐患治理项目 3 项。

（喻志浩）

【人才成长工作有效推进】 完善技能操作队伍成长通道体系，增设副主任技师职位。鼓励技能操作人员立足本岗位，学习其他岗位操作技能，实现一专多能。根据石化集团公司精神，制定奖励措施，鼓励全员考取注册安全工程师。通过远程培训、专家上讲台、岗位培训练兵、职业技能鉴定等形式做好员工培训教育，全年组织各类培训班 297 个、培训 23 754 人次。开展专业技术人员技术大比武活动，一批优秀专业技术人员脱颖而出。炼油二部李军夺得石化集团公司 S-Zorb 装置职业技能竞赛银牌。

（喻志浩）

【党建工作持续加强】 贯彻执行中央路线方针政策和石化集团公司重点工作部署，认真落实全面从严治党的要求，从严从实加强企业党建工作。认真学习贯彻落实石化集团公司党组《直属单位党委工作规则》，严格执行《中共沧州炼油厂委员会工作规则》，提高党建工作规范化、制度化、科学化水平。从严领导干部管理，抓住领导干部"关键少数"，严格要求、严格管理。强化党风廉政建设"两个责任"，健全制度机制。持续深化党风廉政建设和反腐败工作，坚持把纪律和规矩挺在前面，保持有腐必反、有贪必肃的高压态势。针对规范权力运行，抓好建章立制，扎紧制度笼子，使权力在制度轨道和阳光下运行。加强宣传思想工作，促进广大干部员工转变观念、统一思想，上下同心、主动作为。针对石化集团公司党组党建工作现场检查情况，通过认真落实问题整改，进一步提高党建工作水平。

（喻志浩）

【石化集团公司党组巡视组巡视】 2015 年 6 月 5—19 日，石化集团公司党组第二巡视组进驻沧州炼化，通过听取汇报、个别谈话、查阅资料、接收群众来访来信来电等形式，对沧州炼化开展巡视工作。11 月，党组巡视反馈意见之后，沧州炼化党委 2 次召开专题会议研究，逐条逐项分析，明确责任分工，制定整改方案，落实整改措施、责任领导、责任部门和整改时限，全面启动党组巡视问题的整改。同时，针对问题整改工作，建立整改清单和动态跟踪制度，对照台账实行销号管理，并以周报形式检查督促各责任部门按照整改方案进行整改。

（喻志浩）

【扎实开展"三严三实"专题教育】 按照石化集团公司党组部署，开展"三严三实"专题教育，坚持问题导向，聚焦"不严不实"突出问题，把学习教育、查摆问题、整改落实贯穿始终，弘扬"严细实"的作风，突出解决不严不实问题，促使党员干部得到党性锻炼，工作态度进一步严谨，企业风气进一步好转。党委成员围绕严以修身、严以律己、严以用权、创业实干进行集中研讨，进一步提高思想认识，切实转变了工作作风。公司领导和处级领导干部到基层联系点单位进行调研，对调研征求的意见、建议进行分类汇总，形成生产经营、企业管理、人员管理、福利待遇、生活后勤、合资公司 6 类 115 项意见建议，均指定责任部门进行整改落实。

（喻志浩）

【持续加强作风建设】 严格落实中央"八项规定"精神和党组实施细则，调研和检查更加深入，会议活动进一步精简，公务接待和公车使用更加规范。6 项总部监控费用实际发生 365.55 万元，比预算少 109.86 万元，同比减少 146.45 万元。进一步规范领导人员操办婚丧嫁娶事宜，严格执行书面报告制度，弘扬新风正气，促进党风建设和反腐倡廉工作。定期组织基层单位和职工代表对机关处室作风进行评议，促进机关处室转变工作作风。

（喻志浩）

【积极构建和谐企业】 开展文明和谐示范小区创建，完成生活区绿化改造、器材库生活区地面整修、职工浴池装修等老旧小区综合治理项目，加强职工食堂、职工班车、单身公寓的管理，生活后勤服务质量进一步提高。开展帮扶救助工作，为193名困难职工发放困难补助金37.92万元，给予5名困难职工子女入学帮扶3万元，为38名困难职工减免暖气费，为患病职工申请救助金9.53万元。丰富文化体育活动，举办第14届职工运动会，成立篮球、足球、羽毛球等8个单项协会，开展诗歌朗诵比赛、职工书画展等活动。

（喻志浩）

【加大品牌建设力度】 组织“开门办企业、开放办企业”活动，深入贫困村开展扶贫工作，加大品牌宣传力度，加大对外宣传力度，办好官方微博、微信，树立企业的良好形象。

（喻志浩）

表1 沧州炼化主要技术经济指标 亿元

指标名称＼年份	2015	2014	2013	2012	2011	2010
原油加工量/万吨	221.13	300.75	291.48	333.86	333.53	223.33
工业总产值	89.92	176.34	171.07	204.74	193.91	115.60
沧州资产分公司	2.61	4.45	3.51	3.85	3.96	2.60
沧州分公司	87.31	171.89	167.56	200.89	189.95	113.00
工业增加值	28.52	27.83	25.18	45.05	20.44	16.52
沧州资产分公司	0.57	0.72	-0.28	0.85	0.61	0.37
沧州分公司	27.95	27.11	25.46	44.20	19.83	16.15
资产总计	33.92	43.77	45.31	37.16	33.63	33.47
沧州资产分公司	3.20	3.61	3.27	3.30	3.33	3.43
沧州分公司	30.72	40.16	42.05	33.86	30.30	30.04
流动资产	14.87	23.76	25.33	17.89	14.46	15.71
沧州资产分公司	0.56	0.70	0.47	0.49	0.48	0.40
沧州分公司	14.31	23.06	24.85	17.40	13.98	15.31
固定资产原值	43.38	41.75	40.39	39.21	37.67	32.56
沧州资产分公司	5.56	5.48	5.49	5.25	5.05	4.95
沧州分公司	37.82	36.27	34.91	33.96	32.62	27.61
固定资产净值	16.71	16.49	19.57	19.82	16.97	12.28
沧州资产分公司	2.35	2.26	2.42	2.41	2.42	2.51
沧州分公司	14.36	14.23	17.14	17.41	14.55	9.77
销售收入	92.38	177.69	172.53	204.75	197.06	113.87
沧州资产分公司	2.93	4.72	3.86	4.24	4.44	2.96
沧州分公司	89.45	172.97	168.66	200.51	192.62	110.91
实现利税	24.73	23.14	21.78	25.38	18.13	14.22
沧州资产分公司	-0.13	-0.11	-0.27	0.01	-0.19	-0.30
沧州分公司	24.86	23.25	22.04	25.37	18.32	14.52
税　金	34.85	31.01	28.53	32.97	31.24	22.42
沧州资产分公司	0.32	0.33	0.21	0.21	0.21	0.15
沧州分公司	34.53	30.68	28.32	32.76	31.03	22.27

表2　　**沧州炼化主要产品产量**　　万吨

产品名称＼年份	2015	2014	2013	2012	2011	2010
沧州资产分公司						
聚丙烯	2.38	3.39	2.69	3.05	3.09	2.19
氮　气	1.95	2.13	1.96	2.19	1.93	1.45
净化风/万立方米	3 945.00	4 700.00	4 287.00	4 577.00	4 181.35	3 241.71
非净化风/万立方米	5 419.00	6 050.00	4 943.00	5 186.00	5 208.32	4 753.44
沧州分公司						
汽　油	48.08	71.29	61.97	70.07	70.45	48.31
柴　油	90.74	127.80	125.44	151.57	146.12	98.23
石脑油	18.38	26.24	26.21	28.51	26.88	14.94
溶剂油	—	—	—	—	—	0.75
液化气	12.93	16.98	13.60	13.60	15.42	10.00
铝箔油料	6.57	3.23	8.09	11.14	11.41	6.42
石油焦	16.67	20.52	22.65	25.42	27.46	14.95
硫　黄	0.83	1.16	1.33	1.28	1.51	0.73

润滑油公司

【概况】　中国石化润滑油有限公司(简称润滑油公司)是石化股份公司下属全资子公司，前身是石化股份公司润滑油分公司，是集研发、生产、销售和服务为一体的专业化润滑油公司。2002年5月，石化股份公司按照“统一计划安排、统一资源配置、统一市场开拓、统一品牌形象、统一产品开发”的原则，对润滑油业务专业化重组，成立润滑油分公司。2014年3月4日，在润滑油分公司基础上改制成立润滑油公司，本部位于北京市海淀区安宁庄西路6号。

2015年，润滑油公司调和能力165万吨/年，包装油脂生产能力146万吨/年，生产和销售包括内燃机油、工业油、船用油、金属加工液、润滑脂和合成润滑油脂等21个大类、2 000多个品种的长城润滑油脂产品。

截至2015年底，润滑油公司下设12个管理部门、12家分公司、5家区域销售中心(技术支持中心)、5家省级销售分公司、3家中外合资公司和1家海外(新加坡)子公司、4家研发机构；拥有在岗正式职工3 900人，专业技术人员1 725人，其中博士学历16人、硕士296人、本科1 299人，高级专业技术资格人员290人。

2015年，润滑油公司获第二届中国质量奖提名奖。

润滑油公司主要技术经济指标见表1。

(姚建国)

【领导班子成员调整】　3月7日，根据石化集团公司党组和石化股份公司《关于寇建朝等3人职务任免的通知》，寇建朝任润滑油公司党委委员；免去蒋蕴德、刘力智的党委委员。聘任寇建朝为润滑油公司副总经理，解聘蒋蕴德的副总经理职务，任调研员；解聘刘力智的总会计师职务，任调研员。4月8日，滕屹任润滑油公司党委委员、纪委委员、润滑油公司监事，孙维不再担任监事职务。

(姚建国)

【连续5年获评石化集团公司安全生产先进单位】　2015年，润滑油公司HSE工作全面贯彻落实党的十八大精神以及习总书记系列重要讲话精神，贯彻落实石化集团公司HSE工作整体部署，固本强基，落实责任，开展培训演练，强化风险控制，实现了直属单位级及以上HSE事故为零的目标，完成石化集团公司下达的HSE绩效指标，连续5年获石化集团公司安全生产先进单位称号。

(姚建国)

【设立长城润滑油科技发展有限公司】　2015年7月26日，润滑油公司为推进利用互联网探索向制造服务型企业转型，设立长城润滑油科技发展有限公司。该公司主要负责电子商务及汽车连锁养护业务的发展。全年，电子商务销售额4 000万元，同比增长51%；连锁养护业务实现营业收入5 800万元，增长8%。

（姚建国）

【为“70周年阅兵”装备提供润滑保障】 2015年9月，润滑油公司生产的坦克传动油、战车减震液、导弹舵机液压油、军用汽车通用润滑脂、坦克润滑脂、二硫化钼锂基脂、多功能枪炮脂等20多种尖端润滑油脂产品应用于参加纪念中国人民抗日战争暨世界反法西斯战争胜利70周年阅兵的轮式装甲步兵车系列、主战坦克系列、军用汽车、火炮系列等新型武器装备，其中长城制动液产品应用于国家领导人乘坐的检阅车。公司下属重庆分公司获得北京军区表彰，天津分公司获得纪念中国人民抗日战争暨世界反法西斯战争胜利70周年阅兵保障贡献突出的奖牌。

（姚建国）

【利用田径世锦赛赞助权益加强品牌传播】 2015年北京国际田联世界田径锦标赛期间，润滑油公司借助中国石化国际田联官方合作伙伴的身份，利用赛事权益加大长城润滑油广告宣传和市场推广活动。3月27日，国际田联正式授予长城润滑油“国际田联官方服务用油”称号。8月，赛事举行期间，利用鸟巢现场赛道的LED广告屏资源展现长城润滑油LOGO，在中央电视台体育频道进行品牌植入式宣传；利用网络、平面以及微博、微信等自媒体对长城润滑油“国际田联官方服务用油”身份进行宣传，增加了与自媒体粉丝的互动；组织部分优质大客户、经销商代表以及优秀员工参观世锦赛。

（姚建国）

长城润滑油·国际田联官方服务用油 （郑德辉 摄）

【积极替代进口产品】 2015年，润滑油公司通过技术与市场紧密结合的方式，加大对进口产品的替代力度，提高在中高端市场的影响力。针对钢铁、水泥和电力等8个重点行业制定润滑服务方案，在宝山钢铁、新疆八一钢铁、海螺水泥等50多家重点客户替代进口产品；针对进口同类产品，加大推广高端齿轮油(AP)、高端液压油(AE)等高端工业油产品；全年高端工业油销量同比增长2倍多，高档产品比例提升4个百分点，工业油市场总体占有率提升4个百分点，持续占据行业领先地位。

（姚建国）

【建立市场开发网络支持平台】 2015年，润滑油公司建立了面向内部全体员工的网络支持平台，整合内外部市场开发支持资源，为一线市场开发提供一站式支持和服务。通过该平台公开发布市场营销策略、市场动态和客户的招标信息，各销售单位按客户所在区域主动跟进市场开发工作，减少了逐层沟通环节，大大提高了市场开发效率；在平台上以积分兑换的方式直接发放促销品、产品信息及技术资料，精简了逐层审批和逐级发放的环节，缩短了促销品到达客户的时间效率，增强了客户满意度；由销售人员直接在网上预约技术支持专家对客户开展技术服务，提高了工作效率。

（姚建国）

【举行客户开发百日竞赛】 2015年3—5月，润滑油公司在销售系统开展“客户开发百日竞赛”活动，以劳动竞赛方式调动一线销售人员积极性，加强客户走访和开发。1 100多名销售人员参与竞赛，组成专项销售团队或销售开发小组，在竞赛期间，累计走访客户24 564家次，开发规模工业客户近800家，新增销量3 500多吨。6月份，召开客户开发百日竞赛总结表彰会，对12个优胜单位以及254名先进个人予以奖励，同时总结了竞赛中积累的客户开发经验和技巧，并进行了推广应用。

（姚建国）

【机器人特种润滑油脂开发取得突破】 2015年，润滑油公司开展对国内外机器人公司的走访与技术合作，推进高端特种润滑油脂在国产机器人上的应用。8月，走访沈阳新松机器人公司，开展减速器特种润滑脂的技术交流。10月，走访了浙江中控集团、苏州大学机器人研究院、苏州博实机器人技术有限公司，加入苏州市机器人产业联盟。12月，赴瑞士和德国拜访ABB、KUKA等国际机器人公司并开展技术交流，推进长城机器人特种油脂写入设备说明书。年内，润滑油公司开发的减速机专用油及机械手特种脂等3个机器人系列润滑产品应用于北京京东方科技集团约500台机器人。

（姚建国）

【重要专利项目获验收通过】 2015年6月10日，润滑油公司承担的“复合磺酸钙润滑脂专利战略研究”通过石化股份公司验收通过。该项目填补了润滑油脂领域的专利战略研究空白，检索出相关专利文献680篇，对其中有较高价值的236篇进行了分析解读，重点研究了国外竞争对手的研究热点、专利布局和技术空白点等，掌握了全球竞争对手的研发态势和专利布局策略，建立了复合磺酸钙润滑脂专题数据库。

（姚建国）

【天津精细润滑油脂项目(一期)竣工验收】 2015年5月，润滑油公司天津分公司精细润滑油脂项目(一期)竣工投产。该项目地处天津市滨海新区汉沽开发区，年生产能力(一期)3 500吨，现有配套生产装置45套，自主研发的生产工艺达到世界先进水平，国内首创采用ISO8级洁净环境生产润滑脂，产品洁净度国内领先，填补了高铁润滑、风电润滑、精密轴承润滑、食品行业等多项国内空白。该项目建设实现安全零事故，程序执行到位率100%，工程质量合格率100%，人员培训达标率100%，一次投产率100%，获得石化集团公司2014年度优质工程称号。

（姚建国）

【为海外中资项目提供配套润滑产品和服务】 2015年，润滑油公司将服务海外中资企业和工程建设项目作为国际市场开发的重点，积极为国家装备制造业走出去提供配套产品和服务。先后在新加坡、泰国、印度尼西亚、马来西亚、阿联酋、菲律宾、埃及和坦桑尼亚等国家组织召开了11场市场推介会，邀请海外中资客户340余家，并成功与中国铁建、中国隧道、中国路桥等70多家中资企业客户就海外项目开展润滑产品与服务的合作。全年实现国际市场销量2.6万吨，同比增长8%。

（姚建国）

【举办第8届“长城润滑油—中国航天员体验营”】 2015年，与西藏藏族自治区那曲地区教委合作开展第8届“长城润滑油—中国航天员体验营”营员选拔活动，在该地区的6所中学选拔了40名小营员。活动期

SINOPEC润滑油参加印度尼西亚展会 （郑德辉 摄）

间，润滑油公司面向社会招募具备一定知识特长志愿者和航天员教员一起赴藏区与青少年深入互动、传播知识，引起广泛的社会关注。7月23—29日，来自西藏的小营员们在中国航天城接受了封闭式训练，亲身体验了航天训练项目并品尝“太空食品”。

（姚建国）

西藏小营员观看航天发射器模型 （郑德辉 摄）

【召开第一次党员代表大会】 2015年12月16日，在北京召开中共中国石化润滑油有限公司第一次党员代表大会，118名党员代表出席会议。大会选出了中共中国石化润滑油有限公司第一次党员代表大会第一届党委成员(按姓氏笔画)：李亮耀、宋云昌、苟连杰、赵江、寇建朝、滕屹，第一届纪委成员(按姓氏笔画)：谷永军、张立伟、陈悦、赵安定、滕屹。会后，召开了第一届党委第一次全委会，选举苟连杰为书记，宋云昌为副书记；召开了第一届纪委第一次全委会，选举滕屹为书记，赵安定为副书记。

（姚建国）

【开展“三严三实”专题教育】 2015年，按照石化集团公司要求制定润滑油公司“三严三实”专题教育活

动方案，扎实推进"三严三实"专题教育活动。6月11日，组织召开了"三严三实"专题党课暨专题教育工作部署视频会，学习贯彻石化集团公司党组部署，对"三严三实"专题教育工作进行动员。7—11月，按照"三严三实"专题教育不同阶段要求，抓学习，抓讨论，抓整改，查找不严不实问题7项，已经整改到位4项，持续整改3项；征求各单位意见和建议128项，全部整改并反馈。12月，召开领导班子成员的民主生活会，开展批评与自我批评，完成专题教育活动总结。

（姚建国）

表1 润滑油公司主要技术经济指标 亿元

指标名称＼年份	2015	2014	2013	2012	2011
工业总产值	129.99	152.54	159.11	149.77	171.73
工业增加值	25.79	25.21	23.25	15.08	14.67
资产总计	78.10	83.21	74.57	77.67	65.07
流动资产	43.85	50.36	45.55	52.89	43.42
固定资产原值	40.36	38.83	34.90	30.63	28.93
固定资产净值	21.82	21.82	16.17	15.12	14.80
销售收入	160.52	199.59	207.29	175.73	194.20
实现利税	16.61	13.00	13.01	6.89	4.88
税　金	9.07	5.56	7.38	4.62	4.03
综合能耗/吨标煤·万元$^{-1}$	0.02	0.02	0.02	0.02	0.02

青岛石化

【概况】 中国石化青岛石油化工有限责任公司（简称青岛石化）位于青岛市李沧区，占地0.94平方千米，厂区临近黄岛油港，与黄岛油港、青岛港码头分别有输油管线相连，自备铁路专用线与胶济铁路相连，厂外公路与济青、青银高速公路相接。青岛石化前身为创建于1962年的青岛市手工业管理局炼油厂，1966年4月改名为青岛石油化工厂，2000年12月整体划转石化集团公司，企业名称先后为中国石化集团青岛石油化工厂、中国石化集团青岛石油化工有限责任公司。2010年3月，青岛石化正式成为石化股份公司所属全资子公司，并更名为现名。

截至2015年底，青岛石化下设12个机关部室及6个管理中心、6个生产车间。资产总额为44.64亿元，在册职工总数为1 068人，其中在岗职工993人。原油加工能力为500万吨/年。生产装置主要包括500万吨/年常减压蒸馏、160万吨/年延迟焦化、140万吨/年重油催化裂化、100万吨/年汽柴油加氢精制、60万吨/年柴油加氢精制、60万吨/年催化汽油选择性加氢脱硫、25万吨/年催化重整、20万吨/年及15万吨/年气体分馏、7万吨/年聚丙烯等16套。产品主要有汽油、柴油、石脑油、石油焦、船用燃料油、石油液化气、车用液化气、丙烷、丙烯、聚丙烯、工业硫黄、纯苯、MTBE等近20个品种。

青岛石化主要技术经济指标和主要产品产量见表1和表2。

（周立川）

【生产经营保持平稳运行】 2015年，在国际油价屡创新低、成品油市场需求低迷的外部环境下，受装置检修、加工量不足等因素的制约，青岛石化经济效益下滑，出现亏损局面。面对生产经营遇到的巨大困难和压力，青岛石化按照石化集团公司统一部署，积极采取有效措施，抓好安全生产、优化原油采购、调整产品结构、强化挖潜增效，充分发挥炼油装置的加工能力，精心组织生产经营，全力做好成品油市场保供，生产经营保持平稳运行。

（周立川）

【安全环保管理再创佳绩】 2015年，青岛石化认真贯彻落实上级安全工作部署，牢固树立“安全发展，科学发展”理念，层层落实 HSE 安全生产责任制，强化全员安全责任意识，通过标本兼治，夯实安全基础，全面完成年度 HSE 指标，未发生上报石化集团公司安全事故、环境事件，连续 6 年、累计 9 年被评为石化集团公司 HSE 工作先进单位。强化“专业安全”管理，配备安全总监，配齐基层安全总监，成立专职安全督察大队，安全监管队伍得到加强。每季度组织一次综合性 HSE 检查，部室组织专业安全检查，全年共查出各类隐患 1 157 项，整改 1 110 项，整改率 97.9%。其中，原油、成品油管道存在的 50 项安全隐患，已整改完成 44 项，其余隐患正在按计划整改。完成年度危害识别与风险评价工作，识别出的 12 项重大安全风险均已整改。加强突发事件应急能力建设，修订综合应急预案等 17 项应急预案，4 月 23 日，联合青岛市公安消防六中队在油品储运车间液化气罐区举行应急演练。强化对承包商安全监管和教育，全年共培训承包商人员 3 488 人次，对违章行为给予严格处罚、停工整顿再教育。加强源头管理，强化过程监管，发挥各污染治理装置最大潜力，确保污染物稳定达标排放。全年减排二氧化硫 911 吨、氮氧化物 50 吨，减排效果明显。全年主要污染物排放完成总量控制目标。不断完善清洁生产机制，持续开展清洁生产及综合利用工作，通过青岛市环保局组织的清洁生产审核评估。

（周立川）

【组织开展安全生产系列活动】　2015 年，青岛石化推进安全文化建设，组织开展“强化执行，把脉安全”安全主题年、“警钟长鸣”案例和“HSE 知识聚焦”视频教育、HSE 知识广播、安全文化长廊建设、“我为安全做诊断”、安全生产月等 18 项活动，进一步提高干部职工的安全意识，有效促进安全生产。举办“凝聚力量，担当责任”辩论赛等活动，营造安全氛围，筑牢安全文化根基。日照“7 · 16”、天津港“8 · 12”事故发生后，举办 2 期班组长以上干部安全培训，加强安全警示教育，提高全员安全意识，营造良好的安全环境，确保企业安全平稳生产。

（周立川）

【科研开发和应用取得新成果】　2015 年，青岛石化坚持把科技创新作为企业发展的推动力量，围绕科技攻关、质量升级、环境保护、节能减排、挖潜增效等工作，加大科技研发的投入力度，提升企业核心竞争力。承担 3 项石化集团公司级科技开发项目，其中炼油废碱液综合治理和再生技术开发进入改造方案设计阶段，炼油企业无组织废气污染物近零排放关键技术完成酸性水罐区、脱硫醇装置现场试验、工业化方案编制，SR－1000 重整催化剂的开发及工业应用进入工业化实施、该型号催化剂已被装入反应器应用生产。自主开发科研项目 6 项，其中催化重整装置在线优化控制系统开发、全厂蒸汽动力系统优化、汽油调和过程在线分析与优化控制系统开发 3 个项目已投用；电脱盐污水专项治理、催化分馏塔顶循环系统除盐技术研究、加氢精制柴油脱水节能新技术开发 3 个项目已完成工业化试验。

（周立川）

【不断推进信息化建设工作】　2015 年，青岛石化根据石化集团公司统一部署，先后启动常减压、焦化装置先进控制项目和智能化管线管理系统项目。其中，常减压、焦化装置先进控制项目年内完成前期调研、方案设计、立项审批及公开招标等工作，并在检修期间为确保系统建模需要完成相关准备工作，为系统全面建设奠定良好基础；智能化管线管理系统项目涉及管线物理位置、管廊，地下管线结构、距离，沿途土建设施环境复杂，实施难度高，年底前完成原油、成品油管线的全面测绘，数据正在导入数据库。此外，还分别对已投用的 ERP、MES、LIMS 系统进行深化应用与完善，提高了各项管理的信息化应用水平。积极推进业务办公系统建设，提高了协同办公工作效率。移动办公系统应用推广，实现了移动在线审批的灵活性和便捷性。自主开发 MSOA 系统绩效考核系统，已完成系统模块开发。年内，BPM 业务流程管理系统项目、设备管理系统检修管理平台分别投入运行。联合中国信息安全测评中心对照网络与信息系统的实际情况逐项评估，针对评测结果进行全面的核查、梳理、分析和整改，进一步强化网络与信息安全状况的掌控。

（周立川）

【完成装置检修改造】　青岛石化 2015 年装置检修是在连续运行 3 年后，所有装置和公用系统全面停工的一次重要检修改造，涉及全部 17 套生产装置及公用工程系统。检修工作根据计划要求，提前打算，精心准备，从调研、论证、设计、实施等方面全方位做好各项工作，提前做好订货安排，按照计划有序进行检修准备、质量鉴定、维修等工作。为确保检修技改工作顺利进行，实现“安全、优质、高效、文明、节约”的目标，成立检修指挥部，下设 12 个职能组及 7 个检修作业区，定期召开检修指挥部会议、检修协调会，协调部署检修工作。按照“计划要全面、委托设计完善、施工队伍早介入、施工方案优、预制深度大、供应有保障、过程检查细、开工准备充分”的管理思路，扎实细致地做好生产装置大检修改造的各项工作，9—11月对各装置进行停工大检修和技术改造，共完成装置检修项目2 030项、重点检修技改项目323项，编制方案396个。检修工作完成后，装置一次开车成功。

（周立川）

【技改项目实施取得新的进展】 2015年，青岛石化组织实施车用汽油国V质量升级改造、催化装置LTAG技术改造、催化烟气脱硫脱硝项目新增高盐水回收设施、黄岛管道移位工程、“碧水蓝天”专项治理、安全隐患治理及“能效倍增”计划等重点项目。其中，按照中国石化总部有关要求和部署，利用装置检修时机，实施LTAG技术改造，将低附加值的催化柴油、常一线加氢后送催化回炼，多产催化汽油，进一步改善产品结构，降低柴油、燃料油比例，增加汽油和液化气产率，最大限度地提高经济效益。做好车用柴油国V质量升级项目前期审批等工作；组织完成加工高酸原油适应性改造项目后评价报告，并通过中国石化总部组织的审查验收。

（周立川）

【深化企业改革】 2015年，青岛石化按计划完成职工食堂业务外包，至此，装卸、包装、配送、保安、保洁、绿化、食堂等非核心业务均实施整体外包。合理划分业务与岗位范围，规范用工配置，结合石化集团公司“三定”指导意见和企业职能部门定岗定员方案，按照“因事设岗、精简效能、规范统一、有效管理”原则，将岗位编制从原有的361个，整合为242个，减少33%。实施“减员不减奖、增员不增奖”的用工总量激励措施，将用工总量与人工成本挂钩，促进各部门转变劳动用工观念，加强岗位整合，推行联合操作。加强岗位分析，减少重复劳动，显化富余人员，用工总量持续下降，用工成本显著降低，全年正式职工实现净减员146人。

（周立川）

【强化企业管理】 2015年，青岛石化对公司一体化管理体系实行规范化运作和持续化改进。年内，先后开展质量、环境、职业健康安全、能源和测量管理5个体系的联合监督审核工作，对存在问题进行整改后，顺利通过外部监督审核。把制度条款作为岗检的依据，实现制度条款化、考核表单化的管理模式，形成制度、检查、考核“三位一体”的联动机制。通过一体化岗检和对各项管理制度的修订完善，不断提升制度的执行力。全年新增制度36项，修订制度42项，废止制度10项。加强绩效考核工作，构建绩效考核系统管理平台，整合绩效考核相关流程和指标，进一步推进企业绩效考核的信息化、流程化管理。强化提升“三基”工作，贯彻落实中国石化总部要求，结合企业实际，制定具体实施方案和37项改进措施，并将每项措施落实到具体责任部门。修订完成2015版内控实施细则，通过对业务流程进行梳理，对现行的各项业务流程的合理性、适用性、有效性进行再识别、再评估，提高流程运转效率。

（周立川）

【扎实推进“比学赶帮超”活动】 2015年，青岛石化通过组织“卡边操作”活动，评选红旗、红星装置，及时发现问题，查找原因，制定措施，修补管理中的“短板”，提高部门精细化管理水平。开展管理攻关立项，甄选9个公司级项目23个方案，设立近百万元的奖励基金，其中13项攻关项目完成奋斗目标、3项完成提升目标、4项完成基本目标。

（周立川）

【党建工作】 2015年，青岛石化党委围绕“安全、效益、稳定、发展、作为”的主旋律，通过组织员工思想大讨论、党员“亮身份、争先锋”活动等具体措施，有效发挥党建工作示范引领、激发活力、凝心聚力、服务群众的正能量。从11月起，按照“三严三实”的具体要求，结合企业检修技改收尾和装置开工准备等实际情况，以突出强化“三基”工作为重点，组织开展“三要三转见实效”主题活动（“要认清形势转观念、要牢记职责转作风、要主动作为转态度”）。

认真落实党风廉政建设主体责任，健全完善“一把手负总责，分管领导各负其责，班子成员齐抓共管、纪检部门组织协调”的领导体制和工作机制，确保党风廉政建设“两个责任”落实到位。组织党员干部参观青岛市廉政教育基地，观看《贪婪者的忏悔》等警示教育片，进行理想信念、党性党纪教育，以案明纪、引以为戒，树立正确的权力观、地位观和利益观，增强拒腐防变的能力。坚决贯彻落实中央“八项规定”精神、石化集团公司实施细则，坚决反对“四风”，明确廉洁要求和相关纪律，大力倡导转变工作作风，进一步精简会议活动，深入基层调研，规范公务接待和公车使用，严格控制招待费、办公费、差旅费、会议费和车辆使用费5项费用支出，全年5项费用支出比上年度降低150万元，下降23.84%。认真落实领导人员述职述廉、个人事项报告、诫勉谈话等制度，增强各级领导人员自我约束、自觉接受监督的意识。全年共有 94 名领导人员签订廉洁自律承诺书，各级领导人员述职述廉 130 人次。对来信、来访和上级交办的反映领导干部问题的线索，及时上报分管领导和主要领导，认真进行排查分析研判，确定可查线索，限时办结。

（周立川）

【人才队伍建设取得新成效】 2015 年，青岛石化修订完善干部队伍建设的相关制度，着力构建简便易行、有效管用的干部管理制度；及时滚动调整后备干部；健全中层干部考评体系，强化考评结果运用，引导中层领导人员在提高发展质量和效益上下功夫；坚持党管干部的原则，充分发挥党组织、分管领导和组织人事部门在选人用人上的把关作用，及时调整“太平官”，坚决不用“老好人”；进一步规范和加强选人用人工作的监督检查，整治选人用人上的不正之风，提高选人用人工作满意度。按照“培养造就人才、竞争选拔人才、科学使用人才”的工作理念，改进方式、完善机制，建立有利于优秀人才脱颖而出的选拔聘任机制，年内选聘高层次专业技术专家 9 人。充分发挥首席专家、专业专家在专业技术领域的高端引领和带动培养作用，鼓励引导专家主持或参与专业技术攻关项目，年内公司首席专家和专业专家主持或参与的攻关课题有 26 个；按照“导师制”培养计划，开展培养各层次专业技术培养对象的相关工作。年内 13 名拔尖技能人才开展技术攻关，课题已完成并进行成果展示；组织开展青岛石化第 17 届职业技能竞赛，共有 10 个部门 14 个工种的 148 名选手参赛，其中“双及格”选手 36 人，占参赛人数的 24.32%。

（周立川）

【企业保持和谐稳定局面】 青岛石化坚持“以人为本”的理念，根据“真困难、真帮助”的要求，通过做好帮扶救助、医疗互助保障计划、补充医疗保险、员工补助、“送温暖”工程等方面的工作，为职工做实事、办好事，进一步提升企业员工保障能力，切实解决员工现实困难，让职工切实感受到家的温暖、组织的关怀，维护了企业员工队伍的和谐稳定。全年帮扶救助职工 74 人次，救助金额 36 万元。做好协解职工帮扶救助。以实施职工医疗互助保障计划为契机，积极争取上级政策支持，采取企业、员工个人共同负担的方式，连续 2 年为全体员工办理医疗互助保障，全年共有 112 名职工获得理赔金额 18.36 万元。做好员工日常补助工作，办理员工补助 542 人次，发放金额 35 万余元。做好“送温暖”工作，春节期间走访慰问离退休老干部、劳动模范和病困职工共 468 人次，金额达 41 万元。全年无群体性事件或集体上访事件，无因上访问题在社会上造成不良影响的情况。

（周立川）

表 1　青岛石化主要技术经济指标　亿元

指标名称 \ 年份	2015	2014	2013	2012	2011	2010
原油加工量/万吨	212.73	308.56	329.94	309.74	362.88	352.05
工业总产值	89.91	172.25	187.71	175.75	203.37	172.67
工业增加值	34.54	33.61	39.46	17.84	30.77	43.90
资产总计	44.64	51.58	64.81	63.80	65.12	54.48
流动资产	19.90	25.48	37.76	34.89	35.63	19.35
固定资产原值	45.03	44.33	42.36	41.24	39.34	38.96
固定资产净值	20.06	22.12	22.82	24.32	24.96	26.24
销售收入	90.34	171.07	188.89	177.63	203.07	173.33
实现利税	31.34	28.95	33.18	19.11	28.35	40.84
税　金	37.57	34.97	35.43	29.41	34.87	36.64
综合能耗/吨标煤·万元$^{-1}$	0.31	0.28	0.30	0.27	0.26	0.33

表2　　青岛石化主要产品产量　　万吨

产品名称＼年份	2015	2014	2013	2012	2011	2010
93#汽油	48.12	66.71	62.10	59.55	71.67	75.78
90#汽油	—	—	—	—	—	0.37
97#汽油	11.79	17.99	17.42	7.14	3.92	2.28
0#柴油	77.05	114.98	131.99	125.67	151.88	140.10
-10#柴油	1.60	9.30	12.40	16.30	14.13	13.55
-20#柴油	—	—	—	—	—	0.03
石脑油	4.20	4.57	4.42	5.42	7.06	5.81
溶剂油	0.25	1.49	0.76	-0.06	—	—
苯	0.56	1.08	1.09	0.58	0.72	0.93
混合苯	—	—	—	—	0.14	0.20
燃料油	7.13	8.02	12.00	15.37	16.62	21.61
石油焦	21.94	34.99	35.48	36.82	43.20	34.81
硫　黄	0.94	1.47	1.79	1.53	1.48	1.09
液化气	12.01	16.19	28.43	24.39	34.46	18.67
车用液化气	3.39	4.72	4.63	2.22	1.52	3.63
丙　烯	1.70	2.32	2.32	1.51	2.44	1.44
聚丙烯	4.05	5.62	5.67	4.54	5.73	6.62

湛江东兴公司

【概况】 中国石化湛江东兴石油化工有限公司(简称湛江东兴公司)位于广东省湛江市，地处广东省西南部、雷州半岛北部，是中国石化三大驻粤炼化企业之一，主营业务为石油提炼加工和石化产品销售。其前身为私营炼油企业，2002年3月经国务院和原国家计委批准同意，被石化集团公司收购。2007年11月22日，石化集团公司将其拥有的湛江东兴公司75%的合同权益转让给石化股份公司。2008年，湛江东兴公司经国务院国资委同意实施权益变更，完成工商变更登记。湛江东兴公司中外合作双方变更为石化股份公司和中国石化盛骏国际投资有限公司，合作权益比例变更为75%和25%，同时公司名称由湛江东兴石油企业有限公司变更为现名。

截至2015年12月31日，湛江东兴公司原油一次加工能力为500万吨/年，拥有500万吨/年常减压蒸馏、150万吨/年重油催化裂化、50万吨/年连续重整、200万吨/年柴油加氢、14万吨/年聚丙烯、6万吨/年乙苯—苯乙烯等20余套生产装置，主要生产汽油、柴油、聚丙烯、苯乙烯、石脑油、液化气、苯、二甲苯、硫黄等9类50多种产品，资产总计57.77亿元，下设10个机关处室和12个基层车间，在职员工总数为750人。

2015年，湛江东兴公司累计加工原油381.10万吨，实现现价工业总产值190.02亿元，实现销售收入191.34亿元。

湛江东兴公司主要技术经济指标及主要产品产量见表1和表2。

(陈碧玉)

【生产经营持续优化】 2015年，湛江东兴公司紧紧抓住国际油价低位震荡和西南地区油品全面升级的有利时机，克服全厂停工大检修等因素影响，坚持以市场为导向、以效益为中心、以产品结构优化为重点做好生产优化增效工作。全年累计加工原油381.10万吨，实现销售收入191.34亿元。可比综合商品率93.10%，轻油收率80.42%，高价值产品收率89.23%，原油加工损失率0.47%，原油储运损失率0.15%，炼油综合能耗66.04千克标油/吨，全年现金操作费用173.63元/吨，吨油完全加工费用

304.68 元。在石化股份公司"比学赶帮超"活动评比中，累计获得红旗26 面，在 32 家炼油企业的炼油专业竞赛中排第 7 名，在 13 家中型企业中排第 2 名。

（陈碧玉）

【安稳局面进一步巩固】 2015 年，湛江东兴公司连续 14 年杜绝公司级及以上安全环保事故，连续第 8 年获石化集团公司安全生产先进单位称号。认真落实安全生产责任，不断强化安全监管和风险管理，及时消除各类安全隐患，为装置"安稳长满优"生产奠定坚实基础。10 月 4 日，强台风"彩虹"正面袭击湛江，登陆中心风力 15 级，阵风 18 级，破坏力极大，造成全城停电、停水和通信中断，全厂装置被迫紧急停工。全体干部员工众志成城，积极应对、妥善处置，确保全厂装置安全平稳停工，未发生安全环保、人身伤害和设备损坏事故以及其他次生事故，并有效化解重油凝结、化工产品聚合板结等风险。10 月 7 日，装置顺利转入退料吹扫交出检修。

（陈碧玉）

【环保管理水平再上新台阶】 2015 年，湛江东兴公司狠抓项目"三同时"，落实环保措施，实现绿色低碳发展。200 万吨/年液相柴油加氢项目得到广东省环保厅项目竣工环境保护验收批复，全厂环保"旧账"全部还清，实现依法合规生产。同时，通过严格抓好环保设施的日常运行管理、考核，确保环保设施保持良好运行水平。从严废水、废气排放实时动态监控管理，实现"三废"环保达标排放，全年共外委处置固废 3 588.6 吨。新建应急池、催化烟气脱硫脱硝装置等 5 个项目的运行达到预期效果。顺利完成污水处理场提标改造现场中试和评价，硫黄酸性水罐除臭、固废临时储存库项目相继建成投用，实施原料污水储罐除臭系统项目，彻底解决了装置周边环境恶臭问题。积极推进 VOC 污染防治，抓好挥发性有机物综合整治，全年共完成整治 53 项。

（陈碧玉）

【降本挖潜创出新水平】 2015 年，湛江东兴公司强化精细管理，在优上下功夫、细上做文章，积极推进节能降耗、降本减费工作，各项成本费用持续压减，各项技术经济指标稳步提升。通过加强国际原油市场走势研判，合理调整采购策略，节约原油采购买断加价 1 590 万美元；强化流动资金管理，加快资金回笼，实现系统内应收账款总额控制在总销售额的 16% 以内，系统外应收账款为 0，全年吨油现金操作费用 173.63 元，比预算低 5.37 元。从严抓实节能降耗工作，积极推动能源管理中心建设和能源合同管理工作，加快"能效倍增"计划项目实施，推进能源管理体系建设，持续提高能源利用率，有效提升公司能源管理水平，全年实施"能效倍增"计划项目 11 项，累计节能 1.35 万吨标煤，增加效益 1 950 万元。

（陈碧玉）

【圆满完成年度大检修任务】 2015 年 10 月 8 日—11 月底，湛江东兴公司开展全厂停工大检修工作。通过下达责任书，落实开、停工措施，强化现场安全监管，严把检修质量关，成立党团先锋队带头引领，历时 2 年精心筹备、50 天组织实施的年度大检修工作圆满完成，各装置均按计划实现安全环保一次开车成功。

（陈碧玉）

【党建工作取得新成效】 2015 年，湛江东兴公司坚持"抓生产从思想入手，抓思想从生产出发"，牢牢把握政治方向，突出全面从严治党主线，把抓生产与抓党建有机结合，持续推进政治优势转化，通过不断完善党建体系建设，组织各党支部积极开展创先争优、先锋模范和专题特色活动为中心工作服务，充分发挥党组织的先锋引领作用，为公司发展提供坚强的思想、政治和组织保证。6 月初启动"三严三实"专题教育，通过组织领导干部学习习近平总书记系列重要讲话和讲政治、守纪律、懂规矩等知识，认真组织查摆"三严三实"方面存在的问题，并严格落实整改措施，领导干部以上率下、层层带动，在坚定政治信仰、强化责任担当、树立务实作风、严格廉洁自律上有较明显的进步。持之以恒落实中央"八项规定"精神，有效杜绝违纪违规现象的发生，全年业务招待、会议、车辆使用费同比下降 41.81%、53.30% 和 52.89%。

（陈碧玉）

【企业文化建设扎实开展】 2015 年，湛江东兴公司以石化集团公司新版企业文化建设纲要为蓝本，修订《中国石化湛江东兴公司企业文化建设方案》，并通过开展安全活动、质量月活动、廉政教育活动、岗位大检查活动等形式加强专项文化建设，促进企业文化核心理念落地。全年通过公司门户网站发布各类动态信息 55 篇、图片新闻 39 篇，在《中国石化报》《中国石化手机报》、中国石化新闻网、湛江新闻网、碧海银沙网等外部媒体发表稿件 20 余篇。

（陈碧玉）

【内外帮扶工作取得成效】 2015 年，湛江东兴公司持续完善帮扶救助机制，加大困难职工帮扶力度，积极为员工办实事、解难事，全年通过各种形式帮扶救助困难职工50人次，累计发放帮扶补助金6.55万元。积极响应广东省号召开展扶贫“双到”工作，全年总投入70万元用于广东省组织的扶贫开发“双到”，支持贫困村黄桐村、那练村脱贫建设。其中，在黄桐村投入45万元，实施镇进村道路硬底化等14个脱贫项目；在那练村投入25万元，实施镇进村道路硬底化、完善扶贫开发种植基地等15个脱贫项目。截至2015年底，为期3年的该轮扶贫工作全部结束，湛江东兴公司扶贫工作成效得到社会的高度认可，分别被广东省、湛江市评为扶贫开发“双到”工作优秀单位，较好地履行企业社会责任。

（陈碧玉）

【精神文明建设成果丰硕】 2015年，湛江东兴公司不断加强精神文明建设，通过积极开展党团群等活动，创建和谐企业氛围。组织三八妇女节女职工文体活动、五四青年活动、“东兴杯”男子篮球赛和第5届“东兴杯”羽毛球赛等，丰富广大党员、团员、职工的业余文化生活。羽毛球队参加石化集团公司、湛江市各类羽毛球赛，获得1个团体亚军、1个团体第6名、2个单项第5名的好成绩。2015年，湛江东兴公司推荐被评为石化集团公司、湛江市青年岗位能手各1名，1个基层车间被评为石化集团公司青年文明号，6个基层车间被评为湛江市青年文明号，聚丙烯车间被广东省总工会评为广东省先进集体。

（陈碧玉）

表1 湛江东兴公司主要技术经济指标 亿元

指标名称＼年份	2015	2014	2013	2012	2011	2010
原油加工量/万吨	381.10	457.67	474.38	360.94	500.38	485.39
工业总产值①	190.02	290.60	306.53	233.08	312.17	246.78
工业增加值	82.82	60.41	56.91	34.68	41.52	59.14
资产总值	57.77	72.99	78.97	67.91	76.89	67.65
流动资产	23.83	36.36	41.23	31.39	40.95	31.90
固定资产原值	61.77	62.69	60.05	53.52	51.61	51.40
固定资产净值	26.87	28.95	29.99	26.75	27.90	30.76
销售收入②	191.34	290.23	305.73	233.53	312.59	245.82
实现利税	77.99	53.30	54.41	28.51	33.85	54.93
税　金	74.30	57.13	55.00	38.57	50.61	49.46
综合能耗/千克标油·吨$^{-1}$	66.04	64.22	63.10	66.40	61.87	66.06

①工业总产值按现价计算

②销售收入均不含海外销售部分

表2 湛江东兴公司主要产品产量 万吨

产品名称＼年份	2015	2014	2013	2012	2011	2010
汽　油	133.60	158.37	139.92	98.08	121.41	117.43
柴　油	171.54	195.63	217.83	161.08	253.21	245.35
化工轻油	4.51	12.06	10.58	14.77	13.87	9.61
芳　烃	0.20	3.67	12.40	8.91	19.34	14.54
聚丙烯	11.07	13.09	12.21	9.85	12.40	11.26
液化石油气	23.58	28.06	26.48	18.13	25.38	32.44
燃料油	9.12	13.73	26.12	28.17	21.67	21.19

北 海 炼 化

【概况】 中国石化北海炼化有限责任公司(简称北海炼化)地处广西北海市铁山港区临海工业区，距北海市区约 40 千米，南邻铁山港码头。北海炼化前身始建于 1989 年，原名北海石油化工厂，原油加工能力为 60 万吨/年，1998 年 5 月划归石化集团公司。2002 年 7 月，北海石油化工厂被划入石化股份公司，成立中国石油化工股份有限公司北海分公司(简称北海分公司)。2009 年 7 月，中国石化组建北海炼油异地改造项目筹备组，实施北海炼油异地改造石油化工(20 万吨/年聚丙烯)项目，2011 年 12 月 31 日，中国石化对北海炼油异地改造项目筹备组与北海分公司进行整合后，与北海市人民政府共同出资组建中国石化北海炼化有限责任公司。

截至 2015 年底，公司正式职工 749 人，其中硕士及以上学历 8 人、本科学历 238 人、专科(高职)学历 224 人、中专及以下学历 279 人；设有 8 个职能部门、7 个运行部(基层单位)和 5 个附属单位。主要有原料预处理、催化裂化、延迟焦化、硫黄回收、聚丙烯等 14 套生产装置和污水处理、余热回收等 44 套辅助系统。项目配套建设了 320 万立方米原油商业储备基地、北海—南宁成品油管道以及湛江—北海原油管道。主要产品有成品油、石油焦、硫黄、聚丙烯、苯、液化石油气、石脑油、沥青等。

北海炼化主要技术经济指标及主要产品产量见表 1 和表 2。

（覃辉平）

【领导班子调整】 2015 年 4 月 9 日，北海炼化科级以上领导干部大会召开。会上，石化集团公司总经理助理、人事部主任刘中云宣读了党组对北海炼化领导班子主要领导调整的文件。李永林调任炼油事业部副主任，保持原级别，不再担任北海炼化的执行董事、总经理和党委副书记职务；原炼油事业部副主任陈尧焕调任北海炼化执行董事、总经理和党委副书记职务。

（覃辉平）

【召开 2015 年务虚会】 2015 年 1 月 7 日，北海炼化召开工作务虚会。会议明确了 2015 年公司的总体目标：实现安全环保零事故、零污染、零伤害，力争取得总部安全环保先进；在严峻的经济环境下，继续大力优化生产经营，力争超额完成总部下达的技术经济和效益指标；实行精细化管理，重点抓好制度建设和执行，使内部管理科学、合理、顺畅、高效。重点抓好几方面工作：①加强企业文化建设，扎实做好思想政治工作。②大力抓好制度的建设与执行。③抓好装置大修和质量升级工作，确保技改与大修同步完成。④抓好石化码头工程建设，确保石化码头按计划投用。⑤要密切关注深化改革和市场动态，做好原油结构和产品结构的优化调整。

（覃辉平）

【邹才辉劳模技术创新工作室被命名为首批全国示范性劳模创新工作室】 2015 年 1 月 8 日，北海炼化邹才辉劳模技术创新工作室被命名为首批全国示范性劳模创新工作室。北海市总工会党组书记柳金红一行到北海炼化向邹才辉劳模创新工作室授牌。

（覃辉平）

劳模创新工作室授牌 （刘志乾　摄）

【与广西区公安消防总队联合开展火灾灭火应急演练活动】 2015 年 2 月 7 日，北海炼化与广西区公安消防总队在公司商储库联合开展了石油化工火灾灭火应急演练活动。本次演练是落实冬防工作部署，推进火灾防控工作的重要举措。北海市副市长兼公安局长袁健晖、广西公安消防总队总队长李伟民、北海市安监局长覃善府以及北海炼化安全副总监兼消防支队的支队长龙文红参加了本次演习。本次演习共计调集 45 辆应急救援车辆、212 人参演。

（覃辉平）

【举办新闻媒体公众开放日活动】 2015 年 5 月 28 日，北海炼化举办新闻媒体公众开放日活动，北海电视台、《北海日报》《南国早报》、北海 365 网等 10 多家驻市新闻媒体和网络媒体记者先后参观了公司展厅、中控室、装置现场、污水监控池和环保监控点，与北海炼化进行了一次面对面的沟通接触。

（覃辉平）

新闻媒体公众开放日活动 （刘志乾 摄）

【召开“三严三实”专题教育党课暨动员会】 2015年6月10日，北海炼化召开“三严三实”专题教育党课暨动员会，标志着该公司“三严三实”专题教育正式启动。副科级以上干部110多人参加了会议。总经理陈尧焕、党委副书记姜红分别围绕“三严三实”主题，给与会党员干部上了一堂党课。

（覃辉平）

【硫黄装置汽提塔注碱系统正式投用】 2015年6月19日，北海炼化硫黄装置汽提塔注碱系统正式投用，处理装置内积存的碱渣，消除了碱渣处理能力不足的瓶颈，每月可节约废物处理费至少18万元。

（覃辉平）

【召开七一总结表彰大会】 2015年7月1日，北海炼化在多功能厅举行纪念中国共产党成立94周年暨七一总结表彰大会，对2014年度评选出的3个先进基层党支部、35名优秀共产党员、5名优秀党务工作者、4名党风廉政建设先进个人进行了表彰。公司领导班子、党员干部共150多人参加了大会。

（覃辉平）

【开展安全隐患排查“啄木鸟”行动】 2015年8月25日，北海炼化党委下发通知，号召各党支部广泛开展安全隐患排查“啄木鸟”行动，充分发挥党员的先锋模范带头作用和团员青年的生力军作用，发扬啄木鸟精神查找安全隐患，以“严细实”工作作风积极消除安全隐患，确保公司安全生产。

（覃辉平）

【开展“希望工程·圆梦行动”】 2015年9月18日，北海炼化在铁山港区彬定村委和黄稍村委举行了“希望工程·圆梦行动”爱心款发放仪式，将5万多元爱心款发放给了贫困大学生家庭。

（覃辉平）

【成功抗击台风“彩虹”】 2015年10月4日，北海炼化成功抗击了第22号强台风“彩虹”的袭击，确保了装置安全稳定运行和检修施工现场安全无事故。当日上午，北海炼化召开了应急协调会，周密部署抗击台风“彩虹”。14时开始，公司应急指挥中心发布台风红色预警，适时启动应急预案。抓好装置和检修施工现场防台风安全隐患检查；做好台风物资准备，启动公司应急资源，检查对讲机、应急照明准备情况；抓好台风期间装置运行，重点装置根据调度协调，适当降低负荷；启动备用锅炉和备用空压机；雨水系统保持低位运行；与气象、电力部门加强沟通协调，确保铁石线和三塘线双回路供电。全体员工统一思想，提高认识，明确职责，相关人员取消休假，坚守抗台风前线，落实各项防台措施，把台风造成的损失降到了最低。

（覃辉平）

【异地改造石油化工(20万吨/年聚丙烯)项目顺利通过竣工验收】 2015年10月16日，北海炼油异地改造石油化工(20万吨/年聚丙烯)项目顺利通过竣工验收。

（覃辉平）

【首次进行装置停工大检修】 2015年11月25日，按大修统筹计划，北海炼化各套装置逐步切断进料，全面进入全厂停工检修阶段。此次停工检修是公司投产以来第一次全厂大检修。此次大修改造计划总工期60天，同步开展大修和产品质量升级改造项目，大修涵盖12套工艺生产装置、44套公用工程系统共6 168项；产品质量升级改造涉及10套工艺装置、13个系统单元以及技改技措项目同步完成，改造后全厂汽油和柴油产品质量达到国Ⅴ标准要求。

（覃辉平）

【铁山港石化码头建成投用】 2015年12月12日，北海炼化铁山港石化码头建成投用，首船4 000吨柴油成功靠泊接卸。该码头工程由北海石化公司和北海市路港公司共同投资建设，地址位于广西北海铁山港西港区啄罗作业区内，建设2个5 000吨级成品油泊位，其中1个泊位兼顾3 000吨级液化石油气(LPG)船舶靠泊，设计年吞吐能力为150万吨。该码头建成后，将承担起北海炼化生产的汽油、柴油、丙烯和液化石油气等产品的水路装卸作业。

（覃辉平）

【举办“弘扬石油石化优良传统”主题演讲比赛】 2015 年 12 月 25 日，北海炼化在办公大楼一楼多功能厅举办了“弘扬石油石化优良传统”主题演讲比赛。公司党委副书记、纪委书记兼工会主席姜红，各党支部书记及党员和职工群众近 100 人观看了比赛。

（覃辉平）

表 1　　北海炼化主要技术经济指标①　　亿元

指标名称＼年份	2015	2014	2013	2012	2011	2010
原油加工量/万吨	476.57	521.20	508.29	464.07	8.58	12.37
工业总产值	216.41	303.86	304.89	281.52	0.76	6.09
工业增加值	117.84	105.20	102.43	78.38	4.50	1.44
资产总计	91.19	82.09	72.28	81.24	85.83	34.53
流动资产	42.97	37.33	26.79	32.46	38.06	8.56
固定资产原值	51.58	47.44	46.49	48.93	43.31	2.80
固定资产账面价值	38.84	38.08	40.09	42.89	40.20	0.13
销售收入	218.03	302.50	305.10	280.73	0.66	6.62
实现利税	94.38	56.12	51.82	34.36	5.93	1.54
税　金	84.70	56.09	50.17	40.08	0.05	2.62
综合能耗/吨标煤·万元$^{-1}$	0.20	0.21	0.22	0.24	8.86	0.57

①2010 年为原北海分公司数据，2011 年为北海炼化项目建设、开工投产期间数据

表 2　　北海炼化主要产品产量①　　万吨

产品名称＼年份	2015	2014	2013	2012	2011	2010
汽　油	143.27	153.30	141.07	96.78		
98#车用汽油(Ⅳ)	2.95	4.15	3.30	0.19		
97#汽油(Ⅲ)			10.67	4.08		
97#汽油(Ⅳ)	19.12	15.06	3.93			
93#汽油(Ⅲ)			64.80	55.82		
93#汽油(Ⅳ)	82.03	96.52	23.04			
93#乙醇汽油组分油(Ⅲ)			29.08	36.69		2.99
93#乙醇汽油组分油(Ⅳ)	39.16	37.57	6.25			
90#汽油						—
0#车用柴油	167.00	101.25	131.92	201.47		
0#普通柴油	45.49	134.51	102.84		0.77	4.16
化工轻油	3.20	8.43	8.94	19.94		1.65
4#轻燃料油						0.93

续表

年份 产品名称	2015	2014	2013	2012	2011	2010
船用燃料油	0.10	0.89	4.11	11.63		
溶剂油						—
液化石油气	25.98	28.32	28.41	25.67		1.28
商品干气②	1.42	0.67	0.30	0	—	—
混合芳烃				16.12	0.25	
重油(7#燃料油)						0.37
混合碳五				9.99		
甲基叔丁基醚				3.79		
聚丙烯	10.11	11.50	10.40	9.27		
石油苯	3.00	2.53	2.31	2.20		
石油焦	41.79	49.58	44.11	37.42		
工业硫黄	3.14	5.81	5.60	4.44		
沥　青	10.44	4.38	0	0		

①2010 年为原北海分公司数据，2011 年为北海炼化项目建设、开工投产期间数据

②对 2012 年、2013 年的数据有调整

西安石化

【概况】 中国石油化工股份有限公司西安石化分公司(简称西安石化)位于西安市未央区建章路北段，主要从事石油炼制和道路沥青生产，年加工原油能力为250 万吨，是中国石化沥青生产基地之一。其前身西安石油化工厂始建于 1967 年，1998 年 12 月 8 日并入中国新星石油公司，2000 年 3 月 1 日随中国新星石油公司进入石化集团公司，2004 年 1 月 1 日进入石化股份公司。2015 年，西安石化根据石化集团公司改革发展、结构调整战略部署，实施企业转型发展、人员分流安置，成为中国石化首家全厂性停工退出炼油业务的炼化企业。

截至 2015 年底，企业总资产 16.32 亿元，厂区占地面积 76.24 万平方米，拥有常减压(2 套)、催化裂化、气体分馏、MTBE、汽油加氢、柴油加氢、催化重整、苯抽提、A 级沥青调和(2 套)等 11 套主要生产装置。下设管理部门 3 个，中基层管理干部 11 人，在岗职工 120 人。

西安石化主要技术经济指标和主要产品产量见表 1 和表 2。

（李小永）

【领导班子调整】 2015 年 6 月 30 日，石化集团公司总经理助理、人事部主任刘中云宣布对西安石化领导班子调整决定：李少平任西安石化总经理和党委委员；曹西平任西安石化党委代理书记；解聘张忠和西安石化总经理职务，免去西安石化党委书记职务，调出另有任用。

（李小永）

【停工退出炼油主业务】 2015 年 2 月 27 日，石化股份公司炼油事业部到西安石化开展调研，决定对西安石化实施阶段性停工。3 月，西安石化实现安全平稳停工。6 月 26 日，石化集团公司党组会通过了《西安石化转型发展总体方案》，决定西安石化退出主营炼油业务，实施转型发展。

（李小永）

【石化集团公司全力支持西安石化转型发展】 2015 年 4 月 20 日，中国石化在集团公司层面成立西安石化转型发展工作领导小组，下设政府协调、人员安置、资产处置、维护稳定、煤化工项目 5 个工作小组。维护稳定组 6 次、人员安置组 5 次、资产处置组 4 次赴西安石化现场办公，及时解决问题。8 月 18 日，中国石化人事部组织在西安召开西安石化人员

分流安置协调会。石化集团公司宣传工作部根据职工思想动态，编制了《西安石化转型发展宣传提纲》，引导干部职工从 9 个方面深刻认识企业转型发展，制定人员分流安置不同阶段的宣传方案；编写《中国石化部分单位情况介绍》，增强职工外部上岗“走出去”的信心。

（李小永）

【职代会通过转型发展人员分流安置实施细则】 2015 年 8 月初，西安石化分批组织 160 余名职工代表前往北海炼化、中天合创、新星公司等人员分流安置重点接收单位实地考察，并组织考察交流。印发《分流安置细则（草案）说明》《政策问答》和《用工需求岗位计划》等材料，广泛征求职工代表意见。9 月 25 日，西安石化召开第一届十一次职工代表大会，122 名职工代表以 108 票同意，高票表决通过《西安石化分公司转型发展人员分流安置实施细则》（草案），同意票占 88.5%，为转型发展人员分流安置工作打下坚实基础。

（李小永）

职工代表大会现场（李小永 摄）

【促进企业转型发展】 2015 年 3 月 6 日，《西安石化报》及时策划刊发《转型发展，我们已经在路上》的专题报道，组织开展“突破危局，转型发展”大讨论，为实施转型发展提供良好舆论氛围和思想支撑。持续开展 EAP 员工帮助计划，“六必谈，六必访”，结合员工思想动态开展政策宣传引导，对党员开展经常性谈心教育。人员分流安置实施过程中，评估稳定风险，落实稳定责任制，把开展家访谈心作为工作常态，化解不稳定苗头。争取地方政府支持，向陕西省委宣传部和网信办报送请求协助做好企业正面形象宣传的函，舆情处置得到陕西省、西安市网信办大力帮助。坚持企地联动机制，与西安市公安局沣东新城分局建立联席会定期沟通机制，有效化解了集访。

（李小永）

【完成企业转型发展人员分流安置主要工作】 2015 年 7 月，西安石化抽调专人集中编写完成西安石化人员分流安置实施细则（讨论稿）、《政策问答》等 37 份材料。9 月 10 日，组织系统内企业对接分流安置岗位需求。9 月 29 日，组织召开系统内单位招聘供需见面会。9 月 25 日—10 月 12 日，组织实施第一轮内部上岗。12 月 14—21 日，补录内部留守空缺岗位。10 月 8—26 日，组织实施第一轮外部上岗。11 月 19 日—12 月 7 日，组织实施第二轮外部上岗。10—12 月，连续开展内部退养、提前退休、解除劳动合同和停岗留薪手续办理。截至 2015 年底，基本完成人员分流安置主要工作。其中，外部上岗 372 人，占职工总数的 34%；内部上岗 120 人，占职工总数的 11%；内部退养 369 人，占职工总数的 33.8%；办理退休和提前退休 24 人，占职工总数的 2.2%；解除劳动合同 21 人，占职工总数的 1.9%；停岗留薪 187 人，占职工总数的 17.1%。

（李小永）

【国Ⅴ柴油成功试生产】 2015 年 1 月 26 日，西安石化首批 1 300 吨国Ⅴ柴油试生产成功。罐样分析硫含量 6×10^{-6}，十六烷值 53.3，满足国Ⅴ车用柴油标准，2 月 11 日顺利装车出厂，标志着西安石化已具备生产、储运国Ⅴ柴油能力。

（李小永）

【催化烟气治理项目电除尘设施顺利中交】 2015 年 2 月 2 日，西安石化 80 万吨/年催化裂化装置烟气治理项目电除尘设施顺利中交，2 月 3 日投入运行，烟气中颗粒物排放浓度不大于 50 毫克/米^3（标准）。

（李小永）

【常态化开展“我为安全做诊断”活动】 2015 年 3 月，西安石化下发“我为安全做诊断”活动实施方案，发动全员落实主体责任，加强安全检查，争当身边隐患“啄木鸟”，全面深入排查治理事故隐患，确保全面停工后装置和资产安全。

（李小永）

【带压开孔实现故障设备在线维修】 2015 年 3 月 6 日，西安石化采取带压开孔新技术，成功对催化装置发生故障的再生滑阀实施在线修复，解决了催化反应流化异常问题，在确保装置运行平稳的同时，实现了滑阀故障在线处理的首创。

（李小永）

【启动“三严三实”专题教育】 2015年6月5日，西安石化召开“三严三实”专题教育动员部署会，党委书记上党课，启动了“三严三实”专题教育。提出践行严、细、实的作风，推进企业转型发展人员分流安置工作。

（李小永）

【表彰劳动模范】 2015年4月28日，西安石化隆重表彰2年以来在生产经营中做出突出贡献的劳动模范，号召全员弘扬劳模精神，转变思想观念，适应转型发展新常态，自觉维护队伍稳定，力促人员分流安置工作顺利实施；加强学习培训，努力提升素质，满足新岗位、新工作、新要求，为中国石化发展再做贡献。

（李小永）

西安石化表彰劳模（王 强 摄）

表1 西安石化主要技术经济指标[①] 亿元

指标名称＼年份	2015	2014	2013	2012	2011	2010
原油加工量/万吨	29.57	148.05	213.11	217.24	153.17	174.17
工业总产值	14.11	77.48	116.38	118.41	79.70	76.79
工业增加值	1.43	9.53	16.75	9.44	3.27	11.82
资产总计	16.19	23.35	24.36	24.61	19.82	19.60
流动资产	3.13	9.19	10.32	11.15	7.87	9.51
固定资产原值	23.01	20.78	19.46	18.93	12.73	12.66
固定资产净值	12.32	11.28	10.80	11.26	5.69	7.48
销售收入	13.24	77.47	117.82	114.34	81.06	76.33
实现利税	-1.03	7.16	15.44	8.13	1.47	10.19
税 金	4.46	11.89	18.63	14.61	10.53	11.54
综合能耗/千克标油·吨$^{-1}$	80.00	71.34	60.97	53.70	54.08	50.26

①2015年西安石化全厂性停工退出炼油业务，主要技术经济指标数据比往年有较大变化

表2 西安石化主要产品产量[①] 万吨

产品名称＼年份	2015	2014	2013	2012	2011	2010
沥 青	7.33	46.33	72.28	72.89	49.22	62.61
汽 油	8.06	35.41	49.02	34.44	19.89	20.31
柴 油	9.07	40.43	62.79	62.41	41.94	45.61
液化气	1.63	7.34	9.07	7.01	4.51	4.82
丙 烯	0.50	2.73	3.36	2.84	2.03	2.17

①2015年主要产品产量数据为1—3月开工生产期间数据

塔 河 炼 化

【概况】 中国石化塔河炼化有限责任公司(简称塔河炼化)地处昔日的“龟兹”古国、如今的新疆库车县，是中国石化在新疆唯一的炼化企业。其前身是筹建于1993年的地方股份制企业——新疆塔里木油气化工有限公司，1998年11月被西北石油局全资收购，2003年12月整体划转石化股份公司，2004年4月30日设立中国石油化工股份有限公司塔河分公司(简称塔河分公司)。2012年6月25日，石化股份公司决定对塔河分公司进行改制，与新疆阿克苏地区共同出资组建塔河炼化。

截至2015年底，塔河炼化拥有炼油生产装置17套，原油加工能力500万吨/年，焦化处理能力340万吨/年，汽、柴油混合加氢精制能力240万吨/年，催化重整能力75万吨/年，A级沥青生产能力40万吨/年，汽油异构化能力37万吨/年，航煤生产能力30万吨/年，硫黄生产能力8万吨/年。塔河炼化以加工塔河油田重质原油为主，可生产汽油、柴油、3#喷气燃料、化工轻油、沥青、石油液化气、石油焦、硫黄、工业纯苯等10余种产品，产品通过企业铁路专用线销往全国各地。

截至2015年底，塔河炼化有领导班子成员6人，总经理助理、副总经济师、副总会计师、安全副总监各1人，副总工程师3人；下设10个机关处室、5个中心(直属单位)、6个车间。共有在册职工977人，其中教授级高级工程师1人，具有高级职称的17人、中级职称的101人、初级职称的276人；高级技师2人，技师29人，高级工362人，中级工324人，初级工46人。

塔河炼化主要技术经济指标和主要产品产量见表1和表2。

(刘希军)

【吨油利润居石化集团公司炼油企业第一】 2015年，塔河炼化以“保增长、谋发展、强基础、抓党建”为工作主线，弘扬“三严三实”“四个一样”优良传统，践行“三严三实”，深入开展“从严管理年”活动，全力落实生产优化、挖潜增效、降本减费、技术改造等措施，全面提升企业创效能力。全年加工原油411.02万吨，实现销售收入134.19亿元，应缴税费58.93亿元，利润18.79亿元，吨油利润451.72元。在石化集团公司34家炼油企业效益指标排名中，吨油利润位居第一、利润总额位列第四，创塔河炼化历史最好水平。

(刘希军)

【HSSE工作扎实开展】 2015年，塔河炼化狠抓HSSE(健康/安全/安保/环境)管理，建立健全“党政同责、一岗双责、齐抓共管”的责任体系，坚守“红线”意识，层层落实QHSE责任制。开展全员“我要安全”“我为安全做诊断”活动，落实承包商安全管理人员“取双证”、重点作业“双监护”标准，开展“四不两直”安全检查，以零容忍的态度抓问责，促进制度落地、责任生根。成立安全督察大队，强化直接作业环节监管，全年开展安全检查69次，查出问题498项，整改完成率100%；处罚承包商违章行为10次，处理17人。鼓励全员积极排查安全隐患，全年上报安全卫士29次，奖励38人次。持续推进安全隐患治理，全年投资1 786万元，完成石化集团公司级隐患治理项目7项、塔河炼化公司级项目11项。对照新《环保法》《石油炼制污染物排放标准》等法规，全面梳理排查出环保风险问题7项，并制定提标治理方案。推进监督检查常态化，全年整改环保问题232项。推进“碧水蓝天”专项行动和“能效倍增”计划，实施“短平快”节水项目12个，吨油排水指标处于石化集团公司优秀水平。分阶段开展挥发性有机物泄露检测与修复(LDAR)工作，共检测生产装置密封点19.75万个，发现泄漏点682个。着力完善应急救援体系，落实反恐维稳措施，定期开展应急预案演练，提高应急反应能力和处置水平。切实抓好职业卫生工作，定期监测66个作业场所职业危害因素，设置警示牌427个，全年完成职业健康体检898人。创新员工帮助计划(EAP)开展模式，极力塑造员工阳光心态。

(刘希军)

【优化挖潜成效显著】 2015年，塔河炼化确立41个“双增双节”项目，持续滚动推进，努力挖潜增效，取得明显成效。深入开展全员成本目标管理，降低炼油完全费用6 463万元；根据原油和产品价格变化，适时优化生产方案，大力增产高附加值油品，增效7 463万元；加强原油静态交接、储存管控，降低原油损耗3 444吨，减少损失458万元；大力推进批量采购、招标采购，节约物资采购资金290万元；通过优化操作，提高制氢装置掺炼干气比例，降低加工损失，增效130万元；争取税收优惠政策，减免税费219万元。全年通过优化挖潜，合计增效1.63亿元。

(刘希军)

【完成2#系列装置检修改造任务】 2015年7月6日，塔河炼化2#系列装置开始停工检修改造，涉及6个车间7套装置。有3家施工单位共投入劳动力489人、各类检修机具362台实施检修改造。完成检修项目

271项、改造项目20项；检验压力管道147千米。主要实施了2#加氢装置国Ⅳ柴油质量升级改造和2#焦化吸收稳定降低干气碳三含量优化改造2项技术改造项目，以及原2#系列操作站搬迁、2#焦化特阀检修和2#加氢装置循环氢压缩机0215－C101检修3项重点检修项目。7月25日，安全绿色高效地完成检修改造任务，解决了产品质量升级、装置高负荷运行瓶颈，为增产车用柴油、汽油等高附加值产品创造了条件。

（刘希军）

装置检修改造现场 （张锁扬 摄）

【2#加氢装置国Ⅳ柴油质量升级改造完成并投用】 2015年7月26日，塔河炼化2#加氢装置国Ⅳ柴油质量升级改造完成并投用。该项目总投资1.06亿元，改造主要内容包括新增加氢精制反应器、新氢压缩机组、反应流出物后冷器、精制柴油后冷器、高压开关柜各1台和低压开关柜2台，更换反应流出物—低分油换热器2台，改造3座塔内件和2台增压机，流程调整及相应配套设施完善等。投用后进一步提升了塔河炼化生产国Ⅳ柴油的能力。

（刘希军）

【“能效倍增”项目稳步实施】 2015年，塔河炼化累计投资1 225万元，实施5个“能效倍增”项目，预计年节能量6 292吨标煤。其中，淘汰落后电机、连续重整增加无极气量调节、连续重整蒸汽回收和2#延迟焦化装置大吹汽“三泥”回炼改造4个项目先后建成投用，节能量约1 800吨标煤；循环水优化项目按进度推进。

（刘希军）

【新产品开发取得新进展】 2015年，塔河炼化先后开发了70A高等级沥青、国Ⅳ－20#和－35#车用柴油3种新产品。9月14日，70A高等级沥青获得新疆维吾尔自治区公路桥梁试验检验中心出具的合格检验报告。全年生产国Ⅳ－20#车用柴油3.64万吨、国Ⅳ－35#车用柴油0.15万吨。

（刘希军）

【化验室获国家认可】 2015年，塔河炼化化验室通过中国合格评定国家认可委员会(CNAS)认证，取得《能力验证优秀实验室证书》。

（刘希军）

【技术创新取得新成果】 2015年，塔河炼化“运用过程模拟技术计算装置馏出口温度最优控制指标”“塔河劣质稠油生产90A高等级道路沥青新技术应用”2项技术分别获得新疆维吾尔自治区石油学会技术成果一、二等奖。“‘项目承包责任制’在兼职技术服务队伍中的创新运用”获得石化集团公司管理现代化创新成果一等奖。

（刘希军）

【干部职工队伍建设扎实推进】 2015年，塔河炼化结合“三严三实”专题教育，加强领导班子和干部队伍建设，公司领导带头讲专题党课，听课172人次，54名副处级以上干部接受教育；认真召开专题民主生活会，集中查摆“不严不实”问题，梳理出5类意见建议、18条整改措施，做到了即知即改、立行立改；严格遵守干部选拔任用工作“十不准”纪律，对46人进行任前公示、1人予以撤职、1人未予任用，切实做到了“四不提拔”。平稳实施公司组织机构调整、领导班子和领导干部定岗定编、人才成长通道建设，及领导干部任期考核调整、专业技术职位选聘和职业技能鉴定等工作，优化职能部门的资源配置，打通三支人才队伍通道，盘活人力资源发展机制。全年通过竞聘选拔，提拔领导干部45名、专业技术人员185名，选拔高级技师、技师56名；完成年度职业技能鉴定，分别有59名、62名、63名职工取得高、中、初级职业资格。

（刘希军）

【中外记者采访团走进塔河炼化】 2015年，塔河炼化作为古丝绸之路的石化企业，来自伊朗、菲律宾、新加坡、沙特阿拉伯等9个国家的20余名记者采访团和来自全国16个省市的50余名党报记者采访团先后于7月27日和31日走进塔河炼化，采访塔河炼化10年来的发展历程。

（刘希军）

国内主流媒体采访团走进塔河炼化 （张锁扬　摄）

【获得荣誉】 2015 年，塔河炼化质量计量检验中心油品分析站成品班组获全国五一巾帼标兵岗称号。硫黄回收车间和加制氢车间被共青团新疆维吾尔自治区委员会、新疆维吾尔自治区安全生产监督管理局授予自治区青年安全示范岗称号；治安消防中心被共青团新疆维吾尔自治区委员会、新疆维吾尔自治区创建青年文明号活动组织委员会授予青年文明号称号；常压焦化车间团支部被共青团新疆维吾尔自治区委员会授予五四红旗团支部称号。石化集团公司青年工作委员会授予公司团委五四红旗团委称号，授予硫黄回收车间团支部五四红旗团支部称号，授予加制氢车间青年文明号称号；授予硫黄回收车间团支部书记闫虎优秀共青团干部称号，授予储运车间尹超青年岗位能手称号，授予加制氢车间肖长川优秀共青团员称号。催化重整车间李刚获阿克苏地区劳动模范称号。

（刘希军）

【党建工作】 2015 年，塔河炼化召开公司第二次党代会，选举产生公司新一届党委和纪委；全面总结过去 5 年党委工作，部署安排未来 5 年党委工作。深入推进党建体系建设，整改完善党建体系外审不符合项，顺利取得上海质量体系认证中心颁发的《中国共产党基层组织质量管理体系认证证书》。进一步落实“一岗双责”，对照石化集团公司“两个规则”，调整公司领导班子分工，将党建工作、党风建设和反腐败工作、安全环保工作纳入班子成员工作职责；在机构调整和干部考核中，按照“双向进入、交叉任职”“一岗双责”“党政同责”原则，配齐配强了专兼职党务工作人员。扎实开展党务政工干部培训工作，全年举办 2 期党支部书记轮训班，共培训专兼职党务工作人员 180 人次。完善党建考核机制，制定下发《塔河炼化党建工作绩效考核管理办法》，坚持季度检查考核制度，督促基层党支部提升党建工作水平，部分党支部以石化集团公司示范点为标杆改进工作，取得良好成效。

（刘希军）

【党风廉政建设持续深入】 2015 年，塔河炼化制定《党风廉政建设责任制实施细则》《党委落实党风廉政建设主体责任实施细则》《纪委落实党风廉政建设监督责任实施细则》等制度，完善领导人员履职待遇、业务支出相关规定，将领导干部遵守规定情况纳入绩效考核，构建了“一级抓一级、一级对一级负责”的责任体系，有力推进了党风廉政建设“两个责任”的落实。强化党风廉政警示教育，组织 252 名党员干部集中学习新修订的《中国共产党廉洁自律准则》和《中国共产党纪律处分条例》；在各党支部开展《廉洁从业规矩做事》巡回讲座，听课人数 270 人次；对 32 名新任职领导干部进行集体廉洁谈话，增强了广大党员干部的纪律意识、规矩意识和廉洁意识。在公司局域网发布 26 期以案例为主的《廉洁温馨提示》，提醒广大干部职工注意日常工作和生活行为。开设以家庭和谐教育为主的廉洁微信互动平台，共发送信息 34 篇，243 名干部及其家属加入其中，监督自己和家人廉洁从业。严格执行中央“八项规定”和实施细则，建立“八项规定”月报制度，明确 8 个方面 19 项具体要求，促使各项费用得到有效控制，全年业务招待费、会议费、车辆使用费和办公费同比分别下降 32%、25%、23% 和 34%。聚焦生产经营中心任务开展效能监察，提出监察建议 4 条，建章立制 5 项，节约资金 3 349 万元。

（刘希军）

【和谐企业建设】 2015 年，塔河炼化启动扩建文体中心、建设足球场和塑胶跑道项目，进一步改善职工文体娱乐活动环境。坚持开展重大节日慰问活动，全年慰问困难职工和劳动模范 15 人次、在岗职工和少数民族职工 1 000 多人次；制定《塔河炼化帮困救助金管理办法》，规范帮困救助管理，全年精准帮扶困难职工 10 人次；2# 系列装置检修改造期间开展 5 次“夏送清凉”活动，累计慰问检修一线职工 3 000 多人次，让不同群体职工感受到了公司的温暖和关爱。固化和提升节假日文联体协特色活动，及春节晚会、大型游园、中秋晚会等传统活动，进一步丰富了职工的业余文化生活，激发了职工干事创业的激情。文联体协创新活动方式，举办了为期 2 个多月的“夏日激情”系列活动，使新进厂的 70 多名大学生很快融入公司文化生活中，增进了新老职工的感情交流。

（刘希军）

【积极承担社会责任】 2015 年，塔河炼化积极响应新疆维吾尔自治区党委号召，对口扶贫阿克苏地区柯坪县，全年向柯坪县捐助 40 万元，用于支援柯坪县阿恰乡库木鲁克村防渗渠建设，彻底解决了村民浇水难的问题；出资10万元为库车县阿拉哈格镇英沙四村初、高中学生捐赠65辆电动自行车，解决该村学生上学交通不便的问题。按照新疆维吾尔自治区党委开展“访民情、惠民生、聚民心”活动的统一安排和部署，组建第2批“访惠聚”工作组，进驻库车县乌尊镇色根苏盖特二村开展工作，全年用于驻村的投资援疆和物资捐赠费用达135万元。完善基础设施、采购农机农具、扶贫助学救助、帮助村民就业及文体活动进村等一批民生项目的实施，进一步改善了村民的生产生活条件，赢得村民的高度赞誉。经新疆维吾尔自治区综合评定，色根苏盖特二村摘掉了自治区帮扶重点村的“帽子”。

（刘希军）

塔河炼化住村工作组与村民共庆
新疆自治区成立60周年 （雷从营 摄）

表1　　塔河炼化主要技术经济指标　　亿元

指标名称＼年份	2015	2014	2013	2012	2011	2010
原油加工量/万吨	411.02	425.69	410.06	410.39	418.37	251.13
工业总产值	134.14	188.08	187.88	191.88	190.01	99.26
工业增加值	81.70	39.74	36.54	34.90	26.15	23.20
资产总计	54.69	57.96	55.68	47.22	45.40	45.34
流动资产	7.91	9.27	12.71	9.92	9.64	8.67
固定资产原值	64.64	59.81	47.18	43.86	43.58	40.52
固定资产净值	42.01	40.28	31.05	30.29	32.86	32.72
销售收入	134.19	187.15	187.46	193.36	192.60	97.25
实现利税	77.72	34.54	32.94	30.12	22.29	20.01
税　金	58.93	33.55	29.92	30.70	28.93	16.39
综合能耗/千克标油·吨$^{-1}$	55.61	54.49	50.88	49.78	50.34	47.99

表2　　塔河炼化主要产品产量　　万吨

产品名称＼年份	2015	2014	2013	2012	2011	2010
汽　油	42.00	31.00	17.15	16.03	15.39	13.90
3#喷气燃料	7.39	1.82	—	—	—	—
柴　油	202.13	219.45	202.40	198.50	201.60	108.62
石脑油	0.42	20.20	34.74	34.73	37.86	16.78
沥　青	21.29	17.31	31.15	30.17	34.60	36.74
重交沥青	—	2.78	15.08	14.28	19.56	18.51
石油焦	97.44	102.52	94.46	92.15	91.21	49.54
硫　黄	4.00	4.27	3.80	3.75	3.57	1.92
商品液化气	12.57	14.12	12.95	12.97	11.92	6.98
石油苯	—	0.15	0.18	0.20	0.20	0.20

炼油销售公司

【概况】 中国石化炼油销售有限公司(简称炼油销售公司)是中国石化下属专业化全资子公司，于2012年6月28日挂牌成立，前身是2004年9月成立的中国石化上海沥青销售分公司，注册地在上海市长宁区。本部设有14个职能部门，在全国设有3个区域性子公司、29个代表处，拥有职工382人。主要负责中国石化系统内液化气、沥青、石油焦、硫黄、石蜡等石油炼制产品的统一销售。产品销售业务范围覆盖全国32个省、自治区、直辖市。年销售量超3 000万吨、营业收入近1 000亿元，集产品研发、运输、采购、销售、服务为一体。其中，液化气、石油焦、沥青的市场占有率均为国内第一。

炼油销售公司拥有一支技术全面的营销和科研团队，为企业和客户提供完整的产品开发、生产、应用、售后等整套营销解决方案；拥有国家级实验室和产品研发中心，产品多次获国家级和省部级科技进步奖；集成先进的信息资源，凭借优势物流网络，为企业和客户提供铁路、公路、船运等全方位运输和仓储支持；与中国铝业、中国交通集团等世界500强公司建立了战略合作关系，并积极参与国际市场的竞争与合作，先后与多个国家和地区开展技术合作与交流，产品远销海内外。是中国石化销售企业中率先通过并实施ISO 9001质量管理体系认证的企业之一。

2015年，炼油销售公司产品销售总量3 226.55万吨，营业收入602.14亿元，完成利税7.41亿元。

炼油销售公司主要经营指标见表1。

(杜益军)

【生产经营】 2015年，炼油销售公司液化气产品全年实现经营量873.42万吨，同比增加20万吨；石油焦产品实现经营量1 167.46万吨，增加11.84万吨；沥青产品实现经营量749.37万吨，增加93.78万吨，创历史新高。石油焦市场占有率达到43%，沥青市场占有率达到29%，继续占据国内第一的位置；液化气市场占有率为34%，市场份额跌至国内第二；硫黄市场占有率24%，石蜡市场占有率33%，保持国内第二位置。

(杜益军)

【自营贸易工作取得较大增幅】 2015年，炼油销售公司积极开展产品资源的进口、外采、置换、代理、回购等自营业务，全年自营量同比增长65%。国内代理销售企业扩展至12家，经营量超过63万吨，增长81%。作为自营贸易的主要产品，石油焦全年自营量达到111万吨，增长63%。

(杜益军)

【硫黄产品在海峡石化交易中心挂牌销售】 2015年10月28日，中国石化200吨食品级硫黄成功在海峡石化交易中心挂牌销售，标志着硫黄产品的电子商务流程全线贯通，实现了营销方式向"互联网+"迈进的重要一步。炼油销售公司把电子商务作为开拓市场的重要手段，制定了《中国石化炼油销售有限公司电子商务业务管理实施细则》，逐步有序地推进电子商务。先行在包装硫黄、包装石蜡系列产品中开展电子商务的上线工作，并逐步拓展其他产品在该平台的营销业务，努力提高各种产品的边际效益。

(杜益军)

【进口液化气顺利打通销售流程】 2015年11月16日，炼油销售公司通过与上下游企业周密衔接，顺利打通进口液化气销售流程，实现进口液化气长约第1船2.4万吨液化气销售，卖出了当期主流价格。随着页岩气的逐步开发应用，液化气(丙烷)资源进一步增多，国内进口气市场竞争激烈。中国石化提前布局，与国际知名企业签订了液化气进口长约。炼油销售公司提前谋划，把握销售节点，逐一落实进口报关、销售协调、物流对接，切实抓好进口液化气销售工作。不仅给国内下游企业提供了优质原料，也为充分利用进口资源积累了经验，为进一步提升市场份额打下了良好基础。

(杜益军)

【编制温拌沥青国家行业标准】 2015年1月28日，以中国石化企业标准为蓝本的温拌沥青通过国家标准审查会审查。由中国石化牵头的温拌沥青石化行业标准，历经2年多时间，完成研究、编写、讨论、征求意见、送审等工作。该标准的顺利认证不仅有利于规范行业内沥青产品的生产及质量，加快温拌沥青产品的应用推广。

(杜益军)

【技术创新成果获上海市嘉奖】 2015年12月23日，"新一代城镇道路路面设计技术研究与综合应用"成果获上海市公路行业2015年度科学技术一等奖。该成果是由炼油销售公司与上海市政工程设计研究总院联合攻关的创新性科研成果，从标准层面制定了新一代城镇道路的设计应用规范，针对当前道路工程应用技术领域存在的问题，面向新型城镇化和低碳经济的时代发展需要，适用于耐久、可靠、生态、低碳的新一代道路设计与建设，能够广泛用于指导温拌沥青、橡胶沥青、高模量沥青、排水沥青路面、透水沥青路面等新产品、新技术的应用。

（杜益军）

【中国石化研发油墨专用蜡填补国内空白】 2015 年 1 月 4 日，中国石化研发的 AB－1 油墨专用蜡得到美国、欧盟、新加坡等国家认可并签订第 1 批 10 吨国内采购订单。AB－1 油墨专用蜡国内尚无同等产品，性能可完全替代国外进口产品。国内市场容量较大，产品利润约 1 460 元/吨，毛利率 14%。全年累计销售特种蜡 2 万余吨。特种蜡产品均价突破8 500元/吨，毛利率均在 10% 以上，累计创效 1 700 余万元。

（杜益军）

【通过 QHSE 管理体系认证审核】 2015 年 9 月 30 日，炼油销售公司组织并顺利完成年度 QHSE 外部评审。自 2012 年炼油销售公司整合 QHSE 管理体系，已运行了 1 个周期(3 年)，此次审核由上海市质量体系审核中心组织。

（杜益军）

表 1　炼油销售公司主要经营指标　万吨

指标名称 \ 年份	2015	2014	2013	2012	2011	2010
经营总量	3 226. 55	3 154. 69	3 270. 81	2 154. 73	1 953. 93	1 543. 36
沥　青	749. 37	655. 59	714. 97	588. 85	529. 88	590. 17
石油焦	1 167. 46	1 155. 62	1 210. 76	1 115. 71	1 136. 93	953. 19
硫　黄	412. 43	463. 11	500. 27	418. 58	261. 66	
石　蜡	23. 87	27. 11	28. 73	31. 59	25. 46	
液化气	873. 42	853. 26	816. 08			
营业收入/亿元	602. 14	809. 97	874. 40	421. 43	405. 56	334. 88

北京石油分公司

【概况】 中国石化销售有限公司北京石油分公司(简称北京石油分公司)主营汽油、柴油、煤油、天然气、润滑油、燃料油和非油品业务，是首都成品油市场供应主渠道。

北京石油分公司的前身是北京市属石油集团有限公司，成立于 1950 年 4 月。1998 年 9 月，成建制划转石化集团公司。2000 年 2 月，成立石化股份公司北京石油分公司。2006 年 12 月，非上市部分成立中国石化集团资产经营管理有限公司北京石油分公司，2009 年 7 月实行上市与非上市一体化管理。2014 年 12 月变更为现名。

截至 2015 年底，北京石油分公司设有 17 个综合管理部门、5 个专业中心和 2 个专业机构；员工总数 4 997 人；拥有在营油库 9 座，汽柴油管线 158 千米，航煤管线 98 千米；加油站 564 座，橇装站 109 座，加气站 34 座；资产总额逾 138 亿元。

2015 年，北京石油分公司实现经营总量 664 万吨，同比增长 0. 5%；成品油经营量首次突破 600 万吨，达 605 万吨，增长 3. 8%；汽柴油经营量首次突破 500 万吨，达 507 万吨，增长 7. 7%，其中零售经营量 330 万吨、增长 6. 6%；零售比重达 54. 6%，增加 1. 4 个百分点；直批经营量 177 万吨，增长 9. 8%；航煤经营量 97. 7 万吨，下降 12. 7%；燃料油经营量 47. 8 万吨，下降 31. 7%；润滑油经营量 5. 5 万吨，增长 68. 7%；天然气经营量 5. 7 万吨，增长 25. 5%；充电量 7. 3 万千瓦 · 时；非油品营业额首次突破 10 亿元，达 10. 8 亿元，增长 33. 7%；实现利税 10. 8 亿元，报表利润 6. 7 亿元、增长 59. 5%；成品油吨油费用 279 元，节支 2 元；发行 IC 卡 108 万张，沉淀资金首次突破 80 亿元，达 81. 2 亿元、增长 4. 2 亿元，持卡消费比例达 62%，累计发展会员 276 万户；全年共发展加油站 19 座、橇装站 12 座、加气站 12 座、充电站 3 座。

北京石油分公司主要经营指标见表 1。

（钟春翔　毛　琳）

【健全安全生产责任体系】 2015 年，北京石油分公司完善《安全生产责任制》等 13 项管理制度，严抓风险防控及评估。积极推进管线、库站隐患排查工作，上报隐患治理项目 307 项，其中油库及加油站隐患 96 项全部治理完成，管线隐患治理完成 91.5%；对照新版《环境保护法》识别环境风险点 556 项。持续加强应急防恐管理，顺利完成全国两会、田径世锦赛、抗战阅兵等重大活动期间的安全保障工作。持续加强诚信体系建设，清退不具备资质的承包商 21 家。强化设备专业化管理，完成设备完好率多层次分析统计项目上线工作。实现安全生产“十二连冠”；获北京市“安全生产月”活动优秀组织奖和最佳实践活动奖。

（钟春翔　毛　琳）

【自营机出量大幅增长】 2015 年，北京石油分公司深入开展“多卖一吨油”“两创”争先、“八让”扩销等销售竞赛，充分发挥考核导向作用，调动员工增量积极性，零售计划完成率在销售企业排名第一，同比增长率排名第二；自营机出量达 325.4 万吨，增长 7.2%；零售经营实现“三超”，即超市场需求增幅、超主要竞争对手增幅、超区内销售企业平均增幅。

（钟春翔　毛　琳）

【“两微”改造促进高标号增长】 2015 年，北京石油分公司持续实施“两微”改造，完成改造项目 762 个，新增高标号汽油销售网点 24 座，覆盖率达 88.4%，高标号汽油增长 20.4%，较好对接了市场需求。

（钟春翔　毛　琳）

【会员营销能力显著增强】 2015 年，北京石油分公司开展以会员制为基础的全渠道营销，获取 1.8 亿元免费资源开展多种形式的营销活动，降低营销成本，提升客户黏性，全年会员实际运行成本 8 578 万元，下降 23.3%；持卡会员达 276 万户，个人用户线上日均交易 2 200 笔，线上充值总额达 4.5 亿元、增长 188%，加油卡吨油沉淀资金和持卡消费比率 2 项指标在销售企业排名第一。

（钟春翔　毛　琳）

【大客户开发保量增量】 2015 年，北京石油分公司深挖政府采购及集团大客户个人用油需求潜力，弥补单位用户需求萎缩，累计销售 7.3 万吨。获得石化销售公司“比学赶帮超”年度红旗 2 面及“多卖一吨油”年度先进省市荣誉称号，并在销售企业工作会上做了题为《创新零售营销模式，创建一流员工队伍》的经验交流。

（钟春翔　毛　琳）

【合理统配资源】 2015 年，北京石油分公司针对国际油价剧烈震荡及资源明显过剩的态势，紧盯油价影响因素，坚持低库存运作，充分利用短周期调价特点，合理统筹配置和外采两种资源，做到市场下行低仓、上行重仓，有效规避了市场风险，进一步提升了资源创效水平。全年外采资源 97.5 万吨，比重达 24.9%，创效水平达历史新高。推进数质量管理，实现各项抽检 100% 合格；细化油品损溢管理，溢余油品同比上升 29%。

（钟春翔　毛　琳）

【优化物流供应体系】 2015 年，北京石油分公司建立物流保障协调会制度，提升物流、零售、承运商三方协同运作能力；改造油库发货系统，大幅提升无故障运行率；采取多仓油罐车配送等措施，提高油站自有库存，大幅降低油站脱销风险。加油站累计脱销减少 879 站次，下降 68%。

（钟春翔　毛　琳）

【加油（气）和充电站网络建设取得显著成效】 2015 年，北京石油分公司出台网络发展贡献与奖金挂钩等配套政策，发展加油站 19 座，完成全年目标的 190%。通过积极协调政府部门及地方关系，长期关停站复业 4 座。全年完成隐患治理和提量改造项目 92 个，平均工期同比缩短 7 天。加气、充换电市场布局取得实质性进展，全年共投营加气站 12 座，建成投营首座充电站，另有 2 座充换电站的建设工作稳步推进。

（钟春翔　毛　琳）

【非油业务实现高速发展】 2015 年，北京石油分公司引进福建枇杷等 8 个省市的特色生鲜果蔬产品，新增适销对路常规商品 2 037 个，共增加 ETC 网点 108 家、福彩自助售票终端机 190 台、太平保险驻站 270 家。着力打造以陈列营销、主题营销、体验营销、会员营销、微店营销为主要内容的“五位一体”营销体系，以“喀秋莎”立体营销为切入点，带动重点商品销量大幅提升，百日内实现卓玛泉销售 910 万元。不断创新门店经营模式，打造易捷旗舰店。在总部 2 号楼开设易捷生活体验馆，单日销售突破 6 万元，并结合微信营销实现微店销售 30.3 万元。全年非油品利润创历史新高。

（钟春翔　毛　琳）

【直批经营稳定发展】 2015年，北京石油分公司狠抓大客户营销和京标市场开发。实现京标油销量26.8万吨，同比增长6.9%，其中高标号汽油销量6.1万吨、增长44%。利用京津冀一体化的有利时机，加强区内外终端市场开发，全年共开发客户436户，其中橇装站12座，新增销量2万吨。大力发展跨界经营，实现燃料油销量45.6万吨，润滑油3.1万吨，液化气1.1万吨，乙烯焦油0.95万吨，非油商品323万元；开发CNG加气站1座，实现销量942吨；开发加油IC卡客户44户，实现销量144吨。

（钟春翔 毛 琳）

【加强人事管理】 2015年，北京石油分公司严格执行干部个人有关事项报告制度，建立领导干部个人信息电子档案。年内84名中层领导人员和77名基层领导人员填写了个人有关事项报告表，报告了个人婚姻、住房、兼职和投资等多方面的情况。毕业生引进工作实行计划管理，通过履行招聘程序，招聘应届毕业生16人，其中本科生4人、硕士研究生12人。8人获得北京石油分公司政工、工程系列中级专业技术职务任职资格，12人获得石化销售公司经济、会计、工程系列高级专业技术职务任职资格。全年共完成培训班780期，23 140人次参加了培训；在石化集团公司、石化销售公司技能竞赛和技术比武中获4金、2银，非油、培训2个团体第一的好成绩。

（钟春翔 毛 琳）

【稳步推进深化用工制度改革和加油站委托管理】 2015年，北京石油分公司深入推动委托管理工作，建立基本费加联量考核的委托费考核方式，委托站从125座增加到330座，委托站用工总量从796人增加到2 168人；用工模式由正式工与劳务工调整为原正式工、合同制员工、劳务工和非全日制用工，用工业务由直接管理和劳务派遣调整为直接管理、人事代理、劳务派遣和服务外包业务。

（钟春翔 毛 琳）

【强化基础管理】 2015年，北京石油分公司出台《经济合同首谈负责制》和《首验负责制》，修订《会议管理办法》《“三重一大”决策实施细则》等制度，全面推进“三基”工作，制定《“三基”工作实施方案》、加油站及物流中心《“三标”班组建设方案》等，不断夯实企业管理基础。实现HR模块与财务新老系统集成过账的平稳过渡。对应总部工资项调整104项企业工资项，集成到财务测试系统进行集成过账测试；变更公司代码、人事范围8 600余人，新建利润中心19个，新建成本中心163个，变更成本中心约800个。推动实施全员绩效考核，有效调动了全体员工的积极性。获得国家级成果一等奖1项，石化集团公司成果一等奖2项、二等奖1项，北京市成果一等奖1项、二等奖2项。

（钟春翔 毛 琳）

【强化财务管理】 2015年，北京石油分公司持续推进全员成本目标管理工作，累计实现降本2.76亿元，其中加油站减亏达141座，同比实现减亏金额4 812万元；非上市部分实现了盈亏平衡；不断提升纳税筹划能力，税收降本增效突破9 500万元；全年获得“比学赶帮超”年度利润进步红旗1面，连续3年被评为石化股份公司报表先进单位。

（钟春翔 毛 琳）

【进一步提升信息化水平】 2015年，北京石油分公司在销售企业中首家开通微商城，实现线上订货、微信支付等功能，推进O2O模式的落地；持续提升CRM功能，实现零售、批发等客户资料的统一管理；完成ERP大集中推广项目及“两化”融合管理体系贯标试点工作；在销售系统内首家完成智能化管线建设招标工作，并在总部要求的时间节点内实现2条管线上线试运行。

（钟春翔 毛 琳）

【持续加强综合监管】 2015年，北京石油分公司完成审计项目41项，促进增收节支1 394万元；提出监察建议70余条，增加经济效益211万元；通过诉讼维系5座加油站的网点稳定，避免经济损失1 322万元；收回外租房屋3处，执行回款54万元；被评为中国石化法制工作先进单位，1人被国务院国资委评为中央企业法律事务先进工作者，2人获得中国石化优秀法律顾问称号。

（钟春翔 毛 琳）

【不断夯实党建基础】 2015年，北京石油分公司党委倡导“严细实恒”的工作作风，认真开展“三严三实”主题教育活动。制定《党组织书记党建工作责任清单》，提升基层党务工作水平。组织开展政研成果评审会，获得石化集团公司优秀思想政治工作研究成果2项；持续深化党建示范点创建，朝阳区域第一党支部获得石化集团公司基层党建示范点称号。狠抓“两个责任”落实。签订责任书175份，召开4次党风廉政建设联席会议，对5个重点业务、关键环节开展专项检查，对9个区域普遍开展了专项巡视监察，查找问题，督促整改。

（钟春翔　毛　琳）

【持续强化文化引领】 2015 年，北京石油分公司出台《企业文化建设纲要》，“安全、规范、诚信、创新”的核心价值观逐步成为全体员工自觉遵守的行为准则；稳步推进“家文化”建设，投入专项资金 400 余万元，提升“家文化”内涵，获得首都精神文明单位标兵称号，连续 2 年被评为全国“安康杯”竞赛优胜单位。以成立 65 周年纪念活动为契机，集中宣传全国劳动模范张松梅等先进典型，创立张松梅加油站和赵连福创新工作室，特邀“石油魂——大庆精神铁人精神”宣讲总队做现场报告，有效激发了全员学习先进、争当先进的热情。持续加大与重点媒体的沟通合作，举办媒体开放日等活动，树立良好的企业形象；积极推进“号手”工程，切实发挥青年员工在企业发展中的生力军作用；全年未发生群访、越级上访等重大信访稳定事件；工会首次获全国模范职工之家称号，左家庄加油站获北京市模范集体称号；关工委获全国关心下一代工作先进集体称号，1 人获全国关心下一代工作先进个人称号。

（钟春翔　毛　琳）

表 1　　北京石油分公司主要经营指标

指标名称＼年份	2015	2014	2013	2012	2011	2010
成品油销售总量/万吨	604.85	582.90	550.10	572.75	563.00	530.10
零售量	306.01	309.60	303.70	284.76	281.00	269.40
销售收入/亿元	359.00	466.00	458.00	476.00	462.00	376.20
利润/亿元	6.70	4.20	10.50	10.10	9.74	7.20
吨油费用/元	279.00	277.00	265.00	276.00	195.00	195.00
资产总额/亿元	138.79	129.60	123.35	118.00	116.00	101.30
加油站总数/座	564	566	580	583	584	579
在营油库数量/座	9	9	10	10	10	11

天津石油分公司

【概况】 中国石化销售有限公司天津石油分公司（简称天津石油分公司）是石化股份公司所属销售企业，主要经营成品油、润滑油、燃料油的零售、直销、批发业务及其他非油品业务，是天津地区最大的成品油经营企业。公司前身始建于 1950 年 10 月，1998 年 6 月划归石化集团公司，2000 年 4 月改制为中国石油化工股份有限公司天津石油分公司，2014 年 5 月调整改制为中国石化销售有限公司天津石油分公司。截至 2015 年末，天津石油分公司拥有加油站 560 座、油库 5 座，设 13 个职能处室、6 个专业中心，在岗员工 4 500 人，资产总额 60 多亿元。连续 7 年获全国“安康杯”竞赛优胜单位称号，获全国文明单位称号和全国绿化模范单位称号。

2015 年，天津石油分公司紧紧围绕“质量效益双发展”的目标，适应新常态，抓住新机遇，致力于打造“竞争力、创效力、执行力、影响力”4 个软实力，夯实管理基础、拓宽经营渠道、增强盈利能力。全年实现经营总量 344 万吨，完成年度计划的 101.5%。其中，零售 186.4 万吨，完成年度计划的 95.6%，同比减少 11.3%；直销批发 157.5 万吨，完成年度计划的 109.4%，增幅 27.4%。非油品实现总销售额 4.3 亿元。全年实现销售收入 195 亿元。

天津石油分公司主要经营指标见表 1。

（安　宁）

【探索“互联网 +”营销】 2015 年，天津石油分公司积极探索“互联网 +”营销新模式，组建微信营销团队，搭建微信营销平台，已发展会员数超过 44 万人，加油卡绑定 5 万余张，通过微信油非互动赠券有效带动非油品零售额达 500 万元，加油卡沉淀资金稳步提升。

（安　宁）

【低库存运作增加效益】 2015年，天津石油分公司加强油价走势分析，合理把握进货节奏，加快资源流转速度，不断以低价资源更替原有库存，实现库存资源的价值置换，保证库存处于低位。全年月均库存3.6万吨，同比下降2.1万吨；平均减少库存占用2.67亿元，降幅57.7%；避免潜亏4 900万元。

（安 宁）

【挖掘加油站潜力成效显著】 2015年，天津石油分公司增加高标号加油站点79座，高标号销量同比增幅29.6%，高标号比重达到21.8%，增长3.8个百分点。优化调整加油站营业时间，发挥现有网点功能。全年共有45座站延长营业时间，其中外环线内加油站全部实现24小时营业。45座站营业时间调整后较调整前日均增量25吨。

（安 宁）

【差异化营销增强市场控制力】 2015年，天津石油分公司对辖区内主要行业进行深度调研，加强优质行业龙头客户的筛选，以客户分级管理为基础，建立客户电子档案，为客户提供个性化差异服务，从单一销售油品向非油互促、油卡互动转变，综合利用直分销客户资源，深度挖掘客户消费潜能，全年通过差异化营销完成非油品销售额共计1 022万元，完成总部下达计划的402%。

（安 宁）

【创新非油经营模式】 2015年，天津石油分公司建立全渠道营销思路，以蒙牛线上奶卡销售和汽服O2O业务作为开展新型业务模式的切入点，已开通100座试点站，为实现对客户的定制化服务打好基础；打造以汽服业务为主体的综合服务平台，拓展增值业务，2座汽服试点运转良好，月均营业额达40万元，同时带动加油站零售增量16.6%。新开发建设6座易捷站外店，打造易捷品牌社会影响力。

（安 宁）

【合资成立津龙公司】 2015年，天津石油分公司与北京龙禹石油化工有限公司合资成立“津龙汽车用品有限公司”，从事车用清洁用品的开发、生产及销售业务，培育自主业务，形成长效量利增长点。

（安 宁）

【“双微”改造效果明显】 2015年，天津石油分公司全年投入过亿元，对241座加油站进行了“双微”改造，进行安全、环保隐患治理，扩大经营规模，加油站视觉效果、服务功能、安全保障得到提升，员工工作环境得到改善，客户消费环境进一步优化。

（安 宁）

【精细化管理实现挖潜增效】 2015年，天津石油分公司深化全面预算管理，将总部下达的效益预算指标细化为72项预算分指标，横向分解，强化财务统筹，通过盘活资产增收，协调网点减租，梳理长期未付款等方式共实现挖潜增效8 272万元。针对集中采购降费、资金运作降费等9个层面制定具体的降费措施，全年实现降本增效7 146万元，超额完成总部下达的1 920万元降费目标。

（安 宁）

【数质量创效能力提升】 2015年，天津石油分公司接受国家油品质量抽检3次，石化集团公司油品质量抽检3次、计量大检查1次，地方油品质量抽检3次，检验结果全部符合国家标准。油库保管损耗率0.22%，同比下降0.16个百分点，一次损耗控制在0.01%、零售损耗控制在0.1%，全年实现油品创效2 959万元。整体损耗在系统排名第7位，零售损耗排名第8位，运输损耗排名第1位。

（安 宁）

【设备全生命周期管理体系建设】 2015年，天津石油分公司利用开发资产管理系统的契机建立设备全生命周期管理体系，制定《设备全生命周期管理办法》，使设备从采购到报废实行闭环管理，为实现本质安全提供保障，同时印发设备管理手册口袋书到加油站员工，指导基层员工实现安全管理目标。

（安 宁）

【干部履职能力持续提升】 2015年，天津石油分公司先后完善、出台《领导班子及中层干部、骨干人员进行综合考核测评的实施方案》《职能处室和专业中心管理服务考评办法》《重点工作督办制度》《机关办公楼考勤打卡管理办法》等管理制度。重点加强督办制度建设，建立科学岗位评价和多维度考核体系，全年共1 077人次参加了测评，与281人进行个别访谈，通报批评中层干部2名，干部履职能力得到持续提升。

（安 宁）

【员工专业技能明显提升】 2015年，天津石油分公司制定《培训体系建设及培训管理规定》，扎实开展两级培训，全年共举办公司级培训51期，5 415人次参加各项培训；1 296 人参加初、中、高及技师 4 个等级的鉴定工作。开展专家、主任师选聘工作，通过公开竞聘，1 人被聘为专家、3 人被聘为高级主任师，有效提升了各类岗位人员素质。

（安　宁）

【“家文化”建设全面推进】 2015 年，天津石油分公司投入 489 万元用于“五小”建设，并提高一线员工伙食补贴标准，由人均 150 元/月提高到人均 220 元/月。以“双微”改造为契机，加大加油站小食堂的改建力度，把加油站小食堂作为“家文化”建设主阵地，努力把加油站建设成真正的职工之家。举办首届“天石杯·艾美食”厨师大赛，改善员工伙食质量，拓展“家文化”建设内容，丰富员工业余生活，增加企业凝聚力。

（安　宁）

表 1　　天津石油分公司主要经营指标

指标名称＼年份	2015	2014	2013	2012	2011	2010
成品油销售总量/万吨	344.00	334.10	338.97	335.09	331.85	300.10
零售量	186.40	210.20	214.63	213.02	212.55	185.21
销售收入/亿元	195.00	254.70	275.00	289.49	274.99	249.55
利润①/亿元	1.54	0.86	3.00	4.35	4.36	3.99
吨油费用②/元	333.00	329.00	293.00	260.00	269.00	193.00
加油站总数/座	560	557	553	553	539	533
在营加油站数③	488	490	488	485	479	478

①考核利润

②考核口径吨油费用

③年末自有加油站保有量

河北石油分公司

【概况】 中国石化销售有限公司河北石油分公司(简称河北石油分公司)本部位于河北省石家庄市，其机构前身成立于 1949 年。1998 年 6 月 27 日正式划归石化集团公司管理。2000 年 5 月 23 日，按照石化集团公司企业重组改制精神，其主营业务重组成立河北石油分公司，其存续部分称中国石化集团河北石油有限责任公司；后者于 2006 年更名为中国石化集团资产经营管理有限公司河北石油分公司。2014 年按照中国石化混合所有制改革部署，变更为中国石化销售有限公司河北石油分公司。

河北石油分公司在全省 11 个省辖市设有分公司，拥有强大的资源保障体系和完善的经营网络体系。主要经营汽、煤、柴、润四大类成品油，销售区域覆盖河北省全境。截至 2015 年底，河北石油分公司拥有资产总额 103.92 亿元，16 座油库遍布于全省各主要交通枢纽和城镇，总容量达 68.4 万立方米；建有 15 条铁路专用线共 1.78 万米；拥有加油站点1 796个，销售网络覆盖全省城乡各地。2015 年完成成品油销售 649.1 万吨，其中零售 506.8 万吨。

河北石油分公司主要经营指标见表 1。

（吴树彬）

【直面困境拓市上量】 2015 年，河北石油分公司经受了国内经济持续下行、成品油需求严重萎缩带来的挑战，经受了油品质量升级过程中市场经营不规范带来的压力和库存居高不下、油品持续降价竞争带来的冲击，统筹推进扩销创效、服务提升、管理创新、安全稳定等各项工作，较好地完成各项目标任务。全年实现成品油销售 649.1 万吨，完成计划的 96.7%，同比下降 0.3%；其中零售 506.8 万吨，下降 4.3%。销售天然气 761.5 万立方米，增长 416%。非油品实现营业额 11.5 亿元，增幅 39%。报表利润 294 万元，与年度调整目标持平；报表吨油费用 368 元，较预算节支 10 元。

（吴树彬）

【积极应对高库存高油价经营风险】 2015年，河北石油分公司围绕降库存降风险，坚持"堵""疏"结合，一方面把好进货，加大与总部协调沟通力度，最大限度调减配置资源，控制进货规模，为降库奠定了基础；另一方面，加大销售力度，集中开展定时定向销售、打造核心增量主力站等系列营销活动，打开了销售局面，柴油枪出量恢复到6 300吨/日，高库存风险得到有效化解。同时，进一步优化资源流向，最大限度降低成本。全年水运量同比减少56万吨，减少租库、二次搬倒费用4 554万元。

（吴树彬）

【多模式营销增量创效】 2015年，河北石油分公司坚持稳量保价增效，组建跨专业营销小组，集中力量，利用加油卡积分、充值优惠、点对点直降、油非互动多种手段，开展灵活多样的营销。精准目标客户，匹配多种营销措施，引导各级干部员工由做市场向做客户转变，全年保持了汽油同比增长势头，有效扭转了柴油销量下滑局面。根据市场状况，及时调整销售结构，满足客户消费需求，稳定了市场份额。优化营销方式，实施精准营销，通过定时定向销售、打造核心增量站、调整油非互动规模，增量14.8万吨。深化与银行、保险、移动通信、商贸企业的联合营销，累计充值1.9亿元，为方向客户让利1 000余万元，大大地提高了客户黏性。积极开展"多卖一吨油"销售竞赛，加大增量奖励力度，调动全员扩销增量积极性，全年新增客户4 180个，贡献零售量12万吨。狠抓现场服务，全面推广网上业务办理和自助圈存，客户满意度进一步提升。

（吴树彬）

【非油销售创历史新高】 2015年，河北石油分公司发挥规模营销优势，非油销售额实现11.5亿元，创历史最好水平，获石化销售公司7面月度、年度先进红旗。抓重点商品营销，通过组织各层面的竞赛、品鉴会营销，挖掘销售潜力。卓玛泉水、尾气处理液、赖茅酒、宁夏和黑龙江系列商品销售排名全系统前列。打造重点门店，提升门店经营质量。百万元以上门店同比增加124个，达352个；50万元以上门店同比增加157个，达725个。单店日均营业额3 168元，同比增幅23.5%，进店消费率9.7%，增幅18.3%。积极拓展新兴业务，汽服、快餐业务顺利实施。加强商品采购管理，积极推进商品盘点专业化。除烟草外，取消地市公司商品采购权限，实现省公司集中统采，减少了进货和资金风险。

（吴树彬）

2015年12月8日，"第十五届中国崇礼国际滑雪节"在河北张家口市崇礼县开幕。易捷卓玛泉水成为开幕式官方指定用水 （马福英 摄）

【转型发展持续推进】 2015年，河北石油分公司坚持内涵发展，坚持小投入大提效，深挖网络潜能，推动企业由数量规模型向质量效益型转变。积极推进库站运营能力评价建设，结合微改造、提量改造，增加便利店和服务功能，按照投入产出比分类排队，优先改造花钱少、见效快的站点，全年投资1.45亿元改造加油站244座，销量同比提高18%，加油站形象差、布局不合理等问题逐步解决，网络综合创效能力逐步提升。全力以赴维护高速公路网络稳定。在基本保持原有条件的前提下，新发展高速租赁站10座，续租高速站16座；继续采用吨油返利模式，稳定了10座高速合作站的经营。积极拓展网络加气功能，结合河北省"十三五"规划，做好加气站建设规划，加快前期手续跑办。全年建成CNG站3座；LNG建设取得历史性突破，新发展高速公路LNG撬装站8座。积极推进拆一补一、土地置换和资产化工作。

（吴树彬）

【安全管理不断强化】 2015年，河北石油分公司坚持严字当头、实字托底，全面落实HSE责任，逐级签订《HSE责任状》，全员签订承诺书，明确了各级、各部门、各岗位职责。建立HSE评价体系，根据评价结果划分风险等级，逐库逐站制定整改措施，完成隐患治理112项，努力消除物的不安全状态。加大安全教育和监督力度，通过开展安全操作顺口溜征集、互查互学、增加现场和视频检查频次，努力消除"低老坏"现象，提高企业本质安全水平。全年末发生安全等级上报事故，连续 4 年被石化集团公司评为安全生产先进单位。

（吴树彬）

【把好数质量关口】 2015 年，河北石油分公司坚持诚信经营，加强油品源头控制，严把出入库两个关口，严格计量交接，全年共退货 9 批次 5 159 吨。积极开展质量日、质量月系列活动，加强数质量抽查监督，确保进、销、存各环节质量得到有效控制。在国家和石化集团公司的 5 次抽检中，油品质量合格率达到 100%。大力提升专业技术和队伍素质，省质检中心顺利通过国家认可委员会评审，被授予 CNAS 认可证书。

（吴树彬）

【持续推进管理创新】 2015 年，河北石油分公司坚持一站一档、一站一策、一站一责，着力提升加油站(油库)运营能力，初步建立起加油站(油库)运营能力评价体系，充分发挥考核的激励导向作用，通过完善预算、利润和费用考核机制，调整班子业绩和员工薪酬考核办法，调动了各级提质增效的积极性。充分发挥典型示范引领带动作用，全面推广各单位行之有效的经营管理经验，对全面提升管理起到了重要作用。大力推广清单工作法，将年度、月度重点工作逐项分解落实到具体部门和岗位，促进了工作落实，提高了企业执行力。

（吴树彬）

【积极推进降本压费工作】 2015 年，河北石油分公司坚持向管理要效益，进一步深化全员成本目标管理。加强油品进货、密度管控，进货损耗同比下降 0.33‰，创效 1 040 万元，油品密度向好、质量提高，增效 1 500 多万元。优化物流配送，节支 7 959 万元。严格落实中央“八项规定”精神，“六项费用”节支 165 万元。深入开展资产清查，规范不良资产处置，增加收入 2 175 万元；加强实物资产管理，盘盈 1 109 万元。规范核算与往来款项清理，增效 1 761 万元。进一步盘活闲置资产，实现出租收入 2 772 万元，增长 28%。

（吴树彬）

【全方位防控经营风险】 2015 年，河北石油分公司加强现场、资金和商品监管，加大边远小站督察和管理薄弱地区督察力度，开展打击违规违纪专项行动和加油卡专项督察，整改问题 2.41 万余条，查处违规违纪人员 57 人。深刻吸取省内外有关事故教训，开展经营管理“风险排查整改月”活动，及时堵塞管理漏洞。加大审计力度，全年督促整改问题 102 个，审减工程金额 808.14 万元。加强制度、合同法律审核，积极开展法律尽职调查，防范法律风险。

（吴树彬）

【推进三支人才队伍建设】 2015 年，河北石油分公司制定“十三五”人才队伍建设规划及相关配套办法，出台专业技术、技能操作人才评聘实施方案，为畅通人才成长通道打下坚实基础。加强各类人才教育培训，充分发挥站内培训基地作用，将技能鉴定、竞赛比武、班组建设融入日常培训，全年培训员工 8.32 万余人次。进一步规范劳动用工，稳妥推进加油站委托管理，新增个人委托站 170 座，委托员工 920 人，超额完成了任务，得到了总部的充分肯定。

（吴树彬）

【信息化成果广泛应用】 2015 年，河北石油分公司适应经营管理需要，集中开展技术攻关，搭建业务开发与应用管理平台，微信服务号“油惠通”开通上线；搭建省市两级视频监控平台，全部覆盖所有库站及重点区域、重点设备，实现了对运营过程、隐患排查的远程管理；着眼业务未来发展需要，完成了数据中心云平台项目建设，架构起了统一、节能、高效、共享平台。组织关键用户，综合所有业务操作，实施 ERP 大集中并上线运行，降低了 ERP 运行风险。进一步提升 OA、便利店、POS 机系统功能，继续推进电子铅封系统测试开发，满足经营管理需要。

（吴树彬）

【“家文化”建设深入人心】 2015 年，河北石油分公司深入开展走遍基层库站、五必谈五必访、三个必须集体一起过等活动，找准了员工与企业情感共鸣点；全面开展最美小家评比、开心农场建设，努力打造整洁亮丽、充满活力的库站小家，切中了员工利益关注点；紧密结合企业中心工作，唱响尊重劳动、崇尚荣誉的主旋律，强化了主题实践活动的助力作用；开通省市两级微信平台，及时传播好声音、正能量，提高了对家文化的价值认同感。通过上下共同努力，“落实家文化、开心在基层”主体实践活动取得了明显成效，获得河北省总工会颁发的企业文化建设示范单位称号。

（吴树彬）

【党的建设取得新进展】 2015 年，河北石油分公司突出主业主责意识，全面加强党的建设，推动发展、服务群众，凝聚人心、促进和谐。坚持以上率下，通过领导干部讲党课、专题学习研讨、正风肃纪专项行动、聚焦问题整改、弘扬“三老四严”优良传统，深入开展“三严三实”专题教育，各级干部的宗旨意识、责任担当进一步强化；积极推行积分评价管理，持续加强基层党组织建设，唐山任各庄油库党支部进入石化集团公司示范党支部行列；坚持内聚人心、外树形象的工作方针，正面宣传报道与负面舆情控制同时推进，提高了舆论宣传的时效性和影响力。认真落实党风廉政建设主体责任和监督责任，健全廉洁风险防控机制，加强中央“八项规定”精神贯彻落实情况检查，加强廉洁文化建设，增强教育针对性，特别是在春节、中秋等敏感时期，利用反面典型开展警示教育，努力营造风清气正的从业环境。强化企业维稳机制，单独设置维稳机构，压死维稳责任，推动事要解决。全年解决信访事项7个，并成功化解了1起群体事件。继续开展扶贫救助工作，认真落实老干部两个待遇，促进了企业内外和谐。

（吴树彬）

表1　河北石油分公司主要经营指标

指标名称＼年份	2015	2014	2013	2012	2011	2010
成品油销售总量/万吨	649.10	650.90	654.00	634.42	623.70	585.70
零售量	506.80	529.30	547.00	534.30	510.10	426.32
销售收入/亿元	379.22	494.11	510.80	506.65	480.00	384.70
利润/亿元	0.03	2.30	6.50	10.07	7.10	5.80
成品油吨油费用/元	368.00	358.40	373.00	338.00	322.00	289.00
加油站总数/座	1 796	1 825	1 825	2 034	2 034	2 012

山西石油分公司

【概况】 中国石化销售有限公司山西石油分公司(简称山西石油分公司)本部位于山西省太原市万柏林区人王路8号，前身为成立于1951年的中国石油公司太原支公司，1991年改为山西省石油总公司，1998年整体划归石化集团公司，2000年10月重组改制为中国石油化工股份有限公司山西石油分公司，2014年按照中国石化油品销售系统改革重组安排，更名为现名。

山西石油分公司是中国石化在山西唯一的、也是全省最大的成品油销售企业，承担着成品油资源配置、供应的主要任务，主营汽油、柴油、煤油、润滑油、燃料油及非油品业务。

山西石油分公司下辖11个市分公司、140个县(区)公司，截至2015年底，用工总量8 422人，共有在用油库14座、在营加油站1 380座、非油品便利店900座，资产总额75.08亿元。

山西石油分公司主要经营指标见表1。

（邓俊伟）

【统筹协作稳市拓量】 2015年，山西省经济增长乏力，成品油需求持续萎缩，市场资源严重过剩，价格竞争更趋恶化。面对严峻的经济形势和艰巨的经营任务，山西石油分公司不等不靠，积极调整经营思路、力拓市场空间，建立业务经营周例会制度，持续强化经营部门统筹协作和资源市场协同运作。在资源配置方面，坚持市场导向，优化进销衔接，按照“多销多采”的资源策略，主动争取政策支持，努力优化资源结构，全力降低资源成本。同时，按照有利于经营创效的原则，合理安排到货分销库和配送加油站，积极推进密度营销，严格落实低库存运作，加强资源摆布，把握库存低限，全面优化物流体系，有效降低物流成本，形成了常态化的资源降本增效、密度创效和降费增效运行机制。在经营管理方面，强化“以客户为中心”的经营理念，深入开展“多卖一吨油”销售竞赛活动，紧盯市场变化，灵活组织营销，积极开展“油非互促”“点对点”竞争、小额配送和IC卡营销，抢抓客户资源，全力扩大销量，通过综合发挥国企品牌、油品数质量和个性化售后服务等比较优势，不断提升顾客忠诚度，巩固老客户、开发新客户，有效稳定、拓展了市场份额。

（刘丽婷　邓俊伟）

【创新思路做大非油】 2015 年，山西石油分公司为加快向综合服务商转型发展，不断拓宽营销思路，积极丰富营销手段，实现了非油品营业额、毛利额同比持续增长。①突出重点商品销售，积极开展现场营销。加强燃油宝、卓玛泉和柴油车尾气处理液等重点商品营销培训、考核奖惩，调动员工销售积极性，提高员工营销技能，通过开展节假日促销、季节性促销，在加油站现场悬挂横幅、张贴海报、设置堆头，营造浓厚销售氛围，提高店内销售比重。②持续推进业务融合，大力开展“油非互促”活动。牢固树立“大业务”经营理念，努力推进非油品业务与零售、直分销业务深度融合，制定下发《山西石油分公司油非互促活动方案》，积极开展直分销线条“油非双增长”营销活动。③全面深化战略合作，努力实现互惠共赢。与太平保险、山西移动、太原本草农业开发有限公司等签订战略合作协议，资源共享，优势互补，全方位深化战略合作，多手段开展交叉营销，大力发展汽服、广告等新兴业务，不断扩大非油品销售渠道，丰富非油品盈利模式。④积极开展“进村入市”，扩大品牌影响力。走出易捷便利店，在车展、集市等人员聚集场所设置商品展示区、促销区，利用服务三夏契机，送非油商品到田间地头，加强“易捷”品牌宣传推广，有效提高“易捷”品牌认知度。2015 年，共实现非油品营业额 9.9 亿元、同比增长 68.42%，毛利额 9 651 万元、增长 61.33%。非油品经营迈上了新的台阶，成为经营创效的新增长点。

（刘丽婷　邓俊伟）

1 月 8 日，山西石油分公司与太平保险山西公司签署战略合作协议

【防治结合确保安全】 2015 年，山西石油分公司认真贯彻落实国家、总部及山西省安全管理相关要求，坚持预防为主、防治结合，全力以赴确保安全。严格落实安全生产责任制，推行实施“一把手安全生产承诺制”和“领导干部定点承包挂牌制”，全面强化安全生产执纪问责，确保安全生产责任到人、落实到位。不断加强安全生产监督检查和安全隐患排查治理，设立安全督察大队，进一步加大对现场作业、设施设备和承包、承运商监督管理，查“三违”，强“三基”，以“隐患整治攻坚年”活动为抓手，大力开展隐患排查、综合治理，全面防治安全风险。积极组织开展安全主题征文、安全经验分享及“我为安全做诊断”活动，持续强化企业安全文化建设，加大员工安全知识技能培训，构建应急预案演练常态化机制，以人为本，筑牢安全发展防火墙。

（刘丽婷）

【多措并举优化数质量管理】 2015 年，山西石油分公司将全面提升数质量管理水平作为落实从严管理、提升品牌形象的重要抓手，大力整章建制、规范管理，先后修订、制定了《山西石油分公司油品地罐交接计量管理办法》《山西石油分公司质量事故领导干部处分规定》等 8 项油品数质量管理制度，使得管理职责更加清晰，操作流程更加明确。紧盯油品进销存各个环节，持续强化油品质量抽检和库存盘点，深化运用铅封管理和智能化监控，全力推进加油站地罐交接深入开展，严格落实损溢管理制度，规范开展油品损耗核销，全省系统汽、柴油零售损耗同比明显下降，数质量管理水平得到进一步提升，有效确保了质量合格、计量准确，巩固提升了品牌优势。

（刘丽婷）

【从严从细强化“三基”工作】 2015 年，山西石油分公司认真贯彻落实石化集团公司《关于进一步强化提升“三基”工作的指导意见》，从制度入手，向落实岗位职责着力，建立健全“三基”工作领导机制和部门协同推进机制，对企业管理现状和“三基”工作运行现状进行梳理分析，重点分析产生问题在制度建设方面的原因，积极制定、修订、完善制度，努力实现管理制度化、制度流程化。同时，组织各部门对各岗位说明书进行“回头看”，综合总部要求及先进省市公司做法，结合公司实际，讨论完善《岗位说明书》，确保部门职责、岗位职责清晰完整，工作时间、质量要求明确具体，流程通畅，风险可控，从抓实抓好岗位管理着手，有效规范运行秩序，提高运行效率。

（刘丽婷）

【全省系统首座自建 LNG 加气站投产运营】 2015 年 1 月 13 日，山西石油分公司首座自建 LNG 加气站——临汾河西加气站投产运营。该站位于临汾市尧都区刘村镇，占地 6 600 余平方米，地处 309 国道与 329 省道交汇路段，集加油、加气功能于一体。加油业务于 2013 年 5 月开工，10 月竣工，加气业务于 2014 年 10 月 9 日开工建设。

（刘丽婷）

1 月 13 日，山西石油分公司首座自建 LNG 加气站——临汾河西加气站投产运营

表 1　　山西石油分公司主要经营指标

指标名称＼年份	2015	2014	2013	2012	2011	2010
成品油销售总量/万吨	479.87	485.81	482.67	496.11	495.82	414.50
零售量	300.03	333.46	359.85	380.99	359.29	297.70
销售收入/亿元	269.33	359.24	374.00	399.37	400.33	290.00
利润/亿元	-3.53	0.06	5.10	8.64	6.00	4.35
吨油费用/元	331.00	356.00	388.00	341.00	313.00	308.00
在营加油站总数/座	1 380	1 369	1 347	1 426	1 483	1 502

上海石油分公司

【概况】 中国石化销售有限公司上海石油分公司（简称上海石油分公司）位于上海市黄浦区中山东一路 24 号甲。其前身是成立于 1953 年 10 月的中国石油公司上海分公司，1998 年 9 月整体划转石化集团公司，2000 年 2 月按照石化集团公司整体重组、主辅分离和改制上市的要求，组建成立上市分公司，2014 年 5 月，中国石油化工股份有限公司上海石油分公司正式变更为中国石化销售有限公司上海石油分公司。

上海石油分公司是上海市成品油市场供应主渠道，主要从事汽、柴油和液化气的零售、批发、直销配送、仓储业务以及非油品销售业务。

截至 2015 年底，上海石油分公司共设有 15 个综合管理部门、2 个专业中心和 10 个分公司。拥有员工 4 684 人，其中正式工 1 624 人，其他用工 3 060 人。拥有在营油库 4 座，总库容 63.45 万立方米；在营加油站 583 座，其中全资站 387 座、控股站 81 座、参股站 69 座、租赁站 46 座。

2015 年，上海石油分公司完成经营总量 486.21 万吨，同比增长 5.9%；销售成品油 485.70 万吨，增长 5.9%，其中零售 385.54 万吨、增长 6.7%，直销 81.46 万吨、减少 1.4%；便利店实现营业额 8.17 亿元，增长 43%；报表利润 10.59 亿元，增长 51%。

上海石油分公司主要经营指标见表 1。

（徐若茵）

【调整公司领导班子】 2015 年 3 月，石化集团公司党组对上海石油分公司领导班子进行调整，调石化股份公司油品销售事业部副主任、销售公司副总经理左兴凯任上海石油分公司董事长、党委书记；原党委书记聂时榜转任总经理、党委副书记。2015 年 4 月，石化集团公司党组调上海工程有限公司张莺任上海石油分公司纪委书记。调整后上海石油分公司领导班子由左兴凯、聂时榜、王登梯、夏凤梧、张莺组成。

（徐若茵）

【正风肃纪创造良好环境】 2015 年，上海石油分公司深入开展正风肃纪工作，提出立规矩、守纪律、转作风、严问责的工作要求和工作标准。组织中层干部和管理人员学《渔父》谈体会，促进了干部队伍思想作风和工作作风的转变。连续组织“谈思路，谋发展”“转型发展，青春同行”“管理为经营服务”论坛，近百名干部员工走上讲坛，为改革创新献计献策。建立基层调查研究工作机制、加油站结对工作制度，共有181 人参加了与加油站结对工作，联系次数达到 1 289 次，收到意见和建议 186 条。认真履行党风廉政建设的主体责任和监督责任，严格问责，经组织处理 1 名正处级干部降为主办，对 11 名党员干部进行了提醒和诫勉谈话。

（徐若茵）

【深化改革激发企业活力】 2015 年，上海石油分公司按照“专业化指导、扁平化管理、区域化运作”的思路，全面深化体制机制改革。撤销零售中心，成立零售管理处；撤销零售管理分中心，成立 10 家分公司；撤销非油品管理中心，将加油站易捷便利店销售和管理划入零售系统，将经营管理职能与原商客中心进行整合，成立商业经营中心；将财务核算和管理职能从原会计核算中心划入各分公司；对物流中心体制进行优化、职能整合；对津滁公司所属的一个酒店实行了内部承包经营；完成 296 座加油站委托管理，并建立健全了相应的管理机制。对部门职责进行全面梳理和调整，调整完善了公司部门、加油站、加油卡绩效考核办法，对加油站重新定岗、定编、定薪，将指标完成情况与薪酬挂钩。

（徐若茵）

【统筹平衡提高业务运行水平】 2015 年，上海石油分公司统筹优化成品油资源，合理安排库存摆布，坚持低库存运作，全年库存商品周转达 47 次。修订完善成品油采购询比价管理办法，全程密闭竞价采购招标，全年组织外采 60.75 万吨（剔除集采和轻燃），外采创效同比提升 51%。

（徐若茵）

【多措并举扩销增量】 2015 年，上海石油分公司畅通扩销增量瓶颈，落实“两微”改造后的加油站平均销量同比增幅 18.78%，高出其他站 12.1 个百分点；灵活运用价格策略，建立网格化市场监控体系，采取“点对点”竞争策略，69 座汽油让价站日均销量 1 578吨，增幅 56.23%，47 座柴油让价站日均销量 1 126吨，增幅 16.82%；增设 98# 汽油供应网点 19 座，45 座加油站实现 98# 汽油销售 2.46 万吨，增加 1.18 万吨、增幅 91.39%；强化加油卡营销，全年销售加油卡 142.02 万张，增幅 1.62%；累计充值金额 249.95 亿元，其中网上营业厅充值金额 27.09 亿元，占总充值额比重 10.84%；持卡消费比重 50.10%，增长 0.29 个百分点。全年加油站单站销量 6 562 吨，增长 5.9%，万吨站达到 124 座。零售量增长位居区内省市公司首位，获销售企业年度红旗，被石化销售公司评为“多卖一吨油”销售竞赛活动年度先进。

（徐若茵）

【差异化经营稳直销规模】 2015 年，上海石油分公司实施差异化营销策略，提升产品覆盖面和市场竞争力。调整预算考核导向，贴近市场灵活作价，完善客户分级管理体系，坚持“驻家服务”，完成上海巴士集团 11 座内部加油站系统智能化建设。上港、公交两家“驻家”客户全年销量 10.6 万吨，占直销总量的 17%，盈利 3 076 万元。直分销增长获销售企业年度红旗。

（徐若茵）

【整合资源促非油发展】 2015 年，上海石油分公司深入开展“油非互促”“卡非互促”“油非双增长”营销活动，认真做好重点商品推介工作。整合客户资源，深入挖掘油品直销客户的非油需求，尾气处理液年销量达 1 000 多吨。全年非油品营业额 8.17 亿元，其中便利店零售额 2.75 亿元，同比增幅 42.4%；团购 2.16 亿元，增幅 70.08%。

（徐若茵）

【物流保障能力日益加强】 2015 年，上海石油分公司优化物流运行，努力提升配置资源管输比例，全年累计管输资源达 361 万吨，占配置资源的 94.2%，其中金闵管线累计完成 146 万吨，同比增长 10.6%。全年完成出库量 511.68 万吨，增幅 4.6%；成品油配送总量 392.04 万吨，增幅 6.2%；对外有偿服务创收 1 178.88 万元。

（徐若茵）

【加油（气）站网络发展得到优化】 2015 年，上海石油分公司加强与政府部门的协调沟通，积极争取并延续了加油站土地出让有条件挂牌至 2020 年的政策，泗泾、九亭和虹南 3 座加油站经缩建改造，在上海市重大工程中得以保留。全年新建加油站 6 座，在营站达到 583 座。取得加油站出让用地 1 宗，正在协调出让土地 5 宗。积极开拓加气业务，制定上海石油 LNG 发展计划，完成龙东、沪芦 1#、沪芦 2#3 座加气站改造。与上海申能集团、上海交运集团签署了合作发展框架协议，扩大天然气市场占有率。全面完成投资计划，完成加油站提量改造8座、加油站安全隐患整改项目8座，完成杨浦油库视频监控系统更新、南门油库油气回收装置、液位仪及自控系统等工程建设。全年完成固定资产投资1.25亿元，获得石化销售公司发展质量年度先进红旗。

（徐若茵）

【企业安全平稳运行】 2015年，上海石油分公司全面深化HSE管理。按照总部要求配备了安全总监，成立了由15人组成的督察大队。全面开展安全督察，实现安全检查闭环管理。修订完善5项HSE管理制度，开展对承包商负责人、安全负责人、项目经理安全教育培训。投入1 730万元，完成隐患治理项目45项，其中石化集团公司级隐患治理项目8项。开展合理化建议活动，收到“我为安全做诊断”建议6 677条。开展油气回收专项整治，完成17个加油站截污纳管、杨浦油库污水处理装置更新等环保项目，污水外排口检测率达到100%。上海石油分公司连续2年获评石化集团公司安全生产先进单位，连续7年获评上海市安委会办公室安全生产工作优胜单位。

（徐若茵）

【数质量工作稳步推进】 2015年，上海石油分公司进一步加强数质量基础管理，将计量管理内容纳入ISO 9000质量管理体系。加强对配置油和外采油品的质量监控，确保了油品100%合格。加强损耗原因分析，强化油品出库、运输、到站等环节管理。积极推进罐容表标定等工作，全年零售损耗控制在1‰以内。获中国石化质量管理奖先进单位。

（徐若茵）

【财务价值管理得以强化】 2015年，上海石油分公司深化全面预算管理，实现了预算管理全覆盖。强化财务业务数据分析，开展非油品经营专题分析和对标分析，查找“短板”，落实措施。深化全员目标成本管理，实行费用部门归口管理。加强税收筹划，全年节约税费2 149万元。强化资金管理，全年财务费用较预算进度减少了528万元。经普华永道年度报表审计，无需调整事项。获石化股份公司年度财务管理综合考评先进单位。

（徐若茵）

【信息化水平稳步提升】 2015年，上海石油分公司提升信息系统应用水平，制定信息化建设规划，深化ERP系统应用，完成加油卡查询系统功能提升、零售管理系统优化、数据库审计系统试点与加油卡电子充值卡试点工作。完成了256座报账制加油站OA电脑和50座发卡网点卡管电脑的虚拟化改造，实现了加油站办公电脑统一部署与远程管理。新机房按时投入运行。

（徐若茵）

【风险防控能力逐步加强】 2015年，上海石油分公司强化风险控制，修订业务控制点213个，调整内控权限指引70项、费用审批权限72项，实行企业负责人“双签”制度。组织直销和小额配送现场突击检查、经营资金风险防控专项自查。修订《合同管理办法》和标准合同文本，杜绝了合同倒签行为。完成46家长投项目的工商变更。解决房地产历史遗留问题，规范土地权属22宗，完成率91.7%，规范房产管理66处，完成率98.5%。全年共处理加油站洗车点清退、员工劳动争议、联营合同等纠纷47起，办结案件16起。公司普法工作在石化集团公司“六五”普法总结验收和依法依规推进会中获得好评，获2011—2015年中国石化法治宣传教育先进单位称号。

（徐若茵）

【审计监督作用有效发挥】 2015年，上海石油分公司结合离任经济责任审计，及时落实问题整改。针对经营管理中出现的问题，及时有效地开展8个审计项目、11项专项调查。抓好惩防体系建设，完成效能监察项目4项，为企业节约资金150万元，增加经济效益835万元，挽回经济损失36.3万元。

（徐若茵）

【队伍建设持续加强】 2015年，上海石油分公司进一步加强队伍建设，大力推进中层岗位交流和选拔任用，调整比例达到79%，干部职工对选人用人满意、基本满意率达到100%；积极开展技能鉴定、竞赛比武等工作，职工培训覆盖率、技能操作培训率达到100%，获得技能竞赛和技术比武金牌1枚、铜牌3枚。扎实推进“比学赶帮超”工作，全年共评出公司季度红旗12面，年度红旗6面。获得石化销售公司2015年度“比学赶帮超”工作优秀组织奖、月度（季度）红旗21面、年度红旗7面，3人获个人标兵称号。

（徐若茵）

【思想政治工作扎实有效】 2015年，上海石油分公司扎实开展“三严三实”专题教育，坚持以上率下，突出问题导向，领导班子成员讲专题党课5次，中心组组织专题(扩大)学习11次，主题辅导报告3场，查找“不严不实”问题150个，并积极整改。认真履行“两个责任”，制定了《关于落实党风廉政建设党委主体责任和纪委监督责任的实施细则》，签订了《党风廉政责任书》《廉洁从业承诺书》；强化执纪查处力度，对近5年的信访举报情况进行梳理、分析，提出改进措施，对信访举报和审计中发现的问题从严问责。进一步加强思想教育，全年组织党委中心组集中学习23次，形势任务宣讲14场，编印企业文化“三部曲”，开展“亮点人物”评选活动。开展基层“家文化”建设，全年投资381万元建设“家文化”示范站45座，员工伙食补贴标准由8元/天增至15元/天，投入1 500余万元用于劳动防护、防暑降温及职业病体检等项目。做实工团及离退休工作，送温暖基金共补助困难职工237人次，共计85.97万元；积极组织青年文明号、青年突击队等创建活动；认真落实离退休老干部“两项待遇”；开展“我是主人我要说话”主题活动。连续10年获“安康杯”全国优胜企业称号。

(徐若茵)

表1　上海石油分公司主要经营指标

指标名称＼年份	2015	2014	2013	2012	2011	2010
成品油销售总量/万吨	486.21	459.04	448.18	451.02	450.42	439.08
零售量	385.54	361.39	351.92	349.13	334.05	323.41
销售收入/亿元	300.65	359.64	364.18	374.01	367.74	330.26
利润/亿元	10.59	7.00	7.30	10.24	10.60	10.00
吨油费用/元	277.00	286.00	307.00	270.00	254.00	229.00
资产总额/亿元	124.61	113.34	103.78	98.06	99.52	88.80
加油站总数/座	583	583	611	605	613	609
在营油库数量/座	4	5	5	5	5	5

江苏石油分公司

【概况】 中国石化销售有限公司江苏石油分公司(简称江苏石油分公司)，位于江苏省南京市中山北路395号，主营油品销售。前身为1953年成立的中国石油公司江苏分公司，1997年加入中国东联集团有限公司，1998年整体划转中国石油化工集团公司。

江苏石油分公司下设南京、无锡、徐州、常州、苏州、南通、连云港、淮安、宿迁、盐城、扬州、泰州、镇江、江阴14个区域分公司。2004年，在江苏苏州与壳牌合资组建了中国第一家经国务院批准的从事成品油零售业务的中外合资公司——中石化壳牌(江苏)石油销售有限公司。

截至2015年末，江苏石油分公司拥有总资产230亿元，在营加油站达2 227座，在营油库25座，成品油管线1 070千米；累计各类用工总数21 022人，其中在岗正式工3 167人。

江苏石油分公司主要经营指标见表1。

(及　非)

【较好完成全年目标任务】 2015年，江苏石油分公司全年实现成品油经营量1 350.8万吨，同比增长2.6%，其中零售1 137.1万吨、增长2.5%，直分销213.7万吨、增长3%。非油品销售收入26.3亿元，增长92%。天然气销量1.55亿立方米，增长38.9%。实现利润24亿元，增长25.4%。吨油费用264元，较预算节约14元。

(及　非)

【成品油经营逆势上扬】 2015年，江苏石油分公司在柴油需求低迷、竞争空前激烈的情况下，强化经营统筹，积极开拓市场，成品油经营量增长33.7万吨，列销售系统第一。充分运用多销多采政策，自采+集采量同比增长13%。加强密度管理，严格价格询比，外采价格处于全行业最低水平，资源创效能力大幅提升。

(及　非)

【加油卡业务开展情况良好】 2015年，江苏石油分公司“线上线下”互动、“油非卡气”交叉营销，积极利用第三方资源，全年平均持卡消费比重51.8%，加油卡沉淀资金同比增长8.1%。

（及 非）

【强化直分销经营】 2015年，江苏石油分公司强化分级维护，积极拓展市场，全年新增直销终端客户2 239个，销售增量33.3万吨。开展“油非双增长”竞赛，客户成交率上升1.5个百分点。开拓轻质燃料油市场，扩大经营规模。

（及 非）

【非油品经营跨越发展】 2015年，江苏石油分公司非油品销售规模跃居销售系统第二。强化进货管理，实行进货比价、竞价，下调167种商品进货价格，大力节约采购成本。突出重点商品销售，全年燃油宝销售1.5亿元，增长151%，实现毛利8 582万元，3项指标均排名销售板块第一。饮料、汽服、润滑油等基础品类销售和毛利增幅均在50%以上。

（及 非）

【天然气业务扭亏为盈】 2015年，江苏石油分公司天然气业务计划完成率和零售量位居销售系统第一。拓展采购渠道，对供应商进行优胜劣汰，CNG进货均价下降1.25元/米^3，节约采购成本2 008万元。强化沟通协调，稳定销售价格，扩大毛利空间，实现扭亏为盈。强化零售经营，天然气零售量同比增长38.9%。拓展加气网络，新增开业加气站8座。10家地市公司成功开展批发业务，新增批发量1 135.9万立方米。

（及 非）

LNG储罐

【网络发展多元并进】 2015年，江苏石油分公司年末在营站达2 227座，较上年增长18座，加油站净增数位居销售系统第一。全年新增开业加油站42座，81%位于城区等重点区域。新增储备加油站建设用地40宗，其中定向挂牌29宗。加强在营站考核，严格管控歇业站，逐站分析拆迁风险、已拆未建和临期项目，落实保站预案，完成15宗土地、21座加油站续租。协调解决15个历史遗留项目，降低投资风险。以“他有我管”“他有我营”等模式成功发展18个轻资产项目，当期开业11座，有效增强区域市场控制力。成品油储运体系更加完善。苏北管道顺利投营，淮盐支线建设有序推进。

（及 非）

销售网络建设多元发展

【优化用工成效显著】 2015年，江苏石油分公司人均零售量同比增长10.2%，人均利润增长30.1%。优化考核分配机制。对零售工效挂钩实行“切块”管理，建立联量、联效计酬为主的薪酬分配机制，有效激发基层活力。薪酬向基层一线倾斜，油站员工人均收入增长17.8%，基层员工工作积极性、主动性显著提升。640座加油站实施小站管理改革，其中家庭承包264座，委托管理342座，“合伙制”34座，实质性优化用工2 800人。改革站用工平均减少38%，销量增幅高于省均10个百分点，收入实现同步增加。

（及 非）

【管理体制改革有序开展】 2015年，江苏石油分公司省公司机关撤并4个职能处室，将信息工作站及财务核算部移交地市公司管理；二次物流实行省公司统一调度；整合地市公司零售、非油品和管理公司职能；按照总部统一部署，有序推进财务共享。大力推进优化用工。对照先进劳效水平，实行严格定编，省公司机关瘦身调整到位。推进县公司体制改革。“以块为主，条块结合”，整合资源、配强团队、落实责任，巩固、扩大县域市场占有率，县级市场经营量增幅高于全省平均增幅2个百分点。

（及 非）

【比学活动激发活力】 2015年，江苏石油分公司将“比学赶帮超”与三年奋斗目标有机结合，瞄准第一、对标先进，建立省、市、县四大类41项三级指标体系，红旗数名列省市公司前茅，夺得总部11项年度红旗，首次荣获标杆企业称号。

（及 非）

【安全生产总体平稳】 2015年，江苏石油分公司以推进“三标”班组建设为切入口，狠抓“三基”建设。建立完善“1（安全生产责任制）+3（安全环保事故、安全事件、检查问题三大考核追责制度）”责任落实和追责机制。细化落实HSE管理三年规划，狠抓“四不两直”和视频监控检查，实行全员应知应会考核，强化隐患治理，提升本质安全。全年HSE工作总体平稳，未发生上报石化集团公司等级责任事故。

（及 非）

【全员成本管理成效明显】 2015年，江苏石油分公司降本增效4.9亿元。开展非油品采购、物流运费、资源外采等效能监察，实施营销活动及运费管理等专项审计，推进问题整改。削减28辆公务车，修订业务招待费、差旅费等8项管理办法，公务性支出同比下降14%。完善招标采购管理，强化工程审计，降低投资成本5 852万元。强化成品油运杂费管理，降费3 739万元；强化天然气运输招标，节约运费、租撬费650万元。

（及 非）

【数质量管理持续加强】 2015年，江苏石油分公司大力推进密度分类、液位仪使用、电子铅封等工作，综合损耗率下降8.5个万分点，其中进货损耗下降2.7个万分点、零售损耗下降3.4个万分点，全环节净溢余4 442吨。强化油气回收管理，回收率提高2.7个万分点，全年回收汽油4 727吨。油品质量监督抽检合格率100%。

（及 非）

【低效资产清理和土地规范扎实开展】 2015年，江苏石油分公司全年盘活土地30宗，净收益3 071万元；规范土地23宗，节约办证成本1 600余万元，在销售系统率先完成土地规范目标任务。

（及 非）

【党建工作保障有力】 2015年，江苏石油分公司年度党建考核列销售系统第一，省委组织部在党建考核中给予“体现央企风范”的高度评价。深入学习贯彻落实党的十八届四中、五中全会以及习近平系列重要讲话精神，扎实开展“三严三实”专题教育，认真查找“不严不实”问题，基层意见整改率97.1%。健全完善科级干部、一般岗位、借用人员管理等一系列制度。组织90名省、市公司青年骨干下基层锻炼。以“阵地标准化、台账规范化、工作标准化、考核标准化”建设为抓手，推进基层党建工作。镇江扬中党支部被石化集团公司授予基层党支部建设示范点称号。基层“家文化”建设取得积极进展，评选49座“为民服务创先争优”金牌示范站。

（及 非）

【重点业务监督有效加强】 2015年，江苏石油分公司落实党委主体责任、纪委监督责任，强化重点业务监督，完善相关管理制度，对非油品、天然气、成品油自采等监督取得明显成效。开展利用企业资源和平台专项清查、工程项目招投标检查和重点工程建设项目巡视督察，查处了个别人员腐败案件。

（及 非）

表1 江苏石油分公司主要经营指标

指标名称 \ 年份	2015	2014	2013	2012	2011	2010
成品油销售总量/万吨	1 350.80	1 317.10	1 286.10	1 196.70	1 053.10	1 085.00
零售量	1 137.10	1 109.60	1 087.40	1 022.70	960.00	817.00
销售收入/亿元	837.00	1 014.00	1 019.13	958.89	898.36	742.41
利润/亿元	24.00	19.20	20.00	25.60	22.06	19.20
吨油费用/元	264.00	265.00	272.00	247.00	234.00	208.00
加油站总数/座	2 227	2 209	2 223	2 192	2 136	2 091

浙江石油分公司

【概况】 中国石化销售有限公司浙江石油分公司(简称浙江石油分公司)前身为中国石油公司杭州支公司，建于1950年。1985年成立中国石油化工销售公司浙江省石油公司。1990年更名为浙江省石油总公司。1998年8月与省内各地(市)、县石油公司成建制划转石化集团公司。2000年4月更名为中国石油化工股份有限公司浙江石油分公司。2014年5月更名为中国石化销售有限公司浙江石油分公司。

浙江石油分公司主要经营成品油、天然气及其他化工产品，兼营加油站便利店非油品、洗车和餐饮，是浙江省内最大的成品油销售企业。公司本部位于浙江省杭州市河坊街58号，设17个职能处室、3个专业中心和3个直属单位，下辖12家分公司和2家合资公司，从业人员17 197人。

截至2015年底，浙江石油分公司有定位油库28座，油罐容量150万立方米；铁路专用线11条，油库码头19座，各类加油站等终端网点2 076座，在营率98.3%，其中加气站65座，全部在营。已建成运营镇海经宁波至杭州成品油输送管道241千米；上海金山经浙江嘉兴至湖州成品油输送管道177千米；宁波经绍兴、金华至衢州成品油输送管道376千米，合计长度794千米。公司资产总额224.6亿元。2015年营业收入894亿元，报表利润30.06亿元，居石化销售公司系统内第1位。在石化销售公司"比学赶帮超"竞赛活动中再度获标杆企业称号，连续18年获石化集团公司安全生产先进单位称号。

浙江石油分公司主要经营指标见表1。

(陈章寿)

【油气销售创佳绩】 2015年，浙江石油分公司广大干部职工以"三严三实"专题教育、"比学赶帮超"等活动为动力，以市场为导向、以效益为中心、以安全为第一，抓经营、严管理、促转型、谋发展，面对国际油价低位震荡、国内实体经济低迷、省内低温多雨、市场竞争加剧、替代能源增加等多种困难，坚定信心，迎难而上，做到了"干在实处，走在前列"。全年销售成品油1 491.6万吨，同比增长0.6%。分结构：零售1 172万吨，增长0.7%；直、分销319.6万吨，增长0.1%。分品种：汽油717.7万吨，增长8.6%；柴油706万吨，减少7.4%。吨油费用256元，为石化销售公司系统内最低。稳步发展天然气，实现统一管理、统一采购、统一结算，全年销售1.94亿立方米，增长46.6%，实现差价收入2.25亿元，居石化销售公司系统内第一。

(陈章寿)

【资源优化主动经营】 2015年，浙江石油分公司顾全大局，在消化石化集团公司成品油配置资源的同时，积极争取合理的外采计划。加强市场判断，把握外采时机，降低外采价格；控制资源密度和损耗，确保外采油品质量。全年外采成品油246.9万吨，实现差价收入30.3亿元。

(陈章寿)

【加强资源组织保供节费】 2015年，浙江石油分公司充分挖掘管道输送潜力，提高二次配送优化率，实现一、二次物流整体优化。全年管输成品油911万吨，在保障供应的同时，吨油运费同比下降2.5元，降幅8.6%。

(陈章寿)

【优化经营提升创效能力】 2015年，浙江石油分公司把握汽油增量，以多销争取多采；精心运作柴油销售，实现保市场创效益；在全省封闭推行国Ⅳ柴油销售，有序推进汽、柴油升级为国V，向浙江省人民政府争取了优质优价政策；高标号汽油、车用柴油配置比例高于销售比例，为石化集团公司整体效益最大化做出了贡献；积极扩大98#汽油销售，不断挖掘创效潜力。

(陈章寿)

【加大加油卡客户维系力度】 2015年，浙江石油分公司积极推行加油站员工兼任客户经理的模式。全年增发加油卡196万张，累计有效发卡达1 298万张，沉淀资金89.4亿元；持卡消费比例49%，同比提高3.8个百分点；发展加油卡个人会员160万人。

(陈章寿)

【做大做强非油品销售业务】 2015年，浙江石油分公司全力抓好"油非互促"营销活动，全年实现非油品营业额21.3亿元，同比增长33.4%，居石化销售公司系统内第3位。截至年底，拥有便利店1 864家，单店日均销售额达3 230元。其中，日销售额2 000元以上的门店894家，5 000元以上的门店241家，1万元以上的门店20家。实现清净剂、卓玛泉、尾气处理液三大核心商品的销售额2.1亿元，增长51%。

(陈章寿)

【强化直分销客户经理考核机制】 2015年，浙江石油分公司加强客户走访和增值服务，开展"一户一策"差异化营销策略，实现客户不丢、市场份额不减。全年直、分销量在高基数下同比保持不降，重点客户稳定率达到97.6%。销售价格在区域市场上保持明显优势，其中0#柴油直、分销均价高出同类公司149元/吨。

（陈章寿）

【优化油(气)站网络布局】 2015年，浙江石油分公司积极发展加油(气)站40座，其中加气站14座，市场份额上升至75%。新取得网络建设土地18宗。落实主体责任，加快项目落地和建设工期。全年落实企、地合作发展项目22个，其中建成6个；改造扩容加油站26座，存量土地项目开工23个。台州临海油库建成投产，温州滨海油库主体完工。宁波经台州至温州管道及配套油库工程完成工程量的80%；绍兴东湖油库至杭州南阳油库管道工程顺利开工。诸暨至桐庐管道项目如期推进。龙游至常山成品油管道建成投产。

（陈章寿）

【连续18年无安全生产事故】 2015年初，浙江石油分公司层层签订《HSE目标考核责任书》，全员签订《HSE承诺书》。积极深化安全监管体制改革，加强HSE监管系统平台在线运行考核；自上而下建立"谁主管、谁负责"的安全生产责任体系。全年整改站、库隐患36项；整改管道隐患143项。开展预案演练2万余次。天津港"8·12"特大爆炸事故后，浙江石油分公司大力推进隐患排查与整改机制，完善应急处理，未发生重大安全、环保、数质量和经济责任事故，未出现干部重大违规、违纪事件，实现经营和管理的平稳运行。

（陈章寿）

【严格管控油品数质量风险】 2015年，浙江石油分公司检验外采油品1 609批次，调和25批次，退货7批次。在浙江省人民政府有关部门396批次抽检中，计量、质量全部合格。连续4年实现经营"零"损耗，连续5年获得石化集团公司质量管理先进单位称号。

（陈章寿）

【挖掘降本增效空间】 2015年，浙江石油分公司优化物流环节，全年降低费用3 200万元；筹划税费减免7 450万元；降低油品损耗增效1.09亿元；统筹资金运作，提高资金管理效益，实现降本增效9 500万元；厉行节约，减少公务性支出642万元；义乌非油品集中采购中心为中国石化销售系统降本增效3 380万元。

（陈章寿）

【推进智能化建设】 2015年，浙江石油分公司以ERP为核心，整合信息资源，着力打造移动互联网营销和管理平台，加大功能开发，全面推进库、站、管道智能化建设，充分发挥信息技术对经营管理、营销模式转型的科技支撑作用。

（陈章寿）

【稳妥实施加油站用工制度改革】 2015年，浙江石油分公司根据石化销售公司的整体部署，依法规范用工，实施小型加油站委托管理。至年底，已经委托管理加油站822座，分离员工4 700人。

（陈章寿）

【抓党建促优势转化】 2015年，浙江石油分公司抓好党委理论中心组学习，规范党委会、民主生活会、组织生活会，生动活泼地开展"三会一课"。实行书记定期约谈制度，严肃党内政治生活。开展"三严三实"专题教育活动，着力查找和整改突出问题。分公司党委实行"大党建"考核，规范程序和发挥整体功能，考核结果与综合先进评比挂钩。完善党支部工作细则，抓好"支部班子、党员管理、组织活动、创先争优"4个环节，通过"抓两头带中间"，推进170个党支部考核达标。

（陈章寿）

【推进基层"家文化"建设】 2015年，浙江石油分公司积极贯彻落实石化集团公司和石化销售公司关于"家文化"建设的精神，召开全省石油系统"家文化"建设专题会，围绕选好"家长"、建好"家庭"、形成"家风"3个要点，践行以人为本的价值观，努力把油库、加油站建设成为员工的共同家园和温馨港湾，实现企业和谐发展，使员工、客户和企业"三满意"。

（陈章寿）

【《浙江通志·能源业卷·成品油章》完成校审稿】 2015年，浙江石油分公司根据浙江省人民政府地方区办公室的工作部署和浙江省能源局计划安排，积极抽调人员、落实办公场地和资金，采取边培训、边学习、边工作的渐进方式，于7月15日向浙江省能源局递交了送审稿，约20万字。后经过修改和补充，又于11月15日向浙江省能源局递交了校审稿。

（陈章寿）

表1 浙江石油分公司主要经营指标

指标名称＼年份	2015	2014	2013	2012	2011	2010
成品油销售总量/万吨	1 491.60	1 483.00	1 415.00	1 321.30	1 273.60	1 214.00
零售量	1 172.00	1 164.00	1 109.00	1 019.60	937.70	842.60
报表利润/亿元	30.06	27.50	29.30	33.86	27.88	21.00
吨油费用/元	256.00	244.00	252.00	249.00	224.00	187.00
加油站总数/座	2 076	2 071	2 062	2 039	2 004	1 963

安徽石油分公司

【概况】 中国石化销售有限公司安徽石油分公司(简称安徽石油分公司)前身是中国石油公司安徽支公司，成立于1952年，1998年6月成建制划转石化集团公司，2000年改制重组为石化股份公司安徽石油分公司，2009年升格为大Ⅰ型(正局级)企业，2014年重组为中国石化销售有限公司安徽石油分公司，本部位于安徽省合肥市。主营汽油、柴油、天然气和非油品业务，兼营油库及加油站的设计，以及经营润滑油、汽车清洗服务等多种业务，是安徽省内最大的成品油销售企业。

截至2015年底，安徽石油分公司下设13个管理部门、4个专业中心，下辖16个市级分公司；用工总量6 780人，其中合同制员工2 808人；总资产93.5亿元，资产负债率40%；在营油库18座，库容总量54.71万立方米；铁路专用线12条，总长14.29千米；接卸油码头5座；在营加油站1 376座；在营便利店937座。

2015年，安徽石油分公司经营总量593.68万吨，其中成品油经营量587.54万吨、天然气7 200万立方米。成品油零售量459.66万吨，直销批发量127.88万吨。销售收入350亿元，吨油费用294元，报表利润6.66亿元。

安徽石油分公司主要经营指标见表1。

(邢大金)

【成品油经营规模稳步扩大】 2015年，安徽石油分公司面对油价复杂变化、竞争加剧的新常态，全力以赴扩销增量，成品油经营规模稳步扩大。全年销售成品油587.54万吨，同比增长4.9%。从结构看，零售459.66万吨，增长3.0%；直销批发127.88万吨，增长12.5%。分品种看，销售汽油248.76万吨，增长12.6%；柴油338.78万吨，减少0.1%。

(邢大金)

【零售量持续增长】 2015年，安徽石油分公司深入开展“多卖一吨油、我能做什么”大讨论，在充分调研和讨论的基础上，出台12个大类76项营销措施，要求各市公司、各加油站根据自身情况，灵活采取符合实际的营销措施，把“一站一策”落到实处，让每一座站形成自身的营销优势，让1 300多座站形成营销合力，促进零售扩销增量。从促进零售增量角度出发，根据市场变化及时调整考核导向和激励机制，逐步加大零售联量薪酬比例，在原有按照实际销量薪酬标准兑现的基础上，增加超计划部分的增量薪酬奖励，并以“多卖一吨油”等活动为抓手，大力开展销售竞赛，极大地调动了员工的增量积极性。全年零售量同比增长3.0%，其中单站零售量达到3 345吨，增长3.1%。

(邢大金)

【天然气业务快速发展】 2015年，安徽石油分公司加强天然气考核激励，由以往将天然气折算为轻油后进行联量考核调整为直接按照20元/千米^{3}的标准兑现加气专项薪酬，充分调动员工加气的积极性。积极开展“气非互促”“加气充值优惠”等营销活动，吸引新客户，稳定老客户。主动到先进兄弟公司及省内加气业务开展较好的企业取经，现场观摩、学习，吸取好的经验和做法，并结合自身实际，制定针对性措施，提升加气业务水平。全年天然气销量同比增长42.8%，日均加气量达到20万立方米。

(邢大金)

【非油品实现量效齐升】 2015年，安徽石油分公司强化责任、落实考核、加强督导，保证了全年非油品经营任务的顺利实现，全年非油品营业额8.49亿元，完成年度计划的106%。立足门店销售，抓住节假日时机，联合供应商，丰富促销形式，活跃门店商业氛围，稳定了门店销售，全年实现门店销售额3.35亿元。深入开展“名品进万家”活动，有效提升卓玛泉、燃油宝、尾气处理液等重点商品的销售，全年完成重点商品营业额9 468万元，同比增长16%。加强品类调控，严控烟草和服务类商品的销售比重，控制低效团销，提升了非油品创效水平，全省毛利额实现8 122万元，增长24%。

（邢大全）

【加油(气)站网络布局持续优化】 2015年，安徽石油分公司按照效益优先、有效发展要求，强化考核引导，加大位置好、投入产出高、效益好的建设土地落实，加快重点部位加油加气站建设，全力做好新建站投营工作，网络建设实现了良好发展。全年获取加油站土地24宗，其中定向挂牌22宗，重点部位比例达到79%；新建竣工加油站25座、加气站5座；投营加油站23座、加气站2座。持续推进油气回收改造工作，全年完成加油站油气改造493座，累计完成1 004座；完成油库油气回收改造15座。

（邢大全）

【安合二期管线全线贯通】 2015年，安徽石油分公司全力推进安庆石化800万吨/年炼化一体化配套成品油管道和油库工程建设，经过3年的施工建设，完成56处大中型河流、18处高速公路、14处铁路穿越，5座配套油库新建落成，安庆—合肥成品油管道二期520千米管线全线贯通。

（邢大全）

【各项管理持续加强】 2015年，安徽石油分公司严格落实“一岗双责”要求，修订安全生产责任制，健全安全环保责任体系，理顺安全总监、安全督察大队职责，进一步增强了安全意识，落实了安全责任。开展“隐患整改年”活动，加大隐患排查和治理，开展承包商专项整治，强化HSE教育培训，严格“四不两直”督察，加强环境监管，开展外排水监测，安全环保形势总体稳定。加强油品质量检测，严格入库外采油检验，强化油库、加油站计量设备及系统的管理，加强重点监控和突击检查，做好承运商车辆定向督察，防范偷盗油事件发生，保障了油品供应质优量足。

（邢大全）

【加强内控管理】 2015年，安徽石油分公司按照“严、细、实、恒”的要求，修订完善《内部控制实施细则》，编制《权限指引表》，规范授权审批控制，做好内部控制测试，抓好问题整改，加强重点环节和关键控制点的监督监控和检查，规范企业经营行为，防范了业务风险。围绕中心工作，统筹审计资源，坚持科学立项，狠抓审计整改，提高审计质量，促进成果转化，有效发挥了审计作用。开展全省系统廉洁风险防控排查，抓好日常监督和高风险点及所在岗位管控情况的监督，构建了运转有效、层次分明、重点突出、覆盖全面的廉洁风险防控体系。

（邢大全）

【财务管理水平持续提高】 2015年，安徽石油分公司按照编制全员成本目标管理工作要点，明确目标，细化内容和措施，进一步完善站、库标准成本管理体系，分类确定对标指标，定期通报成本指标执行情况，成本目标管理不断深化。贯彻落实中央“八项规定”和党组23条“实施细则”，坚持勤俭办企业，反对铺张浪费，严格费用预算管理，严控公务性支出，努力降本减费。全年吨油费用294元，较石化销售公司下达指标低17元；公务性支出同比减少5%。

（邢大全）

【党建工作和党风廉政建设深入开展】 2015年，安徽石油分公司按照党要管党、从严治党要求，创新党建工作思路，坚持服务中心工作，为经营管理和企业稳定和谐提供了保障。以总部党建检查为契机，大力夯实党建工作基础，在石化集团公司党建考评中排名靠前，进入销售企业A类行列。扎实开展“三严三实”专题教育活动，各级领导干部把自身摆进去，查找和整改了不严不实的突出问题，切实转变了作风，树立了领导干部良好的形象。认真落实总部《基层党支部工作细则》，扎实推进基层党支部标准化建设，提升了基层党组织战斗力。落实党风廉政建设“两个责任”，完善反腐倡廉机制，坚持不懈反“四风”，严格落实领导人员履职待遇、业务支出等相关规定，开展“遵章守纪”主题教育活动，守纪律、讲规矩的氛围已经形成。

（邢大全）

【企业和谐氛围更加浓厚】 2015年，安徽石油分公司持续推进“家文化”建设，想方设法为员工排忧解难，增强了员工对企业的认同感和归属感。加强干部队伍建设，选拔了一批后备干部，初步形成了梯次配备、专业和个性协调互补、专兼结合的干部储备格局。持续开展“比学赶帮超”工作，激发全员“见红旗就扛，有第一就争”的工作激情，全年在石化销售公司“比学赶帮超”考核评比中获得年度红旗6面、月季度红旗22面。按照“真困难、真帮助”原则，发放困难帮扶资金，推动“事要解决”，落实信访稳定责任，维护了企业稳定大局，被石化销售公司评为维稳工作先进单位。

（邢大全）

表1　安徽石油分公司主要经营指标

指标名称＼年份	2015	2014	2013	2012	2011	2010
成品油销售总量/万吨	587.54	560.03	534.73	500.64	466.98	454.00
零售量	459.66	446.33	411.89	369.55	335.60	303.00
销售收入/亿元	350.00	422.00	414.00	392.00	360.00	302.00
报表利润/亿元	6.66	9.66	8.91	12.02	9.84	6.75
吨油费用/元	294.00	297.00	314.00	293.00	270.00	320.00
加油站总数/座	1 512	1 511	1 796	1 760	1 683	1 633

福建石油分公司

【概况】 中国石化销售有限公司福建石油分公司（简称福建石油分公司）的前身为福建省石油总公司，成立于1952年10月13日，1998年7月成建制划归石化集团公司，2000年3月重组为石化股份公司福建石油分公司。2007年7月24日，成品油业务划入由中国石化和埃克森美孚、沙特阿美合资成立的中石化森美（福建）石油有限公司（简称中石化森美公司）。2014年6月，中国石化销售业务重组，石化股份公司福建石油分公司更为现名。

截至2015年末，福建石油分公司设有9个职能处室、2个专业中心和2个项目部，下辖9个市分公司及厦门市鹭甬石油化工有限公司。中石化森美公司设有12个职能处室、4个专业中心及9个地市管理部。福建石油分公司和中石化森美公司（统称福建石油）用工总量11 625人，在营加油站1 056座，油库16座，成品油管道326千米，资产总额106.5亿元。

福建石油分公司主要经营指标见表1。

（林　茹）

【经营模式持续优化】 2015年，福建石油以效益为中心，认真分析市场形势、准确把握采购时机，灵活采取时点价、梯度价的点对点竞争模式，辅以充值优惠、“油非互促”、IC卡折让、“多卖一吨油”销售竞赛、联合营销平台等多种销售手段，持续拓展油品销售市场，优化生产经营模式。着力完善调度运行体系，优化管输运行计划，加强计划执行过程动态跟踪管理；优化资源调配，有效统筹一、二次物流，深度挖掘市场潜力；强化工艺管理，提升工艺管理水平，提高管输与仓储能力。全年成品油销售量598.05万吨；非油品业务营业额6.4亿元，同比增长88.2%。实现报表利润10.28亿元。

（林　茹）

【转型发展卓有成效】 2015年，福建石油向综合服务商转型升级，大力拓展非油品业务及平台经济。扎实推广熟食、快餐、蔬果等差异化商品，有序开展保险、充值、快递、复印等特色服务，努力提升客户进店率。在营便利店达695座，开店率70%。销售燃油宝79万瓶，同比增长21.5%；销售太平保险1 055.5万元；非油品利润突破3 000万元。充分利用网络优势和规模效应，增加“车e族”APP商城功能模块，累计注册会员达到64万户，绑定加油卡或银行卡比例达42%，在线办理加油卡6.4万张，加油卡充值3.9亿元。引入中华汽车厂商，开创了成品油销售企业汽车电商销售的先河。

（林　茹　林鼎森）

【营销网络发展稳步推进】 2015年，福建石油突出投资效益，提高投资质量，以挖潜、优化、增效为目标开展网络建设：积极推进闲置土地置换工作，置换优越地理位置站点，挖掘网点发展潜力；加强项目论证，优化网点辐射区域，提升网点发展质量；密切关注全省高速公路建设进展情况，取得京台高速、沈海复线及南平新高速站的经营权，提升零售网点占有率；积极加强基建管理，排查工程隐患，严把项目质量关。全年新投营加油加气站 18 座。

（林　茹）

【连续 14 年获石化集团公司安全生产先进单位称号】 2015 年，福建石油以安全发展、清洁发展、和谐发展为核心理念，坚持以人为本，不断完善 HSE 管理体系；重点落实领导干部定点联系制度，实现 HSE 责任制全面覆盖，协调解决安全隐患、设备更新、证照办理等各类问题 283 项；积极推进应急体系与安全文化建设，提升突发事件应急处置能力：强台风"苏迪罗"登陆福建沿海时，反应迅速、响应及时，确保人员无伤亡、财产损失最小化；深入开展隐患排查治理工作，加强风险防控，完成 252 项隐患治理项目；进一步强化施工现场安全监护，新增对维修、承揽单位的考评制度，持续加强承包商监管；稳步推进环保建设，弘扬生态文化，切实开展职业卫生工作。全年未发生上报石化集团公司等级事故，安全态势总体平稳，连续 14 年被石化集团公司评为安全生产先进单位，并被福建省政府评为安全生产目标责任制考核先进单位。

（林　茹）

【财务管控力度加强】 2015 年，福建石油分公司重点围绕提高服务质量、加强预算管理、强化制度建设开展工作。深入履行财务分析服务职能，深入查找业务盈利点及效益流失点，有效引导经营活动开展；加大在资产、投资管理方面的介入力度；对资产置换项目、MSA 站经营管理现状进行深入调研，解决部分加油站资产回购等历史遗留问题；强化预算管理，确保降本增效，公务性支出同比减少 911 万元，降幅达 19%；进一步争取财税政策，减免土地使用税 451.52 万元。

（林　茹）

【资产管理有效提高】 2015 年，福建石油分公司坚持石化集团公司"拆一补一、等价置换"的基本原则，严格把控资产处置流程，依法合规实现经济效益最大化；积极做好土地的规范化处理工作，通过明晰土地产权权属，解决历史遗留的土地问题 5 宗，涉及金额 1 300 万元；各市分公司成立资产管理小组，建立规范的内部监督机制；扎实做好市场调研工作，紧跟当下市场价值实际，实现资产保值增效。全年盘活置换土地 10 宗，收入 2 705 万元；实物资产对外出租2 802.9万元，同比增长 4%。

（林　茹）

【对外投资严格管理】 2015 年，福建石油分公司细化对外投资考核管理制度，明确对外投资工作目标；积极与各联营企业沟通协调，履行指导、监督职责；协助联营企业查找经营短板，分析存在问题，商议有效对策；在联营企业油品价格、配送等方面给予支持，为有效开展营销活动提供保障。全年联营企业销售成品油及液化气 37.74 万吨，其中成品油 35 万吨、液化气 2.74 万吨；福建石油分公司享有投资收益 4 284 万元，投资回报率 8%。

（林　茹）

【和谐企业建设取得新成效】 2015 年，福建石油分公司加大正面宣传力度，在热点问题上主动发声，全年在各类媒体发表稿件 2 000 余篇，政务信息在销售企业排名第五，新媒体排名第三，内外舆论环境总体向好。积极参与扶贫帮困、抗灾救灾等公益事业。从员工的实际需求出发，开展日常生活帮扶、大病医疗救助、下基层送清凉、金秋助学、职工医疗互助等活动。践行"真困难、真帮助"的帮扶原则，全年共帮扶救助困难员工 2 300 余人次，发放救助金 1 200 余万元。省公司机关工会获省直机关先进职工之家称号。

（林　茹）

【党建工作深入推进】 2015 年，福建石油分公司党委强化责任担当，积极推进党的建设，充分发挥政治优势，为企业提质增效升级提供坚实保障。有效落实管党治党责任，修订党委会议事规则等 9 项制度，进一步完善党建工作机制；加强思想作风建设，持续开展"六学"活动；认真落实领导干部个人有关事项报告制度，增强组织纪律和规矩意识。完善中层干部管理制度，制定委派人员绩效考核办法，优化干部队伍结构；加大干部培养力度，实行跨公司、跨专业、跨部门、下基层挂职锻炼和岗位交流，提升干部履职能力；开展机关干部"七个一"活动，进一步强化机关服务基层意识，促进作风转变；开展"我为企业谋发展"系列主题论坛，引导干部员工共谋发展。修订完善市分公司党委考核办法，开展专职副书记履职能力测评，实现党建工作考核全覆盖；以石化集团公司基层党支部建设示范点为样板，全面推进片区支部"三地"建设，50% 的基层片区实现组织有阵地、培训有基地、活动有场地；制发基层党支部工作细则"口袋书"，便于实际操作；积极开展基层党支部示范点建设、党员责任区、党员示范岗和“一先三优”评比等活动，以片区为单位开展销售竞赛，实现党建工作与经营管理深度融合。建立党风廉政建设季度例会制度，深化党风廉政教育；开展“处分规定”知识竞赛，举办“学党章、守纪律、讲规矩”专题党课和警示教育活动；推动“三转”要求落实，分设纪检监察机构，增强纪检监察力量；加强重点领域监督，深化效能监察和业务公开，建立成品油外采等6项业务监督规程；强化约谈制度落实，对24名中层干部进行约谈提醒，集中清理整改超标办公用房，不断加大正风肃纪工作力度。

（林　茹）

表1　　福建石油主要经营指标[①]

指标名称＼年份	2015	2014	2013	2012	2011	2010
成品油销售总量/万吨	598.05	599.67	585.21	577.87	567.10	515.60
零售量	461.61	463.43	455.95	438.00	427.90	359.60
销售收入/亿元	366.62	480.61	465.95	449.68	429.73	349.29
利润/亿元	10.28	16.40	15.85	15.57	23.22	14.87
吨油费用/元	299.00	285.00	269.00	252.00	261.00	245.00
加油站总数/座	1 056	1 038	1 002	958	910	856

①合并后的数据去除中石化森美公司和福建石油分公司重复计算部分

江西石油分公司

【概况】 中国石化销售有限公司江西石油分公司(简称江西石油分公司)是江西省专营成品油的国有大型企业。其前身为江西省石油总公司，成立于1950年10月，1998年10月成建制划转石化集团公司。非上市部分于2007年4月转制为中国石化集团资产经营管理有限公司江西石油分公司，由石化股份公司(江西石油分公司)托管。2014年5月，石化股份公司江西石油分公司更为现名。

江西石油分公司主营成品油销售、储运及便利店等非油品业务，是江西省成品油供应主渠道。截至2015年底，下辖12个市级分公司、1个石油技校(销售公司培训基地)、2个全资子公司，有100个县(区)分公司，实行省、市二级分公司管理。在营加油加气站1 279座，油库14座，总库容量38.82万立方米。资产总额94.86亿元，净资产53.46亿元。

江西石油分公司主要经营指标见表1。

（刘　阳）

【全面完成经营目标任务】 2015年，江西石油分公司全力保效益、稳增长，特别是最后2个月，在总部结合各省经营形势和经营压力，宏观调减(增)各项经营指标后，奋力拓市扩销、加强库存运作、深入挖潜增效，取得“两确保”攻坚战的胜利，全年实现经营总量590.3万吨，零售量487.4万吨，直分销102.9万吨，有效稳固了市场终端，在背负炼厂停产检修带来的巨额潜亏、全年自采比例低于年初预算水平6.4个百分点(36.4万吨)的情况下确保完成4.02亿元的效益目标任务。连续第3年荣获“比学赶帮超”工作优秀组织奖，首次获石化销售公司特别争光奖。

（刘　阳）

【获非油品进步年度红旗】 2015年，江西石油分公司抢抓发展机遇，整合油、非客户资源，通过油非互动、交叉营销、电子券、微信营销等多元化促销手段，有效扩大了经营规模。通过重点突出卓玛泉、枸杞、尾气处理液等自有品牌销售，利用移动、电信等大客户资源开展团购业务，拓宽了销售渠道，全年实现重点商品额1.55亿元，占总营业额的16.45%。其中，卓玛泉销售1 961万元，枸杞产品销售884万元，完成率均排名区内第二。通过开展便利店经营风险隐患排查，强化了商品采购和食品安全管理。通过搭建微信商城平台，有序推进汽服、广告、金融保险等新业务落地。全年实现非油品营业额9.46亿元、同比增幅51%，利润2 000.5万元。

（刘　阳）

【核心营销网络经营权实现战略固化】 2015年，江西石油分公司积极协调政府及相关部门，经过谈判，与江西高投集团达成战略合作协议，一揽子解决大部分高速公路加油站经营权问题。围绕发展质量和效益，坚持有所为有所不为，积极调整投资结构，全年共取得优质加油(气)站土地7宗，新增在营网点28座，在营站净增数位居销售企业第二，优化减审投资0.78亿元。开展"守土有责"专项清查，大力推进加油站建设进度。倒排加气站投营时间，狠抓责任落实，全年新增投营加气站5座。全力推进管道二期项目建设，线路工程顺利完成中交和水联运，并已具备投油条件。

(刘　阳)

【连续10年获石化集团公司安全生产先进单位称号】 2015年，江西石油分公司围绕安全管理，倡导安全基本价值观，有效推动全员安全生产行为转变。严格落实安全生产责任制，修订完善市公司领导班子、全员管理HSE目标责任考核等多项安全管理制度。扎实开展"我为安全做诊断""抓三百、保平安"活动，深入开展安全隐患排查，提升全员安全意识。加大"四不两直"检查力度，积极开展承包商专项整治，促进提升现场安全防护能力。不断健全HSE监管队伍建设，配齐专职安全总监，组建省市两级安全督察队，落实专业领域的安全职责。全力推进油气回收改造工作，实现改造完成率81.4%。持续推进质量体系建设，成为销售企业少数获得ISO 9000外部体系认证单位之一。获得了数质量先进年度红旗、全国实施卓越绩效模式先进企业、中国石油和化工行业质量标杆企业称号。保持了安全生产形势稳定和绿色低碳环保，连续10年获石化集团公司安全生产先进单位称号。

(刘　阳)

【巩固加强"三基"工作】 2015年，江西石油分公司把工作重心放在基层。深入推进"六法四有"在基层运用。持续开展站长竞聘工作。坚持问题导向，开展领导下基层调研、安全观察和机关员工下基层帮扶活动，建立领导联系点202个，收集处理问题1 908个。抓实岗位责任制。按照"有岗必有责、上岗必担责"要求，逐级签订年度目标考核责任状，按月考核评价并督导问题整改。建立省市县三级干部员工全覆盖的考核办法，将考核结果与薪酬、晋升、评先评优、培训挂钩，真考核、硬兑现，全方位调动了全员扩销创效的积极性。持续抓好制度建设，制定完善各类制度52项，形成了较为完整有效的制度体系。抓好培训和基本功训练，扎实开展技能竞赛比武，在总部决赛阶段取得了1金、1银、2铜的好成绩，连续第3年获得石化销售公司优秀组织奖。

(刘　阳)

【加强人力资源管理】 2015年，江西石油分公司大力倡导以效益为导向、以业绩论英雄、按贡献排座次理念，干部选拔在坚持"德才兼备、以德为先"和群众公认的基础上，以业为本，突出实干和业绩导向，营造风清气正的政治生态和干部争先比业绩的企业管理生态。70后处级干部比例达到40%，其中还有优秀的80后处级干部，形成了科学合理的老、中、青干部梯队结构。深化用工内部挖潜，统筹人员配置，实现跨区间内部调剂112人，自助改造精简用工149人。

(刘　阳)

【深入推进全员成本目标管理】 2015年，江西石油分公司紧紧围绕降费、控成本，深入推进全员成本目标管理，获得吨油费用进步红旗。做实做细物流配送，全年优化节省运费4 409万元。严格落实中央"八项规定"、党组实施细则和直属单位履职待遇有关规定，公务性支出同比下降614万元，降幅达18%。有序推进节能降耗工作，进销存各环节综合损耗率下降1.5个万分点。积极发挥审计职能，促进增收节支1 200万元。

(刘　阳)

【党群工作系统扎实】 2015年，江西石油分公司扎实推进巡视反馈意见整改工作。强化党建基础管理，修订《江西石油"三重一大"决策实施办法》，制定《江西石油党委落实党风廉政建设主体责任实施细则》《江西石油一岗双责工作规定》等一系列制度。省、市公司两级党组织完成换届工作。通过党委中心组学习、支部党员大会学习等多种方式，扎实推进"三严三实"专题教育，推动各级领导干部从严从实作风养成。围绕经营中心，开展"大众兴业、全员创效"活动，发挥党群组织助力经营的作用。扎实推进EAP工作。选取24个站点试点，扎实推进基层"家文化"建设，利用心灵加油站微信订阅号平台设立"站长之家"，为站长、员工提供10项服务。建立江西石油官方微信，聚焦经营中心开展新闻宣传，在石化集团公司新闻宣传管理平台上排名销售企业第一，获得宣传(信息)舆论年度红旗。持续拓宽帮扶渠道，累计为627人次发放帮扶救助金126.63万元。全省14个基层工会为6 111名员工办理大病医疗互助保险。选送舞蹈《映山红》参加中国石化第8届职工文艺录像调演，获一等奖和创作奖。发挥关工委作用，在青工中开展立德树人和法制教育，成效显著。获石化集团公司书画比赛优秀组织奖和个人二等奖2名、三等奖4名。严格落实“两个责任”，坚持把纪律和规矩挺在前面，强化监督、执纪问责，营造良好的从业氛围。召开效能监察工作推进会，抓实重要工作落实督办，构建纪检监察工作的组织架构、工作流程和责任体系，为深入开展企业党风廉政建设夯实了基础。关口前移，积极主动维稳，信访和上访量显著下降。党建工作在石化集团公司党建全覆盖考核中被确定为A档。

（刘　阳）

表1　　江西石油分公司主要经营指标

指标名称 \ 年份	2015	2014	2013	2012	2011	2010
成品油销售总量/万吨	590.30	586.50	546.60	500.50	452.00	408.60
零售量	487.40	487.50	465.00	421.00	379.00	307.20
销售收入/亿元	400.40	445.00	428.00	400.00	350.00	279.00
报表利润/亿元	4.02	6.88	7.02	9.10	7.90	5.80
吨油费用/元	329.00	340.00	356.00	326.00	316.00	328.00
加油站总数/座	1 384	1 401	1 429	1 390	1 364	1 145
自营加油站数	1 384	1 401	1 429	1 390	1 364	1 142
特许经营加油站数	0	0	0	0	0	3

山东石油分公司

【概况】　中国石化销售有限公司山东石油分公司（简称山东石油分公司）前身始建于1953年，本部位于山东省济南市。截至2015年底，下属17个市公司、133个县公司（市片区），用工总量近1.5万人。在营加油站2 431座、加气站68座、油库24座（库容量126万立方米）、加气母站3座。控股及参股合资公司33家。企业固定资产原值82亿元。

山东石油分公司承担着山东省成品油供应保障任务，是省内最大的成品油销售企业。经过多年的发展，已形成了布局合理、功能完备、流向通畅、保障有力的成品油营销网络。

2015年，山东石油分公司按照石化集团公司的总体部署，牢记“为美好生活加油”的使命，以建设一流销售企业为己任，全面实施成品油市场战略，积极扩销增效，提高盈利能力，巩固市场份额。全年销售成品油1 066万吨，实现销售收入630亿元，山东省内成品油市场占有率约为46.6%。

山东石油分公司主要经营指标见表1。

（宋　鹏）

【提高资源运作水平】　2015年，山东石油分公司以提质增效、降本压费为中心，以零售为重点，做实经营工作，做大有效销量。把稳量保价作为经营工作的重中之重，根据供求变化及时调整营销策略，鼓励各市公司做大有效销售。顺利完成国Ⅴ油品升级。优化一、二次物流配送体系，销货运杂费同比减少5 073万元。坚持低库存运转，防范库存跌价风险，完成总部下达的柴油降库目标，获得考核奖励3 547万元。根据配置资源情况，有效组织地炼资源，获取最佳经营效益。修订完善成品油购销价格管理办法，资源外采的价格、质量和降价促销的范围、额度等内容均通过价格领导小组审定后实施。

（宋　鹏）

【统筹抓好经营工作】　2015年，山东石油分公司通过设立保供站、开展送油到田间地头等措施，顺利完成夏秋保供任务。充分发挥省内成品油销售主渠道作用，保证了交通运输、重点工程、重大活动等油品供应。组织开展“油（卡）非互动”“点对点”竞争等系列营销活动，巩固了市场优势，加油卡累计沉淀资金已达64.8亿元。以“五大目标市场”为依托，采取“低进低出、顺价销售”、组合销售等营销策略，实现了效益最大化。积极开展市场调研，及时调整考核政策，提高加气母站加工量和开工率，天然气经营实现规模化发展。以重点商品为抓手，做实门店销售，做精重点商品，非油品经营质量显著提高。

（宋　鹏）

【持续强化企业管理】　2015 年，山东石油分公司开展“规范化管理年”活动，提升规范化、精细化、信息化管理水平。加大整章建制力度。全年修订制度 64 项、整合 5 项、废止 58 项，制度总数由 431 项缩减至 397 项。研究出台《内控制度执行监督考核办法》，重点强化了省公司机关制度执行情况的监督与考核。推进制度标准化、流程化实施落地工作，修订内控权限指引，包括 18 个业务大类、38 项业务流程和 217 条审批事项。年内受理合理化建议 5 151 项，实施 686 项，在销售系统连续 3 年名列第一。强化“三基”工作，采取“命题作文”等方式，让加油站长和油库班组长相互学习、共同提高。以机关处长和市公司经理、党委书记为重点，抓住关键少数。机关部门实行首办负责制，增强服务意识，强化责任担当。制定《机关处室（中心）主要负责人履职情况审计办法》，作出综合评价，实现有序衔接。

（宋　鹏）

【保持企业平稳运行】　2015 年，山东石油分公司落实 HSE 责任和“七想七不干”的工作要求，深入开展“安全生产月”等主题活动，加大安全督察工作力度，安全形势总体平稳，未发生等级安全生产事故，被山东省安全生产委员会、石化集团公司分别评为安全生产先进单位。抓好数质量管理，顺利通过总部 3 次油品质量监督抽查，在山东省流通领域成品油质量专项抽检中是行业内唯一 100% 合格企业，把“每一滴油都是承诺”“诚信经营”的要求落到了实处。

（宋　鹏）

【提升内部管控能力】　2015 年，山东石油分公司组织重点培训项目 70 期、培训员工 3 917 人次，市县级培训 1 300 余期，培训员工近 3 万人次。强化全员成本目标管理，提高了会计核算和财务管理水平。财务共享和费用报销系统正式上线实施。完成不规范用地整改 226 宗，规范房产 1 382 处，批复出租项目 124 个，报废处置资产设备 3 770 项，因土地置换等因素获得地面资产补偿 3 910 万元。组织开展内控独立审计、财务收支审计等 8 项内部审计，查出问题及风险 252 项，涉及问题金额 1.3 亿元，促进增收节支 4 832 万元。开展安全隐患治理“碧水蓝天”环保专项行动、非油品经营风险管理等专项效能监察，促进了企业经济效益和管控能力的提升。推进业务公开工作上水平、见成效，全年公示信息 16.2 万条，公示金额 187.1 亿元。

（宋　鹏）

【深化信息技术应用】　2015 年，山东石油分公司通过“两化”融合管理体系贯标评定，成为全国首批通过“两化”融合管理体系评定的 200 家企业之一。大集中系统顺利上线，9 个外围系统全部与 ERP 系统实现集成。推进实施办公虚拟化，共安装虚拟桌面 297 台。终端虚拟化技术实现了加油站信息设备的整合，站级虚拟化已覆盖 1 300 余座加油站。自主研发油库付油系统与 ERP 系统接口程序，开发建设加油站管理平台。获得 2015 年全国石油和化工行业两化融合创新示范奖，信息集成平台经营管理一体化创新实践获中国能源企业信息化管理创新奖，加油站信息设备整合荣获石化集团公司第 24 届管理现代化创新成果二等奖。顺利运行移动办公平台，实现了办公自动化系统、业务综合处理系统、合同审批、无纸化会议等手机在线业务应用。

（宋　鹏）

【稳步推进各项改革】　2015 年，山东石油分公司深化用工制度改革，成立 6 个工作督导组分片负责、蹲点包干、全程跟踪，公开热线电话，编制改革政策解释与说明、政策示意图、工作网络图、政策对比表和宣传提纲，指导工作开展。编印委托加油站站长应知应会手册，公布《关于加油站委托管理相关法律风险提示的函》，增强法治意识，规避运行风险，确保完成、不留隐患。优化激励机制，明确内部分配，调整市公司基本薪酬，加大人工费投放，保障一线员工收入水平。完善考核评价机制。制定《省公司机关员工综合考核评价办法》及《市公司领导班子和领导人员综合考核评价办法》，倡导做事看业绩、做人看品行，坚持重德才、重实绩，将单位经营成果与干部员工绩效考核挂钩，改变“干和不干一个样、干多干少一个样、干好干坏一个样”。注重民主评议，坚持组织和群众认可相结合，形成领导评价和群众评价的有机统一，引导干部员工立足本职，勤奋工作，激发队伍活力。深入开展“内部挖潜、优化整合、精简用工”工作，持续压缩和精简用工总量。按照总部确立的“物流配送统一优化、仓储业务两级管理”模式，明确了省市公司物流管理职能定位，确保配送中心和加气母站安全高效运营。

（宋　鹏）

【着力优化网络布局】 2015年，山东石油分公司紧盯政府规划，重点关注新开发城区、新兴城市规划、发达县级市，采取有效措施，打造生命工程，储备加油站项目20个、开工建设25座、建成投营20座。将加气站作为网点建设的重中之重，通过依托原有加油站拓展加气子站、选择重点位置新建、对周边站点密度高的加油站实施改建等措施，加气站保持了较快发展速度，累计建成加气站103座、投营85座。积极利用闲置土地置换加油站建设用地，共完成置换项目15个，节约土地成本1.4亿元。坚持效益优先，注重内涵式发展，加快由追求数量规模向质量效益转变。加强项目后评估工作，投资决策责任永久追溯。抓好加油站提量改造，统筹考虑安全隐患治理、油气回收改造，最大限度降低因改造对加油站经营的影响。优先采用公开招标方式选择供应商，组织公开招标16次、询比价22次，降低采购成本约2 000万元。做好加油站“补一拆一”工作，批复“补一拆一”加油站18座，获得现金补偿6 627万元、土地置换28亩(1.2万平方米)。完善打假维权长效机制，清理侵权加油站119座，取缔率达100%。

（宋 鹏）

【强化党风廉政建设】 2015年，山东石油分公司认真贯彻党的十八大历届全会和习近平总书记系列重要讲话精神，开展“三严三实”专题教育，组织专题党课，为干部分发书籍1 000多册，省公司领导班子召开专题民主生活会5次。多层次查摆干部队伍“不严不实”问题36项，分部门督促整改、抓好落实。完善民主集中制、党委会和办公会议事规则，建立决策事项清单71项。执行好党委中心组学习、双重组织生活会等制度，营造讲党性、守纪律、懂规矩的良好氛围。深入落实中央“八项规定”精神和石化集团公司党组实施细则，及时转发山东省纪委的典型案件通报，督导党员干部严以律己。积极整改石化集团公司党组巡视组反馈问题，加大了依法依纪治党力度。

（宋 鹏）

【维护企业和谐稳定】 2015年，山东石油分公司深化落实“五个到位”，健全群众诉求表达渠道，完善就地化解矛盾纠纷机制，实现了重要时期的“四个不发生”。坚持内外结合，对内办好《山东石油报》，对外加大在省内主流媒体的发稿力度。按照“发现要早，化解要快，处置妥当，防止蔓延”的原则，抓好负面舆情应对处置工作。扎实开展帮扶救助工作，健全“家文化”建设机制，持续推进“五小”工程建设，改善了一线员工的工作环境与生活条件。定期开展各类文体活动，获得全民健身活动先进单位称号。

（宋 鹏）

表1 山东石油分公司主要经营指标

指标名称 \ 年份	2015	2014	2013	2012	2011	2010
成品油销售总量/万吨	1 066.40	1 252.05	1 179.90	1 120.60	1 074.50	1 035.00
零售量	822.00	867.90	846.20	800.40	750.00	702.80
销售收入/亿元	630.00	905.69	900.59	880.47	835.57	707.99
利润/亿元	6.12	10.61	10.91	17.31	14.65	11.02
吨油费用/元	303.00	266.00	270.00	275.00	257.00	212.00
加油站总数/座	2 550	2 578	2 624	2 684	2 548	2 637
在营加油站数	2 431	2 459	2 505	2 553	2 427	2 505

河南石油分公司

【概况】 中国石化销售有限公司河南石油分公司(简称河南石油分公司)位于河南省郑州市，是中国石化在河南省的唯一成品油销售分支机构。其前身为1950年7月成立的中国石油贸易分公司郑州分公司，1998年划归石化集团公司。2000年5月31日，中国石油化工股份有限公司河南石油分公司在河南省工商行政管理局注册成立。2014年10月28日公司更名为中国石化销售有限公司河南石油分公司。截至2015年底，河南石油分公司共设19个日常管理部门，下辖 19 个市分公司和 108 个县分公司；共有合同制员工 4 571 人；拥有在营加油站(点)2 835 座，加气站 42 座(含加气母站 1 座)，易捷便利店 1 587 座，在用油库 23 座，库容 87.1 万立方米；资产总额 140.9 亿元。

2015 年，河南石油分公司实现成品油经营量 738.6 万吨，其中零售 603.2 万吨，直分销 135.4 万吨。非油品营业额 13.4 亿元，同比增长 46%。天然气经营量 7 471 万立方米，增长 113.4%。实现销售收入 437.1 亿元，考核利润 3.6 亿元。吨油费用 362 元。

河南石油分公司主要经营指标见表 1。

（韩　笑）

【梳理流程规范管理】 2015 年，河南石油分公司积极开展省分公司机关部门职能、岗位职责、业务流程、制度等梳理工作。按照“有岗必有责，责权利相匹配”的原则，进一步明确机关各部门主要职能及岗位职责，明晰管理责任。在各部门主要职能梳理的基础上，形成业务流程图，共梳理业务流程图 251 个。在部门主要职能及业务流程梳理完成的基础上，共梳理出需完善的制度 71 项、需废止的制度 83 项。

（杨　冰）

【持续优化加油(气)网络发展】 2015 年，河南石油分公司以强化投资效益为中心，全面落实“大投资”管理，稳妥推进重点区域外延发展，突出安全隐患和环保治理、提量等专项改造，统筹解决“五小”等“家文化”设施，巩固传统区域控制力，不断优化网络和资产结构，持续提升整体网络质量和投资回报，实现网络发展和各项投资工作的持续稳步推进。全年完成新增加油站 6 座、加气站 6 座，新储备加油(气)站建设用地 9 宗。加快已建成加油(气)站投营，累计新投营加油站 17 座、加气站 7 座；优化存量网络，全面推进油气回收、提量改造、隐患治理等专项改造，累计完成“五统一”专项改造工程项目建设 1 489个，进一步提升了存量网络内涵挖潜能力。

（陈绍伟）

【注重零售稳量保效】 2015 年，河南石油分公司明确“大零售”核心地位，建立大零售协调会机制，健全零售量效测算机制，从关注销量变化向关注量效联动转变；实施差异化营销策略，区分四大板块，用好价格政策，“一站一策”做到精准营销；持续开展“卡非互动”，细分五类客户，强化油非一体化运作，“一户一策”确保客户锁定；推行零售客户经理制，全省配备专(兼)职客户经理 159 名，加油卡“进社区、进机关、进企业”活动有效推进，万升以上客户数量比上半年增长 5.6%，沉淀资金增长 11%，达 41 亿元，在销售系统排名第四。全年汽油零售量增长 9.9%，在销售系统排名第八。

（韩　笑）

【做大非油品规模增效益】 2015 年，河南石油分公司统筹抓好店销和团购，基础品类实现销售额 7.3 亿元，同比增长 13%，库存周转天数减少 20 天；推进新业务跨界合作，与太平保险、中烟业务合作全面落地，中原通 ETC 销售覆盖全省；拓展实体服务平台，150 座加油站启动现场制售或洗车业务；以“名品进万家”竞赛为抓手，着力多渠道和差异化营销，推进线上线下互动，提升营销精准度和品牌影响力。全年实现毛利 1.25 亿元，增长 19%；重点商品销售增长 103%，其中燃油宝增长 127%，排名区内第二；在总部“名品进万家”竞赛活动中，被评为年度十佳先进省市分公司，洛阳等 6 家单位被评为年度地市分公司五十强。

（韩　笑）

【安全生产总体平稳】 2015 年，河南石油分公司完善安全生产责任体系，安全职责到岗位，开展“我为安全做诊断”“全员安全知识考试”等安全活动，培训重点由理论转向实操；专业部门和监管部门齐抓共管，“四不两直”检查常态化，检查方式多样化，应急演练实战化；落实未遂事件问责和重点违章处罚，HSE 月评季考机制作用显现，形成“责任制—检查—整改—考评”闭环管理，使“七想七不干”深入人心，“三违”行为频发势头得到遏制；隐患整改力度空前，推进加油站环评手续完善，履行职业健康责任，依法依规经营能力提升。全年未发生石化集团公司等级事故。

（韩　笑）

【做好职业健康工作】 2015 年，河南石油分公司规范职业危害告知，及时配发劳动防护用品。统一制定汽油、噪声等 6 种职业病危害告知书，规范劳动合同危害告知。统一配备防静电服装和防静电鞋 2.3 万套(双)，防雾霾口罩近 10 万副。开展职业危害因素检测和职业健康体检。完成在用加油(气)站和油库的职业危害因素检测，出具报告 1 863 份，检测率 100%，合格率 100%。组织开展一线员工职业健康检查，体检 14 356 人，合格率 100%，无新增职业病。

（韩　笑）

【严把油品数质量关口】 2015年，河南石油完善ISO 9000管理体系，升级3座准A级化验室，严格油品入库质量检测，开展重点时期油品质量抽检，加大现场监督检查整改力度，严厉追责数质量违规违纪行为，实现全年数质量工作平稳运行，政府和总部质量抽检合格率100%，油品损耗率下降0.07%，超额完成降耗目标。

（韩　笑）

【全面推进信息化项目建设】 2015年，河南石油强化前台意识，主动参与业务需求；成功上线河南石油微信服务号，关注量突破50万人；完成电子优惠券等非油品系统上线，实现油非互动信息化；完成卡管、零管系统数据集成，提升效率60%以上；完成1 300余套液位仪、视频监控设备采购，为推进加油站计量信息化、加强现场管理提供了支持。

（韩　笑）

【扎实开展党建工作】 2015年，河南石油分公司按照“严从细中来、实在严中求”的要求，开展“三严三实”专题教育，突出能力和作风建设，聚焦安全生产、机关作风等关键问题，全省系统开展专题学习研讨80余次，查摆整改问题76项，干部队伍责任担当意识、“严细实”的作风得到提升。全面履行党风廉政建设责任制，构建制度约束、业务监督、效能监察、网上巡视、严肃问责的立体监督格局；狠抓审计问题整改，拓宽信访渠道，对违反中央“八项规定”精神的党员干部给予党纪政纪处分，正风肃纪的震慑力不断增强。

（韩　笑）

【统筹预算管理降本增效】 2015年，河南石油分公司着力推动机关、市、县、库、站（店）五位一体价值管理工作，制定并推广加油站、油库算账模板，分品种量效平衡测算系数，建立加油站、油库逐月算账分析工作机制；完善“量利费互动”机制，实行吨油费用包干控制，加大市分公司费用项目调剂权，激励市分公司拓市扩销积极性；明确全员成本目标管理重点，细化12项增效措施和5项具体增效方案，实现税收节费5 545万元，调剂闲置设备节约投资1 197万元。

（韩　笑）

【全面推动“家文化”建设】 2015年，河南石油分公司补充完善“家文化”考评细则，突出员工伙食补贴落实、安全应急演练、保障员工民主权利等重点内容，利用专项自查、党建考核重点抽查等形式，组织开展“家文化”建设督导检查，实现加油站建家全覆盖。组织5次“家文化”建设协调推进会，推动站（库）员工“五项技能”培训、员工伙食补贴等工作开展。做好“家文化”典型经验做法宣传推广，编发《家文化简报》13期，其中《我们的油站我们的家》《小支部大能量》被石化销售公司《政工简报》刊发，2个省公司和4个市公司建家做法入选石化销售公司“家文化”典型案例。制作画册《我们的家》和视频宣传片《家和万事兴》，配发全省系统交流学习。

（韩　笑）

【认真抓好信访维稳工作】 2015年，河南石油分公司针对风险排查化解和协解人员、混岗集体工、军转干部政策落实等工作情况，逐家与市分公司进行对接，对排查出的117个不稳定群体和39个不稳定个体人员诉求的合理性进行甄别，并对其进行稳定风险预测。督促指导各市分公司落实总部各项惠民政策，组织人员下访，与上访人员见面沟通，对重点市分公司稳定工作进行督导。防范化解越级和集体上访。系统内各群体人员到中国石化总部、省公司上访同比批次下降41%、人次下降36%。

（韩　笑）

【举办媒体和用户“走进中石化”宣传体验活动】 2015年4月26日，河南石油分公司举办媒体和用户“走进中石化”宣传体验活动，宣传中国石化绿色低碳发展理念，展示中国石化清洁产品。向参加活动人员介绍了燃油宝、易捷卓玛泉饮用水、启劲饮料等中国石化特色产品，并邀请大家现场体验。人民网等中央驻豫媒体和省内媒体，当地人大代表、政协委员、车友网友应邀参加活动并对活动情况进行了深入宣传报道。

（梁汇涛）

“走进中石化”宣传体验活动举行

【与三门峡市、开封市签订战略合作协议】 2015 年 5 月 20 日，河南石油分公司与三门峡市人民政府签署战略合作发展协议，双方将本着优势互补、合作共赢的原则，在成品油输油管线、天然气管网建设、油气供应、成品油网络设施等方面开展深度合作。9 月 1 日，与开封市人民政府签署战略合作协议，双方本着“优势互补、互利互惠、共同发展、企地双赢”的原则，在加油(气)站网络发展、油库迁建、加油站专项改造、创建健康良好的成品油市场环境等方面进一步丰富合作内容，持续深化双方战略合作关系。

（梁汇涛）

表 1　　河南石油分公司主要经营指标

指标名称＼年份	2015	2014	2013	2012	2011	2010
成品油销售总量/万吨	738. 60	769. 70	763. 30	730. 46	695. 76	680. 20
零售量	603. 20	616. 30	632. 30	604. 45	563. 26	497. 45
销售收入/亿元	437. 10	575. 19	590. 69	575. 25	535. 78	454. 01
利润/亿元	3. 60	6. 22	7. 70	10. 80	7. 71	7. 01
吨油费用/元	362. 00	370. 58	371. 00	366. 00	350. 00	307. 00
在营加油站(点)/座	2 835	2 928	3 186	3 691	3 769	4 025
在营加气站(点)/座	42	36				

湖北石油分公司

【概况】 中国石化销售有限公司湖北石油分公司(简称湖北石油分公司)位于湖北省武汉市，前身是成立于 1953 年的湖北省石油总公司。1998 年 7 月整体划归石化集团公司管理，2000 年 4 月改制为石化股份公司湖北石油分公司；2008 年原武汉石油集团股份有限公司(深交所上市公司)退市后并入湖北石油分公司；2015 年 1 月按中国石化推进销售企业混合所有制改革要求，变更为现名。

湖北石油分公司是湖北省成品油销售的主渠道企业，主要经营成品油和天然气的销售、储运及便利店等非油品业务，经营服务网络覆盖湖北省所有地区，下辖武汉、宜昌、荆州等 16 家市州分公司，承担着湖北省成品油资源配置和市场供应的主渠道责任。截至 2015 年底，资产总额 112. 7 亿元，资产负债率 44. 8%，用工总量 9 541 人。在营油库 23 座，在营加油站 1 854 座(其中在营加气站 52 座)，在营便利店 1 808 座。

2015 年，湖北石油分公司成品油经营量 699. 24 万吨，非油收入 12. 01 亿元，实现报表利润 6. 53 亿元。

湖北石油分公司主要经营指标见表 1。

（张方涛）

【成品油经营取得逆市突破】 2015 年，湖北石油分公司在资源过剩、竞争加剧、价格下行等不利市场环境下，成品油销售保持了较高水平增长。全年销售成品油 699. 24 万吨，同比增长 4. 9%，其中零售增长 4. 8%，直分销增长 5. 2%；天然气增长 8. 2%。资源保障和创效能力明显增强，通过寻觅市场拐点、争取外采计划、把握采销节奏、拓宽资源渠道等措施，有效消化了连续降价带来的库存潜亏，累计创造效益约 4 亿元；全面完成加油站国Ⅳ车柴升级置换；克服可用油库不足等突出矛盾，坚持低库存运作，在完成节日和困难时期保供任务的同时，吨油运杂费较预算节约 5. 46 元；不断强化气源保障，积极衔接石化资源，努力降低购进成本，天然气实现毛利 8 765 万元，同比增长 7%。坚持以客户为中心，量效并重、理性竞争，认真开展“多卖一吨油”销售竞赛，积极开展小额配送，深入开展加油卡营销、交叉营销、自助营销、互联网营销，实施分战区策略，通过一站一策、点对点竞争实行定向让利、精准营销，以较低的营销成本维持了高强度、高效率的竞争应对，全年零售比重 85. 3%，连续 3 年列销售企业首位，全年销售 98#汽油 5. 64 万吨，相对 97# 增加效益 4 000 万元。

（张方涛）

【非油品经营实现稳中有进】 2015 年，湖北石油分公司以烟、酒为重点，对便利店商品销售、库存及供应商情况进行全面清理，加强省公司统采，重新签订采购协议，剔除1 000多种低效商品，重新规划商品组合；狠抓重点商品销售，精心组织“名品进万家”销售竞赛、易捷水世界、饮品节等营销活动，取得了良好业绩。全年卓玛泉销售同比增长909%；海龙燃油宝增长25%；柴油车尾气处理液增长2 432%。相继引进众多国内知名合作伙伴，建成专业汽服店32座、中式快餐店15座、汽服商品O2O店中店15座、旅游服务店中店7座、药品店中店3座，保险进驻站点401座，自营广告业务站点126座，上刊站点达到80座；柴油车尾气处理液枣阳生产基地正式投产，日均产量超过120吨。全年新业务实现销售1.17亿元，增长61%。相继完成武汉头道街、琴台二加油站和襄荆高速宜城、荆门服务区等综合样板站建设，初步形成了加油、汽服、保险、快餐、旅游、广告、药品、O2O等形式丰富的综合业态，具备了汽车生活驿站的雏形，对客户的吸引力明显增强，油非综合竞争力稳步提升。

（张方涛）

【顺利完成国Ⅳ车柴升级置换】 2015年，湖北石油分公司按照中国石化关于提前实施国Ⅳ车柴质量升级的整体部署，克服双品种运行、供应不稳定、价格差异大等困难和资源流向及储运设施等条件的制约，积极协调，4月份，成立国Ⅳ车柴质量升级领导小组，随即向省政府专文请示国Ⅳ车柴提前升级，于7月30日得到省政府批复，同意湖北石油分公司于9月1日起提前推广国Ⅳ车用柴油，并取得优质优价政策。为满足市场对车柴、普柴的不同需求，及时调整柴油运行布局，确立尽可能实现油库双品种运行或区域双品种运行的基本原则。根据资源流向和储运条件，从8月份起由武汉、黄石、宜昌、荆门、襄阳、十堰逐步推进各地区的车柴置换。认真分析各油库罐容结构，细致研究国Ⅳ车柴流向布局，密切关注炼厂生产情况，科学调度，妥善安排调运，在保障柴油供应的同时，减少反复置换和油品降级，尽力避免效益损失。于10月起分区域逐步完成了国Ⅳ车柴的升级置换工作，按计划实现了挂牌销售。

（张方涛）

【营销网络进一步优化提质】 2015年，湖北石油分公司加快推进油库改造，集中向总部申报了6座油库的改扩建工程立项请示，年内余家湖、西塞山、徐家湾油库已获批复，加紧前期准备工作，先期启动的金源油库项目已完成验收，开始试运营。针对全省可用趸船不足的突出矛盾，加快推进趸船维修更新及调剂使用，其中王家河油库新趸船已于11月提前下水投用。加快实施横店非油品中央仓项目，年底已完成主体工程。持续补强零售网络，紧盯中心城区及高速公路等重要位置加油（气）站的新建和投营，全年新发展加油站28座、加气站4座，重点位置比例达97%。高度关注租赁站维稳及拆迁站维权，全年续租加油站33座、新增迁建项目6座，维护了零售网络的基本稳定。统筹实施提量、维修、隐患治理、非油新项目等各类加油站改造，提高了综合改造效率，全年完成提量改造46座、油气回收改造224座，加油站单站销量比上年增加231吨。大力提升信息化水平，相继完成全省加油站网络光纤、省公司现代化标准机房、455座新增充值网点改造，加油卡网上营业厅、普通发票、易捷卡、便利店连锁经营管理、安全管理、网上报销等信息系统成功上线，ERP大集中顺利实施，陆续启动了零售辅助管理、加油站液位仪、视频监控和油罐车智能锁控等信息系统的开发和应用，全省系统信息基础设施平台、经营管理平台、生产监控平台初步搭建，为“智能湖北石油”建设打下了基础。

（张方涛）

【加油卡网上营业厅上线】 2015年，湖北石油分公司加油卡网上营业厅于1月6日开始试运行，2月15日正式对外全面推广。4月份起，广泛开展“网上充充充，马上送送送”活动，通过网上营业厅充值和预分配达到规定条件的客户可享受一定优惠，全省统一制作了宣传海报、折页、加油卡套及静电贴，并通过广播、现场推介、短信等扩大活动影响。经过持续3个月的宣传营销，形成了一批稳定的网上充值客户群体，网厅省时省力、方便快捷的特点被越来越多的用户所接受和认可。4月以来网上充值额占全省充值额的比例超过30%，7月18日湖北网厅营业额突破30亿元，全年网厅累计访问量422万次，充值累计55亿元。

（张方涛）

【连续4年被评为石化集团公司安全生产先进单位】 2015年，湖北石油分公司狠抓HSE责任细化落实，按照“党政同责、一岗双责、齐抓共管”的安全管理原则，对HSE责任制进行全面修订并分解，完善了省、市、县、库站四级 HSE 责任体系，1 389 名省市机关人员分别对《HSE 责任细化分解表》签字确认并备案；13 310 名基层员工签订《HSE 责任书》。在开展好常规安全检查、综合督察的基础上，重点以“我为安全做诊断”活动为抓手，创新风险排查整改机制，全省系统共举证风险 4 801 条。持续深入开展隐患排查治理，以总部罐区隐患排查整治“五年攻坚战”活动、“碧水蓝天”专项行动、“隐患整治年”活动为契机，全年累计统筹投入近 1.2 亿元，实施油库隐患整改项目 112 项，加油站隐患项目 166 项。重新修订发布了省市两级应急预案，开展应急预案专项评审活动，重点评审在营油库和有代表性的加油站的应急预案，解决应急预案与实际不符的问题。结合季节特点和阶段性重点工作，组织制定年度应急预案演练计划，着重抓好定期实战演练和应急预案演练周等活动，提升应急处置能力。全年未发生上报石化集团公司等级 HSE，HSE 工作形势总体平稳，获得“安康杯”全国优胜单位称号，并连续第 4 年、第 7 次获得了石化集团公司安全生产先进单位称号。

（张方涛）

【质检计量站获得了国家实验室认可证书】 2015 年，湖北石油分公司充分发挥省地两级质检计量站功能，全力提升数质量精细化管理水平。在油品入库、储存、出库、运输和销售等环节，实行全员、全过程、全方位风险监控管理。全年共检验出 3 批次入库油品存在问题；自检油品 5 272 批次，迎接石化集团公司及政府职能部门各类抽检 1 101 批次，合格率均 100%。进一步优化损耗目标管理考核，把督察队检查结果作为考核依据，将损耗管理阶段化重点工作纳入考核范畴，设立重大奖惩指标，严格奖惩兑现。试点推动加油站液位仪地罐交接，在荆门、宜昌分公司试点调研的基础上，高管分公司正式启动地罐交接试点，9 对试点加油站均实现了地罐计量交接，既提升了管理水平，又降低了员工劳动强度，促进了工作效率提升。为确保 98# 汽油推广上市质量合格，制定了“三级检验”的加油站质量保障方案，防范了质量风险。在国家 9 部门燃料油专项治理活动期间，委派专家赴 16 个市州分公司开展技术指导和督察，强化与当地政府职能部门沟通协调，确保库站油品质量 100% 合格。全年陆地加油站零售综合体积损耗率 0.89‰，同比降低 0.11‰；全年未发生上报石化集团公司等级数质量事故，省公司质检计量站获得了国家实验室认可证书，

（张方涛）

【用工优化改革稳妥推进】 2015 年，湖北石油分公司作为 2 家销售企业试点单位之一，率先完成了宜昌、荆门分公司共 37 座加油站的委托经营试点。根据总部深化用工制度改革工作总体部署，在各县市公司至少保留 1 座自营自管站的前提下，对全省年零售量 5 000 吨以下的加油站实施委托管理，在清理规范原有 627 座委托管理加油站的前提下，进一步扩大委托管理的范围，完成了 896 座委托管理加油站的竞标、交接、证照办理等工作，实现了平稳过渡。在省人社厅推荐的 5 家外包公司中优选了红海和华盛公司作为非主营业务的承揽单位，各市州公司均与外包公司签订了外包协议，对部分油库、油站、库站值守、油站维修、汽服快餐、高速服务区经营服务业务实行外包，规范和转移劳动关系涉及 577 人。以用工优化及减轻员工劳动强度为出发点，推广自助加油和油库“大班制”改革，全省自助加油站达到 839 座，占在营站的 45%。加强全员培训，全年累计组织各类培训班 540 余期，培训 2.7 万人次。

（张方涛）

【抓党建增强企业凝聚力】 2015 年，湖北石油分公司认真开展“三严三实”专题教育，班子带头自我剖析，查摆不严不实问题并坚决整改。切实抓好党风廉政建设“两个责任”落实，深入学习《中国共产党廉洁自律准则》和《中国共产党纪律处分条例》，从严落实中央“八项规定”精神，认真开展审计整改，省公司领导班子及中层干部带头对超标办公用房进行了整改。全年公务性支出总体下降 12.3%，其中接待费同比下降 29%。大力倡导“责任、尊重、高效、创新”的核心价值观，企业风气明显好转。深入开展以“温馨、平安、奋进、和谐”为内涵的“家文化”建设，通过硬件提升、环境改造和服务改进，实现了员工和客户的双满意。扎实推进离退休人员“两项建设”，办好“为老服务十件实事”，离退休管理服务呈现新气象。注重发挥工会、共青团、文体协会的作用，积极开展各类文体竞赛活动，丰富员工业余生活，增强了凝聚力和向心力。加强正面宣传，维护和谐稳定。注重舆情监控，加强企媒协调，积极开展对外宣传。襄阳公司加油员杨玉琳被评为中国石化第 2 届“感动石化”人物，在“东方之星”号客轮翻沉事件救援工作中，主动担责，积极参与抢险救援，获得了广泛赞誉。织好稳定信息监控网，强化事前化解，依法依规、妥善处置好各类信访问题，确保了企业总体和谐稳定。

（张方涛）

表1 湖北石油分公司主要经营指标

指标名称＼年份	2015	2014	2013	2012	2011	2010
成品油销售总量/万吨	699.24	666.80	637.72	600.08	565.97	513.08
零售量	591.64	564.58	539.50	514.31	482.78	391.88
利润/亿元	6.53	7.15	6.93	7.21	5.71	5.40
销售收入/亿元	430.26	531.41	513.78	481.11	448.66	355.44
吨油费用/元	324.00	326.00	317.00	313.00	294.00	288.00
加油站总数/座	2 113	2 176	2 205	2 166	2 146	2 055

湖南石油分公司

【概况】 中国石化销售有限公司湖南石油分公司(简称湖南石油分公司)位于湖南省长沙市湘春路113号。其前身为成立于1950年7月的中国石油公司长沙分公司。1998年7月整体划归石化集团公司，2000年2月分设为石化股份公司湖南石油分公司(上市公司)和中国石化集团湖南石油总公司(存续公司)。后者于2007年改组转制为中国石化集团资产经营管理有限公司湖南石油分公司(简称湖南石油资产分公司)，2009年7月，湖南石油资产分公司交由湖南石油分公司托管。2014年5月14日，按照石化销售公司改革重组的要求，石化股份公司湖南石油分公司更为现名。

截至2015年底，湖南石油分公司下设15个地市级分公司、89个县级公司；省公司机关设立19个处室(中心)。用工总量11 633人，其中在岗正式工3 381人；资产总额159亿元；在营加油站1 567座、油库21座、易捷便利店1 510座。拥有湖南省最为完善的成品油销售网络，是湖南省成品油经营主渠道企业。

2015年，湖南石油分公司共销售成品油710.4万吨、天然气302万立方米；非油品实现营业额12.2亿元；实现报表利润7.5亿元。

湖南石油分公司主要经营指标见表1。

(全青丰)

【成品油经营量突破700万吨大关】 2015年，湖南石油分公司坚持市场主导，加强竞合协调，灵活调整策略，大力扩销增量。成品油经营量突破700万吨大关，全年销售成品油710.4万吨，同比增长3.3%。其中零售595.2万吨、增长4.6%，直销115.2万吨。经营量、零售量计划完成率分别排名区内销售企业第4位和第2位，经营规模排名销售企业第6位。

(全青丰)

【非油品营业额突破12亿元大关】 2015年，湖南石油分公司加快转方式、调结构，继续大力发展非油品等新业务，扎实推广专业化运营，提高中央仓运行水平，进一步夯实业务基础；坚持以门店零售为核心，大力开展汽服用品和水饮料销售竞赛，精心组织“易捷年货节”“名品进万家、易捷快乐行”等促销活动，加大燃油宝、卓玛泉、尾气处理液等重点商品销售力度，加快汽服、广告、保险等新业务发展，建成标准汽服店48座，开展广告和保险业务站点分别达273座和278座，营业额和毛利额均实现快速增长。非油品营业收入突破12亿元大关，实现营业额12.2亿元，同比增长45%，完成目标任务的118%，排名销售企业第4位。

(全青丰)

【开展销售竞赛和营销活动】 2015年，湖南石油分公司大力开展销售竞赛，精心组织策划各项营销活动。在零售上，大力开展“多卖一吨油”销售竞赛，策划组织大型营销活动7次，全年累计195天、4 334站次开展了营销活动。在直分销上，开展百日销售竞赛和“油非双增长”促销，推行差别化经营，加强客户走访维护，新增直批客户1 110家，新增销量近7万吨，重点客户稳定率保持在80%以上，获销售企业“油非双增长”优秀组织奖。

(全青丰)

【强化“三基”工作】 2015年，湖南石油分公司认真贯彻执行石化集团公司强化提升“三基”工作的要求，召开强化提升“三基”工作现场推进会，建立健全“三基”工作领导机构和工作机制，全面强化提升“三基”工作水平。在基层组织建设上，突出完善和落实基层党组织和基层领导班子建设，完善和落实基层班组建设，完善和落实基层文化建设；在基础管理上，开展加油站基础管理百日整治，创建173座标杆示范站，修订完善内控制度和信息系统，健全大额资金使用决策流程，加强采购、招投标、资金、资产等标准化核算管理与监督，建立加油卡异常消费监控平台和核查体系，加强打假维权，强化舆情监控，切实防范经营风险；在基本功训练上，突出抓实全员竞赛比武和岗位练兵，加强实际操作训练。

（全青丰）

【安全数质量管理力量增强力度加大】 2015年，湖南石油分公司在省市两级公司增设安全总监，组建专职安全督察队，健全覆盖各环节、各岗位的安全生产责任制，大力开展“我为安全做诊断”和全员HSE知识学习竞赛活动，全面开展“四不两直”检查，大力排查隐患和不安全因素，加快推进库站综合治理，实行整改销项制，整改安全环保隐患497个；突出加强承包商安全监管，加大预案演练力度，确保企业安全平稳运行。坚持严把油品采购、储存、运输、销售等关口，加强非油商品进货把关和质量检查，石化集团公司和各级政府职能部门组织的抽检100%合格。

（全青丰）

【多措并举大力挖潜增效】 2015年，湖南石油分公司全力解决管道下载损耗大的问题，稳步推进地罐交接，强化考核，多措并举加强零售损耗管理；大力推进成品油资源、人力资源、财务费用控制等6项资源优化工作；加强闲置资产盘活利益，盘活出租土地房产45项，实现对外租赁收入1 517万元；充分发挥财务管理价值引领的作用，突出事前算赢，强化价值分析，统筹资源要素引导提高效益；层层落实责任加强全员成本目标管理，压降行政及运行费用7 700万元；深化银企合作，加速资金周转，全面压减“两金”占用，加大外部应收款项清收力度，节约财务费用4 355万元。全年共计挖潜增效1.14亿元。

（全青丰）

【突出质量效益狠抓营销网络发展】 2015年，湖南石油分公司千方百计协调政府部门和合作单位，保持现有高速公路服务区加油站经营权配置政策不变，全力争取加密、新增服务区项目，确保高速市场网络稳定。积极争取中国石化投资支持，推行项目比选机制，优先发展关键优质项目，加快建设进程。全年开工建设加油(气)站56座、竣工24座、在建32座。密切关注重点位置租赁站，提前制定续租措施，续租加油站10座。开工新建道县油库，立项扩容改造长沙霞凝油库。

（全青丰）

【稳步推进规范用工改革】 2015年，湖南石油分公司完善用工评价和对标机制，通过推进加油站委托管理、非主营业务外包、提高加油站信息化、自动化和自助化水平等措施，精简替代用工，全年新增托管站434座，完成非主营业务外包，共减少直接用工2 340人。

（全青丰）

【不断提升企业信息化水平】 2015年，湖南石油分公司配合石化集团公司实现财务共享服务建设，完成ERP大集中与费用报销系统上线工作，“液位仪深化应用项目”试点完成，被确定为全系统推广模式，改扩建数据中心机房，上线实施实验室LIMS、安全管理等系统，经营管理的信息化水平进一步提高。

（全青丰）

【持续加强干部员工人才队伍建设】 2015年，湖南石油分公司考察、调整11家单位(部门)的负责人，公开竞聘专业技术专家、主任师、副主任师和机关借调人员，推进加油站五项技能培训认证和技能鉴定，1 107名员工通过鉴定获得资格证书，举办培训班265期，培训员工31 858人次，三支人才队伍素质进一步提升。

（全青丰）

【扎实开展“三严三实”专题教育】 2015年，湖南石油分公司严格按照中共中央和石化集团公司党组要求，认真组织开展“三严三实”专题教育，抓实专题党课、专题学习研讨、专题民主生活会和组织生活会等“关键动作”，全力整改不严不实的问题；同步在省公司机关开展“强作风、严管理、提效率”建设活动，在地市分公司开展“守纪律、讲规矩、严管理”专项整治；全面落实党风廉政建设“两个责任”，抓实“准则”“条例”和“职工违纪违规行为处分规定”学习教育，严格执行“八项规定”，毫不松懈反“四风”，强化了从严从实、风清气正的政治生态和企业管理生态。

（全青丰）

【党群工作进一步加强】 2015年，湖南石油分公司党委全面落实党建工作“一岗双责”，继续推进基层党支部示范点创建和达标工作，不断提高基层党组织规范化、标准化管理水平；深入推进“家文化”建设，“家文化”标杆站从38座扩大到170座；综合运用政策、感情、帮扶和行政等措施抓好稳定工作，用心用情把对老联工的关心和尊重落到实处，企业总体保持了和谐稳定。

（全青丰）

表1 湖南石油分公司主要经营指标

指标名称＼年份	2015	2014	2013	2012	2011	2010
成品油销售总量/万吨	710.40	687.40	653.00	608.00	573.00	524.52
零售量	595.20	566.00	553.00	516.00	471.80	374.41
销售收入/亿元	432.70	525.00	513.00	484.20	451.00	369.32
报表利润/亿元	7.50	7.35	7.20	9.30	5.89	6.36
吨油费用/元	346.00	348.00	342.00	335.00	327.00	287.00
加油站总数/座	1 567	1 564	1 545	1 530	1 514	1 508

广东石油分公司

【概况】 中国石化销售有限公司广东石油分公司(简称广东石油分公司)前身是成立于1950年6月的中国石油贸易公司广州分公司，1961年11月更名为广东省石油公司，1992年8月改组为广东省石油企业集团公司，1998年7月，广东省石油企业集团公司及其属下的116家市、县公司整体划归石化集团公司。2000年3月，重组为石化股份公司广东石油分公司和广东省石油企业集团公司。2014年5月，更名为中国石化销售有限公司广东石油分公司。

广东石油分公司下设15个综合管理部门、3个专业中心，有21家地市级分公司和1个仓储分公司。截至2015年底，用工总量19 010人，在营加油站2 236座，易捷便利店2 234座，在营油库31座，资产总额264.04亿元。

2015年，广东石油分公司实现成品油经营总量1 525.50万吨。其中，零售1 241.90万吨；直销182.62万吨，批发100.98万吨；燃气经营量20.97万吨；非油品便利店营业额41.28亿元。实现销售收入963.34亿元；报表利润28.76亿元。

广东石油分公司主要经营指标见表1。

（陶思学）

【领导班子调整】 2015年12月8日，石化集团公司党组成员、副总经理，石化股份公司高级副总裁兼油品销售事业部主任张海潮等赴广东石油分公司宣布主要领导调整的有关决定。陈成敏任广东石油分公司总经理、党委副书记。广东石油分公司新一届领导班子由陈成敏、何敏君、韩超、李一庆、姜英会、董光明、张文胜7人组成。

（陶思学）

【树立良好企业形象】 2015年，广东石油分公司组织开展“青春驿站·满爱回家”公益活动，获国际公关行业权威媒体霍姆斯报告2015年亚太地区品牌与声誉杰出成就奖(SABRE Awards)之企业社会责任金奖。高度重视扶贫规划到户责任到人工作，投入300多万元帮扶对口扶贫村脱贫致富，被广东省扶贫开发办公室授予广东扶贫济困红棉杯铜杯。深入开展青年文明号创建活动，广州石油分公司珠江二加油站被共青团中央授予全国青年文明号，另有15家单位被评为广东省青年文明号。

（陶思学）

【推进油品升级】 2015年，广东石油分公司全面启动国Ⅴ柴油升级工作。4月1日起，广州、深圳、珠海、佛山、惠州、东莞、中山、江门、肇庆、阳江、湛江、茂名、清远、云浮14市全部销售国Ⅴ车用柴油；7月1日起，汕头、韶关、河源、梅州、汕尾、潮州、揭阳7市全部销售国Ⅴ车用柴油。至此，全省 2 000 多座加油站全面完成国Ⅴ汽柴油升级置换工作。

（陶思学）

【创新驱动转型发展】 2015 年，广东石油分公司主动适应经济发展趋势，探索互联网经济大环境下企业转型发展，明确目标路径，建立组织体系。积极建设客户线上沟通渠道，截至 2015 年底，广东石油分公司企业官方微信号用户数突破 357 万，成为国内石油石化行业第一大用户群，为开展电子商务、品牌营销及公共关系维系提供了重要平台。11 月 18 日，广东石油分公司旗下加油、加油卡充值、便利店购物三大业务正式开通微信支付，成为中国石化油品销售系统内首个开通微信支付的省级地区。

（陶思学）

【零售经营指标逆势增长】 2015 年，广东石油分公司加强阶段性营销策划，准确把握市场节点，全面启用零售营销决策系统，科学测算量效平衡点，在 653 座竞争加油站开展点对点竞争和梯度作价，增(稳)量 73 万吨。推广高标号汽油，在全省 554 座加油站布点 98#汽油，高标号汽油销售比例 40.6%，同比提高 12.7 个百分点。大力推广加油卡网上业务，实现网银自助充值 79 亿元，增幅 80.9%。

（陶思学）

【非油品业务实现快速发展】 2015 年，广东石油分公司努力做大重点商品销售，全年销售尾气处理液 6 947.51万元，易捷水 4 451.18 万元，市场规模均居中国石化油品销售系统首位。全力打造便利店实体网络，充分发挥平台优势，完善加油站配套服务项目，开通粤通卡网点 1 341 座，实现营业额 21.67 亿元。推进高速公路自营服务区体制改革，建立服务区经理队伍，完善服务区功能，全年实现营业额 1.84 亿元，同比增幅 123.5%，毛利额 4 020.44 万元，增幅 36.8%。全年非油品便利店营业额 41.28 亿元，增长 131.8%；毛利额 3.31 亿元，增长 30.5%。

（陶思学）

【燃气经营稳定发展】 2015 年，广东石油分公司重点强化车用燃气站建设和投营力度，继续拓展资源渠道，努力扩大油转气客户市场占有，全年完成天然气总销 11.44 万吨，同比增长 19.8%，经营规模位居中国石化油品销售系统第 2 位。

（陶思学）

【内涵发展提升网络优势】 2015 年，广东石油分公司按照“突出质量和效益”的发展要求，重点发展市区和高速服务区加油站，加强与地方政府合作，推进闲置资产盘活，优化网络布局。全年新建加油站 26 座，其中高速公路加油站 13 座，新建加气站 2 座。充分发挥中国石化资源、品牌优势，积极探索“他有我营”网点发展模式，在网络空白区域选择优质社会加油站合作，实现增量增利分成，全年共发展“他有我营”加油站 8 座。积极做好加油站续租工作，续租加油站 25 座，稳定销量约 12 万吨。

（陶思学）

【推进投资和修理费体制改革】 2015 年，广东石油分公司注重企业管理创新，在确保安全、销量、效益前提下，简政放权，积极推进投资和修理费体制改革。通过事前精准定位改造需求、方案，事中精准选择施工时间，全过程建立调度、会审、协调“三会”制度，尽可能减少施工改造对经营的影响。全年完成单站累计 10 万元(油库 50 万元)以上维修改造 640 项，累计压缩施工停业时间 495 天，减少停业销量损失 8 179 吨。

（陶思学）

【坚持从严管理保障安全平稳】 2015 年，广东石油分公司持续强化基层建设，狠抓基础工作，提升基本功训练，探索建立“三基”长效机制。全年修订完善制度 50 项，编写加油站现场操作、财务管理、设备管理等“口袋书”8 册，增强制度可操作性。全力构建“大安全”观念，强化落实 HSE 责任制，将安全生产主体责任分解至 9 个管理层级、334 个岗位，层层签订 HSE 责任书，严整改、严问责。建立监督考核机制，组建安全督察队伍，完善安全考核机制。强化安全检查和整改闭环管理，全年安全环保形势总体平稳，被石化集团公司评为安全环保先进单位。

（陶思学）

【党群工作深入推进】 2015 年，广东石油分公司强化党建工作统筹运作、系统指导、闭环管理，发挥党委政治核心作用，创新党建考核体系，探索创新党建评价雷达图、党员积分管理等方式，提升党务工作水平。扎实开展“三严三实”专题教育，加强基层党建示范点建设，加强先进典型选树。重视企业文化建设，深入开展“家文化”建设，打造“家文化”样板站 68 个。落实特困员工帮扶救助，全年共救助员工 1 756 人次，支付救助金 180 万元。

（陶思学）

【队伍建设不断加强】 2015年，广东石油分公司系统谋划领导班子和干部队伍建设，突出"有信念、有担当、有作为、有敬畏"的用人导向。加强二级班子建设，坚持"能力叠加、专业互补、梯队合理"的原则配齐配强班子。滚动调整省公司中层后备干部，建立了114人后备干部队伍。完善干部交流补贴措施，鼓励干部员工到基层和欠发达地区工作，营造风清气正、干事创业的良好氛围。分层分类开展守法合规教育和互联网转型发展培训，全年举办各类培训班56期。

（陶思学）

【用工制度改革稳步推进】 2015年，广东石油分公司周密安排部署，加强政策宣贯，顺利推进加油站委托管理工作，全年共成立委托管理公司511家，完成905座加油站资产交接，规范3 434名员工劳动关系，平稳有序推进企业用工形式调整。

（陶思学）

表1　　广东石油分公司主要经营指标

指标名称＼年份	2015	2014	2013	2012	2011	2010
成品油销售总量/万吨	1 525.50	1 546.52	1 501.51	1 426.93	1 461.70	1 495.60
零售量	1 241.90	1 195.37	1 149.67	1 094.84	1 110.30	1 043.40
销售收入/亿元	963.34	1 225.76	1 209.99	1 168.47	1 180.62	1 048.00
报表利润/亿元	28.76	27.26	29.29	32.08	25.40	20.60
报表吨油费用/元	374.72	343.47	377.15	380.00	354.00	255.00
在营加油站总数/座	2 236	2 233	2 255	2 255	2 240	2 232
自营加油站数	2 174	2 169	2 174	2 176	2 159	2 148
联营加油站数	62	64	81	79	81	84

广西石油分公司

【概况】 中国石化销售有限公司广西石油分公司（简称广西石油分公司）本部位于广西壮族自治区首府南宁市，前身是成立于1952年的广西壮族自治区石油总公司，1998年划归石化集团公司，2000年按照石化集团公司重组改制、主辅分离的原则，组建广西石油分公司。2009年，广西石油分公司整合上市、非上市部门职能，推进了一体化管理改革。2014年6月，根据石化集团公司油品销售业务重组工作部署，变更为中国石化销售有限公司广西石油分公司。

截至2015年底，广西石油分公司设14个职能处室和3个专业中心，下辖14个地级分公司和105个片区，主要经营汽油、柴油、润滑油和燃料油的批发零售以及加油站便利店非油品业务等，控股管理广西辉煌石化公司、钦州鹰岭铁路公司，非控股联营广西高速石化公司、广西北投沿海石化公司、广西路邦石化有限公司。共有在岗员工7 333人，拥有在营加油站1 213座，在用轻油油库13座、总库容51万立方米。资产总额97.5亿元，全年完成固定资产投资10.62亿元，已占用资本投资回报率（ROCE）18.02%。

2015年，广西石油分公司销售成品油590.24万吨，完成非油品销售额9.52亿元。全年实现销售收入359.46亿元，报表利润10亿元。

广西石油分公司主要经营指标见表1。

（李　峥）

【经营规模稳中有进】 2015年，广西石油分公司面对经济增速放缓、竞争日益加剧等不利因素影响，坚持以市场为导向，不断夯实增量基础，丰富营销手段，维护客户稳定，同时及时调整考核导向，加大奖励力度，大力挖掘零配、水上及分销等市场增量潜力，经营规模实现稳中有进。全年销售成品油590.24万吨、同比增长0.77%。其中，零售486.50万吨、增长0.78%，直分销103.74万吨、增长0.73%；汽油229.79万吨、增长14.01%，柴油360.45万吨、增长6.18%。

（李　峥）

【汽油销量增长 14.01%】 2015 年，广西石油分公司针对客户状况及市场控制力度，及时将 28 座高标号汽油站点调整为 93# 汽油站点，促进增量 1.50 万吨。坚持以客户为中心，根据不同区域、客户群体及竞争程度，在 310 座加油站开展汽油专项营销，灵活叠加使用电子券、充值有礼等营销工具，打准营销组合拳，促进增量 4.20 万吨。积极推行“一人多车”、增机调罐等措施，提高加油站接待能力，单车平均等候时间由 4 分钟缩短至 3 分钟，带动汽油增量 6 万吨。实行汽油增量和超量双重奖励，调动员工扩销热情，汽油实现高速增长。全年销售汽油 229.79 万吨、同比增长 14.01%，增幅列区内销售企业第 4 位，超广西中油 12.20 个百分点。

（李　峥）

【利润连续 5 年达 10 亿元】 2015 年，广西石油分公司围绕提高发展质量和效益中心，抓好统筹资源、优化经营、从严管理、深化改革等工作，经营质量稳步提升。坚持多销多采，全年低于调拨价外采 61.79 万吨，降低成本 5.37 亿元、同比增长 67.3%。通过资源统筹、物流优化等措施，全年降低运杂费及财务费用 3 700 万元。加大高标号汽油销售力度，全年实现销量 43.4 万吨、增长 15.19%，毛利 3.50 亿元、增长 22.8%。在保证销量不降前提下，持续优化自助优惠，增加效益 690 万元。全年实现利润 10 亿元，连续 5 年突破 10 亿元。

（李　峥）

【非油经营保持健康发展】 2015 年，广西石油分公司通过优化营销扩规模、细化管理提效益，促进非油业务健康快速发展。精心打造 50 座综合样板站，完成销售额 1.22 亿元、同比增长 68%，其中基础品类零售 6 077 万元、增长 36%，实现毛利 1 588 万元、增长 24%。销量增幅、毛利水平比全区平均水平分别高 11% 和 6%。创新营销手段，在 695 座加油站大力推行电子券营销，提高客户进店率，带动销售 5 600 万元。加大重点商品销售，完成销售额 1.33 亿元、增长 28%，其中燃油宝、卓玛泉、尾气处理液分别同比增长 30%、95% 和 380%。全年实现非油营业额 9.52 亿元、增长 57.3%，便利店单店日均营业额提升至 2 531 元、增长 61%；百万以上门店数量 212 座、增加 104 座；利润 2 875 万元、增长 43%。

（李　峥）

【在营站数稳定增长】 2015 年，广西石油分公司通过落实一把手责任、加强过程监督指导、加大考核兑现力度等措施，加快加油站建设投营，全年新增投营 28 座。统筹改造项目，严格控制停业改造管理，同时加强工期考核，平均单站工期缩短 4.5 天，最大限度减少对经营影响，同时全年在营率保持在 93% 以上。截至年底，在营站 1 213 座、同比增加 41 座，区内销售企业列第一；日均在营站 1 154 座，增加 33 座，区内销售企业列第四。

（李　峥）

【完成第 2 批加油站委托管理改革】 2015 年，广西石油分公司按照石化销售公司的改革部署，结合自身实际，通过创新工作理念、统筹改革设计、强化责任落实，构建“三位一体”的工作格局，并通过区地两级精心组织实施，规范平稳、又快又好地完成第 2 批加油站委托改革任务。这一轮改革后，新增委托站 433 座，规范劳动关系 2 371 人；加上原有委托站 385 座，委托站总数达 818 座，占在营站的 67%，委托站用工 3 990 人，占在营站总用工的 47.80%。总体实现了改革过程中委托站改革、运行“两平稳”，取得了企业、员工“双满意”的积极成效。

（李　峥）

【安全基础进一步强化】 2015 年，广西石油分公司认真落实安全工作部署，扎实工作，严细管理，全年未发生上报石化集团公司等级事故，安全形势总体平稳。修订完善安全管理制度，特别是制定了《基层岗位 HSE 责任落实考核实施细则（试行）》，实现安全岗位责任与员工绩效薪酬两者间联动，强化了制度的效用。在区公司层面配备安全总监、成立专职督察大队，地市公司对应组建了兼职督察队，强化了安全管理队伍。开展安全检查，查出各类问题 1 076个，整改 973 个、整改率 90.40%。开展“我为安全做诊断”活动，全年共诊断出各类问题 4 583 个，已整改 4 241 个，整改率 92.50%。组织技术攻关，成功上线运行散装汽油管理系统，实现了散装汽油销售的有效管控，得到自治区政府有关部门的充分肯定。

（李　峥）

【降本减费取得实效】 2015 年，广西石油分公司深化全面预算管理，持续推进全员成本目标管理，降本减费成效显著。通过降低上门收款费用、运作结构性存款、加强资金日常预算管控等措施，全年实现利息净收入 3 513 万元，同比增加 628 万元，财务费用减少17%，比年度预算节约2 723万元。抓好税务风险管控及税费减免等工作，全年减免土地使用税542万元，同时协调规范土地房产涉税事项13件，节税近千万元。深化加油站“一本账”应用，加油站吨油费用同比下降5.20%。全年费用总额18.92亿元、下降2.35%，吨油费用320.58元、下降3%，实现了“双下降”，获得石化销售公司年度吨油费用进步红旗及石化集团公司全员成本目标管理工作进步奖。

（李　峥）

广西石油分公司开展“情暖驿站·满爱回家”活动

【为30多万返乡农民工提供服务】 2015年，广西石油分公司按照石化集团公司整体部署，进一步履行好社会责任，连续第13年成功组织开展“情暖驿站·满爱回家”春运专项服务工作。在梧州、贺州、玉林、贵港4地16座加油站开通绿色通道和服务点，为30多万返乡农民工提供“10＋X”免费服务，以及加油优惠、赠送小礼品、送热粥、面包等专项服务。央视、新华网等中央媒体和广西电视台、《南国早报》等地方媒体进行全面宣传报道，受到了地方政府的高度赞扬以及社会的一致好评，企业形象得到进一步提升。

（李　峥）

【党群工作不断加强】 2015年，广西石油分公司认真组织开展“三严三实”专题教育，坚持以上率下，突出问题导向，收集、整改问题36项和34项，整改率94.40%。持之以恒落实中央“八项规定”精神，业务招待费、会议费、车辆费同比分别下降8.90%、31%和13.10%。引入微课等形式创新培训手段，组织培训班2 124个、培训6.3万人次。全年发表宣传报道2 856篇，同比增长14.33%。成立系统团委和系统工会，推动了群团工作的系统化管理。抓好“真困难、真帮助”，发放困难补助5 184人次、补助金560万元，企业保持和谐稳定。

（李　峥）

表1　　广西石油分公司主要经营指标

指标名称 \ 年份	2015	2014	2013	2012	2011	2010
成品油经营量/万吨	590.24	585.74	572.64	533.41	491.04	460.63
零售量	486.50	482.76	463.77	432.44	395.00	361.11
销售收入/亿元	359.46	442.80	445.71	423.00	378.13	306.08
利润/亿元	10.00	11.82	11.09	13.37	10.01	6.68
吨油费用/元	320.58	330.83	315.41	315.39	322.41	304.39
加油站总数/座	1 213	1 172	1 166	1 132	1 090	1 053

海南石油分公司

【概况】 中国石化销售有限公司海南石油分公司（简称海南石油分公司）位于海口市滨海大道163号。其前身中国石油公司广东省海南分公司创建于1953年。1998年9月划转石化集团公司。2000年实行主、辅分离，主业为中国石油化工股份有限公司海南石油分公司，辅业为中国石化集团海南石油总公司。2006年，海南石油总公司整体转制为中国石化集团资产经营管理有限公司海南石油分公司（简称海南石油资产分公司）。2009年9月，海南石油资产分公司委托中国石油化工股份有限公司海南石油分公司管理。2014年6月，中国石化油品销售业务重组，中国石油化工股份有限公司海南石油分公司更为现名。

海南石油分公司主营石油、天然气、石油化工、化纤及其他化工产品的销售，日用百货便利店经营，汽车清洗服务，并经营食品、乳制品及卷烟、雪茄烟的零售，是海南省最大的成品油批发零售企业，负责海南全省的成品油供应，销售网络覆盖海南省陆、海两域。

截至 2015 年底，海南石油分公司资产总额 28.62 亿元，拥有油库 4 座，在营加油站(含液化气站)291 座；用工总量 2 510 人，其中在岗正式职工 463 人，经营管理人员 374 人，拥有中、高级技术职称的 102 人；共设有 13 个职能处室，6 个专业中心，18 个市县公司，下辖海南经济开发有限公司。

海南石油分公司主要经营指标见表 1。

(李春贻)

【领导班子成员调整】 2015 年 4 月，崔勇调任海南石油分公司党委副书记、纪委书记、工会主席。12 月，党委书记、副总经理刘春波主持公司工作，徐天民由于年龄原因，不再担任总经理职务。

(李春贻)

【成品油经营和利润持续增长】 2015 年，海南石油分公司成品油经营量 144.89 万吨，同比增长 4.44%；其中，零售量 115.72 万吨，增长 1.02%。全年实现报表利润 3.54 亿元，增长 2.76%。

(李春贻)

【建设海南首座花园式高级旅游服务区】 2015 年，海南首座花园式高级旅游服务区建成营业。服务区位于海南东线高速公路龙桥段，分东、西两区，占地 53 129 平方米，是海南国际旅游岛重大配套项目之一，也是全国唯一作为政府重点工程并由政府督办的加油、加气站项目。服务区内设置了加油(气)区，设加油机 12 台(其中东区 4 台、西区 8 台)，加气机 8 台(东区 4 台、西区 4 台)。配套建设有星级旅游厕所、餐厅、购物商店、汽服、绿化停车场，可提供加油(气)、休闲娱乐、购物、餐饮一条龙服务，是海南省建设规模最大、功能最齐全、外观最亮丽的服务区。

(李春贻)

【确保三沙市油源供应充足】 2015 年，海南石油分公司充分发挥资源体系优势，帮助三沙市政府解决加油难问题。继 2014 年底与三沙市政府携手签署战略合作协议之后，于 2015 年正式向三沙供应油品 8 000余吨，使三沙市油料体系建设和油源供应等各项工作得到加强。

(李春贻)

【成立合资公司】 2015 年，海南石油分公司与海南省交通投资控股有限公司成立合资公司，共同建设海南高速公路和其他高等级公路服务区内的加油加气站。公司暂定名为“海南省交通石化发展有限公司”(简称合资公司)。合资公司由海南石油分公司控股，第 1 期注册成本 3 500 万元，海南石油分公司出资 1 785 万元，占 51%，海南省交通投资控股有限公司出资 1 715 万元，占 49%。

(李春贻)

【“天泰一号”投入使用】 2015 年，海南石油分公司第 1 艘自有千吨趸船“天泰一号”正式投入使用。“天泰一号”是由海南石油分公司斥资 1 050 万元建造的 1 500 吨趸船，停靠三亚南边海渔港，主要向该区域的 3 000 余船只供应柴油、燃料油、润滑油及液化气，同时船上还开设便利店，提供便利商品。“天泰一号”投用前，海南石油分公司在三亚南边海渔港仅有 1 艘移动加油船，只销售国Ⅳ柴油，年销售量约 9 787吨，市场占有率仅 25%。趸船投用后，年销售量达 1.8 万吨左右，市场占有率提升至 40%。

(李春贻)

【琼中绿橙入驻易捷便利店】 2015 年，海南石油分公司与海南省琼中县人民政府签署琼中绿橙产销联盟战略合作协议。协议利用中国石化易捷便利店向消费者提供全国统一质量、统一包装、统一价格的琼中绿橙。同时，琼中县人民政府对海南石油分公司在琼中开展的业务，尤其是经营活动、项目报批、土地使用、证照办理、政策配套等方面给予全力支持和协调服务。此次战略合作协议的达成，不仅实现了琼中县资源优势转化，促进农民增收，也为海南石油分公司经营发展带来更大的便利。

(李春贻)

【启用视频监控系统】 2015 年，海南石油分公司完成视频监控系统建设，全省 215 座加油站全部安装高清视频监控设备，启用视频监控系统，加油站现场实现了全过程视频监控。

(李春贻)

【信息楼建设落成】 2015 年，海南石油分公司信息楼建成投入使用。信息楼建在公司大楼南侧，建设面积为 2 044.18 平方米。信息楼共建 5 层。一层为 UPS 电源及配电机房，二层为机房，三层为综合档案室，四层为信息办公室及调度指挥中心，五层为员工活动中心。信息楼的建成使用，改变了海南石油分公司因机房和档案室面积小等影响信息化建设发展和档案管理工作停滞不前的局面。

（李春贻）

【各项管理工作有序开展】 2015年，海南石油分公司有序开展各项管理工作。严格考核兑现，完善岗位责任制和绩效考核机制，调动员工工作积极性。加强日常安全环保检查、承包商考核管理、现场管理和员工HSE培训工作，完成石化集团公司级65项隐患治理，确保总体安全平稳运行，实现全年上报事故为零的总目标。加强物流运输管理，加大超耗索赔、偷盗行为打击力度，减少效益流失。加强油品化验和监督检查，确保油品质量和油耗控制。加强报废资产处置管理，推动土地房产规范化。规范合同标准文本使用和检查，不断增强法律风险防控意识。推进加油（气）站视频监控安装和巡检系统完善，不断优化加油站基础管理。推进电子提单、安全管理等系统上线以及加油卡、ERP等系统功能升级、应用和运维，完成并启用库站油气回收系统。突出执行力建设，强化督察催办，发挥审计监察效能，加大检查和督促整改力度，不断夯实企业根基。

（李春贻）

【党建工作和队伍建设持续加强】 2015年，海南石油分公司深入开展"三严三实"专题教育，加强理论学习提升，聚焦问题立行立改，盯住"关键动作"督察催办，注重干部作风转变，截至年底，414条问题已有效整改98.2%。出台相关议事规则，增强基层组织履职尽责意识，强化权力制约和纪律约束。严格落实"三重一大"决策制度，推动党委集体研究重大议题常态化，有效发挥党委的政治核心作用。落实党风廉政建设"两个责任"，贯彻新任干部廉政谈话制度，规范处理群众来信来访，坚决查处违规违纪人员，强化震慑警示作用，保持了风清气正的良好氛围。持续开展明星员工评选，挖掘宣传公司"最美员工""明星员工"，唱响主旋律，弘扬正能量。持续做好企业维稳和舆情引控，丰富微信、微博、手机报等载体，加强内外正面宣传，为经营发展营造良好环境。充分发挥工青妇组织桥梁纽带作用，持续开展趣味运动会、健康行走、工间操等群众性文体活动，认真落实困难帮扶救助和金秋助学政策。深入推进人才队伍建设，持续安排机关管理人员下基层挂职锻炼交流，实施专业技术和技能操作序列人才聘任政策，建立了各专业线条的后备人才储备队伍。

（李春贻）

表1 海南石油分公司主要经营指标

指标名称＼年份	2015	2014	2013	2012	2011	2010
成品油经营总量/万吨	144.89	138.73	130.86	120.58	113.05	111.09
零售量	115.72	114.55	109.32	100.68	96.67	82.52
销售收入/亿元	99.64	120.89	113.93	105.97	98.6	87.45
利润/亿元	3.54	3.45	3.07	3.74	2.28	1.81
吨油费用/元	338.00	342.00	325.00	341.00	333.00	230.00
加油站总数/座	300	291	303	300	296	289

贵州石油分公司

【概况】 中国石化销售有限公司贵州石油分公司（简称贵州石油分公司）位于贵州省贵阳市解放路21号，是贵州省最大的一家成品油经营企业。

截至2015年底，贵州石油分公司本部共设有14个职能部门和4个专业中心，下属9个市（州、地）分公司。拥有一级油库1座、二级油库2座、三级油库7座（包括西南成品油输油管道下载油库6座），总库容40.44万立方米，1座非油品物流配送中央仓。

贵州石油分公司主要经营指标见表1。

（刘晓晖）

【经营管理工作】 2015年，贵州石油分公司继续围绕网络、人才、市场、控制、文化五大战略重点，以"比学赶帮超""四级对标""县县推广标杆，站站建设家园"等工作为抓手，各项工作稳步推进。坚持市场导向，结合供需关系变化，综合进、销、存各环节统筹资源、需求、规模3个要素，加大市场开拓力度，强化营销组织，深挖市场潜力。在219个站点开展汽车服务站标杆、自助站标杆、易捷便利店标杆、培训站标杆建设，因地制宜打造特色服务，提高了站点的服务能力和客户满意度。实施市、县、站三级联动信息收集机制，找准直分销目标市场和目标客户，为重点工程项目提供专业化油品支撑。加大微信营销、网厅营销、油非互促等营销力度，取得了较好的经营业绩。加快发展非油品业务，通过落实标准化陈列、开展常态化营销、扩展增值服务业务，提升单店经营质量；强化营销工作，易捷水、燃油宝、尾气处理液等中国石化自有品牌商品得到了消费者更为广泛的认可。

（刘晓晖）

【油气储运设施建设】　2015 年，贵州石油分公司加快推进仓储设施建设。贵阳—桐梓成品油管道配套贵阳油库、董公寺油库改造项目陆续完工，投用后将有效保障黔北地区的油料供应。贵阳油库、凯里油库、安顺油库、滥坝油库、郑屯油库等分别进行了相应改造。自有非油品中央仓初步完工。

（刘晓晖）

【油品数质量管理】　2015 年，贵州石油分公司践行“每一滴油都是承诺”，严格落实 ISO 9000 质量管理体系，实现质量管理体系全覆盖审核，强化对在源头、在进口、在库内、在出口、在途中的关键环节的监管力度，确保为消费者提供质优量足的清洁油品。全面加快推进加油站自动计量和地罐交接试点，514 座加油站安装了液位仪并实现了远程管理，122 座加油站开展了地罐交接，强化了油品数量和质量的信息化管控。按照贵州省的统一安排，完成国Ⅳ车柴置换。

（刘晓晖）

【安全管理】　2015 年，贵州石油分公司强化落实安全生产责任制，全面落实党政同责、一岗双责，以“隐患整改年”为主线，围绕抓执行、治隐患、保安全、争先进开展活动，全员安全意识显著增强。狠抓 HSE 及设备管理，实现 HSE 平稳运行，连续 6 年获得石化集团公司安全生产先进单位称号。突出安全隐患排查与治理，对排查出的隐患分级建立台账，分期分批进行治理，对存在渗漏风险的加油站储油罐定人定责定措施，严防死守。按照省应急办要求，第一时间参与相关应急抢险，为险情的有效控制发挥了积极作用。

（刘晓晖）

【“碧水蓝天”工程】　2015 年，贵州石油分公司在省公司、分公司分别设置了环保管理岗，签订环保责任书，加强建设项目环保“三同时”管理。全面开展油气回收和污水处理池治理，加强水体污染风险防控，全年投入 5 034 万元完成了 324 座加油站、5 座油库的油气回收改造，投入 1 218 万元完成 145 座加油站油水分离池治理、4 座油库的含油污水处理装置和 7 座油库的事故池。同时，对全部油库、加油站所在位置和周边水源环境进行分类，找出对周边水域环境存在污染风险的油库 1 座、加油站 43 座（包含 1 座水上加油站），进行重点整改和防控，确保企业经营对环境“零污染”。

（刘晓晖）

贵阳油库的油气回收装置　（宋世奇　摄）

【企业基础管理】　2015 年，贵州石油分公司优化完善对标管理体系，进一步完善包括省公司班子副职和职能部门、地市公司、县（区）公司、加油（气）站（油库）的全员绩效考核体系和机制，增强各层级工作积极性；构建了省、市、县、站（库）“四位一体”的全员目标责任体系和对标追标体系，各项指标与薪酬直接挂钩，调动各层面的积极因素；定期开展省市县三级公司量化分析，以“两力”指标为核心，对综合指标和辅助指标进行排名，提升各层级争先意识。持续强化财务管理力度，对往来款项进行全面清理，严格执行信用审批制度，连续 8 年未新增应收账款，往年应收款持续下降；优化固定资产处置，全年清理资产 30 363 项，处置资产 3 890 项，规范资产 3 074 项，确保资产保值增值，账账、账实相符。ERP 大集中项目成功上线，系统的实用性、数据的准确性、风险防控能力及客户服务水平均有较大幅度的提升；利用视频监控系统和省级信息指挥中心，实现对 755 座加油站、9 座油库、所有油罐车的视频在线实时监控和远程管理，有效降低了经营风险，提高了服务能力。贯彻执行劳动合同法，建立市场化用工机制，依法规范劳务工劳动关系，保障员工的合法权益，全面推进用工制度改革。

（刘晓晖）

【党群工作】 2015年，贵州石油分公司精准对标找差距，做细做实"三严三实"专题教育。省市两级班子成员坚持"三个摆进去"，顺利完成了"四个关键动作"；围绕听、看、读、议、写、讲，狠抓党委中心组学习，提升学习效果；将"精准对标"引入"三严三实"专题教育中，形成了对标查摆问题、细致分析对策和严格落实整改的闭环管理，解决了工作中的实际问题。按照石化集团公司"两个责任"实施办法，党政主要领导带头落实"一岗双责"，严格履行"两个责任"，切实抓好党风廉政建设；狠抓关键要素，强化"八项规定"精神执行情况的监督检查，狠抓"节日"关键节点，强化了作风建设；统一立项隐患治理、"碧水蓝天"工程、视频监控和液位仪系统使用情况、打击偷盗油料不法行为等4个效能监察项目，有效防范了管理风险。按照"五个结合"的思路，相继在毕节、黔东南、黔南和贵阳召开"家文化"建设现场推进会，加快提升基层"家文化"整体水平；开展加油站员工厨艺大赛、歌咏比赛、员工手工艺制作、摄影作品征集、"小创新、小发明"制作大赛、消防田径趣味运动会等活动，切实增强了企业的凝聚力和员工的创造力。

（刘晓晖）

表1 贵州石油分公司主要经营指标

指标名称＼年份	2015	2014	2013	2012	2011	2010
成品油销售总量/万吨	483.60	458.90	437.55	373.72	326.64	268.18
零售量	367.90	358.50	343.10	296.00	251.78	208.78
销售收入/亿元	269.60	350.28	345.18	299.20	254.97	183.98
吨油费用/元	306.00	298.00	287.00	299.00	287.00	277.00
在营加油站总数/座	850	827	806	773	770	761
自营加油站数	850	827	806	773	770	753

云南石油分公司

【概况】 中国石化销售有限公司云南石油分公司(简称云南石油分公司)本部位于云南省昆明市国贸路865号。其前身云南省石油总公司建立于1952年7月，1998年6月整体划转石化集团公司，2000年2月按照主辅分离、改制上市的要求，主营业务部分组成中国石油化工股份有限公司云南石油分公司，2014年5月因销售企业重组更为现名。云南石油分公司是中国石化设在云南的直属销售企业，主营汽油、柴油和非油品的零售、直销配送、批发和仓储业务，是云南省内最具实力的成品油主渠道销售企业；下辖16个州市分公司、4个专业中心。

截至2015年末，云南石油分公司共有员工12 440人，总资产达126亿元，在营油库11座，总库容52.23万立方米，在营加油站1 125座。

（徐长青）

【经营量效实现预期】 2015年，云南石油分公司牢牢把握"保增长、谋发展、强基础、抓党建"的工作主线，主动适应经济发展新常态、妥善应对各种风险挑战，以提质增效为核心，深化体制机制改革，提升全方位服务能力，以严细实作风抓好各项工作落实，较好地完成全年各项任务指标。全年成品油销售同比增长0.5%，其中零售增长2.03%、直分销下降6.99%；非油品营业额增长48%；销售收入下降17.05%。销售收入排名云南省百强企业第8位。

（徐长青）

【培育经营创效新动能】 2015年，云南石油分公司坚持"全方位深层次诚信合作共赢"理念，把商业模式创新与互联网经济相融合，加快培育经营创效新动能。云南中石化高速石油有限责任公司按期成立运营，已纳入81座高速公路站点，运营良好。高速服务区"联营扣点"经营模式运行良好，高速公路服务区非油品营业额同比增长15.6%；以委托管理方式开展与第三方合作，燃油宝销售增长75%；汽服、保险、广告、彩票等新项目合作开发顺利，投营汽服网点18座；太平保险进驻101座站点；开发航美广告站点74座，普洱、版纳分公司以联营方式进行广告开发；105座站点开展彩票销售；9款“易捷”普洱茶获得贴牌资格。

（徐长青）

【培育改革创效新动能】 2015年，云南石油分公司以深化体制机制改革为先导，大力推进委托管理、委托经营等经营管理模式改革，推动加油站、客户经理、非油品销售以全额联量计酬为主的激励性绩效考核办法，加快培育改革创效新动能。888座加油站实行委托管理，549座便利店实行非油品委托经营。全面推行加油站、直分销客户经理、非油品销售全额联量计酬，全年实现严考核、硬兑现，多劳多得。积极推广自助加油，持卡消费比例同比增长0.6%，沉淀资金增长3%。

（徐长青）

【网点发展质量和效益持续提升】 2015年，云南石油分公司围绕网络稳定和质量提升谋划未来发展，梳理储备项目中基本符合回报要求的优质项目、土地闲置面临政府回收风险的项目、资金已基本支付的项目，进一步清理打包储备项目，试点“他有我管”合作模式。西南管线南线配套油库建设有序推进，广南油库、蒙自油库正常施工；振戎油库正常施工，松林油库一二期改扩建项目已投入试运行，凤仪油库、保山油库、水富油库正在开展前期工作。加大与经营相关设备设施配置力度，连续2年安排采购加油机，加油机平均机龄大幅降低；加快加油站视频监控系统安装，在营加油站基本实现视频监控全覆盖。全年新发展加油站14座、加气站2座，新投产加油站15座。

（徐长青）

【管理基础进一步夯实】 2015年，云南石油分公司狠抓“三基”工作，推动严细实作风落地生根。完成98项隐患治理及“碧水蓝天”项目。推进地罐交接219座加油站。质量管理体系运行有效，年度内各级政府和总部油品质量抽检合格率100%。严格执行中央“八项规定”，深入开展“全员成本目标管理”活动，精心精细做好物流优化、资产盘活、资金管理、站（店）改造投营统筹等工作，完成全年降费指标。有效发挥纪检、审计、法律事务作用，开展委派会计履职、委托站风险管理、投资项目后评价等专项审计和在建工程、加油卡持卡比例、燃油宝销售效能监察，积极应对生物柴油等重大法律诉讼。全年总体运行平稳，没有发生上报等级事故、重大数质量事故和严重损害企业形象的负面事件，连续3年被评为石化集团公司安全生产先进单位。

（徐长青）

【企业发展生态持续优化】 2015年，云南石油分公司从严从实，扎实开展“三严三实”专题教育。以“四好”创建为抓手，加强省地两级领导班子建设和党风廉政建设。坚持民主集中制原则，修订“三重一大”集体决策制度。全面加强基层组织建设，17个二级单位党委（总支）完成换届选举工作，召开云南石油分公司第二次党代会。严格落实“两个责任”，从严管党治党，将纪律和规矩挺在前面，强化执纪问责，未发生违反中央“八项规定”精神的问题。开展“我爱我家，为美好生活加油”主题活动，推进企业文化建设，建成示范点131个，开展2次现场学习和观摩交流，云南石油分公司“家文化”建设8个案例入选销售企业优秀案例。第二期管理骨干MBA培训顺利开班。销售企业竞赛比武决赛获1金、1银、1铜。对458名困难员工进行帮扶，发放救助金近60万元。

（徐长青）

燃料油公司

【概述】 中国石化燃料油销售有限公司（简称燃料油公司）是石化集团公司于2010年5月27日注册成立的燃料油经营专业化公司，负责石化股份公司燃料油的集中销售。2014年4月1日，根据中国石化油品销售业务重组的总体部署，成为中国石化销售有限公司的全资子公司。

燃料油公司本部位于北京，截至2015年底，设7个管理部门，下辖辽宁、天津、山东、江苏、上海、浙江、福建、广东8个分公司和浙江舟山、新加坡2个全资子公司。2015年用工总量882人；在营油库54座，库容总量148万立方米，经营网络覆盖国内40多个重点港口；总资产138亿元。全年经营总量1 881万吨，营业收入458亿元。

燃料油公司主要经营指标见表1。

（李登兴）

【保税油经营服务能力不断提升】 2015年，燃料油公司保税油销量318万吨，在中国市场占有率达33%。全年新开发重点客户90余家，终端销量同比提高3个百分点。协调扩大青岛炼化低硫船用轻质柴油(MGO)资源生产，打通镇海炼化出口流程，远洋渔业市场开发取得突破，MGO经营量快速增长。加强仓储物流优化，完成烟台、青岛退库，打通黄埔转关蛇口、岙山直供洋山流程，华东地区实现中心库大转关供油。一次物流滞期费下降40%，二次物流费用下降17%，中心库租费及商检费下降6%，“朝阳”系列自有船舶运力充分发挥，网点综合费用同比下降11%。进一步完善《保税船供油配送服务规范》，获得石化集团公司管理现代化创新成果一等奖，为半潜式钻井、科考船、LNG船等特种船舶供油服务能力持续提升，首次为中国海军军舰供油，首次完成船舶生活补给类物资供应。

(李登兴)

2015年2月3日，燃料油公司与BP新加坡私人有限公司全球船供油合资协议签约仪式在京举行，合资公司于5月在新加坡正式成立运行

【内贸业务推进改革转型】 2015年，燃料油公司内贸业务实现销量330万吨。推进内贸业务垂直化、扁平化管理，打破层级和区域界限，优化人员组织，统一制定经营策略，合理控制采销节奏，实现稳健经营。精心做好资源经营，拓宽业务范围和渠道，突破系统内炼厂蜡油供应业务，稳定油田换烧油业务，扩大资源集中采购、集中调合规模，全年资源调合总量位居国内前列。加强客户经理队伍建设，建立销售人员工作日志制度，落实核心客户开发维护责任，增加国内大型客户20余家。落实终端网点“一站一策”方案，挖掘系统内船用油需求，推进区域连锁经营。密切跟踪参与国家部委低硫资源政策制定，参与船用燃料油国家标准制定。实施了电子商务新模式，“我要加油”平台作为销售板块试点项目成功上线，通过加强系统内单位推广合作、电子券促销等手段影响力不断扩大注册会员超过5 000人。

(李登兴)

【国际化发展战略加快实施】 2015年，燃料油公司发挥体制机制优势，加强海外平台建设，国际化经营能力进一步提升。新加坡子公司建立客户跟踪评价体系，及时掌握客户资源需求，开发了40万吨级超大型散货船舶客户并签订长约订单，成为少数为该船型供油的供应商之一，新加坡本地船加油经营量218万吨。挖掘地炼业务国际化经营潜力，扩大国际贸易规模，新加坡子公司全年实现销量634万吨。推进与BP全球战略合作，5月组建成立BP－SINOPEC全球船供油合资公司，成为国际化战略又一个重要平台，合资公司发挥双方股东优势，年内实现销量243万吨。

(李登兴)

【资金运作稳健开展】 2015年，燃料油公司充实人员力量，成立了资金运作中心。发挥内外贸业务联动和海外融资平台优势，利用总部和石化销售公司支持政策，紧盯国际市场货币拆借利率走势，通过在资产端提高存款利率、调整币种结构，在负债端增加贷款币种、开展波段操作等措施，稳健开展资金运作。

(李登兴)

【QHSE管理基础进一步夯实】 2015年，燃料油公司修订《安全生产岗位责任制》，推进全员安全管理责任落实。开展“安全文化强化年”活动，在自营油库和水上网点设立安全运营提示牌，加强员工警示教育。加大HSE监管力度，定期开展HSE大检查和“四不两直”督察，对发现问题和隐患及时整改，根据总部部署完成安全管理信息系统上线。组织实施江苏滨江油库二期及码头改扩建工程，完成福建琯头、天津南疆油库工艺改造及5个安全隐患治理项目，提升了设备本质安全环保水平，连续2年获石化集团公司安全生产先进单位称号。逐级落实质量管理责任，加强合同条款和出入库检验报告质量监督，连续4年实现石化集团公司质量抽检100%合格。

(李登兴)

【风险防控工作不断加强】 2015年，燃料油公司加强信用客户与供应商管理，开展应收款项清理核对和逾期提醒，组织客户资金压力测试，对未及时付款客户调减或取消授信额度，果断停止风险不受控业务。开展供应商及客户应收账款质押和转让登记排查，对发现问题及时处理，要求对方办理银行结清手续，在中登网办理注销登记，防止质押融资造成潜在法律纠纷和经济损失。严格合同审查，推广使用标准合同文本，推进合同管理系统应用，加强合同履行过程监控，在销售板块合同管理水平季度综合排名中连续获得第一。全力维护公司权益，积极做好法律诉讼应对。

（李登兴）

【财务管理作用充分发挥】 2015 年，燃料油公司优化预算管理模式，充分发挥预算导向作用，突出改善经营结构，明晰业务板块费用归属，落实降本减费目标，对分公司内贸业务按利润贡献分档设定薪酬兑现标准，鼓励做大利润总额，提升创效能力。完善财务预测与分析架构，及时分析市场及行业环境变动对经营的影响，提出建议措施，加强分子公司间对标分析，为经营提供参考和指导。强化会计基础管理，抽调经验丰富财务负责人到分公司开展蹲点辅导，对发现问题帮助整改，形成管理规范，推进基础管理水平提升。组织开展有关分公司离任审计，促进分公司增强风险防控意识，加强"碧水蓝天"项目的线上检查。

（李登兴）

【基础管理能力持续提升】 2015 年，燃料油公司开展了"从严管理年"监督抽查和回头看活动，制定从严管理远程检查方案、流程和评分标准，建立从严管理远程检查长效机制。进一步完善制度体系，加强制度标准化建设，修订"三重一大"决策、内控权限指引等制度，完成制度汇编。强化制度执行，组织全面内控流程穿行测试，成立督察小组现场检查分子公司内控执行情况。加强本部及各分子公司经营证照和权属资质梳理，开展公务印章集中整治，加强公章集中保管、严格用印审批，做好公章在公安机关备案。深入推进信息化建设应用，完成"我要加油"平台和 BP 合资公司 ERP 建设，被总部列为 ERP 应用试点单位，加强信息化考核，通过 ERP、BW 等系统对油品采购、入库、销售全过程监控。获得 2015 年全国石油和化工行业"两化"融合优秀实践奖。

（李登兴）

【"三严三实"专题教育扎实开展】 2015 年，燃料油公司，制定"三严三实"专题教育细化方案和专题教育任务分解运行表，坚持把深化学习教育放在首位，两级党组织书记分别讲授专题党课，在 3 个专题学习中带头领学，公司党委组织集中学习研讨 6 次，各党总支、支部学习研讨 56 次。坚持问题导向，共查摆问题 11 类 154 条，分解落实责任，完成整改措施 36 项。认真召开两级专题民主生活会和组织生活会，使党员领导干部在思想、作风、工作上受到教育。

（李登兴）

【队伍建设进一步加强】 2015 年，燃料油公司领导班子进一步充实，班子成员做好分工，加强对各项工作的领导。加大干部交流力度，考察调整了福建、浙江、辽宁分公司领导班子，平稳实现所有分公司新老班子交替。做好电子商务、BP 合资公司等机构设置和人员配备。创新实行"项目制"和"团队制"，组建润滑油项目部，润滑油业务和网络规划快速推进。完成保税供油代表任职资格评级工作，建立配套职级及薪酬晋升激励措施，进一步激发供油代表工作热情。加强绩效考核，完善激励机制，设立总经理燃油专项贡献奖，对做出贡献的员工建立常态化及时奖励机制。创新培训模式，提高培训实效，针对岗位能力、任职资格、操作技能等重点，全年组织培训 700 余人次。

（李登兴）

【党风廉政建设不断推进】 2015 年，燃料油公司加强廉洁教育，全年党委中心组开展党风廉政学习 12 次，纪委开展中层干部廉政谈话 22 人次，各级党总支（支部）学习廉政准则和党员纪律处分条例 10 余次。进一步明确了两级班子分管领域党风廉政建设责任，突出主体责任，强化一岗双责，完善了工作制度。充实专兼职纪检监察力量，进一步加大纪委监督执纪问责力度。深化效能监察工作，3 次赴南疆油库对蒸汽管线改造项目开展效能监察，整改 9 个方面问题。制定领导人员履职待遇、业务支出管理细则，严格执行办公用房、公务用车标准，组织开展履职待遇、业务支出自查自纠工作。严格落实中央"八项规定"精神，2015 年公务性费用支出同比下降 14%。

（李登兴）

【企业文化氛围更加和谐】 2015 年，燃料油公司以成立 5 周年为契机，开展"忆创业、聚合力、促转型"系列活动，制作新版形象宣传片、宣传手册，编辑制作员工寄语视频，加强多个新媒体平台建设，积极宣传公司重大业务发展，进一步增强全体员工"与公司共成长"的自豪感和使命感。坚持"船加油"与"心加油"共建，制定《基层"家"文化建设实施办法》及考核细则，把“家文化”建设与支部建设相结合，进一步丰富了“家文化”内涵。积极发挥群团组织作用，关心关爱员工，对突患重大疾病员工及时帮扶救助，开展爱心助学、“沙漠绿化志愿者”活动，组织员工参加“日行万步”团队赛、城市马拉松赛，丰富了员工的业余文化生活。

（李登兴）

表1 **燃料油公司主要经营指标**

指标名称＼年份	2015	2014	2013	2012	2011
经营总量/万吨	1 881.00	2 032.00	2 027.00	2 014.00	1 553.00
保税油经营量/万吨	318.00	322.00	313.00	305.00	201.00
营业收入/亿元	458.00	856.00	921.00	958.00	694.00
报表利润/亿元	-3.00	0.16	1.52	2.01	2.32
资产总额/亿元	138.00	101.00	89.00	81.00	76.00

辽宁石油分公司

【概况】 中国石化销售有限公司辽宁石油分公司（简称辽宁石油分公司）成立于2009年12月18日，其前身为成立于2002年的中国石化销售东北分公司，位于辽宁省沈阳市。本部设总经理办公室、经营管理处、零售中心、安全数质量处等12个部门；下辖沈阳、大连、鞍山等8家地市分公司，2家控股子公司；主要负责辽宁地区成品油零售、直销、批发，车用天然气、润滑油、燃料油、非油品销售等业务。

截至2015年底，辽宁石油分公司共有员工2 346人，资产总额为52.83亿元；自有油库5座，总库容26.01万立方米，在建油库1座；加油（气）站总数达366座，在营站达335座，全年新增在营站2座；非油品实体店248座。

辽宁石油分公司主要经营指标见表1。

（乔 桥）

【实现效益高增长】 2015年，辽宁石油分公司在省内经济增速缓慢和结构调整的压力下，围绕“保增长、谋发展、强基础、抓党建”的工作主线，抢抓市场机遇，大力开拓经营，实现了效益的高增长。全年经营总量完成172.19万吨，其中成品油完成170.73万吨；零售完成125.16万吨，其中纯枪完成108.51万吨，同比增长0.59%；批发完成23.07万吨，增长93%，直销完成22.49万吨，下降35%；车用燃气完成1 475.4万立方米，增长44%。实现非油品营业额1.76亿元，增长46%。吨油费用410元，下降9元。报表利润1.55亿元，增长85%，创历史新高。

（乔 桥）

【强化非油业务基础管理】 2015年，辽宁石油分公司强化创新驱动，做实做强非油品经营，建立了涵盖208种商品的基础目录，便利店要货精准度和商品丰富程度明显提高，主要商品品类缺货率由年初的48%降低到年底的14%。库存周转天数73天，同比减少3天，库存量效水平更趋合理。上线实施辽宁石油电子商务平台，运营的前2个月即实现112万元的销售额。全年通过节日促销实现的销售额增长达到670万元，占门店现金销售额增长的23%。增加总部统采比重，开展“名品进万家”竞赛活动，加大对重点商品采销考核，完善询比价制度，降低采购成本。大力扩展汽服业务，全年新增洗车网点8座，总数达11座，其中在营网点达8座，带动零售增量4 982吨，单站日均增量1.95吨。

（任 飞）

【审慎投资夯实油（气）站网络基础】 2015年，辽宁石油分公司坚持审慎投资和差异化投资策略，以优化网建布局，围绕突出发展质量和效益的价值理念，有进有退，择优发展2座高速站和2座中心城市加油站，稳妥退出发展质量不高的大连庆大、营口站前、营口科翔、铁岭腾飞4座加油站。进一步完善工程建设管理，打造阳光工程，工程建设和物资采购全部在网上面向社会进行公开招标，不仅大大降低了投资成本，也有效地防范了管理风险。阜新油库建设除铁路工程外全部完工，铁路桥涵等工程经与园区及政府部门的积极沟通，将所需建设资金897万元全部落实到位，在资金上确保铁路桥涵建设的顺利实施。

（乔 桥）

【福爱尔油气检验有限公司成立】 2015 年，辽宁石油分公司以质检中心设备出资方式注册成立了福爱尔油气检验有限公司，成为中国石化在东北地区唯一一家取得政府授权的质检单位，扩大了区域影响力。

（乔 桥）

【开展“一站(库)一档”工作】 2015 年，辽宁石油分公司深入推进“一站(库)一档”工作，加强库站生命周期的全过程管理，充分运用信息化手段，开发了多维度查询档案资料的电子矩阵系统。已完成 364 座加油站资料的收集上传与审核工作，基本实现了“一站(库)一档”工作的系统化、信息化和规范化管理，扎实推进了“三基”工作。

（乔 桥）

【稳妥开展加油站委托管理】 2015 年，辽宁石油分公司深化用工制度改革，全力推进加油站委托管理。在沈阳、大连分公司先行试点委托管理，截至年底，已有 176 座加油站实施委托管理。首批沈阳、大连 13 座试点站 2015 年实现平均单站年纯枪量 1 739 吨，增加 88 吨，增幅为 5.34%；平均单店非油品营业额实现 7 万元，同比增加 2.53 万元，增幅 57%，扩销增量效果显著；同口径吨油费用、纳入委托的经营变动费用均呈明显下降趋势。

（任 飞）

【持续优化人才队伍建设】 2015 年，辽宁石油分公司进一步选拔任用年轻干部，优化干部年龄结构，“80 后”干部比例由 2014 年的 21.1% 提升到 2015 年底的 26.4%。制定《辽宁石油分公司干部教育培训管理办法》，进一步推进干部教育培训工作的常规化、制度化、规范化，强化干部教育培训工作。全面开展“六项技能”考核，落实基层岗位持证上岗准入制度，通过“六项技能”考试人数由 2014 年的 529 人增加到 739 人，持证率达到 90.3%。

（乔 桥）

【加强全员成本目标管理】 2015 年，辽宁石油分公司通过优化资源采调，降低采购成本；严格贯彻“八项规定”精神，重新修订费用报销管理办法并严格执行，控制公务性支出。全年公务性支出 998 万元，同比降低 371 万元，降幅达 27%。通过整合管理费用，降低运营费用，运营费用降低 4 060 万元，降幅达 14%。

（乔 桥）

【扎实推进党建工作】 2015 年，辽宁石油分公司认真履行“一岗双责”，扎实开展“三严三实”专题教育活动，着眼于“员工满意、客户满意、企业发展”开展“家文化”建设，启动员工帮助计划（EAP），设立员工谈心热线，在部分库站设立情绪看板，关注员工身心健康，增加员工幸福感，以“家文化”为载体丰富员工业余文化生活，先后举办了“家有好声音”歌唱比赛、“最美员工摄影大赛”等活动，丰富了一线员工的文化生活。坚持正确导向，运用多种媒体传递辽宁石油分公司正能量，积极回应社会、客户的关切，在辽宁省政府官方“民心网”上实现群众留言回复率 100%、好评率 100%、信息完整率 100%，在全省各垂直管理行业中位居首位，有效树立并提升了中国石化在辽宁地区的良好形象。

（任 飞）

【实施精准扶贫项目】 2015 年，辽宁石油分公司认真履行央企的政治责任、经济责任和社会责任，根据辽宁省委的部署和具体要求，按照“因户施策、精准扶贫”的原则，对建昌县开展定点帮扶。持续投入资金，为打赢扶贫攻坚战奠定了坚实的基础。辽宁石油分公司连续多年被评为辽宁省扶贫先进单位，多人被评为辽宁省扶贫先进工作者。

（乔 桥）

表 1　　辽宁石油分公司主要经营指标

年份 指标名称	2015	2014	2013	2012	2011	2010
经营总量/万吨	172.19	174.60	168.36	169.45	155.60	92.70
零售量	125.16	126.71	126.59	122.68	102.60	60.50
直销总量	22.49	34.74	27.65	28.70	32.90	17.30

续表

指标名称 \ 年份	2015	2014	2013	2012	2011	2010
吨油费用/元	410.00	418.00	404.00	452.00	331.00	361.00
报表利润/亿元	1.55	0.84	0.80	-0.77	0.91	0.35
加油(气)站总数/座	366	365	364	318	342	230

四川石油分公司

【概况】 中国石化销售有限公司四川石油分公司(简称四川石油分公司)于2010年1月17日正式揭牌成立，本部设在四川省成都市。前身是2002年由原中国石化销售三川公司、新星公司重组成立的中国石化销售川渝分公司；2010年，川渝分公司拆分为四川石油分公司和重庆石油分公司；2011年，四川石油分公司升格为大一企业。

四川石油分公司负责中国石化在四川省境内的成品油、车用天然气、润滑油、非油品(便利店、汽服、服务区)销售等经营业务及仓储、销售网点建设工作。截至2015年底，机关设15个处室，有地市公司19家(甘孜、阿坝暂未覆盖)，用工改革后合同制员工总数3 047人。拥有在营加油(气)站452座，油库13座、库容20.2万立方米，年销售收入超过100亿元。

2015年，四川石油分公司完成经营总量257万吨，其中成品油销售244万吨、同比增长13%，天然气销售1.58亿立方米、增长27%；非油品营业额2.6亿元，增长36%；实现差价收入13.97亿元，增长18%；费用总额10.55亿元；利润总额2.12亿元，增长76%。

四川石油分公司主要经营指标见表1。

(赵 发)

【库容瓶颈有效突破】 2015年，四川石油分公司对全省社会油库开展调研摸底与谈判攻关，在川中、川北、川东北、川南地区代储、合作4座社会油库，增加社会库容4万立方米，短时期内有效解决了仓储瓶颈，增强了资源保障能力，规避了零售存在脱销的问题，提升企业在川南、川东北及川北等薄弱地区的市场竞争力及影响力，为开发空白地区直分销市场创造了有利条件。

(赵 发)

【零售向精准营销迈进】 2015年，四川石油分公司强化零售价格管理，改变挂牌价大面积让价的定价方式，开展针对性更强的“点对点”竞争、“时点”竞争及“加油卡会员”竞争，下放地市公司竞争权限，实施让价站点量效评估，加强价格统筹和高速公路站点价格管理，增强了基层的竞争主动性和灵活性，减少了无效竞争和内部竞争，全年实现零售量139万吨、增长2.88%，减少挂牌价损失4 927万元，实现零售毛利10.69亿元，吨油毛利803元，巩固了零售创效的主体地位，实现了零售量效双增长。

(赵 发)

【直分销开辟增量新渠道】 2015年，四川石油分公司聚焦终端客户，摸清油库100千米辐射范围内的1 100座社会加油站情况，提出通过“油非双增长”座谈会加大开发、做实客户，全年在成都、绵阳、乐山、泸州、遂宁、达州等8个地区相继开展客户座谈会，吸引667家社会加油站开单购油8.69万吨，带动非油品销售280万元，抓实客户、拓展市场的同时，也为合作经营奠定了良好的基础，助推全年直分销经营量首次突破100万吨。

(赵 发)

【发展模式实现创新】 2015年，四川石油分公司改变依靠投资扩大规模的思路，以中国石化品牌和加油卡为纽带，通过与社会加油站实现“他有我营”“合作经营”，低成本、轻资产，大力发展零售市场网络，在不新增投资的前提下，全年成功实施乐山天益、达州东旭、四川化工等“他有我营”项目10个、新增IC卡网点4个，新增成品油零售量1.1万吨、IC卡消费量2 400吨。

(赵 发)

【降费增效成果显著】 2015年，四川石油分公司通过加大资源串换，实现跨区配送，优化一、二次物流统筹，在经营总量提升的情况下，节约物流费用320万元；通过加快资金周转，转付银行承兑汇票，积极清收应收款项，3项债权同比下降3 336万元，减少了资金占用，节约财务费用2 443万元，资金控制指标排名区外第一；争取税收优惠，优化油非互促核算方式，节约税费1 240万元；大力倡导节约办企，加强事前审批，公务性费用同比节约7%。全年吨油费用411元，较预算节约29元。

（赵　发）

【考核机制充分优化】 2015年，四川石油分公司探索建立过程化、精准化、具体化、显性化的全员绩效考核体系，将考核结果与干部职工绩效薪酬分配直接挂钩，初步实现了收入能高能低的良好效果。对领导干部设立以贡献为核心的总经理专项奖励，对经营和技能操作人员，在联量计酬的基础上设置专项奖励，围绕增量创效的总体目标，全面开展以“比学赶帮超”活动为代表的多项主题活动，突出“以业绩争先论英雄”的导向，充分激发了员工队伍你追我赶的活力和争先创优的动力。

（赵　发）

【全面完成委托管理】 2015年，四川石油分公司积极推进用工制度改革，结合实际细化方案，编制改革问答手册，严格落实工作程序，切实维护员工利益，提出组建“多人公司”和“N+1股权认购”的委托管理新模式，让每一位员工都享有参股托管公司的权利，既调动基层员工的改革热情，又为后续改革储备动力，累计帮助基层员工组建225家委托管理公司，实现对255座加油站的委托管理，占在营加油站总数的60%，改革用工1 300余人，企业运行平稳，员工思想稳定。

（赵　发）

【作风建设取得实效】 2015年，四川石油分公司扎实推进“三严三实”专题教育，突出问题导向，深化学习研讨，班子成员带头谈认识、摆问题，与全体中层干部、部分主管逐一交心谈话，确保了专题教育工作取得实效。注重加强机关和党员干部队伍作风建设，先后2次组织召开干部大会，要求各级干部做到“五个转变”，做好“五种角色”，通过量化评价指标，明确行为标准，让作风建设从“无形”到“有形”，机关服务协作意识和严细实的作风得到显著改善。

（赵　发）

【党建基础不断夯实】 2015年，四川石油分公司健全党群组织设置，完善纪委、监察机构，是区外第1家设立地市公司政工部门的单位，强化地市公司党政班子和党群干部配备，专职政工纪检干部由11人增加到41人，党建工作合力进一步增强。修订党员发展、民主评议、“三会一课”等制度，开展党员教育“五个一”，持续抓好“双创”活动，党组织活力进一步发挥。加强党委中心组理论学习，将党的方针路线和重要理论与企业工作实际相结合，突出了理论学习的实效性，搭建了班子成员间思想交流的平台。

（赵　发）

表1　　四川石油分公司主要经营指标

指标名称 \ 年份	2015	2014	2013	2012	2011	2010
成品油销量/万吨	244.00	216.38	215.88	215.33	181.49	163.18
零售量	139.00	136.00	135.38	134.70	108.91	82.73
销售收入/亿元	144.10	164.23	165.50	166.06	136.81	104.91
利润/亿元	2.12	1.21	1.01	2.13	2.60	1.34
吨油费用/元	410.00	404.00	376.26	342.43	290.60	225.97
加油站总数/座	452	429	395	355	288	228

重庆石油分公司

【概况】 中国石化销售有限公司重庆石油分公司（简称重庆石油分公司）组建于2009年12月，本部设在重庆解放碑。

重庆石油分公司集仓储、物流、销售、服务于一体，主要负责重庆地区成品油批发、零售、直销以及车用天然气、非油品销售等业务。截至2015年底，下设13个部门，辖江南、三峡、涪陵、黔江、江津、永川、合川7个分公司和惠通公司、渝辉公司、中南公司、和光公司、城盛公司、欣地公司、通汇公司7个合资公司。共有员工2 684人，资产总额74亿元，在营加油(气)站301座，在营油库6座，油气网络基本覆盖重庆市38个行政区县。

2015年，重庆石油分公司经营总量199.13万吨，其中销售成品油184.98万吨，销售天然气1.74亿立方米。非油品营业额1.93亿元。全年实现销售收入110.84亿元，利润2.4亿元。

重庆石油分公司主要经营指标见表1。

（郑怀录）

【经营创效水平进一步提升】 2015年，重庆石油分公司经营总量达到199.13万吨；其中机出量107万吨，同比增长3.4%；天然气1.74亿立方米，增长5%。在营便利店达到275座，非油品营业额1.93亿元，增长31%。实现报表利润2.4亿元，增长20%。吨油费用337元，下降17元，降幅5%，较预算节约13元，节省绝对费用4 156万元。

（郑怀录）

【与重庆罗森便利店开展跨界合作】 2015年，重庆石油分公司与罗森合作门店5家，累计实现销售额245万元，单店日均销售额提升40%以上。

（郑怀录）

【营销网络建设进一步加强】 2015年，重庆石油分公司完成投资4.5亿元，累计投营加油气站16座，其中加气站1座、加油站15座。完成改造投营站1座。

（郑怀录）

【重点项目有序推进】 2015年，重庆石油分公司涪陵LNG工厂项目场平已基本完成。大丘油库改造项目顺利投营。酉阳油库铁路专用线已取得总部批复。万州驸马油库改扩建项目已完成征地拆迁工作。永川双石油库新建项目完成基础设计的编制和上报。

（郑怀录）

【推进“家文化”建设工作】 2015年4月16—17日，重庆石油分公司召开2015年度党建工作暨“家文化”建设推进会，会议传达了销售企业党建工作会议精神，安排部署了2015年度党建工作和“家”文化建设推进工作。

（郑怀录）

【“比学赶帮超”工作获优秀组织奖】 2015年，重庆石油分公司在销售企业“比学赶帮超”工作中获得零售量增长、成品油资源、吨油费用、天然气、新业务拓展、人均劳效等6面年度先进红旗，被石化销售公司授予优秀组织奖。

（郑怀录）

表1 重庆石油分公司主要经营指标

指标名称 \ 年份	2015	2014	2013	2012	2011	2010
成品油销量/万吨	185.00	179.38	178.84	171.00	160.00	108.05
零售量	125.16	119.99	119.82	112.00	99.66	51.63
销售收入/亿元	110.84	134.36	137.62	131.38	119.86	67.87
报表利润/亿元	2.40	2.00	1.70	2.41	3.01	0.45
报表吨油费用/元	337.00	354.00	321.00	320.00	238.00	247.00
在营加油(气)站总数/座	301	276	276	260	253	185
油库座数/座	6	6	6	6	6	6

陕西石油分公司

【概况】 中国石化销售有限公司陕西石油分公司(简称陕西石油分公司)本部位于陕西省西安市，是2009年底以原销售西北分公司机关为班底和原西北陕西分公司重组而成，2010年1月15日正式揭牌成立。2012年10月，陕西石油分公司管理规格调整为大Ⅰ型。2014年，按照中国石化混合所有制改革部署，由石化股份公司陕西石油分公司变更为现名。

陕西石油分公司集仓储、物流、销售、服务为一体，全权负责中国石化在陕西省境内的成品油、车用天然气、润滑油、非油品销售等经营业务和销售网络建设工作。截至 2015 年底，员工总数从成立之初的 1 028 人增加到 3 426 人；机关本部设有 11 个职能部门，下辖 9 个地市公司及 39 个县区公司；在营加油（气）站总数从成立之初的 77 座增长到 411 座，非油品易捷便利店由 21 座增长到 402 座，年非油品销售额由 430 万元增长到 1.85 亿元；自有油库由 1 座增长到 3 座，总库容达 13.8 万立方米。2015 年实现经营总量 221.38 万吨，其中成品油零售量 217.71 万吨。

陕西石油分公司主要经营指标见表 1。

（马保迁）

【主要领导调整】　2015 年 9 月 9 日，陕西石油分公司召开干部大会，传达石化集团公司党组对陕西石油分公司领导职务调整的决定：鉴于年龄原因，经研究并征得陕西省委同意，决定免去王建学的陕西石油分公司党委书记、委员、纪委书记职务，不再担任陕西石油分公司工会主席职务。在过渡期间，由谭莫羡主持陕西石油分公司党政全面工作。

（马保迁）

【较好完成各项目标任务】　2015 年，受国际油价持续下滑、国内实体经济增速放缓等因素影响，省内市场成品油消费低迷，特别是柴油消费的萎缩超出预期，资源过剩导致市场竞争日趋白热化。陕西石油分公司围绕“建设具有市场核心竞争力的质量效益型陕西石油”的奋斗目标，牢固树立“百年老店、转型发展、创造价值、长期过紧日子”理念，上下同心、真抓实干、共谋发展，各项工作稳步推进。油气经营总量完成 221.38 万吨，同比增长 2%。其中，成品油经营量 217.71 万吨，增长 4.7%；天然气经营量 3.68 万吨，增长 83%。非油品营业额 1.85 亿元，增长 25%。实现报表利润 2.7 亿元，增长 5.7 倍，为历史最高，位居区外销售企业首位。

（马保迁）

【营销网络发展突出质量效益】　2015 年，陕西石油分公司坚持发展优质高效的自有营销网络，在重点市场的重点位置新建自有加气站、汽油型站和油气合建站；通过土地规范化、租转收、拆迁还建等方式优化资产结构，全力稳定终端销量。严格按照质量效益优先的原则，依据全环节效益测算结果，结合各地市发展现状，精挑细选油气站项目，累计考察油气站项目 116 座，上报 26 座，取得立项批复 15 座。坚持“四定”原则，落实项目责任人及时间节点，逐站制定项目推进措施，共结转项目投营 12 座，新增项目当年竣工 3 座，在营加气站总数达 16 座。

（马保迁）

【库存运作成效凸显】　2015 年，陕西石油分公司坚持低库存运作，长期控制在总部核定的合理库存以下，在特殊时点满足了经营需要。降低采购成本，积极争取延长资源的阶梯量价优惠和运费补贴，货比三家外采汽油 13.4 万吨，创效 1.2 亿元。

（马保迁）

【零售经营注重量价优化】　2015 年，陕西石油分公司以“多卖一吨油”活动为抓手，开展“油非互动、油油互动、卡非互动、微信营销”等组合营销，积极探索差异化竞争手段。对相对独立市场的站点，实行零售最高限价；在竞争激烈的交界市场站点，采取“点对点”价格竞争和差异化组合营销。全年零售减少价格损失 4 600 万元，零售环节实现差价收入 11.7 亿元，同比增长 27%；吨油毛利增长 31%，柴汽比从上年的 3.4 下降至 2.6。

（马保迁）

【直批业务逆市增长】　2015 年，陕西石油分公司理顺客户经理考核机制，薪酬与销量全面挂钩，全年客户经理人均月销量达到 1 990 吨，同比增长 100%，与主要竞争对手的销量占比从 46% 提高至 76%。开展积分营销、感情营销，实行一户一策、油非互促、梯度让价，全年开发优质客户 208 个，老客户月均稳定率超过 98%。

（马保迁）

【非油发展步伐加快】　2015 年，陕西石油分公司物流中央仓正式投营，商品平均进货价格降幅 5%；创新油非互动模式，由直接赠送变为抽奖、积分、加价购等形式；开展“名品进万家”活动，卓玛泉销售完成全年任务的 170%，尾气处理液销售额位列区外第二，单店日均销售额同比增长 16%。

（马保迁）

【天然气零售增幅较大】　2015 年，陕西石油分公司通过开展气卡互促、气非互促、积分营销等活动，大力开发维系客户。通过提供免费转接头、免费更换加气垫圈等服务项目，突出站点特色服务。通过强化现场基础管理和设备日常运维，确保气站平稳运行。8 个地市公司的 16 座加气站全年销量 4 006 万立方米，同比增长84%，单站销量增长27%。

（马保迁）

2015年4月30日，占地4 000平方米的陕西汉中石油分公司七里加气站开业 （孙媛媛 田 野 摄）

【从严从实安全数质量管理】 2015年，陕西石油分公司层层签订HSE目标责任书、承诺书3 800余份，安全大检查共查出问题366条、整改率100%，对承包商实施全过程安全监管，坚持日常24小时应急值班，安全风险管控能力进一步提升。加大“四不两直”检查力度，强化油品入库计量管理，严格执行超耗赔付制度，一次物流运输损耗同比下降0.05%，油库溢余下降0.01%，加油站损溢率下降0.2%；严把外采油品检验关，出库检验1 541批次，未发现不合格油品。

（马保迁）

2015年7月30日，陕西西安石油分公司加油站员工在烈日下计量油品 （马保迁 摄）

【强化财务审计监督服务】 2015年，陕西石油分公司加大地市公司利润考核权重并动态调整利润目标，坚持问题导向，提升经营分析质量，持续推进全员成本目标管理，统筹资源降低运行费用。剔除折旧摊销后，费用总额同比下降2 000万元。完成工程结算审计179项，审减金额1 190万元、审减率13.7%；开展资金、非油品管理等4项专项检查，经济责任审计揭示问题561项、督促整改479项。

（马保迁）

【企管信息保障企业规范效运行】 2015年，陕西石油分公司常态化开展内控专项检查、严格诉讼事务管理、组织“三基”工作考评、强化合理化建议应用，跟踪督办合资公司的清算注销和股权转让，有效防范了经营风险。405座站点开通IC卡支付功能，260座站点高清视频监控完成改造，充值卡、电商网站、自助圈存、领导驾驶舱等辅助信息系统顺利推广，ERP大集中系统成功上线。

（马保迁）

【“三严三实”专题教育扎实推进】 2015年，陕西石油分公司主要领导专题授课动员部署，找差距、查不足、定措施、明责任，对6类82条“不严不实”问题制定整改措施24项。专题民主生活会广泛征求基层意见，班子成员认真撰写对照检查材料，坦诚开展批评与自我批评，提出有针对性的整改措施。

（马保迁）

【三支人才队伍建设成效初显】 2015年，陕西石油分公司建立了以市场和效益为导向的全员绩效考核机制，把利润、零售量、直分销量作为主要考核指标；设立年度利润突出贡献奖、零售增量奖等8类26个特色奖项，引导全员向市场要效益、向利润要薪酬；建立多维度干部管理考核体系，坚持中层干部异地交流、到龄退出和后备干部培养制度，实现了良性循环；组织重点人才、关键岗位培训33期、参培1 042人次；职业技能鉴定考试通过1 645人，中级及以上技术工增至640人；持续开展竞赛比武，1 069人参加4个专业线初赛，15人参加决赛，获石化销售公司兼职教师决赛金、银、铜牌；规范用工管理，积极稳妥推进用工制度改革，顺利完成西安石化人员分流安置，在石化集团公司劳动用工管理检查中获得区外第一。

（马保迁）

【党群工作向系统化迈进】 2015年，陕西石油分公司新发展预备党员33名，转正51名；打造示范党支部10个，投入136万元配置“家文化”硬件实施。重点稿件相继被石化集团公司信息专报、《中国石化报》头版头条采用，加强舆情监测和媒体引导，全年未发生负面舆情事故。征集合理化建议提案 18 条，交由归口部门落实完毕；下拨专项经费，用于基层一线慰问、困难职工帮扶、高考金秋助学；省、市公司举办乒羽比赛、户外健身、厨艺比拼、五四演讲、读书交流等各具特色的文体活动，增强企业凝聚力。

（马保迁）

【党风建设和反腐倡廉工作扎实推进】 2015 年，陕西石油分公司加强党委对党风廉政建设的组织领导，开展主要领导上廉政党课、预防职务犯罪讲座、廉洁教育进课堂等廉政教育 71 班次；规范信访举报受理和案件线索处置，初核上级转办信访件 4 件，对 15 名相关责任人进行政纪处分和组织处理；强化效能监察和专项督察，7 项专项监察共抽取样本 2 477 个、发现主要问题 140 个、提出监察建议 142 条。

（马保迁）

表 1 陕西石油分公司主要经营指标

指标名称 \ 年份	2015	2014	2013	2012	2011	2010
成品油销售总量/万吨	217.71	208.08	200.46	189.34	168.00	127.23
零售量	130.28	150.20	145.36	132.37	102.00	40.33
销售收入/亿元	116.70	149.98	147.78	144.00	122.89	79.12
利润/亿元	2.70	0.40	1.00	0.73	0.60	0.13
成品油吨油费用/元	375.00	394.00	368.00	357.00	346.00	224.00
加油(气)站总数/座	414	438	433	397	354	199

内蒙古石油分公司

【概况】 中国石化销售有限公司内蒙古石油分公司(简称内蒙古石油分公司)本部位于内蒙古自治区呼和浩特市成吉思汗大街 26 号。其前身是中国石化销售有限公司西北内蒙古分公司，2009 年 12 月调整为石化股份公司直属企业，更名为石化股份公司内蒙古石油分公司，2014 年 4 月更为现名。内蒙古石油分公司主要在内蒙古地区从事成品油零售、直销和批发以及润滑油、燃料油及非油品的销售等业务。

截至 2015 年底，内蒙古石油分公司本部设 13 个职能处室，下设 12 个盟市分公司，拥有在营油库 10 座，加油站 372 座，其中加气站 12 座，资产总额 41.58 亿元，职工总数 2 216 人(不包括委托站的 695 人)，其中正式工 231 人、劳务工 1 985 人。控股中石化集团内蒙古石油销售有限责任公司(简称内蒙有限公司)，内蒙有限公司本部设综合、财务、业务 3 个部门，下设有限赤峰分公司，参股包头有限公司，拥有在营油库 1 座、在营加油站 7 座，在册员工 106 人，资产总额 0.75 亿元。

内蒙古石油分公司主要经营指标见表 1。

（刘海燕）

【优化资源提升经营效益】 2015 年，内蒙古石油分公司以效益优先，合理安排资源流向，加强对资源批次、价格、调运、对接等情况的分析和监控，掌握资源实时真实成本，细化以销定进，采销联动经营方案，根据市场需求，及时切换油品品号，重点把控低凝点资源；加强供应商评估和淘汰，确保供应商的资质和供应能力，加强地炼价格实时监控，扩大自采价差，提高创效能力；坚持低库存运作，精心核算每座油库周转天数，确定动态合理库存，全力保持库存处于合理区间；深入梳理一、二次物流，全口径测算各类资源进货成本，对 40 多座站不经济配送方案予以纠正，运费同比减少近 500 万元，吨油减少 3.74 元。

（刘海燕）

【推动零售稳量增量】 2015 年，内蒙古石油分公司以大客户为重点，加大加油卡发卡力度，实施客户分级管理制度，全年开发维护大客户 602 个，占零售销量的 40.9%。全年发卡 37.9 万张，持卡消费比例达 52.1%，同比增加 4.5 个百分点；以小额配送为重点，开展春耕、秋收送油下乡活动，各盟市公司通过以站代库、租赁车辆、“电动车 + 油桶”等形式完成小额配送 4.2 万吨，占零售量 4.3%，增幅 275%；坚持“点对点”竞争，实施差异化定价，确保特定区域、线路保持竞争优势，实现一站一策，到年底共127座站灵活定价，零售枪出销量优于竞争对手；狠抓汽油增量，汽油持卡消费比例达28%，增加5个百分点，全年汽油销量增长4.77万吨，增幅16%。

（刘海燕）

【全力提升直分销经营上量】 2015年，内蒙古石油分公司利用自采国Ⅲ资源开展直分销，扩大资源价差提升市场竞争力，积极拓展新市场、新区域，推动直分销业务空白和起步较晚的盟市分公司利用油库开展业务；试行客户经理制，动态考核、联量计酬，新增客户经理11名，完成销量1.24万吨，人均1 124吨；加强市场信息收集与分析，对标兄弟单位定价策略，保持价格优势；建立直分销客户档案，领导干部带头开拓市场，新增客户251个（其中万吨以上3个），销量6.29万吨，新增客户销量同比增加4.41万吨；加强驻厂销售管理，全年驻厂销售9.3万吨，增加0.5万吨；开展全员营销，非销售人员产生销量2.5万吨，兑现奖励6.39万元。

（刘海燕）

【围绕门店扶植非油品业务做大做精】 2015年，内蒙古石油分公司强化非油品业务地位，下放营销、定价等权限，将非油品考核比重提升至20%，增加管理人员14名，形成三级采购模式，批复租赁3个中转库；以门店零售为核心，将店销纳入绩效考核，设置71名专职便利店员，所有便利店明确兼职营业员，便利店按毛利额35%提成奖励，营业员收入实行基础工资加返利提成，激发了员工积极性；以重点商品为抓手，大力开展“名品进万家”销售竞赛，推广卓玛泉重点商品，重点商品营业额2 493万元，同比增长83%，任务完成率125.4%；大力开展“油非、卡非互动”营销，全年油非互动额4 025万元，增加258.3%；加快新业务拓展，包头公司5座便利店与永盛成连锁超市合作，投营航美广告17座、洗车房4座。

（刘海燕）

【大力推动天然气业务实现快速发展】 2015年，内蒙古石油分公司制定加气站薪酬发放及绩效考核指导意见，规范岗位设置和薪酬管理，全年终端加气（液）达2 553万立方米，任务完成率100%，同比增幅32%；天然气直批业务实现零突破，LNG代加工业务顺利实施，直批累计销售天然气1 942万立方米。

（刘海燕）

【全力推动加油（气）站网络建设】 2015年，内蒙古石油分公司获总部批复加油站7座，开业加气站2座；完成安全隐患整改项目17个；提量改造站21座；油气回收改造站195座，油库1座。全力推动天然气代加工业务顺利实施。加大完善手续办理和遗留问题处理力度，出台考核办法，将责任落实到人，全年完善油库手续6项、土地证11个、房产证28个、清理遗留问题17个，优化土地4宗。加强承包商管理和培训，7家承包商取得总部入围资格证书。

（刘海燕）

【加强隐患排查与整改，持续强化HSE管理】 2015年，内蒙古石油分公司加强企业安全文化建设，强化“谁主管，谁负责”“管业务必须管安全”的工作要求，完善HSE考核机制，健全制度12项，开展“安全诊断”提交建议1 103条，采纳947条。开展“安全隐患整改年”“隐患攻坚年”活动，建立和完善隐患排查、整治机制，对9座油库、367座站排查登记隐患91条，对42项重大风险警示跟踪，对17项隐患治理项目跟踪治理。规范直接作业管理，重点监控油气回收改造项目，对29家承包商进行HSE培训，对查出78个问题制定了规范手册，实现全年200余项施工项目的安全作业。将HSE工作检查与教育培训相结合，全年培训180余人，检查加油站70余座次，发现问题564条，并跟踪整改。

（刘海燕）

【大力提升计量质量管理】 2015年，内蒙古石油分公司签订损耗控制和质量管理责任状，将零售损耗纳入考核指标，并列为评先否决项，明确奖罚措施。全年零售损耗率为0.06%，同比下降0.06个百分点。加强过程监控，对9座油库99个油罐开展了实物盘点，严格履行计量程序，理顺超损耗索赔流程。加强承运车辆检查，查实处理非法偷盗油4起，淘汰5名损耗末位的配送车驾驶员。强化全过程油品质量管理，加强外采资源质量管理，形成A级加B级加内控指标3道入库关口检验。各级质检室出、入库检验共3 881批次，处理不合格油品26批次，共计7 623吨，退货700余吨。加强计量和质量督导检查，全年开展计质量检查油库27座次、加油站124座次，查出问题1 190条，综合整改率达96%。抽查油样1 332个，指标全部正常。

（刘海燕）

【加强人力资源管理】 2015年，内蒙古石油分公司健全选人用人制度11项，首次推行中层干部竞聘上岗 2 名，公开选聘管理和营销人员 30 余人，调整交流干部 17 人，退出现职 5 人。努力提升队伍素质，举办 2 期中层干部培训班，58 名干部接受专题培训；强化"三支队伍"培训，全年举办培训 35 期，培训 840 人次，基层培训 474 期，培训 11 685 人次。积极稳妥开展加油站委托管理工作，对 158 座加油站实施委托管理，召开推进会议 2 次、专题培训 2 次，积极稳妥推进调整用工形式等工作。严格控制劳动用工和后勤服务用工，用工总数同比减少 82 人；后勤服务人员减少 122 人。加强劳资管理，克服经营压力，为 1 968 名员工进行工资晋档，为委托站员工每人每月增加 120 元基本薪酬。

（刘海燕）

【提升财务管理水平】　2015 年，内蒙古石油分公司加强风险防控，编制《财务风险手册》，采取线上检查、线下抽查方式，严格核对资金 2 570 笔，确保专款专用，核查承兑汇票审批表 400 余份、银行余额调节表 270 份、银行托管承兑汇票 2.3 亿元，保证了资金安全。加强预算管理，开展全员成本目标管理，细化利息分摊流程，启用财企直连账户，加速货款回笼，对 POS 机收单业务引入竞争机制，财务费用同比减少 1 177.9 万元，降幅 17.1%。加强会计基础达标工作，修订完善 7 项制度，解决问题 209 项，开展现场风险检查整改问题 96 个。

（刘海燕）

【强化审计监督和效能监察职能】　2015 年，内蒙古石油分公司开展"碧水蓝天"跟踪审计、修理费专项审计、干部离任审计，加强经济责任审计自查自纠，发现 7 类 13 项问题。开展乌海、临河油库决算审计，加强工程建设投资审计，组织标底编制、预算审核、竣工结算审计 139 项。开展冬季取暖用煤等 4 个项目效能监察，非油品风险管理、油非营销等 2 个专项督察。

（刘海燕）

【大力推动信息化建设】　2015 年，内蒙古石油分公司实现新版 ERP 系统顺利上线，在营站卡机联动覆盖率达 100%，自助圈存机达到 230 座站，所有发卡网点均完善了充值卡发卡功能，新接入远程视频监控系统 50 座，总接入站达 200 座。强化信息安全工作，开展信息安全自查和应急预案演练，实现全年无信息安全事故发生。

（刘海燕）

【围绕中心抓党建】　2015 年，内蒙古石油分公司党委落实管党治党责任，强化班子建设，凝聚班子整体合力，规范干部选用管理，优化调整党员干部配置，落实中心组学习制度，深入开展"三严三实"教育活动，强化"一岗双责"，加强作风建设。健全党群工作机构设置，完善基层组织建设，在 12 个党委(总支)设置 25 个党支部，修订完善《党建工作考核办法》，使党建工作与干部考核、绩效考核挂钩。加强基层党支部书记培训，抓好党员队伍建设，储备优秀人才、业务骨干 140 人作为培养重点。

（刘海燕）

【丰富创新员工活动载体】　2015 年，内蒙古石油分公司开展"多卖一吨油""名品进万家""春耕、秋收送油下乡"等劳动竞赛，激发员工积极性。举办第 1 届职工运动会、"中国梦、劳动美"系列书画、摄影、诗歌大赛等活动，丰富职工精神文明生活。

（刘海燕）

表 1　　内蒙古石油分公司主要经营指标①

指标名称 \ 年份	2015	2014	2013	2012	2011	2010
成品油销售总量/万吨	184.48	179.11	165.21	186.79	165.11	100.42
零售量	97.56	106.15	125.07	132.30	112.64	61.19
销售收入/亿元	96.89	125.09	122.17	141.08	121.69	62.89
利润/亿元	0.03	-0.11	1.20	1.00	0.81	0.30
吨油费用/元	346.00	345.07	344.82	303.20	250.78	236.95
加油站总数/座	372	372	367	339	275	174
油库数量/座	10	10	10	8	8	5
铁路专用线数/条	10	10	10	7	7	5

①以上指标均不含参股公司

新疆石油分公司

【概况】 中国石化销售有限公司新疆石油分公司(简称新疆石油分公司)是中国石化在新疆的唯一成品油销售企业，本部位于新疆乌鲁木齐市长春南路466号。2010年1月，石化集团公司为确保在新疆开采的石油资源就地加工、就地销售，支持与服务于新疆的经济建设和社会发展，组建中国石化销售有限公司新疆石油分公司，2012年10月升格为大Ⅰ型企业(正局级)。

截至2015年底，新疆石油分公司设有10个职能处室、3个专业中心，下辖9个地市分公司、1个全资子公司、4个控股公司、1个参股公司。有基层党委10个，基层党支部37个。拥有员工总数2 479人，资产总额40.92亿元，加油加气站394座(其中加油站359座、加气站35座)，易捷便利店329座，CNG母站1座，油库12座、总库容20.96万立方米。

2015年，新疆石油分公司完成经营总量231.22万吨，其中成品油经营总量为226.4万吨(零售120.82万吨，直分销105.58万吨)、同比增幅11%，天然气销量5 668万立方米、增幅17%；非油品营业额(含润滑油)1.45亿元，增幅23%；吨油费用292元，降低16元，在承担一次物流运费1.1亿元基础上，实现累计报表利润4 173.02万元，全面完成全年目标任务。

新疆石油分公司主要经营指标见表1。

(李　飞)

【领导班子调整】 2015年3月31日，新疆石油分公司召开干部大会，石化集团公司总经理助理兼人事部主任刘中云宣布领导班子调整决定：任命邱发森担任新疆石油分公司总经理兼党委副书记、中国石化新疆反恐领导小组成员，任命孟伟担任新疆石油分公司党委书记兼副总经理。

(李　飞)

【成品油经营量取得历史性突破】 2015年，中国石化适时调整区外资源结构，明确把实现塔河炼化资源全产全销作为新疆石油分公司的中心任务。新疆石油分公司迅速调整经营思路，以完成配置计划为目标导向，调整市场定位，转变经营理念，狠抓全员拓市扩销，创新开展交叉营销、跨界营销，通过持续开展“周末汽油优惠”营销活动，逐步形成中国石化品牌特色，突出价格体系、资源协同和目标市场优化，打好塔河炼化资源全产全销攻坚战。全年汽油销售总量突破45万吨，同比增幅46%，8—12月实现成品油销量和塔河炼化资源出厂量月月保持在20万吨以上的历史性突破，成品油经营量226.4万吨，创新疆石油分公司成立以来的新高，完成总部下达的“确保塔化后路畅通”的战略任务，维护了中国石化在新疆上中下游一体化的大局，主要经营指标在区外销售企业中排名前列。

(李　飞)

【非油经营量创历史新高】 2015年，新疆石油分公司利用节日促销和营销方案，积极开展“油非互动”和全员营销，在两级机关形成了“人人都是卖货郎”的促销氛围，全年销售海龙燃油宝16.9万瓶、同比增幅172%，销售尾气处理液497.3吨，燃油宝销售年度增幅区外排名第一；与伊力小老窖、巴口香牛羊肉等名优厂家直接合作，全年降低采购成本近800万元；以卓玛泉为龙头，加大自主品牌产品的推广力度，全年销售卓玛泉331万瓶，枸杞系列产品销售年度计划完成率区外排名第一；发挥中国石化的集团优势，将伊香大米、好友花生油及新康西红柿系列产品等新疆特产推广至总部机关服务中心；赴区内销售系统开展新疆特色商品推介和培训，促成现场订单1 000余万元；非油品业务全年实现营业额1.45亿元、增长22%，毛利2 321万元、增长29%，2项数据均创新疆石油分公司成立以来的新高。

(李　飞)

【合资合作迈上新台阶】 2015年，新疆石油分公司开展交叉营销、跨界营销，加大与地方企业合作力度，与多家地方龙头单位建立战略合作关系，共同推广销售易捷水产品、环保产品、车联网与O2O、金融与保险、汽服等项目。其中，与建行交通龙卡“9.5折优惠”带动消费1 105万元；与平安保险以及广汇汽车合作，实现优惠叠加，最高优惠叠加可达1.1元/升，极大地增加了客户黏性。同时为顺应新疆全力推进央企属地法人注册的趋势，在继续做实、做强路油公司的同时，与经济发达、要求迫切、优惠条件多的地州洽谈合作，于年底注册成立了新疆中石化昌吉庭州能源有限公司。

(李　飞)

【举办中国石化新疆特色商品展销会】 2015年8月28日，中国石化新疆特色商品展销会暨中国石化新疆石油分公司与自治区供销社战略合作签约仪式在乌鲁木齐举行，当天签订意向合同 2 亿元。展销会后，又陆续签订商品采购合同金额 1 000 余万元。《人民日报》《车友报》《新疆日报》、新疆电视台、新疆人民广播电台等 10 余家主流媒体全程参与报道。

（李　飞）

【营销网络建设投资结构不断优化】 2015 年，新疆石油分公司以质量和效益为中心，共清理项目 114 个，完善手续 190 座站，调整 38 个油气站项目投资、4 个油库项目投资。共投营高速公路加油站 11 座、加气站 2 座，在营高速公路油气站达到 27 座；在建高速公路油气站 35 座，在建加气站 12 座。全年新增投营高速公路加油站 13 座、加气站 7 座。

（李　飞）

【基础管理水平不断增强】 2015 年，新疆石油分公司牢固树立“管理出效益，精细管理出大效益”的理念，狠抓财务管理，实行资金统收统支，开展资产清查，积极推广关联交易系统的深化应用，推广单站模拟核算系统；着力推进“规范管理年”活动，下放审批权限 235 项，全年发布制度 51 项，合同管理综合指标区外公司排名第一；切实加强安全数质量管理，全年零质量事故报告，实现了企业安全平稳运行；强化审计监督功能，共组织开展中国石化统一立项项目 3 项，完成工程结算审计 130 项，完成加油站竣工决算审计 156 项；加强“三支队伍”建设，在区地两级公司分别成立安全数质量督察大队和督察队，全年委托管理 149 座加油站，委托站总数达到 169 座，占在营站的 50%，精简用工 317 人；全年开展培训 191 期，培训 7 525 人次，远程培训系统总学习人次达 36 451 人次。持续推进信息化基础建设，全年完成 21 座加油卡室内消费、77 座卡机联动站点建设，22 座加油站的电子标签上线，25 座加油站视频监控系统联网实施，完成 96 座非油品电子优惠券站网点部署。

（李　飞）

【狠抓项目清理整顿】 2015 年，新疆石油分公司新一届领导班子“新官理旧账”，以不推不诿的态度正视问题，直面众多前期项目超投资问题，分门别类提出解决方案，对有责任的事项做“账销案存”管理，对不符合当前投资回报要求的项目坚决进行清理，共清理项目 114 个，撤销投资 7.03 亿元，沉没投资 455.67 万元；以清单管理的模式，逐一论证 2010 年以来的投资项目，清理出超投资 4.5 亿元；全年共完善 190 座站手续，调整 38 个油气站项目投资，4 个油库项目投资，处理各类遗留问题涉及资金 966 万元。

（李　飞）

【企业凝聚力不断增强】 2015 年，新疆石油分公司从强化干部队伍组织、思想和作风建设入手，敦促全体员工要按本色做人、角色办事，做到忠诚、干净、担当，大力宣传企业“君子和而不同、周而不比”的文化理念，杜绝小圈子、小团体，倡导全员树立“有条件要上、没有条件创造条件也要上，不为困难找理由，要为成功找方法”的积极工作态度，坚持五湖四海选人用人，通过改革考核方式与内容，营造了风清气正、生机盎然的人才成长环境，激发了企业新活力。

（李　飞）

【文宣和舆情监控取得好成绩】 2015 年，新疆石油分公司创办《新疆石油》杂志，全年出刊 6 期，编发《新疆石油销售信息》54 期、《每日要情》229 期。利用新媒体持续开展宣传，“中国石化新疆石油”官方微信关注人数达 4 364 人；上报总部信息 116 期，政务信息得分在区外公司排名第二；通过强化舆情监控队伍，加强与地方宣传、网管部门沟通协调，做好日常信息收集，新疆石油分公司办公室（维稳办）被评为石化集团公司维护稳定工作先进集体。

（李　飞）

【穆合塔尔·萨伍提被评为十大“感动石化”人物】 2015 年 4 月 15 日，石化集团公司举行第二届十大“感动石化”人物颁奖典礼，新疆石油分公司穆合塔尔·萨伍提从中国石化近百万名员工中脱颖而出，成功入选十大“感动石化”人物。10 余家疆内外主流媒体对穆合塔尔入选中国石化十大“感动石化人物”进行了报道。

（李　飞）

新疆石油分公司穆合塔尔·萨伍提
入选“感动石化”人物

【积极履行央企社会责任】 2015年，新疆石油分公司积极履行央企责任，参与地方“三民”驻点建设，由6人组成“访民情、惠民生、聚民心”活动工作组，赴和田地区洛浦县欧吐拉昆孜亚村完成第2年的驻村帮扶；累计对该村实施援助扶贫项目200余万元。与自治区党委建立工作关系，实现新疆石油与自治区党委机要专线、机要通信畅通和机要日常工作的安全高效对接。

（李 飞）

【党群工作持续加强】 2015年，新疆石油分公司继续推进党建系统化管理，规范基层党组织管理、不断提高标准化管理水平。严格按照总部要求，狠抓党组第五巡视组巡视反馈意见整改措施落实工作，开展“三严三实”专题教育活动，抓好专题党课、专题学习研讨、整改落实和立规执纪等“关键动作”，深入查摆整改“不严不实”突出问题，建立完善配套管理制度和业务流程。深入推进“家文化”建设，库站员工“家文化”硬件进一步改善，员工认同感和满意度提升。全面落实“两个责任”，加强党风廉政教育，举办《职工违纪违规行为处分规定》知识竞赛，严格执行“八项规定”，毫不松懈反对“四风”，营造从严从实、风清气正的政治生态和企业管理生态。

（李 飞）

【召开党员大会】 2015年12月25日，新疆石油分公司召开党员大会，会议听取和审议了新疆石油分公司党委工作报告，选举产生新一届党委委员会和纪律检查委员会。区公司机关全体正式党员、预备党员，地市公司党政主要领导共75人参加。

（李 飞）

表1 新疆石油分公司主要经营指标

指标名称＼年份	2015	2014	2013	2012	2011	2010
成品油销售总量/万吨	226.40	203.56	208.76	186.97	164.00	119.26
零售量	120.82	120.59	118.99	100.74	76.60	33.60
销售收入/亿元	121.77	141.15	149.69	138.25	117.92	71.34
利润/亿元	0.42	-1.37	1.11	0.60	0.25	-2.46
吨油费用/元	290.00	309.00	242.37	243.00	217.00	188.00
在营加油(气)站总数/座	395	395	368	343	226	136

吉林石油分公司

【概况】 中国石化销售有限公司吉林石油分公司(简称吉林石油分公司)是吉林省主要的成品油供应商之一，主营汽油、柴油、天然气的批发和零售，同时开展加油站便利店经营等业务。

吉林石油分公司的前身是中国石化销售有限公司东北吉林省分公司。2009年11月，根据中国石化调整区外油品销售企业管理体制的决策，重组成立石化股份公司吉林石油分公司。下辖吉林市、白城、天然气3个区域分公司；2010年，松原、四平、延边、通化4个分公司成立；2014年，长春分公司成立。2014年5月更为现名。

2015年，吉林石油分公司下设8个处室，有正式工150人、劳务工1 058人；有高级职称5人，中级职称27人；技能操作人员中，高级技师1人，技师7人，高级工93人，中级工168人。共设8个分公司，拥有自有油库2座、天然气CNG母站2座。经营范围覆盖吉林省内7个地市，初步形成了成品油与天然气并举、供销一体化的经营格局。

2015年，吉林石油分公司油气经营总量54.09

万吨。销售成品油 47.42 万吨，其中零售 38.11 万吨；销售天然气 7 844 万立方米。非油品营业额 4 850万元。实现报表利润 283 万元。全年新增营业加油(气)站5座，重新投营加油(气)站2座，退租无效益加油站5座，终止收购加油站2座。收回松原江南加油加气站等3个项目的规划选址费；安全环保数质量工作总体平稳。在营加油站152座。

吉林石油分公司主要经营指标见表1。

（黄　赫）

【委托管理工作】　2015年6月1日，四平分公司郭家店加油站作为吉林石油分公司加油站委托管理试点单位进行正式委托管理工作。11月1日，四平分公司2 000吨及以下加油站正式进行委托管理；12月1日，吉林石油分公司其他地市分公司对2 000吨及以下加油站正式进行委托管理工作。

（黄　赫）

【持续提高资产优良度】　2015年，吉林石油分公司共完成提质改造、油气回收、卡机联动、安全隐患治理、“碧水蓝天”、新建加气站等项目共计111个，提高加油站的形象和质量，完善加油站的功能。开展在建项目清理工作，清退低效加油站5座，解除四平盛国加油站收购项目和延边敦化市临江加油站先租后购项目。收回松原江南加油加气站等3个项目的规划选址费；注重盘活加油站土地资产存量，对重点地区加油站增加加气功能，完成长春市北凯旋加油站、青年路加油站双燃站改造、吉林市林荫路液化气改天然气项目，四平市金源加油站双燃站改造和老城加油加气站新建完成了主体工程建设；开展招投标工作，组织施工类招标10次，减少了工程成本。强化物资采购水平，增强议价能力，节省采购资金；保障零售增量，加快完工项目投营速度，全年实现新增投营加油站5座；做好加油卡系统上线和升级工作，全年完成13座加油加气子站信息管理系统上线，在重点发卡网点安装部署51台自助圈存机，在营加油加气站联网和系统功能得到了完善；规范管理供应商及承包商队伍，陆续清退3家非石化集团公司资源库成员承包商；改善加油站员工生活条件，下拨专项资金完成13座加油站打井工作，解决了基层员工的吃水难问题。

（黄　赫）

【多举措提升经营质量】　2015年，吉林石油分公司积极组织资源建立资源保障机制，提升市场信息的收集、分析、研判能力，坚持“低库存”运作。与中国石油开展成品油资源串换工作，提升资源创效能力。拓宽外采渠道，增强外采议价能力，降低成本。优化物流运行，科学统筹优化一、二次物流，节约运费。加强零售经营，开展“多卖一吨油”活动，区分不同类型加油(气)站，一站一策，做实加油站扩销增量工作；加大汽油销售力度，细化差异化经营措施；进行大客户走访活动，客户群体的稳固拓新工作得到提升；采取“卡非互动”、扩大发卡、改善服务、优惠吸引等多种措施，不断拓展零售规模。拓展天然气直分销业务，开展组合式营销，加强客户公关，变“坐商”为“行商”积极开发新客户；积极牵头组织与东北石油局、辽宁、黑龙江公司四方会议，发挥集团产供销一体化优势，提高中国石化天然气资源覆盖区域，释放东北石油局天然气产能，促进产业链效益最大化。加强非油品经营，开展品鉴会、特色商品展销会等方式加强重点商品销售，实现精品门店倍增，50万元门店增加10座，100万元门店增加4座；开拓新的业务增长点，多种方式开展燃油宝和尾气处理液的宣传和销售工作；拓宽合作模式，与新天地合作经营的10座试点站。开展特色商品销售，做好大米、长白山特色商品系统内销售工作。

（黄　赫）

【提高基础管理水平】　2015年，吉林石油分公司强化安全责任制落实，实施安全“一票否决”“零容忍”，层层签订HSE目标责任书，落实安全管理主体责任。建立常态化“四不两直”检查机制，强化安全监管，开展HSE互查及QHSE大检查等多样化的专项检查，着力消除现场管理疏漏，杜绝等级事故的发生，保障了安全生产平稳运行。全年共检查问题358项，已全部整改；加强承包商管理，开展承包商专项治理，检查库站施工工地18个，共查出各类问题70项，发出《整改通知单》14份。对6家违反规定的承包商进行了经济处罚，并对承包商项目经理进行了安全约谈，责令其加强安全管理；强化降本压费，严格执行中央“八项规定”和石化集团公司党组实施细则的相关要求，大力压缩公务性开支。强化合规管理意识，推进证照管理系统全面上线。省、市两级公司完成全部证照信息批量导入工作，共录入土地、房产等各类证照近2 000个，维护1 080笔；加强制度建设，理顺流程、堵塞管理漏洞，完成规章制度汇编，共新建制度45个、修订制度86个、废止制度26个，组织全体职工学习考试，确保制度落地生根、有效执行，切实提高企业管理水平；提升财务共享服务，顺利完成费用报销系统的上线工作，规范费用报销业务流程，提高了财务运行效率；持续深化分配制度改革，修订完善《机关部门绩效考核办法》，增加了“对基层单位的服务”“机关部门工作配合”2项指标的权重，让基层给机关部门进行考核打分，强化了干部员工危机意识和工作动力，促使机关作风的转变。结合实际，调整加油站薪酬分配机制，对加油(气)站员工薪酬二次分配指导意见进行修改和完善，有效调动员工的积极性，最大限度发挥了薪酬激励作用。

（黄 赫）

【加强人事管理】 2015 年，吉林石油分公司优化干部队伍结构，完成年度中层领导干部考核和选人用人工作满意度测评，对干部考评中排名靠后的中层干部进行诫勉谈话，同时，开展干部轮岗调整，13名中层干部岗位实现轮换。加强后备干部培养，举办1期中青年干部培训班，共选拔26名优秀骨干参加培训，有效提升了青年干部综合管理能力。推进EAP建设，举办区内干部培训班，邀请专业讲师对33名干部进行辅导，内容涉及员工心理疏导、压力缓解、职业规划等方面。强化教育培训，共组织各类培训班73期，累计培训1 881人次，学时达到1.9万课时；通过TS系统举办在线考试18次，累计8 725人次参加；530余人利用远程系统开展学习培训，累计学习2.57万次，学时达1.68万课时。举办非油品、政工、兼职教师技术比武，累计575人次参赛。加强技能操作序列人才建设，开展加油站操作员、油品储运调和操作工等工种的职业鉴定，聘请4名安徽考评员进行实操鉴定，鉴定通过人员达115人，有效促进了技能操作序列人才的成长。

（黄 赫）

【抓党建促发展】 2015 年，吉林石油分公司认真落实石化集团公司党组巡视组反馈问题整改，细化整改措施，完成巡视组反馈的8个问题中的6个，提高了企业遵纪守纪的自觉性。认真开展“三严三实”专题教育活动，着力查找和解决工作、生活中不严不实的突出问题，持续推进思想作风建设。严格落实党风廉政建设“两个责任”，把守规矩、讲纪律摆在更加重要的位置，聘请省检察院检察官为160名干部员工上廉洁从业课等多种方式加强廉政教育。全面开展“家文化”建设，营造拴心留人的良好氛围，打造“家文化”样板站32座，完善“五小建设”，改善员工工作和生活条件；实施帮扶计划，对16名困难职工和3名困难家庭子女入学提供帮助，解决实际困难；开展“迎新春”棋类比赛，“学雷锋、献爱心”活动和青年知识竞赛，增强青年员工的凝聚力和战斗力。积极挖掘先进典型，组织“两红两优”评选；以“一网一刊”为基础，不断加强上下组织联系，在持续丰富《吉林石油》内刊的同时，加强与中国石化报社、中国石化新闻网、《手机报》、吉林日报社的联系，以宣传报道的形式及时传递吉林石油人奋发有为的精神状态。全年累计向《中国石化报》、《手机报》、石化图片网、新闻网报送各类稿件60余篇，被《中国石化报》采用12篇，中国石化新闻网采用19篇，《手机报》采用6篇，《吉林日报》采用1篇。报送政务信息22篇，被石化集团公司采用12篇。

（黄 赫）

【获得多项奖励】 2015 年5月，吉林石油分公司团委被石化集团公司青年工作委员会授予五四红旗团委称号，吉林市分公司团总支被授予五四红旗团总支称号；吉林省石油分公司团委还同时被共青团吉林省委和共青团吉林省国资委工作委员会授予五四红旗团委称号。12月，吉林石油分公司被吉林省精神文明建设指导委员会授予2013—2015年度全省文明单位称号。

（黄 赫）

表1 **吉林石油分公司主要经营指标**

指标名称＼年份	2015	2014	2013	2012	2011	2010
成品油销售总量/万吨	47.42	54.25	49.32	55.85	49.35	35.66
零售量	38.11	39.58	34.35	37.00	31.00	20.25
销售收入/亿元	29.28	42.05	39.85	44.87	38.75	23.24
利润/万元	283.00	407.00	-2 148.00	2 003.00	1 845.00	-1 452.00
吨油费用/元	675.00	535.00	492.00	422.00	386.00	379.00
加油站座数/座	152	148	147	140	114	63

黑龙江石油分公司

【概况】 中国石化销售有限公司黑龙江石油分公司（简称黑龙江石油分公司）位于黑龙江省哈尔滨市道里区群力第五大道1589号。前身是中国石化销售有限公司东北黑龙江分公司，2010年1月1日，根据中国石化发展战略的需要，黑龙江石油分公司调整为石化股份公司直属企业，更名为石化股份公司黑龙江石油分公司；2014年5月，总部进行资产重组，更名为中国石化销售有限公司黑龙江石油分公司，现为国家大型二级企业，是中国石化在黑龙江省的唯一企业，主要从事汽油、柴油、煤油、润滑油等成品油批发、零售以及非油品业务。

黑龙江石油分公司本部设7个部门，即综合处、经营管理处、零售中心、人力资源处、发展基建处、安全数质量处、财务资产处。下设哈尔滨、齐齐哈尔、牡丹江、佳木斯、大庆和绥化6个地市公司，2个控股子公司，1个参股公司；有员工近1 196人；拥有加油站160座、易捷便利店139座、油库6座，资产总额18.94亿元。

黑龙江石油分公司主要经营指标见表1。

（李　珊）

【资源创效能力增强】 2015年，黑龙江石油分公司加强资源滚动平衡，按照资源顺推法做好串换、配置、集采、外采资源进货安排。落实串换资源和配置资源兑现工作，共接卸串换资源13.3万吨，占当期资源比例的18%，获得串换奖励7 423万元；实物接卸配置资源22.53万吨，计划兑现率94%，同比减少0.92万吨。严格执行总部外采策略，外采创效3.2亿元，增加5 213万元，增幅20%。运杂费实现再节约，通过开展资源代储、串换业务，协调华锦炼厂安排路车发运，用好串换资源，完善大庆嵩源油库汽油仓储设施，核查公路运输距离等措施，全年发生运杂费3 833万元，减少538万元。吨油运杂费支出标准在全国销售企业范围内处于较好水平。

（李　珊）

【终端销售逆市增长】 2015年，黑龙江石油分公司围绕“多卖一吨油”活动，实现终端销售稳步增长。通过采用加油卡营销、“油非互动”营销、“点对点”营销、合同营销、联合营销、“小额配送”营销手段，制定增量奖励办法，加油站站长竞标上岗，建立一支10人的加油卡专职客户经理队伍，全年共开发客户508户，累计消费量355万升，充值卡销售实现突破性增长，增量创利108万元。

（李　珊）

【非油业务较快发展】 2015年，黑龙江石油分公司完善激励机制，调动全员销售积极性，全年非油品合计奖励300万元，调动了地市公司、加油站及员工的销售积极性。选拔在非油品个人营销方面事迹突出的员工，组织召开营销技巧先进经验介绍会，并在各地市巡回介绍经验，起到带动和促进非油品销售的作用。组织赖茅酒品鉴会、普洱茶品鉴会等，对总部重点商品销售起到了较大的推动作用。加快新业务开发，提升综合服务水平。与黑龙江省邮政合作，开通了31个便民服务网点；56个站增设了体彩顶呱刮即开型彩票业务；增加了代售机票、客运车票等业务；与当地知名快餐品牌佳明佳公司合作，在哈尔滨分公司设立快餐服务；与汽服知名品牌豪车盛宴合作，在双和加油站开展汽服业务。

（李　珊）

【加油（气）站网络发展取得突出成效】 2015年，黑龙江石油分公司完成8座加油站的提量改造工作。在改造期间，共督察施工现场33次，解决安全隐患问题36项。落实环保部门要求，根据加油站销售淡旺季阶梯式开工，完成51座加油站的油气回收改造工作。完成哈尔滨蓝天油库和佳木斯中石油库的安全隐患治理工作，解决油库安全隐患11项，共投入765万元。明确油气并举工作思路，制定项目推进计划方案，每月通报具体进展，通过新建、增项改造、租赁、收购、合作等多种方式打破加气业务瓶颈，绥化富隆达、明水城南2座加气站作为加气业务突破点。第一座自主建设的大庆高新区加油加气站于9月全面完工。完成齐齐哈尔嫩江一、二站，大庆林运、龙新站，绥化明水城南5座加油加气站的投营工作。

（李　珊）

【企业管理水平再上台阶】 2015年，黑龙江石油分公司按照“全覆盖、零容忍、严执法、重落实”的要求，加大力度抓安全管理。采用“四不两直”检查方式，共组织完成半年HSE大检查、石化销售公司HSE大检查、针对“8·12”天津滨海新区爆炸自查情况抽查、年终QHSE大检查等8次专项检查，检查加油站108站次，油库21座次，共查出问题2 324项，年底已整改2 280项，整改率达98%。推进数质量管理。制定损溢考核指标，逐月分解、定期跟踪通报，对库、站、分公司损耗进行排名。全年累计溢余率

0.05%，同比上升0.03%。按照石化集团公司深化用工制度改革工作部署，认真分析用工现状，在业务分类、岗位分类的基础上，规范岗位用工配置，实现依法合规用工。加油站通过调整经营模式，实施委托管理规范劳务用工形式，年内全省85座加油站实施委托管理。加强加油站基础管理，提升员工素质。零售岗位开展技术比武，共126人参加；加油站骨干队伍考试，累计取得各岗位资格证书达到1 636人次；油库全年共举办4次持证上岗考核，共计155人参加，油库持证上岗率达到72%。

（李　珊）

【党群工作不断加强】 2015年，黑龙江石油分公司扎实开展"三严三实"专题教育活动，组织专题学习9次，专题研讨3次，每位班子成员至少在一个专题中做重点发言。针对工作中存在不严不实的10种表现、6项整改落实任务和11项需要完善的规章制度，制定专项整改方案和整改时间表，把目标任务分解到部门、具体到措施、落实到岗位、量化到个人。推进基层党支部示范点建设，细化公司党建思想政治工作考核办法，开展党支部达标创优工作，哈尔滨分公司机关加油站党支部被评为中国石化第2批基层党组织建设示范点。"家文化"建设稳步推进，组织员工实地学习大庆精神、铁人精神。树立了迎宾、鸿运、双和、鹤乡路、齐林等一批"家文化"样板站，以点带面，实现了企业文化建设水平整体提升，获第四届全国文明单位称号。深入落实"两个责任"，组织中层干部、关键岗位人员签订廉洁从业承诺书49份，与各总支、支部签订党风廉政建设责任书7份，29名中层干部向纪委上报了春节期间收受礼品登记表。在石化集团公司开展的《职工违纪违规行为处分规定》知识大赛中，获团体优胜奖、个人三等奖。全年共发放救助金2.4万元，在提高企业工会自身救助能力的同时，积极争取社会各界力量支持，互帮互助、互通有无，做好帮扶救助工作。在全省系统开展"快乐志愿，随手公益"学雷锋主题活动；与黑龙江晨报联合开展劝阻行人不闯红灯的"红灯记"公益活动。

（李　珊）

表1　　黑龙江石油分公司主要经营指标

指标名称＼年份	2015	2014	2013	2012	2011	2010
成品油销售总量/万吨	64.25	96.34	88.67	77.50	56.92	53.81
零售量	51.37	59.45	84.08	57.00	42.98	31.25
销售收入/亿元	42.67	67.08	65.05	60.00	43.00	35.00
利润/亿元	0.25	0.09	0.32	0.28	0.28	0.14
吨油费用/元	443.00	356.00	352.00	350.00	369.00	313.00
加油站总数/座	160	163	162	161	151	115
油库数量/座	6	5	5	4	4	3

青海石油分公司

【概况】 中国石化销售有限公司青海石油分公司（简称青海石油分公司）成立于2003年3月，是中国石化直属销售企业。

青海石油分公司主要承担中国石化在青海省境内成品油的销售、管理和调运任务，经营范围涉及汽油、柴油、润滑油及非油品销售等业务，是中国石化在青海地区唯一的成品油销售企业。

青海石油分公司本部位于西宁市，下设11个管理部门，下辖5个市级分公司。截至2015年底，用工总量为1 057人；自有油库3座，自有加油站151座。

青海石油分公司主要经营指标见表1。

（杨文博　赵　云）

【经营总量实现新突破】 2015年，青海石油分公司采取"紧盯市场、决策经营，确保资源、支撑经营，紧贴市场、灵活经营，差异营销、促进经营"的方针，全体员工同心协力、奋力拓市，实现量效齐增的良好局面，主要经营指标全面完成。全年销售成品油80.7万吨，增幅1.02%；零售量52.01万吨，增幅4%；非油品销售4 646.35万元，增幅95%；天然气销售111吨，加油卡充值16.7亿元，累计沉淀资金 9 719 万元，持卡消费比达到 60%；全年实现利润 1 521 万元，完成年度任务目标的 100.26%。

（杨文博　赵　云）

【创效能力进一步增强】 2015 年，青海石油分公司通过强化资源统筹管理，全力扩销增量，经营创效水平不断提高。科学安排资源流向，实现采销联动和多销多采，自采创效 1 030 万元；努力提高算细账水平，什么资源能创效，就争取什么资源，全年资源创效 1.08 亿元，在 2015 年销售企业“比学赶帮超”竞赛中，获得成品油资源年度红旗进步奖；优化二次物流，物流就近配送率达到 80% 以上，使得平均运距下降 7 千米，全年物流优化降费达 800 多万元；精心策划“多卖一吨油”活动，零售量同比增加 1.18 万吨，全年汽油增量 2.32 万吨；不断扩大非油品销售，全年非油创效 439 万元。

（杨文博　赵　云）

【管理水平不断提升】 2015 年，青海石油分公司以重启“从严管理年”为契机，强化“三基”管理，通过强化内控执行力度、增强预算管控能力、规范招投标工作、强化纪检监察和审计职能、加大问责力度等措施，工作作风得到转变，管理水平不断提升。数质量工作从严管理使全年溢余油品 475 吨，损溢管理创效约 500 多万元，在全销售系统损溢管理排名中比上年提高 14 名，在石化集团公司计量大检查中取得销售企业区外公司排名第一、全国排名第七的好成绩。

（杨文博　赵　云）

【项目管理能力进一步加强】 2015 年，青海石油分公司从挖潜、优化、增效 3 个方面推进加油（气）网络建设，网络发展质量和投资管理水平进一步提高。重点在“中轴线”目标市场上加强了对中心城区、城市新区、高速路服务区等加油站项目攻关，全年新增加油站 4 座，新增加气站 2 座；同时快速推进湟源油库和综合培训楼 2 个重点工程项目，积极推进现场施工组织，确保重点项目按期投营；统筹各项改造工作，结合安全隐患治理、油气回收、提量改造等制定加油站改造方案和时间计划表，指导各分公司对投入小、增量大、回报高的加油站加快综合改造步伐。按照省政府要求，积极推进旅游厕所改造项目，完成 2 座旅游厕所的改造。同时，统筹建立青海石油市场 B 级资源库，严格履行大宗物资采购采取招投标工作的原则，阳光采购。

（杨文博　赵　云）

【加气业务取得零突破】 2015 年，青海石油分公司重点开展加气站建设，明确西宁城区、平安、民和、德令哈、格尔木发展加气站的思路，组织人员对加气站建设进行深入调研，加大加气站投营力度，年内民和路加气站的投营，实现了市区加气站零的突破。

（杨文博　赵　云）

【安全管理工作全面提升】 2015 年，青海石油分公司全面开展 HSE 教育培训，不断提高员工安全意识，狠抓安全责任落实。严格落实安全生产责任制，按照“一岗双责”“管业务必须管安全、管生产经营必须管安全”的要求，进一步完善覆盖各环节、各岗位的安全生产责任制，加大“三违”惩处力度，并进行问责追责，全年对省、地两级公司 3 座油库、150 座加油站进行了 30 余次安全大检查。同时加大安全环保工作和隐患治理的整治力度，完成 43 项隐患治理和“碧水蓝天”项目，使隐患达到受控状态。顺利完成全省加油站国Ⅳ油品的升级置换工作。以石化销售公司 HSE 管理能力测评为契机，开展了安全大检查，自查问题 86 条并立即进行整改，在 HSE 测评中，综合测评结果为“安全绩优企业”。

（杨文博　赵　云）

【队伍整体素质明显提高】 2015 年，青海石油分公司进一步优化用工管理和绩效考核评价体系，加强三支人才队伍建设，落实职称评定工作，深入推进用工制度改革，队伍素质明显得到提高。依托陕西石油分公司职称评审委员开展职称评审工作；以小站委托管理拉开深化用工制度改革的序幕，完成 54 座加油站的委托管理工作；明确“一十百”人才培养目标，以导师带徒工作为抓手，全年举办培训 54 期，队伍整体素质进一步得到提高。

（杨文博　赵　云）

【党建工作再上新台阶】 2015 年，青海石油分公司紧密结合经营发展工作和“三严三实”工作，不断完善基层党组织建设，规范党建工作制度。开展“三严三实”专题教育，省公司领导班子率先查找自身“不严不实”问题，并在专题民主生活会上分别对自身存在的问题进行对照检查，全公司上下查找“不严不实”突出问题 19 项，由领导班子监督各处室对问题进行逐一整改，思想作风建设得到提升。同时加强班子建设和民主集中制建设，严格执行“三重一大”集体决策、民主评议等制度，认真落实“两个责任”，全年共召开党委会议 13 次，研究讨论“三重一大”事项23项，解决整改纪检监察机构设置、党委巡视、廉洁文化教育等工作中的重点问题。进一步增强抓好党风建设和反腐败工作的责任感和紧迫感，与“三商”集体签订廉洁从业承诺书，在石化集团公司党建检查中，青海石油分公司的工作得到第九检查组的肯定。召开自青海石油分公司党委成立以来的第一次党员代表大会，选举了党委会和纪律检查委员会成员。积极开展先进典型的培养和选树工作，全年共表彰青年文明号、五四红旗团委等先进集体5个，蓄集加油站获全国五一巾帼标兵岗荣誉称号。

（杨文博 赵 云）

表1 **青海石油分公司主要经营指标**

指标名称＼年份	2015	2014	2013	2012	2011	2010
成品油销售总量/万吨	80.70	79.89	68.94	65.00	52.19	35.49
零售量	52.01	50.09	45.78	42.09	32.54	17.34
销售收入/亿元	42.34	54.71	50.12	47.36	37.37	21.75
利润/亿元	0.15	-0.55	0.21	0.02	0.20	0.03
吨油费用/元	399.00	366.00	365.00	343.02	362.89	284.30
加油站总数/座	151	149	138	119	92	62

甘肃石油分公司

【概况】 中国石化销售有限公司甘肃石油分公司(简称甘肃石油分公司)成立于2010年1月，前身是中国石化销售西北甘肃分公司，主要承担中国石化在甘肃境内成品油市场的销售、管理和调运任务以及甘肃可利用资源的开发协调工作，经营范围涉及汽油、柴油、润滑油、车用天然气、燃料油以及非油品销售等业务。

截至2015年底，甘肃石油分公司本部内设综合处、企管法律处、人力资源处、财务资产处、纪检监察处、安全数质量处、零售管理中心、发展基建处、经营管理处、商客中心10个职能处室，下辖酒泉、张掖、武威、白银、定西、天水、平凉、庆阳8家地市分公司及1家合资公司。拥有在营加油站112座、在营加气站6座，小额配送车33辆，自有油库2座、在建油库1座，铁路专用线2条、其中自有线1条，资产总额22.79亿元。有员工894名，其中大专以上文化程度597人，占员工总数的66%。公司党委下设1个二级党委、10个直属党支部，在册党员177名，占员工总数的19.7%。

2015年，甘肃石油分公司以“多卖一吨油”“全员营销加油卡”等活动为抓手，以“家文化”建设、“三严三实”等活动为动力，以安全运营为重点，激发全体员工积极性，努力克服外部需求收缩、经济下行压力加大等不利因素影响，全力以赴促销量，凝心聚力求发展，运行总体平稳，稳中有进、稳中有好，较好完成了年度各项目标任务，为实现转型发展奠定基础。全年净增加油(气)站18座，其中加油站17座、加气站1座。

甘肃石油分公司主要经营指标见表1。

（高 娜）

【经营创效水平稳步提高】 2015年，甘肃石油分公司实现成品油经营总量53.32万吨，同比减少6%。分结构看：零售41.19万吨，增长8%；直分销12.13万吨，减少34%。分品种看：汽油11.9万吨，增长27%；柴油41.42万吨，减少12%。零售增幅超过区外平均水平，位居区外销售企业第二，成为2015年区外零售实现双增长的2家单位之一。销售天然气1.37万吨(1 615万立方米)，减少2%，非油品销售额3 880万元，增长60%。实现报表利润2 032万元，位居区外销售企业前列。

（高 娜）

【零售终端竞争优势逐步显现】 甘肃石油分公司完善加油站服务功能，积极开展点对点营销、油非、卡非营销、特色营销、交叉营销等活动，打好营销组合拳，提高了服务品质和客户忠诚度。紧盯市场，抓住油品换季时机，提前部署、协调，实现资源合理配置及供应，抢夺春耕秋收用油市场，取得有效增量。优化经营结构，扩大汽油销售比重，通过增加97#汽油资源投放力度和加油站数量，实现全年汽油增量2.33万吨，同比增长25.08%；其中97#汽油1.6万吨，增长63.27%，占汽油销量比重13.78%。强力拓展、组合营销，通过开展油非互动、扩大发卡网点、改善服务体验、价格优惠吸引等措施，不断拓展零售规模。全年发卡3.7万张，增幅34.9%，持卡消费比例37.08%，提高10.06个百分点，IC卡沉淀资金达到4 105.78万元，增幅11.75%，直接拉动销量增长4.1万吨。推广特色商品，加快非油品发展。以便利店业务为核心，突出抓好特色、重点商品销售，优化商品结构，通过组合营销、油非互动、天水易捷商品展销会、陇上花牛苹果汁推广等方式，有效带动非油品销售，全年实现非油品销售额3 880万元，增长60%，百万元便利店达到10家，增长100%。精准发力，争创万吨站，使万吨站成为公司提质增效的主力军，提升了公司整体创效能力。全年新创万吨站5座，累计销量5.38万吨，增幅116%。

（高　娜）

“一带一路，名品进万家”易捷商品天水地区展销会产品促销

【销售网络发展不断优化】　2015年，甘肃石油分公司梳理预备、在建项目，明确发展目标，管控好投资，注重内涵发展，将有限的投资放在择优项目上，提高投资回报。用在营站的净增数来强力支持零售，狠抓站点投营，在确保工程安全和质量的前提下，加快建设进度，为零售提量增效奠定基础。当年投营加油站17座、加气站1座，新取得土地12宗，1个企地合作项目在年内落地。切实做好加油（气）站综合提升改造工作，进一步提升企业竞争力和中国石化的品牌形象。全年完成隐患、提量、便利店改造7座，整体重建改造加油站3座。积极推进实化交通公司项目，完成十天、瓜敦等8座高速服务区加油站建设任务，除敦煌服务区外其余均实现当年竣工、当年投营，为合资公司独立运营奠定了基础。全力推进武威成品油配送中心项目，全面完成武威油库及铁路专用线建设。

（高　娜）

【安全基础管理进一步强化】　甘肃石油分公司以HSE综合能力测评为契机，进一步强化夯实HSE工作基础，强化过程考评以及HSE综合能力建设。层层落实HSE责任制，进一步分解HSE责任，突出“一把手”责任，调整健全领导干部联系点，加强了安全管理力量，加大隐患治理力度，全年投入229.8万元，整改隐患项目3个。全面推进库、站、工地安全文化建设，坚持召开月度QHSE会议，着手搭建信息化安全监控平台，丰富了QHSE管理的内涵。加大全省安全大检查的力度，深化暗查机制，严格落实隐患治理，有效保障了“两个本质安全”。深刻吸取“8·12”事故教训，对全省油库、加油（气）站开展了全面风险隐患排查，共查出问题851条，已整改706条，暂时无法整改的问题，均制定了相应防范措施。完善应急预案体系，加强应急演练，确保了全省系统安全平稳运行。践行“每一滴油都是承诺”，提高质量把关和应急处置能力，加强油品损耗管理及考核，全年零售损耗率与上年持平，控制在0.3%，一次物流运输损耗由上年度的0.135 %降低为0.114 %，全年甘肃石油分公司抽检油样494批次，石化集团公司抽检40批次，甘肃省技术监督局抽检129批次，确保了油品质量合格，未发生油品数质量责任事故。

（高　娜）

【党建工作水平进一步提高】　2015年，甘肃石油分公司坚持“围绕经营抓党建、抓好党建促发展”的指导思想，积极落实“两个责任”，推进党建工作与经营工作融合发展。以“三严三实”教育实践活动为契机，以反“四风”克服“不严不实”为抓手，开展专题调研，并针对各专题开展督导工作，通过专题活动，提升了领导干部的履职能力和规矩意识，增强了党性修养，进一步改进了工作作风。继续强化党建系统化管理，抓实基层党组织建设，激发广大党员在“多卖一吨油”等活动中发挥模范带头作用。开展形式多样的反腐倡廉教育工作，落实好“两个责任”，把纪律规矩挺在前面，狠抓“四风”，积极推进惩防体系建设，增强党员、干部、关键岗位人员的拒腐防变能力和廉洁从业意识。如期完成省公司党委、团委以及分公司基层党支部换届工作，为开创基层党组织工作新局面奠定基础。践行石化集团公司企业文化发展纲要，广泛发动、持续开展"家文化"建设，努力创建具有甘肃公司特色的企业文化，彰显了"小公司大志气，小公司大作为"的精神。在全省系统展开"家文化"建设，每个地市公司均已建成1座示范标杆站。继续加大新闻宣传工作力度，以"一报两微"为抓手，宣传了先进典型，展示了员工精神风貌，增强了企业凝聚力。

（高　娜）

乾得利加油站开展"家文化"建设

表1　甘肃石油分公司主要经营指标

指标名称 \ 年份	2015	2014	2013	2012	2011	2010
成品油销售总量/万吨	54.69	58.06	53.54	34.32	24.17	16.15
零售量	41.19	32.29	32.56	24.21	14.54	7.10
销售收入/亿元	29.80	39.53	38.52	25.25	17.36	9.90
利润/亿元	0.20	-1.77	0.20	-0.60	0.03	-0.41
吨油费用/元	545.00	446.00	430.00	492.00	457.00	513.00
加油(气)站总数/座	118（含气站6座）	102（含气站6座）	91（含气站5座）	73	47	23

宁夏石油分公司主要经营指标见表1。

（张继强）

宁夏石油分公司

【概况】　中国石化销售有限公司宁夏石油分公司（简称宁夏石油分公司）位于宁夏回族自治区银川市金凤区，其前身为石化销售公司西北宁夏分公司。2009年12月，按照石化集团公司党组关于区外销售企业体制调整安排，宁夏石油分公司正式成立。主营汽油、柴油、润滑油和其他石化产品的零售、直销配送、批发和仓储业务以及加油站便利店非油品业务。

截至2015年底，宁夏石油分公司本部设11个职能处室；下设银川、石嘴山、吴忠、固原、中卫5个分公司；控股中石化宁夏易捷石化有限公司（简称易捷公司）、中石化石嘴山市常道石化有限公司（简称常道石化）2家合资公司。在营加油加气站129座，在营油库2座（分别为自建石嘴山惠农油库、租赁宁夏兰星石油集团兰星油库），在建油库1座（银川油库）；资产总额20.22亿元，期末用工总量904人。

【全面完成年度经营目标】　2015年，宁夏石油分公司聚焦提质增效力推转型升级，全年实现销售收入38.85亿元。成品油经营总量66万吨，同比增幅40.5%，完成总部下达任务的120%。其中，零售量29.89万吨，减少1.94%；直销量33.88万吨，增幅120%；天然气2.18万吨，增幅102%。实现终端销量57.64万吨，终端比例90%，其中零售比重52%。累计发行加油卡20.55万张，沉淀资金7 471万元，持卡消费比例64%。非油品销售额1.65亿元，其中便利店销售额6 252万元，增长25.8%，完成总部下达任务的113%；易捷公司销售额1.03亿元，增幅43.1%。宁夏石油分公司费用总额2.66亿元，累计节约费用3 073.34万元，吨油费用403元，降幅29%。新增站点4个。

（张继强）

【**提量创效提升经营质量**】 2015 年，宁夏石油分公司提升经营创效能力，平均所有权库存保持在 1.4 万吨，同比降幅 44%，避免跌价损失 784 万元；汽、柴油进销价差分别提高 25% 和 39%，累计实现资源创效 1.31 亿元；累计串换资源 8.19 万吨，节约二次物流运费 610.39 万元。采用灵活手段促零售提量，实现纯枪量 28.82 万吨，增幅 9%，纯枪占零售总量比例达 96%；汽油销量 4.84 万吨，增幅 15%；天然气 1.5 万吨，增幅 39%。挖潜客户促量效齐升，实现直分销总量 33.88 万吨，增幅 120%；实现天然气直分销 0.67 万吨，位于销售系统上游水平。突出重点促非油领先，在营便利店 118 家，实现营业额 6 252.48万元，增幅 26%；实施重点商品倍增计划，销售重点商品 1 218.8 万元，增幅 127%。创新强基促易捷转型发展，易捷公司大客户和电商销售额达 2 624.68万元，占销售总额的 26%；电商业务迅速崛起，"双 11"当天实现营业额 123.5 万元。

（张继强）

【**加强加油(气)站网络建设**】 2015 年，宁夏石油分公司大力推进项目建设，完成 53 个隐患治理和 45 个油气回收项目。强力推进重点项目和新站投营，取得了银川油库专用线的批复，新投营加油站 4 座、加气站 5 座。全力补办完善证照，完成 48 个缺失土地证办理，完善房产证 47 个、规划证 21 个、经营类证照 49 个，证照完善率大幅提升，有效防控了经营风险。

（张继强）

【**从严管理筑牢管理根基**】 2015 年，宁夏石油分公司扎实推进安全数质量管理，全年无安全数质量事故发生。完成所有二次物流运输车辆视频监控系统上线运行，降低损耗 179.54 吨，降幅 83.5%，同比降低损耗率 1.98‰。全面梳理并完善制度 79 项，迎接了国家审计署和石化集团公司审计局、监察局、第四巡视组的检查巡视，先后开展监察审计项目 51 项，扎实推进问题整改，夯实管理基础。深化降本压费增效益，非油品 80% 的自采商品进价达到西北五省最低，累计节约费用 3 073.34 万元，实现吨油费用 403 元，同比降幅 29%，排名区外公司第一。优选系统内对标单位 19 家，细化分解对标项目 66 个，共收获先进经验 58 条。

（张继强）

【**加强三支人才队伍建设**】 2015 年，宁夏石油分公司成立中级专业技术职务任职资格评审委员会，有 38 人取得了初、中级职称。扎实开展职业技能鉴定工作，65 人通过考试。深化用工制度改革，对 57 座加油站进行委托管理，共 260 人参与，47 名站长实行委托经营。探索实施中层干部考核和省机关人员末位管理，规范了干部管理。深入实施"大讲堂、大培训、大调研"工程。举办"大讲堂"8 期，累计 21 人次主讲、678 人次参培；举办各类专题培训 26 次，37 人次主讲，809 人次参培。累计选派 236 人次参加系统内外各线条培训。

（张继强）

【**推动党建水平提升**】 2015 年，宁夏石油分公司加强领导班子和基层党组织建设，完成了公司党委和纪委换届，完善党支部设置和开展党支部换届，党支部从 8 个增加到 10 个，新发展党员 15 名。扎实开展"三严三实"专题教育，3 名班子成员分别带头讲授党课，组织了 4 期专题研讨，推进作风转变。加强党风廉政建设，组织开展了参观自治区廉政教育基地等活动，努力营造良好政治生态和企业管理生态。推进企业文化建设，累计刊发新闻稿件 11 篇，其中首次在《中国石化报》头版头条刊发题为《强基固本，增加效益点，打开新局面》的稿件，提升了企业的良好形象。组织开展爬山比赛、"冬送温暖、夏送清凉"等活动。

（张继强）

表 1　　宁夏石油分公司主要经营指标

指标名称＼年份	2015	2014	2013	2012	2011	2010
成品油销售总量/万吨	66.00	46.97	53.63	59.07	52.49	41.82
零售量	29.89	30.48	32.51	34.01	28.68	14.91
销售收入/亿元	38.85	38.82	39.45	44.10	38.46	25.61
利润/亿元	0.20	-1.40	-0.87	-0.24	0.17	-0.07
吨油费用/元	403.00	567.31	469.00	353.41	291.56	225.99
加油站总数/座	129	125	120	115	79	48

销售华北分公司

【概况】 中国石化销售有限公司华北分公司(简称销售华北分公司)是中国石化销售事业部的派出机构，是销售大区公司之一，为国有大Ⅰ型企业。公司本部设在天津市新技术产业园区华苑产业园区榕苑路11号。公司前身始建于1950年3月，隶属于商业部。1985年1月，成建制划归中国石化总公司。

销售华北分公司主要负责华北地区六省市(北京、天津、河北、河南、山西、山东)、东北地区三省(黑龙江、吉林、辽宁)成品油资源组织和调运，并对华北区内重要储运设施实行统一管理，主要担负资源组织、物流优化、储运管理、统一结算、市场监管职能。

销售华北分公司机关设有职能处室12个、专业中心2个，在华北区内炼化企业设有12个办事处，下设基层单位12个。石化销售公司的计量管理站、质量管理站也委托销售华北分公司托管，主要负责整个销售系统的数质量管理工作。截至2015年底，销售华北分公司共有员工1 257人，资产总额123.95亿元；在天津、石家庄、青岛、营口拥有大区储备库4座，总库容88万立方米；管理的华北成品油管网全长3 189千米，覆盖北京、天津、河北、河南、山东、山西，辐射江苏、安徽等省市，采用国际先进的SCADA系统，由天津调度控制中心集中远程控制。

销售华北分公司主要经营指标见表1。

(刘玉妹)

【生产经营平稳】 2015年，成品油消费整体低迷，华北区资源供过于求。销售华北分公司积极创新资源运作模式，充分发挥统筹平衡作用，从资源、运行两方面入手，保出厂，保省市经营。强化市场分析和预警机制建设，统筹安排出厂，全力组织柴油资源外调，缓解区内柴油库存压力；加强与产销企业沟通，协调炼厂按需生产，协助省市公司加大拓销降库力度，全年华北区资源市场供应平稳。销售华北分公司全年销售成品油3 863.48万吨，营业收入2 045.75亿元，实现利润32.03亿元；铁路罐车装载率达到94.45%，超过总部下达的优秀指标水平。

(刘玉妹)

【扎实推进“油气管道隐患整治攻坚战”活动】 2015年，销售华北分公司提出“五定五明确”的工作原则，即定标准、明确隐患等级，定目标、明确阶段任务，定人员、明确职责分工，定时间、明确保障措施，定措施、明确从严考核，全面推动“油气管道隐患整治攻坚战”活动扎实开展。建立定期通报多项机制，实现隐患排查与治理同步、隐患防范措施与治理同步、地方政府联动工作与治理同步。全年完成隐患整改555项，完成全部隐患整改项的97%，其中总部下达的2015年度输油气管道隐患攻坚战任务全部完成。

(刘玉妹)

【完成管输增量任务】 2015年，销售华北分公司认真落实总部“管输增量年”活动要求，系统分析制约华北管网增量因素，科学编排管输计划，通过增加输送品种、减少停输时间、优化运行组织和技术挖潜等措施提高管网输量：根据市场需求及炼厂柴油供应情况实施鲁皖二期石邯段资源反输，将邯郸、邢台普柴供应周期缩短了5天，增加输量26.93万吨；通过石太管线增输97#、鲁皖二期东线增加对潍坊柴油反输，实现增量19.92万吨；提前谋划炼厂检修期间管输方案，调整工艺，实现山东炼厂向洛驻管线输送汽油增加输量7.79万吨。华北管网全年累计输送成品油1 382万吨，超奋斗指标2万吨，全面完成管输增量任务。

(刘玉妹)

雪地作业

【管道安全工作取得好成绩】 销售华北分公司围绕管道巡护、案件侦破、反盗打等重点工作，制定专项考核制度，通过量化考核、实施约谈、通报巡检情况等措施，不断提升管道巡护质量。通过与各地公安机关建立定期通报制度、成立联合警务室、开展特殊时期特警巡逻、发展特情人员等措施，加强警企合作，打击盗油犯罪。2015年，华北管网发生打孔盗油案件6起，实现连续3年同比下降50%；全年破获打孔盗油案件6起，抓获犯罪嫌疑人16人。其中，2015年度6起案件侦破4起，破案率67%，震慑打击了涉油犯罪。

（刘玉姝）

【平稳推进国Ⅴ升级】 2015，华北区炼厂密集检修期与河北、山东、辽宁等沿海省市国Ⅴ升级置换时间重叠，销售华北分公司提前对检修和升级期间省市经营情况进行预测分析，平衡炼厂资源，制定运行方案，针对性地解决了检修期间的管输保供、国Ⅳ国Ⅴ汽油资源分配以及河南高标号汽油供应等问题，按期完成自有大区储备库及华北区3个省市公司油库油品升级置换工作。

（刘玉姝）

【推动华北区安全管理联动工作】 2015年，销售华北分公司强化应急处置能力建设，重新编写和整理应急预案19项，主动做好与地方政府的预案衔接和备案工作，积极推动区域应急联防工作向纵深发展。起草《中国石化华北区域销售企业安全管理工作联动方案（试行）征求意见稿》，并牵头组织华北区内6个石油公司召开华北区第一次安全管理联动工作会议，针对长输管道、输油站、油库等重点要害部位应急工作特点，共同研讨华北区域销售企业安全管理工作联动方案，组织成立华北区域销售企业安全管理联动领导小组、工作组和专家组，形成企地应急联动响应机制。

（刘玉姝）

【齐鲁—宿州成品油管道工程通过竣工验收】 齐鲁—宿州成品油管道工程全长768.8千米，途径山东、江苏、安徽3个省9个地市，于2005年底建成投产。因该管道途径地势环境复杂，各项验收工作困难重重。销售华北分公司明确责任部门和时间进度节点，推进各项验收工作的开展，先后通过了消防验收、水土保持设施验收、安全设施验收、档案验收、职业病防护设施验收备案、环保设施验收，并于2015年6月26日通过总部竣工验收。同年，鲁皖二期4条管道项目完成全部专项验收，达到竣工验收条件；石太管道完成安全竣工设施验收和档案验收。

（刘玉姝）

【成立2支专业检查组和3支数质量专家组】 2015年，销售华北分公司强化专家队伍建设，从安全、生产、技术、工程、设备等方面精选7名专业技术人员组成安全督察组，从外管道管理人员中选拔6名专业技术人员组成外管道专业检查组，分别梳理汇总近年来历次检查中发现的安全问题和外管道问题，形成对照检查表，采取“四不两直”的方式，对基层单位开展“举一反三”式的检查，推进安全管理和外管道管理水平进一步提升。牵头组建计量专家组、质量管理专家资源库和质量检验技能专家资源库，充分发挥华北区各省市公司数质量骨干力量，加强重点问题研究和技术推广应用，推进整个销售系统数质量管理水平的提升。

（刘玉姝）

【成品油管道技改技措取得新突破】 2015年，销售华北分公司精心组织、科学实施清管作业和管道内检测，完成23段累计1.48万千米管道的清管作业，实现了华北管网全线清管；完成3段累计307.46千米管线的漏磁检测、5段累计789.02千米管道几何变形检测，提高了管道本体安全，为提高管道的完整性管理打下坚实基础。同时，创新开展混油就近回炼工作，与济南炼化、石家庄炼化就混油回炼处置事宜达成协议，先后开展济南站、高庄站、晋中站、太原站混油外运回炼工作，全年完成混油回炼1 906.49吨，为管网运行解决了后顾之忧。

（刘玉姝）

【推进油库管道智能化建设】 2015年，销售华北分公司积极推进油库自动计量系统建设，在各油库自动计量系统均用于库存管理的基础上，实现了自动计量系统在青岛首站油库进、销、存作业的全面启用，进一步提高了计量数据的客观性和计量工作效率，降低了员工劳动强度。积极推进智能化管线建设，按期完成全部在营管线相关数据的入库和发布，建立站场、输油处、专业组三级校验流程，并通过现场开挖验证、卫星图片叠加、竣工档案比对、数据逻辑关系校验等措施，加强对采集数据的审核校验，年内实现智能化管线管理系统上线试运行，为进一步提升华北管网安全管理水平奠定了基础。

（刘玉姝）

【干部员工综合素质取得较大提升】 2015年，销售华北分公司扎实推进“三严三实”专题教育活动，认真查摆整改问题，干部队伍作风发生较大转变。开展全员岗位竞聘，稳步推进深化劳动用工改革工作，落实向基层一线岗位倾斜的薪酬导向，提高基层关键岗位薪酬待遇；以中层干部模块化选学和生产一线员工技能鉴定为抓手，组织开展各层级、各类别培训99期2 282人次，公司技能操作人员取证率从年初的69%提升到96%，取得历史性突破，干部员工综合素质和基层员工技能水平取得较大提升。

（刘玉妹）

【柴油车尾气处理液浙江基地、湖北基地投产】 2015年，悦泰海龙牌柴油车尾气处理液浙江基地、湖北基地相继投产，年产能达到20万吨，有效解决了产销矛盾，降低了生产成本。全年累计销售柴油车尾气处理液6.4万吨。

（刘玉妹）

【基层“家文化”建设取得较好成效】 2015年，销售华北分公司结合大区公司特点，加大推进基层“家文化”建设。制定“家文化”考核细则，细化各部门工作职责，明确目标进度，强化考核，有序推进建“家”工作。先后组织2次基层“家文化”建设现场推动会，展示“家文化”示范站建设的特色和亮点，交流建“家”经验，利用《华北石油》等多种渠道展示“家文化”示范场站工作成果，营造“家文化”创建氛围。年内，各基层单位均完成“家文化”建设达标任务。

（刘玉妹）

表1 销售华北分公司主要经营指标

指标名称 \ 年份	2015	2014	2013	2012	2011	2010
成品油销售总量/万吨	3 863.00	4 189.00	4 172.04	4 485.00	4 208.00	3 934.00
销售收入/亿元	2 046.00	2 888.00	2 958.38	3 252.00	2 931.00	2 342.58
利润/亿元	32.00	30.00	27.86	39.71	58.30	33.89

销售华东分公司

【概况】 中国石化销售有限公司华东分公司(简称销售华东分公司)，系国有大Ⅰ型企业，办公地址为上海市长宁区愚园路819号，内部资本金7.28亿元。其前身为中国石油运销公司，始建于1949年8月。1950年10月，改称中国石油公司华东区公司。1953年4月，改组为中国石油公司上海批发站，为商业部直属企业。1985年1月，划归中国石油化工总公司。1988年2月，更名为中国石化销售公司华东公司。2002年10月，更名为中国石化销售有限公司华东分公司。销售华东分公司主要履行对江苏、浙江、福建和上海三省一市成品油资源实施“资源组织、物流优化、储运管理、统一结算和市场监管等职能。

截至2015年底，销售华东分公司本部机关设办公室、财务资产处、经营管理处、管道油库处、安全数质量处、发展规划处、信息处、人力资源处、审计监察处9个职能处室和1个成品油调控中心、1个抢维修中心，下设陈山油库、嘉兴输油处、南京输油处、扬州输油处4个二级单位。公司在华东区7家炼化企业设有办事处。共有在职职工515人，其中有高级职称者33人、中级职称者83人。销售华东分公司在营油库3座：陈山油库，位于浙江乍浦，主要承担华东区成品油储备和上岸油品的收储以及浙苏成品油管线首站等职能，总库容43.5万立方米；栖霞油库位于江苏南京，主要承担苏南地区成品油储备和苏南管线首站等职能，首站库库容10万立方米；玉带油库为苏北管道配套油库，库容16万立方米。华东区在营长输管线共7条，全长2 047千米，其中在建长输管线5条，全长815千米。在营直管成品油管道3条，为浙苏管线、苏南管线和苏北管线，总长1 220千米。

销售华东分公司主要经营指标见表1。

（王文东）

【各项经营指标完成良好】 2015年，销售华东分公司共完成石化炼厂资源收购3 897.55万吨、完成率100%，石化省市供应完成3 282.72万吨、完成率100%，实现了配置计划完成2个100%的工作目标。供省市管输完成2 151.79万吨，同比提高264.63万吨。其中，6条长输管线输送量1 740.16万吨，完成石化销售公司奋斗目标。物流实际完成3 229.38万吨，物流完成运费16.62亿元，吨油费用为51.47元，较石化销售公司考核指标减少2.97元。华东区内平均铁路装载率为94.16%，达到石化销售公司下达的94%的优秀指标。定额费用、应收款及其他各项费用指标均控制在总部下达的计划内。通过与生产企业、航煤用户积极沟通协商，每月计划兑现率均保持较高水平，全年航煤完成546.66万吨，增长11.34%。全年外部应收账款BW比例为87.61%，比上年同期降低1.61个百分点。

（王文东）

【全面落实安全环保管理】 2015年，销售华东分公司严格落实"一岗双责，党政同责"的要求，对12个部门、98个岗位的QHSE责任制进行全面的修改完善，做到有岗必有责，对25项安全管理类制度组织制定和完善，对应急预案、作业指导书进行了修订。全年共确定公司级重大风险9项，对管道、站场的风险等级进行划分，确定二类风险区27处、三类风险区71处。组织开展"我为安全做诊断"活动，共收到诊断建议3 858条，经评审采纳854条。全年共开展各级应急预案演练318次，参演3 055人次。认真落实隐患整改有关部署，全面开展长输管道及罐区隐患整改攻坚战。全年共查出隐患、问题314项；石化集团公司大检查查出问题295项、安全巡视查出问题34项。全年完成整改631项，确保隐患项目按期保质整改。对浙苏管道、苏南管道进行了全面排查，共排查、上报管道隐患115项，完成114项一般隐患、1项重大隐患的整治工作，整治率达到100%。

（王文东）

【自营管道连通成网】 2015年，销售华东分公司苏北管道先东线后北线，全面投油成功，自此，浙苏管道、苏南管道、苏北管道3条自营管道与区内金山石化、金陵石化、扬子石化3家炼化企业相互连通成网，公司在营成品油管道总里程提升至1 200余千米。

（王文东）

【外管道网格化管理凸显成效】 2015年，销售华东分公司外管道管理已经连续8年保持零打孔盗油、零新增占压、零第三方施工破坏的"三零"目标。对外管道全面推行网格化管理，各输油处因地制宜，积极推广落实，阶段性成果显著。嘉兴输油处采取按行政区逐个实施的方式推进。南京输油处将管理分为内网、外网，内网以基础管理为着力点，分巡线管段建立小网格；外网以建设各级政府、行业企业联防共建为抓手，借助政府力量保证网格化管理机制化。扬州输油处横向以村镇为主，纵向以水电气、公路交通为主，积极推进网格化管理，并建立了针对地方行业协会的信息共享机制。

（王文东）

【智能化项目稳步推进】 2015年，销售华东分公司先后成立智能化管线项目领导小组、工作小组与项目部。通过系统设计、管线测绘和系统集成，统筹安排有关工作，稳步推进智能化管线建设。已完成系统设计与全线管道档案资料数字化工作，顺利实现石化集团公司和华东本地系统"双上线"目标。7月，销售华东分公司在智能调度系统中正式启用外采管理模块，实现了对华东区省市公司外采计划、完成、价格的动态监控。

（王文东）

【设备管理水平再上台阶】 2015年，销售华东分公司完善了设备管理制度体系。对18类设备明确日常管理过程中维护保养范围与要求，确定量化标准，形成设备保养标准。对31个设备抢维修流程进行了系统性梳理、规范，重点明确作业准备、具体工作程序、作业风险及预防等具体内容，对设备的抢维修工作形成了指导性意见。建立了检维修案例共享机制，每月编制共享优秀典型检维修案例，全年共计收集检维修案例15个。

（王文东）

【深入开展资源优化工作】 2015年，销售华东分公司提出"贴近市场、追求效益、运作物流、服务产销"思路，认真编制资源优化工作实施方案。强化储备、运行、代储库存的灵活应用，做到提前执行汽油和调节柴油库存，为省市经营创效提供有力支撑。推动生产资源的统筹优化，实现了上海石化、高桥石化间国Ⅴ油品的合理配置，增加了镇海炼化汽油产量，减少了扬子石化水路发运沿江国Ⅴ汽油。通过优化，全年共节省费用支出3 840万元。

（王文东）

【全面开展验舱铅封】 2015年，销售华东分公司进一步加强承运商资质审查，强化现场安全监管，全面开展验舱铅封工作，实现水路运输现场管理全覆盖，定期组织对承运商及船舶综合考评，做到船舶月度考评通报，承运商季度考评通报。

（王文东）

【完成油品质量升级工作】 2015年10月，华东区省市启动国Ⅴ汽、柴油置换升级，销售华东分公司及时编制升级置换方案，及时完成苏南、苏北和浙苏管线的油品升级。

（王文东）

【开展储运优化活动】 2015年，销售华东分公司深入开展储运优化主题活动，进一步完善物流运行条件。通盘考虑生产企业、省市公司以及成品油管网的实际情况，有效推动了17项储运设施优化项目的实施。对镇海算山储备库的罐容规划提出建设，积极参与储备库的规划。协调高桥石化提升码头能力，将闲置普柴码头发运管线置换为国Ⅴ柴油，提高了高桥石化的出厂效率。调整出口备油周期，有效缓解出口汽油对国内资源供应造成的节奏性矛盾。

（王文东）

【强化依法依规治企】 2015年，销售华东分公司进一步强化依法合规经营管理。通过宣传手册、《华东石销》报、“两微”以及管道沿线宣传等，加大国家相关法律法规的宣传力度，提高依法治企的自觉性。进一步规范合同全流程闭环规范管理，全年共运行合同273份，累计金额1.66亿元。

（王文东）

【加强数质量管理】 2015年，销售华东分公司针对管输增量主题活动，提出统筹一二次物流、扩大管道辐射范围、扩大跨省配送、加大管道下载库水路移库力度、开展工艺创新等18项增量措施，长输管输数量明显提升，全年共节省运杂费用9 600余万元。

认真开展质量管理体系内审和油品质量监管工作，强化油品出入库化验，确保出入库油品质量合格，全年油品质量管理平稳运行，未发生质量事件，切实落实了油品质量承诺。积极开展区内油品计量跟踪调研，探索计量科学新工艺等措施，保证了各项损耗控制在指标范围内，其中成品油入库损耗为0.40‰、保管盈余0.20‰、管输盈余0.04‰、水路运输综合损耗1.86‰，全口径损耗136吨，与省市下载罐表差0.6‰，各项损耗指标控制水平在销售企业名列前茅。

（王文东）

【“三基”工作扎实推进】 2015年，销售华东分公司进一步丰富“三基”管理内涵，全面推进“三基”工作。重点细化落实岗位责任制、作业现场管理、员工技能与应急管理。全面开展“三位一体”融合工作，全年开展职责、流程、制度“三位一体”融合工作共143项。全年共检查制度39项，下达问题整改要求，完善了制度长效管理机制。组织开展从严管理“回头看”和管理诊断，全年发现各类问题93项，均逐一整改。持续开展改善经营管理建议活动，全年共收到建议290条，受理281条，其中一线员工提报建议占80.07％。

（王文东）

【深入开展党建工作】 2015年，销售华东分公司共组织了7次“三严三实”专题学习研讨，各级干部联系个人思想、工作、作风实际，深刻查摆自身、分管领域存在的“不严不实”问题，做到了见人见事见思想。对于发现的问题坚持立行立改，即知即改，营造了公司从严从实、风清气正的管理生态和企业氛围。各级党组织严格落实党风廉政建设“两个责任”，增强履行“第一责任”的担当意识，全方位参与公司“三重一大”事项、干部竞争选拔、招标投标等过程。同时切实落实党风廉政建设监督责任，对工程、物资采购项目招投标等重点领域和环节进行监督检查。做到有责必问，有问必严，发挥效能监察作用，全年开展工程结算审计65项，送审金额8 574.73万，审减率达10.24％。认真执行中央“八项规定”，修订完善了企业负责人和相关人员履职待遇实施细则和车辆管理、会议管理、差旅费管理等办法。党政主要领导严格依据标准，及时完成办公用房的改造。全年业务招待费共计支出90.18万元，同比下降29.0％；会议费33.03万元，下降71.6％，其他费用也较上年同期大幅下降。

（王文东）

【三支人才队伍建设得到新进展】 2015年，销售华东分公司修订了经营管理、专业技术以及技能操作职位管理选聘办法。持续开展专业技术职务任职资格评审工作，全年4人获得高级任职资格，6人取得高级工技能等级。共举办了49期培训班，培训人数达1 337人次；全年远程培训学习人数375人，人均学习时长近34小时。同时稳步开展用工制度改革，制定公司深化用工改革实施方案，完成了劳务工转合同制员工的专项考核和相关准备工作。

（王文东）

【全覆盖开展“家文化”建设】 2015年，销售华东分公司积极开展“家文化”建设。12月初，组织召开了现场推进会，各基层单位交流了在“家文化”建设过程中积累的经验做法，全年有6个“家文化”建设案例被石化销售公司列为典型案例。各级党群团组织强化思想引领、促进深度融合，通过开展摄影比赛、快乐健身、"道德讲堂"等各类型的活动，弘扬正能量，提升凝聚力，进一步营造了团结奋进、锐意进取的良好企业氛围。

销售华东分公司获上海市第 17 届文明单位称号，实现五连冠，并首次被评为全国文明单位。

（王文东）

表 1　　**销售华东分公司主要经营指标**

指标名称 \ 年份	2015	2014	2013	2012	2011	2010
成品油资源收购量/万吨	3 897.55	3 670.57	3 857.88	3 448.39	3 500.49	3 400.29
省市供应量/万吨	3 282.72	2 971.34	3 134.34	2 705.11	2 829.21	2 737.40
管输量/万吨(全口径)	2 151.79	1 887.16	1 776.40	1 488.43	1 398.73	1 139.54
销售收入/亿元	2 109.89	2 583.55	2 756.51	2 560.57	2 506.76	2 034.18
利润/亿元	37.04	45.62	41.96	46.05	60.17	12.90
油库/座	3	3	2	2	1	1
管道/条	3	3	2	2	2	2

销售华中分公司

【概况】 中国石化销售有限公司华中分公司(简称销售华中分公司)本部位于湖北省武汉市。前身成立于 1949 年，时称华中石油公司，1985 年 1 月 1 日，划归中国石油化工总公司，改名为中国石化销售公司中南公司；1998 年，更名为中国石化销售中南公司；1999 年 4 月，与湖北省石油公司实行资产重组；2006 年 10 月，进行区域调整并更为现名。

销售华中分公司是石化集团公司的派出机构和区域物流中心，主要担负产销衔接、资源平衡、运输协调、物流优化、沟通协调的职能，同时负责辖区内荆门石化、武汉石化、巴陵石化、安庆石化、九江石化和长岭炼化的成品油收购，负责湖北、湖南、安徽、江西、四川、重庆的成品油供应，负责对华中、华东、华南、华北等地区的成品油跨区调拨，担负对部队、铁路、民航、交通、渔业等专项用户的成品油供应工作。

截至 2015 年底，销售华中分公司有 5 条成品油管道、4 座油库；设 10 个机关处室、1 个区域调控中心、1 个区域抢维修中心、4 个输油管理处、1 个管道项目部、5 个驻厂办事处；共有员工 1 054 人，其中合同制员工 942 人、劳务派遣工 112 人；党委下设党总支 4 个、机关党支部 10 个、基层支部 22 个，党员人数 360 人，其中在岗党员 327 名。

销售华中分公司主要经营指标见表 1。

（龚慧敏）

【强化安全管理】 2015 年，销售华中分公司紧紧围绕 HSE 目标，通过加强生产运行各环节的过程管理，严考核、硬兑现，确保了企业生产平稳运行。全年共评选安全卫士 112 人次，奖励红旗班组、输油站、抢维修队、驻厂办事处、库站、输油处共 32 个，奖励总额 13.22 万元；安全处罚一次性追责 107 人次，扣罚绩效奖金约 2.2 万元。认真抓好制度体系建设，实现了制度和岗位职责的全覆盖；组织开展各级 HSE 人员岗位培训 1 045 人次，发动全员积极参与"我为安全做诊断"活动，收到 1 058 份诊断建议；扎实做好 HSE 及设备检查工作，其中公司级的安全检查共发现问题 647 个，已完成整改 561 个。配备安全总监，成立安全环保督察队，实现了安全督察工作"四不两直"的常态化。全年通过开展全覆盖、常态化的安全督察，共发现问题 841 项，已完成整改 579 项。制定《管道及油库隐患整治攻坚战推进方案》，成立隐患整治攻坚战推进工作领导小组，组织精干力量，徒步排查管道 2 500千米、油库 4 座、输油站 21 座，发现隐患 310 项，共上报隐患 197 项。上报备案隐患治理项目中除涉及改线项目 19 项外，其余已全部完成整治，累计支出 5 479.1 万元。积极推进华中区域安全管理联动工作，成立华中区域安全管理联动工作组和联合专家组；成功处置"4·4"和"9·10"2 起管道泄漏事件，第一时间启动外管道油品泄漏应急预案，泄漏油品得到有效控制，受损管线及时修复并恢复运行，未发生任何负面舆情。

（龚慧敏）

【发挥区位优势统筹资源】 2015年，销售华中分公司针对不断变化的物流运行现状，按照"资源就近辐射、优先管道运输"和"资源滚动平衡、统筹优化"的经营思路，主动跟踪和调研区内资源市场需求，协调生产企业，充分运用各种运输方式，突破瓶颈限制，发挥蓄水池作用，华中片区生产企业和省市经营量均有较大幅度增长。全年收购2 326.8万吨，同比增加179.69万吨，片区生产企业成品油增量占石化生产企业增量的55%。同时，实现了湘、鄂、赣三省7月1日国Ⅳ柴油升级。

（龚慧敏）

【优化管输拓展节费渠道】 2015年，销售华中分公司树立统筹优化理念，通过品种调整，库存运作，一、二次物流优化，资源串换和装载率提升等专项工作，实现了物流成本与运行优化的双赢，运杂费同比较大幅度下降；齐心协力共同增加管输量，全年管道注入完成1 099万吨，增幅12%，完成年度管输任务的104%。吨油费用控制在86元，下降2.74元，在大区中表现较为突出，得到总部的肯定，全年共获5面红旗，其中获得销售企业年度一次物流进步红旗1面。

（龚慧敏）

【提升数质量管控水平】 2015年，销售华中分公司根据石化销售公司考核指标，制定了输油处、驻厂办事处数质量红旗考评细则及损耗考核指标，严格考核；在水运管理上，加强对承运商管理要求，保量运输损耗率由之前的汽油2.0‰、柴油1.9‰均降至1.6‰，水路运输综合损耗率下降了0.12个千分点，扣除超耗赔付后，实际损耗率下降0.10个千分点。积极推行新的成品油计量交接规范，和5家炼厂多次谈判，率先在大区公司实现了质量流量计空气浮力修正，签订新《成品油出厂交接计量协议》，实现交接计量管理的规范化、标准化。通过与炼厂共同对质量流量计进行校验，加强库区工艺、设备巡检以及出库三核对等工作，损耗管理得到了加强，一次运输损耗率、自有管线进货及保管损耗率均控制在石化销售公司考核范围内。油品质量得到有效管控，出入库油品质量合格率和石化集团公司油品抽检样合格率均为100%。

（龚慧敏）

【全力推进项目建设】 2015年，销售华中分公司实施投资项目23个，完成投资8.3亿元，创历史新高；首次实现物资采购的集中化管理，全年共完成集中采购金额1 209万元，零购计划完成率99.6%。完成片区储运设施"十三五"发展规划的编制；先后获得九江滑坡处改线、金鸡坡油库油气回收改造、荆门—襄阳管道可研、管道巡线用车更新、九昌樟管道樟树末站进站阀组改造、应急物资配备等6项批文。江西二期南线和东线完成充水扫线及水联运工作；安徽成品油管道二期在保障整体建设稳步推进的同时，针对线路多处断点加大协调力度，有效推进线路工程施工进展，主体工程进入收尾阶段。九樟管道九江庐山区改线工程、九江滑坡段定向钻工程和金鸡坡油库油气回收设施改造工程均提前投用；武广管道、长岭首站、荆荆管道庙湖段改线、武汉储备库油气回收、汨罗站新增电源及综合楼加层等工程均完成竣工验收；长沙高新区改线工程、156支线等工程完成了环境保护、水土保持验收，正在进行安全设施验收。

（龚慧敏）

【改革创新初见成效】 2015年，销售华中分公司新班子做出"坚决推进深化改革"的决定，成立了"深化改革"工作专班，制定了"两点四面"的改革方向（"两点"即理顺体制和完善机制，"四面"即强化安全生产责任、做实服务基层、完善绩效机制和三支人才队伍建设4个方面），制定了10项解决措施，并分解为55项具体工作，年内各项工作已基本落实完成。明确工作任务责任主体，加大治庸、治懒、治散、治软力度，调整了绩效考核思路，用3张"责任状"将安全、廉洁及年度工作目标紧密结合，编印《2015年度总部相关文件汇编》和《2015年度公司重点工作指引》。运行结果证明，深化改革的效果逐渐显现，员工的主动性和积极性进一步提高，运行效率进一步提升，企业活力进一步释放。

（龚慧敏）

【风险防范切实增强】 2015年，销售华中分公司积极探索完善，深入推进全面风险管理体系建设，启动风险动态管理机制，落实和设定390个IT控制点，增强了全员的风险控制意识；充分发挥审计监督主体作用，扎实做好工程结算审计和专项审计工作。全年共开展工程结算审计项目55个、送审金额1 653.95万元。审减额345.95万元，审减率11.77%，节约了投资成本，发挥了审计的增值功能。开展"碧水蓝天"环保专项行动跟踪审计、"八项规定"执行情况自查、与原改制分流单位业务往来情况及工会经费专项审计等，规范了经营管理行为。

（龚慧敏）

【管理创效不断提升】 2015年，销售华中分公司严格执行总部各项降费要求，深入开展内部挖潜。完善指标体系，全员成本指标体系由 6 类 52 项指标增加到 73 项指标，在“对标、追标、创标”过程中，从严、从高确定了标准；明确责任主体，全面分配降费任务。坚决贯彻中央“八项规定”要求，严控公务费用支出，实现定额费用降费 4 948 万元；加强资金管理，全年共计支付油品采购资金和工程建设资金 1 019.1 亿元，确保了资金链的健康运转。由于资金的高效使用，剔除利息资本化冲减财务费用影响，财务费用实际支出 3 575 万元，节约 445 万元。

（龚慧敏）

【队伍素质得到增强】 2015 年，销售华中分公司着力加强三支人才队伍建设，经营管理序列人员增至 278 名，专业技术序列人员增至 43 名，技能操作序列人员增至 647 名，人才队伍建设初见成效。主动出击、广纳贤才，在系统内公开引进人才 13 名；选贤任能、优化结构，共调整干部 101 人，其中通过挂职锻炼、轮岗交流等方式，交流主办以上干部 51 人次；持续强化教育培训工作，分 2 批在石化干部管理学院完成了对 38 名中层干部的轮训，多渠道扎实推进一线员工岗位练兵活动。全年远程教育培训系统学习总人次达到 16 554 人次，学习总时长达到 1.5 万小时。

（龚慧敏）

【科技创新稳步推进】 2015 年，销售华中分公司加大科技创新力度，2 次组织召开科技管理会议，制定科技工作管理办法，确定长郴管道计划编制软件开发、SCADA 信息整合系统开发、湖南管道一期流量计计量系统改造等 15 项立项项目，申报石化集团公司科技项目 5 项，获得国家实用新型专利 1 件、发明专利 1 件，发表科技论文 29 篇。在智能化管线系统建设中，完成了近 4 年来管道、油库建设工程档案的整理及电子化工作，完成了 4 库 2 站的三维建模，形成 4 个省地下复杂交叉管线及外线视频监控勘察报告共计 5 万余字，完成大庄库站、孝感站场视频监控试点建设，实现了 GPS 智能巡线系统一期顺利上线。

（龚慧敏）

【发挥党建引领作用】 2015 年，销售华中分公司加强班子自身建设，坚持中心组学习制度，全年共安排 20 次集中学习；将“三严三实”专题教育与日常工作、企业发展有机融合，12 个支部书记带头讲学，并利用内刊、手机报、宣传栏和电子显示屏等载体，引导党员干部自觉践行“三严三实”，不断提高党内“三会一课”、专题组织生活会和民主评议、党员发展、党员教育管理等基础性工作质量，促进了党支部提档升级。不断完善和深化惩防体系，全面推行党风廉政风险防控机制，开展以作风建设为主题的集中教育学习 10 场次，进一步强化党员干部的责任担当意识。加大执纪问责力度，全年认真核实举报线索 2 起，通报了湖南输油处资产处置、湖北输油处化验室改造工程等 2 起违规事件，严肃处理了一批违纪违规干部职工，对 1 名职工给予了留用察看处分，对 2 名中层干部给予警告处分，对 8 名干部职工给予通报批评，并予以相应的经济处罚，形成了强大的震慑力，职工的纪律观念和规矩意识得到进一步强化。

（龚慧敏）

【有效开展宣传文化工作】 2015 年，销售华中分公司创办了手机报，倡导一句话新闻，以简洁的文字和图片，反映各项工作和主题活动的开展，共编辑手机报 36 期，发布各类信息 400 余条。抓实外宣工作，在石化集团公司及地方媒体平台刊登稿件 40 余篇，向外界展示了和谐、奋进、实干的企业形象。丰富宣传载体，打造新媒体平台，突出参与感，强调互动性，公司团委微信公众号建立仅 1 个月便获得了近千人关注。积极推进“家文化”建设，先后在各输油管理处开展“家文化”建设示范点的建设工作，落实建设资金，一线员工自己设计、自己动手建设温馨之家，全年实现建家达标率 60% 的目标，“家文化”建设取得了初步成效。

（龚慧敏）

【不断提升群团工作】 2015 年，销售华中分公司完善群团组织建设，及时开展工会换届选举、工会小组改选、工会分会新建等工作，新建、改选调整部分团组织，设立专职团委书记，增强了群团组织的覆盖面，规范了群团工作开展。丰富群团活动，工会成立 8 个文体协会，搭建职工 8 小时以外沟通交流协作的平台，团委结合青年成长需求，组织五四青年座谈会、兄弟单位联谊、演讲比赛等多次主题活动。体现人文关怀，主动提供帮助，落实“四必谈”“五必访”制度，做好一人一事的思想政治工作，及时为职工排忧解难，看望困难职工 41 人次，发放帮扶救助金 6 万元。

（龚慧敏）

【自觉履行社会责任】 2015 年，销售华中分公司积极响应湖北省委、省政府的号召，开展“城乡互联，结对共建”活动，持续帮扶保康县店垭镇 3 个共建村共建项目；开展“三万”对口帮扶活动，为红安县高桥镇 4 个村共建项目投入资金 24 万元，积极参与湖北省委开展“精准扶贫”和“扶贫日”活动，在全公司范围倡议个人捐款4.8万元。按照湖北省委省政府的要求，选拔年富力强的党员干部组成扶贫工作队，进驻红安七里坪镇张石河村开展精准扶贫工作。

（龚慧敏）

表1 销售华中分公司主要经营指标

指标名称 \ 年份	2015	2014	2013	2012	2011	2010
资产总额/亿元	100.62	91.23	80.54	78.21	41.82	34.40
成品油销售量/万吨	2 331.40	2 147.00	2 083.60	1 843.04	1 741.17	1 587.89
销售收入/亿元	1 245.01	1 519.00	1 490.00	1 502.00	1 232.64	993.00
利润/亿元	14.65	19.00	21.00	30.00	32.11	56.05
税金/亿元	7.28	10.17	11.67	15.92	19.44	25.90
吨油费用/元	86.00	88.74	89.99	78.90	80.96	81.32

销售华南分公司

【概况】 中国石化销售有限公司华南分公司(简称销售华南分公司)本部位于广东省广州市天河区体育西路191号中石化大厦，其前身是成立于2000年6月18日的中国石化销售有限公司西南分公司。2006年11月24日，注册成立销售华南分公司，从2007年1月1日起正式运作，系国有大Ⅰ型企业。

销售华南分公司是石化销售公司下属的4个大区公司之一，是中国石化在华南地区跨省际、城际间的成品油区域物流中心，主要负责华南区域广州石化、茂名石化、湛江东兴公司、海南炼化和北海炼化5家炼化生产企业的成品油出厂和运输组织，以及广东、广西、贵州、云南、海南5个省区成品油资源供应，同时发挥地域优势，做好华中、川渝地区的资源补充；统一负责华南成品油管网(已建成运行的管道全长4 478千米)的运营管理和规划建设。

销售华南分公司实行“机关—输油管理处—输油站”三级管理模式，在机关设9个职能处室和3个直属中心；在管道沿线设8个输油管理处和58个输油站；另根据管道建设需要，相应设立工程项目部；在5家炼厂设驻厂办事处，负责与炼厂的业务衔接。截至2015年底，有员工1 459人。

销售华南分公司主要经营指标见表1。

（闫 磊）

【超额完成管输任务】 2015年，销售华南分公司坚持以管道输送为主的理念，想方设法优化管输品种，千方百计做大管输量，形成了以管输为主，铁路、水运为辅的物流模式。组织实施清管工作，完成湛江—茂名等35段累计3 340千米管道的清管任务。优化管输计划编制模式，精心组织输油生产，确保茂名首站外输量最大化和云贵铁路发运量最小化。坚持实时调整局部计划，滚动平衡资源和各点下载量，减少管输能力的浪费。全年完成管输量1 756万吨，超出总部下达指标106万吨，同比增长4.8%；创造管道综合效益10.52亿元。

（闫 磊）

【完成市场保供任务】 2015年，销售华南分公司积极应对区域炼厂检修，多次组织召开华南市场保供协调会，研究制定保供方案，有效弥补了217万吨的直供油品缺口，完成了广州石化、海南炼化、茂名石化3家炼厂停产检修期间的市场保供任务。优化物流运行，充分发挥管输主渠道作用，管输下载量占区内省市配置资源接近60%；吨油费用54.94元，比总部考核指标节约6.27元，在销售大区公司中排名第一；铁路罐车装载率达到94.42%，超总部优秀指标0.42个百分点，在销售大区公司中排名第二；全年油品配置计划完成率100%，完成油品销售量2 913万吨。

（闫 磊）

【连续5年被石化集团公司评为安全生产先进单位】 2015年，销售华南分公司坚持强化“四种意识”，坚决把中央和党组重要批示指示讲话精神贯彻落实到位；坚持“六个到位”，切实落实安全生产责任制；坚持“预防为主”，着力夯实本质安全基础；坚持“科技强安”，大力提升企业本质安全水平，修订下发《公司 HSE 责任制》《HSE 事故事件管理办法》，组建专职安全督察大队，配齐两级专职安全总监、管理处安全环保科和输油站专职 HSE 管理员，推行管道完整性管理，扎实推进隐患治理，持续强化“四不两直”检查等一系列扎实有效的措施，有力确保了安全生产形势总体平稳，全年未发生上报石化集团公司等级事故，连续 5 年被石化集团公司评为安全生产先进单位。

（闫　磊）

【强力推进管道完整性管理】 2015 年，销售华南分公司强力推进管道完整性管理，组建管道完整性管理中心，组织编制管道完整性管理体系文件，9 月，发布管道完整性管理企业标准，为管道完整性管理提供了制度依据；完成高后果区识别程序开发和应用，建立基于集成权重的风险评价体系，开发管道完整性评价等原型软件，为管道完整性管理提供了技术支撑。

（闫　磊）

【全力建设智能化管线项目】 2015 年，销售华南分公司作为中国石化智能化管线系统试点建设单位，全力推进智能化管线建设，抽调专人成立项目部，收集整理各类数据 144 万个，搭建企业云服务器平台，集成 GPS 巡检、视频监控、SCADA、廉洁风险防控地图等 6 个系统，实施总部统一推广的数字化、管道完整性、生产运行、隐患治理、应急响应和综合管理等 6 大功能 25 个模块，12 月建成了数据全面、真实可视、安全运行的智能化管线管理系统。

（闫　磊）

【顺利完成华南成品油管网泄漏应急演练】 2015 年 11 月 12 日，华南成品油管网油品泄漏应急演练在广西柳州洛维园艺场的柳江河岸顺利举行。演练模拟了成品油管道受到第三方施工破坏，管道破损发生泄漏；展示了对管道泄漏点破损处的修复和应急处置能力；在管道发生泄漏事故后防污染扩散，以及地面、水体油品回收的应急处置能力；在管道油品泄漏时，警企联防，对周边群众进行紧急疏散的能力。演练得到各级领导的高度重视和有关部门的全力配合，柳州市鱼峰区政府、公安、消防、海事、环保和 120 急救中心等部门全力配合，广西、广东、云南、贵州、海南等省（区）石油分公司领导到现场观摩、学习。

（闫　磊）

华南成品油管网油品泄漏应急演练现场

【积极应对超强台风“彩虹”】 2015 年 10 月 4 日，超强台风“彩虹”在广东省湛江坡头区沿海登陆，是 1949 年以来 10 月登陆广东最强的台风，给华南地区的油品调运造成严重影响。销售华南分公司迅速启动应急预案，加强与广东石油沟通协调，动态掌握汽油库存情况，台风过后 10 月 5 日就从海南炼化装出 92#汽油 7 000 吨优先供应广东；统筹西南和广东的汽油供应，10 月 6 日水东港开港后及时调运船舶从水东港装 92#汽油 7 000 吨、95#汽油 5 000 吨，同时增加给茂名公馆油库的地附供应量；协调湛江东兴公司利用自备发电给广东地区转发汽油；连夜从南宁输油管理处调大功率发电机组到湛江支援，6 日组装调试后进行自主发电，将三岭山油品输往茂名首站，同时也为广东三岭山油库公路发油提供动力；及时将台风灾情向总部业务处、运行处汇报，总部协调华东、华北大区公司加快广东油品调运。由于应对得当，措施得力，有力保障了华南省市成品油供应平稳。

（闫　磊）

【精心组织开展管输增量年活动】 2015 年，销售华南分公司认真分析管输增量制约因素，研究制定应对措施，提出管道瓶颈改造建议，协调各部门积极推动瓶颈改造工程进度；全面优化物流运行，统筹管输与水运、铁路的联动平衡，强化管输油源组织衔接；建立物流节费共享机制，协调省市公司扩大管输辐射范围，节约运费 1.4 亿元；优化管输批次批量，西南管道顺序输送由每 2 月 5 批次改为每月 3 批次，有效提高首站和下载点的罐容周转效率，克服柴油消费不足对管输增量的不利影响，全年增加汽油下载 24 万吨，节约一、二次物流费用 3 500

万元。

（闫　磊）

【深入开展“一企一案”活动】 2015年，销售华南分公司针对区内生产企业、销售企业的业务实际，组织开展2轮“一企一案”服务对接活动。由分管经营工作的副总经理带队，先后两轮走访区内5家生产企业和5家销售企业，就服务经营、物流运行、管输增量、管道及油库规划、数质量交接等方面与各企业逐一对接，解决生产运行问题53项、落实物流优化措施33条、达成设施规划共识10点，服务工作得到区内产销企业的充分肯定，有效提升协同创效水平。

（闫　磊）

【党员先锋模范作用充分发挥】 2015年，销售华南分公司紧紧围绕促进企业中心工作这个主题，深入开展特色党建活动，尤其是组织开展了“设备管理党员责任区”创建(比学赶帮超)活动，建立党员责任区222个，通过认岗、亮岗、创岗、评岗等措施，使设备管理水平不断提升，全年设备事件同比下降75%，总体设备完好率达99.79%，密封点泄漏率降至0.02‰，充分发挥了党员在生产经营管理工作中的模范带头作用。

（闫　磊）

【干部人才队伍建设得到加强】 2015年，销售华南分公司加大竞争性选拔干部力度，通过组织选拔和公开竞聘等形式，全年共提拔中层正职和中层副职各9人、处长助理7人、安全总监4人、专家和主任师各1人。中层干部中“70后”达36%，同比提高8个百分点；基层领导中“80后”达48%，同比提高9个百分点，干部队伍整体年龄结构、学历结构、专业结构得到优化。推进教育培训和技能鉴定工作，首次举办中青年骨干培训班，取得良好成效，全年共组织内部培训班34期，培训1 009人次，并选派173人次参加外部培训班；共组织7期技能鉴定和2期技能验证，274人取得职业技能鉴定证书，14人通过技能验证。

（闫　磊）

【党群工作提升企业“内功”】 2015年，销售华南分公司牢牢把握全面从严治党这条主线，紧紧围绕本质安全等企业中心工作，狠抓“三严三实”专项教育、班子建设、队伍建设、廉政建设等重点工作。实施“真困难，真帮助”，对困难职工、长病、住院和离退休人员进行慰问，共计发放困难补助及慰问38人次，慰问金13.27万元。坚持党建带工建带团建，选树百名“华南管道卫士”，启动第二届“感动华南好青工”推选，公司团委获石化集团公司五四先进红旗团委称号；抢维修中心党支部被石化集团公司授予基层党组织建设示范点。

（闫　磊）

【第一次党员代表大会召开】 2015年11月20日，中国共产党中国石化销售有限公司华南分公司第一次代表大会在广州召开，党委书记观鹏程向大会做了题为《坚持从严治党，发挥政治优势，为建设世界一流智能化管道储运企业而努力奋斗》的党委工作报告，公司党委副书记、纪委书记戴福俊向大会做了题为《着力预防和治本，认真履行监督责任》的纪委工作报告，20个选举单位选举产生的100名代表切实履行党章赋予的权利和义务，认真审议了“两委”工作报告、党费收缴使用及管理情况报告、大会选举办法，讨论通过了“两委”工作报告决议，选举产生了第一届党委委员和纪委委员。

（闫　磊）

表1　　**销售华南分公司主要经营指标**

指标名称＼年份	2015	2014	2013	2012	2011	2010
成品油销售总量/万吨	2 913.00	2 997.00	2 968.00	2 832.00	2 599.00	2 439.00
管输量/万吨	1 756.00	1 676.00	1 626.00	1 594.00	1 364.00	1 374.00
销售收入/亿元	1 584.00	2 103.00	2 113.00	2 074.00	1 837.00	1 474.00
实现利税/亿元	28.71	44.90	45.60	39.70	55.00	41.08
利润/亿元	22.24	37.90	35.60	32.85	45.80	30.66

石油勘探开发研究院

【概况】 中国石油化工股份有限公司石油勘探开发研究院(简称石油勘探开发研究院)是中国石化直属上游综合研究机构，承担国家石油勘探开发甲级工程咨询工作。石油勘探开发研究院总部设在北京，京外设有西北分院(乌鲁木齐)、无锡石油地质研究所、合肥培训测试中心。石油地质实验测试中心和油气化探实验测试中心取得国家级计量认证。

石油勘探开发研究院是中国石化油气勘探开发技术支撑服务部、上游发展战略及油气勘探开发参谋部、油气勘探开发技术研发和集成部、上游地质资料信息中心。截至2015年底，累计获得省部级以上科技进步奖140余项，其中国家科技进步特等奖1项、一等奖1项；申请专利400余件；在核心期刊发表论文1 400多篇。

截至2015年底，石油勘探开发研究院拥有在岗员工1 103人，其中院士2人、国家“千人计划”专家3人、“973”首席科学家3人、海外高端外国专家1人、石化集团公司首席专家1人、石化集团公司高级专家和院首席专家15人、院专家35人。科研人员833人，占75%；博士368人，硕士学历以上的人员占67%；教授级高工84人，副高及以上比例达64%。拥有博士后科研工作站，在站博士后50人，累计出站博士后235人。主办《石油与天然气地质》《石油实验地质》2份国家核心期刊。是中国石化地质资料中心挂靠单位，馆藏各种载体的资料档案60.78万件。

2015年，石油勘探开发研究院共承担各类科研生产任务411项。申报“十三五”国家重大专项5个项目15个课题和院外5个课题、国家自然基金项目8项、国土资源部项目7项。申报中国石化科技成果鉴定20项，其中2项国际领先、15项国际先进。获得省部级及重要行业科技奖励14项。申请国家专利210件，获得授权34件，其中发明专利27件；认定专有技术17件；登记软件著作权30件。

石油勘探开发研究院2015年主要科研成果获奖情况及2010—2015年专利申请与授权情况见表1和表2。

（范　玮）

【提高采收率潜力评价及技术创新实践获中国石化科技进步一等奖】 （参见第123页）

【中国海相地层油气封盖机理与有效性评价获中国石化前瞻性基础性研究科学奖二等奖】 （参见第120页）

【参谋公司上游发展】 应对低油价形势，配合编制油田板块“十三五”发展规划，其中包括首次开展的油田板块经营规划，提出一系列转方式、调结构、增效益的策略建议，较好地实现储、产、效的有机统一；协助编制海外上游“十三五”规划，提出调整布局、优化结构的战略方向和目标建议，制定“增加陆上常规领域作业比例，降低投资大、回收期长的资产比重”的调整策略。

（范　玮）

【生产支撑喜获新突破】 在华北，联合攻关鄂北天然气复杂储层预测难题，在大牛地气田部署的PG26和DPF-201井试获50万米^3/日以上的高产气流，在杭锦旗区块部署的J58P5H等4口气藏评价水平井试获18万米^3/日以上的高产气流，均创该区单井无阻流量最高纪录，为开辟大牛地下古生界、杭锦旗上古生界两大产能接替阵地提供有力支撑；编制大牛地气田大65—大66井区、大70—大98井区、东胜气田锦66井区的三维地质建模和气藏工程方案，优选动用储量414亿立方米，部署开发井131口，新建产能9亿立方米。在西北，应用烃源岩评价与示踪技术，确定顺北地区具有多元供烃条件，共同部署的顺托1井获得成功，开创顺托地区油气勘探的新局面；协助总部评价3批次47口风险井，优选部署17口，上钻7口；参与论证提出东深1井井位建议。在四川，以川西金马—鸭子河圈闭为主要目标、兼顾石羊场构造，与西南油气分公司一起部署开发评价井4口，结合探井落实规模建产阵地。支撑海域，完成GZZ气田可动用储量评价及气藏工程方案编制工作，天然气开发方案已通过石化集团公司专家组审查。支撑海外勘探开发年度部署与调整，构建勘探、开发和生产全领域价值评估体系，多层次优化资产结构和投资组合，配合国际石油勘探开发公司优减合同期规划无效投资28.6亿美元和操作费用8.9亿美元，2015年实现储量任务不降低，勘探投资节约6 500万美元；产量稳中有升，开发投资减少7.2亿美元。

（范　玮）

【发布多尺度裂缝综合预测软件Petro-FCS1.0】 在自主攻关页岩各向异性岩石物理建模、正交各向异性裂缝强度反演等方法的基础上，石油勘探开发研究院研制成功多尺度裂缝综合预测软件Petro-FCS1.0版本，在同类软件中率先实现地质、测井和地震的多尺度融合裂缝综合预测，为解决裂缝性储层预测和页岩油气“甜点”预测提供工作平台。

（范　玮）

【有力支撑涪陵页岩气开发】 2015年，石油勘探开发研究院在页岩气方面形成一批具有行业领先水平的科研成果，持续支撑涪陵页岩气产能建设。建立焦石坝南部目标页岩气保存条件综合评价指标，密切跟踪涪陵页岩气产能建设动态，协助编制二期开发方案。

（范 玮）

【页岩油气富集机理与有效开发国家重点实验室获批成立】 2015年，中国石化上游首个国家重点实验室——页岩油气富集机理与有效开发国家重点实验室，在石油勘探开发研究院成功挂牌。

（范 玮）

【开展信息化咨询工作】 2015年，石油勘探开发研究院抓流程信息化，与华为公司开展咨询合作，在全面梳理管理和业务流程的基础上，确立速赢战略，完成一期以i3信息门户建设为核心的管理流程信息化再造，规划二期以IPD（集成产品开发）为理念的科研流程体系建设路径。

（范 玮）

【党建工作】 坚持党建工作与行政工作同谋划、同部署、同考核，首次对基层党组织开展目标责任书签订和工作考核。胜利召开第二次党员代表大会，选举产生新一届院党委和纪委，为新时期进一步加强党的领导奠定坚实的组织基础。

（范 玮）

表1　石油勘探开发研究院2015年主要科研成果获奖情况

序号	项目名称	奖项名称	获奖等级
1	提高采收率潜力评价及技术创新实践	石化集团公司科技进步奖	一等奖
2	中国海相地层油气封盖机理与有效性评价	石化集团公司前瞻性基础性研究科学奖	二等奖
3	安哥拉深水区块勘探潜力与目标评价技术	石化集团公司科技进步奖	三等奖
4	致密砂岩、砂砾岩气藏表征关键技术	石化集团公司科技进步奖	三等奖

表2　石油勘探开发研究院2010—2015年专利申请与授权情况　件

年份	国内专利		国外专利	
	申请数	授权数	申请数	授权数
2015	210	34	0	1
2014	131	29	0	0
2013	65	20	1	1
2012	41	14	1	1
2011	26	11	0	0
2010	21	11	0	0

石油工程技术研究院

【概况】 中国石化石油工程技术研究院（简称石油工程技术研究院）成立于2009年6月，隶属于中国石化，是以井筒技术为主的石油工程技术研发机构，主要包括石油钻井、完井、测井、录井、测试、储层改造及海洋石油工程。定位于中国石化石油工程业务发展的参谋部、石油工程高新技术研发中心和国内外石油工程技术支持中心。建有钻井模拟、钻井液、储层保护、固井完井、测录井、储层改造、岩石力学等8个配套齐全的实验室；拥有岩石力学三轴应力仪、钻井模拟试验台架、储层损害模拟实验装置、高温高压流变仪、静胶凝强度分析仪等300余台套国际先进水平的实验仪器装备；拥有钻井、固井、完井、测录井等先进软件数十套。在山东德州建有中试基地，在新疆轮台、四川德阳以及伊朗雅达建有试验基地，配备有专业化的移动式实验室；通过了 ISO 9001、ISO 14001、OHSAS 18001、SY/T 6276 管理体系认证。

截至 2015 年底，石油工程技术研究院拥有国家级突出贡献专家 2 人，享受政府特殊津贴专家 6 人，“百千万人才工程”国家级人选 2 人，石化集团公司高级专家 7 人，国家智库研究员 1 人，省部级突出贡献专家 5 人，石化集团公司学术技术带头人 9 人，聘外籍专家 3 人。科研人员 277 人，占 82%；教授和高级职称人员 226 人，占 67%。在站博士后 17 人、硕士研究生 10 人，累计出站博士后、硕士研究生 44 人。累计获得省部级以上科技成果奖励 66 项，其中国家科技进步一、二等奖各 1 项，申请专利 712 件，在核心期刊发表论文 900 余篇。创办有中文核心期刊《石油钻探技术》。是全国石油钻采设备和工具标准化技术委员会钻修井井下工具标准化工作部挂靠单位。

2015 年，共承担科研项目 186 项；获省部级以上科技进步奖 19 项、其中一等奖 3 项；申请专利 227 件，获授权专利 65 件，认定专有技术 18 项，登记软件著作权 15 件，制(修)订标准规程 44 项。

石油工程技术研究院 2015 年主要科研成果获奖情况及 2010—2015 年专利申请与授权情况见表 1 和表 2。

（陈利源）

【海相碳酸盐岩深层油气井井筒关键技术与工业化应用获北京市科学技术一等奖】 该项目成果主要有：实现了“三高”气田超深水平井钻井技术创新。提出超深水平井井眼轨道、钻具组合及井身结构设计新方法，大幅提高超深水平井储层钻遇率及开发效率。实现了高温高压油气井安全快速钻井技术创新，提出钻井液安全密度窗口和含可信度的井身结构设计新方法，实现高效安全钻井；研制特种孕镶钻头、特种 PDC 钻头、射流冲击器、井底减振增压器等 9 类提速工具，元坝、塔河等地区钻井提速 30% 以上。实现了高温高压酸性气藏防腐防窜固井技术创新，研制高温高压酸性环境物理模拟实验装置，揭示二氧化碳、硫化氢耦合腐蚀水泥石的作用机理，研制防腐防窜双功能水泥浆体系。实现了海相碳酸盐岩缝洞型储层识别与改造技术创新，发明缝洞储层测井物理模拟装置，建立饱和度评价新方法，复杂储层油气饱和度评价精度≥93%，建立缝洞型储层测井识别技术，Ⅰ类储层符合率 >95%，Ⅱ类储层符合率 >86%；研发抗高温酸压酸液体系，建立基于综合降滤失、酸液携砂、交替注入、闭合酸化等深穿透酸压技术方法。

（陈利源）

【页岩气体积压裂技术及在涪陵工业化应用获中国石化联合会一等奖】 该项目在页岩大型压裂物模试验方法及裂缝扩展规律、近井及远井可压性综合评价方法、裂缝复杂性指数表征及设计方法、以主缝净压力为目标函数的施工参数优化方法、复杂裂缝识别及动态调参技术以及低摩阻低伤害压裂液关键助剂及体系等方面取得重大创新，全面支持了涪陵页岩气的商业突破和大规模开发。在焦石坝、彭水、丁山、南川、井研—犍为、威远等区块成功应用 100 余口页岩气井，平均单井压裂试气周期 3 年内降幅达 29%，钻完井及压裂成本降幅达 33%，全面支持了涪陵页岩气“十二五”50 亿立方米产能建设，加快了国内页岩气勘探开发进程。

（陈利源）

【内嵌旋转尾管固井成套系统的研制与应用获石化集团公司技术发明二等奖】 （参见第 121 页）

【获国家实验室认可资质】 2015 年，石油工程技术研究院通过中国合格评定国家认可委员会(CNAS)评定，取得国家实验室认可，成为中国石化石油工程领域涵盖专业方向最全面的实验室。

（陈利源）

【国家能源页岩油研发中心和页岩油气富集机理与有效开发国家重点实验室挂牌】 2015 年，石油工程技术研究院与石油勘探开发研究院联合申报的页岩油气富集机理与有效开发国家重点实验室和国家能源页岩油研发中心成功获批，实现了中国石化上游首批国家级重点实验室和研发中心挂牌运行。

（陈利源）

【涪陵页岩气田 50 亿立方米产能建设技术支持获表彰】 2015 年，石油工程技术研究院涪陵页岩气技术研究与现场支持组为涪陵页岩气产能建设做出的贡献受到广泛认可，被评为石化集团公司涪陵页岩气 50 亿立方米产能建设先进集体。石油工程技术研究院提供压裂设计、现场施工和排采指导的深层页岩气水平井威页 1HF 井完成 16 段压裂施工，经测试该井日产量稳定在 7.4 万立方米，累计产气 422 万立方米，再次实现了国内深层页岩气商业突破。

（陈利源）

【超深井钻井技术创水平井垂深世界纪录】 2015年，石油工程技术研究院提供定向钻井和钻井液技术服务的顺北1-1H井完钻。该井完钻井深7 613.05米，最大垂深7 591米，创水平井垂深最深世界纪录。经测试该井日产油96吨，日产气2.6万立方米，实现了中国石化在顺北区块勘探开发的新突破。

（陈利源）

【国内首口页岩气井泡沫水泥浆现场入井应用成功】 2015年，石油工程技术研究院研制了橇装式机械充氮泡沫水泥固井装置和泡沫水泥密度实时监控系统，开发了泡沫水泥浆固井优化设计软件。研发的泡沫低密度水泥浆体系，充氮气后水泥浆密度可由1.90克/厘米^{3}降低至0.9克/厘米^3，沉降稳定性小于0.03克/厘米^3，API失水36毫升，抗压强度达14兆帕以上，杨氏模量2—5吉帕。泡沫水泥固井技术在焦页9井表层、技术套管固井成功应用，应用井深3 657米，封固段长1 600米，井下泡沫水泥浆平均密度1.50克/厘米^3，固井质量优质。该技术为解决页岩气井注水泥漏失、浅层气窜等固井技术难题提供了新的解决方案。

（陈利源）

【石油工程全球信息与决策支持系统研制成功】 2015年，石油工程技术研究院通过应用现代战略管理理论和信息技术，对标国际一流，研究形成一套具有自主知识产权的石油工程战略规划方法体系和实时动态的石油工程全球信息与决策支持软件平台。该方法体系由战略规划、科技规划、经济评价、市场分析、公司评价、投资环境评价和竞争资源管理7个模块组成。其中，科技规划方法及投资环境完全风险评价方法为原始创新，经济评价模块是国内唯一适用于国际业务的自主产权成果，软件平台具有动态监测、动态建库两大功能。该研究成果已在国家和石化集团公司多个重大或重要战略规划研究课题中得到有效应用，为石化集团公司石油工程战略管理奠定理论和方法基础。已申报软件著作权2项、专有技术3项，拟报软件著作权2项、专有技术2项；发表论文7篇，其中核心期刊论文3篇。

（陈利源）

表1　　石油工程技术研究院2015年度主要科研成果获奖情况

序号	项目名称	奖项名称	获奖等级
1	超深高含硫生物礁大气田高效开发技术	石化集团公司科技进步奖	一等奖
2	内嵌旋转尾管固井成套系统的研制与应用	石化集团公司技术发明奖	二等奖
3	高温高密度钻井液及处理剂的开发与应用	石化集团公司技术发明奖	三等奖
4	亚北极萨哈林冷海钻完井工程技术	石化集团公司科技进步奖	三等奖
5	页岩气水平井油基钻井液技术研究与工业化应用	石化集团公司科技进步奖	三等奖
6	海相碳酸盐岩深层油气井井筒关键技术与工业化应用	北京市科学技术奖	一等奖
7	液动射流式冲击器旋冲钻井技术研究及推广应用	北京市科学技术奖	三等奖
8	多功能尾管固井工具的研制及工业化	北京市科学技术奖	三等奖
9	塔河超深井复杂地层井筒强化技术研究与应用	新疆自治区科技进步奖	一等奖
10	中东富油气区复杂底层井筒关键技术及工业化应用	中国石油和化学工业联合会科技进步奖	一等奖
11	页岩气体积压裂技术及在涪陵工业化应用	中国石油和化学工业联合会科技进步奖	一等奖
12	钻井液用耐温抗盐降滤失剂及其制备方法	第十七届中国专利奖	优秀奖

表 2　　石油工程技术研究院 2010—2015 年专利申请与授权情况　　件

年份	国内专利		国外专利	
	申请数	授权数	申请数	授权数
2015	227	65	0	0
2014	195	37	1	2
2013	136	52	1	0
2012	84	18	2	0
2011	45	8	1	0
2010	25	0	0	0

石油物探技术研究院

【概况】 中国石油化工股份有限公司石油物探技术研究院(简称石油物探技术研究院)是中国石化石油物探高新技术和核心技术研发中心、物探专业软件研发及推广中心和重大物探工程技术支持中心，是中国石化专业从事油气地球物理技术研发的直属研究机构。石油物探技术研究院下设物探战略规划研究所、地震采集技术研究所、地震成像技术研究所、油藏地球物理研究所、地球物理软件研究所、地球物理实验中心、地震处理解释中心、地球物理信息中心 8 个科研业务部门，本部设在南京。

石油物探技术研究院前身是 1977 年创建成立的国家地质总局石油物探研究大队，1983 年更名为地质矿产部石油物探研究所，1997 年建制更名为中国新星石油公司石油物探研究所，2000 年建制更名为中国石化石油勘探开发研究院南京石油物探研究所，2009 年 11 月 28 日组建成立石油物探技术研究院。

截至 2015 年底，石油物探技术研究院主持承担和完成了多项国家重点科技攻关项目，国家 863、973 课题，国家重大科技专项，取得了大量高水平的实用科研成果，为塔河、川东北、鄂尔多斯、东海、江苏、松辽等一大批油气田的勘探发现和增储上产做出了积极贡献。共有职工 400 名，其中有 18 位教授级高级工程师、11 位享受国家政府特殊津贴的突出贡献专家，以及 40 名博士和 144 名硕士科技人才。总资产 8.89 亿元，其中固定资产原值 7.13 亿元，净值 3.24 亿元。

2015 年，石油物探技术研究院承担各类科研项目 156 项，重大科研项目完成率和优良率达 100%；获省部级以上科技进步奖 7 项；申报国家专利 131 件，获得授权 26 件；申报专有技术认定 16 件，获得软件著作权 8 项。

石油物探技术研究院 2015 年主要科研成果获奖情况及 2010—2015 年专利申请与授权情况见表 1 和表 2。

（李振华）

【基础前瞻性研究取得新进展】 2015 年，石油物探技术研究院研发宽频振动实验激发接收装置，实现全频段可控振动地震物理模拟。研制储层流体充填模型新材料及制模新方法，采用 3D 打印技术制作了微米级裂缝物理模型。建成微压裂模拟地震监测实验系统。开展页岩气岩石物理测试，建立岩石物理模型和模板。研究有限元数值模拟算法，取得实用效果。

（李振华）

【特色技术攻关取得新成果】 2015 年，石油物探技术研究院完成网格层析速度建模技术的集成和测试，达到商业软件水平。开发了井震结合的 TTI 介质各向异性参数建模和 GPU 版三维最小二乘逆时偏移等模块。优化微地震处理解释技术，现场处理延时控制在 2 分钟内，定位精度提高 1 倍以上。碳酸盐岩缝洞体表征实现从形态刻画到内幕描述的跨越。开发的三维 VSP 处理系统通过实际资料测试，初步形成生产处理能力。

（李振华）

【应用技术攻关取得新成绩】 2015 年，石油物探技术研究院完善静校正、弱信号恢复、层析反演速度建模等 RTM 配套技术，为山前带攻关、缝洞精确成像提供有效手段。RTM 成像技术研发与推广创新团队获石化集团公司年度优秀创新团队称号。优化 OVT 域数据规则化、拓频处理、叠前反演、储层描述等技术，提高了缝洞储层精细刻画和流体预测水平。形成页岩气岩石物理建模、双甜点预测等配套技术和流程，有效支撑焦石坝、丁山等区块的页岩气勘探开发。

（李振华）

【系列软件产品实用化取得新进展】 2015年，石油物探技术研究院实用化采集软件系列：iSeisMountain软件完善飞行踏勘功能，实现生产应用；SPStool软件完成针对百万行级数据质控的升级改造。完善处理软件系列：发布π－Frame地震软件平台1.0版本，整体达到国际领先水平；升级Hadoop2.0技术，可支撑多种并行计算模型。实用化解释软件系列：开展NEWS软件会战，定制开发NEWS软件特色版本，产品实用化显著提高。完善微地震软件：集成三维观测条件下三分量偏振分析等处理模块，增加现场处理解释和裂缝定量描述等功能。发布非常规油气地球物理软件。

（李振华）

【支撑油田企业勘探开发取得新成效】 2015年，石油物探技术研究院在西北地区：完成中国石化首块沙漠区可控震源采集资料处理，为可控震源在中国石化深化应用奠定基础；采用OVT域处理、深度域高精度速度建模和RTM成像等新技术，完成托甫台、于奇西等区块资料处理，大幅提高裂缝、溶洞串珠和断裂的成像效果。在南方地区：完成金马鸭子河、丁山等区块资料处理，解决复杂地表静校正问题，有效改进大断裂的成像效果，提高目的层的分辨率，为储层预测提供高品质地震资料。在东北地区：利用自主新技术，高质量完成处理解释一体化项目。全年完成三维地震处理6 083平方千米，RTM深度成像处理4 704平方千米，二维资料处理1 620千米，三维地震解释6 730平方千米；提交井位建议61口，采纳23口，钻探成功17口。

（李振华）

【发挥参谋作用】 2015年，石油物探技术研究院开展新技术跟踪分析和适用性研究，提出28项技术发展和应用建议。编制中国石化科技进步及油田板块“十三五”物探技术发展规划，为总部科技立项提供了科学依据。主导制定的《微地震地面监测技术规程》行业标准通过立项审查。完成重点区块地震采集设计和项目后评估，设计采纳率达到90%以上，评估结论得到油田勘探开发事业部认可。总结中国石化高精度地震技术应用现状，提出技术发展建议。

（李振华）

【3项标准正式发布】 2015年2月5日，石油物探技术研究院主导制定的2项中国石化企业标准Q/SH 0625—2014《地震勘探资料逆时偏移（RTM）成像处理技术规程》和Q/SH 0626—2014《碎屑岩储层地震预测技术规范》正式发布实施。6月30日，主导制定的中国石化企业标准Q/SH 0647.1—2015《井下压裂微地震地面监测技术规程 第1部分：资料采集》由石化集团公司正式发布，该标准规范了地面微地震监测野外数据采集的流程、数据格式和质量评价标准。

（李振华）

【成为ERP应用登高示范企业】 2015年2月10月，石油物探技术研究院顺利通过2014年ERP应用登高示范企业的现场检查与验收，成为“十二五”期间ERP应用登高示范企业。

（李振华）

【与东北油气分公司签订技术合作框架协议】 2015年4月29日，石油物探技术研究院与东北油气分公司签订技术合作框架协议。该合作框架协议的签署，将充分发挥石油物探技术研究院技术和研究力量优势，加快东北油气分公司扭亏为盈并持续有效发展的步伐，促进双方优势互补，共赢发展。

（李振华）

【3项科研成果达到整体国际领先和整体国际先进水平】 2015年4月18日，石油物探技术研究院主持承担的“基于光纤光栅传感的超声地震物理模拟技术”项目，通过中国石化技术成果鉴定，获得整体研究达到国际领先水平的评价。5月28日，石油物探技术研究院承担的“面向非规则采集的地震数据优化处理技术研究”和“三维陆上地震资料混合域全波形反演算法研究”项目顺利通过中国石化技术成果鉴定，技术水平分别达到整体国际领先和整体国际先进的水平。

（李振华）

【与石油工程地球物理公司签订战略合作协议】 2015年9月9日，石油物探技术研究院与石油工程地球物理公司签订战略合作协议。该协议的签署，将提高中国石化石油物探技术整体水平，促进科研与生产的结合，实现共赢发展。

（李振华）

【第一次党员代表大会召开】 2015年12月8日，石油物探技术研究院召开第一次中国共产党代表大会。会议听取并审议通过石油物探技术研究院《党委工作报告》和《纪委工作报告》，评选出新一届石油物探技术研究院党委委员和新一届石油物探技术研究院纪委委员。

（李振华）

【地球探测与信息技术国家级实践教育工程中心揭牌】 2015 年 9 月 12 日，经教育部批准，地球探测与信息技术国家级实践教育工程中心在石油物探技术研究院揭牌。

（李振华）

表 1　　石油物探技术研究院 2015 年主要科研成果获奖情况

序号	项目名称	奖项名称	获奖等级
1	基于光纤光栅传感的超声地震物理模拟技术	石化集团公司前瞻性基础性科学奖	三等奖
2	复杂探区叠前资料的信噪比一致性补偿技术	石化集团公司技术发明奖	三等奖
3	基于云计算的复杂构造与储层叠前深度偏移成像技术研发与应用	石化集团公司科技进步奖	二等奖
4	可控震源高效地震采集与处理关键技术研究	石化集团公司科技进步奖	二等奖
5	黄土塬地区地震资料处理解释关键技术研究及应用	石化集团公司科技进步奖	三等奖
6	面向海量地震数据的逆时偏移（RTM）技术研发与应用	江苏省科学技术奖	三等奖
7	页岩气地球物理技术研发及在涪陵地区的应用	中国地球物理科技进步奖	二等奖
8	国家高性能计算应用服务环境关键技术及应用	北京市科技进步奖	一等奖

表 2　　石油物探技术研究院 2010—2015 年专利申请与授权情况　　件

年份	国内专利		国外专利	
	申请数	授权数	申请数	授权数
2015	131	26	0	1
2014	120	15	0	1
2013	91	8	3	0
2012	65	6	5	3
2011	36	4	3	2
2010	15	2	0	1

石油化工科学研究院

【概况】 中国石油化工股份有限公司石油化工科学研究院（简称石油化工科学研究院）创建于 1956 年 7 月，是中国石化直属综合性科学技术研究开发机构，学科完整，技术优势突出，研发领域涵盖炼油工业技术全流程，并有重点地向石油化工和新能源领域延伸。

石油化工科学研究院下设 18 个研究室、14 个职能部门，职工总数为 1 190 人，各类技术人员 983 人。其中，中国科学院、中国工程院院士 5 人，教授级高级工程师 127 人，高级技术人员 508 人；博士 274 人，硕士 298 人。

石油化工科学研究院是全国石油产品标准化归口单位，挂靠国家石油产品质量监督检验中心、全国石油产品和润滑剂标准化技术委员会秘书处和中国石油学会石油炼制分会。拥有炼油工艺与催化剂国家工程研究中心、石油化工催化材料与反应工程国家重点实验室、国家能源石油炼制技术研发中心、石油产品质量控制和技术评价实验室等国家级研发机构中心 4 个，拥有中国石化重点实验室（中心）6 个，编辑出版《石油学报（石油加工）》《石油炼制与化工》和《China Petroleum Processing and Petrochemical Technology》3 个科技期刊。下设研究生部和博士后流动站，拥有化学工艺、应用化学专业博士学位、化学工艺、应用化学、工业催化和化学工程专业硕士学位的授予权。

截至2015年底，石油化工科学研究院共获得部级以上奖励的科技成果907项，国家级奖励130项，其中国家最高科学技术奖1项、国家发明一等奖2项、国家科技进步特等奖2项、国家科技进步一等奖9项。累计申请国内专利6 302件，获准授权3 737件；申请国外专利1 014件，获准授权585件；6件专利获得了中国国家知识产权局和世界知识产权组织联合颁发的中国专利金奖。2015年，石油化工科学研究院申请中国专利666件，获得授权652件；申请国外专利88件，获得授权47件。多年来发明专利申请授权数量在全国科研院所中一直名列前茅。

石油化工科学研究院2015年度主要科研成果获奖情况及2010—2015年专利申请与授权情况见表1和表2。

（贾广华）

【高效环保芳烃成套技术开发及应用获国家科技进步特等奖】 在2016年1月8日召开的国家科学技术奖励大会上，中国石化自主知识产权的高效环保芳烃成套技术开发及应用项目获2015年度国家科技进步特等奖。石油化工科学研究院与中国石化工程建设公司、海南炼化、扬子石化等单位通过物理化学、催化材料、智能控制、工艺工程等原理与方法创新，开发出具有完整自主知识产权的高效环保芳烃成套技术。该技术具有投资和操作费用低、节能环保等优势，达到国际领先水平。掌握芳烃成套技术，显著提升了中国芳烃生产技术水平和国际竞争能力，取得特别重大的技术突破、经济效益和社会效益。这是继1987年液体地地战略武器与运载火箭之后，石油化工科学研究院第2次获得国家科技进步特等奖。

（贾广华）

中国石化首套具有自主知识产权的
60万吨/年对二甲苯装置

【自主研发生物航煤实现首次商业载客飞行】 2015年3月21日，使用中国石化1号生物航煤作为燃料的海南航空HU7604航班从上海飞抵北京，标志着中国石化自主研发生产的1号生物航煤首次商业载客飞行取得成功，使中国成为世界少数几个拥有生物航煤自主研发生产技术并成功商业化的国家，中国石化成为国内首家拥有生物航煤自主研发生产技术并成功投入商业化应用的企业，填补了国内空白。

（贾广华）

【保障抗战胜利70周年阅兵式油料】 2015年9月3日，纪念中国人民抗日战争暨世界反法西斯战争胜利70周年阅兵仪式在北京天安门广场隆重举行，石油化工科学研究院研制的多种型号特种润滑油脂，为空中护旗方队、6个地面方队和8个空中梯队提供油品保障，被阅兵联合指挥部授予阅兵保障先进单位嘉奖。

（贾广华）

【LTAG技术及时破解炼油企业调整产品结构难题】 2015年10月16日，石油化工科学研究院开发的催化裂化柴油（LCO）选择性加氢饱和——选择性催化裂化组合生产高辛烷值汽油或轻质芳烃（LTAG）技术通过技术鉴定，鉴定认为达到国际领先水平。该技术创造性地将低价值的劣质催化裂化柴油转化为高价值的高辛烷值汽油或化工原料轻质芳烃，满足了炼化企业调结构、提效益的迫切需求，将在中国石化23家炼油厂、29套催化裂化装置上推广应用，涉及催化裂化总能力约5 250万吨/年，经济效益显著。

（贾广华）

【劣质油浆生产优质针状焦技术工业应用填补国内空白】 2015年11月18日，石油化工科学研究院与上海石化等单位承担的“十条龙”科技攻关项目“劣质油浆生产优质针状焦技术开发及工业应用”通过技术鉴定。该技术在上海石化工业试验，以炼厂低廉的高硫、高灰分、高沥青质含量的劣质催化油浆为原料，采用“减压蒸馏—加氢精制—延迟焦化”的工艺路线，生产可以满足高功率和超高功率石墨电极生产所需的高价值的优质针状焦产品。产品质量达到国际先进水平，填补了国内超高功率电极针状焦生产的空白。

（贾广华）

【自主建立GF-6节油性能台架获得国际认可】 2015年，石油化工科学研究院与国际领先的丰田汽车公司合作，建立国内唯一的丰田专用GF－6机油节能评定台架，获得技术认可，将为石油化工科学研究院推广世界最先进规格的汽油机油提供重要支持。

（贯广华）

【石油化工科学研究院正式成为IAQG注册供应商】 2015年10月，石油化工科学研究院通过AS 9100C—2009航空质量管理体系认证，正式成为国际航空航天质量协调组织（IAQG）的注册供应商。这标志着石油化工科学研究院质量管理水平达到了世界航空质量要求，航空润滑油脂产品获得国际航空制造企业供应商的准入资格。

（贯广华）

【通过质量管理体系认证】 2015年12月27日，石油化工科学研究院HSE管理体系顺利通过第三方认证审核，质量管理体系通过年度监督审核，取得HSE管理体系证书和质量管理体系年度确认证书，标志着石油化工科学研究院QHSE一体化建设实现了阶段性目标。方圆标志认证集团有限公司对石油化工科学研究院HSE体系建设进行第三方认证审核。

（贯广华）

【专利申请和授权量再创新高】 2015年度，石油化工科学研究院申请中国专利666件，其中发明专利635件，占申请总量的95%。获得国内专利授权652件，其中发明专利617件，同比增长50%。全院发明专利授权率94.6%。新增涉外专利申请7项88件，获得授权涉外专利47件，各项指标继续保持中国石化第1名。

（贯广华）

表1　石油化工科学研究院2015年度主要科研成果获奖情况

序号	项目名称	奖项名称	获奖等级
1	高效环保芳烃成套技术开发及应用	国家科技进步奖	特等奖
2	中国石化生物航煤生产技术（第二完成单位）	石化集团公司科技进步奖	一等奖
3	逆流床连续重整技术开发与工业应用（第三完成单位）	石化集团公司科技进步奖	一等奖
4	重油选择性裂解技术（MCP）的开发及其工业应用	石化集团公司科技进步奖	二等奖
5	裂解汽油苯乙烯抽提成套技术开发及工业应用	石化集团公司科技进步奖	二等奖
6	生产国Ⅴ汽油的催化裂化汽油选择性加氢脱硫（RSDS－Ⅲ）技术	石化集团公司科技进步奖	二等奖
7	国Ⅳ汽柴油组成与排放的关系研究	石化集团公司科技进步奖	二等奖
8	炼油企业原油混输与调和技术研究与应用（第二完成单位）	石化集团公司科技进步奖	二等奖
9	S－Zorb吸附剂失活原因及活性评价模型研究	石化集团公司科技进步奖	三等奖
10	高球形度FCC催化剂制备技术研究开发	石化集团公司技术发明奖	三等奖
11	《石油炼制词典》（第二完成单位）	石化集团公司科技进步奖	三等奖
12	石油高效转化多级孔催化材料研究	石化集团公司前瞻性基础性研究科学奖	三等奖
13	清净分散型航空活塞式发动机润滑油的研制（第二完成单位）	解放军总后勤部科技进步奖	二等奖

表2 石油化工科学研究院2010—2015年专利申请与授权情况 件

年份	国内专利		国外专利	
	申请数	授权数	申请数	授权数
2015	666	652	88	47
2014	638	445	102	80
2013	616	318	88	58
2012	608	242	32	31
2011	549	190	67	30
2010	410	160	62	35

北京化工研究院

【概况】 中国石油化工股份有限公司北京化工研究院(简称北京化工研究院)成立于1958年6月，是中国最早从事石油化工综合性研究的科研机构，曾先后隶属化学工业部、燃料化学工业部及石油化学工业部，1998年9月转制进入中国石油化工集团公司。自2010年起，北京化工研究院形成一院三地的发展格局。院本部位于北京市朝阳区北三环内，占地面积9.7万平方米，建筑面积6.8万平方米。燕山分院位于房山区向阳街道，占地面积近30万平方米，建筑面积6万平方米。科学试验基地设在北京市通州区台湖镇，占地面积17万平方米，建筑面积3.8万平方米。截至2015年底，员工总数1 111人，其中专业技术人员占82.3%；有中国工程院院士1人、享受政府特殊津贴10人、博士240人、硕士301人、本科毕业生312人。

北京化工研究院本部设有13个主要研究室(所)和1个配套部门，燕山分院设有7个专业研究室，拥有从事研究开发工作所需的配套设备和现代化分析测试仪器，建有石油烃类裂解、烯烃净化催化剂、有机合成催化剂、聚烯烃催化剂、环管聚丙烯中试、气相聚乙烯中试、改性塑料、烯烃聚合评价、合成橡胶技术开发、乙烯环氧化制环氧乙烷银催化剂研制等36台套中试装置。

2015年度，北京化工研究院承担的多项科研项目获国家及石化集团公司奖。其中，国家技术发明二等奖1项，石化集团公司前瞻基础一等奖、二等奖、三等奖各1项，石化集团公司技术发明一等奖1项、三等奖1项，石化集团公司科技进步一等奖2项、二等奖2项、三等奖5项，另外有1个项目获得中国标准创新贡献三等奖。申请国际专利71项、中国专利602件，有92件国外专利和450件中国专利获得授权。

北京化工研究院2015年度主要科研成果获奖情况和2010—2015年专利申请与授权情况见表1和表2。

(马兰兰)

【乙烯三聚制1-己烯新型催化体系及成套工艺技术获国家技术发明二等奖】 北京化工研究院燕山分院参加完成的“乙烯三聚制1-己烯新型催化体系及成套工艺技术”获2015年度国家技术发明二等奖。该技术创建了乙烯三聚反应的三配位机理，发明了新型催化体系及其制备技术、新型环管反应器及其控制技术以及抑制聚合物的产生、挂壁及聚合物脱除技术，创建了乙烯三聚制1-己烯成套工艺技术，乙烯有效利用率超过99%，1-己烯产品的纯度大于99.2%，主要技术经济指标处于国际领先水平。该技术的成功应用打破了国外技术和产品的垄断，5万吨/年1-己烯装置生产的产品已占国内市场份额的90%以上，并出口韩国、马来西亚等国家，为企业创造了数十亿元的产值。

(吴春红)

【均相乳液固化成形新型钛系聚乙烯催化剂项目获石化集团公司前瞻性基础性研究科学一等奖】 (参见第120页)

【新型铁系催化剂及在乙烯齐聚制α-烯烃中的应用项目获石化集团公司前瞻性基础性研究科学二等奖】 (参见第121页)

【乙烯氧化制环氧乙烷高选择性银催化剂技术项目获石化集团公司技术发明一等奖】 (参见第121页)

**【新型抗菌材料开发及推广项目获石化集团公司技术

发明三等奖】 该项目发明了粉末橡胶复合抗菌剂，可使材料抗菌率大于99%，防霉等级达0级，解决了普通抗菌剂在聚丙烯、苯乙烯系等材料中易团聚、抗菌率低、易变色、持久性差等问题。在国际上首次开发了抗菌聚丙烯树脂，在海尔、美的、科勒等家电、卫浴、日用品、纺织品、包装、电子电器等企业进行了推广应用，应用效果良好。

（张师军）

【DQC催化剂的工业应用项目获石化集团公司科技进步二等奖】 该项目使用超重力旋转床技术合成的氯化镁醇合物载体，开发用于丙烯聚合的球形催化剂DQC－401和DQC－602催化剂。DQC催化剂与国际同类催化剂相比具有聚合活性高、立构定向性高和聚合物细粉含量低的特点，特别是聚合活性和立构定向性处于领先水平。DQC催化剂已完全替代DQ催化剂广泛地应用于聚丙烯环管工艺生产装置，可用于高抗冲聚丙烯和丙/丁共聚物的生产。

（刘月祥）

【直接聚合法高流动高刚高透聚丙烯开发项目获石化集团公司科技进步二等奖】 该技术采用优选的催化剂体系，以直接聚合法制备出高熔融指数基础树脂。在此基础上将一类特殊的增透助剂用于聚丙烯的改性，获得了刚性、韧性、透明性的综合改善。通过分子链结构的调整，进一步控制了聚丙烯的收缩率，满足了现有加工设备对原料的特殊要求。应用该技术所生产的聚丙烯树脂，加工性能、制品的各项指标均优于同类进口产品，特别是树脂的刚性和透明性，达到国际先进水平，在青岛百家、上海瑞龙、金发科技等10多家企业大批量应用。

（宋文波）

【原位涂层抑制结焦技术使乙烯裂解炉运行周期单程达231天】 2015年2月，原位涂层抑制结焦技术在燕山石化6万吨/年乙烯裂解炉上完成4个周期的应用，乙烯裂解炉运行周期单程最高达231天。该技术明显减缓了裂解炉辐射段炉管结焦，改善了废热锅炉结焦状况，经过4个运行周期抗结焦效果未见衰减，对裂解工艺过程没有负面影响。同时，该技术还可有效降低裂解炉操作的苛刻度，为裂解炉在保证一定运行周期的前提下朝更短停留时间发展提供有利的技术支持，达到国际先进水平。原位涂层抑制结焦技术已经开始进行应用推广。

（王红霞）

【聚烯烃超滤膜的制备及应用研究项目通过鉴定】 2015年2月12日，由北京化工研究院承担的“聚烯烃超滤膜的制备及应用研究”项目通过中国石化组织的鉴定。该项目以聚丙烯为膜材料，通过对膜材料的改性，开发了中空纤维膜配方、制备技术，使聚丙烯分离膜的抗污染性、耐腐蚀性、力学性能、膜通量等综合性能均达到国外同类技术先进水平。采用该技术生产的2种亲水性聚丙烯中空纤维膜工业组件，在20吨/时工业污水处理膜装置上连续运行，通量稳定，出水水质满足反渗透进水要求。

（奚振宇）

【3万吨/年溴化丁基橡胶生产装置工艺优化及产品质量提高技术攻关项目通过鉴定】 2015年5月19日，由北京化工研究院承担的“3万吨/年溴化丁基橡胶生产装置工艺优化及产品质量提高技术攻关”项目通过中国石化组织的鉴定。该项目针对生产过程中溴利用率低、双螺杆膨胀干燥机模头频繁积垢堵塞而无法长周期运行等关键问题，进行了专项攻关。溴利用率提高约20%，双螺杆膨胀干燥机模头从原来的一天清理3次到不用停机清理，产品颜色、综合稳定性以及质量稳定性显著提高。生产溴化丁基橡胶产品累计约1.4万吨，其中因溴利用率提高和减少废胶生成而节约成本1 800余万元。该技术具有自由运作权，产品性能达到国际先进水平。

（包巧云　邱迎昕）

【Spherizone工艺生产家电及汽车专用树脂的开发项目通过鉴定】 2015年4月25日，由北京化工研究院牵头承担的“Spherizone工艺生产家电及汽车专用树脂的开发”项目通过中国石化组织的鉴定。该项目首次在Spherizone工艺上实现中熔指抗冲聚丙烯树脂的连续工业化稳定生产，生产的专用树脂气味低、刚韧平衡性好、加工流动性优、成本适中，在综合力学性能和加工性能方面均优于国内同类产品，可满足客户注射成型家电及汽车部件的需求，并可以作为性能优异的基料进行共混改性。年内，该产品已生产1.2万余吨，在现代汽车、金发科技等厂家得到应用，客户反映良好，具有较高的经济效益。

（邹　浩）

【塑料检查井性能评价方法研究通过鉴定】 2015年5月20日，由北京化工研究院承担的“塑料检查井性能评价方法研究”项目通过中国石化组织的鉴定。该项目首次对国内塑料检查井的长期寿命预测等关键技术进行了研究开发，建立了完整的地下管网用塑料检查井评价体系，促进塑料检查井广泛应用，大幅度减少传统检查井易渗漏、污染水土等问题，节能减排效果显著，建成国内首家塑料检查井综合评价实验室和完整的检查井评价体系，检查井实验室已通过国家认监委授权认证，取得出具法定报告资质。

（魏若奇　张　伟）

【浅冷油吸收技术首次在焦化干气领域成功应用】 2015年7月9日，北京化工研究院自主研发的浅冷油吸收法回收炼厂干气技术在齐鲁石化22万吨/年焦化干气回收装置一次开车成功。该技术继广泛应用于催化裂化干气回收后，首次在焦化干气回收领域成功应用。该项技术的应用，改善了乙烯原料结构，降低了原料成本，减少了能耗，提高了企业的整体效益。

（孙汝柳）

【碳四全加氢技术国内首套丁二烯尾气加氢装置开车成功】 2015年7月13日，采用北京化工研究院自主研发的混合碳四全加氢工艺技术及催化剂的国内首套4万吨/年丁二烯尾气加氢装置在茂名石化化工分部开车成功，产出高附加值产品正丁烷。混合碳四全加氢工艺技术将炔烃、双烯烃、单烯烃加氢成为碳四烷烃，可替代石脑油作为乙烯装置裂解原料，弥补乙烯原料供应的不足，可有效增加乙烯产量、降低乙烯生产成本，提供新的效益增长点。

（李　琰）

【聚乙烯BCL－100催化剂成功应用于PE100管材料的工业化生产】 乙烯淤浆型催化剂BCL－100是北京化工研究院针对INNOVENES工艺研发的高性能乙烯淤浆聚合催化剂。2015年4月，BCL－100催化剂在新疆独山子石化INNOVENES工艺上成功进行首次工业应用试验，共生产TUB121N3000牌号PE100级管材料约3 916吨。8月18日，BCL－100催化剂在中韩石化完成工业试验和长周期生产试验，成功应用于PE100管材料的工业化生产。应用该催化剂生产的产品，钛残留量大幅降低，黄色指数远低于进口催化剂生产的产品，对于提高产品质量、开发双峰膜料和管材具有明显优势。同时，使用BCL－100催化剂可为企业降本增效。

（朱孝恒　郭子芳）

【TC61/SC2秘书处落户北京化工研究院】 2015年5月，国际标准化委员会（ISO）塑料—力学性能分会TC61/SC2秘书处正式批准落户北京化工研究院，该秘书处是由中国石化申请并获批的首个ISO秘书处。北京化工研究院作为国际标准化组织/塑料技术委员会/力学性能分委员会相关标准制修订工作中的协调者和管理者，承担192项国际标准的制定及管理和相关领域会议的计划及筹备工作，对中国石化参与国际标准化工作、提高标准国际化水平、拓展企业影响力具有重要意义。

（杨化浩）

【燕山分院第九研究室整体并入院本部环境保护研究所】 2015年2月27日，北京化工研究院燕山分院第九研究室整体并入院本部环境保护研究所。整合后的环保所通过资源优化，形成分离膜技术组件研发与应用、污染治理技术与设备材料研发与应用、工业水处理技术研发与应用3个核心领域，加快节水减排、清洁生产与环评、环保分析监测、设备及系统防腐等方面技术开发与应用，为中国石化节能环保工作提供技术支撑。

（栾金义）

【《石油化工》连续4次入选RCCSE中国权威、核心学术期刊】 2015年6月，《石油化工》获第四届《中国学术期刊评价研究报告（武大版）（2015—2016）》“RCCSE中国权威学术期刊（A＋）”，是唯一入选权威期刊（A＋）的中国石化主办期刊。《石油化工》由北京化工研究院主办，在166种化学工程学科期刊中排名第六。《石油化工》连续4次入选RCCSE中国权威、核心学术期刊，其中3次入选权威期刊（A＋），1次入选核心期刊（A）。

（王　萍）

【球形高效聚丙烯催化剂团队获石化集团公司优秀创新团队称号】 2015年3月，球形高效聚丙烯催化剂团队获石化集团公司优秀创新团队称号。该团队融合高分子化学、高分子材料、有机化工、应用化学，以及产品中试、生产放大和技术推广应用等各方面专家。该团队与新产品开发团队、塑料加工开发团队紧密合作，以催化剂技术创新为核心，紧密结合树脂新牌号的发展，引领球形高效聚丙烯催化剂市场。2013—2015年，该团队共承担项目12项，其中4项获得石化集团公司奖励；开发出新产品4个；申请专利69件，获授权48件。

（马兰兰）

【乔金樑获侯德榜化工科技成就奖】 2015年10月17日，中国石化首席专家、北京化工研究院副院长乔金樑在2015中国化工学会上被授予“侯德榜化工科学技术奖—成就奖”。乔金樑从事高分子材料研发工作30余年，在聚烯烃新材料和辐射改性高分子材料领域取得了优异成绩：开创了纳米尺度超细橡胶颗粒材料制备和应用的全新技术领域，大幅度提升了中国聚烯烃材料的技术水平。乔金樑先后获得国家技术发明二等奖 2 项、国家科技进步二等奖 1 项、中国专利金奖和优秀奖各 1 项、省部级以上科技成果 12 项，申请发明专利 360 余件，在国内外已分别获授权 82 件和 59 件。

（马兰兰）

【宋文波获第 18 届中国科协求是杰出青年成果转化奖】 2015 年 5 月 23 日，北京化工研究院宋文波在第 17 届中国科协年会上被授予"第 18 届中国科协求是杰出青年"成果转化奖。宋文波主要从事聚丙烯结构与性能研究工作，研发的非对称加外给电子体新技术、直接聚合法生产高熔体强度聚丙烯、中国石化第二代和第三代环管工艺聚丙烯技术等，促进了中国石化下游行业相关制品的升级换代。宋文波先后获得国家技术发明二等奖 1 项，省部级以上技术发明、科技进步奖 14 项。

（李　雪）

表 1　　北京化工研究院 2015 年度主要科研成果获奖情况

序号	项目名称	奖项名称	获奖等级
1	乙烯三聚制 1－己烯新型催化体系及成套工艺技术	国家技术发明奖	二等奖
2	ISO 1628－3：2010 塑料使用毛细管黏度计测定聚合物稀溶液黏度第 3 部分：聚乙烯和聚丙烯	中国标准创新贡献奖	三等奖
3	均相乳液固化成形新型钛系聚乙烯催化剂	石化集团公司前瞻基础基础性研究奖	一等奖
4	新型铁系催化剂及在乙烯齐聚制 α－烯烃中的应用	石化集团公司前瞻基础基础性研究奖	二等奖
5	新型 JS1 系列内给电子体化合物及其合成技术	石化集团公司前瞻基础基础性研究奖	三等奖
6	乙烯氧化制环氧乙烷高选择性银催化剂技术	石化集团公司技术发明奖	一等奖
7	新型抗菌材料开发及推广	石化集团公司技术发明奖	三等奖
8	武汉 80 万吨/年乙烯成套技术开发	石化集团公司科技进步奖	一等奖
9	第三代聚丙烯环管成套技术开发	石化集团公司科技进步奖	一等奖
10	DQC 催化剂的工业应用	石化集团公司科技进步奖	二等奖
11	直接聚合法高流动高刚高透聚丙烯开发	石化集团公司科技进步奖	二等奖
12	聚丙烯超滤膜的开发与工业应用	石化集团公司科技进步奖	三等奖
13	地下管网用检查系统（检查井）关键技术开发	石化集团公司科技进步奖	三等奖
14	3 万吨/年溴化丁基橡胶生产装置工艺优化及产品质量提高攻关技术	石化集团公司科技进步奖	三等奖
15	采用 CBL 技术改造 SRT－3 型炉工业应用	石化集团公司科技进步奖	三等奖
16	催化加氢法提高乙二醇产品质量技术开发及工业应用	石化集团公司科技进步奖	三等奖

表2 北京化工研究院2010—2015年专利申请与授权情况 件

年份	国内专利		国外专利	
	申请数	授权数	申请数	授权数
2015	602	450	71	92
2014	601	370	98	72
2013	590	242	102	18
2012	572	127	118	49
2011	500	68	58	21
2010	455	56	46	24

抚顺石油化工研究院

【概况】 中国石油化工股份有限公司抚顺石油化工研究院(简称抚顺石油化工研究院)位于辽宁省抚顺市望花区，创建于1953年4月，时称燃料工业部东北石油管理局抚顺研究所，是新中国最早建立的石油研究机构，1956年成为石油部直属科研单位，1983年7月划归新组建的中国石油化工总公司。

经过60余年的发展，抚顺石油化工研究院已形成清洁炼油、新兴能源资源和炼化公用技术三大创新研发平台，下设12个研究部门以及评价中心。设有国家石油产品检验实验室、国家石蜡质量监督检验中心以及博士后工作站和硕士研究生工作站，是国家石油蜡类产品标准化归口单位，同时也是中国石化生物燃料及生物化工重点实验室、辽宁省精细石油化工重点实验室、石油和化工行业加氢技术工程研究中心、辽宁省沥青材料工程技术研究中心、辽宁省石油化工环境保护工程研究中心的依托单位。

截至2015年底，抚顺石油化工研究院正式职工总数696人，具有高级技术职称的各类专业技术人员288人。其中，中国工程院院士1人，享受政府特殊津贴专家12人，石化集团公司高级技术专家6人、突出贡献专家17人，教授级高级工程师57人。已取得科技成果300多项，获国家科技进步奖和技术发明奖22项，获中国专利金奖2项，累计申请中国专利4 940件，申请国外专利211件，获国内外专利授权2 927件。

抚顺石油化工研究院2015年度主要科研成果获奖情况和2010—2015年专利申请及授权情况见表1和表2。

（刘建宇）

【“一种重质油及渣油加氢转化催化剂及其制备方法”获第17届中国发明专利金奖】 由抚顺石油化工研究院完成的“一种重质油及渣油加氢转化催化剂及其制备方法”专利，创造了残炭类物质逐级发生氢解—加氢—裂解反应的反应路径，有效缓解了重渣油原料中最难转化的残炭类物质深度转化与催化性能稳定性的矛盾。大量工业应用表明，利用该专利技术制备催化剂的使用寿命超过同类技术30%。此外，该专利还有良好的通用性，对类似领域具有一定的技术启示作用。“一种重质油及渣油加氢转化催化剂及其制备方法”获第17届中国发明专利金奖。

（刘建宇）

【“SRH液相循环加氢技术开发及工业应用”获石化集团公司科技进步一等奖】 （参见第124页）

【“高加氢活性体相催化剂创制及应用”获石化集团公司技术发明二等奖】 （参见第122页）

【FHDO催化重整生成油选择性液相加氢技术工业应用】 2015年1月，由抚顺石油化工研究院开发的FHDO催化重整生成油液相加氢脱烯烃技术在扬子石化工业应用取得成功。应用结果表明，FHDO技术先进可靠、芳烃损失少、装置氢耗低，产品很好地满足了下游装置的要求。

（刘建宇）

【开发出原油管道完整性管理技术】 抚顺石油化工研究院和中国石化管道储运分公司合作开发的“原油管道完整性管理技术”，包括管道完整性管理体系方法、高后果区识别评价、基于危害因素权重的管道风险评价、管道数据完整性评估、穿越管道监测等核心技术。该研究结果已在5条管道应用，完成870

千米管道数据整合分析、高后果区识别、风险评价、防腐系统有效性评价，形成管道完整性评价报告并提出管理对策，为管道运行维护和技术改造提供了指导和依据。该技术获石化集团公司科技进步二等奖。

（刘建宇）

【燃煤锅炉烟气脱硝成套技术应用成功】 抚顺石油化工研究院等单位通过锅炉烟气选择性催化还原(SCR)脱硝工艺研究、蜂窝状脱硝催化剂和喷氨组件等关键设备和内构件研制等，开发出燃煤锅炉烟气脱硝成套技术。已有多家企业采用该技术建设了燃煤锅炉烟气脱硝装置并投入使用，净化烟气均符合现行国家和地方的污染物排放标准。工业应用结果表明，采用该技术处理燃煤锅炉烟气简单可靠、投资和操作费用低、净化效率高、无二次污染，具有很好的适用性。

（刘建宇）

【三大平台建设初见成效】 2015年，抚顺石油化工研究院按照中国石化的统一部署，经过几年的科研结构调整、合理配置平台建设资源，已经由以加氢为重点的炼油研究院转变为涵盖清洁炼油、新兴能源资源、公用技术三大平台的综合型能源化工研究院。三大平台都有技术成果获得省部级科技奖励，申请的专利数量均接近200件，所承担的科研项目和取得的科研经费也趋于平衡。

（刘建宇）

【知识产权工作取得新的进展】 2015年，抚顺石油化工研究院加强了知识产权管理，取得了很大成效。全年申请国内外发明专利615件、实用新型专利14件，获专利授权648件。另有21项专有技术获中国石化的认定。通过知识产权管理工作的进一步强化，促进了专利保护与创新实践的深度融合。

（刘建宇）

【石油和化工行业加氢技术工程研究中心获准建立】 在2015年全国石油和化工科技创新大会上，抚顺石油化工研究院申报的石油和化工行业加氢技术工程研究中心获中国石油和化工业联合会批准。石油和化工行业加氢技术工程研究中心以最大化生产清洁燃料和化工原料、实现重油高效转化为目标，主要研究方向包括：纳米及多级孔新型催化材料创新、加氢反应的工艺工程强化技术、低碳绿色的氢气资源制取及利用的科学研究、分子炼油技术等。

（刘建宇）

【《石油炼制工业污染物排放标准》和《石油化学工业污染物排放标准》颁布实施】 由抚顺石油化工研究院牵头起草的《石油炼制工业污染物排放标准》(GB 31570—2015)和《石油化学工业污染物排放标准》(GB 31571—2015)2项国家标准于2015年颁布实施。2个标准分别规定了石油炼制企业和石油化工企业及其生产设施的水污染物和大气污染物排放限值、监测和管理要求。

（刘建宇）

表1　　抚顺石油化工研究院2015年度主要科研成果获奖情况

序号	项目名称	奖项名称	获奖等级
1	一种重质油及渣油加氢转化催化剂及其制备方法	中国专利奖	金奖
2	SRH液相循环加氢技术开发及工业应用	石化集团公司科技进步奖	一等奖
3	原油管道完整性管理技术	石化集团公司科技进步奖	二等奖
4	炼化装置泄漏检测与修复成套技术开发及应用	石化集团公司科技进步奖	二等奖
5	燃煤锅炉烟气脱硝成套技术开发	石化集团公司科技进步奖	二等奖
6	低温异构化原料深度处理技术开发及应用	石化集团公司科技进步奖	三等奖
7	公路养护与建筑防水专用沥青的开发与应用推广	石化集团公司科技进步奖	三等奖

续表

序号	项目名称	奖项名称	获奖等级
8	石油炼制和石油化学工业污染物排放两项国家标准	石化集团公司科技进步奖	三等奖
9	高加氢活性体相催化剂创制及应用	石化集团公司技术发明奖	二等奖
10	FVD 原油减压蒸馏技术开发及工业应用	石化集团公司技术发明奖	三等奖
11	柴油超深度脱硫反应机理和反应动力学研究	石化集团公司前瞻性基础性研究科学奖	二等奖
12	石油石化有机污染物组学	石化集团公司前瞻性基础性研究科学奖	三等奖
13	费托合成油高效优化加工利用技术	石油和化学工业联合会科技进步奖	三等奖
14	裂解汽油二段加氢精制催化剂研发及工业应用	石油和化学工业联合会科技进步奖	三等奖
15	低碳高效多产低凝清洁燃料关键技术开发及规模应用	辽宁省科技进步奖	二等奖
16	加氢裂化尾油异构脱蜡生产润滑油基础油技术开发和应用	辽宁省科技进步奖	三等奖

表 2　抚顺石油化工研究院 2010—2015 年专利申请与授权情况　件

年份	国内专利		国外专利	
	申请数	授权数	申请数	授权数
2015	597	637	32	11
2014	572	440	22	14
2013	569	307	25	3
2012	561	230	18	2
2011	500	141	21	3
2010	400	117	1	2

上海石油化工研究院

【概况】 中国石油化工股份有限公司上海石油化工研究院(简称上海石油化工研究院)位于上海市浦东新区，是中国石化直属的科研开发机构。创建于1960 年 6 月(时称上海市石油化学研究所)，1984 年划入中国石油化工总公司；2004 年 12 月上海石化科技开发公司并入；2010 年 4 月设立上海石油化工研究院南化分院、仪征分院、天津分院、巴陵分院和川维分院。上海石油化工研究院长期从事石油化工科技开发，涉及基本有机化工、煤化工、油田化学品、合成材料、精细化工等领域。

截至 2015 年底，上海石油化工研究院下设 19 个研究部(室)，是基本有机原料催化剂国家工程研究中心、绿色化工与工业催化国家重点实验室、全国石油化学标准化委员会的依托单位；设有中国石化甲醇转化、三采用表面活性剂、芳烃技术(联合)、碳纤维及其复合材料(联合)重点实验室，以及博士后工作站、中国石化有机原料情报中心站、上海市石油化工产品质量监督检验站、上海市催化剂行业测试中心等机构；与联合化学反应工程研究所合办《化学反应工程与工艺》双月刊，另有内刊《石油化工快报(有机原料)》(半月刊)。职工总数699人，各类专业技术人员占85%。其中，中国工程院院士1人，高级职称以上人员276人、博士164人、硕士175人；国家级有突出贡献专家3人，享受政府特殊津贴31人，石化集团公司高级专家9人；国家级百千万人才工程入选3人，引进“千人计划”人才1人，上海市领军人才1人。

截至2015年底，上海石油化工研究院累计获得国家级奖励46项，其中国家科技进步特等奖1项、国家科技进步一等奖1项、国家技术发明二等奖5项。获得省部级及以上奖励283项，其中中国石化科技进步特等奖2项，科技进步、技术发明及前瞻性基础性研究科学等一等奖33项。累计申请中国专利4 667件，获授权中国专利2 333件；在20多个国家和地区申请专利390件、获授权专利162件；其中2015年度申请中国专利588件、获授权中国专利438件，申请涉外专利41件，获授权专利30件。

上海石油化工研究院2015年度主要科研成果获奖情况和2010—2015年专利申请与授权情况分别见表1和表2。

(潘　波)

【领导班子调整】　2015年3月20日，上海石油化工研究院召开干部大会，石化集团公司人事部宣布：杨为民任上海石油化工研究院院长，同时兼任上海石油化工研究院党委书记。上海石油化工研究院新一届领导班子由杨为民、杜关泉、杨毓莹、朱肖然和顾建良组成。

(潘　波)

【高效环保芳烃成套技术开发及应用项目获国家科学技术进步特等奖】　(参见第477页)

【面向工业过程的分子筛催化甲醇转化反应机理研究和中间体验证项目获石化集团公司前瞻性基础性研究科学奖一等奖】　(参见第120页)

【超细纳米Beta沸石材料及工业催化应用项目获石化集团公司技术发明二等奖】　(参见第122页)

【河南油田三次表面活性剂工业试验通过鉴定】　2015年1月20日，由上海石油化工研究院和河南油田共同承担的三次表面活性剂工业试验通过中国石化组织的技术鉴定。针对河南双河高温特高含水、高采出程度油藏，研制了原位微乳驱阴阳离子复合表面活性剂。该表面活性剂具有超高界面活性，在浓度为125×10^{-6}时，油水界面张力达到10^{-3}毫牛/米，在浓度为300×10^{-6}时，油水界面张力达到3×10^{-4}毫牛/米；增溶参数达到23，解决了微乳驱表面活性剂使用浓度高、成本高、体系复杂等难题，并在一定范围内对原油具有普适性。

(潘　波)

【GS－DE催化剂研制及应用项目通过鉴定】　2015年5月28日，GS－DE二乙苯脱氢催化剂研制及应用项目通过中国石化鉴定，专家认为催化剂综合性能达到国际领先水平。二乙苯催化脱氢是生产二乙烯苯的主导工艺方法，国际上现有催化剂存在易积炭、失活快、中间产物乙基乙烯苯多等问题。上海石油化工研究院研究开发的GS－DE催化剂适用于二乙烯苯生产，具有催化活性高、目的产物选择性高、稳定性和再生性能好的突出优点。该催化剂多次出口海外，已相继应用到台湾地区与美国，2015年再次成功应用到美国DOW化学公司。该项目已申请9件中国发明专利，获授权6件，具有自主知识产权。

(潘　波)

【国家“863”计划重点课题通过技术验收】　2015年4月15日，由上海石油化工研究院牵头相关企业、科研院所、大学等10余家单位联合承担的国家“863”计划课题“低碳烯烃及衍生物关键工艺、技术及装备”项目通过国家科技部高技术研究发展中心组织的技术验收。该课题围绕副产资源高效利用技术、低碳烯烃高性能衍生物合成技术、低碳烯烃及衍生物生产的关键大型装备国产化技术等3个方向，开展了9项关键技术的研究，实现了低碳烯烃及衍生物关键工艺、技术及装备的突破，其中环氧乙烷反应器、聚烯烃装置用循环气压缩机和挤压造粒机等大型装备均首次实现国产化。其中，上海石油化工研究院研制了超疏水性含钛介孔SiO_2的环氧丙烷催化剂、开发了碳四烯烃歧化和环氧丙烷绿色合成2项新技术，完成20万吨/年烯烃歧化制丙烯和10万吨/年CHP法制环氧丙烷工艺包开发，合作完成了CHP法环氧丙烷绿色合成的中试研究，申请发明专利84件。

(潘　波)

国家“863”计划“低烯烃及衍生物关键工艺、技术及装备”课题验收会

【绿色化工与工业催化国家重点实验室获批】 2015年10月，国家科技部批准建设第3批企业国家重点实验室，依托于上海石油化工研究院的绿色化工与工业催化国家重点实验室名列其中。该重点实验室面向石油和化学工业可持续发展的国民经济重大需求，将重点围绕石油资源高效利用、化工绿色催化过程、碳一清洁转化等化工节能减排的3个重大方向，开展新型催化材料、过程强化技术研究开发，通过共性关键技术的突破，实现节能减排技术的创新。

（潘　波）

【环保聚酯系列产品获市场认可】 上海石油化工研究院研制的钛系聚酯系列催化剂成功应用于仪征化纤瓶用聚酯、短纤等环保型聚酯新产品的生产，有力支撑了合纤产品的提质增效。仪征化纤用该催化剂生产的熔体直纺无锑水刺短纤产品，吨产品售价较常规品种高出600—800元，下游产品出口韩国；解决了瓶用聚酯催化剂固相缩聚速度慢和乙醛含量高的技术难题，所生产的无锑瓶级聚酯切片得到下游用户的认可。

（潘　波）

【AB-12乙苯催化剂首次应用于境外装置】 2015年10月16日，上海石油化工研究院开发的AB-12纯乙烯气相法制乙苯催化剂在台湾化学化纤股份有限公司(台化公司)35万吨/年乙苯装置上开车一次成功。运行结果表明，乙烯转化率达到100%，乙基选择性大于99.0%，产品乙苯纯度有一定提高。该乙苯催化剂首次在台化公司气相乙苯装置上应用，综合性能达到国际领先水平。

（潘　波）

【杨为民获何梁何利奖】 2015年11月4日，上海石油化工研究院教授级高级工程师杨为民因其在化工绿色生产、资源高效利用和节能降耗等方面做出突出贡献，在何梁何利基金颁奖大会上，获科学与技术创新奖的产业创新奖。杨为民长期从事催化新材料及反应工程与工艺的研究，带领团队开展乙苯绿色化生产技术及催化剂的研制开发，并广泛工业应用；曾获国家技术发明二等奖2项，中国专利金奖1项，省部级一、二等奖9项。

（潘　波）

【滕加伟获侯德榜化工科学青年奖】 2015年10月17日，上海石油化工研究院教授级高级工程师滕加伟在2015中国化工学会年会上，获第七届侯德榜化工科学青年奖。滕加伟长期从事增产烯烃新技术的应用基础研究与技术开发，承担了国家“十五攻关”项目、“973”项目、“863”计划、国家科技支撑项目、中国石化等科研项目20余项，在基础研究和成果转化领域做出突出贡献，共申请中国专利70余件，发表论文30余篇；曾获国家技术发明二等奖、中国专利金奖、中国石化技术发明奖一等奖等多项奖项。

（潘　波）

【扎实推进“三严三实”教育】 2015年6月15—29日，为贯彻落实石化集团公司“三严三实”专题教育精神，上海石油化工研究院领导班子成员以专题党课的形式扎实开展“三严三实”专题教育，院领导班子每位成员结合分管业务、基层联系点及所属支部等情况确定范围，分批次为17个党支部上专题党课，统一思想、深化认识，为开展专题教育打下思想基础。

（潘　波）

“三严三实”实题教育工作动员会

【连续 20 年开展捐资助学活动】 2015 年 11 月 6 日，上海石油化工研究院与中共祁门县委、县政府、共青团县团委共同举办捐资助学 20 周年活动，观看《千里助学二十载——中国石化上海院赴祁门捐资助学二十年掠影》专题片，进行捐款捐物交接仪式，为该年度考取高中的贫困学生颁发奖学金。自 1996 年起，上海石油化工研究院已连续 20 年在安徽省祁门县开展“希望工程”捐资助学活动，并援助建设了 1 所“上海石油化工研究院希望小学”，共结对帮扶 1 882名学生，企业捐款累计达 88 万余元，职工个人捐款达 62 万余元，捐赠电脑 40 台。

（潘　波）

【ACS 电子书数据库建成上线】 2015 年 11 月开始，上海石油化工研究院数字图书馆主页数据库资源增加了 ACS 电子书数据库，包含 1951—2010 年的 381 本高质量电子书，内容涉及胶体与界面化学、环境化学、燃料化学、石油化学和物理化学，为科研工作者带来便利。

（潘　波）

表 1　上海石油化工研究院 2015 年度主要科研成果获奖情况

序号	项目名称	奖项名称	获奖等级
1	高效环保芳烃成套技术开发及应用	国家科技进步奖	特等奖
2	干气与苯烷基化制乙苯的方法	第十七届中国专利奖	优秀奖
3	超细纳米 Beta 沸石材料及工业催化应用	石化集团公司技术发明奖	二等奖
4	制备高附加值二乙烯苯的脱氢催化剂研制及应用	石化集团公司技术发明奖	三等奖
5	新型高效表面活性剂研制及其在河南油田的工业应用	石化集团公司科技进步奖	二等奖
6	有效碳数法测定芳烃产品中的微量杂质 ASTM 标准研究	石化集团公司科技进步奖	二等奖
7	面向工业过程的分子筛催化甲醇转化反应机理研究和中间体验证	石化集团公司前瞻性基础性研究科学奖	一等奖
8	高效节能甲醇制聚合级烯烃催化与分离成套技术	上海市人民政府技术发明奖	一等奖

表 2　上海石油化工研究院 2010—2015 年专利申请与授权情况　　件

年份	国内专利		国外专利	
	申请数	授权数	申请数	授权数
2015	588	438	41	30
2014	578	336	37	20
2013	558	314	45	9
2012	440	164	6	23
2011	548	159	11	4
2010	490	133	0	8

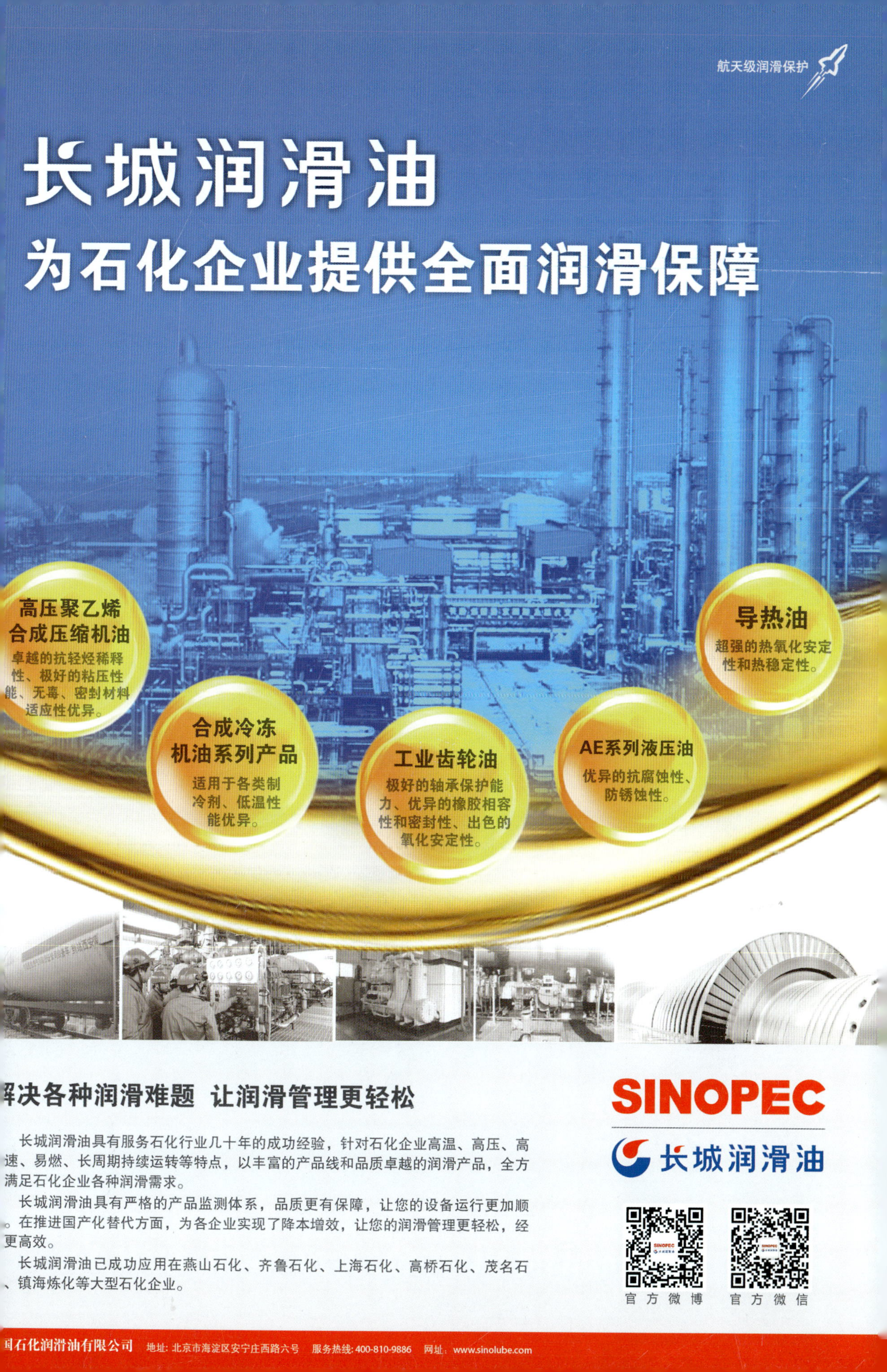
航天级润滑保护
长城润滑油
为石化企业提供全面润滑保障
高压聚乙烯
合成压缩机油
卓越的抗轻烃稀释性、极好的粘压性能、无毒、密封材料适应性优异。
导热油
超强的热氧化安定性和热稳定性。
合成冷冻
机油系列产品
适用于各类制冷剂、低温性能优异。
工业齿轮油
极好的轴承保护能力、优异的橡胶相容性和密封性、出色的氧化安定性。
AE系列液压油
优异的抗腐蚀性、防锈蚀性。
释决各种润滑难题 让润滑管理更轻松
长城润滑油具有服务石化行业几十年的成功经验，针对石化企业高温、高压、高速、易燃、长周期持续运转等特点，以丰富的产品线和品质卓越的润滑产品，全方满足石化企业各种润滑需求。
长城润滑油具有严格的产品监测体系，品质更有保障，让您的设备运行更加顺。在推进国产化替代方面，为各企业实现了降本增效，让您的润滑管理更轻松，经更高效。
长城润滑油已成功应用在燕山石化、齐鲁石化、上海石化、高桥石化、茂名石、镇海炼化等大型石化企业。
SINOPEC
长城润滑油
官方微博
官方微信
国石化润滑油有限公司 地址：北京市海淀区安宁庄西路六号 服务热线：400-810-9886 网址：www.sinolube.com

打造一流天然气专业技术服务品牌

中国石化首座储气库——文96储气库

新疆雅克拉凝析气处理装置全景

广西北海LNG接收站项目全景图

加纳国家天然气公司天然气集输、处理项目

川气东送、榆济输气管道运行维护管理，图为普光输气首站

1986年，建成投运亚洲集配气枢纽——柳屯工业配气站

地址：河南省濮阳市中原路266号　邮编：457001
电话：86-393-4816967 4817287　传真：86-393-4816967 4817287
邮箱：zytrq.zyyt@sinopec.com　网址：http://www.zytrq.com/

2015年10月12日，茂名石化与巴斯夫合资建设的世界级异壬醇生产装置在茂名高新技术产业开发区正式投产

中国石化上海石油化工股份有限公司

SINOPEC SHANGHAI PETROCHEMICAL COMPANY LIMITED

2015年北京田径世锦赛期间，上海石化可降解绿色聚酯产品亮相中国石化美好生活馆

上海石化用心打造"家文化"

中国石化上海石油化工股份有限公司（简称上海石化）位于上海市金山区，占地面积9.40平方千米，是中国大型的炼油化工一体化综合性石油化工企业，是中国重要的成品油、中间石化产品、合成树脂和合成纤维的生产企业。

上海石化前身是创建于1972年的上海石油化工总厂。1993年作为中国第一批股份制改制试点企业之一，改制为上海石油化工股份有限公司，是中国第一家股票在上海、香港和纽约三地同时上市的股份制企业。2000年10月，更名为现名。

截至2015年底，上海石化具有1600万吨/年综合加工原油能力和乙烯70万吨/年、塑料树脂100万吨/年、合纤原料109万吨/年、合纤聚合物59万吨/年、合成纤维28万吨/年的生产能力，并拥有独立的公用工程、环境保护系统，及海运、内河航运、铁路及公路运输配套设施。

2015年，上海石化被复评为全国用户满意企业；蝉联全国文明单位称号，已连续四届荣获该荣誉；在上海市2015年工业税收排名前100位企业名单中列第3位；在2014年度上市公司信息披露工作评价中被认定为A级；名列中国上市公司环境责任信息披露前5位，在上海上市公司社会责任发展指数评价中，获得四星级评价。

上海石化热电部6号机组完成锅炉脱硝改造和脱硫旁路改造并网投入运行

国内领先 世界一流

THE DOMESTIC LEADING A WORLD CLASS

上海石化厂区道路交通测速监控系统投用

上海石化过程控制实训教学基地通过中交验收

中国石化山东石油分公司
SINOPEC SHANDONG OIL COMPANY

山东石油分公司成立于1953年，1992年被山东省政府批准为国有大型一类企业，1998年6月划转中国石化集团公司。现有员工近1.5万人，企业固定资产原值83亿元。下辖17个市公司，133个县公司（市片区），在营加油站2431座、加气站69座，油库24座（库容量126万立方米）、加气母站3座。

山东石油分公司主营石油、天然气销售，作为成品油流通的主渠道，承担着山东省成品油供应保障任务，是省内较大的成品油销售企业。经过多年的发展，业已形成了布局合理、功能完备、流向通畅、保障有力的成品油营销网络。

2015年，山东石油分公司销售成品油1066万吨，实现销售收入630亿元。

布局合理　功能完备
流向通畅　保障有力

沙特千万吨炼油项目

建设世界一流工程建设企业

SINOPEC 中国石化 SEG

中石化第五建设有限公司

SINOPEC FIFTH CONSTRUCTION CO., LTD.

中石化第五建设有限公司（简称五建公司），1953年成立，前身是大连工程公司，1956年搬迁至甘肃省兰州市参加兰州化学工业公司（现为兰州石化）初期建厂工作，2010年12月18日，正式迁驻广州。五建公司是中国较早从事石油化工建设的大型工程建设企业，是中国石油化工集团公司直属大型综合性工程建设企业。具有化工石油工程施工总承包一级企业资质、国外工程承包资质、对外经济合作经营资格资质和建筑行业（建筑工程）乙级、石油化工医药行业（化工工程、石油及化工产品储运）专业乙级设计资质等，正在申报“石油化工工程施工总承包特级资质”。

五建公司现具备50亿元/年以上的施工生产能力。能独立承担炼油、化工、化肥、化纤、橡胶、电力、医药、冶金、军工等大中小型装置及配套工程建设任务。在大型设备吊装、大型传动设备（机组）安装、大型储罐安装、大型DCS自动化集散控制系统安装与调试和特种材料焊接等“四大一特”，以及大型锅炉、大型空分、炼油、聚烯烃、甲醇、煤化工等方面，形成了独具特色的技术优势。培养了一大批高级工程技术人员和各专业高级技师。在国家许多重大项目建设中，充分体现了在工程管理、机具装备、专业人才、新技术开发应用等方面的实力和优势。

五建公司在六十多年的发展历程中，从中国东北到西北、再到改革开放的前沿——华南，足迹遍布神州大地和海外，所到之处建起了一片片厂房，立起了一座座高塔，创下了一次次业绩，立下了一座座丰碑，高标准建成了一大批重点工程建设项目。先后建成近500套大中型装置，为中国的石油化工事业发展做出了突出贡献。用双手托起了共和国石油化工的“长子”——兰州石化,创造了共和国石油化工的多个第一。于2006年率先走向“海外”，为中国石化炼化工程海外业务发展立下丰碑，承建的沙特拉比格千万吨炼油项目获国家优质工程银质奖。先后获全国“重合同、守信用企业”“全国五一劳动奖状”“全国优秀施工企业”“全国用户满意安装企业”“中国建筑工程鲁班奖”等国家和省部级荣誉200多项。

五建公司承建国内单产能大型煤制氢装置——茂名石化20万米^3(标准)/时煤制氢装置

五建公司面向新世纪发展和社会需要，把成绩作为新的工作起点和动力，以科学发展观统揽大局，坚持走市场国际化、管理现代化、经营集约化发展之路，以“团结、敬业、奉献、创新”为企业精神，以“诚信、规范、双赢”为经营理念，加快“传统业务、高端业务、海外业务”三大业务发展，内强素质，外树形象，以诚信的理念和雄厚的实力，为业主奉献工程精品，为构建和谐社会做出积极贡献，全力打造“世界一流工程建设企业”。

安全工程研究院

【概况】 中国石油化工股份有限公司青岛安全工程研究院(简称安全工程研究院)位于山东省青岛市，是中国石化直属的安全、环保和职业健康科研机构。安全工程研究院成立于1979年，1999年7月整体进入石化集团公司。2004年4月，国家安全生产监督管理总局依托安全工程研究院成立国家安全生产监督管理总局化学品登记中心，为中国危险化学品安全监管提供综合性技术支持。2007年7月，国家科技部依托安全工程研究院设立化学品安全控制国家重点实验室，是首批企业国家重点实验室之一，2011年1月18日通过国家科技部验收。

截至2015年底，安全工程研究院下设8个职能管理部门，14个研究室(中心)。职工总数399人，其中特聘院士2人，教授级高级工程师21人、高级工程师115人；引进海外博士后2人，博士33人，硕士150人，博士后工作站在站博士后3人；享受政府特殊津贴5人，石化集团公司突出贡献专家5人，中国石化优秀学术技术带头人9人，获中国石化闵恩泽青年科技人才奖12人；各类国家级HSE领域专家40余人，具有注册安全工程师、安全评价师、职业危害评价师、环境影响评价师、注册计量师等执业资格的人员260余人。

安全工程研究院2015年度主要科研成果获奖情况及2010—2015年专利申请与授权情况见表1和表2。

(王新军)

【高效油气回收成套技术研发及工业应用获石化集团公司科技进步一等奖】 (参见第125页)

【承担科研项目数量再创新高】 2015年，安全工程研究院承担科研项目172项，同比增长30%。“低沸点易燃液体储罐灭火技术研究”成功列入国家安监总局组织的2015年度破解安全生产难题项目；“等离子体—催化协同分解H_2S机理研究”成为安全工程研究院第1个独立申请成功的自然科学基金项目；“20万吨/年碳四硫酸烷基化工业示范装置技术研究”成功入选中国石化科技攻关“十条龙”项目。

(王新军)

【科技奖励数量和等级显著提高】 2015年，安全工程研究院获得科技进步二等奖以上奖项8项，“高效油气回收成套技术研发及工业应用”是安全工程研究院首次以第一完成单位获得石化集团公司科技进步一等奖“基于风险的炼油设备腐蚀评估与控制技术”获中国腐蚀与防护学会科技进步一等奖。

(王新军)

【科研条件保障能力全面提升】 2015年，安全工程研究院完成海阳野外燃爆试验场、HSE系列技术产品中试模拟装置等项目建设，华山试验基地一期通过国家安全监督管理总局验收，安全工程研究院新院区基本建成，青岛石化劣质原油实验基地完成关键装置的安装与搬迁。

(王新军)

【知识产权管理工作成绩突出】 2015年，安全工程研究院申请专利218件，首次突破200件大关。其中，发明专利151件，同比实现翻一番；获得专利授权98件，增长40%。

(王新军)

【化工过程安全技术研发】 2015年，安全工程研究院开发的20万吨/年煤制乙二醇装置安全工艺包成功应用于湖北化肥乙二醇生产装置，投料试车一次成功；《扬子石化“4·21”环氧乙烷精制塔爆炸事故》调查报告，被总部评价为技术含量最高的事故技术调查报告之一；石化装置报警管理系统在镇海炼化等7家大型企业试点应用，解决了现场装置对运行状态监测、预警、分析不到位和异常工况发生原因难以追溯等难题；与上海工程公司合作开展“茂名石化20万吨/年环氧乙烷装置”安全仪表功能安全分析，实现了石化装置安全仪表系统设计的深度介入。

(王新军)

【大型储罐安全保障成套技术】 2015年，安全工程研究院开发的原油储罐新型一、二次密封，消除了浮盘一、二次密封空间燃爆风险；研制的大型储罐浮盘状态监测装置，实现了储罐浮盘积水、火灾、卡盘状态的自动在线监测和报警；研制的大流量高效泡沫灭火系统，可在短时间内实现油面全覆盖和快速灭火。

(王新军)

【电气安全技术研发与应用】 2015年，安全工程研究院建立了无线传输蜂窝布局雷电预警系统，在雷州半岛和管道储运公司原油罐区安装130余套；开发的油品电荷密度在线监测技术填补了国内外空白，油品静电在线监测仪在济南、临沂油库和部分加油站试点应用，整体技术达到国际先进水平。

（王新军）

【检测检验技术研发与推广】 2015 年，安全工程研究院完成天津石化等 19 家企业主要生产装置的检测与修复，企业无组织排放现象得到有效控制；参与国家环保部《石化企业泄漏检测与修复工作指南》等标准的起草工作；中心实验室获全国化工行业先进质检中心荣誉称号。

（王新军）

【事故调查与应急能力获表扬】 2015 年，安全工程研究院直接参与了天津“8 · 12”特别重大爆炸事故的现场监测技术服务和事故调查工作，国务院安委会对安全工程研究院参加“8 · 12”事故救援与调查工作给予了书面表扬，对该院在第一时间挺进爆炸核心区域，协助现场应急指挥部组织开展救援行动，全面完成现场遗留危险货物的危险性毒性分析，为有效防止次生事故发生，恢复正常生产生活秩序做出的重要贡献给予充分肯定。

（王新军）

【环保技术研究】 2015 年，安全工程研究院以等离子为核心的 VOCs 治理成套技术取得重大突破，研究成果在中原乙烯应用，满足达标排放要求；二次油气回收加油枪在加油站应用 5 500 多套，同轴胶管应用 3 000 多套；开发的新型疏水硅胶与活性炭联合油气回收工艺，在近 30 套油库油气回收装置应用。

（王新军）

【风险评估技术研发与推广】 2015 年，安全工程研究院构建 HAZOP、风险矩阵和 LOPA 的系列化风险评估体系，使 80% 以上风险分析结果实现了量化，在国内风险评估机构中最先达到 HAZOP 分析技术的制度化、标准化、特色化，在全系统 200 余套装置进行推广应用，提升了系统化风险评估成套技术在中国石化的应用水平。

（王新军）

【HSE 管理和培训】 2015 年，安全工程研究院“炼化企业安全管理水平量化评估技术”在齐鲁石化等 4 家企业试点应用，得到国家安监总局和石化集团公司肯定，具备了全系统推广条件；编制的《中国石化安全管理手册》印发全系统执行，成为石化集团公司安全管理的纲领性、强制性文件；《工程建设项目第三方 HSE 专业化管理做法》在中国石化系统内推广。策划组织炼化企业承包商等培训班 36 期，培训人员 5 300 名，为承包商事故占比从 2014 年度的 75% 下降到 30% 发挥了重要作用。

（王新军）

【获得中国石化优秀创新团队称号】 2015 年，安全工程研究院 HSE 风险管控与决策支撑技术团队获中国石化优秀创新团队称号。该团队先后承担国家“863”计划及省部级以上课题 20 余项，开展了企业 HSE 风险管控整体解决方案与 HSE 管理诊断、HSE 信息化、境外 HSE 风险管理、安全文化与行为安全风险管理提升等方面的研发和应用；“以质量控制为基础，以风险管理为核心的中国石化 HSE 管理信息系统建设”获得中国石化管理创新成果一等奖；研发的中国石化 HSE 管理信息系统通过中国石化科技成果鉴定；主持或参与制修订中国石化 HSE 相关企业标准 21 项、制度 15 项。

（王新军）

表 1 **安全工程研究院 2015 年度主要科研成果获奖情况**

序号	项目名称	奖项名称	获奖等级
1	高效油气回收成套技术研发及工业应用	石化集团公司科技进步奖	一等奖
2	炼化装置泄漏检测与修复成套技术开发及应用	石化集团公司科技进步奖	二等奖
3	加油站埋地双层油罐及热塑性塑料复合管道技术研发与推广应用	石化集团公司科技进步奖	二等奖
4	基于反应致灾机理的化工装置安全诊断与控制技术研究与应用	石化集团公司科技进步奖	二等奖
5	炼化火炬系统安全技术研究与应用	石化集团公司科技进步奖	三等奖

续表

序号	项目名称	奖项名称	获奖等级
6	加油站燃爆事故机理与防护技术研究与应用	石化集团公司科技进步奖	三等奖
7	炼化企业化学毒物职业危害风险分级与控制技术研究	石化集团公司科技进步奖	三等奖
8	基于风险的炼油装置防腐成套技术研发及应用	中国腐蚀与防护学会科技进步奖	一等奖
9	化工过程安全仪表系统功能安全技术研究与应用	中国石油和化工自动化行业协会科技进步奖	二等奖
10	催化裂化装置安全运行监测与指导系统研究化学品物理危险性鉴定与分类研究	中国石油和化工自动化行业协会科技进步奖	二等奖
11	大型罐区雷电风险评估与控制技术	中国石油和化学工业联合会科技进步奖	三等奖
12	油气回收用疏水硅胶吸附剂研制与工业应用	中国石油和化学工业联合会科技进步奖	三等奖
13	炼化企业化学毒物职业危害风险分级与控制技术研究	中国职业安全健康协会科技进步奖	二等奖
14	高酸性气田地面设施腐蚀和安全风险控制技术与工业应用	中国职业安全健康协会科技进步奖	二等奖

表2　安全工程研究院2010—2015年专利申请与授权情况　件

年份	国内专利		国外专利	
	申请数	授权数	申请数	授权数
2015	218	98	0	0
2014	102	63	0	0
2013	79	50	0	0
2012	79	19	0	0
2011	51	9	0	0
2010	31	11	0	0

催化剂公司

【概况】 中国石化催化剂有限公司(简称催化剂公司)于2013年5月28日揭牌成立。其前身是2004年12月29日在北京成立的石化股份公司催化剂分公司。

催化剂公司是国内最大的炼油化工催化剂生产商、供应商、服务商，产品涵盖炼油、化工和基本有机原料3个催化剂领域，年生产能力合计超过20万吨。本部位于北京市朝阳区惠新东街甲6号，机关设置12个部门。生产基地主要分布在北京、上海、湖南、山东、辽宁和江苏。截至 2015 年底，催化剂公司用工总量 4 098 人，拥有各类经营管理及专业技术人员 1 485 人，其中教授级高级职称人员 25 人，高级职称人员 333 人，博士 16 人，硕士 187 人，并建有博士后工作站。

2015 年，催化剂公司认真贯彻落实保效益的总要求，紧紧围绕打造“科技型、生产服务型和先进绿色制造”的世界一流催化剂公司的目标，全力维护和开拓市场，努力降本增效，高质量地完成了年度目标任务。

催化剂公司主要生产经营指标见表 1。

（马玉婷）

【市场开拓有作为】 2015 年，催化剂公司全力做好系统内保供和高质量技术服务工作，主要产品 FCC 催化剂在系统内市场占有率维持高位。积极应对国内系统外部行业催化剂采购政策调整，部分用户重新使用中国石化催化剂。继续在山东地炼市场保持主导地位。积极开拓海外市场，出口催化剂发货量大幅增加，FCC 催化剂稳定供应台湾、日本、美国、新加坡等客户。

（马玉婷）

【管理有效提升】 2015 年，催化剂公司从严管理，针对生产经营中的重要问题组织专题工作组，研究解决方案，有效推进难点问题的解决。持续降低加氢催化剂成本，开发和推广低成本催化剂；开展消除独家和指定采购专项整治行动，扩大招标采购范围，大幅节约采购资金。启动月度滚动预算管理，加强过程控制，增强对运营效果的掌控能力。年度考核兑现体现了严考核、真兑现。完成修理费使用情况和低效无效资产处置情况专项审计调研、在建工程跟踪专项审计，促进管理更加规范。

（马玉婷）

【规划和重点工程有序推进】 2015 年，催化剂公司明确提出打造“科技型、生产服务型和先进绿色制造”的世界一流催化剂公司的发展目标，编制“十三五”发展规划，确定发展定位、指导思想、具体目标和主要措施。南京 SMTO 催化剂生产装置、大连基地加氢催化剂建设项目、立得搬迁项目一期建设、上海丙烯腈催化剂装置建设等重点项目顺利推进。

（马玉婷）

【技术创新不断进步】 2015 年，催化剂公司拟定提升催化剂制备能力建设方案和提升技术服务能力建设方案。参与的 9 项技术成果获得中国石化科学技术奖，其中技术发明、科技进步一等奖各 1 项。申请专利 33 件、获得授权 29 件，其中发明专利 12 件。1 项国家标准发布实施，11 项行业标准完成了技术研究和文本编制，2 项行业标准通过工信部立项审批，160 项中国石化二级企业技术标准完成制修订、发布和备案。协办第 18 届全国分子筛学术大会，展示了催化剂公司先进产品及制造水平，为技术合作打下坚实基础。

（马玉婷）

【获得北京高新技术企业认定】 2015 年 1 月 27 日，北京市科学技术委员会、北京市财政局、北京市国家税务局和北京市地方税务局为催化剂公司正式颁发《高新技术企业证书》，同时，中关村科技园区管理委员会也为催化剂公司颁发了《中关村高新技术企业》证书。

（马玉婷）

【新一代乙苯催化剂在海南实华初期标定顺利完成】 2014 年 11 月 4 日海南实华嘉盛化工有限公司 8.5 万吨/年干气制乙苯装置投用催化剂公司的新型乙苯烷基化催化剂进行工业应用试验。在运行 4 个月后，于 2015 年 3 月 2—5 日进行了连续 72 小时的初期标定，标定期间装置运行平稳，乙烯转化率和乙基选择性均在 99% 以上，产品乙苯中的二甲苯含量只有 500×10^{-6}—600×10^{-6}，各项技术指标均达到合同要求值。与原催化剂相比，运行新催化剂能耗减少 17.6 千克标油/吨乙苯，节能效果显著。

（马玉婷）

【妥善应对美西海岸港口工人罢工事件】 2014 年 6 月—2015 年 2 月，美国西海岸港口出现工人怠工现象，导致集装箱滞留在港口，催化剂公司的产品难以运抵客户。美洲代表处及整个外贸团队妥善应对，积极寻求替代方案，并加强与埃克森美孚、瓦莱罗公司等客户的联系和沟通，最终未出现断货现象，客户对紧急物流服务非常满意。受制于罢工影响，美国本土催化剂出运困难，泰国客户出现 FCC 剂断货情况，外贸部门和东南亚代表处及时进行内部沟通协调，为客户制定了多个保供方案，满足了客户需求。

（马玉婷）

【山东科鲁尔丙烯腈催化剂初期标定成功】 由中国石化与中国万达控股集团共同注资成立的山东科鲁

尔化学有限公司是大型央企与民企进行混合所有制合作的示范性项目。一期工程13万吨/年丙烯腈项目采用上海石油化工研究院丙烯腈成套工艺包技术，采用催化剂公司生产的SANC－08系列丙烯腈催化剂，于2014年12月3日顺利投产。2015年3月进行了丙烯腈催化剂初期标定技术服务工作，标定结果显示丙烯腈平均收率、丙烯单耗等关键指标均超过并优于技术协议指标，丙烯腈产品质量均达到优级品。

（马玉婷）

【SMTO催化剂生产装置业务承揽协议签定】 SMTO催化剂生产装置是催化剂公司“十二五”重点投资项目之一，项目投资总概算6.94亿元，2014年7月开工建设。2015年5月29日，催化剂公司在南京化工公司举行了SMTO催化剂生产装置业务承揽合作协议签约仪式。该协议的签订，是中国石化系统内继中天合创鄂尔多斯项目后，又一次成建制的、完整装置的业务承揽，为系统内单位开展业务承揽提供经验，也有利于推进系统内人力资源统筹配置。

（马玉婷）

催化剂公司与南京化工公司SMTO催化剂生产装置业务承揽协议如期签订

【新一代聚乙烯催化剂在大庆石化试用成功】 2015年10月，催化剂公司在大庆石化成功试用新一代聚乙烯催化剂产品。新产品提高了聚乙烯产品的粒径分布集中度，150目粉料集中度达55%以上，聚合物筛分分布变窄，细粉含量得到有效控制，粉料粒型有效改善，提高了粉料的流动性，聚合物堆积密度提高13%，有利于装置长周期高负荷运转。此试用结果得到了用户高度认可。

（马玉婷）

【获得中沙异丙苯催化剂订单】 2009年，催化剂公司异丙苯催化剂在中沙（天津）石化苯酚丙酮装置上成功实现工业化应用。2012年，由于装置原因导致催化剂失活，催化剂公司立即组织紧急备剂。后经过技术专家努力，催化剂活性得到完全恢复，从而导致紧急备剂未能形成销售。2015年初，中沙石化计划于2016年进行装置大修换剂，催化剂公司积极与有关人员进行接触，经过多轮报价和谈判，最终成功获得中沙异丙苯催化剂订单，且销售单价有较大幅度提升。在获得订单的同时，也使长达2年多的库存占用难题得到解决。

（马玉婷）

【获山东地炼加氢剂订单】 多年来，山东地炼加氢催化剂长期市场被国际大公司所占领。催化剂公司始终坚持开展多方位、全天候的营销工作，通过展示中国石化催化剂良好质量和优质技术服务，取得了客户的信任，2015年4月获得山东利津石化厂有限公司260万吨/年渣油加氢催化剂订单。该订单是催化剂公司在系统外市场的最大加氢催化剂订单，也是在山东地炼加氢催化剂市场取得的重大突破。

（马玉婷）

【HAT－099甲苯歧化及烷基转移催化剂顺利通过标定】 2014年12月，催化剂公司的HAT－099甲苯歧化及烷基转移催化剂成功替代进口剂进入中国海油惠州炼化PX项目甲苯歧化装置。在运行6个月后，于2015年6月进行了连续72小时的标定，标定期间装置运行平稳，苯产品质量符合优级品要求，催化剂各项性能指标均达到了合同要求，得到惠州炼化的充分认可，也为HAT－099甲苯歧化及烷基转移催化剂在系统外用户的推广提供了经验。

（马玉婷）

【实现HS－16载体自产】 FHUDS系列加氢精制催化剂是抚顺石油化工研究院研制、催化剂公司生产的新一代柴油深度加氢脱硫催化剂。2014年—2015年9月，催化剂公司实现生产销售该系列催化剂2 000吨左右。为解决HS－16载体作为FHUDS系列加氢精制催化剂的专用载体，外购成本高、供货安全得不到保障、不利于合理排产等问题，催化剂公司通过技术攻关，制备出与外购HS－16载体物化性质相同的载体，且使用该载体制备的FHUDS系列加氢精制催化剂各项分析数据均符合质量指标要求，实现了HS－16载体自产，打破了该载体完全外购的局面，使载体生产线得到充分利用，降低了生产成本，提高了生产经营的自主性。

（马玉婷）

表1　　　　催化剂公司主要生产经营指标

指标名称＼年份	2015	2014	2013	2012	2011	2010
生产各类催化剂/万吨	17.46	17.80	14.28	15.24	14.55	12.42
销售各类催化剂/万吨	17.83	17.72	17.26	16.29	14.38	11.61
销售收入/亿元	56.47	59.12	67.45	66.36	52.19	39.57
利润/亿元	5.57	5.53	5.82	6.01	4.21	4.00
计提支付技术使用费/亿元	3.85	4.13	4.38	3.34	2.95	2.74
发生费用总额/亿元	11.36	11.97	12.52	10.77	10.37	8.90
资产总额/亿元	79.70	75.43	72.45	63.52	59.35	49.39
经济增加值(EVA)/亿元	4.08	3.04	3.00	3.02	1.69	1.07

备注：费用总额=管理费+销售费

百川公司(机关服务中心、机关服务局)

【概况】 中石化百川经济贸易公司(中国石油化工集团公司机关服务中心、中国石油化工集团公司机关服务局)简称百川公司(机关服务中心、机关服务局)，主要负责为中国石化总部机关及专业公司提供后勤服务保障，是石化集团公司直属专业公司、全资子公司，由原石化总公司机关事务部发展演变而来，企业性质为全民所有制。百川公司(机关服务中心、机关服务局)实行"一套机构，三块牌子"的管理机制，工作分为服务保障、总部部分职能管理和经营工作3个主要板块。

百川公司成立于1993年2月，注册资金3 000万元人民币，注册地址为北京市朝阳区朝阳门北大街22号，经营范围为住宿、餐饮、物业管理、办公用品、洗衣等服务。机关服务中心于1995年2月经原石化总公司正式批准成立，2002年11月经石化集团公司人事部、中央机构编制委员会办公室和国家事业单位登记管理局批准，成为事业单位法人。机关服务局于2008年9月经石化集团公司批准成立，是机关行政部门。

百川公司下设17个处室和实华饭店、国际旅行社、会议中心、和园景逸大酒店4个经营单位。有1个全资子公司——北京中石化井田工程建设有限公司、1个参股公司——北京百川恒升物业管理有限公司。北京中石化井田工程建设有限公司是石化集团公司为沙河科研中心建设项目专门成立的工程管理公司。2014年10月，管理权划转至机关服务中心。北京百川恒升物业管理有限公司由百川公司与北京燕化天钲建筑工程有限公司、新中物业管理(中国)有限公司，于2013年10月共同出资成立，主要通过业务外包形式为百川公司提供服务。

截至2015年底，百川公司共有职工253人。

(赵亚斌)

【服务保障】 2015年，百川公司保障总部机关平稳、有序、高效运转，共完成餐饮服务270万人次，会议服务4万余次；安保前台接待、停车管理、门禁卡等服务20万人次；办公区及自管楼设备设施维修服务6.2万次，安全行车122万千米；完成内部诊疗服务近1.12万人次、绿色通道就医服务和健康体检5 000余人次；审核和发放总部机关新入职员工和易地调动员工住房补贴1 360万元；提供票务服务6.9万张，健身服务4.2万人次，制送水服务5.3万桶，美发服务2.9万人次。

(赵亚斌)

【职能管理】 2015年，百川公司承建的沙河科研中心项目科研部分、政府公租房部分按计划推进，朝阳门办公区2号楼改造工程完成，朝阳门地铁通道工程、3栋360户老旧职工住宅外墙保温工程完成。加大就医绿色通道建设，与北京中医医院合作，在朝阳门办公区和小营办公区分别设立医保定点门诊，方便员工就医拿药。同时优化调整职工体检方案，提高体检标准，增加体检机构和体检项目，使员工可自主选择体检套餐和体检机构。百川公司认真落实《北京市控制吸烟条例》，控烟工作受到中央国家机关爱卫办通报表扬。积极抓好总部爱国卫生、人防、献血、计划生育等工作，石化集团公司被评为中央国家机关爱国卫生目标管理考核优秀单位、人防目标管理先进单位和首都无偿献血先进单位。

（赵亚斌）

【经营工作】 2015 年，百川公司经营工作取得了较好成绩，共实现经营收入 2.37 亿元，上缴税费 2 615 万元，实现利润比考核指标减亏 2 069 万元。

（赵亚斌）

【降本减费】 2015 年，百川公司总体人工成本在服务面积、服务人数、社会劳动成本增加情况下，不升反降。通过全面推进库房清理工作，缩减占库面积 20%，降低了库存积压和资金占用。通过加强采购管理，用好中国石化内部资源，尽可能采购内部自产物资。通过加大包括经营单位在内的集中采购力度，发挥数量优势，通过积极推进网络采购，减少中间环节，努力降低采购成本。通过加大自主维修维护力度，在保证设备设施正常运行前提下，主动修旧利废，降低维修费用。通过加强对外委合同执行情况的核查，精确测算服务费用，合理削减不必要的服务项目和内容。全年共计压减各类费用 1 819万元，完成石化集团公司下达的降本减费目标任务。

（赵亚斌）

【管理规范化】 2015 年，百川公司将和园酒店的管理方式由委托管理调整为业主全权管理、酒店管理公司派出人员参与经营的模式。借助中国石化大力推动信息化建设的有利时机，引导干部员工强化互联网思维，积极利用信息技术提升服务质量和管理能力，降低服务和管理成本。启动差旅管理服务平台建设，努力实现总部机关及所属企事业单位差旅服务管理信息化。

（赵亚斌）

【干部和人才队伍建设】 2015 年，百川公司认真落实党管干部和党管人才原则，继续实施岗位公开竞聘，全年共组织 9 批次 5 个层级的岗位竞聘和干部选拔任用工作，38 人通过组织选拔和岗位竞聘晋升到新的岗位。积极开展处科级干部岗位交流，促进人力资源合理配置，努力实现优化组合、优势互补。不断加强对干部员工的业务培训，组建内部培训师队伍，修订培训奖励办法，编制培训教材，组织处科级干部培训班，引导干部员工利用网络平台进行自我培训，提高了全员的业务水平和履职能力。全年共培训处科级干部 1 868 人次。大力开展岗位练兵活动，精心组织餐饮、会议服务技能竞赛，为员工交流经验、切磋技能搭建了平台，促进了员工素质提升和各类人才脱颖而出。首次通过恒升公司引进 8 名应届大学毕业生。

（赵亚斌）

【从严治党】 2015 年，百川公司自觉落实管党治党责任，并以制度形式将“一岗双责”落到实处，确保两级领导班子成员把党建工作与分管的业务工作融为一体。认真落实党风廉政建设“两个责任”，研究制定“落实党风廉政建设主体责任实施细则”，把党风廉政建设与反腐败工作纳入中心党组织建设和改革发展的总体布局。大力开展“三严三实”专题教育活动，突出教育主题，强化问题导向，贯彻从严要求，坚持以上率下，注重讲究实效，着力解决“不严不实”的突出问题。加强对群团工作的领导，注重发挥群众组织的作用。支持工会组织开展“流动红旗”班组劳动竞赛和“练技能、亮绝活”等基本功训练，组织健步走、乒乓球、篮球、游泳等多种多样的体育活动。

（赵亚斌）

国际事业公司

【概况】 中国石化国际事业有限公司（简称国际事业公司）成立于 1984 年 6 月，2000 年 5 月成为石化股份公司的全资子公司，注册地点北京。主要承担除原油、成品油、化工原料以外的进口物资采购业务和设备、材料、炼化产品的出口业务。

截至 2015 年底，国际事业公司共有在岗员工 493 人，其中本科及以上学历占 88.6%。在境内拥有中石化南光（上海）实业有限公司 1 家参股公司，在北京（2 家）、上海（2 家）、天津、重庆、广东、南京、武汉、宁波等地设有 10 家子公司，设有北京招标中心、南京招标中心、华南招标中心 3 家分公司。在美国、日本、德国、俄罗斯、阿联酋等国家设有 5 家境外二级子公司，在委内瑞拉、新加坡、澳大利亚、尼日利亚、哈萨克斯坦、沙特、巴西、伊朗等国家设有 7 家境外三级子公司和 1 家办事处。

2015 年，国际事业公司实现经营规模 316 亿元人民币，同比减少 30.9%；国际贸易规模 21.02 亿美元，减少 29.1%。

国际事业公司主要经营指标见表1。

（李　飞）

【提高业务运行质量】 2015年，国际事业公司全面梳理和界定各境内外公司主营业务，下发《关于境外公司业务范围界定的通知》《关于境内公司业务范围界定的通知》，要求境内外公司进一步去枝强干、优化战线，大力培育核心主业和新的增长点。截至年底，境内外公司19个重要品种经营规模达到117亿元，占总经营规模的64.5%，同比降低3.4%。全面梳理国际事业公司集团外客户，要求境内外公司围绕核心业务和主营业务加大优质客户开发力度和黄金客户培育力度，推进客户评价工作，持续优化客户结构。截至年底，销售规模达到1亿元以上的客户有21家，共计59.2亿元，占境内外公司总经营规模的32.6%；7家黄金客户销售规模达到19.3亿元，占境内外公司总经营规模的10.6%。深入各境内公司开展调研，全面了解各单位国际贸易业务开展情况，协调解决存在的问题，研究各单位下一步发展方向，进一步优化业务运行模式和盈利模式。对亏损单位进行重点帮扶，大连公司日化品、办公用品成功上线易派客电子商务平台，欧洲民用品经营有序推进；俄罗斯公司为俄罗斯石油、俄罗斯天然气公司提供物资采购服务初见成效，风险防控能力和水平不断提高。强化业务管理、协调，未产生新的业务纠纷。加强业务风险事前控制，终止美国奥克斯堡石油焦等有潜在风险的业务；对出现的雅达发电机组保函过期、延布第2船石油焦卸货等重大异常，加大事中协调力度。推进以效益为中心、以绩效为导向，在BW系统开发境内外公司签约合同毛利润分析报表，每月分析通报境内外公司签约合同毛利润情况和商务拓展业务盈利情况，推进提高盈利能力和盈利水平。对申请的赊销、存货经营等业务，重点关注贸易风险和毛利情况，强化成本意识和利润意识。截至年底，境内外公司总体毛利率达到2.0%，市场化业务毛利率达到1.9%。

（李　飞）

【商务拓展】 2015年，国际事业公司将商务拓展上报为中国石化2015年资源优化项目，并制定《物资装备部（国际事业公司）商务拓展实施方案》，大力开拓国内企业进口需求和国外企业在华需求，服务中国石化"走出去"战略。开展国际事业公司商务拓展效能监察，组织境内外公司制定市场开拓、客户维护目标及实施方案，明确工作要求和时间节点。加强监督、检查，赴各境内公司开展效能监察，要求每月上报进展情况，确保完成年度商务拓展目标。截至年底，境内外公司总体市场化率达到50.6%。以催化剂、润滑油、石油焦、石蜡、沥青等炼化产品为重点，强化与催化剂公司、润滑油公司、炼油销售公司等专业公司的协同，充分发挥专业公司的技术优势、资源优势和国际事业公司的境外平台优势，共同开拓国际市场。截至年底，实现硫黄销售27.7万吨，同比增长41%；石油焦销售202.3万吨，增长73.1%；石蜡出口13万吨，增长29.5%；沥青出口24.9万吨，增长25.3%。主动开拓中国石化外部市场，深入挖掘战略供应商和主力供应商进口物资需求，为渤海钢铁、南京钢铁、江苏武进、浙江久立、青岛汉缆等制造厂采购进口部件及原材料；充分发挥集团化采购优势，大力开拓国内企业进口需求，为神华宁煤、河北建投、珠海华城等大型企业提供物资采购服务。截至年底，为渤海钢铁、南京钢铁进口铁矿石389.4万吨，增长17.6%；为神华宁煤采购物资8.3亿元，累计实现利润2 158万元；为河北建投代理进口风电制氢设备，金额640万欧元；与大全集团就新疆5 000吨/年多晶硅项目（总投资20亿元）物资采购服务达成一致合作意向，并于11月下旬完成合作协议签署。利用国内优势资源和境外营销服务平台，与中国石化内部制造厂和国内优秀供应商合作，加大设备材料出口力度。与石油机械公司建立合作机制，优化合作流程，共同开拓国际市场；联合沈鼓、宁波天翼合作投标俄罗斯石油、俄罗斯天然气石油公司工程项目，宁波天翼成功中标俄罗斯天然气石油公司8台塔器、金额562万美元；联合青岛汉缆合作投标沙特阿美公司工程项目，打通电缆出口阿美公司业务流程。开拓思维，转变市场开拓方式，推进在做好保供服务的基础上开拓市场，用服务能力为开拓市场增加动力。依托境外公司贴近制造厂优势和过程控制能力，积极参与炼化工程公司海外EPC项目物资采购，为其提供物资采购过程控制服务。

（李　飞）

【国际贸易】 2015年，国际事业公司紧紧围绕中国石化生产建设主业，充分发挥各境内外公司的市场主体作用，进一步提高物资进口保供能力和产品出口保畅能力，但受国内外整体经营环境不佳以及中国石化固定资产投资减少等影响，全年实现石化产品、设备材料等国际贸易额21.02亿美元，同比减少29.1%。在全球范围内搜寻优质资源，大力推进框架协议采购，加强与国际知名生产厂商的合作，提升资源获取能力，较好地稳定了进口物资供应渠道。

充分发挥专业化采购优势，大力推进合金钢管、阀门、油气田装备等物资专业化经营，全年实现设备材料国际贸易6.30亿美元。全力开拓石化产品出口市场，大力推进长约销售，稳定出口资源和渠道。石化集团公司企业间不断深化合作，共同制定经营策略，保障中国石化产品顺畅出口，全年进出口石化产品14.72亿美元。深入开展煤炭消耗规律研究，抓资源、拓市场，与全球知名煤炭供应商稳定合作关系，但受国内煤炭整体需求萎缩影响，全年实现煤炭进口157.9万吨，总值1.07亿美元，减少49%。

（李　飞）

【提升服务能力和水平】 2015年，国际事业公司组织各境外公司充分调研，并和国际石油勘探开发公司加强沟通协调，确立伊朗雅达项目、Addax公司采购服务、加拿大Daylights项目、FIOC哈萨克斯坦项目等4个项目为海外项目保供试点单位，为其提供物资供应一揽子解决方案和“一点一办”的贴身服务，助力推进海外物资采购平台建设，进一步提升海外项目物资保障能力。加强与石油工程公司、炼化工程公司的沟通，推进合作参与印尼巴淡岛仓储和码头项目等海外EPC工程项目投标，利用国际事业公司全球化采购平台及资源掌控能力，提高EPC项目竞争能力及盈利能力，从源头介入物资采购服务，做大海外采购“总盘子”，不断提升海外物资采购能力。根据市场化原则，制定并发布《关于开展境内公司区域化服务计费的通知》，提高区域化公司对保供服务工作的积极性和服务水平。每季度统计境内区域化公司重点项目服务金额，按1‰的比例计入相关单位考核利润。组建沙特延布石油焦、硫黄经营团队，本着“资源保畅第一，效益最大化第二”的原则，全力推进延布石油焦、硫黄销售。5月，延布合资炼厂将装置开工初期使用的沙轻原油切换为沙重原油，石油焦品质降低，为创造最大收益，销售团队做了大量准备工作，最终多争取到5万吨高品质石油焦的提货权。截至年底，已完成延布第10船石油焦和第2船硫黄提取工作，通过梳理、总结前期石油焦、硫黄提取工作中的经验和教训，建立标准化的操作手册，并起草制定《自有资源销售管理办法》，进一步提高销售效率和管控水平。

（李　飞）

【风险防控】 2015年，国际事业公司境内外公司按照已界定的主营业务范围开展经营活动，对界定范围内的新客户、新的贸易方式以及跨越所负责区域开展的业务，报备案；对界定范围外的新业务品种，报党政联席会批准。全年新客户备案共28个，未开展新的经营业务品种。每季度梳理业务运行情况，对风险不可控、毛利率较低的业务停止开展，坚决杜绝以完成营业收入为目的“转票”业务，严禁开展融资性业务。通过系统共享台账，跟踪赊销、存货经营、主要经营品种等业务情况，及时发现风险、控制风险。进一步强化业务审批，严格落实会审制度，对存货经营、经营类预付款、赊销等高风险业务需经国际事业公司党政联席会会审。全面梳理第三方采购服务中的廉政风险点，制定防范措施，发布《关于加强第三方采购服务廉洁风险防控的通知》，最大程度地防控廉政风险。

（李　飞）

【打造电商平台】 2015年，国际事业公司按照石化集团公司党组关于加快建设统一的电子商务平台、积极参与“互联网+”行动计划、实现物资采购变革的指示要求，应用移动互联网、大数据、云计算等技术，经过百人百天的工作，打造了易派客电商平台，于4月1日起上线试运行。易派客平台以专家采购、行家招标、管家服务、大家共享为经营理念，从上平台、增品种、提流量、通流程入手，上线初期将512份电子化公开招标框架协议全部搬上平台，涉及化工辅料、煤炭、防爆灯具、紧固件外、复印用纸、办公文具、洗护用品等物资共115个小类、8 848种商品、82.45万种单品，价格较其他电商平台售价优惠10%以上。大力推进企业上线，通过深入企业一线走访交流，实地协调解决流程不通、操作不熟的问题，3个月完成51家企业(石化集团公司内部42家、外部9家)的上线任务，其中燕山石化、宁波工程公司、浙江久立公司等企业积极推进使用，下单数量多，采购成本降低近20%，成效十分显著。系统迭代开发有序进行，平台功能不断完善。通过制定严格开发计划，合理压缩研发周期，7个月累计完成系统版本升级26次，发布商品中心、订单中心、会员中心、运营中心等功能点518个。供应链金融10月份上线运行，通过公开招标选定6家合作银行，为22家供应商提供了供应链融资1.9亿元。截至年底，易派客平台上线框架协议近3 000份，累计成交金额89.1亿元，上线企业354家，其中内部企业129家全口径上线，平台日均浏览量接近1.6万人次。

（李　飞）

表 1　　国际事业公司主要经营指标

指标名称＼年份	2015	2014	2013	2012	2011	2010
经营规模/亿元	316.30	456.60	503.60	497.30	437.90	320.20
国际贸易规模/亿美元	21.00	29.60	31.30	27.30	24.30	16.00
进　口	12.50	19.70	21.00	18.60	13.50	8.90
出　口	7.30	8.80	8.60	7.70	9.40	6.80
第三国	1.20	1.10	1.70	1.60	1.40	0.40

国际石油勘探开发公司

【概况】 中国石化集团国际石油勘探开发有限公司(简称国际石油勘探开发公司，英文缩写 SIPC)成立于 2001 年 1 月，本部设在北京。国际石油勘探开发公司设董事会和监事会，实行董事会领导下的总经理负责制。实行两级管理模式，本部为投资、管理和生产经营决策中心，驻在国公司(或项目机构)为执行中心。

2015 年，国际石油勘探开发公司实施全面深化改革，机关职能管理部门由 19 个精简为 15 个，并在本部设立共享服务中心、财务核算中心和"两化"融合办公室。截至 2015 年底，国际石油勘探开发公司在 27 个国家执行 51 个项目，其中包括 10 个大项目公司：Addax 公司、伊朗公司、安哥拉公司、巴西公司、加拿大公司、阿根廷公司、叙利亚公司、哈萨克斯坦公司、俄罗斯公司和埃及公司。中外员工总数达到6 654 人，其中中方员工 1 075 人、外籍员工 5 479 人。2P 权益储量 7.7 亿吨油当量，其中石油 5.8 亿吨、天然气 2 385 亿立方米。2015 年权益油气产量 4 436 万吨油当量。

国际石油勘探开发公司主要生产经营指标见表 1。

(刘牧洋)

【降本增效成效显著】 2015 年，国际石油勘探开发公司专项成立降本增效活动领导小组和工作组，就降本增效的潜力、方向和落实措施与各个海外项目进行对接。从压减现金操作成本入手，深入分析海外项目生产成本构成和降本潜力；制定出合同重新谈判、作业优化、技术措施、生产耗材、人工成本、销售管理和财税管理等 7 个方面主要降本增效措施，并在实施过程中紧密跟踪，加强督导督促。各海外项目合理划分成本管理单元，分析降本增效、减亏创效潜力，深挖细找漏失点、节约点和增效点。全年生产操作成本 35.06 亿美元，降幅为 7.6%，桶油成本降幅为 11.5%。

(刘牧洋)

【勘探投资效益和效果提高】 2015 年，国际石油勘探开发公司初步建立了符合国际惯例和自身特点的勘探管理体系，建立完善勘探项目集中决策机制；强化决策标准，以技术和经济评价为依据，突出定量化的勘探投资效益评价和公司层面排序，降低了投资风险。通过科学部署和认真实施，克服整体勘探区块数量少、投资少的局面，持续实现较高的探井成功率和圈闭钻探成功率，超额完成储量任务。全年完钻探井 40 口，探井成功率 48.6%；共钻探圈闭 36 个(非常规未计入)，新发现含油构造(圈闭)14 个，圈闭钻探成功率 38.9%。巴西风险勘探获得 2 项重要突破；埃及、阿根廷、安第斯等项目勘探获得 13 项商业发现，有效提升项目资产价值。同时，勘探快速转开发建产成为新的亮点，为油田接替和稳产上产提供了重要保障。

(刘牧洋)

巴西项目海上油田水下机器人准备入海操作

【油气生产及产能建设均超计划】 2015年，国际石油勘探开发公司大力开展储量管理体系建设，成立专业的储量评估团队和建立储量数据库，海外项目尤其是非作业者项目的储量管理得到有效把控。从严开发方案审查，将开发方案管理纳入整体资产价值管理过程中，避免单独追求储产量的情况。针对油价低迷的形势，及时优化调整产量结构；全年重点压低或关停低产低效井生产，提高效益好的项目产出水平，确保了最大开发效益；在投资减少、新井工作量减少的情况下，全年完成权益油气产量4 436万吨，同比增长231万吨、增幅5.6%。以提高储量动用和快速建产为核心，围绕老区精细调整夯基础和新区产能建设促上产，新建新增权益油气产能545万吨当量，超计划46万吨；新井当年权益产油319万吨，超计划25万吨。

（刘牧洋）

澳大利亚APLNG项目LNG工厂生产现场

【HSSE管理成效突出】 2015年，国际石油勘探开发公司以落实HSSE职责为第一要务，细化分解HSSE职责，实现责任全覆盖。开展专项审计与检查，及时消除风险隐患，各类风险得到有效管控，全年无井喷等重大事故发生，井控管理成效突出。以Addax、哈萨克斯坦公司为重点组织境外应急演练，应急管理能力持续提升。系统做好公共安全风险评估，有效处置各类突发事件。强化环境基础数据统计分析，溢油管理能力持续提升。持续做好疾病防控与健康干预，健康管理稳步推进。全年HSSE整体情况良好，未发生L4级及以上人员伤亡、财产损失、溢油、公共安全事件，可记录事件率（TRIR）和损失工时事件率（LTIF）稳中有降，获石化集团公司安全生产先进单位称号。

（刘牧洋）

【初步构建科学投资决策体系】 2015年，国际石油勘探开发公司开展构造科学投资决策体系工作取得初步成就。管控模式由重年度向年度和项目全生命周期并重转变，管控单元由区块、油田模式向单井和投资单元模式转变。在切实做好项目长期规划的基础上，认真梳理境外资产，确定价值增长点，围绕产量和现金流两条曲线，突出优化投资组合管理，完善投资管理事前严密论证、事中严格监控、事后认真评价的管理体系。不断优化调整，大幅度削减投资规模，年度投资规模从最初的630亿元最终优化到350亿元。建立以专家为核心的基础研究团队、尽职调查和经济评价团队、完善专家决策把关机制。专家带领团队充分发挥“项目制”管理优势，对战略目标区域、重点专业领域开展长期跟踪研究；项目尽职调查的深度、专家参与程度在几个油田收购中体现出了优势。

（刘牧洋）

【全面开展体制机制改革】 2015年，国际石油勘探开发公司大幅精减机关部门设置及编制，从19个部门精减到15个，人员从333人缩编到212人。成立共享服务中心，改变了资源分散、人才流动难，机关和海外两头大、中间支持力量小，体制机制缺乏活力等一系列问题。成立财务核算中心，实现了20个核算主体纳入财务核算中心集中核算运行。建立岗位与行政级别分离和用人者选人机制，实施了薪酬市场化和福利属地化改革试点，力推干部能上能下、员工能进能出、薪酬能增能减；2015年，289名员工通过公开竞聘走上新的岗位。改革公司专家制度和实行了专职董事制度。组织开展海外项目一项一策研究；制度化、流程化和信息化建设走上正轨；启动综合管理制度体系（IMS）以及生产运营和经营管理2个信息共享平台的建设。

（刘牧洋）

【党建工作水平稳步提升】 2015年，国际石油勘探开发公司全面开展“三严三实”专题教育，及时调整优化基层党组织设置和活动方式，认真落实“三会一课”、民主生活会、组织生活会、领导干部双重组织生活、党务公开、述职述学述廉等制度，保障了基层组织生活常态化、制度化、规范化；海外党组织克服时差、多地办公等困难，以“严细实”的作风扎实开展专题教育，做到了全面覆盖。建立党建工作月报制度，保证各项工作有序推进。搭建基层党组织工作交流、经验分享平台，通报典型做法，促进共同提升。海外党组织本着灵活多样、务实有效、安全可靠的原则，通过网络、视频等形式开展党建工作，以党建聚人心、促发展。1个党支部被评为石化集团公司第2批基层党组织建设示范点，2个基层党组织、8名党员受到直属党委表彰。

（刘牧洋）

【**宣传思想文化彰显特色**】 2015 年，国际石油勘探开发公司坚持正面引导与鼓劲，《国勘报》刊载改革专题 500 余篇，把握正确导向，解答热点问题。选树翁行芳等“严细实”的先进典型，开展“榜样就在身边”专题讨论。建立新闻发言人制度，集成管理报纸、网站、微博微信等传播平台，加强新闻宣传和舆论引导，内增动力，外树形象。举办海外社会责任实践典型案例大赛，促进了社会责任管理和实践水平的提升。扎实推进国勘特色文化建设，编制《多元文化管理指南》，总结提炼跨文化管理经验。

（刘牧洋）

【**和谐企业建设深入推进**】 2015 年，国际石油勘探开发公司坚持和完善职代会制度，对事关改革发展和员工切身利益的重大事项，按规定履行民主程序。畅通意见表达渠道，职工论坛“深化改革答疑区”发帖 329 条，电子信箱征集合理化建议 157 条。多渠道开展帮扶救助，为遭遇突发重大疾病的员工及家属募捐善款，提供绿色就医、重大疾病救治以及心理健康咨询等服务。启动“暖心行动”EAP 项目，开展健步走、快乐篮球赛等群众性文体活动，帮助员工塑造理性平和的阳光心态。着力提升青年员工的综合素质，2 名青年员工获石化集团公司第 6 届青年外语风采大赛一等奖，1 个团支部获得中央企业五四红旗团支部称号。

（刘牧洋）

表 1 **国际石油勘探开发公司主要生产经营指标**

指标名称 \ 年份	2015	2014	2013	2012	2011	2010
勘探新增权益石油储量（2P + 2C）/百万桶	73.12	226.55	259.21	186.88	266.38	173.09
勘探新增权益天然气储量（2P + 2C）/亿立方米	75.99	171.74	308.64	363.48	426.78	283.11
权益油气产量/万吨	4 436.30	4 091.99	3 871.41	2 904.68	2 335.60	1 839.67

石油工程公司

【**概况**】 中石化石油工程技术服务股份有限公司（简称石油工程公司，英文缩写 SSC）是石化集团公司的控股子公司。

2012 年 6 月 28 日，石化集团公司实施石油工程专业化整合重组，将胜利油田、中原油田、江汉油田、江苏油田、华北石油局、西南石油局、华东石油局等 8 家油田企业的石油工程业务整体剥离，与总部石油工程管理部（不含矿区业务管理职能和人员）及国际石油工程公司、上海海洋石油局整合，成立石油工程公司。2014 年，石化集团公司实施仪征化纤股份有限公司（*ST 仪化 600871，仪征化纤 1033）重大资产重组，将石油工程资产置入仪征化纤，并将化纤业务置出，从而实现了石油工程公司在上海、香港两地上市。

截至 2015 年底，石油工程公司设钻井事业部、测录井事业部、井下特种作业事业部等 3 个专业事业部，国际石油工程公司、海洋石油工程公司、石油机械公司、地球物理公司及石油工程建设公司等 5 家专业公司，胜利、中原、江汉、河南、江苏、西南、华北、华东等 8 家地区公司。用工总量 11.43 万人，其中合同制员工 8.45 万人（在岗合同制员工 8.33 万人）、劳务派遣工 2.97 万人。在岗合同制员工平均 42.8 岁，具有大学本科及以上学历 2.72 万人，经营管理、专业技术、技能操作人员分别为 2.42 万人、1.76 万人、4.09 万人，具有高级及以上技术职称 0.97 万人、具有高级工及以上职业资格 3.25 万人。

石油工程公司所属企业大都有着超过 50 年的经营业绩，建立了完善的作业技术规范、质量保证体系、健康安全环境（HSE）和职业安全健康（OSH）管理体系。先后在中国 76 个盆地、560 多个勘探区块内开展了油气工程作业，在大批油气田的发现中发挥了重要的作用，积累了丰富的经验和强大的项目执行能力。截至 2015 年底，石油工程公司在 38 个国家执行项目 465 个，合同总额 174.7 亿美元。

（汪映春）

【领导班子调整】 2015年3月7日，石化集团公司宣布胡国强任石油工程公司监事会主席、纪委书记、党委委员；张锦宏、黄松伟任副总经理、党委委员；王春江为工会主席人选，不再担任纪委书记(仍任党委副书记)；雍自强不再担任副总经理(正局级)、测录井事业部主任、党委委员；左尧久不再担任副总经理(正局级)、党委委员；宗铁不再担任副总经理、钻井事业部主任、党委委员；赵殿栋不再担任副总经理、党委委员。

(汪映春)

【财务资产】 2015年，石油工程公司(含石油机械公司)全年实现营业收入660.61亿元，利润总额4.33亿元，净利润-0.85亿元；收入利润率为0.66%，净资产收益率为-0.3%。截至2015年末，资产总额953.87亿元，负债总额675.86亿元，所有者权益278.01亿元，资产负债率为70.85%。

(汪映春)

【市场开拓逆势求进】 2015年，石油工程公司面对量价齐跌的市场，千方百计迎难而上，内部市场占有份额不断提高，石化集团公司内钻井市场占有率达到96.2%、提高6.7%。国内外部市场主要专业工作量持续增加，钻井队伍规模达到115支，新走出去19支。在国内非常规市场，重点开拓华能、神华、重庆、中国地质调查局市场和山西煤层气等新市场。海外重点区域市场逆势而上，新签合同额27.1亿美元，完成合同额22.6亿美元。石油工程公司已成为沙特阿美公司、科威特和厄瓜多尔国家石油公司最大的陆上钻井承包商。业务发展模式走向全方位一体化，建立了三级市场开发管理体系，出台市场开发、投标和招标管理规定，重点推进以钻井为龙头，带动钻井液、测录井、井下作业等产业链一体化大包服务模式。

(汪映春)

【支撑保障能力不断提升】 2015年，石油工程公司利用自有的非常规配套技术，实现了涪陵页岩气田实现勘探重大突破和一期50亿立方米产能顺利建成，保障了中国最深高酸性气田元坝气田成功投产；在北部湾海域承钻的涠4井试获高产油气流，日产超过千吨。对施工队伍开展劳动竞赛，促进队伍提供更加优质高效的服务。涪陵工区推广“井工厂”模式，勘探开发成本大幅降低，单井成本较初期减少20%，钻井施工周期较初期减少40%左右，压裂试气由48.2天/单井提升到61.5天/单井组(4口井)。

(汪映春)

【转型升级迈出坚实步伐】 2015年，石油工程公司主动减量，盘活内部闲置资产，清理完成低效无效资产原值16.44亿元、净值3.84亿元；优化队伍结构，压减队伍104支，减少用工1.01万人；在盘活存量上，打造调剂盘活资产服务平台，盘活装备资产；创新劳动组织形式，优化用工配置，创新一线用工的倒班倒休方式，累计调整优化用工3 000余人次，安排富余人员816人承揽矿区业务。在做好增量上，积极培育新兴业务，初步确定8家地区公司的业务特色定位及油藏综合服务一体化、测控定录一体化、钻井液研发生产服务一体化、压裂测试研发服务一体化、测绘地理信息、节能环保工程产业6个新效益增长点；测绘地理信息业务转岗1 500人、完成工作量2万千米；中石化节能环保工程科技有限公司挂牌运行，转型发展迈出了新步伐。

(汪映春)

【技术进步取得突破性进展】 2015年，石油工程公司大力实施创新驱动发展战略，着力推进科技成果转化，与石油工程技术研究院、石油物探技术研究院协同攻关完善一批关键技术和集成配套技术。开展318项科研课题攻关，页岩气、酸性油气藏、致密油气藏、深层油气藏等集成配套技术得到规模化应用。开展西部山前带物探技术、涪陵页岩气集成配套技术等25个大项目研发及现场应用。成立西北、西南生产应急技术中心和录井装备检验中心，组建连续油管和高压带压作业技术服务队伍，推动专业技术服务及特色业务发展。申报专利438件，获授权248件，软件著作权15项，创中国石化施工新纪录35项，科技的引领支撑作用进一步彰显。

(汪映春)

【安全环保保持稳定】 2015年，石油工程公司着力强化制度体系建设，发布实施32项管理规定；开展“我为安全做诊断”“四比四赛”活动，收到问题诊断4万余条、建议650条；开展年度HSE暨设备大检查，以及海(水)上、井控、防恐防爆等专项检查，查出并整改问题2 652项；推行HSE异体监督，推进钻井系统两个“先试先行”，实现有监督、会监督、敢监督；加强井控现场管理，细化干部值班带班制度，实施重点井专家驻井制度。开展境外新上项目公共安全风险评估和井控、海上联合应急演练，提高了应急处置能力；强化工程承包分包治理，发布实施《分包商HSE管理规定》，开展分包商专项效能监察，石油工程建设公司共清退384家分包商、1家列入“黑名单”；强化环保节能管理，钻井和压裂液减排与回收利用、油基岩屑处理、网电钻机应用、天然气回收利用等效果显著。

（汪映春）

【依法依规治企成效明显】 2015 年，石油工程公司积极推进以项目为核心的生产决策、生产运行、财务预算核算、分级分析、经营考核管理和责任追究“六大体系”建设，梳理制度建设清单，建立 126 项管理制度，制定提升“三基”工作实施方案，颁布新版内控手册，全系统组织开展内控审计评价、安全生产费用和安保基金审计，对近 3 年亏损单位和项目集中包案扭亏，实施领导挂牌督办和包案治理。修订及制定公司章程、董事会议事规则等制度，相继获得 2015 年度中国上市公司资本品牌价值百强、中国证券金紫荆最佳上市公司董事会和中国上市公司百强殊荣。

（汪映春）

国际石油工程公司

【概况】 中国石化集团国际石油工程有限公司（简称国际石油工程公司）由石化集团公司出资于 2003 年 12 月成立，注册地北京。2012 年，石化集团公司石油工程专业化重组，国际石油工程公司出资人由石化集团公司变更为石油工程公司。主要从事国际石油工程承包和技术服务业务，对石油工程公司国际石油工程承包、技术服务和劳务合作业务实行归口管理和统一协调；承担自营国际石油工程承包、技术服务和劳务合作业务的经营管理，对石油工程公司所属专业公司、地区公司自营国际石油工程承包、技术服务和劳务合作业务进行管理、监督和协调；对外派遣实施境外工程所需的劳务人员；负责国际石油工程承包项目下的设备、技术和材料的出口工作及境外设备租赁、租购业务。

国际石油工程公司下设 8 个机关职能部门、3 个业务部门和沙特分公司、科威特分公司、尼日利亚子公司、加蓬分公司、阿尔及利亚子公司、厄瓜多尔子公司、墨西哥子公司、阿根廷子公司、玻利维亚子公司、哈萨克斯坦子公司等 65 个分（子）公司。

截至 2015 年底，石油工程海外员工总数 19 904 人，其中中方员工 8 056 人，外籍员工 11 848 人，外籍员工比例达 60%。国际石油工程公司员工总数为 642 人，其中中方员工 318 人，外籍员工 324 人。

国际石油工程公司境外合同额见表 1。

（牛玉达）

【重点市场业务逆势求进】 2015 年，世界油气和油服行业陷入衰退，国际石油工程公司海外重点市场业务实现逆势突破。科威特市场成功签约科威特国家石油公司 17 台钻修机项目，合同总额 8.7 亿美元；中国石化在科威特市场钻机总数达到 53 台，成为科威特国家石油公司陆上最大的钻井工程承包商。沙特市场签约合同额 7.5 亿美元，其中井筒业务 5.8 亿美元，为沙特阿美公司服务的钻机总数达 51 台，占阿美公司总量的 23.8%，继续成为阿美公司最大陆上钻井承包商。阿尔及利亚市场井筒业务全年新签合同额 8 900 万美元；物探业务新签阿尔及利亚国家石油公司 3 个二维和三维采集项目，合同额 1.3 亿美元，成为阿尔及利亚最大的国际地球物理承包商。玻利维亚市场井筒、物探和地面业务齐头并进，续签和新签项目合同额 2 亿美元。厄瓜多尔市场新签综合服务、井筒和物探项目，合同总额 1.4 亿美元；成功签约厄瓜多尔 PAM 公司 T 油田钻井、完井总包服务合同，推动了海外业务转型升级。

（牛玉达）

【经营效益取得新突破】 2015 年，国际石油工程公司面对多变的市场环境和激烈的市场竞争，适时调整发展思路，不断转变发展方式，拓市场、强管理、控风险、争效益，实现了海外业务规模、效率和效益同步提升。全年新签合同额 27.1 亿美元，完成合同额 22.6 亿美元。截至年底，共在 38 个国家执行项目 465 个，合同总额 174.7 亿美元，其中石化集团公司投资项目 91 个，合同额 11.5 亿美元，占总额的 6.6%。

（牛玉达）

【规模经营格局初步形成】 2015 年，国际石油工程公司稳固并拓展了中东、非洲、美洲、中亚、南亚及东南亚五大规模市场。形成了沙特、科威特、阿尔及利亚正在执行合同额超过 10 亿美元的国家市场 3 个，5 亿—10 亿美元的国家市场 4 个，1 亿—5 亿美元的国家市场 10 个。已分别成为沙特、科威特和厄瓜多尔国家石油公司最大陆上钻井承包商、阿尔及利亚石油公司最大的国际地球物理承包商。

（牛玉达）

【油田综合服务业务取得突破】 2015 年，国际石油工程公司充分发挥已有市场优势、综合优势、技术优势和队伍优势，大力拓展油田综合服务业务。墨西哥 EBANO 油田综合服务项目平均日开井 267 口，原油日产量 1.2 万桶。在印尼市场与马来西亚云顶公司签署卡苏里区块综合技术服务框架协议，为业主提供勘探开发全过程技术和管理支持以及物探、井筒、地面工程等服务。厄瓜多尔市场成功签约厄瓜多尔PAM公司I－L－Y油田综合服务项目，完成钻井2口、修井3口，累计增产油13万桶，成为石化集团公司石油工程独立操作的第1个海外油田综合服务项目，标志着国际石油工程公司开始进入业主核心业务领域。物探数据处理解释、定向服务、水平井、测录井、固井、泥浆、酸化压裂、测试等高技术含量、高附加值业务取得较好业绩，海洋工程业务实现新的突破。

（牛玉达）

I－L－Y油田综合服务项目施工现场

【调整完善管理机构】 2015年，国际石油工程公司调整海外项目投标管理委员会和机关部门设置，增设了油藏业务部、地面与物探业务部和党群工作部3个部门，合并物流管理部和装备管理部，撤销海洋工程部。新设、变更和注销境外机构21个，将17个境外机构投资主体由油田企业变更为国际石油工程公司。

（牛玉达）

【项目实施管理成效显著】 2015年，国际石油工程公司充分发挥引领作用和整体优势，精心实施项目，严格履行合同，狠抓风险管控，强化成本控制，加强分包管理，海外项目总体运行平稳。沙特51部钻机全部整拖搬迁，累计井间搬迁时间比阿美公司计划缩短380天，先后创造单只钻头进尺最多、机械钻速最快等10多项纪录。科威特市场已开工的42台钻修井机全部提前开钻，累计提前3 209天，连续6年未出现重大人身或设备安全事故。沙特S62物探项目施工6年，始终保持优质高效生产，平均日产2 148炮，最高日产3 628炮，累计实现1 413万人工·时和2 066万千米行驶里程安全无事故。玻利维亚市场加大工程款回收力度，全年累计回收工程款5 537万美元，应收账款回收率达99%。

（牛玉达）

SP－138队连续6年安全生产无事故

【境外公共安全和HSE监管力度加大】 2015年，国际石油工程公司以落实管理责任为抓手，以完善管理体系为重点，持续强化境外公共安全和HSE管控。着力落实境外公共安全和HSE统一监管职责和各级管理责任。完善监管体系，制定12项监管制度，完成HSE体系认证和换证工作，配备安全总监，建立领导干部定点承包重点基层单位制度和督察制度。强化教育培训，强化直接作业环节安全管理，组织开展境外公共安全和HSE应急演练。密切关注高风险国家公共安全形势，动态跟踪沙特、科威特公共安全形势新变化，严格境外公共安全风险评估。成功组织“西非埃博拉”“中东呼吸综合征”疫情应对和也门、南苏丹等紧急撤离工作。开展境外公共安全审计和 HSE 检查。

（牛玉达）

【体制机制调整逐步推进】 2015 年，国际石油工程公司加快推进海外业务统一管理，充分调动各方积极性，加快实现海外业务发展统筹规划、资源优化配置，充分发挥整体优势，推动转型发展、促进提质增效。编制海外业务管理体制机制调整方案，进一步完善市场开发、投标决策、项目管理、经营业绩考核等方面一体化管理体制机制，逐步规范各层级管理主体的职责与分工、业务界面与流程。进一步完善配套管理制度，出台境外公共安全和 HSE 监管、油田综合服务项目开发生产职责分工等管理制度及 10 多项配套管理制度。构建海外会计统一核算体系，建立会计核算架构和数据汇总平台。

（牛玉达）

【党建和队伍建设扎实有效】 2015 年，国际石油工程公司认真组织学习习近平总书记系列重要讲话精神，组织党委中心组集体学习研讨，并将学习覆盖到境外机构。扎实开展“三严三实”专题教育，组织召开领导干部专题民主生活会、组织生活会，查找存在的问题，制定整改落实方案。举办党支部书记培训班，进一步增强基层党组织战斗力。组织海外重点岗位人员党风廉政教育培训班，提升廉洁从业意识。开展境外机构专项效能监察，剖析存在的问题并督促整改。高度重视和谐企业建设，通过邮件、微信企业号等媒介，搭建沟通平台，及时传播正能量。举办拓展培训班，推行员工帮助计划，进一步增强了员工归属感和凝聚力。

（牛玉达）

表 1　国际石油工程公司境外合同额　亿美元

指标名称 \ 年份	2015	2014	2013	2012	2011	2010
新签合同额	27.10	30.70	46.97	25.90	23.00	16.88
完成合同额	22.60	26.80	29.05	17.70	12.80	14.25

海洋石油工程公司

【概况】 中石化海洋石油工程有限公司（简称海洋石油工程公司）成立于 2014 年 11 月，位于上海市浦东新区，是石化集团公司从事海洋石油工程服务的专业队伍，其业务范围涉及海洋钻井、海洋物探、船舶运输、特殊作业、海洋石油工程技术研究等。

海洋石油工程公司的前身为地质矿产部上海海洋地质调查局，组建于 1973 年 4 月，1997 年 1 月整体归入中国新星石油公司，2000 年 3 月随中国新星石油公司整体并入石化集团公司，2002 年 7 月，直属石化集团公司管理。2014 年，上海海洋石油局有关海洋石油工程业务整合成立海洋石油工程公司，随石油工程公司上市直属石油工程公司管理。

截至 2015 年底，海洋石油工程公司下设 15 个机关综合管理部门、1 个专业管理部门 、8 个二级单位、4 个兼有管理职能的专业化服务单位；拥有从业人员 1 441 人，在岗合同制员工 1 025 人，其中经营管理人员 349 人，专业技术人员 493 人，具有高级专业技术职称 183 人。

截至 2015 年底，海洋石油工程公司大型装备主要有钻井平台 5 座，其中自升式平台 3 座、半潜式平台 2 座；地震物探船 3 艘，其中 12 缆物探船 1 艘；海洋工程地质调查船 2 艘；多用途工作船、平台供应船 8 艘，其中拥有 DP2 动力定位系统船舶 3 艘，在建平台供应船 1 艘。海洋钻井能够在 8—610 米水深海域，提供直井、定向井、高温高压井以及海底井口回接等服务，最大钻井深度可达 10 668 米，可实现完全的环保零排放。

2015 年，海洋石油工程公司实现营业收入 16 亿元，利润总额 2.87 亿元。

海洋石油工程公司主要技术经济指标和主要生产建设指标见表 1 和表 2。

（林雪梅）

【涠西自营井项目顺利完成】 2015 年，海洋石油工程公司成立了项目组，实施涠西自营探区 2 口探井。以勘探二号为作业目标平台，钻井、船舶、特殊作业等单位紧密协作，物资、装备等部门全力保障，历经 4 个多月海上施工，克服了准备时间短、内部资源不足、大斜度井作业、台风侵扰频繁等诸多不利因素，高效优质完成了涠西自营井项目。

（林雪梅）

【钻井服务创多项纪录】 2015年3月，海洋石油工程公司勘探二号平台在南海北部湾钻探WS1－5E－1井，该井设计建井周期为14.5天，而实际建井周期仅为6.71天，完井井深1 545米，创造了该平台建井周期最短纪录。8月，勘探六号平台在东海承钻某探井创多项纪录，单个钻头裸眼段单次进尺达1 698米，创该平台投产以来单次进尺最深纪录；三开中完井达4 155米，创该平台投产以来三开作业最深纪录；平台套管平均每小时下放27根，创该平台投产以来套管下入速度最快纪录。

（林雪梅）

【物探服务创多项纪录】 2015年5月，海洋石油工程公司勘407轮工程地质调查船完成日照、连云港勘探项目LYGZK－1孔全断面取芯，终孔深度75.6米，创该轮全断面取芯单日进尺最高纪录。该孔最大采取率99%，平均采取率89.72%。8月，勘407轮完成东海地质取样项目，共完成柱状取样59站位、表层取样140站位，取样站位一次成功率达96.6%，创该轮柱状取样182.7米水深纪录和表层取样206.7米水深纪录。

（林雪梅）

【科技研究收获新成果】 2015年，海洋石油工程公司承担的“东海深层低渗储层伤害评价与防治技术”获石化集团公司科技进步三等奖，该项目研制的钻完井液体系、储层压裂液配方和压裂改造工艺技术得到推广应用，项目成果达到国内领先的技术水平；承担的“深水井场地质灾害调查技术与评价方法”获石油工程公司科技进步二等奖，形成了利用常规三维地震资料进行深水井场浅层地质灾害研究的处理解释实用技术，系国内首次将此项新技术应用于深水井场钻前灾害评价。申请发明专利1件，开发了具有自主知识产权的海洋井场调查数据处理系统，对多种物探数据的处理进行了集成，成果整体水平达到国际先进。

（林雪梅）

【勘探七号平台完成交割】 2015年9月22日，勘探七号自升式海洋钻井平台正式完成交割。该平台于2015年2月16日在新加坡正式签订买入合同，由中集集团来福士公司烟台船厂建造。平台最大作业水深122米，最大钻井深度10 668米，最大在船人数140人，作业可变载荷3 766吨，最低作业温度－20℃，并配置国际主流高端设备，自动化、集成化、智能化程度较高。

（林雪梅）

勘探七号平台

【大型装备建设取得进展】 2015年3月，石化集团公司首艘电力推进平台多用途供应船勘探312轮（7 000马力）在福建省马尾造船股份有限公司命名交付，正式入列海洋石油工程公司。该船由挪威Havyard公司设计，船型为Havyard832CD，配备动力定位系统和外消防系统，具备良好的操作性能，可满足中深海海洋工程市场作业需求，是一艘技术先进、节能环保的新型海上平台供应船。11月，由海洋石油工程公司投资建造、福建省马尾造船股份有限公司承建的8 000马力多用途供应船（勘探313轮）顺利下水，该船于2014年12月开工建造。

（林雪梅）

【签订战略合作协议】 2015年8月，海洋石油工程公司与石油工程建设公司在沪签订战略合作协议，双方代表就共同关心的项目及话题深入交换了意见，并分别介绍了东海黄岩项目及相关平台设计、建造情况。战略合作的开展意味着双方将在现有合作基础上进行深度结合，利用联合体优势，共同推进石化集团公司海洋工程建设。

（林雪梅）

【《海洋勘探震源工》正式出版】 2015 年 12 月，《海洋勘探震源工（三级二级）》正式出版，该教材是海洋石油工程公司耗时 2 年自主编写的国内第 1 本海洋勘探震源工高技能人才职业培训教材。由海洋石油工程公司下属上海教育培训中心、上海物探分公司在中国人力资源和社会保障部教材办公室、中国就业培训技术指导中心上海分中心、上海市职业技能鉴定中心指导下组织编写。该书的出版填补了国内海洋勘探震源工领域高技能人才培训教材领域的空白，可供海洋勘探震源从业人员及全国中、高等职业技术院校相关专业师生使用。

（林雪梅）

【获浦东新区社会责任达标企业】 2015 年 5 月，海洋石油工程公司被评为浦东新区社会责任达标企业。此次参评先后经过企业自查、浦东新区联合诚信记录征询、专业评估公司现场评估、评审专家委员会审核、网上公示等多个环节，最终通过审核。

（林雪梅）

表 1　海洋石油工程公司主要技术经济指标 亿元

指标名称 \ 年份	2015	2014
企业增加值	9.54	9.92
资产总计	62.84	46.16
流动资产	10.18	8.66
固定资产原值	58.06	54.82
固定资产净值	35.88	35.47
销售收入	16.00	17.48
实现利税	4.20	4.70
税　金	1.33	1.37
综合能耗/吨标煤·万元$^{-1}$	0.35	0.36

表 2　海洋石油工程公司主要生产建设指标

续表

指标名称 \ 年份	2015	2014
钻井/口	35	31
钻井进尺/万米	10.42	8.72
测井监督/井次	15	23
录井/口	14	23
固井/口	25	19
试油井次/口	10	8
试油层数/层	10	9

石油工程建设公司

【概况】 中石化石油工程建设有限公司（简称石油工程建设公司）本部设在北京，于 2012 年 12 月 28 日正式挂牌成立，是石油工程公司的全资子公司。下辖石油工程设计、中原设计、河南设计、江苏设计 4 家设计企业，胜利油建、中原油建、河南油建、江汉油建、江苏油建、胜利建工、中原建工、江汉建工 8 家施工企业，中原监理、江苏监理 2 家监理企业和中石化节能环保工程科技有限公司 1 家节能环保企业。从 1965 年大庆石油设计院 40 余人赴山东开展石油工程设计业务，到 2012 年正式整合重组设立，拥有近 50 年的行业从业经验，是石化集团公司专业从事国内、国外，陆地、海洋油气开发工程建设的技术服务商和工程承包商，在油气水大口径长输管道建设、油气田地面工程建设、海洋工程建设等领域位居行业领先水平，业务范围遍及国内各省区以及沙特、哈萨克斯坦、阿尔及利亚、加纳、尼日利亚、肯尼亚、巴西、玻利维亚等 34 个国家和地区。

截至 2015 年底，石油工程建设公司共有从业人员 1.81 万人，其中合同制员工 1.40 万人，平均年龄为 43 岁；设计板块人员 2 603 人、占员工总数的 14%，油建板块人员 10 602 人、占 59%，建工板块人员 4 666 人、占 26%，监理板块人员 145 人、占 1%。共有享受政府特殊津贴人员 1 人、石化集团公司突出贡献专家 8 人、石化集团公司三个层次学术技术带头人 26 人、闵恩泽青年科技人才奖 19 人、全国技术能手 4 人、石化集团公司（省部级）技术能手 49 人。

2015 年，石油工程建设公司共实现收入 157.87 亿元，完成考核利润 1.12 亿元。2015 年底，石油工程建设公司资产总额 209.79 亿元，流动比率 0.90，速动比率 0.48。

石油工程建设公司主要经济指标和工作量完成情况见表1和表2。

（刘　芳）

【领导班子调整】 2015年3月7日，石化集团公司宣布左尧久任石油工程建设公司总经理、党委副书记，不再兼任党委书记，宗铁任党委书记、副总经理，王中红任副总经理。4月8日，石化集团公司任命靳辛为监事、党委副书记、纪委书记、工会主席人选。11月18日，石化集团公司任命周文武为副总经理。

（刘　芳）

【组织架构调整】 2015年1月，石油工程设计公司、江苏设计公司整合重组完成，制定向工程公司转型方案，构建运营管理、项目管理两大系统，核心管理文件编制工作有序开展。7月29日，成立新疆煤制气外输管道项目部，扎实做好项目前期准备工作。

8月6日，石油工程建设公司整合江汉设计公司与石油工程设计公司部分节能环保资源，成立中石化节能环保工程科技有限公司，成为中国石化上游企业首家节能环保工程公司。

（刘　芳）

【重点项目】 2015年，石油工程建设公司承建的涪陵—王场管道外输管道EPC项目顺利按期投产，创下多项大口径长输管道山区施工新纪录，获得中石化涪陵页岩气田建成50亿立方米产能先进集体称号；浙江甬台温成品油管道瓯江南支定向钻穿越一次回拖成功，穿越长度3 197米，创下全国最长的成品油管道海底穿越新纪录；国内首个达到数字化移交条件的海洋平台项目——平北黄岩一期项目按期完成，得到业主的高度评价；石化集团公司“碧水蓝天”重点工程之一，中原油田石油化工总厂新建二氧化碳液化及回收装置建成投产一次成功，每年可实现减排二氧化碳600余吨、氮氧化合物100余吨。加纳天然气项目一次投产成功，经济效益突出，获加纳国家年度最佳油气工程奖；沙特路桥项目继续保持良好运行状态；河南设计高标准完成加蓬阿康杜油田生产设施EPCC项目设计工作；由胜利油建、石油工程设计承建的伊朗雅达中心处理站项目，经过5年的艰苦努力，2016年1月17日投产一次成功，成为中伊油气领域合作典范。

（刘　芳）

【市场开拓】 2015年，石油工程建设公司注重稳固系统内市场，对系统内市场，坚持合作共赢理念，以保油气上产为己任，主动与驻地油田甲方联系对接，全力提供优质高效服务，提高投标成功率和市场占有率；强化与系统内有关单位沟通联系，力争以EPC总承包模式承揽各专业公司及新区油田地面工程项目。国内外部市场注重发挥特色技术、特色服务和品牌优势，稳定中国石油、中国海油、中化、省属能源公司等重点客户市场份额。在海外市场开发中，优先参与所在国政府部门、国家石油公司和国际知名油公司主导的项目、带有中资银行融资的项目、“一带一路”项目、援外项目。项目类型选择上发挥优势，聚焦油气水管道、油气场站、道路桥梁、罐体项目等。各单位明确2—3个重点国家，减少多头出击和单点突破，集中优势资源，提升盈利能力。

（刘　芳）

【技术创新】 2015年，石油工程建设公司共开展各级科研项目200余项，其中国家级3项、省部级30余项。“燃煤电厂CO_2捕集、输送与利用配套技术（CCUS）”获4件发明专利，达到国际一流水平，建成投产了国内首个燃煤电厂烟气CCUS全流程示范工程。“高含硫天然气集输系统缓蚀剂时效性评价技术”“输气管道长距离连续定向钻黄河穿越技术”等4项科研成果通过石化集团公司鉴定。“复杂山地高含硫气田集输管道积液检测与控制技术”获石油工程公司科技进步一等奖。完成“稠油污水MVC资源化处理”“60万米^3/日LNG液化”等4项技术工艺包的开发。取得14项石化集团公司级工法，10项推荐申报国家级工法，1项核心技术、3项配套技术、5项专有技术在石油工程公司科技创新大会上成功发布。截至2015年底，石油工程建设公司拥有施工工法129项，其中国家级工法12项、省（部）级工法117项。拥有授权专利339件，2015年新申请专利58件，获得授权专利54件。

（刘　芳）

【获省部级以上奖励60余项】 2015年，石油工程建设公司及各所属单位全年共获省部级以上奖励60余项，其中“天然气井口脱硫装置模块化设计技术与应用”获石化集团公司科技进步三等奖。南疆天然气利民工程获2014—2015年度国家优质工程奖；埕岛中心三号平台及海上配套系统工程、元坝气田17亿米^3/年试产项目等6项工程获得石化集团公司优质工程奖；江都六合高速公路JL－HJ2标获得山东省泰山杯优质工程奖。中缅天然气管道工程黔桂界—宜州忻城界及芒市龙陵界—施甸永平界线路工程等13项工程获2015年度全国优秀焊接工程奖。肯尼亚西部成品油管道扩建工程等8项工程获得省级优秀工程勘察设计成果奖；中原—开封输气管道工程可行性研究报告等15项工程获省级和行业优秀工程咨询成果。甬台温海底管道底穿供水管线一次成功等8项成果获得国家级优秀QC成果；虾米腰弯头自动焊接工装的研制等21项成果获得省部级QC成果。

（刘　芳）

【深入开展党建思想政治工作】 2015年，石油工程建设公司开展“三严三实”专题教育。抓好专题研讨会、专题民主生活会、整改落实和立规执纪等关键动作，认真查找和整改工作中的不严、不实行为，营造了严细认真、主动担责的良好氛围。完善科学规范的领导干部选拔任用制度，形成有效管用、有利于优秀人才脱颖而出的选人用人机制。同时，持续深化廉政建设。层层签订《党风廉政建设责任书》和《廉洁从业承诺书》，严格落实个人事项报告、诫勉谈话等各项规章制度。组织开展分包及分包商管理专项巡视，重点项目效能监察，完善防控制度，初步构建了具有自身特色、务实管用的廉洁风险防控体系。持续加强宣传工作力度，和谐稳定保障力不断增强。建立微博、微信、电子期刊三位一体新媒体宣传模式，增强凝聚力和向心力；深入开展创先创效夺标竞赛活动，培养选树先进典型，大力推广经验做法，发挥引领示范作用。

（刘　芳）

【涪陵—王场页岩气输气管道项目胜利完工】 涪陵—王场输气管道全长136.5千米，途经重庆市涪陵、丰都、忠县、石柱等4个区、县，设置2座站场、8座RTU阀室，设计压力10兆帕，管径1 016毫米，设计输气量60亿米^3/年，是全国首个页岩气示范区首条外输管道。工程于2014年8月5日打火开焊，2015年4月22日顺利实现管线贯通。5月11日，来自重庆涪陵国家级页岩气示范区焦石坝区块的页岩气成功在涪陵增压站投运成功，标志着石油工程建设公司首个以EPC总承包管理模式承建的国内首条大口径、高压力页岩气外输管道顺利投运。

（刘　芳）

【杨凌LNG项目全面投产】 杨凌LNG项目是“气化陕西”工程的重要组成部分，是陕西燃气集团的重大投资项目，是全省重点工程建设项目，也是陕西省政府公示考核的54个重点项目之一。胜利油建公司陕西分公司先后承揽该项目2台3万立方米LNG储罐、工艺主生产装置及压缩机房工程2项重点主核心工程的施工任务。项目于2013年10月16日进场施工，2015年5月28日完成主装置区工艺管道强度试压工作；8月6日开始投料试车，经过3个月的试运行，实现项目全面投产运行。

（刘　芳）

【大牛地气田天然气脱水脱烃工程完成竣工】 该项目是华北石油局暨华北分公司2015年重点建设项目。工程主体是建设脱水脱烃站1座，设计天然气处理规模为50亿米^3/年，控制天然气的水烃露点为-25℃（2.0兆帕），站内主要包括低温脱水脱烃装置、轻烃分馏装置、轻烃储运装置及配套设施等。工程于2015年4月底开始施工，10月30日完成中交，11月15日达到投产条件。该工程投用，将实现对大牛地气田天然气集中脱水脱烃，保证外输天然气品质，提高管道外输效率，减小安全风险。

（刘　芳）

大牛地气田天然气脱水脱烃工程

【石油工程设计数字化集成设计再获全球大奖】 2015年，石油工程设计公司数字化集成设计的大牛地脱水脱烃项目获“全球金阀门奖”一等奖。石油工程建设公司参赛的作品是以数字化集成设计的大牛地脱水脱烃项目为基础，主题为“壮美的球罐区”，以轻烃回收单元的液化气球罐区的为视角，通过应用SP Review软件对工程3D设计模型进行渲染和艺术处理，达到与实景极其相近的模拟效果。

（刘　芳）

表1　石油工程建设公司主要经济指标　亿元

指标名称＼年份	2015	2014	2013
总资产	209.79	215.05	225.26
固定资产净值	15.46	16.98	23.69
营业收入	157.87	205.67	236.05
利润(考核)	1.12	3.88	0.03

表2　石油工程建设公司工作量完成情况　亿元

指标名称＼年份	2015	2014	2013
新签合同额	138.84	170.34	253.40
集团内上市	68.65	92.85	73.80
集团内非上市	27.08	23.27	18.51
国内集团外	21.26	33.40	41.71
国　外	21.85	20.72	119.38
完成合同额	149.34	203.21	245.42
集团内上市	69.10	70.32	68.02
集团内非上市	20.80	24.45	24.83
国内集团外	31.60	50.23	70.98
国　外	27.84	58.21	81.59

石油工程地球物理公司

【概况】 中石化石油工程地球物理有限公司(简称石油工程地球物理公司)由胜利、中原、河南、江汉、江苏油田及华北、华东、西南石油局等8家非上市油田企业的10家物探公司(大队),国际石油工程公司物探工程部整合重组成立,于2012年12月21日在北京注册,本部位于北京市朝阳区吉市口9号。

石油工程地球物理公司是石油工程公司的全资子公司,是石化集团公司从事物探业务的独立法人和利润中心,是集物探资料采集、处理、解释、技术研发于一体的专业技术服务公司,是为中国石化上游业务提供物探专业一体化服务的技术支撑中心,是参与国内外物探工程技术服务市场竞争的责任主体。

截至2015年底,石油工程地球物理公司下设7个机关处室、2个附属中心、7家分公司。共有队伍60支,其中地震队伍55支、VSP及井间队3支、非地震队2支。国内队伍44支,其中甲级队37支、乙级队7支;国际队伍16支。从业人员8 364人,其中正式职工7 676人、其他用工688人。在职员工中,教授职称19人、高级职称1 038人、中级职称1 532人,具有中高级职称的占30.95%。拥有可控震源156台,数字地震仪主机共计80台(套),接收道数37.52万道,三分量数字检波器1.89万个,单分量数字检波器1.59万个,VSP采集设备7套,运载设备2 545台。固定资产原值62.03亿元,净额23.15亿元,新度系数0.36。

石油工程地球物理公司主要生产经营指标见表1。

(李　佩)

【领导班子调整】 2015年3月19日,中石化石油工程技术服务有限公司召开干部大会,宣布石化集团公司党组决定:周松任石油工程地球物理公司党委书记(按大Ⅰ型企业正职管理)、副总经理,赵殿栋任石油工程地球物理公司总经理(按大Ⅰ型企业正职管理)、执行董事、党委副书记。4月9日,石化集团公司党组决定,李林新任石油工程地球物理公司党委副书记、纪委书记,为工会主席人选。

(李　佩)

【服务高效勘探开发提效提质】 2015年,石油工程地球物理公司将“服务是魂”的理念细化为培育产品意识、质量意识、创新意识、找油找气意识、主人翁意识等“五种意识”,以落实地质目标作为项目实施的出发点和落脚点,优化生产组织,严格质量管控,强化技术支持,全面优质高效完成年度物探采集生产任务,所有指标均超过合同要求,国内二维采集日效162炮,同比提高1.25%;三维采集日效520炮,提高22.6%;地震资料优良率86.1%,为老区的增储上产和新区的勘探突破提供了有力支撑。针对沙漠、山地、城区、湖区等复杂地表问题,发展和应用高能宽频可控震源采集、时移地震、多种震源联合施工、无线接收等技术,提高了资料精度和施工效率。

(李　佩)

【外拓市场创最好水平】 2015年,石油工程地球物理公司积极应对行业形势变化,聚焦重点市场和重点客户开发,深入研究市场需求,认真分析项目特点,精心组织投标,国际市场收入和国内外部市场收入均创历史最高。国际市场完成合同额 2.48 亿美元，同比增长 38.55%，新签合同额 3.24 亿美元；阿尔及利亚成为海外首个年新签合同额和收入均超 1 亿美元的市场，石油工程地球物理公司作为阿尔及利亚最大的国际物探承包商的地位进一步巩固；重新进入哥伦比亚、阿曼等市场。国内外部市场实现收入 3.02 亿元，增长 15.71%；在中国地质调查局油气资源中心 20 个项目的招标中中标 11 个项目，总金额近 1 亿元；全年共获得中国地质调查局系统项目的合同额为 2.52 亿元，市场占有率超过 50%。

（李　佩）

【深化改革取得重要进展】 2015 年，石油工程地球物理公司按照区域化整合、特色化发展、专业化服务、一体化管理的思路，快速稳健实施内部改革重组。4 月 29 日，将石油工程地球物理公司江苏分公司、华东分公司合并，成立石油工程地球物理公司华东分公司，注册地和机关设在江苏南京；7 月 1 日，将石油工程地球物理公司江汉分公司整体转型，成立石油工程地球物理公司地理地质信息勘查分公司，注册地和机关设在湖北武汉；7 月 3 日，将石油工程地球物理公司中原分公司、河南分公司合并，成立石油工程地球物理公司华北分公司，注册地设在河南郑州。改革重组后，石油工程地球物理公司华东分公司、华北分公司的机关部门与直属机构分别精简 60% 和 52%。

（李　佩）

【测绘地理信息业务成为新增长点】 2015 年，石油工程地球物理公司充分发挥技术、装备和人员优势，以石化集团公司智能化管线管理系统建设项目为突破口，着力将测绘地理信息业务打造成为第二核心业务。以统筹市场开发、人员培训、装备采购配置、招投标、队伍组织管理、技术支撑、服务保障为抓手，加强组织领导；制定了管理、技术、施工 3 类 22 个标准，填补了中国石化地下管线探测规范的空白；组织开展高端技术培训 650 人次、操作技能人才培训 1 500 人次；举办“测绘地理信息 + 石油石化行业”高端论坛，宣传测绘地理信息业务的行业品牌形象；筹建测绘数据中心，为石化集团公司提供统一的涉密数据保管、共享、涉密传输、数据分析等服务；承揽管线探测工作量 2.43 万千米，累计 2 672 人次参加项目，带动人员上岗超过 1 500 人，实现收入 1.81 亿元，同比增长超 7 倍，促进了队伍结构和业务结构“双优化”。

【获得海外首个物探综合一体化项目】 2015 年 5 月 19 日，石油工程地球物理公司与玻利维亚国家石油公司签署马德雷德迪奥斯贝尼河二维地震勘探项目合同，合同金额 4 700 万美元，总工作量 950 千米。该项目是中国石化在海外的首个集勘探部署、方案设计、地震采集、数据处理、资料解释、井位论证于一体的综合一体化项目，也是石油工程地球物理公司在玻利维亚中标的合同金额最大的项目。

（李　佩）

【可控震源技术大范围推广应用】 2015 年，石油工程地球物理公司加强可控震源宽频采集技术的攻关和推广应用，取得显著成效。首次在塔里木盆地实施超万道可控震源宽频采集，拓宽了目的层频率信息，解决了目标地层埋藏深度大、深层反射信号弱、成像困难等难题；首次在东北地区实施可控震源低频采集，最高日效达 1 734 炮，大幅提升了施工效率；首次在青藏高原高海拔地区实施可控震源采集、处理、解释一体化项目，为落实羌塘盆地的地质构造提供了可靠的资料基础；在武威盆地儿马湖地区，可控震源宽频采集技术拓宽地震资料频宽超过 10 赫兹；在南方地区和东部老区采用可控震源与炸药震源联合激发，解决了禁炮区资料空缺问题，保障了采集资料的完整性。

（李　佩）

【3 项技术创新成果对外发布】 2015 年 10 月 19 日，石油工程地球物理公司的中国石化地球物理品牌 I 技术 2.0、可控震源高效高精度地震勘探技术、地震数据采集工程软件 SeisWay3.0 等 3 项创新成果在石油工程公司科技创新大会上正式对外发布，提升了行业影响力和技术品牌效应。

（李　佩）

【运营效益显著提升】 2015 年，石油工程地球物理公司突出抓好挖潜增效和项目创效取得明显成果。深入查找成本控制点，从业务外包费用、人工成本、采购成本、二线费用、差旅费用、管理费用、修理费用 7 个方面逐一制定挖潜目标和措施，严格考核兑现，全年挖潜增效 2.95 亿元，超额完成石油工程公司下达的 1.4 亿元的挖潜增效目标，万元产值变动成本降低 8.14%。强化装备一体化保障，提高资产的周转率、及时率、完好率和投资回报率。建立并实施以单项目管理为核心的六大管控体系，国内已完工项目单炮变动成本下降 6.02%，石化集团公司内项目边际贡献率上升2.54%，国外项目利润率上升3.92%。

（李 佩）

【打造全面先行企业文化】 2015年，石油工程地球物理公司根据物探专业在油气勘探开发中处于最前端的业务特点，提炼出"市场开拓先行、发展质量先行、深化改革先行、转型发展先行、科技创新先行、从严治党先行"的全面先行文化，把物探先行推广到全面先行，激发了广大干部员工的进取之心、拼搏之心和争先之心。

（李 佩）

【创新开展"三严三实"专题教育】 2015年，石油工程地球物理公司在"三严三实"专题教育中，创新运用对比分析法、案例分析法、节点分析法3项分析法，导入西柏坡精神、焦裕禄精神、大庆精神3种精神，提出靶向疗法、介入疗法、中医疗法3种疗法，着力打造三严三实+项目运行管理、三严三实+安全管理和三严三实+三基工作3个"三严三实+"示范点，有力促进了作风转变和生产经营工作，专题教育得到中共中央组织部调研组的肯定，并在石化集团公司"三严三实"专题教育工作推进会上做典型经验交流发言。

（李 佩）

【党建工作系统化管理起步良好】 2015年6月27日，石油工程地球物理公司召开首次党建工作暨党风建设和反腐倡廉工作会议，明确建立"五统一"的党建工作系统化管理体系，即统一规划、统一管理、统一机构、统一制度、统一考核；确定"七个为主、一个共同、一个服从"的系统化管理主要内容，即思想建设、组织建设、作风建设、反腐倡廉建设、制度建设、群众工作和企业文化建设7个方面工作以石油工程地球物理公司为主，维稳工作与地方油田共同承担，党组织关系服从属地化管理要求；提出构建系统化管理"五个一"的基本框架，即一套全面的组织体系、一套管用的运行机制、一套统一的主题活动、一套规范的规章制度和一支高素质的政工干部队伍。年内共制定出台加强党委自身建设的13项基本制度，夯实了党建工作的制度基础。

（李 佩）

【获得高新技术企业资格】 2015年，石油工程地球物理公司获得由北京市科学技术委员会、北京市财政局、北京市国家税务局、北京市地方税务局联合授予的高新技术企业资格，有效期为3年。受益于此，石油工程地球物理公司企业所得税税率由25%降至15%。同时，有利于进一步提升企业品牌形象，加快了创新驱动、提质增效、转型升级的步伐。

（李 佩）

【主要获奖情况】 2015年，石油工程地球物理公司获得多项奖励及荣誉。"基于地质目标的可控震源地震勘探技术研究与应用"成果获石化集团公司科技进步二等奖；"页岩气地球物理技术研发及在涪陵地区的应用"成果获中国地球物理学会2015年中国地球物理科学技术进步二等奖；"石油物探企业国际化发展战略转型"获第22届国家级二等企业管理现代化创新成果；5项管理创新成果获石化集团公司奖励，其中一等奖1项、二等奖1项、三等奖3项。

（李 佩）

表1 地球物理公司主要生产经营指标

指标名称＼年份	2015	2014	2013
国内二维地震/千米	6 720.33	7 607.67	15 009.70
国外二维地震/千米	5 658.65	6 333.56	6 955.45
国内三维地震/平方千米	5 837.48	5 863.32	9 880.16
国外三维地震/平方千米	3 821.75	5 979.73	6 508.65
收入/亿元	51.06	47.57	63.80

石油机械公司

【概况】 中石化石油机械股份有限公司（简称石油机械公司）于2015年7月成为石化集团公司控股的上市企业（证券简称石化机械，股票代码000852），是国家高新技术企业、国内石油机械行业的重要骨干企业，中国石化唯一的石油工程技术装备研发、制造、技术服务中心。

石油机械公司本部机关设有6个部门、2个机关附属机构，公司下属5家生产企业、1家科研单位。四机厂始建于1941年，是国家重大技术装备国产化基地，中国石化固井压裂设备国产化基地，中国石油钻采设备制造专业十强企业。江钻厂始建于1973年，是国家一级企业和国家重点高新技术企业，拥有全球第一的牙轮钻头生产能力，江钻商标被认定为中国驰名商标。钢管厂始建于1975年，是中国中南部最大的钢管制造企业，在西气东输、川气东送等众多重点管线项目中创造了良好的业绩。四机赛瓦(持股65%)成立于1992年，与美国赛瓦公司合资组建。压缩机分公司始建于1950年，主体技术自美国德莱赛兰公司引进，是中国石化压缩机国产化制造基地。机械研究院组建于2010年，主要从事战略规划研究、市场发展研究、应用技术分析和前瞻性支持，形成技术集成及一体化解决方案，并承担公司科技、信息、质量、标准化等管理职能。

截至2015年底，石油机械公司用工总量8 037人，资产总额73.78亿元，净资产25.42亿元。

2015年，石油机械公司实现营业收入50.96亿元、利润总额4 060万元，完成经营目标任务。

石油机械公司主要经济指标和主要产品产量分别见表1和表2。

(田治明)

【勘探开发装备生产】 2015年，石油机械公司充分发挥产品门类较全的优势，积极为勘探开发提供优良的技术装备保障。全年生产牙轮钻头18 884只、金刚石钻头1 482只；固压设备310台(套)，其中2500型压裂泵车40台；钻修设备89台(套)，其中7 000米钻机2台、750修井机4台；天然气压缩机27台；钢管22.18万吨。服务页岩气开发优质高效。针对焦石坝南区地质特点和工艺要求，江钻事业部开展钻头钻具新一轮改进，牙轮钻头、金刚石钻头的机械钻速和平均进尺指标又有提高，耐油基螺杆创技术指标新纪录，钻头钻具一体化解决方案更趋完善。结合现场使用情况，四机厂改进升级泵头体、活动弯头，经受住复杂工况的考验；建成涪陵工区高压管汇检测服务基地并投入运行，制定《工厂化压裂工况下高压管汇安全使用规范》，形成大批量、高效率、规范化的检测服务能力。四机赛瓦优化改进后的易钻复合材料桥塞成功完成工程应用，承压能力、返排效果、钻磨时效等整体指标优良，得到批量应用。各单位加强服务力量配备，坚持全天候24小时设备保运，及时响应现场需求。

(田治明)

页岩气开发关键装备与工具一体化解决方案

【市场开拓】 2015年，石油机械公司石油机械设备销售额26.93亿元、钢管11.35亿元、钻头钻具6.95亿元、其他产品5.72亿元。钻头产品纳入内部互供，形成重点区块全井钻头钻具承包服务方案；金刚石钻头出口收入逆势增长45%。四机厂通过租赁、融资销售等方式取得2.6亿元订单；在俄罗斯开展低温拖挂钻机本地化合作生产，并实现低温连续油管作业设备、海洋平台散料系统出口；首次在印度取得钻机订单。钢管厂国际市场取得较大突破，获3万吨钢管外贸合同；在石化集团公司第2期长输管线加工框架协议招标中取得较好业绩；钢管产品延伸到社会市场桩管、水管、石化用管等领域。压缩机分公司取得斯伦贝谢长和市场6台压缩机订单，出口卢旺达的海洋压缩机组完成调试。着力补长国际经营短板，试点统筹运作中东、俄罗斯市场，本地化销售渠道建设取得积极进展，在俄罗斯、阿联酋、科威特、伊朗等国分别与当地代理商签订钻头钻具合作协议。

(田治明)

【技术创新】 2015年，石油机械公司集中力量争取重大项目，“深层页岩气开发关键装备与工具研制”列入国家“十三五”科技重大专项；“油气压裂装备研发基地建设”项目获国家能源局专项立项；新增国家(部委)科研项目1项、石化集团公司科研项目6项。“超高压大功率油气压裂装备研制及集群化应用”成果获国家科技进步二等奖，是中国石化机械制造历年来获得的最高等级科技奖；连续油管作业设备、带压作业设备技术改进取得新的进展，设备可靠性得到增强。自主开发橡胶配方并成功研制大扭矩等壁厚、耐高温、耐油基螺杆，在国内外市场应用效果良好。X80大变形直缝埋弧焊管和X80高钢级大口径厚壁热煨弯管单件试制成功。继向海洋981平台供应唯一国产专用配套设备之后，又一台1 500马力海洋固井撬交付海洋943平台；“水下采油树关键技术研究及成套设备研制(Ⅰ期)”项目通过国家科技部验收。获石油工程公司技术发明奖1项、科技进步一等奖1项；获批专利98件，其中发明专利

22件。

（田治明）

【获多项荣誉称号】 2015年，石油机械公司高级专家吴汉川当选第二届“感动石化人物”。四机厂获第四届全国文明单位、湖北省外国专家创新示范基地称号。江钻事业部被评为涪陵页岩气田50亿立方米产能建设先进集体和湖北省高技能人才工作站。

（田治明）

表1 石油机械公司主要经济指标 亿元

指标名称＼年份	2015	2014	2013
总资产	73.78	78.36	85.51
净资产	25.42	25.36	24.98
固定资产净值	14.12	15.22	16.24
营业收入	50.96	77.48	83.82
利　润	0.41	2.48	1.50

表2 石油机械公司主要产品产量

产品名称＼年份	2015	2014	2013
机械产品吨位/万吨	24.70	31.80	34.32
设　备	1.60	2.41	1.96
设备配件及工具	0.92	1.35	1.30
钢　管	22.18	28.04	31.06
机械产品产量			
钻修设备/台(套)	89	123	97
固压设备/台(套)	310	510	529
钻头/只	20 366	40 577	44 759
天然气压缩机/台(套)	27	38	27

胜利石油工程公司

【概况】 中石化胜利石油工程有限公司(简称胜利石油工程公司)位于山东省东营市东营区济南路125号。

截至2015年底，公司机关设有8个职能部门，下设12个二级单位、110个三级(科级)单位、533个四级单位。用工总量26 949人，其中合同制员工22 340人、派遣制员工3 630人、非全日制用工979人。有中国石化资质施工队伍564支，其中钻井队179支、测井队102支、录井队177支、井下作业队106支，定向井、固井、管具、钻井液、钻后治理等技术服务单位资质40个。资产总额158.55亿元，固定资产原值140.44亿元、净值72.11亿元。主要专业设备3 199台(套)，综合完好率99.17%，其中7 000米以上钻机49台，海上钻井平台9座、作业平台4座。国内外部市场主要分布在新疆、四川、重庆等10多个省市自治区，161支施工队伍3 379名员工。海外市场主要分布在沙特、科威特、土库曼斯坦等12个国家或地区，正在执行项目28个，施工作业队伍85支，执行项目管理及施工的中方员工786人。

胜利石油工程公司主要技术经济指标和主要生产建设指标分别见表1和表2。

（蒋晓波）

【强化生产运行】 2015年，胜利石油工程公司坚持与胜利油田分公司合作共赢，加强队伍、装备、技术、管理、组织运行优化，促进勘探开发投资释放，增加石油工程工作量。全面实施单机考核，按安全、质量、效益等指标综合排名，让开发单位择优选择队伍，努力提高服务水平，实现提速提效。推广“井工厂”、网电钻机等技术、施工和服务模式，提升勘探开发集约化、效益化和绿色低碳水平。

（岳达明）

【加大市场开拓力度】 2015年，胜利石油工程公司在国内外部市场，新签合同额31.47亿元，实现收入30.17亿元，占总收入的25%。推广综合一体化服务，新进入斯伦贝谢长和项目钻井、录井、管具市场，成功开拓延长油田黄陵“井工厂”项目。开拓新服务市场与业务领域，中标中国海油渤中25－1油田低渗开采先导试验项目，总合同额1.9亿元；打造涪陵页岩气压裂射孔一体化服务模式，全年收入超过6亿元。在海外市场，新签合同额2.06亿美元，实现收入21.03亿元，占总收入的16%。推进传统市场规模化发展，沙特、科威特市场钻机数量达到21台，实现收入13.43亿元，占海外市场总收入的64%。推进新市场高端化发展，印尼卡苏里综合服务项目收入4 349万元，利润率30%以上。

（贾　敏　赵启升）

【强化成本管控】 2015年，胜利石油工程公司按照“不以收入定利润，严控成本保效益”的思路，确定

“严控成本费用，狠降成本单耗”的预算原则，建立直接生产费用与收入联动的预算核定机制。坚持把成本管控贯穿于生产经营全过程，将年度预算目标和挖潜增效目标反复对接、适时调整，分解落实到每个市场、单位和项目。成立单机考核、创新创效等6个领导小组以及租赁费、技术服务费等9个重点成本管控小组，实施“两清理、三优化、四取消、五压减”成本管控举措，初步形成低成本运行机制。积极推进挖潜增效，大力开展创先创效夺标竞赛活动，全年完成挖潜增效8.49亿元，实现减亏6.74亿元。

（杨育龙）

【推进技术进步】 2015年，胜利石油工程公司组织实施科技项目152项，”自解堵疏水暂堵钻完井液技术”获石化集团公司技术发明二等奖。有6项成果获石化集团公司科技进步奖，其中“海油陆采高效开发关键技术”获一等奖，“致密油厂水平段水平井钻完井技术”获二等奖，“水平井多相流测井资料解释评价技术”“微电阻率扫描井壁成像测井技术”“土库曼斯坦阿姆河右岸地区钻井关键技术”“高密度钻井液清洁快钻技术”获三等奖。“MRC地质导向系统”获山东省技术发明二等奖，“自升式平台结构安全技术研发与应用”获山东省科技进步二等奖，“低渗砂岩储层保护钻完井液技术”获山东省科技进步三等奖。有24项成果获得石油工程公司奖励，占获奖总数的1/3。共申请专利184件，其中“一种潜水泵架提升装置”“石油钻井用非渗透降滤失剂”获中国专利优秀奖。通过山东省高新技术企业认定。整合组建15支定录一体化服务队伍，成立随钻技术支持中心，水平井综合地质导向技术油层平均钻遇率达95.4%。整合建设井场综合信息系统，成立专家工作办公室，强化现场技术支持。组建西北打捞中心，在中国石化西部工区复杂故障预防、处理等现场技术服务和培训中发挥了重要作用。

（张万军）

【推进资源优化】 2015年，胜利石油工程公司组建北疆、涪陵、延安、孟加拉国、印度尼西亚卡苏里等公司直管项目部，统筹市场开发协调，深化资源优化共享。优化压减主要施工队伍73支（钻井队伍31支，测井队伍13支，录井队伍17支，井下作业队伍12支），降低运行成本。探索实行“人机分离”模式，推进业务承揽和劳务输出，累计调整岗位人员3 000多人次，向社区输出劳务50多人，向延长油田输出监督22人，依法清退社会性用工2 994人，实现净减员2 726人。建立闲置资产超市，共调剂设备资产3 528项，原值15亿元，净值8亿元；依法处置资产12 125项，收入2 575万元。

（侯　哲　岳达明　杨育龙）

【深化从严管理】 2015年，胜利石油工程公司开展“制度建设年”活动，全年发布制度114项，初步形成“以业务为中心”的管理制度体系。严格落实安全生产责任制，制定机关处室109个岗位的安全生产职责，修订《HSE考核评比及绩效考核》等49项制度，完善主要工种702个岗位的岗位职责、安全操作规程和风险告知卡。成立督察支队，为各单位配备安全总监、副总监，组建专业监督队伍，积极推行异体监督，形成了分层级、全覆盖的督察体系。推广钻井泥浆随钻随治技术工艺，逐步建立钻井液及固体废弃物随钻处理产业链。开展职业病危害场所检测整改，组织岗位员工健康查体，强化劳动保护用品配备，保障了员工健康。加强经营风险管控，严格内控制度执行，加强合同、招投标过程管理，加大审计、效能监察力度，积极整改存在问题，严格追责问责，防范了经营风险。

（刘　伟　宋　华　曹　智）

泥浆不落地工艺技术现场施工

【加强队伍建设】 2015年，胜利石油工程公司加强观念引导和形势任务教育，深入开展员工思想动态分析，保持了队伍整体稳定、干劲不减。推进实施素质提升工程，开展分类分层次业务培训，共培训20 253人次，1人夺得全国技能竞赛金奖，取得石化集团公司测井工团体第一和个人2金、2银、2铜的好成绩。加强“三基”建设，促进基层单位软硬件水平提升，累计创建中国石化石油工程金牌标杆基层队2个、金牌队43个、银牌队60个。发挥典型的示范带动作用，选树了全国劳模张吉平、外闯市场先锋王强等先进典型，形成了全员争先创优的局面。

（曹　智）

【科威特项目2014年中标钻修机全部开钻】 2015年8月11日，胜利石油工程公司科威特钻井项目部SP281队承钻的第1口井MG－314井开钻，开钻时间比合同规定提前了133天。至此，胜利石油工程公司2014年在科威特新中标的4部钻机、3部修井机全部实现了提前开钻，累计提前工期509天，获得甲方奖励128万美元。

（贾 敏）

【举行渤中25－1项目开钻仪式】 2015年11月3日，胜利石油工程公司在海洋钻井公司桩西前线举行渤中25－1油田低渗开采先导试验项目开钻仪式。渤中25－1油田低渗开采项目是中海石油（中国）有限公司重点项目，由胜利石油工程公司与华鼎鸿基石油工程技术（北京）有限公司组成联合体共同承担，合同总金额1.9亿元。

（赵启升）

【完成滨37井组】 白鹭湖滨37井组共施工43口，总进尺118 653米，平均井深2 759.37米，平均钻井周期6.27天，平均建井周期13.08天，平均机械钻速40.76米/时，平均钻机月速7 274米/台，实现优质高效。其中，滨37－12－斜4井创石油工程公司2 500—3 000米井钻井周期4.04天的最短纪录，滨37－17－斜1井创石油工程公司3 000—3 500米井钻井周期6.83天的最短纪录。

（隋 梅）

【测井公司在全国测井工职业技能竞赛中获佳绩】 2015年10月，在中国能源化学工会全国委员会等5家单位联合举办的2015年中国技能大赛——全国石油石化系统“海油杯”职业技能竞赛测井工比赛中，中国石化3个代表队共6人进入前10名，其中胜利测井公司3人，且有1名选手取得个人第3名的成绩，其他参赛选手获得竞赛优秀奖；胜利测井公司获竞赛组委会颁发的中国技能大赛优秀组织奖。

（赵 慧）

【成立西北打捞技术中心】 2015年12月，胜利石油工程公司成立西北打捞技术中心，设置为科级单位，行政管理隶属于胜利塔里木分公司，业务接受石油工程公司本部钻井事业部、特种作业事业部和西部项目管理部的指导与协调。西北打捞技术中心将为该区域工程施工提供钻完井及修井作业中卡钻、落物打捞等井筒复杂故障处理技术服务，以及相关技术服务领域新技术、新工艺、新工具的引进与推广应用工作。

（候 哲）

【创中国石化石油工程10项新纪录】 2015年，胜利石油工程公司共创出中国石化石油工程10项新纪录：渤海钻井总公司创水平井造斜点最浅77米纪录，塔里木分公司创单只钻头一次入井进尺最多4 655米纪录，海洋钻井公司创密集丛式井（12口以上）井口间距1.60米纪录，井下作业公司创压裂施工水平段长度最长2 000米纪录，井下作业公司创单井一次压裂入井液量最多59 781.90立方米纪录，井下作业公司创连续油管单趟钻（磨）桥塞最多19支纪录，井下作业公司创（非连续油管）带压作业井口压力最高24.20兆帕纪录，井下作业公司创带压作业施工井深最深4 449.81米纪录，测井公司存储式测井温度最高191℃纪录，测井公司创旋转式井壁取芯位置最深4 610.60米纪录。

（隋 梅）

【荣誉称号】 2015年，胜利石油工程公司获石化集团公司环境保护先进单位、节能工作先进单位称号。“单机考核的创建与实施”“海外市场体制机制与运行管理模式创新实践”分别获石化集团公司管理现代化创新成果一等奖，“区域钻井模式下的标准成本管理”“以制度体系为主线的国际市场开发与运营管理模式构建”分别获石化集团公司管理现代化创新成果二等奖。

陈兴才获中央企业法律事务先进工作者称号，宿振国获闵恩泽青年科技人才奖。

（宋 华 刘 伟 宿振国）

表1 胜利石油工程公司主要技术经济指标 亿元

指标名称 \ 年份	2015	2014	2013	2012
工业总产值	117.23	175.66	190.65	236.88
工业增加值	70.53	84.12	78.74	66.67
资产总计	158.55	156.05	155.30	150.53

续表

指标名称 \ 年份	2015	2014	2013	2012
流动资产	66.81	59.03	55.77	65.75
固定资产原值	140.44	137.84	133.04	127.87
固定资产净值	72.11	74.87	71.54	71.60
销售收入	123.84	183.88	199.46	216.28
实现利税	9.90	31.58	16.43	26.97
税　金	12.81	18.45	17.93	18.13
综合能耗/吨标煤·万元$^{-1}$	0.23	0.23	0.23	

表 2　　胜利石油工程公司主要生产建设指标

指标名称 \ 年份		2015	2014	2013	2012
钻　井	开钻/口	1 188	2 091	2 303	2 243
	交井/口	1 153	2 083	2 354	2 221
	钻井进尺/万米	265.64	480.19	537.00	535.22
测录井	测井/井次	3 583	6 783	9 854	7 284
	射孔作业/井次	3 314	4 774	4 977	4 680
	录井/口	1 105	2 145	2 308	2 133
井　下	维护作业(小修)/井次	755	476	324	853
	措施作业				
	压裂/井次	307	550	653	783
	大修/井次	195	220	335	379
	侧钻/口	54	57	173	51

中原石油工程公司

【概况】 中石化中原石油工程有限公司(简称中原石油工程公司)为石油工程公司的全资子公司，本部位于河南省濮阳市。

截至 2015 年底，中原石油工程公司下设机关处室 8 个、直属单位 16 个，涉及钻井、测井、录井、固井、管具、井下特种作业、油藏综合服务和钻井工程研究等专业。资产总额 138.74 亿元，主要设备 2 010 台(套)，新度系数 0.41，综合完好率 99.76%。形成页岩气钻完井等 3 项配套技术、超深井安全钻井等 7 项核心技术、复杂地层防漏堵漏等 5 项专有技术。用工总量 20 747 人，其中合同制员工 12 874 人、派遣制员工 7 873 人。拥有资质施工队伍 440 支，其中钻井队 222 支。国内 325 支队伍在 20 个省(市)、自治区施工，形成以西北油田、塔里木、克拉玛依、吐哈为主体的西北市场；以焦石坝为主体，辐射普光、川西、元坝、长宁、昭通等区域的西南战略市场；以华北石油局、长庆、延长、冀东、地方市场为主体的华北市场；以东北分公司、吉林油田为主体的东北市场；以华东石油局、浙江油田为主体的华东市场。收入、利润分别增长 5% 和 1.76%，连续 3 年入选中国对外承包工程企业 50 强，进入 ENR 全球最大国际承包商250强。海外132支队伍在14个国家执行合同，形成四大规模市场。沙特市场有队伍31支，年经济规模3亿美元；非洲市场有队伍31支，年经济规模2亿美元；科威特市场有队伍16支，年经济规模1亿美元；哈萨克斯坦市场有队伍30支，年经济规模1亿美元。

2015年，中原石油工程公司开钻井830口、交井837口、进尺197.11万米，测井1 992井次、录井135.44万米、固井1 892井次、作业727井次、压裂177井次971层/段；实现收入91.52亿元、利润1.6亿元，完成生产经营等各项任务；在石化集团公司绩效考核中，中原石油工程公司被评为A级企业；在年度石化集团公司党建工作检查考核中，中原石油工程公司位居石油工程板块第1名。

中原石油工程公司主要技术经济指标和主要生产建设指标分别见表1和表2。

（冯文孝）

【国内外部市场签订合同额59.5亿元】 2015年，中原石油工程公司面对油田内部工作量占比不足5%，国内市场工作量下滑20%，部分市场合同价格最大降幅达30%，停待队伍一度高达50%的困难，加大市场开发，国内外部市场签订合同额59.5亿元。①西南市场持续做大。队伍达到92支，实现收入35.72亿元，占国内收入的63%。在焦石坝工区钻机占比38%、完成工作量占比44%，实现产值21.68亿元。中标石化集团公司重点探井马3井、春生1井，中标焦石坝二期7个平台17口井，承揽焦页67平台试气压裂项目，拓展以焦石坝为主体，辐射普光、元坝、长宁、昭通等区域的西南战略市场。②传统市场持续优化。在西北市场中标石化集团公司重点探井顺南6井；中标西北油田分公司首口大包井，在该市场的20部钻机第四季度全部启动。在华北市场中标29口井工作量，新增4部钻机，钻机总数达到14部。在东北市场新增4部钻机，中标吉林油田15口探井；在冀东油田9部钻机通过资质复审，中标26口井，实现满负荷施工。③地方市场取得突破。进入中国石油临汾、贵州遵义、富地柳林和亚美公司等煤层气市场；加强与国家地质调查局、新疆能源集团等公司合作；先后中标郑西页1井、城页1井、双参1井等页岩气和煤层气项目。在焦石坝工区月度综合排名中，获得流动红旗23面。3个单位获中国石化涪陵页岩气建成50亿方产能先进集体称号。承钻的宜参1井被国家地质调查局评为优秀工程。在华北大牛地市场，打造高效团队，强化防漏堵漏，跻身第一方阵，实现从亏损到盈利的转变。

（冯文孝）

【国际市场布局持续优化】 2015年，中原石油工程公司国际市场队伍达到132支，新签合同额8.2亿美元，实现收入36.08亿元，收入同比增长5.05个百分点。沙特市场钻机合同数量达到30台，成为首个年收入突破3亿美元的规模市场。科威特市场钻修井机达到19台，成为又一个超亿美元的规模市场。顺利完成也门安全撤离、南苏丹3/7区队伍收缩等工作，确保了员工人身和财产安全。在哈萨克斯坦市场集中精良装备，搞好技术配套，全力保障CIR等中国石化区块勘探开发。与中科集团达成战略合作意向，中标中国石油2口大包井和中科集团1口深井项目，包揽国勘萨基斯公司的全年工作量。中标印尼中信集团2口钻井项目、延长集团（泰国）有限公司2口录井项目；在厄瓜多尔市场钻机大面积停工的情况下，2部钻机正常施工。强化与哈里伯顿、贝克休斯等国际大公司战略联盟，沙特大包井合作钻机达14部，与斯伦贝谢厄瓜多尔子公司签订2部钻机合同。成为唯一通过阿美气井资审的中资企业。

（冯文孝）

中原石油工程公司沙特SINO－16队在搬迁安装

【业务结构逐步升级】 2015年，中原石油工程公司围绕提升质量效益，着力培育新的经济增长点。探井、气井等中高端业务取得新进展，施工探井94口、气井124口，占完成井总数的36.1%，其中“1”字号探井19口；施工深井、超深井及水平井263口，占完成井总数的43.54%。页岩气服务业务开创新局面，施工页岩气井80口，占国内工作量的近30%，其中“1”字号页岩气探井4口。技术服务业务实现新突破，新建8支高端技术服务队伍，成立国内油基、水基、堵漏和国外钻井液技术服务队伍。中标长城钻探水平井技术服务项目，首次进入中国石油技术服务市场；中标非洲 2 + 1 年钻井液技术服务项目，填补中国石化海外市场空白。年内完成水平井服务 79 口、钻井液技术服务 66 口。油藏综合服务业务迈出新步伐，承揽 MI 能源公司 4 个油藏技术服务项目，陕北下寺湾、广东三水油气产量保持稳定。特色产品制造业务创出新成效，VDX 智能化钻井参数仪成为沙特、科威特等市场的标配产品。完成华北市场鄂北工区 12 口井水基泥浆不落地处理，钻屑固化合格率 100%，钻后环保治理业务加快发展。钻杆产品销往沙特、科威特等国市场，首次销往印尼市场。

（冯文孝）

【系统挖潜成效显著】 2015 年，中原石油工程公司坚持“两保一压三提升”，抓住增长点提速增效，把住流失点降本增效，守住管控点挖潜增效，实现挖潜增效 3.01 亿元。推行钻头口井大包制，推广网电钻机等节能设备，大幅压缩非生产性支出，“八项费用”及机关管理费用大幅下降。清理外部队伍 15 支，禁止准入队伍 18 支，减少了外委技术服务费。完善“两金”管控，应收账款较年初下降 7.33 亿元。优化采购方案，采购价格平均降低 8.2%。

（冯文孝）

【管理体制不断完善】 2015 年，中原石油工程公司致力于构建与低油价、新常态和市场化、国际化更相适应的管理体制。吸收借鉴跨国公司先进的管理经验，实行海外工程公司—境外公司—基层队三级管理，推进“小机关大服务”，管理费用和人工成本得到有效控制。作为境外最大的沙特公司，30 支基层队分别来自 6 个项目单位，机关定员 60 人，除正常倒班休息人员外，正常工作人员仅有 40 人。不断加强后勤保障体系，坚持队伍走到哪里就把后勤支撑延伸到哪里，在非洲、沙特、哈萨克斯坦等规模市场，建立集生产组织、设备维修、物资储备、生活保障、职工培训为一体的后勤基地，提高生产效率。不断规范管理制度体系。系统修订完善适应国际化经营的管理制度，形成项目投标、财务管理、风险管控、责任追究等 35 类配套制度体系，分区域完善现场作业程序和标准，实现项目运作的规范化、制度化，组织效率和管控能力持续提升。

（冯文孝）

【创新 4 项运行机制】 2015 年，中原石油工程公司创新目标激励机制，明确各层级在市场开发中的职责，设置“基本”“提升”“奋斗”三档目标，引导全体员工向市场看齐，向效益发力。创新绩效考核机制，统一国内外各区域市场施工定额，搭建尺度统一、公平合理的考核平台，统一非施工状态薪酬标准；建立“自下而上、上下联动”的考核政策体系，各层级均与一线员工绩效挂钩创新过程管控机制，把对基层的各种检查统一到提升基层管理一项活动中，实行“集成式”检查和“一揽子”考核，推进“单井(单项目)六大体系”建设。创新责任追究机制，建立涵盖生产经营全过程的全员责任追究机制，对各级领导干部实行经营业绩问责，对岗位员工实行生产经营损失追责，全面增强干部员工的责任意识和红线意识，提升履职能力和水平，靠每个岗位良好业绩的叠加，确保单位目标的实现。

（朱于清）

【激励机制呈现新特色】 2015 年，中原石油工程公司围绕提升质量效益，对生产、技术、安全、经济等指标进行量化考核，绩效工资与考核结果紧密挂钩，效益好的钻井队与差的相比，员工效益奖金差距达 5 倍之多，亏损项目扣款计入个人亏损账户，从后续兑现奖中逐步偿还，营造只为盈利找方法、不为亏损找借口的氛围。日费井当月考核兑现，大包井单井考核兑现，强化考核兑现的时效性，把创效成果及时转化为工作动力，形成驱动效应。坚持市场导向、基层导向和业绩导向，对工程、泥浆、生产、安全、设备等现场艰苦岗位，绩效奖金上浮 10%—20%；生产一线员工绩效奖金比机关后勤高出 30% 以上，激励员工向生产一线、向艰苦岗位流动。国内职工主动要求出国，国外职工主动提升技能，队伍活力得到释放。（冯文孝）

【“单井创效比学赶帮超”成果丰硕】 2015 年，中原石油工程公司搭建单井对标竞赛平台，建立末位淘汰机制，评选出焦页 47 - 3 井等 15 口“红旗创效单井”，国内单井平均考核利润增加 102.53 万元。海外单队产值超 5 000 万元的井队 31 支，实现利润超过 1 000 万元的 22 支、超 3 000 万元的 4 支。

（冯文孝）

【“三基”建设持续推进】 2015 年，中原石油工程公司建立公司季度集中检查、所属单位月度自查机制，注重优化检查方式、提高检查质量，组织季度提升基层管理检查 4 次和节日检查 3 次，共检查 150 个项目部、380 个基层队，奖励绩效工资 657 万元、扣减 264 万元，增强队伍抓“三基”、达“三标”的积极性。修订制度 41 项，进一步完善岗位责任制体系。

（冯文孝）

【安全形势保持稳定】 2015年，中原石油工程公司深化安全管理“四个体系”建设，HSE异体监督被树为中国石化石油工程系统可学习、可复制、可推广的成功范例，被评为石化集团公司2015年安全先进单位。修订完善825个岗位HSE职责，做到可量化、可监测、可考核。完善HSE监督管理办法、监督派遣令、监督任务书、监督手册4个配套制度，选聘专职监督员311名，强化检查与考核，见到良好效果。对1 982名领导干部进行理论考试、工作访谈和业绩评价，结果作为绩效考核、干部任用和评先树优依据，各级干部安全意识和履职能力显著提升。海外队伍HSE业绩获得甲方高度评价，24次获得当地政府和甲方的HSE书面表扬。沙特近半数井队进入甲方安全业绩评价优秀行列，成为阿美公司HSE业绩最优秀的承包商之一。SINO－25队以99.3分的成绩创出阿美公司钻修井队历史最高得分。科威特2/3的队伍达到甲方业绩评价“优秀”档次，综合成绩在所有施工方中排名第一，SP－269队被选定为科威特国家石油公司灾难应急演练标杆队。非洲公司钻井、作业双双夺得大尼罗石油作业公司1/2/4区首届年度质量安全管理优胜奖。乌干达RIG26队被评为道达尔环保形象队、标杆队。

（冯文孝）

【科技创新成果显著】 2015年，中原石油工程公司承揽国家科技重大专项专题8项，国家科技支撑计划课题1项，石化集团公司科技专题14项、先导项目4项、“十条龙”专题1项，获科技进步奖22项，专利授权49件。完善、形成页岩气勘探开发等5项配套技术、大型压裂酸化等6项核心技术、复杂地层防漏堵漏等8项专有技术，取得无土相油基钻井液配方、酸性气体动态监测技术等一批自主研发成果。开展攻关研究，固化提速模板，焦石坝工区机械钻速提高7.8%，西北地区提高7.7%，蜀南及华东页岩气市场提高9.9%，冀东地区提高26%。水平井和侧钻水平井平均机械钻速分别提高0.35米/时和1.05米/时。累计打破石化集团公司纪录7项，创区域高指标91项。推广“井工厂”生产模式，缩短搬迁时间110天，单井成本平均节约75万元。成立专家团队，组建专业化堵漏队伍，制定区域防漏堵漏工法，研发可控胶凝堵漏技术，在焦石坝和蜀南地区应用52井次，堵漏成功率达86.5%以上。制定井控管理检查考核细则，强化井控风险消减措施，排除顺南6井、马深1井、明1井溢流险情。严格故障复杂责任追究，开展化学助剂专项治理，追究10起井下故障31名责任人。全年故障损失时间同比减少268.97天，直接经济损失下降2 824万元。

（冯文孝）

中原石油工程公司在焦石坝地区推广“井工厂”生产模式

【人力资源更加优化】 2015年，中原石油工程公司实施严格的人员控制手段，坚持严进宽出和清理清退相结合，分类下达用工总量和定员指标，引导单位强化用工约束，清理长期不在岗员工，全年减少用工1 835人。建立人力资源共享平台，加强停等队伍人员调整，配齐配强一线队伍，从机关后勤向一线队伍调整80人次，从停等队伍向施工队伍调整4 100人次。坚持以业务外包为主，精减、续用、调整用工形式为辅的规范劳务派遣工作模式。统筹推进合资公司组建。实施减人减资，合理确定停待人员薪酬待遇，推行机关后勤人员轮岗休假等措施，人工成本控制在计划指标之内。加强一线队伍倒班、停工培训，共完成26.2万人·天。参加石化集团公司测井、井下作业、“两化”融合业务竞赛，取得3金、2银、3铜的良好成绩。

（冯文孝）

【党建思想政治工作上台阶】 2015年，中原石油工程公司扎实开展“三严三实”专题教育，整改问题934个，取得阶段性成效。深入推进“双示范”创建，创建局级党建示范点58个、石化集团公司党建示范点2个。严格落实党风廉政建设“两个责任”，完善纪检监察、审计、法律合同、内控、财务稽核“五位一体”的联动监管机制，严厉查处违规违纪行为。

（冯文孝）

【企业文化品牌建设呈现亮点】 2015年，中原石油工程公司制定下发公司品牌建设实施意见，安排部署聚焦市场导向、精品工程推介、特色技术展示、铁军团队提升、先进典型选树、文化理念引领等6

个体系建设任务，持续推进企业文化“六个一”工程建设，编发《铁军》专刊 4 期、《铁军雄风》文学集，完善《铁军壮歌》形象宣传片，编撰反映公司 445 口“1”字号井和 196 口高指标新纪录功勋井的图册《油气发现之旅》，全方位、多层次树立公司品牌形象。结合油田发现 40 周年系列纪念活动，创作一批反映铁军风采的文艺作品，其中参加石化集团公司诗歌大赛作品 191 首，入选石化集团公司作家作品网络库 12 部。其中，1 篇获得报告文学优秀奖，2 篇获诗歌大赛三等奖和优秀奖。企业文化建设成果“中原铁军文化实践与探索”课题获河南省政研一等奖、石化集团公司政研二等奖。

（张向东）

【群众工作彰显新作为】 2015 年，中原石油工程公司召开首届工代会，深化民主管理和厂务公开，维护和保障员工合法权益。深入开展“三比三赛”创效争标竞赛、争创工人先锋号、青年文明号等活动，7 个基层队获省部级以上工会组织表彰，2 个基层队获中国石化青年文明号称号，3 个基层队、20 个钻井队分别获油田十佳工人先锋号和创新创效团队称号。实施外部市场员工关爱行动，慰问基层单位和困难员工家庭 1.1 万人次，发放慰问款物 304.76 万元。强化矛盾纠纷排查、风险评估、疑难信访攻关等措施，畅通公开信箱和来信来访渠道，实现零上访。

（冯文孝）

表 1　中原石油工程公司主要技术经济指标 亿元

指标名称＼年份	2015	2014	2013
工业总产值	91.52	106.81	121.35
工业增加值	51.82	60.66	58.14
资产总计	137.81	142.39	128.37
流动资产	80.77	82.19	71.67
固定资产原值	105.05	99.72	94.93
固定资产净值	46.61	47.95	47.97
销售收入	91.52	106.81	121.18
实现利税	4.43	14.94	11.41
税　金	6.19	10.81	7.83
综合能耗/吨标煤 · 万元$^{-1}$	0.39	0.41	0.42

（刘自然　李永超　马革防）

表 2　中原石油工程公司主要生产建设指标

	指标名称＼年份	2015	2014	2013
钻井	开钻/口	598	813	923
	交井/口	604	816	953
	钻井进尺/万米	197.11	238.60	279.82
	海外大修井/口			
	开工	232	267	246
	完工	233	266	240
测录井	测井/井次	1992	4528	4722
	射孔作业/井次	2352	3106	2985
	录井/口	280	465	419
井下	维护作业（小修）/井次	539	480	744
	措施作业			
	压裂/井次	177	359	636
	酸化/井次	55	84	123
	大修/井次	29	139	278
	侧钻/口	1	34	42

（张亚莎）

河南石油工程公司

【概况】 中石化河南石油工程有限公司（简称河南石油工程公司）是由河南油田石油工程板块经专业化整合重组，于 2012 年 12 月 21 日注册成立，是石油工程公司的全资子公司。本部共有 6 个职能处室，下设 4 个直属项目部、6 个二级单位。本部位于河南省南阳市宛城区。

截至 2015 年底，河南石油工程公司有施工队伍 203 支，其中钻井队 45 支、井下特种作业队 29 支、测井队 32 支、录井队 85 支，固井、定向、钻井液、钻前、管具等技术服务队伍 12 支。具有石化集团公司甲级队伍资质 50 支，乙级队伍资质 80 支，达标队资质 37 支，国际队伍资质 24 支；拥有石化集团公司金牌标杆队 1 支，金牌队 11 支，银牌队 15 支。队伍主要分布在油田内部市场 90 支；国内外部市场 88 支（包括钻井 15 支、井下 8 支、测井 8 支、录井 53 支、技术服务 4 支），分布在新疆、陕西、内蒙古等 10 个省区；国外施工队伍共 25 支，分布在尼日利亚、沙特、科威特、印尼、吉尔吉斯斯坦等 5 个国家。有生产装备 941 台（套），其中钻井设备 599 台（套），井下作业设备171台（套）、测井专业设备103台（套）、录井设备68台（套），固定资产原值超过23.7亿元。

截至2015年底，河南石油工程公司用工总量为4 122人，其中合同制员工3 168人、派遣制员工954人。员工队伍中，具有高级及以上专业技术资格的人员432人，聘任公司级专家11人；具有技师及以上技能资格的人员170人。国际化经营人才229人。石化集团公司突出贡献专家1人，石化集团公司三个层次学术技术带头人3人，闵恩泽青年科技人才2人，省部级技术能手11人。油田突出贡献专家3人，优秀青年知识分子9人。

河南石油工程公司主要技术经济指标和主要生产建设指标见表1和表2。

（程文涛）

【全面完成年度生产经营任务】 2015年，河南石油工程公司面对国内外市场工作量骤减、队伍长时间停待、市场竞争激烈、经营压力持续加剧的严峻形势，全面落实“市场是根、服务是魂、效益是本、合作共赢”的理念，深化改革激活力，开源节流增效益，打造优势增后劲，主动作为求突破，持续推进提质增效升级发展，全面完成年度各项目标任务。全年完成钻井进尺43.5万米，井下作业268井次、试油104层，测井1 539.4万标准米，录井进尺66.6万米，实现营业总收入18.25亿元，完成石油工程公司下达的效益目标，销售费用、财务费用及其他各项资金指标均控制在年度指标之内。

（程文涛）

【生产保障能力不断增强】 2015年，河南石油工程公司统筹优化生产运行、队伍组织、技术装备、人员配置等要素，增强服务意识，提升生产保障能力。在河南油田内部钻井平均钻机月速达3 361米/台、同比提高16.1%，平均机械钻速18.8米/时、提高35.5%，共创造和打破各种新纪录、新指标20项。50864HN队施工的HV027－8碱层水平连通井创造了石油工程公司1口水平井联通2口直井的新纪录；HN－DX202队承钻的TH10220CH2小井眼短半径水平井创出定向井施工全角变化率最大纪录（119°/100米）；70187HN钻井队承钻的TP178H井钻井周期较设计提前31.2天，周期节余率达33.2%，单井贡献额681万元，周期节余和单井创效创出公司在塔河工区的最好水平；50860HN钻井队承揽施工的TH12420井，实现塔河工区有史以来650修井机当天搬迁、当天开工、当天压井、当天起管的“四个当天”的先例；录井地质卡层、工程预报等精良技术，助力西北油田分公司顺北1－1H等重点探井试获高产，受到甲方的通报表扬和嘉奖。钻井施工创出国内井温最高（236℃）、垂深最浅水平井（174.15米）、陆相页岩油水平段最长（1 402米）等多项新纪录；井下压裂级数（22级）创出国内页岩油气水平井施工规模新纪录。全年主要设备利用率95.4%；测井资料合格率100%、测井曲线优良率93.2%；录井完井资料合格率100%、完井资料优良率93.2%；作业一次合格率100%。

（程文涛）

【市场开发成效明显】 2015年，河南石油工程公司坚持稳定国内强化国外，整合优化市场开发力量，完善市场开发配套政策，通过加强推介宣传和沟通协调，在国内外各主要市场建立战略合作关系，形成了新的市场格局。在长庆油田投标中，共31支队伍中标，较上年新增1支队伍。开辟了中国石油克拉玛依钻井市场、中国地质调查局、新疆阜康煤炭地质局和中国石油华北油田煤层气等10个新的石油工程服务市场。在页岩气、煤层气、天然碱、地热等非常规市场，加强与具有较强实力、良好市场信誉的合资公司和民营企业的合作，成功揽取华能集团、国昊能源、河南百川等诸多煤层气试气压裂、修井和测录井项目及中源化学天然碱钻测录井和新星双良的地热测录、酸压等项目。全年实现非常规市场经营收入6 400万元、同比增加4 100万元、增长178%。在管具维修、钻井定向与钻井液等技术服务市场，管具维修服务成功进入科威特和长庆油田市场；钻井定向与钻井液技术服务成功进入延长集团、华北油气分公司、西北油田分公司市场；研制的4套IDS钻井参数仪及硫化氢气体检测标定仪等设备进入科威特市场。全年实现外部市场收入12.5亿元，占经营总收入的68.7%，增长1.18亿元、增长10.4%，再创历史新高。

（程文涛）

【海外市场逆势增长】 2015年，河南石油工程公司坚持做大做强做优国际市场，取得新突破。在尼日利亚市场，加强与当地有实力的中小型石油公司的合作，拿到总合同额800万美元的钻井项目。在科威特、沙特新上5部钻机并全部提前开钻，共提前348天，获甲方奖励71万美元；在科威特新中标2部修井机，续签2部70D钻机，使沙特、科威特2个市场的钻机数量达到14部。全年实现国际市场经营收入8.7亿元，占经营总收入的47.8%，同比增加

2.29 亿元、增长 35.7%。

（程文涛）

【安全环保持续稳定】 2015 年，河南石油工程公司修改完善 612 个岗位、4 803 人 HSE 岗位责任制，做到岗岗有专责，强化领导值查、安全承包与职能部门联保，坚持推行基层干部带班和交接班制度、班前班后会议制度和 STOP 卡观察制度，确保各级 HSE 责任切实落地。对钻井公司和井下作业公司全面推行异体监督，加强了直接作业环节、重点施工工序、交通安全、井控安全的监管，现场监督检查发现问题 1 139 个，全部得以整改。组织开展员工 HSE 技能培训 3 500 人次，征集"我为安全做诊断"建议 2 316 条，开展两级井控应急演练 15 次，增强了基层员工自主防范安全意识和安全操作技能。强化环境保护制度执行力，加强泥浆池防渗处理和废弃泥浆无害化处理，开展泥浆不落地装置的工艺研究应用，共减少排放泥浆污水 5 000 余立方米，进一步削减了环保管理风险。工业万元产值综合能耗控制为 0.325 吨标煤，比年度考核目标 0.337 吨标煤下降 1.2%。实现了安全环保无事故，各项 HSE 指标均达到总部考核要求，获得了石油工程公司年度安全生产先进单位称号。

（程文涛）

【科技创新成果显著】 2015 年，河南石油工程公司着力强化瓶颈技术攻关和技术集成，全年共开展公司级以上项目 31 项，获得石油工程公司总部年度科技经费 1 760 万元，新申请专利 11 件、获授权 6 件。应用非水泥基耐高温材料进行稠油热采井固井试验成功，成为石化集团公司首次成功应用案例，填补了国内技术空白。"钻井小鼠洞口扣合式卡座的研制与应用"项目获中国能源化学工会优秀职工技术创新成果。着力强化现场技术管理和配套措施落实，有效减少和预防井下事故及复杂情况的发生，井下故障率由上年的 1.9% 下降到 0.85%，科技成果的应用推进了安全优快施工。大力推广应用"一趟钻"、PDC 钻头、油水井带压作业、RMT 测井、随钻轻烃录井等特色优势技术和成熟实用技术，不断提高施工效率、工程质量与市场效益，全年高端技术业务收入 4.2 亿元，占经营总收入的 23%，实现了高端技术项目数量和创收的连年增长。

（程文涛）

【特色技术逐步形成】 2015 年，河南石油工程公司持续推进技术推广与创效，逐步形成了 37 项具有自身特色的配套技术系列。在钻井工程方面，形成稠油热采特浅层水平井钻井、稠油浅井固井配套、稠油浅井套管钻井、斜直丛式井钻完井、高含碱油田钻井配套、大斜度大位移多目标井钻井、高含水调整井固井、超高温深井钻井、页岩油（气）水平井钻完井和油气层保护 10 项特色优势技术。在井下特种作业方面，形成稠油热采水平井修井、斜直井作业、取换套管、套管打通道、带压作业、连续油管作业、非常规水平井多级压裂、地层测试和套管开窗侧钻 9 项储层改造配套特色技术。在测井工程及解释研究方面，形成了 LOGIK 测井资料处理解释系统、RMT 测井工艺及解释、剩余油饱和度测井解释评价、钻进式井壁取芯、定向射孔、相关流量测井、小直径同位素测井和陆相页岩油开发测井解释 8 项特色技术。在地质录井方面，形成了开发后期水淹层录井评价、非常规录井识别评价、录井老井复查评价、远程地质导向决策、定录一体化、高温有机碳分析、录井资料网络快速处理、IDS 集成钻井参数系统、空气钻条件下录井和地热录井在线采集评价 10 项特色技术。

（程文涛）

【PDC 钻头应用效果良好】 2015 年，河南石油工程公司进一步加大推广 PDC 钻头的应用力度，钻井提速效果明显。在以往 PDC 钻头使用经验的基础上，不断优化技术参数，扩大应用范围，特别是在钻井一开井段和石炭系内应用效果良好。在春 91、春 93、春 136E 等 6 口井的表层钻进中使用 310 毫米 PDC 钻头取得效果显著，累计进尺 1 015 米，机械钻速 61.52 米/时。根据实钻地层和钻井井段的情况，分别在春 77－1、春 80 等多口井的石炭系地层使用 PDC 钻头，平均机械钻速为 9.5 米/时，为牙轮钻头平均机械钻速 4 米/时的 2.4 倍。全年使用 PDC 钻头累计完成进尺 6.13 万米，占总进尺的 73.09%，平均机械钻速 31.9 米/时。

（程文涛）

【改革管理激发新活力】 2015 年，河南石油工程公司明确改革管理重点工作，召开专题会议研究发展方向，研究制定并全面推行单井单队考核兑现办法，突出基层队降本创效的主体地位，建立以效益为中心的基层队绩效排序和奖优罚劣的考核评比激励新机制。全面推进二级机关及基层机构改革，压扁管理层，撤消矿大队级机构，由二级机关直管基层队，提升管理效率。全年共压缩管理机构 14 个，其中二级单位机关科室由 31 个精简为 24 个、减少 22.6%，机关附属机构由17个精简为10个、减少41.2%；二级单位管理岗位人员减少111人，占管理人员的23%。实施通用车辆改革，将通用车辆全部实行集中统一管理。与上年比，共减少外租车辆79台，报废、停用21台，共减少用车100台，同比下降56.8%，全年节支1 500多万元。

（程文涛）

【**成本管控能力得到提升**】 2015年，河南石油工程公司严细管控重点费用，确保各项成本费用得到有效控制。在财务费用管理上，积极筹措与运作资金，减少汇兑损失774万元，全年节约贷款利息849万元。在人工成本管理上，建立内部用工调剂平台，实现人员相互调剂和资源共享，全年内部调剂余缺人员182人、清理临时用工386人，减少398人，压减人工成本5 834万元。在材料物资消耗管理上，严控维修费用和租赁费用支出，降低资产租赁和修理费1 979万元；实施电代油、气代油、泥浆回收利用，开展修旧利废等措施，节约1 288万元；加大物资集中框架采购和公开招标力度，盘活库存，努力降低物资成本，集中采购1.18亿元，节约1 400万元，盘活库存1 680万元。全年变动成本总额8.8亿元，占经营总收入的48.4%，同比下降4.9个百分点，共发生办公费、差旅费、业务招待费等6项费用612万元，减少188万元、23.5%。在生产管理上，坚持实施低成本发展战略，深化推进生产上精耕细作、经营上精打细算、技术上精益求精、管理上精雕细刻的“四精”管理。明确机关各联保部门和所属各单位挖潜增效项目管理职责，督促各单位将挖潜增效项目措施落到实处，全年共完成挖潜增效项目48个、实现降本增效1.18亿元，完成全年目标9 784万元的120%。

（程文涛）

【**打造铁军取得新进展**】 2015年，河南石油工程公司坚持把严守纪律、严明规矩挺在前面，队伍建设取得新进展。严格执行领导人员履职待遇和业务支出管理办法，积极落实廉洁自律各项具体措施，推行处级干部工作日志制度并实施评比考核，对全体现职处级干部开展年度综合量化考核，平均成绩94分，干部队伍整体履职尽责、廉洁自律和素质能力持续提升。选好配强干部队伍，加强两级领导班子建设，在石化集团公司党建考核中选人用人测评满意度为99.5%，新提处级干部满意度为97.9。突出各项业务竞赛和国际化人才培养，加强技能培训、技术比武和岗位练兵，举办了外部市场管理人员廉政建设等培训班。

（程文涛）

【**党群工作水平不断提升**】 2015年，河南石油工程公司注重发挥党建和思想政治工作优势，精心组织“三严三实”专题教育，深入推进党风廉政建设“两个责任”落实，营造风清气正的发展环境。坚持“集体领导、民主集中、个别酝酿、会议决定”的原则，确保“三重一大”决策制度有效落实。全年召开党委会14次，研究干部管理办法、“两个责任”考核细则等重大事项36项；领导班子会议15次，研究资金管理办法、HSE事故管理与责任追究办法等重要事项65项。制定《河南石油工程公司领导人员履职待遇、业务支出管理办法》，规范领导人员履职待遇、业务支出，加强监督管理。坚持“市场在哪里，队伍到哪里，党组织就建在哪里”的原则，结合工程单位外部市场队伍分布情况，及时建立党组织，各级党组织覆盖率100%。加强企业文化体系建设，形成了以“圆梦石油工程，创造美好生活”为企业使命，以“打造石油铁军，争创世界一流”为公司愿景，以“尊重员工，成就客户，诚实守信，创新发展”为核心价值观，培育和引领广大干部员工开拓创新求发展。创新思想政治工作载体和方法，充分利用新媒体方便、快捷的优势，先后开通党群人事信息网、微信公众平台、官方微博，认真做好政策宣讲和形势任务教育，开展向田明、薛梅及身边先进人物学习，引导和激励广大干部员工转观念、正作风、尽责任，积极投身“战寒冬、求生存、谋发展”中去，同舟共济渡难关，众志成城创效益，形成持续健康发展的强大合力。

（程文涛）

表1　河南石油工程公司主要技术经济指标 亿元

指标名称＼年份	2015	2014	2013
工业总产值	18.19	25.81	27.65
工业增加值	9.43	14.10	11.50
资产总计	23.93	27.54	26.67
流动资产	10.55	12.74	12.22
固定资产原值	23.59	22.96	20.81
固定资产净值	11.31	12.44	12.21
营业收入	18.25	25.92	27.59
实现税费	1.33	3.22	3.01
综合能耗/吨标煤·万元$^{-1}$	0.33	0.35	0.36

表2　河南石油工程公司主要生产建设指标

指标名称＼年份	2015	2014	2013
钻井/口	250	380	331
钻井进尺/万米	42.68	62.78	59.04
测井、射孔/井次	1 829	3 076	3 257
测井标准米/万米	1 540.00	1 875.00	2 205.58
录井/口	277	466	542
录井进尺/万米	66.61	93.79	112.13
作业井次/次	282	608	686
试油井次/口	52	70	139
试油层数/层	104	157	315

江汉石油工程公司

【概况】 中石化江汉石油工程有限公司(简称江汉石油工程公司)注册地湖北潜江市，业务涵盖钻完井、测录井、试油(气)、酸化压裂、地层测试、钻修井、地面计量、环保工程、特种运输和国际贸易等领域，已形成石油工程业务系列化、设计施工服务一体化，实现了页岩气工程技术的国产化、系列化和应用规模化。

截至2015年底，江汉石油工程公司机关定员60人，设6个职能部门，下属7个二级单位。直属党(工)委14个(含中国石化工程建设、物探专业公司在湖北的4家二级单位党组织)，下辖基层党(总)支部374个，党员4 484人。用工总量7 804人。有各类施工队伍272支。设备资产40.08亿元，主要生产设备1 581台套，设备新度系数0.6。

2015年，江汉石油工程公司实现营业收入53.38亿元，盈利能力逐年攀升，毛利率由2012年的6.02%提升到2015年的12.58%，主要专业单耗明显下降；全年利润总额5.42亿元，创成立以来最好水平，绩效考核情况在石油工程企业中排名第一，跻身石化集团公司A类企业。

江汉石油工程公司主要经济指标和主要生产建设指标见表1和表2。

(刘宏浩)

【涪陵示范石油工程建设取得新成效】 2015年，江汉石油工程公司在涪陵工区加强新技术、新工艺推广应用，大力推行“井工厂”施工模式，建立标准化技术、标准化施工和标准化质量控制体系，施工质量和效率大幅提升，创造和刷新39项工区施工纪录。钻完井、压裂试气、连续油管钻塞周期大幅缩短，测井、泵送桥塞射孔时效提升20%，井深质量合格率、固井质量合格率、油气显示发现率均为100%。“井工厂”开发技术被国土资源部列入矿产资源节约与综合利用先进适用技术推广项目。依托在涪陵会战中的出色业绩，江汉石油工程公司进一步确立了在页岩气工程技术领域的领先优势，为中国石化页岩气勘探开发“建成示范、走在前列”做出了积极贡献。

(刘宏浩)

涪陵工区江汉施工现场

【市场开发能力明显提升】 2015年，江汉石油工程公司在涪陵工区注重全方位保障，发挥全产业链优势，提供规模化、配套化施工和技术服务，以工程的低成本推动产建的高收益，实现勘探开发和石油工程双赢，有效稳定与扩大了市场份额。涪陵工区收入同比增加27%，特色技术服务收入大幅增加，各专业工作量完成情况均超过队伍占比。发挥高温高压测试、压裂等特色技术品牌优势，西北市场在投资下降、工作量萎缩的情况下，实现了工作量、收入双稳定；抓住长庆招标管理变化的机遇，积极沟通、主动作为，克服装备不足等困难，钻井业务重返长庆市场，井下测试保持了市场份额；多级射孔利用特色技术成功进入东北工区；发挥页岩气技术和品牌优势，顺利进入重庆、湖北、贵州等多个社会页岩气市场；海外市场加大续签合同力度，新签合同额3.16亿美元，同比增加2.56亿美元。

(刘宏浩)

【特色优势技术取得新突破】 2015年，江汉石油工程公司页岩气工程技术实现六大突破：钻井工艺技术进步，长水平段水平井钻完井取得突破；泵送桥塞—射孔联作技术进步，水平井分段压裂技术取得突破；“井工厂”配套技术进步，施工模式率先取得突破；牵引器技术进步，套管内测井技术取得突破；连续油管技术从无到有，在技术和规模应用上实现了突破；攻克油基钻屑处理的环保难题，环保技术取得突破。配套形成了钻井、测录井、压裂试气、环保等4个专业的技术系列，制定标准规范45项，获得专利授权104件，具备了从设计到施工、从工艺到工具的全产业链服务能力，页岩气工程技术在国内实现领跑。累计开展石化集团公司、石油工程公司科研项目27项，获国家专利授权10件，参与国家重大专项3项，获石油工程公司先进科技单位、石油工程公司创新团队称号。

（刘宏浩）

连续油管特色技术施工现场

【党建思想政治工作保障有力】 2015年，江汉石油工程公司扎实开展“三严三实”专题教育，各级干部带头深入基层、深入一线、深入群众，密切了党群干群关系。严格落实“三重一大”决策制度，规范用权，推进依法治企，增强了各级班子的整体功能和执行力。抓好基本功训练，强化全员培训，促进员工素质全面提升。加强基层党组织建设，党支部的战斗堡垒作用和党员先锋模范作用得到有效发挥。扎实抓好党风廉政建设“两个责任”落实，全方位打造阳光廉洁工程。龙景庆创新工作室被全国总工会授予全国示范性劳模创新工作室，1项成果获第10届海峡两岸职工创新金奖，廉政微电影获石化集团公司一等奖，在石化集团公司测井工技能竞赛中获1金、1银、1铜。

（刘宏浩）

表1　江汉石油工程公司主要经济指标　亿元

指标名称＼年份	2015	2014	2013
实收资本	2.50	2.50	2.50
资产总额	56.22	60.14	48.80
流动资产	26.54	31.53	17.97
固定资产净额	27.05	25.34	26.27
负债总额	39.56	48.60	36.18
营业收入	53.38	60.86	57.38
利润总额	5.42	1.19	-3.15

表2　江汉石油工程公司主要生产建设指标

指标名称＼年份		2015	2014	2013
钻井	开钻井/口	246	357	486
	完成井/口	238	339	493
	钻井进尺/万米	78.53	99.99	121.00
测录井	测井/井次	1 086	1 492	1 710
	录井/口	262	400	508
井下作业	作业井/口	1 809	1 163	1 182
	作业/井次	1 843	1 170	1 184
	试油气/口	199	1 034	1 230
	试油气层数/层	1 455	1 686	2 394

江苏石油工程公司

【概况】 中石化江苏石油工程有限公司(简称江苏石油工程公司)本部位于江苏省扬州市。国内市场主要分布在江苏、安徽、新疆、海南、内蒙古、陕西、吉林等省区；国外市场主要在阿尔及利亚、泰国、厄瓜多尔、阿根廷、玻利维亚、吉尔吉斯斯坦等国家。

截至2015年末，江苏石油工程公司用工总量4 356人，其中合同制员工3 292人、派遣制员工1 033人、非全日制员工31人。拥有队伍128支，其中钻井队47支、测井队27支、录井队41支，钻前、固井、定向等其他服务队伍13支。资产总额23.57亿元，资产负债率67.40%，主要专业设备711台套，设备资产原值19.92亿元、净值10.52亿元，新度系数0.53。

2015年，江苏石油工程公司实现收入15.6亿元，完成2.4亿元限亏指标，实现利税-1.39亿元完成了上级下达的各项目标任务。

江苏石油工程公司主要经济指标和主要生产建设指标见表1和表2。

（王　敏）

【市场发展逆势前行】 2015年，江苏石油工程公司市场开拓成效显著，在江苏油田工作量断崖式下降的形势下，着力推进市场攻坚，在国内新开拓东北油气分公司、陕西长和等市场，在海外新开拓吉尔吉斯斯坦、委内瑞拉等市场，全年中标合同额超过2011—2014年4年之和。结构布局不断优化，外部市场收入占比由上年的40%提高到61%，系统内、系统外、国外三大市场基本形成"三分天下"的格局；海外市场逐步由也门、叙利亚等公共安全风险高的市场，转移到阿尔及利亚、泰国、玻利维亚等市场。管理机制逐步完善，成立市场开发部，出台《市场开拓管理办法》，设立市场开拓有功人员奖励标准。市场品质得到提升，海外新签钻井大包业务逐年上升，由上年的1.8亿元攀升到8.6亿元，带动了固井、录井等业务的整体输出。业务领域不断拓展，获得长庆环保服务、中国地质调查局录井项目等，与延长油矿等多家企业签订了合作框架协议，非油气测录井、管具机修等业务取得新进展。

（王　敏）

【挖潜增效成效良好】 2015年，江苏石油工程公司制定《2015年挖潜增效工作方案》，按照"机关与基层双向同步分解、全员联动考核"的要求，将指标进行横向、纵向层层分解，完成上级下达的考核指标。各单位主动调高挖潜增效指标，将挖潜增效作为贯穿全年工作的重点，并通过"市场、效益、责任、办法"大讨论等活动，营造了群策群力挖潜增效的良好氛围，挖潜增效成效良好。充分发挥全员的智慧和力量，着力降本压费、修旧利废，全年修理费同比下降1 696万元；扎实开展争创年度"最佳效益基层队"专项竞赛活动，出台创先创效工作方案，制定基层队创先创效考评标准，召开创先创效推进会，实现了全员参与、全过程控制、全队种覆盖。在机关层面，狠抓责任落实，严格费用审批流程，重点压减非生产性费用支出，有效遏制成本费用的上升势头；强化纳税统筹，争取退税和税费返还3 957万元，有效缓解了经营压力。再获石化集团公司财务管理先进单位荣誉称号。

（王　敏）

【管理优化稳步推进】 江苏石油工程公司强化绩效考核，将效益指标考核权重由以往的40%调整到95%，组织绩效考核的激励约束作用得到有效发挥。着力完善薪酬管理，出台停待期间员工薪酬发放指导意见，促进了人员的动态配置和调整优化。推进组织机构优化，二级单位机关科室及附属机构优化调整完成第一阶段工作，机关科室较上年减少20个、压缩40%，附属机构减少12个、压缩50%。优化人力资源配置，积极探索实施"人机分离"模式，出台《钻井、测录井队伍优选方案》以及《域内钻井择优(招标)施工管理办法》，让"有为"的队伍"有活干"。加大人才内部竞聘，在吉尔吉斯斯坦等项目实行公开竞聘双向选择，促进了优秀人才的脱颖而出。挖掘人力资源潜力，有54名员工到海洋石油工程公司开展业务承揽，有25人外派到金坛储气库项目，在获得工作量的同时，提高了员工的就业率。加大装备调配和盘活，停待装备得到积极调配和使用，抢运盘活也门市场钻机、修井机和综合录井仪等多台装备，进一步提升了资产运营效益。妥善做好离岗人员分流安置工作，出台"离岗人员分流安置实施办法"，确保涉及员工切身利益的政策得到有效落实。

（王　敏）

【强基固本扎实有效】 2015年，江苏石油工程公司制定出台《领导干部带班管理规定》等20多项制度，HSSE管理制度体系得到进一步完善；召开事故(事件)分析研讨会，分5期对167名井队长、书记、HSE管理人员进行专题培训，HSE教育培训取得良好效果；积极推进HSE异体监督，制定下发《钻井队HSE异体监督管理办法》，推进HSE异体监督体制机制的初步建立。不断加强内控管理，梳理完善细化2015版内控手册，确保内控责任的有效落实；强化法律及合同管理，对公司成立3年来的法律及合同管理工作进行全面检查和整改，促进了法律及合同管理的不断提升；大力开展管理创新，"基于EDIBC的单机优选钻头系统"在石化集团公司创新成果评比中均获一等奖；大力开展制度建设和制度自查自改，全年共制定和改造20类121项制度，进一步强化了制度保障；持续强"三基"，召开"三基"工作推进会，在石油工程公司首家发布"三基"工作1+2实施方案，为提升抗风险能力奠定了基础；强化统计分析评价，着力发挥监督和预警作用，被评为石化集团公司2015年统计工作先进单位和涉外投资报表先进单位。通过组织召开质量及技术分析会、“精准优快”钻井经验分享会，进行典型案例剖析，推广经验做法，提升了质量管控和技术保障能力；大力开展“提速提质提效”活动，在复杂井和高难度井增多的情况下，确保了弋参1井、徐闻X10井等重点井的安全优质高效施工。

（王 敏）

【服务能力不断增强】 2015年，江苏石油工程公司坚持市场导向，积极实施特色化服务，深井超深井钻井、无溶腔水平连通井钻井等技术在新疆、海南、淮安等市场应用良好；泰国项目加强总结分析，不断完善钻井配套技术，平均机械钻速同比提高32%，得到甲方认可和好评。紧贴生产实际，破解瓶颈和棘手难题，在联44井、花24平5井等高难度井中，推广应用新型螺旋钻杆技术，有效解决长久困扰难题，钻井周期大大缩短，完井电测一次成功；新疆项目细化技术方案、优化施工工序，70461队在设计钻井周期仅为9天的施工中，仅用50%的周期安全高效完成施工任务，被甲方评为双优工程。推进技术进步，不断强化科技攻关，“特殊结构系列钻杆及应用配套技术”等成果通过石化集团公司鉴定，达到国际先进和国内领先水平；“特殊结构钻杆应用研究”获石油工程公司科技进步一等奖，“井下振动固井技术研究与应用”等5个项目分获科技进步和技术推广二、三等奖。申报专利37件，9件获得专利授权。

（王 敏）

【政治优势有效转化】 2015年，江苏石油工程公司扎实开展“三严三实”专题教育，按照“规定动作做实、自选动作重效”的思路，进一步抓细抓实，取得了良好成效。以石化集团公司党建工作考核为契机，进一步完善机制、狠抓落实，党建和思想政治工作不断加强。各单位先后召开党代会，进一步统一思想、明确目标、凝聚力量，为公司发展注入了新动力。扎实开展典型案例警示教育活动，积极开展效能监察，加大监督执纪问责力度，真正把纪律和规矩挺在前面。充分发挥工团组织优势，大力开展形势任务宣讲活动，传递压力、凝聚力量、提振士气。依托公司信息报、门户网、微信等媒介，大力宣传市场开拓、科技创新、提质提效等方面的举措和成效，营造了良好的舆论氛围。开展“我为安全做诊断、水乡铁军筑平安‘四比四赛’竞赛活动”，征集安全诊断建议1 488条，活动成效显著。唱响主旋律，传递正能量，继全国见义勇为英雄司机王健之后，又有5名员工获第五届江苏见义勇为新市民群体称号。加强思想政治工作研究，2项成果分获石化集团公司二、三等奖。大力开展“全力决战市场、全员冲刺保效”立功竞赛活动，凝聚了增收创效、挖潜增效、提质提效的强大力量。积极贯彻《中国石化集团公司企业文化建设纲要》，广泛开展各类文体活动，快乐工作、幸福生活的氛围更加浓厚。大力开展特殊困难群体帮扶，切实解决涉及员工切身利益的问题，着力为员工解难事、办实事、做好事，维护了和谐稳定的良好局面。

（王 敏）

举办青年英语风采比赛

表1 江苏石油工程公司主要经济指标情况

指标名称＼年份	2015	2014	2013	2012
营业收入/亿元	15.61	26.04	26.66	23.21
利润总额/亿元	−2.40	1.58	0.80	−0.31
资产总额/亿元	22.53	23.78	26.40	23.98
资产负债率/%	70.50	62.80		

（何泽斌）

表2 江苏石油工程公司主要生产指标

指标名称＼年份	2015	2014	2013	2012
钻井进尺/万米	55.55	94.09	101.56	96.38
测井/井次	1 262	1 615	1 600	1 423
录井/口	156	313	313	355

（单天兵）

西南石油工程公司

【概况】 中石化西南石油工程有限公司(简称西南石油工程公司)是2012年底由西南油气田石油工程板块整合重组而成，是石油工程公司的全资子公司，本部位于四川省成都市，机关设8个处室和2个附属机构，下属12家单位和1家派出机构。

截至2015年底，用工总量9 031人，其中正式职工4 503人，经营管理和专业技术人员2 775人，具有教授级职称的16人，高、中级技术职称的1 324人；各类技术与施工队伍259支，其中具有中国石化甲级队资质108支、乙级队资质111支，金牌标杆队1支、金牌队20支、银牌队26支；累计获实用新型和发明专利授权173件；总资产73.86亿元，其中固定资产净值28.57亿元；拥有各类钻机82台套、井下作业2500型压裂车等一系列先进装备计9 956台套，拥有致密砂岩气藏、超深酸性气藏、页岩气气藏勘探开发的石油工程集成技术体系，形成32项核心技术、61项特色技术、83项常规技术。

2015年，西南石油工程公司总体上改革发展稳定各项工作有序运行。全年完成钻井进尺70.39万米，实现营业收入37.64亿元，考核利润1.46亿元，上缴税金2.86亿元。

西南石油工程公司主要技术经济指标和主要生产建设指标见表1和表2。

（丁勇兵）

【国内市场开拓逆势求进】 2015年，西南石油工程公司在各区域工作量大幅下降的严峻形势下，外拓市场亮点不断，累计中标项目182个，实现"两个增长、两个稳定、三个突破"。西南内部市场份额持续增长，钻井进尺份额达78.3%，同比增加10.8个百分点，测井、录井、井下作业保持100%的市场占有。西北市场钻井份额逆势增长，在工作量下降38%的形势下，钻井份额提升至26.2%，增加4.85个百分点，高于钻机占比8.52个百分点。临盘市场保持稳定。勘探分公司市场保持稳定，钻井进尺同比增加0.49万米。重庆页岩气市场取得突破，下属四川钻井分公司、井下作业分公司、油田工程服务分公司等单位成功进入华能集团重庆矿产公司页岩气市场，中标3口井的钻前施工、钻井大包、空气钻和6口井试气任务，为下步全面占领该市场奠定了基础。中国石油市场开拓取得突破，井下作业分公司成功进入中国石油威远井下作业市场，管具分公司凭借全国领先的数控维修钻具技术优势迅速抢占了中国石油新疆钻具检维修市场。新兴市场产业链延伸取得突破，油田工程服务分公司成立中国石化系统首支注氮队一举开拓了西北塔河注氮驱油项目，同时拓展了华北鄂尔多斯和中国石油热力供暖市场以及有关环保产业业务；新星公司地热井市场得到进一步发展。

（丁勇兵）

【海外市场开发增长】 2015年，西南石油工程公司27支海外施工队伍共完成钻井60口、进尺14.39万米，修井195口、固控服务2口、完井液服务2口、录井2口，完成合同额1.02亿美元，实现利润747万美元，新签合同额1.55亿美元，海外收入权重由9%提升至17%。①科威特市场向规模化迈进。新上的4台钻机、2台修井机全部提前开钻获业主奖励，科威特市场规模已达13台钻修井机，作业效率与搬家效率屡创新高。②厄瓜多尔市场向综合服务大包转变。积极配合子公司运作提高采收率综合服务项目，跟踪和参与ITT工程垫资大包服务项目，L－I－Y油田项目固控、完井液及录井已进入市场施工，6台70钻机日费率98.5%以上，其中169队连续安全生产2 000天，248队在第三方检查中取得95分的优秀成绩。③海外项目管理能力持续提升。认真研究国家出口退税政策和科威特财税政策，实施钻机生产厂商打包出口的方案，节约关税2%，为后续税务规划奠定了基础；成功取得对外承包工程经营资格证书，一般贸易出口工作正式启动；缅甸钻井、测井、录井设备身份转换工作全部完成，为后续业务拓展创造了条件。

（丁勇兵）

2015年1月2日，科威特项目首台钻机SP271成功开钻

【川西海相油气勘探取得重大突破】 2015年，西南石油工程公司继2014年彭州1井在雷口坡组获测试产量121万米^3/日的高产工业气流，取得龙门山前带海相勘探突破后，对川西海相超深井鸭深1井、羊深1井等重点探井，利用超深超高压差测试技术、高含硫安全管控技术、深度大型高效酸压技术等进行测试获高产，为川西龙门山山前带海相勘探重大突破做出了重要贡献。其中，鸭深1井试获日产气量48.5万立方米，在酸化过程中，为压开地层共实施震荡69次，创下西南油气田酸化施工震荡次数最多纪录；羊深1井试获日产气量60.3万立方米。研究表明，龙门山前构造带雷口坡组已落实圈闭面积589平方千米，圈闭资源量6 381亿立方米。可望在“十三五”期间建成为中国石化继普光、元坝之后的第3个大型海相气田。

（丁勇兵）

【工程保障能力不断增强】 2015年，西南石油工程公司刷新41项工程纪录和新指标，承担石化集团公司、石油工程公司技术攻关项目28个，其中新增项目5个，获专利授权15件、四川省科技进步奖3项、石油工程公司科技奖励9项，在石化集团公司科技成果鉴定中获2项国际先进、2项国内领先。钻井集成技术上，形成“高速螺杆+孕镶金刚石复合钻井”提速，气相欠平衡、液相欠平衡和控压钻井三大技术；超深酸性气藏开发上，形成酸性气田勘探开发集成配套技术和试气完井投产技术；页岩气勘探上，形成页岩气开发一体化服务能力；测井方面，形成四川盆地缝洞性碳酸盐岩储层测井评价技术等非常规储层的测井处理与解释方法技术，随钻地质导向技术服务成功投产，泵出式电缆释放方式在川西复杂井推广应用；录井方面，全球首台狭缝分光拉曼样机研制成功并试运行，水平井录井地质导向技术在元坝气田推广应用，为超深、高压酸性气藏水平井地质导向与轨迹调整提供了新技术，优质储层钻遇率同比增加35%；固井方面，积极开展技术瓶颈攻关，超深复杂井固井技术进一步提升，油基泥浆页岩气水平井固井技术进一步成熟；连续油管技术更加广泛应用于复杂情况处理和试气投产作业；成立西南打捞技术中心，启动酸性气田技术中心筹建，核心技术、高端服务能力进一步增强。

（丁勇兵）

【运行质量效率显著提高】 2015年，西南石油工程公司严格执行《重点工程关键作业环节施工管理办法》《生产运行管理办法》等制度和操作规程，对每一项工程、每一口井制定科学的节点计划，加强了单井、单机考核，加强了对重点井、高难度井、事故复杂井施工现场的生产、技术、物资的支撑保障，切实加强现场作业管理，强化源头控制，严控井下事故，全年事故复杂率0.94%，同比降低1.57个百分点。优化成熟提速配套技术，实施“区块模板+一井一策+一段一策+一序一策”的技术体系，确保每一米进尺都是安全进尺、质量进尺、效益进尺。在川西江沙33-19H井组率先启动“井工厂”模式大获成功，首口井优快完钻并刷新6项技术指标。钻井提速考核完成井180口，达标109口，提速井达标率60.6%；钻完井周期缩短率11.3%；钻井生产时效97.67%，提高2.98个百分点；井下试气时效86.53%，增加2.95个百分点；钻井质量优良率94%，合格率100%；修井、测试、压裂优良率均为100%。

威页1HF井大型压裂施工刷新西南油气田压裂液量最多、砂量最多、压裂段数最多3项纪录

（丁勇兵）

【安全环保态势持续平稳】 2015年，西南石油工程公司大力宣贯《安全生产法》《环境保护法》，从严落实HSE工作措施，有力促进了作业现场HSE管理水平的提高，未发生上报安全环保事故，实现了HSE工作“七杜绝”“八为零”目标，获石化集团公司2015年度环境保护先进单位称号，连续第3年获石化集团公司安全生产先进单位称号。力推HSE异体监督，构筑“五位一体”监管体系，实现了总监、两级HSE部门、两级第三方监督的全方位、多层次一体化监督管理结构调整，践行了“重点在基层、关键在现场、核心在岗位”理念。境外公共安全管理切实加强，建立了以境外项目部为主导，多方协调配合的公共安全与HSE管理一体化运行的境外安全管理体系。从严源头控制，清洁生产能力不断增强，网电利用，钻井液、压裂液重复利用和废弃物减量化工作取得新进展，节能减排工作成效明显，工业万元产值综合能

耗0.197吨标煤，比考核指标低0.049吨标煤。

（丁勇兵）

【挖潜降本增效成效突出】 2015年，西南石油工程公司进一步强化全面预算管理，以月度经济活动分析为主线，以挖潜增效为抓手，以包案扭亏为重点，深入推进全员成本目标管理，千方百计挖潜增效，累计完成挖潜增效3.06亿元，为年目标的133.1%。其中，通过优化投资结构、盘活闲置资产及提升装备自动化水平与加快设备投运开工进度，实现投资增效2 203万元；持续推进人力资源优化，做好用工总量控制，压减人工成本2 758万元；大力推行标准化、规模化的招标采购，采购价格在市场调整竞争机制中得到合理控制，采购成本降低5 794万元；降低事故复杂，提高运行效率，大力推广网电钻机和柴油机余热利用项目，节约生产运行成本5 909万元；严格设备租赁、设备修理计划管理，强化日常维护保养，节约修理费、租赁费4 172万元；严格执行中央“八项规定”及相关实施细则，制定领导人员履职待遇及业务支出管理实施细则等相关规定，“六项重点费用”节约6 067万元；按照“内内外”原则严格执行分包商及项目分包管理，分包费用及运输费降低1 633万元。

（丁勇兵）

【资源优化调整有序推进】 2015年，西南石油工程公司各项重点改革调整稳妥实施，发展动力进一步增强。深化用工制度改革，采取清退劳务工、非主营业务外包、富余人员安置分流等措施严控用工总量，全年优化用工790人，超额完成上级下达的用工总量控制指标。组织机构进一步优化，全面落实三级管理模式，实现扁平化管理，相继减少下属二级单位机关机构5个，调整合并三级机构3个，优化配置各级管理机关人员100余人。合理配置资源，优化市场布局，压减在石化集团公司内部市场施工的钻井队4支、录井队9支、测井队1支、井下作业队1支。建立健全了生产资源共享机制，将分散在各单位的闲置或低效的队伍所属资源调配到公司闲置资源平台，统一调配，全年调进资源2批次，调出资源6批次，有50支队伍的资源在闲置资源平台。推进了钻具集中管理，钻具利用率提高，减少钻具购置费用5 528万元。

（丁勇兵）

【“三严三实”专题教育扎实开展】 2015年，西南石油工程公司认真贯彻落实中共中央从严治党要求，始终保持坚定的政治定力，坚持高质量抓党建，高标准建班子，高要求抓党风廉政建设，认真落实“一岗双责”和党风廉政建设党委主体责任和纪委监督责任，严格执行中央“八项规定”精神及相关实施细则，扎实开展“三严三实”专题教育，坚持统筹兼顾，与本单位、本部门具体工作实际相结合，与西南油气田“为民务实清廉，一转双创三促”主题活动相结合，与“闯市场、练内功、创效益”主题活动相结合，与学习先进事迹相结合，确保了专题教育不偏、不散、不空。

（丁勇兵）

【队伍整体素质有效提升】 2015年，西南石油工程公司坚持“严”字当头，“三基”工作全面加强，从组织运行、基层建设、基础工作、基本功训练等各个方面进行细化，开展了以“标准化班组、标准化现场，标准化岗位”为主要内容的基层“三标”建设，并和西南油气田共同举办了“弘扬优良传统，夯实‘三基’工作暨劳模事迹宣讲”活动，把文化送到了基层一线。积极开展金银牌基层队和优秀基层队创建活动，持续改进，形成了“夺金牌、创纪录”的长效机制。队伍资质认证及取证工作扎实开展，加强了骨干人员和现场操作人员的培训，现场管理和操作技能水平不断提高，在全国石油石化系统“海油杯”职业技能竞赛中1人获测井专业第12名、团体获第9名；组织开展“创先创效夺标竞赛”“闯市场、练内功、创效益”活动，充分激发了干部员工战寒冬的积极性，涌现出了一大批先进集体和个人，有2个青年集体分获团省委、石化集团公司青年文明号，1人获四川省第七届劳动模范，1人获四川省五一劳动奖章、全国工人先锋号、石油石化系统创新先进个人，获得科技创新团队1个、科技标兵及科技先进工作者各1名。

（丁勇兵）

表1　西南石油工程公司主要技术经济指标　亿元

指标名称 \ 年份	2015	2014	2013
工业总产值	38.00	53.77	61.45
工业增加值	14.44	21.33	17.87
资产总计	73.86	83.94	88.33
流动资产	41.34	52.39	54.97
固定资产原值	55.72	50.91	51.08
固定资产净值	28.57	27.30	28.56

续表

指标名称＼年份	2015	2014	2013
销售收入	37.64	54.34	66.24
实现利税	4.08	10.09	11.68
税　金	2.86	5.54	9.13
综合能耗/吨标煤·万元$^{-1}$	0.24	0.25	0.26

表2　西南石油工程公司主要生产建设指标

指标名称＼年份		2015	2014	2013
钻井	开钻/口	239	334	379
	交井/口	237	264	398
	钻井进尺/万米	70.41	101.18	113.53
测录井	测井/井次	688	1 147	1 373
	射孔作业/井次	433	719	676
	录井/口	216	351	445
井下	维护作业(小修)/井次	171	122	258
	措施作业/井次			
	压　裂	128	244	353
	酸　化	24	45	59
	大　修	156	173	164

华东石油工程公司

【概况】 中石化华东石油工程有限公司(简称华东石油工程公司)是石油工程公司8家地区公司之一，下属钻井、测井、录井、固井、威诺测试5个专业施工单位，2个派出机构，6个机关管理部门和1个附属机构，主要分布在南京、镇江、扬州3个地区。其前身自1958年开始从事油气勘探开发以来，在复杂断块、火山岩、碳酸岩、致密砂岩、泥页岩等常规和非常规油气领域，逐步形成了一系列适应深井、超深井、水平井的钻完井、测井、录井、测试等成熟配套工程工艺，服务市场遍及江苏、西北、东北、南方、华北、重庆等国内10多个省市和哈萨克斯坦、加蓬等海外多个国家，获得过多项原地矿部、中国石化技术进步和油气资源重大发现奖，曾为发现江苏油田和中国最大的黄桥二氧化碳气田、建设东北松南油气田做出过重要贡献。

截至2015年底，华东石油工程公司共有员工2 348人，各类资产13.79亿元、设备2 237台套，91支石油工程队伍(甲级队37支、乙级队36支；金牌标杆队2支、金牌队5支、银牌队10支)。2015年生产经营总收入9.48亿元，实现利润为－3 808万元，较预算减亏192万元。

华东石油工程公司主要经济指标见表1。

(马卫征)

【全面完成挖潜目标】 2015年，华东石油工程公司积极组织人员到各单位、各工区调研指导，及时进行指标层层对接和落实，传递压力。开拓东北、华北和中国地质调查局等新市场，提升地热市场工作力度，做赢增量；采取硬措施深挖潜降成本，按收入、成本倒排原则，分解落实4 000万元限亏目标，倒排营业收入目标10亿元、挖潜目标2 820万元(较总部下达目标增加1 541万元)，实时跟踪，督促落实，全年实现收入9.48亿元，消灭了潜亏，实现利润－3 808万元，各项成本费用得到有效控制，超额完成了挖潜目标。

(马卫征)

【狠抓安全生产管理】 2015年，华东石油工程公司以QHSE体系运行为主线，通过落实“党政同责，一岗双责”规定，强化安全生产责任意识，修改完善相关制度，落实安全责任，组织开展以“我为安全做诊断”为内容的“四比四赛”活动，推进安全生产文化建设。主要领导深入生产一线，开展安全生产检查自查自改，检查出各类隐患和问题共172个，整改落实石化集团公司井控专项检查和安全巡视问题107个。较好地防控了重大风险，安全生产形势平稳，未发生安全事故，确保平稳运行。

(马卫征)

【积极开拓市场】 2015年，华东石油工程公司狠抓市场开拓，与华东分公司，积极沟通，提升服务勘探开发的质量，华东内部市场占有率从上年60%上升至100%。以质量和品牌继续稳定西北市场份额，西北石油局市场份额超过20%，超过石油工程公司在疆单位平均水平约5个百分点。紧盯市场变化，及时调整市场布局。面对西北工作量逐步萎缩、队伍富余的局面，多次走访东北石油局、华北石油局、新星公司、中国地质调查局等兄弟企业，抽调2支钻井队、3支录井队、1支测井队进入华北大牛地气田市场，抽调2支钻井队、1支固井队、1支测井队、2支录井队进入东北油气田市场，调整1台30钻机和1支录井队进入新星公司地热市场，成功拓展天然气市场和地热市场。全年钻机平均开动率为64.85%，同比增幅4.6%。

（马卫征）

【提质提速提效】 2015年，华东石油工程公司加强项目组织运行，围绕生产经营中出现的技术难题，开展科技攻关、合作攻关，狠抓施工、设计管理，强化完井技术总结，优化区块钻井技术手册，实施钻井责任工程师驻井制度等措施，不断提升运行效率。

江苏工区，六普钻井刷新江苏工区机械钻速纪录。西北工区，测井公司创钻输井段最长和综合测井施工纪录；固井公司创固井单次挤水泥施工最大挤入量的纪录。东北工区，六普钻井创龙凤山区块二开井段最高机械钻速新纪录。南方工区，六普钻井创华东连续取芯最长纪录。

（马卫征）

【夯实“三基”工作】 2015年，华东石油工程公司进一步强化提升“三基”工作的方案措施，紧紧围绕“争效益、树品牌、强三基”工作目标，比效益、赛万元降耗率，比业绩、赛市场占有率，比安全、赛风险控制率；比质量、赛工程优良率，比贡献、赛工作执行力，全面推进“五比五赛”活动。西部分公司华东钻井获得月度“十面流动红旗钻井队”称号9次，排名第一，占总数的17.6%。加蓬项目部通过推行STOP卡、TBT工具，不断强化员工安全意识，发挥集体智慧探讨安全施工方法，全年安全无事故工时达50万小时，顺利通过石化集团公司境外公共安全专项审计并获得“优秀”评定，获得壳牌公司2年无事故业绩铜牌，得到国勘加蓬分公司4次书面表彰。

（马卫征）

【加强制度化建设】 2015年，华东石油工程公司进一步推动规范运行，进一步修订下发《华东石油工程公司党委会议事规则》《领导班子会议事规则》和《“三重一大”决策制度实施办法》，明确了4类90项决策事项清单。按照“党政同责、一岗双责、齐抓共管”的要求，明确局党委委员的“管行业必须管安全、管业务必须管安全”的责任分工。鉴于领导班子人员不齐，主要采用党政联席会、办公会等形式来履行民主程序。落实“两个责任”，推动党风廉政建设持久深入。切实履行主体责任，切实履行监督责任，严抓作风建设，坚决纠正“不严不实”和“四风”突出问题，推行了“八项规定”精神执行情况的月报制度，为了遏制“四风”反弹，开展了公款吃喝、公款旅游、公款送礼专项治理自查自纠工作，上下联动形成监督的整体合力，组织审计、法律、监察针对“八项规定”的执行情况进行联合检查，未发生党员干部违法、违纪案件。各项管理费用持续下降，全年会议费同比下降6.8%，业务招待费下降22%，差旅费下降10%，办公费下降35%，车辆使用费下降41%，几项费用均在控制目标内。

（马卫征）

【推动“三严三实”专题教育深入开展】 2015年，华东石油工程公司深入推进“三严三实”专题教育。制定“三严三实”专题教育实施方案和学习计划，公司领导下基层讲专题党课，撰写学习心得体会，开展专题研讨，编发专题简报，推动“三严三实”专题教育全面铺开。

（马卫征）

表1　华东石油工程公司主要经济指标　亿元

指标名称 \ 年份	2015	2014	2013
营业收入	9.48	14.28	15.81
利润总额	-0.38	0.88	0.26
企业增加值	4.75	6.58	5.94
资产总额	13.79	15.61	17.09
利税总额	0.48	2.30	1.95
海外市场收入	1.92	2.22	2.11

（吴仕峰）

华北石油工程公司

【概况】 中石化华北石油工程有限公司（简称华北石油工程公司）原隶属于石化集团公司华北石油局，2012年，石油工程业务板块从华北石油局整建制划出，组建华北石油工程公司，于2013年2月2日挂牌，隶属于石油工程公司。本部位于河南省郑州市陇海西路199号。办公和生活基地分布于河南省郑州市、新乡市及新疆轮台。

截至2015年底，华北石油工程公司下设6个职能处室、2个附属机构、5个派出机构和5个二级生产单位。各类人员总数4 898人，其中从业人员4 842人（正式职工1 959人、劳务用工2 883人）、非从业人员56人（内退10人、离退休职工46人）。拥有各类施工队伍214支，其中钻井队57支、固井队7支、录井队88支、测井队20支、压裂队5支、试油（气）队8支、测试队1支、修井队5支、钻前队1支、特种作业队1支、技术服务及辅助作业队21支，分布在华北、西北、东北、勘探南方分公司、冀东油田、长庆油田、陕北小油田及哈萨克斯坦、沙特、科威特等10余个市场。有208支队伍通过石化集团公司资质认证，其中甲级资质53支、乙级资质87支、达标资质40支、临时资质6支、海外资质22支。拥有主要专业设备966台（套），设备资产原值20.67亿元，净值10.09亿元，新度系数0.49，设备完好率99.14%，综合利用率90.66%。

华北石油工程公司主要技术经济指标和主要生产建设指标见表1和表2。

（纪二菱）

【全面完成年度生产经营任务】 2015年，华北石油工程公司面对石油工程量价齐跌的市场，眼睛盯着市场看、人员围着市场转、工作围绕效率干、业绩围绕效益算，把市场萎缩、竞争加剧、价格下降的发展困难期转化为开拓市场、从严管理、提升技术、优化资源、深化改革的转型机遇期，呈现出生产经营运行良好，质量效益稳步提升、员工队伍和谐稳定的良好局面。全年实现钻井进尺63.49万米、经营收入29.63亿元、利润2.2亿元，分别为年度指标任务的111.38%、100.52%和129.45%。

（纪二菱）

【外拓市场成效显著】 2015年，华北石油工程公司面对市场寒冬，及时调整思路，严控业务外包，高低端并举，抓大不放小；组建招投标团队，快速应对市场变化，把外拓市场提升到决定生死存亡的高度来谋划与推动，外部市场新签合同额2.62亿元。中国海油市场服务领域进一步扩大，中标山西晋城区块煤层气压裂大包项目，单笔合同额5 319万元，收入增长85%。地热、页岩气等新兴油气施工领域局面进一步打开。

（纪二菱）

【海外市场逆势增长】 2015年，华北石油工程公司沙特项目新增2台水井钻机，市场份额由50%提高到75%，施工业绩持续上升，实现收入3.44亿元，效益7 246万元，成为主要经济增长点。科威特油井项目提前217天开钻，受到甲方奖励46万美元，实现当年动迁、当年施工、当年盈利。全年海外项目实现收入5.51亿元，同比增长56.5%。

（纪二菱）

SP279井队进行搬迁作业

【服务华北分公司油气勘探开发】 2015年，华北石油工程公司“1116”工作机制运行良好。坚持“一家人一条心一盘棋”，把华北分公司市场当作安身立命之本；每周一次参加华北分公司生产例会，以问题为导向努力提高服务质量；每年一次与华北分公司交流年度生产部署、技术措施，提出新技术、新工艺应用建议；坚持“六个主动”，以提速提效、提高新井贡献率为切入点，多措并举，为低成本建产做出主力军的贡献。成功研制井下智能开关，实现一趟管柱分层生产测试，有效缩短作业时间。

（纪二菱）

【技术攻关取得积极进展】 2015年，华北石油工程公司针对杭锦旗地层漏失严重、井下复杂情况多、钻井周期长等突出问题，成立多专业联合攻关小组，统计分析杭锦旗111口井资料，经过380次堵漏药剂研制与实验室实验、58次现场堵漏试验，提升了对杭锦旗区块地层漏失机理的认识，成功研发出可控膨胀堵漏剂，不断完善堵漏工艺技术，定点堵漏效果突出，并成功地为4家地区钻井公司提供定点堵漏服务。

（纪二菱）

【一批新技术应用成功】 2015年，华北石油工程公司在DPH306井首次实现设计、施工、完井工具一体化压裂服务；在DPF-202井完成全套特殊项目钻具输送测井，填补此项技术空白；在DP119H井首次使用爬行器进行固井测井，测量段接近A点；采用双侧向感应组合测井，实现所有常规项目一趟钻输完成。预置管柱裸眼封隔器分段压裂技术、连续油管带底封固井滑套分段压裂技术等趋于成熟。

（纪二菱）

【资源优化见到实效】 2015年，华北石油工程公司人力资源持续优化，各二级单位根据自身特点创新用工模式，涌现出“压裂试油气一体化运作”“双向选择，择优上岗”等一系列优化用工新办法，引导生产与停待队伍之间人员相互调剂，管理人员向一线分流，向创效业务聚集，促进人员围着市场转。全年总计调剂用工2 000余人次，减少用工329人，劳动生产率进一步提高，人工成本得到有效控制。资产结构持续优化，固定资产投资同比减少6 238万元，降幅45.21%；资产负债率下降6.87%。

（纪二菱）

【安全生产态势平稳】 2015年，华北石油工程公司牢固树立“基层决定成败，安全决定幸福”理念，以事故教训为鉴，着力解决基层管理薄弱问题。完善、修订HSE管理制度18项，重新划分HSE责任制及岗位责任设置，进一步明晰责任。配齐公司及各二级单位安全总监，成立安全督察大队，编制完成公司HSE异体监督实施方案。坚持“谁主管谁负责”“管业务必须管安全”的原则，严格落实干部带班、关键装置承包、HSE观察等工作要求，切实履行一岗双责，党政同责，失职追责。完善《基层HSE管理信息系统》，细化基层岗位检查标准、增加基层HSE考核模块，提高对基层单位HSE监督、检查、考核等工作的实效性，促进基层HSE管理效率和水平的进一步提高。开展“知井控、懂规程、熟预案、重实操”竞赛活动，井控管理基础进一步强化。认真开展“我为安全做诊断”活动，共收集各类诊断建议3 236条。

（纪二菱）

【经营行为日益规范】 2015年，华北石油工程公司健全制度体系，规范管理水平，推进6个制度体系建设，建立制度标准化建设流程与监管体系，梳理制度近100项，修订、补充制度64项。全面启动依法依规从严治企工作，举办领导干部学制度培训班，开展处室负责人讲制度活动，营造学制度、守纪律氛围。专项治理主营业务、核心业务、重大工程项目，出台《石油工程分包项目管理办法》，建立完善“两级管理，一级审批”准入资格审查体系，强化分包商管理，业务外包与分包商管理进一步规范。严格执行内控制度，综合运用审计、财务稽核、效能监察等手段强化监管，开展固定资产投资计划等专项审计3项、资金管理等财务稽核2项、工程项目分包等效能监察5项，并强化结果运用，追踪问题的整改落实。加强境外财务管理，出台境外财务管理办法，哈萨克斯坦项目部核算系统上线运行。强化经济损失问责，对造成巨大经济损失的质量、安全及井下复杂故障问题，及时派驻调查组，认真分析，查找原因，落实问责。

（纪二菱）

【挖潜增效成果显著】 2015年，华北石油工程公司出台《资产租赁业务管理规定》，开展租赁业务清查，内部能够调剂使用的装备绝不允许从外部租赁。全年形成租赁费用5 106万元，比上年下降922万元，降幅15.30%。严格执行中央“八项规定”，管理费用同比减少2 314万元，降幅12.47%。高度重视降应收、去库存，全年应收账款回收率83.75%，较上年度提高12.16%；存货周转率26.88次，较上年度提高3.46次。采购模式不断创新，螺杆采购与回收结合、价格与使用时间挂钩，钻头价格与进尺、钻速挂钩，使采购成本有效降低，取得可观的经济效益。

（纪二菱）

【党建与思想政治工作扎实推进】 2015年，华北石油工程公司“三严三实”专题教育活动取得丰硕成果，领导干部带头讲党课，带头开展批评与自我批评，形成上率下行的良好风气。开展“知责任、讲状态、勇担当”主题教育活动，干部员工责任意识、担当意识、进取意识显著提升。“创先创效夺标竞赛”活动成效显著，形成了“比作风、比状态、比业绩、比效率、比效益”的夺标竞赛氛围，涌现出一大批创先创效标杆单位、标杆基层队、先进个人等，有效促进了各项生产经营指标的完成。发挥党建优势解决安全生产难题，使党建与安全环保在工作目标上、工作机制上、工作平台上、考核上、文化上实现融合。强化员工技术技能培训，在石化集团公司测井工业务竞赛中，取得1金、1银、团体三等奖的优异成绩。舆论宣传丰富多彩。在《中国石化报》上稿280余篇，展现了员工队伍良好精神风貌。完善《党风廉政建设责任追究办法》等6项制度；强化对干部选拔、物资采购、租赁业务等关键环节和重点领域的监督，源头参与，全程动态监管。探索建立纪检监察工作异体监督模式，纪委书记不再兼任党委副书记，有力推动了"两个责任"的有效落实。

（纪二菱）

表1　华北石油工程公司主要技术经济指标 亿元

指标名称＼年份	2015	2014	2013
工业总产值	29.63	35.37	45.93
工业增加值	11.21	11.88	12.99
资产总计	43.36	46.16	45.84
流动资产	28.16	29.23	26.91
固定资产原值	28.51	28.40	29.39
固定资产净值	14.12	15.35	17.14
销售收入	29.63	35.37	45.90
实现利税	4.23	4.84	4.05
税　金	2.03	3.47	3.21
综合能耗/吨标煤·万元$^{-1}$	0.43	0.42	0.43

表2　华北石油工程公司主要生产建设指标

指标名称＼年份	2015	2014	2013
钻井/口	202	185	226
探　井	16	15	25
开发井	186	170	201
钻井进尺/万米	63.49	67.54	76.29
录井/万米	102.69	110.34	132.07
测井/万米	4 063.09	4 280.84	2 475.00
固井/井次	779	1 203	1 697
压裂/层次	204	309	346

炼化工程公司

【概况】 中石化炼化工程（集团）股份有限公司（简称炼化工程公司，英文缩写SEG）于2012年8月28日在北京注册成立，9月3日举行揭牌仪式。2013年5月23日在香港联合交易所挂牌上市，港交所股票简称：中石化炼化工程，股票代码为2386。

作为中国石化炼化工程领域的唯一运营主体，炼化工程公司具备包括工程设计综合甲级资质、全国行业化工石油一级施工总承包等优良、全面的业务资质。具备同时执行20个以上大型EPC总承包项目、年完成设计投资额1 000亿元的生产能力和经营规模，并拥有一批具有自主知识产权的炼油全系列技术和乙烯裂解炉、聚乙烯、聚丙烯、丁二烯等化工成套核心技术，以及较为完善的施工技术和工法体系，可自行设计、建设单系列的千万吨级炼油厂和百万吨乙烯工程。

炼化工程公司境内共有9家全资子公司以及1家研发中心，分别为：工程建设公司、洛阳工程公司、上海工程公司、宁波工程公司、南京工程公司、第四建设公司、第五建设公司、第十建设公司、重型起重运输工程公司、工程技术研发中心。

截至2015年12月31日，炼化工程公司用工总量26 168名，其中包括1名中国科学院院士和2名中国工程院院士、7名国家级设计大师、48名享受政府特殊津贴的专家、17名石化集团公司高级专家和2 000余名各专业注册类工程师。

（刘红叶）

【生产经营任务全面完成】 2015年，炼化工程公司面对严峻的炼油、化工工程市场环境，早谋划，积极应对，强化公司治理，深化内部改革，狠抓精细管理，取得较好的经营业绩。全年实现收入人民币454.98亿元，新签合同额人民币526.76亿元，其中中国石化系统外合同额161亿元，截至年底未完成合同量为人民币1 111.00亿元。

（刘红叶）

【全年实现2.54亿安全人工时】 2015年，炼化工程公司认真贯彻落实国家安全环保工作要求和石化集团公司年度HSE工作会议精神，在QHSE管理方面，全面开展从严管理活动，狠抓制度执行和责任落实，以强化管理和落实责任为主线，执行全员参与、落实责任、完善体系、持续改进、过程控制、服务用户的要求，通过签署QHSE责任书、开展培训、监督检查、推进现场HSE标准化建设等活动，认真查找薄弱环节，抓好直接作业环节的QHSE监管，基础管理工作得到进一步加强，在建项目的质量、安全和境外公共安全形势总体受控。参建的石化集团公司重点工程项目均顺利推进累计实现2.54亿安全人工时，其中境外实现4 706万安全人工时，未发生上报石化集团公司级安全事故。

（刘红叶）

【境内外市场开拓卓有成效】 2015 年，炼化工程公司面对严峻的市场形势迎难而上，巩固维护传统市场，积极探索新领域、新市场，境内系统外市场开发取得较好结果，合同额达 161 亿元。发挥一体化优势，加强境外市场开发的统一管理和项目执行的过程管控。抓住国家"一带一路"战略机遇，积极培育中亚、俄罗斯、南亚、东南亚、非洲及美洲等地区投融资项目。中标泰国 PP 总承包项目，对提升在东南亚的影响力及市场开拓能力具有重要意义。与 TR、韩华共同组成的联合体中标科威特新炼厂项目，是历史上在中东地区赢得的最大炼化 EPC 项目，为稳固中东市场及提升公司全球竞争力奠定坚实基础。全年在沙特新签项目 7 个，合同额超 9 亿美元，创历史新高。

（刘红叶）

【"十条龙"攻关全面完成任务】 2015 年，炼化工程公司共承担"十条龙"攻关项目 22 项，其中流化床聚乙烯工艺成套技术开发等 2 个项目完成攻关任务并实现工业转化。新型硫酸烷基化技术开发等 4 个项目加入"十条龙"攻关，增强了技术储备。

（刘红叶）

【标准化工作取得实质性进展】 2015 年，炼化工程公司完成 509 项统一的设计、施工、研发技术标准的审查和颁布；技术标准编制工作按控制节点完成；施工相关技术标准完成了体系规划的全部内容，制造和研发完成了原有技术标准体系的提升；356 项主要设计技术标准更新完成。

（刘红叶）

【技术创新成果显著】 2015 年，炼化工程公司完成新专利申请 460 件（其中发明专利 189 件，占 41.1%），获授权专利 416 件（其中发明专利 174 件，占 41.8%），实现技术转化收入 1.45 亿元。获国家级和中国石化各类省部级科技进步成果奖励 87 项（次），包括 DMTO 在内的 4 项科研成果获得国家科技进步奖。芳烃关键技术开发与应用获得 2015 年度国家科技进步特等奖，80 万吨/年乙烯、东方炉、液相循环加氢、逆流重整、三代聚丙烯、生物航煤 6 个项目获中国石化科技进步一等奖，另外获二等奖项目 7 项、三等奖 12 项。

（刘红叶）

【专业化重组稳步推进】 2015 年，重型起重运输工程公司全面展开境内外业务市场开拓，成功完成中国海油大榭项目。工程技术研发中心改革红利初步显现，协同研发和资源共享开局较好，与各子公司均开展了不同特色的合作，在中国石化申请的 13 个项目已获批准，并共同申报 16 项新研发课题。着眼于整合优化沙特地区资源，降低业务经营成本，提升区域竞争力，沙特公司的改革持续深化。着眼于未来专业化与高端化发展，宁波工程公司先行启动制造业务改革，压扁管理层，降低运营成本，竞争力不断提升。

（刘红叶）

【组织机构管理体系建设】 2015 年，炼化工程公司本部和子公司组织机构标准化工作全面完成。各子公司对标国际领先工程公司，持续优化组织机构，提升管理效能。根据本部和各子公司管理定位，统一了内部管控标准，建立了风险清单，完成 87 个业务管控流程和 113 项制度的编制或修订工作，修编完成新版内控手册。风险、流程、内控、制度"四位一体"的管理体系形成。

（刘红叶）

【党建工作扎实推进】 2015 年，炼化工程公司推进党建工作与生产经营的深度融合。修订完善党委工作规则，落实党风廉政建设责任制，扎实开展"三严三实"专题教育，各级领导干部的党性修养和作风建设进一步提高，责任意识和担当意识普遍提升。积极配合中央巡视组完成专项巡视，问题全部整改到位。党建系统化管理逐渐强化，党建制度体系日益健全。党委参与重大决策的能力与实效进一步提升。基层党建扎实有效，"党组织建在项目上"已经成为基层党建工作的"固定动作"，适应内外部环境变化，对海外项目党建工作的方式方法进行了有效探索，党建工作整体水平明显提升。党风廉政建设得到加强，坚持把纪律和规矩挺在前面，按照"四种形态"的要求，加强对干部廉洁从业情况的监督和管理，进一步加大正风肃纪力度，严格追责问责，形成了强力反腐的态势。

（刘红叶）

工程建设公司

【概况】 中国石化工程建设有限公司（简称工程建设公司）隶属于中国石化集团，是炼化工程公司全资子公司，是中国首家石油炼制与石油化工工程设计单位。地处北京市朝阳区。该公司前身创建于1953年。截至2015年底，在册员工1 954人，其中中国工程院院士2名，中国工程设计大师4名，石化行业设计大师10名，教授级高级工程师91名，高级工程师、高级经济师等高级职称人员1 266名；累计拥有各项专利546件，其中有效授权433件，专有技术169项。

2015年，工程建设公司实现营业收入95亿元，实现利润总额14.71亿元，再次获石化集团公司“A级”优秀企业称号，共完成各类项目233项，19套装置（或系统）一次投料试车成功。获国家和省部级奖励25项，其中国家科技进步特等奖1项、全国优秀工程勘察设计奖2项、国家优质工程奖2项；石化集团公司科技进步奖14项、石化集团公司优质工程奖5项；菲迪克工程项目奖1项。继2014年后，再次名列“中国工程设计企业60强”榜首。

工程建设公司主要生产经营指标见表1，2015年开车及中交项目见表2，2015年项目获奖情况见表3。

（刘　月）

【“高效环保芳烃成套技术开发及应用”获国家科技进步特等奖】 在人民大会堂举行的“2015年国家科学技术奖励大会”上，工程建设公司作为主要完成单位参加的“高效环保芳烃成套技术开发及应用”项目获国家科技进步特等奖。该技术打破了国际垄断，使中国成为世界上第3个拥有芳烃技术的国家，显著提升了中国芳烃生产技术水平和国际竞争能力。工程建设公司在工艺和工程技术创新、能量利用、智能控制、安全环保、工程实施等方面做出了突出贡献。总经理、党委书记孙丽丽作为获奖代表登上主席台接受颁奖。

（刘　月）

【蝉联“2015年中国工程设计企业60强”榜首】 在国际权威的《工程新闻记录》（ENR）和《建筑时报》联合推出的“2015年中国工程设计企业60强”排名中，工程建设公司蝉联榜首。

（刘　月）

【获多项石化集团公司表彰】 2015年，工程建设公司先后获石化集团公司2015年度安全生产先进单位、质量管理先进单位、生产统计先进单位、财务工作先进单位、物资供应管理先进单位等多项荣誉称号。

（刘　月）

【惠州炼油项目获菲迪克奖】 由工程建设公司作为总体院并承担总体规划、可行性研究和绝大部分工程设计的中国海油惠州炼油项目获菲迪克（国际咨询工程师联合会）2015年度工程项目优秀奖，这是中国石油化工行业唯一获奖项目，也是继2014年镇海乙烯项目获奖后，工程建设公司负责咨询设计的工程项目连续第2次获奖。

（刘　月）

【通过英国劳氏第二次监督审核】 2015年，工程建设公司继续狠抓QHSE管理，切实落实安全生产责任制，强化安全督导检查，顺利通过英国劳氏质量认证公司的QHSE管理体系监督审核，全面完成石化集团公司和炼化工程公司下达的各项HSE指标，实现总承包项目现场1 110万安全人工时，平均每天超过3万安全人工时。

（刘　月）

【福建联合石化18/40万吨/年EO/EG装置开车成功】 2015年3月31日，由工程建设公司总承包的福建联合石化18/40万吨/年环氧乙烷/乙二醇（EO/EG）装置及配套工程项目开车成功。该项目是福建联合石化乙烯脱瓶颈项目的一部分，对提高福建联合石化乙烯产能、提升整体经济效益、完善联合石化配套、加速石化下游产业发展、进一步延伸泉港石化产业链具有非常重要的促进意义。

（刘　月）

福建联合石化18/40万吨/年EO/EG
装置及配套工程项目

【元坝气田天然气净化厂全部开车成功】 2015年4月14日、5月31日，由工程建设公司总承包的元坝气田天然气净化厂第四、第三联合装置相继开车成功，产出的天然气及硫黄产品质量合格，标志着元坝气田天然气净化工程二期建设全面完成。

（刘　月）

元坝气田天然气净化厂

【中标泰国 IRPC 聚丙烯项目】 2015 年 6 月 29 日，工程建设公司与泰国 IRPC 公司签订聚丙烯项目总承包合同，合同总价 2 亿多美元，计划 2017 年上半年进入商业运行。该合同的成功签署，标志着中国石化和泰国国家石油公司在炼化工程板块的合作正式开启，是继马来西亚项目后，工程建设公司在东南亚市场的又一重要突破。

（刘　月）

泰国 IRPC 聚丙烯项目签字仪式

【中标台塑（美国）项目】 2015 年 11 月中旬，工程建设公司中标台塑（美国）公司新建 40 万吨/年高密度聚工烯/线型低密度聚乙烯装置的详细工程设计项目。该项目位于美国德克萨斯州，设计总周期为 17 个月，计划于 2017 年建成投产。该项目合同的签署实现了工程建设公司在北美市场设计领域的突破。

（刘　月）

【“劣质、重质原油高效转化”项目通过技术验收】 2015 年 4 月 28 日，“十二五”国家科技支撑项目“劣质、重质原油高效转化”4 个子课题全部通过中国石化和中国石油组织的技术验收。其中，工程建设公司牵头完成了多产汽油的低碳催化裂化成套技术和重油加工组合工艺技术开发与应用 2 个课题，参与完成了符合国Ⅴ排放标准车用燃料生产技术和高转化率的劣质重油加氢成套技术开发 2 个课题。

（刘　月）

【“十条龙”科技攻关工作卓有成效】 2015 年，工程建设公司参与的中国石化“十条龙”科技攻关项目“多产轻质油的 IHCC 技术工业应用”和“气液法流化床聚乙烯工艺成套技术开发”顺利出龙，“龙门山前雷口坡组气藏勘探开发关键技术研究”成功“入龙”。

（刘　月）

【优化调整组织机构】 2015 年 4 月 16 日，工程建设公司发布并实施“工程建设公司组织机构标准化方案”，企业管理部更名为企业改革管理部，财务资产部更名为财务部，纪委（监察室）更名为监察部（纪委办），市场开发部更名为市场部，海外部更名为国际业务部（外事办公室），总经理办公室、保卫处合并为总经理办公室，党委办公室、组织部、宣传部、团委合并为党委工作部，工会更名为工会办公室，离退休工作处更名为离退休管理部，并对上述部门的职责进行了部分调整。优化调整后，组织机构进一步精简，部门数量由原来的 43 个减少至 39 个。

（门宽亮）

【全面修订运营管理标准】 2015 年，工程建设公司推进从严管理、理顺业务流程，对运营管理标准（制度）进行了全面修编，同时配套发布了业务流程图。修编对制度体系结构进行了优化调整，理顺了业务接口，规范了编号规则，严肃了格式审查。全年共完成制度修编任务 517 项，其中修订 475 项、新编 42 项，共发布业务流程 510 项。

（门宽亮）

表1　**工程建设公司主要生产经营指标**　亿元

指标名称＼年份	2015	2014	2013	2012	2011	2010
资产总值	101.51	90.93	69.16	79.00	158.00	166.82
建设投资	324.82	360.80	381.58	377.43	306.39	365.32
主营业务收入	94.76	119.95	101.18	93.49	83.58	155.20
利　税	16.93	18.14	19.94	20.42	20.63	15.64
承接合同数量/项	181	155	166	154	78	75
授权专利数量/件	153	87	52	72	35	42

表2　**2015年工程建设公司开车及中交项目**　亿元

序号	项目名称	开车/中交日期	备注
1	齐鲁石化2#裂解汽油加氢装置	1月20日	
2	安庆石化140万吨/年催化裂解装置脱硫脱硝项目	3月13日	
3	福建联合石化18/40万吨/年EO/EG装置及配套工程	3月30日	
4	齐鲁石化260万吨/年蜡油加氢装置	3月31日	
5	齐鲁石化60万吨/年航煤加氢装置	3月31日	
6	齐鲁石化新建260万吨/年催化裂化装置	3月31日	
7	中国石化元坝气田天然气净化厂项目第四联合装置	4月14日	
8	茂名石化2#裂解装置大修	4月25日	
9	齐鲁石化260万吨/年催化烟机	5月10日	
10	榆林150万吨/年DCC装置烟机	5月12日	
11	中国石化元坝气田天然气净化厂项目第三联合装置	5月31日	
12	中国石油大连西太平洋石化150万吨/年连续重整装置	6月11日	
13	山东LNG项目一期工程储罐区(4#)	6月18日	中交
14	山东烟台万华聚氨酯股份有限公司24万吨/年PO/78万吨/年MT-BE装置及配套	7月19日	
15	浙江三江化工新材料有限公司38万吨/年乙二醇装置	7月	
16	青岛炼化2015年大检修项目	8月	
17	中国石油大庆石化120万吨/年柴油加氢精制装置及配套工程(制氢装置扩能改造部分)	8月1日	
18	福建联合石化F－02102(2#)乙烯裂解炉改造项目	9月1日	
19	中国软包装集团公司福建中景石化有限公司新建35万吨/年聚丙烯项目	10月23日	中交
20	苏丹喀土穆炼油有限公司老厂检修项目	12月17日	
21	中国石油辽河石化120万吨/年柴油加氢改质装置掺炼蜡油适应性改造	5月29日	

表 3　　2015 年工程建设公司项目获奖情况

序号	项目名称	获奖名称	获奖等级
1	高效环保芳烃成套技术开发及应用	国家科技进步奖	特等奖
2	海南炼化 800 万吨/年炼油工程	住房和城乡建设部优秀工程设计奖	金奖
3	茂名石化 100 万吨/年乙烯改扩建工程 64 万吨/年乙烯装置	住房和城乡建设部优秀工程设计奖	银奖
4	中国石油独山子石化改扩建炼油及新建乙烯工程	中国施工企业管理协会国家优质工程奖	金质奖
5	齐鲁石化合成树脂产品结构调整 25 万吨/年高密度聚乙烯装置	中国施工企业管理协会国家优质工程奖	优质奖
6	逆流连续重整成套技术开发与工业应用	石化集团公司科技进步奖	一等奖
7	中韩石化 80 万吨/年乙烯成套技术开发	石化集团公司科技进步奖	一等奖
8	第三代环管法成套技术	石化集团公司科技进步奖	一等奖
9	中国石化生物航煤生产技术（SRJET 技术）	石化集团公司科技进步奖	一等奖
10	特大型硫黄回收装置反应炉研制及应用	石化集团公司科技进步奖	二等奖
11	裂解汽油加氢装置节能新工艺	石化集团公司科技进步奖	二等奖
12	80 万吨/年乙烯装置乙烯制冷压缩机组研制	石化集团公司科技进步奖	二等奖
13	生产国 V 汽油的催化裂化汽油选择性加氢脱硫（RSDS－Ⅲ）技术	石化集团公司科技进步奖	二等奖
14	石油化工工艺集成化设计关键技术开发和应用	石化集团公司科技进步奖	三等奖
15	CBL－VI 型炉开发及在 SRT－Ⅲ型炉改造中的工业应用	石化集团公司科技进步奖	三等奖
16	《石油化工钢制设备抗震设计规范》GB 50761—2012	石化集团公司科技进步奖	三等奖
17	普光高含硫天然气腐蚀机理及材料评价研究	石化集团公司科技进步奖	三等奖
18	炼化火炬系统安全技术研究与应用	石化集团公司科技进步奖	三等奖
19	《石油炼制辞典》	石化集团公司科技进步奖	三等奖
20	中国海洋石油惠州炼油项目	国际咨询工程师联合会（FIDIC）工程项目奖	优秀奖

洛阳工程公司

【概况】 中石化洛阳工程有限公司（简称洛阳工程公司）是炼化工程公司全资子公司。前身是石油工业部抚顺设计院，成立于 1956 年 10 月，2012 年完成公司制改制，与中石化广州工程有限公司实行一体化管理。2013 年 12 月，被认定为国家级企业技术中心。经过近 60 多年的发展，已成为能源化工领域集技术专利商与工程承包商为一体的高新技术企业，是国家首批授权实施工程总承包的全国基本建设管理体制改革试点单位之一。拥有国家颁发的工程设计综合甲级资质证书、工程监理、工程咨询、工程造价、环境影响评价等甲级资格和对外经济合作、对外承包经营资格证书，先后通过 QHSE 管理体系、ISO 10015 培训管理体系认证。

洛阳工程公司拥有一支专业结构合理、满足业务发展需要的工程设计、技术开发、项目管理和运营管理的人才队伍。截至 2015 年底，在册职工 1 827 人，其中中国科学院院士 1 名，国家设计大师 3 名，石油化工行业设计大师 8 名，享受政府特殊津贴专家 23 名，教授级专业技术人员 56 名、高级专业技术人员 799 名人、各类注册工程师 450 余人。

洛阳工程公司注重科技进步和技术创新，在科技发展和技术进步方面形成了独有的特色。先后承担并完成渣油加氢处理、低压组合床重整、灵活高效催化裂化（FDFCC）、甲醇制低碳烯烃（DMTO）等一批国家和中国石化科技攻关课题。截至 2015 年底，累计获国家级科技进步奖和发明奖 50 项，省部级科技进步奖和技术发明奖 306 项；获国家级优秀设计奖 24 项，省部级优秀设计奖 113 项；获国家和省部级优质工程奖 46 项，获全国优秀总承包金、银钥匙奖 9 项，拥有国内外有效授权专利 746 件。

洛阳工程公司主要生产经营指标和 2015 年中交及投产工程项目见表 1 和表 2。

（李小爽）

【科研开发成效突出】 2015 年，洛阳工程公司继续推进开放式科研，加强交流合作，重点技术开发项目进展顺利，科技创新能力不断增强。完成科技开发项目 19 项，通过省部级及以上技术鉴定（评议、验收）14 项，完成专利申请 95 件，获得授权专利 85 件；完成国家标准阶段稿 14 项、行业标准阶段稿 32 项；获省部级以上科技奖励 13 项。新型硫酸烷基化技术开发及工业应用和固体超强酸碳五、碳六异构化技术开发及工业试验纳入 2015 年石化集团公司“十条龙”科技攻关项目，在研的“十条龙”项目增至 7 条“龙”8 个项目，占石化集团公司“在龙”项目的 1/3。

（李小爽）

【市场开发逆势有为】 2015 年，洛阳工程公司坚持外抓市场的总体要求，市场开发实现逆势有为。国内市场开发成效显著，全年争取到中国石化董家口油库、中国海油东营石化升级改造及配套工程、中国海油大榭石化改扩建工程等共计 270 余项可研、工程设计、工程总承包任务，签订工程设计、EPC 合同额 90.11 亿元，超额完成年度目标。境外市场开拓取得新突破，作为炼化工程公司执行主体中标科威特阿祖炼厂主工艺单元 EPC 项目，合同份额达 17 亿美元。

（李小爽）

【哈萨克斯坦阿特劳炼厂芳烃项目 100 万吨/年连续催化重整装置一次开车成功】 2015 年 4 月 4 日，由洛阳工程公司承担 EPCC 总承包建设任务的哈萨克斯坦阿特劳炼油厂芳烃项目 100 万吨/年连续催化重整装置一次投料开车成功。该套装置是哈萨克斯坦乃至中亚地区第 1 套连续催化重整，也是哈萨克斯坦向石油化工发展的标志之一。

（李小爽）

哈萨克斯坦阿特劳炼油厂芳烃项目全景

【劣质重质原油高效转化项目通过国家技术验收】 2015 年 4 月 29 日，国家“十一五”科技支撑计划“劣质、重质原油高效转化”项目通过国家技术验收。该项目由中国石化、中国石油两大公司共同承担，包含 6 项课题，每项课题又分多个子项，洛阳工程公司参加其中 3 项课题中 4 个子课题的研发工作，分别为：降低干气和焦炭产率的催化裂化新技术（MIP－DCR）、节能降耗的加氢裂化（改质）成套技术（SHEER）开发、沸腾床渣油加氢工艺与催化剂成套技术研究，柴油液相循环加氢技术工业应用试验。

（李小爽）

【广州工程公司化工石化医药行业工程设计资质甲级获批】 2015 年 5 月 28 日，国家住房城乡建设部发布了公告第 826 号《关于核准 2015 年度第五批建设工程企业资质资格名单的公告》核准了中石化广州工程有限公司工程设计资质为化工石化医药行业甲级。

（李小爽）

【中标科威特阿祖炼厂项目】 2015 年 7 月 30 日，科威特国家石油公司通知由西班牙 TR 公司、中国石化炼化工程公司、韩国韩华工程建设公司组成联合体中标该国新建炼厂项目 P1 包 工艺装置包 EPC 项目，中标价格约 12.8 亿科威特第纳尔，折合美元约 43 亿美元。洛阳工程公司作为联合体炼化工程公司的执行主体，负责完成 P1 包的 EPC 投标报价工作。

（李小爽）

【山东 LNG 项目接收站工程轻烃回收装置一次开车成功】 2015 年 11 月 4 日，由洛阳工程公司承担总承包的山东液化天然气（LNG）项目接收站工程轻烃回收装置投料试车并产出合格产品，标志着山东 LNG 项目一期工程全面成功投产并良好运行。该装置采用无压缩机流程，属全球首套该类型装置。

（李小爽）

山东 LNG 项目接收站工程轻烃回收单元及轻烃罐区

【入选 2015 年中国承包商 80 强】 2015 年 11 月 19 日，由美国《工程新闻纪录》（ENR）和中国《建筑时报》2 家权威媒体共同主办的“中国承包商 80 强”排名揭晓，洛阳工程公司再次进入 80 强行列，并再次名列“2015 年最具效益承包商”第 1 位。

（李小爽）

【哈萨克斯坦阿特劳炼厂芳烃项目 100 万吨/年 CCR 装置及配套单元通过验收】 2015 年 12 月 4 日，由洛阳工程公司承担 EPCC 总承包建设任务的哈萨克斯坦阿特劳炼厂芳烃项目 100 万吨/年 CCR（重整及芳烃抽提）装置及配套单元，通过由哈萨克斯坦能源部、国家石油天然气公司、阿特劳州政府及国家检测机构和承包商代表组成的国家验收委员会验收。

（李小爽）

【12 个项目获省部级荣誉】 2015 年 3 月 17 日，在中国石化 2015 年科技进步工作会议上，洛阳工程公司 9 项成果获中国石化科学技术奖。参加完成的“芳烃关键技术开发及应用”获中国石化科学技术进步奖特等奖；“国产 825 合金材料高压空冷器成套技术开发”“甲苯甲醇甲基化制二甲苯技术开发及 20 万吨/年工业试验”“高芳烃含量催化柴油加氢转化技术开发与工业应用”“催化裂化烟气除尘脱硫脱硝成套技术”等 4 项成果获中国石化科技进步一等奖；“满足欧 V 排放标准清洁汽油生产技术开发”获技术发明三等奖，“中国石化新型煤化工产业发展战略研究”获科技进步二等奖，“《石油储备库设计规范》GB 50737 2011”“石油化工工厂信息系统设计规范”2 项成果获科技进步三等奖。12 月 18 日，2014—2015 年度国家优质工程奖评选结果揭晓，洛阳工程公司承担的中国石油独山子石化改扩建炼油及新建乙烯工程获国家优质工程金质奖和全国工程建设项目优秀设计成果一等奖。朱华兴获国家优质工程奖突出贡献者荣誉称号。承担工程总承包建设的陕西蒲城 180 万吨/年甲醇制 70 万吨/年烯烃项目获 2015 年度全国化学工业优质工程奖。承担总承包的山东液化天然气（LNG）项目一期工程和承担设计的扬子石化油品质量升级及原油劣质化改造项目主体工程被评为石化集团公司 2015 年度优质工程。

（李小爽）

表 1　　洛阳工程公司主要生产经营指标　　亿元

指标名称＼年份	2015	2014	2013	2012	2011	2010
资产总值	105.54	86.31	79.99	67.10	78.93	71.95
建设投资	350.10	398.80	380.68	361.86	322.89	262.68
主营业务收入	95.24	110.63	84.17	69.29	65.75	58.41
实现利税	15.99	17.18	19.34	15.08	15.23	11.82
实现税金	3.46	1.83	4.02	4.03	4.18	3.62
授权专利数量/件	85	137	96	84	68	36

表2 洛阳工程公司2015年主要中交及投产工程项目

序号	投产项目	中交、投产日期	备注
1	茂名石化3#催化烟气脱硫脱硝装置	1月投产	工程设计
2	中国石油锦州石化280万吨/年柴油加氢改质装置	1月投产	工程设计
3	浙江兴兴30万吨/年聚乙烯和39万吨/年丙烯工程DMTO项目	1月中交 4月投产	工程总承包
4	陕西蒲城70万吨/年煤制烯烃项目DMTO－II装置	2月投产	工程总承包
5	九江石化油品质量升级改造工程170万吨/年渣油加氢装置、240万吨/年加氢裂化装置等5套新建/改造装置	2月中交 10月投产	工程总承包
6	中国海油海南精细化工项目二期工程12万吨/年乙苯苯乙烯装置	3月投产	工程设计
7	哈萨克斯坦阿特劳炼油厂芳烃项目100万吨/年连续催化重整装置	4月投产	工程总承包
8	山东液化天然气(LNG)项目接收站工程轻烃回收装置	4月中交 11月投产	工程总承包
9	内蒙古中煤蒙大60万吨/年DMTO装置	4月中交	工程总承包
10	中国石油大连西太公司减压隐患整改项目	6月投产	工程设计
11	神华陕西甲醇下游加工项目60万吨/年MTO装置	6月中交 12月投产	工程总承包
12	哈萨克斯坦阿特劳炼厂芳烃项目芳烃生产联合装置及苯生产联合装置	7月中交 11月投产	工程总承包
13	青岛炼化柴油和航煤加氢改造项目	8月投产	工程设计
14	哈萨克斯坦阿特劳炼厂石油深加工项目药剂设施，试剂库单元	11月中交	工程总承包
15	东营联合石化大型混合芳烃及配套工程项目一期420万吨/年渣油脱蜡、230万吨/年延迟焦化、150万吨/年混合芳烃加氢、4万米^3(标准)/时制氢、3万吨/年硫黄回收、产品精制装置及配套工程	11月投产	工程设计
16	湛江东兴1#催化裂化装置技术改造、2#催化裂化装置技术改造及2#催化主风机电动机改造项目	12月投产	工程设计
17	青海盐湖100万吨/年DMTO装置及配套工程	12月中交	工程总承包
18	富德(常州)DMTO项目－DMTO装置	12月中交	工程总承包

上海工程公司

【概况】 中石化上海工程有限公司(简称上海工程公司)是炼化工程公司全资子公司，坐落于上海市浦东新区张杨路769号，位于中国(上海)自由贸易试验区内。上海工程公司前身是上海医药工业设计院，成立于1953年，是国内最早从事石油化工、医药、化工工程设计和工程总承包的大型综合性工程公司之一。曾先后归属轻工业部、化工部、国家医药管理总局领导，2000年12月整体划归石化集团公司。2002年6月，按照石化集团公司结构调整、专业化重组的部署，以上海医药工业设计院为核心，联合中石化上海金山工程公司和上海高桥石化设计院进行重组，并于2003年4月更名为中国石化集团上海工程有限公司。2012年，按照石化集团公司炼化工程板块重组上市部署，更名为中石化上海工程有限公司。

截至2015年底，上海工程公司有在册员工1 202人，86%为从事工程设计和服务的工程技术人员；拥有国家级设计大师3名、石油和化工行业工程勘察设计大师9名，高、中级职称人员800多人，各类执业资格人员200多人。

2015年，上海工程公司坚持深化改革，突出创新驱动，推动转型发展，坚持多领域差异化经营策略，加强市场开发，推进技术进步，强化从严管理，向精细化管理要效益，取得了较好的成效，完成了石化集团公司和炼化工程公司下达的各类考核指标。全年新签合同额40.8亿元(其中EPC合同额38.45亿元)；实现营业收入32.11亿元；实现利润3.88亿元；实现经济增加值(EVA)3.02亿元，同比增长3.81%。连续第7次被评为上海市文明单位，连续第3次被评为上海市高新技术企业，连续第4次被评为全国“安康杯”竞赛优胜单位，连续第3次被评为上海市平安示范单位。

上海工程公司主要生产经营指标和2015年完成的主要项目见表1和表2。

(魏永忠)

【积极探索推动转型发展】 2015年，上海工程公司强化核心技术对市场的引领和培育，重点关注具有技术优势和工程化经验优势的烯烃分离(乙烯)、聚烯烃、环氧乙烷/乙二醇、苯乙烯、苯酚丙酮、环氧丙烷、丁辛醇、碳五分离、丙烯酸及酯、大型石化储罐区、生物能源化工及制药、污水处理等领域，全力以赴开拓海内外市场。在夯实核心业务的同时，积极探索推动转型发展。在海洋工程领域，与上海海洋石油局签订战略合作协议；与德希尼布、塞班等国际工程公司加强联系，做好技术储备和市场分析。在环保工程领域，努力开拓煤化工污水处理、石油化工污水和难降解污水的提标改造、达标排放、回用处理等高端市场，积极参与了一批环保项目的前期介入和投标，力争做强做大环保节能领域。

(魏永忠)

【全年完成各类项目165项】 2015年，上海工程公司精心组织项目实施，强化项目风险管控，加强项目过程控制，全年完成各类项目165项，完成工程设计投资额140.29亿元。神华陕西甲醇下游加工项目60万吨/年烯烃分离装置开车一次成功，产出合格产品；中煤蒙大50万吨/年工程塑料项目烯烃分离装置、聚丙烯装置、罐区及汽车装卸栈桥，安庆石化曙光25万吨/年丁辛醇等项目顺利中交；湖北化肥20万吨/年合成气制乙二醇、日照原油商业储备基地工程通过竣工验收；九江石化8万吨/年乙苯—苯乙烯项目，中天合创35万吨/年气相法聚丙烯装置、25万吨/年管式LDPE装置、12万吨/年釜式LDPE装置，茂名石化20万吨/年精环氧乙烷等项目有序推进。

(魏永忠)

湖北化肥20万吨/年合成气制乙二醇工业示范装置项目

【技术创新取得新进步】 2015年，上海工程公司牵头组织和申报的国家“十二五”科技支撑项目——面向乙烯衍生物智能制造的工艺软件知识库研发及工业应用，获得国家科技部批复立项。承担的20万吨/年合成气制乙二醇、10万吨/年双氧水法生产环氧丙烷、PAN基碳纤维成套技术开发、20万吨/年精EO成套技术开发等4项中国石化“十条龙”攻关项目取得重大进展。中国石化科技开发项目12项通过技术鉴定或审查、13项具备审查条件、60项处于滚动开发中。进一步强化与大学、研究院和企业的紧密合作，完成己内酰胺苯部分加氢及气相重排新工艺技术方案、合成气制乙二醇副产硝酸高效利用中试研究、煤化工含酚高氨氮废水催化处理新技术中试立项等，进一步拓宽具有自主知识产权和市场竞争力的新技术领域。积极推进自行开发的自有知识产权成套技术的市场应用，开展苯乙烯、环氧丙烷、合成气制乙二醇、精环氧乙烷、大型碳五分离、CHP法制环氧丙烷及DCP组合等技术的交流和推广。全年获得国家专利授权44件，其中发明专利32件；完成专利新申请50件。截至2015年底，共拥有有效专利168件、待批专利申请143件。

(魏永忠)

【获国家及省部级各类奖项20多项】 2015年，上海工程公司名列“上海市静安区经济贡献百强企业”第33名，被评为2014—2015年度上海市劳动关系和谐职工满意企事业单位。中国石油独山子石化改扩建炼油及新建乙烯工程获2014—2015年度国家优质工程金质奖和2015年度全国工程建设项目优秀设计成果一等奖；上海实验动物资源公共服务平台项目获住建部全国优秀工程勘察设计银质奖；神华包头煤制烯烃项目60万吨/年烯烃分离装置获全国工程勘察设计行业第7届工程总承包铜钥匙奖；中煤陕西榆林甲醇醋酸系列深加工及综合利用项目一期聚乙烯装置、烯烃分离及碳四综合利用装置、海南精细化工二期工程及产品质量升级改造项目12万吨/年苯乙烯装置获全国化学工业建设工程奖；福建炼化精细化工园区碳五分离装置可行性研究报告获全国优秀工程咨询三等奖；新一代节能型苯乙烯成套技术开发及工业应用、大型EO反应器研制获石化集团公司科技进步二等奖；45万吨/年搅拌式反应器PX氧化制PTA成套技术、40万吨/年PTA空压机工艺控制及节能技术开发应用、石油化工工程信息系统设计规范获石化集团公司科技进步三等奖；武汉石化80万吨/年乙烯工程30万吨/年高密度聚乙烯装置、15/28万吨/年环氧乙烷/乙二醇装置、海南原油商业储备基地工程获石化集团公司优质工程奖；《化工设备与管道》期刊获中国石油和化学工业联合会全国石油和化工行业优秀报刊二等奖。

（魏永忠）

【上海石化外排污水深度处理及回用工程二期项目完工】 2015年1月2日，上海工程公司承担的上海石化外排污水深度处理及回用工程二期项目顺利运行并产出合格回用水。该项目是国家环保部立项、上海石化实施“碧水蓝天”计划的重要项目之一，上海工程公司用时176天完成任务，获得了业主、监理与施工单位的一致好评。此外，上海工程公司还完成了上海赛科大型丙烯腈污水处理回用技术的工业应用。

（魏永忠）

【3个项目通过石化集团公司竣工验收】 2015年10—12月，上海工程公司总承包的北海炼化异地改造石化项目、湖北化肥20万吨/年合成气制乙二醇工业示范装置、日照原油商业储备基地工程相继通过石化集团公司竣工验收。项目质量、安全、进度、费用等工作得到总部高度评价。

（魏永忠）

北海炼化异地改造项目

【新疆独山子15万吨/年碳五分离装置通过性能考核】 2015年4月，由上海工程公司承担工程设计并与上海石化联合提供专利技术的新疆独山子天利实业总公司15万吨/年碳五分离装置自2014年9月15日顺利开车后，经过6个月的稳定运行，通过性能考核。装置的生产能力、3种烯烃产品的质量及收率、蒸汽消耗量等考核指标均优于工艺包技术附件中规定的保证值，碳五分离技术达到世界领先水平。上海工程公司采用该技术已在上海石化、武汉石化、燕山石化成功建成同类型碳五分离装置，并实现了该技术的首例海外许可。

（魏永忠）

【神华陕西甲醇下游加工项目烯烃分离装置开车一次成功】 2015年12月15日，上海工程公司总承包的神华陕西甲醇下游加工项目60万吨/年烯烃分离装置开始进料，当天顺利打通全流程，并于12月17日、12月19日分别产出合格乙烯和丙烯产品，实现开车一次成功。该装置于2013年5月25日现场桩基开工，2015年5月15日实现中交。项目执行过程中，上海工程公司被业主评为本质安全先进总承包商，连续3年被业主评为优秀总承包商，是唯一按时中交的总承包商。至此，上海工程公司已高标准建成投产神华包头、中煤榆林、中煤蒙大、神华榆林等4套烯烃分离装置。

（魏永忠）

【中煤蒙大50万吨/年工程塑料项目3套EPC装置中交】 2015年4月30日和5月14日，上海工程公司总承包的中煤蒙大50万吨/年工程塑料项目罐区及汽车装卸栈桥装置、烯烃分离装置、聚丙烯装置先后顺利实现高标准中交。3套装置于2013年2月2日举行开工仪式，3月28日正式开工。项目建设期间，上海工程公司作为优秀承包商，屡次获得业主嘉奖，获得样板工程、安全管理先进单位、优秀进度控制奖、质量管理优胜奖等奖项。

（魏永忠）

【安庆石化曙光 25 万吨/年丁辛醇项目中交】 2015 年 12 月 28 日，上海工程公司总承包的安庆石化曙光 25 万吨/年丁辛醇项目实现中交。项目于 2014 年 12 月 28 日桩基工程开工，项目组克服高温雨季、施工区域狭小、交叉作业多、工期紧等不利条件，强化精细化管理，按合同实现中交目标。该项目在安全、质量方面也取得好成绩，赢得业主高度评价。

（魏永忠）

【深入推进企业文化建设】 2015 年，上海工程公司评选年度“影响力人物”，持续开展“讲诚信、负责任”职业道德教育。编纂出版了《银河揽月上海工程公司改革创新发展纪实》书籍，记录公司重组 12 年来改革创新发展成果；摄制了《上海工程公司“十二五”改革发展成果专题电视片》，总结有益经验，弘扬正能量。举办第 4 届体育节，开展丰富多彩的体育活动和文化艺术活动，弘扬企业文化，增强了凝聚力。推进“一团一品”建设，2 个团支部 2 项活动获得团市委颁发的团支部团日活动创新大赛创新奖。增强网络、报刊、项目现场外宣力度，与社区街道合作开展社区志愿者活动，塑造高度负责任、高度受尊敬的企业形象。

（魏永忠）

表 1　　上海工程公司主要生产经营指标

年份 指标名称	2015	2014	2013	2012	2011	2010
主要业务收入/亿元	32. 11	38. 58	37. 50	34. 30	30. 50	23. 13
完成工程投资额/亿元	140. 29	148. 50	148. 00	140. 30	129. 99	86. 48
完成工程项目/项	165	130	135	201	197	188
授权专利/件	168	129	89	84	60	30

表 2　　上海工程公司 2015 年完成的主要项目

委托单位	项目名称	完成日期	行业
中国石化科技部	醋酸加氢直接制乙醇工业侧线及工艺包开发	1 月	石化
石化股份公司	5 万吨/年纤维素制乙醇工艺包开发	1 月	石化
中国石化科技部	10 万吨/年 PX 结晶分离工艺包开发	1 月	石化
上海化学工业区管理委员会	杭州湾北岸化工产业带产业发展规划	2 月	石化
湖北化肥	合成气制乙二醇项目	2 月	石化
中国海油宁波大榭石化有限公司	宁波大榭 28 万吨/年苯乙烯装置（含工艺包）总体、基础、详细设计	2 月	石化
上海麦浦新材料科技有限公司	环保水性有机硅表面活性剂生产建设项目环境影响评价	3 月	石化
四川美丰化工股份有限公司	20 万—30 万吨/年乙二醇装置	3 月	石化
茂名石化南海精细化工有限公司	20 万吨/年环氧乙烷装置基础设计项目	3 月	石化
内蒙古中煤蒙大新能源化工有限公司	50 万吨/年工程塑料项目罐区及汽车装卸栈桥装置 EPC 总承包	4 月	石化

续表

委托单位	项目名称	完成日期	行业
中韩石化	HDPE 装置低压尾气中异丁烷溶剂回收利用可行性研究报告	4 月	石化
扬子石化	扬子石化利用进口乙烷优化乙烯装置裂解原料结构项目可研报告	4 月	石化
浙江荣盛控股集团有限公司	舟山 4 000 万吨/年炼化一体化项目原油码头与管道路由方案	4 月	石化
中沙石化	环氧乙烷/乙二醇装置新增 7 万吨/年环氧乙烷扩能改造项目	4 月	石化
内蒙古中煤蒙大新能源化工有限公司	5 0 万吨/年工程塑料项目烯烃分离装置 EPC 总承包	5 月	石化
内蒙古中煤蒙大新能源化工有限公司	50 万吨/年工程塑料项目聚丙烯装置 EPC 总承包	5 月	石化
中国神华煤制油化工有限公司榆林化工分公司	神华陕西甲醇下游加工项目烯烃分离装置设计、采购、施工(EPC)总承包	5 月	石化
中煤陕西榆林能源化工有限公司	DMTO 副产 C_4 综合利用新型组合工艺研究	5 月	石化
上海朝晖药业有限公司	污水处理站扩建项目	5 月	医药
湛江中星石油化工有限公司	湛江中星石化仓储项目	5 月	石化
帝斯曼维生素(上海)有限公司	“竹子”项目总体设计、施工图设计	5 月	石化
上海长城药业有限公司	上海长城药业有限公司扩建项目	5 月	医药
上海化学工业区金山联合发展有限公司	金山第二工业区(漕泾区域)产业布局规划	6 月	石化
福建承天农林科技发展有限公司	承天中药饮片加工车间、提取车间、QS 食品加工车间总平面规划方案工作	6 月	石化
第一三共制药(上海)有限公司	新建 $3^{\#}$ 厂房工程	6 月	医药
巴陵石化分	混合丁烯羟基合成戊醛新技术开发中试装置可研编制项目	7 月	石化
福建古雷石化有限公司(联合)筹备组	福建漳州古雷炼化一体化项目(60 万吨/年苯乙烯装置、30 万吨/年环氧丙烷装置、20 万吨/年双氧水装置)可研分册编制	7 月	石化

续表

委托单位	项目名称	完成日期	行业
潍坊科伦比恩化工有限公司	尾气发电项目尾气锅炉和脱硝系统	7 月	石化
中韩石化	HDPE 装置降低乙烯单耗措施	8 月	石化
中韩石化	HDPE 装置低压尾气异丁烷溶液回收利用	8 月	石化
中国科学院上海药物研究所	综合性新药研究和开发技术系统平台工程设计	8 月	医药
舟山市政府	舟山石化园区一期陆域行程地基处理咨询	9 月	石化
天津天士力之骄药业有限公司	天士力药理所扩建项目	9 月	医药
石化股份公司	大型丙烯腈生产污水回用处理成套技术开发	10 月	石化
江苏海岸药业有限公司	苏州海岸药业有限公司固体制剂车间	10 月	医药
巴陵石化	巴陵石化炼油低碳烯烃产品化工综合应用规划方案	11 月	石化
浙江巴陵恒逸己内酰胺有限责任公司	10 万吨/年气相重排项目(40 万吨/年己内酰胺扩能技术改造工程)	11 月	石化
安庆炼化曙光丁辛醇化工有限公司	安庆炼化曙光 25 万吨/年丁辛醇项目	12 月	石化
石化股份公司	大型偶联反应器工程技术开发及国产化研制	12 月	石化
高桥石化	高桥石化 DCP 装置尾气处理措施	12 月	石化
扬子石化	扬子石化利用进口乙烷优化乙烯装置裂解原料结构项目可研报告	12 月	石化
内蒙古中煤蒙大新能源化工有限公司	新增甲醇储罐可行性研究报告编制	12 月	石化
扬子石化	扬子石化 3.5 万吨/年苯乙烯抽提项目基础设计	12 月	石化
常州四药制药有限公司	常州市第四制药厂有限公司新厂区项目	12 月	医药
北海炼化	北海炼化产品质量升级项目干含盐污水改造项目	12 月	石化
安胜化学哈密合成新材料有限公司	ATSA 项目	12 月	石化

宁波工程公司

【概况】 中石化宁波工程有限公司(简称宁波工程公司)是炼化工程公司全资子公司，2003 年经石化集团公司批准，由原中国石化集团兰州设计院和中国石化集团第三建设公司重组设立的国有独资公司，注册地为浙江省宁波市高新区。

截至 2015 年底，宁波工程公司设有 14 个 EPC 项目部(在建)、6 个专业设计室、4 个专业公司、3 个分公司、2 个子公司及 22 个职能管理部门。在册职工 2 800 余人，其中国家级设计大师及行业设计大师 6 人，教授级高级工程师 21 人，高级职称 417 人，中级职称 861 人，各类注册工程师 377 人，其他管理和技术人员 800 余人。宁波工程公司拥有 310 多项专利、专有技术，在天然气化工、石油化工、煤化工以及合成气化工等领域的设计处于全国领先地位，是中国石化大型非标设备制造基地。

宁波工程公司主要生产经营指标和 2015 年完成的主要工程项目见表 1 和表 2。

（贺　颖）

【SE－东方炉引起业界关注】 2015年，宁波工程公司的SE－东方炉在南京举行的第2届中国制氢与先进煤气化技术研讨会上首次公开亮相，SE－东方炉以其独特的技术、成本和工程化优势，引起了与会代表的强烈关注和热烈讨论，同时SE粉煤气化技术开发创新团队受到石化集团公司表彰。

（贺 颖）

【煤化工污水处理及近零排放技术入选“十条龙”科技攻关】 2015年，由宁波工程公司和长城能源化工公司、中天合创、宁夏能化及抚顺石油化工研究院共同承担的“煤化工污水综合处理及近零排放技术开发”入选中国石化2015年度“十条龙”科技攻关项目，主要研究解决煤化工废水处理技术的短板。

（贺 颖）

【科技开发业绩突出】 2015年，宁波工程公司承担开发项目122项；全年获得国家专利授权61件，完成专利申请40件，有效专利达238件，其中发明专利119件；共编制国标行标45项，其中主编制12项，参编33项；5项工艺技术获省部级以上科技奖。

（贺 颖）

【全球最大的神华宁煤空分装置集群建成】 2015年，由宁波工程公司承担设计和采购服务的神华宁煤400万吨/年煤炭间接液化项目空分装置建设成型，该装置是全球最大空分装置集群，由12套亚洲单套生产能力最大、设计生产规模制产10.15万米^3（标准）/时氧气的空分装置组成。

（贺 颖）

神华宁煤400万吨/年煤炭间接液化项目空分装置群

【宁夏能化蒸发结晶装置开车一次成功】 2015年12月5日，由宁波工程公司承担的中石化长城能化（宁夏）公司（宁夏能化）蒸发结晶装置一次投料试车成功，生产出合格杂盐，标志着中国石化第1套煤化工高盐水零排放示范装置全面建成投用。

（贺 颖）

【多套低温罐项目中交投产】 2015年，由宁波工程公司承担的青岛海晶低温乙烯储罐建成投用，该储罐是国内最大低温乙烯储罐；中国海油深圳液化天然气（LNG）项目接收站工程4座16万立方米低温储罐达到机械完工条件；广东大鹏4#低温储罐顺利进入生产调试状态。

（贺 颖）

【中天合创项目空分装置中交】 2015年10月12日，由宁波工程公司承担的中天合创鄂尔多斯煤炭深加工示范项目空分装置实现中交，该装置由6套空分装置和1个后备系统组成，总占地面积15万平方米。

（贺 颖）

【亚洲最大丙烯塔完成制造】 2015年，由宁波工程公司承担的中国海油惠州炼油二期100万吨/年乙烯装置丙烯塔完成制造并运输出厂，再创亚洲设备整体制造及整体运输纪录。该塔由宁波工程公司新建成投用的象山设备制造厂制造加工。

（贺 颖）

丙烯塔驳运至码头现场

【首次承接输储煤装置EPC项目】 2015年，宁波工程公司成功中标惠州炼化二期原煤输送及备煤装置项目，这是继中标广州中电荔新煤场环保改造项目与天津石化储煤焦场全密闭项目后，在煤场环保与物料输送领域的又一中标项目，也是首个以输储煤装置为主体的EPC项目。装置建成后将为惠州炼化二期项目煤制氢装置提供合格原料煤。

（贺　颖）

【中标俄气石油公司制造项目】 2015 年，宁波工程公司成功中标俄罗斯天然气石油公司鄂木斯克炼油厂常减压联合装置 8 台设备制造项目。

（贺　颖）

【深化改革稳步推进】 2015 年，宁波工程公司推进实施业务流程再造，梳理完成 21 项生产经营关键业务流程；新的组织绩效考核和员工效益工资分配机制有效落实；优化调整组织机构及其核心职责，配合推进起重运输业务重组改革；上海机械制造公司启动"三定"试点，推进分配制度和后勤服务改革，用工总量及固定成本大幅减少。

（贺　颖）

【降本减费有成效】 2015 年，宁波工程公司全方位开展设计优化、采购管理、工程分包、项目费控、劳动用工、间接费用等 6 个方面、96 项降本减费工作，各业务成本费用得到有效控制，全年物资采购挖潜率 1.28%，工作量签单和增补合同数减少 51%，"六小费"同比下降 27%。

（贺　颖）

【三维模型渲染图获鹰图全球金阀门奖】 2015 年 5 月 20 日，宁波工程公司获得全球领先工程和地理空间软件供应商美国鹰图公司颁发的"鹰图全球金阀门奖"。获奖作品是以九江石化煤焦代油改造项目模型为基础、利用 SmartPlant Review 软件完成的高清三维模型渲染图。

（贺　颖）

【多项工程获奖】 2015 年，宁波工程公司承担的中煤陕西榆林能源公司甲醇醋酸系列深加工及综合利用项目一期 30 万吨/年聚乙烯装置工程获全国化学工业优质工程奖及浙江省建设工程钱江杯奖(优秀勘察设计)综合工程二等奖；海南炼化 60 万吨/年聚酯原料项目二甲苯塔制造项目获全国优秀焊接工程一等奖；中天合创鄂尔多斯煤炭深加工示范项目一期工程可行性研究报告获全国优秀工程咨询成果二等奖；宁波海越丙烷脱氢装置和低温丙烷储罐工程获浙江省优秀安装质量奖。

（贺　颖）

【管理工作获多项荣誉】 2015 年，宁波工程公司获石化集团公司稳定、"三化"工作、财务会计报表、审计、统计、物资供应、劳动用工管理工作先进单位等称号。还获得浙江省技术创新能力百强企业、信用 A 级"守合同重信用"单位、宁波市优秀社会责任企业、纳税 50 强、百强企业等荣誉。

（贺　颖）

表 1　　宁波工程公司主要生产经营指标　　亿元

指标名称＼年份	2015	2014	2013	2012	2011	2010
资产总值	76.59	59.33	48.07	42.13	45.38	28.30
设计投资额	93.84	152.44	167.32	116.04	107.83	73.11
主营业务收入	65.97	65.48	53.78	36.07	30.33	22.28
利　税	5.24	7.27	5.78	5.59	3.61	2.47
承接工程数量/项	265	339	291	319	394	310
工程总承包	14	21	15	15	14	5
工程设计	70	88	35	58	79	41
工程咨询	75	75	58	32	56	49
工程建设及制造	106	155	183	214	231	215
授权专利数量/件	61	59	45	19	27	14

表2 宁波工程公司2015年完成的主要工程项目 亿元

序号	项 目 名 称	中交或完工日期
一	EPC总承包项目	
1	长城能化(宁夏)公司高盐水零排放示范装置(减量化)	4月
2	中国海油深圳液化天然气(LNG)项目	5月
3	广东大鹏低温储罐项目	6月
4	青岛海晶低温乙烯储罐项目	8月
5	中天合创鄂尔多斯煤炭深加工示范项目空分装置	10月
6	长城能化(宁夏)公司高盐水零排放示范装置(蒸发结晶)	11月
7	宁波海越新材料公司球罐项目	12月
二	设计项目	
1	江苏斯尔邦石化有限公司360万吨/年醇基多联产项目丙烯腈装置/SAR装置	1月
2	久泰能源(准格尔)有限公司甲醇深加工项目PE装置	1月
3	久泰能源(准格尔)有限公司甲醇深加工项目PP、两聚包装及仓库装置	1月
4	神华宁煤400万吨/年煤炭间接液化项目空压装置	3月
5	长城能化(宁夏)公司高盐水零排放示范装置	5月
6	中天合创鄂尔多斯煤炭深加工示范项目中控室及仓库辅助设施	5月
7	中天合创鄂尔多斯煤炭深加工示范项目甲醇装置	6月
8	中天合创鄂尔多斯煤炭深加工示范项目公用工程及辅助设施	7月
9	中天合创鄂尔多斯煤炭深加工示范项目煤气化装置/净化装置	7月
三	施工及制造项目	
1	中金石化公司芳烃项目(一期)二联合重整装置	1月
2	中金石化公司芳烃项目重油罐安装工程及小罐区项目	1月
3	高桥石化连续重整装置生产芳烃技术改造及系统配套施工	4月
4	青岛海晶低温乙烯储罐项目储运装置及长输管线	6月
5	中国海油馏分油综合利用项目240万吨/年重油裂解装置原料预处理改造工程	7月
6	中金石化芳烃项目(一期)三联合重整装置	8月
7	舟山金润石油转运公司油库三期安装工程	8月
8	洛阳石化PTA加氢反应器更新项目	8月
9	宁波算山码头增建2台原油罐安装工程	9月
10	扬子石化90万吨/年催化汽油吸附脱硫项目检修	9月
11	上海中石化三井化工公司40万吨/年苯酚丙酮制造项目	10月
12	上海石化1#炼油和5#炼油及渣油加氢装置动设备维护检修施工	12月
13	上海石化炼油部各装置设备管道检修施工	12月
14	上海赛科公司4台乙烯裂解炉辐射段炉管更换施工	12月

南京工程公司

【概况】 中石化南京工程有限公司(简称南京工程公司)是炼化工程公司全资子公司，2009 年 6 月由中国石化集团第二建设公司和中国石化集团南京设计院重组成立，位于江苏省南京市江宁区，注册资本 5.56 亿元。南京工程公司是以设计为先导，专利、专有技术、工艺包开发为核心，工程总承包和项目管理、专业施工为主体，面向国内外市场提供技术和管理服务的综合性、一体化的国际工程公司。在煤化工、天然气化工、环境工程、清洁能源、硫酸磷肥等无机化工、苯系化工、公用工程和工业民用建筑等设计业务方面优势明显；具有设计、采购、施工一体化独特优势和雄厚的国内外项目综合管理能力；具有以大型机组安装、大型储罐安装、大型 DCS/ESD 安装调试、特殊材质焊接等为核心的施工以及施工管理能力。

截至 2015 年底，南京工程公司下设 20 个职能部门、9 个专业设计室、10 个国内分(子)公司、1 个海外分公司。在册职工总数 3 175 人，其中经营管理、专业技术和工程项目管理人员 2 392 人，各类技能操作人员 783 人，具有本科及以上学历 1 900 人，拥有中、高级专业技术职称 1 342 人。

2015 年，南京工程公司完成任务承揽总额 75.59 亿元，完成产值 59.9 亿元，实现财务收入 59.53 亿元，实现利润 2.79 亿元。

南京工程公司主要生产经营指标见表 1。

(吴凤泉)

【安全生产平稳可控】 2015 年，南京工程公司进一步强化 HSE 职责的分解与落实，与各基层单位的党政负责人、现场经理或施工经理签订 HSE 责任书 86 份，与机关部门签订 HSE 责任书 33 份，交纳风险抵押金 30.65 万元。强化 HSE 专项培训，开创了体验式培训的新模式，全年培训总学时共计 233.13 万小时。强化 HSE 管理制度建设，先后修订 14 项规定。强化现场直接作业环节管理和监督。开展分承包商“双持证”专项整治活动。全年实现 5 357.64 万安全人工时，未发生工作受限事故及以上事故，连续被石化集团公司评为安全管理先进单位。

(吴凤泉)

【生产组织高效运行】 2015 年，南京工程公司不断加强设计能力建设，完成设计协同管理系统软件的开发，并在项目中正式运行。大力优化项目管理模式，开启项目经理负责制的试点，努力提升项目盈利能力。全年在建、新开和完工项目 257 个，其中设计项目 137 个、总承包项目 28 个、施工项目 92 个。工程质量主要指标平稳可控，未发生上报设计质量事故，工程项目设计合格率为 100%，单位工程合格率为 100%，焊接一次合格率为 98.4%，工程项目一次投料试车成功率为 100%。

(吴凤泉)

【企业改革成效初显】 2015 年，南京工程公司将深化改革作为企业重点工作，成立深化改革领导小组和工作小组，根据年初职代会确定的调整机关职能部门设置与职能，二级单位资源整合，项目经理负责制试点，薪酬分配、干部管理、人才管理改革等 8 项工作目标，稳步推进各项改革工作。精简机构，梳理业务职能，提高运行效率，先后撤并 3 个机关部门，整合 2 个专业设计室，撤销 5 个分公司，调整 15 项职能分工；落实项目人员去行政化管理，畅通项目管理人才成长渠道；确定工程项目管理分公司项目管理人才集中管理、调配的职能，为人才内部流动奠定基础。

(吴凤泉)

【技术开发不断进步】 2015 年 4 月 22 日，由南京工程公司主要承担，中原油田普光分公司、南京化工公司研究院及四川大学共同完成的中国石化科技开发项目“5 万米^3(标准)/时尾气二氧化碳直接矿化磷石膏联产硫基复肥工业示范装置工艺包开发”通过石化集团公司技术评审。9 月 17 日，承担的中国石化科技开发项目“10 万吨/年醋酐成套技术工艺包”通过石化集团公司技术评审。12 月 21 日，编制的《大型双层金属低温储罐正装施工工法》被国家住房和城乡建设部评为 2013—2014 年度国家级工法，是石化集团公司推荐申报工法中唯一的国家级工法。

(吴凤泉)

【51 件专利获授权】 2015 年，南京工程公司共获得国家专利授权 51 件，其中发明专利 12 件，主要包括：一种黄磷尾气氧化碱洗深度净化的方法、一种处理硫酸尾气二氧化硫的方法及其装置、一种渣油/中低温煤焦油轻质化的组合工艺方法、一种加氢裂化尾油加氢生产高档润滑油基础油的方法等。截至 2015 年底，共持有有效专利 128 件，其中发明专利 20 件。

(吴凤泉)

【海外市场实现新突破】 2015年，南京工程公司成功中标沙特矿业集团公司北部磷酸公用工程项目，合同额约4.5亿美元，这是该公司历史上独自承揽的海外单体合同额最大的项目。

2015年内，南京工程公司在沙特共有5个项目同时执行，中外籍用工总量7 100余人，外籍员工已经占各项目人员的51%，人、财、物等资源组织量创历史新高。截至年底，南京工程公司在沙特先后执行了22个各类项目，合同总金额达30多亿美元。

（吴凤泉）

南京工程公司沙特在建项目——沙特矿业公司北部硫酸项目全景

【助力"碧水蓝天"工程】 2015年，南京工程公司共承建湖南、湖北、江西、江苏、山东、宁夏等地石化集团公司脱硫脱硝、污水处理EPC项目8个，当年中交投用7个。湖北化肥烟气脱硫升级改造项目、巴陵石化动力事业部锅炉烟气脱硝治理工程、长城能化宁夏公司空分锅炉脱硝、脱硫、湿法除尘改造工程等项目均一次开车成功，各系统、设备、参数均在相关规范和设计范围内。

（吴凤泉）

【中东首套脂肪醇装置开车成功】 2015年4月14日，南京工程公司EPC总承包项目沙特NDA项目脂肪醇装置投料一次开车成功，产出了合格的碳十二—碳十四产品，标志着中东第1套脂肪醇装置正式投产。该装置每年可为中东地区的化工装置提供5万吨脂肪醇，改变了中东地区脂肪醇原料一直依靠进口的格局。沙特NDA项目共有2套装置，分别为脂肪酸和脂肪醇装置，脂肪酸装置已于2014年8月21日投料一次开车成功。

（吴凤泉）

【沙特装备制造基地第1台非标设备出厂】 2015年4月16日，南京工程公司沙特东部装备制造基地承揽的加拿大lavalin公司硫酸项目非标设备浓硫酸联合泵罐成功发运，标志着沙特东部装备制造基地生产的第1台非标设备验收合格并正式出厂。

（吴凤泉）

南京工程公司沙特东部装备制造基地第1台非标设备验收合格并正式出厂

【九江石化4套装置中交】 2015年6月10日，南京工程公司承建的九江石化800万吨/年油品质量升级改造工程中10万米^3（标准）/时煤制氢、170万吨/年渣油加氢、7+7万吨/年硫黄回收、4.5万米^3/时空分4套装置顺利中交。其中，煤制氢EPC项目是提前20天高标准中交，并于10月14日一次投料开车成功。

（吴凤泉）

【成功吊装世界上最大的超热模块】 2015年6月24日，南京工程公司沙特硫酸项目硫酸装置辅助锅炉超热模块一次性吊装就位。该模块单体重量达80吨，本体长6米、宽5米、高10米，共414根直径50毫米的细不锈钢管平行组成，是世界上单体最重、体积最大的超热模块。该超热模块的成功吊装不仅在重量、体积上创下了世界第一的纪录，更填补了世界同类装置超热模块管束整体一次性吊装就位的空白，创新使用的双平衡梁多吊点防侧翻吊装工艺，为以后同类装置的模块化吊装施工积累了宝贵经验。

（吴凤泉）

【召开首次党员代表大会】 2015年11月4日，南京工程公司召开第一次党员代表大会。会议回顾和总结重组以来公司党委工作，研究提出"十三五"公司党建思想政治工作目标，制定今后一段时期公司党委工作的基本思路；选举产生中共中石化南京工程有限公司新一届委员会和纪律检查委员会。135名正式党员代表参加会议。

（吴凤泉）

沙特硫酸项目硫酸装置辅助锅炉超热模块吊装现场

【多个工程项目获奖】 2015 年，南京工程公司承建的云南弘祥金麦实业有限公司高浓度磷复肥技改工程、江铜—瓮福 40 万吨/年硫酸项目获 2015 年度中国硫酸行业、磷肥行业协会优秀工程奖；南京化工公司连云港碱厂动力锅炉烟气脱硝工程可行性报告获得中国石油和化工勘察设计协会化工行业优秀工程咨询成果奖三等奖；武汉 80 万吨/年乙烯工程聚丙烯装置、全厂火炬及火炬气回收设施、污水处理场、EO/EG 装置、乙烯装置，海南炼化 60 万吨/年对二甲苯项目，济南石化 60 万吨/年逆流移动床重整装置改造项目，安庆石化含硫原油加工适应性改造及油品质量升级工程等 8 个项目获石化集团公司优质工程奖。由南京工程公司承建的海南省洋浦港油品码头及配套储运设施工程，被中国工程建设焊接协会评为 2015 年度全国优秀焊接工程。

（吴凤泉）

【获得荣誉】 2015 年，南京工程公司被评为全国守合同重信用企业、全国安康杯竞赛优胜企业、国务院国资委 2011—2015 中央企业“六五”普法先进单位、石化集团公司安全生产先进单位等。连续获得江苏省文明单位、江苏省重合同守信用企业、南京市城乡建设立功竞赛先进单位、南京市无职务犯罪先进单位等荣誉称号。1 人被评为全国劳动模范，1 人被评为全国技术能手，多个单位(部门)和个人获评为石化集团公司及省、市先进。

（吴凤泉）

表 1　　南京工程公司主要生产经营指标　　亿元

指标名称 \ 年份	2015	2014	2013	2012	2011	2010
资产总值	47.59	44.24	36.78	42.85	44.49	32.16
建设投资	90.00	120.84	104.00	125.00	110.00	101.50
主营业务收入	59.53	48.74	52.43	49.54	39.30	33.20
利　税	3.66	3.35	3.24	2.82	1.17	0.92
承接工程数量/项	257	226	212	182	237	255
授权专利数量/件	51	47	11	6	5	4

第四建设公司

【概况】 中石化第四建设有限公司(简称第四建设公司)，位于天津市滨海新区大港世纪大道 180 号，其前身成立于大庆石油会战时期的 1963 年 1 月，1966 年迁至湖南长岭，1974 年落户天津大港，2012 年 4 月 6 日改制为公司制企业，成为炼化工程公司全资子公司。

截至 2015 年底，第四建设公司下设 5 个综合型工程公司、3 个专业工程公司、2 个模拟事业部、4 个独立运行的经营性业务中心。同时，在广东广州、湖南岳阳、宁夏银川设立了华南、华中、西北3个实体性区域性分公司。有直属项目部15个、专业工程项目部40余个，在沙特及文莱等国家参与4项国际工程建设。在册员工3 725人，其中合同制员工2 662人，占71.5%；原其他长期合同工及派遣制员工1 063人，占28.5%。有经营管理人员748人、专业技术人员1 454人，经营管理及专业技术人员总数为2 202人，占59.1%；技能操作人员1 401人，占37.7%；其他不在岗122人，占3.2%。员工中，具有大学本科及以上学历人员997人，占26.8%，高级及以上专业技术资格人员213人。

截至2015年底，第四建设公司账面资产总额43.98亿元，负债35.79亿元，所有者权益8.19亿元。资产负债率81.37%。拥有设备4 197台，净值6 813.8万元；主要施工生产设备1 560台，总功率2.34万千瓦。

2015年，第四建设公司以“改革创效年”为主题，对内确保安全生产、队伍稳定、改革调整顺利进行；对外做好危机公关，大力开拓市场、维护业主关系，完成了上级下达的利润考核指标。全年累计承揽合同额37.5亿元(其中境内22.15亿元，境外15.35亿元，境内系统外依存度64.48%)，完成产值42.31亿元，实现利润8 209万元，完成年计划的103%。第四建设公司首次进入天津市百强企业榜，获得天津市高新技术企业认定。

第四建设公司主要生产经营指标和2015年完成的主要工程项目见表1和表2。

(张文龙)

【体制机制改革稳步推进】 2015年，第四建设公司稳步推进体制机制改革，先后成立华南、华中、西北3个实体性区域分公司，区域项目群管理等运行体系、机制初步建立，分公司实体化运营迈开成功一步。将原来以管道、设备为主的专业化工程公司调整为具有专业特点的综合型工程公司，完成部分公司直管项目人员划转和专业人员调剂配备，逐步实现工程项目从专业化施工组织，向综合型施工组织管理的转变。组建培训中心、工业清洗中心、资产运营(租赁)中心、设计中心等独立的经营性业务中心，按照多元化、差异化发展思路，以取资质、建体系、拓市场、保质量为重点的各项工作取得初步成效。调整划分机关部门职能，逐步简化、优化管理流程，下放工作和管理权限，并成立运营管理委员会，统一组织修订、完善现有制度体系。

(张文龙)

【市场意识持续增强】 2015年，第四建设公司坚持“今天的现场，就是明天的市场”工作理念，靠优良的工程业绩赢得市场，被巴斯夫工程公司邀请入围全球施工合作单位，并持续巩固海洋石油(青岛)有限公司长期战略执行协议。注重市场开发的制度化、规范化、标准化和信息化，有效发挥机关部门统筹协调支撑作用，充分调动二级单位市场开发主动性、积极性，全年组织投标738次，同比增加177次，投标比例上升31%，市场开发体制机制逐步形成。有序展开市场开发布局，在紧盯投资规模大、建设周期长的大型炼油化工、煤化工市场同时，积极开发中小型和短期项目。全年下属各工程公司承揽实施81项加油加气站业务、48项小型工程、39个单位128项检修改造任务，短平快项目的实施，对完成全年效益目标形成有力补充。

(张文龙)

【内部管理持续改进】 2015年，第四建设公司应用安全管理新手段，自行研发HSE信息系统，实现对项目各类HSE信息实时监控；开发手机APP系统，对所有项目施工人员实行独立二维码身份识别；开展多种特色安全活动，全年实现5 035万安全人工时，安全管控水平显著提升。在项目管理上推行人脸识别考勤系统，改善工程项目考勤不严不真问题，为实施人工时统计提供了较为真实数据。大力推行分包合同过程结算，改善分包结算时间长、效果差、效益流失情况，初见成效。制定信息化建设发展规划方案，先后开发人员管理、HSE管理、统计管理模块及职工考勤系统，积极参与炼化工程公司系统ERP推广应用，实现办公区域无线网络覆盖、手机移动办公系统推广应用，有效提升了工作效率。

(张文龙)

【国际业务有突破】 2015年，第四建设公司加大对海外项目管控与支撑服务力度，多次到沙特项目现场检查指导、培训，促进了海外项目合同执行。加大国际化用工力度，派员赴尼泊尔、印度，直接招聘300余名管理人员和管道、架设作业人员，开辟了国际化用工新渠道，为海外项目执行积累了资源和管理经验。积极开拓海外市场，全年中标签约合同3项，其中沙特吉赞炼厂常减压工程项目，中标合同额5.28亿元人民币，成为第四建设公司海外单项工程合同额最大项目。

(张文龙)

承建的沙特拉比格项目丙酮项目提前中交

【项目管控能力提高】 2015 年，第四建设公司更加注重项目前期策划，大力推行项目管理实施规划，全年编制、备案项目实施规划 35 份，有效发挥了规划在项目执行中的统筹作用。进一步强化对项目实施过程的协调管控力度，先后在神华宁煤、中天合创、惠州乙烯项目召开现场办公会，协调项目生产组织、资源平衡、人事调转等工作。领导班子成员按片区管理分工，强化分管区域市场、生产经营等工作的统筹协调力度。业务部门持续强化项目执行过程跟踪纠偏，深入一线帮助解决实际问题成为常态。全年完成重庆涪陵压气站等多项工程建设任务，打好短平快攻坚战，实现 32 项工程高标准中交。

（张文龙）

第四建设公司承建的茂名巴斯夫壬异醇装置投产

【质量品牌意识加强】 2015 年，第四建设公司以"吸取'4 · 6'事故教训、查找身边隐患、提升管理能力"为目标，开展安全质量大讨论活动，共查找安全质量问题 246 项，全部立行立改。强化质量管控，现场工程实体质量经受住了相关方的多次专项检查。全年创各类样板工程 63 项，获省部级优质工程 4 项，全国优秀焊接工程 4 项、全国工程质量管理成果 1 项、天津市优秀质量管理成果 2 项，通过锅炉安装维修许可证换证评审及测量管理体系换证审核。承建的中国海油珠海 LNG 项目一期工程获全国质量奖卓越项目奖。

（张文龙）

【科技创新能力提升】 2015 年，第四建设公司持续推进科技创新，全年获石化集团公司级工法 5 项，申报国家级工法 1 项；获专利授权 8 件，发明专利 2 件；完成企业级工法评审 19 项，技术进步成果 13 项。顺利完成石化集团公司"十条龙"科技攻关项目，完成炼化工程公司委托的管道、钢结构、工业炉、设备模块化安装技术开发、大型国产低温球罐、低温储罐焊接工艺开发；完成 LNG 储罐大角缝埋弧自动焊接工艺开发等 9 项公司级技术开发项目。

（张文龙）

【依法治企能力增强】 2015 年，第四建设公司着力提升制度执行力，强化内控制度检查、QHSE 体系内审、内部审计、系统岗检等管理手段，修订下发组织绩效考核管理规定，各级管理部门按制度管理、依法履职的意识不断加强。加大分包商企业和人员入网审核和分包合同审批控制力度，全面实施 200 万元以上工程施工分包招标，严把入口关，确保资源库质量，有效防止分包工程发包法律风险。运用多种方式解决工程款催收、分包商农民工工资纠纷等问题。在漳州腾龙"4 · 6"生产性爆炸事故中，利用法律方法和思维，与业主及相关方交涉，依法维权，为降低影响、减少损失，提供了有力法律支撑。加大普法宣教力度，以全面风险防控和合同法律风险防控为主线，建立企业风险事件库，实施合同全生命周期管理和合同范本的普及，有效提升了全员法律意识和风险防控意识。

（张文龙）

【党建群团工作有创新】 2015 年，第四建设公司开展"三严三实"专题教育，巩固群众路线教育实践活动成果，坚决抵制"四风"现象反弹，各级领导干部作风建设得以加强。坚持从严治党、从严管干部，加大干部调整力度，全年调整中层领导人员 45 人次，交流 26 人次，交流和退出中层岗位 9 人，通过公开竞聘走上中层管理岗位 6 人。全面实施"我的四建我的家"幸福职工之家创建活动，持续开展大病救助、金秋助学奖励、协解人员帮扶资助等困难帮扶工作，全年实施帮扶救助5 321人次，走访、入户慰问288户，发放各类帮扶救助金2 695万元。注重先进典型引领作用，涌现出全国劳模张振连，全国三八红旗手史萍，“天津好人”胡道德、齐元春等先进典型。加大信访稳定工作力度，畅通渠道，规范流程，开展分包稳定专项检查，充分发挥各单位、党工团及离退休协会的组织优势，积极排查化解矛盾，全年信访量同比下降17%。加大党风廉政建设监督力度，进一步落实党委主体责任和纪委监督责任，严格执行中央“八项规定”和石化集团公司党组实施细则、职工违规违纪处罚条例，对18人进行诫勉谈话，14人给予党政纪处分、7人给予组织处理，收缴违纪款10万元，有力促进了正风肃纪。认真履行社会责任，助力天津市和滨海新区发展，顺利完成天津国储库、商储库等民生工程建设，高效完成塘沽“8·12”重大爆炸事故抢险任务，被《天津日报》头版报道并得到天津市政府表彰。

（张文龙）

表1 **第四建设公司主要生产经营指标** 亿元

指标名称＼年份	2015	2014	2013	2012	2011	2010
资产总值	43.98	41.30	36.56	32.44	26.64	22.11
主营业务收入	42.42	43.78	38.73	36.18	35.43	27.14
利　税	1.38	1.19	1.23	0.92	0.81	0.94
承接工程数量/项	117	110	101	76	89	65
授权专利数量/件	41	38	27	19	11	8

表2 **第四建设公司2015年度完成的主要工程项目**

序号	工程名称	交工
一	新建装置	
1	东莞孚宝联兴仓储有限公司库区一期工程	1月
2	江苏远东联EO3项目大件吊装工程	1月
3	山东华星DCC装置烟气脱硝脱硫除尘项目	1月
4	远东联14.6万米^3（标准）/时空分装置	1月
5	中国海油湛江80万吨/年沥青润滑油装置及公用工程施工	2月
6	神华陕西榆林甲醇下游加工项目大型设备吊装工程	3月
7	江苏远东联45万吨/年乙二醇、7.5万吨/年环氧乙烷项目ISBL安装包	4月
8	新疆东方希望有色金属有限公司电解二系列剩余电气仪表安装工程	4月
9	KL10－1WHPA组块机械配管专业陆地/海上施工工作	4月
10	珠海中冠7万吨/年丁二烯及24万吨/年C_4深加工——土建施工	4月
11	涪陵—王场输气管道工程涪陵压气站	4月
12	塔河炼化重质原油改质项目配套完善工程	5月
13	河北中化鑫宝化工科技有限公司5万吨/年洗油加工项目	5月
14	甘肃玉门三十里井子北一48兆瓦风电场土建工程	5月

续表

序号	工 程 名 称	交 工
15	河北省沧州市渤海新区160万吨/年加氢裂化装置、100万吨/年连续重整装置安装工程	6月
16	烟台港万花工业园码头有限公司西港区液化码头装卸物料设施工程第三标段	6月
17	山西潞安油化电热一体化示范项目煤气化装置大型吊装工程施工	6月
18	山西潞安油化电热一体化示范项目净化装置大型吊装工程施工	6月
19	阳曲县天然气液化调峰储气设施项目	6月
20	茂名石化巴斯夫有限公司18万吨/年异壬醇项目	6月
21	宁波大榭石化馏分油综合利用项目大件设备统一吊装工程	7月
22	东营联合石化大型混合芳烃及配套工程项目一标段	7月
23	洋浦—马村成品油管道工程马村油库配套改造工程	7月
24	新疆东方希望有色金属有限公司7#、8#电解车间前段电气仪表安装工程	9月
25	中沙石化新增7万吨/年环氧乙烷扩能改造项目	10月
26	巴陵石化供排水事业部固体废弃物填埋场工程	10月
27	长岭炼化280万吨/年催化裂化装置再生烟气脱硝项目	11月
28	广东石油分公司二广高速白沙服务区加油站、宿舍楼工程	11月
29	武汉石化8万吨/年硫黄回收联合装置主体工程	12月
30	江苏斯尔邦石化有限公司醇基多联产项目一期工程公用工程项目(四标段)土建、安装工程	12月
二	检修改造项目	
1	南京BCC H109炉对流段节能改造项目	5月
2	北方华锦化学工业股份有限公司乙烯检修、改造工程	7月

第五建设公司

【概况】 中石化第五建设有限公司(简称第五建设由中国石化集团第五建设公司)是炼化工程公司全资子公司。成立于1953年,2010年12月18日根据石化集团公司的战略部署,从甘肃省兰州市西固区迁址到广东省广州市荔湾区中山七路81号。2012年4月,根据炼化工程板块实施重组上市要求,由中国石化集团第五建设公司更名为中石化第五建设有限公司。

第五建设公司是中国最早从事石油化工建设的大型施工企业,也是石化集团公司直属大型综合性施工企业,具有化工石油工程施工总承包一级企业资质、国外工程承包资质、对外经济合作经营资格资质和建筑行业(建筑工程)乙级、石油化工医药行业(化工工程、石油及化工产品储运)专业乙级设计资质等,年内正在申报“石油化工工程施工总承包特级资质”。

第五建设公司具备50亿元/年以上的施工生产能力;能独立承担炼油、化工、化肥、化纤、橡胶、电力、医药、冶金、军工等大中小型装置及配套工程建设任务;在大型设备吊装、大型传动设备(机组)安装、大型储罐安装、大型DCS自动化集散控制系统安装与调试和特种材料焊接等“四大一特”,以及大型锅炉、大型空分、炼油、聚烯烃、甲醇、煤化工等方面,形成独具特色的技术优势;培养了一大批高级工程技术人员和各专业高级技师;在国家许多重大项目建设中,充分体现了在工程管理、机具装备、专业人才、新技术开发应用等方面的实力和优势。

截至2015年底，第五建设公司有17个机关处室和南京分公司、项目管理公司、社区管理中心、设计院等13个二级单位；有50个项目部，其中国内45个、国外5个，分布在全国各地炼化企业和海外。

截至2015年底，第五建设公司用工总量为2 416人。其中，在岗正式职工1 910人，其他长期合同工71人，离岗调研、内退307人，劳务派遣工121人，临时用工7人；取得各类专业技术职称人员951人，获得国家一级、二级建造师84人；从事项目经营管理人员中取得国际项目管理师(PMP)资质105人。

第五建设公司主要生产经营指标和2015年完成的主要工程项目见表1和表2。

(王瑾瑾)

【调整组织机构】 2015年，第五建设公司优化机构设置，将总经理(党委)办公室等16个机关部门进行调整更名。增设党委工作部、安全环保工程技术研发中心；撤销团委，并入党委工作部；撤销武装保卫处，并入兰州分公司。其中，安全环保工程技术研发中心主要负责开展石油化工施工领域安全环保新技术、新工艺研发，推广应用HSE标准化管理、安全眼等新技术新工艺，对外提供成套安全管理咨询和技术服务支持，重点是建立健全安全管理体系，使之能够覆盖施工现场安全及公共安全的各个方面，覆盖“制度、培训、检查、整改、提高”的各个环节。

(王瑾瑾)

【起重运输业务重组改革工作正式启动】 2015年11月10日，炼化工程公司对《五建公司关于<起重运输业务重组改革实施细则>的请示》进行批复，标志着第五建设公司起重运输业务重组改革工作正式启动。

(王瑾瑾)

【6项技术获国家专利证书】 2015年，第五建设公司申报的“一种配电系统低压断路器的短路保护现场试验装置”等5项、“低压断路器试验台”外观设计等1项实用新型技术专利，顺利通过国家知识产权局的授权。

(王瑾瑾)

【亚洲同类型体积最大最重的丙烯丙烷分馏塔一次吊装就位】 2015年6月26日，由第五建设公司承吊的中国软包装集团福建美得石化重1 638.8吨、高125.8米、筒体10.4米的亚洲同类型体积最大、最重的丙烯丙烷分馏塔一次吊装就位，创造了吊装行业的新业绩。

(王瑾瑾)

第五建设公司承担亚洲体积最大最重丙烯丙烷分馏塔吊装就位 (王 勇 摄)

【中标沙特吉赞联合气化循环装置公用工程项目】 2015年5月，第五建设公司海外市场开发取得新突破，中标沙特吉赞联合气化循环装置公用工程项目，合同额2.92亿美元，为整个炼化工程板块迄今为止签订的最大单项施工合同。

(王瑾瑾)

【青海盐湖电石项目电石炉一次点炉成功】 2015年10月12日，第五建设公司承建的青海盐湖海纳化工有限公司聚氯乙烯一体化工程20万吨/年电石项目电石炉一次点炉成功。该炉为亚洲同类型单台产能最大的电石炉。

(王瑾瑾)

【工程建设项目顺利实施】 2015年，第五建设公司坚持以项目为中心，合理配置人力资源和机械资源，积极推广综合项目管理信息系统，强化合同履约能力，加强过程控制，定期召开季度生产经营例会，保证了工程项目的顺利实施。全年，高标准建成茂名石化CFB锅炉增设烟气脱硫脱硝工程、元坝气田天然气净化厂项目、沙特朱拜尔ABS、中煤蒙大30万吨/年聚丙烯装置等34个单位工程项目，在建的62个单位工程项目达到形象控制点目标，安全、质量基本受控。

(王瑾瑾)

【人才队伍建设不断加强】 2015年，第五建设公司不断加强三支人才队伍建设，进一步发挥人力资源保障作用，规范劳动用工模式和用工管理，依法合规，根据项目人力资源需求，先后为各个项目调配人员 868 人次，引进 2015 年毕业生 31 人；通过业务外包引进 48 人。加强员工培训，举办内部培训 35 期 1 780 人，外送培训 37 期 169 人次。组织取证、复审培训 140 人。完成了 11 个工种 289 人的职业技能鉴定工作、226 人的职称评审工作和 2 218 人的职位考核和选聘工作。

（王瑾瑾）

【QHSE 管理从严从实】 2015 年，第五建设公司坚持从严从实抓好安全生产管理，不断强化质量意识、质量监督和过程控制。全年，共组织各类安全培训 523 人次，发现各类安全隐患 458 项，顺利实现5 293万安全人工时，没有发生上报事故。先后对建筑、安装分项工程质量验收 16 542 项，合格率 100%。焊缝无损检测拍片 47.34 万张，一次合格率 98.2%。

（王瑾瑾）

第五建设公司中天合创项目
安全通道样板 （任志强 摄）

【启用绩效考核系统】 2015 年，第五建设公司根据年度全员绩效考核方案，坚持全员覆盖、分类考核的原则，从客观实际出发，突出对关键业绩的考核，启动了科级及一般工作人员在线绩效考核工作。

（王瑾瑾）

【法律事务有规有矩】 2015 年，第五建设公司坚持做好重大决策法律审核、法律支持。启动了环保工程二级资质申请工作，完成石油化工工程总承包一级等 4 项资质换证，实现营业执照、税务登记证、组织机构代码证“三证合一”。全年，审查各类合同 1 975份，出具授权委托书 33 份，审核管理制度 32 项，处理合同纠纷 5 起，避免损失 138 万元。

（王瑾瑾）

【审计监督作用凸显】 2015 年，第五建设公司不断加强审计监督工作，对武汉炼油、沙特 ABS、沙特 SADARA 等项目进行了管理效益审计，对沙特延布项目、阿联酋鲁维斯项目进行了审计评价。对 25 个二级单位及项目部从 7 个方面进行财经纪律检查，配合石化集团公司开展承包商资质准入及管理情况专项审计。根据石化集团公司和炼化工程公司要求，对“小金库”问题进行专项检查与整改落实，下发承诺书 31 份，回收 31 份。全年分包工程结算审计 471 份，审减额 265 万元，审计监督作用得到充分发挥。

（王瑾瑾）

【和谐企业建设有了新进展】 2015 年，第五建设公司立足事要解决，对有政策依据的诉求及时给予解决，对尚没有政策依据的，及时向石化集团公司、省市等有关部门汇报。启动协解人员帮扶政策，对协解集体人员专门制定帮扶方案。全年，救助各类困难人员 1 241 人，发放各种救助金 421.52 万元。办理保险转移手续 1 342 人，开具社保证明材料 85 批次 1 200 份。配合天然气公司完成天然气安装 3 197户，处理各类检维修 2 515 次，保持了人员队伍的稳定。

（王瑾瑾）

【获得多项荣誉】 2015 年，第五建设公司全体员工攻坚克难，同心同德，公司保持了健康发展的良好态势。先后荣获全国优秀施工企业、广东省守合同重信用企业、石化集团公司安全生产先进单位称号，承建的扬子石化油品质量升级及原油劣质化改造 800 万吨/年常减压蒸馏项目获全国优秀焊接工程奖，承建的海南炼化 60 万吨/年对二甲苯项目获石化集团公司优质工程奖，上报的“安全监督模式在工程建设企业的应用”“施工企业财务基础工作标准化体系建设与实践”和“标准化管理办法在机电自控专业项目施工中的应用”分别获石化集团公司创新成果一等奖、三等奖，“储罐基础 QC 小组”“低压断路器 QC 小组”获全国工程建设优秀 QC 小组活动成果三等奖。全年共获等各类荣誉 36 项。

（王瑾瑾）

表 1 **第五建设公司主要生产经营指标** 亿元

指标名称 \ 年份	2015	2014	2013	2012	2011	2010
资产总值	37.10	32.90	28.56	25.18	18.54	13.97
主营业务收入	41.10	45.22	34.38	31.31	24.50	21.36
利　税	1.72	1.50	1.33	1.19	0.85	0.97
承接工程数量/个	96	127	141	132	114	115

表 2 **第五建设公司 2015 年完成的主要工程项目**

序号	项目名称	竣工时间
1	四川维尼纶厂 2015 年停车大检修项目	1 月
2	安庆石化热电锅炉烟气脱硝改造工程	2 月
3	沙特朱拜尔 ABS 工程项目	3 月
4	洛阳 SEG 工程技术研发中心流化床甲醇制汽油试验设施项目	3 月
5	洛阳炼化宏达实业有限责任公司碳四深精加工项目	3 月
6	茂名石化化工 CFB 锅炉增设烟气脱硫脱硝工程	4 月
7	广州石化污染物在线监测项目	4 月
8	中煤蒙大新能源化工有限公司年产 50 万吨工程塑料 30 万吨/年聚丙烯装置工程项目	5 月
9	甘肃银光聚银化工有限公司新建 4.2 万吨/年氯化氢吸收装置安装工程	5 月
10	元坝气田天然气净化厂项目主装置 CM 管理	5 月
11	九江石化 2# 常减压装置改造工程	6 月
12	西安石化动力站脱硫脱硝项目	6 月
13	神华陕西甲醇下游加工项目	6 月
14	茂名石化 18 万吨/年异壬醇装置工程	7 月
15	宁夏银川惠农油库化验室工程	7 月
16	甘肃石油成品油配送中心 3 万立方米储罐工程	8 月
17	九江石化系统配套 3 标段工程	9 月
18	江苏斯尔邦石化有限公司醇基多联产项目一期工程四标段(26 万吨/年丙烯腈(AN)装置)土建、安装工程	9 月
19	长岭炼化 CFB 锅炉增设烟气脱硫脱硝除尘设施项目	9 月
20	江苏斯尔邦石化有限公司醇基多联产项目一期工程公用工程项目(六标段)土建、安装工程	9 月
21	神华新疆 45 万吨/年聚丙烯装置工程	9 月
22	茂名石化工程异壬醇装置系统配套工程	9 月
23	武汉油品质量升级炼油改造二期项目工程尾项——2# 常压装置拆除工程	10 月

续表

序号	项目名称	竣工时间
24	中景石化35万吨/年聚丙烯装置	10月
25	江苏斯尔邦石化有限公司醇基多联产项目一期工程公用工程项目(二标段)土建、安装工程	10月
26	贵州凯里长城二号加油站项目	11月
27	宁夏银川成品油库工程	11月
28	上海高桥石化新建6万吨/年硫黄回收及系统配套	11月
29	镇海炼化Ⅰ+S+ZORB装置料位计增设铅板保护层工程项目	11月
30	九江石化一级地管工程	12月
31	新疆轮南工程项目	12月
32	北京焦化厂保障性住房地块污染土治理修复项目	12月
33	广州石化检维修改造项目	12月
34	长城能源化工(宁夏)有限公司乙炔改造项目	12月

第十建设公司

【概况】 中石化第十建设有限公司(简称第十建设公司)是炼化工程公司全资子公司，前身为原化学工业部第二化工建设公司，1970年10月从山西太原迁至山东淄博，成立山东省化学石油建设公司，1983年并入中国石油化工总公司，更名为中国石化第十建设公司，1998年更名为中国石化集团第十建设公司，2012年完成公司制改制并变更为现名，2014年8月本部迁址山东青岛。2015年，党委、工会、团委相继列青岛市直管理，第十建设公司成为真正意义上的石化集团公司驻青岛地区直属企业。

第十建设公司拥有石油化工工程施工总承包一级、对外承包工程等多项资质证书，建立了全方位、多层次、宽领域的人才架构，并在大型储罐安装、大型设备吊装、大型压缩机组安装调试、大型起运机械修造、特种材料焊接、长输管道SCADA系统及装置DCS和SIS系统安装与调试等方面，形成了国内领先的核心技术优势。

截至2015年底，第十建设公司下设15个机关部室以及安装、仪电、储运、重机、建筑工程、管道结构工程、项目管理等15个专业分公司，4个子公司。在册员工3 481人，其中经营管理与专业技术人员2 220人，技能操作人员1 261人；拥有石化集团公司级专家11人，高级职称及以上人员174人，中级职称人员744人，技师及高级技师248人。

第十建设公司主要生产经营指标和2015年完成的主要工程项目见表1和表2。

(董砚宝)

【领导班子调整】 2015年3月7日，石化集团公司党组决定：王存庭任第十建设公司执行董事、总经理、党委副书记；樊继贤不再担任第十建设公司执行董事、总经理、党委书记职务，调出另有任用。4月8日，石化集团公司党组决定：陈西洲任第十建设公司党委副书记兼纪委书记，不再担任副总经理职务。12月23日，石化集团公司党组决定：吴忠宪任第十建设公司党委书记，免去其总工程师职务(仍任副总经理)。

(董砚宝)

【市场开发成效明显】 2015年，第十建设公司顺应市场形势变化，转变营销理念，努力提高中标率，全年新签国内合同额43.3亿元，新签境外合同额1.15亿美元。紧紧围绕石化集团公司“碧水蓝天”“能效倍增”计划实施，密切跟踪服务重点项目建设，聚焦国内外重点客户，发挥好业绩、管理、装备、人才优势，积极开展工程质量服务回访，加快布局新业务发展，大力拓展海洋、环保工程领域，转变境外市场营销理念，与派特法、TKIS、德西尼布、塞班等知名工程公司开展战略合作，市场开发工作得到全方位加强。

（董砚宝）

【项目执行与创新能力不断提升】 2015 年，第十建设公司致力于推进项目管理创新与工效提升，大力推进“三化”（自动化、模块化、流水化施工），加快实现“三代替”（装备代替人工、电动工具代替手工作业、自动焊接代替手工焊接），力求“三减少”（减少用工、减少高处作业、减少交叉作业）。召开项目管理创新推进会，表彰项目管理创新成果，有力促进了管理创新策划与实践应用。调整优化境外项目管理模式，确立了公司主导下的专业公司负责制，全面抓好境内外在建项目执行，全年按计划建成工程项目 52 项，各在建工程项目运行受控。

（董砚宝）

【企业管理现代化创新成果获奖】 2015 年 1 月 19 日，全国企业管理现代化创新成果审定委员会下发《关于发布和推广第二十一届全国企业管理现代化创新成果的通知》，第十建设公司申报的“大型建筑企业项目施工成本管理优化”获全国企业管理现代化创新成果二等奖。

（董砚宝）

【安全生产保持平稳】 2015 年，第十建设公司大力推进文明施工标准化管理，召开文明施工促进会，全面推进现场文明施工标准化，保持了优质的施工环境和现场秩序，提升了竞争优势。层层分解落实安全生产主体责任，全年实现 5 028 万安全人工时，保持了安全生产平稳态势，已连续 7 年上报石化集团公司安全生产事故为零。

（董砚宝）

【技术质量管理持续深化】 2015 年，第十建设公司加快推进新技术研发应用，全年获得国家专利 10 件、石化集团公司工法 4 项，4 项省级技术创新项目通过验收，大型设备吊装机具技术研发获中国安装协会科技进步二等奖，大湾气田焊接工艺研发、茂名储罐施工工艺开发分获中国施工企业管理协会科技进步一、二等奖。强化施工质量管理，努力为客户提供优质产品和服务，承建的中国石油独山子改扩建炼油及新建乙烯工程获国家优质工程金奖，获得省部级优质工程奖 11 项。

（董砚宝）

【哈萨克斯坦芳烃项目全面建成投产】 2015 年 10 月 2 日，历时 4 年半的紧张施工，由第十建设公司承建的哈萨克斯坦阿特劳炼油厂芳烃项目 PX 装置产出合格产品。12 月 8 日，哈萨克斯坦阿特劳炼厂芳烃装置及配套单元通过了哈萨克斯坦国家验收委员会的验收，标志着装置正式交付使用。

（董砚宝）

第十建设公司承建的哈萨克斯坦阿特劳炼油厂芳烃项目 （仪忠传 摄）

【规范管理持续强化】 2015 年，第十建设公司持续推进企业规范性建设，充分发挥内部审计、监督监察、法律事务职能，强化“三重一大”决策机制和内控制度执行，促进了制度落地和履职尽责，保障了企业健康发展。集中力量完成重点项目结算，分包结算程序性与及时性得到加强。严格执行财经纪律，加强资金与费用管控，财务管理日益规范。依法合规处置低效无效资产，淄博基地办公楼挂牌交易成功并回收资金 1 450 万元。配合炼化工程公司起运业务重组改革，完成了人员与设备划转，积极推进起运剩余业务转型，不断增强差异化竞争优势。

（董砚宝）

【党建工作取得新进展】 2015 年，第十建设公司不断深化党建系统化管理，开展党支部书记轮训，加强了基层党组织建设。紧密结合业务工作，扎实开展“三严三实”专题教育，营造了良好的政治生态和企业管理生态。开展“转变两级机关作风、加强三级班子建设、提升服务意识”活动，作风建设与能力建设实现常态长效。认真落实“两个责任”“一岗双责”，党风廉政建设责任追究办法和约谈制度开始施行，履职待遇、业务支出管理体系初步构建，党风廉政建设日益深入。

（董砚宝）

【和谐企业建设扎实推进】 2015 年，第十建设公司统筹抓好淄博基地管理，完成了供电开闭所进线改造、天然气进社区入户改造、老年门球场改造、综合服务大厅、停车位建设、道路及人行道维护维修等民心工程,“一站式”综合服务更加便捷,淄博基地社区环境持续改善,保持了“管理规范、功能齐全、服务完善、环境优美”的良好局面,获山东省绿化模范单位,淄博基地建南生活区获中国石化4A级文明和谐示范小区称号。

(董砚宝)

表1　　第十建设公司主要生产经营指标　　亿元

指标名称 \ 年份	2015	2014	2013	2012	2011	2010
资产总值	44.64	46.10	40.10	33.57	25.46	18.99
主营业务收入	55.65	60.59	59.52	56.27	46.31	36.75
利　税	2.80	2.35	1.57	2.15	1.21	1.47
承建工程数量/项	52	47	58	55	50	38
授权专利数量/件	50	43	31	23	14	10

表2　　第十建设公司2015年完成的主要工程项目

序号	项目名称	竣工时间
1	烟台万华化学特种胺(HMDA)装置安装工程	1月
2	山东阳煤恒通化工股份有限公司30万吨/年甲醇制烯烃装置安装Ⅰ标段	1月
3	BP珠海三期PTA项目土建及机电安装施工	3月
4	浙江三江化工新材料有限公司20万吨/年表面活性剂(减水剂)及配套年产38万吨/年EO/EG(环氧乙烷/乙二醇)装置项目	4月
5	茂名石化100万吨/年乙烯2#加氢装置、2#裂解装置大检修工程	4月
6	内蒙古中煤蒙大新能源化工有限公司50万吨/年工程塑料项目60万吨/年DMTO装置	4月
7	扬巴公司2015年大检修	5月
8	内蒙古中煤蒙大新能源化工有限公司50万吨/年工程塑料项目60万吨/年烯烃分离装置土建、安装工程	5月
9	黄岛输油管道迁移工程	6月
10	神华陕西甲醇下游加工项目60万吨/年MTO装置建筑工程	6月
11	中韩石化CFB锅炉脱硫脱硝改造项目	6月
12	曹妃甸(码头)基地项目8台10万立方米储罐主体安装及防腐工程	7月
13	青岛炼化常减压装置安全隐患治理项目工程	8月
14	青岛炼化2015年大检修改造项目常减压、催化、苯乙烯区域项目	8月
15	石家庄炼化260万吨/年柴油加氢精制装置及配套改造建筑安装工程	8月
16	日照实华原油码头扩建工程进库管线及配套设施工程	9月
17	神华新疆煤基新材料项目MTO装置及MTO联合装置小总体安装工程	9月
18	高桥石化锅炉烟气脱硫改造工程	9月
19	江西成品油管道二期工程	9月

续表

序号	项目名称	竣工时间
20	哈萨克斯坦阿特劳炼油工程项目50万吨/年芳烃装置	10月
21	伊泰—华电甘泉堡200万吨/年煤制油项目油品合成装置	11月
22	高桥石化6万吨/年硫黄回收装置及系统配套项目	12月
23	青岛石化2015年大检修	12月

长城能源化工公司

【概况】 中国石化长城能源化工有限公司(简称长城能源化工公司)是2012年8月27日注册成立的煤化工专业公司，与中国石化煤化工领导小组办公室合署办公，实行“一套人马、两块牌子”。长城能源化工公司是石化股份公司的全资子公司，业务归口化工事业部管理与指导，是中国石化煤化工业务投资的平台，负责中国石化煤化工业务的投资和经营，组织协调煤化工项目建设，对煤化工企业进行专业化管理。

长城能源化工公司本部位于北京市朝阳区吉市口路9号，注册地为北京亦庄经济技术开发区，设有综合管理部(外事办公室)、规划计划部、财务资产部、人力资源部(党群工作部)、纪检监察部、QHSE及运行管理部、工程维修部、煤炭资源部、煤炭转化部和化工产品部10个部门；下设中石化宁夏塑料制品有限公司(简称宁夏塑料)1个全资子公司，中国石化新疆能源化工有限公司(简称新疆能化)、中国石化长城能源化工(宁夏)有限公司(简称宁夏能化)和中国石化长城能源化工(贵州)有限公司(简称贵州能化)3个控股公司，中天合创能源有限责任公司(简称中天合创)、中安联合煤化有限责任公司(简称中安联合)和毕节中城能源有限公司(简称中城能源)3个参股公司。截至2015年底，长城能源化工公司已在宁夏、内蒙古、安徽、新疆和贵州等地规划布局了5个煤化工项目。其中，宁夏项目已建成投产，内蒙古和安徽项目处于工程建设阶段，新疆和贵州项目正在开展前期工作。本部机关、各控股公司和依托长城能源化工公司管理的中天合创及中安联合化工分公司用工总量为4 686人。

2015年，长城能源化工公司以提高发展质量和效益为中心，积极应对低油价挑战，抓好项目统筹，控制投资节奏，坚持从严管理，努力增收节支，有序推进煤化工项目，较好完成了全年工作任务目标。各项目全年完成投资270.84亿元，其中中国石化股权投资124.79亿元，资本金注入12.23亿元；自开工以来累计完成投资804.77亿元。年末合并口径公司总资产376.94亿元，总负债171.15亿元，负债率45.41%；权益口径总资产477.9亿元，总负债322.86亿元，负债率67.56%。

(从怀芳)

【全力增收节支】 2015年，长城能源化工公司认真落实石化集团公司保增长、保效益的决策部署，以优化宁夏能化的生产经营和严控公司本部及各控股公司的费用支出为重点，制定并实施增收节支工作方案，努力降本减费、增收创效，较好地完成了全年效益指标。宁夏能化紧贴市场优化生产，主动调整装置和产品结构，增产甲醇、电力等效益较好产品，努力拓市扩销，较年初预算减亏约6 237万元；公司本部统筹资金运作，合理安排各项目资本金、内部存款和委托贷款，增加财务利息收入2 492万元；严控非生产性费用支出，公司机关和新疆能化及贵州能化“六项费用”合计节约1 306万元。

(从怀芳)

【完成宁夏能化项目消缺改造】 2015年，针对宁夏能化项目建成投产后存在的问题，长城能源化工公司组织专家认真梳理和确定了在安全环保、装置消缺和脱瓶颈等方面需要实施的27个重点填平补齐项目，加快协调推进项目的方案制定、立项报批、招投标和工程建设等工作，各项目陆续按计划建成投运，有效提升了各装置技术经济指标，为2016年各装置全面转入商业运营、实现达产达标创造了条件。尤其是高盐水零排放项目的建成投运，标志着宁夏能化建成了国内首套采用国产技术的煤化工废水零排放装置，在煤化工废水处理上实现了集成创新和零排放目标。

(从怀芳)

宁夏能化高盐水零排放装置

【统筹推进各在建和拟建项目】 截至2015年底，长城能源化工公司已开工建设的中天合创项目和中安联合项目总体进度分别达到93.03%和31.06%。其中，中天合创项目进入工程建设收尾阶段，空分装置等8个主项实现中交，部分公用工程系统建成投用，生产准备工作全面推进，配套的2座煤矿建设进展顺利，葫芦素煤矿已投入试生产；中安联合项目由于煤矿投资严重超概算影响项目整体收益，于2015年11月暂停建设，开展投资优化和重新论证工作，配套煤矿建成并投入试生产。拟建的新疆准东和贵州毕节项目前期工作扎实推进，项目可研不断优化，一批重要核准支撑性文件获得批复。

（从怀芳）

中天合创项目施工现场

【持续提升专业化管理水平】 2015年，长城能源化工公司狠抓基础管理和管理提升工作。在基础管理上，重点以加快建章立制、建立内控体系和开展绩效考核为主要内容，修订和制定规章制度37项，规范了相关业务工作流程；编写并发布内控权限指引，基本完成内控系统上线，同时组织各控股公司开展内控体系建设工作；启动并实施煤化工板块年度绩效考核工作，严肃考核通报和奖惩兑现，有效促进了年度重点工作的落实。在管理提升上，重点是完善体制机制和提升专业管理水平，委托中国矿业大学编制煤炭业务管控方案(初稿)，会同总部科技部研究制定煤化工技术支持体系建设方案(建议稿)，以期理顺煤炭业务和煤化工技术管理体系；研究拟订煤化工企业组织机构及编制定员意见，批复各控股公司和参股公司化工分公司编制定员方案，规范了煤化工企业组织机构设置和用工管理；配备配齐安全总监，开展“四不两直”等安全专项检查及问题隐患整改，严肃安全事故处理及问责，完成中天合创、中安联合和宁夏能化的HSE管理体系建设，夯实了安全管理基础；加强对各煤化工企业工程建设、工程招标、物资采购、设备、合同等专业管理工作的指导检查、现场帮扶和人员培训，督促问题整改，提升了企业管理水平。

（从怀芳）

【稳步推进对外合资合作】 2015年，长城能源化工公司以布局项目、获取资源及技术为目标，与云南煤化、苏新能源、陕西煤化、新蒙能源、华信集团、蒙古国和印尼国家石油公司等国内外企业继续开展合资合作商谈，扎实推进拟合作项目的方案论证和预可研等前期工作。其中，与云南煤化关于YM气化技术合作已基本完成尽职调查、FTO分析以及技术估值，具备成立合资公司的基础条件；与新蒙能源签署了80亿米^3/年煤制气项目合作谅解备忘录；与陕西煤化就煤制气项目合资意向书达成一致意见；开展了印尼煤制甲醇项目的现场调研和商谈。

（从怀芳）

【进一步加强党建工作】 2015年，长城能源化工公司积极探索合资企业党组织建立的方法和程序，逐步理顺党建工作机制，系统搭建党建制度体系，组织开展党建考核，推动了党建工作的有效开展。落实党风廉政建设“两个责任”，加强纪检监察队伍建设，增设纪检监察部，抓住项目物资采购、招投标、财务收支等关键环节，开展效能监察和派驻督察，推行业务公开网上巡视，监督制约体系逐步完善。按照总部统一部署，配合做好中央专项巡视反馈问题的整改，并及时对总部转办及交办的信访件进行调查处理和整改反馈。扎实开展“三严三实”专题教育活动，坚持边学边查边改，聚焦突出问题，注重建章立制，并大力弘扬石油石化优良传统，促进了工作作风的持续改善。发挥群团组织作用，关心关爱员工，组建文化体育兴趣小组，积极开展活动，和谐企业建设取得明显成效。

（从怀芳）

化工销售公司

【概况】 2005年，石化股份公司实施化工产品销售体制改革，同年5月在北京成立化工销售分公司。2009年4月，中国石化对化工内外贸业务进行整合重组，成立了化工销售有限公司，与化工销售分公司实行“一套班子，两块牌子”。2012年化工销售分公司与化工销售有限公司合并，建立了统一的管理制度和操作规范。

中国石化化工销售有限公司（简称化工销售公司）是石化股份公司的全资子公司，主要负责中国石化所属企业生产石化产品的资源统筹、市场营销、产品销售、物流运作、客户服务等，以及相关化工原料的采购和供应工作，并开展物流设施及海外化工业务投资。在北京、上海、广州、武汉和南京等地分别设立华北分公司、华东分公司、华南分公司、华中分公司、江苏分公司等5家区域分公司，以香港公司为海外业务平台，并在台湾、新加坡、越南、中东、北美、韩国等国家和地区设立办事处。在西安、沈阳、南京、杭州、汕头、泉州、昆明、长沙、成都等地设立多个经营部及代表处。截至2015年底，化工销售公司用工总量2 261人（含派遣制和海外用工），其中产品经理、销售经理、客户经理等营销人员占比约30%。

化工销售公司是国内及亚洲最大的内外贸一体化石化产品专业经营公司，年经营化工产品超过5 400万吨，经营产品均取得相关国际国内认证，主要产品有合成树脂、合成橡胶、合成纤维、合成纤维原料、有机化工原料及特殊化学品等。

（武 晶）

【加强安全营销】 2015年，化工销售公司紧紧围绕“坚持本质安全、践行绿色低碳、实现和谐共赢”的主题，积极履行社会责任，努力为客户提供优质服务，深化安全管理。进一步强化对物流服务商的管理，开展危化品业务资质大检查，实施危化品配送车辆第三方认证，有效促进承运商对车辆的管理，货物接卸和运输过程的安全隐患得到有效控制；协助生产企业强化危化品车辆门禁检查、船舶停靠自有码头检查，防止安全事故发生。切实加强安全管理工作，努力实现本质安全。开展差异化营销，落实“一品一策、一厂一策”的营销策略，做好两个服务，推动创新驱动和服务增值。通过产销研联合走访和专题性市场调研等形式，加强市场信息收集和反馈，促进产销深度衔接，充分保障国内化工市场的供应。始终坚持以客户为中心，为客户制定包括采购、付款及配送等内容的专属服务方案。

（武 晶）

【挖潜增效】 2015年，化工销售公司分层次、分类别开展多项资源优化项目；持续优化产品流向和物流方案，建立物流运费和油价联动机制，节约物流费用1.11亿元；加强自备车集中管理调配，实现统销产品铁路运量160余万吨。深入开展全员成本目标管理，严格预算管理和费用审批，10项可控期间费用同比下降明显；吨商品流通费用下降17%。

（武 晶）

【推动产业迈向中高端】 2015年，化工销售公司持续开展进口分析，深化调研成果应用，明确目标产品和目标客户，协调开展针对性研发替代和市场推广，一批新产品获得市场认可。召开产销研用工作会议，研究未来目标市场，制定开发方向和措施建议。加强产销研用结合，创新产业链合作机制，推动产业迈向中高端。

（武 晶）

【创新发展】 2015年，化工销售公司完成电子商务平台建设和化工产品电子提货卡系统的推广，3月底电商平台上线，提供现货商城业务和电子竞拍业务；化工IC卡提货系统在中国石化化工企业实现全面推广，提高发货效率。组织开展转型发展研讨，促进干部职工解放思想、创新思路。创新技术服务模式，在产品部门设立派驻技术服务工程师岗位，由企业派技术人员轮驻，依据不同产品的具体特点，实行差异化的工作定位，发挥平台作用，重点围绕“服务客户、发现需求、开拓市场、培养人才”开展工作，积极推进公司创新发展。“大型化工企业基于落袋价格分析的销售示范”获得全国企业管理现代化创新成果审定委员会颁发的企业管理现代化创新成果二等奖和中国石油和化学工作联合会颁发的创新示范奖。

（武 晶）

【党建和队伍建设】 2015年，化工销售公司精心组织开展“三严三实”专题教育，进一步树立严细实作风，加强组织协调，从严从实地抓好规定动作、关键环节的组织实施，取得了较好效果。“三严三实”

的具体做法被选为典型，在石化集团公司“三严三实”专题教育工作推进会上进行了交流发言。加强党风建设工作，印发“两个责任”实施细则，开展廉洁教育。全面加强党委中心组学习，狠抓纪律和规矩教育，狠抓党性和信念教育。召开化工销售公司第一届党代会，选出新一届党委和纪委，组织部分区域公司完成两委换届选举。完成中层人员管理权限下放、任期考核和调整续聘，以及部分空缺岗位选聘，稳步实施营销人员“271”激励机制，进一步激发内部积极性。抓好宣传工作，加强新闻宣传报道，营造企业良好形象，获评中国石化报社先进记者站；编印《化工销售拾级而上》纪念手册、拍摄成立10周年专题纪念片。调整新闻宣传管理模式，做好《化销信息》、门户网站、官方微博的维护管理，强化了宣传工作。围绕转型发展，组织开展多层次、多轮次的转型发展研讨，为“十三五”发展规划凝聚了广泛共识。充分发挥工会、共青团的作用，促进和谐公司建设，组织了“创新杯”羽毛球比赛、在京单位篮球赛、春秋两季长走比赛、青年英语风采大赛等活动，展现员工精神风貌，增强了团队凝聚力。

（武　晶）

联合石化公司

【概况】 中国国际石油化工联合有限责任公司（简称联合石化公司，英文缩写 UNIPEC）成立于1993年，是石化股份公司的全资子公司，是中国最大的国际贸易公司。主营业务包括原油贸易、成品油贸易、LNG贸易及仓储物流等国际石油贸易业务。联合石化公司设办公室（外事办公室）、党群工作部（党委宣传部、企业文化部）、人力资源部（党委组织部）、纪检监察处、风险控制（法律事务）部、计划信息部、发展部、财务部、审计部、原油部、成品油部、运输及执行部、天然气部、期纸货贸易部14个职能部室；在国内设有3个口岸分公司和1个合资公司，分别是联合石化宁波分公司、联合石化青岛分公司、联合石化二连浩特分公司及中海油中石化联合国际贸易有限责任公司；在境外设立6个分支机构，分别是联合石化亚洲有限公司、联合石化英国有限公司、联合石化新加坡有限公司、联合石化美洲有限公司、中石化冠德控股有限公司（香港上市公司）及联合石化印度办事处。

截至2015年底，联合石化公司积极落实国家能源战略，倡导诚信合作、规范经营、竭力服务客户的理念，着力搭建素质卓越、善于合作、具有全球化视野的国际贸易团队，进一步理顺管理体制机制，不断实现跨越式发展，资源保障能力不断提高，市场竞争力不断提升，抵御风险和应对危机能力不断增强。联合石化公司把人才视为企业最重要的资源，坚持尊重和发挥个体的创造性，注重团队意识的培养，通过内部培养和积极引进，拥有了一支从事原油贸易、成品油贸易、LNG贸易、仓储物流、财务管理、HSSE管理、人力资源管理及行政管理等各类人才组成的出色团队。

2015年，联合石化公司紧紧围绕“保增长、谋发展、强基础、抓党建”工作主线，充分调动各方面积极性，认真落实从严治党要求，扎实开展“三严三实”专题教育，狠抓“严细实”作风建设，讲政治、顾大局、守纪律，开拓进取，勇于创新，做大贸易总量的同时，提升质量和效益，努力做强做优，全面提升经营管理水平。按照“一体化协调、专业化管理、市场化运作”的工作要求，主动适应新常态，创新发展新动力，推动进口原油买断工作再上新台阶，较好地完成全年各项工作目标任务。全年完成原油贸易量2.93亿吨，完成成品油贸易量3 762万吨，完成贸易额1 212亿美元。

（魏　亮）

天然气分公司

【概况】 中国石油化工股份有限公司天然气分公司（简称天然气分公司）成立于2005年6月6日，是石化股份公司负责天然气工程建设、营运和天然气销售的专业化公司，是独立核算的经济实体和利润中心。2009年7月21日，石化股份公司设立天然气有限责任公司，与天然气分公司实行“一个机构、两块牌子”。2011年3月10日，石化股份公司赋予天然气分公司中国石化天然气经营管理职能，负责对油气田企业销售业务的管理与指导，统筹运销管理，统筹市场发展，促进天然气经营效益最大化。

截至2015年底，天然气分公司认真贯彻石化集团公司“天然气大发展”战略，按照资源、管网、市场、效益相统一的要求，完善了山东天然气管网，建设投运了川气东送、榆济等骨干输气管道和中原储气库、山东LNG接收站、广西LNG接收站，开工建设了天津LNG接收站和中原文23、江苏金坛储气库项目；制定了天然气发展市场战略和营销策略，建立了天然气三级销售网络，市场涉及环渤海、长三角、珠三角等主要经济发达地区。拥有直属单位9个、合（独）资公司23个、工程项目经理部13个，天然气管道5 370千米，用工总量5 367人，年供气规模147亿立方米，市场覆盖20个省(市)。

（杨延平）

【产品输销量稳步提高】 2015年，天然气分公司输销气147.3亿立方米，同比增加26.7亿立方米，增幅22.1%。其中，川气东送管道销气95.01亿立方米、增长13.5%，华北输销气52.29亿立方米、增长41.6%

（杨延平）

【企业管理水平显著提高】 2015年，天然气分公司强化精细化管理，层层落实责任、传递压力，推动管理水平再上新台阶。大力降本减费，不断优化运行参数，突出节点控制，降低生产费用；统筹物资管理，加大网上采购和物资框架协议采购力度，着力推行公开招标，在保证质量的前提下降低了采购成本；严格控制非生产性开支，颁布实施履职待遇、会议管理等办法，明确各类标准和执行程序；加强结算管理，避免债务风险，降低了财务费用。调整绩效考核细则，考核权重设置向效益指标倾斜、向重点工程项目倾斜，突出严考核、硬兑现，发挥绩效考核激励约束作用。制定风险管理办法，明确职责、工作流程，建立常态化风险评估机制；修订内控管理手册，完善ERP系统，实现内控管理与日常经营管理有机融合。强化提升“三基”工作，印发强“三基”实施方案、基层班组工作规范和基层场站标准化建设规范，增强了“三基”工作的针对性和可操作性；开展首届职工技能大赛，18人获得石化集团公司技术比武奖项。优化人力资源管理，不断提高人才引进质量，全年共引进大学毕业生、系统内人才252人；编制管道运营、LNG码头等业务外包方案，依托内外部资源，及时补充技能操作队伍，满足了运营需要。加大科技信息管理力度，文96储气库注采技术研究获得石化集团公司科技进步一等奖，7项科研项目通过验收；智能化管线管理系统试点成功。强化法律合同审查，合同签订、审查、上线率均实现100%；积极推进检维修等专项审计，实现风险预警、问题整改和管理提升的有效统一；统筹推进效能监察工作，及时发现管理缺陷，纠正行为偏差，促进了各项业务规范运营。

（杨延平）

【党建思想政治工作进一步深化】 2015年，天然气分公司党委认真落实《直属单位党委工作规则》《基层党支部工作细则》，强化目标管理，统筹推进党的建设。深化“党员先锋工程”，评选表彰基层党支部建设示范点，推动党建工作整体水平提升。创新党建教育工作机制，延伸组织生活触角，积极发挥党组织在凝聚队伍、提升素质方面的作用。深入开展“三严三实”专题教育，12项共性问题已得到明显改善，45项具体工作问题中明确整改时限的31项已全部完成整改、需要长期整改完善的14项取得了标志性成果。修订完善“三重一大”决策制度，进一步明确决策范围和决策方式，切实保证重大问题民主决策。坚持标准，严格程序，认真做好干部选拔任用工作，全年共调整、交流和提拔中层干部33人。落实“一报告两评议”制度，强化对干部选拔任用工作的民主监督，选人用人公信度和群众满意度不断提升。注重制度执行和监督考核，全力落实党风廉政建设“两个责任”和专题报告制度；开展遵纪守法宣传教育，组织参观警示教育基地，提高干部员工遵纪守法意识；及时调查核实信访举报事项，严肃处理违规违纪行为。开展天然气分公司成立10周年系列纪念活动，聚力新目标，服务新发展，为天然气业务发展提供思想保证。编制企业文化和视觉形象识别手册，展现了企业文化建设新成果。通过劳动竞赛、专项攻关、岗位练兵、机关服务基层活动等平台，组织开展“勇担新使命、阔步新征程”主题实践活动，促进了党建思想政治工作与生产经营工作的深度融合。

（杨延平）

新星公司

【概况】 中国石化集团新星石油有限责任公司(简称新星公司)是石化集团公司的全资子公司，本部位于北京市北四环中路263号；主营业务包括地热等新能源开发、海外工程服务、矿业开发等，国内业务分布在北京、广东、陕西、山东、辽宁、河北、安徽、河南、四川等省市，国际业务分布埃及、尼日利亚、埃塞俄比亚、安哥拉、喀麦隆、乍得等国家；拥有碳资产、合同能源管理、中国外经贸部授予的进出口贸易、对外经济技术合作和对外承包工程经营资质。

新星公司前身是原地质矿产部石油地质海洋地质局。1996年12月7日，根据中央部署，以原地质矿产部石油地质海洋地质局及其所属石油系统的普查勘探、科研队伍为基础，成立了中国新星石油有限责任公司。2000年2月29日，中国新星石油有限责任公司整体并入石化集团公司，更为现名。2009年4月1日，新星公司正式划归石化集团公司上游板块，明确了以海外工程服务、地热资源开发利用、盐卤及二氧化碳等矿产资源开发为主经营的发展格局。2012 年 6 月，国家能源局以新星公司为主体成立国家地热能源开发利用研究及应用技术推广中心。2015 年 1 月，石化集团公司把新星公司定位为以地热开发利用为主的新能源专业公司。

截至 2015 年底，新星公司有办公室、财务资产处、人力资源处等 13 个机关处室，设有国际部(外事处)、地热发展部、太阳能发展部、生物质能发展部、物资装备部、开罗项目经理部等 6 个主营专业部门，新能源研究院 1 个，14 个分(子)公司、5 个控股公司、2 个参股公司。用工总量 22 696 人，其中劳动合同制员工 409 人、劳务派遣工 146 人、合资公司用工 22 192 人。

新星公司主要经济指标见表 1。

(何国良)

【领导班子调整】 2015 年 3 月 31 日，新星公司召开干部大会，宣布石化集团公司党组关于调整新星公司领导班子的决定，张召平任新星公司执行董事兼总经理、党委副书记。4 月 14 日，新星公司召开领导班子会议，宣布石化集团公司党组决定：江旭任新星公司党委委员、纪委书记、监事，徐向荣不再担任新星公司纪委书记职务，范清勇不再担任新星公司监事职务。

(何国良)

【全面完成生产经营任务】 2015 年，新星公司认真贯彻石化集团公司决策部署，落实新能源专业公司的定位要求，积极应对国际油价低位徘徊和其他新能源起步较晚等现实考验，深化改革激发活力，优化调整提质增效，深入开展“三严三实”专题教育，公司呈现出良好发展态势。全面完成石化集团公司下达的各项经济指标：实现收入 63.89 亿元、利润 5.04 亿元，其中新能源业务利润 1 523 万元，国有资本保值增值率 109%。生产经营指标完成较好。新签合同额 7.3 亿美元，完成 9.47 亿美元；对外贸易额 1.2 亿元。新增地热井 48 口、换热站 36 座，新增供暖能力 1 152 万平方米。销售原油 2 805 吨、天然气 51 万立方米、卤水折盐 11.7 万吨。全面实现安全生产，完成石化集团公司下达的安全环保指标。

(何国良)

【助推河北省加快发展地热能】 2015 年 7 月 3 日，河北省地热能开发利用交流暨地热利用推进会在保定市召开，新星公司副总经理兼绿源公司董事长刘世良代表新星公司介绍了地热资源开发利用情况和主要经验做法。与会人员实地考察了雄县地热信息平台和地热能综合利用项目，听取了河北省地热能开发利用情况以及雄县、辛集市和新星公司工作情况介绍。河北省常务副省长杨崇勇要求河北省各地、各部门在全省富煤、贫油、少气能源结构现状和防治大气污染的压力下，大力推广中国石化地热资源开发“雄县模式”，加快推进河北省地热能的规模化开发利用，努力扩展削煤减炭、治霾减排的新路径。

(何国良)

【发展思路进一步明晰】 2015 年 7 月 31 日，新星公司年中工作会议在京召开。总经理张召平做了题为《打造核心竞争优势，提高发展质量效益，开启建设国际知名绿色能源公司的新征程》的主题工作报告，进一步明确“以地热能品牌建设为导向，以海外工程服务为支撑，以中国石化整体优势为依托，创新管理体制和运行机制，大力推进太阳能、生物质能等新能源集成高效开发，打造地热和新能源集成应用的完整产业链，在规模化发展中加速能源升级，培育完善‘管理型’公司的发展模式，实现经济效益、社会效益和生态效益的协调统一，努力打造国际知名的绿色能源公司”的发展思路，确定了“到 2020 年，实现收入 200 亿元，实现利润 20 亿元，其中新能源业务和海外工程业务各占半壁江山”的发展目标。企业发展定位、思路及目标进一步提升和完善。

(何国良)

【建立新管理架构】 2015 年 4 月以来，新星公司致力于抓机制建立、制度完善、规则形成、流程梳理，建立有效运转的管理体系。按照新的定位要求，整合了机关科技处和信息化管理处、国际工程部和外事管理处，重新定位开罗项目经理部，新设太阳能发展部和生物质能发展部，形成了以地热、太阳能和生物质能发展部为支撑的专业管理架构，机关部门的职能定位更加清晰、工作界面更加明了，服务、管理、指导、协调等职能更加突出。同时，对新能源研究院、河南公司、四川公司、安徽公司 4 家单位进行更名，整合了吉林公司、北京基地管理服务中心和离退休管理服务中心的有关职能，调整了广州公司、湖北公司、中地能源公司的业务范围，加强了绿源公司、新疆公司、双良公司等合资公司建设，新设立鄂尔多斯公司、新能源研究院郑州分院以及北京项目部，构建了“新星公司 + 地区公司 + 项目部”的管理架构，进一步打造了“管理型”公司的发展模式。

(何国良)

【重点项目建设顺利实施】 2015 年，新星公司新能源项目有序推进，河北霸州、兴平项目收购完成了审计评估、可研审查等工作；河南乐陵、商河砂砾岩经济回灌工业化推广取得新进展，为创建国家级示范基地创造了条件；河北东光余热利用项目产能转化50万平方米；完成山西太原经济开发区和高新区160万平方米供暖项目的论证设计；河南兰考六社区28万平方米供暖项目顺利投产，回灌取得重要成果；河南油田水电小区地热供暖项目按时投运，探索了地热资源开发的技术和商业模式；江汉油田四机厂水源热泵示范项目顺利投产，为开展后续业务提供了经验；陕西白水县20兆瓦农光互补集中式光伏发电项目有序推进，北京基地大院分布式光伏发电项目建成投产，积累了审批、建设、运行经验。

（何国良）

【大力推广地热项目】 2015年11月15日零时，新星公司2015年地热供暖正式全面启动。整个供暖季，共有140多个换热站连续运行，为陕西、河北、河南、山东、山西、辽宁、黑龙江、湖北等地30余个市县的20万个家庭提供清洁地热暖气。除常规地热供暖外，新星公司还积极发展新能源集成利用，按照“深浅结合、冷暖结合、热电光结合”思路，大力推广“地热+”项目，加速发展合同能源管理，切实实现“碧水蓝天”行动和“能效倍增”计划，支持美丽中国建设。整个冬季实现地热供暖能力近2 500万平方米，实现可替代标煤67万吨、减排二氧化碳170万吨。

（何国良）

【携手华北石油局发展新能源】 2015年6月24日，新星公司与华北石油局在京签订合资经营企业协议。双方将组建合资公司，发挥共同优势，以鄂尔多斯市为切入点，在内蒙古自治区大力发展地热、太阳能和余热利用等新能源业务。

（何国良）

与华北石油局签订合作协议

【成功备案首个温室气体自愿减排项目】 2015年11月25日，新星公司所属绿源公司申报的“陕西省西咸新区秦汉新城供热项目”通过国家发改委相关审核，成功备案为温室气体自愿减排(CCER)项目。该项目规划供热面积318万平方米，总体热负荷162.34兆瓦，在第1个7年计入期内，年可减排二氧化碳约12.4万吨，成为全国首个可进入碳市场交易的地热温室气体自愿减排项目。

（何国良）

【中国科学院“地热能科研试验示范基地”在绿源公司揭牌】 2015年11月4日，中国科学院“地热能科研试验示范基地”揭牌暨关中盆地地热科学开发利用座谈会在咸阳市举行。来自中国科学院，陕西省发改委、国土厅，西安市、咸阳市政府，西安交通大学、西安电子科技大学等单位的专家、领导出席仪式。座谈会上，与会专家学者围绕关中盆地地热资源的科学开发利用进行了研讨。

（何国良）

中国科学院“地热能科研试验示范基地”在绿源公司揭牌

【一批青年集体和个人受表彰】 2015年5月4日，石化集团公司青工委授予新星公司团委中国石化五四红旗团委称号，授予地热研究院团支部中国石化五四红旗团支部称号，授予绿源公司市场经营部中国石化青年文明号称号。中萨钻井公司李楠被授予中国石化青年岗位能手称号，地热发展部何小鹤被授予中国石化优秀共青团员称号，中地海外公司贾晓冬被授予中国石化优秀共青团干部称号。

（何国良）

表 1　　新星公司主要经济指标　　亿元

指标名称 \ 年份	2015	2014	2013	2012	2011	2010
工业总产值	63.89	88.27	79.93	72.52	70.16	56.64
企业增加值	26.02	34.29	23.58	19.49	20.35	16.33
资产总计	140.13	121.88	109.25	90.86	82.64	73.08
流动资产	106.42	93.09	82.48	69.59	63.35	54.79
固定资产原值	53.29	47.49	43.23	38.34	34.52	31.50
固定资产净值	21.05	17.62	16.21	13.94	12.74	12.38
销售收入	63.89	88.27	79.93	72.52	70.16	56.64
实现利税	7.93	14.58	11.28	8.51	9.28	8.46
税　金	2.89	7.27	5.26	5.43	7.39	6.64

管道储运公司

【概况】 中国石化管道储运有限公司(简称管道储运公司)是石化股份公司全资子公司，是中国石化原油储运专业公司。其前身创建于 1975 年 2 月，始称华东输油管线指挥部，1978 年 9 月更名为华东输油管理局，1998 年 6 月由中国石油划转到中国石化，成立中国石化集团管道储运公司，2000 年 3 月输油主业进入石化股份公司成立管道储运分公司，非上市部分仍称管道储运公司。2014 年 4 月，中国石化以管道储运分公司为主体，整合上市、非上市业务，成立中国石化管道储运有限公司。管道储运公司(非上市)保留法人机构，人员整体划转至管理储运有限公司，业务、资产委托有限公司实行一体化管理。

管道储运公司基地位于江苏省徐州市，下设天津输油处、宁波输油处、黄岛油库等 16 个输油生产单位，以及管道设计研究院、管道科学研究院、抢维修中心、检测公司、管道特种作业公司、矿区管理中心等 13 个技术服务和后勤保障单位。管理资产总额约 889 亿元，用工总量 8 436 人(其中正式职工 7 811 人)。

管道储运公司管辖着 39 条输油管线，全长 6 616 千米，沿线共有 90 座输油站库、155 座截断阀室，途经北京、天津、山东、江苏等 14 个省、自治区和直辖市。在用油库总罐容 4 337 万立方米。管理天津港实华原油码头、宁波实华原油码头、湛江港石化码头等 7 个原油码头合资公司，年接卸能力达 2.3 亿吨。

截至 2015 年底，管道储运公司建成以油田和大型原油码头为接卸中心，以原油中转库为输转中心，形成东西衔接、南北贯通，覆盖华北、山东、华中、华东和华南地区主要炼化企业，国内原油与进口原油可灵活调运的管道储运网络。担负着胜利油田、中原油田等 5 家油田及部分进口原油的输送任务，为燕山石化、齐鲁石化、扬子石化等 20 家炼化企业输转原油，原油一次输送能力达 1.75 亿吨/年。

管道储运公司主要经济指标和主要生产指标见表 1 和表 2。

(高浩亢)

【主要领导调整】 2015 年 3 月，经石化集团公司党组研究并征得中共江苏省委员会同意，免去邵予工管道储运公司党委书记职务；经石化股份公司研究决定，解聘其管道储运公司副总经理职务。2015 年 4 月，经石化集团公司党组研究并征得中共江苏省委员会同意，任命赵晓华为管道储运公司纪委书记；经石化股份公司研究决定，任命其为管道储运公司监事。

(高浩亢)

【实现利润创历史新高】 2015 年，管道储运公司全年累计实现利润 35.41 亿元。托管合资码头公司投资收益 5.08 亿元。超额完成中国石化总部下达的效益目标，再创历史新高。

(高浩亢)

【全面完成输油生产计划】 2015 年，管道储运公司累计销售原油 1.26 亿吨，同比下降 0.47%；累计输油 1.29 亿吨，下降 1.38%，其中国内油下降 16.5%、进口油上涨 0.66%；累计接卸油轮 702 艘，增长 5.88%；码头油轮平均在泊作业时间由上年 62 小时/船下降至 53.4 小时/船，降幅 16.1%，有效减少油轮滞期；输差损耗率0.18%，控制在中国石化总部下达的指标范围内；综合单耗49.05千克标油/(万吨·千米)，下降6.21%。

（高浩亢）

【加快推进“三定”工作】 2015年，管道储运公司按照“四岗合一”要求，在上年基础上进一步细化“三定”方案。机关处室由17个精简到14个，定员由248人减至235人；各输油生产单位机关部门压减至5—7个，定员减至20—40人；两级机关定员平均减少40%—60%。规范劳务派遣用工、非全日制用工管理，压缩非核心业务和易替代岗位用工，推进业务(服务)外包，相比上年底减少劳务用工500余人。开展对外业务承揽和技术服务，拓展内外部新业务，安排富余人员创造新效益，提高人均创效能力。制定离岗人员分流安置实施细则，为妥善安置富余人员提供政策制度保障。

（高浩亢）

【深化内部管理体制机制改革】 2015年，管道储运公司深化内部管理体制机制改革。组建成立宾馆酒店专业化公司和物业管理专业化公司，提高宾馆酒店及物业管理业务运营的质量和效益；撤销车辆管理处，调整车辆管理机构，优化车辆配置和运营模式；积极推进设计院、检测公司、特种作业公司、金桥公司的股权整合工作，促进上市和存续一体化管理更加紧密、顺畅；逐步理顺国储管理的责权关系，完善国储管理职能，实现各项接管工作的平稳过渡；加强合资码头公司股权管理，开展联合安全检查，强化码头安全管理工作，有效促进码头公司的经营管理工作；理顺招投标管理体制，实行归口管理，修改完善招投标管理制度，促进招标工作规范化、程序化；完成审计、财务和物资供应体制改革实施方案，在公司层面实行统一管理、高效运转。

（高浩亢）

【管道保护工作成效显著】 2015年，管道储运公司强化管道基础管理，建立完善安全保护体制和巡护线管理体系，提高安全风险管控能力，管道安保工作成效显著。被打孔破坏数量与上年同期相比大幅下降，全年累计发生打孔破坏案件139次，同比下降75.2%；累计造成管道停输329.54小时，下降75.6%，共破获打孔破坏案件125起，抓获犯罪团伙63个，抓获犯罪嫌疑人401人。管道保护总体呈良好发展态势。

（高浩亢）

管道保护资料发放宣传现场

【多措并举开展降本减费工作】 2015年，管道储运公司着重培养全员成本意识，多措并举开展降本减费工作。通过优化运行方式、加强电价管理等举措，全年减少动力电支出0.75亿元，节约燃料成本0.49亿元。进一步加强原油接卸及落地油管理，全年累计减少输差损失0.18亿元。立足自我压减维修成本，合理安排修理周期，加强施工方案和费用预算审核，全年降低各类维修成本0.58亿元。加大与地方政府和违法占压方的管道隐患整治费用谈判力度，持续优化隐患治理方案，减少不必要支出，全年累计争取外部资金或节约资金5.14亿元，其中第三方施工收取管道保护补偿费0.43亿元、隐患改线争取地方出资(含折算费用)1.96亿元、占压隐患争取外部资金或节约资金2.65亿元、其他隐患整治争取或节约资金0.1亿元。强化建设项目全过程投资控制，全年实际完成投资与年初计划盘子29.6亿元相比压缩5亿元。严格审核各项成本费用，加强预算管控，实现了会议费、业务招待费、差旅费等费用比年初预算节约2 800万元。

（高浩亢）

【隐患整治攻坚战取得了阶段性成果】 2015年是管道储运公司隐患整治攻坚年，管道储运公司认真贯彻落实国家、属地政府和石化集团公司隐患排查整治工作部署，全力抓实、抓好，取得阶段性成果。全年排查出7 671项外管道隐患，整治6 947项，整治完成率90.6%。其中，重大隐患3 798项，整治3 337项，完成率87.9%；较大隐患323项，已整治297项，完成率92%；一般隐患3 550项，已整治3 313项，完成率93.3%。2015年新接管的石脑油管道(高赛线)隐患27项，均为一般隐患，全部整治完毕。共排查出库区隐患820项，已整治541项，完成率66%。

（高浩亢）

【提升应急处置能力进一步提升】 2015 年，管道储运公司重新修订《输油生产及工程建设相关事件应急管理办法》，细化各方职责，规范处置程序。加强 SCADA 系统故障下的生产应急管理，编制下发 SCADA 系统故障时生产应急处置方案。全年共处理不同级别突发事件 208 件，启动公司级应急预案事件 2 起、处级应急预案事件 27 起，基本做到了应急响应及时、高效。加强应急预案演练工作，充实专职应急管理人员和应急专家库，成立演练工作指导小组，建立考核机制，更加注重演练的质量和效果，强化恶劣天气、特殊时段和高频次、预先不通知的演练以及企地、企企等区域联合演练。全公司共开展预案演练3 293次，其中公司级 4 次、处级 191 次、站队级3 098次，区域联防 34 次。

（高浩亢）

【重点工程进展顺利】 2015 年，管道储运公司开展了董家口—东营原油管道工程、临邑—济南原油管道复线工程等 32 个重点项目的可行性研究工作，涉及投资约 136.36 亿元，已批复可研 20 项，批复投资 45.57 亿元。共组织实施工程建设项目 73 项，其中开展重点工程前期工作 9 项，包括新建原油管道、码头以及国储、商储和改扩建工程等。加快推进仪长复线仪九段、隐患治理外管道改线等工程进度，重点工程建设总体进展顺利。册镇海底管道隐患整治工程实现安全恢复输油；曹妃甸(码头)商储和天津大港商储、黄岛输油管道迁移工程以及临濮线、洪荆线二期等 4 项安全隐患整治工程顺利完工投产；天津国储工程完成中交前检查，进入工程收尾阶段。全力推进 12 个久试未验项目的清理整改工作，逐项梳理存在问题，制定相应对策，安全、环保、档案等各项专项验收完成率超过 95%，取得了阶段性成果。加大新开项目行政许可手续办理力度，坚决杜绝未批先建，确保工程建设合法合规。

（高浩亢）

【加快推进抢维修体系建设】 2015 年，管道储运公司按照建设国家级管道应急抢修中心的目标要求，加快推进抢维修体系建设步伐。实现抢维修体系管理范围和专业的全面覆盖，规范管理流程和作业行为，形成区域联动、跨区作业和资源共享机制，补充装备配置，增强应急抢修的机动性和有效性；关键技术研究与应用取得阶段性成果；社会应急资源网络初步建立，为突发事件的有效处置提供更多保障。共完成抢修作业 360 余次、维修作业 3 750 余次、各专业巡检工作 1 650 余次、区域及专业联动 180 余次。

（高浩亢）

【做强特种作业业务】 2015 年，管道储运公司分立运行管道特种作业公司。形成管道穿越、封堵、储罐清洗、储罐维修、机电工程、防腐工程、非标设备生产等 7 个管道特种作业板块。积极参与兄弟单位的项目招标，努力开拓外部市场，成功承揽镇海炼化 8 座储罐清洗业务，第 1 次在外部市场树立了管道特种作业的招牌。

（高浩亢）

【理顺科技管理与研发体制】 2015 年，管道储运公司为了提升科技研究水平，成立管道科学研究院，并在大型罐区安全技术、管道优化运行技术等课题研究及原油加剂技术中取得阶段性科研成果。其中，减阻剂的核心技术攻关实现突破，掌握了完全自主的生产关键技术；原油调和项目先后在天津站和仪征站开展精密配输优化运行研究，为实现公司和炼化企业的整体效益最大化提供了新思路。

（高浩亢）

【开展检验检测资质认证和升级工作】 2015 年，管道储运公司积极开展检验检测资质认证和升级工作。完成声发射(AE)等 3 项无损检测资质增项和 A 级资质升级工作；通过了压力管道综合检验机构资质认证审核，取得国家综合检验甲级资质；培训特种设备检验检测执业人员资质 192 项。已拥有国家计量标准考核、立式储罐容积检定考核、节能监测、可燃气体报警器检定装置标准考核、国家认可委资质认定计量认证和 7 项专业无损检测资质等多项证书，检测技术跻身国内一流行列。

（高浩亢）

【不断开拓设计市场】 2015 年，管道储运公司积极探索开展 EPC 总承包业务，取得了实质性的突破。先后与多家地方企业签订了设计服务合同，设计市场得到进一步拓展；独立完成金陵石化 3 条长江管道工程的 EPC；与洛阳工程公司组成 EPC 联合体，中标董家口商储工程。

（高浩亢）

【党建工作】 2015 年，管道储运公司扎实开展“三严三实”专题教育，切实转变干部队伍作风，两级干部共开展专题调研和研讨 112 次，跟班倒班 2 244 小时，徒步巡线 4 027.7 千米，解决实际问题 1 353 个。

深入贯彻落实“两则”，加强基层党组织建设，认真抓好两级班子民主集中制的贯彻落实和党委中心组学习，全年累计组织学习507次，约2 000课时。认真履行“两个责任”，严格落实“八项规定”，全面加强党风廉政建设和反腐倡廉工作，坚持不懈推进作风建设。切实做好对党员干部贯彻执行“八项规定”的日常督察，全年未发生违反“八项规定”的人和事。同时，加大违纪违规问题的问责处罚力度，年内对存在违规行为的14个责任单位(部门)、178名责任人做出了党纪政纪处理和组织处理。

（高浩亢）

表1 管道储运公司主要经济指标 亿元

指标名称 \ 年份	2015		2014		2013		2012		2011		2010	
	非上市公司	上市公司	非上市公司	上市公司	非上市公司	上市公司	非上市公司	上市公司	非上市公司	上市公司	非上市公司	上市公司
工业总产值	9.85	72.07	9.85	72.07	10.80	67.38	10.72	72.87	20.35	69.87	16.40	60.07
工业增加值	5.30	103.86	5.30	103.86	4.35	35.08	4.71	31.99	3.91	26.41	3.97	18.78
资产总计	19.36	356.44	20.30	469.48	18.60	599.32	19.09	555.59	21.41	529.19	20.80	437.30
流动资产	12.89	131.45	14.2	252.48	12.34	378.02	11.58	328.51	13.92	282.36	13.05	206.08
固定资产原值	12.25	340.22	12.04	324.6	12.04	332.24	12.97	310.24	12.30	305.67	11.84	272.88
固定资产净值	5.20	173.39	6.08	176.71	5.82	188.82	7.42	197.52	6.50	207.18	7.63	183.27
销售收入	10.16	1 310.40	10.16	2 523.30	11.21	2 679.30	11.03	770.35	20.43	81.99	16.59	69.87
利润总额	5.18	34.47	4.03	70.05	0.34	04.68	0.25	2.71	-0.19	5.10	0.36	-0.07
税　金	0.12	45.07	0.75	8.76	0.18	5.35	0.38	3.98	0.73	3.84	0.62	3.73

注：1. 2013年管道储运公司成立原油销售分公司，财务报表中销售收入大幅提升

2. 2015年由于利润增加及营业税改增值税等原因导致纳税增加

表2 管道储运公司主要生产指标

指标名称 \ 年份	2015	2014	2013	2012	2011	2010
收油量/万吨	4 767.99	5 224.18	5 642.23	5 457.64	5 263.89	5 092.69
输油量/万吨	12 863.30	13 043.27	12 932.15	12 023.00	10 839.00	10 316.63
销油量/万吨	4 779.20	5 418.22	5 573.90	5 401.38	5 197.01	5 071.78
周转量/万吨·千米	6 232 509.00	6 163 339.00	6 192 504.00	5 767 946.00	5 624 145.00	5 291 303.00
原油总耗/万吨	1.346	1.77	2.47	2.62	3.35	4.55
电总耗/万千瓦·时	113 984.08	119 514.4272	120 704.35	115 665.28	124 534.53	123 161.71
蒸汽总耗/万吨	18.55	18.56	18.08	20.08	19.78	22.37
天然气总耗/万立方米	1 757.29	1 715.26	1 813.24	2 000.06	2 282.07	1 945.27
综合能耗/千克标煤·(万吨·千米)$^{-1}$	32.27	34.64	36.54	39.28	46.69	49.78

财务公司

【概况】 中国石化财务有限责任公司(简称财务公司)是由原中国石油化工总公司独家发起，经中国人民银行批准于 1988 年 7 月 8 日成立，以加强资金集中管理和提高资金使用效率为目的，为石化集团公司成员单位提供金融服务的非银行金融机构。财务公司位于北京市朝阳区朝阳门北大街 22 号，注册资本 100 亿元(内含 6 000 万美元)，其中石化集团公司出资 51 亿元、占注册资本的 51%，石化股份公司出资 49 亿元、占注册资本的 49%。

财务公司股东会是公司的最高权力机构，实行董事会领导下的总经理负责制，董事长为法定代表人。财务公司本部设 13 个部室，京外设上海、南京、广州、山东、郑州、武汉、成都、新疆、天津 9 家分公司。截至 2015 年底，财务公司干部职工共 350 人，其中本部 108 人、分公司 242 人。

2015 年，财务公司实现营业收入 47.35 亿元，实现利润 45.67 亿元，年末资产总额 1 703.05 亿元，所有者权益 222 亿元，资产负债率 87%。全年通过提供委托贷款、直接购付汇、优惠贴现与贷款等各项服务，累计为石化集团公司降本增效、间接贡献超过 40 亿元。

财务公司资产负债损益情况见表 1。

(郭晨懋)

【资金集中管理安全平稳高效运行】 2015 年，财务公司继续改进提升资金集中管理水平，保障资金内外部结算安全平稳高效运行。全力配合石化销售、石油工程、商储等公司重组改制，做好相应分账户调整、资金池建立等工作。积极推进合资企业代理汇兑支付及资金归集，拓展资金集中范围和深度。建立分账户生命周期管理体系，优化业务流程，强化日常业务监控和异常管理，结算业务持续保持录入零差错、收付零损失。全年优质高效完成内外部结算 2 475 万笔，结算资金规模 38 万亿元，石化集团公司通过财务公司总分账户收、付款集中度均超过 96%，有力保障了生产经营顺畅运行，提高了整体资金使用效率和效益。

(郭晨懋)

【资金筹措保障能力进一步增强】 2015 年，财务公司积极拓宽融资渠道，扩大同业合作，增加外部综合授信额度，合作银行达 40 家，累计获得授信 1 950 亿元。加强市场分析和走势预判，有效应对市场波动，灵活参与市场交易，综合运用同业拆入、债券回购、同业存单回购、再贴现等多种手段，及时足额融入资金，不断降低经营成本，有力保障了石化集团公司和企业的融资需求和支付需要。财务公司加强大额支付事前管理，动态掌握企业收支计划，科学合理安排支付顺序，降低备付资金，不断提升资金计划准确率，全年收付款资金计划准确率分别为 95.4% 和 98.6%。

(郭晨懋)

【信贷服务主业与市场化经营取得新进展】 2015 年，财务公司围绕生产经营和投资安排，支持石化集团公司转方式调结构、提质增效项目，全年累计提供各类信贷支持 2 280 亿元。加大电子承兑汇票推广力度，开立承兑汇票 2 137 笔 50 亿元，全年办理票据贴现 5 079 笔 95 亿元，支持和帮助企业加快结算和降本减费。进一步提升信贷服务功能，帮助企业通过调整借款币种结构规避汇率风险。配合石化集团公司资金管理，开展委托贷款业务，创新开办循环委托贷款，有效解决重组企业资金集中管理问题。实施市场化、差别化信贷政策，不断优化调整信贷投向和品种结构。加强信贷市场跟踪研究，积极应对利率市场化改革，初步建立贷款及贴现利率报价机制。进一步健全完善信贷管理制度流程，信贷客服和征信系统安全平稳运行。

(郭晨懋)

【外汇服务与外汇业务市场化运行取得新突破】 2015 年，财务公司积极应对外汇改革持续深入、各项外管政策频出、人民币汇率波幅扩大、汇率风险大幅增加的市场环境，在原油价格大幅走低的形势下保持外汇业务规模基本持平，全年累计办理收付汇 571 亿美元，帮助企业降低购汇成本。深度服务石化销售公司增资改制，争取优惠利率和汇率，协助实现增收创效。积极参与石化集团公司利率汇率工作小组工作，帮助企业制定应对汇率波动措施，有效防范和减少汇率风险。在集团统一安排下打通本币跨境支付流转的通道，顺利推进跨境人民币双向资金池建设。各项外汇业务为总部和企业降本增效近 15 亿元。

(郭晨懋)

【市场研发及证券股权投资运作水平进一步提高】 2015 年，财务公司密切关注宏观经济、金融市场动态，充分发挥公司处在金融市场的前沿优势，加强对金融政策、货币市场、外汇市场、资本市场的分析研究，做好市场信息收集和市场动态分析工作，全年累计编发《金融市场动态》和《金融市场快报》共66期。继续做好债券发行的财务顾问服务，在同行业中首批获得非金融企业债务融资工具承销资格，协助参与及承销840亿元石化股份公司各类债券发行工作。加强资本市场跟踪研判，坚持稳健审慎的投资策略，灵活开展滚动交易和趋势性波段交易，有效参与股票定向增发。强化资金、资本市场联动，灵活高效配置资产，实现了较好的证券综合投资收益。加强存量股权运营管理，规范高效地完成3项金融股权对外转让工作。

（郭晨懋）

【“票据池”建设取得阶段性成果】 2015年，财务公司按照整体筹划、分步实施、试点先行、分类上线的工作原则，全力推动“票据池”建设。按照票据统一预算管控、内部组织有效流转、对外转让量化管理、存量资源优化运作的总体思路，制定实施方案和具体工作计划，起草运行配套制度和相关协议。依托现有资金集中管理系统构架，完成系统开发和集成测试，并成功组织部分企业进行生产试运行测试。与合作银行研究制定财银合作模式和系统对接方案，为打通“票据池”业务全流程奠定基础。

（郭晨懋）

【产业链金融业务迈开步伐】 2015年，财务公司通过核心系统交易大数据分析，掌握产业链客户信息，筛选潜力客户，全方位、多角度研究分析潜在金融需求，稳妥推进买方信贷业务开展。制定配套制度、设计业务流程和相关合同协议，走访调研企业需求，积极宣传推介，并试办了买方信贷业务。围绕“票据池”建设，积极拓展产业链票据业务，加快财务公司承兑汇票“走出去”步伐。

（郭晨懋）

【市场化经营管理初见成效】 2015年，财务公司成立资产负债管理委员会，统筹全公司资产负债管理，优化资源配置，提升经营决策科学化水平。拓宽日常流动性管理渠道，加强央行存款准备金日间动态管理，丰富流动性应急处理措施，公司流动性管理水平显著提高。健全完善内部利率管理模式，制定完成财务公司内部资金转移定价业务规范、存贷款业务定价等相关制度，完成系统开发，并测试成功，利率管理体系建设初见成效。

（郭晨懋）

【风险防范和内部管理进一步加强】 2015年，财务公司持续完善信贷客户评级体系和优质客户评选标准，实现信贷客户差异化风险管控。制定买方信贷等业务风险防控制度，提高信用风险管理水平。持续推进制度和内控建设，完成2015年版《内部控制管理手册》的修订工作，内控制度进一步完善。充实完善标准合同文本库，完成合同管理系统和法律综合管理系统的功能提升，加大法制宣传和合规教育力度，进一步提高法律合规风险管理水平。配合完成国家审计署、石化集团公司审计局等单位的迎审工作，完成现场稽核11项，不断强化内部稽核监督与服务职能，促进稽核成果运用与共享。充分发挥财务核算、分析、监督职能，优化财务管理流程，完善财务分析体系，加强新业务会计核算研究。

（郭晨懋）

【信息化管理水平进一步提高】 2015年，财务公司全力保障石化集团公司资金集中管理信息系统安全平稳高效运行，全年系统升级31次，解决重要问题96个，系统功能进一步优化完善，安全性、稳定性进一步提升。完成石化集团公司“票据池”系统建设并上线试运行，完成存贷款及内部资金转移定价等系统建设，为业务开拓和提升管理水平提供有力的系统支持。进一步加强信息系统运维及安全管理，更新资金集中管理系统部分硬件设施，采取7/24小时方式进一步加强日常监控，完善系统防火墙策略，开展安全评估，消除安全隐患，全年各类信息系统安全平稳高效运行，未发生运营故障和事故。

（郭晨懋）

【持续开展“转型发展当标兵”主题活动】 2015年，财务公司进一步强化提升“三基”工作各项要求，持续开展“转型发展当标兵”主题活动，进一步夯实管理基础。以竞赛为载体加强员工岗位练兵，举办2015年业务竞赛并首次纳入石化集团公司二类业务竞赛范围，组织参加财政部企业会计信息化知识竞赛，增强员工岗位责任心和履职能力。持续深化“比学赶帮超”和“四学四赶”工作，按季开展星级岗位标兵·团队及“扛红旗”评比，发挥典型示范引领，服务水平进一步提升，服务满意度达到99.53%，同比提高0.55个百分点。进一步改进完善绩效考核管理，提高绩效考核的科学性和可操作性，发挥考核的激励导向作用。

（郭晨懋）

【人才队伍建设扎实推进】 2015年，财务公司加大干部竞争性选拔力度，坚持思想建设、作风建设与能力建设并举的原则，做好干部选聘工作。结合业务发展，加大员工培训力度，组织开展多个层面的业务培训、专题讲座、研讨交流，全年共282人次参加各类集中培训，员工平均参训2.7天。开展轮岗交流、继续教育和远程培训，启动人才成长通道建设先行先试工作。

（郭晨懋）

【党建廉政和群众工作扎实推进】 2015年，财务公司巩固深化群众路线教育实践活动成果，扎实深入开展“三严三实”专题教育工作。坚持贯彻落实中央“八项规定”精神、反“四风”不放松，以制度形式规范履职待遇、业务支出管理。认真落实“一岗双责”，抓基础、抓基层、抓规范。组织处级以上领导人员及关键岗位人员集中签订《廉洁自律承诺书》56份，严格落实领导人员报告个人有关事项制度。进一步加强宣传思想工作，大力弘扬石油石化优良传统，积极推进企业文化建设。组织召开职工代表大会联席会议，继续开展合理化建议征集活动，深入推进企业民主管理。积极组织参与石化集团公司各类文体赛事及活动，促进员工身心健康。连续第3年开展“橙房子”志愿服务项目，取得良好的社会反响。

（郭晨懋）

【获得荣誉】 2015年，财务公司在中国财务公司协会首次财务公司行业评级中，获得A级。财务公司获中国金融机构金牌榜·金龙奖“年度最具创新力财务公司”奖；获第22届全国企业管理现代化创新成果二等奖；获2015年度全国银行间外汇市场最佳即期会员奖；获2015年度银行间本币市场交易百强，是唯一一家入选的财务公司；被人民银行征信中心授予企业征信系统数据质量工作优秀机构称号。

（郭晨懋）

表1　　财务公司资产负债损益情况表　　亿元

指标名称 \ 年份	2015	2014	2013	2012	2011	2010
流动资产	1 544.37	1 089.99	1 044.77	1 059.11	1 184.44	959.68
长期资产	157.91	149.40	174.03	185.35	185.94	165.17
无形、递延资产	0.76	0.52	0.87	0.99	1.39	1.26
资产总计	1 703.05	1 239.90	1 219.67	1 245.44	1 371.77	1 126.11
自营资产总额	842.73	647.66	575.02	688.68	757.56	537.39
流动负债	1 479.52	1 052.90	1 051.10	1 052.90	1 165.17	926.87
长期负债	1.46	1.04	2.73	34.71	64.11	65.27
所有者权益	222.07	185.97	165.84	157.84	142.49	133.98
实收资本	100.00	100.00	100.00	100.00	100.00	80.00
资本公积	0.19	0.19	8.38	14.46	12.86	16.58
盈余公积	19.32	15.84	13.31	11.90	10.53	9.30
未分配利润	89.44	59.68	37.60	25.09	13.30	22.41
负债及所有者权益	1 703.05	1 239.90	1 219.67	1 245.44	1 371.77	1 126.11
营业收入	47.35	42.16	19.51	23.60	20.00	17.90
营业支出	1.69	8.15	1.50	5.34	4.19	2.47
营业税金及附加	1.53	2.43	1.62	1.80	1.25	1.15
利润总额	45.67	34.03	18.05	18.28	15.84	15.47
净利润	34.84	25.22	14.09	13.74	12.27	11.79

经济技术研究院(咨询公司)

【概况】 中国石油化工集团公司经济技术研究院(简称经济技术研究院)成立于1999年，是石化集团公司直属的软科学研究机构，主要从事公司发展战略、宏观经济政策、公司管理以及营销战略研究，并为重大项目决策提供支持。

1999年12月底，石化集团公司为加强发展战略、宏观经济与政策以及市场营销、科技信息的研究，并为石化集团公司决策层提供决策咨询，决定将石化集团公司石油化工规划院和原石化集团公司信息中心的经济技术信息部分合并，设立石化集团公司经济技术研究院，与中国石化咨询公司合并办公。后经中央机构编制委员会办公室批复同意，经济技术研究院仍为事业单位。2015年，经济技术研究院获得全国博士后管委会批准设立博士后科研工作站。

中国石化咨询公司(简称咨询公司)成立于1985年，主要职责是对石化集团公司固定资产投资项目进行可行性研究的评估和后评价，是石化集团公司的直属专业公司。1994年，咨询公司获国家首批甲级工程咨询资格认定，2004年获得首批承担国家发展和改革委员会投资咨询评估任务的咨询机构资格并始终保持。

截至2015年底，经济技术研究院(咨询公司)有在职职工198人，其中具有专业技术职务任职资格182人，占全院职工总数的92%。博士研究生12人，硕士研究生72人；教授级技术职称12人，高级技术职称83人。

2015年，经济技术研究院(咨询公司)完成国家及石化集团公司战略规划研究、生产经营、投资项目评估与评价、信息服务等各类研究300余项，其中专题研究占55%、评估评价工作占12%、咨询研究占7%。

(王紫星)

【经济技术研究咨询】 2015年，经济技术研究院紧紧围绕中国石化“十三五”发展规划展开，立足提升中国石化发展质量和效益，开展了重大、重点课题的研究；优化咨询、评估评价、信息数据等基础研究得到充实和完善；认真落实总部领导布置的研究任务，研究成果得到领导的多次表扬和充分肯定。突出“十三五”战略研究，为中长期发展奠定基础。完成了“十三五”系列规划课题的研究，为石化集团公司“十三五”规划的制定发挥了重要作用。突出优化，为生产经营提供支撑。在继续做好市场、政策等环境分析的基础上，完成相关课题，为中国石化科学排产提供依据，为中国石化在湛茂地区的战略布局提供重要参考。突出效益，做好项目评估和后评价工作。针对2015年炼化企业效益普遍下滑的情况，立足提升发展质量和效益开展项目评估和后评价，除完成一系列可研评估及后评价外，重点完成了中国石化煤化工项目综合评估。突出绿色，推进合同能源管理。以合同能源管理为重心，以整体能量系统优化为重要手段，以节能专项调研和节能、低碳等专题研究为基础支撑积极开展节能工作。充分利用政策优势，加大合同能源管理项目推进力度，全年推进项目10余项，部分项目获得国家财政奖励。

(王紫星)

【企业管理工作】 2015年经济技术研究院从7个方面推进管理工作，促进管理工作从严从实。加强制度建设。全力推进制度建设，同时确保制度落地，提高制度的可操作性和执行力，修订发布了5项管理办法，新增了8项制度。进一步建立和完善内控制度体系。对内控制度进行了全面修订，有针对性地对内控流程中缺失的部分进行补充完善，实现一本管理手册统领各项管理的目标，并通过对权限指引的修订，明确核心业务的管控方式和控制点，动态调整和细化制度条款并加强内控体系跟踪管理。完成督办管理系统建设。按照石化集团公司督办系统的建设计划，完成了院督办系统个性化需求分析，并配置企业级流程，进行系统测试，组织相关培训，与石化集团公司的督办系统同时完成上线工作，通过督办保证重要工作及重大、重点课题完成的时效性。落实岗位职责，多元化引进人才。加强机构管理和岗位管理，进一步明确部门业务定位、明晰分工和职责，落实部门和员工的职责要求，了解人力资源队伍现状，为人力资源优化配置提供客观依据，逐步构建起通过优化、评估评价、信息数据、节能技术等基础研究，支撑发展、政策、公司管理、营销策略等战略研究的机构框架。强化预算管理和财务管理。强化预算管理，形成年度计划、月计划与日计划“三位一体”的资金预算管理机制，确保所有收支有计划，尽量杜绝计划外支出；费用报销系统正式上线运行，进一步提高了费用报销事项审批效率；完善修订会议费、差旅费等费用管理制度，按照分级授权原则制定内控审批权限。积极稳妥地推进服务外包，初步完成了后勤服务的改革工作。通过前期大量的调研走访、方案比选等细致的工作，引入了新的服务外包方，完成用工方式的调整，后勤服务改革取得了阶段性成果。

（王紫星）

【推进期刊和学会管理】 2015 年，经济技术研究院完成《当代石油石化》期刊专家指导委员会成员换届、《石油石化节能与减排》期刊变更刊名及编辑委员会成员换届以及《石化人力资源管理》期刊的划转工作，狠抓期刊出版进度和质量管理。办好专业性会议，成功举办了 2015 年中国石油炼制科技大会和第四届亚洲天然气市场论坛。

（王紫星）

【党建工作】 2015 年，经济技术研究院认真贯彻党的十八大和十八届三中、四中、五中全会精神，深入学习贯彻习近平总书记系列重要讲话精神，深入开展“三严三实”专题教育，以落实“两个责任”为抓手，以强化管理力度、深化作风建设为重点，紧紧围绕提高发展质量和效益这个中心，以务实创新的精神做好党建工作。围绕石化集团公司中心工作，通过专题研讨、领导带头授课等多种形式加强理论学习教育。主动调整工作思路，把“提高发展质量和效益”这一战略发展方向和理念融入到研究和咨询工作中，体现到课题成果中。加强组织建设。进一步将党总支建设放到全院大局中去谋划。注重从基层和关键岗位选树典型，号召党员学习。落实好“两个细则”，抓好党总支书记及委员的责任落实。认真落实石化集团公司党组《关于加强领导班子和干部队伍建设的九项措施》要求，努力建设一流的领导班子和干部队伍。强化领导干部在业务和管理上的落实与担当，扎实推进干部人才队伍建设。坚持“党管干部”原则，统筹制定中长期人才发展规划的组织实施。坚持制度先行、保证有令必行。细化操作办法，保证党建工作各项规章制度和各项工作落实到位。加强党风廉政建设和反腐倡廉工作。认真落实“两个责任”，坚持廉洁教育先行。坚持正风肃纪，从严监督。做到贯彻落实中央“八项规定”精神和石化集团公司实施细则不放松，做到保持反腐败、反“四风”高压态势不放松。扎实落实中层及以上干部“一岗双责”，组织签订《廉洁从业承诺书》《党风廉政建设责任书》。强化群团工作。进一步规范帮扶救助工作，关注员工心理健康，启动员工帮助计划（EAP）。积极开展员工喜闻乐见的小型化、业余化、多样化的文体活动，提高员工的参与率。引导青年团员以“中国梦、石化梦、我的梦”为主题开展系列活动。开设了青年论文报告会，让青年分享成长的经验、工作的成绩和成功的喜悦，激发成就感和工作热情。开展青年读书活动，坚定信仰、拓宽视野、提升素养。

（王紫星）

石 化 报 社

【概况】 中国石化报社（简称石化报社）成立于 1988 年 7 月，是石化集团公司直属事业单位，主营业务是新闻报刊的出版与发行，注册资本 1 000 万元，社址位于北京市朝阳区吉市口路 9 号。石化报社实行社长负责制，法人代表陈维松。

石化报社 1988 年成立时仅出版《中国石化报》，定位是石化集团公司党组机关报，也是石油石化行业经济报。1992 年，由总部企业管理部管理的《中国石化企业管理》杂志（《中国石化》杂志前身）划入石化报社。2000 年，原中国石化信息中心的声像业务整体划入石化报社。

截至 2015 年底，石化报社主办的媒体有：《中国石化报》《车友报》《中国石化手机报》《中国石化》杂志、《中国石化新闻界》、中国石化网络电视、中国石化新闻网、中国石化新闻图片网、中国石化团购网、石化新闻客户端、中国石化新闻网微博（中国石化报社官方微博）、中国石化报微信公众号等。石化报社有员工 165 人，其中具有本科学历 101 人，硕士学历 42 人，具有中级技术职称的有 61 人，副高级和高级技术职称的有 40 人。下设 13 个部门。有驻省记者站 26 家，专兼职记者和通讯员 5 000 多人。

石化报社主要报刊发行数量见表 1。

（庞　炜）

【领导班子调整】 2015 年 3 月 24 日，石化集团公司党组调整石化报社领导班子：陈维松任社长、总编辑（兼任石化集团公司宣传工作部副主任）；亓玉台任党委书记、副社长；杨守娟任党委副书记、纪委书记、工会主席人选，不再担任副社长职务；原社长、党委书记周恒友任石化集团公司办公厅主任。

（庞　炜）

【完成迁址工作】 2015 年 12 月 26 日，石化报社完成搬迁工作，办公地址由北京市东城区安定门外大街 58 号迁至朝阳区吉市口路 9 号。新办公区在建成媒体数字化平台基础上，采编设备、办公条件大为改善。

（庞　炜）

【建成媒体数字化新闻平台】 2015年，石化报社在新办公区投资建成媒体数字化新闻平台。项目包括全媒体新闻生产、报刊版面出版管理等11套系统，使新闻采编工作在移动状态下能和石化报社文字、图像以及音视频信息互动，使媒体产品能向印刷厂、网站、移动设备终端、户外广告牌等多种接收器一键发布，能全天候、全媒体、全平台采集及发布新闻和信息，基本实现了新闻产品的一次采集、多种生成、多元传播，形成石化报社适应互联网传播的内容生产体系。

（庞　炜）

【建成高清电视新闻制作平台】 2015年，石化报社在新办公区投资对电视新闻、专题制作系统全面高清设计升级，建成高清电视新闻制作平台。项目主要包括：2个高清演播厅，分别是4讯道新闻演播室和3讯道综艺演播室以及与之配套的2个导播控制室，其中4讯道全媒体多景区新闻演播室主要担负日常新闻及小型访谈类节目制作，3讯道综艺演播室可以完成综艺类节目或科教宣传片制作；4讯道EFP系统，可以外出完成大型会议和室内外大型活动等转播任务，配套配音间和化妆间等辅助机房。非线性编辑网络，包括10套普通工作站和2套高级特效包装工作站，整合配音工作站和审片工作站，建成一体化节目后期制作网络；媒资系统，可以实现视频、音频素材的文件化存储管理。项目通过了国家广电总局、广播电视计量检测中心的质量检测，能更好地完成日常电视节目制作工作。

（庞　炜）

【举办第二届“感动石化”人物评选活动】 2015年，石化报社组织“长城润滑油杯”第二届“感动石化”人物评选活动。4月15日，评选结果在总部颁奖现场揭晓，10位“感动石化”人物分别是：胜利油田吴吉林、茂名石化张恒珍、山东石油分公司王忠英、石油工程机械公司吴汉川、湖北石油分公司杨玉琳、西南石油局刘言、新疆石油分公司穆合塔尔·萨伍提、齐鲁石化张方兴、金陵石化陆鹏宇、中原油田宋丽萍。他们的故事深深打动了300多名现场观众，并通过视频直播和网上滚动播出，感染了成千上万的石油石化人。央视《感动中国》制片人朱波在接受采访时说，相信一定会有更多的榜样，从“感动石化”走向“感动中国”。

（庞　炜）

【开展“销售一线行”采访活动】 2015年是石化报社开展“走转改”活动的第5年，9月，石化报社联合石化销售公司策划组织“记者走基层·销售一线行”报道方案，派出报道小组奔赴贵州、湖南、广东、浙江、江苏、新疆、内蒙古等地进行采访。其间，记者深入基层站库，聚焦一线员工，挖掘亮点工作，着眼拓市创效。《中国石化报》开设“保增长，谋发展，强基础，抓党建，记者走基层·销售一线行”专栏，先后刊发10个头版头条，真实反映了销售一线面对市场压力主动作为、想方设法降本扩销创效的生动事例，为领导决策提供了基础性素材；记录和展示了基层员工的辛苦和快乐，提升了媒体的影响力；对中国石化员工也起到了教育、激励作用。活动取得了良好效果，受到石化集团公司领导和专家读者好评。

（庞　炜）

石化报社记者在江西某天然气集输站采访

【媒体融合】 2015年，石化报社创新内容表达，在文字应用、体裁组织、内容结构、版面版式、图文处理、编校质量、印发水平等方面进一步优化；加强各媒体之间的导读、要闻推介，增加了不同媒体的阅读量、关注度；探索建立图解新闻工作室，图文报道、图解新闻成为报社各媒体报道的新特色、新常态；一些重要信息，手机报、微博、微信、客户端等新媒体争取第一时间发消息，报纸、电视等传统媒体再做详细报道或深度报道，并通过各级企业媒体转发，进一步延伸了覆盖面，增强了传播效果。同时，石化报社致力提高新闻工作者的综合业务能力和媒体融合时代的采编技巧，通过明确总监、部室主任、编辑记者的职责，进一步形成促进媒体融合的合力。记者参加重大活动采访写新闻，先给新媒体发短稿、快讯，再给传统纸媒体发正式稿，逐渐形成了多媒体意识。

（庞　炜）

【**加强基层党组织建设**】 2015年，石化报社党委按照支部与部门相一致、支部建在处室的原则，在综合考虑党员分布和工作需要的基础上，将原有4个党支部扩充至11个党支部，既加强了党支部建设，也更加有利于业务与党建的紧密结合。采取党委带支部、集中学习培训、领导传帮带、岗位实践锻炼等方式，突出抓好以党支部书记为重点的支部委员培训，指导各党支部认真落实好“三会一课”，着力提高基层党支部工作水平。各党支部认真落实民主评议党员、组织生活会等制度，进一步加强对党员的监督管理。持续深入实施“双培养”工程，努力把党员培养成骨干，把骨干培养成党员，实现了13个部门100%有党员的目标。

（庞　炜）

【**获得荣誉**】 2015年1月，石化报社电视部报送的《中原油田2014年春节文艺晚会》被评定为第五届(2014)春节电视文艺节目“春晚奖”创优二等奖；4月，石化报社获“金长城传媒奖·2014中国十大行业报”荣誉；5月，被评为中国石化法制工作先进单位；7月，多业务一体化移动办公平台获国家科技部批准设立的全国传媒界唯一科学技术奖——王选新闻科学技术奖二等奖；10月，评论小组撰写的《论新常态、新动力、新突破》系列评论员文章和曲艺、童辉、黄勇、王景制作的《涪陵页岩气田发现》系列报道被国务院国资委评为第二届国企好新闻一等奖。

（庞　炜）

表1　**石化报社主要报刊发行数量**①　万份

报刊名称＼年份	2015	2014	2013	2012	2011	2010
《中国石化报》	12.30	13.20	13.24	13.21	13.07	13.09
《中国石化》杂志	2.72	2.63	2.57	2.71	2.67	2.20
《车友报》周三刊	41.37	41.57	63.27	72.46	73.45	75.00
《车友报》周五刊	38.84	38.75	19.33	11.23	10.43	—
《中国石化手机报》	1.87	1.84	1.71	1.62	1.54	1.15

①发行量为期均发行量

经济出版社

【**概况**】 中国经济出版社(简称经济出版社)隶属石化集团公司；1985年1月27日，由原国家经济委员会创办；先后隶属国家计划委员会、国家经济贸易委员会、国务院国有资产监督管理委员会。2013年1月9日，整体划转石化集团公司。经济出版社注册资本2 500万元，位于北京市西城区百万庄北街3号。

经济出版社下设社长办公室、党群工作办、人事处、计划财务处、总务处5个职能部门，总编室、经管分社、财经分社、教育分社、产销中心5个业务部门，中国经济书店(1987年3月)、中国经济图书进出口公司(1988年4月)、中国经济录音录像中心(1988年7月，1997年更名为中经录音录像中心)、中国经济贸易年鉴社(2002年12月)与《国资报告》(2014年9月)杂志社5家实体机构。

2015年，经济出版社完成出版图书品种797种，其中新书500种；出版总码洋1.08亿元，其中新书码洋6 795万元。

（社长办公室）

【**石化出版公司成立**】 2015年9月3日，石化集团公司决定整合中国石化出版社有限公司、中国经济出版社，成立中国石化出版有限公司(简称石化出版公司)，实行“一套班子，两块牌子”的管理体制，王子康负责主持两社整合及石化出版公司全面工作。

（社长办公室）

【**业务成果**】 2015年，经济出版社顺利完成《摇篮里的中国梦——毛泽东关怀下的延安保育院》《农业现代化国情教育读本》2个国家出版基金项目的出版工作，其中《摇篮里的中国梦——毛泽东关怀下的延安保育院》已结项。完成《国有资产监督管理年鉴2014》和《中国经济贸易年鉴2014》的出版工作。完成《国务院国有资产监督管理委员会公告》的出版工作。推出《投资第一课》《售罄》《转型抉择》等产生较大市场影响力的高质量财经图书，有效提升了经济出版社在经管市场，特别是投资理财和培训细分市场的影响力。拓展渠道，深化合作，2015 年度与京东商城共同举办了“中国创新资本发展高峰论坛”，取得了良好的效果。

（社长办公室）

【荣誉奖励】 2015 年，经济出版社蝉联 2015 年度中国图书世界馆藏影响力出版 100 强；《基于利益相关者理论的中国矿业权市场研究》一书获得 2015 年度全国石油石化企业管理现代化优秀著作奖二等奖；《转型抉择》获得 2015 年和讯华文财经图书大奖企业管理奖。

（社长办公室）

【党建工作】 2015 年，经济出版社认真落实“管党治党”责任，坚持集体领导，民主集中民主决策，坚决服从石化集团公司党组工作部署，全面落实领导干部廉洁自律的各项规定，贯彻落实从严治党要求，社党委自觉担当党风廉政建设主体责任，完善制度建设，强化了领导班子的牵头抓总作用、班子成员的协同配合作用以及处室层面的自律作用，明确了责任内容。同时，贯彻落实中央“八项规定”、反对“四风”不动摇，贯彻执行了石化集团公司党组、纪检组的决策部署，执行了党纪法规。

（社长办公室）

石化出版社（展览办公室）

【概况】 中国石化出版社有限公司（简称石化出版社）是石化集团公司主管和主办的中央级科技出版社。其前身为经文化部批准于 1984 年 12 月成立的烃加工出版社，先后与原中国石化情报所、中国石化信息所、中国石化信息中心合署办公，1992 年更名为中国石化出版社，1999 年 3 月与原中国石化信息中心分离单列，成为中国石化直属独立的事业法人。2010 年 12 月根据中央文化体制改革有关要求转制为企业，设立中国石化出版社有限公司。中国石化展览办公室（简称展览办公室）经石化集团公司批准成立，负责中国石化境内外展览业务，与石化出版社合署办公。石化出版社实行总经理负责制，法人代表王子康。

截至 2015 年底，石化出版社下设 8 个处（室），有在岗正式职工 51 人、聘用人员 33 人。其中，硕士研究生以上学历 17 人，本科学历 54 人；取得高级专业技术职称 24 人，中级专业技术职称 26 人，有 47 人取得编辑和发行职业资格证书。

石化出版社主要出版石油勘探开发、石油炼制、石油化工、安全环保、企业文化与管理等方面的图书，以及相关的行业标准、辞典、手册工具书、石油及石化专业系统教材和职工培训教材的出版及电子、音像制品的出版；同出版范围相一致的互联网图书，设计、制作图书广告，利用出版的图书发布广告；图书、期刊、电子出版物、音像制品批发、零售、网上销售；负责石化集团公司年鉴、年报的编辑出版；负责承办石化集团公司暨石化股份公司在国内外举办的各种展览业务，会议服务，承办展览展示。石化出版社与多家国际知名出版机构开展版权贸易和业务合作活动，引进国际石油化工、勘探开发等专业科技书籍的版权并组织翻译出版；坚持以为石油石化工业科技进步服务为宗旨，逐步摸索出一套具有新闻出版行业特色、适合自身发展、规范稳健的管理模式。

2015 年，由石化出版社出版的《加氢处理工艺与工程（第二版）》《催化裂化工艺与工程（第三版）》《涪陵页岩气田试验井组开发实践与认识》《石化经济：在碳约束世界中的技术选择》等重点项目出版工作全面完成；顺利完成《炼油装置技术手册丛书》《石油炼制工程师手册》系列、《常规地热能开发技术应用与实践》《页岩气石油工程技术实践与认识》等一批“十二五”重点石油石化科技图书编写出版工作；《石油炼制辞典》获石化集团公司科技进步三等奖。

2015 年 8 月，按照石化集团公司改革发展要求，为进一步提高石化集团公司出版传媒业务发展的质量和效益，将中国石化出版社有限公司、中国经济出版社进行整合，实行“一套班子，两块牌子”的管理体制。整合以后，保留 2 家出版社名称，对内称中国石化出版有限公司（简称石化出版公司）；对外根据业务开展和管理需要，分别对应使用中国石化出版社有限公司、中国经济出版社名称。

（李德亮）

【展览工作】 2015 年，展览业务创新展览模式，成果丰硕。开门办展览，加强与总部机关各部门、企业的联系，充分调动机关、企事业参与展览的积极性，拓展展览资源；深入了解他们的需求，提高展览的针对性，以高质量的服务和能力赢得系统内和主办方的信任和肯定。全年共完成 7 项中国石化大型展览项目：第十八届中国（重庆）国际投资暨全球采购会，2015 中国・青海绿色发展投资贸易洽谈会，2015（第十四届）中国国际化工展览会，第十五届中国塑料交易会，2015 第五届中国国际石油石化技术展览会及同期举办的第五届中国（北京）国际海洋石油天然气技术大会和 2015 中国油气基础设施大会，第二届中国—俄罗斯博览会，第十七届中国塑料博览会及同期举办的世界塑料理事会 2015 年年会及其执委会会议、第二十六届全球塑料行业可持续发展年会。多次获优秀组织奖、积极贡献奖。

（王金祜）

【第九届国际炼油技术进展交流会召开】 石化出版社于 2015 年 4 月 8—9 日在北京丽晶酒店举办了第九届国际炼油技术进展交流会（Refining China 2015）。会议的主题为：炼油企业清洁和安全生产。旨在使中国炼化企业及时了解国际先进技术、优化生产操作、促进节能降耗、促进清洁和安全生产。会议由中国石化出版社和英国 Crambeth Allen 出版公司联合主办，中国石油和化学工业联合会、中国化工学会、中国石油企业协会指导，中国石化工程建设有限公司、中石化洛阳工程有限公司、中国石油规划设计总院、中海石油炼化有限公司共同协办。来自中外企业约 140 名代表参加交流会。

（宋开利）

【第六届（2015）炼油与石化工业技术进展交流会召开】 由石化出版社举办的第六届（2015）炼油与石化工业技术进展交流会于 9 月 17—18 日在四川成都召开。来自国内三大石油公司总部及其所属单位、高等院校和国外石油公司、专利技术公司的领导和专家，就炼油化工行业现状和最新技术进展做专题报告，探讨炼油化工企业生产国 V 汽油、国 V 车用柴油和普通柴油升级技术以及低油价下如何增强炼油和乙烯、芳烃创效能力的技术支撑等当前的热点、难点问题。约 160 人参加了会议。与会代表就国内外炼油化工企业如何应对当前形势，及时掌握炼油化工工业生产、经营及相关先进技术应用和发展趋势进行技术交流。会议集中展现了国内外炼油与石化技术成果，为炼油和石油化工企业、科研设计单位搭起一座沟通的桥梁。

（刘跃文）

【第六届（2015）石油化工设备维护检修技术交流会召开】 为加强石化企业设备管理工作，提高设备维护检修水平，确保炼油化工装置安全、稳定、长周期运行，为企业获得最大的经济效益，在中国石化、中国石油、中国海油、中国神华、中国中化集团公司设备管理部门的大力支持下，由石化出版社主办的第六届（2015）石油化工设备维护检修技术交流会于 2015 年 7 月 9—10 日在浙江宁波召开。三大石油公司、神华集团、中国中化集团总部及所属企业、有关维护检修单位、科研设计单位以及设备制造企业的 170 多名代表参加交流与研讨。共有 21 位专家做专题报告，会议探讨了石化企业普遍关心的大检修管理、设备可靠性、状态监测、长周期运行、RBI 技术应用、腐蚀失效分析、密封技术应用等方面技术。会议围绕石化设备维修与管理，突出技术交流，为全国石化行业、煤化工行业相互交流提供了良好的平台。

（白　桦）

【《中国大百科全书》化工学科燃料化工分支编纂工作启动】 2015 年 4 月 30 日，受《中国大百科全书》出版社委托，中国化工学会正式启动《中国大百科全书》第三版化工学科编纂工作，由两院院士、国家最高科技奖获得者闵恩泽担任主编的《中国大百科全书》第三版化工学科编委会第一次会议在北京举行，闵恩泽、袁晴棠、金涌、段雪、蹇锡高等多位院士和知名专家出席会议，主编闵恩泽做了动员讲话。7 月 1 日，化工学科燃料化工分支编纂工作启动会召开，王基铭院士任编委会主任，编纂工作由中国石化石油化工科学研究院、神华煤制油化工有限公司及石化出版社等单位共同承担。

（刘跃文）

【《催化裂化工艺与工程》（第三版）出版座谈会召开】 2015 年 5 月 20 日，催化裂化装置开工 50 周年纪念座谈会暨《催化裂化工艺与工程》（第三版）出版座谈会在京召开。座谈会由石化出版社社长王子康主持。陈俊武院士做了专题报告，介绍中国催化裂化技术的历史与发展；石化出版社副社长黄志华介绍了石化出版社的系列专著出版情况；石油化工科学研究院许友好教授介绍了《催化裂化工艺与工程》专著第三版的编写情况；与会院士、专家代表畅谈中国催化裂化技术的历史与未来。陈俊武、徐承恩、杨启业、汪燮卿、何鸣元等院士以及来自中国石化、中国石油、中国海油、中国石油大学等 30 多位炼油专家参加座谈。

（张正威）

【《院士传记》系列丛书编撰工作启动】 2015 年 6 月，根据中国工程院的有关要求和党组领导指示，石化出版社协助宣传工作部组织有关单位开展《院士传记》系列丛书的编撰工作，于 7 月 28 日召开编撰启动会议。经党组领导批示并在尊重院士本人意见的前提下，列入首批编撰计划的有：王基铭、袁晴棠、陈俊武、徐承恩、李大东、顾心怿、汪燮卿、毛炳权、关兴亚、杨启业、蒋士成、舒兴田12人。

（刘跃文）

【化工名词编写审定工作完成】 2015年11月，受中国化工学会委托，由石化出版社承办的《化工名词》(石油炼制、煤及生物质制油分册)由化工名词石油炼制审定分委员会审定完成。审定工作严格按照国家名词委的规定，经历收词、定名、定义、专家一审、委内查重、专家二审、化工名词委与分委会联合统读审稿(三审)、大库查重、全国名词委专家复审等流程，最终按照学科(专业)框架的三级目录体系，收录总类、石油炼制、煤制油及天然气、生物质制油4个部分共1 783个名词。

（刘跃文）

【中国石化“十三五”时期重点科技图书出版规划项目发布】 根据国家新闻出版广电总局《关于编制<“十三五”国家重点图书、音像、电子出版物出版规划>的通知》精神，石化出版社组织开展《中国石化“十三五”时期重点科技图书出版规划》编制工作。经向中国石化总部机关、各企事业单位和行业内有关单位广泛征集，在征求专家意见和认真讨论的基础上，经专家评审委员会审定，提出“十三五”出版规划项目共60项，其中包括上游板块9个项目，占15%；炼油板块5个项目，占8%；化工板块9个项目，占15%；机械设备板块6个项目，占10%；安全环保板块12个项目，占20%；企业管理板块8个项目，占13%；能源经济板块11个项目，占19%。

（宋开利）

【市场营销】 针对图书市场竞争激烈、实体书店零售持续下滑的形势，2015年，石化出版社采取灵活多样的方式，加大图书宣传和图书销售渠道推广，促进了全年任务目标的全面完成。努力开拓线上图书销售渠道，加大与线上经销商的合作力度，针对图书品类及销售周期积极策划开展相关图书营销活动，积极筹划在天猫、京东、卓越线上平台开办自营网上旗舰店，使线上图书销售增长，弥补了实体店零售的下降；加大与各馆配商的合作，根据各馆配商的各自优势，采取相应的营销模式，促进馆配图书销售稳步增长；加强对直接用户的宣传征订，利用微博、微信等互联网技术开展图书宣传，配合石化集团公司开展的有关活动，积极组织相关图书进行征订工作，强化用户满意的服务理念，客户服务水平明显提高，努力以优质、准确、高效、全面的服务赢得客户信任，稳定并扩大了直销客户数量。

（常大农）

【加强党建和思想政治工作】 2015年，按照石化集团公司党组统一部署，认真组织学习贯彻习近平总书记系列重要讲话精神、党的十八大和十八届三中、四中、五中全会精神，全面加强企业党建工作。认真贯彻落实石化集团公司党组加强党建工作的总体部署，把党建工作与业务工作紧密结合，一同安排部署、一同推进落实。认真贯彻执行民主集中制和议事规则，把落实“三重一大”集体决策制度作为规范权力运行的关键。坚持正确的选人用人导向，努力营造干事创业的氛围。按照党组和直属党委的部署，持续开展党性党风党纪教育，开展以党章为本的纪律规矩教育。坚持把深化学习教育放在首位，抓住学习教育、解决问题这两个关键；坚持问题导向，深入剖析、认真查摆党员干部队伍存在的“不严不实”问题，边查边改，三严三实”教育取得较大成效。大力开展形势任务、理想信念、企业核心价值观等教育，引导全员树立中国石化核心价值观。重视发展和谐劳动关系，尊重员工、关心员工，尽力实现好、维护好、发展好干部员工的根本利益，坚持发挥工会、共青团等群众组织的作用，努力营造和谐的工作氛围，认真落实完善休假制度，积极为员工办实事、解难事。组织开展形式多样的群众性活动，努力营造和谐的工作氛围，增强了员工的归属感、自豪感和队伍的凝聚力。

2015年，综合党支部被评为石化集团公司直属党委先进基层党组织，杨晨光被评为石化集团公司直属党委优秀党员；车平被评为石化集团公司直属工会优秀工会干部，王瑾瑜、索永平、程庆昭、王建设被评为石化集团公司直属工会优秀工会会员，王子康被评为石化集团公司直属工会优秀职工之友，第一工会小组被评为石化集团公司直属工会优秀工会小组。

（李德亮）

管理干部学院

【概况】 石油化工管理干部学院(简称管理干部学院)是中国石化高层次人才培训基地，集党校、人才培训中心、远程培训中心和信息技术培训中心于一体，2011年被评为国家级专业技术人员继续教育基地。

管理干部学院于1985年筹建，1987年正式成立，2004年迁入现址。设有12个管理部门，有较为完备的专兼职教师队伍，聘任的客座教授和兼职教师包括石化集团公司党组领导，两院院士，高层管理人员和技术专家，国内外著名高校、教育培训和科研机构的专家学者等。学院占地103亩(6.87万平方米)，建筑面积5.24万平方米，设施完备、手段先进，能够为学员提供较方便的学习和生活条件。另外，在朝阳区安翔北里(健翔桥)设有分校区，建筑面积1.6万平方米，可同时容纳230名学员在校学习。

管理干部学院主要承担高层经营管理及后备人才培训，重点培训总部职能部门和直属企事业单位的领导干部、中青年后备干部及部分中层干部；高级专业技术人才培训，重点培训油气勘探开发、炼油化工、工程建设、科研、销售等领域的各类专家及青年骨干人才；国际化经营人才培训，重点培训国际勘探开发、国际石油工程、国际炼化工程、国际贸易等领域的经营管理、专业技术人员和外籍员工；培训者培训，重点培训各直属企业的培训管理人员和培训机构的专兼职骨干教师。

2015年，管理干部学院紧紧围绕石化集团公司提高发展质量与效益这个中心和保增长、谋发展、强基础、抓党建这条主线展开培训工作。全年共举办培训项目333期次、培训13 956标准人次；其中自主开发培训项目186期次、培训9 506标准人次。

管理干部学院培训情况统计见图1。

(苏晓琳)

【紧贴战略发展需要开拓培训项目】 2015年，管理干部学院贯彻落实石化集团公司党组关于加强领导班子和干部队伍建设的有关要求，完成开发“一把手卓越领导力提升项目”等7个领导力系列培训项目，举办2期中青年领导力塑造培训项目。开展理想信念、党规党纪教育，积极推动“三严三实”教育和石油石化优良传统教育进课堂。组织召开党校班成功举办60期纪念座谈会，系统总结党校班30年办学经验，探索加强党的理论教育和党性教育的新路径。顺应中国石化业务部门和专业公司需要，举办“两化”融合、安全环保、节能减排等专业技术类培训88期次，培训专题覆盖50多个专业领域。围绕海外业务战略调整，组织开发国际化领军人才和关键岗位人员培训，探索开发国际石油工程项目经理专题研讨方案以及翻译、HSE、油气贸易、法律合同等新培训主题。

(苏晓琳)

【围绕学用转化推进培训创新】 2015年，管理干部学院积极探索学用转化有效途径，基本形成以解决问题为目标，注重训前、训中、训后系统设计，实施各环节循序推进，培训后跟踪反馈，目标、路径、方式方法相结合的学用转化有效做法。进一步探索培训新模式和新方式方法。组建教练技术团队，在多个项目实施一对一教练技术辅导；加大合作办学力度，拓展外部高端资源，与中国井冈山干部学院签署战略合作框架协议；推进行动学习，探索发挥教师催化作用，帮助学员形成解决问题的系列方案；积极推动各类案例研究成果进课堂，各培训班案例教学比例大幅提升。

(苏晓琳)

【远程培训效果扩大】 截至2015年底，管理干部学院远程培训系统注册总数达到73.2万人，全年在线学习总时长达到2 153万小时，在线考试达到60万人次。全年组织全系统优秀课程直播71次，创历年新高，企业优秀课程直播已呈常态化。完成远程培训系统二期建设项目验收，开通互联网访问，开发移动学习APP，紧跟国内外远程培训发展先进水平。以完全在线的方式举办3期远程培训系统应用培训班，探索形成具有推广价值的在线培训新模式。

(苏晓琳)

【强化科研咨询引领作用】 2015年，管理干部学院完成《中国石化企业文化“十三五”规划》等3项石化集团公司级科研项目，新申请立项《中国石化中高层人才开展行动学习培训模式》等2项石化集团公司级科研项目。为中国石化地球物理公司等4家单位开展管理咨询服务。全年新立案例项目12项，组织编写培训教材2部，教职工发表学术论文56篇。3项研究成果获中国石化管理现代化创新成果二等奖。

(苏晓琳)

【加强“三基”提升管理水平】 2015年，管理干部学院重点抓好岗位责任制的落实与检查，促进各项管理规范化、制度化。加强督办管理，全年督办重点工作20项。落实石化集团公司增收节支要求，加强成本控制，提高资金使用效益，超额完成石化集团公司下达的年度亏损减半任务。制定服务业务标准，研究编制《学院服务质量手册》。顺利完成服务外包工作，155名劳务用工人员改变用工方式。成立学院安全监督委员会，制定并落实《学院安全工作责任制》，梳理完善3项应急预案，治理安全隐患18项，开展消防疏散应急演练，组织“查风险、防事故、保安全”活动。

（苏晓琳）

【扎实推进党建工作】 2015 年，管理干部学院领导班子严格执行“三重一大”集体决策制度，先后开展 18 次党委中心组理论学习。认真落实管党治党责任，积极履行“一岗双责”。组织 49 名关键岗位人员签订廉洁自律承诺书，推动廉洁从业教育和“两个责任”进班级入课堂，全面深入开展反腐倡廉教育。认真落实“三会一课”制度，选派 7 名支部书记接受专职培训、6 名青年教职工赴井冈山接受革命传统教育。组织“书香学院”“青春飞扬”、排球赛、健步走、书画摄影展等活动，激发职工活力。启动员工帮助计划工作，走访慰问职工 26 人次、开展困难补助 8 人次。

（苏晓琳）

【加强人才队伍建设】 2015 年，管理干部学院开展处级岗位和专家岗位竞聘，坚持公开公平公正选用优秀干部人才。举办处级干部 4D 领导力培训、青年骨干管理能力提升培训和专职教师行动学习培训，采取专家办讲座、教师赴海外挂职锻炼、鼓励教职工外出培训、全员远程学习和听取公开大课等措施，提升干部人才的素质能力。积极争取总部支持，引进毕业生和成熟人才充实人才队伍。

（苏晓琳）

【改善基础设施】 2015 年，管理干部学院积极推进信息化建设项目，优化网络链路资源，加强多屏信息化交互体验，推进图书资源数字化和电视信号数字化改造、微课录制教室和一站式服务平台建设。持续推进教学条件完善项目，更新会议室、教室、学员宿舍等相关设备设施，完成或基本完成南门外道路改造、校园西侧围墙美化等 10 余项工程项目。教学服务、生活服务的设备设施水平得到提升，校园环境进一步美化。

（苏晓琳）

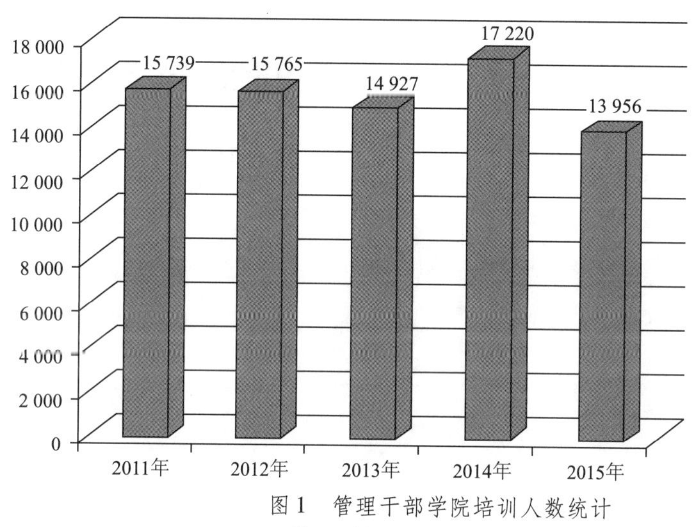

图 1 管理干部学院培训人数统计

① 1 人培训 10 天为 1 个标准人次

人　　物

◇ 全国劳动模范

◇ 全国青年岗位能手标兵

◇ 全国青年岗位能手

◇ “国企敬业好员工”最美人物、最美央企人

◇ 全国道德模范提名奖

◇ 逝世人物

全国劳动模范

【张吉平】 男，1964年4月出生，中共党员，胜利石油工程渤海钻井一公司设备管理科高级技师，先后获得山东省首席技师、山东省节能环保标兵、山东省十佳创新能手、全国五一劳动奖章、中华技能大奖、中国质量奖提名奖等60多项荣誉，享受国务院政府特殊津贴。张吉平自主完成90余项创新成果，其中80项获奖、56项获专利，在国家正式刊物上发表论文70余篇。他发明的“多功能油料净化处理机”获全国职工优秀技术创新成果二等奖，“井架销子拆装平台”“新型钻具移送装置”作为配套设备在基层队推广应用。编写《钻井柴油机工》视频教程、《石油钻井司钻》等4部教材，创新成果“快速更换190型柴油机高压油泵”在石化集团公司范围内推广；组合式钻机整体平移技术获全国石油石化系统先进操作法一等奖。张吉平工作室被评为全国职工教育培训示范点和国家级技能大师工作室。

（谢梓峰）

【吴吉林】 男，1974年2月出生，中共党员，胜利油田东辛采油厂三矿34队高级技师，获全国最美职工、全国五一劳动奖章、“加油中国·传承铁人”年度人物、中国石化感动石化人物等荣誉。2007年，吴吉林被确诊患上淋巴癌，医学预测只有3—6个月的生命期限。面对癌症的折磨，他将有限的生命融于事业，共完成技术创新成果78项，其中4项获国家发明专利、19项获国家实用新型专利，1项成果获全国职工技术创新成果优秀奖。他以月为单位列出生命考评表，用“练、药、书、创”4个字概括每天必做的事，在生命考评表上划出2 000多个对号，研发出43项成果；他做过28次手术，在病榻上仍坚持创新创造；虽然花费大量医疗费、生活拮据，但面对汶川地震、患白血病的大学生，仍毫不犹豫捐款资助。2014年4月28日，他的先进事迹报告会在人民大会堂举行，在全国引起强烈反响。

（谢梓峰）

【卢建强】 男，1975年6月出生，中共党员，石化集团公司技能大师、中原油田采油专业首席技师，获得河南省青年科技创新杰出奖、河南省技术创新能手、全国技术能手、中央企业劳动模范等60多项荣誉，享受国务院政府特殊津贴。卢建强主持、参与完成技术革新成果100余项，解决现场技术难题320个，获得油田及省部级以上创新成果33项，国家实用新型专利、发明专利66件，其中有40余项成果在油田推广应用，累计创效过亿元。他先后与42名青工结成师徒对子，培养出26名技师、高级技师，12名油田及省部级技术能手，其中8人在省部级技能竞赛中获奖。2010年初，卢建强技师工作站成立，先后解决现场技术难题1 100个，取得厂级及以上技术创新成果620余项，获得国家专利72件，被授予国家级技能大师工作室、全国能源化学系统劳模创新工作室示范点等称号。

（谢梓峰）

【张海斌】 男，1968年2月出生，中共党员，河南油田采油一厂江河采油管理区生产运行岗高级技师。张海斌从高中学历起步，不断在生产中摸索成长，是采油一线自学成才的典范。他创新“今天我来当老师”授课法，开展“应知应会”岗位练兵，有效提高了青工技术水平。作为原采油6队队长，他创新“三册一会”精细管理法，使该队原油超产3 800吨；他建立标杆指标动态提升机制，对11口低产低液油井实施间开；推出“三结合”工作法，减少作业12井次。通过他的创新管理，2010—2014年，采油6队累计超产原油10 689吨，获得中国石化金牌采油队等荣誉。他牵头建立采油6队劳模创新工作室，组织职工开展攻关活动。2010—2014年，他先后取得油田级成果8项、厂级成果21项，提出合理化建议16项，主持完成的采油井口套管油气自动回收装置、抽油机刹车防盗装置等成果获国家专利。

（谢梓峰）

【张义铁】 男，1980年3月出生，中共党员，江汉油田清河采油厂采油一队采油工。参加工作18年来，张义铁潜心学技术、钻业务，从普通工人成长为创新型高技能人才，获得石化集团公司技术大比武集输工比赛第1名，并获得湖北省首席技师、中国石化技能大师等荣誉。张义铁在江汉油田成立首个职工创新工作室，组织基层技术骨干开展技术革新。他先后取得112个技术创新成果，提出合理化建议227条，4项成果获省部级以上奖项，9项成果获得国家专利。2009年，针对油井阀门铜套损坏难题，他发明便装型新型油井铜套，在清河采油厂12个计量站推广应用，减少产量损失500多吨。针对部分边远井站临时存油的高架罐时常遭到不法分子盗油的问题，他研制发明闸门防盗报警筒装置，应用成功后抓获盗油不法分子9人。他先后与39名员工签订师徒合同，其中有6人在石化集团公司业务竞赛中获奖，15人取得湖北省技能竞赛优秀成绩。

（谢梓峰）

【田　明】 男，1965 年 12 月出生，中共党员，江苏油田井下作业处高级技师。工作 30 年来，田明刻苦钻研、大胆创新，累计完成革新成果 100 多项，获国家专利 22 件。他先后获得全国技术能手、全国五一劳动奖章、全国十大最美职工等荣誉。他的创新成果“试油测试技术的创新与运用”获得国家科学技术进步二等奖。2012 年，他从测试队调到装备先进的连续油管队。面对 170 多个阀件和传感器，他在车间里一待就是 2 个月，提出 31 条整改意见。在连续油管作业车投用后，他带领的攻关组研制出连续油管捕捉器，解决了美国 NOV 公司无法解决的马丁代克深度测量系统误差大、施工不安全的难题。他带领的团队完成“试油测试工艺配套工具的研制与应用”成果，将试油资料的精准率由 92.5% 提升到 99%。该项成果获得第 4 届全国职工优秀技术创新成果一等奖。

（谢梓峰）

【张　虹】 女，1966 年 3 月出生，中共党员，西南油气分公司资深专家、教授级高级工程师。张虹长期扎根基层一线，攻克了石油天然气地震勘探技术和气藏综合识别及描述技术领域的多个难关，成为四川省和中国石化学术技术带头人。她先后获得四川省青年科技奖、四川省优秀科技工作者、四川省劳动模范、四川省职工职业道德先进个人、中国石化突出贡献专家等荣誉。主持并承担 30 余项国家重点科技攻关项目和省部级大型油气勘探项目，获得国内领先、国际先进或部分国际领先的优秀评价。其中，气藏综合预测技术系列和精细刻画技术系列成为川西地区油气勘探开发的重要技术手段，取得较好油气增储上产成果，为改善四川省能源结构做出重要贡献。她先后获国家科技进步二等奖 1 项，省部级科技进步一等奖 4 项、二等奖 1 项、三等奖 3 项；取得国家发明专利 1 件，成功申报中国石化专有技术 4 项。

（谢梓峰）

【毛谦明】 男，1973 年 2 月出生，中共党员，西北油田采油一厂采油三队生产运行组组长，被聘为中国石化采油工种技能大师、西北油田采油工种首席技师，成为西北油田技能操作领域的领军人物，先后获全国五一劳动奖章和全国岗位能手、全国最美青工等称号，享受国务院特殊津贴。毛谦明发明了可移动式放油平台、方便组合式锹、便携式清沙车、采气树油壬扳手等，与他人合作发明双闸板光杆防喷器、低压放气阀，参与流程伴热的技术改造，完成 26 个技术革新项目，累计创效 5 000 余万元。他发明的万泰光杆密封器在中国石化各大油田推广，抽油机井口超压防喷装置的发明有效防止了油井抽喷造成刺漏、进站管线刺漏及站内阀组刺漏等重大安全事故。2011 年 3 月，采油三队成立毛谦明劳模创新工作室。2014 年，工作室被评为全国首批劳模创新工作室。

（谢梓峰）

【徐景新】 男，1970 年 4 月出生，中共党员，燕山石化生产运行保障中心仪表第二作业部二高压班班长，先后获得北京市经济技术创新标兵、中央企业劳动模范、北京市技术能手等荣誉。徐景新带领班组职工，开展技术攻关，弥补了二高压装置的多项设计缺陷，解决多项装置仪表难题，实现高压聚合装置连续运转 145 天。在他的带领下，压缩机探头优化安装法、定位器 3 分钟快速安装、压缩机探头延伸电缆固定卡具制作、中间接线箱防腐改造、现场压接法接线改造等多个创新改造项目陆续完成。2013 年 12 月，徐景新工作室成立。工作室跟踪现代仪表维护新技术，开展仪表控制和维修专业技术交流，加强仪表新设备和预知维修新技术的开发和运用；解决生产装置仪表运行存在的问题，消除影响装置稳定运行的重大隐患；培养仪表运行维护方面的技术管理、施工管理及技能操作方面的人才。

（谢梓峰）

【王者民】 男，1964 年 12 月出生，中共党员，齐鲁石化塑料厂高密度聚乙烯车间主任。参加工作 30 年来，王者民坚守生产一线，开展技术创新，取得 6 件国家专利，先后获得山东省富民兴鲁劳动奖章、中国石化劳动模范等荣誉。2010 年，在他的组织带领下，一直依赖进口的茂金属管材料 QHM22F 开发成功，并通过国家建筑材料测试中心检测，成为中国石化重大科研成果。为消除影响装置长周期运行的瓶颈，他大胆尝试，其创新项目“冷却器防堵塞注氧新技术”在装置成功应用，并创装置运行周期新纪录。2014 年，王者民劳模创新工作室成立。他带领一班人积极开展创新攻关活动，其中“提升 HDPE 装置新型催化剂活性”的课题，年创效 938.6 万元。同时，以他为主研发并实施的高密度聚乙烯火炬气回收项目，成功将火炬气中的乙烯与氮气分离，提高了尾气中乙烯和氮气的回收率。该套系统于 2014 年 12 月 30 日投产。

（谢梓峰）

【周国明】　男，1973年9月出生，中共党员，上海石化炼油部5#炼油联合装置主任，先后获得全国石油行业技能大赛银奖、上海市五一劳动奖章、上海市杰出技术能手、中央企业劳动模范等荣誉。周国明领衔攻克了催化剂跑剂难题，一年节约催化剂费用800万元；提出并参与实施催化裂化换热网络优化综合治理项目，每年节约标准煤3 500多吨；组织实施的原料换热流程优化处理项目，获得上海市优秀成果奖。2011年，调到上海石化炼油改造工程项目组，参与350万吨/年催化裂化装置的筹建。他潜心研究国内同类装置，将新技术应用到新装置建设中。装置投产以来，技术经济指标始终是行业标杆。2014年2月，上海石化成立周国明劳模创新工作室。工作室围绕影响装置生产的技术经济指标，一年攻克9个课题、实施2个技改项目，大幅降低“三剂”费用。

（谢梓峰）

【杨建国】　男，1969年7月出生，中共党员，高桥石化炼油二部润滑油加氢装置操作师。工作29年来，杨建国从一名学徒工成长为高级技师，被称为工人技术专家。2014年，他被授予全国五一劳动奖章。2006年，他参与舰用低硫柴油的研制和试生产工作，产品质量要求高、生产调节难度大。他与技术人员一起进行试验，生产出优质舰用低硫柴油。2010年，他参与降低装置加工损失攻关项目，提出并实施分馏干气并管网、异构干气回收及废氢回收利用项目，使装置加工损失率下降11%。2011年4月，他受邀参加储运二部地面火炬的试车方案制定和开工工作，提出整改建议12条，确保试车一次成功。2012年，他被派往糠醛精制装置，解决现场异味问题。在他的带领下，攻关组制定一系列技改方案，消除了现场异味。他积极参加技师带徒活动，将自己的技术和经验倾囊相授，提升了装置员工技能水平。

（谢梓峰）

【刘建华】　男，1968年3月出生，中共党员，扬子石化芳烃厂加氢裂化联合装置班长、中国石化技能大师。工作近30年来，刘建华扎根一线，为企业的安全生产和人才培养做出了突出贡献，先后获得南京市知识型工人、中央企业先进职工和全国技术能手等称号，享受政府特殊津贴。2011年当选为南京市党代表。刘建华将培训资料制作成视频教材，通俗易懂，通过仿真操作、经验分享、应急演练、隐患排查等活动，提高员工实际操作技能，多次正确处理装置联锁、仪表故障、系统停电等生产突发事件。他提出的分馏系统过夏操作的运行方式，节能180万元/年。针对装置运行中存在的难点，刘建华提出10余项优化操作的运行方式，助推技术进步。他始终发挥带头作用，以“刘建华劳模工作室”为平台，带领团队开展优化操作、指标提升、难题攻关、技能培训等活动，为企业发展做出贡献。

（谢梓峰）

【韩国栋】　男，1969年7月出生，天津石化烯烃部化工工艺专家。韩国栋积极投身装置技术改造和聚乙烯新产品专用料研制开发工作，直接参与创新创效项目20余个，多项成果获得国家、天津市、中国石化科技创新成果奖。1997年，韩国栋作为核心技术成员之一，参与气相法聚乙烯冷凝技术工业化项目的研究、试验、开发、实施及推广工作。此项技术获国家科技进步二等奖、中国石化科技进步一等奖，并在广州石化、中原石化、吉林石化等国内中型乙烯装置推广应用。2010—2014年，他协助组织中国石化“十条龙”攻关项目“气液法流化床聚乙烯工艺成套技术”的申报立项、开发工作；参与20余种聚乙烯新产品的开发、生产和推广工作。2012年，他主持完成聚乙烯装置DCS控制系统改造，并一次投用成功，保证了装置长周期稳定运行。

（谢梓峰）

【谢清峰】　男，1966年8月出生，中共党员，长岭炼化炼油第二作业部炼油工艺专家。从事炼油技术工作20余年来，谢清峰扎根装置工艺现场，深入开展课题研究，攻克了制约装置运行的多个瓶颈，完成工艺技术改造课题30多项，多次获得长岭分公司科技进步一等奖。谢清峰先后负责实施中国石化2个“十条龙”科技攻关项目——“RSDS－Ⅱ催化汽油加氢技术”和“SRH柴油液相循环加氢技术”，试验取得实质性成功，被石化集团公司列为技术进步成果。新技术工业应用后，谢清峰又多次赴兄弟炼厂指导同类装置开工，为完善推广清洁油品生产做出贡献。在长岭炼化油品质量升级改扩建项目建设中，谢清峰先后负责70万吨/年连续重整装置改造、120万吨/年催化汽油吸附脱硫装置和5万米^3（标准）/时制氢装置新建等工作，妥善解决了设计审查、施工组织、现场监管、员工培训、装置开工等一系列问题，3套装置均开车一次成功。

（谢梓峰）

【姚　琴】　女，1974年5月出生，南京化工公司检维修部仪表专家。她是赋予现代化工装置“眼睛”“大脑”和“手脚”的仪表专家，是能在半夜三更随叫随到奔赴现场处理问题的女工程师。工作 17 年，姚琴先后参加了南京化工公司合成氨原料路线改造、江南化工厂整体关停搬迁、煤制气系统升级等重点项目“神经系统”的设计、调试和维护，出色完成了一项项重点工作。她承担化工厂搬迁项目新建 12 套、搬迁 5 套装置仪表的技术工作，经常工作到深夜。制氢项目建设，姚琴克服重重阻力，说服供应商将大机组控制系统并入 DCS 系统，将关键技术掌握在企业手中，为转型升级奠定了基础。

（谢梓峰）

【张肇宏】 男，1972 年 10 月出生，中共党员，福建联合石化公司仪表团队班长。张肇宏在工作实践中摸索出现场仪表设备位置先进查找法。以往，查找 1 台仪表的资料及现场位置需要 10 分钟，现在只需 1 分钟，大大提高了工作效率，被大家称为“仪表 110”。他担任福建百万吨乙烯仪表维修班长期间，创新开展“拉网式巡检”。仅乙烯装置就发现“亚健康”仪表和不完好项 300 多个，均得到及时有效处理。2013 年，福建炼油乙烯一体化脱瓶颈改造项目中，他组织完成乙烯装置 14 500 个仪表点的联调工作，维修阀门 99 台。福建联合石化公司成立第 1 个以员工名字命名的省级“张肇宏劳模创新工作室”。工作室总结提炼创新创效成果 16 项，仅乙烯压缩机电源优化改造一项就减少经济损失 2 000 多万元/次；解决了 18 台进口调节阀与阀门不匹配导致的波动问题。

（谢梓峰）

【赵战东】 男，1973 年 1 月，洛阳石化加氢车间三班班长。在担任班长的 5 年里，赵战东用执着、努力、勤奋赢得干部员工的尊重，先后获得洛阳市劳动模范、河南省劳动模范等荣誉。他针对不同时期装置生产的工艺、设备状况，制定相应事故演练方案，并定期组织开展事故演练，提升装置应急能力。5 年来，他发现安全隐患 100 余处，多次被评为公司月度十佳安全卫士。他积极参加各项技能培训活动，针对装置上的难点问题，查资料、写体会，找出解决办法，几年来的学习笔记超过 10 万字。由于技术过硬，赵战东被评为中国石化炼油操作技术专家。2014 年，他指导石家庄炼化加氢装置开工，实现一次开车成功。他创新开展 5 分钟课堂、设备大讲堂等特色培训，班组里形成浓厚的学习氛围。他带领的班组多次获洛阳石化十佳班组称号。

（谢梓峰）

【郭振恩】 男，1971 年 9 月出生，中共党员，荆门石化维修钳工首席技师。20 多年来，郭振恩先后参加或独立主持实施设备技术攻关项目 52 个，解决疑难问题 29 个，实现了荆门石化机泵设备故障率下降 30% 的目标。2010 年调任车间大修班班长，郭振恩团队承担完成了荆门石化连续重整、柴油加氢、汽油加氢等多套新建装置大型设备的安装与调试任务，并完成了一系列的技术攻关任务。2011 年，他承担聚丙烯装置大型进口机组挤压造粒机首次全面检修。首次“接触”大型进口设备，他带领班员从学习设备工作原理、查阅资料开始，边检修边掌握新技术，圆满完成检修任务，并解决了多年来主减速机油封漏油的问题。为提高工作效率，勤于思考的他还自制了多种专用工具。2012 年以郭振恩命名的国家级技能大师工作室成立，开展技能培训，多人获得省市职业技能竞赛奖项。

（谢梓峰）

【杜　明】 男，1961 年 1 月出生，中共党员，济南炼化二催化车间职工。杜明 38 年来始终扎根一线，从一名普通的司炉工逐步成长为催化裂化锅炉工艺技术能手和具有丰富经验组织能力的开工专家。2012 年，他获得全国五一劳动奖章，享受国务院特殊津贴。杜明提出并实施的焚烧式一氧化碳余热锅炉回收技术改造，每年可节能增效 2 300 余万元。该技术获中国石化科技进步三等奖，已在行业 70 余套催化装置余热锅炉中推广应用，每年可为石化行业增效 15 亿元以上，为节能减排做出了突出贡献。他曾经受上级领导委派，先后到多家系统内外单位协助新装置开工和解决技术难题，提升了中国石化的影响力。近几年，杜明又进行了多项技术攻关，其中对激波吹灰和蒸汽吹灰装置的技术改造，每年可节约 260 万元；他首创了定排废热回收换热器，每年可节约 174 万元；他参与的锅炉升级改造工作，使公司二氧化硫排放降低 90% 以上。

（谢梓峰）

【马少斌】 男，1970 年 1 月出生，中共党员，武汉石化气体加工车间班长。在基层一线倒班 20 余年，马少斌不仅熟练掌握车间 5 套装置生产技术，而且积极参与车间技术攻关，先后获得湖北省劳动模范、全国五一劳动奖章等荣誉。他曾多次成功处置 MTBE 装置各类隐患，为该装置运行水平保持系统内前 3 名做出贡献。烷基化装置中的催化剂氢氟酸具有剧毒、强腐蚀性，装置安全长周期生产难度大，国内仍在生产的同类装置仅 3 套。马少斌和车间技术人员一起，采取一系列措施，使装置保持安全长周期平稳生产，产量也创历史新高。2套气分装置曾在节能改造后生产频繁波动，马少斌摸索总结的低温热源操作法在车间推广后，不仅使装置生产平稳率提至98%，还提高了丙烯产量。他还是一位出色的班长，所带班连续20余年安全生产无事故，先后获得全国“安康杯”竞赛优胜班组、全国能源化学系统和中华全国总工会工人先锋号称号。

（谢梓峰）

【王 强】 男，1973年2月出生，中共党员，沧州分公司炼油一部运行四班班长。为了练就高超技能，王强刻苦学习，20多年共积累超过60万字的学习笔记，熟练掌握了多岗位的操作技能，积累了丰富的生产操作和事故处理经验。他勤于思考，总结出“全方位联动调节”“预见性调节”等操作法。近年来提出合理化建议23项，被采纳19项；2008—2014年共发现290余个各类装置问题，多次避免事故。王强立足岗位，精心调整摸索操作参数的最佳状态。针对换热器管束频繁泄漏、容易结焦等技术问题，他刻苦攻关，装置实现长周期平稳运行。作为生产骨干、QC小组成员，他不断用新知识新技术思考和解决新问题，其中1项合理化建议，每年可节约软化水8万多吨、节电48万千瓦·时、增效144万元。在中国石化“扛红旗争第一”活动中，王强带领班组获得的红旗数连续4年位居沧州分公司第一。他所在的班组也多次被评为优秀班组。

（谢梓峰）

【张松梅】 女，1973年1月出生，中共党员，北京石油分公司京石路加油站站长。2004年北京石油分公司体制改革，张松梅勇当先锋，从财务管理岗位走到加油站一线。为了提高加油站销售量，她立足岗位、苦练技能，坚持技术与实践紧密结合，不断创新工作方法。她对加油站的地理位置、顾客类型、顾客心理、周边市场情况等进行了认真分析，有针对性地提出“三全策略”：全面开发客户、全情服务客户、全心管理客户。她还总结归纳出“热心、诚心、专心、用心、恒心”的“五心”服务理念和销售技巧。在张松梅的带领下，京石路加油站创造了年销量位列全北京市1 000余座加油站销量第一的好成绩，并先后被评为服务样板站、中国石化集团青年文明号、北京市工人先锋号。张松梅个人也成为北京市仅有的一个人管理2座年销量都达到万吨的加油站经理，并先后获中国石化劳动模范、中央企业劳动模范、北京市劳动模范等称号。

（谢梓峰）

【李秋珍】 女，1963年8月出生，中共党员，天津石油分公司城北片区零管科长。她性格直爽，作风泼辣，从业35年来，扎根加油站一线，总结出一套行之有效的管理方法。在实际工作中，她以片区的中心任务为出发点，创新思路，夯实基础工作。主持制定20余项管理制度；她编写教案，举办培训班并授课，近5年来，共举办员工培训班近30期，培训1 000人次，多人通过考核走上站长岗位；她带队深入加油站开展督察工作，严抓规范服务管理；她提出建设性建议100余条；她管理的14座加油站经营管理水平不断攀升，1座被评为四星级加油站，5座被评为三星级加油站，1座被评为油品销售事业部管理服务样板站。李秋珍连续3年获天津市公安局个人嘉奖，2010年被评为天津市劳动模范。取得高级工职业等级资格后，李秋珍做好传帮带，5年来，经她考核并获得资格证书的员工已近千人。

（谢梓峰）

【潘桂妹】 女，1960年1月出生，中共党员，湖南石油分公司总经理。作为扎根石化行业30余年的老员工，她是一位优秀的企业经营管理者，更是一名普通的劳动者。长期以来，她坚持下基层、走一线，经常放弃节假日和休息时间加班加点，调研市场情况，解决具体问题，协调推进重点项目，争取政府支持中国石化在湘上下游一体化发展。在处置雨雪冰冻灾害、高速公路市场抢滩布点、管道工程项目建设推进，以及各类突发事件面前，她总是和一线员工共进退，用自己的实际行动为公司干部员工树立了标杆。她带领班子坚持精心经营、精细管理，2011—2014年，湖南石油分公司持续位居湖南省百强企业前八。潘桂妹先后当选第十届、第十一届湖南省人民代表大会代表，第十二届全国人民代表大会代表，并获全国三八红旗手、全国优秀经济女性等称号。

（谢梓峰）

【黄素银】 女，1982年11月出生，中共党员，广东清远石油分公司清新县城加油站站长。她扎根一线，从加油员到加油站站长，十二年如一日，兢兢业业、任劳任怨，在平凡岗位上做出了不平凡的业绩。黄素银既忙小家，更为“大家”。儿子因先天缺陷每天需要做康复训练，她在尽心照顾家庭的同时，更是把客户也当作亲人。一年住站时间超过1/3，为客户深夜紧急送油，追行百里为客户送钱包，帮助迷路老人回家，带领员工见义勇为扑灭客车大火……黄素银在客户中赢得“有求必应”的美誉。她在加油站实行“素质上岗”，以一流的面貌、一流的服务面向客户。2013 年，该站被评为广东省青年文明号。2012 年当选为清远市政协委员后，黄素银先后提交了“关于重视青年农民工职业发展的若干建议”等 10 多个提案，其中“关于加大特殊儿童家庭扶助力度的建议”提交不久，清远市政府就将特殊儿童家庭的补贴由每月 200 元提高到 800 元。

（谢梓峰）

【李金兰】 女，1966 年 11 月出生，中共党员，广西梧州石油分公司安全督察队队长。1993 年，李金兰调到梧州石油分公司，先后在油库、加油站工作。无论在什么岗位，她都是工作想在前、干在前，用自己的实际行动，履行着共产党员的承诺。担任富民加油站站长时，她积极开展各项工作，使富民加油站先后被评为中华全国总工会工人先锋号和全国青年文明号。2011 年 7 月，她担任加油站安全督察队队长，在督察中发现问题从不包庇。3 年多来，她共督导加油站 2 579 站次，发现问题 1 998 个。作为兼职培训师，李金兰将自己的工作经验与培训课题相结合，汇编成活泼生动的培训教材。她的学生中，有 30 名加油员当上了保管员和副站长。李金兰还是一位热心人。自 2004 年开始，她连续 11 年参加“冬日暖阳”为民服务活动。2011 年起，李金兰担任春运为民服务志愿队队长，真正起到了党员先锋、工人模范的作用。

（谢梓峰）

【陈建余】 男，1972 年 5 月出生，中共党员，南京工程公司自动焊工兼项目副经理。参加工作 24 年以来，陈建余已熟练掌握手工电弧焊、半自动气体保护焊、埋弧自动焊、球罐自动焊、气电立焊等多种焊接技术，先后创新多项安装焊接工艺。在储罐安装工程中，他解决了国内外不少专家未能解决的消除气电立焊焊接盲区的技术难题。这一创新操作法系国内外首家开发成功，大大降低了成本，提高了效率，惠泽整个行业。陈建余先后创新了无背杠自由组对安装工艺、FCAW 防风及焊接改进工艺等，为公司节约成本数千万元；参加公司高强钢板国产化研发推广，为提高中国高强度钢板的制造水平和竞争能力做出了贡献。陈建余带领自动化焊接施工团队，承担塔器的自动化焊接技术开发，效率提高 6—8 倍。2014 年 11 月，他远赴沙特阿拉伯，开拓自动化焊接的海外市场。外方多次对公司的自动化焊接表示肯定。

（谢梓峰）

【张振连】 男，1972 年 6 月出生，中共党员，炼化工程公司第四建设公司第二管道公司电焊工。从事电焊工工作 20 多年来，张振连参加了 30 多个施工项目，他的焊接合格率始终不低于 98.5%。2012 年，张振连参加了全国工程建设系统第 8 届焊工比赛，获得第 8 名，同时获得了由劳动和社会保障部授予的“工程焊接杯”。张振连工作不讲条件，总是积极主动承担重、难、险的施工任务。在职工眼里，他从不因技高而凌人，是一位平易近人的好同事、好师傅；在领导的心里，他是一名值得信赖的好员工。在沙特阿拉伯卡扬工程项目建设中，张振连用自己的高超技术水平，精心施焊，实现了全部焊道在超声波和射线检验中 100% 的合格率。身怀绝技的他，从不把自己的技术当作个人专利，无论青年焊工在理论上还是实际操作上求教于他，他都会毫不保留地耐心讲解，甚至手把手地教授动作要领。

（谢梓峰）

全国青年岗位能手标兵

【卢　永】 男，汉族，1982 年 1 月出生，陕西洛南人，本科学历，高级工程师，海南炼化炼油部二单元党支部书记、副主任。卢永自 2004 年参加工作以来，一直扎根炼油生产一线，爱岗敬业、积极进取，表现出过硬的素质与优良的作风。他带领的炼油部二单元表现突出，被授予海南炼化集体二等功，先后获海南省工人先锋号、全国工人先锋号、海南省国资委先进基层党组织。卢永先后获中国石化设备管理业务竞赛银奖、海南省优秀共青团员、中国石化设备管理先进个人、中国石化青年岗位能手、海南省洋浦经济开发区安全生产与环境保护先进个人等称号。

（徐子懿）

全国青年岗位能手

【袁　杰】 男，汉族，1981 年 8 月出生，硕士学位，高级工程师，胜利油田分公司胜利采油厂工艺研究所所长。自 2003 年参加工作以来，先后担任胜利采油厂作业科副科长、采油一矿副矿长、工艺所所长。他带领团队创新攻关，攻坚克难，取得了一系列技术突破。他先后组织、参与厂级以上科研项目 15 项，其中“胜坨油田复杂井况出砂井防砂配套工艺的推广应用”等成果获胜利油田科技进步奖；“可钻式油层封堵工艺方法”等6项成果获得国家发明和实用新型专利；撰写的《不动管柱热采井口光杆密封装置》等5篇技术文章在国家核心期刊发表。他率领的工艺研究所先后被中国石化、胜利油田分公司授予金牌工艺所、双文明建设先进单位、先进基层党组织、党员示范区等称号。他本人也获中国石化闵恩泽青年科技人才、胜利油田十佳杰出青年、胜利油田优秀青年知识分子、胜利油气开发先进个人等称号。

（徐子懿）

【亢嘉颖】 男，汉族，1982年4月出生，本科学历，工程师，胜利油田分公司海洋采油厂海二采油管理区生产指挥中心副主任。亢嘉颖自2006年参加工作以来，一直扎根海上一线，2010年起，先后担任海洋采油厂海二生产管理区采油二队副队长、队长，带领该队累计生产原油620万吨，人均年产值4 500余万元，其中2013年原油产量最高达161万吨，成为胜利油田产量最高的采油队。他先后参与完成20项创新成果，创造经济效益500多万元，其中7项获局级以上奖励，总结的“油井健康管理法”在石化集团公司作典型经验展示交流。他率领的采油二队先后被授予全国“安康杯”竞赛优胜单位、中央企业青年文明号、中国石化金牌队、三基工作先进基层单位、胜利油田基层建设标杆队、胜利油田金牌队等称号。他本人也获全国最美青工、全国青年岗位能手、山东省最受关注最美青工、中央企业青年岗位能手、中国石化最美石化一线青工、胜利油田优秀共产党员、道德模范、五四青年奖章等称号。

（徐子懿）

【刘　凯】 男，汉族，1992年5月出生，河南濮阳人，共青团员，大专学历，消防战斗员初级工，中原油田消防支队北海项目部炼油厂储备库大队代理副队长。自2012年12月参加工作以来，刘凯始终以优秀共青团员的标准严格要求自己，积极向党组织靠拢，在支队防灭火一线岗位上，团结同志，刻苦训练，努力工作。刘凯多次参加国家级、省级、局级消防技术比赛，获2015年全国青年岗位能手、全国第一届危化品救援技术竞赛单项第1名、个人综合全能第4名；2015年被中原油田消防支队党委、消防支队授予个人三等功；2013—2015年连续3年被评为中原油田消防支队优秀共青团员、杰出青年岗位能手。

（徐子懿）

【卢振勇】 男，汉族，1989年4月出生，河南濮阳人，中共党员，大专学历，消防战斗员初级工，中原油田消防支队北海项目部炼油厂装置区大队代理副队长。自2012年12月参加工作以来，卢振勇始终以争当“应急救援排头兵”的标准严格要求自己，在消防战斗员的岗位上，刻苦训练，努力工作。卢振勇多次参加国家级、省级、局级消防技术比赛，获2015年全国青年岗位能手、全国第一届危化品救援技术竞赛单项第1名、单项第2名、个人综合全能第5名；2015年被中原油田消防支队党委、消防支队授予个人三等功；2013—2015年被评为中原油田消防支队党委、消防支队授予优秀个人、最佳战斗员。

（徐子懿）

【张勐轩】 男，汉族，1989年10月出生，河南兰考人，中共党员，大专学历，消防战斗员初级工，2013年12月参加工作，中原油田消防支队应急救援四大队战斗一班班长。参加消防工作仅3年时间，已是消防战斗员岗位中的佼佼者。多次参加国家级、省级、局级消防技术比赛，获2015年全国青年岗位能手、全国第一届危化品救援技术竞赛优秀个人奖、个人综合全能第8名；2015年被中原油田消防支队党委、消防支队授予个人三等功；2014年、2015年被中原油田消防支队党委、消防支队评为优秀个人。

（徐子懿）

【米　瑛】 女，1986年7月出生，本科学历，中共党员，工程师，江汉油田涪陵页岩气分公司技术中心技术员。自2008年参加工作以来，她一直扎根一线，7年来，她始终严格要求自己，工作上精益求精，作为公司新分大学生技术首席、地质研究室综合组组长、分公司课题牵头人，每年要出千份报表，处理数以万计的数据，但她从无差错。她积极创新创效，面对国内页岩气勘探开发刚起步、相关技术经验缺乏的现状，从零起步，勇于探索和实践，擒下了一只只气田开发“拦路虎”，由她牵头或参与研究的多项课题和成果，获油田科技进步奖、油田创新创效成果奖，创效近1 400万元。她舍小家顾大家，身怀六甲仍然坚守岗位，孩子未满半岁便奔赴会战一线，被誉为最美气田妈妈，先后获油田杰出青年岗位能手、湖北省青年岗位能手等称号。

（徐子懿）

【肖　峰】 男，汉族，1988年3月生，本科学历，工程师，西北油田分公司油田供电管理中心供电队电气检修工程师。自2010年工作以来，肖峰始终严格要求自己，在工作岗位上扎扎实实学技术练本领，先后完成多项35千伏、110千伏保护装置改造，参与完成35千伏跃参变、托普变，110千伏八区变、十区变新建验收工作。曾获得西北油田分公司科技革新进步奖。曾在新疆维吾尔自治区2012年度职工技能大赛电工比赛、2015年度第11届“振兴杯”全国青年职业技能大赛新疆赛区维修电工工种比赛中获奖。

（徐子懿）

【邵小平】 男，汉族，1982年8月出生，共产党员，华东油气分公司采油气工程服务中心检测维修项目部钻前班班长。他2001年参加工作以来一直扑在油田一线，在自己平凡的岗位上干出了不平凡的工作业绩，多次被评为华东石油局文明职工、优秀共青团员和岗位技术能手。2012年获江苏省五一劳动奖章、江苏省五一创新技术能手表彰。2015年参加石化集团公司采油工技能竞赛夺得金牌，获中国石化技术能手称号，并被破格晋升为采油高级技师。

（徐子懿）

【程敬博】 男，汉族，1981年12月出生，本科学历，高级工程师，北京燕山分公司化工二厂生产技术部副主任。自2004年参加工作以来，他始终严格要求自己，积极学习，不断进取，在各方面取得丰硕成果和业绩。他先后参与一聚装置造粒机组国产化改造、三聚造粒PLC控制系统升级、三聚DCS控制系统升级、国产催化剂工业应用、氢调法高流动聚丙烯产品研发、三元共聚聚丙烯产品研发等工作。他参与开发的项目曾获得中国石化科技进步特等奖、燕山石化科技进步特等奖等奖项。程敬博先后获得全国青年岗位能手、中央企业青年岗位能手、全国最美青工（第二季）、首都劳动奖章、石化集团公司安全生产先进、燕山石化劳动模范、燕山石化十大青年标兵、北京市优秀青年工程师、燕山石化青年岗位能手等称号。

（徐子懿）

【谭广飞】 男，28岁，壮族，本科学历，中共党员，2010年清华大学化学专业毕业参加工作，茂名分公司炼油分部联合五车间工艺主任。工作近6年来，他放下名校光环，扎根一线，迅速成长为一名催化裂化专家型技术人才。他先后解决了所辖装置技术瓶颈20余项，累计为企业降本增效5 000多万元，其中使4#催化裂化装置综合能耗大幅优于设计值，创历史新低，在中国石化同类装置达标竞赛中排名前列。谭广飞在2013年度石化集团公司催化裂化工艺技能大赛中夺得金牌，2015年被评选为广东省寻找最美青工（第二季）活动十强，被推荐进入全国终选阶段，先后被评为茂名石化2 000万吨/年炼油改扩建开工功臣、茂名石化技术能手、中国石化青年岗位能手。

（徐子懿）

【宋保峰】 男，汉族，1980年1月出生，中共党员，大学本科学历，工程师，天津石化化工部大芳烃车间设备技术员。自2004年大学毕业参加工作以来，一直工作在生产一线，从一名普通操作工逐渐成长为一名优秀的设备技术人员。他凭着勤思善钻的探索精神、吃苦耐劳的实干作风，练就了一套过硬的技术本领和扎实的业务能力，很快成长为一名优秀的岗位技术能手。他先后参与完成10余项技术创新项目，并多次获奖。由他撰写的《以夯实“三基”为目标的基层单位责任管理》获石化集团公司企业管理现代化创新成果三等奖。工作以来，曾获天津石化检修改造标兵称号，连续4年被评为天津石化设备管理先进个人，2013年获天津石化“四优”共产党员称号，2014年获天津市岗位能手称号。

（徐子懿）

【乔迎超】 男，汉族，1988年1月出生，研究生学历，助理工程师，长岭分公司化工作业部环氧丙烷二班副班长。长岭分公司环氧丙烷项目采用中国石化自主研发、拥有完全知识产权的创新技术，已获14件国内外专利授权，是中国石化“十条龙”重大科技攻关项目。面对全新的技术和装置，乔迎超不畏艰难，刻苦钻研。身为作业部最年轻的班长，在开工准备期间，他提出了18条高质量的合理化建议，被评为项目首个“三查四定”之星。他带领团队潜心编制环氧丙烷联合装置操作法，为2014年底装置开车一次成功，生产出优质的环氧丙烷产品做出了重要贡献。乔迎超带领的班组在2015年获长岭分公司专业班组劳动竞赛第1名，被授予长岭炼化工人先锋号称号。他先后获得长岭炼化青年岗位能手、湖南省最美青工、湖南省青年岗位能手等称号。

（徐子懿）

【陈泽雄】 男，汉族，1991年7月出生，广州石化消防支队三大队分队长。工作4年以来，他先后参加各类火灾扑救、保镖监护120余次。2015年9月，陈泽雄代表广东省参加全国危险化学品比武，在小腿受伤情况下，陈泽雄勇夺“工艺阀门关闭操作”单项全国第二，以及个人综合全能第七。在多起火情事故中，他冲锋在前、深入险境，作为前线指挥他临危不惧、安排有序，他用自己的实际行动诠释着企业专职消防员的赤胆忠心，为保护企业生产安全，保卫和人民生命财产安全做出贡献，树立起新时期中国石化专职消防战士的崇高形象，成长为企业消防战线上的一名勇猛无畏的火场“逆行者”。

（徐子懿）

【李江南】 男，汉族，1987年8月出生，本科学历，高级工，安庆石化炼油一部催化裂化装置主操。李江南自2009年7月参加工作以来，始终扎根一线，勤学苦练，入厂2年便在公司催化裂化装置技术比武选拔中获得第2名，专业知识及操作技能过硬；爱岗敬业，工作扎实，及时发现并处理重大事故隐患数十次，多次避免非计划停工事件发生，有效保障了装置的长周期运行，在平凡的岗位上干出了不平凡的成绩。李江南先后获安庆市青年岗位能手、安徽省青年岗位能手、安徽省最美青工、中国石化优秀团员等称号。

（徐子懿）

【朱佳才】 男，汉族，1994年8月生，大专学历，济南分公司消防队战斗班班长。朱佳才自2014年参加工作以来，业务和理论水平都提高很快，训练中发扬吃苦耐劳、甘于奉献的精神，迎难而上。虽然进队时间短，但是通过自己的努力，他的业务技能却走在了全队的前列，考核中各项成绩都名列前茅。2015年10月在镇海炼化举办的全国第一届危险化学品救援技术竞赛中，他作为济南炼化最年轻的队员，通过层层选拔，凭借过硬的本领最终入选中国石化代表队，参加正式比赛并取得“工艺管线阀门紧急关断”项目全国第2名和全国个人第9名的好成绩，为个人和集体赢得荣誉，得到各级领导和全体队员的好评。

（徐子懿）

【陈跃峰】 男，汉族，1982年2月出生，大专学历，高级技师，浙江湖州石油苏台山油库维修班班长。陈跃峰自2007年参加工作以来，一直扎根一线，油库当家、刻苦迈路。平时工作中兢兢业业，吃苦耐劳，只要油库需要，随叫随到，加班加点，默默奉献。8年来，他先后参加油品储运高级工培训班、电气自动化师资培训班、油品储运高级技师培训班等学习，不断丰富自身理论知识和实际工作经验。他曾参加2010年、2013年浙江石油省公司油品储运操作工技能比武竞赛，分别获得个人第2名和个人第1名，在2013年石化集团公司储运技术比武决赛中获得银牌（第5名），先后获省公司青年岗位能手、省级青年岗位能手、中国石化技术能手等称号。

（徐子懿）

【周　博】 男，1986年11月出生，本科学历，网络工程师，中原石油工程公司录井公司信息中心软件开发人员。周博自2007年12月参加工作以来，兢兢业业、踏实工作、开拓创新，以精湛的软件开发技术为公司开发了物资和资产管理信息系统。他先后参与并获得第8届“振兴杯”全国青年职业技能大赛网络管理员第12名、第9届“振兴杯”全国青年职业技能大赛多媒体制作员第16名、第10届“振兴杯”全国青年职业技能大赛网络管理员第8名的优异成绩。周博先后获全国青年岗位能手、河南省青年岗位能手、中原油田青年岗位能手等称号。

（徐子懿）

“国企敬业好员工”最美人物、最美央企人

【薛　梅】 女，1972年11月出生，中共党员，1992年9月参加工作，现为中国石化胜利油田东辛采油厂营8更9井站采油工。1995年11月，新婚不久的薛梅和丈夫来到营8更9井站驻岗，精心管护7口油水井、1座计量站和2 000多米外输管线。20年来，薛梅传承弘扬石油石化优良传统，认真践行“严细实”的工作作风，累计巡井巡线4.2万余次，行程30余万千米，安全生产原油12.3万吨，井站连续20年安全平稳运行。她细心管油井，不论有没有干部在场监管，也不管风天雨天，都是4个小时巡一次井，2个小时记一次压力。她真心护小站，与不法分子斗智斗勇，保护国家财产，就算是刀架在脖子上也不退缩、不让步。她忠心献企业，始终铭记父亲“不能当逃兵”的叮嘱，像小草一样坚守荒原。薛梅先后获胜利油田劳动模范、山东省劳动模范、中国石化精神文明建设标兵、全国五一巾帼标兵等称号，2015年获中共中央宣传部和国务院国资委联合授予的“国企敬业好员工”最美人物称号、国务院国资委最美央企人称号。

（冯春艳）

全国道德模范提名奖

【吴吉林】 男，1974年2月出生，汉族，大专学历，

中共党员，1992 年 2 月参加工作，高级技师，现任中国石油化工股份有限公司胜利油田分公司东辛采油厂营二采油管理区采油 6 站。吴吉林身患癌症，自强不息，以月为单位列出“考评表”，用简练的“练、药、书、创”等字概括每天必做的事情，用“对号、半对号、叉号”，3 个简单的数学符号考评自己，用信念开启生命新航程。他心系石油，锐意进取，先后经历大大小小 28 次手术，始终用“胜利精神”砥砺自己创新创造、抗击病魔，用创造谱写生命新篇章。他心怀梦想，挑战病魔，即使临进手术室之前依然牵挂创新项目，用奉献诠释生命新境界。2009 年 4 月，做完肝穿刺手术第 3 周，他就开始研制“多功能抽油井增效装置”，在 100 多口油井陆续应用，平均泵效提高 11% 以上，该成果获全国 QC 成果评比一等奖。吴吉林共完成创新成果 85 项，累计创造经济效益 1.9 亿元。其中，患癌 8 年来，吴吉林研发出 50 项成果，获国家发明专利 6 件、实用新型专利 29 件，创造经济效益 1.3 亿多元。吴吉林 2014 年获全国最美职工称号、全国五一劳动奖章；2015 年获全国劳动模范称号、中国好人称号、第 5 届全国道德模范提名奖。

（王　丽）

逝 世 人 物

【陆婉珍】 女，1924 年 9 月 29 日生于天津，祖籍上海川沙县。1946 年重庆中央大学化工系大学毕业，1949 年获得美国伊利诺大学化学硕士学位，1951 年获得美国俄亥俄州立大学化学博士学位，1952—1953 年在美国西北大学从事博士后研究工作，1953 年后期在玉米产品精炼公司任研究员，1955 年回国后历任石油化工科学研究院分析研究室主任、院副总工程师、总工程师、学位评定委员会主任等职务，曾兼任中国石化水处理技术服务中心主任、中国石化科学技术委员会委员、顾问，《石油炼制》《石油学报》《色谱》《分析化学》《光谱学与光谱分析》等学术期刊的编委、顾问，教授级高级工程师。

陆婉珍组织建立了气体分析、油品分析、元素分析和光谱分析等分析方法，搭建了较为完整的油品分析技术平台，为科研和生产提供了大量的分析数据，并为炼油企业生产提供了分析技术支撑。她在烃类燃烧过程中对镍铬合金腐蚀机理研究、中国第 1 套催化重整装置催化剂痕量砷中毒失活原因分析、油井压裂液研制、催化裂化助燃剂研制、特种油品氟油的研制、重油中硫分析及对油品抗氧化性能研究、轧制液质量控制、高碱度磺酸盐添加剂研制等项目中发挥了关键作用。她主持编制了《近代仪器分析在石油工业中的应用》《重整分析方法汇编》和《石油化工分析方法汇编》等著作。

陆婉珍是中国公认的色谱学科带头人之一。她率先在中国开展了气相色谱用于油品分析的研究工作，建立了色谱测定汽油详细烃类组成的分析方法。在她组织和领导下，中国首次成功开发出了弹性石英毛细管色谱柱，这是中国气相色谱技术发展的一个里程碑。针对复杂炼厂气和汽油中不同烃类组成，研制出了多孔层毛细管柱和填充毛细管柱，为中国重大新型炼油工艺的开发及时准确地提供了分析数据。

陆婉珍长期主持中国原油评价工作，逐步建立了完整的原油评价体系，并对中国发现的各种原油进行了科学系统的评价，组织汇编 8 册《中国原油评价》，为合理利用中国原油资源发挥了重要作用。《中国原油评价》被列入国家重要科技成果。结合原油评价过程中遇到的新问题，她指导开展了具有前瞻性和实际意义的基础研究工作。对于原油及其馏分油中的非碳氢元素定量分析问题，成功研制出电量法测定硫、氮、氯、水、盐和 10^{-9} 级砷的分析技术，建立相应的分析方法，为工艺过程的控制做出重要贡献，在国内各大炼厂得到推广应用，填补了中国的技术空白，其中很多方法都具有创新性，处于当时国际先进水平。

结合石油化工中各类添加剂及助剂的需求，陆婉珍综合应用各种分析仪器研究其组成对使用性能的影响，解决了渣油催化裂化中重金属污染催化剂引起的中毒问题，解决了炼厂循环水系统结垢、腐蚀、菌藻生长等问题。

陆婉珍组建了近红外光谱分析技术研发团队，在中国首次建立近红外光谱实验室、研制成功在线分析仪，并在蒸汽裂解、催化重整和汽油调和等工业装置上得到了实际应用，为炼厂的先进控制和优化控制系统及时、准确地提供分析数据，给企业带来了可观的收益。她还在普及近红外光谱技术知识、培育中国近红外光谱的应用市场、培养中国近红外光谱专业技术人才等方面做了大量工作，起到了极其重要的作用，被业内公认为中国近红外光谱学科的创始人。

陆婉珍多次获得国家和中国石化科技奖；获授权专利 31 件；发表论文 232 篇，出版专著 11 部；1983 年被评为全国三八红旗手，当选为全国妇联第五届执委会委员；1990 年被授予中国石化总公司有突出贡献的科技和管理专家称号；1991 年当选为中国科学院院士，享受政府特殊津贴。

陆婉珍于1978年被石油化工科学研究院聘为首批博士生导师，先后培养50余名博士、硕士研究生和博士后，培养一批石化分析和石油化学学术带头人和技术骨干。

2015年11月17日2时，陆婉珍因病在北京逝世，享年92岁。

（党玉涵）

统计资料

表1 石化集团公司主要经济指标 亿元

项目 \ 年份	2015	2014	2013	2012	2011	2010
工业总产值(现价)	14 112.26	19 266.79	19 642.70	19 531.81	19 051.97	14 792.16
实现利税总额	3 920.11	3 662.55	4 050.61	3 799.18	4 005.07	3 477.19
利润	621.22	788.53	1 148.15	1 046.62	1 200.91	1 056.67
年末职工总数/万人	56.58	57.75	59.79	61.55	62.21	62.23
工资总额	494.98	518.28	510.41	485.68	457.03	361.57
营业收入	20 472.72	28 899.34	29 450.75	28 306.09	25 519.51	19 690.42
资产总值	20 585.08	22 283.66	21 369.23	19 480.78	17 486.82	14 856.91
负债总值	10 055.29	12 777.07	12 340.72	11 564.86	10 283.43	8 565.79
流动负债	6 565.09	8 168.71	7 399.45	6 603.91	6 121.41	4 974.00
非流动负债	3 490.19	4 608.37	4 941.27	4 960.95	4 162.02	3 591.79

表2 石化集团公司主要产品产量及全行业占比（一） 万吨

项目 \ 年份	2015	2014[①]	2013	2012	2011	2010
原油						
石化集团公司	4 173.74	4 378.47	4 378.01	4 318.25	4 272.85	4 256.08
全行业	21 455.60	21 142.90	20 991.90	20 748.00	20 287.60	20 241.40
占比/%	19.45	20.71	20.86	20.81	21.06	21.03
天然气/亿立方米						
石化集团公司	206.96	201.72	186.97	169.36	146.44	125.00
全行业	1 346.10	1 301.60	1 208.60	1 106.10	1 053.40	957.90
占比/%	15.38	15.50	15.47	15.31	13.90	13.05
原油加工量						
石化集团公司	23 828.84	23 697.71	23 369.76	22 309.29	21 892.20	21 296.59
全行业	52 199.22	50 278.58	47 769.53	46 328.75	45 110.08	42 680.80
占比/%	45.65	47.13	48.92	48.15	48.53	49.90
汽煤柴润总量						
石化集团公司	14 938.73	14 732.30	14 204.92	13 504.11	13 022.56	12 680.33
全行业	34 329.04	32 400.82	30 149.49	28 935.47	27 535.17	25 981.00
占比/%	43.52	45.47	47.11	46.67	47.29	48.81

续表

项目 \ 年份	2015	2014①	2013	2012	2011	2010
汽　油						
石化集团公司	5 398.22	5 122.12	4 594.11	4 108.52	3 758.61	3 638.89
全行业	12 103.56	11 066.62	9 824.40	8 980.18	8 136.98	7 676.00
占比/%	44.60	46.28	46.76	45.75	46.19	47.41
煤　油						
石化集团公司	2 435.17	2 074.51	1 743.37	1 501.17	1 373.13	1 242.17
全行业	3 658.62	3 001.09	2 513.83	2 156.01	1 875.07	1 707.90
占比/%	66.56	69.13	69.35	69.63	73.23	72.73
柴　油						
石化集团公司	7 004.86	7 426.08	7 748.29	7 780.99	7 753.84	7 655.61
全行业	18 007.89	17 757.51	17 220.33	17 221.14	16 681.81	15 824.90
占比/%	38.90	41.82	44.99	45.18	46.48	48.38
润滑油						
石化集团公司	100.49	109.58	119.15	113.43	136.98	143.66
全行业	558.97	575.60	590.94	578.14	841.31	772.20
占比/%	17.98	19.04	20.16	19.62	16.28	18.60
燃料油						
石化集团公司	228.51	359.48	424.42	322.22	363.23	411.66
全行业	2 313.01	2 479.11	2 583.80	2 361.22	1 810.05	1 908.80
占比/%	9.88	14.50	16.43	13.65	20.07	21.57

①2014 年全行业数据有调整

表 3　　石化集团公司主要产品产量及全行业占比（二）　　万吨

项目 \ 年份	2015	2014①	2013	2012	2011	2010
乙　烯						
石化集团公司	1 111.79	1 069.78	997.98	954.18	1 003.75	918.95
全行业	1 714.60	1 696.70	1 599.30	1 486.80	1 527.50	1 421.30
占比/%	64.84	63.05	62.40	64.18	65.71	64.66
纯　苯						
石化集团公司	402.81	399.54	374.53	351.72	359.13	352.15
全行业	783.05	734.35	716.71	700.12	691.00	545.20
占比/%	51.44	54.41	52.26	50.24	51.97	64.59

续表

项目\年份	2015	2014[①]	2013	2012	2011	2010
对二甲苯						
石化集团公司	440.25	479.14	447.79	440.55	441.11	402.31
全行业	663.19	639.85	620.21	640.29	585.24	517.51
占比/%	66.38	74.88	72.20	68.80	75.37	77.74
精甲醇						
石化集团公司	69.10	68.43	53.22	64.90	19.88	32.97
全行业	4 010.48	3 702.54	2 964.27	2 639.68	2 294.50	1 634.20
占比/%	1.72	1.85	1.80	2.46	0.87	2.02
醋　酸						
石化集团公司	3.60	7.50				0.30
全行业	586.97	578.24	438.30	430.05	424.48	383.60
占比/%	0.61	1.30				0.08
合成氨						
石化集团公司	96.90	95.50	115.94	126.43	111.12	119.10
全行业	5 791.39	5 690.17	5 806.57	5 543.16	5 040.20	4 781.10
占比/%	1.67	1.68	2.00	2.28	2.20	2.49
氮肥(折合氮100%)						
石化集团公司	16.14	30.71	68.71	66.34	54.51	71.14
全行业	4 943.85	4 650.88	4 816.09	4 654.03	4 444.98	3 849.60
占比/%	0.66	0.66	1.43	1.43	1.23	1.85
尿素(实物量)						
石化集团公司	—	9.27	91.78	105.23	77.98	122.34
全行业	7 492.37	6 965.85	7 207.64	6 578.72	5 732.34	5 463.04
占比/%	—	0.13	1.27	1.60	1.36	2.24

①2014 年全行业数据有调整

表 4　　石化集团公司主要产品产量及全行业占比（三）　　万吨

项目\年份	2015	2014[①]	2013	2012	2011	2010
合成纤维原料						
石化集团公司	634.80	572.46	626.33	606.25	644.41	597.47
全行业	2 270.95	2 219.05	2 152.91	2 201.01	1 993.75	1 617.30
占比/%	27.95	25.80	29.09	27.54	32.32	36.94

续表

项目＼年份	2015	2014[①]	2013	2012	2011	2010
合成纤维聚合物						
石化集团公司	285.39	284.29	328.79	334.13	332.01	325.91
全行业	1 827.96	1 662.59	1 709.76	1 621.93	1 441.63	1 274.90
占比/%	15.61	17.10	19.23	20.60	23.03	25.56
合成纤维						
石化集团公司	129.57	133.13	141.03	135.33	140.33	140.57
全行业	4 486.75	3 958.04	3 783.97	3 491.52	3 147.28	2 718.60
占比/%	2.89	3.36	3.73	3.88	4.46	5.17
锦纶						
石化集团公司						
全行业	299.47	255.60	235.16	187.79	157.75	145.40
涤纶						
石化集团公司	100.77	105.30	109.30	104.35	108.38	107.68
全行业	3 945.20	3 471.98	3 348.93	3 126.56	2 792.71	2 418.40
占比/%	2.55	3.03	3.26	3.34	3.88	4.45
腈纶						
石化集团公司	26.95	25.73	29.27	28.92	29.88	31.02
全行业	71.86	67.56	69.43	69.14	70.71	67.20
占比/%	37.51	38.08	42.15	41.84	42.26	46.17
维纶						
石化集团公司	1.34	1.62	1.79	1.42	1.55	1.29
全行业	10.14	11.07	10.09	6.03	5.89	5.70
占比/%	13.25	14.67	17.72	23.54	26.25	22.64
丙纶						
石化集团公司	0.37	0.35	0.57	0.53	0.52	0.58
全行业	25.91	26.07	26.93	32.04	30.47	29.70
占比/%	1.43	1.36	2.11	1.66	1.70	1.95
其他(全行业)	134.16	125.75	93.42	69.96	89.75	52.20

①2014年全行业数据有调整

表5　　石化集团公司主要产品产量及全行业占比（四）　　万吨

项目＼年份	2015	2014①	2013	2012	2011	2010
塑　料						
石化集团公司	1 547.79	1 505.96	1 412.93	1 376.64	1 407.68	1 339.80
全行业	7 691.03	6 959.49	6 303.53	5 257.00	4 941.24	4 391.00
占比/%	20.12	21.64	22.41	26.19	28.49	30.51
聚乙烯						
石化集团公司	733.33	711.13	659.66	620.23	655.05	620.03
全行业	1 385.52	1 336.60	1 173.99	1 030.00	1 015.20	987.60
占比/%	52.93	53.20	56.19	60.22	64.52	62.78
聚丙烯						
石化集团公司	651.74	629.96	581.84	555.10	557.31	520.19
全行业	1 686.26	1 378.94	1 246.54	1 121.48	995.57	900.70
占比/%	38.65	45.68	46.68	49.50	55.98	57.75
聚苯乙烯						
石化集团公司	58.46	64.87	66.54	67.16	66.93	69.22
全行业	301.10	208.66	210.37	216.27	205.33	193.80
占比/%	19.41	31.09	31.63	31.05	32.60	35.72
聚氯乙烯						
石化集团公司	22.60	22.41	30.83	57.78	58.93	59.63
全行业	1 609.23	1 636.76	1 529.80	1 341.63	1 311.18	1 151.20
占比/%	1.40	1.37	2.02	4.31	4.49	5.18
合成橡胶						
石化集团公司	115.05	124.01	129.23	124.15	127.20	129.04
全行业	516.59	534.48	483.82	384.68	353.64	308.40
占比/%	22.27	23.20	26.71	32.27	35.97	41.84

①2014年全行业数据有调整

表 6　　**中国原油与石油产品进口数量与金额**

产品名称	2015 年		2014 年		2013 年		2012 年		2011 年		2010 年	
	数量/万吨	金额/百万美元	数量/万吨	金额/百万美元	数量/万吨	金额/百万美元	数量/万吨	金额/百万美元	数量/万吨	金额/百万美元	数量/万吨	金额/百万美元
原　油	33 549. 13	134 152. 00	30 835. 68	228 138. 44	28 214. 40	219 548. 64	27 109. 08	220 398. 61	25 254. 92	195 131. 27	23 931. 14	134 935. 82
成品油	1 407. 98	9 004. 73	1 178. 12	12 071. 98	1 322. 14	13 898. 67	1 258. 94	13 717. 82	1 375. 25	14 888. 06	1 379. 16	11 155. 10
车用、航空汽油	17. 01	95. 50	3. 39	34. 14	0. 04	1. 50	0. 45	5. 22	2. 93	31. 22	0. 01	0. 45
石脑油	664. 76	3 568. 07	369. 77	3 299. 56	354. 18	3 351. 32	309. 02	2 999. 92	245. 02	2 289. 95	290. 70	2 119. 56
橡胶等溶剂油	2. 20	28. 59	2. 39	37. 35	2. 12	32. 55	2. 44	37. 26	2. 58	36. 62	3. 29	36. 48
壬　烯	5. 20	67. 15	3. 59	51. 24	3. 82	56. 64	2. 63	47. 69	2. 44	57. 89	1. 59	25. 80
其他轻油及制品	35. 08	247. 83	29. 84	332. 57	0	0	0	0	13. 88	159. 64	8. 54	76. 85
航空煤油	346. 11	1 933. 24	391. 44	3 700. 64	532. 93	5 266. 90	526. 46	5 392. 23	536. 72	5 382. 99	486. 80	3 506. 44
灯用煤油	0	0. 01	0	0. 01	0	0. 01	0	0. 02	0	0. 02	0	0. 02
其他煤油馏分	2. 36	25. 69	25. 29	288. 29	135. 93	1 480. 45	94. 27	1 049. 61	78. 20	861. 61	163. 32	1 354. 92
柴　油	42. 80	226. 49	47. 39	395. 05	26. 68	251. 62	94. 71	911. 53	244. 05	2 274. 03	179. 88	1 241. 58
润滑油	32. 61	811. 99	31. 77	869. 49	29. 79	782. 91	30. 32	785. 14	34. 32	828. 33	34. 24	685. 45
润滑脂	2. 25	114. 32	2. 26	125. 52	2. 16	113. 64	2. 01	105. 91	2. 73	128. 03	2. 23	100. 07
润滑油基础油	257. 60	1 885. 85	270. 99	2 938. 12	234. 48	2 561. 14	196. 63	2 383. 29	212. 39	2 837. 74	208. 54	2 007. 47
燃料油	1 564. 64	5 150. 14	1 790. 13	10 955. 00	2 354. 83	15 034. 83	2 688. 26	18 637. 69	2 683. 15	17 260. 69	2 308. 96	11 060. 60
石　蜡	8. 46	114. 64	7. 62	118. 58	5. 49	98. 09	4. 94	96. 96	5. 40	97. 79	4. 49	73. 55
石油沥青	470. 59	1 801. 90	411. 02	2 333. 72	332. 10	2 066. 60	273. 16	1 750. 04	319. 01	1 767. 27	409. 89	2 022. 97
石油焦	588. 66	586. 12	534. 97	648. 04	935. 33	1 146. 08	701. 04	960. 79	491. 51	911. 14	363. 54	672. 08
液体石蜡	21. 25	191. 63	13. 81	186. 37	3. 90	55. 11	1. 35	22. 89	1. 36	23. 16	2. 31	28. 72
液化石油气	1 208. 81	6 152. 46	710. 13	5 982. 92	421. 10	3 814. 88	333. 32	3 016. 55	340. 81	2 908. 79	319. 62	2 258. 65

表 7

中国原油与石油产品出口数量与金额

产品名称	2015 年		2014 年		2013 年		2012 年		2011 年		2010 年	
	数量/万吨	金额/百万美元	数量/万吨	金额/百万美元	数量/万吨	金额/百万美元	数量/万吨	金额/百万美元	数量/万吨	金额/百万美元	数量/万吨	金额/百万美元
原　油	286.56	1 545.64	60.02	490.43	162.03	1 462.57	243.49	2 226.50	252.20	1 909.15	304.22	1 661.45
成品油	2 558.67	15 306.89	1 980.67	19 583.55	1 715.89	17 254.35	1 265.51	13 326.19	1 344.57	13 080.91	1 700.66	12 454.48
车用、航空汽油	589.87	3 514.88	498.39	4 947.31	468.76	4 650.88	292.19	3 035.24	406.01	3 793.80	517.09	3 769.98
石脑油	0	0	13.11	126.64	35.41	353.23	21.55	208.31	49.73	453.42	86.64	629.23
橡胶等溶剂油	0.42	4.29	0.61	8.02	0.74	10.18	0.51	6.32	0.54	8.16	0.53	5.74
壬　烯	0	0	0	0	0.10	1.61	0	0	0	0	0.05	0.68
其他轻油及制品	0	0.04	0	0	0	0	0	0	0	0	0	0
航空煤油	1 235.86	7 623.31	1 051.07	10 280.27	917.51	9 217.61	745.07	7 848.90	653.18	6 504.42	604.77	4 495.06
其他煤油馏分	1.59	12.69	2.81	30.26	0.02	0.23	0.02	0.34	3.38	29.95	3.72	24.83
轻柴油	716.37	3 852.90	399.82	3 897.00	278.16	2 733.47	186.22	1 873.48	203.11	1 879.04	467.27	3 272.32
润滑油	11.88	265.48	12.57	258.44	11.53	233.98	10.82	218.16	11.22	204.04	11.26	170.33
润滑脂	0.81	16.18	0.77	16.70	1.10	22.46	1.16	22.30	1.09	18.47	0.97	14.19
润滑油基础油	1.87	17.12	1.52	18.91	2.55	30.71	7.97	113.14	16.29	189.60	8.37	72.11
燃料油	1 054.86	3 772.92	940.68	5 770.28	1 135.43	7 254.41	1 164.17	8 011.00	1 234.44	7 739.17	989.73	4 606.99
石　蜡	62.37	663.32	48.94	631.19	50.14	637.29	46.96	637.16	45.47	651.85	52.36	703.39
石油沥青	28.70	148.37	20.31	156.93	16.87	135.43	9.57	88.12	23.85	163.82	14.98	84.15
石油焦	241.92	604.70	244.24	612.81	234.03	675.33	230.71	713.78	287.16	1 038.14	195.20	578.73
液体石蜡	0.19	1.37	0.14	1.84	0.10	1.24	0.25	3.47	0.04	0.72	0.04	0.46
液化石油气	144.13	774.55	143.82	1 308.61	125.84	1 211.90	127.00	1 231.98	117.00	1 009.34	91.68	657.86

表 8

中国主要石化产品进口数量与金额

产品名称	2015 年		2014 年		2013 年		2012 年		2011 年		2010 年	
	数量/万吨	金额/百万美元	数量/万吨	金额/百万美元	数量/万吨	金额/百万美元	数量/万吨	金额/百万美元	数量/万吨	金额/百万美元	数量/万吨	金额/百万美元
一、五大合成树脂	1 659.47	22 119.21	1 618.33	26 355.08	1 606.86	25 307.73	1 565.21	23 356.70	1 542.92	24 153.23	1 605.88	22 419.93
1. 聚乙烯	986.66	12 623.73	910.79	14 325.15	881.53	13 144.65	788.78	10 929.94	744.38	10 869.51	735.81	9 742.51
低密度聚乙烯	217.80	2 864.25	205.39	3 319.55	172.50	2 663.12	157.11	2 245.72	146.03	2 415.36	138.40	2 036.46
高密度聚乙烯	512.82	6 462.46	459.60	7 058.05	473.75	6 920.06	400.98	5 516.81	352.64	4 927.77	349.57	4 442.79
2. 聚丙烯	339.70	4 439.67	363.25	5 816.99	359.30	5 595.81	390.93	5 794.70	377.77	5 875.51	386.81	5 173.85
3. 聚苯乙烯	77.77	1 122.51	84.88	1 524.85	94.66	1 744.89	97.99	1 641.53	103.85	1 690.86	115.20	1 660.95
可发性聚苯乙烯	4.82	85.72	6.29	139.24	6.21	127.63	6.08	103.86	7.60	121.30	7.59	105.21
其他聚苯乙烯	72.95	1 036.79	78.60	1 385.61	88.45	1 617.26	91.91	1 537.67	96.25	1 569.56	107.61	1 555.73
4. ABS 共聚物	162.48	2 993.52	166.83	3 576.64	166.97	3 596.71	166.54	3 622.61	185.27	4 123.49	216.94	4 216.29
5. 聚氯乙烯	92.86	939.78	92.58	1 111.45	104.40	1 225.68	120.98	1 367.92	131.64	1 593.86	151.12	1 626.33
纯聚氯乙烯	82.53	754.30	80.79	895.25	91.46	996.41	105.96	1 101.28	114.80	1 284.56	129.75	1 295.70
未塑化聚氯乙烯	2.51	26.45	3.75	44.88	5.14	65.54	6.99	95.23	8.81	135.23	12.51	156.79
已塑化聚氯乙烯	7.81	159.03	8.05	171.33	7.80	163.72	8.02	171.41	8.03	174.07	8.87	173.84
二、合成橡胶及胶乳合计	196.56	3 857.77	148.46	3 986.11	152.79	4 429.39	143.71	5 092.85	144.48	5 360.26	156.52	4 267.84
1. 丁苯橡胶	26.12	498.78	27.21	603.11	26.97	620.31	29.74	812.23	31.57	879.55	34.84	738.53
丁苯胶乳	10.60	151.83	10.40	154.90	9.26	143.62	9.53	168.67	9.97	176.53	7.91	118.20
2. 顺丁橡胶	7.78	136.66	7.11	163.61	7.75	192.05	7.24	228.25	7.78	266.49	11.37	266.10
3. 丁基橡胶	2.32	76.90	2.91	118.10	3.06	134.12	3.16	157.27	3.37	156.50	4.06	162.52
4. 氯丁橡胶	1.66	60.30	1.97	75.96	1.85	78.15	1.78	81.42	1.78	74.97	2.15	72.95
5. 丁腈橡胶	7.79	128.43	8.04	149.86	7.19	146.61	6.14	157.89	6.24	171.37	8.42	168.99

续表

产品名称	2015年		2014年		2013年		2012年		2011年		2010年	
	数量/万吨	金额/百万美元	数量/万吨	金额/百万美元	数量/万吨	金额/百万美元	数量/万吨	金额/百万美元	数量/万吨	金额/百万美元	数量/万吨	金额/百万美元
6. 异戊二烯橡胶	0.46	16.80	0.46	20.82	0.51	22.45	0.48	22.36	0.53	23.64	1.57	48.62
7. 乙丙橡胶	5.54	138.17	8.20	215.78	9.13	276.53	8.34	332.34	8.66	344.50	8.23	222.88
8. 其他合成橡胶	144.89	2 801.70	92.56	2 638.88	96.32	2 959.16	86.83	3 301.10	84.56	3 443.24	85.88	2 587.27
其他胶乳	0.63	9.60	0.74	11.96	0.62	11.61	0.51	12.01	0.73	16.13	0.78	13.42
三、合成纤维	63.80	2 349.12	66.66	2 675.53	74.41	2 958.29	72.03	2 830.58	80.50	3 146.61	87.36	2 812.99
1. 锦　纶	14.04	698.51	16.49	850.44	18.45	912.79	18.63	903.08	19.32	950.43	21.13	846.60
长　丝	12.90	617.85	15.34	760.98	17.32	818.53	17.47	808.77	18.00	850.65	20	767.91
短纤维及纤维条	1.14	80.66	1.15	89.46	1.14	94.26	1.16	94.30	1.32	99.78	1.14	78.70
2. 涤　纶	23.76	491.53	24.46	576.46	24.48	616.63	23.83	568.26	28.22	677.32	31.57	649.19
长　丝	11.14	303.54	11.26	338.38	11.71	376.92	12.64	358.91	16.23	440.51	17.39	425.93
短纤维及纤维条	12.62	187.98	13.19	238.08	12.77	239.71	11.20	209.35	11.99	236.81	14.19	223.26
3. 腈纶短纤维及纤维条	15.86	425.83	15.86	520.18	21.22	667.90	18.66	592.72	19.53	678.76	19.64	556.81
4. 丙　纶	0.67	18.14	0.68	20.08	0.57	17.43	0.56	17.11	0.59	19.03	0.72	20.94
长　丝	0.21	7.64	0.24	8.72	0.17	6.55	0.18	6.52	0.26	9.40	0.39	12.44
短纤维及纤维条	0.46	10.50	0.45	11.35	0.40	10.88	0.39	10.59	0.33	9.63	0.33	8.50
5. 氨纶长丝	2.56	219.82	2.46	222.94	2.02	202.60	1.88	173.27	2.28	194.85	1.88	163.25
6. 其　他	6.90	495.29	6.71	485.44	7.66	540.93	8.47	576.14	10.57	626.23	12.41	576.19
长　丝	1.14	139.40	1.09	140.52	1.17	142.87	1.34	167.13	1.42	157.16	1.54	134.35
短纤维及纤维条	5.76	355.89	5.62	344.92	6.49	398.06	7.13	409.01	9.15	469.07	10.87	441.84

续表

产品名称	2015 年		2014 年		2013 年		2012 年		2011 年		2010 年	
	数量/万吨	金额/百万美元	数量/万吨	金额/百万美元	数量/万吨	金额/百万美元	数量/万吨	金额/百万美元	数量/万吨	金额/百万美元	数量/万吨	金额/百万美元
四、制成肥料	1 115.65	3 926.98	955.34	3 348.06	788.97	3 371.64	839.26	4 022.53	787.45	3 437.94	709.64	2 562.85
尿　素	0.76	3.69	0.59	3.05	3.04	10.90	17.10	71.44	0.21	1.44	1.33	3.04
五、有机化学品												
(一)乙烯、芳烃												
乙　烯	151.57	1 621.62	149.72	2 217.50	170.38	2 269.98	142.25	1 793.25	106.04	1 308.15	81.54	943.54
纯　苯	120.55	864.94	60.14	769.74	88.65	1 192.22	43.94	530.95	18.57	206.99	19.72	182.07
甲　苯	75.01	525.05	93.29	1 060.90	81.20	977.86	65.96	773.27	65.51	704.65	82.93	701.86
混合二甲苯	0.91	8.00	1.74	20.21	3.09	45.97	1.64	20.64	2.55	26.89	0.31	2.93
邻二甲苯	34.93	287.20	48.24	610.09	55.53	834.59	69.84	1 053.76	60.25	822.16	65.85	697.49
对二甲苯	1 164.89	9 793.85	997.27	12 552.63	905.29	13 764.11	628.58	9 521.15	498.20	70 748.63	352.72	3 660.93
苯乙烯	374.44	4 159.04	373.09	5 948.01	367.50	6 350.92	333.68	4 823.42	360.77	5 078.57	368.71	4 410.43
乙　苯	2.82	26.98	1.04	15.21	3.78	56.50	0.71	8.63	1.18	12.97	1.41	14.56
(二)主要有机原料												
甲　醇	553.86	1 562.15	433.23	1 613.18	485.85	1 875.41	500.11	1 887.30	573.20	2 113.20	518.95	1 530.24
丁　醇	37.89	286.45	33.08	370.66	63.82	820.35	70.80	901.47	70.05	1 064.87	86.47	1 208.61
辛　醇	22.84	260.33	20.09	304.30	28.72	441.38	37.31	607.10	36.58	668.20	47.34	778.07
醋　酸	5.31	18.41	1.74	9.61	1.68	7.65	2.14	9.59	1.77	8.29	5.89	22.68
苯　酚	17.29	159.87	21.72	317.32	36.51	545.34	59.40	837.81	76.19	1 253.60	62.40	919.82
丙　酮	43.66	267.13	47.63	528.83	48.87	532.95	69.02	673.59	74.48	760.63	75.22	632.86
丁　酮	0.18	2.63	0.20	3.20	0.26	3.90	0.63	7.87	2.22	34.13	2.98	35.66

续表

产品名称	2015年		2014年		2013年		2012年		2011年		2010年	
	数量/万吨	金额/百万美元	数量/万吨	金额/百万美元	数量/万吨	金额/百万美元	数量/万吨	金额/百万美元	数量/万吨	金额/百万美元	数量/万吨	金额/百万美元
(三)主要合纤原料及聚合物												
乙二醇	877.16	7 123.97	845.03	3 149.15	824.63	8 807.34	796.53	8 303.54	727.02	8 611.74	664.41	5 769.54
对苯二甲酸	75.19	478.80	116.37	1 072.93	274.31	2 990.29	537.03	5 867.65	652.72	8 240.48	664.16	6 243.49
尼龙66盐	0.71	13.32	0.84	18.28	0.96	20.91	0.99	24.98	1.02	26.91	0.35	7.44
丙烯腈	39.79	556.78	51.79	1 001.72	54.76	982.75	55.54	1 041.05	54.17	1 250.33	44.58	905.42
己内酰胺	22.36	362.20	22.33	504.20	45.29	1 076.18	70.66	1 813.72	63.33	2 060.70	63.14	1 560.21
聚酯切片	16.67	262.83	18.01	328.78	18.90	350.63	18.29	324.48	19.69	350.27	23.74	334.11

表 9

中国主要石化产品出口数量与金额

产品名称	2015年		2014年		2013年		2012年		2011年		2010年	
	数量/万吨	金额/百万美元	数量/万吨	金额/百万美元	数量/万吨	金额/百万美元	数量/万吨	金额/百万美元	数量/万吨	金额/百万美元	数量/万吨	金额/百万美元
一、五大合成树脂	166.64	1 915.55	192.43	2 474.27	144.15	2 064.63	126.02	1 812.60	132.82	1 993.00	92.00	1 270.06
1. 聚乙烯	26.93	381.08	24.91	410.37	20.26	326.44	28.77	429.89	32.21	486.36	15.81	229.06
低密度聚乙烯	5.95	91.37	4.92	83.35	4.66	74.45	6.99	110.56	7.98	137.19	7.88	123.03
高密度聚乙烯	15.39	215.26	15.71	254.56	11.17	174.92	13.50	199.69	17.60	252.13	6.10	79.72
2. 聚丙烯	16.64	248.01	12.58	234.85	14.72	255.70	14.16	231.41	16.58	277.60	8.29	135.41
3. 聚苯乙烯	32.98	452.29	32.32	585.83	32.65	646.43	33.53	572.19	35.57	593.22	35.83	503.81
可发性聚苯乙烯	28.97	372.47	27.41	477.23	29.05	562.21	29.85	495.75	32.21	522.29	32.96	447.43
其他聚苯乙烯	4.02	79.82	4.91	108.60	3.60	84.22	3.68	76.44	3.36	70.93	2.86	56.39
4. ABS 共聚物	2.35	53.30	3.32	78.86	3.13	78.98	4.16	101.80	4.31	108.19	5.50	119.05
5. 聚氯乙烯	87.74	780.87	119.30	1 164.36	73.39	757.09	45.40	477.31	44.15	527.63	26.58	282.73
纯聚氯乙烯	78.23	627.63	111.07	1 028.75	66.22	634.11	39.46	379.28	38.59	440.88	22.46	220.43
未塑化聚氯乙烯	2.58	45.51	1.94	32.37	1.67	27.39	1.00	14.66	0.99	12.58	0.52	7.23
已塑化聚氯乙烯	6.94	107.73	6.29	103.24	5.50	95.59	4.95	83.36	4.58	74.16	3.59	55.07
二、合成橡胶及胶乳合计	18.84	419.07	19.43	506.88	21.19	555.56	22.03	719.29	29.10	1 046.60	23.58	585.68
1. 丁苯橡胶	6.50	128.27	7.31	174.28	7.16	182.78	7.53	234.43	11.88	386.61	9.39	215.86
丁苯胶乳	1.36	15.12	0.73	10.69	0.70	10.51	0.69	11.81	0.63	10.25	0.54	7.30
2. 顺丁橡胶	1.78	28.01	1.99	40.39	1.96	44.14	2.54	85.46	2.67	105.11	2.24	55.25
3. 丁基橡胶	0.02	1.09	0.03	1.03	0.09	3.01	1.18	39.31	0.40	17.08	0.16	7.06
4. 氯丁橡胶	0.18	6.75	0.29	11.35	0.34	14.10	0.57	25.23	0.80	34.02	0.42	13.66
5. 丁腈橡胶	1.43	22.45	0.95	21.16	1.30	21.36	1.40	26.94	1.58	33.85	1.14	16.98

续表

产品名称	2015 年		2014 年		2013 年		2012 年		2011 年		2010 年	
	数量/万吨	金额/百万美元	数量/万吨	金额/百万美元	数量/万吨	金额/百万美元	数量/万吨	金额/百万美元	数量/万吨	金额/百万美元	数量/万吨	金额/百万美元
6. 异戊二烯橡胶	0.02	0.64	0.02	1.34	0.03	1.38	0.02	1.17	0.05	2.19	0.07	2.32
7. 乙丙橡胶	0.21	6.27	0.18	6.59	0.11	3.84	0.21	5.51	0.11	3.30	0.15	3.90
8. 其他合成橡胶	8.71	225.59	8.66	250.74	10.20	284.97	8.59	301.24	11.62	464.43	10.02	270.66
其他胶乳	0.01	0.32	0	0.09	0	0.13	0.01	0.26	0.02	0.24	0.06	0.88
三、合成纤维	365.76	7 190.18	342.71	7 770.61	294.85	7 266.74	256.27	6 866.59	258.11	7 487.02	216.93	5 137.94
1. 锦　纶	19.36	734.32	18.24	794.20	16.18	722.92	15.31	728.48	15.66	814.06	15.42	648.75
长　丝	18.96	699.19	17.87	759.04	15.85	687.76	14.90	686.71	15.08	752.24	14.99	605.22
短纤维及纤维条	0.40	35.14	0.36	35.16	0.34	35.16	0.41	41.77	0.58	61.82	0.43	43.53
2. 涤　纶	266.94	3 634.37	248.44	4 045.06	204.22	3 597.32	176.59	3 172.92	177.50	3 567.43	141.81	2 275.78
长　丝	172.03	2 632.30	160.43	2 925.43	131.66	2 593.70	110.91	2 220.87	97.73	2 250.63	83.40	1 550.52
短纤维及纤维条	94.91	1 002.07	88.01	1 119.63	72.56	1 003.62	65.68	952.05	79.77	1 316.80	58.41	725.27
3. 腈纶短纤维及纤维条	1.95	43.24	1.93	52.49	0.94	31.35	0.58	18.55	0.41	13.58	0.44	12.55
4. 丙　纶	3.44	99.94	3.00	90.25	2.78	73.74	2.58	72.05	3.10	69.68	1.64	36.37
长　丝	2.58	83.69	2.33	76.11	2.04	58.11	1.91	56.70	2.39	53.62	1.17	26.81
短纤维及纤维条	0.86	16.26	0.67	14.15	0.73	15.63	0.67	15.35	0.71	16.05	0.47	9.56
5. 氨纶长丝	5.22	324.97	4.55	317.96	4.68	330.68	4.41	295.74	3.45	236.86	3.88	271.93
6. 其　他	68.84	2 353.34	66.55	2 470.66	66.05	2 510.73	56.80	2 578.86	57.99	2 785.43	53.74	1 892.56
长　丝	8.07	407.40	7.45	385.08	7.10	365.76	6.66	327.97	6.07	318.63	5.25	246.61
短纤维及纤维条	60.77	1 945.94	59.10	2 085.57	58.95	2 144.97	50.14	2 250.88	51.92	2 466.79	48.50	1 645.95

续表

产品名称	2015年		2014年		2013年		2012年		2011年		2010年	
	数量/万吨	金额/百万美元	数量/万吨	金额/百万美元	数量/万吨	金额/百万美元	数量/万吨	金额/百万美元	数量/万吨	金额/百万美元	数量/万吨	金额/百万美元
四、制成肥料	3 450.36	10 857.92	2 902.94	8 907.90	1 901.03	6 253.53	1 757.86	7 225.57	1 822.77	7 884.09	1 614.09	5 395.62
尿　素	1 374.80	3 938.15	1 361.55	4 007.88	826.53	2 604.65	694.79	2 638.63	355.88	1 551.26	702.58	2 094.65
五、有机化学品												
(一)乙烯、芳烃												
乙　烯	0	0.08	0.02	0.41	0	0.07	0	0.03	0.97	11.65	3.35	33.82
纯　苯	9.28	66.80	7.49	80.79	3.11	31.01	4.94	51.23	11.03	114.87	11.97	101.42
甲　苯	0.52	4.32	0.22	2.99	0.31	4.09	0.67	8.32	0.80	9.17	1.02	8.49
混合二甲苯	0.04	0.43	0.66	7.62	7.33	81.43	4.01	49.01	0.69	7.31	0.64	3.42
邻二甲苯	0.20	1.96	0	0.03	0	0.02	0	0.02	1.91	25.11	0	0.01
对二甲苯	12.01	100.76	10.35	128.07	18.11	275.18	19.22	283.94	34.79	528.88	20.97	218.62
苯乙烯	0.49	4.94	2.98	50.65	5.28	92.52	3.40	47.86	7.11	98.54	1.13	13.85
乙　苯	0.01	0.20	0.02	0.36	0.01	0.21	0	0.08	0	0.09	0.03	0.75
(二)主要有机原料												
甲　醇	16.29	49.89	74.93	342.44	77.28	307.98	6.73	26.47	4.39	18.21	1.24	4.24
丁　醇	2.01	19.45	0.80	13.13	0.66	11.86	0.64	11.03	0.67	13.16	0.56	8.06
辛　醇	1.45	17.12	5.44	76.92	0.84	12.98	0.71	11.65	0.36	7.06	0.48	7.79
醋　酸	39.31	150.56	18.11	86.88	17.92	78.17	33.08	147.91	66.71	330.93	21.75	94.04
苯　酚	1.79	17.68	3.95	59.62	0.60	13.08	2.39	38.38	3.84	77.25	4.04	65.38
丙　酮	0.31	2.60	0.05	1.19	0.06	1.17	0.07	1.32	0.10	2.23	0.08	1.38
丁　酮	9.09	95.91	9.28	132.14	6.41	79.83	10.23	134.70	9.34	210.75	4.16	53.66

续表

产品名称	2015 年		2014 年		2013 年		2012 年		2011 年		2010 年	
	数量/万吨	金额/百万美元	数量/万吨	金额/百万美元	数量/万吨	金额/百万美元	数量/万吨	金额/百万美元	数量/万吨	金额/百万美元	数量/万吨	金额/百万美元
(三)主要合纤原料及聚合物												
乙二醇	1.99	28.25	0.57	11.53	0.54	8.43	1.08	13.92	0.60	10.19	0.50	7.88
对苯二甲酸	62.25	421.62	46.27	419.46	12.63	135.40	0.91	9.54	2.71	39.30	0.43	4.96
尼龙 66 盐	0	0.11	0	0.02	0	0.04	0.09	3.48	0	0.08	0.01	0.20
丙烯腈	0	0	0.01	0.24	0	0	0	0	0	0	0	0
己内酰胺	0.21	3.68	0.01	0.24	0.11	2.77	0.64	17.42	0.76	26.66	0.06	1.60
聚酯切片	209.02	2 034.17	229.84	2 889.33	195.83	2 798.15	136.18	1 943.61	103.97	1 753.37	77.72	976.35

表 10　　中国石化在《财富》杂志世界 500 强企业中排名

年度	排名
1999	73
2000	58
2001	68
2002	86
2003	70
2004	54
2005	31
2006	23
2007	17
2008	16
2009	9
2010	7
2011	5
2012	5
2013	4
2014	3
2015	2

附　录

◇ 科技成果获奖名单

◇ 企事业单位名录

◇ 制度性文件名一览表

附录 1

科技成果获奖名单

表 1 国家技术发明奖

二等奖
1. 乙烯三聚制 1－己烯新型催化体系及成套工艺技术
2. 含高浓度分散相的搅拌反应器数值放大与混合强化的新技术

表 2 国家科学技术进步奖

特等奖
1. 高效环保芳烃成套技术开发及应用
二等奖
1. 超高压大功率油气压裂机组研制及集群化应用

表 3 中国石化前瞻性基础性研究科学奖

一等奖
1. 面向工业过程的分子筛催化甲醇转化反应机理研究和中间体验证
2. 均相乳液固化成形新型钛系聚乙烯催化剂
二等奖
1. 中国海相地层油气封盖机理与有效性评价
2. 柴油超深度脱硫反应机理和反应动力学研究
3. 新型铁系催化剂及在乙烯齐聚制 α－烯烃中的应用
三等奖
1. 三维陆地资料混合域全波形反演算法研究
2. 地球化学新技术与成熟探区精细勘探
3. 石油高效转化多级孔催化材料研究
4. 新型 JS1 系列内给电子体化合物及其合成技术
5. 石油石化有机污染物组学

表 4　中国石化技术发明奖

一等奖
1. 聚合物驱后油藏井网调整非均相复合驱提高采收率技术
2. 乙烯氧化制环氧乙烷高选择性银催化剂技术
二等奖
1. 内嵌旋转尾管固井成套系统的研制与应用
2. 自解堵疏水暂堵钻完井液技术
3. 天然气净化大型硫回收装置系列催化剂开发与工业试验
4. 高加氢活性体相催化剂创制及应用
5. 超细纳米 Beta 沸石材料及工业催化应用
三等奖
1. 高温高密度钻井液及处理剂的开发与应用
2. 油田含油污水物理与生化高效耦合处理技术
3. FVD 原油减压蒸馏技术开发及工业应用
4. 新型抗菌材料开发及推广
5. 制备高附加值二乙烯苯的脱氢催化剂研制及应用

表 5　中国石化科学技术进步奖

一等奖
1. 准西—准北缘油气成藏关键因素及勘探目标
2. 非常规油气压裂微地震监测技术
3. 断陷盆地高勘探程度区油气成藏新认识与勘探实践——以渤南洼陷为例
4. 涪陵页岩气田地质评价技术及开发技术政策
5. 超深高含硫生物礁大气田高效开发技术
6. 超深高含硫气田开发监测技术研究
7. 提高采收率潜力评价及技术创新实践
8. 中国石化生物航煤生产技术(SRJET 技术)
9. 逆流连续重整成套技术开发与工业应用
10. SRH 液相循环加氢技术开发及工业应用
11. 武汉 80 万吨/年乙烯成套技术开发
12. 单喷嘴冷壁式粉煤加压气化(SE)成套技术开发与工业应用
13. 3 万吨/年稀土顺丁橡胶工业成套技术开发
14. 第三代环管法成套技术
15. 高效油气回收成套技术研发及工业应用

续表

二等奖
1. 井工厂钻机移运装置研制
2. 查干凹陷苏红图组碎屑岩油气富集规律研究
3. 大牛地气田奥陶系有效储层评价与分布预测
4. 基于地质目标的可控震源地震勘探技术研究与应用
5. 深层 5½″套管开窗侧钻关键技术
6. 梨树断陷隐蔽油气藏分布规律与勘探目标评价
7. 塔里木盆地北部跃进地区奥陶系油气成藏规律与目标评价
8. 四川盆地天然气动态成藏
9. 污泥填充凝胶颗粒的研制及工业化应用
10. 致密油长水平段水平井钻完井技术
11. 深层砂砾岩体油藏开发关键技术
12. 中高含水油藏微生物驱提高采收率技术
13. 重油选择性裂解技术(MCP)的开发及其工业应用
14. 生产国Ⅴ汽油的催化裂化汽油选择性加氢脱硫(RSDS－Ⅲ)技术
15. 重整生成油管式液相选择性加氢(FITS)技术
16. 国Ⅳ汽柴油组成与排放的关系研究
17. 3 000 吨/年维纶高强高模纤维成套技术开发
18. 新型高效表面活性剂研制及其在河南油田的工业应用
19. 裂解汽油苯乙烯抽提成套技术开发及工业应用
20. POF 膜用 LLDPE 专用料的工业化开发
21. 直接聚合法高流动高刚高透聚丙烯开发
22. DQC 催化剂的工业应用
23. 裂解汽油加氢装置节能新工艺
24. 原油管道完整性管理技术
25. 炼化联合装置全厂一体化 DCS 国产化
26. 大吨位双模超级电容蓄能网电修井机研制与应用
27. 80 万吨/年乙烯装置乙烯制冷压缩机组研制
28. 特大型硫黄回收装置反应炉研制及应用
29. 炼化装置泄漏检测与修复成套技术开发及应用
30. 加油站埋地双层油罐及热塑性塑料复合管道技术研发与推广应用
31. 安全降耗密相输送工程技术研究及工业应用
32. 燃煤锅炉烟气脱硝成套技术开发
33. 基于反应致灾机理的化工装置安全诊断与控制技术研究与应用
34. 炼油企业原油混输与调和技术研究与应用
35. 有效碳数法测定芳烃产品中的微量杂质 ASTM 标准研究

续表

三等奖
1. 特殊结构系列钻杆及应用配套技术
2. 亚北极萨哈林冷海钻完井工程技术
3. 水平井多相流测井资料解释评价技术
4. 微电阻率扫描井壁成像测井技术
5. 页岩气水平井油基钻井液技术研究与工业化应用
6. 烷烃组分光谱连续检测技术
7. 川西南筇竹寺组页岩气测井评价技术
8. 多尺度资料联合地层吸收衰减研究及应用
9. 临南洼陷沙河街组碎屑岩低渗储层成因与评价
10. 潜江凹陷盐间泥质白云岩油藏勘探技术
11. 安哥拉深水区块勘探潜力与目标评价技术
12. 东海深层低渗储层伤害评价与防治技术
13. 非常规水平井分级射孔工艺
14. 高含硫气井套管保护及修复技术研究
15. 高含水油田液流方向优化方法研究与应用
16. 真武油田改善水驱提高采收率研究
17. 天然气处理装置模块化设计技术与应用
18. 土库曼斯坦阿姆河右岸地区钻井关键技术
19. 高密度钻井液清洁快钻技术
20. 川西中浅层复合缝网压裂工艺技术
21. 稠油热波耦合辅助层内化学裂解降粘技术研究
22. 河南油田含硫污水水质稳定技术研究与应用
23. 河南油田 95℃高温油藏化学驱技术研究
24. 塔河油田超深碳酸盐岩油藏储层改造技术
25. 塔河油田超深井高效举升技术研究与工业化应用
26. 致密砂岩、砂砾岩气藏表征关键技术
27. S-Zorb 吸附剂失活原因及活性评价模型研究
28. 高球形度 FCC 催化剂制备技术研究开发
29. 低温异构化原料深度处理技术开发及应用
30. 满足瓦锡兰二冲程发动机使用要求的长城船用油的开发及应用
31. 中国重汽系列配套润滑油的开发及应用研究
32. 公路养护与建筑防水专用沥青的开发与应用推广
33. 系列鞋用 EVA 树脂的应用研究与市场推广
34. 溴胶混合器防腐技术开发及应用
35. 高密度聚乙烯 IBC 桶用专用料开发及推广应用
36. 催化加氢法提高乙二醇产品质量技术开发及工业应用

续表

三等奖
37. 聚酯板用基料研发
38. 耐熔垂聚丙烯热成型专用料的开发
39. 3 万吨/年溴化丁基橡胶生产装置工艺优化及产品质量提高技术攻关
40. 地下管网用新型检查系统(塑料检查井)关键技术开发
41. CBL－VI 型炉开发及在 SRT－III 型炉改造中的工业应用
42. 电液减压调节阀国产化研制
43. 大型偶联反应器工程技术开发及国产化研制
44. 页岩油(气)钻井油基钻屑处理技术与装备研制
45. 大型丙烯腈生产污水回用处理成套技术开发
46. 高硫原油高酸原油加工装置设备和管道设计选材导则和设计选材导则
47. 液相循环加氢装置循环油泵
48. 普光高含硫天然气腐蚀机理及材料评价研究
49. 炼油加热炉深度节能技术开发研究
50. 油田伴生气回收利用技术研究
51. 抽油机直流互馈型集群节能控制系统研发
52. 聚丙烯超滤膜的开发与工业应用
53. 超长冲程节能抽油系统研究
54. 石油化工工艺集成化设计关键技术开发和应用
55. 高温高压大功率液力透平能量回收系统研制
56. 炼化火炬系统安全技术研究与应用
57. 加油站燃爆事故机理与防护技术研究与应用
58. 炼化企业化学毒物职业危害风险分级与防制技术研究
59. 高含硫高含盐稠油集输处理与腐蚀防治关键技术研究及工业化应用
60. 石油炼制辞典
61. 移动式天然气计量标准装置技术
62.《石油化工钢制设备抗震设计规范》GB 50761—2012
63. 石油炼制和石油化学工业污染物排放两项国家标准
64. 中国石化非油品业务经营管理系统
65. 中国石化重要应用系统灾备项目
66. 中国石化人力资源管理信息系统项目
67. 中国石化炼化企业操作管理系统

附录 2

企事业单位名录

序号	单位名称	地址	邮政编码	电话	传真	董事长/经理（厂长）
1	中国石化集团胜利石油管理局 中国石油化工股份有限公司胜利油田分公司	山东省东营市济南路 125 号	257001	(0546)8552074 (0546)8555313	(0546)8221719	孙焕泉
2	中国石化集团中原石油勘探局 中国石油化工股份有限公司中原油田分公司	河南省濮阳市中原路 277 号	457001	(0393)4822151 (0393)4822172	(0393)4828300	孔凡群
3	中国石化集团河南石油勘探局 中国石油化工股份有限公司河南油田分公司	河南省南阳市宛城区油田五一村	473132	(0377)63830011	(0377)63830027	陶光辉
4	中国石化集团江汉石油管理局 中国石油化工股份有限公司江汉油田分公司	湖北省潜江市广华寺江汉路 1 号	433124	(0728)6502051	(0728)6502784	孙　健
5	中国石化集团江苏石油勘探局 中国石油化工股份有限公司江苏油田分公司	江苏省扬州市文汇西路 1 号	225009	(0514)87762001	(0514)87761111	李东海
6	中国石化集团上海海洋石油局 中国石油化工股份有限公司上海海洋油气分公司	上海市浦东新区商城路 1225 号	200120	(021)20896811	(021)68769284	邢景宝
7	中国石化集团西北石油局 中国石油化工股份有限公司西北油田分公司	新疆乌鲁木齐市长春南路 466 号中国石化西北石油科研生产园区	830011	(0991)3166567	(0991)6637597	胡广杰
8	中国石化集团西南石油局 中国石油化工股份有限公司西南油气分公司	四川省成都市高新区吉泰路 688 号中国石化西南科研办公基地	610041	(028)65285555	(028)65285666	甘振维
9	中国石化集团东北石油局 中国石油化工股份有限公司东北油气分公司	吉林省长春市绿园区西安大路 4936 号	130062	(0431)87958809	(0431)87974693 (0431)87973631	元　涛

续表

序号	单位名称	地址	邮政编码	电话	传真	董事长/经理（厂长）
10	中国石化集团华北石油局 中国石油化工股份有限公司华北油气分公司	河南省郑州市中原区陇海西路199号	450006	(0371)68629220	(0371)68612902	周荔青
11	中国石化集团华东石油局 中国石油化工股份有限公司华东油气分公司	江苏省南京市建邺区江东中路315号中泰国际广场6号楼	210019	(025)58777021	(025)58822349	方志雄
12	中国石油化工股份有限公司勘探分公司	四川省成都市高新区吉泰路688号中国石化西南科研办公基地	610041	(028)85164709	(028)85164600	郭旭升
13	中国石化集团北京燕山石油化工有限公司 中国石油化工股份有限公司北京燕山分公司	北京市房山区燕山岗南路1号	102500	(010)69347123	(010)69342736	罗　强
14	中国石化集团资产经营管理有限公司齐鲁石化分公司 中国石油化工股份有限公司齐鲁分公司	山东省淄博市临淄区桓公路15号	255400	(0533)7180777	(0533)7180406	凌逸群
15	中国石化集团茂名石油化工公司 中国石油化工股份有限公司茂名分公司	广东省茂名市双山四路9号大院	525000	(0668)2243941	(0668)2269317	余夕志
16	中国石油化工股份有限公司镇海炼化分公司	浙江省宁波市镇海区蛟川街道俞范	315207	(0574)86444000	(0574)86270077	张玉明
17	中国石化集团资产经营管理有限公司天津石化分公司 中国石油化工股份有限公司天津分公司	天津市滨海新区（大港）北围堤路（西）160号	300271	(022)63805578	(022)25991000	朱建民
18	中沙（天津）石化有限公司	天津市滨海新区（大港）北围堤路西235号	300271	(022)63809024	(022)63809000	朱建民
19	中国石化上海石油化工股份有限公司	上海市金山区金一路48号	200540	(021)57941941	(021)57942267	王治卿
20	上海赛科石油化工有限责任公司	上海化学工业区南银河路557号	201507	(021)37990088	(021)67250866	吴海君
21	中国石化上海高桥石油化工有限公司	上海市浦东大道3000号	200129	(021)58711001	(021)58712207	侯勇/侯晓明

续表

序号	单位名称	地址	邮政编码	电话	传真	董事长/经理（厂长）
22	中国石化集团金陵石油化工有限责任公司 中国石油化工股份有限公司金陵分公司	江苏省南京市栖霞区甘家巷街388号	210033	(025)58989322	(025)85592004	戚建国/张春生
23	中国石化集团资产经营管理有限公司扬子石化分公司 中国石化扬子石油化工有限公司	江苏省南京市化学工业园区大厂新华路777号	210048	(025)57782303	(025)57784389	王净依/张建平
24	扬子石化—巴斯夫有限责任公司	江苏省南京市六合区新华东路8号	210048	(025)57770888	(025)58569701	王净依
25	福建炼油化工有限公司	福建省泉州市丰泽区安吉路福炼大厦	362011	(0595)27355053	(0595)27355000	顾越峰
26	中国石化集团资产经营管理有限公司武汉分公司 中国石油化工股份有限公司武汉分公司	湖北省武汉市青山区长青路特1号	430082	(027)86595156 (027)86595163	(027)86595188	李成峰
27	中韩(武汉)石油化工有限公司	湖北省武汉市化学工业区八吉府大街特1号	430000	(027)86630023 (027)86630024	(027)86630049	李成峰/管泽民
28	中国石化集团资产经营管理有限公司巴陵石化分公司 中国石油化工股份有限公司巴陵分公司	湖南省岳阳市云溪区	414014	(0730)8492348	(0730)8481456	李大为
29	中国石化集团资产经营管理有限公司长岭分公司 中国石油化工股份有限公司长岭分公司	湖南省岳阳市云溪区	414012	(0730)8450025	(0730)8451824	李　华
30	中国石化集团资产经营管理有限公司仪征分公司 中国石化仪征化纤有限责任公司	江苏省仪征市长江西路1号	211900	(0514)83232235	(0514)83233880	卢立勇
31	中国石化集团南京化学工业有限公司	江苏省南京市六合区大厂葛关路268号	210048	(025)57765017	(025)57792812	王　宏
32	中国石化集团资产经营管理有限公司广州分公司 中国石油化工股份有限公司广州分公司	广东省广州市黄埔区石化路239号	510726	(020)62123888	(020)82396591	陈　坚
33	中国石化集团资产经营管理有限公司洛阳石化分公司 中国石油化工股份有限公司洛阳分公司	河南省洛阳市吉利区大庆路1号	471012	(0379)66992300	(0379)66991882	赵振辉

续表

序号	单位名称	地址	邮政编码	电话	传真	董事长/经理（厂长）
34	中国石化集团资产经营管理有限公司安庆分公司 中国石油化工股份有限公司安庆分公司	安徽省安庆市石化四路20号	246002	(0556)5381717	(0556)5378299	王　彪
35	中国石化海南炼油化工有限公司	海南省洋浦经济开发区	578101	(0898)28820068	(0898)28820099	蔡　智
36	中国石化青岛炼油化工有限责任公司	山东省青岛经济技术开发区千山南路827号	266500	(0532)86915971	(0532)86915988	王树德
37	中国石化集团资产经营管理有限公司石家庄分公司 中国石油化工股份有限公司石家庄炼化分公司	河北省石家庄市裕华区石炼路1号	050099	(0311)80863108	(0311)80861234	张西义/孙明荣
38	中国石化集团资产经营管理有限公司荆门分公司 中国石油化工股份有限公司荆门分公司	湖北省荆门市掇刀区白庙街办炼厂路	448039	(0724)2271917	(0724)2211539	江寿林
39	中国石化集团四川维尼纶厂	重庆市长寿区维江路36号	401254	(023)68976910	(023)68974009	许　毅
40	中国石化集团资产经营管理有限公司九江分公司 中国石油化工股份有限公司九江分公司	江西省九江市滨江东路228号	332004	(0792)8493204	(0792)8617006	覃伟中
41	中国石化集团资产经营管理有限公司宜昌分公司 中国石油化工股份有限公司湖北化肥分公司	湖北省枝江市迎宾大道15号	443200	(0717)4232261	(0717)4212660	胡明生
42	中国石化集团资产经营管理有限公司济南分公司 中国石油化工股份有限公司济南分公司	山东省济南市工业南路26号	250101	(0531)88832202	(0531)88983622	吕亮功
43	中国石化中原石油化工有限责任公司	河南省濮阳市胜利西路41号	457000	(0393)4471075	(0393)4416227	李德武/王家纯
44	中国石化集团资产经营管理有限公司沧州分公司 中国石油化工股份有限公司沧州分公司	河北省沧州市交通北大道50号	061000	(0317)3552247 (0317)3552095	(0317)3552688	李敏/叶晓东
45	中国石化润滑油有限公司	北京市海淀区安宁庄西路6号	100085	(010)62949873	(010)62917732	宋云昌
46	中国石化青岛石油化工有限责任公司	山东省青岛市李沧区滨海路8号	266043	(0532)66762212	(0532)84816954	陈德胜
47	中国石化湛江东兴石油化工有限公司	广东省湛江市霞山区湖光路15号	524012	(0759)2606604	(0759)2606888	吴惜伟

续表

序号	单位名称	地址	邮政编码	电话	传真	董事长/经理（厂长）
48	中国石化北海炼化有限责任公司	广西北海市铁山港区 4 号路	536016	(0779)8528031	(0779)8528888	陈尧焕
49	中国石油化工股份有限公司西安石化分公司	陕西省西安市未央区建章路北段 6 号	710086	(029)84313662	(029)84320522	李少平
50	中国石化塔河炼化有限责任公司	新疆库车县天山东路 573 号	842000	(0997)7979067	(0997)7979016	赵亚新
51	中国石化炼油销售有限公司	上海市长宁区延安西路 728 号 22 层	200050	(021)60863300	(021)52381680	胡伟庆
52	中国石化集团资产经营管理有限公司北京石油分公司 中国石化销售有限公司北京石油分公司	北京市东城区广渠家园 6 号楼	100022	(010)67006700	(010)67006717 (010)67006900	陈立国
53	中国石化销售有限公司天津石油分公司	天津市南开区南京路 338 号	300100	(022)27201588	(022)27201555	王文联
54	中国石化销售有限公司河北石油分公司	河北省石家庄市槐安东路 6 号	050021	(0311)87182351	(0311)87182888	田凤林
55	中国石化销售有限公司山西石油分公司	山西省太原市万柏林区大王路 8 号	030024	(0351)6197650	(0351)6197567	徐建春
56	中国石化销售有限公司上海石油分公司	上海市黄浦区中山东一路 24 号甲	200002	(021)63290095	(021)63210762	左兴凯/聂时榜
57	中国石化销售有限公司江苏石油分公司	江苏省南京市中山北路 395 号	210003	(025)58808888	(025)58803729	许卫东
58	中国石化销售有限公司浙江石油分公司	浙江省杭州市河坊街 58 号	310009	(0571)87814551	(0571)87818822	岑利祥
59	中国石化销售有限公司安徽石油分公司	安徽省合肥市屯溪路 188 号	230009	(0551)62212843	(0551)62212900	柴志明
60	中国石化销售有限公司福建石油分公司	福建省福州市中山路 18 号	350003	(0591)87817322	(0591)87817322	丁春生
61	中国石化集团资产经营管理有限公司江西石油分公司 中国石化销售有限公司江西石油分公司	江西省南昌市经济技术开发区双港东大街 1460 支路 188 号	330000	(0791)88512247	(0791)88511107	毛陆军
62	中国石化集团资产经营管理有限公司山东石油分公司 中国石化销售有限公司山东石油分公司	山东省济南市经十路 13777 号 9 栋中国石化山东石油大厦	250014	(0531)85856666 (0531)85857777	(0531)85856789	左志民
63	中国石化销售有限公司河南石油分公司	河南省郑州市郑东新区正光路 16 号	450016	(0371)87520290	(0371)87520299	焦德才
64	中国石化销售有限公司湖北石油分公司	湖北省武汉市硚口区解放大道 606 号	430030	(027)68837000	(027)68837100	张 华
65	中国石化销售有限公司湖南石油分公司	湖南省长沙市湘春路 113 号	410008	(0731)84841848	(0731)84841801	潘桂妹

续表

序号	单位名称	地址	邮政编码	电话	传真	董事长/经理（厂长）
66	广东省石油企业集团公司 中国石化销售有限公司广东石油分公司	广东省广州市体育西路191号中石化大厦A塔	510620	(020)38084610	(020)38081618	陈成敏
67	中国石化销售有限公司广西石油分公司	广西南宁市桃源路67号石油大厦	530021	(0771)6757886	(0771)6757889	李继从
68	中国石化销售有限公司海南石油分公司	海南省海口市滨海大道163号	570311	(0898)68680800	(0898)68680909	徐天民
69	中国石化集团资产经营管理有限公司贵州石油分公司 中国石化销售有限公司贵州石油分公司	贵州省贵阳市南明区解放路21号石化大厦	550002	(0851)85986622	(0851)85985810	张家顺
70	中国石化集团资产经营管理有限公司云南石油分公司 中国石化销售有限公司云南石油分公司	云南省昆明市国贸路865号	650029	(0871)63115215	(0871)63115210	张伟成
71	中国石化燃料油销售有限公司	北京市朝阳区惠新东街甲6号	100029	(010)69166666	(010)69168888	刘祖荣
72	中国石化销售有限公司辽宁石油分公司	辽宁省沈阳市皇姑区北陵大街21号沈阳天地B座	110032	(024)86859479	(024)86859479	纪　波
73	中国石化销售有限公司四川石油分公司	四川省成都市高新区天府大道中段吉泰路688号中石化西南科研基地1410	610041	(028)65286810	(028)65286822	杨军泽
74	中国石化销售有限公司重庆石油分公司	重庆市渝中区青年路38号国贸大厦32楼	400010	(023)63107555	(023)63106320	江建华
75	中国石化销售有限公司陕西石油分公司	陕西省西安市莲湖区北大街29号中天国际大厦10层	710003	(029)87255916	(029)87257202	谭莫羡
76	中国石化销售有限公司内蒙古石油分公司	内蒙古呼和浩特市新城区成吉思汗大街26号日新大厦A座	010051	(0471)5289806	(0471)5289808	王红兵
77	中国石化销售有限公司新疆石油分公司	新疆乌鲁木齐长春南路466号中国石化科研生产园区2楼B座	830011	(0991)3163087	(0991)3163086	邱发森
78	中国石化销售有限公司吉林石油分公司	吉林省长春市绿园区洛阳街39号	130062	(0431)81332986	(0431)88409576	胡乐天

续表

序号	单位名称	地址	邮政编码	电话	传真	董事长/经理（厂长）
79	中国石化销售有限公司黑龙江石油分公司	黑龙江省哈尔滨市南岗开发区嵩山路 26 号	150000	(0451)87763026	(0451)81332987	张天明
80	中国石化销售有限公司青海石油分公司	青海省西宁市城西区海湖路 26 号	810000	(0971)6304329	(0971)6317257	刘踊林
81	中国石化销售有限公司甘肃石油分公司	甘肃省兰州市城关区天水中路 2 号	730030	(0931)8520681	(0931)8833795	张宏彦
82	中国石化销售有限公司宁夏石油分公司	宁夏银川市金凤区庆丰街 396 号鼎城商务中心	750000	(0951)6662930	(0951)5019813	于海平
83	中国石化销售有限公司西藏石油分公司	西藏拉萨市城关区娘热路 13 号	850000	(0891)6820269	(0891)6820269	伏　韬
84	中国石化销售有限公司华北分公司	天津市华苑产业园区榕苑路 11 号	300384	(022)23059524	(022)23059522	于金广
85	中国石化销售有限公司华东分公司	上海市长宁区愚园路 819 号	200050	(021)62119325	(021)62119327	杨　棣
86	中国石化销售有限公司华中分公司	湖北省武汉市江汉区常青路 39 号	430023	(027)65798028	(027)65798015	申向阳
87	中国石化销售有限公司华南分公司	广东省广州市天河区体育西路 191 号中石化大厦	510620	(020)38083937	(020)38083909	田中山
88	中国石油化工股份有限公司石油勘探开发研究院	北京市海淀区学院路 31 号	100083	(010)82312417	(010)82312089	金之钧
89	中国石化石油工程技术研究院	北京市朝阳区北辰东路 8 号北辰时代大厦 10 层	100101	(010)84988166	(010)84988966	路保平
90	中国石油化工股份有限公司石油物探技术研究院	江苏省南京市江宁区上高路 219 号	211103	(025)68109926	(025)68109900	曲寿利
91	中国石油化工股份有限公司石油化工科学研究院	北京市海淀区学院路 18 号	100083	(010)62310806	(010)62311290	龙　军
92	中国石油化工股份有限公司北京化工研究院	北京市朝阳区北三环东路 14 号	100013	(010)59202342	(010)64228661	吴长江
93	中国石油化工股份有限公司抚顺石油化工研究院	辽宁省抚顺市望花区丹东路东段 31 号	113001	(024)56389234	(024)56429551	方向晨
94	中国石油化工股份有限公司上海石油化工研究院	上海市浦东新区浦东北路 1658 号	201208	(021)68462737	(021)68462283	杨为民
95	中国石油化工股份有限公司青岛安全工程研究院	山东省青岛市延安三路 218 号	266071	(0532)83786202	(0532)83861318	孙万付

续表

序号	单位名称	地址	邮政编码	电话	传真	董事长/经理（厂长）
96	中国石化催化剂有限公司	北京市朝阳区惠新东街甲 6 号	100029	(010)69166523	(010)69166878	顾松园
97	中石化百川经济贸易公司(中国石油化工集团公司机关服务中心、中国石油化工集团公司机关服务局)	北京市朝阳区朝阳门北大街 22 号	100728	(010)59960509	(010)59960901	杨　军
98	中国石化国际事业有限公司	北京市朝阳区朝阳门北大街 22 号	100728	(010)59966049	(010)59760629	王玉冰
99	中国石化集团国际石油勘探开发有限公司 中国石化国际石油勘探开发有限公司	北京市海淀区北四环中路 263 号 北京市朝阳区惠新东街甲 6 号	100083 100029	(010)69165136	(010)69165140	王志刚/马正武
100	中石化石油工程技术服务有限公司	北京市朝阳区吉市口 9 号	100020	(010)59965998	(010)59965997	焦方正/孙清德
101	中国石化集团国际石油工程有限公司	北京市朝阳区吉市口 9 号	100020	(010)59965556	(010)59760955	张永杰
102	中石化海洋石油工程有限公司	上海市浦东新区商城路 1225 号	200120	(021)20896811	(021)68769284	邢景宝
103	中石化石油工程建设公司	北京市朝阳区吉市口 9 号	100020	(010)59965321	(010)59760975	左尧久
104	中石化石油工程地球物理有限公司	北京市朝阳区吉市口 9 号	100020	(010)59965715	(010)59760901	周　松
105	中石化石油工程机械有限公司	湖北省武汉市东湖新技术开发区光谷大道 77 号金融港 A2 座 12 层	430205	(027)52306801	(027)52306868	谢永金
106	中石化胜利石油工程有限公司	山东省东营市东营区济南路 125 号	257001	(0546)8714098	(0546)8221719	张　煜
107	中石化中原石油工程有限公司	河南省濮阳市中原路 277 号	457001	(0393)4734156	(0393)4734156	杜广义
108	中石化江汉石油工程有限公司	湖北省潜江市广华江汉油田局机关	433124	(0728)6502636	(0728)6502632	杨国圣
109	中石化西南石油工程有限公司	四川省成都市高新区吉泰路 688 号中国石化西南科研办公基地	610041	(028)65285566	(028)65285577	徐　进
110	中石化华东石油工程有限公司	江苏省南京市建邺区江东中路 315 号中泰国际广场 6 号楼	210019	(025)58778911	(025)58778977	

续表

序号	单位名称	地址	邮政编码	电话	传真	董事长/经理（厂长）
111	中石化华北石油工程有限公司	河南省郑州市中原区淮河路 23 号	450006	(0371)60197620	(0371)60197619	
112	中石化炼化工程(集团)股份有限公司	北京市朝阳区慧忠北里安园 19 号兰华国际 B 座	100101	(010)64998500	(010)64998599	闫少春
113	中国石化工程建设有限公司	北京市朝阳区安慧北里安园 21 号	100101	(010)84875372	(010)64963395	孙丽丽
114	中石化洛阳工程有限公司	河南省洛阳市中州西路 27 号	471003	(0379)64887749	(0379)64887756	周成平
115	中石化上海工程有限公司	上海市浦东新区张杨路 769 号(银河大厦)	200120	(021)58354214	(021)58358142	吴德荣
116	中石化宁波工程有限公司	浙江省宁波市高新区院士路 660 号	315103	(0574)87975589	(0574)87975199	何建波
117	中石化南京工程有限公司	江苏省南京市江宁区科建路 1189 号	211100	(025)87117317	(025)85561051	徐德勤
118	中石化第四建设有限公司	天津市滨海新区（大港）世纪大道 180 号	300270	(022)63862213 (022)63862214	(022)25990156	王国华
119	中石化第五建设有限公司	广东省广州市荔湾区中山七路 81 号	510145	(020)28348128	(020)28348169	田建军
120	中石化第十建设有限公司	山东省青岛市黄岛区漓江西路 677 号	266555	(0532)55681666	(0532)55681000	王存庭
121	中国石化长城能源化工有限公司	北京市朝阳区吉市口路 9 号	100020	(010)59965233	(010)59760059	戴厚良/杨栋
122	中国石化化工销售有限公司	北京市朝阳区朝阳门北大街 22 号	100728	(010)59966916	(010)59760728	常振勇
123	中国国际石油化工联合有限责任公司	北京市朝阳区朝阳门北大街 22 号	100728	(010)59966528	(010)59966698	陈　波
124	中国石油化工股份有限公司天然气分公司	北京市朝阳区惠新东街甲 6 号	100029	(010)69166083	(010)69196617	高爱华
125	中国石化集团新星石油有限责任公司	北京市海淀区北四环中路 263 号	100083	(010)82335150	(010)82335152	张召平
126	中国石化集团管道储运公司 中国石化管道储运有限公司	江苏省徐州市泉山区翟山新村 江苏省徐州市泉山区翟山新村Ⅶ区	221008	(0516)83455600	(0516)83888434	夏于飞

续表

序号	单位名称	地址	邮政编码	电话	传真	董事长/经理（厂长）
127	中国石化财务有限责任公司	北京市朝阳区朝阳门北大街22号	100728	(010)59966700	(010)59760508	刘运/张保龙
128	中国石油化工集团公司经济技术研究院(中国石化咨询公司)	北京市朝阳区安外小关街24号	100029	(010)52826100	(010)52826200	戴宝华
129	中国石化报社	北京市朝阳区吉市口9号	100020	(010)59963277	(010)59762243	陈维松
130	中国经济出版社	北京市西城区百万庄北街3号	100037	(010)68319282	(010)68319282	王子康
131	中国石化出版社有限公司	北京市东城区安外大街58号	100011	(010)84278950	(010)84289982	王子康
132	石油化工管理干部学院	北京市朝阳区立水桥北甲1号	100012	(010)52591818	(010)52591919	周志明

附录 3

制度性文件名一览表

序号	标题	文件号
1	中国石油化工集团公司总部机关工作(专业)会议管理规定	中国石化办〔2015〕14 号
2	中国石化定密管理暂行规定	中国石化办〔2015〕16 号
3	中国石化财务共享服务模式下会计档案基础管理暂行办法	中国石化办〔2015〕18 号
4	中国石油化工集团公司“三重一大”决策制度实施办法	中国石化党组〔2015〕12 号
5	中国石油化工集团公司董事会授权管理办法	中国石化办〔2015〕82 号
6	中国石化关于引导来访人依法逐级走访暨规范信访事项受理办理程序试行办法	中国石化办〔2015〕268 号
7	中国石油化工集团公司负责人履职待遇、业务支出管理办法	中国石化办〔2015〕223 号
8	中国石油化工集团公司直属单位负责人履职待遇、业务支出管理办法	中国石化办〔2015〕225 号
9	中国石油化工集团公司总部机关有关人员履职待遇、业务支出管理办法	中国石化办〔2015〕224 号
10	中国石化保密工作考核评价办法(试行)	中国石化办〔2015〕449 号
11	中国石化总部机关档案管理实施细则	中国石化办〔2015〕361 号
12	中国石化总部层级公文无纸化办公实施细则(暂行)	中国石化办〔2015〕586 号
13	中国石化党组会办公会保密管理细则	中国石化办〔2015〕591 号
14	中国石油化工集团公司投资项目责任追溯暂行管理办法	中国石化计〔2015〕110 号
15	中国石油化工股份有限公司投资项目责任追溯暂行管理办法	石化股份计〔2015〕112 号
16	中国石化会议费管理办法	中国石化财〔2015〕15 号
17	中国石油化工集团公司因公临时出国(境)费用管理办法(试行)	中国石化财〔2015〕38 号
18	中国石化预算管理办法	中国石化财〔2015〕112 号
19	中国石化总部机关经费管理细则	中国石化财〔2015〕269 号
20	中国石化差旅费管理办法	中国石化财〔2015〕259 号
21	中国石化总部机关固定资产管理细则	中国石化财〔2015〕230 号
22	中国石油化工集团公司担保业务管理暂行办法	中国石化财〔2015〕198 号
23	中国石化金融衍生品业务管理办法	中国石化财〔2015〕382 号
24	中国石油化工集团公司财务综合考评管理办法	中国石化财〔2015〕518 号
25	中国石化设备管理办法	中国石化生〔2015〕583 号
26	中国石化员工培训管理规定	中国石化人〔2015〕156 号
27	中国石化领导人员退休管理办法	中国石化党组〔2015〕203 号
28	中国石化用工总量管理办法(试行)	中国石化人〔2015〕588 号

续表

序号	标题	文件号
29	中国石化直属研究院、催化剂有限公司持续推进全员成本目标管理考评奖励细则	石化股份科〔2015〕305 号
30	科研实验室安全、环境和职业卫生管理办法	中国石化科〔2015〕404 号
31	中国石化集团公司安全环保巡视工作管理办法(试行)	中国石化安〔2015〕253 号
32	中国石化隐患治理管理规定	中国石化安〔2015〕275 号
33	中国石化安全生产党政同责暂行规定	中国石化安〔2015〕278 号
34	中国石化安全生产应急管理规定	中国石化安〔2015〕288 号
35	中国石化建设项目安全设施竣工验收管理办法	中国石化安〔2015〕310 号
36	中国石化安全管理考核暂行规定	中国石化安〔2015〕325 号
37	中国石化生产安全事故管理规定	中国石化安〔2015〕553 号
38	中国石化安全视频监控系统配置管理规定	中国石化安〔2015〕674 号
39	中国石化进入受限空间作业安全管理规定	中国石化安〔2015〕675 号
40	中国石化用火作业安全管理规定	中国石化安〔2015〕659 号
41	中国石化反恐防范管理规定(试行)	中国石化安〔2015〕658 号
42	中国石化临时用电作业安全管理规定	中国石化安〔2015〕683 号
43	中国石化生产安全事故应急预案(2015 版)	中国石化安〔2015〕708 号
44	中国石化“能效倍增”计划评价考核办法	中国石化能〔2015〕48 号
45	中国石化建设项目环境保护管理规定	中国石化能〔2015〕37 号
46	中国石化合同能源管理项目管理办法	中国石化能〔2015〕248 号
47	中国石化环境保护管理规定	中国石化能〔2015〕191 号
48	中国石化环保隐患管理规定	中国石化能〔2015〕494 号
49	中国石化环境事件管理规定	中国石化能〔2015〕492 号
50	中国石化清洁生产管理办法	中国石化能〔2015〕491 号
51	中国石化废水污染防治管理规定	中国石化能〔2015〕493 号
52	中国石化工程质量监察规定	中国石化建〔2015〕20 号
53	中国石化工程质量检查工作规程	中国石化建〔2015〕42 号
54	中国石化工程质量管理规定	中国石化建〔2015〕153 号
55	中国石油化工集团公司工程建设工法管理办法	中国石化建〔2015〕74 号
56	中国石化工程质量监测规定	中国石化建〔2015〕89 号
57	中国石化管道工程超声检测人员管理办法	中国石化建〔2015〕169 号
58	中国石化建设工程项目分包发包管理办法	中国石化建〔2015〕281 号
59	中国石化优质工程管理办法	中国石化建〔2015〕373 号
60	中国石化“标准化设计、模块化建设、标准化采购”工作奖励办法	中国石化建〔2015〕359 号
61	中国石化工程质量个人诚信管理办法	中国石化建〔2015〕327 号

续表

序号	标题	文件号
62	中国石化标准化设计成果管理规定	中国石化建〔2015〕643 号
63	中国石化建设工程招标投标管理规定	中国石化建〔2015〕647 号
64	中国石化建设项目 HSE 管理绩效统计及考核规范	中国石化建〔2015〕676 号
65	中国石化建设工程电子招标投标管理办法(试行)	中国石化建〔2015〕711 号
66	中国石化建设工程市场诚信体系管理办法	中国石化建〔2015〕710 号
67	中国石化建设工程评标专家和专家库管理办法	中国石化建〔2015〕713 号
68	中国石化建设工程交易场所管理办法	中国石化建〔2015〕712 号
69	中国石化建设项目焊接质量管理规定	中国石化建〔2015〕495 号
70	中国石化油田非安装设备采购管理办法	中国石化物〔2015〕35 号
71	中国石化治理指定采购和独家采购监督规定	中国石化物〔2015〕176 号
72	中国石化物资供应统计管理办法	中国石化物〔2015〕280 号
73	中国石化物资采购招标操作规范	中国石化物〔2015〕239 号
74	中国石化物资采购招标投标诚信管理办法	中国石化物〔2015〕238 号
75	中国石化物资采购电子招标投标管理办法	中国石化物〔2015〕237 号
76	中国石化框架协议采购招标管理办法	中国石化物〔2015〕236 号
77	中国石化物资采购招标投标资格审查管理办法	中国石化物〔2015〕235 号
78	中国石化物资采购招标评标专家和评标专家库管理办法	中国石化物〔2015〕234 号
79	中国石化物资采购招标评标方法管理规定	中国石化物〔2015〕233 号
80	中国石化物资采购招标投标管理办法(试行)	中国石化物〔2015〕232 号
81	中国石化物资供应管理绩效考核办法	中国石化物〔2015〕205 号
82	中国石化物资采购供应资源管理规定	中国石化物〔2015〕303 号
83	中国石化重要设备材料监造管理办法	中国石化物〔2015〕408 号
84	中国石化物资供应质量管理办法	中国石化物〔2015〕409 号
85	中国石化上游板块计算机软硬件集中采购管理办法	中国石化物〔2015〕407 号
86	中国石化供应商动态量化考评管理办法	中国石化物〔2015〕302 号
87	中国石化火工器材采购实施细则	中国石化物〔2015〕542 号
88	中国石化物料编码应用管理办法	中国石化物〔2015〕575 号
89	中国石化贵金属及有色金属资源管理规范	中国石化物〔2015〕701 号
90	中国石化物资仓储与配送管理办法	中国石化物〔2015〕571 号
91	中国石化物资仓储与配送管理规范	中国石化物〔2015〕572 号
92	中国石化信息化管理办法	中国石化信〔2015〕97 号
93	中国石化信息系统灾备管理办法(试行)	中国石化信〔2015〕99 号
94	中国石化基础设施云应用管理细则	中国石化信〔2015〕100 号
95	中国石化信息系统安全管理办法	中国石化信〔2015〕246 号

续表

序号	标题	文件号
96	中国石化信息安全通报管理细则（试行）	中国石化信〔2015〕247 号
97	中国石化网络管理办法	中国石化信〔2015〕98 号
98	中国石化区域网络汇聚中心运行维护实施细则	中国石化信〔2015〕101 号
99	中国石化信息基础设施运行维护管理办法	中国石化信〔2015〕649 号
100	中国石化信息系统账户管理办法	中国石化信〔2015〕245 号
101	中国石化固定资产投资项目审计业务规范指引	中国石化审〔2015〕11 号
102	中国石化经济责任审计管理办法	中国石化审〔2015〕25 号
103	中国石化兼职审计专家库管理办法（试行）	中国石化审〔2015〕322 号
104	中国石化经济责任审计领导小组工作规则	中国石化审〔2015〕458 号
105	中国石化经济责任审计业务规范指引	中国石化审〔2015〕457 号
106	中国石化审计项目质量考核评估办法	中国石化审〔2015〕393 号
107	中国石化审计工作底稿规范	中国石化审〔2015〕673 号
108	中国石化内部审计工作规定	中国石化审〔2015〕689 号
109	中国石化审计项目业务流程	中国石化审〔2015〕646 号
110	中国石化审计项目计划管理办法	中国石化审〔2015〕644 号
111	中国石化内部控制审计评价业务规范指引	中国石化审〔2015〕678 号
112	中国石油化工集团公司党组巡视工作办法	中国石化党组〔2015〕251 号
113	关于规范领导人员操办婚丧喜庆事宜的规定	中国石化党组〔2015〕10 号
114	中国石油化工集团公司反腐败协调小组工作规则（试行）	中国石化党组〔2015〕174 号
115	中国石油化工集团公司党风廉政建设约谈制度（试行）	中国石化党组〔2015〕173 号
116	中国石油化工集团公司党风廉政建设责任追究办法（试行）	中国石化党组〔2015〕172 号
117	关于禁止领导人员亲属经商办企业与中国石化发生业务往来的规定	中国石化党组〔2015〕254 号
118	中国石化帮扶救助工作管理规定	中国石化党群〔2015〕1 号
119	中国石油化工集团公司党组成员参加双重组织生活规定	中国石化党组〔2015〕315 号
120	直属单位工会工作（建家活动）考核评价办法（试行）	中国石化群〔2015〕555 号
121	中国石油化工集团公司企业文化建设考核评价办法（试行）	中国石化宣〔2015〕645 号
122	中国石化油气田企业生产自用成品油退税工作规程	中国石化财〔2015〕664 号
123	中国石油化工股份有限公司会计手册	石化股份财〔2015〕306 号
124	中国石油化工股份有限公司油田企业年度绩效考核实施细则（试行）	石化股份油〔2015〕17 号
125	海上平台检维修与报废管理规定（试行）	石化股份油〔2015〕21 号
126	海底管道检维修与报废管理规定（试行）	石化股份油〔2015〕22 号
127	高含硫天然气集输管道和站场检维修与报废管理规定（试行）	石化股份油〔2015〕23 号
128	中国石化井控管理规定	中国石化油〔2015〕374 号
129	中国石油化工股份有限公司探井核销管理规定	石化股份油〔2015〕216 号

续表

序号	标题	文件号
130	中国石油化工股份有限公司炼油装置非计划停工管理办法	石化股份炼〔2015〕166 号
131	化工板块绩效考核实施细则（试行）	中国石化化〔2015〕203 号
132	中国石油化工股份有限公司化工装置非计划停工管理办法	石化股份化〔2015〕354 号
133	中国石化水煤浆型煤气化装置运行管理办法	中国石化化〔2015〕405 号
134	中国石油化工股份有限公司干粉煤型煤气化装置运行管理办法	石化股份化〔2015〕283 号
135	中国石化加油（气）站督察管理办法	石化股份销零〔2015〕30 号
136	中国石化销售有限公司会议管理办法	石化股份销办〔2015〕34 号
137	中国石化销售有限公司资产处置管理办法（试行）	石化股份销财〔2015〕119 号
138	中国石化销售有限公司机关督察催办工作规则	石化股份销办〔2015〕548 号
139	中国石化销售有限公司信息系统检查考核办法（试行）	石化股份销信〔2015〕545 号
140	中国石化油品销售企业咨询专家库建设管理暂行	石化股份销人〔2015〕508 号
141	中国石化销售有限公司油库含油污水污染防治管理规定（试行）	石化股份销安〔2015〕425 号
142	中国石化销售有限公司 HSE 责任制（试行）	中国石化销安〔2015〕382 号
143	中国石化销售有限公司外采油（气）供应商质量考评管理办法	石化股份销质〔2015〕347 号
144	中国石化油品销售企业成品油管道泄放流程管理规定	石化股份销管〔2015〕240 号
145	中国石化销售有限公司成品油公路运输承运商管理指导意见	石化股份销调〔2015〕122 号
146	中国石化销售有限公司安全生产保证基金检查办法	石化股份销安〔2015〕221 号
147	中国石化销售有限公司安全生产保证基金自然灾害及事故损失赔偿细则	石化股份销安〔2015〕190 号
148	中国石化销售有限公司安全生产保证基金资金管理实施细则	石化股份销安〔2015〕223 号
149	中国石化销售有限公司合资企业投资项目管理办法	石化股份销发〔2015〕116 号
150	中国石化销售有限公司油品质量事故责任追究规定	石化股份销质〔2015〕117 号
151	中国石化销售有限公司计量事故责任追究规定	石化股份销质〔2015〕118 号
152	中国石化销售有限公司非油品商品采购评价办法（试行）	石化股份销非油〔2015〕109 号
153	中国石化油品销售企业成品油管道阀室监视器安装、使用及维护管理规定	石化股份销管〔2015〕108 号
154	中国石化销售有限公司领导班子成员基层联系工作规定	石化股份销办〔2015〕110 号

索 引

◇ 主题词索引

◇ 表题索引

主 题 词 索 引

使 用 说 明

1. 本索引引用主题词分析索引法编制。除"大事记"外，年鉴内容均在标引和检索范围内。

2. 本索引按汉语拼音音序排列。具体如下：以英文字母开头的，排在最前面；汉字标目则按首字的音序、音调依次排列，首字相同时，则以第二个字排序，并依次类推。

3. 在索引中，索引标目之后的数字表示主题内容所在年鉴正文的页码；英文字母 a、b 分别表示左、右两个栏目。

4. 为反映索引款目间的逻辑关系。对于二级目录，采取在上一级标目下缩两格的编排形式予以体现，之下的索引款目仍按上列排序方法依次排列。

A

B

D

M

N

P

Q

R

S

T

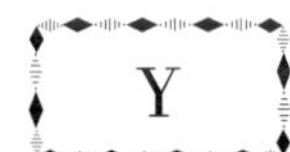

Z

表　题　索　引

使　用　说　明

1. 本索引采用表题索引法编制。年鉴中所有表题均在标引范围内。

2. 本索引基本上按汉语拼音音序排列。具体如下：以数字开头的，排在最前面；汉字标目则按首字的音序、音调依次排列，首字相同时，则以第二个字排序，并依次类推。

3. 在索引中，索引标目之后的数字表示主题内容所在年鉴正文的页码。

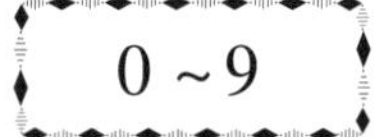

T

W

X

Y

Z